河北金融年鉴

Almanac of Hebei's Finance and Banking

2012

（总第二十二卷）

河北科学技术出版社

图书在版编目（CIP）数据

河北金融年鉴．2012／《河北金融年鉴》编委会编．--石家庄：河北科学技术出版社，2012.12
ISBN 978-7-5375-5659-0

Ⅰ．①河… Ⅱ．①河… Ⅲ．①金融事业-河北省-2012-年鉴 Ⅳ．①F832.722-54

中国版本图书馆CIP数据核字(2012)第312017号

书　　名　**河北金融年鉴　2012**
编　　者　《河北金融年鉴》编委会　编

出版发行　河北科学技术出版社(石家庄市友谊北大街330号)
印　　刷　河北方华印刷有限公司
开　　本　889×1194　1/16
印　　张　53.5
字　　数　1 527 000
版　　次　2012年12月第1版
　　　　　2012年12月第1次印刷
印　　数　1-5 000
定　　价　180.00元

编 辑 说 明

一、《河北金融年鉴》以年度为期限，本卷为第二十二卷，内容涵盖银行业、证券业、保险业及其他非银行金融机构，主要反映2011年度河北省金融与经济运行的基本情况，力求资料的全面性、真实性、连续性和准确性。

二、本年鉴文稿由河北省有关金融机构提供，经过本刊编辑部的编辑、审定。

三、本年鉴采用条目式编排，分为“金融形势综述”、“金融机构概览”、“学术调研”、“金融规章选编”、“大事记”、“经济金融统计资料”、“金融机构名录”七个部分。对“学术调研”、“金融规章选编”、“大事记”依据其体例和篇幅，有选择地予以收录。

四、文稿中“经济金融统计资料”的内容，由人民银行、河北省统计局和有关金融机构提供，统一为河北省的统计口径。部分统计资料由于四舍五入，总计数与分项相加数略有误差。统计资料在使用时，请注意统计口径的差别。

五、在编辑过程中得到了各有关单位的大力支持，我们深表谢意。

六、对于本卷年鉴中的不妥和疏漏之处，欢迎广大读者提出宝贵意见。

河北金融年鉴编辑部

2012年6月

《河北金融年鉴》编委会

▲ 2011 年 1 月 21 日，河北省人民银行系统工作会议暨河北省外汇管理工作会议在石家庄召开，中国人民银行石家庄中心支行党委书记、行长张文汇作工作报告。

▲ 2011 年 1 月 20 日，中国人民银行石家庄中心支行“春暖央行”迎新春联欢会隆重举行。中心支行行级领导、全体干部职工、离退休干部代表、全省人民银行系统工作会议代表和驻行武警官兵欢聚一堂，共享祥和、喜庆、激昂的文化盛宴。

▲ 2011 年 4 月 27 日，中国人民银行石家庄中心支行与河北省金融办、河北省发改委、河北省工业信息化厅联合组织召开河北省重点项目和企业融资对接会。河北省委常委、常务副省长赵勇讲话，省长助理、省金融办主任江波主持会议，中国人民银行石家庄中心支行行长张文汇同志出席会议。

▲ 2011 年 12 月 15 日，中国人民银行石家庄中心支行党委书记、行长张文汇带领有关人员到邢台市中心支行、南宫市支行检查指导发行库管理工作。

▲ 2011 年 12 月 2 日，由中国人民银行石家庄中心支行、河北省人力资源和社会保障厅、河北省总工会联合举办，河北省电视台承办的河北省金融系统职工技能大赛决赛在石家庄电视台举行。

▲ 2011 年 12 月 31 日，中国人民银行石家庄中心支行党委书记、行长张文汇带领中心支行领导班子成员慰问参加年终决算的干部职工。

▲ 中国银行业监督管理委员会主席刘明康到中国银行业监督管理委员会河北监管局视察。

▲ 中国银行业监督管理委员会副主席周慕冰到中国银行业监督管理委员会河北监管局指导工作。

▲ 2011 年 6 月 17 日，中国银行业监督管理委员会河北监管局机关举办"庆七一"红歌会。

▲ 2011 年 6 月 17 日，中国银行业监督管理委员会河北监管局组织党员参观邢台抗日军政大学纪念馆。

▲ 2011 年 9 月 22 日至 23 日，中国保险监督管理委员会副主席周延礼到唐山市丰南区黄各庄镇调研农村社会治安保险开展情况。

▲ 2011 年 9 月 22 日，由中国保险监督管理委员会河北监管局、中国保险学会、《中国保险报》联合举办的“保险声誉与可持续发展”研讨会在秦皇岛市召开。

◀ 2011年3月2日，国家开发银行股份有限公司河北省分行与河北省国控担保集团公司签订“支持中小企业战略合作框架协议”，与张家口市城建开发总公司签订4 000万元抗旱应急贷款合同。河北省副省长张杰辉、国家开发银行股份有限公司副行长李吉平等有关领导出席签约仪式。

▶ 2011年9月6日，国家开发银行股份有限公司河北省分行行长张林武与玻利维亚发展规划部部长薇薇安娜·卡罗座谈。

◀ 2011年6月16日，国家开发银行股份有限公司河北省分行行长张林武在曹妃甸调研。

▲ 2011 年 1 月 29 日，中国农业发展银行河北省分行分支行行长会议召开。

▲ 2011 年 5 月 31 日，中国农业发展银行河北省分行举办庆祝建党 90 周年红歌会。

▲ 2011年6月15日，中国农业发展银行河北省分行机关在西柏坡举行庆祝建党90周年活动。

▲ 2011年10月26日，中国农业发展银行总行监事会主席丁仲篪一行到河北省检查指导工作。

中国工商银行股份有限公司河北省分行

ZHONGGUOGONGSHANGYINHANGGUFENYOUXIANGONGSIHEBEISHENGFENHANG

▶ 2011 年 5 月 5 日，中国工商银行股份有限公司河北省分行荣获“2011 年度河北网民最信赖的银行品牌”称号。

◀ 2011 年 8 月 3 日，中国工商银行股份有限公司河北省分行副行长张彦欣接受总行授予的“宣传思想文化工作先进集体”奖牌。

▶ 2011 年 8 月 10 日，中国工商银行股份有限公司河北省分行行长许杰到钢铁企业调研。

中国工商银行股份有限公司河北省分行

ZHONGGUOGONGSHANGYINHANGGUFENYOUXIANGONGSIHEBEISHENGFENHANG

◀ 2011 年 9 月 16 日，中国工商银行股份有限公司河北省分行举办“同心杯”企业文化演讲比赛。

▶ 2011 年 9 月 20 日，中国工商银行股份有限公司河北省分行行长许杰走访梅花生物科技股份有限公司。

◀ 2011 年 12 月 2 日，中国工商银行股份有限公司河北省分行代表队在河北省金融系统职工技能大赛中荣获一等奖。

中国农业银行股份有限公司河北省分行

ZHONGGUONONGYEYINHANGGUFENYOUXIANGONGSIHEBEISHENGFENHANG

▶ 2011 年 6 月 13 日，中国农业银行股份有限公司河北省分行党委书记、行长杨光视察省分行 VMNS 系统视频监控中心。

◀ 2011 年 7 月 29 日，中国农业银行股份有限公司河北省分行召开 2011 年年中工作会议。

▶ 2011 年 8 月 10 日，中国农业银行股份有限公司河北省分行党委书记、行长杨光到沙河玻璃企业调研。

▲ 中国银行股份有限公司河北省分行召开第二届银保联动合作年会。

▲ 中国银行股份有限公司河北省分行举行出国金融服务中心启动仪式。

中国银行股份有限公司河北省分行

ZHONGGUOYINHANGGUFENYOUXIANGONGSIHEBEISHENGFENHANG

▶ 中国银行股份有限公司廊坊分行有关领导入社区开展业务宣传活动。

◀ 中国银行股份有限公司衡水分行举办职工文化活动。

▶ 中国银行股份有限公司邢台分行迎中行百年华诞职工运动会。

中国建设银行股份有限公司河北省分行

ZHONGGUOJIANSHEYINHANGGUFENYOUXIANGONGSIHEBEISHENGFENHANG

◀ 2011 年 4 月 27 日，中国建设银行股份有限公司河北省分行参加河北省重点项目和企业融资对接会。

▶ 2011 年 6 月 15 日，中国建设银行股份有限公司邢台分行顺德路支行推出了“理财夜市”。

◀ 2011 年 9 月 23 日，中国建设银行股份有限公司沧州分行举行事业部挂牌仪式。

中国建设银行股份有限公司河北省分行

ZHONGGUOJIANSHEYINHANGGUFENYOUXIANGONGSIHEBEISHENGFENHANG

▶ 2011 年 10 月 17 日至 18 日，中国建设银行总行村镇银行管理委员会主任顾京圃等一行就批量组建村镇银行有关事宜与河北省政府、河北银监局领导会晤。

◀ 2011 年 12 月 2 日，在中国人民银行石家庄中心支行、河北省人力资源和社会保障厅、河北省总工会联合举办的河北省金融系统职工职业技能大赛中，中国建设银行股份有限公司河北省分行代表队夺得团体第二名。

▶ 2011 年 12 月 18 日，中国建设银行股份有限公司河北省分行开展“金融知识进社区”活动。

▲ 交通银行股份有限公司河北省分行召开 2011 年工作会议。

▲ 交通银行股份有限公司河北省分行参加银企融资对接会。

交通银行股份有限公司河北省分行

JIAOTONGYINHANGGUFENYOUXIANGONGSIHEBEISHENGFENHANG

▶ 交通银行股份有限公司保定分行开业。

◀ 交通银行股份有限公司河北省分行举办“金牌服务柜员”颁奖典礼。

▶ 河北省委常委、副省长杨崇勇到交通银行股份有限公司河北省分行新年慰问。

华夏银行股份有限公司石家庄分行

HUAXIAYINHANGGUFENYOUXIANGONGSISHIJIAZHUANGFENHANG

◀ 华夏银行股份有限公司沧州分行开业。

▶ 华夏银行股份有限公司石家庄分行召开“感谢您的关爱，助力我们成长”客户座谈会。

◀ 华夏银行股份有限公司石家庄分行新核心系统上线。

招商银行股份有限公司石家庄分行

ZHAOSHANGYINHANGGUFENYOUXIANGONGSISHIJIAZHUANGFENHANG

▲ 2010 年 12 月 7 日，招商银行股份有限公司石家庄分行举行揭牌仪式。

▲ 2010 年 12 月 7 日，河北省各有关领导为招商银行股份有限公司石家庄分行开业剪彩。

上海浦东发展银行股份有限公司石家庄分行

SHANGHAIPUDONGFAZHANYINHANGGUFENYUOXIANGONGSISHIJIAZHUANGFENHANG

◀ 2011 年 1 月 8 日，上海浦东发展银行股份有限公司石家庄分行行长田德明带领志愿者去石家庄市社会福利院进行爱心捐赠。

▶ 2011 年 6 月 20 日，上海浦东发展银行股份有限公司石家庄分行与中国移动河北分公司举行战略合作协议签约仪式。

◀ 2011 年 10 月 15 日，上海浦东发展银行股份有限公司石家庄分行举办“超越财富，寻找幸福——智慧之旅” 品牌推广和贵宾客户回馈活动。

兴业银行股份有限公司石家庄分行

XINGYEYINHANGGUFENYOUXIANGONGSISHIJIAZHUANGFENHANG

▶ 2011 年 2 月 24 日，兴业银行股份有限公司正定支行开业。

◀ 2011 年 7 月 13 日，兴业银行股份有限公司石家庄分行召开沧州市重点区域重点企业直接融资推介会。

▶ 2011 年 8 月 29 日，兴业银行股份有限公司石家庄分行开展“营业厅卓越服务训练营”活动。

中国民生银行股份有限公司石家庄分行

ZHONGGUOMINSHENGYINHANGGUFENYOUXIANGONGSISHIJIAZHUANGFENHANG

◀ 2011 年 6 月 1 日，中国民生银行股份有限公司石家庄分行与河北文丰集团签订战略合作协议。

▶ 2011 年 10 月 8 日，中国民生银行股份有限公司鹿泉支行举行开业典礼。

◀ 中国民生银行石家庄分行在河北省金融系统职工技能大赛中取得的奖励及荣誉证书。

东亚银行（中国）有限公司石家庄分行

DONGYAYINHANG(ZHONGGUO)YUOXIANGONGSISHIJIAZHUANGFENHANG

▲ 2011 年 10 月 13 日，中国银行业监督管理委员会河北监管局副局长李招军等赴东亚银行（中国）有限公司石家庄分行调研。

▲ 2011 年 9 月 22 日，河北省商务厅、东亚银行（中国）有限公司石家庄分行联合主办“跨境贸易人民币结算业务推介会”。

河北省农村信用社联合社

HEBEISHENGNONGCUNXINYONGSHELIANHESHE

◀ 2011 年 6 月 29 日，河北省委常委、常务副省长赵勇到河北省农村信用社联合社视察指导工作。

▶ 2011 年 5 月 27 日，由河北省金融办牵头，河北省国资委、工商联、河北省农村信用社联合社共同举办股权合作洽谈会。

◀ 启动“农信村村通”工程，在乡村布放 EOS 自助服务终端，农民足不出村即可办理基础金融业务。

▶ 在中国银行业监督管理委员会、中国银行业协会主办的“农信社 60 周年历程暨农村金融产品博览会”上，河北省农村信用社联合社开发的三个信贷产品荣获三个创新奖项。

河北银行股份有限公司

HEBEIYINHANGGUFENYOUXIANGONGSI

▶ 2011 年 7 月 2 日，中共中央政治局委员、国务院副总理王岐山到河北银行股份有限公司华兴支行考察指导。

◀ 2011 年 12 月 29 日，河北银行股份有限公司与邢台市政府在战略合作暨银企对接会上签约。

▶ 2011 年 5 月 22 日，河北银行股份有限公司青岛分行开业。

◀ 2011 年 5 月 25 日，河北银行股份有限公司董事长乔志强代表河北银行向赞皇县野草湾联办小学捐资 200 万元。

▲ 2011 年 7 月 19 日，承德银行股份有限公司组建的首家村镇银行——围场华商村镇银行开业。

▲ 2011 年 8 月 26 日，承德银行股份有限公司唐山分行举行开业揭牌仪式。

唐山市商业银行股份有限公司

TANGSHANSHISHANGYEYINHANGGUFEINYOUXIANGONGSI

▲ 2011 年 7 月 21 日至 22 日，唐山市商业银行股份有限公司组织员工业务技能大赛。

▲ 2011 年 12 月 11 日，唐山市商业银行股份有限公司鹭港支行开业。

▲ 保定市商业银行开展贷款新规业务培训。

▲ 保定市商业银行创新金融产品，"金支点·商圈贷"庆典仪式在白沟启动。

▲ 2011 年 1 月 19 日，沧州银行股份有限公司廊坊分行开业。

▲ 2011 年 1 月 14 日至 16 日，沧州银行股份有限公司举办“转变发展方式、推进科学发展”学习班。

▲ 邢台市委常委、宣传部长路洪昌向邢台银行股份有限公司颁发全国文明单位奖牌。

▲ 邢台银行股份有限公司党委书记、董事长郭路芳与行长赵文中深入企业调研。

▲ 2011 年 2 月 26 日 渤海银行唐山支行组织员工进行营销技巧视频培训会。

▲ 2011 年 9 月 28 日 渤海银行唐山支行参加“唐山市银行卡有奖刷卡消费活动启动仪式”。

▲ 2011 年 5 月 30 日，中国信达资产管理股份有限公司河北省分公司组织承办“资产管理公司驻冀机构联席会议”。

▲ 2011 年 6 月 14 日，中国信达资产管理股份有限公司河北省分公司与中信银行股份有限公司石家庄分行举行战略合作协议签字仪式。

中国东方资产管理公司石家庄办事处

ZHONGGUODONGFANGZICHANGUANLIGONGSISHIJIAZHUANGBANSHICHU

▲ 中国东方资产管理公司石家庄办事处与中国银行股份有限公司河北省分行举办业务合作座谈会。

▲ 中国东方资产管理公司石家庄办事处召开党性廉政教育报告会。

▲ 2011 年 4 月 27 日，河北省企业融资对接会上，河北省委常委、常务副省长赵勇到渤海国际信托有限公司展位指导工作。

▲ 2011 年 10 月 28 至 29 日，渤海国际信托有限公司召开财富管理研讨会。

▲ 2011年2月，河北省省长助理、省金融办主任江波到河北财达证券经纪有限责任公司视察。

▲ 2011年10月，河北财达证券经纪有限责任公司召开上市座谈会。

▲ 2011 年 6 月 24 日，河北恒银期货经纪有限公司圆满完成了董事会和监事会换届。

▲ 2011 年 11 月 22 日，中国证券监督管理委员会河北监管局局长郭润伟一行到河北恒银期货经纪有限公司调研。

▲ 2011 年 12 月 27 日，天安保险股份有限公司河北分公司召开 2012 年业务启动大会。

▲ 中国大地财产保险股份有限公司河北分公司与中冀斯巴鲁河北大区签订战略合作协议。

▲ 2011 年 9 月 9 日，安邦财产保险股份有限公司河北分公司召开中秋媒体座谈会。

▲ 2011 年 7 月 26 日，信达财产保险股份有限公司河北分公司第一份车辆保险单出单。

▲ 2011 年 5 月 30 日，合众人寿保险股份有限公司河北分公司助学行石家庄站启程。

▲ 2011 年 9 月，中英人寿保险有限公司河北分公司到邯郸魏县城西小学进行支教与捐助活动。

▲ 2011 年 9 月 29 日，河北省委书记张庆黎接见中国人寿保险股份有限公司集团董事长吴焰、中国人寿保险股份有限公司河北分公司总经理孙大震。

▲ 光大永明人寿保险有限公司河北分公司与中国光大银行股份有限公司石家庄分行联合举办纪念建党 90 周年红歌会。

目 录

特载

第一部分 金融形势综述

第二部分 金融机构概览

金融管理机构

银行业机构

证券期货机构

保险机构

第三部分 学术调研

第四部分 金融规章选编

第五部分 大事记

第六部分 经济金融统计资料

河北省国民经济统计

河北省金融汇总统计

河北省金融管理机构统计

河北省银行业统计

河北省保险业统计

其他统计

第七部分 金融机构名录

CONTENTS

Feature Articles

Part Ⅰ General Survey of Financial Developments

Part Ⅱ General Survey of Financial Institutions

Financial Management Institutions

Banking Companies

Securities & Futures Companies

Insurance Companies

Financial Self - discipline Organizations

Part Ⅲ Academic Research

Part Ⅳ Selections of Financial Laws and Regulations

Part Ⅴ Chronicle of Hebei's Finance and Banking

Part Ⅵ Statistical Data of Economy and Finance

National Economic Statistics

Consolidated Statistics on Finance

Statistics on Financial Management Institutions

Statistics on Banking Industry

Statistics on Insurance Industry

Other Statistics

Part Ⅶ Name List of Financial Institutions

特载

► 特载

关于河北省国民经济和社会发展第十二个五年规划纲要的报告

——河北省第十一届人民代表大会第四次会议

河北省省长陈全国

（2011 年 1 月 12 日）

各位代表：

从今年开始，河北省将实施第十二个五年规划。根据党的十七届五中全会精神，按照省委七届六次全会通过的《中共河北省委关于制定国民经济和社会发展第十二个五年规划的建议》，省政府制定了《河北省国民经济和社会发展第十二个五年规划纲要（草案）》。现在，我代表省人民政府向大会作报告，请各位代表连同《纲要（草案）》一并审议，并请省政协委员和列席会议的同志提出意见。

一、“十一五”时期经济社会发展取得重大成就

2010 年是“十一五”规划的最后一年。全省人民在党中央、国务院和中共河北省委的正确领导下，坚持以邓小平理论和“三个代表”重要思想为指导，深入贯彻落实科学发展观，应对危机、化危为机，千方百计推动经济平稳较快发展，抓住机遇加快发展方式转变，促进社会事业全面进步，省十一届人大三次会议确定的 2010 年各项任务顺利完成，省十届人大四次会议确定的“十一五”规划主要目标如期实现。

——综合经济实力跨上新台阶。积极应对国际金融危机冲击，保持了经济平稳较快发展的良好态势。预计 2010 年，全省生产总值达到 2 万亿元、年均增长 11.7%，人均生产总值由 2005 年的 1.47 万元提高到 2.8 万元；全部财政收入完成 2 410.5 亿元，其中地方一般预算收入 1 330.8 亿元，分别是 2005 年的 2.3 倍和 2.6 倍；规模以上工业增加值达到 8 182.8 亿元，增长 1.1 倍；全社会固定资产投资完成 14 850 亿元，其中城镇固定资产投资 12 921.8 亿元，分别增长 2.5 倍和

2.8 倍；社会消费品零售总额达到 6 731.1 亿元，增长 1.3 倍。

——经济结构调整取得新进展。大力实施重点产业调整振兴规划，钢铁、装备制造、石化等传统产业改造升级步伐加快，战略性新兴产业快速发展，现代服务业不断壮大，科技创新能力明显提高，高新技术产业增加值达到 1 220 亿元、是 2005 年的 3.5 倍，旅游业总收入突破 915 亿元、是 2005 年的 2.3 倍，服务业增加值 6 850 亿元、是 2005 年的 1.8 倍。“十一五”节能减排目标如期实现，单位生产总值能耗比 2005 年下降 20%，化学需氧量、二氧化硫排放量比 2005 年削减 15% 以上，淘汰落后产能任务超额完成。

——农业农村工作得到新加强。认真落实强农惠农政策，全面取消农业税，农业综合生产能力明显提高，粮食生产连续七年丰收、去年总产接近 600 亿斤；蔬菜、畜牧、果品产业快速发展，农业产业化经营率达到 58%；行政村基本实现公

路、广播、电视、电话村村通；新农村建设有序推进，省级新民居示范村达到3 000个。

——城镇面貌呈现新变化。深入推进城镇面貌三年大变样，“三年打基础”工作圆满完成，实施了256项重大城建项目，城市基础设施投资相当于前7年的总和，新增城市道路2 500千米、绿地面积1.2万公顷，设区城市空气质量二级以上天数平均增加24天，城市基础设施更加完善、承载力显著增强、环境质量大幅提升、民生得到明显改善。

——基础设施建设实现新突破。高速公路通车里程达到4 307千米，比2005年增加2 172千米，跃居全国第3位；铁路通车里程达到5 300千米，比2005年增加400千米；黄骅综合大港顺利开航，全省港口吞吐量突破6亿吨；河北航空公司成立运营，4个机场相继建成，3个机场加速建设，旅客吞吐量达到300万人次，比2005年增长6倍。南水北调河北段等重点水利工程加快推进，新增电力装机容量1 672万千瓦、达到4 215万千瓦，覆盖城乡的信息网络基本形成。

——改革开放迈出新步伐。国有企业、财税金融、医药卫生、农村、文化、行政等方面的体制改革深入推进，企业战略性重组取得重大进展，河北钢铁、冀中能源进入千亿元级企业行列，五年新增上市公司32家；对外开放不断扩大，环首都经济圈建设启动实施，沿海经济带开发步伐加快，五年新增国家级开发区4个，实际利用外资170.7亿美元、年均增长13.9%，进出口总值完成1 529亿美元、年均增长20%。

——人民生活水平得到新提高。城镇居民人均可支配收入由9 107元提高到16 190元，农民人均纯收入由3 482元提高到5 510元，城乡居民储蓄存款余额达到15 678.4亿元、增长1.2倍；五年城镇新增就业265.8万人，农村劳动力转移就业374.1万人；城镇基本养老、医疗保险覆盖面不断扩大，新型农村养老保险试点扎实推进，新农合参合率达到94.5%，城乡低保标准与全国平均水平同步增长；安居工程建设力度加大，为43万户城市低收入家庭提供了住房保障；解决了1 308万农村人口饮水安全问题，84万人实现了脱贫。

——和谐社会建设开创新局面。教育事业全面发展，城乡免费义务教育全面实现；医疗卫生体系不断健全，重大疾病预防能力明显增强；公共文化事业扎实推进，文化产业加快发展；全民健身运动蓬勃开展，竞技体育水平有新提升；人口计生工作得到加强，人口自然增长率控制在6.94‰以内；平安河北建设成效显著，“护城河”工程深入实施，圆满完成北京奥运、国庆六十周年等重大活动的安保任务，社会大局和谐稳定；援助四川平武建设任务提前完成，援疆、援藏工作顺利推进；国防动员和双拥共建深入开展，军政军民团结局面巩固发展；民族宗教、外事侨务、防震减灾、气象、测绘、档案、人防、妇女、儿童、老龄、残疾人、地方志等各项事业都取得新的进步。

各位代表，奋斗创造辉煌，成就令人振奋。“十一五”时期在河北发展历程中极不平凡。这五年，是河北省经济社会发展面临严峻挑战、经受重大考验的五年，是河北省综合实力大幅提升、取得重大成就的五年，是河北省城乡面貌变化巨大、人民群众得到更多实惠的五年。这些成绩的取得，得益于党中央、国务院的亲切关怀，得益于中共河北省委的正确领导，得益于人大、政协和社会各界的大力支持，得益于全省人民的共同努力。在此，我代表省人民政府，向全省人民，向人大代表、政协委员，向各民主党派、工商联、无党派人士和人民团体，向驻冀人民解放军、武警部队官兵和政法干警，向中直机关驻冀各单位，向关心支持河北建设的香港特别行政区同胞、澳门特别行政区同胞、台湾地区同胞、海外侨胞和国内外朋友，表示崇高的敬意和衷心的感谢！

二、“十二五”时期经济社会发展的主要任务

综合判断国际国内形势，“十二五”时期我国仍处于可以大有作为的重要战略机遇期。这一时期是全面建设小康社会的关键时期，是深化改革开放、加快转变经济发展方式的攻坚时期，是河北省加快发展、加速转型的重要时期。准确把握国内外形势的新变化、新特点，对于我们制定实施“十二五”规划、实现河北在新的起点上又好又快发展，具有非常重要的意义。

从国际环境看，经济全球化向纵深发展，新的科技革命浪潮迅速兴起，国际产业结构调整加速，有利于我们更大范围地利用国际资本、资

源、技术和市场。同时，国际金融危机影响深远，国际竞争更加激烈，气候变化、能源资源安全、公共卫生安全等全球性问题更加突出，外部环境更加复杂。

从国内形势看，社会主义市场经济体制不断完善，工业化、信息化、城镇化、市场化、国际化深入发展，经济结构转型加快，市场需求潜力巨大，为我们加快发展提供了广阔空间。同时，发展中长期积累的深层次矛盾凸显，短期问题和长期问题交织，结构性问题和体制性矛盾并存，加快转变发展方式、调整优化结构刻不容缓。

从河北发展看，当前和今后一个时期，面临着难得的历史机遇：环渤海地区加速崛起，秦唐沧地区发展规划有望纳入国家发展战略；京津冀一体化进程加快，河北省具有接受辐射、借力发展的独特优势；国内“南资北移”呈加速趋势，河北省具有吸引资金和产业转移的良好条件；国家大力培育战略性新兴产业，河北省在新能源、新材料、生物医药、信息技术等领域具备加快发展的基础；河北省城镇化、工业化加速推进，城镇面貌三年大变样成效凸显，有利于更好地聚集要素、聚集产业、聚集财富，凝聚和激发经济发展的动力活力。但是，也面临着一些困难和挑战，主要是结构调整压力较大，节能减排约束强化，区域竞争更加激烈，民生改善任务繁重，经济社会生活中的一些突出矛盾和问题亟待解决，政府职能转变还不够到位，发展环境有待进一步改善。

面对转瞬即逝的难得机遇，我们要增强机遇意识，以只争朝夕的精神抓发展、谋发展；面对千载难逢的有利条件，我们要增强进取意识，以开拓创新的精神，坚定加快发展的信心和决心；面对前进中的困难和挑战，我们要增强忧患意识，以高度的责任感和使命感，攻坚克难，奋发有为，努力使河北在新一轮竞争发展中抢占先机、赢得主动，科学发展、走向富强。

根据省委七届六次全会的部署，河北省“十二五”经济社会发展的指导思想是：高举中国特色社会主义伟大旗帜，以邓小平理论和“三个代表”重要思想为指导，深入贯彻落实科学发展观，以科学发展为主题，以加快转变经济发展方式为主线，围绕加快发展和加速转型双重任务，构筑环首都经济圈，壮大沿海经济隆起带，打造冀中南经济区，培育一批千亿元级工业（产业）聚集区、开发区和大型企业集团，着力调整经济结构，着力推进新型工业化、新型城镇化和农业现代化，着力保障和改善民生，着力改善生态环境，着力提高创新能力，着力深化改革开放，保持经济平稳较快发展，加快科学发展、富民强省进程，努力实现从经济大省向经济强省跨越、从文化资源大省向文化强省跨越。

“十二五”时期河北省经济社会发展的主要目标是：到2015年，生产总值预期突破30 000亿元、年均增长8.5%左右，人均生产总值比2000年翻两番；全部财政收入、地方一般预算收入年均分别可比增长11%，财政收入占生产总值的比重提高1~2个百分点；城镇居民人均可支配收入、农民人均纯收入年均分别增长8.5%，经济增长速度和效益高于全国平均水平。这些目标涵盖经济发展、结构调整、科技创新、社会建设、生态环境、基础设施、人民生活等方面，并坚持定性与定量相结合，体现了转型升级、科学发展的要求，体现了保位赶先、跨越发展的要求，体现了惠及民生、和谐发展的要求，是积极的、也是可行的。所谓积极的，就是从应对新一轮区域经济竞争、加快发展、扩大就业、增加收入、改善民生、维护稳定的需要出发，必须保持一定的增长速度；所谓可行的，就是从经济增长的潜力、内外发展的环境看，能够确保目标实现，并留有一定的余地。这样安排，符合科学发展观的要求，既为调结构转方式提供了空间，又有利于把经济工作的着力点引导到加快转变发展方式和调整优化经济结构上来。

根据上述指导思想和目标要求，今后五年河北省经济社会发展的主要任务集中体现在以下十个方面：

（一）以科学发展为主题，保持经济平稳较快发展。坚持把扩大内需作为促进经济发展的根本途径和内在要求，加快形成消费、投资、出口协调拉动经济增长的新格局。积极促进城乡消费。把扩大消费需求作为扩大内需的战略重点，引导城乡居民增强消费意识，改善消费预期；完善消费政策，增强消费能力，营造便利、安全、放心的消费环境；培育消费热点，积极引导汽车、住房等大宗消费，大力发展旅游、文化、健身、养老、信用、网络等新型消费，努力把居民储蓄转化为现实消费需求，力争“十二五”末社会消费品零售总额达到15 400亿元以上、年均增长18%。保持投资合理增长。充分发挥政府投资的导向作用，优化投资结构，促进民间投资快速增长，引导投资向改造传统产业、战略性新兴产业、现代服务业、基础设施、农业农村、民生和社会事业、生态环保等领域倾斜，“十二五”末全社会固定资产投资达到30 000亿元、年均增长15%以上。扩大进出口规模。推进市场多元化，加快出口结构转型升级，力争“十二五”期间进出口总值年均增长11%以上。

（二）以加快转变经济发展方式为主线，推动产业结构优化升级。促进产业转型升级，推动三次产业协调发展。做强一产。坚持完善落实强农惠农政策，大力发展现代农业，实施粮食增产计划，确保“十二五”期间粮食综合生产能力稳步提高；加快蔬菜基地建设，力争蔬菜面积达到2 500万亩、设施菜比重达到60%以上、京津市场占有率达到50%以上；壮大畜牧、果品等优势产业，畜牧业占农业总产值的比重达到48%、果品标准化生产率达到95%以上；推进农副产品深加工和农业产业化经营，力争产业化经营率达到65%；加强农田水利等基础设施建设，完善农业科技创新和技术服务体系，增强农业综合生产能力、抗风险能力和市场竞争能力。做优二产。坚持走新型工业化道路，推动传统产业升级，用新技术、新工艺、新装备改造钢铁、装备制造、石化等产业，促其由重转优、由粗转精、由低转高，力争“十二五”末省内规模前10位的钢铁企业占全省总产能的比重达到75%以上，装备制造、石油化工业增加值占规模以上工业的比重分别达到25%和15%左右，主要技术经济指标达到国内先进水平；加快战略性新兴产业发展，促进新能源、新材料、生物医药、新一代信息、高端装备制造、节能环保、海洋经济快速增长，到“十二五”末新兴产业增加值占全省生产总值的比重达到10%；强力推进节能减排，坚定有序地淘汰钢铁、煤炭、水泥、玻璃、造纸、制革等行业的落后产能，大力发展循环经济，单位生产总值能耗和二氧化碳排放量降低、主要污染物排放量减少等指标完成国家下达的目标要求。做大三产。优先发展生产性服务业，加快发展生活性服务业，大力发展高端服务业，积极发展面向农村和社区的服务业，着重抓好旅游、文化、商贸物流、金融保险、服务外包、会展等现代服务业，力争“十二五”末，金融业增加值占全省生产总值的比重达到4%左右，服务业增加值占全省生产总值的比重达到38%。

（三）以实施“四个一”战略重点为关键，推动区域经济协调发展。支持优势地区率先发展，努力打造新的经济增长极。建设环首都经济圈。在积极为京津搞好服务、全方位深化京津冀合作的同时，在承德、张家口、廊坊、保定四市选择毗邻北京、交通便利的14个县（市、区）重点突破，建设1圈（以新兴产业为主体的环首都经济圈）、4区（高层次人才创业、科技成果孵化、新兴产业示范、现代物流园区）、6基地（养老、健身、休闲度假、观光农业、有机蔬菜、宜居生活基地），聚集产业和人才，带动周围区域经济发展，逐步把环首都地区打造成为经济发达的新兴产业圈、绿色有机的现代农业圈、独具魅力的休闲度假圈、环境优美的生态环保圈、舒适怡人的宜居生活圈。打造沿海经济隆起带。结合实施秦唐沧沿海地区发展规划，选择秦皇岛、唐山、沧州三市近海临港、区位优越的县（市、区），实施11县（市、区）、8功能区、1路（滨海公路）、1带（沿海经济带）的重点推进计划，带动周边地区加快发展，逐步把沿海地区建设成实力雄厚的临港产业带、风光秀美的滨海旅游带、海蓝地绿的海洋生态带、休闲宜居的海滨城市带。加快发展冀中南经济区。推动石、衡、邢、邯4市整合资源、互动发展，建设“一中心、两轴、三基地”，以石家庄为中心，强力推进大西柏坡、正定新区、环城水系、临空港产业园区、东部产业新城建设，做大省会城市；以京广（京珠）、京九（大广）沿线为主轴，大力发展特色产业；以邯郸冀南新区、衡水滨湖新区、邢台新兴产业园区为重点，打造区域增长新优势。培育一批千亿元级工业（产业）聚集区、开发区和大型企业集团。坚持企业集中、产业集群、资源集约，以优势产业、重点企业为依托，重点建设一批营业收入超1 000亿元的产业聚集区，加快培育一批营业收入超1 000亿元的大型企业集团。

（四）以强化基础设施和环境条件为保障，构建持续发展的支撑体系。构建现代综合立体交通支撑体系。加快航空业发展，做大做强河北航空公司，改造扩建石家庄机场，打造成区域型枢纽机场、北京主要分流机场和备降机场，推进邯郸机场改扩建和秦皇岛、张家口、承德新机场建设，谋划建设沧州、邢台等机场，积极发展通用航空业，“十二五”末航空客货运输能力分别达到2 000万人次和20万吨以上；加快铁路建设，以高速铁路、城际铁路、疏港铁路为重点，完善铁路网络布局，“十二五”末通车里程达到8 000千米，其中高铁通车里程达到1 500千米，实现所有设区市通高铁，形成环北京的“一小时交通圈”、以石家庄为中心的“两小时交通圈”；加快公路建设，“十二五”末实现所有县（市、区）和主要经济区、主要旅游景点通高速公路；加快港口建设，提升秦皇岛港、唐山港、黄骅港三大港口功能，“十二五”末吞吐能力达到8亿吨，形成方便快捷、立体高效的现代交通大格局。构建重点项目支撑体系。按照国家产业政策，围绕调结构、转方式，谋划建设一批附加值高、市场潜力大、发展前景广、带动能力强的重点项目，特别是投资超50亿元、超100亿元的重大产业项目、重大基础设施项目、重大公共服务项目。“十二五”期间，省级项目库重点项目保持在10 000个以上，各设区市一般在1 000个以上，各县（市、区）一般在500个以上，为经济社会发展提供有力支撑。构建政策环境支撑体系。进一步解放思想，在土地、财税、金融、环保、技术、人才、审批等方面，实行更加优惠的政策，做到低门槛、零注册、轻税赋、少检查，最大限度地打造政策、环境梯度差，使河北真正成为海内外关注的投资热土，成为各方面人士向往的环境宝地、生活佳地和创业福地。

（五）以统筹城乡发展为路径，深入推进城镇化和新农村建设。推动城市建设上水平。坚持科学性、长远性，对标国际国内先进城市，按照精心、精细、精美的要求，在更高的起点上提升城市规划、建设、管理水平。加快人流、物流、资金流、技术流、信息流向城市汇集，每个设区市建成2～3个高端产业聚集区，推动城市聚集能力上水平；加快实施园林绿化和生态保护工程，努力建设资源节约、环境友好型城市，全年城市和县城空气质量稳定达到国家二级标准、好于一级标准天数明显增加，推动城市环境质量上水平；加快城市综合交通体系建设，完善供水、供电、供气、供热、污水处理、垃圾处理、通讯、商贸等基础设施和公共服务设施，市、县市政设施完好率分别达到90%、80%以上，推动城市承载功能上水平；加快保障性住房建设，大力发展公共租赁住房，力争到2015年中等偏下收入住房困难居民住有所居，推动城市居住条件上水平；加快城市景观整治和建筑美化，每个市打造3～5个、每个县打造2～3个标志性建筑、标志性街区、标志性景观，推动城市风貌特色上水平；加快城市规划、城市管理和住房保障数字化、信息化，深入开展文明城市创建活动，推动城市管理服务上水平，努力建设繁荣舒适的现代化城市，力争2015年全省城镇化率达到54%。推动新民居建设有序开展。坚持群众自愿、规划先行、类型多样、培育产业、政策规范的原则，积极稳妥地推进农村新民居建设，到“十二五”末力争完成10 000个以上行政村的新民居建设任务，规范落实好土地增减挂钩、占补平衡的政策，探索走出一条既增加农民收入、改变农村面貌，又集约节约土地的新农村建设好路子。推动城乡一体化发展。着眼实现城乡规划、管理体制、产业发展、市场体系、基础设施、公共服务一体化，抓好石家庄、唐山2市城乡一体化试点，抓好环首都14县（市）统筹城乡发展先行区建设，抓好冀州、任丘、巨鹿、涉县等12个县（市）统筹城乡发展示范县建设，大力发展县域经济，力争“十二五”末县域生产总值突破20 000亿元。

（六）以深化改革开放为动力，增创经济发展新优势。推进重点领域和关键环节改革。坚持深化国有企业改革，推动国有大中型企业建立比较完善的现代企业制度，健全国有资产监管和运营体系；深化医药卫生体制改革，按照保基本、强基层、建机制的要求，完成五项重点改革任务；深化财税金融体制改革，构建科学规范的地方公共财政体系、高效安全的金融服务体系；继续深化农村综合配套、行政管理体制等各项改革，构建有利于科学发展的体制机制。加快发展非公有制经济。坚持政治上放心、思想上放开、政策上放宽、发展上放胆、工作上放手，鼓励大、中、小各类规模的民营企业共同发展，一、二、三产业等各个行业的民营企业竞相发展，力争2015年民营经济增加值实现翻番、年均增长15%左右，占全省生产总值的比重达到70%以上、上缴税金占全部财政收入的比重达到65%以上、从业人员占二三产业从业人员的比重达到

70%以上。提升开放型经济水平。坚持对内开放与对外开放相结合，加强与京津地区的融合，实施和京津地区错位发展的方略，积极承接京津产业、资金、项目、人才、技术、管理、消费转移；瞄准沿海省份，积极承接长三角、珠三角地区的产业、资金、项目、人才、技术转移；瞄准境外海外，面向欧美日韩、东南亚和港澳台地区，开展全方位的招商引资活动，力争到2015年引进省外内资5 000亿元、年均增长20%以上，实际利用外资100亿美元以上、年均增长20%。

（七）以实施人才强省战略为手段，推进创新型河北建设。切实抓好重点人才工程。落实人才发展规划纲要，积极稳妥地推进“人才家园”建设，着力抓好京津人才、海外高端人才“柔性引进”，抓好高层次创新型人才、农村实用人才、技能型人才、新型工业化人才、现代服务业人才、城市建设人才、民营经济人才、沿海发展人才的培养开发，努力建设一支规模宏大、结构合理、素质优良的人才队伍，到“十二五”末全省人才总量达到800万人以上。加快构建科技创新体系。构建以企业为主体、市场为导向、产学研相结合的技术创新体系，提高全社会研发经费投入占生产总值的比重。

加快发展高新技术开发区等各类创新园区，加快建设重点实验室、工程技术研究中心等技术创新平台，组织实施重大科学技术攻关，突破一批制约产业发展的关键技术，突破一批社会发展和民生改善领域的关键技术，突破一批资源环境领域的关键技术，“十二五”期间全省万人发明专利拥有量年均增长14%左右，到2015年高新技术产业增加值占全省生产总值的比重达到10%以上。

（八）以建设文化强省为载体，促进文化大发展大繁荣。加快文化体制机制改革创新。推进国有文化单位转企改制，加快公益性文化事业单位内部改革，鼓励民营资本进入文化建设领域，着力培育一批资产超50亿元、100亿元、有较强影响力的大型文化企业集团。加快构建公共文化服务体系。实施文化惠民工程，完善公共文化设施，推进博物馆、纪念馆、图书馆、科技馆、广播电视村村通、文化信息资源共享建设，基本建成城乡公共文化服务网络。加快发展文化产业。大力发展新闻出版、广播影视、演艺娱乐等重点产业，加快发展数字出版、移动多媒体、动漫游戏软件等新兴产业，建设一批国家级和省级文化产业园区。加强对文化产品生产的引导。推出一批文艺精品，打造一批燕赵文化知名品牌，“十二五”末文化产业增加值完成1 500亿元以上、占全省生产总值的比重达到5%。

（九）以促进社会全面进步为目标，大力发展社会事业。优先发展教育事业。坚持育人为本、全面实施素质教育，力争到2015年教育发展主要指标超过全国平均水平。基本普及学前三年教育，毛入园率达到70%；提高九年义务教育质量，巩固率达到94%；普及高中阶段教育，毛入学率达到90%以上；高等教育大众化水平进一步提高，毛入学率达到37%以上，建成2～3所国内知名高水平大学。加快发展医疗卫生事业。建立起覆盖城乡的基本医疗卫生制度，逐步实现城乡居民病有所医，力争“十二五”末农村卫生服务全面实行乡村一体化管理，城市社区卫生服务街道覆盖率达到100%。大力发展体育事业。深入开展全民健身运动，增强竞技体育实力，城市街道、农村乡镇和60%的行政村建有公共体育健身设施。做好人口计生工作。稳定低生育水平，提高出生人口素质，遏制出生人口性别比偏高的趋势，积极应对人口老龄化，人口自然增长率控制在7.13‰以内。

（十）以保障和改善民生为目的，全面建设和谐河北。坚持以人为本、民生为重，建立完善符合省情、比较完整、覆盖城乡、可持续的基本公共服务体系。提高城乡居民收入。制定实施河北省收入分配改革方案，努力实现居民收入增长和经济发展同步，劳动报酬增长和劳动生产率提高同步，力争到2015年城镇居民人均可支配收入达到24 300元以上，农民人均纯收入达到8 200元以上。千方百计扩大就业。实施更加积极的就业政策，五年累计新增就业335万人，登记失业率控制在4.5%以内。保障劳动者合法权益，建立和谐劳动关系。健全社会保障体系。城镇养老保险和新型农村养老保险覆盖人数分别达到1 280万人、3 570万人，城镇基本医疗保险覆盖面稳定在90%以上，新农合参合率稳定在95%以上。加强住房保障建设。建设廉租住房、公共租赁住房、经济适用住房和限价商品住房90万套、各类棚户区改造住房40万套，继续改造农村危房，城镇人均住房面积15平方米以下的低收入家庭实现应保尽保；增加普通商品住房有效供给，促进房地产市场平稳健康发展。积极开展扶贫济困。实施整村推进扶贫工程，基本完成3 000个贫困村整体脱贫任务；切实做好残疾人、孤老、孤儿等弱势群体的社会救助工作。大力改善生态环境。广泛开展植树造林，力争完成造林面积2 100万亩、治理水土流失面积10 000平方千米，加强对水源涵养区、自然保护区、海岸线、湿地等重要生态功能区的保护，切实解决饮用水、空气、土壤、噪声污染等突出问题。切实强化安全生产。深入开展“食品药品安全省”创建活动，把食品药品安全监管贯穿生产、经营、使用全过程。严格安全生产目标控制、考核、督办和责任追究，建立安全生产长效机制，确保生产安全事故起数、死亡人数“双下降”。努力打造平安河北。积极构建大维稳格局，深入推进社会矛盾化解、社会管理创新、公正廉洁执法三项重点工作，完善社会稳定风险评估、突发事件应急管理机制，积极做好信访工作，加强社会治安综合治理，确保社会大局稳定。

各位代表，“十二五”的蓝图已经绘就，序幕已经拉开，号角已经吹响。“雄关漫道真如铁，而今迈步从头越”。我们坚信，有党中央、国务院和省委的坚强领导，有全省人民的团结奋斗，今后五年的宏伟目标一定会实现、也一定能够实现，一个更加富饶、更加秀美、更加幸福的新河北必将展现在燕赵大地、呈现在世人面前！

三、2011年经济社会发展的重点工作

今年是中国共产党成立90周年，也是“十二五”时期开局之年。我们要认真贯彻落实党的十七届五中全会、中央经济工作会议和省委七届六次全会、全省经济工作会议精神，以科学发展为主题，以加快转变经济发展方式为主线，落实积极的财政政策和稳健的货币政策，着眼实现经济平稳较快发展、调整经济结构迈出新步伐、通胀预期得到有效管理这个宏观调控的核心目标，把“稳增长、调结构、控物价、惠民生”作为主攻方向和着力点，确保全省生产总值增长9%左右，全部财政收入可比增长11.5%、地方一般预算收入可比增长11%，城镇居民人均可支配收入增长9%左右，农民人均纯收入增长8%以上，确保“十二五”开好局、起好步。重点抓好以下十个方面的工作：

（一）着力抓好投资和项目建设。坚持把项目建设作为保增长促发展的重要支撑、转方式调结构的有力抓手，切实抓好计划安排的年度投资2 600亿元的1 000项省重点建设项目。做到紧盯紧办，抓住时机积极与国家部委沟通衔接，争取更多的重点项目列入国家“十二五”规划和年度计划，争取更多的项目落地河北，争取更多的政策、资金等要素向河北倾斜；全力推进，加强协调，科学调度，强化土地供应、资金需求等要素保障，保工期、保质量、保安全，千方百计加快建设进度，确保400个续建项目完成年度投资计划、500个项目开工建设、200个项目竣工投产；发挥效益，以项目建设带动各类投资快速增长，力争年内全社会固定资产投资完成17 540亿元、增长18%以上，其中城镇固定资产投资15 500亿元、增长20%左右，促进经济平稳较快发展。

（二）着力调整优化产业结构。以转型升级为重点加快改造传统产业。引导企业积极开展“对标行动”，大力推进技术改造，实施1 000项技改工程。钢铁工业重点抓好减量、提档、整合，大力发展汽车、家电、船舶、航天用材等精品钢材，做好曹妃甸京唐钢铁二期、渤海钢铁、石钢搬迁等项目前期工作；装备制造业重点抓好唐山高速动车组、山海关船舶制造、长安汽车发动机等项目建设，加快发展配套产业，延伸产业链条；石化工业重点抓好石家庄炼化800万吨扩能改造、华北石化1 000万吨油品质量升级、沧州炼化、中捷石化扩能改造、宁晋盐化工等项目建设，力争曹妃甸1 000万吨炼化基地项目前期工作取得实质性进展；建材、轻工、食品、纺织服装等产业，重点发展壮大一批行业领军企业，形成特色产业集群。以核心引领为关键大力培育战略性新兴产业。制定落实新兴产业发展规划和配套政策，加快推进保定国家新能源、邢台光伏发电、张承风力发电等产业发展，加快推进廊坊、秦皇岛等电子信息产业基地建设，加快推进石家庄高端医药产业园等项目建设，加快推进邯郸新材料、承德钒钛新材料、唐山钛材料、邢台碳材料等项目建设，力争高新技术产业增加值达到1 600亿元、增长25%以上，形成新的经济增长点。以示范工程为抓手强力推进节能减排。深入实施“双三十”示范工程，推进100项节能技改、200个污染减排项目建设，对年耗能万吨标煤以上的1 000家重点用能企业、1 000家重点排污企业实施全程监控，确保单位生产总值能耗和二氧化碳排放量均下降3%，化学需氧量、二氧化硫和氨氮、氮氧化物排放量均削减1.5%；加大淘汰落后产能力度，确保完成国家下达的计划目标。大力推进建筑节能和绿色建筑，抓好唐山湾新城、黄骅新城、正定新区、北戴河新区四个生态示范新城（新区）建设。以成果转化为重点加大科技创新力度。充分发挥毗邻京津优势，打造环首都科技谷创新平台，加强与京津高等院校、科研院所的合作，加快建设钢铁、能源等10大工业技术研究院，组建循环经济、生态城市、电动汽车等省级工程技术研究中心、重点实验室和产业技术创新联盟，推动科技成果孵化和产业化，力争新增国家工程技术中心2家、专利申请1 200件、高新技术企业150家。

（三）着力发展农业农村经济。努力再夺粮食丰收。坚持稳定面积、依靠科技、提高单产、增加总产，加快建设39个国家级农技推广示范县，集中力量打造4 000万亩粮食生产核心区，力争粮食单产、总产稳定增长。提高产业化经营水平。坚持培植龙头、壮大规模、建立基地、带动农户，大力培育乳品、肉类、粮油、果品、水产等产业，深入实施“百龙腾飞工程”（100个亿元以上产业化项目），突出抓好今麦郎、金海粮油、福成集团等366家省级重点龙头企业，销售收入达到1 520亿元、增长15%以上，带动农户460万户，农业产业化经营率达到60%。扩大蔬菜种植规模。坚持建网络、创品牌、进城镇、上超市，充分发挥蔬菜生产合作社的作用，加快24个蔬菜产业示范县和环首都蔬菜物流配送中心建设，提高精特高蔬菜比重，确保全省蔬菜总产量达到7 500万吨。切实抓好新民居建设。充分尊重群众意愿，积极稳妥地推进新民居建设，今年再规划建设2 000个新民居示范村。同时，加强以农田水利为重点的基础设施建设，启动实施新一轮农村电网改造。

（四）着力推动工业聚集发展。加快工业（产业）聚集区建设。在充分发挥现有48家国家级、省级开发区作用的同时，高标准编制工业（产业）聚集区总体规划和专项规划，加快推进路、电、水、气、讯、污水垃圾处理等基础设施和公共服务设施建设，促进项目和产业聚集，每个聚集区尽快建成一批投资1亿元以上规模大、技术高、关联度强的重点项目，力争主营业务收入超100亿元以上的工业（产业）聚集区达到20个以上。加快工业向沿海转移。以黄骅港、曹妃甸港为依托，启动建设100平方千米的渤海新区冀中南工业区、110平方千米的曹妃甸新区冀东北工业区，推动钢铁、石化、煤化、盐化、重型装备制造等重化工业向沿海转移，力争完成投资800亿元以上。加快培育大型企业集团。在财政、信贷、发债、用地、技术改造、兼并重组等方面给予政策倾斜，支持河北钢铁、冀中能源、开滦集团、河北建投、港口集团、河北航空、旭阳焦化、新奥能源、长城汽车、英利集团、晶龙集团、美的集团、新兴铸管等企业做大做强，力争销售收入超500亿元的企业达到5家、超1 000亿元的达到3家。搞好工业生产运行调节。加强协调调度，推进产需衔接、银企对接，完善省、市、协会、重点企业“四位一体”的监测体系，抓好销售收入亿元以上企业煤电油运等要素供应，保证企业生产经营，促进工业经济快速发展，力争规模以上工业增加值达到9 300亿元、增长13%以上。

（五）着力培育壮大现代服务业。推动旅游业发展上台阶。加快大西柏坡红色旅游开发，推进环京津休闲旅游产业带建设，深化承德、秦皇岛旅游综合改革试点，打响历史文化旅游、红色旅游、皇家旅游、海洋旅游、生态旅游、冰雪旅游等品牌，力争接待游客达到1.7亿人次、旅游业总收入突破1 000亿元。推动商贸物流业提档次。编制实施环首都、环渤海、冀中、冀南四大商圈发展规划，推进环首都6个现代物流园区和16个省级物流聚集区建设，培育发展第三方物流企业，构建覆盖面广、高效畅通的现代物流网络，力争物流业增加值增长20%以上，社会消费品零售总额达到8 000亿元、增长18%。推动金融保险业强实力。充分发挥环首都优势，搭建金融对接平台，吸引各类金融保险机构落户河北；强化各级政府的融资能力，做大做强河北建投、国控担保等省级投融资平台，支持城市商业银行等地方金融机构壮大规模，积极稳妥地发展担保公司和小额贷款公司，大力开发金融新产品；促使更多的企业上市，力争新增贷款2 000亿元以上、直接融资达到500亿元以上。推动服务外包业扩规模。着力抓好信息技术服务、数据处理、客户服务、建筑设计等服务外包，吸引跨国公司地区总部、研发中心等落户河北，力争服务外包业收入增长15%以上。推动会展业创品牌。加快建设石家庄、廊坊、唐山、秦皇岛、邯郸、沧州等会展中心城市，组织好廊坊经洽会、曹妃甸投洽会、冀台经济合作洽谈会、邯郸国际采购经洽会等重大节会，提升陶瓷、丝网、羊绒、皮草、箱包等博览会档次，打造河北会展品牌。

（六）着力推进城镇建设三年上水平。坚持不懈地把城镇面貌三年大变样引向深入，力争完成城市基础设施投资1 890亿元、增长18%，大力开展园林绿化、道路交通、污水垃圾处理、便民设施、容貌环境和公共服务等专项提升行动，推动城市建设上水平、出特色。在聚集产业上实现新突破。做好经营城市大文章，把城市拆建改造腾出的土地等资源更多地用于产业开发，聚集优质产业、先进生产要素和优秀人才，加快推进商贸流通、餐饮服务、文化娱乐、休闲旅游、夜间经济发展，以城带产、以产兴城。在惠及民生上实现新突破。完善食、宿、购、健、医、娱等便民设施，改善交通和居住环境，大力实施洁净工程，推进灯光照明工程，扩大绿地覆盖率，提高城市净化、绿化、亮化、美化水平，让居民出行更便捷、生活更舒适。在城乡统筹上实现新突破。增强城市建设发展对周边乡村的拉动作用，促进基础设施向农村延伸、公共资源向农村配置，逐步实现城乡公共服务均等化。

（七）着力打造区域经济增长极。在服务对接京津上下工夫。力争今年3月底前编制完成环首都经济圈产业发展规划，加快与北京在规划、交通、通信、金融、市场、社保等方面的对接，确保11个新兴产业示范区、5个养老康复基地、8个休闲度假基地、13个观光农业基地开工建设。在聚集临港产业上下工夫。抓紧完成沿海经济隆起带产业规划编制工作，推进黄骅综合大港二期工程、秦皇岛港西港东迁工程建设，壮大精品钢铁、石油化工、装备制造等临港产业，加快培育高新技术、新能源、港口物流、滨海旅游、海洋经济等新兴产业。在统筹区域发展上下工夫。推动石家庄市充分发挥省会优势，着力发展现代服务业、生物医药、电子信息、旅游等产业，加快建设现代省会城市；推动衡水市充分发挥农业资源、衡水湖优势，着力发展现代农业、新型工业、生态旅游等产业，加快建设北方湖城；推动邢台市充分发挥紧邻太行山的资源和交通优势，着力发展光伏产业、煤盐化工、食品加工等产业，加快建设冀晋鲁地区重要节点城市；推动邯郸市充分发挥历史文化和矿产资源优势，着力发展精品钢铁、装备制造、现代物流等产业，加快建设冀晋鲁豫接壤区域中心城市。

（八）着力深化改革开放。深入推进重点领域和关键环节的改革。深化国有企业改革，加快国有资产战略重组，支持河北钢铁、冀中能源、开滦集团、河北建投、港口集团、河北航空、高速公路集团等企业进行联合并购、资产整合；进一步做好企业上市融资大文章，推动开滦集团等主业整体上市，完成港口集团秦港股份上市，力争全年新增境内外上市企业20家以上。深化医药卫生改革，围绕三项要求、五项重点改革内容，选择部分市县在以下方面先行试点：村级实现“三个一”，即一个标准化卫生室、一名具备职业资格的医生、一套基本药物保障制度；乡级实现“三个有”，即有一个标准卫生院、有一支适应农村医疗工作的好队伍、有一套基本检测设备；县级医院探索“三个双”，即经营双轨制、医疗服务双价格、医疗队伍双配备；基本药物供应实现“三个零”，即配送零缝隙、价格零差率、使用零盲区；公共卫生服务体系实现“三建”，即为所有群众建立一套健康档案，建立定期检查的制度，建立公共卫生服务的阵地，走出一条符合中央要求、惠及广大农民的医改新路子。深化财税金融改革，完善省以下财政体制，健全预算编制和执行管理制度，推进预算绩效管理，扩大三年滚动预算试点，提高支出预算执行效率和均衡性；依法加强税收征管和非税收入管理，既做到应收尽收、又积极涵养税源；深入推进金融改革，增多金融市场主体，加快农村信用社等地方金融机构改革步伐，防范化解金融风险。同时，进一步推进农村综合配套改革、水利改革和集体林权制度改革，完善村级集体财富机制，大力发展农民专业合作组织，强化水资源对经济发展的保障作用；进一步深化文化体制改革，全面完成电影、演艺、广电、网络等领域经营性文化单位转企改制任务；进一步加强国土资源管理，严格执行国家土地政策，推进资源性产品价格等其他各项改革。

实施更加积极的开放带动战略，大力拓展开放平台，着重构建陆海空运相衔接相配套的综合立体交通体系，加快西柏坡高速、承赤高速、京港澳高速公路改扩建和滨海大道等项目建设；加快京石、石武、京沪等客运专线和石家庄南站、正定机场高铁站建设；加快正定国际机场改扩建和张家口、秦皇岛、承德民用机场建设，积极做好沧州、邢台支线机场前期工作；确保黄骅港二期工程今年3月开工建设，提升秦唐沧港口群综合功能，年内新增高速公路449千米、铁路1 300千米、高速铁路792千米，通车里程分别达到4 756千米、6 600千米、881千米，力争民航新增旅客吞吐量150万人次、达到450万人次，港口新增吞吐能力4 200万吨、达到5.28亿吨。切实用好内资外资，落实加快开放型经济发展的意见，健全省、市、县招商引资责任制，兑现1‰的奖励政策，调动各方面招商引资的积极性，加强与央企、大型民企、外资企业的合资合作，最大限度地引进项目、资金、技术和人才，力争全年引进内资3 000亿元、实际利用外资突破50亿美元。不断扩大对外贸易，适应国际市场需求变化，调整出口产品结构，狠抓重点行业、重点企业、重点产品，力争出口总额达到246亿美元、增长12%。同时，积极实施"走出去"战略，鼓励企业到境外开发矿产资源、开展海外并购和工程承包，扩大境外劳务输出。

（九）着力发展民营经济。认真落实关于加快民营经济发展的意见，切实做到"低门槛"，坚持非禁即入，放宽民营资本的准入条件；"零注册"，对登记的个体工商户、民营企业免收登记类、证照类行政事业性收费；"轻税赋"，落实扶持民营经济发展的税收政策；"强支撑"，在土地供应、金融信贷、技术人才等方面给予大力支持；"少检查"，严格控制针对民营企业的各类检查；"重激励"，每年表彰奖励一批发展民营经济先进市、县，评选表彰一次百强民营企业，重奖创业功臣和优秀民营企业家，促进民营经济快速发展，民营经济增加值达到13 500亿元、增长15%以上，占全省生产总值的比重达到60%以上、上缴税金占全部财政收入的比重达到59%、从业人员占二三产业从业人员的比重达到60%以上。

（十）着力办好惠民利民的实事好事。重点办好十个方面的实事：稳控市场价格，加强市场价格预警监管，加大农副产品储备投放力度，建立价格风险调节基金，健全价格应急协调机制，确保市场价格秩序基本稳定，居民消费价格涨幅控制在4%左右。扩大就业规模，重点解决好高校毕业生、农村转移劳动力、城镇就业困难人员和退役军人的就业创业问题，确保城镇新增就业67万人、应届高校毕业生当年就业率达到80%以上、新增农村劳动力转移就业100万人。强化社会保障，进一步提高城乡低保标准，企业基本养老保险人数新增50万人，企业退休基本养老标准月人均提高140元以上，新型农村社会养老保险试点县扩大到50个以上；城镇基本医疗保险人数新增50万人以上，新型农村合作医疗人均筹资标准达到210元。建设安居工程，力争建设保障性住房15万套以上、棚户区改造住房15万套以上，解决30万户以上困难群众的住房问题，加大农村危房改造力度。推进扶贫开发，启动新十年规划第一批2 200个贫困村的整村推进工作，确保20万扶贫对象稳定脱贫。建设饮水工程，年内解决350万农村人口饮水不安全问题。加快教育发展，重点抓好义务教育均衡发展等10个教育改革重点项目，开放非义务教育阶段的办学市场，鼓励社会力量兴办非义务教育；启动实施学前教育三年行动计划，毛入园率达到67%；巩固提高九年义务教育，巩固率保持在92%以上；大力发展职业教育，完成45万人的中职招生任务；推进中小学校舍安全工程，提升高中阶段教育普及水平，提高高等教育质量。完善文化体育设施，确保河北博物馆、省图书馆竣工开馆，谋划建设河北文化艺术中心，推进文化信息资源共享、乡镇和社区综合文化站建设、广播电视村村通、农家书屋、农村电影放映等文化惠民工程，办好第13届中国吴桥国际杂技艺术节。加快省会体育中心等体育设施建设，深入开展全民健身运动。加强基层医疗和计生服务，抓好乡村医护人员培训，完成20个县级医院、15所中心卫生院和6 680所村卫生室建设项目，城市社区卫生服务街道覆盖率达到98%以上。继续做好人口计生工作，人口自然增长率控制在7.6‰以内。切实抓好安全生产和食品药品安全，毫不放松地抓好安全生产，采取强有力的措施，坚决遏制重特大安全事故的发生；

特别要深刻汲取惨痛教训，高度重视，痛下决心，带着感情、带着责任、带着良知，以铁的手腕、过硬的措施，切实抓好食品药品安全整治，斩草除根地解决好存在的突出问题，确保人民群众吃得安全、用得放心，树立起河北食品药品安全的良好信誉。

与此同时，深入实施平安河北和社会管理创新工程，加强社会治安综合治理，不断增强人民群众的安全感；认真做好国防动员、人民防空、民兵预备役工作，大力开展双拥共建活动，促进军民融合式发展；继续做好民族宗教、外事侨务、援疆援藏、气象、地震、地方志、档案、老龄、妇女、儿童、残疾人等各项工作，促进社会事业全面进步。

四、进一步加强政府自身建设

实现“十二五”宏伟蓝图、完成今年的目标任务，需要全省人民共同奋斗，更需要各级政府积极工作。我们必须进一步加强自身建设，切实履职尽责，真正做到为人民服务，对人民负责，受人民监督，让人民满意。

（一）坚持解放思想，在建设创新型政府上再努力。紧紧围绕主题主线，进一步创新发展理念、创新发展模式、创新工作方法，增强抓住难得机遇、推动科学发展的自觉性和坚定性，坚持用改革的办法、创新的思维，积极探索稳增长、调结构的有效途径，研究解决控物价、惠民生方面的新情况新问题，使各项工作更好地体现科学性、增强针对性、富于创造性。

（二）坚持依法行政，在建设法治型政府上下工夫。推进科学决策、民主决策，做到依法治省、依法办事，加强和改进政府立法工作，严格实行执法责任制，自觉接受人大及其常委会的法律监督、工作监督和政协的民主监督，认真听取各民主党派、工商联和无党派人士的意见建议，及时办理人大代表议案、建议和政协委员提案，提高政府的执行力和公信力。

（三）坚持廉洁勤政，在建设责任型政府上严要求。始终牢记“两个务必”，认真落实党风廉政建设责任制，严格遵守法律法规和廉洁从政的各项规定，着力从源头上防治腐败，建立健全预防和惩治腐败的长效机制。深入推进政务公开，提高政府工作的透明度，广泛接受社会公众和新闻舆论的监督，让权力在阳光下运行，树立克己奉公、清正廉洁的良好形象。

（四）坚持求真务实，在建设实干型政府上求突破。做到察实情、鼓实劲、干实事、求实效，把主要心思和精力放在真抓实干、推动发展上，每项任务都做到有部署、有检查、有落实，一项工作一项工作地推进，一个环节一个环节地抓牢，一个问题一个问题地解决，一件事一件事地办好，只争朝夕、雷厉风行，不说则已、说了就干、干就干成、干就干好，确保各项工作高标准推进、高质量完成。

（五）坚持一心为民，在建设服务型政府上见成效。进一步增强宗旨意识、为民意识、服务意识，将更多的公共资源向民生倾斜，更好地为基层、为企业、为群众服务，真正做到情为民所系、权为民所用、利为民所谋，关心群众疾苦、倾听群众呼声、了解群众意愿，想群众之所想，急群众之所急，解群众之所难，办群众之所需，千方百计为人民群众办好事、解难事，让人民群众更好地享受改革发展的成果，过上衣食丰、居住适、病能医、人身安、出行畅、有所乐，更加幸福、更加美好的新生活！

各位代表，燕赵大地古老神奇、春潮涌动、生机盎然，处处充满着新的希望。河北人民勤劳智慧、质朴勇敢、富有创造精神，在历史的长河中创造了彪炳千秋的辉煌，在新中国诞生的革命岁月里做出了可歌可泣的英雄壮举，在改革开放的伟大进程中奏响了激越嘹亮的胜利凯歌，在城镇面貌三年大变样的建设实践中展示了波澜壮阔的精彩画卷，在“十二五”发展的崭新征程中一定会奋勇前进，创造出无愧于时代的新业绩。宏伟的事业激励着我们，人民的期待鼓舞着我们。让我们更加紧密地团结在以胡锦涛同志为总书记的党中央周围，坚持以邓小平理论和“三个代表”重要思想为指导，深入贯彻落实科学发展观，在中共河北省委的正确领导下，同心同德，真抓实干，以时不我待的精神、顽强拼搏的作风，把“十二五”发展的奋斗目标变成美好的现实，把今年经济社会发展的各项任务变成丰收的果实，不断夺取科学发展的新胜利，谱写富民强省的新篇章，迎来河北更加光明、更加绚丽、更加灿烂的明天！

认清形势 加快创新
充分发挥金融对科学发展富民强省的支撑作用

——河北省常务副省长赵勇在全省金融工作电视电话会议上的讲话

（2011年3月24日）

这次会议是在国家宏观调控政策出现新的变化形势下，省委、省政府决定召开的一次重要会议。主要任务是，认真总结“十一五”以来我省的金融工作，深入分析当前金融业发展面临的形势，部署今年和“十二五”的金融工作，努力把全省金融工作提高到一个新水平，为科学发展、富民强省提供强有力的支撑。

“十一五”期间，我省金融业改革发展取得了长足进步。五年来，面对复杂多变的形势，全省金融机构认真贯彻落实国家宏观调控政策和省委、省政府各项决策部署，主动应对国际金融危机的影响和经营发展中的不利因素，积极推进金融业改革发展，有效提升核心竞争力，全力支持我省经济发展和转型，取得了突出成绩。金融布局日趋合理，规模不断扩大，组织体系日臻健全，结构不断优化，改革创新深入推进，总体呈现安全稳健运行态势，为全省经济平稳较快发展提供了强大支撑，为民生改善和社会和谐给予了有力保障。在此，我代表省委、省政府向全省金融战线的45万名员工表示衷心的感谢！下面，我就做好“十二五”时期和今年的金融工作讲几点意见。

一、科学把握当前金融形势，增强做好金融工作的信心

当前，我省面临着极其复杂的金融环境。一是国际经济金融形势不容乐观。目前，国际金融危机的影响依然没有消除，发达经济体经济增长乏力，失业率居高不下，一些国家主权债务危机隐患仍未消除；主要发达国家继续推行宽松货币政策，全球流动性大量增加，国际大宗商品价格和主要货币汇率加剧波动，新兴市场资产泡沫和通胀压力加大；贸易保护主义继续升温，国际市场竞争更加激烈；日本地震、中东及北非局势动荡，不稳定不确定因素仍然较多。二是稳健的货币政策影响正在显现。国家货币政策从适度宽松转向稳健，去年以来连续9次上调存款准备金率，有些股份制银行总行把日均存贷比作为核定分行贷款投放额度的指标，资金供应相对趋紧，项目建设、企业生产的资金缺口较大，特别是对“三农”和中小企业资金链造成很大压力。今年前两个月我省新增贷款余额同比减少155亿元。三是金融结构调整形势紧迫。国家信贷投向发生结构性变化，金融资源向战略性新兴产业和优势区域倾斜，对我省以重化工业为主的传统产业发展造成较大压力，钢铁、水泥、玻璃、石化等行业发展面临困难。四是金融业综合化发展出现新形势。经验表明，实行混业经营的金融机构具有更强的应变能力。但当前我省金融业实行混业经营尚属探索阶段，只有在推进混业经营迈出更大步伐，才能在日益激烈的竞争中生存并发展壮大。

虽然形势严峻，面临着体制的约束，但各级党委、政府决不能束手无策、无所作为。只要走出金融工作“管不着”、”不用管”的认识误区，解放思想、大胆实践，我们在抓金融上就大有可为。一是在汇聚金融资本上大有可为。国家“十二五”规划纲要明确提出，推进京津冀区域经济一体化发展、打造首都经济圈、推进河北沿海地区发展，这标志着我省的发展已被纳入国家区域发展战略布局，将会得到更多的支持。同时，我省战略性新兴产业蓬勃发展，新能源、电子信息、生物医药等领域走在全国前列。这表明，我省完全符合国家关于金融资源向战略性新兴产业和优势区域倾斜的政策导向；我们完全可以抓住机遇、发挥优势，聚集更多的金融资本。二是在引进金融市场主体上大有可为。从目前看，我省的金融主体还不够多，总量还不够大。我们周边省份的贷款总量大体上与其经济总量相当，去年山东各项贷款余额近4万亿元，辽宁各项贷款余额近1．8万亿元，都与他们的经济总量相当；而我省去年各项贷款余额仅为1．6万亿元，与我省的经济总量相差4 000亿元。我省经济总量较大，产业体系完备，具有环绕京津的独特区位优势，金融生态环境不断改善，特别是随着环首都绿色经济圈和沿海经济带开发建设力度的加大，引进国内外金融机构，承接京津、沪深和国际金融总部后台服务的条件已经具备，把河北打造成金融高地的时机已经成熟。三是在做大做强地方金融机构上大有可为。我国金融体制改革和对外开放向纵深推进，市场准入政策有所调整，金融服务领域逐步扩大，为地方金融产业发展带来前所未有的机遇。各级党委、政府要有效利用这一政策和机遇，明确发展地方金融的战略思路，积极推进农村信用社转制为农村商业银行，推进城市商业银行加速发展壮大并且走出去。同时，加强我省地方金融与外埠金融的互动、融合和渗透，充分利用外部资源培植发展我省金融实力。

金融是现代经济发展的核心和命脉。抓好金融工作，就抓住了经济工作的“牛鼻子”，有效带动经济工作全局的活跃；抓好金融工作，就掌握了优化资源配置的“杠杆”，有效撬动经济发展方式转变；抓好金融工作，就能占据经济发展的制高点，在激烈的区域竞争中赢得主动；抓好金融工作，就能有力支撑民生事业的发展，不断提高人民群众的幸福指数。各级党委、政府要清醒认识面临的形势和任务，积极有为地抢抓发展机遇，以改革创新的精神和扎实有效的工作，努力把金融工作提高到一个新水平。

二、以改革创新为根本动力，以扩大合作为基本途径，努力实现河北金融工作的新跨越

“十二五”期间我省金融工作的总体思路是：以邓小平理论和“三个代表”重要思想为指导，全面贯彻落实科学发展观，充分发挥金融在现代经济中的核心作用，围绕构筑环首都绿色经济圈、壮大沿海经济隆起带、打造冀中南经济区、培育一批千亿元级产业集聚区和大型企业集团，以服务全省经济社会发展为主题，以市场为导向，以建立健全多层次、多元化、开放性的金融体系为基础，以增强金融业核心竞争力为主线，大力促进创新，打造现代金融产业，构建起党委政府推动、金融机构主导、全社会支持的工作格局，实现我省金融工作的新跨越。全省金融业实现增加值年均增长12．5%左右，占全省生产总值的比重达到4%以上；存贷比达到全国平均水平以上；新增上市企业100家以上，资产证券化率达到全国平均水平以上；保险深度达到5%左右，保险密度达到1 900元/人左右。

（一）合理规划金融产业布局，打造金融产业发展高地。一是建设金融中心城沛。以冀中南经济区为依托，以石家庄为中心，建设全方位的政策支持体系、多层次的金融市场体系、多样化的金融组织体系、立体化的金融服务体系，创建具有全省金融决策中心、监管中心、信息中心和综合配套服务中心等功能的金融中心城市。二是建立开放的资本市场。以环首都绿色经济圈为依托，以承德、张家口、廊坊、保定为支撑，以私募股权基金和非存款类金融机构为主体，发行各类企业债券、中期票据、短期融资券和公司债券，推进房地产及其他企业固定资产的证券化；加快非上市公司股权交易市场以及环首都银行、基金、保险、期货等公司建设，不断开发新的金融衍生工具，开辟新的融资渠道，开拓环首都资本市场。三是创建离岸金融市场。以沿海经济隆起带为依托，以发展外向型、开放型和创新型金融为主旨，开办离岸金融业务，建设离岸金融市场，在条件具备时打造离岸金融公司聚集区，把曹妃甸新区建设成我省与国际金融接轨的平台，组建曹妃甸银行。在国家政策允许的条件下，对新兴金融机构、金融业务及其衍生品开展先行先试，从体制和机制上为全省金融改革开辟新途径。四是建设金融产业聚集区和服务区。廊坊和石家庄市要加快建设中国北方金融产业后台服务基地，有条件的地方建设金融卫星城。

（二）增多做强金融市场主体，汇聚金融资源和人才。一是做好做强现有金融机构。支持国家政策性银行、国有商业银行、股份制银行以及邮政储蓄银行深化改革，进一步完善分支机构和基层网点服务功能，发挥银行业的领军作用。二是实施“引银入冀”工程。引进有实力的银行（证券、保险）企业来我省设立中国总部、分支机构或出资设立法人外资机构，重点引进中国进出口银行、平安银行、浙商银行等。石家庄、廊坊以及有条件的设区市要积极争取国内金融机构来冀设立后台业务、产品研发、客户服务、数据备份中心。三是大力发展新型金融机构。重点发展农村新型金融机构，加快村镇银行、小额贷款公司建设，争取50%的县（市）建成一家新型农村金融机构。加快推进小额贷款公司试点，力争全省达到300家小额贷款公司。四是加快金融人才聚集。要解放思想，创新政策，大力引进熟悉国际金融市场、精通金融衍生工具和金融创新技术的高级人才来河北创业和发展。银行业、证券业、保险业协会建立金融人才库，为全省金融人才引进和自由流动打造平台。各金融机构要积极开发金融产业人力资源，加强员工培训；有条件的地方可实行党政干部与金融机构负责人双向挂职。

（三）发展地方总部金融，培植金融控股集团。一是做大做强城市商业银行。各设区市要鼓励城市商业银存在省内外增设分支机构，在全省各县（市）的覆盖率达到50%。整合地方城市商业银行金融资产，通过增资扩股、联合重组、吸收合并、改制上市等方式，组建省辖地方商业银行，发展地方总部金融，提升地方金融区域聚集能力、辐射能力和调控能力。二是推进农村信用社体制改革。省联社要健全各级联社法人治理结构，鼓励县级联社和市级联社加快股份制改造，积极吸引符合条件的民营资本和外资入股。争取全省50%的县级联社改建成农村商业银行或农村合作银行。条件成熟时，争取组建省级农村商业银行或省级农村金融控股集团。三是组建省属法人保险公司。省金融办、河北保监局要筹建立足河北并逐步向全国延伸的法人保险公司，开办财险或人身险业务，兼顾政策性农业保险业务。四是提高政府融资平台的融资能力。要在规范和整合各类投融资公司的基础上，将投融资平台公司纳入公司贷款，对全省的资源、资产、资金、资本实施整合，对准好的项目尤其是保障性安居工程项目和重大基础设施项目，实现资本化运作。

（四）繁荣信贷市场，增加信贷投放。一是积极争取国家政策支持。继续推进省、市政府与各银行总部的战略合作，争取金融机构总部的支持，特别是争取信贷规模和总部的预留资金，确保每年信贷任务的完成。二是支持重点工程建设。引导各银行机构加大对环首都绿色经济圈、沿海经济隆起带、重点产业聚集区的信贷支持，加大对企业技术改造、兼并重组、节能减排、循环经济发展的“绿色信贷”支持，加大对重大基础设施、民生工程项目的信贷支持。三是加强中小企业信贷服务。各银行机构要在设立“小企业金融服务专营部门”的基础上，积极参与建立和完善中小企业信贷担保体系。继续深化小企业贷款“六项机制”（利率的风险定价机制、独立核算机制、高效的贷款审批机制、激励约束机制、专业化的人员培训机制、违约信息通报机制）建设，开辟“绿色通道”，保障中小企业发展资金需求。四是加大涉农信贷支持力度。人行石家庄中心支行要发挥“窗口”指导作用，对涉农类贷款实行有区别的信贷管理和考核政策，引导金融机构增加对农业产业化、农村新民居建设和农村基础设施建设的支持力度。

（五）大力发展资本市场，提高直接融资比重。一是加大企业上市工作力度。“十二五”期间，实施“5100”工程，全省要实现新增1 000家上市公司的目标。省国资委要着力组织国有大型企业在国内整体上市。各设区市要培育一批民营企业到中小企业板上市融资，鼓励和引导创新型小企业到创业板、场外柜台交易等多层次资本市场融资。省金融办要组织符合条件的企业到国际资本市场上市，重点推动一批条件成熟的中小企业特别是高新技术企业到境外资本市场上市，全面提高上市公司的发展规模和运行质量，力争形成具有河北特色的上市公司群体。二是大力发展债券市场。省金融办、省工业和信息化厅、省发展改革委、人行石家庄中心支行要组织产业园区内若干不具备独立发债资格的中小企业组团发债。引导符合条件企业通过发行企业债券、公司债券、集合债券、中期票据和短期融资券筹集资金。探索市政建设债券和地方政府债券发行试点。三是大力发展期货市场。省金融办、河北证监局要引进省外期货公司，促进期货经营机构多元化，培育期货机构投资者。注重发展订单农业，鼓励涉农部门及生产、加工、流通和外贸企业参与和利用国内期货市场进行价格发现、套期保值。在我省焦炭、焦煤、钢铁、有色金属、粮食主要集散地，申请设立期货交割库。四是大力发展股权交易市场。依托北京中关村代办股份转让系统和天津股权交易所，积极推动我省中小企业开展股权场外交易。推动我省非上市股份制企业股权、碳排放量交易，加大我省节能减排企业的融资力度。

（六）着力推动金融创新，增强金融产业发展活力。一是推进金融机构创新。要大力发展壮大我省非银行金融机构和中介机构，组建新型财务公司、试办汽车金融公司和金融消费公司。支持我省现有渤海信托、金融租赁、财达证券、恒银期货等非银行金融机构做大做强。进一步加强会计、审计、资产评估、投资咨询、保险代理等中介机构建设，不断提升服务水平。加快中小企业担保体系建设，组建2家注册资本金50亿元以上的省级担保集团，其中省国控担保集团要达到100亿元，进入全国大型担保机构行列。二是推进金融产品创新。各金融机构要创新金融产品，积极引进和开发新的金融衍生产品，实现融资模式多元化。探索现代金融业发展模式，加快金融工具、技术、服务、市场和机制创新，盘活现有存量，发展中间业务，提高存贷比例，推动金融服务水平和竞争力的提升。适应群众增加财产性收入的需要，发展各类理财服务。三是推进金融业态创新。积极探索发展新型金融业态，加快推进产融结合，引导支持企业综合运用多种金融工具，走出一条金融资源组合式运用、集群式发展的路子。

（七）加快保险市场发展，切实增强保障功能。一是积极培育和壮大保险市场。河北保监局要实施“绿色保险”工程，建立“曹妃甸保险服务可持续发展试验区”。稳步增加保险公司的数量和类型，规范发展保险中介机构，鼓励和支持包括民营和外资在内的各类社会资本投资保险业，实现保险市场主体多元化。二是深化保险企业改革。保险公司要完善法人治理结构，切实转换经营机制。推进“保险信誉”工程，切实解决理赔难问题。防范金融风险，努力建成经营诚信规范、偿付能力充足、内控严密、综合竞争能力强的现代保险企业。三是拓展保险服务功能。继续推进省政府与各保险公司总部的战略合作，围绕全省重点建设项目，积极协调各保险公司总部运用保险资金投资我省重点工程。进一步推动农业保险保费补贴试点工作，探索我省政策性和商业性有机结合的农业保险发展思路。鼓励商业保险参与新型农村合作医疗。抓好“保险护城河”工程，将责任保险纳入全省灾害事故防范救助体系。

（八）加强区域金融合作，提高对外开放水平。一是推进京津冀金融一体化。借助京津金融资源优势，实现金融运行管理的全面对接，在建成京津冀支付结算服务系统的基础上，推动京津冀和环渤海区域支付结算和产品创新，推动征信系统一体化、产权和票据市场一体化。大力推进京津金融机构在我省设立分支机构，扩大在冀业务，参股我省金融企业。二是加强环渤海金融合作。加强与环渤海省会城市、中心城市金融业的交流，加快推进金融市场一体化建设，加大相互间的支持配合力度，实现环渤海区域金融产业的共同发展。推动建立各省市金融学会、金融监管部门、中心城市间的联系机制和信息沟通机制，激励金融机构开展金融创新和跨区域经营活动，推动金融机构间开展相互持股、业务合作和人才交流。三是积极发挥金融在招商中的作用。利用金融机构的信息和网路优势，开展金融机构对口招商。进一步放宽企业和个人对外投资的汇兑限制，加大对企业“走出去”的支持力度。利用“香港河北周”，重点推介企业在港交所上市。积极推动企业到美国、新加坡、日本等交易所上市，不断拓展境外上市渠道。

三、服务发展大局，破解资金瓶颈，切实做好今年的金融工作

2011 年，是全面实施“十二五”规划的开局之年，也是我省加快发展、加速转型的关键一年。要实现全省经济增长 9% 的目标，加快推进“四个一”战略重点，为整个“十二五”时期发展打下良好基础，必须下大力做强金融这个重要“支撑点”。

（一）要在争取更多的信贷投放上下工夫。今年稳增长和调结构的任务非常繁重，必须要保持一定的资金供应。要发挥银行信贷的主渠道作用，力争全年达到 2 000 亿元以上的信贷规模。人民银行要创造性地贯彻稳健的货币政策，主动加强形势研判，搞好信贷政策与我省产业政策的协调配合，积极拓展信贷增长空间，引导信贷资金更多地投向实体经济。各商业银行要进一步挖掘信贷资源潜力，积极向总部争取政策支持，努力争取银行总部的预留资金，深入开展业务创新，大力支持重点项目建设和产业改造升级，支持我省重点区域发展，支持“三农”中小企业和民生事业发展。政策性银行要充分利用好优惠政策，努力加大对重大基础设施和新农村建设等领域的支持。各级政府和职能部门要大力加强融资保障服务，搭建交流合作平台，列出具体的项目清单，以项目与银行对接，促进银企、银政有效对接。企业要精心谋划符合国家产业政策和信贷政策的项目，研究实行多种融资方式，并通过股权融资、信托融资等多渠道筹集项目资本金，满足银行对资本金的要求。对好的项目，企业不要过多地压低银行贷款定价，努力争取更多的金融资源。

（二）要在充分运用债券上下工夫。债券融资的成本低、规模大、期限长、政策比较宽松，是企业有效利用社会资金、开展直接融资的重要途径。一是增强对债券融资工具的了解和重视。目前我国企业债券的主要品种有企业债、短期融资券、公司债及中期票据、可转债和可分离债等创新型融资工具。企业债的发债主体是大型企业、政府性公司，由国家发改委审批；公司债的发债主体是上市公司，由国家证监会审批；短期融资券、中期票据的发债主体是大型企业，由中国人民银行审批。二是积极培育发债主体。各地各相关部们要对企业进行全面摸底，建立债券融资后备企业资源库，把一批符合国家产业政策、经营稳定、业绩优良、市场信誉好的企业遴选出来，引导和鼓励企业结合自身情况灵活选择债券品种，开展多形式、多渠道的债券融资。三是加强债券融资的组织保障。建立由省金融办牵头，省发展改革委、人民银行石家庄中心支行、河北证监局、省财政厅、省国资委、省工业和信息化厅、省科技厅、省地税局等部门参加的省债券融资工作联席会议制度，负责研究审定全省推进债券融工作的相关政策、措施和行动方案，沟通协调债券融资工作的重大问题。各市和有条件的县（市、区）也要建立相应的联席会议制度，积极为企业与券商、会计、律师、资产评估、担保等中介机构的合作牵线搭桥，引导企业少走弯路，有效降低融资成本。

（三）要在培育壮大金融市场主体上下功夫。金融机构是金融资源韵载体，每新增一家金融机构就能汇聚更多的资金、增加更多的服务。一要抓引进。落实优惠政策，争取广发银行、浙商银行、北京银行等更多的金融机构和后台服务基地入驻我省。加强与北京市建设“国际金融中心城市”和天津市创键“全国金融 改革创新基地”的互动，积极打造金融合作共同体。二要抓扩展。鼓励现有的股份制银行到省会以外的设区市设立分支机构，鼓励支持我省城市商业银行加快向县域延伸，扩大覆盖面，填补空白点，鼓励有条件的金融机构到省外开展跨区域经营。加快推进农村信用社改革，做好增资扩股工作，力争年内完成20家符合条件的县级联社改制为农村商业银行。三要抓新建。围绕构筑环首都绿色经济圈、壮大沿海经济隆起带，筹建环首都银行、曹妃甸银行等金融机构。省金融办、河北保监局要加快“燕赵财产保险股份有限公司”组建步伐。争取设立10家以上的私募股权投资基金公司，全省村镇银行争取新增10家，新增小额贷款公司20家。

（四）要在扩大企业上市融资上下功夫。当前间接融资受到规模限制，直接融资成为一个大有潜力可挖的重要融资方式。推进企业上市，是扩大直接融资比重的重要举措。要采取“政府引导、企业运作、政策扶持”的方式，力争今年实现20家以上的企业到多层次资本市场上市融资。全省金融办系统和证监局要加强对全省企业上市融资工作的协调配合，做好宣传发动和上市指导服务。要有针对性地做好上市培育工作，继续完善上市后备资源库，使全省总量保持到1 000家左右。各市要进行摸底调查工作，坚持分类指导，对于那些今年具备上市条件并完成前期上市工作的企业要重点推动，争取尽快上市，政府要给予必要的政策扶持；对于那些基本具备上市条件、具有上市可能的企业，要加大上市指导和辅导力度，争取今年能够上市；对于上市条件还不够成熟的企业，也要做好基础性的培育工作，为其今后上市奠定基础、创造条件。

（五）要在发展股权投资基金上下工夫。当前，股权投资基金正处在快速发展时期。要积极扶持以私募股权投资基金为代表的各类股权投资基金的发展，推动组建一批产业投资基金和创业投资引导基金，规范扶持一批成长型企业股权投资基金，培育壮大一批创业投资基金。将我省现有的科技、信产投和国富投等建成国有控股的私募股权投资基金公司，省建投和省国控要将其具备条件的子公司或控股公司改造成私募股权投资基金公司。大力引进境内外知名的、有实力的大型私募股权投资基金公司到我省建分支机构，参股控股建立新的股权投资基金，参与我省的经济建设。要加大对股权投资管理公司的政策支持，对在我省设立的股权投资管理公司，在缴纳有关税费等方面要给予适当的优惠和减免。对在省内注册资金1亿元以上、管理基金规模超过10亿元且对当地经济带动作用大的股权投资管理公司，经批准可享受金融机构总部相关政策，所在地政府可以给予一次性奖励。各级政府及有关部门要搞好服务，在核准手续、要素保障等方面提供便利。

（六）要在强化保险业的保障作用上下工夫。保险业是经济社会发展的重要保障，一方面，商业保险作为社会保障体系的重要组成部分，能够满足人们各方面的保障需求；另一方面，保险业具有融资功能，保险资金已成为经济建设的重要资金来源。各保险公司要加快开发针对“十二五”重大项目建设的一揽子组合产品，为重大基础设施建设提供风险保障。有效推动政策性农险工作，积极争取列入全国政策性森林保险试点省份。大力引进保险资金投资我省重点基础设施、千亿元级工业集聚区和大型企业集团，为经济建设提供有力的资金支持。大力开展“绿色保险”，以安全生产责任险、环境污染责任险、校园安全责任险和医疗事故责任险为重点，推进平安河北建设。推动保险公司参与社会保障体系建设，抓好商业补充医疗保险试点。

四、增强工作主动性、创造性，大力推进金融兴省

面对新形势、新情况、新任务，我们必须加强对金融工作的领导，大力推进金融兴省，各级各有关部门要在以下五个方面，进一步增强工作的主动性和创造性。

（一）在健全领导体制上增强主动性、创造性。加强对金融工作的组织领导，建立完善金融领导体制，是金融改革发展的重要保障。各市、县政府一把手要亲自抓，亲自协调解决金融工作的重大问题；分管领导要直接抓、具体抓，努力成为金融工作的行家里手；各级领导干部都要学金融、懂金融。要高度重视金融工作机构建设。2009年省政府机构改革升格了省金融办，明确了省金融办对全省金融工作的综合协调和宏观指导职责，今年又对省金融办职能进行了完善和强化，增加了维护全省金融稳定和推动金融合作的任务。各市、县也要按照省里的做法，强化金融办职能和队伍建设。金融办职责不完善、机构不健全、人员不足的设区市，要尽快理顺关系、明确职责，充实力量。要严把人员入口关，广开视野选调专业人才，尽快将各级金融办建设成为专业化机构。要抓紧设立河北省金融产业决策咨询委员，聘请知 名金融专家作为咨询委员会成员，为全省金融产业发展提供决策咨询。

（二）在改进管理手段上增强主动性、创造性。地方政府要注重通过社会管理和公共服务来支持金融产业的发展，加强协调服务，密切与人民银行和各金融监管机构的联系沟通，为金融产业发展和金融资本聚集创造条。完善金融运行分析例会制度，切实发挥好河北省货币信贷执行委员会的作用，定期召开全省经济金融形势分析会，及时公布全省国民经济和社会发展有关信息，研究解决金融产业改革和发展中遇到的困难和问题，加强地方产业政策与金融机构信贷政策的协调配合。搭建和完善政银、银企对接洽谈平台，引导金融机构加大对地方经济社会发展的支持力度，推动政银企三方共赢。探索组建河北省金融产业协会，充分发挥行业协会在自我约束、纠纷协调、信息沟通、协助监管、改善服务等方面的作用。

（三）在完善调控方式上增强主动性、创造性。金融业发展具有政策变化快、业务创新快、知识更替快的特点，这就要求我们要跟踪了解政策和形势变化，把握金融发展规律，更好地发挥主观能动作用，创造性地开展工作。要搞好区域性金融产业发展规划，强化规划执行，推动金融产业健康有序发展。要强化对金融机构的激励政策，对支持我省经济社会发展业绩突出的金融机构进行表彰奖励，对业绩特别突出、贷款增加量较大的机构予以重奖。各级政府要高度重视加强金融生态环境建设，积极帮助金融机构解决实际困难和问题，为金融产业发展创造良好条件；全面推进社会信用体系建设，加大失信行为惩戒力度，强化各类组织和公民个人的信用意识；采取金融监管部门与公安、法院、工商、税务等部门联合执法方式，共同打击金融领域的各种违法、违规行为，增强监管合力，形成以政府为主导、金融监管部门为主体、有关执法部门为支撑、全社会共同参与的金融安全体系。

（四）在激活企业融资功能上增强主动性、创造性。各级金融办要通过组织上市培训会、推介会、咨询会等多种形式，按照“一企一策”的原则，帮助规模以上企业设计适合其发展需要的融资方案，多种渠道解决资金需求。省政府将每年从产业发展专项资金中安排企业上市引导资金，用于补贴拟上市企业的中介服务费、培训费和前期费用，垫付企业改制上市过程中因增利润而形成的部分新增税费等。市、县政府也要按照这样的思路，加强对上市企业的支持。

（五）在强化考核评价上增强主动性、创造性。省金融办要将省委、省政府确定的“十二五”金融工作目标，分年度逐项分解落实到设区市、省直有关部门、金融机构等责任主体，实行目标责任制，每年底进行专项考核。各设区市要将金融工作情况作为领导干部考核的重要内容，并强化考核结果的运用. 要建立和完善金融选人用人考核激励机制，今后地方金融机构的行长或总经理，一律面向全国聘任，实行任期目标岗位责任考核，依据考核结果实施奖惩。进一步改革地方金融企业现行的人事制度、薪酬制度，建立科学合理的目标考核和激励约束机制，全面调动干部职工的积极性。

第一部分

金融形势综述

特载

▶ 第一部分　金融形势综述

第二部分　金融机构概览

第三部分　学术调研

第四部分　金融规章选编

第五部分　大事记

第六部分　经济金融统计资料

第七部分　金融机构名录

河北省经济金融

综　述

2011 年，河北省经济社会发展保持了增长较快、结构优化、效益提高、民生改善、协调性增强的良好态势，经济连续几年保持两位数增长。金融机构布局日趋合理，信贷结构优化提升，风险管理持续加强，金融服务不断健全，总体呈现安全稳健运行态势。

【经济运行】2011 年，河北省生产总值实现 24 228.2 亿元，比上年增长 11.3%，接近十年来 11.5% 的年均增长速度，基本恢复到国际金融危机以前正常水平，表明河北省经济发展正在由政策刺激向自主增长有序转变。

（一）供给支撑有力，经济运行质量继续改善

1. 农业生产稳步发展。粮食总产量突破 600 亿斤，实现“八连增”。全年粮食总产量 634.5 亿斤（3 172.6 万吨），比上年增长 6.6%。蔬菜生产加速发展，总产量 7 384.3 万吨，增长 4.4%。畜牧业产品价格持续上涨，促进了畜牧业生产的恢复增长。全省猪牛羊禽肉产量 404.0 万吨，其中猪肉产量 246.6 万吨，增长 0.6%；生猪存栏 1 885.2 万头，增长 2.1%；牛奶产量 458.9 万吨，增长 4.4%。畜牧业产值占农林牧渔业总产值的比重为 34.2%，同比提高 0.7 个百分点。农产品供应充足，为促进经济平稳较快发展、平抑物价起到了重要作用。

2. 规模以上工业增加值突破 1 万亿元，保持平稳较快增长。2011 年，规模以上工业增加值完成 10 509.4 亿元，比上年增长 16.1%，增速比全国高 2.2 个百分点。主要支撑因素：一是钢铁和装备制造业是工业增长的主动力，对规模以上工业增长的贡献率分别为 28% 和 26.8%。二是新增企业拉动，全年新增规模以上工业企业 422 家，拉动全省规模以上工业生产增长约 0.5 个百分点。三是保障房等建设工程拉动钢材和建材等行业需求，钢铁、建材行业增加值增长 13.4% 和 22.2%，比上年分别提高 1.3 和 5.3 个百分点。四是产销衔接较好。工业产品产销率为 97.9%，同比提高 0.1 个百分点。

3. 服务业平稳发展。全年服务业增加值增长 10.5%，其中交通运输仓储和邮政业增加值增长 14.6%，对全省经济增长贡献率为 11.1%，为服务业各行业之首；住宿和餐饮业增加值增长 8.2%，同比提高 6.6 个百分点；房地产业增加值增长 9.1%，提高 2.4 个百分点。在传统服务业平稳增长的同时，金融、物流、旅游和文化服务业都实现了较快增长。全年接待海外旅游者 114.1 万人次，创汇 4.5 亿美元，增长 27.6%；接待国内旅游者 1.9 亿人次，创收 1 192.2 亿元，增长 33.8%。

（二）需求拉动协调性增强，对外经贸快速增长

1. 固定资产投资平稳较快增长。全社会固定资产投资 16 404.3 亿元，比上年增长 24.3%，增速同比加快 2.2 个百分点。在建项目 23 975 个，增长 11.4%。其中亿元以上在建项目 4 523 个，增长 20.6%；完成投资 7 718.2 亿元，增长 7.8%。工业特别是装备制造业投资对全省投资支撑较强，工业投资完成 7 408.9 亿元，增长 29.2%，占全省固定资产投资的 46.9%，同比提高 1.8 个百分点。其中装备制造业投资完成 2 459.4亿元，增长 41.1%，对全省工业投资增长的贡献率达 42.8%。房地产开发投资快中有落，完成投资 3 069.6 亿元，增长 35.5%，增速比前三季度回落 8.2 个百分点，同比回落 13.5 个百分点。民间投资增长较快，增长 35.2%，占全省投资的 73.2%，同比提高 6 个百分点。

2. 消费品市场保持较快增长。2011 年，社会消费品零售总额实现 8 035.5 亿元，比上年增长 17.8%，高于全国 0.7 个百分点。热点商品销售快速增长。在限额以上企业（单位）批发和零售业商品零售额中，粮油食品饮料烟酒类增长 30.8%，服装鞋帽针纺织品类增长 25.1%，家用电器和音像器材类增长 33.6%，金银珠宝类增长 46.7%，家具类增长 42.4%，石油及其制品类增长 34.1%，建筑及装饰材料类增长 41.9%，汽车类增长 18.3%。

3. 对外贸易和利用外资实现双突破。进出口贸易规模扩大，进口增速首超出口。全年实现进出口536亿美元，同比增长27.4%，增速高出全国4.9个百分点。其中出口285.8亿美元，增长26.7%；进口250.2亿美元，增长28.3%。全年贸易顺差35.6亿美元，进、出口基本保持平衡。主要特点：一是对欧盟、美国等传统市场贸易增速放缓，对东盟、澳大利亚、巴西等新兴市场贸易大幅增长。二是私营企业进出口表现突出。三是机电产品、高新技术产品以及钢材为主要出口商品。

利用外资快速增长。2011年河北省实际利用外资52.6亿美元，增长20.5%，增速同比加快2.3个百分点。其中，外商直接投资46.8亿美元，增长22.2%。主要特点：一是外商直接投资亚欧较快增长，北美平稳增长。二是第二产业吸引外资增长较快。三是外资企业上市融资以及国内企业境外上市融资大量增加。四是已建成外商投资企业外方增资大量增加。

（三）物价得到有效控制，个人收入增速明显

截至2011年末，全年居民消费价格同比上涨5.7%。工业生产者购进价格同比上涨10.9%。表明物价过快上涨的势头得到了有效遏制，控物价的措施取得了明显成效。城镇单位在岗职工平均劳动报酬36 166元，比上年提高3 860元，同比增长11.9%，扣除物价因素，实际增长6.2%。河北省最低工资标准于2011年7月1日大幅上调，其中，一、二、三档分别提高200元，四档提高170元。各档月最低工资标准平均增幅为24.6%，调整的最低工资水平在全国居上游。全年城镇居民家庭人均总收入19 591.91元，同比增长13.0%；城镇居民人均可支配收入18 292.23元，同比增长12.5%，增速较上年同期增加2个百分点；农民人均纯收入实现“增加额超千元，纯收入过七千”的双突破，增加额和纯收入分别达到1 162元和7 120元，同比增长19.5%，增速较上年同期增加3.8个百分点，比当年城镇居民人均可支配收入增速高出7.0个百分点。

（四）财政收支均迈上新台阶，保障民生的力度和强度不断加大

2011年，河北省全部财政收入完成3 020.1亿元，占年初计划的109.8%，同比增长25.4%；地方一般预算收入完成1 737.4亿元，占年初预算的112.6%，同比增长30.4%；分别高于“十一五”期间财政收入平均收入增幅7个百分点和9.5个百分点。全部财政收入从2009年迈上2 000亿元到2011年突破3 000亿元，仅用了两年时间，占生产总值的比重升至12.5%，财政实力进一步增强。

2011年，河北省认真落实积极的财政政策，加大支出结构调整，集中财力保重点、保民生，财政支出进度创近年来最好水平。全省一般预算支出完成3 509.6亿元，占调整预算的94.1%，同比提高0.9个百分点，增长24.4%。其中：民生方面支出2 684.6亿元，占全部支出的76.5%。重点支持了教育优先发展，农村合作医疗、城镇居民基本医疗保险基本实现全覆盖；全省保障性安居工程开工38.5万套，超额完成年初预定目标。争取中央预算内基建资金121.7亿元和地方政府债券73亿元，全部落实到具体项目和保障性安居工程；节能环保支出105.2亿元，单位GDP能耗等节能减排指标超额完成。全面落实支农惠农政策，全省农林水事务支出353.5亿元，确保了粮食总产“八连增”。大力发展现代农业，争取国家农发资金12.2亿元，创近年最大增幅（40%），总量和增量均居全国首位。

（五）节能降耗成效显著，能源利用率稳步提高

2011年，河北省通过“十一五”节能减排奖励办法，分四类下达各设区市“十二五”及年度节能减排目标任务；选定新“双三十”单位，并与老“双三十”单位一并推进，对1 239家重点用能企业开展专项监察；争取国家资金支持了118个节能减排项目建设，单位能耗降低率超额完成年初计划目标。初步预计，单位生产总值能耗下降3.66%，化学需氧量、二氧化硫、氨氮排放量分别削减1.53%、1.5%和2.39%。

【金融运行】（一）存款保持稳步增长，定期存款增势加快。2011年，河北省银行类金融机构人民币存款余额29 564亿元，比年初增加3 489亿元，余额及增量均居全国第九位，同比增长13.3%。

定期存款比年初增长18.8%，高于存款平均增速5.5个百分点，明显快于活期存款增速。个人存款同比多增，单位存款同比少增。

（二）贷款投放均衡，信贷结构进一步优化。2011年，河北省银行类金融机构人民币贷款余额18 145亿元，比年初增加2 423亿元，余额及增量均居全国第十位，超额完成了年初制定的2 200亿元预期目标。短期贷款同比多增390亿元，占全部贷款增量的56%，比年初增长17%，高于贷款平均增速1.4个百分点，高于中长期贷款增速1.2个百分点。

绿色信贷、涉农和小企业等薄弱领域和行业金融服务进一步加强。主导产业、消费环节、基础设施等得到大力支持，制造业、批发和零售业、个人贷款和交通运输业新增贷款位居新增贷款市场份额的前四位，占河北省贷款增量近八成。房地产开发贷款得到有效控制，房地产业贷款同比少增，增速低于贷款平均增速4.9个百分点。

地方法人金融机构对实体经济支持力度显著增强。2011年，河北省农村金融机构和城市商业银行新增贷款707亿元，贷款增速高于全部贷款增速约2个百分点，新增贷款占全省新增贷款比重由年初的27%提高到30%。

【金融调控】2011年，河北省金融系统认真实施稳健的货币政策，加强宏观审慎管理，综合运用多种货币政策工具，引导信贷投放总量合理适度，各项金融指标符合调控预期。2011年，非金融企业债务融资（包括短期融资券、中期票据）373.2亿元，同比增加138.2亿元，创历史新高；成功发行河北省第一只2.8亿元中小企业集合票据；开展涉农和中小企业信贷政策导向效果评估，推动了涉农和中小企业信贷政策有效落实。全省新增涉农贷款1 355.4亿元，占全部新增贷款的55.94%；中小企业新增贷款1 300.4亿元，占全部企业新增贷款的86.99%，实现了增速超贷款平均增速的目标；充分发挥再贴现、再贷款的政策引导作用，加大对薄弱环节的支持力度，全年发放再贴现133.9亿元，同比增加7.7亿元；发放支农再贷款52.6亿元，同比多增30.8亿元。

（一）房地产信贷调控政策的影响进一步显现。房地产贷款业务保持低速增长。截至2011年12月末，河北省房地产贷款余额2 902亿元，同比增长20.3%，高于全省贷款增速4.7个百分点。房地产贷款新增489.5亿元，较上年少增73.5亿元，占全省人民币贷款新增额的20.2%；房地产开发贷款同比增长12%，较上年同期增速下降6.5个百分点；个人住房贷款同比增长23%，较上年同期增速下降14个百分点。金融支持保障安居工程项目33个，累计发放贷款74.2亿元，至2011年12月末，保障性安居工程贷款余额为89.5亿元，贷款质量良好，无不良现象。

（二）集中力量，重点打造沿海经济隆起带。河北省在秦唐沧沿海487千米的海岸线上，选择近海临港、区位优越、基础较好、潜力较大的县（市、区），实施“11县8区1路1带”重点推进计划，实现沿海与腹地优势互补、协调发展。为实现河北由沿海大省向沿海强省跨越提供强大支撑。人民银行石家庄中心支行制定并出台了《金融支持沿海经济隆起带的意见》，从完善金融组织体系、加大信贷支持力度、加快发展金融市场、加快金融创新、改进外汇管理、优化金融发展环境6个方面提出了32条具体措施，并提出了3条要求，切实提高对沿海经济隆起带的支持服务能力，努力实现支持地方经济发展与自我发展的“双赢”。

（三）大力支持小微企业加快发展。2011年，国务院提出9条支持小型和微型企业发展的金融财税政策措施后，人民银行石家庄中心支行针对小微企业发展现状，以及自身的制度缺陷和由此带来的抵押品少、担保难、信息不对称问题，及时制定并下发《关于河北省金融支持小微企业加快发展的工作意见》，提出具体的政策措施：一是“十二五”期间，在2011年小微企业贷款占比35%的基础上，逐步实现每年提高2个百分点以上，实现小微企业贷款占比与其对社会经济贡献率相匹配。二是在全省筹集安排20亿元再贴现资金，专项对产、供、销经营稳定的小微企业签发单笔500万元以下的商业汇票，优先给予再贴现支持。三是专项安排30亿元支农再贷款资金与信贷调控措施捆绑使用，专项用于农村金融机构增加县域小微企业信贷需求，并给予优惠利率支持，办理此类再贷款利率上浮幅度不得超过基准利率的30%。四是加大银行间债券市场企业债务融资工具宣传、推介和承销力度，扩大小微企业直接融资规模。五是深入开展信贷政策导向效果评估。六是在河北省货币信贷政策执行委员会领导下，建立金融支持中小企业发展专业工作委员会，搭建信息交流平台，帮扶中小企业破解经营困境和融资难题。截至2011年12月末，全省小型企业贷款余额3 986.13亿元，比年初增加852.79亿元，增长27.22%。占全部企业新增贷款的57.04%。

【金融服务】（一）支付清算体系现代化建设日臻完善。2011年，河北省6家地方性银行业金融机构成功接入网上支付跨行清算系统。现代化支付服务功能日益显现，服务范围向农村地区延伸，农村支付服务环境建设成效显著，确立了无极县等23个全省第二批农村支付服务环境建设示范基地。开展助农取款服务试点工作，全省已开通银行卡助农取款服务点3 577个，办理取款业务67万笔，金额9 157万元，有效地提高了农村支付服务水平。与河北省公安厅联合建立打击银行卡犯罪协作机制，提高了打击银行卡犯罪的效率。制定了《河北省金融IC卡应用工程总体工作规划》，积极推动河北省金融IC卡应用推广和社会保障卡加载金融功能工作。

（二）征信体系建设取得显著成效。2011年末，企业和个人征信系统已收录河北省31.99万户借款企业和2 524.6万自然人信用信息，征信系统已成为金融机构贷前审查的重要环节，在防范金融风险、提高审贷效率等方面发挥巨大作用。建设运行河北省信用门户网站，实现河北省环保行政处罚、行政许可信息集中录入征信系统，河北省公积金、食品工业、工程建设领域等行业信用体系建设取得新进展。加速推进中小企业和农村信用体系建设。通过建立征信典型案例积累制度和宣传长效机制，有效提升社会信用意识。规范发展信用评级市场，河北省现有信贷市场信用评级机构6家，全年出具企业信用评级报告521份。

（三）人民币反假意识、识假技能日益提高。不断探索成本低廉、形式新颖的反假货币宣传方式，利用网络优势，在河北省400多个金融机构营业网点配备电子化反假货币工作站；以“反假币进校园”为主题开展反假货币宣传；在城市社区和农村乡镇设立宣传基地。建立反假货币工作长效机制，河北省有5个县（市）将反假货币工作纳入社会治安综合治理考核体系，加大地方政府对反假货币工作的责任，使反假货币工作常态化。

（四）反洗钱工作公信力不断提升。2011年，中国人民银行石家庄中心支行完善金融机构反洗钱风险评估系统，对12家金融机构实施反洗钱风险评估，对4家证券期货公司和9家保险公司反洗钱工作情况进行检查，实现对金融机构的监管方式逐步由合规向合规与风险并重方向转变，全年共调查、协查案件17起，向侦查机关报案4起，涉案金额4.41亿元。

（五）国库服务水平不断提升。启动河北省财政支出无纸化横向联网系统，进一步推进财税库银横向联网工作，截至2011年末，河北省横联业务量居全国第1位。积极推动政府补贴资金国库直接支付，共办理家电下乡、粮食直补等6类15个项目的政府直拨业务，进一步拓展了国库服务领域，取得了良好的社会效益。

【金融创新】（一）河北省委、省政府高度重视金融改革发展工作，大力引进金融机构，推动城市商业银行向省内外拓展，继续深化农村信用社改革，建立新型农村金融组织，成立河北省融投担保集团、保障住房投资公司和信投融资担保公司，河北省融资担保规模步入国内领先行列。

（二）银行类金融机构改革和创新取得明显成效。国家开发银行河北省分行大力支持河北省铁路、公路等国家重点项目建设，发放贷款358亿元，保障性住房贷款余额达65.9亿元，助学贷款余额达4 615万元，帮助1 893名贫困学生圆了大学梦。工商银行河北省分行在石家庄设立2家省行级重点支行，提升省会城市综合服务能力。建设银行河北省分行积极探索实施事业部制改革，成效初显，沧州、衡水、承德、直属支行4个试点单位的事业部正式挂牌运营，初步实现了从“部门银行”向“流程银行”，从“以银行为中心”向“以客户为中心”的转变。全省154家农村信用联社专项票据兑付考核工作圆满结束，兑付金额200.28亿元，规模居全国第二位。11家城市商业银行中有7家实现更名改制，跨区域及辖内分支机构设立进程加快。河北省23家新型农村金融机构经营健康平稳，发展势头良好，逐步成为服务“三农”主要补充力量。

（三）跨境人民币业务结算稳步开展。自2011年8月工作启动至年底，河北省共完成跨境人民币结算业务93笔，结算量已达28.15亿元，其中开立信用证19.74亿元，实际收付8.41亿元，收入0.05亿元，支出8.36亿元。随着全省跨境人民币业务深入开展，业务品种也随之丰富，业务领域已涵盖货物贸易、服务贸易、收益和经常转移、人民币NRA账户、跨境人民币担保等。跨境人民币业务境外交易区域涉及香港特别行政区、澳大利亚、日本、德国、瑞典等10个境外国家和地区，其中香港特别行政区实际收付结算量4.81亿元，占实际收付的57%。银行主体和企业群体不断增多，9家中资商业银行和1家外资商业银行开办跨境人民币业务，38家企业办理跨境人民币收付业务，覆盖全省11个地市，共有20家境外银行参与。

【外汇管理】（一）融资结构进一步优化。2011年，河北省企业融资规模快速增长，先后有河北钢铁、天威保变、曹妃甸港、开滦能源、冀中能源等16家企业通过注册发行短期融资券、中期票据实现直接融资373.2亿元，同比增加138.2亿元，创历史新高。

（二）银行间债券市场交易活跃。2011年，河北省银行间债券市场累计交易46 545.16亿元，同比增长14.7%。同业拆借市场共发生拆借交易201笔，累计拆借金额407.2亿元。同业拆借参与者已发展至34家，全年交易量同比增长1.81倍，但仍远落后于全国平均水平。

（三）银行间外汇市场交易小幅增长。2011年，河北省银行间外汇市场累计交易42 170万美元，同比提高22.9%。随着河北银行异地分行的逐步开设及结算币种的多元化发展，该行结算客户逐步增加，各币种进口付汇业务呈现快速增长。同时随着结算客户付汇业务不断增长，除欧元外，各结算币种交易方向均以买入为主。

（四）黄金交易活跃，纸黄金交易萎缩明显。2011年，河北省各家银行累计交易黄金48 594.5千克，同比下降30.1%。其中，纸黄金交易量为41 636.8千克，同比下降37.5%；实物黄金交易量为6 957.8千克，同比下降139.8%。伴随着下半年黄金价格进入宽幅震荡行情，以炒金为目的的纸黄金交易风险加大，投资收益率难以得到有效保障，纸黄金交易逐步萎缩。

（五）产权交易规模快速扩张，市场创新实现新突破。2011年，河北省完成产权交易项目258宗，交易金额33.7亿元，交易资产额100.2亿元，实现融资9.1亿元。交易金额比上年增长79.4%，交易资产额比上年增长57.5%，融资额达上年的1.4倍。同时，积极开展金融资产交易、排污权交易等，河北省产权交易中心积极做好行政事业单位国有资产处置工作，全年处置各类资产719万元。通过网络竞价方式处置行政事业单位资产总额499万元，增值率82%。与北京产权交易所合作，完成多宗河北省区域内中央和国家行政事业单位国有资产处置工作，资产价值220万元。2011年6月30日，河北金融资产交易所正式运营，全年完成金融资产交易金额8 390万元，为金融产权、金融产品提供了一个公开、公平、公正的交易平台。

河北省银行业

运行情况

2011年，河北省银行业金融机构严格执行各级监管部门的要求，不断更新经营理念，持续强化风险管理，在有效防范风险的前提下加大对经济增长的支持力度，银行业总体保持了安全稳健运行，实现了“十二五”开门红。河北省银行业金融机构总数为9 989个，从业人员151 952人，资产总额35 530.50亿元，居全国第9位，比年初增长15.9%；负债总额34 591.50亿元，居全国第9位，比年初增长15.6%。

（一）各项存款运行平稳，同比增速放缓。

12月末，各项存款余额29 749.53亿元，居全国第9位；比年初增加3 502.03亿元，同比少增218.32亿元，居全国第9位；比年初增长13.3%，同比下降3.4个百分点，低于全国存款平均增速0.2个百分点，居全国第19位。与周边省市（指北京、天津、辽宁、内蒙古、山西、河南、山东，共计7个省市，下同）比较，存款余额位于北京、山东、辽宁之后，居第4位；存款增量位于北京、山东、河南之后，居第4位；存款增速位于内蒙古、河南之后，居第3位。呈现以下特点：

定期存款增速明显快于活期存款增速。全年新增定期存款2 382.39亿元，占全省存款增量的68.0%；比年初增长18.8%，高于全省存款平均增速5.5个百分点，高于活期存款增速13.8个百分点。12月末定期存款余额占全省存款的50.6%，比年初上升2.3个百分点。

个人存款增速略高于单位存款增速。全年新增个人存款2 197.21亿元，同比多增75.20亿元；比年初增长13.9%，高于全省存款平均增速0.6个百分点，高于单位存款增速1.8个百分点。而单位存款增量同比少增320.76亿元，增速低于全省存款平均增速1.1个百分点。

（二）各项贷款平稳增长，信贷结构得到优化。12月末，各项贷款余额18 460.60亿元，居全国第10位；比年初增加2 546.26亿元，同比少增99.62亿元，居全国第10位；比年初增长16.0%，同比下降4.1个百分点，高于全国贷款平均增速0.3个百分点，居全国第21位。与周边省份比较，贷款余额位于北京、山东、辽宁之后，居第4位；贷款增量位于山东、北京、辽宁之后，居第4位；贷款增速位于内蒙古、辽宁、山西之后，居第4位。

资金营运效率不断提高。12月末存贷比为62.1%，比年初上升1.4个百分点，新增存贷比为72.7%，同比上升1.6个百分点，特别是三季度新增贷存款比达到293.2%，保持了较高水平，对经济发展的支持力度加大。

信贷结构进一步优化。一是短期贷款增速明显快于中长期贷款增速，全年新增短期贷款1 421.14亿元，同比多增441.43亿元，占全省贷款增量的55.8%，同比上升20.04个百分点；比年初增长24.0%，高于全省贷款平均增速8.0个百分点，高于中长期贷款增速11.7个百分点。而中长期贷款同比少增761.25亿元，增速低于全省贷款平均增速3.7个百分点。二是主导产业、消费环节、基础设施等得到大力支持，制造业（638.61亿元）、批发和零售业（522.61亿元）、个人贷款（455.05亿元）和交通运输业（289.42亿元）分别位居新增贷款市场份额的前四位，占全省贷款增量的74.8%。而房地产开发贷款得到有效控制，房地产业贷款仅比年初增加87.59亿元，同比少增35.30亿元，比年初增长11.1%，低于全省贷款平均增速4.9个百分点，12月末房地产业贷款余额875.30亿元，占全部贷款的4.7%，比年初下降0.2个百分点。三是实体经济、绿色信贷、小企业等得到大力支持，全年新增一般贷款2 594.43亿元，占全部贷款增量的101.9%；12月末票据融资余额占全部贷款的2.7%，比年初下降0.8个百分点，创历史新低，信贷资金更多的流入到实体经济运行中。绿色信贷政策有效实施，全年累计发放节能减排贷款560笔，413.5亿元。小企业、涉农金融服务进一步加强，完成增速不低于全部贷款平均增速的目标，小企业贷款比年初增长27.2%，高于全部贷款平均增速11.2个百分点，12月末小企业贷款余额达3 986.13亿元，占全部贷款的21.6%；涉农贷款比年初增长26.0%，高于全部贷款平均增速10.0百分点，12月末涉农贷款余额达6 808.20亿元，占全部贷款的36.9%。四是经济基础较好、发展较快的石家庄、唐山、邯郸、廊坊是信贷投放的热点区域，分别新增贷款428.25亿元、365.79亿元、229.12亿元、226.14亿元，合计占全省贷款增量的49.1%。而衡水、沧州的贷款增速明显加快，贷款增速均在20%以上，分别比年初增长26.1%、21.0%，分别高于全省贷款平均增速10.1个百分点和5.0个百分点。五是大型银行、农村合作金融机构的信贷投放同比放缓，同比分别少增331.29亿元、32.41亿元。而政策性银行、股份制商业银行、城市商业银行、邮储银行的信贷增量同比多增，分别多增149.58亿元、46.52亿元、26.76亿元、38.22亿元，贷款增速分别为21.3%、22.1%、20.4%、90.6%，均高于全省贷款平均增速。

（三）不良贷款总体实现双降。12月末，不良贷款余额674.62亿元，比年初减少72.15亿元；不良贷款率为3.7%，比年初下降1.0个百分点。次级类、可疑类、损失类贷款余额和占比均下降，银行业整体风险水平进一步向好发展。

（四）经营效益快速增长。全年累计实现净利润430.26亿元，同比多增95.16亿元，增长28.4%。净利润逐季平稳增长，1~4季度分别实现净利润111.99亿元、115.72亿元、124.21亿元、78.34亿元，同比分别增长28.9%、29.6%、37.3%、14.5%。在当前复杂多变的经济金融环境下，较好的盈利水平为银行业金融机构消化不良资产、增强风险抵御能力提供了有力保障。但由于政府融资平台贷款、房地产贷款等受国家政策影响较大，加之目前经济下行压力加大，导致净利润增长的持续性预期存在不确定性。

（五）法人机构风险抵补能力增强。12月末全省地方法人银行业金融机构各项减值准备余额245.66亿元，比年初增加59.44亿元；拨备覆盖率为49.9%，比年初上升11.9个百分点。全年累计提取各项减值准备94.63亿元，同比多提取21.87亿元。城市商业银行指标总体表现较好，农村合作金融机构拨备覆盖率处于全国较低水平。

（六）银行业机构组织体系进一步完善。一是股份制商业银行和城市商业银行网点建设步伐加快并向县域延伸，新建分支行40家，正在筹建51家。二是农村商业银行组建、新型农村金融机构建立步伐加快，其中农村商业银行批准筹建6家，报筹5家；村镇银行新开业9家，筹建6家。三是汇丰银行唐山分行已获批筹。四是非银行金融机构设立取得突破性进展，财务公司新开业2家，获准筹建1家。五是消除了33家金融机构空白乡镇。

河北省资本市场

运行情况

2011年，国内证券期货市场平稳运行，股指期货、融资融券业务有序开展，但市场低迷，成交萎缩。截至2011年末收盘，上证指数报收2 199.42点，年度跌幅21.68%；深证成指报收8 918.82点，年度跌幅28.41%。从河北省情况看，2011年，河北证券期货业面临严峻挑战，三成以上证券经营机构和六成以上期货经营机构亏损，证券期货经营机构净利润降至近5年来的最低；投资者损失较大，投资信心受到打击，交投清淡；境内上市公司直接融资创历史之最，相当于前11年直接融资额的总和，但整体盈利能力有所下降，提高核心竞争力成为上市公司和证券期货中介机构共同面对的首要任务。

【证券市场平稳运行，证券机构经营效益下滑】 证券经营机构数量增幅趋缓。2011年，河北省新增6家证券营业部，截至年末，河北省共有1家法人证券公司，2家证券机构河北分公司，160家证券营业部（其中，外埠证券营业部67家），2家证券投资咨询机构，从业人员3 906人。营业部数量居全国位次由2010年的第8位降至第13位，其中，有14家证券营业部获得IB业务资格，32家证券营业部获得融资融券业务试点资格。

证券机构经营效益大幅下滑。2011年，河北省三成以上营业部亏损。全年营业收入18.3亿元，同比下降42%；利润总额6.47亿元，同比下降60.64%；净利润6.04亿元，同比下降62.21%，降至近5年来的最低。56家证券营业部亏损，亏损额达1.3亿元。

证券市场交投萎缩，融资融券业务平稳开展。2011年，受市场低迷影响，投资者账户数量增势减缓，证券账户数、资金账户数、基金账户数同比分别增长10%、9.2%和41%。证券市场交易量下挫，2011年实现证券交易额11 065.57亿元，同比下降22.84%。2011年末客户资产同比下降14.4%，为1 614.2亿元。2011年融资融券交易额20.62亿元，年末融资融券余额达3.04亿元，比上年增长近6倍。

【股指期货业务平稳开展，期货经营机构和期货投资者多数亏损】 截至2011年末，河北辖区共有1家法人期货公司，31家期货营业部（其中，外埠期货营业部25家），12家期货交割库，从业人员375人。年内新增2家期货营业部，辖区营业部数量居全国第13位。

2011年，河北省期货经营机构主要经营指标与去年基本持平，但净利润大幅下滑，六成以上营业部亏损。全年营业收入8 512.20万元，同比增长2.17%；手续费收入8 208.17万元（其中，股指手续费收入756.30万元），同比增长1.88%；净利润223.28万元，同比下降75.41%。

参与期货市场交易客户近四分之三亏损，截至2011年末，期货客户数3.17万户（其中，年内新增0.32万户），同比增长11.23%；不足三分之一客户参与交易，全年客户净亏5.12亿元。市场交投清淡，全年代理交易量和代理交易额同比分别下降29.62%和22.31%。股指期货业务平稳开展，2011年末股指期货客户数681人（其中，年内新增262人），同比增长62.53%；全年代理交易量50.67万手，代理交易额4 390.19亿元，同比分别下降28.08%和3.04%，虽交易量不足河北省期货交易量的3%，但交易额却占到河北省期货交易额的近四分之一。

【上市公司直接融资额创历史之最，全国占比远超其股本和市值】 截至2011年末，河北省共有46家在境内上市的公司（年内新增上市公司4家），占全国境内上市公司规模的1.96%。其中，主板上市公司32家（沪市17家、深市15家），中小板上市公司9家，创业板上市公司5家；境内上市公司中ST公司4家，*ST公司2家，均为主板上市公司；股本410.83亿股，市值3 165.55亿元；有47只股票在沪深两市进行挂牌交易，其中A股45只，B股2只。

2011年，河北省境内上市公司直接融资创历史之最，达442.40亿元，相当于2000—2010年11年直接融资额的总和，占全国直接融资额6 780.4亿元的6.52%，远远超过其股本和市值分别占全国1.23%和1.27%的比例。直接融资额中，股权融资325.9亿元（IPO融资132.58亿元、配股融资24.47亿元、增发融资168.84亿元），占全国股权融资的6.42%；公司债券融资116.5亿元，占全国公司债券融资的6.82%。

2011年，受国内外复杂多变经济金融形势影响，河北省上市公司整体盈利能力有所下降，特别是钢铁、房地产、新能源行业受政策影响较大。按照省委、省政府调整经济结构转变发展方式的要求，河北上市公司实施主动的、积极的战略性重组，推动上市公司做优做强，河北钢铁、乐凯胶片等9家上市公司实施重大并购重组，已经或正在履行相关程序。通过资产重组进一步增强了上市公司的发展实力。

河北省保险市场

运行情况

2011年，河北省保险业深入贯彻落实科学发展观，按照“转方式、促规范、防风险、稳增长”的总体要求，紧密结合河北实际，求真务实，开拓创新，取得明显成效。保险业累计实现保费收入732.89亿元，同比增长6.09%。其中，财产险业务保费收入222.92亿元，同比增长15.56%；人身险业务保费收入509.97亿元，同比增长2.42%。保险赔付支出183.47亿元，同比增长26.20%。截至2011年底，河北省保险公司省级分公司53家，专业中介法人机构107家；保险公司总资产1 587.72亿元，比年初增加279.71亿元。

【扎实推进“三项工程”，行业形象有所改善】

一、全面实施“保险信誉工程”。一是深入推进保险公司服务质量评价工作。中国保险监督管理委员会河北监管局组织召开新闻发布会，向社会公布评价工作情况和评价结果，社会反响广泛、积极。这项工作有效地促进了保险公司服务意识和服务质量的提升。二是下大力气解决理赔难、销售误导等问题。在解决理赔难方面，实施车险查勘现场测评制度，在石家庄、保定、唐山、秦皇岛、承德等地进行现场测评，邀请媒体监督，在行业内通报测评结果；继续开展财产险积压赔案清理工作，全年累计清理3.87万件；实施车险理赔指标定期通报、理赔提示、非寿险承保理赔信息自主查询等制度。落实《人身保险业务基本服务规定》，制定人身险公司理赔服务指引。在解决销售误导方面，认真贯彻《商业银行代理保险业务监管指引》，通过与中国银行业监督管理委员会河北监管局联合发文、召开会议等形式，对银行保险销售误导等问题进行综合治理；对于向60岁以上老龄人销售投资型产品提出明确监管要求；实施人身险公司电话回访情况抽检制度；规范人身险电话销售、产品说明会等销售行为。三是联合中国保险学会、中国保险报，成功举办了“保险声誉与可持续发展”研讨会，中国保监会周延礼副主席和部分保险公司总公司主要负责人、保险学界专家学者出席会议。会议对保险声誉问题进行了深入探讨，达成共识，引起了行业内外的高度关注。

二、全面实施“保险护城河工程”。一是以治安保险为重点，积极推动保险业参与平安河北建设。截至2011年底，河北省11设区市和20个县（市）印发了推动治安保险发展的文件；河北省138个县（市）中的120个县（市）开办了治安保险业务，承保农户106.09万户，提供风险保障127.32亿元。治安保险开展情况被列入河北省社会管理综合治理考核评价指标体系。二是认真做好保险信访和矛盾纠纷调解工作。指导省、市保险行业协会建立保险合同纠纷人民调解委员会，构建起监管部门、保险机构、行业协会、人民调解机构共同参与的大信访、大调解工作格局。全年河北保监局接受各类信访投诉和咨询6 392件，处理有效信访投诉717件。三是全力做好维稳工作。加强环首都周边地区矛盾纠纷和风险点排查。“10·7”滨保高速重特大交通事故发生后，河北保险业迅速反应，及时预付赔款1 000万元，得到国务院和地方事故处理领导小组的充分肯定。

三、全面实施“绿色保险工程”。一是建立绿色保险服务可持续发展（曹妃甸）试验区的设想得到省政府的关注，列为省政府与中国保监会合作的重要内容，纳入唐山市金融“十二五”发展规划。二是环境污染责任保险取得突破。2011年10月，中国人民财产保险股份有限公司河北省分公司等6家保险公司组成的联合共保体，在保定市签订环境污染责任保险12单，提供风险保障金额2 000余万元。三是引导和支持保险公司树立绿色发展理念，围绕产品设计、新技术运用和销售方式开展创新，增强了行业的可持续发展能力。

【推动业务结构调整，服务经济社会发展能力显著增强】

一、积极推动农业保险发展。省政府印发了《河北省政策性农业保险试点工作实施方案》，明确了政策性农业保险试点政策，增加了农业保险保费补贴品种，并制定了相应保障措施。2011年，河北省政策性农业保险参保农户达到773.23万户次，保险金额达到121.06亿元，比上年同期增加11.52亿元；赔款支出1.85亿元，受益农户53.26万户次。大力发展农村小额人身保险。2011年，河北保险业小额农村人身保险参保人数超过150万人，提供超过500亿元的风险保障，支付保险金逾2 100万元。

二、大力发展责任保险。积极推动火灾公众责任保险、医疗责任保险、安全生产领域责任保险、校方责任保险、旅行社责任保险等相关领域责任保险发展。2011年，河北省责任保险实现保费收入3.82亿元，同比增长25.59%，提供风险保障金额7 261.96亿元，提供经济补偿1.38亿元。出口信用保险有效服务地方经济发展。2011年，出口信用保险共为河北省出口企业提供出口信用保险项下保单融资便利超过5亿美元，支持外贸出口逾50亿美元。

三、支持发展养老医疗保险。鼓励保险机构发展商业养老和医疗保险，参与完善多层次社会养老医疗保障体系。河北省人身保险公司，充分发挥专业技术、机构网络和服务优势，结合各地实际，积极发展商业养老医疗保险业务。截至2011年底，河北保险业实现团体年金保险保费收入2 110.44万元，个人养老金保险保费收入4.34亿元，各人身保险公司累计提存长期健康险责任准备金47.89亿元。

【强化监管，规范市场秩序，防范行业风险】

一、围绕重点领域开展现场检查，加大查处力度。在人身险方面，配合中国保监会对秦皇岛13家人身险公司开展以银保业务、销售误导为重点的拉网式全面整规检查。在财产险方面，开展以治理虚假列支中介费、虚假列支营业费用、虚假理赔等数据不真实问题为重点的专项检查。在保险中介方面，开展保险公司中介业务专项检查，在保定、邯郸、唐山等地集中开展保险代理市场重点检查及清理整顿工作。在综合性检查方面，开展第二次财务业务数据真实性专项检查，开展保险资金参与民间借贷专项检查。2011年，河北保监局共组织检查组146个，派出检查人员457人次，现场检查保险机构152家次，依法对35家保险机构和25名个人作出行政处罚，罚款328.5万元，有效震慑了保险违法违规行为。

二、加强风险监测预警，强化风险防范处置。开展季度风险排查，重点对财产险10类风险、人身险11类风险、中介市场5类风险开展排查。加强市场监控和跟踪分析，密切关注保费收入、费用支出、退保等指标数据的异动情况。定期对保险公司内部审计报告分析汇总，开展稽查式调研，及时发现风险隐患。完善专管员市场跟踪制度，通过列席保险公司重要会议、收集重要经营管理资料等途径，深入了解保险公司风险状况。完善风险提示制度，对苗头性风险及时进行风险提示，全年实施风险提示谈话51家（人）次，下发风险提示函9件。高度关注案件风险，督促相关公司妥善处理员工诈骗、挪用资金等案件，配合公安部门调查处理邢台市假保单案，协助公安部门办理衡水货运公司涉嫌非法经营案。认真做好营销服务部整改工作，完成河北省1 667家营销服务部的整改，历史遗留问题和风险得到妥善解决。

三、严格实施分类监管。落实《河北省保险公司分支机构分类监管实施意见（试行）》，对保险公司进行分类评价，在行业内通报年度分类评价结果，将评价结果抄送总公司。启动人身险公司季度分类评估监测工作，把C、D类公司列为重点监管对象，密切关注潜在风险。注重分类监管结果应用，制定分类监管等级、监管措施和评价表，用以指导机构设立审批、现场检查等事项，采取一司一策的差异化监管措施，扶优限劣，规范发展。完成了对105家保险专业中介机构分类监管评价。

【夯实行业发展基础，发展环境不断优化】

一、积极优化政策环境。根据中国保险业“十二五”规划精神，结合河北实际，制定和发布河北保险业发展规划，明确了“十二五”期间的发展目标、发展思路和工作举措。在河北保监局的大力推动下，省政府制定《河北省政策性农业保险试点工作实施方案》，成立政策性农业保险领导小组，首次出台政策性农业保险扶持政策。责任保险、信用保险、健康医疗保险发展环境也得到不断改善。就部分基层法院突破交强险分项限额判决赔付、新闻媒体对车险“高保低赔”和“无责免赔”报道、车船税以及道路交通事故救助基金等问题，加强与有关部门沟通，协调解决行业焦点难点问题。

二、加强从业人员培训教育。把提高从业人员整体素质作为促进规范经营、加强诚信建设的重要抓手。开展2011年度河北省保险公司高管人员培训工作，共开办培训班12期，培训2 190人。在全国率先启动实施保险中介业务管理人员培训，对保险公司、银行类兼业代理机构、保险专业中介机构201名管理人员进行了集中培训。扎实推进保险营销员继续教育，全年累计培训约10万人。出版发行《河北保监局文件汇编（2001—2010）》，为保险从业人员合规教育提供了指引。

三、加强保险社团组织建设。制定《关于加强河北省保险业社团组织建设和管理的指导意见》，首次对社团组织建设和管理制度进行系统规范。各保险社团组织认真开展换届和改革工作，不断加强秘书处建设，进一步完善各项管理制度，自身建设水平得到提高。积极发挥自律与服务职能，主动围绕监管中心任务和行业热点、难点问题开展工作，取得了积极成效。通过认真办理保监局委托代理人资格考试、兼业代理机构资格管理等事项，各保险社团组织的服务能力和形象进一步提升。

第二部分

金融机构概览

特载

第一部分　金融形势综述

▶ 第二部分　金融机构概览

第三部分　学术调研

第四部分　金融规章选编

第五部分　大事记

第六部分　经济金融统计资料

第七部分　金融机构名录

金融管理机构

中国人民银行石家庄中心支行

2011年中国人民银行石家庄中心支行坚持以科学发展观统领工作全局,认真落实总行、分行工作部署,认真执行稳健的货币政策,积极维护金融安全稳定,大力推进外汇管理改革,不断提升金融管理和服务水平,较好地履行了中央银行分支机构职责,有效支持了全省经济平稳较快发展。

【金融运行】 2011年河北省各金融机构积极贯彻稳健的货币政策,金融运行总体平稳。截至12月末,全省金融机构(含外资)本外币各项存款余额29 749.53亿元,比年初增加3 502.23亿元,同比增长13.24%;各项贷款余额18 460.60万亿元,比年初增加2 546.26亿元,同比增长16.19%。贷款投放渐趋均衡,对实体经济和弱势领域的支持力度加大,促进了地方经济的增长。从河北省在全国的存贷款排位情况来看,存、贷款全年增量居全国第9位和第10位;存、贷款增速居全国第19位和第22位。全省信贷投放呈现以下特点:信贷投放渐趋均衡;信贷结构逐步优化;金融对弱势领域的支持力度加大;金融对实体经济的支持力度加大。大型银行放贷多,小型银行成长快。存款增长趋缓,季节性波动明显

【金融调控】 中国人民银行石家庄中心支行认真落实稳健的货币政策,支持地方经济平稳较快增长。深入贯彻执行国家各项调控政策措施,加强政策宣传解释和执行情况监测,并组织实施差别准备金动态调整,做好信贷投放测算、监测和信贷规划调整,实现了信贷增量节奏平稳、总量适度的调控目标,促进了全省经济社会平稳较快发展。

制定并组织落实金融支持环首都绿色经济圈、沿海经济隆起带、民营经济、小微企业等方面的指导意见,推动重点区域、重点项目、重点行业建设发展。印发并组织落实《金融支持保障性安居工程建设的指导意见》,有力支持了保障性住房建设工作。出台加大企业直接融资的指导意见,进一步拓宽企业融资渠道,2011年末,河北省境内上市公司直接融资达442.40亿元。直接融资额中,股权融资325.9亿元,占全国股权融资的6.42%;公司债券融资116.5亿元,占全国公司债券融资的6.82%。成功发行河北省第一只2.8亿元中小企业集合票据,实现了集合债发行零的突破。

开展涉农和中小企业信贷政策导向效果评估,推动了涉农和中小企业信贷政策有效落实。截至12月末,全省金融机构本外币新增涉农贷款1 449.69亿元,占全部新增贷款的57.05%;中小企业新增贷款1 300.41亿元,占全部企业新增贷款的86.98%。充分发挥再贴现、再贷款的政策引导作用,全省累计发放再贴现133.93亿元,同比增加7.67亿元;累计发放再贷款52.58亿元,同比多发放30.83亿元。

着力推进"两管理、两综合",进一步提升金融机构管理和服务水平。制定《河北省新设金融机构加入人民银行金融管理与服务体系管理办法》、《河北省金融机构执行人民银行金融管理政策评价办法》、《石家庄中心支行综合执法检查工作暂行规定》、《河北省金融管理和服务操作手册》等制度办法,指导全省人民银行系统共出台各类金融管理配套制度156个,构建了"党委领导、部门参与、协调联动"的省市县三级联动的金融管理新模式。

着力推进"两综合、两管理"工作,全省人民银行系统共受理88家新设金融机构的申请,对345家银行机构、6家证券机构、79家保险机构进行了综合评价,对304家银行机构、1家证券机构、27家保险机构进行了综合执法检查,有效规范了金融机构的经营行为,树立和维护了人民银行权威和形象。

制定《金融机构稳健性现场评估办法》,组织开展金融机构稳健性现场评估,全省人民银行系统共对158家银行业金融机构,2家证券期货业金融机构,11家保险业金融机构开展了稳健性现场评估。继续发挥"1+4"稳定报告体系和"三位一体"评估体系作用,为领导全面掌握全省金融稳定

状况提供参考,《河北省金融稳定形势分析》等得到省领导批示肯定。

【金融服务】 不断提高金融服务质量和水平,维护人民银行良好形象。成立河北省金融统计标准化工作领导小组,全面推进全省金融机构统计标准化工作。研发推广"金融统计数据核对系统",促进数据审核电子化、规范化。围绕经济金融运行中的热点、难点问题,深入开展调研分析,《河北钢铁行业发展与金融支持对策建议》和《金融支持推动环渤海区域经济转型》被总行《分支行行长调研报告》采编,《河北省中小企业融资情况的调查》、《河北省水利建设情况及金融支持对策》、《河北省淘汰落后产能及金融支持对策》、《河北省小型微型企业融资情况调查》、《河北省金融支持新农村建设情况报告》等调研报告得到省委、省政府主要领导的批示肯定。

集中时间,集中力量,在全省范围内开展支付结算执法检查,提高了支付结算业务管理水平。推进全省助农取款服务试点工作,全省已开通银行卡助农取款服务点 2 011 个,办理取款业务 15.45 万笔,金额 2 142.11 万元,有效提高了农村支付服务水平。

完成全省金融业机构信息管理系统验证检查、金融城域网升级改造,积极推动金融 IC 卡应用推广和社会保障卡加载金融功能工作。加强制度建设和检查,大小额支付系统、支票影像系统、票据自动清分、网上退票系统安全稳定运行。

加强发行基金调拨管理,做好跨区域发行基金调拨工作,满足经济社会发展合理现金需求。

深入推进财税库银横向联网工作,目前河北省横联业务量居全国第 1 位。提高税款征缴入库电子化水平,积极开展国库直接支付政府补贴资金工作,打造涉农补贴资金"国库直通车",实现了涉农补贴资金从国库账户"点对点"直接拨付到农民个人收款账户。

建设运行河北省信用门户网站,开展中小企业信用体系实验区建设,实现全省环保行政处罚、行政许可信息集中录入征信系统,推进了全省社会信用体系建设。积极推进农村青年信用示范户试点工作,截至 2011 年末已评定青年信用示范户 4 000 多户。

不断完善反洗钱综合管理信息系统,被总行确定为 2012 年反洗钱信息化建设申报项目,并准备在全国范围内推广应用。加大反洗钱调查和协查力度,共调查、协查案件 22 起,向侦查机关报案 4 起,涉案金额 38.4 亿元。

加强跨境人民币业务宣传推介,积极支持试点企业开展跨境人民币业务,全省累计办理跨境人民币结算 28.15 亿元,跨境人民币结算工作取得良好开端。

【金融创新】 (一)建立区域性中心支库。根据全省发行库建设、管理以及现金运行情况,为有效支持京津冀区域经济一体化和环首都经济圈、河北沿海地区区域发展,选定唐山、廊坊市中心支库作为全省区域性中心支库,赋予其在发行基金调拨、残损人民币回收、复点、销毁和人民币流通管理等方面一定的自主权、优先权,并鼓励唐山、廊坊市中心支行加强货币金银管理和操作创新,更好地支持和服务区域经济协调健康发展。(二)人民银行作为河北省票据委员会成员之一,积极推动河北票据网建设并取得阶段性成果。经过不懈努力,初步构建了一个公开、公正、透明的"网上票据信息交易市场",为调剂票据市场供需,平抑市场利率,规范票据交易行为奠定了良好基础。特别是创建再贴现业务线上审核系统,优化业务流程,提高了工作效率。至 2011 年末,票据网访问用户已遍及国内 26 个省、自治区、直辖市,日均用户访问量达 800 人次,其中,省内用户占 90.8%,收录全国挂失票据信息 9 800 余条,通过在线客服系统受理金融机构用户咨询 300 余次。

【外汇管理】 深入推进外汇管理体制改革,大力支持涉外经济发展。积极配合总局 NAS 数据备份改造试点、"货物贸易外汇监测系统"开发测试、总局政府网站上线测试工作。全面实施外债转贷款登记、结汇和购付汇"三统一",进一步降低市场主体办事成本,促进贸易投资便利化。适当放宽企业进口付汇和远期收汇备案条件,严格控制贸易融资和国内外汇贷款规模,利用价格杠杆引导和鼓励企业少结汇、多购汇,大力推动我省"减顺差"工作。深入研判外汇资金流动特点,切实加强对“热钱”的流入管理，有效防范跨境资金流动风险。充分利用非现场检查系统，以“打热钱”为切入点，提高检查频率和覆盖面，加大处罚力度，全年共组织专项检查11次，检查金融机构88家，企业158家，个人11个，有效地维护了外汇市场秩序。

中国人民银行承德市中心支行

【经济运行】 2011年，承德市坚持以科学发展为主题，以转变发展方式为主线，以建设国际旅游城市为目标，把“稳增长、调结构、控物价、惠民生”作为主攻方向和着力点，经济呈现平稳较快发展态势。

（一）经济总量突破千亿元大关，运行质量向好提升。2011年，全市完成地区生产总值1 100.8亿元，同比增长12.1%，高于全国（9.2%）和全省（11.3%）平均水平，增速居全省各市第三位。其中第一产业增加值165.5亿元，增长8%；第二产业增加值605.4亿元，增长14%；第三产业增加值329.9亿元，增长11.1%。县域经济发展步伐加快，八县生产总值占全市的比重达74.6%，比上年提高0.5个百分点。与此相适应，经济运行质量持续向好，财政收入创历史新高，城乡居民收入稳步增长。全市完成全部财政收入153.4亿元，比上年增长34.5%，提高20.6个百分点，增幅居全省各市第1位。其中地方一般预算收入完成71.1亿元，增长29.7%，较上年提高8.3个百分点。城镇居民人均可支配收入、农民人均纯收入分别达到16 637.6元和4 935元，比上年增长13.4%和12.6%。

（二）农业生产平稳增长，工业生产速度效益同步提升。2011年，全市粮食总产量达140.5万吨，接近历史最好水平，比上年增长7.3%。蔬菜播种面积6.6万公顷，增长2.8%，蔬菜总产量318.99万吨，增长7.5%。食用菌产量达31.4万吨，增长22.7%。工业生产快速增长，效益大幅提高。2011年，规模以上工业实现增加值478亿元，增长16.5%，分别高于全国、全省平均水平2.6、0.4个百分点；实现主营业务收入1 559.9亿元，增长28.5%，实现利税192.9亿元，增长71.5%，居各市首位，其中利润117.9亿元，增长70.1%，税金75亿元，增长70.8%。

（三）固定资产投资保持较快增长，结构趋于优化。2011年，全市固定资产投资完成830亿元，同比增长30%，增速居全省各市第三位。其中第一产业投资44.5亿元，增长4%；第二产业投资417.2亿元，增长41.1%；第三产业投资368.3亿元，增长22.7%。在第二产业投资中，转型升级步伐加快，工业投资超过400亿元，增长43.4%，占固定资产投资的48.3%，其中技改投资完成285.5亿元，增长53.6%，占全社会投资的34.4%。规模以上高新技术产业实现增加值增长20%。六大高耗能行业投资回落，全年投资额为128.9亿元，同比下降16.4%。

（四）消费品市场平稳发展，居民消费价格总水平涨势放缓。2011年，全市社会消费品零售总额实现303.9亿元，同比增长17.8%。从城乡市场看，城镇消费快于农村，城镇消费品零售额220.4亿元，增长17.9%，乡村消费品零售额83.4亿元，增长17.3%，较城镇增速低1.6个百分点。居民消费价格指数在高位运行，但始终低于全国、全省水平，2011年全市居民消费价格累计上涨5.1%，分别比全国、全省平均涨幅低0.3和0.6个百分点。

【金融运行】 2011年，全市银行业金融机构积极贯彻稳健的货币政策，按照“总体稳健、调节有度、结构优化”的要求，把好流动性总闸门，着力推进经济发展方式转变和经济结构调整，货币信贷增长回归常态。

（一）各项存款稳步增加，增速回落。截至2011年末，全市金融机构本外币各项存款余额为1 195.6亿元，同比增长9.8%，较上年下降11.4个百分点，比年初增加106.1亿元，同比少增84.3亿元，其中企业存款余额218.3亿元，同比下降18.8%，储蓄存款余额766亿元，同比增长16.4%。

（二）各项贷款平稳均衡增长，结构日趋优化。截至2011年，全市金融机构本外币贷款余额为

853.6 亿元,同比增长 11.4%,增速同比下降 16.6 个百分点;比年初增加 87.6 亿元,同比少增 80 亿元,全年贷款增量与 2008 年水平相当,但信贷结构调整步伐加快。主要体现在:金融机构严格控制"两高一剩、淘汰落后产能"贷款发放,对房地产行业、电力行业、高速公路建设、政府投融资平台贷款政策由积极争取向审慎管理转变,信贷结构由贷大、贷长、贷集中向贷小、贷短、贷分散转变,信贷资源更多的投向实体经济、"三农"和中小企业。银行业金融机构短期贷款增速高于中长期贷款 5 个百分点,中长期贷款增速同比下降 38.7 个百分点。投放向实体经济、民生领域转变,投放行业向采矿业、制造业、建筑业、批发零售业转变,以上四个行业贷款分别新增 27.1 亿元、13.7 亿元、8.9 亿元和 5.8 亿元,合计占全部新增贷款的 63.3%。涉农贷款增长 34%,同比上升 2.9 个百分点。中小企业贷款同比增长 12.9%,高于大型企业 35 个百分点。房地产开发贷同比下降 13.7%,个人住房贷款同比增长 35.9%。区域信贷结构调整取得重大进展,信贷资源由主要集中城市向县域集中的转变。截至 2011 年末,县域金融机构本外币各项贷款余额为 369.9 亿元,同比增长 26.8%,高于全市平均增速 15.4 个百分点,全年新增贷款 82.7 亿元,占全市增量的 94.4%。

(三)金融机构经营效益和资产质量稳步提高。2011 年,全市银行业金融机构实现利润 28.7 亿元,同比增长 22.4%。不良贷款实现"双降",不良贷款额比年初下降 3.8 亿元,不良贷款率较年初下降 0.8 个百分点。存贷比持续高位运行,其中本外币存量存贷比为 71.4%,同比提高 1 个百分点,增量存贷比为 82.6%。

【宏观调控】 切实提高人民银行"窗口指导"有效性,充分发挥货币政策工具作用,有效引导银行业金融机构增加贷款、调整优化结构。人民银行结合地方实际起草的《关于正确贯彻落实稳健货币政策 促进承德市经济平稳较快发展的措施》和《金融支持国际旅游城市建设指导意见》被市政府批转执行。通过经济金融形势分析、信贷政策导向效果评估、约见谈话、银企对接会、"银企文"项目对接会等多种方式,进一步引导金融机构把握好信贷投放的力度、节奏和重点。加强对地方法人金融机构合意贷款的监测管理,积极争取信贷增量规划,在年初核定的合意贷款增量基础上,多争取信贷增量 4.2 亿元,并指导其全部用于支持中小微企业和涉农经济发展。加强再贷款和再贴现管理,积极争取限额,合理调配使用,全年支农再贷款限额达 9.9 亿元,累计向农村信用社发放支农再贷款 11.9 亿元,达到历史新高,居全省各市首位,有效支持了 26.3 万农户和 13 家农业产业化龙头企业从事种植养殖业、农副产品加工储运业的生产经营和农村消费的发展,农村信用社使用支农再贷款收益占全部盈利的 15%。支农再贷款的使用达到了"三农"增收、农村信用社创效的双盈效果。累计办理再贴现 10.98 亿元,全部用于支持中小微企业,有效地支持了全市中小微企业发展。

【金融服务】 优化金融服务功能,金融服务实体经济和社会民生的能力得到进一步增强。制定施行了《金融统计数据质量保证管理办法》,扎实推进全市地方法人金融机构金融统计标准化工作,金融统计功能进一步完善。人民银行起草的《加强承德市社会信用体系建设的实施意见》和《承德市社会信用体系建设工作方案(2011—2012)》由市政府批转执行。制定施行《承德市信贷征信管理办法(试行)》、《中国人民银行承德市中心支行个人信用报告查询业务操作规程》、《中国人民银行承德市中心支行个人征信异议处理子系统操作流程》等规范性文件,加大征信管理宣传力度,提高个人及企业信用报告查询服务水平,社会信用环境有了进一步改善。

按照"人行引领、机构联动、深入挖掘、多元拓展"的工作思路,农村支付环境建设取得新突破。深化人行、财政、教育、社保、银行的联系和沟通机制,农民工特色银行卡、中职卡等业务得到快速发展。加强人民币账户许可、内控检查及年检工作,账户年检率显著提高。加强对支付清算、中央银行会计集中核算、全国支票影像交换三大业务系统监测管理,资金的安全性、准确性和及时性进一步提高,辖区资金安全高效运行。

货币发行管理更加规范。科学调整券别结构,增加小面额货币投放,保证现金供应及时、结构合理、票面整洁。加强反假货币工作，积极开展反假货币业务培训，加大反假货币宣传和检查工作力度，成立承德市货币咨询鉴定中心，反假货币网络建设得到进一步加强。

充分发挥财税库银横向联网系统的作用，实现社会保险基金网上缴纳，加快了国库资金入库速度。顺利完成撤销代理区支库收回人民银行经理工作，制定《国家金库承德市中心支库预算收入退库管理办法》，进一步规范和完善预算收入退库工作程序。

加强对金融机构信息安全管理工作的协调、指导与检查，金融城市网络安全运行无事故。加强对金融IC卡推广工作的总体部署，完成全市银行卡联网通用检测，顺利完成承德辖区金融业机构信息检查与核对工作。发挥组织协调和指导作用，督导地方银行业金融机构的支付系统、财税库银横向联网系统等相关接口软件的开发、测试。

【金融创新】 信贷产品不断创新，支持实体经济的作用显著增强。农业发展银行通过农业政策性担保中心创新担保方式，及时有效地支持了农业产业化龙头企业发展。工商银行推出网贷通、商品融资、国内保理等产品，通过“产业集群联保+保证金”模式、商户集中收银循环贷款、出口退税融资等模式，解决小企业抵押不足问题，向百户小企业累计发放贷款15亿元。农业银行新增个人助业贷款，小企业快速贷上限由200万元扩大到2 000万元。中国银行通过信贷工厂模式和贸易融资特定客户模式累计向20户中小微企业投放信贷资金10.7亿元。建设银行依托“账易融”、“货易通”等供应链产品，围绕核心企业大力支持小额商贸类企业，累计投放5.5亿元支持40多户小微企业发展。同时，大力支持保障性住房建设，新增贷款7 000万元用于“大石庙偏岭经济适用房”项目建设，项目建成后评估售价3 400元/平方米，远远低于周边市场价5 200元/平方米的价格。承德银行采用县域贷款视频审批模式，大大提高了县域贷款审批速度。农村信用社积极开办农家游贷款、新民居建设贷款、农村青年创业贷款、下岗职工再就业贷款、生源地助学贷款、“公司+农户+基地”等贷款，有力地支持了弱势群体资金需求。同时，以农村区域为重点，积极办理“农民工银行卡特色服务”，全年新增信通卡21.5万张。全市银行业金融机构通过创新信贷产品和金融服务，有力地满足了社会各阶层对信贷资金的需求，有效地支持了全市经济结构的调整和发展方式的转变。

【外汇管理】 加大国际收支申报数据核查力度，加强外汇统计监测，增强国际收支分析水平。全年跨境收支2.7亿美元，实现国际收支顺差1.4亿美元；银行结售汇2.7亿美元，结售汇顺差1.4亿美元。加强对外汇指定银行业务和外汇收支企业的监管，对3家银行业金融机构和10家企业开展了以打击“热钱”为主的专项检查，收缴罚没款人民币22.2万元，有效促进了银行依法合规经营和代位监管，规范了企业的经营行为。

【保险市场】 保险业服务功能不断增强，经营规模进一步扩大。截至2011年末，承德市保险公司市级机构达到23家，其中财险公司11家、寿险公司12家，支公司以下机构229家，承保额达到3 850亿元。全年保险业实现保费总收入32.6亿元，增长11.5%，占全省市场份额的4.5%。其中：财险公司实现保费收入9亿元，增长15.9%；寿险公司实现保费收入23.6亿元，增长7.6%。保险业累计支付赔款（含满期给付）8亿元，增长11.1%，其中财险公司支付赔款4.7亿元；寿险公司支付赔款（含满期给付）3.3亿元。全年保险业缴纳营业税及附加7 660万元，代缴车船税7 430万元，代缴个人所得税2 470万元。保险业在实现经济补偿、维护社会稳定、履职社会责任等方面发挥着越来越重要的作用。

【证券市场】 截至2011年末，承德市证券营业部发展到4家，分别是中投证券承德营业部、财达证券火神庙营业部、财达证券双滦营业部、财达证券宽城营业部。股东开户数达到7万户，托管市值20亿元，全年实现交易金额280亿元，比上年下降31.5%。

（侯宝玖）

承德市主要经济金融统计

（2007—2011 年） 单位：亿元

项目	2007	2008	2009	2010	2011
国内生产总值	551.60	714.94	763.70	880.50	11 100.80
第一产业（增加值）	97.99	107.24	111.10	139.10	165.50
第二产业（增加值）	303.99	430.20	402.90	449.40	605.40
第三产业（增加值）	149.62	177.50	249.70	292.00	329.90
全社会固定资产投资	300.28	387.95	567.20	751.30	830.00
地方财政收入	38.14	59.50	62.17	91.75	128.27
地方财政支出	82.33	126.94	132.94	173.65	231.05
社会消费品零售总额	152.79	184.97	218.20	254.60	303.88
居民消费价格指数（以上年为100）	107.0	107.3	98.3	102.3	105.1
进出口总额（亿美元）	2.50	4.31	2.31	3.19	1.88
进口（亿美元）	0.43	0.79	1.30	0.84	0.26
出口（亿美元）	2.07	3.52	1.01	2.35	1.62
全部金融机构各项存款（余额）	561.03	688.09	898.71	1 089.15	1 195.56
单位存款	125.50	133.28	221.53	268.76	218.35
财政性存款	14.85	14.04	18.45	13.73	13.99
城乡储蓄存款	358.98	464.29	548.27	658.32	765.98
全部金融机构各项贷款（余额）	356.35	431.07	598.76	766.39	853.57
短期贷款	187.26	218.74	261.11	301.99	345.70
中长期贷款	142.19	185.51	308.31	440.90	491.04
现金投放（+）回笼（-）	27.36	43.20	48.37	60.74	51.05
全部保险机构保险费收入	15.76	24.76	24.11	29.30	32.60
全部保险机构保险赔款支出（含满期给付）	3.61	6.89	6.83	7.20	8.00

注：自 2011 年开始统计科目调整，由“单位存款”替换“企业存款”，不再有单独的企业存款统计数据。

中国人民银行张家口市中心支行

【经济运行】 2011年,张家口市经济保持平稳较快发展,实现了"十二五"的良好开局。2011年,全年实现生产总值1 124.87亿元,同比增长11.5%;全市规模以上工业增加值累计完成362.38亿元,同比增长16.6%;固定资产投资完成967.09亿元,同比增长29.0%,其中房地产开发投资208.56亿元,同比增长20.5%;社会消费品零售总额实现382亿元,同比增长17.8%;利用外资累计实现18 681万美元,同比增长71.5%;全部财政收入完成179.34亿元,同比增长23.8%;全市城市居民人均可支配收入达到16 401元,同比增长12%;CPI累计上涨5.2%,分别低于全国和全省0.2和0.5个百分点。

【金融运行】 2011年,中国人民银行张家口市中心支行认真贯彻执行稳健的货币政策,努力扩大信贷投放规模,积极优化信贷投放结构,对地方经济支持力度不断增强。年末全市人民币各项贷款余额1 063.01亿元,比年初增加148.73亿元,同比多增13.09亿元,超额完成了全市新增投放140亿元的任务;人民币各项存款余额1 459.21亿元,比年初增加160.16亿元。其主要特点如下:

(一)各项存款同比少增。全年人民币各项存款新增160.16亿元,同比少增6.45亿元。其中单位存款新增42.07亿元,同比多增2.31亿元,个人存款新增117.97亿元,同比少增6.27亿元。存款不平衡的问题比较突出,首先,存款增长月度分布不平衡,特别是个人储蓄存款一般呈现季末增长,季初大幅下降特点;其次,行际分布不平衡,四大国有商业银行除建行新增存款上升外,工、农、中行均出现大幅下降,储蓄存款向地方性金融机构集中。

(二)各项贷款增势明显。在全国、全省新增贷款下降的情况下,张家口市贷款增势明显,全年新增148.73亿元,同比多增13.09亿元。其中地方性金融机构增长较多,全年新增贷款64.42亿元,占全部新增贷款的43.3%,同比多增5.56亿元,占全部的42.5%。此外工商银行由于加大对中小企业的支持力度,贷款增长幅度较大,新增贷款21.2亿元,同比多增7亿元。

(三)新增贷款继续向县域倾斜。按照宏观调控要求,2011年贷款投放向中小企业和"三农"倾斜,市政府转发了人民银行制订的《县域新增存款一定比例投入当地贷款的考核办法》,效果明显,2011年新增贷款中,投向市区70.2亿元,占47.2%,投向县域78.5亿元,占52.8%,比市区高5.6个百分点,比上年同期仅高3.8个百分点。

(四)存贷比名列前茅。2011年金融机构支持地方经济力度加大,人民币存量存贷比为72.85%,排名全省第一,比全省高11.5个百分点;人民币增量存贷比为92.86%,排名全省第一,比全省高23.4个百分点。以上数据虽然体现出金融机构运用资金比较充分,但对2012年信贷投放造成一定影响,各行在2012年必须加大吸收存款力度,降低存贷比,以利于争取更多的信贷规模。

【金融调控】 一是加强窗口指导。制定了《关于加强金融服务支持全市经济平稳较快发展指导意见》,起草并被市政府批转了《县域金融机构新增存款一定比例用于当地贷款考核办法(试行)》,并在沽源县、万全县组织开展试点。国务院支持小微企业政策出台后,根据上级行有关精神,制定了《张家口市金融支持小微企业加快发展的意见》,提出金融支持小微企业发展的10条措施;二是搭建对接平台。协助市政府在省会石家庄举办了"2011中国·张家口金融经济发展高层恳谈会",14家省级金融机构与张家口市政府签订77个信贷合作项目,签订金额352亿元,到位320.7亿元。与市工信局联合举办张家口市银企信用对接会,114家企业与8家金融机构签约贷款16.4亿元,并全部到位。9月份,按照市政府要求,牵头组织六县区开展中小企业银企对接专项活动,六县区金融机构与106家中小企业达成意向性协议,金额达18.41亿元;三是规范货币政策工具操作,引导资金合理流动。通过加强存款准备金管理、再贷款再贴现管理等方式,对辖内农行张家口分行欠缴存款准备金问题以及农村信用社、村镇银行支农再贷款需求情况进行了调查摸底,对全辖16家农村信用联社的资本充足率、盈利能力、内控管理等7项指标进行了审核，对达标的11家农村信用联社完成了一般授信。同时，组织对支农再贷款发放程序和使用情况进行了检查，目前共办理再贷款3.5亿元，再贴现5.61亿元，同比分别增加1.7亿元和0.66亿元；办理银行承兑汇票88.84亿元，同比多增45.85亿元。

【金融服务】 一是组织开展金融消费者权益保护工作。联合市金融办、银监分局、保险行业协会等部门制定印发了《张家口市金融消费服务指引》和《张家口市金融消费服务投诉协调管理办法》、《张家口市金融消费服务考核评价办法》，指导8家银行、20家保险公司和2家证券营业部等市级金融机构分别制定了《金融消费服务指引实施细则》，制定了《张家口市金融机构保护金融消费者权益公约》，编写印发了5万余字的《张家口市金融消费服务指引手册》。12月13日，举行张家口市金融消费者权益保护活动启动仪式，市委常委、常务副市长何江海到会，组织金融消费服务工作领导小组成员单位、各市级金融机构签署了《张家口市金融机构保护金融消费者权益公约》，并开展了金融消费服务系列宣传活动；二是推进中小企业信用体系试验区建设。起草并以市政府文件印发了《张家口市社会信用体系建设实施方案(2011—2013)》和《张家口市中小企业信用体系试验区建设工作方案》，协助市政府召开全市中小企业信用体系试验区建设启动会，开发完成张家口市中小企业信用信息系统和张家口信用网站。与市发改委、工商行政管理局、质量技术监督局等20个单位达成了共享意向，与市商务局、工信局等15个单位签署了共享协议，深入17个政府部门和公共事业单位采集相关信息17万条，采集36个金融部门的信贷信息、评级信息3万余条，12月2日，市政府常务副市长何江海一行到人行观摩试验区建设情况，对试验区建设成果给予了充分肯定；三是积极改善农村地区支付服务环境。召开改善农村支付服务环境工作调度会，开展支付结算宣传下乡进村活动，开展银行卡助农取款服务。截至11月末，农村地区发展特约商户1 723家，比2010年增长68.26%，安装ATM机368台、POS机2 260台、转账电话11 802部，分别比2010年增长48.99%、49.97%和29.81%。县域银行卡发放数量达442.19万张，消费金额144.56亿元，持卡消费比2010年同期增长36.42%，县城成年人口人均持卡1.45张；四是恢复运行怀来县支行发行库。指导怀来县支行举行了“履行货币发行职能，支持地方经济发展”现场观摩会暨恢复办理发行基金出入库业务剪彩仪式，使怀来县支行成为河北省人行系统自2005年撤销县支库以来首个办理人民币发行基金出入库业务的县支库；五是不断提升机关营业服务大厅服务水平。制定印发了《中国人民银行张家口市中心支行机关营业大厅管理办法》和《营业大厅工作人员优质文明服务要则》，建立“首问负责制、一次性告知制、否定报备制、限时办结制、政务公开制”。配置业务引导员、业务指示牌、窗口指示牌，公示业务办理所需资料和相关事宜，摆放了花卉以及办理业务必备的办公用品，为办理业务人员提供了优美舒适的环境，提升了服务效率。

【金融创新】 2011年，人民银行张家口市中心支行继续将谋求落实创新作为提升工作整体水平的重要抓手，支行、科室分别确定创新工作项目23项和17项，通过加大对创新工作的总结、推介和宣传力度，全行有18项重点创新工作得到上级行的认可。其中建立反假人民币自愿者宣传队伍被国务院反假货币工作联席会议办公室认可；建立非现场监测评价系统、实行干部行为排查分析电子化、制定人民币复点差错管理约见谈话制度分别被总行《内审工作简报》、《综合信息服务系统》和《货币金银工作简报》刊载；两个贷款风险补偿机制、组织金融高管人员考试、开展金融消费者权益保护、加强金融业信息安全、开展“进百村访千户”金融服务调查、人民币收付竞赛、支付清算管理、两级支行工作“一体化”、完善反洗钱现场检查监管系统、推行部门和工作人员履职信息管理系统、建立履职效能保障机制等11项重点创新工作被天津分行和石家庄中心支行以简报信息形式认可。《金融时报》相继报道中心支行国库直拨涉农资金补贴、内控体系建设、两级支行“一体化”管理、工作网上评议、人民币管理、创建农村青年信用示范户等工作。

【外汇管理】 2011年,人民银行张家口市中心支行继续加强外汇管理工作。一是夯实业务基础,扎实推进国际收支申报管理工作;二是提升经常项目外汇监管效能,防范异常跨境资金流动风险;三是加强资本项目监测和管理,促进投资便利化;四是突出工作创新,加强对银行外汇从业人员的考核工作。

【保险市场】 2011年,全市保险中心支公司数量由20家发展到24家,还有3家保险公司正在筹建。全市保险业实现保费收入35.04亿元、同比增长0.6%,全年累计理赔支出9.26亿元、同比增长24.3%,理赔增速远远超过了保费收入的增速。

【证券市场】 2011年,全市证券营业部股民开户66 706户,实现股票成交量268.03亿元,较2010年减少105.97亿元。

(赵 翀)

张家口主要经济金融统计

(2007—2011年) 单位:亿元

项目	2007	2008	2009	2010	2011
国内生产总值	564.47	720.37	800.49	966.12	1 124.87
第一产业(增加值)	85.25	118.89	122.43	151.38	180.51
第二产业(增加值)	254.28	316.73	334.39	416.45	500.40
第三产业(增加值)	224.93	284.75	343.67	398.30	443.96
全社会固定资产投资	298.46	410.31	657.47	903.67	967.09
地方财政收入	34.47	41.61	47.00	62.45	82.99
地方财政支出	92.62	111.09	154.58	180.24	230.97
社会消费品零售总额	190.22	232.62	274.40	320.14	382.00
居民消费价格指数(以上年为100)	105.4	106.9	100.6	103.4	104.1
进出口总额(亿美元)	6.85	8.18	4.95	2.85	2.94
进口(亿美元)	2.20	4.44	3.41	1.02	0.60
出口(亿美元)	4.65	3.74	1.54	1.83	2.34
全部金融机构各项存款(余额)	715.86	867.40	1 135.64	1 303.29	1 463.44
单位存款	154.61	174.76	304.61	312.61	465.66
财政性存款	15.74	13.67	22.96	25.33	24.98
城乡储蓄存款	491.96	610.79	725.75	849.69	967.49
全部金融机构各项贷款(余额)	474.45	546.94	783.82	918.31	1 063.28
短期贷款	215.18	220.77	300.12	344.76	361.00
中长期贷款	232.20	293.40	435.67	551.76	683.76
现金投放(+)回笼(-)	57.43	54.87	43.31	43.81	41.20
全部保险机构保险费收入	14.72	19.25	26.00	34.83	35.04
全部保险机构保险赔款支出(含满期给付)	4.28	7.38	5.03	7.46	9.26

注:自2011年开始统计科目调整,由"单位存款"替换"企业存款",不再有单独的企业存款统计数据。

中国人民银行秦皇岛市中心支行

【金融运行】 2011年,中国人民银行秦皇岛市中心支行正确贯彻执行国家货币政策,努力维护辖区金融稳定,强化外汇管理和检查,提高金融服务水平和质量,扎实推进内控机制建设、较好地履行了基层央行工作职责,为推动全市经济金融协调健康、平稳较快发展发挥了有力地支持作用

全市金融运行特点为:存款大幅上升,贷款稳步增加。存贷款增量超出年初预期,全市存贷比为64%。2011年末,全市本外币各项存款余额1 686.78亿元,比年初增加161.03亿元。人民币各项存款余额1 663.84亿元,比年初增加158.05亿元;外币各项存款余额3.64亿美元,比年初增加0.63亿美元。单位存款增加余额645.90亿元,比年初增加29.01亿元。个人存款余额994.18亿元,其中人民币储蓄存款余额992.12亿元,比年初增加126.98亿元。全市本外币各项贷款余额1 082.06亿元,比年初增加147.73亿元。人民币各项贷款余额1 039.41亿元,比年初增加145.53亿元;外币各项贷款余额6.77亿美元,比年初增加0.66亿美元。人民币短期贷款余额379.33亿元,比年初增加71.93亿元。人民币中长期贷款余额643.14亿元,比年初增加72.62亿元。

【金融调控】 (一)加强对稳健货币政策的宣传,引导金融机构合理进行信贷投放。通过召开行长(主任)联席会、农村信用社贯彻落实货币信贷政策座谈会等形式,加强稳健货币政策的宣传,进一步疏通货币政策传导机制,不断提高社会各界对金融宏观调控目标和手段的认知程度。加强存款准备金管理,引导城商行、信用社按照差别存款准备金动态调整机制要求合理进行信贷投放。督促指导地方法人型金融机构严格执行石家庄中心支行最终测算的合意贷款目标及投放进度要求,既做到了控制信贷规模,又引导了地方法人性金融机构保持了信贷合理适度增长。落实差别住房信贷政策,按照上级行的通知要求,组织制定了《秦皇岛市差别化住房信贷政策实施细则》,住房贷款得到有效控制。到年末,全市银行机构本外币存款余额1 686.78亿元,比年初增加161.03亿元,贷款余额1 082.06亿元,比年初增加147.73亿元,有力地支持了地方经济平稳较快增长。

(二)加强中央银行资金管理,提高货币政策工具效用。加强再贴现管理,结合宏观调控以及国家产业政策,充分发挥其调整结构和引导投向的作用,确保再贴现资金重点向商业承兑汇票、涉农票据、中小企业、重点支柱产业倾斜,全年累计办理再贴现34笔,金额26 615万元,累计收回再贴现53笔,金额38 229万元。同时,切实加大对“三农”经济的信贷投入,引导农村信用社利用支农再贷款加大涉农贷款的投放,大力提高涉农贷款比例,全年辖内累计发放支农再贷款5亿元。

【金融服务】 (一)积极支持中小企业发展,建立信贷政策执行效果评估机制。加强中小企业信贷政策贯彻落实力度,针对中小企业融资难的问题展开多次专项调查,完成辖内金融机构中小企业信贷政策执行效果评估工作。积极参加银企洽谈会,宣传中小企业信贷政策,对上级行和秦皇岛市政府出台的支持中小企业发展的多项意见、措施进行研究落实,对下岗失业人员小额担保贷款、助学贷款等弱势群体信贷支持工作进行督导。积极支持民贸企业民贸产品生产,逐季完成对民族用品定点生产企业正大有限公司、金海食品、金海特种油、金海粮油符合贴息政策的流动资金贷款的按季贴息工作。截至2011年末共办理贴息2 272.37万元。

(二)全力推进跨境贸易人民币结算业务,助推经济发展。截至2011年末,共办理跨境贸易人民币结算业务10笔,合同金额总计3.29亿元。其中进口业务合同结算金额合计3.26亿元,服务项目合同结算金额总计0.03亿元,惠及中煤进出口公司、金海粮油等6家外向型企业,便利了我市企业跨境贸易结算,有力支持了我市外向型经济发展。

【金融监管】 (一)落实“两管理、两综合”工作机制,开展综合执法检查。通过召开全市银行行长主任联席会议,向各银行业金融机构传达了人民银行加强“两管理、两综合”的主要精神、具体内容和有关要求。结合秦皇岛辖区实际制定了《秦皇岛市新设金融机构加入人民银行金融管理与服务体系管理办法操作规程》、《地方法人金融机构金融风险提示制度》、《银行业金融机构重大事项报告制度》、《秦皇岛市银行业金融机构管理工作考

核评价办法(试行)》以及《综合执法检查工作暂行办法》等制度,建立了相对完善的制度体系。在抓好对金融机构“开业管理和以重大事项报告为主的营业管理”的基础上,组织开展了外汇、征信、账户、反洗钱、支付结算、国库、人民币等业务综合执法检查工作,对被检查单位的违规问题依法进行了行政处罚,使得金融机构依法合规经营意识和风险防范意识普遍提高,有效防范辖区系统性金融风险。

(二)加大反洗钱宣传检查工作力度,反洗钱工作水平不断提高。开展了以“打击洗钱犯罪,维护社会稳定”为主题的反洗钱宣传活动,深入企业生产和管理一线开展宣传,进一步增强了企业对反洗钱工作的认识。加强反洗钱工作的现场检查,督促各银行业金融机构落实《金融机构客户身份识别和客户身份资料及交易记录保存管理办法》,着重了解客户的经营范围资金流向。进一步突出非现场监管在反洗钱工作中的地位和作用,对金融机构反洗钱工作进行评价,加大对高风险机构的监管检查力度,提高监管效率。积极加强与司法机关在打击洗钱犯罪方面的联系与合作。积极挖掘可疑交易线索,鼓励社会群众向当地人民银行报送洗钱线索,加大可疑交易甄别分析力度,及时上报重点可疑交易。

【外汇管理】 (一)优化外汇服务,切实支持地方经济发展。参与制定《河北省金融支持沿海经济发展实施意见》,对金融业如何支持秦唐沧经济一体化及秦皇岛市未来发展提出具体规划和支持措施。切实落实市委市政府《关于进一步扩大开放加强招商引资工作的若干规定》,对现代旅游、先进制造、高新技术、海洋经济等16个全市今年重点发展项目,在外汇登记、资金准入审核、借用外债、贸易融资等方面实行“快办特办原则”,优先给予外汇支持。截至2011年12月末,秦皇岛市新登记外汇投资企业10家,合同利用外资21 453.84万美元,同比下降16.96%;实际利用外资17 781.15万美元,同比增长58.23%;直接投资结汇额14 656.78万美元,同比增长91.33%;新登记境外投资企业4家,中方投资总额16 115.00万美元,为上年同期的847倍,汇出6 705.54万美元,2011年境外投资资金汇出为零。

(二)落实外汇改革政策,不断推进投资便利化。落实贸易信贷管理政策调整,适当提高企业出口货款预收汇比例和企业进口货款延期付汇比例,规范审核程序,简化手续,缩短审批时间,满足企业利用贸易融资解决资金需求。落实货物贸易出口收入存放境外工作有关规定,筛选出5家具有出口收入存放境外的潜在需求企业,将其列入全市重点推介企业名单,并组织开展了相关培训,切实提高辖内进出口企业的资金使用效率。落实进口核销制度改革工作,及时对每季度非现场总量核查和监测预警结果进行现场核查,并根据现场核查结果对名录企业进行分类,目前全市A类进口企业共计208家,B类进口企业1家。通过不断扎实推广各项新的外汇政策措施,全力促进全市企业投资贸易便利化。

(三)积极推进国际收支网上申报和外汇年检代申报工作,切实提高工作效率。深入推进“国际收支网上申报”业务的实施,举办了“国际收支网上申报”推广培训会,辖内7家外汇指定银行、44家支行和500余家涉外收入企业人员参加了培训,2011年第4季度起全辖各外汇指定银行和涉外企业全部实现国际收支对公收入网上申报。积极探索外商投资企业及境外投资企业年检工作新方法,全力推行事务所代申报方式,实现网上无纸化外汇年检,连续两年外汇年检参检率、事务所代申报率实现“双百分百”。

(四)强化外汇监管,促进各外汇指定银行合规经营。加强系统整合,开展资本项下资金分析监测,防范资金跨境流动风险,推广使用“数据综合利用平台”,加强跨境资金、银行结售汇等业务数据对比,对资本金、外债结汇资金流向进行跟踪调查。加强跨境收支统计监测,提高分析预警水平,使用非现场核查软件系统,强化非现场核查工作。严格执行《银行执行外汇管理规定考核办法》,实施高管约见谈话和实地考察制度,规范外汇保险市场准入程序及外汇业务经营,支持保险机构健康发展,促进各银行合规经营。组织开展对银行和企业外汇业务检查,对山海关船舶重工有限责任公司和秦皇岛中港船舶重工有限公司执行外汇管理政策合规情况进行了现场调查和检查,对各外汇指定银行资本金结汇业务合规性进行了检查,对发现的违规问题及时进行整改和处理。加强个人外汇业务日常监管,采取多项措施,认真做好对辖内各外汇指定银行个人结售汇业务的核查和监管工作。

秦皇岛市主要经济金融统计

（2007—2011 年）

单位:亿元

项目	2007	2008	2009	2010	2011
国内生产总值	665.08	808.95	877.01	930.49	1 064.03
第一产业(增加值)	77.80	91.12	100.16	126.42	141.18
第二产业(增加值)	256.94	327.96	323.00	366.31	419.46
第三产业(增加值)	330.30	389.87	453.85	437.75	503.38
全社会固定资产投资	252.39	303.57	420.73	505.74	615.09
地方财政收入	85.28	106.99	114.67	140.38	168.68
地方财政支出	106.76	137.69	131.49	135.62	241.12
社会消费品零售总额	198.14	240.14	283.25	330.53	394.44
居民消费价格指数(以上年为100)	106.50	106.70	102.5	102.7	104.60
进出口总额(亿美元)	35.39	50.02	33.16	35.09	43.48
进口(亿美元)	13.94	31.30	16.18	16.25	21.26
出口(亿美元)	21.45	18.22	16.98	18.84	22.21
全部金融机构各项存款(余款)	851.32	1 013.83	1 303.95	1 524.023	1 686.78
单位存款	275.81	293.30	430.99	473.22	663.17
财政性存款	12.28	9.95	24.91	18.30	12.56
城乡储蓄存款	485.88	615.54	746.56	865.15	997.57
全部金融机构各项贷款(余额)	537.74	546.78	797.23	896.02	1 082.05
短期贷款	220.97	214.73	249.51	326.25	406.41
中长期贷款	292.17	301.20	478.57	553.87	652.95
现金投放(+)加笼(-)	-11.61	-6.65	-17.60	-15.13	
全部保险机构保险费收入	18.15	29.81	37.16	45.01	39.88
全部保险机构保险赔款支出(含满期给付)	2.52	6.05	9.56	9.55	12.27

注:自 2011 年开始统计科目调整,由“单位存款”替换“企业存款”,不再有单独的企业存款统计数据。

中国人民银行唐山市中心支行

【经济运行】 2011年，唐山市实现生产总值5 442.41亿元，比上年增长11.7%，经济总量占全省比重达到22.5%，比上年提高0.4个百分点，已连续8年居全省第1位，增速高于全省平均水平0.4个百分点。工业化特征依然明显，第二产业增加值占地区生产总值的25.0%，其中工业占26.0%，分别比上年提高0.4个和0.6个百分点；第一产业和第三产业分别占地区生产总值的8.9%和31.0%，比重分别比上年下降0.5个和1.4个百分点。工业平稳较快增长。全市规模以上工业完成增加值2 835.82亿元，比上年增长15.6%。在全市37个入统行业中有32个行业保持增长，增长面达86.5%，比上年提高5.9个百分点。粮食连续八年增产。粮食总产量317.8万吨，比上年增长2.5%，实现连续8年增产增收。固定资产投资增速回落。全年全社会固定资产投资完成2 546.11亿元，比上年增长6.2%，其中，固定资产投资2 492.96亿元，增长6.5%，投资率为46.8%。房地产开发投资完成507.32亿元，增长49.9%。市场消费较快增长。全年实现社会消费品零售总额1 334.80亿元，比上年增长17.%7，增速比上年回落0.7个百分点。其中，城镇零售额1 064.42亿元，增长18.0%；农村零售额251.80亿元，增长15.8%。对外经济增速加快。全年实际利用外资10.97亿美元，比上年增长24.0%，增速比上年加快13.0个百分点。对外贸易继续保持快速增长。全市进出口总额108.63亿美元，比上年增长43.8%，其中出口额38.92亿美元，增长33.2%；进口总额69.71亿美元，比上年增长50.4%。城乡居民收入增长。城镇居民人均可支配收入和农民人均纯收入分别达到21 785元和9 460元，分别增长11.4%和13.8%，分别高于全省平均水平3 493元和2 340元。

【金融运行】 （一）各项存款稳定增长。2011年末，全市金融机构本外币各项存款余额4 775亿元，比年初增加558.3亿元，同比多增20亿元，增势比较平稳。从存款结构上分析，2011年全市单位存款较去年同期多增40.8亿元，企业流动性总体正常，储蓄存款增势趋缓，全年增量同比减少4.7亿元，理财产品分流为不可忽视的重要因素，表明居民投资渠道有所拓宽。

（二）各项贷款增势合理，信贷结构改善。2011年末，全市金融机构本外币各项贷款余额3 123亿元，比年初增加365.8亿元，同比少增182亿元，增速13.3%，同比下降1.5个百分点。在实施稳健货币政策，运用差别存款准备金动态调整工具加强信贷调控背景下，2011年全市信贷投放呈现如下特点：一是投放进度总体比较均衡。除第3季度增量偏低外，投放节奏相对稳定，各季度贷款增量分别为97亿元、92亿元、50亿元和119亿元。二是贷款期限结构优化。2011年末，中长期贷款余额1 799亿元，比年初增加53.2亿元，比上年同期少增304.4亿元，在各项贷款增加额中的比重为14.5%，比上年同期回落50.8个百分点，票据融资余额92.6亿元，比年初下降52.4亿元。三是贷款投向更加合理。2011年末，全市县域贷款余额1 178.6亿元，占全市贷款余额的38.7%，存贷比69.92%，高于全市4.98个百分点；全市小微企业新增贷款131.4亿元，比上年同期多增54.4亿元，小微企业新增贷款占比41.6%，高于上年同期18.1个百分点。

（三）地方金融机构支付状况良好。地方金融企业存款备付水平比较合理，2011年末，地方法人金融机构备付金率总水平2.56%，较上年同期提高0.36个百分点。其中唐山市商业银行备付金率为5.3%，较上年同期提高1.3个百分点；农村信用社备付金率为1.87%，与上年基本持平；地方法人金融机构流动性总体比较充足。

（四）金融企业经营效益稳定。2011年末，辖区金融机构实现本外币利润99.9亿元，累计比上年同期多实现利润25亿元，金融机构经营效益继续改善，经营实力进一步增强。

（五）直接融资较快发展。2011年，全市直接融资50多亿元，其中曹妃甸实业港务有限公司发行中期票据7亿元，唐山国丰钢铁有限公司发行中期票据15亿元，开滦能源化工股份有限公司发行短期融资券7亿元、中期票据14亿元,唐山冀东发展集团发行短期融资券7亿元;此外,有20家企业进入河北省优质企业发券储备库。

【金融稳定】 (一)落实稳健的货币政策,全力支持全市经济金融健康发展。加强经济金融形势分析及货币信贷工作的部署和指导,引导金融机构加强资金规模和结构调整以及金融产品创新,促进金融与经济良性互动发展。搭建银企沟通平台,全年共组织和参与市、县银企对接活动11次,达成贷款意向80个,协议贷款44.2亿元;推荐20家企业进入了河北省优质企业发券储备库。组织四家企业发行中期票据36亿元、短期融资券14亿元;为金融机构累计办理再贴现10亿多元。

(二)“两管理、两综合、一保护”工作深入推进,较好地维护了辖区金融稳定。一是金融风险监测和评估扎实开展,加强对全市25家小额贷款公司的风险监控,预防其发生风险向金融系统扩散。二是“两管理、两综合”工作机制持续完善,对14家金融机构2010年度执行人民银行政策情况进行考核评价;先后3次组成综合执法检查组,分别对7家银行的40个分支机构进行了综合执法检查,对存在的违规问题及时进行了纠正,为维护金融稳定发挥了积极作用。三是保护金融消费者权益试点工作全面推开,已受理金融消费者投诉(咨询)126起(次),办结118起(次)。四是专项监督管理工作有效推进。组织全市74家银行、保险、证券、期货机构集中开展了为期1个月的反洗钱宣传活动,协助公安机关成功破获一起洗钱犯罪案件,挽回受害人损失2 500多万元。开发运行“唐山市银行机构空头支票监管系统”。

【外汇工作】 全年跨境外汇收支超过110亿美元,走在了全省前列。坚持打击流入热钱活动不放松,先后组织开展了打击违法违规外汇资金流入、重点企业外汇业务专项检查,检查有关企业和银行35家,立案查处违规单位7家,立案金额10 460万美元,同比增长92%,依法处以人民币罚款128.1万元,结案率100%。大力宣传和积极落实外汇管理改革政策,跨境人民币业务顺利推进。加强对直接投资项下资本流入和结汇的监管,控制签约债务融资成本,6个债务单位借用的外债利率水平降至4%以下。严格外债结汇审核,降低了外债资金结汇比例,切实维护了辖区涉外经济金融安全。

【金融服务】 (一)金融生态环境建设扎实推进。积极落实创建“六好金融生态环境县”工作方案,实现了任务、责任、人员三到位。继续推进中小企业信用档案征集及延伸信贷指导服务工作,有效地缓解了中小企业贷款难的状况。在全市农村开展“十星”文明农户道德信贷试点工作,基本实现了符合条件的农户全部建立了信用档案。开展2010年度唐山市最守信用贷款企业评选活动,促进了银企双赢。唐山市荣获2010年河北省“金融生态市”称号。

(二)现金供应和人民币管理能力进一步增强。制定科学合理的发行基金调拨计划,按月分析现金投放、回笼情况,并采取应对措施,实现了全市现金供应充足、券别结构基本合理、流通市场反映良好,顺利通过发行库二级库标准的考核验收。

(三)科技服务水平进一步提高。顺利完成对唐山市商业银行支付系统接口改造的验收工作。及时解决了全市小额贷款公司机构编码审核录入问题。组织金融业机构对机构编码信息进行首次年检验证,先后完成1 168家分支机构的年检审核和151家非现场检查工作,加强对各收单机构POS终端和ATM机受理金融IC卡改造情况的检查,完成10 326台POS机和507台ATM机的升级改造,发行金融社保卡1 000多张。

【保险市场】 保险业务平稳发展。2011年,唐山保险业实现原保险保费收入123.83亿元,同比增长10.62%,增幅全省第二。经营效益稳步提高。唐山产险机构实现承保利润2.83亿元,同比增长49%,20家产险机构中有13家盈利。

(中国人民银行唐山市中心支行 王志山 朝鲁孟)

唐山市主要经济金融统计

(2007—2011 年) 单位:亿元

项目	2007	2008	2009	2010	2011
国内生产总值	2 779.14	3 561.19	3 781.44	4 469.08	5 442.41
第一产业(增加值)	286.08	340.01	360.18	387.84	486.53
第二产业(增加值)	1 595.55	2 113.29	2 111.97	2 632.43	3 269.89
第三产业(增加值)	897.51	1 107.89	1 309.29	1 448.81	1 686.00
全社会固定资产投资	1 036.59	1 361.32	2 180.86	2 665.77	2 546.11
地方财政收入	119.22	146.66	169.72	195.84	255.56
地方财政支出	192.94	252.6	283.36	331.19	440.33
社会消费品零售总额	648.83	809.76	958.56	1 119.45	1 316.22
居民消费价格指数(以上年为100)	104.3	106.1	99.9	103.10	105.40
进出口总额(亿美元)	51.94	91.99	60.96	93.90	108.63
进口(亿美元)	23.69	45.56	41.77	64.66	69.71
出口(亿美元)	28.25	49.43	19.19	29.24	38.92
全部金融机构各项存款(余额)	2 264.20	2 919.36	3 657.85	4 469.08	4 774.98
单位存款	623.75	798.91	1 104.64	1 130.63	1 810.34
财政性存款	28.93	26.91	54.00	30.97	27.21
城乡储蓄存款	1 383.98	1 826.67	2 139.16	2 515.14	2 848.82
全部金融机构各项贷款(余额)	1 266.60	1 557.29	2 197.34	2 716.11	3 122.96
短期贷款	655.87	654.07	743.20	877.84	1 231.12
中长期贷款	553.07	820.17	1 332.83	1 696.66	1 799.03
现金投放(+)回笼(-)	+176.97	+157.77	+121.82	+149.13	+174.5
全部保险机构保险费收入	52.68	76.29	88.80	120.60	123.83
全部保险机构保险赔款支出(含满期给付)	19.72	26.57	26.80	28.18	36.13

注:自 2011 年开始统计科目调整,由“单位存款”替换“企业存款”,不再有单独的企业存款统计数据。

中国人民银行廊坊市中心支行

【经济运行】 2011年,廊坊地区生产总值1 612亿元,全部财政收入251.40亿元,同比增长28.6%。规模以上工业增加值、全社会固定资产投资额分别达到664亿元、1 088.7亿元。社会商品零售总额达到486.3亿元,增长17.6%。全市居民消费价格总指数105.4,同比提高2.2个百分点;商品零售价格总指数105.2,同比提高0.6个百分点。廊坊市全年经济发展呈现下述特点:一是工业稳定增长,效益增长较快,企业经营预期有所下降。2011年末,全市规模以上工业实现增加值664亿元,同比增长16.7%;全市规模以上工业企业实现利税和利润分别为186.80亿元和128.9亿元,同比分别增长5.7%和1.9%。二是投资增长较快。全社会固定资产投资完成1 088.7亿元,增长30.7%。其中房地产投资完成294.2亿元,增长18%。三是消费稳定增长。全社会消费品零售总额完成486.3亿元,增长17.6%,与上年同期相比增速回落0.6个百分点。四是物价高位运行。全市居民消费价格总指数105.4,同比提高2.2个百分点。商品零售价格总指数105.2,同比提高0.6个百分点。农业生产资料价格上涨8.4%,工业生产资料出厂价格上涨4.1%。五是财政收入平稳增长。全年财政收入实现251.4亿元,同比增长28.6%,与上年同期相比增速回落7.7个百分点。其中地方一般预算收入完成140.3亿元,同比增长32.5%。

【金融运行】 2011年,人民银行货币政策调控逐步收紧,6次上调存款准备金率,2次上调基准利率,对贷款总量实行规模控制,人民银行廊坊市中心支行积极引导金融机构合理把握信贷投放总量和节奏,有力地支持了经济发展方式转变和结构调整。一是存款平稳增长,增幅有所回落,但总体趋势向好。截至2011年12月末,全市金融机构本外币各项存款余额2 286亿元,同比增长14.5%,位居全省第四,高于全省平均水平1.3个百分点;比年初增加289亿元,同比少增84亿元,位于全省第五。其中人民币各项存款余额2 267亿元,同比增长14.4%,居全省第四位;年内新增254亿元,居全省第四位。人均储蓄存款32 800元,比全省平均值高7 300元。二是贷款稳健增长,贷款增量结构进一步优化。截至12月末,金融机构本外币各项贷款余额为1 569亿元,比年初增加226亿元,增量位居全省第四,从贷款的增长幅度(比年初增长)看,廊坊市贷款增长16.9%,高于全省1个百分点。其中人民币贷款余额为1 536亿元,比年初增长216亿元,同比少增58亿元。余额存贷比67.7%,高于全省6.3个百分点。

【金融调控】 落实稳健的货币政策,支持地方经济平稳较快发展。一是采取有效措施畅通货币政策传导渠道。做好货币政策宣讲解读,邀请金融专家对全市人民银行系统员工、各金融机构主要领导及相关部门负责人开展了宏观政策培训,加强窗口指导,制定实施了《信贷与产业政策指引制度》,引导金融机构把握好信贷投放力度和节奏,结合国家政策导向积极调整信贷对象,增加对在建续建项目、民生安居工程、新农村建设等领域的信贷投入,满足了实体经济发展的资金需求;认真落实差别存款准备金动态调整政策。在认真测算地方法人金融机构每季及分月合意贷款数量的基础上,加强对其信贷投放进度、结构和投向的监测,做好合意贷款指标下达、监测和完成情况报告,全年地方法人金融机构间调剂合意贷款额度达到55亿元。二是不断加大金融对“环首都绿色经济圈”支持力度。紧紧围绕河北省环首都绿色经济圈发展战略,协助石家庄中支起草了《河北省金融支持环首都绿色经济圈发展指导意见》,提出了金融支持“环首都绿色经济圈”的具体规划,被石家庄中支以正式文件在全省印发执行;制定出台了《关于“十二五”时期金融全面支持廊坊市经济发展的实施意见》,明确了全市银行业、证券业、保险业在“十二五”时期的发展规划目标、政策措施,提出了全力做好2011年金融支持工作的九项举措,得到廊坊市委、市政府的充分肯定;制定实施了《关于金融支持廊坊市文化产业发展的指导意见》,与廊坊银监分局、环保局联合印发了《关于加大节能环保领域金融支持力度 促进企业可持续发展的实施意见》,促进了货币信贷政策与产业政策的协调配合。2011年底,辖内“环首都绿色经济圈”六个县(市、区)新增贷款172亿多元,占全市新增贷款总量的74.9%。

【金融服务】 大力推进金融服务现代化建设，全面提升金融服务的质量和水平。一是支付结算工作有序开展。组织成立了会计专业管理委员会，将全辖会计工作集中管理纳入了规范化管理体系，推动了全辖“大会计”工作的顺利开展。强化系统日常运维，全面加强金融机构的对账管理，密切监测金融机构账户运行情况，实现了大、小额支付系统及中央银行会计集中核算系统能安全稳定运行。全年五个主要支付系统 84 万笔、业务汇划 8 210 亿元无故障；会计集中核算 4. 5 万笔、6 850 亿元业务无差错，核准开户许可证 4 665 个。积极推广非现金支付工具，开展了 2011 银行卡市场专项检查，与公安机关协同开展打击银行卡违法犯罪活动，优化了非现金支付结算环境，全年辖区各银行机构发卡总量同比增长 90% 以上。二是国库管理与服务效能不断强化。邀请专家就新系统下的国库业务核算等内容对辖区 100 名国库业务骨干进行了培训；开展了以“建央行文化，展国库风采”为主题的业务知识竞赛；推进国库集中支付业务开展，进一步完善了业务处理流程，推动文安与大城两县顺利上线运行国库单一账户管理系统，其他县（市）均完成了前期准备工作；开展核算质量分析，对 2008 年以来国库核算情况进行归纳整理，认真分析差错产生原因，采取针对性措施提升国库核算质量，全年日常规范性差错率降到了历史最低点，全年共办理国库业务 109 笔，处理各级预算收支 1 124 亿元，组织国债承销 3. 3 亿元。三是人民币管理水平显著提高。以“保安全、保供应”为工作中心，把保障现金总量供应和结构平衡作为工作重点，不断加强人民币管理工作，截至 12 月末，全辖区投放货币 237 亿元，回笼 74 亿元，实现净投放 163 亿元。在 8 个县支行成立了人民币管理服务中心，有效化解了市场中票币整洁度差、残币兑换难、零钞兑换难等问题，维护了人民币流通秩序，实现了“撤库不撤职能”的工作目标；顺利完成了三河支行发行库恢复工作，成为河北省首批恢复发行库业务的县支行。

【金融创新】 积极推进金融改革创新，有效推进了辖区金融业健康、稳健发展。一是“两管理、两综合”工作深入开展。强化了金融机构管理与服务准入审批机制。制定实施了《廊坊市金融机构金融管理与服务指引》等办法，按照“约见告知、集中受理、各负其责、分项办理、集中核验、统一反馈”原则，对 8 家新设金融机构做出开业准入批复，对 7 家在营业金融机构的 20 项新增业务进行了准入审批。二是社会信用管理进一步完善。组织开发了“廊坊市金融综合服务系统”。截至 2011 年底，已通过系统为 2 万多户企业建立了信用档案，整合信息 40 多万条。积极推进“中小企业信用体系实验区”建设，推动市政府建立中小企业贷款财政贴息、风险补偿机制，积极引导中小企业进行直接融资，指导、支持新奥集团发起建立“创投基金”，为高科技、高成长性企业提供风险投资。目前，廊坊作为河北省唯一一家“中小企业信用体系建设试验区”上报到总行，中小企业信用体系试验区建设的做法被总行转发。

【外汇管理】 组织开展了外汇政策和业务知识培训，辖区 70 余家外汇指定银行、400 余家企业参加了培训，培训人数达到 1 000 余人次；制定了《外商投资企业资本金结汇业务检查方法》、《企业贸易收汇业务非现场检查方法》，得到国家外汇总局肯定；出台了《廊坊市金融机构外汇管理与服务指引》、《货物贸易出口收入存放境外管理操作指引》，被省外汇局推广；加强异常资金流动监测、分析与排查，累计完成 144 家次异常数据逐笔核查工作。全年辖区累计办理进出口核销核查 57 亿美元，企业投资登记 3. 7 亿美元；完成了对 12 家外汇指定银行、17 家涉汇企业的外汇业务检查，查处违规金额 5 513 万美元，收缴罚没款 124 万元人民币，结案率和罚没款收缴率均达到 100%。截至 2011 年末，辖区共办理出口收汇核销 71 360 笔，核销金额 26. 49 亿美元，同比增长 23. 99%，核销率为 99. 60%；办理进口付汇 26. 31 亿美元，进口到货 27. 15 亿美元。

【保险市场】 截至年末，廊坊市共有 25 家保险公司，1 家保险协会，其中寿险公司 10 家，财险公司 16 家，全部保险机构保险费收入 56. 11 亿元，全部保险机构保险赔款支出（含满期给付）9. 67 亿元，全部保险机构保险密度达到 13. 58，全部保险机构保险深度达到 3. 4，保险业市场秩序良好，保费收入保持增长。各家保险公司以加强内控、改善经营、防范和化解经营风险为重心，进一步加强内部管理，强化理赔队伍职业操守教育，为业务健康发展创造良好的环境，有效控制了经营成本和风险，其服务能力和行业形象不断提升。

【证券市场】 截至年末，全市 10 家证券营业部，从业人员237人。投资者开户数达到10.18万户，客户交易结算资金96亿元，证券托管市值117亿元，营业收入0.6亿元。2011年以来，股市行情受外界因素影响较多、震荡不定，各证券营业部经营业绩有所下降，但风险控制状况总体良好。我们已将廊坊市10家证券营业部纳入监测范围。另外现有2家证券机构正在积极筹备，分别为西部证券廊坊广阳道营业部和西藏同信证券廊坊光明西道营业部，已向人行廊坊市中心支行提交了开业准入申请，正在受理中。

截至年末，廊坊市在境内上市的公司共有3家，股票名称分别为福成五丰、荣盛发展、梅花集团，其中梅花集团于2011年3月29日借壳上市。上市公司累计募集资金55.8亿元，上市融资和再融资总额55.8亿元。

（金柏林）

廊坊市主要经济金融统计

（2007—2011年）

单位：亿元

项目	2007	2008	2009	2010	2011
国内生产总值	883.4	1 051.5	1 160.40	1 331.1	1 612.00
第一产业（增加值）	124.6	129.4	138.10	157.4	174.20
第二产业（增加值）	491.6	595.6	626.00	712.3	880.20
第三产业（增加值）	267.2	326.6	396.30	461.4	557.60
全社会固定资产投资	607.30	926.3	1 279.69	909	1 088.7
地方财政收入	95.6	122.12	143.40	195.4	251.40
地方财政支出	84.00	111.11	123.15	179.64	227.70
社会消费品零售总额	244.0	300.2	354.50	413.6	486.3
居民消费价格指数（以上年为100）	105.2	106.5	97.8	103.2	105.4
进出口总额（亿美元）	27.8	38.2	37.10	39.7	45.02
进口（亿美元）	11.9	17.9	18.55	19.37	20.14
出口（亿美元）	15.9	20.3	18.55	20.33	24.88
全部金融机构各项存款（余额）	1 037.12	1 281.8	1 624.21	1 997	2 285.6
单位存款	310.19	319.8	490.65	626.18	868.8
财政性存款	11.07	11.01	27.95	45.67	49.5
城乡储蓄存款	618.21	807.1	986.97	1 168.5	1 358.7
全部金融机构各项贷款（余额）	619.27	735.6	1 066.02	1 344.5	1 568.5
短期贷款	319.35	337.6	420.56	548.06	643.9
中长期贷款	286.04	373.7	620.00	783.28	915.5
现金投放（+）回笼（－）	171.60	125.65	108.31	143.9	163.09
全部保险机构保险费收入					56.11
全部保险机构保险赔款支出（含满期给付）					9.67
全部保险机构保险密度					13.58
全部保险机构保险深度					3.4

注：自2011年开始统计科目调整，由“单位存款”替换“企业存款”，不再有单独的企业存款统计数据。

中国人民银行
保定市中心支行

【经济运行】 2011年，保定市实现生产总值2 450亿元，比上年增长400亿元；增速为12%，高出全省平均增速0.7个百分点。经济总量居全省第5位，增速居全省第4位。

（一）工农业生产稳步增长。全市农林牧渔实现增加值342.8亿元，同比增长5.5%；工业实现较快增长，全市工业增加值1 129.5亿元，同比增长14.9%，占生产总值的46.1%。全市规模以上工业企业完成增加值884.6亿元，同比增长16.7%，高于全省平均水平0.6个百分点。总量仍居全省第5位，增速居全省第3位。服务业继续保持平稳增长，其增加值同比增长11.4%。其中，交通运输仓储和邮政业增长14.4%，批发和零售业增长11.8%，金融业增长16.8%。固定资产投资结构不断优化，增速有所下降，全社会固定资产投资完成1 664.3亿元，同比增长29.1%、增速下降1.1个百分点，高于全省平均水平4.8个百分点，总量和增速均居全省第4位。

（二）城乡市场繁荣活跃。全年社会消费品零售总额破千亿大关、达1 004.1亿元，同比增长17.8%，增速高出全省平均水平0.1个百分点，总量居全省第三位。其中，城镇市场零售总额774.1亿元，同比增长18.4%；乡村市场零售总额230亿元，同比增长15.6%。与居民生活质量密切相关的商品销售增幅居前，其中金银珠宝类零售额增长29.6%，家用电器和音像器材类零售额增长41.5%，汽车类零售额增长30.1%。

（三）出口创汇持续增长，利用外资数额比上年略有下降。据有关部门统计，全市出口总值53.6亿美元，同比增长24.1%。对欧美主要国家出口增长增加迅猛：对德国出口8.6亿美元、同比增长11.4%，对美国出口5.3亿美元、同比增长62.5%，对俄罗斯出口3.8亿美元、同比增长57.1%。

全年实际利用外资4.46亿美元，同比减少0.46亿美元。其中，外商直接投资完成4.34亿美元，同比减少0.41亿美元。

（四）财政收入增长较快。全市当年完成财政收入265.9亿元，同比增长29%，增速高于全省平均水平3.6个百分点，总量居全省第5位，增速居全省第3位、同比前移1位。其中：地方一般预算收入128.6亿元，同比增长41.3%，高出全省平均水平10.9个百分点，总量居全省第5位，增速居全省第1位。

（五）城乡居民收入稳步提高。城镇居民人均可支配收入为16 912元，同比增长12.4%，比上年提高1.4个百分点。农民人均纯收入6 656元，同比增长22.2%，比上年提高5.9个百分点。

【金融运行】 2011年，保定市金融机构贯彻执行稳健的货币政策，积极推进金融改革创新，不断提高辖区金融服务水平，有效改善地方金融生态环境，在各自的领域，为地方经济的平稳较快发展做出了积极贡献。截至年末，保定全辖各项存款余额达3 248.38亿元，比年初增加369.34亿元，同比少增51.35亿元；存款年增速为12.8%，同比下降4.3个百分点。全辖各项贷款余额为1 352.33亿元，比年初增加194.33亿元，同比多增7.74亿元；贷款年增速为16.8%，同比下降2.3个百分点。

【金融调控】 （一）积极落实稳健的货币政策，加大对地方经济发展支持力度。截至2011年末，全市金融机构各项贷款余额1 352.33亿元，比年初增加194.33亿元。加强“窗口指导”，综合运用各种货币政策工具和监管政策，引导金融机构均衡把握信贷投放方向、力度和节奏，保持金融对经济支持的均衡性和持续性，促进地方经济平稳较快发展。发挥差别准备金制度作用，有效调控货币信贷总量。组织县支行和全辖地方法人金融机构召开信贷政策工作会议，对差别存款准备金政策及合意贷款等内容进行讲解分析。积极指导地方法人金融机构适时适度投放信贷资金，加强贷款情况的监测分析，用足用好信贷规模，保持贷款合理增长。

（二）做好专项票据兑付监测考核工作。严格执行《河北省农村信用社改革试点专项中央银行票据兑付后续监测考核实施细则》，加强监测反馈，做好专项票据兑付后续监测工作。圆满完成2010年度农村信用社经营财务数据表导入工作，并得到总行通报表扬。完成对高阳县农村信用联社的票据兑付检查，兑付资金6 281万元。

（三）强化风险管理，加强对金融机构流动性监测。2011年央行先后6次上调、1次下调存款准备金率，调整较为频繁，保定中支在确保准备金政策及时传导的同时，针对辖区法人金融机构点多面广特点，密切关注存款准备金率的调整对金融机构资金流动性的影响，对政策变化产生的影响及时分析，认真做好动态反馈，引导辖内地方法人金融机构保持稳健经营，不断完善信贷行为，自觉有效地防范金融风险，确保辖区金融稳定。完成《关于蠡县八家农村信用社经营管理情况的报告》上报上级行，对八家信用社的经营情况和定位问题进行详细说明，为上级行决策提供了可靠依据。

（四）加大监管力度，对辖区金融机构进行综合执法检查。为促进保定市银行业金融机构依法合规经营，中支成立了综合执法检查工作领导小组，制定了《2011年度综合执法检查实施方案》，要求辖区金融机构就人民币管理、账户业务、支付结算、国库业务、征信管理、金融机构市场业务等方面情况进行自查，并上报了自查报告。自查工作结束后，中支机关抽调有关科室业务骨干，组成了三个检查组，对农业银行保定分行、华夏银行保定分行和保定市商业银行开展现场检查，对检查出的问题及时予以纠正，进一步规范了辖区金融机构的经营行为。

【金融服务】 （一）进一步规范业务操作，提高国库服务水平。不断提高国库会计核算质量与水平，实现国库会计核算全年无差错。截至2011年末，全辖共完成各级预算收入316.37亿元，预算支出444.08亿元，业务量318万笔，确保了政府预算收支的顺利进行。准确、及时上报数据材料，进一步提高国库统计分析工作水平，完成凭证式国债发行的统计上报工作。出台《保定商业银行（信用社）代理国库业务考核办法》，健全了库银工作机制，规范了商业银行代理国库业务，《考核办法》被石家庄中支以编者按形式转发。制订了《保定市中心支行国库重要空白凭证、证书、印章、密押、密钥设备管理工作细则》，进一步加强了印章、密钥等的管理，该细则被石家庄中支转发推广。

（二）改进外汇管理工作，为企业提供优质便捷服务。召开了外汇指定银行专项业务培训会，对相关外汇政策进行讲解和培训，并对银行外汇业务加以规范。全面启动运行了数据综合利用平台、国家外汇管理局应用服务平台、货物贸易收付汇核查系统，依托系统完成各种分析二十余项，对核查中发现的问题及时向省局进行了反馈。做好辖内两家大型进出口企业出口收入存放境外资格审核及开户前备案工作，成为全省首批开通货物贸易出口收入存放境外业务的中心支局。完成了《银行结售汇统计业务现场与非现场核查指引》初稿，得到省局的肯定。在全辖组织开展“诚信兴商和谐发展”主题宣传活动，切实增强了公众的诚信意识。

（三）做好跨境人民币业务准备工作，确保系统成功上线运行。加强相关文件的学习和宣传力度，做好RCPMIS（人民币跨境收付信息管理系统）上线前的准备工作，为全省跨境人民币业务工作正式启动奠定基础。目前，保定市新增试点企业数量不断增加，范围涉及保定市区和涿州、容城、高阳、雄县、蠡县五个县，已激活企业76家。

（四）完善金融管理与服务，对新设金融机构给予引导和帮助。为贯彻落实《关于印发<保定市新设金融机构金融管理与服务准入指引>的通知》文件精神，完善金融管理与服务，维护保定市金融稳定。一是组织召开了浦东发展银行保定分行加入人民银行金融管理服务体系接洽会，对其业务进行指导与审核，该行已于2001年7月12日正式开业；二是与保定市幸福人寿、国寿财险筹备组进行初步接洽，对其筹备工作进行指导。

（五）多措并举，推进辖区信用体系建设。一是结合“金融知识进农村”活动，深入辖区凤凰台村开展征信知识宣传，进一步增强了农民的信用意识，不断优化信用环境。二是做好信用查询及异议处理工作，2011年办理个人征信系统信用报告查询1 387笔，异议处理1笔；企业征信系统信用报告查询43笔，异议处理1笔，准确完整地做好异议登记及回函送达工作。三是加快推进中小企业信用体系建设。累计纳入信用档案的中小企业14 832户，取得银行授信意向的中小企业2 861户，取得银行融资中小企业累计1 486户，金额142 177元。四是做好非银行信息采集工作，积极与保定市法院、国税、地税、工商等部门联系，推进辖内非银行信息采集工作的全面展开。

【保险业务】 2011年，保定市共有保险公司37家。其中，财险公司19家，寿险公司18家。经营情况如下：

一、财险业务

(一)商业险:保险费收入18亿元(全省第三),同比增加9.95%,其中机动车保费15.13亿元。赔款支出7.83亿元,赔付率43.48%。

(二)交强险:保险费收入8.57亿元(全省第三),同比增长19.06%。承保车辆842 700台,赔案件数64 824次,累计赔款3.75亿元,赔付率43.74%。

二、寿险业务

保险费收入74.5亿元(全省第二),同比降低2.75%。赔款支出1.1亿元,满期给付7亿元,年金给付6 930.84万元,死亡医疗给付1.27亿万元,退保金额4.94亿元。

【证券业务】 保定市现设有16家证券营业部。分别是:广发证券股份有限公司保定恒祥南大街证券营业部、国开证券有限责任公司保定五四西路证券营业部、方正证券有限责任公司保定向阳南路证券营业部、西南证券股份有限公司保定朝阳北大街证券营业部、长江证券股份有限公司保定五四中路证券营业部、大通证券股份有限公司保定恒祥北大街证券营业部及财达证券的10家营业部。截至2011年末,16家营业部开户总数45万户,全年股票交易金额1 100亿元。

(薛冀峰)

保定市主要经济金融统计

(2007—2011年)

单位:亿元

项目	2007	2008	2009	2010	2011
国内生产总值	1 373.4	1 580.9	1 737.64	2 050.30	2 449.90
第一产业(增加值)	237	247	259.36	303.65	342.82
第二产业(增加值)	663.2	763.6	854.53	1 064.11	1 345.09
第三产业(增加值)	473.3	570.3	623.74	682.54	761.99
全社会固定资产投资	650.4	804.7	1 130.43	1 472.09	1 565.66
地方财政收入	121.9	149.5	166.63	206.11	265.93
地方财政支出	130.9	164.3	196.39	269.88	332.06
社会消费品零售总额	509.3	619.7	730.29	852.7	1 004.10
居民消费价格指数(以上年为100)	106	105.1	100.2	103.2	105.8
进出口总额(亿美元)	30.73	49.38	41.23	58.59	73.49
进口(亿美元)	5.73	9.12	8.41	15.33	19.85
出口(亿美元)	25	40.26	32.82	43.26	53.64
全部金融机构各项存款(余额)	1 624.76	1 977.80	2 456.58	2 877.63	3 248.38
单位存款	302.03	310.39	509.25	577.59	890.97
财政性存款	25.58	35.24	37.51	32.90	43.22
城乡储蓄存款	1 195.5	1 507.27	1 756.06	2 024.33	2 289.08
全部金融机构各项贷款(余额)	693.37	711.52	976.04	1 162.64	1 352.33
短期贷款	370.31	326.14	428.94	516.56	538.09
中长期贷款	299.6	365.84	500.55	622.04	799.69
现金投放(+)回笼(-)	93.85	72.22	68.29	98.37	100.59
全部保险机构保险费收入	40.27	50.7	83.18	100.10	101.07
全部保险机构保险赔款支出(含满期给付)					21.64

注:自2011年开始统计科目调整,由"单位存款"替换"企业存款",不再有单独的企业存款统计数据。

中国人民银行沧州市中心支行

【经济运行】 2011年,全市整体经济平稳快速发展,主要经济指标完成情况良好。整体经济又好又快发展,全市实现生产总值2 600亿元,同比增长12.3%。工业经济快速增长。全市规模以上工业企业完成增加值1 041.3亿元,同比增长16.8%。固定资产投资快速增长。全社会固定资产投资完成1 597.8亿元,同比增长26.2%。消费品市场繁荣。全市社会消费品零售总额完成674.4亿元,同比增长17.7%。外经外贸。全市进出口总值214 781万美元,同比增长27.97%。其中出口完成188 218万美元,同比增长35.24%;进口完成26 562万美元,同比下降7.34%。全市直接利用外资28 934万美元,同比增长24.4%。

全市全部财政收入完成328.4亿元,同比增长21.1%。地方一般预算收入完成116.5亿元,增长27.6%。一般预算支出260.2亿元,增长22.1%。全市国税收入完成218.6亿元,同比增长15.2%;地税收入完成101.1亿元,增长28.4%。

城乡居民收入增长。城乡居民人均可支配收入18 375元,同比增长14%;农民人均纯收入6 540元,同比增长18.3%。

【金融运行】 2011年,沧州市金融机构人民币各项存款余额2 300亿元,比年初增加272亿元,同比多增13亿元;各项贷款余额1 088亿元,比年初增加191亿元,同比多增7.59亿元,增幅21.29%;存贷比例47.3%,比年初增长3.1个百分点。从贷款投向看,中小企业贷款余额527.49亿元,比年初增加142.71亿元,占贷款总额的48.48%,占企业贷款总额的79.11%;涉农贷款556.61亿元,比年初增加159.3亿元,占贷款总额的51.16%。从贷款期限看,短期贷款余额515.59亿元,比年初增加130.27亿元,增长33.81%,同比多增17.49亿元,短期贷款增长迅速;中长期贷款余额532.92亿元,比年初增加61.53亿元,增长13.05%,同比少增44.81亿元,增速放缓,同比下降;票据融资余额39.89亿元,比年初减少1.04亿元。

2011年沧州市金融运行主要呈现以下特点:一是短期贷款增长迅速,重点解决中小企业短期流动资金需求,满足农民生产以及个体工商户经营资金需要。二是中小企业和涉农贷款成为各金融机构特别是农村信用社、城商行等法人金融机构信贷投放的主导。三是农村信用社、城商行、农发行和国有商业银行仍然是辖区信贷投放的主体,发挥着关键性的作用,同时民生银行、交通银行、河北银行和华夏银行等新设立的金融机构给沧州市信贷工作注入了新的活力,截至2011年末,4家新设机构贷款余额达到76.31亿元,比年初增加34.99亿元,增长幅度高达84.68%。四是信贷投放区域相对集中,主要了支持沧州市重点项目和重点区域的建设和发展。五是不良贷款下降,信贷资产质量提高。截至2011年末,全市金融机构不良贷款余额比年初减少4.49亿元,不良贷款占比年初下降1.2个百分点。六是银行业金融机构盈利水平创历史最高水平。2011年度辖区各金融机构实现净利润30.32亿元,同比增加6.38亿元,增长26.65%,达到历史最高水平。

【金融调控】 2011年,人民银行沧州市中心支行认真执行国家货币政策,切实维护金融体系稳健运行,会同政府有关部门和金融机构为促进地方经济平稳较快发展做出了新贡献。

有效传导货币信贷政策,正确引导公众预期。通过参加市政府季度分析调度会、信贷座谈会、与市金融办联合编发《金融情况专报》等形式,加强与地方政府、有关经济部门间沟通,解读货币政策,正确引导公众预期。

积极运用货币政策工具,加强货币信贷调控。一是对地方法人金融机构实行差别准备金动态调整,对其信贷增量进行调控。二是运用再贴现、再贷款,引导地方法人金融机构加大对"三农"及中小企业的支持力度。三是根据《中国人民银行办公厅关于认真组织落实县域法人金融机构新增存款一定比例用于当地贷款激励政策及农村信用社专项票据兑付后续监测考核激励约束政策的通知》精神,对辖区东光、盐山、肃宁、献县、南皮5家农村金融机构执行比同类金融机构正常标准低一个百分点的存款准备金率,加大对县域经济的支持力度。

加大对经济社会发展重点领域和薄弱环节支持力度,着力保障民生。制定《关于沧州市金融支持农民专业合作社发展的指导意见》,引导信贷资金支农;与市就业服务局小额贷款担保中心联合举办"沧州市小额担保贷款座谈会",改进和完善小额担保贷款管理机制，不断扩大承贷金融机构范围，加大对下岗失业人员、进城务工人员以及大学生、妇女、农民工、残疾人就业创业、扶贫开发的信贷支持，推进小额担保贷款工作长足发展。

推动企业直接融资，破解中小企业融资难。制定了《沧州市推进企业直接债务融资意见》，鼓励和筛选优质企业发行短期融资券、中期票据和中小企业集合票据，并优选8家企业充实完善全市企业储备库。

扎实推进"两综合、两管理"工作，加强调控监管。制定了《沧州市金融机构执行人民银行金融管理政策综合评价实施办法（试行）》、《沧州市中心支行综合执法检查实施办法（试行）》。"两个办法"实施以来，沧州辖区共接洽加入人民银行金融管理与服务体系的新设机构12家（保险3家、证券1家、银行8家）；完成23家县级金融机构2010年度执行人民银行金融管理政策综合评价；完成7家县级金融机构综合执法检查；完成沧州人寿、大地保险公司、沧州银行、泊头农村信用联社的稳健性现场评估工作。组织人员对金融机构反洗钱业务、支付结算业务、人民币收付业务、征信业务、金融统计业务、代理国库业务、外汇业务等进行专业检查，并对问题严重的金融机构高管人员进行诫勉谈话，要求限期整改。

【金融服务】 （一）提升国库服务水平。一是修订完善了国库业务制度和业务操作流程，组织全辖区进行国库数据集中系统应急演练。二是将河北银行沧州分行、华夏银行沧州分行国库业务接入横向联网系统；完成黄骅港代理国库变更代理行的审核报批、临港区支库更名审核报批和沧州市高新区支库业务的上线运行。三是加强国债发行及宣传，指导各支库安装财政资金国库直接支付业务批量拨付工具，拓宽服务范围。

（二）提高支付结算服务效率。一是督导涉农银行机构加强系统改造，提高支付系统和支票影像系统在农村地区覆盖面；严格落实支付清算系统参与者考核通报及新增机构业务人员考试制度，有效降低支票影像业务退票率和逾期回执率；试点金融IC卡推广。二是加强非现金支付宣传和反洗钱宣传培训，配合公安部门开展了"警银联合打击防范银行卡违法犯罪"宣传活动。三是加大账户年检工作力度，对年检不合格账户进行集中清理。建立银行机构账户专管员考试、持证上岗制度，规范账户日常管理工作。

（三）改进信用征信服务质量。一是做好贷款卡发放和贷款卡年审工作。二是加强对地方性金融机构征信数据质量考核，数据质量超过河北省分中心规定的优秀标准。三是制定征信宣传月实施方案并召开了启动仪式，举办了"征信知识大讲堂"活动，开展了"信用记录关爱日"和"征信宣传周"大型宣传活动。四是农村信用体系建设稳步推进。

（四）强化人民币管理与服务。一是加强发行基金调拨管理，完善商业银行内部，商业银行之间，企业单位之间的小面额人民币的横向调剂，实现流通中人民币券别合理配置。二是加强发行库规范化管理，保持全国一级库荣誉。三是规范金融机构人民币收付业务行为，提高流通人民币整洁度，维护人民币形象。四是加大反假币工作力度。召开沧州市反假货币工作联席会议，组织反假货币上岗资格培训，规范金融机构假币收缴程序，加大反假币宣传力度。

【金融创新】 （一）创新国库监督手段。研发了《国库事后监督数据核对系统》，使国库会计核算监督由手工操作变为微机录入自动匹对，资金核对程序化，实现了手工监督和计算机监督相结合，为防范国库资金风险提供了新手段。

（二）试点推动助农取款服务。按"助农、便农、惠农"原则，在地、县两级人民银行的组织推动下，邮储银行盐山县支行分别选取了距离县城最近和最远的两个自然村开展试点工作，通过布放"商易通"电话POS，开办银行卡助农取款服务。农行盐山县支行依托百惠超市遍布村镇的优势，在圣佛镇48个村级营业网点布放了电话POS开办银行卡助农取款服务。

（三）全面铺开人民币收付营业窗口标准化建设。从硬件和软件两方面统一标准，落实残损人民币首兑责任制，规范辖内金融机构人民币收付行为，提高了流通中人民币整洁度，得到社会各界的广泛好评。

（四）创新现金支票传递方式。研发了《现金支票影像内部传递系统》，制定了《现金支票影像内部传递系统用户实用手册》和详细的《现金支票影像内部传递操作方案》，提高了对商业银行的服务水平。

【外汇管理】 （一）强化对进出口企业的支持。搞好外商投资企业和境外投资企业外汇年检；加强企业出口收汇逾期核销管理，推动出口收汇核销制度改革。

（二）严格跨境资本流动和个人结售汇监管。严格外资准入管理，加强对大额和异常跨境资本项目交易的流动分析和现场检查，强化对房地产行业及特殊企业外资流入与结汇资金流向的监测预警，规范外商直接投资行为。

（三）努力提高国际收支申报质量。通过现场和非现场数据核查，有针对性地对沧州市中行、农行系统的从业人员进行外汇业务培训，举办“国际收支网上申报和外汇政策”讲座，提高申报信息和统计数据的准确性；积极推广国际收支网上申报工作，为企业提供便利服务。

【保险市场】 截至2011年12月末，沧州市市级分支机构40家，其中人身险机构14家，财产险机构16家；县级分支机构189家，其中人身险机构94家，财产险机构95家；市级保险代理机构10家。全市保险机构实现保费76.69亿元，同比增长6.06%，其中财产险保费收入22.25亿元，同比增长14.82%，人身险保费收入54.44亿元，同比增长6.21%。全年理赔20.48亿元，其中财产险9.22亿元，人身险11.26亿元。全年保险业总资产达到157.82亿元。

【证券市场】 2011年沧州市证券业开户数达到144 270户。实现交易量641.2亿元，同比下降33.29%；营业收入10 023.19万元，同比下降30.87%；利润总额4 816.36万元，同比下降53.31%；上缴税金1 207.34万元。

（张美娟）

沧州市主要经济金融统计

（2007—2011年）

单位：亿元

项目	2007	2008	2009	2010	2011
国内生产总值	1 485.69	1 716.16	1 900	2 203.01	2 600
第一产业（增加值）	181.06	201.41	215.3	252.65	295.8
第二产业（增加值）	765.15	866.94	868.7	1 117.07	1 358.7
第三产业（增加值）	539.48	647.81	816	833.29	945.5
全社会固定资产投资	618.69	792.40	1 102.81	1 448.09	1 597.8
地方财政收入	47.20	56.75	64.73	91.3	116.5
地方财政支出	97.95	121.86	157.54	207.84	260.2
社会消费品零售总额	338.99	415.94	490.7	572.99	674.4
居民消费价格指数（以上年为100）	104.80	106.70	102.7	103.3	105.1
进出口总额（亿美元）	13.77	19.07	13.53	16.78	21.48
进口（亿美元）	2.62	3.27	2.29	2.87	2.66
出口（亿美元）	11.15	15.80	11.24	13.92	18.82
全部金融机构各项存款（余额）	1 102	1 393	1 773	2 037	2 306
单位存款	252	250	392	432	667
财政性存款	27	28	36	36	60
城乡储蓄存款	789	1 014	1 201	1 356	1 553
全部金融机构各项贷款（余额）	471	506	712	896	1093
短期贷款	246	219	295	408	520
中长期贷款	195	240	346	452	533
现金投放（+）回笼（-）	-5	-23	-8	-17	-26
全部保险机构保险费收入	31.52	45.27	60.99	70.64	76.69
全部保险机构保险赔款支出（含满期给付）	2.28	10.02	7.04	6.29	7.78

注：自2011年开始统计科目调整，由“单位存款”替换“企业存款”，不再有单独的企业存款统计数据。

中国人民银行衡水市中心支行

【经济运行】 2011年,衡水市国民经济保持平稳较快发展,各项社会事业取得新的进步,实现了"十二五"良好开局。全市实现地区生产总值929.0亿元,比上年增长12.1%。其中第一产业增加值174.1亿元,增长5.3%;第二产业增加值488.9亿元,增长15.5%;第三产业增加值266.0亿元,增长10.9%。全市规模以上工业增加值323.6亿元,比上年增长17.0%;全社会固定资产投资完成567.2亿元,比上年增长30.4%;完成社会消费品零售总额374.7亿元,比上年增长17.9%;全年进出口总值29.0亿美元,比上年增长40.2%;全年实际利用外资17 004万美元,比上年增长26.1%;2011年,全部财政收入达77.40亿元,比上年增长30.6%;财政支出132.20亿元,增长17.9%;全市城市居民人均可支配收入16 506元,比上年增长13.6%;人均生活消费支出10 705元,增长16.2%;城市居民恩格尔系数为31.2%;全市农民人均纯收入5 355元,比上年增长22.5%。农村居民恩格尔系数为38.7%,与上年持平。

【金融运行】 2011年衡水市金融运行平稳,贷款增速进一步提高,总体规模迅速扩大,年内贷款增加额首度突破100亿大关,各项贷款增长带动企业存款增速明显加快,拉动全市各项存款稳定增长。全市贷存比进一步提高,年末达到43.20%,较上年提高3.55个百分点。截至2011年12月末,全市金融机构各项贷款余额576.14亿元,较年初增加119.21亿元,年内增加额首次突破百亿元大关。其中人民币各项贷款余额574.02亿元,较年初增加118.57亿元,同比多增30.60亿元,增速25.91%,较上年提高2.11个百分点。金融机构人民币各项短期贷款余额为409.30亿元,较年初增加83.67亿元,同比多增8.87亿元,增速25.69%;中长期贷款余额为150.83亿元,较年初增加29.94亿元,同比多增4.08亿元,增速24.77%,票据融资余额为13.56亿元,较年初增加4.95亿元。金融机构人民币各项涉农贷款余额345.00亿元,较年初增加82.58亿元,同比多增13.76亿元,增速31.47%,高出全部贷款增速5.56个百分点。中小企业人民币各项贷款余额336.36亿元,较年初增加77.89亿元,增速30.14%,高出全部贷款增速4.23个百分点。其中小企业贷款增长最为明显,全年贷款余额增加64.39亿元,增速达到37.61%。金融机构本外币各项存款余额1 333.32亿元,较年初增加174.68亿元。其中人民币各项存款余额1 328.89亿元,较年初增加173.48亿元,同比多增3.81亿元,增速15.12%,较上年同期回落了2.2个百分点。其中,人民币单位存款较年初增加35.58亿元,同比多增12.77亿元;人民币储蓄存款较年初增加130.67亿元,同比少增5.20亿元。

【金融调控】 发挥督促引导作用。结合辖区实际,制定了《关于贯彻稳健货币政策的指导意见》,引导金融机构把握好信贷投放节奏,支持全市经济又好又快发展;年初召开全市金融工作会议,按季召开金融形势分析会,不定期召开金融工作调度会,督促引导金融机构认真贯彻稳健的货币政策,继续做大信贷总量、优化增量、激活存量,确保地方经济发展的合理信贷需求;约见市县两级农联社负责人,督促落实好各项支持春耕备耕和"三农"的信贷政策。

发挥信贷调控作用。对辖区地方法人金融机构的信贷总量进行控制,按季下达信贷规划,严密监测,确保规划的有效实施;同时实施差别存款准备金动态调整管理,适时对地方法人金融机构的信贷规划进行调剂,使信贷投放总量严格控制在规划之内。积极支持社会弱势群体发展,指导金融机构发放下岗失业人员小额担保贷款和生源地助学贷款,分别较上年增加792万元和451万元;加强再贴现管理,累计办理再贴现5.6亿元,重点对涉农和中小企业贷款占比较多的金融机构给予流动性支持。继续实施专项票据后续监测考核,督促农村信用社加强内部管理。制定实施《衡水市金融市场管理暂行办法》,促进金融市场稳健运行。

发挥沟通平台作用。联合市农工委组织开展"农金对接"活动,共召开对接会8次,签订贷款意向1.6亿元;制定了《农村青年创业小额贷款指导意见》,与团市委联合在武邑县开展了金融支持农村青年创业示范试点,指导涉农金融机构发放农村青年创业小额贷款1 200万元,支持209名青年自主创业,有关做法受到共青团河北省委的充分肯定。

【金融服务】 积极推进社会信用体系建设,与市工信局联合建立了“红名单”企业制度,组织金融机构对400户企业进行了筛查,对资信优良的70户企业优先给予贷款支持,该做法得到石家庄中心支行的肯定。提供个人信用报告查询服务1 820人次;积极做好贷款卡发放及年审工作,贷款卡年审率达93%。

推进支付结算工作。加强银行结算账户管理,全辖共清理银行结算账户15 476个,撤销长期不动户5 098户,年检账户28 822户,年检率96.7%,居全省第2位。加强支付系统参与者风险管理和支票影像业务退票管理,促进了支票影像业务开展。积极改善农村支付环境,创建农村支付结算服务宣传站10个、助农取款服务点364个,枣强、安平、深州被石家庄中心支行命名为“河北省农村支付服务环境示范基地”。

提高国库工作水平。做好财税库银横向联网系统、国库会计数据集中系统和国库信息管理系统的维护、升级工作,共升级8次,维护科目780多个。协助地税部门完成POS机刷卡缴税,结束了小额税款无法使用银行卡缴税的历史。认真做好国库会计核算工作,准确及时办理各项资金的收、拨、退、更业务,全辖完成财政收入77亿元,财政支出208亿元,发行国债2.4亿元,提高国库服务水平。

加强人民币管理。科学调拨发行基金,加强商业银行存取款预约管理,做好现金需求和分析预测,共投放现金85亿元,保障了社会正常用现需求。加强人民币管理与服务,组织开展人民币收付业务专项检查,成立了11家人民币管理服务中心。组织开展了主题为“严厉打击假币犯罪,净化人民币流通市场”的反假货币宣传活动,保持对制贩假币的高压态势,全年共收缴假币29万元。

【金融创新】 坚持把创新作为推动工作开展的抓手,通过组织召开创新工作调度会、定期督查、重点催办、编发创新工作动态等形式,推动全行创新工作深入扎实开展。全年共开展创新工作99项,被上级认可36项,其中,反洗钱监管报表管理系统在全省推广,国库业务实地检查量化管理办法、事后监督中心工作协调制度等5个创新项目被上级行以文件认可,衡水市中心支行执行人民银行金融管理政策综合评价实施细则、衡水市征信岗位资格证书管理办法、建立农村支付结算服务宣传站、办公网安全管理办法、反假货币宣传站业务培训实施细则等创新项目被分行、省会中支简报、信息认可。

【外汇管理】 开展了出口收入存放境外政策宣传推广工作。根据进出口收付汇核查系统、外汇金宏系统中进出口企业收付汇信息,专门制作了调查问卷,向辖区近两年有支付记录的近百家进出口企业进行了政策宣传,对个别有出口收入存放境外意向的企业进行了面对面的辅导。

完成了辖区外商投资企业外汇年检工作。一方面,通过网上发布消息、电话通知等方式,及时宣传年检政策,督促企业按时参加外汇年检;另一方面,积极督促会计师事务所认真做好外汇收支情况表等项目的审核工作,鼓励事务所通过直投系统年检模块为企业代申报,努力提高年检工作效率,实现无纸化年检。126家外汇登记状态为“正常”的外商投资企业顺利通过年检,年检通过率100%,会计师事务所代申报率100%。

积极组织做好国际收支网上申报推广工作。4月份进行了试点,在试点取得经验的基础上,于5月5日对银行进行了全面培训,并由外汇银行对新开办进出口业务的企业开通了网上申报业务。7月份对涉外企业进行了全面培训,在全辖涉外企业推开国际收支网上申报工作。

加大国际收支核查力度,确保辖区国际收支统计申报数据质量。严格按照《国际收支统计间接申报核查制度》,认真做好国际收支的日常非现场核查工作及按季度进行的现场核查工作。

搞好外汇检查,维护辖区外汇市场秩序。全年共开展外汇专项检查5次,查处外汇案件9起,收缴罚没款19万元人民币,为辖区创造了和谐、稳定的外汇生态环境。

积极做好“诚信兴商”宣传工作。根据总分局统一部署和有关要求,组织开展了诚信兴商宣传活动,积极展示打击和处理外汇领域违法活动中取得的成果,开展警示教育,提高了外汇管理政策透明度,增强了公众对外汇管理政策的认知和理解,促进了涉汇主体合规经营。

【保险市场】 截至2011年底,全市保险市场主体达到29家,其中财险公司10家,寿险公司14家,代理公司4家,经纪公司1家,另外有3家公司正在筹备，县域四级分支机构110个。全市实现保费收入31.1亿元，其中，财险7.8亿元，同比增长11.96%；寿险23.3亿元，同比下降3.96%；赔给付保险金8.2亿元，保险深度3.3%，保险密度714元；全市保险从业人员1万人。

【小贷公司】 截至2011年底，衡水市正式注册的小额贷款公司达到16家，注册资本7.75亿元，另有6家小额贷款公司已上报省金融办待批。玖鼎小额贷款公司被省政府评为2010年度全省“金融贡献奖”，被中国小额信贷机构联席会评为“2011小额贷款公司竞争力100强”。截至12月末，全市小额贷款公司累计发放贷款9.5亿元，贷款余额4.50亿元，营业收入3 935万元，实现净利润1 699万元，上缴税金337万元。

（刘亚聪）

衡水市主要经济金融统计

（2007—2011年）

单位：亿元

项目	2007	2008	2009	2010	2011
国内生产总值	564.5	633.8	652.1	781.5	929.0
第一产业（增加值）	106.1	110.4	123.0	153.2	174.1
第二产业（增加值）	274.2	310	331.2	396.8	488.9
第三产业（增加值）	184.2	213.4	197.9	231.5	266.0
全社会固定资产投资	197.3	241.1	362	476.4	567.2
地方财政收入	35.34	40.4	50.1	59.3	77.4
地方财政支出	54.27	66.8	90.4	108.8	132.2
社会消费品零售总额	188	227.7	268.7	313.7	374.7
居民消费价格指数（以上年为100）	104.9	106.0	99.9	102.6	105.3
进出口总额（亿美元）	9.83	12.3	13.9	20.7	29.0
进口（亿美元）	1.30	1.5	1.1	2.9	4.6
出口（亿美元）	8.52	10.8	12.8	17.8	24.4
全部金融机构各项存款（余额）	645.38	786.92	986.9	1 154.3	1 328.9
单位存款	129.10	120.55	167.7	162.1	293.2
财政性存款	12.65	16.26	26.9	185.1	24.3
城乡储蓄存款	461.63	592.48	722.1	856.7	987.4
全部金融机构各项贷款（余额）	332.71	311.67	371.7	457.6	574.0
短期贷款	257.53	227.81	265.7	339.4	409.3
中长期贷款	62.20	67.26	84.1	110.3	150.8
现金投放（+）回笼（-）	2.15	15.63	34.0	—	—
全部保险机构保险费收入	13.53	21.4	24.1	32.9	31.1
全部保险机构保险赔款支出（含满期给付）	2.31	6.3	1.9	7	6.6

注：自2011年开始统计科目调整，由“单位存款”替换“企业存款”，不再有单独的企业存款统计数据。

中国人民银行邢台市中心支行

【经济运行】 2011年邢台市经济平稳较快运行，全市生产总值实现1 426.3亿元，比上年增长11.6%。其中：第一产业增加值完成218.8亿元，增长5.4%；第二产业增加值完成793.4亿元，增长13.3%；第三产业增加值完成414.1亿元，增长11.5%。

工业生产平稳较快增长。全市规模以上工业企业完成增加值568.7亿元，比上年增长15.7%。其中：轻工业完成增加值131.4亿元，同比增长14.5%；重工业完成增加值437.3亿元，增长16.1%；其他工业和股份制企业增长最快，分别增长23.7%和18.8%。

固定资产投资增长较快。全市全社会固定资产投资完成1 048.9亿元，比上年增长25.5%，增速比上年加快4.1个百分点。固定资产投资完成978.9亿元，增长26.0%，其中城乡建设项目投资完成893.7亿元，增长25.1%；房地产开发投资完成85.2亿元，增长36.6%。全年全市新开工项1 466个，同比增加202个，其中亿元以上新开工项目达到139个，同比增加7个。

消费市场保持较快增长。全市社会消费品零售总额实现542.1亿元，比上年增长17.7%。其中：城镇412.5亿元，乡村129.6亿元，城镇增长18.5%，快于乡村3.5个百分点。限额以上企业(单位)消费品零售额81.8亿元，同比增长23.2%。

实际利用外资完成较好。全市实际利用外资36 185万美元，比上年增长41.6%，其中外商直接投资36 185万美元，增长42.0%，增速均比上年加快17.2个百分点。

财政收入较快增长。全市财政收入完成151.4亿元，比上年增长13.9%，其中地方一般预算收入完成70.6亿元，增长23.6%。

居民收入不断增加。全市城市居民人均可支配收入达到16 592元，比上年增长12.5%；农民人均纯收入达5 814元，比上年增长17.1%，增速同比加快6个百分点。

市场价格同比上涨。居民消费价格水平同比上涨5.2%，其中城市上涨5.4%，农村上涨5.1%。在八大类中食品类价格涨幅最大，同比上涨11.9%。工业品出厂价格同比上涨6.1%，其中生产资料和生活资料价格分别上涨5.9%和7.2%。

【金融运行】 2011年全市银行业金融机构各项存款、贷款增长较多，银行业经营形势较好，金融秩序稳定，存款增长量居历史第二高位，贷款增长量居历史第三高位。

各项存款同比增多，增速同比上升；增量、增速分居历史第2高位。2011年末，本外币各项存款余额1 829.6亿元，同比增长15.7%，增速同比上升1.7个百分点；比年初增加248.3亿元，同比多增54.3亿元。其中：人民币各项存款余额1 824.7亿元，同比增长15.6%，增速同比上升1.5个百分点；比年初增加246.4亿元，同比多增52.1亿元。

本外币各项贷款余额957.9亿元，同比增长17.7%，增速同比下降5.1个百分点；比年初增加137.1亿元，同比少增13.1亿元。其中：人民币各项贷款余额946.9亿元，同比增长15.8%，增速同比下降6.9个百分点；比年初增加131.8亿元，同比少增19亿元。人民币贷款增量、增速在连续两年下降后，依然相当于全球金融危机爆发前的2000—2008年期间年平均水平的4.2倍、1.8倍。

【金融调控】 加强信贷调控，稳健货币政策有效传导实施。准确把握调控导向，通过召开经济金融形势分析会、行长联席会、政策通报会等多种形式，主动加强与地方政府、金融机构的沟通协调，推进政策传导落实。综合运用数据监测、额度控制、约见谈话、实施差别准备金动态调整等措施，加强对金融机构特别是地方法人机构信贷投放的实时监测和总量调控，实现了辖区信贷资金的合理投放。

加强窗口指导，有扶有控的信贷政策全面落实。继续做好新农村建设监测评价工作，组织开展涉农信贷政策导向效果评估，支持“三农”经济发展。健全完善辖区房地产金融工作协调机制，加强对保障性住房建设信贷支持情况监测分析，确保了差别化住房信贷政策的有效落实。健全完善再贷款、再贴现业务操作规程，全年发放支农再贷款3 300万元，累计办理再贴现13.22亿元，有效发挥了货币政策工具导向作用。

强化工作措施，金融产品创新和金融市场体

系建设稳步推进。组织召开政银企对接暨企业上市融资研讨会、专利权质押贷款银企座谈会,积极推动金融产品与服务方式创新。加大企业短期融资券推介力度,完成邢钢发行4亿元短期融资券的审查上报工作。积极推进中小企业集合票据发行工作,配合有关部门筛选上报了5家企业进入河北省优质企业发券储备库。完成邢台银行加入全国银行间同业拆借市场的资料初审和上报工作。

"两综合、两管理"工作取得明显成效。成立了综合评价和综合执法检查领导小组,制定印发了《邢台市新设金融机构加入人民银行金融管理与服务体系管理办法》、《邢台市金融机构执行人民银行金融管理政策评价办法》等制度规定,确保了"两综合、两管理"工作规范运行。组织完成对市区17家金融机构执行人民银行金融管理政策现场评价工作,并及时召开政策通报会,通报评价结果和评价等级,督促整改落实。组织开展银行业金融机构综合执法检查,全年共对相关违法违规行为实施处罚104万元。做好金融机构的开业和营业管理工作,受理了辖区12家新设机构加入人民银行金融管理与服务体系的申请,收到金融机构高管变动及地址变更等重要事项报备42项。

反洗钱监督管理职能有效履行。组织完成对辖内8家金融机构的反洗钱现场检查,严厉查处违法违规行为。利用反洗钱非现场监管交互平台系统,做好反洗钱非现场监管工作。组织开展反洗钱宣传与培训,加强反洗钱区域合作,与山西晋中市建立了区域反洗钱协调机制,提升了反洗钱工作水平。

【金融服务】 加强会计核算和支付清算系统日常管理,组织完成网上跨行支付清算系统上线、2010版银行票据换版以及农村信用社参加支票影像系统接入方式变更等工作。组织开展支付结算综合大检查,有效防范了支付结算操作风险。制定出台《邢台市新设金融机构准入支付结算市场服务指引》,加强责任约束与业务考核,提升了支付结算管理服务水平。

高效办理各项国库会计核算业务,有力支持全市经济社会发展。组织开展国债、国库会计以及国库经收业务检查,认真落实对账制度,有效防范了国库资金风险。制定《邢台中支国库会计业务规范化管理实施办法》,全面推进国库会计业务规范化工作。

科学预测现金投放,做好发行基金调拨和出入库工作,全年调拨发行基金74次,金额153.3亿元,并持续加大对小面额货币投放力度,确保了辖区合理的现金供应。中心支库在上级行发行库达标升级考核工作中被评为"二级发行库",并在全省率先开展回笼完整券先入钞票处理中心处理试点工作,有效提高了服务质量。

【外汇管理】 加强政策宣传培训,完善资本项目管理,认真做好贸易信贷登记工作,促进贸易投资便利化。加大外汇监管力度,组织完成国际收支申报、资本金结汇、进出口核销等相关检查,严厉查处了违法违规行为。进一步落实个人分拆结售汇风险提示制度,全年发布关注信息28条,阻止了5起分拆结售汇行为的发生,有力维护了全市涉外经济秩序稳定。加强银行结售汇市场准入管理,加大国际收支申报数据核查力度,国际收支统计质量不断提高。建立"一线两面"信息网络机制和异常监管信息分析论证制度,提高了信息调研水平和监督检查效能。

【保险市场】 (一)基本情况。截至2011年末,邢台市保险行业共有25家,其中产险公司12家,寿险公司13家。新设地市级机构1家,为阳光人寿保险邢台中心支公司。

1. 承保情况。2011年,邢台保险市场原保费收入41.82亿元,同比增长-8.55%。其中:财产险原保费收入13.28亿元,同比增长13.30%;人身险原保费收入28.54亿元,同比增长-16.06%。

2. 理赔情况。2011年,邢台市保险机构赔款金额(已决赔款)为7.81亿元。其中财产险赔款5.20亿元,已决赔付率为39.11 %,同比下降1.64 %;人身险赔款(含给付)2.61亿元,同比增加0.80亿元。

3. 纳税及代收代缴车船税情况。据不完全统计,邢台市财险公司2011年度营业税及附加达7 300万元,加上寿险公司营业税以及全行业缴纳所得税,纳税总额超过1亿元。财险公司代收代缴车船税达1.27亿元,同比增长42%,为邢台地方财政收入做出了积极贡献。

(二)市场运行特点

1. 财产险情况。2011年末,财产险增速同比只有13.30%,远低于上年同期增速。具体来讲,运输市场较为萧条,致使货运汽车销量减少,整个车险商业险保费收入同比仅增长8.36%,比上年增速降低79.39个百分点;货运险尽管有30.92%的增长速度,但市场保费收入仍不足千万元。

工程险增长提速。随着大广、邢汾高速公路的开建,工程险保费收入同比增长136.80%,保费收入突破千万元大关。

短期健康险效益显现。已决赔付率为57.50%。同比下降47.38个百分点,这得益于市本级医保支付政策的调整。

2. 人身险情况。受国际国内大环境影响,人身险业务发展速度趋缓,整体保费规模较上年有所下降。保费来源主要集中在银保和个人代理两大渠道。2011年,邢台市场银保渠道保费收入为16.16亿元,占寿险整体业务的56.62 %,增速同比下降了13.51%。

个人代理渠道。2011年,邢台寿险市场个人代理渠道保费收入为11.24亿元,占总体业务的39.38%,同比增加1.70%。

【证券市场】 2011年,在市场行情持续低迷,新设网点增加及佣金费率大幅下滑,面对严峻形势,各证券营业部在公司正确领导和大力支持下,深入"学习实践科学发展观"以"二次创业"活动为契机,加强"精细化"管理,迎难而上,扬长避短,想方拉近与客户的关系,在取消证券交易附加费、证券交易佣金费率出现较大幅度下降的情况下,仍取得了一定的经营业绩。

(陈月彬　刘振强)

邢台市主要经济金融统计

(2007—2011年)

单位:亿元

项目	2007	2008	2009	2010	2011
国内生产总值	890.4	989.0	1 056.0	1 210.6	1 426.3
第一产业(增加值)	154.4	150.8	158.1	189.5	218.8
第二产业(增加值)	496.1	654.4	599.5	674.3	793.4
第三产业(增加值)	240.0	273.9	298.5	346.8	414.1
全社会固定资产投资	520.4	603.5	840.5	1 020.4	1 048.9
地方财政收入	85.2	102.3	110.0	132.9	151.4
地方财政支出	81.8	108.1	130.0	169.8	213.1
社会消费品零售总额	272.9	330.4	389.6	454.6	542.1
居民消费价格指数(以上年为100)	105.2	106.2	99.9	103.2	105.2
进出口总额(亿美元)	10.9	17.13	13.64	18.19	21.8
进口(亿美元)	3.0	6.89	7.53	8.57	10.2
出口(亿美元)	7.9	10.24	6.11	9.62	11.6
全部金融机构各项存款(余额)	900.7	1 113.46	1 387.42	1 579.03	1 824.67
单位存款	179.7	206.46	288.16	309.60	522.69
财政性存款	16.4	19.85	32.91	21.50	30.34
城乡储蓄存款	642.9	808.57	959.02	1 092.09	1 259.41
全部金融机构各项贷款(余额)	457	474.92	669.71	814.13	946.89
短期贷款	273.1	264.38	333.41	393.38	429.87
中长期贷款	133.9	146.77	241.42	340.49	443.50
现金投放(+)回笼(-)	70.8	76.64	57.12	75.69	56.31
全部保险机构保险费收入	17.8	26.45	38.13	45.73	41.82
全部保险机构保险赔款支出(含满期给付)	6.3	8.78	10.25	10.25	7.81

注:自2011年开始统计科目调整,由"单位存款"替换"企业存款",不再有单独的企业存款统计数据。

中国人民银行邯郸市中心支行

【经济运行】 2011年,邯郸市调结构、促发展取得初步成效,邯郸市六大高耗能行业的比重呈明显下降趋势。六大高耗能行业全年完成增加值965.9亿元,增长11.5%,占市规模以上工业增加值的比重为76.0%,与2009年和2010年比重对比,下降6.7个和3.8个百分点。直接融资速度快,金额大、用途灵活,企业可用于补充流动资金,偿还到期贷款,置换中长期贷款等,对银行信贷不足形成明显的补充和替代。工业生产稳定发展,低耗能行业持续高速增长。市生产总值完成2 787.4亿,增长12.2%,超年度目标1.2个百分点。投资结构进一步优化,走势基本平稳。2011年固定资产投资完成1 985.4亿元,比2010年增长28.5%,增速比前三季度加快1.1个百分点,年增速保持在22%~29%之间运行。从投资产业结构看,二、三产业分别完成投资956.0亿元和912.3亿元,分别增长30.7%和26.1%,有力的拉动投资增长。同时工业投资增速加快,技改投资大幅增长。财政收入较快增长。市全部财政收入突破300亿元,完成303.7亿元,比上年增长24.35%。邯郸市消费品零售总额完成845.2亿元,增长17.9%。

【金融运行】 2011年以来,中央银行连续6次提高存款准备率、3次提高存贷款利率,金融宏观调控各项配套政策措施连续发力,货币供应回归稳健。2011年末,各项贷款余额1 535.08亿元,较年初增加215.3 4亿元,增速16.32%,较同期仅提高0.03个百分点。短期贷款投放152.34亿元,增量占比70.74%,同比多投放76.48亿元,较同期增加59.52个百分点,较好地满足了实体企业合理资金需求。调结构、促发展取得初步成效,邯郸市六大高耗能行业的比重呈明显下降趋势。六大高耗能行业全年完成增加值965.9亿元,增长11.5%,占规模以上工业增加值的比重为76.0%,与2009年和2010年比重对比,下降6.7个和3.8个百分点。

2011年末,邯郸市金融机构各项存款2 533.96亿元,较年初增加396.02亿元,增长%,同比多增26.05亿元,多增长17.53%。个人存款增速放缓。2011年末,个人存款1 573.57亿元,较年初增加200.79亿元,同比多增113.21亿元,增速14.63%,较上年同期高1.47个百分点,低于各项存款增速3.89个百分点。

投资结构进一步优化,走势基本平稳。2011年全市固定资产投资完成1 985.4亿元,比2010年增长28.5%,增速比前三季度加快1.1个百分点,全年增速保持在22%~29%之间运行。

【金融调控】 1. 严格按照有关要求,对金融机构申请的再贴现业务进行认真审核,严格把关,适时合理发挥再贴现结构调整和引导信贷资金流向的作用。2011年,共审核办理再贴现共计13.75亿元。2. 为进一步规范支农再贷款管理,推动辖区农村金融创新、改善农村金融服务,2011年,累计发放再贷款25.9亿元。3. 加强存款准备金管理。本年度存款准备金率调整7次,邯郸中支在第一时间对上调文件进行了转发,并密切关注邯郸市各界对存款准备金率上调后的反应。4. 继续做好利率管理工作。进一步加强对辖区金融机构、小额贷款公司、民间借贷利率报备工作,加强对利率政策执行情况的调研分析,并及时向全省各金融机构通报;及时转发利率调整文件,并按时上报辖区利率运行情况。5. 积极做好少数民族特许商品生产贷款利差补贴工作。2011年共对邯郸市5家少数民族特需商品定点生产企业补贴480万元,极大减轻了企业的财务负担。6. 引导法人金融机构合理确定年度信贷投放计划,准确把握信贷投放的总量和节奏,2011年累计向法人金融机构完成信贷规划58.78亿元。

继续做好专项票据兑付后续监测工作,切实加强中央银行资金管理。2011年,货币信贷管理科对票据兑付后续监测考核实施细则进行了修改完善,按时报送《邯郸市农村信用社改革后续监测半年报》,定期召开票据兑付市场检查小组会议,并完成对永年县农村信用社的票据兑付工作,金额共计3.53亿元。

【金融服务】 (一)改善支付环境,服务经济发展。积极推动邯郸市金融IC卡在公共服务领域应用工作，组建了邯郸市金融IC卡应用工作领导小组，先后组织召开金融IC卡在公共服务领域推广应用研讨会和推进邯郸市金融IC卡应用工作会议，为金融机构和公共服务部门搭建了沟通服务的桥梁。组织各商业银行完成了POS终端金融IC卡受理改造自查，挑选有代表性的金融机构进行了现场检查，为进一步推动金融IC卡受理环境建设提供了保障。全面推进农村服务环境建设工作，在借鉴磁县示范基地县经验的基础上，2011年又将永年县标准件商城作为示范基地，深入推进刷卡无障碍示范试点建设，取得显著成效。（二）强化“一个平台、两个体系、一个目标”建设，进一步推进征信管理工作。依托《邯郸市人民政府关于邯郸市社会信用体系建设的实施意见》，继续加大社会信用体系建设工作推动力度，形成了政府主导、人行牵头、各部门支持、信用信息共享的社会征信平台，为推进中小企业信用体系建设和农村地区信用体系建设打下了良好基础，其中涉县社会信用体系建设经验被征信简报第二期转发全省。（三）加强国库工作，提高财政资金的运行效率和使用效益。作为试点，稳步推进地方国库管理制度改革，制定了相关管理办法。2011年1月份，在全辖推广实施了国库集中支付业务，保证了财政资金的统一管理与监督。加强国库会计核算管理和系统应急管理，开展了国库业务交叉检查和TCBS应急演练，完成光大、中信银行邯郸分行加入横联系统（TIPS）工作，保障了政府预算安全、有序、高效地顺利执行。截至11月底，全市共完成各级预算收入382.82亿元，同比增速34.29%；市县级预算支出352.26亿元，同比增速32.73%。做好国债发行、统计和兑付工作，组织全市商业银行国债承销机构发行国债27 967.64万元。

【金融创新】 （一）完善金融协作机制，跨区域协作取得新进展。10月26日，邯郸中支作为轮值行，在武安成功组织召开晋冀鲁豫四省四市（长治、聊城、安阳、邯郸）金融协作年会（2011）。本次年会围绕中小企业发展与金融支持这个主题开展交流和讨论。邯郸中支制定的《晋冀鲁豫四省四市金融协作年会2011年度工作计划（2011.10—2012.10）》，获得了全体与会代表的一致通过。在此框架下，由邯郸中支倡导的晋冀鲁豫毗邻中支金融稳定协调机制联席会议，于2011年10月27—29日在山东聊城市中心支行召开。会上，邯郸中支就“两管理、两综合”作了经验介绍，并参加了2011晋冀鲁豫四省五市金融机构突发事件联合应急演练（实战场景模拟），有效提高了晋冀鲁豫四省五市毗邻中支金融稳定部门应对突发事件的能力。同时，由邯郸中支牵头与安阳、长治、聊城等省市构建了晋冀鲁豫四省四市区域金融外汇管理模式，同样取得了良好的社会效应。（二）努力拓展企业融资渠道，工作领域取得新突破。积极向市政府建议，并与邯郸市工信局等政府部门沟通联系，协调支持企业开展直接融资。在邯郸中支的推动下，市金融办组织政府有关部门对中小企业集合票据发行工作进行了考察，浦发银行邯郸分行、交通银行邯郸分行等经办金融机构已做好中小企业集合票据的前期准备工作。邯郸市工信局与中信银行、中国中小企业协会签订了中小企业集合债券发行合作协议，第一期5亿元中小企业集合债券发行工作已经进入了全面准备阶段。对峰峰集团公司发行9亿元中期票据中涉及煤化工项目情况开展了尽职调查，及时向上级行报送了调查报告。（三）改善农村支付环境，服务基层取得新经验。通过努力，全辖所有县（市）已完成了《河北省农村支付服务环境改善工作规划》的要求，现代化支付系统覆盖率达95%，ATM、POS等机具已覆盖60%乡镇，超过80%的农民享受到了金融服务带来的便利。积极推广银行卡助农取款服务。截至11月底，全辖有8县14乡镇280村开展了银行卡助农取款试点工作，助农取款业务达76 452多笔，金额917万，便利了农民支付，契合了农村需求，受到了农民的称赞。12月5日，《河北省新闻联播》报道了邯郸市永年县界河店乡助农取款服务农村的先进经验，此项工作也得到石家庄中支的充分肯定。

【外汇管理】 紧紧抓住“热钱”流动的主要渠道和关键环节，有针对性地开展工作，提高打击“热钱”的精确性和有效性。进一步加大热点领域专项打击力度。密切关注利用第三方支付平台等方式从事违法违规活动的新动向，探索建立个人分拆结售汇“关注名单”提示制度，实施差别化管理政策，遏制异常资金通过个人渠道流入境内。

2011年1—12月份,对6家企业、2家银行进行了外汇业务的专项检查,共结案处理企业违规案件11起,罚款84.3万元,全部足额上缴,比上年增加134%。同时,与公安部门召开联合打击金融违法犯罪活动联席会议,会议就建立长效合作机制联合打击跨境异常资金流动、外汇非法交易、网络炒汇、洗钱活动、银行卡诈骗、假币等金融违法犯罪活动达成联动共识。转变传统外汇管理服务模式,加大金融支持进出口企业的力度,增强了企业国际市场竞争力,促进了“走出去,引进来”战略的实施,受到邯郸市政府的高度重视。2011年1—12月,邯郸市银行办理结汇12亿美元,售汇17.8亿美元,办理进口付汇24.3亿美元,出口收汇16.9亿美元。积极解决涉外企业在发展过程中遇到的困难和问题,搭建起外汇管理、银行和地方政府“三位一体”的涉外企业服务平台。先后多次举办企业人员进出口核销、出口收汇网上核销培训班,提高了企业国际贸易能力。对辖内12家会计师事务所进行了外汇年检培训,年检参检率和通过率都达到了100%。

邯郸市主要经济金融统计

(2007—2011年)

单位:亿元

项目	2007	2008	2009	2010	2011
国内生产总值	1 608.13	1 906.40	2 015.28	2 361.60	2 787.4
第一产业(增加值)	208.70	231.27	246.91	308.00	349.8
第二产业(增加值)	845.53	1 084.12	1 085.94	1 280.30	11 527.4
第三产业(增加值)	553.90	590.01	682.43	773.30	910.20
全社会固定资产投资	805.90	1 049.00	1 466.90	1 835.10	1 985.40
地方财政收入	176.30	182.69	201.30	244.20	303.7
地方财政支出	130.31	154.99	197.72	263.86	329.22
社会消费品零售总额	421.90	525.60	606.00	717.2	845.2.2
居民消费价格指数(以上年为100)	104.80	106.40	100.80	102.90	105.60
进出口总额(亿美元)	18.37	29.88	26.78	30.98	38.47
进口(亿美元)	10.01	19.59	21.22	21.95	24.32
出口(亿美元)	8.36	10.29	5.56	8.84	14.15
全部金融机构各项存款(余额)	1 245.26	1 474.75	1 948.69	2 131.50	2 533.96
单位存款	248.64	274.45	394.25	416.19	884.83
财政性存款	178.98	178.27	241.03	342.25	52.28
城乡储蓄存款	817.64	1 022.03	1 213.41	1 373.06	1 569.11
全部金融机构各项贷款(余额)	800.22	852.10	1 133.57	1 318.74	1 535.08
短期贷款	506.24	515.32	603.36	676.02	799.97
中长期贷款	293.98	336.78	530.21	642.72	662.80
现金投放(+)回笼(-)	32.56	39.26	52.23	63.27	25.25
全部保险机构保险费收入	35.61	50.97	62.54	74.70	66.65
全部保险机构保险赔款支出(含满期给付)	10.48	14.63	9.80	11.90	21.45

注:自2011年开始统计科目调整,由“单位存款”替换“企业存款”,不再有单独的企业存款统计数据。

国家外汇管理局河北省分局

2011年，面对错综复杂的国内外环境，河北省外汇管理系统深入贯彻落实科学发展观，认真贯彻落实年初全国外汇管理工作会议和年中全国分局长座谈会精神，按照“五个转变”工作思路，大力强化跨境资金流动监管，严厉打击“热钱”等违法违规资金流入，积极推进外汇管理改革，切实加强外汇服务，扎实做好各项基础性工作，较好完成了全年各项工作任务，取得良好成效。

【强化监管，防范跨境资金流动风险】 （一）强化经常项下跨境资金流动监管。认真开展异常贸易企业排查工作，深入分析企业资金流与货物流偏离原因，为精确打击违规企业奠定了基础。加强出口收汇监管，对全省进料加工企业出口可收汇余额历史数据进行清理，有效防止异常资金借助贸易渠道流入。在现场核查和非现场监测基础上对进口企业进行分类管理，不断完善贸易付汇正向激励机制。加强服务贸易外汇收支异常情况监测排查，加大对违规行为的打击力度。探索建立个人分拆结售汇“关注名单”提示制度，实现个人外汇业务监管关口前移。

（二）强化资本项下跨境资金流动监管。严把业务办理关口，严格审核外资流入背景，从源头上遏制违法违规套利资金流入。对直接投资及外债大项目进行调查摸底，采取窗口指导等方式减缓结汇速度。监督境外投资企业资金流出情况，对已进行外汇登记尚未汇出资金督促企业加快资金汇出。采取正向激励手段，对依法流出资金尽量提供便利。规范银行融资业务，引导银行根据外汇收支形势合理调整各项外汇信贷业务。在全省范围内建立资本金违规结汇黑名单制度，对违规行为进行惩戒。加强对大项目的监管和指导，及时掌握资金流向。

（三）强化金融机构外汇业务监管。认真组织做好银行执行外汇管理规定情况考核工作，有针对性地指导银行及时纠正问题，加强管理。严格金融机构短期外债指标和对外担保余额管理，制定《外汇指定银行短期外债余额指标和融资性对外担保余额指标非现场核查方案》，控制银行超指标经营行为。加强非银行金融机构外汇业务监管，规范市场准入程序，严格执行高管约见谈话和实地考察制度，促进非银行金融机构依法合规开展业务。

【严格执法，维护外汇市场良好秩序】 认真落实总局“打热钱”工作要求和部署，积极更新外汇检查工作理念，提升外汇检查工作手段，强化外汇检查工作措施，外汇检查成效明显提升。全年共组织专项检查11次，立案72起，收缴罚没款663.52万元人民币，比上年增长57%。一是抓住银行这一关键环节，提高检查频率，扩大检查覆盖面。全年共检查银行机构88家，查处违规资金1 254.86万美元，收缴罚没款119.5万元人民币，促进了银行依法合规经营。二是突出重点部位和主要项目，利用非现场检查系统，深入开展企业检查。全年检查企业158家，查处违规资金36 410万美元，收缴罚没款486.26万元人民币，震慑了企业外汇违法违规行为。三是坚持经常、资本项目检查并重原则，在全国率先开展贸易项下外汇检查，摸清了资金违规流入的6种渠道，为遏制“热钱”流入积累了经验。四是加大个人外汇违规行为查处力度，全年立案4起，查处11人，收缴罚没款57.76万元人民币。五是坚持防堵结合、宣传教育与案件查处并重，通过与公安部门建立合作机制、加强外汇交易实时监测、组织开展暗访、加强政策咨询等，有效打击了地下钱庄和“网络炒汇”等外汇黑市交易。

【认真谋划，积极推进外汇管理改革】 （一）扎实推进贸易进口付汇核销制度改革。积极改进货物贸易外汇管理模式，大力加强进口付汇非现场监测，并采取进口单位报告、约见单位法人代表、现场调查等方式加强对进口单位的现场核查。严格条件，合理确定企业类别，对A类企业进口付汇业务实施便利化管理，B类和C类企业实行事后逐笔报告和限制结算方式等管理措施，贸易外汇管理正向激励机制逐步形成。

（二）积极推广出口收入存放境外政策。组织各市中心支局和外汇指定银行召开政策推广培训会，向省政府、商务、国税、海关等相关部门通报政策，通过问卷调查、电话沟通等方式了解企业意愿，加强对重点企业进行政策辅导。目前，政策推广工作已取得一定进展，全省13家企业有业务意向，其中3家企业已办理开户登记手续，1家企业已完成前期开户准备工作。

（三）积极推进跨境人民币资本项目业务开

展。积极做好企业开展跨境人民币外商直接投资、境外直接投资、境外放款、对外借债、对外担保等业务的宣传工作，筛选有业务需求和资金实力的企业积极引导推动，着力扩大跨境人民币业务的影响。目前，已有3家企业办理了外方利润汇出、外债等业务，河北省跨境人民币资本项目业务已顺利起步。

（四）认真组织推广电子银行个人结售汇业务。积极做好《电子银行个人结售汇业务管理暂行办法》的宣传解读和对银行的业务指导，推动银行业务电子化、网络化程度提高，进一步便利银行和个人办理个人结售汇业务。

（五）大力推广国际收支网上申报。认真组织做好相关宣传培训工作，大力加强对中心支局和银行的工作督导，并针对企业自主申报意识不强等问题，探索建立申报工作与企业办理结算业务相结合的管理模式，有效约束企业逾期未申报行为。

（六）圆满完成数据综合利用平台全国试点和推广上线工作。作为试点分局，全程参与平台业务需求论证、培训、测试、信息反馈、推广上线等工作，并以平台为依托积极探索开展主体监管的有效途径，有效提高了违规资金的精准打击能力。

（七）深入推进外债转贷款改革。制定并实施《改进外国政府转贷款外汇管理方式实施方案》，在全省范围内全面实施外债转贷款登记、结汇和购付汇“三统一”，简化转贷款登记、提款、还本付息和结售汇流程，优化外汇管理程序，降低市场主体汇兑成本，提高了转贷款资金使用效率。

（八）积极创新外汇年检工作方法。在提高事务所代申报率、加强部门协作、及时进行情况反馈的基础上，进一步创新外汇年检工作方法，适度调整年检工作重点，对会计师事务所、企业实施分类监管，有效甄别异常外汇收支信息，及时发现违规企业线索，提高了年检工作水平，我分局被总局评为外汇年检先进分局。

【主动服务，大力支持地方经济发展】 进一步转变工作理念，强化服务意识，紧密结合地方政府经济工作部署，大力支持地方经济发展，得到地方政府充分肯定。一是加强政策支持。围绕河北区域经济发展战略部署，牵头起草了《金融支持河北沿海经济隆起带发展的意见》，从完善金融组织体系、加大信贷支持力度、加快发展金融市场、加快金融创新、改进外汇管理、优化金融发展环境等6个方面提出32条具体措施，支持河北沿海经济发展。从支持企业开展资本项下跨境人民币业务、加大招商引资支持力度、支持企业“走出去”等方面，制定了8项具体措施支持河北省外经贸发展。充分利用短期外债余额指标和融资性对外担保指标，支持进出口企业对外融资，充分发挥外债对经济发展的支持效应。二是优化外汇服务。在风险可控前提下，进一步下放管理权限，优化业务流程，简化办事手续，便利企业办理业务。实施外汇管理预约服务制度，为企业提供个性化外汇服务。严格落实限时办结制和一次告知制，全面提升外汇管理工作效率。密切配合政府对招商引资情况进行督导，进一步提高利用外资工作水平。积极帮助企业解决外汇投融资难题，采取差别化措施，支持河北建设投资集团公司将境外募集资金及时调回境内用于我省清洁能源项目建设，得到了省政府领导的充分肯定。通过个案业务集审会议，解决了2家公司办理外国承包商特别许可证、1家公司向境外战略投资者非公开发行股份等外汇管理事宜，为企业做大做强提供了支持。

【开拓创新，推动工作水平不断提高】 一是开发“外汇管理政策学习测试系统”，便利银行业务人员加强政策学习。通过系统，银行外汇业务人员可以随时进行外汇管理政策学习和测试，查询外汇管理最新政策及外汇监管信息及业务数据，外汇局也可根据工作需要统一组织银行进行测试，及时掌握银行业务人员政策水平，为提高银行依法合规经营水平提供了有力手段。二是开发“综合统计分析系统”，推进系统整合和数据综合利用。利用Cognos软件进行联机分析处理，开发“综合统计分析系统”，为加强外汇数据内在真实性核查，强化异常跨境资金流动监管，推动外汇管理方式转变提供了较好平台。在今年的外汇检查工作中，利用该系统从全省13 000余家企业中筛选出可疑企业66家，后经现场检查，核实30家，业务2 417笔，为外汇监督检查等工作提供了有力支持。三是开发“外汇信息调研管理系统”，提高信息调研工作效率。为提高全省外汇信息调研工作水平，促进上下级间沟通交流，实现外汇调研信息查询共享，组织开发了“外汇信息调研管理系统”，为加强全省外汇信息调研管理工作搭建了良好平台。四是开发“银行结售汇信息登记系统”，强化银行结售汇备案信息档案管理。为强化银行结售汇备案信息档案管理，实现备案存档信息电子化，开发了"银行结售汇信息登记系统"。外汇局可通过该系统对银行提交的备案信息进行审核及修改,保证数据信息与纸质档案一致,并可以对辖内银行机构按业务类别进行统计查询,生成统计报表,为加强银行结售汇业务管理提供了便利。

【扎实工作,夯实外汇管理工作基础】 一是强化分析监测。大力加强外汇收支形势跟踪监测,认真开展出口换汇成本监测、贸易信贷调查等专项调查,深入开展异常资金通过关联交易跨境流动等热点问题调查研究,为加强监管提供了有益参考。二是强化信息调研。紧紧围绕上级部门关心、地方政府关注、市场主体反应敏感的热点难点问题深入开展信息调研。截至12月末,共组织编发《河北外汇信息与调研》147期;编报《河北省分局上报信息》122篇,被总局采用47篇。三是强化外汇宣传。进一步拓宽宣传渠道,完善宣传手段,创新宣传方式,提高外汇管理透明度。制定外汇管理政策宣传员工作办法,加强全省外汇管理政策宣传员工作。及时宣传工作动态,促进经验交流,提高工作水平。四是强化技术支持。认真做好系统维护、数据备份、安全保密工作,按时完成系统上线、网络优化升级工作,保障了外汇业务正常开展。组织开展应急演练和信息安全评估,应急处置能力进一步提高。五是强化内控监督检查。认真落实总局内控监督各项要求,强化制度建设,加强监督检查,对总局内审组审计发现问题和我分局监督检查发现问题,深入分析原因认真整改,推动了业务工作规范高效开展。六是强化廉政建设。加强党风廉政建设工作组织领导,强化"一级抓一级,层层抓落实"工作格局,完善教育、宣传、监督并重工作机制,进一步强化了思想政治教育、领导干部廉洁自律、完善落实制度、重要风险点防范等方面的工作措施,保证了党风廉政建设工作各项要求落到实处。

中国银行业监督管理委员会河北监管局

【概况】 2011年,面对复杂的经济金融形势,中国银行业监督管理委员会河北监管局(以下简称河北银监局)全面贯彻落实银监会各项工作部署,紧紧围绕"主题主线",以提质提效为抓手,以工作创新为突破口,优化管理考核,强化激励约束,银行业监管的科学性、针对性、有效性显著增强,银行业科学发展水平全面提高,为辖区金融稳定和经济社会又好又快发展做出了积极贡献。

【重点风险防控取得显著成效】 2011年以来,河北银监局以"四大风险"管控和贷款新规落实为重点,注重把握主动权,加强监管前瞻性,多方协调联动,合力化解难题,风险管控覆盖面和专业化水平逐渐提高,银行业合规文化建设基础得到夯实。

(一)融资平台贷款风险化解成效显著。通过强化制度约束,逐级分解任务,持续监测检查,按月考核、按季通报等措施,督促各银行业机构将"名单制"管理和"四贷四不贷"规定执行到位,实现了"降旧控新"。针对存量处置中的重点难点问题,多次向省政府上报专题材料,提出处置建议,与重点市领导沟通协调,促进了共性问题有效解决。将平台贷款整改与平台退出、贷款新增、高管履职评价等事项联动挂钩,严格问责处罚,激发了内生动力。2011年末,全省平台贷款余额3 083.64亿元,较年初下降550.36亿元。平台贷款抵质押担保整改率89.04%。已退出平台、纳入一般公司类贷款管理的46家,涉及贷款684.91亿元。

(二)贷款新规实施和合同补正有序推进。一是通过台账监测、逐季座谈分析、排名通报等推动全辖"齐步走"。二是扩大现场检查覆盖面,动用延伸调查权,彻查问题,问责到位。三是采取拓展培训深度、组织专题考试、与高管准入挂钩等措施,推进对新规的正确理解执行。2011年共检查三类贷款1 248.65亿元,占同类贷款的11.34%。对4家违规机构罚款65万元。辖内机构受托支付合规口径走款比例为94.9%,已修订中长期贷款合同份数、金额分别占2010年末需修订的99.65%和96.99%。

(三)房地产贷款风险防范扎实有效。通过召开银企座谈会,加强与国土、住建部门沟通,建立了各级监管部门、银行业金融机构的信息共享和互动机制,做实了"名单制"管理。通过严密监测、压力测试、调研分析、风险提示和联动机制建设,强化了风险前瞻性防范。鼓励银行业机构积极支持保障性安居工程建设。2011年末,房地产贷款余额2 849.63亿元,比年初增长19.15%;不良率0.52%,同比下降0.16个百分点。保障性住房贷款余额86.98亿元,比年初增加46.31亿元,增速达113.87%。

(四)案件防控内生动力明显提升。分别下发通知，出台了加强案防和安全保卫工作的19条意见，制定了《银监分局案件防控工作考核评价办法》，进一步健全了机制，明确了责任。层层签订责任书12.3万份，在法人机构推行制度执行和案防队伍建设承诺制，强化了内生动力。对案件风险隐患问题台账、制度执行等情况深入督导，强化了基层网点工作落实。持续开展案件“双无”和“内控制度执行年”活动，巩固和扩大了案防成果。全年银行业机构发案3起，同比减少1起，发案率下降25%。集中度、影子银行、信息科技等风险监管力度不断加大。针对省内高速公路贷款集中度较高、建设受阻问题，向政府部门提出政策建议，得到高度重视。针对廊坊银行授信集中度超标问题，及时下发监管意见和风险提示，采取一系列监管措施，有效控制了事态发展。坚持从源头防范“影子银行”风险。以银信、信政及房地产领域为重点，列出银信合作项目清单，强化现场检查督导，及时推进信托公司融资类业务监管和“转表”工作。此外，河北银监局还联合地方发改委、物价局开展银行业机构服务收费现场检查，及时清理整改存在瑕疵的收费行为。组织对739家银行网点代理保险情况暗访和通报整改，规范了银行代理业务行为。同时密切监测和关注民间借贷、信用卡、理财、票据融资、关联交易等领域的潜在风险，及时下发风险提示，开展风险排查，有效防范了监管套利行为和风险传递。

【监管创新成效斐然】 2011年，全系统紧紧围绕“提质提效”要求，强化创新能力建设，通过健全监管机制，优化监管工具，深化监管合作等措施提高了监管效能、蓄涵了监管活力。一是健全制度体系，监管基础得到夯实。修订《非现场监管操作规程》，出台《非现场监管后评价制度》，完善了监管工作后评价机制。制定了大型银行分支机构监管评级制度，首次开展邮储银行分支机构的监管评价，健全了分支机构监管评级体系。扎实开展“监管统计数据质量年”活动，科学改进季度监管分析例会形式，促进了数据分析成果转化。开发了“河北省中小法人金融机构IT风险监管档案系统”，推进了监管资源共享。二是强化监管联动，监管效能得到优化。建立了联席会议制度，出台了《市场准入、非现场监管和现场检查联动工作规程》，强化了三者有效互动。建立了部门间现场检查联动机制，解决了大型客户难以查深查透、检查成果不能共享问题，形成现场检查合力，监管效能得到优化提升。三是实施监审联动，内生动力得到激发。印发了《河北银监局监管部门与银行业机构内审部门联动办法》，9个部门和分局分别与被监管机构内审部门建立了联动机制，形成监督合力，实现资源共享。与法人机构主要负责人签订了制度执行和案防队伍建设承诺书，强化了银行机构执行制度的内生动力。四是签署京津冀监管合作备忘录，区域监管合作得到深化。河北银监局发起签署了京津冀监管合作备忘录，实现了对银行业机构跨区域经营的有效持续监管，有力推动了京津冀金融一体化进程。

【服务实体经济的水平不断提高】 面对复杂的经济形势，坚持寓监管于服务之中，加强对宏观形势及政策的研判解读，及时做好窗口引导和监管服务，有效促进了银行业战略转型和经济发展方式转变。银行业贯彻落实国家宏观调控政策的自觉意识和内在动力明显增强。一是支持地方经济发展的引领作用进一步加大。结合地方特色，加强对钢铁等重点行业多角度监测分析，研究推进银行业开展绿色信贷的工作机制，支持节能减排重点企业和行业，并加强与环保厅信息共享，及时进行节能减排授信风险提示和预警。2011年末，各项贷款余额18 460.60亿元，比年初增加2 546.26亿元，增幅16%。存量和新增存贷比较上年均有提高。重点行业、基础设施、民生发展等领域得到有效支持。全年共为560个节能减排项目提供信贷资金413.50亿元。二是服务小微企业的力度进一步增强。下发《关于全力推动河北省银行业金融机构积极支持小型微型企业发展的意见》，出台八项措施，并坚持任务分解、按季通报，推动落实到位。深入开展小企业融资需求调研，积极搭建政银共赢合作平台，组织银企承诺活动，取得良好收效。2011年末，小企业贷款余额3 986.13亿元，比年初增加852.79亿元，增速27.22%，高于贷款平均增速11.22个百分点。三是服务“三农”水平进一步提高。建立了涉农金融服务情况台账，实施涉农贷款工作开展情况的定期上报和通报制度，指导做好支持水利改革和促进粮食生产等工作。2011年末，涉农贷款余额6 808.20亿元，比年初增加1 405.40亿元，增长26.01%，高于贷款平均增速10.01个百分点。

【深化改革，银行业机构整体实力显著增强】 以“增加主体、优化布局、增强素质、提升服务”为目标，进一步完善银行业组织体系。在督促大型银行深化改革的同时，重点抓好法人银行业机构的达标提升和发展方式转型。全省银行业综合竞争能力显著增强，2011年末全省银行业金融机构资产总额35 530.50亿元，增长15.86%，实现净利润430.26亿元，增长28.40%；不良贷款率下降1.03个百分点。一是银行业机构布局更趋合理。股份制银行和城商行向下延伸加速，共新开业和筹建分支行91家，城商行县域覆盖率达51.47%。新型农村金融机构设立步伐加快，村镇银行新开业9家，筹建6家。汇丰银行唐山分行已获准筹建。非银行金融机构稳健可持续发展，新奥、开滦集团财务公司开业，河北钢铁集团财务有限公司获准筹建。消除了33家金融机构空白乡镇，实现了全省乡镇银行业金融机构全覆盖。二是农村合作金融机构改革进一步深化。股权改造超额完成目标。2011年末，已有136家县联社消灭资格股，全省农信社投资股占比达98.74%，较年初提高31.22个百分点，超过预定目标18.74个百分点。农村商业银行组建步伐加快。批筹6家，报筹5家，完成验收工作10家，完成清产核资3家。达标升级和风险处置稳步推进。通过召开动员会、签署责任状、按季通报等督促落实达标提升3年规划。通过逐家摸底测算，向省政府提出加快解决40家特困社问题的建议，其中16家县联社对口帮扶工作已取得成效和收益。历史遗留问题有了突破性进展。督促省联社完成换届工作，省联社理事长长期缺位问题彻底解决。积极推进蠡县农信社风险处置，督促启动了尚村农信社破产的法律程序。农村合作金融机构主要监管指标进步度全国排名前列。三是城商行经营和风险防控能力大幅提升。以“安全审慎、真实合规”为基础，督促城商行制定5年战略规划，加快转型步伐。针对个别城商行资产质量不实，经营指标虚高问题，加强与政府的沟通和跟踪整改，签署合规经营承诺书，及时控制了风险。2011年末，城商行平均资本充足率13.97%，不良贷款率0.7%，较年初下降0.08个百分点，拨备覆盖率387.40%，比年初提高47.55个百分点。四是外资银行经营管理能力明显增强。通过督促调整高管、转变经营理念、创新经营思路、加大宣传和创新力度，东亚银行石家庄分行扭转了持续亏损状态。2011年末各项存款比年初增长4.5倍，各项贷款比年初增长15倍。

中国证券监督管理委员会河北监管局

【概况】 2011年，中国证券监督管理委员会河北监管局（以下简称河北证监局）坚持以科学发展观为统领，秉承“监管是责任，发展是义务”的工作理念，紧密结合河北资本市场实际，以解决河北辖区经济社会发展与资本市场发展“一大一小”的主要矛盾为抓手，切实履行一线监管职责，不断提升资本市场服务国民经济发展。持续强化公司治理和市场建设，严厉打击证券违法违规行为。一年来，辖区资本市场取得跨越式发展，上市公司治理水平与透明度不断提高，证券期货经营机构竞争力和创新力进一步增强，市场秩序得到有效整治和规范，在实现“经济强省、和谐河北”中发挥着越来越重要的作用。

【提升服务功能】 2011年是河北资本市场“上市融资年”，河北证监局在年初全省监管工作会议上提出了“保三、争四、创五”（即保300亿元、争400亿元、创500亿元）的融资目标。一年来，河北证监局以扩大融资为抓手，通过优化资源配置，深化市场服务功能，努力促进经济发展方式转变和经济结构调整，资本市场在沪深交易所直接融资创历史之最，达442.40亿元，相当于自2000—2010年11年直接融资的总和，占同期全省新增贷款2 071亿元（10月底）的21.36%，大大缓解了直接融资与间接融资的不平衡；首发融资及再融资募集资金325.91亿元，公司债融资116.5亿元，占同期股权融资的35.74%，大大缓解了股权融资与债权融资的不平衡。

着眼长远，稳步推进企业股权融资。为实现既定目标，河北证监局着力从存量和增量方面加大推动力度。一是协调推进上市公司公开增发、定向增发股票、发行公司债券工作。二是全力推进企业上市融资，走访拟上市重点企业，协同地方政府与拟上市企业座谈，现场答疑解惑，做好拟上市公司的辅导监管工作。2011年，全省新增上市公司4家，IPO融资额132.58亿元，其中庞大集团、长城汽车登陆上海证券交易所，以岭药业登陆深交所中小板市场，常山生化在深交所创业板市场上市。三是加大后备上市企业培育力度，深入各地市开展拟上市公司培育和调研工作，组织完成"利用资本市场促进石家庄市产业结构调整和发展方式转变"专题调研,为地方政府提供决策参考;与地方政府和证券交易所联合举办企业发行上市培训班,宣传上市政策,加强科学引导;截至2011年底,在我局辅导报备企业21家,其中在审企业6家,进入辅导期尚未报会企业15家。

抢抓机遇,狠抓企业公司债融资。2011年,河北证监局积极落实证监会有关决策部署,抢抓机遇,大力推进公司债融资。一是局党委高度重视,统筹规划,二是积极创造市场氛围,加强宣传引导,三是全程辅导,重点推动,四是调整规范内部工作程序,快速及时出具监管意见。截至2011年底,河北上市公司公司债券已发行116.5亿元,占同期全国发行总额的近10%,占同期股权融资的35.74%,实现债券融资与股票融资的协调发展。

一司一策,积极推进并购重组。2011年,河北辖区共9家上市公司进行重大资产重组,占河北上市公司总数的20%。河北证监局在并购重组监管中坚持以资本为纽带,充分发挥市场优化资源配置作用,努力化解上市公司风险,提高上市公司质量。一是推动优质公司利用重组提高质量。推动河北钢铁、冀中能源完成重组后续事项,彻底完成重组收尾工作;密切跟踪晶源电子、冀东水泥、建投能源等重大资产重组工作,推动公司提升盈利能力,提高上市公司质量。二是推动绩差公司利用重组化解风险。督促ST宝硕非公开发行,协调宝石A国有股权转让工作,解决公司经营困难;推动东方热电债务重组,化解经营风险;推动金牛化工定向增发募集资金,做大主业,摆脱困境。三是加大协调力度,解决历史遗留问题。下大力气不断通过走访、沟通,协调地方政府和相关单位解决沧州大化、承德露露、ST唐陶重组后的历史遗留问题,使公司摆脱经营风险,健康发展。目前,上述几家公司重大资产重组工作正在有序推进,风险逐步化解。

搭建平台,深化期货市场功能。河北是钢铁大省、焦炭大省、农业大省,但实体企业利用期货市场的能力相对落后。为此,河北证监局始终重视市场的培育和推介,通过多种形式不断推广期货产品服务产业发展的成功经验和典型案例,积极引导期货公司更多地发展产业客户,提供专业化服务。通过一系列大型化的会议、小型化的培训、普及化的讲座,为期货机构服务经济转型搭建双向互动交流平台,传播期货知识,促进期货机构与实体企业对接。

【全力推进市场及其主体规范发展】 着力构建市场文化体系。大力推动证券市场文化繁荣发展。引导辖区证券机构开展多种形式的文化建设活动,促使机构为建立"和谐、有序、共存、发展"的经营环境共同努力。强力规范市场秩序。加强经纪人、居间人管理,规范营销人员行为。审慎开展经纪人制度试点,提出居间人管理10项原则,强调证券期货经营机构在经纪人与居间人管理方面的第一责任。继续完善辖区证券期货从业人员及营销人员诚信数据库,实施"黑名单"制度。狠力净化市场环境。完成证券投资咨询机构年检,加强投资咨询业务现场检查;严格履行事前报备程序,督促辖区证券期货经营机构合规开展咨询工作;协调完善辖区媒体监控机制,加强利用媒体开展投资咨询活动的监管,协调财达证券公司与新华社河北分社建立了媒体联动监控机制,对辖区47家媒体证券节目进行全天候监控,共同促进辖区证券期货咨询活动的规范发展。

着力提升上市公司治理水平。推动上市公司解决同业竞争和减少关联交易。确定河北钢铁等5家公司作为重点,一司一策,全力推动。目前,河北钢铁通过增发收购邯宝公司资金已经到位;渤海物流大股东已经将与上市公司形成同业竞争的茂业百货委托给上市公司经营管理;宝硕股份解决同业竞争方案和建投能源解决关联交易方案已上报证监会;宝石电子因筹划重大事项已停牌。开展内部控制规范试点工作。拟定《上市公司内部控制规范试点工作推进方案》,确定建投能源等4家公司为试点单位。实施新上市公司治理专项活动,将新上市公司纳入专项治理范围。开展创业板保荐机构持续督导核查试点工作。按照《关于做好2011年创业板上市公司现场检查并开展保荐机构持续督导现场核查试点工作的通知》要求,在审阅保荐机构报送的督导报告后,组织约见保荐机构,同时对创业板上市公司进行现场检查,并对保荐机构持续督导工作进行核查,不断探索适合创业板特点的监管方式和手段。

着力推动证券经营机构创新发展。推动财达证券规范发展,鼓励公司增强新业务功能,壮大资本实力,提高核心竞争力,督导公司加强合规管理,防范自营、咨询及基金代销等新增业务风险,完善经纪业务合规运行、评价体系,建立信息隔离墙制度和压力测试机制,审慎开展单客户多银行资金存管服务，稳妥处理客户投诉，做好投资者教育宣传工作。财达证券在证监会2011年证券公司分类评价中被评为A级。加强业务培训，推动创新业务，切实促进辖区证券机构不断拓宽服务范围，为投资者提供更多金融证券品种。

促进期货经营机构规范发展。持续做好期货公司两金监管，提升公司抗风险能力。每月通过网银系统对期货公司自有货币资金进行查证核实，并对大额未达账项进行跟踪查核，强化公司净资本监管。严格高管人员诚信考核，提高机构合规运营水平。2011年，在辖区期货经营机构实施"四个一工程"，即进行一次信息系统全面风险排查，进行一次多情景应急演练，针对发现的问题记录一份整改台账，组织员工进行一次信息安全知识培训。并多次对行业疑难技术问题集中论证，统一答复，形成标准。

【严厉打击市场违法违规行为】 加大案件查办力度。2011年，河北证监局完成证监会稽查局交办和自行启动的案件调查任务8件，完成协助调查案件4件，启动提前介入调查1件，形成了"以查促管"的监管局面。

加强内幕交易防控工作。坚持对内幕交易零容忍的态度，完善"打防结合，预防为主"，深入做好打击和防控内幕交易工作。联合河北省金融办、河北省国资委、河北省公安厅、河北省监察厅等部门共同召开河北省打击和防控内幕交易座谈会。进一步完善辖区日常监管与内幕交易稽查的联动工作机制，将内幕信息知情人登记制度执行情况作为日常监管的重要内容，及时对涉嫌内幕交易的公司和个人及时启动非正式调查或立案调查。多次开展防范与打击内幕交易的专题培训，向上市公司发放内幕交易等违法违规典型案例，使上市公司实际控制人(大股东)负责人、上市公司董事、监事、高级管理人员提高认识，加深对法律法规的理解。通过网络、媒体等，多渠道、多方式宣传内幕交易的危险性。

打击各类非法证券活动。坚持"打早打小、露头就打"的原则，会同省市政府和公安、工商等部门密切配合，坚持对非法证券活动采取高压态势，不给非法证券活动蔓延发展的时间和空间，较好地维护了辖区证券市场的正常秩序。一是进一步深化辖区打非工作机制，组织召开打击非法证券活动协调小组联席会，加强打击非法融资活动和非法证券活动的协调、沟通。二是积极排查辖区非法证券活动。组织开展辖区非法证券活动及私募股权投资基金排查工作。三是共同打击非法证券活动。配合石家庄公安局、承德市公安局对非法证券活动进行查处。

中国保险监督管理委员会
河北监管局

【概况】 2011年是河北保险市场面临困难和挑战较多的一年，经济增速逐步放缓，资本市场持续走低，金融产品间竞争日趋激烈，保险业务发展和风险防范面临多重压力。中国保险监督管理委员会河北监管局深入贯彻落实科学发展观，按照"转方式、促规范、防风险、稳增长"的总体要求，紧密结合河北实际，求真务实，开拓创新，取得明显成效。

一是保险业务实现平稳发展。2011年，河北省实现保费收入732.89亿元，全国排名第8位，同比增长6.09%。其中，财产险业务保费收入222.92亿元，同比增长15.56%；人身险业务保费收入509.97亿元，同比增长2.42%。截至2011年底，保险公司总资产达到1 587.72亿元，比上年增加279.71亿元。二是业务结构趋向优化。财产险业务中，非车险业务增长较快。农业保险保费收入7.60亿元，同比增长16.41%；责任保险保费收入3.82亿元，同比增长25.59%；信用保险、保证保险、特殊风险保险增速均在40%以上。人身险业务中，内涵价值高的产品比重上升，人身险公司续期保费收入占比40.53%，同比上升8.74个百分点；10年期及以上新单期缴业务在新单业务中的占比为14.82%，同比上升2.58个百分点。同时，个人代理业务占比逐步提高，银行保险业务占比持续下降，业务渠道协调性进一步增强。三是经营效益持续向好。财产险公司实现承保利润13.06亿元，同比增长46.67%，承保利润总额居全国第6位。财产险公司各项主要效益指标均优于全国，综合赔付率、综合费用率低于全国平均水平。四是保险服务能力有所提升。2011年，河北省保险业累计承担风险总额7.87万亿元，同比增长9.46%；累计赔付支出183.47亿元，同比增长26.20%。农业保险、责任保险、养老健康保险等领域覆盖面进一步扩大，参与社会管理创新和社会保障体系程度进一步提高，出口信用保险在支持外贸出口与融资等方面发挥了积极作用。

【三项工程】 一是实施"保险信誉工程",积极推动保险公司提升保险服务质量。河北保监局组织召开新闻发布会,首次向社会公布保险公司服务质量评价工作情况和评价结果。通过开展车险查勘现场测评、财产险积压赔案清理、车险理赔指标定期通报、制定人身险公司理赔服务指引、人身险公司电话回访抽检等措施,下大力气解决理赔难、销售误导等问题。成功举办"保险声誉与可持续发展"研讨会,引起了行业内外的高度关注。

二是河北省保险业以治安保险为重点,实施"保险护城河工程",积极推动保险机构参与平安河北建设。截至2011年末,河北省11个设区市和20个县(市)印发了推动治安保险发展的文件;138个县(市)中的120个县(市)开办了治安保险业务,实现保费收入1 356万元,承保农户共106.09万户,提供风险保障共计127.32亿元。治安保险开展情况被列入河北省社会管理综合治理考核评价指标体系。认真做好保险信访和矛盾纠纷调解工作,各保险行业协会建立合同纠纷人民调解委员会。加强环首都周边地区矛盾纠纷和风险点排查,维护社会稳定。

三是努力发展绿色保险,服务节能减排。"建立绿色保险服务可持续发展(曹妃甸)试验区"的设想得到省政府的重视,纳入唐山市金融"十二五"发展规划。环境污染责任保险取得突破,中国人民财产保险股份有限公司河北省分公司等6家保险公司组成的联合共保体,在保定市签订环境污染责任保险12单,提供风险保障金额2 000余万元。通过"三项工程"的开展,行业形象有了进一步提升。2011年河北保险业在多项服务评比中获得荣誉,多家保险公司被授予省市级"服务质量优秀单位"、"消费维权先进单位"等荣誉;保险公司在全省行风评议中的排名位次也有所前移。

【业务检查】 一是围绕重点领域开展现场检查。在人身险方面,对秦皇岛13家人身险公司开展以银保业务、销售误导为重点的拉网式全面整规检查;在财产险方面,开展以治理虚假列支中介费、虚假列支营业费用、虚假理赔等数据不真实问题为重点的专项检查;在保险中介方面,开展保险公司中介业务专项检查,在保定、邯郸、唐山等地集中开展保险代理市场重点检查及清理整顿工作。在综合性检查方面,开展第二次财务业务数据真实性专项检查,开展保险资金参与民间借贷专项检查。同时,认真开展治理商业贿赂工作,取得明显成效。2011年,河北保监局共组织检查组146个,派出检查人员457人次,现场检查保险机构152家次。二是围绕突出问题开展信访检查。对信访举报中发现的涉嫌违法违规问题,加大检查力度。在财产险方面,重点检查擅自设立出单点、不执行经保监会备案的费率、阴阳单等问题。在人身险方面,重点检查销售误导、私设机构、虚列费用等问题。在保险中介方面,重点检查非法设立出单点、虚开中介业务发票等问题。2011年,信访检查的保险机构数量占全部检查的77%。三是加大对违法违规问题的处罚力度。对侵害消费者利益、严重扰乱市场秩序行为予以重罚。2011年依法对35家保险机构和25名个人作出行政处罚,其中罚款328.5万元(含唐山分局罚款26万元),警告30家(人)次,责令撤换1人;对保险机构实施监管谈话18人次,下发监管函52件。通过对市场违规行为的高压态势,有效维护了保险市场秩序。2011年,河北省财产险公司批单退费率明显减少,批减保费率1.77%,同比下降0.09个百分点,低于全国平均水平1.28个百分点;车险保费充足率明显提高,12月末车均保费2 539.02元,同比增加102.28元。

【风险防范】 一是严格实施分类监管。落实《河北省保险公司分支机构分类监管实施意见(试行)》,对保险公司进行分类评价,在行业内通报年度分类评价结果,将评价结果抄送总公司。启动人身险公司季度分类评估监测工作。把C、D类公司列为重点监管对象,密切关注潜在风险。注重分类监管结果应用,将分类监管等级、监管措施和评价表,用以指导机构设立审批、现场检查等事项,采取一司一策的差异化监管措施,扶优限劣,规范发展。完成了对105家保险专业中介机构分类监管评价。二是加强风险监测与预警。开展季度风险排查,重点对财产险10类风险、人身险11类风险、中介市场5类风险开展排查。加强市场监控和跟踪分析,密切关注保费收入、费用支出、退保等指标数据的异动情况。定期对保险公司内部审计报告分析汇总,开展稽查式调研,及时发现风险隐患。完善专管员市场跟踪制度,通过列席保险公司重要会议、收集重要经营管理资料等途径,深入了解保险公司风险状况。三是强化风险防范和处置。完善风险提示制度,对苗头性风险及时进行风险提示,全年实施风险提示谈话51家(人)次,下发风险提示函9件。高度关注案件风险,督促相关公司妥善处理员工诈骗、挪用资金等案件，配合公安部门调查处理邢台市假保单案，协助公安部门办理衡水货运公司涉嫌非法经营案。认真做好营销服务部整改工作，完成全省1 667家营销服务部的整改，历史遗留问题和风险得到妥善解决。通过健全风险防控机制，加强风险管理，保险风险得到有效防范。退保风险得到较好控制，截至2011年12月底，人身险公司退保率2.46%，低于全国平均水平0.67个百分点，也低于5%的退保风险警戒线。河北省辖内没有出现大规模群访群诉事件，没有发生系统性风险。保险公司内控逐步加强，案件风险得到有效遏制。

【优化发展环境】 一是积极优化政策环境。根据中国保险业"十二五"规划精神，结合河北实际，制定和发布河北保险业发展规划，明确了"十二五"期间的发展目标、发展思路和工作举措。在我局的大力推动下，省政府制定《河北省政策性农业保险试点工作实施方案》，成立政策性农业保险领导小组，首次出台政策性农业保险扶持政策。责任保险、信用保险、健康医疗保险发展环境也得到不断改善。就部分基层法院突破交强险分项限额判决赔付、新闻媒体对车险"高保低赔"和"无责免赔"报道、车船税以及道路交通事故救助基金等问题，加强与有关部门沟通，协调解决行业焦点难点问题。二是加强从业人员培训教育。把提高从业人员整体素质作为促进规范经营、加强诚信建设的重要抓手。开展2011年度河北省保险公司高管人员培训工作，共开办培训班12期，培训2 190人。在全国率先启动实施保险中介业务管理人员培训，对保险公司、银行类兼业代理机构、保险专业中介机构201名管理人员进行了集中培训。扎实推进保险营销员继续教育，全年累计培训10.3万人。出版发行《河北保监局文件汇编(2001—2010)》，为保险从业人员合规教育提供了重要指引。三是加强监管机制建设。高标准、高起点完成稽查处组建工作，进一步优化监管资源配置。不断创新检查方式，建立现场检查协调联动、同查同处机制，保险机构案件责任追究制度，监管部门与司法部门联动机制，保险监管与行业自律联动机制。实施查处分离制度，成立行政处罚委员会，制定一系列配套工作规则，确保查处工作规范有效、公平公正。四是加强保险社团组织建设。制定《关于加强河北省保险业社团组织建设和管理的指导意见》，首次对社团组织建设和管理制度进行系统规范。各保险社团组织认真开展换届和改革工作，不断加强秘书处建设，进一步完善各项管理制度，自身建设水平得到提高。积极发挥自律与服务职能，主动围绕监管中心任务和行业热点、难点问题开展工作，取得了积极成效。通过认真办理保监局委托代理人资格考试、兼业代理机构资格管理等事项，各保险社团组织的服务能力和形象进一步提升。

一年来，省委、省政府高度重视保险工作，出台了多项支持政策，为河北保险业发展创造了有利条件。特别是在河北省"十二五"规划中明确列入"保险三项工程"内容，并以较大篇幅对保险业发展做出规划，这在河北乃至全国尚属首次。

银行业机构

国家开发银行股份有限公司河北省分行

【概况】 2011年，国家开发银行股份有限公司河北省分行(以下简称省开行)积极贯彻省委省政府有关要求，认真学习省第八次党代会精神，紧紧围绕政府重点热点难点，充分发挥开发性金融引领作用，面对全国贷款规模紧缩形势，积极争取总行政策倾斜，引导省内外资金支持河北省经济社会发展，为建设经济强省、和谐河北积极提供金融服务。截至2011年末，省开行管理资产余额1 865亿元，全年向河北投放贷款553亿元，融资支持总量达629.4亿元，非个人中长期贷款和外汇贷款新增位居省内同业首位；国合业务实现跨越式发展，外汇贷款余额15.91亿美元，较年初增加14.6亿美元；缴纳各类地方税收4.4亿元。

【支持重点项目建设】 2011年，省开行利用有限的资源规模，发挥综合业务优势和特点，引导社会资金，扩大融资总量，发挥资源的最大效能和撬动作用，集中资源重点支持青银高速、京沪高速铁路、华润电力等重点项目建设，发放贷款364亿元，占全年发放总量的78.5%；积极助力产业结构调整与转型升级，支持英利光伏产业链、河北建投新能源、华北制药新制剂、张家口风电等项目建设。坚持"雪中送炭"，服务解决政府难点，积极支持了河北沿海经济带和环京津经济圈重点发展，帮助解决了曹妃甸、北戴河暑期工程融资问题等。

【开发性金融合作】 河北省政府与开发银行总行3月份在北京举行高层联席会议，签订了《开发性金融合作备忘录》，确定"十二五"期间3 660亿元合作项目，明确了"十二五"期间银证合作总体框架。省开行还全程参与《河北省"十二五"发展规划》、《河北沿海地区发展规划》编制，助力推动河北省沿海规划上升为国家战略；与省住建厅合作完成《河北省"十二五"小城镇发展战略规划研究》，实现全省969个村镇规划全覆盖；与省发改委联合编制省级"十二五"系统性融资规划，并下发实施。与省发改委建立季度联席会议制度；与省金融办建立定期报告制度；与商务厅、财政厅等主动沟通协商工作。与河北省11个地市推动召开联席会议，与保定、张家口签订新一轮开发性金融合作协议。选派18名业务骨干赴省发改委、金融办、11个地市和4个乡镇交流实地挂职。

【综合业务优势】 2011年3月，与河北钢铁集团、开滦集团分别签订600亿元战略合作协议；利用"贷债交互"模式成功解决河北钢铁集团、开滦集团、英利集团融资困难，为河北钢铁发行150亿元中票，为开滦集团发行19亿元短融，并在融资租赁、财务顾问、海外并购、IPO等方面展开合作，帮助我省重点企业解决融资困境。2011年实现银团及信托业务工作量89.81亿元，完成首钢京唐钢铁、曹妃甸煤码头续建、张石保定段等已签银团协议贷款发放；组建荣乌高速分组银团贷款、河北省水务集团银团贷款，与金融同业组建6个流动资金银团贷款。

【服务普惠民生】 应省委省政府要求，省开行积极支持河北省保障性住房建设，与省住建厅等部门研究，实行总分行联动，创新融资模式，授信168.84亿元，用于全省公租房、廉租房项目建设，当年发放贷款21.15亿元，累计发放保障房贷款51.3亿元。同时，克服人力少、机构少等困难，创新解决中小企业"融资难"问题，优化中小企业贷款结构，全年发放中小企业贷款43.6亿元；发放水利建设贷款3亿元，支持农田水利建设；主动融资支持地市政府应对突发事件，发放应急贷款0.9亿元，支持了承德、张家口等地市抗旱保春；发放助学贷款985万元，贷款余额达4 615万元，帮助1 893名家庭贫困学生走进大学。

【国际合作业务】 省开行积极推动省内重点企业"走出去"，助力企业开拓国际市场。向河北钢铁、华北制药、庞大汽贸集团等一大批企业发放外汇贷款12.4亿美元；积极服务国家战略，向玻利维亚卫星项目发放贷款0.41亿美元，向秘鲁国际银行发放贷款3 000万美元、秘鲁大陆银行5 000万美元，秘鲁信贷银行1.5亿美元。同时，省开行还积极推进国际规划咨询和跨国规划，在国家领导人见证下，与玻利维亚、秘鲁等国政府签订《规划咨询协议》，挖潜国际合作业务新优势。

（许 强）

中国农业发展银行河北省分行

【概况】 2011年，中国农业发展银行河北省分行以科学发展为主题，以转变发展方式为主线，按照年初确定的"创新发展年"要求，紧紧围绕全省新农村建设，实施"两轮驱动"，加大支农力度，有效防控风险，强化经营管理，狠抓创先争优，加强队伍建设，各项工作均取得较好成效。

业务实现较快发展。全年累放各项贷款334.18亿元，同比多放80.2亿元，增幅32%。年末，贷款余额达到650.95亿元，比年初增加33.4亿元，若考虑中央财政消化新增粮食财务挂账和呆账核销因素，实际比年初增加82.74亿元，贷款余额首次突破650亿元。在业务较快发展的同时，贷款和客户结构也得到进一步优化。各项存款日均余额达194.27亿元，排名全国第8位，其中企事业单位和财政存款比年初增加12.88亿元。

资产质量持续改善。不良贷款余额较年初下降5.4亿元，较年初下降0.92个百分点，首次降至1%以内，连续多年实现了不良贷款"双降"。

经营绩效稳步提升。全年实现利润13.3亿元，创历史新高，同比增盈2.98亿元，超总行下达利润计划47.5%。若加上总行营业部储备库存监管分配利润0.67亿元，实际利润14亿元，同比增长26%。经营绩效考评各项指标中，除人均同业定期存款指标低于上年同期外，其余各项指标均优于上年。

【信贷支农】 认真执行中央经济金融、强农惠农政策和总行信贷政策，加大支农力度，优化贷款投向，在支持和服务全省新农村建设中，努力实现了业务的有效发展。一是积极支持粮棉油收储。年末，各级粮油储备贷款余额比年初增加26.9亿元，增幅达30%，进一步增强了各级政府对粮油市场的调控能力。同时，及时发放国家大豆和小麦定向销售贷款24.2亿元，为国家保供稳价发挥了积极作用。坚持在“不打白条”的前提下防控风险的指导思想，积极支持市场化收购，全年累放准政策性粮棉收购贷款112.84亿元，同比增长7.5%。在小麦最低收购价预案没有启动的情况下，累计发放2011年度小麦准政策性收购贷款27亿元，同比增加2.4亿元，增幅9.7%。认真做好2011年度新棉收购资金供应与管理工作，提前制定应急预案，严格执行贷款“双线”政策，积极落实临时收储制度各项要求，督促企业做好交储工作。累计发放2011年度棉花收购贷款13.28亿元，同比多发放5.15亿元。二是大力支持农业农村基础设施建设。全年累放农业农村基础设施建设等中长期贷款113.1亿元，同比多放15.21亿元，中长期贷款到期贷款收回率达到100%，利息收回率达到99.51%，有力促进了农业农村生产生活条件及生态环境的不断改善。农发行河北分行贷款支持的迁安市三里河生态廊道项目，继2009年获得“国家人居环境范例奖”之后，2011年再获第四届世界建筑节“世界景观奖”殊荣。三是择优支持农业产业化经营。择优支持农业产业化龙头企业和加工企业并加强贷款管理，累放农业产业化龙头加工企业、农业科技、农业小企业等贷款44.22亿元，较上年增加9.29亿元，带动了农业增效和农民增收。四是调整优化贷款和客户结构。在加大信贷投入的同时，调结构，控风险，努力追求发展速度、质量、效益相统一。从贷款结构看，年末各类储备贷款占全部贷款比重上升3.5个百分点；政策性中长期贷款占比上升11.1个百分点，已投放的政策性中长期贷款中，水利和新农村建设贷款占75%，大中城市郊区、环京津及财政收入10亿元以上县的项目贷款占94%。从客户结构看，“AA－”级贷款客户占比同比提高12个百分点，大型优质客户贷款占比上升10.2个百分点，贷款和客户结构进一步优化。五是加大存款组织和中间业务营销力度。牢固树立存款增效意识，积极实施“一揽子”营销策略，努力增加低成本存款，降低经营成本。指导各级行主动向政府汇报，加强与有关部门沟通，发挥专业优势，争取成为财政支农资金代理拨付主办行。全年低成本存款日均余额达184.72亿元，比2010年增加了12.8亿元，因组织存款相应减少系统内借款降低成本6.04亿元。积极营销咨询顾问、保险代理等中间业务，全年实现中间业务收入3 528万元，同比增加1 281万元，增幅达57%。稳步推进国际业务开展，全年完成国际结算量15 786万美元，同比增加5 191万美元，增幅达50%。

【资产质量】 面对复杂多变的经济金融形势，始终把防范化解风险放在突出重要位置，不断增强风险意识，坚持防控和清收并重，努力提升发展质量。一是前移风险关口。坚持并完善《贷款到期前风险排查及处置暂行办法》、《贷款主要风险点排查处置操作指引》、《信贷风险监测处置管理暂行办法》等，充分利用CM2006和信贷信息核查系统，及时预警、排查、处置各类风险信号。对全辖725家客户、465亿元贷款进行了全面风险排查，充分利用排查成果进行客户分类排队，为实施差异化信贷策略、调整优化客户结构奠定了基础。开展了中长期贷款“亮账”检查以及2010年新进入加工企业、小企业和收购企业风险排查等，及时发现和消除信贷安全隐患，有效防范和化解了贷款风险。二是完善防控机制。发挥二级分行风险管控平台作用，把县级支行现场检查和省市分行非现场监测、重点检查有机结合起来，构筑了三级行联动、全方位监测处置风险体系。在继续为企业搭建“收储对接、工贸对接、购销对接”平台的基础上，探索了对部分借款企业粮食库存实施第三方监管方式，确保了第一还款来源稳妥可靠。结合河北实际，制定了与融资性担保机构业务合作管理暂行办法，进一步规范了与融资性担保机构业务合作管理，弱化了信贷风险。三是做好收贷工作。引导企业树立赚取合理利润的理念，明确分阶段促销任务、措施及要求，加强重点调度，定期监测通报，指导各行因企制宜，大力开展促销收贷工作。2010年度准政策性小麦收购贷款已实现“双结零”，玉米收购贷款基本“双结零”，棉花收购贷款连续四年实现本息“双结零”。四是大力清收不良贷款。充分利用大力支持新农村建设的有利时机，积极向地方政府汇报，依靠政府支持。采取“一类一策、一企一策、一笔一策”的办法，综合运用现金清收、诉讼清收、重组盘活、以资抵债、减免表外欠息等措施，强力推进不良贷款清收处置工作。对重点行的不良贷款，专门成立不良贷款清收领导小组，实行按周调度，确保了全年不良贷款“双降”目标的实现。同时，加大贷款逾期处罚和不良贷款问责，促使各级行增强责任意识，努力遏制新的不良贷款发生。全年共清收处置不良贷款6.06亿元,进一步减轻了历史包袱。

【业务经营】 坚持解放思想,更新理念,开阔视野,把创新作为发展的动力源泉。一是创新发展思路。年初农发行河北省分行党委将2011年确定为全行的"创新发展年",力争"十二五"开局之年靠创新赢得主动,靠创新谋求发展,靠创新再创佳绩。根据农发总行"十二五"发展规划纲要,结合河北分行实际情况,制定了《2011—2015年发展规划实施纲要》,明确了该行今后五年改革发展的指导思想、发展目标和具体要求,为全行员工确立了长远的努力方向和奋斗目标。二是积极探索实施区域化发展策略。围绕全省"十二五"发展规划确定的区域经济发展战略,立足全省各地区农业发展优势、产业行业特色和重点项目等,研究制定了《河北省分行信贷政策指导意见》,按照环首都绿色经济圈、沿海经济隆起带、冀中南经济区三大经济区域,实行因地制宜、各有侧重的区域信贷政策和投向策略。三是完善激励约束机制。根据农发总行新修订的经营绩效考评体系,结合河北实际,有针对性地修订完善经营绩效考评办法;坚持实施并不断完善专项量化考核,按季考核通报并兑现奖惩;继续与市级分行行长签订经营绩效目标责任书和党风廉政建设及安全保卫责任书,明确管理责任和奖惩措施;完善财务资源分配办法,在确保人头费和开门费的前提下,将业务管理费、宣传费、招待费与业务有效发展挂钩,较好地发挥了财务资源的保障和激励作用。四是创新制定考核办法。制定并实施了《县级支行领导班子成员多维度考核评价办法》,力争客观、公正、准确地考核评价县级支行领导班子成员的工作实绩,充分调动正副职工作的积极性和主动性。坚持开展"有效发展先进单位"和"进步创新奖"评选表彰活动,充分调动了各行有效发展和加强创新的积极性。五是创新取得丰硕成果。积极创新工作方式方法,制定的《贷款主要行业和大客户风险监控管理暂行办法》和《国际业务筹备指引》,分别被农发总行有关部门以正式文件形式印发全国予以推广。全年共有6个处室先后在总行工作会议或专业会议上进行了经验交流。根据工作实际需要,创新建设了全辖网络存储数据备份系统,实现了三级行重要应用系统数据的远程异地备份,进一步提升了全辖信息系统的数据安全保障水平。

【基础管理】 坚持精细化管理,着力固本强基,为全行业务又好又快发展奠定了坚实的基础。一是加强资金计划管理。在保证粮棉油收储资金需要的前提下,加大对地方政府信用好、贷款本息能够足额收回、存款和中间业务增长较快、不良贷款清收和化解效果较好地区的信贷计划倾斜力度,努力优化计划资源配置。信贷资金运用率达到99.8%,继续保持较高水平。二是加强信贷基础管理。为进一步提高办贷质量和效率,制定下发了《信贷业务操作管理暂行办法》,进一步明确了信贷业务主要环节的操作规范、责任界定和管理要求。修订完善了《贷款审查委员会工作规则》,进一步规范了信贷审查审议工作程序。编写了《地方政府融资平台贷款管理知识问答手册》,努力做到规范运作,好中选优、风险可控、稳健发展。三是大力增收节支。积极与省财政厅协调,促请其预拨了2011年一季度粮食风险基金、垫付了全省的新增粮食财务挂账利息补贴,确保了财政补贴贷款足额收息。同时,加强对企业特别是贷款余额较大的重点企业回笼货款的监测和管理,努力做到利息应收尽收。全年各项贷款利息收回率达到94.11%。强化勤俭办行意识,严格费用支出管理,精打细算,厉行节约。制定实施了《财会工作四级监督管理暂行办法》,提高了各级财会监督质量和效果。四是加强合规管理。深入开展了"合规管理年"活动,细化活动方案,编印了《合规管理速查手册》,层层落实违规积分管理,增强了员工合规经营的自觉性。2011年,全行共计积分142人次、263分。坚持内部审计督办整改回访暂行制度,对问题监测台账系统进行了升级改造,充分利用检查和审计结果,认真整改存在的问题,堵塞了管理漏洞。五是加快信息化建设。认真做好CM2006升级工作,确保了升级一期版本按时上线运行。圆满完成了全行网络配置规范化工程、防病毒系统升级等工作,加强各种已上线应用系统和机房、网络、电子设备的运维管理,确保信息安全,为全行各项业务顺利开展提供了技术支持。

【队伍建设】 一是深入开展创先争优活动。研究制定了《2011年深入开展创先争优活动工作方案》,进一步细化活动措施,丰富活动载体。围绕庆祝中国共产党成立90周年,在全行广泛开展了以"七个一"为主要内容的系列活动。"七一"前夕,隆重召开了纪念建党90周年暨创先争优表彰大会,有效激发了员工的工作热情。二是加强班子队伍建设。坚持"德才兼备,以德为先"的原则,完善选人用人机制，认真落实《党员领导干部选拔任用工作条例》等有关规定，适时调整优化了部分市县分支行领导班子。认真落实业务岗位聘任管理规定，对48名任县级支行行长满10年人员聘任高级业务岗位，进一步拓展了员工职业发展通道。有针对性地举办了全省信贷独立审查官等重点培训，组织了中高级管理人员上海培训班，进一步拓宽了领导干部的视野。三是加强和改进思想政治工作。为切实增强思想政治工作的针对性，在认真贯彻落实员工思想疏导六大机制的基础上，开展了员工思想动态问卷调查活动，新增了对员工心理压力情况的测试，并进行了定性和定量的分析，细化了员工思想隐患排查措施，理顺关系，化解矛盾，进一步凝聚了改革发展合力。对困难党员和员工进行了走访，把党的关怀和温暖送到群众心中。四是推进企业文化建设。认真学习贯彻十七届六中全会精神，制定了《企业文化2011—2015年发展规划实施意见》，突出抓好柜员文化建设，建立了19个柜员文化建设示范行，较好地发挥了示范带动作用。开展了"我为创新发展年献一计"和各种劳动竞赛活动，进一步激发了员工爱岗敬业的热情。五是加强反腐倡廉建设。加强对员工理想信念教育和廉洁从政教育。与各市级分行、省分行各处室签订《党风廉政建设和安全保卫目标管理责任书》，严格兑现奖惩。组织开展了"廉洁从业专项教育治理活动"，全员签订了《廉洁合规从业承诺书》，将责任落实到每名员工。在内部"创先争优专网"上创设"廉政之窗"和"惩防体系建设"专栏，为各级行学习制度规定、推进惩防体系建设搭建了新的平台。

（郭　宁）

中国农业发展银行河北省分行营业部

【概况】 2011年，中国农业发展银行河北省分行营业部（以下简称"营业部"）以科学发展为主题，牢牢把握"四着力、四提升"这条主线，实施两轮驱动，强化政策性业务主体地位，突出跨越发展，各项工作均取得明显成效。各项贷款余额111.7亿元，比年初增加30.5亿元；如考虑消化新增粮食财务挂账贷款4.66亿元因素，比年初增加35.16亿元。各项存款余额44.7亿元，比年初增加5.5亿元。全年实现盈利2.86亿元，同比增盈1.17亿元。实现中间业务收入367.31万元，较上年增加51.77万元。不良贷款清收绝对额、完成任务占比分别列全省农发行系统第一和第二；不良贷款率较年初下降0.64个百分点。

【信贷业务】 认真落实中央宏观调控、强农惠农政策和总、分行信贷政策，积极履行支农职能，不断加大信贷投入。全年累放各类贷款64.58亿元，同比多放24.54亿元，增幅43.67%。年末，贷款余额达到111.7亿元，创历史最高水平，特别是政策性中长期贷款增幅较大，余额达到54.11亿元，比年初增加33.47亿元。一是积极支持粮棉油收储。在大力支持中央储备粮增储、轮换和临时收储的同时，结合实际，积极与政府及有关部门沟通协调，督促企业争取增加地方储备。全年累放政策性粮油储备及国储肉贷款12.32亿元，同比多放6.55亿元，其中，地方储备增加2.99亿元。按照"多收粮、收好粮、防风险"的原则，重点支持优质客户做优做精做强，全年累放准政策性粮油收购及化肥储备贷款10.51亿元。支持16家产业化龙头企业和加工企业，发放贷款7.63亿元。二是做强做大政策性中长期信贷业务。将省、市政府关注、社会影响较大的正定新区新农村安居工程66亿元项目、滹沱河综合整治4.7亿元项目、石家庄土地储备中心5亿元项目等政策性中长期贷款项目作为营销重点，实施重点突破。特别是正定新区贷款项目，在省分行领导和有关处室的大力支持下，采取省、市、县三级行联动营销，主动到总行进行专题汇报，积极与当地政府协调落实贷款条件，项目营销组成员连续多日加班加点，在多方共同努力下，2011年6月底，该项目获总行审批，到2011年末已发放23.9亿元。全年累放政策性中长期贷款34.71亿元，同比增加22.43亿元。

【信贷资产质量】 一是大力清收处置存量不良贷款。明确重点，一企一策，强力清收。通过综合采取协商清收、依靠政府、清贷挂钩、减免表外欠息、核销呆账等措施，年末不良贷款余额占比0.61%，比年初下降了0.64个百分点，实现了"双降"。二是加强风险防控。全年共组织9次贷后检查，按月召开风险分析例会，充分利用各种系统加强风险监测，努力降低信贷风险。坚持有保有压，对2家抵押不完善的企业完善抵押手续，对达不到我行贷款条件的8家企业适时退出，收回贷款1.8亿元，促进了客户结构优化、贷款质量提高。

重点抓好政策性中长期贷款管理和第二还款来源补充落实工作，到年末补充落实到92.39%，中长期贷款本息到期收回率达到100%。三是狠抓促销收贷。在粮棉市场行情波动较大的形势下，大力促销收贷，规避市场风险。全年销售2010年度粮油4.71亿公斤，收回贷款9.96亿元，小麦、玉米、油料收购贷款本息实现双结零。四是全力清收风险贷款。针对栾城、元氏县支行1 027万元重组贷款已逾期或即将逾期的情况，积极协调政府及有关部门，多方牵线搭桥，联系有实力的企业，主动与企业及有关部门商议化解方案，收回622.5万元。藁城市常安油脂公司贷款出现风险后，我部立即成立专项清收领导小组，紧盯死守，驻场清收，通过石家庄市政府督办及市县两级行清收工作组的共同努力，收回收购贷款1 100万元。

【经营绩效】 一是狠抓存款组织。年初就主动抓，早安排，将低成本存款营销作为春季行动的重点工作，强化措施，加强督导，实现了存款业务首季开门红。2011年8月，针对存款下滑的情况，又开展了百日竞赛，加大考核和督导力度，按月通报进度，激发组织存款积极性，企事业单位和财政低成本存款较上年日均增加11亿元，完成任务的307.82%，年末，各项存款余额44.7亿元，比年初增加5.5亿元，日均增加10.5亿元，各项存款增幅和任务完成率均居全省首位。二是加大中间业务营销力度。针对中间业务进展缓慢的情况，分解考核任务，重点发展咨询顾问业务，稳步推进保险代理业务，积极开展国际结算业务，加大考核力度，努力拓宽中间业务经营渠道，扩大收入来源，超额完成省分行下达的全年任务，全年实现中间业务收入367.31万元，完成任务的105.16%，较上年增加51.78万元，增长16.41%。三是最大限度减少低息无息资金占用。严格头寸管理，坚持小额勤调，资金运用率达到103%。四是加大贷款收息力度。做到各项利息收入应收尽收，全年各项贷款利息收入5.32亿元，综合利息收回率96.97%，同比提高0.90个百分点。五是加强财务管理。强化勤俭办行意识，严格费用支出各环节的管理。全年实现账面盈利2.86亿元，同比增加1.17亿元；人均利润55.11万元，同比增加22.88万元。

（白江丰）

中国农业发展银行承德分行

【概况】 2011年，中国农业发展银行承德分行狠抓经营，强化管理，各项工作都取得了显著成效。截至12月末，各项贷款余额766 177万元，在中央消化新增粮食财务挂账减少贷款4.86亿元的情况下，比年初增加61 902万元；累计发放各类贷款333 449万元，同比增加20 360万元；各项存款余额90 698万元，人均日均存款677万元；实现账面利润18 736万元，人均利润97万元；资产利润率为2.35%；收入成本比为15.35%；人均中间业务收入2.17万元；全辖继续保持零不良的贷款质量。

【经营效益】 一是切实加强各级政策性储备贷款的管理。在政策性储备贷款的管理工作中，准确把握信贷政策，加强中央、省、市、县四级粮食储备以及肉、化肥等专项储备增储和轮换信贷资金的供应与管理工作。截至12月末，累计向11家企业发放储备增储、轮换和临储贷款61 522万元，支持企业收购粮食34 267万公斤；累计向1家企业发放国家储备肉贷款5 649万元。二是加大营销力度、管理好政策性中长期贷款。认真执行上级行的信贷政策，把握重点领域和重点区域并进行重点营销，进一步巩固和加强与地方有关部门的沟通与联系，重点在加强风险管理上下工夫，加强对融资平台公司经营管理、财务状况和项目建设运营的日常监测，充实第二还款来源，进一步加大沟通协调力度，列入年度预算，全额落实合法有效担保，确保还款资金按时拨补到位，有效避免了欠息、逾期等问题的发生。截至12月末，共营销土地收储项目9个，路网项目1个，贷款额25.75亿元；已发放贷款项目6个，贷款额16.25亿元；部分发放已审批项目贷款18亿元；正在申报立项和复议项目4个，贷款额18.5亿元。截至12月末，政策性中长期贷款余额达到53.34亿元，占全部贷款的69.92%。三是认真做好粮食收购贷款管理。做好粮食收购资金的供应与管理工作。按照“保收购、保优质企业、不保劣质企业”原则，择优支持资信好、抗风险能力强、在区域市场有影响力的龙头加工企业和收储企业，继续巩固和发展了承德分行在信贷支持、粮食流通中的主导地位。加强对粮食收购贷款的风险管理。坚持支持收购与防控风险并重原则，严格实行失职问责制度，保证了贷款本息“双结零”，严防企业经营风险，截至12月末，粮食收购贷款余额为0.7亿元；累计向13家企业发放粮食收购贷款3.04亿元，支持企业收购粮食16 951万公斤。四是加强农业产业化龙头企业、加工企业和农业小企业贷款管理。依托地方党政和相关职能部门，继续完善和实施好“政府推荐项目并协调落实担保措施、农发行独立审贷、农业政策性金融担保中心担保、企业自我规范和完善”的信贷投放和管理模式，主动调整优化商业性贷款结构和客户结构，主动营销“老板好、体制好、经营好、管理好、信誉好”的五好客户，认真做好农业产业化龙头企业和加工企业以及农业小企业贷款的管理。截至12月末，支持产业化龙头及加工企业22家，发放贷款4.29亿元；支持农业小企业20家，发放贷款4 400万元；支持商业储备及流转企业3家，发放贷款2 200万元。五是积极组织存款和发展中间业务。以省分行组织的“春季行动”为契机，积极组织存款和发展中间业务。制定印发了《中间业务考核管理办法》，认真做好代理保险业务，积极开展企业信用等级评定、信息定制服务、融资顾问和企业常年财务顾问等业务。截至12月末，各项存款日均余额132 665万元，促进了中间业务发展。实现中间业务收入421万元，较上年同期增加325万元，增幅为338.5%。

【业务发展质量】 加强信贷风险防控，继续保持贷款零不良。严格控制新增不良贷款，加强对贷款逾期的风险提示。积极贯彻落实贷款新规要求，认真开展贷款“三查”，努力提高办贷质量和效率，强化了信贷管理关键环节的风险控制。在全面做好风险排查的基础上，密切跟踪近年来发放的非粮油产业化龙头企业和农业小企业经营情况，发现异常及早采取应对措施，及时化解信贷风险。按照工作内容制订工作标准、量化考核分值、明确考核方法，实行层级考核和责任追究。继续执行“逾期即罚、以罚促收”的管理措施，加大问责力度，努力营造防控新增不良贷款的良好氛围。按省分行文件通知要求，采取县级支行自查、市行组织互查、重点检查等方式，组织了2010年以来发放的各项商业性贷款风险排查工作，发现问题及时整改，完善措施。强化信贷资产质量管理，进一步提高风险防控能力。全面推行信贷资产质量十二级分类管理。保证了各项贷款数据的真实；同时，利用十二级分类结果，进一步加强贷后风险管理力度，使十二级分类成为提前识别和防范信贷风险的重要手段。进一步加强贷款担保管理。加强对担保贷款的合规性和保值性审查，对新增贷款优先采取内部评估方式，降低押品价值重估频率，对贷款抵押资产分种类适时开展价值重估。严格执行中介评估机构的准入和动态调整制度，对于不符合准入条件以及年度评价结果不合格的中介机构，及时终止合作关系。重点加强对融资行担保公司经营状况，特别是对外提供担保责任余额的动态监测，严防融资性担保公司担保能力下降给行使担保权带来的不利影响。充分运用CM2006综合报表平台等系统资源，进一步加强贷款风险监测预警工作。构筑法律风险防线，为各项业务开展提供支持和保障。围绕业务经营开展法律工作，健全法律咨询审查工作机制，加强合同管理。进一步做好转授权管理工作。2011年审查合同文本44笔，出具合同法律审查75份，金额152 480万元。

【基础管理】 加强信贷基础管理。一是加强信贷政策和信贷制度建设。强化信贷政策的研究与指导；加强对银监会“两个办法、一个指引”、总行信贷作业监督和贷款管理办法等新制度的辅导、检查、监测，提高信贷制度的执行效果。二是加强和推进信贷电子化建设。全力做好CM2006系统升级工作，组织分行相关业务部门和县级支行对制度办法进行系统学习，使制度办法的执行与CM2006业务办理紧密衔接；通过强化预警信息处置管理和征信系统信息的应用等，强化CM2006等系统功能应用。三是加强信贷监测分析与检查。定期对经济金融形势进行分析研究，预测发展变化趋势，提出加强信贷管理、防控行业性风险的具体措施，认真开展贷款客户风险排查工作。四是做好评级授信管理工作。2011年，对全辖124个贷款及担保客户的信用等级状况进行了评定，对118个贷款客户核定了最高综合授信额度1 089 583万元。五是做好信贷审查审议工作。全年共组织召开贷审会12次，审批贷款金额34 670万元。六是认真执行贷款新规，没有发现违反“三个办法一个指引”的情况。加强计划财务管理。一是加强资金计划管理。做好信贷计划分类管理的组织实施工作，提高信贷计划执行率。截至12月末，全部贷款都严格控制在上级行下达的贷款规模内。加大资金管理力度，提高资金使用效益，2011年信贷资金运用率达到104.37%。做好各项财政补贴资金监督拨付工作，认真准确填报有关补贴报表及台账。二是加强财务管理严把三道关口，防范财务风险。严把经费报账审核关、财务开支关、经营收支关，防范财务风险。制定印发了《绩效考核办法》、《财务资源分配办法》和《2011年一季度存款考核办法》，完善费用挂钩机制，发挥财务资源的最大效益。规范固定资产、集中采购和基建管理，着力解决基层营业办公用房问题。制定印发了《承德分行费用开支发票监督管理办法（试行）》，加强财务管理，严肃财经纪律。加强绩效考评，全面提升经营业绩。加强会计信息管理。认真做好2011年度会计决算报表汇审与上报工作，会计决算报表在省分行评比中获得了“先进单位”称号。加强综合业务系统运行管理工作，努力完成新版票据的启用和旧版票据的回收工作，加强重要单证和重要物品管理，认真做好风险排查和反洗钱等工作，稳妥推进收购资金非现金结算工作。

（袁晓峰　王帅）

中国农业发展银行张家口分行

【概况】 2011年，中国农业发展银行张家口分行紧紧围绕“建设强市名城，实现绿色崛起”的全市经济发展总体目标，全力支持粮食收储业务，大力支持农业、农村基础设施和农业综合开发贷款项目，突出重点，优化投向，有效加大信贷投放力度，充分发挥了政策性银行支持新农村建设的骨干作用。年末，各项涉农贷款余额35.73亿元，全年累计发放贷款6.03亿元。各项存款余额16.49亿元，同比减少3.42亿元，同比下降17.2%；实现税前利润8 034.24万元，完成省分行下达任务的100.4%，人均利润26.52万元；资产利润率2.21%，同比上升0.09个百分点；成本收入比33.53%，同比上升1.69个百分点；不良贷款继续保持零余额，信贷资产运行良好；全年实现中间业务收入223.40万元，同比增长67.6%，完成省分行下达任务的107.4%，有效地推动了全市社会主义新农村建设。

【信贷支农】 全力支持粮油收储业务。全年累计发放粮油收储贷款3.23亿元，共完成1.76亿公斤省级以上储备及轮换任务，增储县级储备小麦800万公斤，市场收购玉米506万公斤，既执行了国家粮食调控政策、维护了粮油市场稳定和国家粮食安全，又保护了种粮农民利益。一是认真落实国家调控政策。根据上级有关部门下达中储粮张家口直属库跨省移库计划，及时掌握企业入库进度，认真核实粮食入库数量、品种和占贷情况。及时足额发放贷款，圆满地完成了国家临时储备玉米跨省移库工作。二是根据省、市、县政府增储和轮换计划及时足额发放贷款，保证储备粮油的资金供应。及时足额发放“中央储备粮轮换贷款”4 180万元，收购玉米3 333万公斤，支持中储粮直属企业玉米自主轮换工作；发放贷款7 538万元，增储玉米3 788万公斤，顺利完成了中央储备玉米补库任务；积极支持县级粮食储备，发放县级粮食储备贷款1 820万元，储备小麦800万公斤。三是做好支持市场粮油收购工作。全年累计发放准政策性粮油收购贷款1 850万元，支持企业收购玉米506万公斤。销售粮食474万公斤、油料591万公斤，累计收回粮油收购贷款3 940万元。

大力支持全市新农村建设。一是按照“政府主导，实体承贷，收益覆盖，风险可控”的原则，突出新农村建设重点，积极支持涉农项目。审批新农村建设贷款项目2个，审批额6.5亿元。另外批复并发放农村流通体系建设项目贷款0.4亿元。二是储备项目6个，涉贷金额17.1亿元。大力支持农业产业化龙头企业和农业小企业发展。一是加强贷款客户营销与管理，实施优质客户战略，共评定客户16个，其中省级黄金客户和优质客户各1个、二级分行优质客户14个。二是积极支持农业小企业发展。坚持积极审慎、有保有压、精细管理、防控风险的原则，发放农业小企业贷款500万元；三是择优扶持农业产业化龙头企业。积极扶持经济带动性强、有核心竞争力、信用信誉度高、发展潜力大的省级和地市级龙头企业。全年共计发放购销贸易短期贷款680万元，积极有效地支持了玉米制种业和当地小杂粮购销市场的发展。

【信贷服务质量及效率】 一是以贷款新规的执行为契机，切实转变贷款管理方式，真正树立“实贷实付”理念，建立“营销、审查、发放、管理”相分离的精细化信贷管理模式，按照《张家口分行贷款资金支付办法》要求做好资金支付。对于采用自主支付方式的，严禁借款人化整为零逃避“受托支付”规定。二是高度重视“贷款新规”的落实。按照上级行文件要求，精心部署，明确人员，配合检查组完成了“贷款新规”执行情况检查工作。严格执行银监局及上级行有关规定，认真做好第二还款来源落实工作。需落实第二还款来源的项目共10个，贷款余额157 980万元。通过增加担保体、追加土地、林权质押、优质企业股权及有效收益权等合法足值的抵质押品等形式进行了补办，有9个项目的贷款全部进行了补办，共补充落实平台贷款第二还款来源7.92亿元，补办率达到50.16%。截至年末，全行平台贷款20.1亿元，其中有第二还款来源的12.2亿元，覆盖率为61%，较年初增加37个百分点。新补充落实第二还款财产21.9亿元，其中：土地抵押19.3亿元，第三方担保2.6亿元。有效地缓释了政府融资平台贷款风险，为全行信贷业务健康持续发展提供了保障。三是规范信贷审查审议程序，提高审贷质量和效率。改进了对贷款相关证件要求的规定，精简了报批材料，缩短了办贷时间。实行主审查人责任制，把好贷款审查关，确保提交贷审会审议项目的质量。

【组织制度建设】 加强制度建设，健全科学管理机制，确保各项制度执行到位。根据业务发展的要求和新形势的变化，认真落实"合规管理年"工作。一是制定和细化各类规章办法。经营考核奖罚并重、奖优罚劣，进一步调动了每位干部员工的工作积极性、主动性，调动了各行完成经营目标的积极性。二是坚持信贷、财务和人事制度，规范操作，管好"权、钱、人"。以开展"深化案件防控、合规管理年、廉洁从业教育"三项活动为契机，筑牢用制度管权、按制度办事、靠制度管人的有效机制，最大限度地减少体制障碍、制度漏洞，确保合规经营。

（高登凡）

中国农业发展银行秦皇岛分行

【概况】 2011年，中国农业发展银行秦皇岛分行实现了"贷款总量、信贷质量、盈利水平"三个提升，有力地支持了地方经济发展。全年累放贷款达28.35亿元，比上年多投放18.42亿元，增幅达185.5%，创历史新高；贷款月均余额达33.02亿元，比上年增加3.97亿元，增幅达13.67%。存款日均余额10.28亿元，人日均存款余额达797万元。账面盈利8 378万元，比上年增加559.41万元，完成全年利润计划的115.5%，创历史最好水平，在全省经营绩效考评中排名第二。

【信贷支农成效明显】 认真做好国家宏观调控政策的贯彻与落实，全年共发放各类储备贷款5.55亿元，完成逾40万吨储备粮划转、轮换工作。投放秦皇岛金海粮油工业有限公司和秦皇岛金海食品工业有限公司准政策性贷款12.25亿元，保证了国家宏观调控政策的落实。认真做好跨年度粮油收购贷款发放与管理工作，积极支持企业开展"产销对接、工贸对接、收储对接"的委托经营业务。全年累放跨年度收购贷款2.24亿元，支持企业收购粮食13.42万吨。认真做好夏、秋粮收购资金供应管理工作。制定收购工作预案，认定19户企业粮食收购资格，核定了最高贷款额度，做实做细支持收购各环节的工作，确保了支持粮食收购不出现问题。完成了秦皇岛鹏远淀粉有限公司、河北夏都葡萄酿酒有限公司等10户优质老客户的续贷项目调查及报批工作，确保贷款投放无缝衔接。积极做好抚宁县新嘉源粮油有限公司、秦皇岛粮丰贸易有限公司贷前调查、信用等级评定、最高贷款额核定等工作，有效投放贷款4 950万元。积极发展中长期政策性贷款业务。对昌黎、青龙两行获批的6.2亿元中长期政策性贷款实行督办领办制，积极落实贷前条件，并有效投放贷款2.39亿元。

【经营绩效持续向好】 充分考虑业务发展现状，完善了2011年经营绩效、财务资源分配等办法，实行"年初确定目标、月度下达指标、逐月滚动考核、月度例会分析、绩效考核挂钩"的经营管理推动机制，合力推动全行业务有效发展。实施"一揽子"营销策略，通过组织开展"春季行动"、"决战盛夏"、"冲刺六十天"三项活动，促进了存款组织工作有效开展。全年实现中间业务收入218.74万元，比上年增加54.7万元，增幅为33.35%，完成省分行下达全年考核任务的125.7%；代理国际结算业务3 473万美元，较上年增加1 180.3万美元，增幅达51.52%，完成省分行下达全年指导性计划的173.56%，结算量占全省四分之一强，创历史最高水平。

【创新意识不断增强】 创新存款维稳方法，研究制定了《贷款客户销货款归行回笼考核办法》，全程跟踪监测企业归行现金流，按月考核贷款客户销货款归行率，并将考核结果与客户经理的经济利益挂钩。创新节约资金占用方法，为降低经营成本，提升经营绩效，制定了《资金头寸管理暂行办法》，对备付金管理实行事前匡算、及时调度、余额控制、执行结果考核等管理制度，坚持逐笔审批制，有效减少了低息无息资金占用，提高了资金使用效率。结合“合规管理年”活动要求，创新费用审查方法，研究制定了《业务管理费报账审核指导意见》，从原始发票要素及合规性、票据整理、审议审批手续、明细账户列支内容等方面明确审核要点，规范了各行部财务开支行为，减少因理解偏差造成的制度执行差错。在月度费用控制额度内，每月集中2个工作日实行集中互审报账，再经市分行审核后分批入账，确保了费用开支真实、合规、合法。此做法获得了省分行“进步创新奖”。研究制定《员工从业行为禁止规定》，从项目营销、业务操作、经营管理、系统运行管理等方面，总结提炼出90条与员工职业道德、职业纪律、经营管理、业务操作等密切相关的禁止行为规定。同时将执行情况纳入违规积分管理，对监督检查过程中发现的问题，进行责任认定和追究，并作为员工绩效考评、年度考核、工资晋级、职务晋升、评比表彰的重要依据。为规范全行员工行为，提醒、警示、告诫员工严守行为底线，增强合规管理意识，提升制度执行力，创新廉政共建机制，与市检察院联合制定并实施了《关于联合做好企业预防职务犯罪工作方案》，建立了“预防职务犯罪联席会议”制度。在组织开展合规管理年学习教育的基础上，全员签订了《员工从业行为承诺书》，营造了员工遵纪守法、合规经营的良好氛围。

（王洪波）

中国农业发展银行唐山分行

【概况】 2011年，中国农业发展银行唐山分行发放贷款18.92亿元，年末贷款余额60.17亿元，比年初增加1.46亿元（扣除划转中储粮贷款1.75亿元、收回挂账贷款5.29亿元，贷款比年初增加8.5亿元）。现金清收不良贷款555万元，完成省分行核定任务的100.9%；年内申报核销呆账实现不良贷款下降99.4万元，两家不良贷款企业实现“清零”。实现中间业务收入324.7万元，完成任务的103.41%。企事业及财政存款日均余额3.88亿元，比上年减少7.37亿元；同业定期存款日均余额1.19亿元，比上年减少3.78亿元。实现账面利润1.25亿元，同比增加2 995万元，增幅达31.42%，完成省达利润计划123.23%。

【落实“两轮驱动”业务发展战略】 “两轮驱动”业务发展战略既是总行“十二五”发展规划纲要的主旨要求，也是切合唐山实际的有效发展途径。2011年，唐山分行推出共保基金粮食收购方式，加大新农村和水利建设项目贷款营销力度，全年获批贷款37.25亿元，其中35.25亿元为“两轮驱动”加油助力，占比94.6%，真正使“两轮驱动”业务发展战略在唐山得到了有效落实。一是推出粮食企业共同基金担保贷款收购方式，第一批4家优质粮食企业成为参保试点单位，归集基金2 600万元，审批最高贷款额度3.91亿元，预计增加收购量18.1万吨，较好解决了重点粮食企业抵押担保不足与实际贷款需求的矛盾。同时，新营销市县储备贷款2 820万元，新增省储贷款1 620万元，发放储备轮换贷款1.11亿元、棉花调销贷款2 290万元，贷款额、收购量同比大幅提高。二是大力营销新农村和水利建设贷款，申报获批丰南区29.6亿元新民居等建设项目3个、贷款32.4亿元，全年投放政策性中长期贷款14.06亿元，其中11.97亿元投向新农村和水利建设项目。三是坚持“区别对待、有保有压、择优扶持、严控风险”的原则，积极维护好高端优质客户，切实提高办贷效率，实现续贷项目“无缝衔接”，发放产业化龙头、加工企业流动资金贷款1.67亿元、农业小企业贷款2 370万元。

【不良贷款清控工作取得阶段性成果】 随着近几年不良贷款清收工作的强力推进，年初唐山分行只剩3家破产企业甩尾不良贷款和一笔建仓贷款形成不良贷款，清收工作更加艰难。为扩大清收效果、实现防控目标，市分行在重点行、重点企业派驻工作组，三位班子成员分别带队驻点、高端攻坚、上下联动，极大地调动了积极性、提高了工作效率。古冶区支行通过加强项目营销、提高话语权，在发展中解决不良贷款问题。滦南县支行重点加强与政府和企业的沟通协调，制定清收方案，主攻政府拆迁补偿款。玉田县支行采取法律手段，通过法院采取拘留、强制执行方式，每次执行数千元推进清收进程。重点加强与遵化市委、政府“一把手”的对话，摆明政策，征得理解，促其筹款率先归还农发行到期贷款本息。年内，现金清收不良贷款555万元，申报核销呆账实现不良贷款下降99.4万元，两家不良贷款企业实现“清零”，余额降至2 027万元，不良贷款率降至0.34 %，不良贷款企业个数、不良贷款余额、不良贷款率均达到历史最低。

【稳步提升整体绩效水平】 一是为抓好2011年的存款组织工作,2010年第四季度即着手调研,提前出台了《2011年存款考核暂行办法》,促使县级支行克服等靠思想,有的放矢地投入到存款组织工作中去。年末,企事业和财政日均存款12.41亿元,比2010年增加1.16亿元;同业定期日均存款1.19亿元,比2010年度减少3.78亿元。二是在认真做好保险代理业务的基础上,以咨询顾问业务为重点,加大营销力度。年内实现中间业务收入324.7万元,同比增加106.4万元,增幅48.74%,完成任务的103.41%。三是经营绩效稳步提升。全年实现各项收入3.67亿元、各项支出2.42亿元、账面利润1.25亿元,同比增加2 995万元,增幅31.42%,完成省达利润计划123.23%。

【不断强化经营管理】 建立了《信贷计划核达台帐》,逐笔对信贷计划核批情况进行登记,动态监测,定期分析,提高信贷计划执行率。结合上级行和监管部门要求,对信贷事项的审查程序、组卷材料和融资需求等环节提出了"四个明确",提高了办贷效率,缩短了审贷时间。编写了CM2006系统基础业务操作要点、在审查环节的应用、客户财务数据录入对照指南以及信贷资金支付管理指导意见等一系列管理办法和操作流程,细化完善信贷基本管控制度,理顺科目对应关系,提高了管理效能。开展了以网络视频会议系统为载体的会计业务知识培训,每个县支行负责一个课题,每周安排网络视频培训,激发了学习热情,提升了队伍素质。

(曹明辉)

中国农业发展银行廊坊分行

2011年,中国农业发展银行廊坊分行紧紧围绕市分行党委提出的"解放思想、创新思维、质量优先、加力发展"的工作思路,加快业务有效发展,加大风险防控力度,强化内部基础管理,着力提升经营绩效,各项工作均取得新进展。

【业务经营】 截至2011年末,全行各项贷款余额44.55亿元,较年初增加3.45亿元,增长8.4%。各项存款余额14.74亿元,较年初增加2.93亿元,增长24.8%;企事业单位存款日均增加额和同业存款日均余额任务完成率均位居小组内第三位。中间业务收入达到318.78万元,较去年增加80.24万元,完成省分行核定任务的138.6%,位居全省系统第2位。不良贷款继续保持零余额。全年实现账面利润12 002万元,较去年增加2 758万元,增长29.8%,完成省分行核定利润计划的132.3%。经营绩效综合考评位居小组第三位,荣获二等奖。

【信贷支农】 一是坚持粮棉油收购主体地位不动摇。及时足额发放各级储备贷款28 910万元,确保了国家粮食宏观调控政策落实。累计发放粮棉准政策性贷款141 060万元,支持企业多渠道、市场化经营,确保了收购不出问题。二是大力发展以水利和新农村建设为重点的政策性中长期信贷业务。全年累放政策性中长期贷款8.84亿元,同比增长45.4%;政策性中长期贷款余额达到22.77亿元,较年初增长36.7%。三是择优支持农业产业化龙头企业做大做强。全年累计发放产业化龙头及加工企业短期贷款5.06亿元,支持了汇福粮油、华日家具、中糖物流、京南食品等11家农业产业化龙头及加工企业,进一步壮大了经营实力。四是积极稳妥地支持农业小企业发展。累放农业小企业贷款2 630万元,支持了7家涉农小企业开展经营。

【经营绩效】 一是健全激励约束机制。先后出台了《"春季行动"考核办法》、《秋季存款小指标竞赛考核办法》,在全市系统开展了"存款百日攻坚"活动,采取了市分行各部室包县督导的办法,促进了市县行"一体化"营销。以发放和营销政策性中长期贷款为依托,大力营销企业存款和财政支农资金存款,收到了一定效果。二是在做好新老客户揽保续保工作的基础上,重点从咨询顾问业务入手,寻找中间业务收入增长点。全年实现咨询顾问类业务收入241.25万元,同比增长59%。利用自办国际业务优势,大力营销域内和域外国际业务,全年实现国际业务收入35.8万元,占全部中间业务收入的11.2%,与去年开办之初相比,所占比重大幅提升。

【风险防控】 一是加强信贷风险非现场监测分析。依托CM2006系统、信贷信息核查系统等风险监测预警系统优势,动态监测贷款使用情况。二是突出重点环节风险防控。认真开展贷款到期前风险排查,发挥风险经理现场检查作用,强化客户经理尽职记录操作，密切关注企业现金流、销售货款归行率、资本金比例、抵押担保条件落实等重点指标和环节，有效防控信贷风险。三是以总行安排的地方储备粮油及准政策性粮油库贷核查、商业性贷款风险排查等专项检查为契机，深入查找信贷管理工作中存在的不足，抓好问题的整改落实。同时，市分行统一安排了信贷管理专项检查，坚持时间服从质量，突出了检查的实效性，收到了实际效果。创新监管手段，实现了对三河汇福粮油集团库存的远程监管，节约了人力、物力和财力，提高了监管效率。四是2010棉花年度和粮食年度贷款顺利实现本息“双结零”，有效化解了存量贷款风险。五是在全省率先全面完成了平台贷款补充办理第二还款来源工作，涉及平台项目12个，金额17亿元，整改率达到100%。

【基础管理】 一是强化信贷基础工作。加强对信贷政策制度学习辅导，认真抓好贯彻落实，确保了信贷制度的执行效果。切实做好贷款审查审议、客户评级授信、法律审查、信贷资产质量分类管理等工作，提高了风险识别和防控能力。二是认真开展了“合规管理年”活动，制定了活动方案，抓好了各阶段任务落实。以支行和部室为单位开展了“遵章守纪、强化职责、打造和谐团队、促进业务发展”主题座谈会和“合规管理年”活动专题座谈会，提升了“合规管理年”活动效果。对违规人员按规定予以积分，提高了全员的合规意识。全面开展了序时审计，认真开展了部分支行行长任期经济责任审计，有针对性地开展重点审计，及时堵塞了经营管理漏洞。三是加强财务会计管理。制定了《县级支行基本管理费用分配办法》，修订了《挂钩费用管理办法》，加大了挂钩力度和执行力度，在保开门、保工资的基础上优化了财务资源配置，促进财务资源向业务经营流动。坚持大额财务开支集体审议制度，深入开展“小金库”专项治理工作，确保了依法合规开支。强化固定资产管理，提高了资产使用效益。完成了安次区支行营业办公用房购建工作，所辖机构营业办公用房全部实现自有。加强会计检查辅导，规范了综合柜员操作行为。四是做好了全辖软硬件系统、网络通讯的信息技术支持和服务保障工作，市分行机关完成了“双回路”供电系统改造，确保了各应用系统、网络的安全稳定运行。五是加强安全保卫和安全生产，确保了安全运营。

【队伍建设】 一是加强领导班子建设。坚持党委(支部)理论中心组学习制度、“四好”班子创建制度和民主集中制议事原则，调整充实了部分支行领导班子，优化了干部队伍。制定《廊坊分行开展基层党组织书记加强和谐银行建设集中轮训工作实施方案》，举办了全辖副科级以上领导干部培训班，有效提升了领导干部的工作能力和业务水平。结合实际制定《主要负责同志与县支行领导班子成员谈心谈话暂行办法》、《县级支行领导班子成员多维度考核评价实施办法》，提高了班子的凝聚力。二是加强党的建设。坚持了党建工作分析例会、“三会一课”制度，举办了入党积极分子短期培训班，做好发展党员工作。制定《廊坊分行2011年深入开展创先争优活动工作方案》和纪念建党90周年系列活动，将创先争优活动引向了深入。评选表彰了一批先进基层党组织、优秀共产党员和优秀党务工作者，发挥了典型引路作用。三是落实了职工代表大会制度、行长接待日制度、行务公开制度和员工思想疏导管理“六项机制”，举办“思想政治工作”座谈会，及时化解了一些苗头性问题，进一步融洽了干群关系。四是加大员工教育培训力度。全年举办各类培训班10期，培训319人次，并坚持“凡训必考”。制定《县级支行员工培训考试管理暂行办法》，激发了全员学习的积极性。五是加强群团建设、企业文化建设和精神文明建设。所辖9个支行有8个支行获得市级以上精神文明建设综合性荣誉称号。六是加强反腐倡廉建设。深入开展“四无”创建活动。签订《党风廉政建设和案件事故防范责任书》，坚持“四项报告”制度和“三项”谈话制度，深入开展“三项教育”活动，组织全辖副科级以上领导干部赴保定监狱开展警示教育，提高了全员拒腐防变意识。认真查办信访举报案件，加大执法监察力度，加强行风建设，构建了良好的发展氛围。

(曹亚斌)

中国农业发展银行保定分行

【概况】 2011年，中国农业发展银行保定分行以省分行“创新发展年”总体要求为指导，围绕“全面发力，快速崛起”的总体目标，进一步开拓了各项工作新局面。信贷支农做出新贡献。全年累计发放各类贷款42亿元，比上年增加15亿元，增幅55%。进一步凸显了农发行在当地农业农村经济金融中的骨干作用，获得保定市“金融工作贡献奖”。业务经营实现新提高。截至2011年末，低成本存款余额23.5亿元，比年初增加6亿元；低成本存款日均余额20亿元，比年初增加5.8亿元；实现中间业务收入430万元，同比增加197万元；实现账面利润9 070万元，比上年增加1 020万元。精细管理再上新水平。坚持以人为本，靠制度立行，着力构建多层面、立体式内部控制和风险管理格局，实现了“零案件”、“零新增不良”、“零信访”。队伍建设开创新局面。坚持以党建为统领、以创先争优为主线、以业务有效发展为目标，积极构建党建与经营管理互动式、一体化工作格局，党员干部队伍战斗力、凝聚力显著增强，推动和谐发展的能力进一步提高。市分行党委被总行评为“先进基层党组织”；市分行被总行评为“企业文化建设先进单位”、“纪检监察先进集体”。

【信贷支农】 一是创新举措，努力做强做大粮棉传统业务。针对保定毗邻北京的特殊区位，面对小麦最低收购价预案不能启动、多主体入市收购的复杂形势，市分行党委站在讲政治的高度，把可能出现的问题估计足，把应对突发情况的工作预案制定实。按照“多收粮、收好粮、防风险”和“四区别、四优先”的要求，在继续深化京津保产销对接平台的基础上，积极拓展思路，创新支持重点企业扩大购销、辐射带动周边、防止“空白点”的“三点一线”发展战略；积极与北京京粮集团协调，创新代收代储弱化价格风险方式，做活、做实、做好、做大粮食主体业务，投放夏粮收购贷款10亿元，支持企业收购小麦4.8亿公斤，同比分别增加5.4亿元和2.8亿公斤，同比分别增长117.4%和140%。实现了“稳定市场、防止卖难、防控风险、做强做大”的目标，达到了政府、农户、银行、企业“四满意”。同时，在严守政策、防控风险的前提下，坚持早下手、早投放、早见效，全力做好跨年度粮棉和秋季粮棉收购，全年累计发放粮棉购销贷款31.2亿元，比2010年多投放11.5亿元。二是大力支持农业农村基础设施建设，有力促进了农业农村生产生活条件的改善。按照中央一号文件精神，抢抓机遇，加快节奏，切实提高办贷质量和效率，全力搞好中长期贷款营销。在领域上，严把业务范围，重点支持新农村建设和农村基础设施建设；在区域上，重点支持环首都经济圈的财政实力较强的县(市)；在项目上，重点支持政府关注、管理规范、支农成效显著、信贷风险可控的项目。及早培育项目，成熟一个支持一个。坚持上下联动，落实定人员、定责任、定时间、定进度、定标准“五定”责任制，加快办贷节奏、提高办贷质量。全年累计发放中长期贷款4.34亿元，有力支持了新农村建设。三是择优支持农业产业化经营，促进了全市农业产业化水平的提高。坚持“区别对待、有保有压、择优扶持、严控风险”的原则，积极支持农业产业化龙头及加工企业。2011年以来，累计支持农业龙头、加工、科技及小企业32家，发放贷款6.9亿元。支持范围涉及农副产品加工、纺织、养殖、中药材加工、食品制造等行业，带动了种植结构调整、农业增效和农民增收。

【精细管理】 一是优化资金计划配置。充分发挥信贷计划对业务发展的指导、调控作用，实现了信贷资源的优化配置，大幅度降低了闲置资金占用。二是强化存款组织工作。坚持把深化创先争优体现在推动业务发展上、体现在提盈增效上，始终把存款组织工作，特别是低成本存款营销作为全行一项重要而长期的工作，常抓不懈地作为工作亮点来打造。2011年末各项存款余额23.5亿元，比年初增加6亿元；低成本存款日均余额20亿元，比年初增加5.8亿元，进一步壮大了信贷支农实力。三是努力扩大中间业务收入。坚持效益与合规并重，做到发展速度、质量、效益相统一，在合规经营、优化服务的前提下扩大中间业务收入。制定实施《保定分行中间业务操作指引》，规范操作、统一标准、严密手续、优质服务。全年实现中间业务收入430万元，比上年增加197万元。四是强化财务核算。大力推行财务费用资源由“人均分”变为靠发展“人人聚”，财务费用资源跟着发展走、跟着任务指标走的激励措施，严格签单和支行报账制，及时制定《保定分行财务管理费报账审核指导意见》，确保了财务开支合规合法；加强财务收支核算和会计检查辅导，进一步规范了财会基础管理和核算水平。五是强化科技支撑。重点完成了CM2006系统一期升级改造，精心做好计算机网络运维管理工作，认真搞好机房建设及电子设备维护管理，严格落实信息安全制度，全面实现了信息安全、顺畅运行。

【风险防控】 一是加强风险管理。严格办贷程序,严把贷款准入关、调查审查关、审议审批关,不断提高办贷质量,实现了发展速度与发展质量的协调统一;严格贷后监管,坚持客户全面风险排查、重点企业风险核查、贷后10日内首次跟踪检查与贷款制度执行专项检查相结合,及时发现和解决问题,消除风险隐患,信贷业务呈现稳健发展态势。二是大力清收处置不良贷款。针对不良贷款清收处置难度大的实际,采取市分行党委委员蹲点包县到位督导清收的办法,全年累计现金清收不良贷款648.15万元。三是加大粮棉促销力度。向企业宣传赚取合理利润思想,支持企业勤购快销、分批次销售,化解市场波动风险。加强库存监管和销货款回笼管理,监督企业严格执行"钱货两清"结算方式,确保企业货款回笼及时和足额收贷收息。

(孙荣凯)

中国农业发展银行沧州分行

【概况】 2011年,中国农业发展银行沧州分行各项业务经营指标完成情况良好,全辖顺利实现了"四无"目标,各项工作均收到了较为显著的成效,在2011年度省分行经营指标量化考核中位居小组第一名。截至2011年末,贷款余额57.38亿元,较年初增加6.46亿元;各项存款余额为7.98亿元,较年初减少1.5亿元;不良贷款余额7 886万元,较年初下降494万元;不良贷款占比1.37%,较年初下降0.28个百分点;资产利润率2.01%,同比增加0.56个百分点;成本收入比29.43%,同比下降12.6个百分点;实现账面利润11 234万元,同比增加5 106万元;企事业单位和财政存款日均存款125 818万元,同比增加4 933万元;实现中间业务收入345万元,同比增加122万元。

【业务发展】 一是做好主体信贷业务,发挥农发行在农村金融中的骨干作用。从讲政治、讲大局的高度,充分认识大力支持粮棉油收购工作的重要性,增强做好夏、秋季收购资金供应与管理工作的主动性和积极性。实行了"一把手"负责制,加大了对外宣传力度,充分利用《农业发展与金融》、《农村金融时报》、《粮油市场报》、《新华网》、《河北经济日报》等新闻媒体,大力宣传农发行支农政策,取得了地方党政领导、广大农民和客户的理解和支持。积极支持中储粮直属企业开展地方储备粮油增储、轮换等业务,向三个直属库发放储备贷款20 571万元,支持企业储备小麦2 076万公斤,玉米6 118万公斤。圆满完成最低收购价跨省移库工作。2011年共划入最低收购价贷款1 982万元,移入全辖最低收购价小麦1 995万公斤。对于粮棉油商业性贷款,在有效防控风险的前提下,按照"企业自愿、市场运作、锁定风险、互惠互利"的原则,积极支持企业多渠道自主收购,帮助优质企业搞活经营,做强做大,带动主体业务有效发展。特别是在夏收期间,针对小麦最低收购价政策启动难度较大的实际情况,及时制定《沧州分行2011年夏粮收购工作预案》,认定夏粮收购资格企业35家,并及时向社会公告、核定贷款额度、发出贷款通知、发放铺底资金,没有出现区域内农民卖粮难问题,得到了政府及广大农户的好评。全年累计发放粮棉商业性贷款52 107万元,支持企业收购小麦4 016万公斤,玉米8 142万公斤,皮棉20万担。二是加大金融支持新农村建设力度,实现了新业务快速有效发展。①明确发展思路,大力支持非经营性中长期项目。开展了"送金融知识下乡"、"阳光服务进社区"等活动,广泛宣传农发行信贷政策和业务职能范围。在此基础上,行领导多次带领客户部有关人员到财政局、发改委、建设局等职能部门主动联系、接洽,准确了解和把握当地优势产业、行业和区域发展规划,掌握客户资源情况,合理制定出营销计划,先后成功营销了任丘市会战道新民居建设、黄骅市沈庄片区拆迁等一批中长期贷款项目,全年累计发放农业中长期贷款12.36亿元,有效支持了当地新农村建设,促进了当地农民增产增收。被沧州市政府授予"支持城镇建设三年大变样先进单位"。②择优支持农业产业化经营。继续坚持"区别对待、有保有压、择优扶持、严控风险"的原则,实施差异化信贷策略,进一步调整优化贷款结构。对在粮棉油市场中起骨干和支柱作用的优质粮棉油龙头、加工企业,进一步加大了支持力度,积极支持其做强做大。对优质贷款项目实施了市、县两级行联合营销,高层提前介入,丰富和改进了营销手段,强化了竞争意识,充分发挥了我行在同行业内利率低、分支机构健全等优势,树立了农发行政策支农、专业支农、优惠支农的品牌特色。全年累计发放农业产业化龙头加工企业、农业小企业等贷款29 310万元。③加强和改善金融服务。沧州分行一直秉承服务为先的理念,及时转变服务观念,提高服务意识,把优质、高效的金融服务作为拓展业务、巩固和改善客户关系的关键。先后两次召集具有行业代表性、经营管理好、经济效益强的、在沧州分行开户的企业负责人召开银企座谈会,主动帮助企业分析市场行情,搜集行业信息,在银企间搭建了一个加深沟通和联系的平台,密切合作,共谋发展;对重点贷款项目制定了专门的金融服务实施方案,做好贷款的支付、使用、服务工作,努力为客户提供多品种、多层次、全方位的组合式服务;同时,各营业机构继续开展微笑服务和限时服务,加强技术练兵,提高了工作质量与效率,密切了银企关系,培养和提升了客户的诚信度。三是强化增收节支意识,全面提升经营绩效。①加大收息力度。沧州分行始终注重强化收息责任制,注重处理好收息和组织存款的关系,及时从企业存款账户清收利息,不仅减少了向企业支付存款利息,而且增加了经营利润,减少了系统内借款利息支出。同时,积极与政府、财政等部门联系,取得理解和支持,加强财政补贴跟踪监管,确保粮食风险基金按规定用途使用,作好粮食风险基金补贴的收息工作。到12月底,沧州分行应收贷款利息35 337万元,实收利息33 678万元,利息收回率达到95.33%,利润超亿元,完成省分行核定利润任务的129%。②狠抓存款营销工作。采取"先存后贷"、"以贷引存"、"以贷定存"的方法,积极吸收客户贷款配套资金存款,建立企业回笼货款归行检测台账,加强了对企业存款账户的管理,确保企业来往资金全部或按比例存入农发行账户。积极营销县域公众存款。主动与有关部门沟通,发动员工利用各种关系进行全员营销,实现了企事业单位和县域公众存款业务较快发展。截至12月底,企事业单位和财政存款日均存款125 818万元,日均增加额为4 930万元。特别是年初春季行动期间,沧州分行积极响应省分行工作部署,结合自身实际情况,及时行动,明确重点,制定措施,取得了较好的效果。以营销农村基础设施贷款等与地方财政联系紧密的项目为契机,做好贷款项目相关的财政资金和非贷款客户县域公众存款营销工作。及时召开涉及省分行审批通过的非经营性项目支行行长调度会议,把政府、财政及有关部门提前落实项目配套财政资金作为项目贷款投放的一项硬性条件加以落实。在确有效益的前提下,努力营销同业存款。先后三次召开存款营销工作调度会议,市、县两级行充分发挥各自优势,协调联动,努力消除我行利率上限偏低带来的不利因素,把营销三个月期限同业存款作为工作重点,增加了存款总量,优化了存款结构。③抓好中间业务营销。首先,在积极营销客户、发展信贷业务的同时,切实搞好"双单作业",积极开展国际业务,努力增加中间业务收入;其次,以开办咨询顾问业务为契机,充分认识开办此项业务的重要意义,使其真正成为拉动中间业务收入的增长点。截至12月底,实现中间业务收入345万元,完成全年任务的111.33%。

【基础管理】 细化经营指标专项量化考核办法,签订党风廉政建设、安全保卫目标管理责任书,明确了经营管理责任,激发了员工干劲。加强计划财务管理,提高资金使用效率,全年共申请短期贷款计划27 910万元,已全部核批并发放,信贷计划执行率100%。强化会计信息管理,认真执行新会计准则与金融企业财务规则,确保财会工作依法合规。对全辖2010年度会计年终决算报表、资产质量及贷款风险指标、业务经营指标完成情况及有关支行行长任期经济责任进行内部审计,参与了总行、省分行组织的异地审计,积极配合市银监部门对我行的稽核检查,并狠抓审计发现问题的整改,为保障全行业务健康发展起到了积极的作用;完成了计算机系统网络升级改造工程,提升了科技支撑能力;加强了安全保卫和安全生产工作,加大了信息反馈和对外政策宣传力度,在省级以上报纸杂志发表宣传稿件50余篇,营造了良好的发展环境和舆论环境。

【队伍建设】 通过公开选拔的方式,将市县两级行6名政治坚定、实绩突出、作风过硬、群众信任的优秀干部选拔充实到县级支行领导岗位;开展对支行班子的年度综合考评,确保了全辖整体工作健康稳定运行;开展了"四无"创建活动,继续保持了全辖无案件和重大责任事故的良好势头;狠抓党风廉政建设和反腐败工作,进一步增强了干部职工遵纪守法意识和拒腐防变能力;积极推进企业文化建设,开展青年文明号和青年岗位能手创建活动,认真坚持党委中心组理论学习制度和党建分析例会制度，切实加强和改进了思想政治工作，凝聚了改革发展的力量。

（于永成）

中国农业发展银行衡水分行

【概况】 2011年，中国农业发展银行衡水分行累放贷款27.70亿元，为上年的1.96倍；年末余额达到45.95亿元，较年初增加5.50亿元，按可比口径较年初增加10.60亿元，增加额为去年的5.70倍。经营绩效考评在全省由“三等奖”跃升为“一等奖”，专项量化考核由第八名跃升为第二名。

【业务发展】 面对衡水经济基础和资源条件，不怨不弃，主动出击，千方百计把业务做起来。全行累计发放各类贷款27.68亿元，同比多放17.47亿元；累收20.21亿元，同比多收6.72亿元。截至年底，贷款余额45.95亿元，较年初增加5.5亿元，按可比口径较年初增加10.6亿元，业务经营呈现良好发展态势。一是大力发展粮棉油收购信贷业务。一方面，坚持精耕细作，对优质客户，积极培育，深挖潜力，延伸服务，支持做大做强；另一方面对基本面较好、无不良信用记录的企业，粮食风险基金有结余的，促请地方政府出具承诺，一旦贷款出现风险，用粮食风险基金弥补，并积极引入第三方监管公司24小时驻库监管库存。2011棉花年度已发放贷款3.1亿元，是上年的2.5倍，且呈现良性增加态势。全年累放粮棉收储贷款19.68亿元，较上年同期多放10.82亿元，且做到了购销两旺，支持粮棉收购没有出现任何问题。二是积极发展中长期信贷业务。积极选择信用环境好的县市重点突破，累放中长期贷款6.2亿元，重点支持了冀州土地整治、衡水湖横一路网、枣强路网、衡水市土地收储等项目，全行中长期贷款余额突破10亿元大关，达到12.48亿元，较上年同期增长了117.4%，较好地履行了职能，内部提振了士气，对外提升了知名度，树立了良好的社会形象。三是择优支持产业化龙头企业发展。行长带领前后台人员深入特色产业和优势产业重点县市，对业务范围内的产业化龙头企业逐一分析研究，符合条件的及时予以支持。累计发放商业性贷款1.80亿元，重点支持了衡水老白干、冀州永生、安平京安、阜城华兴等17家产业化龙头企业，新准入企业占到全省的40%，较上年同期多放1.26亿元，推动了全市农业产业化发展。并以商业性贷款为突破口，打破了安平、阜城两个县支行连续四年未发放贷款的局面，促进了全行业务发展。四是着力提高办贷效能。在坚持基本制度、防控核心风险的前提下，优化办贷流程，打破市县行界限，前后台一体化办贷，一体化运作。办贷时间由过去的1个月以上控制在10天甚至1周以内，在市场竞争中赢得了先机，受到企业一致好评。

【风险防控】 面对不良贷款余额多、占比高的实际，全行上下集中力量，不懈攻坚，努力将风险降下来。一是强力清收处置不良贷款。充分发扬不畏艰难、迎难而上、紧盯死盯、务求必成的作风，逐一消除清收处置障碍，分别促使深州市、安平县、阜城县政府分别出资700万元、667万元和450万元归还了不良贷款。尤其是顶住来自各方面的压力，甚至人身安全的威胁，协调武邑县委、政府及市中院，坚定不移地执行武邑润丰棉业担保人财产，与其斗智斗勇，迫使担保人在公开拍卖前三天，放弃赖账思想，主动全额归还了担保贷款本金和相关涉诉费用1 155万元，最大限度地减少了贷款损失，成功化解了困扰五年之久的赖账难题。全行累计清收处置不良贷款21 338万元，其中现金清收1 731万元，完成省分行下达任务的173%。截至2011年底，全行不良贷款余额4 906万元，占比1.07%，较年初下降6.42个百分点，处于历史最低点，极大地卸下了经营包袱，减轻了经营压力。二是加大对存量贷款风险防控力度。每季度组织前后台、内审等相关部门联合开展贷后检查，加强了内审检查和合规检查，及时发现并解决了贷后管理中存在的问题，确保了没有发生一笔逾期和关注贷款。

【提升效益】 一是实施模拟经营利润考核。在认真总结2010年经验的基础上进一步完善了《模拟经营利润考核办法》，主要考核贷款利差收入、存款利差收入、中间业务收入三项指标，使当月发展快的行当月享甜头，当月发展慢的行当月尝苦果，形成靠业务发展挣奖金、挣费用的竞争激励机制。被省分行以文件转发，并评为“创新奖”。二是开展存款营销竞赛。根据运作实际进一步完善了《存款营销竞赛办法》，把当月日均存款余额与支行班子的绩效工资挂钩考核按月兑现奖惩，最高最低差3倍,调动了各支行营销存款的积极性。三是成立两个营销中心。分别成立主管行领导挂帅、跨部室的存款营销中心和中间业务营销中心,每月逐县逐项目分析存款和中间业务进展情况,建立企业的监测表,按月通报,引导各行学习借鉴、共同发展。四是狠抓扭亏增盈。各县支行制定扭亏增盈计划,测算盈亏平衡点,找准制约经营的关键点;年初确定"亏损行减亏100万元以上,盈利行增盈20%以上"经营目标,纳入"经营绩效目标责任考核",促进了全行经营效益提升。到12月底,全行存款增长额和任务完成率始终保持在全省前三名;实现账面利润6 320万元,是上年的2.77倍,完成利润计划的166%,有10个县级支行减亏增盈,实现历史性突破。

【基础管理】有针对性地加强了基层行基础性管理,有效夯实了管理基础、提升了管理水平。一是开展标杆管理。在2010年推行标杆管理取得明显成效的基础上,继续组织开展了新一轮对标,指导各县支行、机关各部室制定2011年度赶超路线图,确定6月底、9月底、12月底工作目标、标杆对象和工作措施,市分行定期督办、限时问效;举办"标杆管理大家谈"征文活动,组织全员评奖,促进学习交流;编发《最佳实践》30期,引入系统内外先进标杆20余个,在全行营造出"对标先进　持续改进"的深厚氛围,促进了管理水平的整体提升。二是加强条线考核。整合专业条线考核,制定了对口县级支行3个部室条线考核办法,按季考核通报,增强了考核的针对性和实效性,使基层行将主要精力放到业务发展上来,促进了工作开展。三是加大检查力度。对2010年财务开支等进行全面审计检查,建立远程监控检查机制,每月由会计、内审、监察三部门联合,随机对各基层行营业室业务操作流程和平时工作情况进行非现场检查并录制视频,每月通报,规范了操作行为。四是扎实推进"合规管理年"活动。对各类检查中发现的问题,坚持实行违规积分管理,促进制度落实。

【队伍建设】　坚持在"抓班子、带队伍"等方面花大力气、下真功夫,着力打造一支廉洁高效的员工队伍。一是抓干部选用。年初对3个县级支行行长进行考察提拔,开展了机关空缺中层干部竞争上岗,11月份又在全省率先开展了县级支行正副行长公开选拔竞争上岗,通过组织统一考试、扩大民主推荐、模拟情景测试等形式,提拔了3名正职和6名副职。加大干部调整、交流和轮岗力度,全年调整交流26人,县级支行班子成员平均年龄由45岁下降到42岁,干部的年龄结构、知识结构、专业结构有效优化。同时,制定《县级支行领导班子成员360度考核评价办法》,建立工作好坏靠业绩说话、让群众评议的机制,激励县支行班子成员努力工作、勤于作为;制定《区域风险官管理办法》,发挥好由管理岗位转为业务岗位人员智慧和才能,加强对基层行行风巡查和风险防控。二是抓人才培养。制定《机关借调人员竞聘上岗实施方案》,公开竞聘借调6名较高素质的人员到机关工作。制定《县级支行年轻员工跟班学习管理办法》,规定全辖35岁以下员工分期分批到市分行跟班学习。继续抓好与清华大学"卓越团队"培训,全年举办6期,拓宽了视野,提高了全员尤其是领导干部战略思维、全局思维能力。制订《全员考试培训办法》,县级支行每季度、市分行每半年组织一次全员考试,按专业排名通报全辖。深入开展"读一本好书、写一篇文章、发表一篇稿件,提一条好建议、办一个论坛、组织一次'学习型员工'评选"等"六个一"活动,规定35岁以下员工达不到要求的取消当年评先资格,按季通报全辖。建立培训长效机制,将财务会计业务知识拟定15个课题,制作PPT课件,通过远程视频网络开展培训,历时三个月。组队参加省分行信贷业务技术比赛并获得二等奖;在全省资金计划专业知识竞赛中获得团体第二名;6名同志代表省分行参加总行比赛获得团体第一名。三是抓创先争优。大张旗鼓地评选表彰"十佳员工"和"十佳存款营销员"。对清收不良贷款做出突出贡献的武邑县支行及有关人员通报表彰。制定了《创先争优奖励办法》,对在上级行组织比赛获奖、大会介绍经验的单位和个人进行奖励。组队参加省分行红歌赛并获得二等奖。

（陈敬贤）

中国农业发展银行
邢台分行

【业务指标】　2011年全年累放贷款30.45亿元,累收贷款3.44亿元,各项贷款余额58.53亿元,比年初减少6.77亿元,剔除执行国家政策中央财政消化新增粮食财务挂账减少贷款5.51亿元,核销呆账2.64亿元(两项合计8.15亿元),贷款余额增加1.40亿元;各项存款余额16.33亿元(其中同业存款4 000万元),比年初减少1.08亿元(其中同业存款减少9 000万元);实现账面盈利1.15亿元,同比增盈2 807万元,完成省分行下达利润计划的117.7%;实现综合贷款利息收回率92.4%,同比增加0.97个百分点;人均利润30.85万元,同比增加12.47万元,资产利润率1.9 %,同比提高0.51百分点,成本收入比30.8%,同比下降3.89个百分点;不良贷款余额下降率0.7%,不良贷款率5.6%(绩效考评口径),同比上升0.61个百分点;人均企事业存款470.86万元,同比增加9.36万元;人均同业存款13.88万元,同比减少239.86万元;人均中间业务收入9 328元,同比增加2 240元。

【粮棉油收购】 始终把支持粮棉油收购作为政治任务和基本职责,摆到全行工作的重中之重。优先支持国家储备,保证了国家粮食宏观调控政策的落实。加大对购销企业及加工企业的粮棉收购支持力度。坚持"保收购、保优质企业、不保劣质企业"和"区别对待、择优选贷"的原则,在防控风险的前提下,把好贷款投向、力度和节奏,重点支持国有及国有控股购销企业合同收购、优势龙头加工企业自用的市场收购。通过提前了解粮棉产量,与企业负责人和农民座谈掌握市场情况和预期,审批收购资格、核定贷款额度、在主流媒体详解收购政策、向社会公告收购企业名单、审批和发放贷款等多种手段,确保做到了"钱等粮"、"钱等棉"。企业自主收购信贷业务稳步增长,没有出现区域性农民"卖粮难"、"卖棉难"问题,为粮棉市场平稳运行做出了积极贡献。2011年累计发放粮棉油政策性及准政策性贷款19.15亿元,其中储备贷款7.36亿元,轮换和增储粮食2.7亿公斤。储备贷款投放额是去年的6.38倍,其中11个县(市)级储备贷款增量占全省48.5%;发放粮油准政策性贷款11.29亿元,支持收购粮食7.57亿公斤;发放棉花准政策性贷款4 950万元,支持收购皮棉5万担。企业自主收购信贷业务稳步增长,没有出现区域性农民"卖粮难""卖棉难"问题,为粮棉市场平稳运行做出了积极贡献。

【支农建设】 认真研究新农村建设、土地、水利等方面政策规定,增强政策意识和合规意识,把握贷款投向,突出支农特征,加大对农村基础设施建设、县域城镇建设等领域的贷款投放力度。加快已审批项目贷款的投放,邢台县龙岗片区路网建设贷款5亿元已投放3.5亿元,邢台市土地储备中心农村土地整治中长期贷款5亿元已投放2.6亿元,市开发区土地综合整治贷款1亿元已投放0.5亿元,年末批复的沙河城区集中供热项目贷款3.2亿元已投放0.1亿元。积极做好营销工作,成功新营销项目4个,申贷额2.4亿元。同时根据邢台市"十二五"发展规划,对市政府主导的白马河综合治理项目已与市政府达成支持意向。为确保项目贷款发放质量,严格按照银监会"两个办法一个指引"要求,突出抓好第二还款来源补充落实工作,与相关支行签订补充第二还款来源保证书,严格落实贷款批复条件,严密贷款发放手续,加强资金支付管理和贷后风险监测防控,中长期贷款本息收回率达到100%。

【支持农业产业化经营】 继续坚持"区别对待、有保有压、择优扶持、严控风险"的原则,实施差异化的信贷策略。将支持重点放在已有优质客户的维护上,提供市场信息,优化办贷流程,提高办贷质量和效率。对经营效益较差和抗风险能力较弱的贷款客户则实施稳步退出,全力规避信贷风险。发放贷款4.6亿元,重点支持粮棉油产业发展,对在粮棉油市场中起骨干和支柱作用的优质粮棉油龙头、加工企业,提供全方位信贷服务,支持其做强做大。

【存款和中间业务收入】 积极协调市县政府、财政等有关涉农部门,市县分支行联合攻坚,指导辖内县级支行全部成为代理财政支农资金拨付主办行。年底企事业单位及财政存款日均余额15.30亿元,较年初增加6 042万元。加强银保合作,拓展保险代理产品,加快代理国际结算业务发展,强力推进新开办咨询顾问类业务发展,全年实现中间业务收入303.16万元,同比增加77.4万元。

【风险防控】 在严防新增不良贷款上,把好贷款准入关口,规范贷款客户准入,加强评级授信管理;明确办贷全过程中的有关部门、环节和人员责任,规范贷款调查、审查、审议、审批标准和操作流程,提升办贷水平;加大对贷后管理要求落实情况的考核力度,提高信贷风险综合防控能力;强化CM2006系统运行管理,对关注类贷款和不良贷款实行在线跟踪监测,规范预警信息处置,加强贷款风险十二级分类CM2006系统模块上线运行工作。

针对存量不良，坚持一企一策，一笔一策，加强指导和督导力度，综合运用经济、行政和法律手段，多渠道挖掘现金清收潜力。同时，采取加大考核奖励力度，实行清收处置动态通报，营造争先氛围，调动各种力量合力攻坚。全年累计清收处置不良贷款2.67亿元，其中现金清收245万元，核销呆账贷款2.64万元。

【党建和队伍建设】 以庆祝建党90周年为契机，开展一系列活动，扎实推进创先争优活动在经常化、制度化、规范化轨道上深入开展。抓好班子和队伍建设，落实县级支行正副行长、市分行中层干部每半年一次的述职述廉制度。组建各专业条线"才智团队"，强化员工业务培训，开展对相关法律知识、专业岗位制度的学习培训，促进了一线员工业务素质的提升。加强企业文化建设，搞好送温暖系列活动，树立良好社会形象。深化党风廉政建设，提高了干部员工廉洁从业的自觉性。实施违规积分制度，严格合规管理。加强安全保卫工作，为业务经营创造了良好安全环境。

（赵鸿春）

中国农业发展银行邯郸分行

【概况】 2011年以来，中国农业发展银行邯郸分行坚持以科学发展观为指导，按照省分行"创新发展年"的有关要求，结合邯郸出现的新情况、新问题，狠抓全省分支行行长会议精神的贯彻落实，以省分行组织开展的"春季行动"为契机，狠抓客户营销、不良贷款清收处置、准政策性贷款管理、存款和中间业务等重点工作，不断加强领导班子建设、党的建设、党风廉政建设、员工队伍建设和企业文化建设，较好地发挥了在全市农村金融中的骨干和支柱作用。

【信贷支农】 围绕全市新农村建设，切实加大支农力度，防控经营风险，强化精细管理，狠抓创先争优，使各项工作均取得了较好成效，有力促进了全市农业和农村经济的发展。全年累放各类贷款30.5亿元，年末各项贷款余额72.3亿元，受托市粮大量拍卖出库及消化财务挂账贷款等政策性因素影响，较年初减少17.8亿元。一是认真执行国家粮食宏观调控政策。累计发放中央和地方储备粮油贷款67 991万元，确保了各级储备粮油增储、轮换计划的落实。二是择优筛选客户，以产业化龙头企业为重点，积极支持粮棉油收购。认定粮油收购贷款资格企业64家、棉花收购贷款资格企业14家。坚持在不"打白条"的前提下防控风险的指导思想，选择优质客户支持入市收购。累计发放粮油准政策性收购贷款148 730万元、商业性流转贷款1 300万元，投放棉花准政策性收购贷款30 389万元、商业性流转贷款1 200万元，投放产业化龙头及加工企业、农业小企业短期商业性贷款43 330万元，在满足农民卖粮卖棉需求同时，为服务"三农"、促进全市粮棉产业的健康发展做出了积极的贡献。三是主动营销，把中长期贷款项目营销作为主攻方向。围绕市委市政府"三年上水平"的整体工作部署，我行积极行动，大力开展项目营销储备工作。全年累计投放中长期贷款12 500万元。截至2011年年末我行中长期贷款余额达228 308万元，在全部贷款中占比达31.5%，贷款及客户结构的优化调整初见成效。

【资产质量】 为了进一步减轻经营包袱，全行上下统一思想，积极行动，采取有效措施，大力开展不良贷款清收处置工作。全年累计清收化解新增不良贷款4 576万元，累计收回存量不良贷款50万元，核销呆账2 020万元，年末全行不良贷款余额4 672万元，较年初减少210万元，为今后的长远发展奠定了坚实的基础。通过严格信贷监管、狠抓粮棉促销收贷工作，全年累计收回各类贷款481 494万元，较好地实现了业务发展速度、规模与质量、效益的有机统一，使全行信贷资产质量得到稳步提高。

【负债业务】 为降低资金成本，优化负债结构，推动低成本存款稳步增长，制定了与支行各层级员工工资挂钩、与财务资源分配挂钩的激励措施，通过全员发动，深入挖掘存款资源，实施合力攻坚，采取召开调度会、定期通报等方法，调动了各行的工作积极性，使存款及中间业务收入的组织工作取得了一定的成效。年末全行企事业单位和财政性存款日均余额131 288万元，受派生存款大量支取的影响，较年初减少23 241万元；同业存款日均余额22 756万元，居全省第一，任务完成比例居全省第2位。

【经营绩效】 进一步完善了经营绩效考评和专项量化考核机制，层层签订经营绩效、党风廉政建设和安全保卫目标管理责任书，加大了经营绩效与收入分配的挂钩力度，进一步强化了财务资源的激励作用，加强了不良贷款清收处置与存款组织等重点工作的考核奖惩力度，充分调动了各行经营管理的积极性，激发了经营活力。按照省分行的安排部署，及时组织开展了“春季行动”。在大力拓展保险代理业务的基础上，积极开办了咨询顾问类业务，全年实现中间业务收入435万元，完成省行下达任务的128%，位居全省第三名。大力开展了增收节支活动，全年实现利润12 369万元。

【基础管理】　一是加强信贷基础管理。强化上级行各项信贷监管制度的落实，通过定期监测分析企业物资流、现金流变化，有效防控了经营风险和操作风险。进一步强化各级信贷管理人员的责任，通过落实行长包户制度，对重点、难点企业明确监管职责，切实增强了对企业的监控能力。按照精细化管理的要求，从贷款调查、贷款审查到贷后管理的各个环节进一步细化、深化管理；采取了明确办贷时限要求、办贷流程表传递签字、强化业务培训等措施，使办贷效率得到进一步提高。二是强化财会基础工作。在完善制度办法的基础上，通过加大会计辅导检查力度，提高全行的会计核算质量。进一步加强财务管理，资产效益和财务工作水平得到逐步提高。强化对综合业务系统的管理，实现系统的安全平稳运行。三是加强基础保障。积极做好新系统的上线推广工作，加强各种应用系统的运维管理，强化技术支撑。加强安全保卫和安全生产，确保安全运营。加强统计报表、信息宣传、后勤服务等工作，有力保障了各项工作的顺利开展。

【队伍建设】　深入开展争先创优活动。本着“重规范、严管理”的要求，认真抓好各项工作的落实。制定了具体的实施方案，并就创先争优活动的组织领导、宣传发动以及公开承诺、党员月度陈述、支部月度讲评、领导点评等工作做了详细的安排部署，加强了检查督导，进一步规范了活动要求，确保了全市农发行系统创先争优活动的有序开展。通过丰富活动载体，组织开展“突出贡献奖”、“存款组织标兵”、“信贷管理标兵”和“会计制度执行标兵”评选活动，进一步激发了全员干事创业的工作热情，较好地调动了广大党员干部的工作积极性，进一步营造创先争优活动的浓厚氛围，推动创先争优活动不断深入开展。按照上级行的统一部署，扎实做好县级支行一般员工双先选择竞争上岗工作，在提高一线员工收入水平的同时，有力地促进了各项工作的开展。进一步加强党风廉政建设，通过开展形式多样的反腐倡廉教育，狠抓领导干部的廉洁自律，营造风清气正的良好氛围。深入开展企业文化建设，通过组织开展丰富多彩的文体活动，营造凝心聚力谋发展的良好氛围。

（王子东）

中国工商银行股份有限公司河北省分行

【概况】　2011年，中国工商银行股份有限公司河北省分行积极贯彻落实省委、省政府和工总行的各项决策部署，各方面工作保持健康发展良好态势，充分发挥了支持河北省经济社会发展的“排头兵”作用。截至12月末，全行资产总额达到4 653.99亿元，较年初增加60.61亿元。人民币各项贷款余额2 650.11亿元，继续保持同业首位，较年初增加274.53亿元；全年各项贷款累计投放达到1 148亿元。人民币全部存款余额4 409.17亿元，较年初增加22.96亿元。不良贷款额和不良贷款率保持双降。实现经营利润100.69亿元，增幅26.72%；实现中间业务收入37.59亿元，增幅42%；实现经济增加值52.62亿元，增幅20.28%，创历史最高水平。

【信贷投放】　在认真贯彻落实稳健货币政策的同时，切实增强执行政策的灵活性和针对性，优化信贷投放结构，积极满足地方经济发展需要。一是全力争取加大信贷投放。千方百计为河北争取信贷投放规模，着重就河北需求情况向总行做了专题汇报，进一步争取了总行对河北的信贷规模倾斜。盘活贷款存量，增加融资总量。其中，通过活化不良贷款增加贷款投放24亿元；通过收回到期存量贷款调整结构的方式投放贷款874亿元，各项贷款累计投放总量达到1 148亿元。二是重点支持中小企业加快发展。与省工业和信息化厅签订助推我省中小企业发展合作协议，累计为908户中型企业办理融资423亿元；加大对小微企业金融支持力度，与省金融办、省银监局、省中小企业局签署“全力支持小微企业发展承诺书”，建立“小企业中心＋分中心＋专业支行”特色经营管理体系，在全省设立100家小企业专营机构，以55个省级特色产业基地、专业市场和大企业、大项目的供应链为重点，累计投放小企业贷款1 998户、341亿元，余额突破430亿元。三是加大民生领域贷款投放倾斜。严格执行房地产调控有关政策，加大对保障性安居工程信贷支持力度，累计投放城市棚户区改造贷款5.7亿元、新农村建设贷款1.3亿元。贯彻落实金融支持扩大内需要求，大力发展个人消费、个人经营和以分期付款为主要方式的消费贷款业务，个人贷款新增95亿元，增量占各项贷款增量的38%。四是强化本外币一体化服务。强化河北省走出去企业和来冀投资企业本外币一体化金融服务，完成国际结算量150亿美元，同比增加44亿美元；国际贸易融资累放量达到18.83亿美元，同比增加9.87亿美元。

【资产质量】 一是加大不良资产清转处置力度。充分利用以物抵债政策资源处置企业不良贷款2.69亿元。全年累计清转处置不良贷款24.31亿元，年末不良贷款较年初下降7.57亿元，不良贷款率降至1.1%，资产质量进一步提升，腾出更多规模支持我省经济建设。二是持续推进绿色信贷工程。积极构建支持我省节能减排长效机制，坚决执行环保一票否决制，环境友好与环保合格企业贷款占比达到100%，被人行石家庄中心支行评为河北省银行业金融机构执行绿色信贷、货币信贷政策优秀单位。三是加强信贷风险管理。扎实做好政府融资平台贷款整改工作，积极做好与地方政府、财政、借款主体的沟通协调，平台贷款抵质押担保整改率达到92.11%，平台贷款中长期合同修订补正整改率达到100%。

【金融服务】 一是整合个人金融产品统一营销平台，集中开展“大联动、大营销”、“春华秋实”等主题活动，全年共举办“行家有约”、“媒体看工行”、“情满工行”等系列客户联谊活动3 200余场次。确定全省50家重点专业批发和商贸流通市场，组建专门服务市场个体商户的“工银商友俱乐部”193家，发展会员3.3万人，提供“存、贷、汇”一体化金融服务，带动储蓄存款稳步增长。与省住房和城乡建设厅签订全省建筑劳务实名制“一卡通”项目（建工灵通卡）合作框架协议，开发投产“河北省建筑劳务实名制管理信息系统”，发行建工灵通卡15.27万张，协助政府解决农民工工资拖欠问题。在石家庄、唐山、保定、承德各建成一家贵金属旗舰店，举办“工银金行家”贵金属交易大赛，成立贵金属投资者俱乐部，开办黄金回购和租赁业务，着力满足公众日趋多元化的投资需求。二是在对公客户方面，以社保、新农保、新医保、代理非税收入等民生领域为重点，以社保卡、公务卡、公积金卡等为载体，提供综合金融服务方案。注重深化与金融同业合作关系，积极推动银银平台建设，与省农信联社、各地市城商行共51家银行机构签订了银银平台框架协议，为农村金融机构和地方法人银行提供科技和业务支持，让更多客户能够享受到更加便捷的金融服务。

【业务创新】 一是创新金融产品。突破传统单一信贷融资方式，注重加强与工商银行集团旗下工银国际、工银租赁、海外分（子）行内外联动，充分运用信贷+租赁、间接融资+直接融资、投行+商行等多种方式，积极发展PE、融资租赁、中期票据、短期融资券、金融租赁等业务，通过新的金融产品组合。解决企业项目投资和资本金问题。在省内同业首家推出面向代发工资客户的分期付款专用信用卡—逸贷信用卡，大力推广小企业主和购车消费等专项卡分期业务，分期付款余额达到23.3亿元，对通过消费拉动内需具有重要意义。二是创新经营机制。积极对接我省“十二五”规划“一圈一带一区一批”发展战略重点，将唐山唐海、廊坊燕郊、沧州渤海新区、保定涿州支行提格为省行计划单列支行，由省行在战略层面上加大支持力度，助力环首都绿色经济圈和沿海经济隆起带开发建设。实施省行营业部竞争力提升改革，在石家庄设立2家省行级重点支行，提升省会城市综合服务能力。三是创新提升服务。开展“改革流程、改进服务年”、“为民服务、创先争优”等活动，完善业务流程，精简业务程序，提高服务效率，开展“治理客户投诉”专项活动，建立星级网点服务管理体系，开展服务明星评选活动，推广网点智能叫号系统，借助行风评议主动征求各界意见，客户投诉总量同比下降51%，零投诉网点占比41%，非特殊情况客户侯时控制在15分钟以内网点占比70%。启动新一轮渠道优化工作，在张家口赤城、沧州海兴、邢台南和等县域启动机构网点恢复工作，调整优化网点84家，新建离行式自助银行31家，投产ATM1815台，布放POS2.05万台，进一步提升了客户服务体验。在《燕赵都市报》、河北新闻网等多家省内媒体发起的评选中，我行先后以高票获得“2011年度河北消费者最喜爱的银行品牌”和“2011年度河北网民最信赖的银行品牌”荣誉称号。

【党建队伍建设】 以庆祝建党90周年为契机，深入开展创先争优活动，组织“党员下基层助力服务”、“创先争优在身边”等主题活动，举办“颂歌献给党”大型史诗音乐会，通过丰富多彩的活动向党的生日献礼，基层党组织和党员队伍凝聚力、战斗力进一步增强。充分发挥工会组织职能，深入推进职工之家建设，唐山唐海支行荣获“全国工人先锋号”荣誉称号，成为全省财贸金融工会唯一荣获这一殊荣的单位。注重加强各层次员工教育培训，队伍综合素质和业务技能大幅提升，在人行石家庄中心支行、省人力资源和社会保障厅、省总工会联合举办的河北省金融系统职工技能大赛中，我行在全省20支代表队中脱颖而出，荣获团体第一名，两名参赛基层员工分别被授予“河北省五一劳动奖章”、“河北省技术能手”荣誉称号。充分发挥商业银行服务职能，配合人民银行、银监局等部门，深入企事业单位、专业市场、校园社区广泛开展征信、反洗钱、反假币、安全用卡、网上支付等金融知识公众教育活动。积极投身社会公益事业，参加各级政府组织的“三下乡”活动，开展进社区、福利院、学校等系列“献爱心”活动，充分展示“大行大爱”精神，赢得了社会各界的好评。

中国工商银行股份有限公司河北省分行营业部

【概况】 中国工商银行股份有限公司河北省分行营业部实现拨备前利润16亿元，同比增加1.69亿元，增幅11.76%；实现拨备后利润15.92亿元，同比增加1.44亿元，增幅9.96%。实现中间业务收入5.76亿元，全省首位，同比增加1.85亿元，增幅47.43%。各项贷款较年初增加32.79亿元。其中：公司贷款增加10.35亿元（房地产贷款增加0.67亿元）；个人贷款增加14.94亿元，同业增量占比第2位；票据融资增加7.5亿元。全部存款较年初增加2.53亿元。其中：对公存款下降55.5亿元；同业存款增加61.52亿元；储蓄存款下降3.22亿元。累计清转不良贷款2.88亿元。不良贷款余额11.14亿元、占比2.42%，分别较年初下降1.76亿元、0.63个百分点。

【信贷转型】 以中型企业扩户增容、小企业和个人贷款做大做强为重点，坚持大中小客户并重、公司与个人客户并重、表内与表外业务并重，强化市场营销，加快产品创新，不断推进资产业务多元化发展，加快信贷转型。为省高速公路管理局、华药集团、河钢集团等10余个重点大客户累计发放贷款58亿元。新拓展中型客户111户，办理融资36.82亿元，均为系统首位。加大对棚户区改造和优质房地产企业营销和项目储备，发放房地产贷款29.97亿元，系统占比25.47%，居首位。发放全省首笔专利权质押贷款1 500万元，全年小企业贷款累放39.26亿元，居系统第2位。累放个人贷款32.67亿元。办理全国工行系统第一笔代为推介信托计划票据理财业务1.45亿元。完成全省第一笔电子汇票再贴现业务350万元、首笔与非银行金融机构银行承兑汇票买入返售交易3 000万元。办理票据贴现88.75亿元，同业首位，同比增加50亿元。累计办理贸易融资、理财委托贷款、银行承兑汇票、信用证等业务81.09亿元。

【存款业务】 将存款工作作为全年工作重点，引导全行充分认识存款工作对提升核心竞争力、经营发展、绩效考核的重要意义，积极采取各种有效措施，全面克服各种不利因素影响，着力扭转全行存款业务发展基础不牢、波动性较大的被动局面。对公存款方面，制定下发了《2011年对公存款管理办法》、《营业部上下游客户精准营销实施方案》等制度办法，遴选316户重点客户实行团队式营销和名单制管理，夯实管理基础。加大社保工程、财政资金、军队客户等营销力度，深化同业合作，强化有贷户存款争揽。储蓄存款方面，建立以对支行、网点、客户经理为考核主体的全方位考核体系，积极开展存款业务攻坚竞赛、“大联动 大营销”等活动，切实加大重点市场开拓、中高端客户发展、到期理财产品承接、渠道建设等工作力度，夯实了存款基础。

【中间业务】 从抓好基础业务、做强理财业务、开辟新的资产业务等方面入手，充分调动全行积极性，大力挖掘、应收尽收，贵金属、信用卡、国际贸易融资、财务顾问等15个产品线收入突破千万元，同比增加5个，中间业务实现全面发展。全年实现资产类业务收入2.3亿元，其中投行、年金、托管三项业务共实现收入1.35亿元，同比增加3 770万元,增长38.5%,三项业务均居同业首位。加快结算、银行卡、电子银行、国际业务等基础类业务发展。结算中间业务收入同比增加4 337万元,系统首位。成功发行全省首家医保联名贷记卡高邑医保联名卡,完成全省第一个3G无线外派业务终端的应用案例。国际结算量同业排名第三位,摆脱了多年占比末位的局面,实现跨越式发展。大力发展保险、基金、贵金属等理财类业务,开展形式多样的营销活动,提升整体创利能力。建立了省会首家、河北最大的贵金属旗舰店,成功办理了省内首笔品牌金回购业务。成功营销全省首个黄金租赁客户,成立全省首个"工银金行家投资者俱乐部"。

【信贷资产质量】 加大不良贷款清转力度,严格控制信贷风险,不断优化信贷资产质量,实现了不良额和不良率双降的目标。制定了《不良贷款清收处置考核办法》,明确清收责任,加大考核力度。制定具体清收方案、目标和时间,强化现金清收,加大呆账核销力度,推动大户清收处置,加大个人不良贷款清转处置力度,抢抓账销案存资产清收资源,加快抵债资产处置,信贷资产质量得到优化。同时,严格管理,不断提升信贷管理水平。地方政府融资平台贷款整改及信用增级工作取得突破。加强大户风险防控,全年贷款大户无劣变。搭建齐抓共管的信贷风险监控平台,把控风险关口前移。

【基础工作】 进一步加强机制建设,深入推进竞争力改革,全面实施精细化管理,廉政案防、内控运行等各项基础工作取得长足进展。完善支行和本部绩效分配考核,建立完善专业考核管理体系。制订了《营业部竞争力改革方案》及40余个改革实施细则,扎实做好提升竞争力改革各项工作。按照提高素质、优化结构、增强能力的要求,进一步改善各支行、各部门干部队伍结构,优化干部配备。组织和推动全辖层层签订了《2011年党风廉政建设和案件防范工作责任状》,推进两个责任制落实。与全行3 200多名员工签订了《员工禁止性规定承诺书》。按季组织召开案防分析会,开展6个重要风险点治理和"消除八种风险 防范案件事故"、"内控和案防制度执行年"等活动,开展了各类应急预案演练,扎实做好廉政案防、内控运行各项工作。把降低网点服务投诉率作为服务工作的突破口,全面实施管理、标准、素质、形象、效率"五大工程",服务工作得到进一步好转。

中国工商银行股份有限公司承德分行

【概况】 中国工商银行股份有限公司承德分行实现拨备前利润5.43亿元,同比增加1.37亿元,增幅33.6%,超过全省平均增幅12.4个百分点,系统排名第三,同业占比首位;实现账面利润5.3亿元,同比增加3.76亿元,增幅41%;各项贷款新增14.53亿元。小企业贷款全年累放18.9亿元,净增6.03亿元,同比多增2.8亿元,增幅187%,成功升格为小企业信贷业务一类行;各项存款新增16.65亿元,余额和增量占比均居同业首位。其中,储蓄存款新增8.96亿元,增幅8.9%。对公存款新增1.62亿元,增幅2.3%,增量全省排名第三。同业占比9.4%,位居第二;实现中间业务收入2亿元,同比增加0.6亿元,增幅42.8%,同业占比37.85%,居首位。在全省二级分行绩效考评中,居第三位。

【发展思路】 以实现"挺进四十强"目标为统领,围绕"大发展、大调整"工作主线,加快思想转变,拓宽经营思路,提高发展速度,全面推进转型升级,进一步增强竞争发展能力和盈利能力,努力在强行建设的征程中实现新跨越、创造新辉煌。

【信贷业务】 统筹贷款增量和存量,突出资产业务创新,重点向资本占用低、期限短、综合收益高的业务倾斜。通过创新实践,填补了多项该行乃至全省业务产品项下的空白。先后以北金所委贷方式办理资产管理业务7.58亿元;围绕河钢承德分公司核心客户打造"河北第一链";通过融资产品组合,以"提款+承兑"方式,办理商品融资业务;与莫斯科子行联动,跨境拓展国际业务市场;对金龙建材家居广场发放全省首单"商铺承租权质押+市场管理方保证+信用卡分期付款业务"和商户联保个人经营贷款;率先办理异地抵押贷款;以银行承兑汇票质押方式,办理信用卡分期付款业务;完成"京城名苑"PE募集和投资1亿元,取得了业务创新上的重大突破。

【存款业务】 在对公存款工作上构造营销"三大策略":突出客户策略。将现有客户群划分为重点维护型、整体推动型和渗透挖转型三个类型,分类施策、差别服务;强化产品策略。推出创新金融服务产品，提高客户的产品附加值；关注区域策略。制定适合不同区域的发展战略，侧重发展各项业务，提高资源配置效率，实现利益最大化。在储蓄存款工作上做到“五个抓好”：抓好网点建设。紧跟城市发展规划和金融资源的发展变化，在新城区、居民聚居区和新建商业区设立新的网点；抓好新兴市场。加强与工商联、行业协会等组织的联系，吸引更多的个体经营户加入工银商友俱乐部，加快培育个体私营业主；抓好项目带动。加快牡丹避暑山庄联名卡、个私协联名卡、建工卡、数字电视卡、新农保卡等重点项目的推广，以项目营销带动客户批量拓展，做大做强银行卡的使用群体；抓好代发工资。对重点目标客户实行名单式管理，做到倒排工期、挂图作战；抓好拆迁补偿款争揽工作。

【中间业务】 大力发展个人贷款业务，提高非住房贷款综合收益，增加个贷非息收入。推进贵金属业务跨越发展。全年销售如意金246千克，如意银267千克，贵金属递延黄金397千克，白银77 293千克，销售账户贵金属黄金830千克，白银127 670千克，实现中间业务收入368万元，同比多实现收入234万元，同比增幅达174.63%。通过表内外业务联动、项目与理财计划联动，把资产业务资源转化为中间业务来源，增强创新增收力度。全年办理北金所委托债权7.58亿，在全省资产管理业务总量排名第三位，实现中间收入581万元。营销股权私募基金，实现中间业务收入900万元。大力发展人民币结构性存款业务。全年共办理结构性存款20.14亿，实现中间业务收入75万元，业务量及中间业务收入均居全省第2位。

【机制改革】 扎实推进“4+2”直营模式，完善对分行公司、消贷、国际业务、小企业金融四个资产业务中心和热河财富管理、太平桥贵宾理财两个个人业务中心的直营管理，将上述机构推向市场，成为直接创效机构。加强对业务链人员的考核，特别是将信贷管理部的绩效工资与资产业务四大中心的绩效工资水平挂钩，提高工作配合效率，以调动全员发展业务的积极性和主动性。注重干部培养，组织开展支行行长（分行部室经理）助理选拔工作，选拔聘用一批优秀中青年人才，为强行建设提供坚强的人才保证和智力支持。

【提升服务】 对分行管理干部进行合理调整，加强领导力量。对新入行员工进行跨岗、跨行、跨专业轮训，丰富实践经验。细分后勤部门职能，将服务触角直接延伸到城区支行，为基层解决物业支持、员工用餐等工作和生活中的实际问题。强化技术保障能力，加强设备的维修维护与更新换代，确保安全高效运转。坚持民主管理，通过职代会讨论全行绩效工资挂钩办法。举办“两先一优”表彰大会，树立正确舆论导向，提升员工队伍凝聚力和战斗力。从关爱员工工作和生活入手，持续推进“同心工程”建设。举办“同心杯”企业文化演讲比赛和大型员工趣味运动会，不断增强企业文化的影响力和渗透力。灵活有效地抓好廉政教育，增强干部员工“免疫力”。在省行系统率先完成远程视频监控中心建设。狠抓服务工作，在全行网点开展“治理客户投诉”专项活动和效率明星、星级大堂经理评比活动，启动星级网点服务管理，全年5人次被省行评选服务明星，客户投诉率同比下降61%。行风建设进一步提升，社会形象明显向好。着力做好品牌管理和网点优化工作，有5个物理网点和2个离行式自助银行完成装修改造，分行办公楼筹建工作也已启动。与环首都绿色经济圈三县成功签订政银合作协议，抢得市场先机。连续三届独家冠名“工行杯”振兴承德十大新闻事件、感动承德十大新闻人物评选活动，深入开展“工行托举朝阳，爱心奉献春蕾”资助贫困学童活动，社会影响力和美誉度不断提升。

中国工商银行股份有限公司张家口分行

【概况】 中国工商银行股份有限公司张家口分行实现拨备前利润5.38亿元，同比增加0.96亿元；增幅22.62%。实现账面利润5.06亿元，同比增加0.25亿元；增幅5.20%。各项贷款新增21.17亿元，增幅13.88%。全部存款余额205.45亿元，储蓄存款年日均余额为130.31亿元，较年初日均余额增加3.36亿元；对公存款年日均余额为69.54亿元，较年初日均余额增加2.93亿元；同业存款新增5.65亿元。实现中间业务收入1.95亿元，同比增加0.73亿元，增幅60.17%。

【发展思路】 认真贯彻落实总行、省行各项决策部署，围绕精品强行目标，坚持“大发展、大调整”工作主线，以提升市场竞争力为核心，努力实现优质市场和管理水平"两大突破",推进转型发展,增强盈利能力,加快"五个强行"建设进程,为全省实现利润超百亿强行多做贡献。

【信贷结构调整】 以"调结构、防风险、增效益"为中心,从资产增长、客户结构、行业、品种和期限结构、综合收益、风险控制等方面狠抓落实,加快推进信贷结构调整,以产业集聚区、专业市场为重点,以网贷通、商品融资和国内贸易融资为重点产品,带动全辖小企业信贷业务持续健康快速发展。积极拓展非住房信贷业务市场,加大对中型客户支持力度,努力优化资源配置。全年小企业贷款净增8.55亿元,完成省行年任务的142.5%,居系统首位,年末余额达到13.01亿元,是去年全年的2.92倍。年末小企业贷款户数155户,较年初增加66户,完成省行年任务的110%,居系统第2位;非住房个贷累计发放8.27亿元,净增5.72亿元,占全部个贷增量的比例提高至44.51%,较年初提高了26.53个百分点。根据产业信贷政策调整,积极跟进文化、旅游、医疗等新兴行业,年内为张家口日报社发放400万元流动资金贷款,此笔贷款是我行在文化产业领域投放的首笔贷款;为张家口市第二附属医院发放医保应收账款保理业务500万元,此笔保理业务是我行首笔医保保理业务,填补了保理业务在医保行业的空白,进一步拓宽了国内贸易融资业务的行业应用范围。

【存款市场】 迅速启动"大联动 大营销"和"春华秋实"旺季营销活动,着眼于抓基础、抓客户、抓均衡,多次召开调度会、对接会,引导全行正确认识存款决定成败,客户决定存款,服务决定客户,联动决定服务"四个关系",出台《张家口分行储蓄存款攻坚竞赛方案》及《高端客户"双百"营销方案》等配套考核办法,全年个人四星级以上客户新增8 878户,占比为12.26%,较年初提高1.45个百分点。确定了"十二个重点项目",逐一制定细案,配套营销费用,明确牵头部门、主办行、配合部门及责任人、进度表,制定专项考核办法,努力推动系统大户实现突破,年末有贷户余额3.67亿元,较年初增加0.29亿元。

【中间业务】 坚持挖潜与创新并重,进一步夯实传统优势业务基础,全年实现个人结算业务收入6 834万元,同比增加2 182万元,增幅为47%;投产推广"工商验资E线通",全年新增现金管理客户603户,对公结算收入2 216万元,同比增加39万元。把高收益代理业务产品营销放在优先位置,实现个人代理及理财业务收入4 957万元,同比增加2 033万元,增幅为70%。提高财务顾问签约率和续签率,严格控制贷款定价水平,全年实现投行业务收入4 058万元,同比增加375万元,增幅10.2%。加大信用卡分期付款业务营销力度,年末实现卡分期业务收入793万元。加大贵金属营销力度,多次举办现场签售活动,全年实现贵金属业务收入388万元,同比增加268万元,增幅223%。强化与特约商户的合作,完成了百盛等大型商户的MIS、网络POS的投产运行工作。加大公积金卡、建工卡营销力度,发放建工卡1.13万张。提高国际业务收入水平,成功办理全市首笔国际收支网申业务,填补了业务空白;积极拓展表外融资业务实现零的突破,办理提货担保两笔1.46亿日元;办理财智国际商务套餐2笔、192万美元,国际业务实现中间业务收入137.34万元,同比增加53.84万元,增幅64%。

【机制改革】 加快推进渠道建设。积极与省行调整后的建设计划进行对接,突出离行式自助银行建设,加快网点建设步伐。全年建成3家离行式自助银行,宣化钢城、钻石、赤城支行建设完毕。同时,发挥一级支行在人员管理、业务发展、市场竞争力等方面的优势,将市内14个二级支行回归一级支行管理,有效提升直管网点的综合竞争实力。完善绩效考核分配机制,根据业务发展实际,对绩效考核办法进行适当调整,建立健全员工收入与经营绩效协调发展的联动机制,规范绩效考核分配流程,确保公平合理。同时实行MOVA系统应用推广负责制,全面应用推广MOVA系统,推进全行经营转型。

【提升服务】 深入开展"改革流程、改进服务年"和营业网点服务规范大检查活动,推进网点营销传播系统推广,大力开展客户投诉专项治理工作。全年受理95 588客户服务投诉37笔,同比下降15笔,降幅为29%,全行25个网点实现零投诉,占比为50%。20个网点被通过验收被省行评为星级网点。成立了自助设备营运中心和视频监控中心,有效防控各类操作风险。

中国工商银行股份有限公司秦皇岛分行

【概况】 中国工商银行股份有限公司秦皇岛分行实现拨备前利润8.87亿元,同比增加1.63亿元;各项贷款新增24.8亿元,同比多增6亿元。各项存款总量304.57亿元,保持市场首位。实现中间业务收入2.61亿元,同比增加4 111万元。党风廉政建设、内控案防、创先争优、文明创建、员工工作和企业文化建设等重点工作稳步扎实推进,获得总行系统“文明单位”荣誉称号,实现连续第13年无案件、无事故。

【市场竞争力】 强化联动发展。突出市场营销核心工作,以“大联动、大营销”和领导干部包客户、包市场、包项目为主线,扎实推进客户拓展工程,全年新增对公各类账户2 462户,实现了客户规模有效增长和客户结构不断优化。成功签约社保一卡通、城乡居民养老保险、非税收入、建工、海运煤炭、银银平台等项目。强化优势发展。资产业务以规模扩张和效益提升为重点,分层营销体系不断完善,重点客户、优质企业和重大项目的直营能力有效增强,全年新增公司贷款15.25亿元,同业占比位居前列。大个金业务以优化渠道建设、丰富产品体系,提升中高端客户占比和综合贡献为抓手,结合市场热点扎实开展系列主题营销活动。代理基金、理财产品、银行卡、电子银行等多项指标均保持同业首位,领先地位不断巩固,网银客户结构优化和质量考核各项指标均位列全省前三。柜面业务分流率60.92%,较去年提高5.06个百分点,列全省系统第1位。银行卡消费交易额实现35亿元,同业首位。灵通卡新增发卡21.8万张,新增建工卡1.1万张,社会保障卡2.2万户,商友卡1 000张。强化全面发展。加快构建支行全功能营销服务体系,设立9家小企业专业支行,全辖12家支行小企业贷款余额超过5 000万元。着力推进北戴河新区和县域支行机构建设,新增对公业务、国际业务的支行分别为5家和15家,市场竞争实力不断提高。

【发展基础】 全面推进结构优化,大信贷发展步伐更加科学稳健。全年新增中型企业41户,贷款余额39.3亿元。小企业户数达到120户。全年办理票据贴现业务41.38亿元,同比增长13.26亿元。“非住房类”贷款净增加9.3亿元,较去年同期多放3.5亿元,余额、增量占比均列全市同业第一。办理全省系统第一批理财委托贷款5 000万元,余额达到1.95亿元;办理全省系统首笔内保外贷海外并购融资性保函1 695万美元;大力创新推进固定资产支持融资业务,全年累放9亿元;法人房地产贷款累放17.6亿元,全省系统第二。办理全省系统首笔紧密型电子供应链融资业务100万元,共拓展融资供应链14个,涉及客户22家,累计办理供应链融资4.26亿元。成功协办河北港口集团有限公司“2011年夏季秦皇岛海运煤炭交易商洽会”,促成省行与秦皇岛港签订“商品融资质押监管合作协议”。系统内率先投产葡萄酒原酒和煤炭质押商品融资业务。紧跟市场热点,贵金属业务实现跨越式发展,黄金、白银业务总量系统排名分别位列第一和第三;代理实物贵金属业务获省行“金行家杯”劳动竞赛“最佳组织推动奖”。全年国际结算量26.3亿美元,创历史新高,同业占比第一;国际贸易融资累放3.27亿美元,系统排名第一。

【内控管理】 深入推进党风廉政建设和案件防范工作,做好六个风险点防范与治理工作,建立跨部门监督信息定期沟通机制。深入学习员工行为禁止和违规行为处理两项规定。开展“防范风险 从我做起”主题教育活动,被总行授予“纪检监察机构先进集体”荣誉称号,被省行评为“党风廉政建设和案件防范工作先进集体”。夯实安全保卫工作基础,组织应急演练和安保检查2 000余次。公安、银监部门联合安全评估得分99.43分,实现优秀等级和同业首位的目标。加强过程控制、作业监督和风险化解,推动完成平台贷款整改工作,保持信贷操作风险严控和贷款质量提升。组织实施深化“内控和案防制度执行年”活动和内控评价工作,开展关键环节、重点业务、干部审计和直管网点管理等专项检查,荣获总行业务运营风险监督核查工作先进集体,实现了全年外部监管零罚款、无人为因素所致的业务运营一类风险事件,保持系统“内控评价一级”。全面启动渠道优化建设,为网点经营转型提供强劲动力。共改造、迁建支行和自助银行10家,运行管理综合水平稳步加强,已连续18月未发生一类风险事件。加强服务管理和视频监测通报,网点服务质量监测系统客户满意度达到93.8%,全年投诉量同比下降65.7%,降幅居系统第一,服务工作在全省考评以及神秘人现场检查中均排名首位。

【和谐银行建设】 深入开展创先争优活动,优化领导干部考核监督体系,完善经营绩效考评,健全员工教育培训工作体系,统筹组织管理类、专业类、销售类、运行类和客服类等各类培训班107期,8 815人次。深入推进"职工之家"建设,初步完成了具备条件的21个职工小家和11个一级支行职工之家的设计和预算工作。实施"同心工程",组织员工岗位竞赛、北戴河休假、文体活动、健康检查和慰问一线员工、特困职工、劳动模范,促进了全行队伍的和谐稳定。

中国工商银行股份有限公司唐山分行

【概况】 中国工商银行股份有限公司唐山分行经营效益显著提升,2011年,全行实现拨备前利润16.98亿元,同比增加2.11亿元,增幅14.2%;实现拨备后利润18.89亿元,占全省账面利润的18.8%,同比增加4.62亿元;增幅32.4%。EVA达到10.64亿,同比增加2.87亿,增幅36.9%。利润和EVA均居全省首位。信贷结构进一步优化,重点发展综合回报高的实体经济信贷业务,各项贷款新增44.2亿元,公司贷款增加36亿。其中流动资金贷款增加45.99亿,贸易融资增加15.23亿,全省系统占比分别为34.3%和26.2%,均居首位。小企业贷款212户、25.5亿,较年初增加71户、15.2亿,余额和增量均居系统首位。各项存款余额656.57亿元,同业占比22.83%,居第三位。全年储蓄存款增加9.08亿元,其中定期存款增加22.7亿元。对公存款减少22.84亿元;同业占比位居第四。实现中间业务收入5.45亿元,同比增加36%,同业占比28.2%,居第2位。资产质量持续提高。全年清转处置不良贷款2.5亿,其中,现金清收3 549万,转化5 573万,以物抵债1.59亿。不良贷款率0.12%,较年初下降0.55个百分点。全年无新增不良贷款。贷款不良率全省最低,资产质量全省最高。

【考核机制】 主动调整存款考核基数和口径,加大日均考核力度,开展阶段性日均存款竞赛,扭转"重时点轻日均"的错误思想,形成了每天、每人、每个网点、每个部门持续抓存款的工作局面。全年储蓄存款增加9.08亿,其中定期存款增加22.7亿;着力解决"重贷轻存、重贷前轻贷后"思想倾向,狠抓存款优先的综合回报,以贷款综合贡献度为标准,以存款增量为首选,抢抓有贷户存款、销货款归行和保证金存款,严把审批关,努力探寻以信贷杠杆促存款之路;调整理财产品挂钩比例,加大保本型理财产品营销力度,与存款良性互动。

【破解经营难题】 坚定不移地抓政府平台贷款清转、债务风险垫款清收,深入推进质量攻坚。克服户数多、情况复杂的矛盾,严密部署,逐户攻坚,8 600万风险垫款全部收回;集中精力解决影响深远的政府融资平台问题。面对曹妃甸90亿平台贷款,顶住压力,坚持原则,据理力争,成为众多银行中唯一完成土地抵押担保的银行,实现全覆盖。年末,95.34%的平台贷款落实了抵质押担保;唐陶1.6亿不良贷款完成以物抵债;中信实业不良贷款被诉案胜诉,避免了2.3亿的巨额损失;退出潜在风险贷款11.6亿,压缩四大行业贷款11.55亿,化解担保圈贷款17.1亿。年末,资产质量、利润和EVA均居全省首位。

【夯实客户基础】 抓住信贷规模持续收紧的拓户良机,把客户挖转纳入支行和网点绩效考核,对争揽日均百万元以上客户直接考核兑现到营销人员;对机关所有部门全部下达对公客户挖转任务,与20%的绩效挂钩;以挖转和存款为目标,成立市场拓展中心,支行成立由行长或主管行长任组长的拓展小组;市支行双线竞赛,激励全员拓户。用足国际业务重点客户政策,成功挖转三友化纤、宏忠钢铁等大户,并争得唐钢出口业务。跨境人民币结算同业及系统双首位,结售汇收入占全省1/5。在省行客户营销竞赛中位列第一。

【内部管理】 高度重视年轻干部培养、选拔,重品质看业绩,以实绩论英雄,初步形成结构合理、梯次明显、充满活力、后备充足的干部队伍;压缩机关人员,组建分行5个营销中心,机关人员绩效与营销业绩、服务效率挂钩,作风进一步转变;始终把风险防控放在首位,突出底线意识、一线意识和全面合规意识,要求每个岗位、每个人坚守行为底线,当好最后一道防线。强化内控、监察、保卫的监督职能,确保人员无雷区,全行无短板;重视竞赛活动,省行现金管理和中年员工技能比赛均获团体第一，业务集中处理“提质增效”竞赛中获优秀组织奖。严格落实两个责任制，深入开展“反思、自查、纠错”活动，实现“三无”安全年。连续三年以全省第一名的成绩被省行评为党风廉政建设和案件防范工作先进单位，连续三年内控评价一级，连续两年获唐山市银行业民主评议行风第一名。保卫、内控、监察、法律、银行卡、电子银行综合考核均居系统首位。被市总工会评为“劳动竞赛先进单位”，荣立“振兴唐山三等功”。

【服务品质】 调整服务工作领导小组，重新明确归口部门，重新修订了《服务工作考核办法》，完善了客户投诉、视频监控等管理办法。编印了《营业网点服务管理手册》，积极参加省行“每月一星”服务明星评选活动，各网点严格实行晨会制度，网点服务面貌有效改观。制定网点改造三年规划，积极推动网点整合，网点建设注重分区服务，强化客户甄别，全年优化整合15个物理网点、15个离行式自助银行，同步完成29家贵宾理财中心级别网点的营销传播系统改造工作，网点功能有效提升。加强自助设备管理，以减少客户排队等候时间为重点，对网点进行全面达标验收，全行服务效率得到提升。

中国工商银行股份有限公司廊坊分行

【概况】 中国工商银行股份有限公司廊坊分行实现拨备前利润13.31亿元，比上年增加2.57亿元，增幅达23.93%，实现拨备后利润12.89亿元，同比多增2.22亿元，同业占比38.15%，继续保持首位。人民币各项贷款新增22.98亿元，系统内占比8.4%，居第6位；同业占比23.16%，居2位。同时，全年办理表外资产业务59亿元，位列全省系统第1位。人民币全部存款新增18.92亿元，系统内占比82.4%，居第2位；同业占比14.98%，居末位。其中，对公存款减少4.1亿元，居全省第7位，同业末位。储蓄存款增加23.91亿元，居全省第2位；同业占比29.51%，居第2位。实现中间业务收入3.78亿元，系统内占比10.05%，居第5位；同业占比36.02%，居首位。在全省二级分行经营绩效考评中继续排名首位，连续第四年跻身全国工行系统二级分行经营30强，列第24位。

【信贷结构】 坚持把推进信贷多元化发展作为信贷业务转型的方向，在持续抓好大项目、大企业信贷营销的同时，加快个人客户、贸易融资等高收益信贷市场拓展，到年末个人非住房个人贷款首次超过住房贷款，贷款余额占全部个贷的18.3%，小企业贷款累放19.4亿元，贷款余额占到法人贷款的12.8%，并成功晋升全省小企业一类行；累办国内贸易融资26.23亿元，国际贸易融资14 778万美元，贸易融资余额占法人贷款的13.8%，替代率达到39.59%。另外，加大创新产品应用，先后推出了中期票据、集合信托、融资租赁、新农村建设等多项新产品，多渠道满足客户需求。

【存款业务】 围绕质量和效益，争揽低成本存款，转化高成本存款，加快负债结构的改善和提升。在对公存款方面，做好交通、电力、财政、社保等大系统客户综合营销，抓好社保工程、非税收市场，强化综合营销、捆绑营销，打造存款强行；推进扩户工程，密切关注园区建设和入区企业，加快优质客户市场拓展。在储蓄存款方面，开展“旺季营销”、“存款攻坚竞赛”、“大联动 大营销”主题营销活动，争揽城中村拆迁改造补偿资金，发展个体经营者、职业白领、公务员、大学生、自由职业者等新兴客户，扩大客户基础。同时，营销基金、保险、理财等产品，转化高成本存款，到年末，储蓄存款较上年增加30.8亿元，余额跻身全省前四强。

【中间业务】 在发展基础类业务的同时，推进中间业务向精品造路工程转变，加快业务发展步伐。依托资产业务，打造以投融资顾问、担保承诺、资产托管为核心的投行业务产品线；通过抓重点客户、重点产品营销，扩大业务覆盖范围，以点带面，促进国际业务发展；坚持以项目带动，推进以银行卡、电子银行、贵金属等产品为载体的造路工程建设；拓展增收新渠道，新产品收入占到同比增量的三分之一以上。

【基础管理】 按照省行统一部署，深化运营改革，完成16个业务大类、60个业务小类的业务集中处理推广工作。建立健全考核机制，健全完善了涵盖支行员工、部室员工、支行及部室经营管理者的多层面、多维度激励机制。加强信贷风险防控，严格执行国家行业政策，严把新增贷款准入关，细化审批要求，强化作业监督，定期做好新增贷款监测和大额贷款客户分析，不良贷款率继续保持全省最低水平。强化内控和案防管理，组织开展了“内控和案防制度执行年”活动,抓好“两个责任制”和案件防范的落实工作,营造了遵章守纪、合规操作的良好氛围,实现连续11年安全无事故。

【提升服务】 深入推进服务大提升活动,积极组织营业网点服务规范化培训,聘请行外专业服务讲师现场授课,录制《廊坊分行规范化服务教学示范片》,并下发各支行进行观摩学习,有效提升网点服务的规范化水平。突出服务规范管理和品牌建设,70%网点非特殊情况客户候时控制在15分钟以内,有15家营业网点达到星级网点标准,社会形象得到进一步提升。

中国工商银行股份有限公司保定分行

【概况】 2011年,中国工商银行股份有限公司保定分行以提供资金融通为重点,拓宽渠道,创新产品,提升服务,充分发挥金融对经济的促进作用。截至年末,实现利润12.26亿元,占全市四大国有商业银行的40.11%,居首位;全部贷款余额247.8亿元,同业占比35.59%,居首位;全部存款余额517.62亿元,同业占比27.91%,居首位;实现中间业务收入3.9亿元,同业占比33.61%,居首位。同时,新业务发展迅速,市场优势明显。信用卡发卡总量达29.8万张,消费交易额23亿元;电子银行客户达165万户,网上银行交易额达5 328亿元,均居同业第1位。

【信贷转型】 严格落实国家信贷调控政策,加快信贷转型步伐。一是加大对小微企业的支持力度,建立了保定市首家中小民营企业金融服务站,实现了小企业贷款业务“县县落地”。全年共为255户小企业发放贷款41亿元,居系统内首位。其中“网贷通”余额14.9亿元,居全国二级分行第17位。全辖6个支行小企业贷款余额超亿元。二是加大对新能源、电力、公路等重点产业、重要项目的支持力度。全年累放加工制造业贷款18.06亿元,贷款余额22.3亿元,较上年增加9亿元,增幅127%。为大唐保定南郊电厂项目核定6亿元贷款承诺,前期7 400万元资金已发放到位。对保定市道开中心“张涿高速保定段项目”新增项目贷款3亿元。三是突出对县域经济、专业市场支持,加大个人经营贷款、个人消费贷款等非住房个人信贷业务的发展力度,全面满足居民个人、个体工商户的融资需求。个人消费贷款累放4.35亿元,余额达10.81亿元,同业占比61.5%,居首位;个人经营贷款累放9.8亿元,余额达14.39亿元,同业占比47.05%,居首位;银行卡分期付款业务一枝独秀,累放6.5亿元,同比增加3.2亿元。个人贷款余额达73.88亿元,同业占比37.8%,居首位。四是拓展融资渠道,通过申请总行专项资金解决外向型企业的融资问题。全年国际贸易融资累放量1.78亿美元,余额、增量同业占比第一。

【服务水平】 一是实施了服务工作“十大工程”,开展了“治理客户投诉,提升服务品质”专项活动,省行级星级网点达41个,客户投诉率较上年下降67.5%。二是满足社会大众理财需求,全年1+4产品(储蓄存款、代理保险、人民币理财、基金、国债)销售247.2亿元,居全省系统内首位。三是对白沟支行实行市分行经营单列,由市分行直接管理,提升对当地经济的服务能力。2011年末,白沟融资总量达19.2亿元,当年发放贷款5.5亿元。四是完善网点服务体系,加大网点布局调整力度,增加网点业务功能,优化网点服务环境,提高金融服务能力。2011年,共完成网点优化项目22个。加快工银商友俱乐部创建步伐,建立工银商友俱乐部41家,会员达8 000余人。五是关注“三农”问题,推出了建工一卡通,有效防范拖欠农民工工资,目前,已与8个建设公司签订了协议,涉及农民工数万人,已实现发卡1万多张。助推城乡居民养老保险实施,大力推广新农保、社会保障卡。

【内控外防】 一是强化思想教育。组织信贷人员300多人到检察院接受警示教育,组织部分管理人员开展反腐倡廉活动,开展《员工违规行为处理规定》、《员工行为禁止规定(试行)》等相关制度规定的学习活动,实行集中学习“明签”制度和承诺书制度,并开展了网上考试,确保参加学习人员、考试合格、落实制度、撰写学习体会“四个百分百”。二是强化机制建设。与各行、各部门签订《党风廉政建设和案件防范工作》责任状,及时编发《案情通报》,要求各支行必须在次日的晨会上向全体员工传达。要求各支行行长对所属网点每月至少进行一次夜间检查,分行各位行级领导每季度对所包行至少检查一次。三是强化专项活动。在全行开展“查违规,除隐患,从排查和消除一个风险点做起"活动,整改率100%。在全行开展包括内退、离退人员在内的员工参与民间借贷、在担保公司兼职等情况专项排查活动,全体员工签订了承诺书。四是组织开展了防抢、防盗、防爆等多项应急演练,提升员工实战能力。

【管理基础】 一是深化同心工程。制定《保定分行同心工程实施方案》,安排11个大项28项内容,保证每月至少举行两项大型活动。成立了羽毛球、乒乓球、书画、篆刻、摄影、篮球、棋牌、艺术等8个协会,举办摄影展,积极开展与重点客户的文体交流。二是开展多种形式的送温暖和特困救助活动,全年开展救助活动三次,共对308人次进行救助,发放救助款72.7万元。三是推进职工之家建设,推进全辖31个支行、68个基层网点"职工之家"、"职工小家"的建设,目前已完成22个网点的职工之家建设工作。四是畅通员工晋升渠道,组织了中层干部竞聘,强化德才兼备、以德为先的用人标准。

中国工商银行股份有限公司沧州分行

【概况】 中国工商银行股份有限公司沧州分行截至2011年末,全部存款较年初增加4.97亿元。其中,储蓄存款较年初增加8.82亿元,对公存款减少3.85亿元。各项贷款较年初增加19.1亿元。其中,一般流资贷款增加16.9亿元,项目贷款减少1.03亿元,房地产贷款增加1.76亿元,个人贷款增加1.6亿元,票据贴现减少1 079万元。小企业贷款户数、余额分别较年初增加54户、6.86亿元。实现中间业务收入2.9亿元,同比增加3 868万元,完成省行序时计划的100.5%,居同业首位。累计办理国际结算8.11亿美元,实现结售汇4.06亿美元,同比分别增加9 137万美元、6 153万美元。实现拨备后利润7.07亿元,同比增加5 007万元。

【发展思路】 将夯实系统30强实现基础作为各项工作的出发点和落脚点,坚持"大发展、大调整"工作主线,加快转型,提速发展,从根本上提升竞争发展能力和持续盈利能力。一方面,因行施策完善支行绩效考评办法,在做好基础考核的基础上,对特色支行采用专项考核,对大项目组和产品创新进行特殊奖励,力促核心业务与有效客户的同步增长。另一方面,在全行开展大规模的客户营销竞赛活动,把争揽支撑发展的优质客户作为调整客户结构、夯实发展基础的大事,通过启动行领导和部室包行、日调度与周调度结合等多种方式全面推动,彻底打牢客户基础。全年个人六星级客户净增、个人网银证书新增、个人贷款经营客户新增等多项指标均超额完成省行任务目标。其中,新开对公结算账户4 267户,清理无效及不合规账户6 206户,零余额账户占比由25%降至20%,大中型法人客户新增54户,发展基础进一步夯实。

【存款业务】 面对严峻的存款竞争局面,将稳存增存作为工作重点来抓,积极制定应对策略,想尽一切方法,全力争揽。储蓄存款方面,抢占代发工资业务市场,积极营销优质系统大户,全年实现新增代发工资单位143户,新增代发工资职工1.6万人。加大对新市场的营销力度,针对各市场的不同特点,组建营销小分队开展营销。加快商友俱乐部建设,成立工银商友俱乐部13家,发展会员1 178人,发行商友卡852张。对公存款方面,重点加强客户管理和重点项目营销,实施对公客户层级营销管理,将全行存款50万元以上的对公客户划分为潜力级客户、中端级客户和高端级客户三个层次,明确每个客户的责任人和营销团队进行营销维护,实现对公客户全覆盖管理。加强与人社局的合作,全力推进社会保障卡的发行,以唯一社保主办代理行为契机,成立项目实施小组,推动社保卡发放快速进入实施阶段,共采集、发放社保卡资料50万份,收回核对37万份,整理扫描34万份,成功批量开卡1 026张。

【中间业务】 开辟新兴业务市场,围绕省行打造贵金属亿元产品线要求,积极抢占贵金属业务市场,品牌金销售157.3千克,是去年同期的1.29倍;如意银销售1 077.56千克,是去年同期的4倍,完成省行序时计划的252.2%,省行排名第二。实现贵金属业务收入845万元,是去年同期的2.8倍。做大做强国际业务,以"四抓一提高"为突破点,即抓重点、抓大项目、抓高端客户、抓优质客户,并适时调整业务发展战略,加大市场拓展力度。加强与商务局、外汇局等职能部门的联系,从源头获取第一手新建客户信息,抢抓资本金项目。积极抢占银行卡市场,大力推进星级客户营销项目,实现行内四星级(含)以上客户的信用卡精准营销,星级客户办卡率居全省第三。全面提升发卡质量,推动发卡实现由量变向质变转换,新发卡动卡率同比提高190%,启用率居全省前列。信用卡消费交易额19.3亿元,同比增长60%,市场占比第一。

【资产结构】 加速开拓小企业贷款业务市场,把盐山、孟村、泊头、东光、河间、黄骅等8个特色产业基地,肃宁、油田等产业集群作为重点营销对象,通过座客沧州人民广播电台"公仆热线"栏目、召开银企座谈会及业务推介会方式,深入开展营销,累放小企业贷款168户、22.29亿元,分别是去年的0.7倍、1.8倍。加快消费贷款业务发展,筛选优质开发商,做大贷款流量,推动非住房类个人贷款较年初增加2.24亿元,同业占比首位。积极营销城市棚户区改造贷款,实现业务新突破,成功营销首笔城市棚户区改造贷款1.2亿元。提高不良资产处置速度,累计清转不良贷款1.57亿元,使不良贷款余额较年初下降9 741万元;不良贷款率1.95%,下降0.93个百分点。积极营销和储备优质项目,新增拓展企业累办融资21.21亿元,完成省行任务176.72%,排名第2位。

【内控建设】 开展一、二、三类风险事件的重点治理和处罚,每月对风险事件发生频次高的网点和柜员下发点名通报,对当月发生两次以上或连续两个月发生因工作疏忽原因的风险事件的柜员予以违规积分处罚。开展以账户管理、大额汇划、大额存单和银行承兑汇票为主要内容的内控检查。抽调24名业务骨干,组成六个检查组,对全辖20个一级支行和18个城区直管网点进行全面检查,彻底查找堵塞风险漏洞和薄弱环节,防患于未然。大力表彰"无差错 无违规"达标单位和个人。积极组织网点及员工认真开展"双无"活动,不断增强员工合规操作意识和业务操作技能,诚信和谐的内控合规文化氛围形成。

【经营环境】 靠"榜样引路"实施有效突破,通过举办现场庆功会、表彰会等形式,对先进单位、先进集体和先进个人进行隆重表彰,营造比、赶、超的竞争氛围。开展"服务明星"、"明星大堂经理"评选,大张旗鼓地宣传和表彰,起到典型示范作用,使服务效率明显提高,客户投诉大幅下降,网均投诉率始终处于低水平,第三方服务监测排名前列。深化同心工程,创办《悦读时光》专刊,重点围绕健康、关爱两大主题,定期刊登养生、保健、职业心态管理及社会心理学等相关知识,帮助员工放松身心,释放压力,使全行员工以饱满的热情投入到工作中去。开展"健身日"系列活动,组织环城长跑、围棋、乒乓球、台球、羽毛球、趣味运动会等六大项目15个小项的健身活动,满足员工多种需求。

中国工商银行股份有限公司衡水分行

【概况】 中国工商银行股份有限公司衡水分行实现拨备前利润3.11亿元,同比增加9 440万元,完成省行全年计划的106.5%;实现拨备后账面利润2.98亿元,同比增加5 900万元。人均利润31万元,创历史新高。人民币各项贷款余额60.08亿元,较年初增加11.2亿元。其中,一般流动资金贷款余额占比由年初的27.54%提升至34.64%,项目贷款、房地产贷款分别由年初的36.85%、11.38%降至24.23%和10%。年末不良率从年初的1.08%下降到0.68%,下降0.4个百分点。全行贷款收益率达到6.24%,高出全省平均水平0.3个百分点,居全省第3位。人民币各项存款余额168.49亿元,较年初增加8.66亿元,增幅5.42%,高出全省平均增幅5.33个百分点。其中,储蓄存款较年初增加4亿元;对公存款较年初增加4.59亿元,增量占比第二。实现中间业务收入1.42亿元,同比增加4 541万元,完成省行序时计划的100.52%,同业占比首位。在省行前三个季度的综合考评中,连续位居全省第三名。

【高标定位】 认真贯彻落实总、省行各项决策部署,围绕打造可持续发展能力,科学确定发展目标:以实现利润目标为核心,以打好存款、贷款、中间业务三大攻坚战役为保障,突出产品创新和机制创新,强化渠道建设和服务管理,切实扩大业务规模和提升系统贡献度,把衡水分行建设成为衡水最盈利、最优秀、最受尊重的区域强行。在科学测算的基础上,提出了力争进入全国二级分行综合经营绩效考评前100名的发展目标,以高目标引领快发展。全行统一认识,思想上增强竞争、服务和管理"三个意识",工作上突出"高、宽、严、实"四字要求,扎实推进各项业务的新突破、各项工作的新提升。

【执行力建设】 在工作部署上,坚持提速发展、以快补慢的经营理念。突出抢先抓早,各项工作"快"字当先、"实"字当头,今年1月19日即下发了《绩效工资考核分配办法》,向全行亮明政策机制,动员全行快速行动。在机制建设上,强化同业位次考核和问责机制。突出业务发展和市场竞争力指标,年初对各级机构和分行部室分类签订了经营目标责任状,并根据任务目标完成的不同情况,确定了提醒谈话、告诫谈话、引咎辞职三项问责机制。在压力传导上,在各支行和分行业务主管部门两个层面开展存款业务攻坚竞赛活动;在本部和支行两个层面,开展全员揽储劳动竞赛。在组织推动上,逐级强化督导机制。分行行级领导分片包行,双线督导,按月通报。部门包行重点驻行,营销部门分包重点支行,上下联动形成攻坚合力。新农保试点县市成功突破桃城区、武邑和故城,医保项目营销获得全面胜利。

【结构调整】 为改善"贷大贷长贷集中"的现状,加大市场拓展力度,积极争揽优质客户,客户总数由年初的163户增加到220户,其中大型客户由17户缩减为15户,中型客户由50户增加到52户,小企业由96户增加到153户,客户结构以大中型企业为主转向大中小型企业协调发展。把压缩四大行业贷款作为结构调整的突破口,累计压缩四大行业贷款3.98亿元,四大行业贷款余额19.27亿元,占法人贷款的比重由年初的62.54%降为46.44%,下降了16.1个百分点。票据业务增效显著。全年共办理票据直贴11.55亿元,办理票据买入返售71.08亿元,业务量占全省份额的99.58%。实现票据理财中间业务收入61.31万元。公司业务收入贡献度不断提升。公司和消费信贷两个专业中间业务收入占全行中间业务收入的比例达到38.4%。

【内部管理】 加强内控案防工作,落实"一项业务一本手册、一个流程一项制度、一个岗位一套规定"要求,编印了《支行管理人员内控案防工作手册》和《重点业务关键部位防控要点手册》,帮助各岗位人员学习制度、规范操作。强化对直管网点的内控管理。逐级签订了党风廉政建设和案件防范责任状,在全行开展"案件就在我身边"案防教育月活动,修订完善了《防范电信诈骗犯罪处置预案》等制度措施,组织开展了避险逃生演练活动。完成分行视频监控分中心建设。开展员工"一周一训",强化运行风险督查职能,远程授权工作质量、效率和全辖面对面、网银、邮寄、信息地址维护等对账工作综合排名均居全省前列。加强网点建设和服务管理,完成了4个物理网点和2个离行式自助银行的建设工作,4个网点升格为二级支行、3个网点实现业务综合化、6个网点增办外汇业务。落实"改革流程 改进服务年"各项工作,组织规范化服务培训班,进行"客户投诉专项治理",不断提升网点服务水平。

【发展内动力】 深入落实总、省行关于做好员工工作的精神要求,着力调动员工工作积极性,帮助员工加快成长。以建党90周年为契机,推进"两优一先"评比表彰、"红歌颂党 唱响工行"赛歌会等系列创先争优活动。组织了"两优一先"受奖人员赴井冈山开展红色教育。加强干部队伍培养和动态管理。2011年,分行共调整科级干部72人,进一步优化了支行班子和本部部室管理人员的年龄结构和知识结构,充分调动员工工作积极性和进取意识。强化员工教育培训,全年共举办各类教育培训班57期,培训3 922人次。深化同心工程,加强和谐银行建设,3月1日起实现了城区网点分行统一配送午餐。开展爱心救助活动,慰问困难员工,向102名特困员工发放救助金25.1万元。2011年,分行被市委、市政府授予"文明单位"荣誉称号,在全市银行业唯一获评"衡水市富有社会责任感十佳社会组织"称号,并顺利通过了省总工会"AAA"级劳动关系和谐单位验收。

中国工商银行股份有限公司邢台分行

【概况】 中国工商银行股份有限公司邢台分行实现拨备前利润7亿元,比上年增加2.1亿元,增幅42.6%,比系统平均水平高21.3个百分点;实现账面利润6.6亿元,比上年增加3.8亿元,增幅136%,比系统平均水平高109个百分点。拨备前利润和账面利润同比增幅、任务完成率均居系统首位。中间业务收入4亿元,是上年的1.64倍,市场占比41.2%,比系统平均水平高8.2个百分点,市场占比份额、增幅均居系统首位。新增表内外融资88.9亿元,同业、系统双首位。新增各项贷款36.6亿元,系统排名第2位。其中,新增个人贷款17.1亿元,系统排名首位。新增各项存款39.6亿元,同业、系统双首位。其中,新增储蓄存款27.2亿元,增量、网均增量市场占比均居同业首位,增量居系统首位。年末进入全国二级分行综合排名进步前30名。全部存款、储蓄存款余额及中间业务收入三项指标进入全国30强。在省行经营绩效考评中,连续四个季度综合排名第2位。

【转型推进发展跨越】 通过转方式、调结构,积极构建多元化价值增长方式,推动经营加速崛起。加快资产业务由大项目营销向实体经济、中小企业、表外融资转变。围绕产业链、项目链、供应链上下游,以贸易融资产品为抓手,加快拓展光伏、焦化、玻璃、电缆等重点行业和特色产业市场。实体经济贷款占全行80%以上,新增“两小贷款”28.8亿元,占比比上年提高11个百分点。累计办理表外资产业务52.3亿元,是表内融资增量的1.4倍,居系统首位。加快负债业务由一般存款向低成本存款转变。以公共财政市场、重点源头市场、商品交易市场为核心,公私联动,加快营销拓展。日均低成本活期存款占比比上年提高2个百分点。实现全部存款收益4.8亿元,占拨备前利润的69%。加快中间业务由传统项目向新产品转变。投行、PE等八项业务同比增幅超过100%。贵金属收入突破千万,居系统第三位,贵金属销量、收入分别进入全国30强和50强。转型提升盈利能力。年末贷款综合收益率比上年提高1.4个百分点。中间业务收入占拨备前利润的比重比上年提高8个百分点。经济增加值比上年增加2.4亿元,经济资本回报率比上年提高2.3个百分点。

【创新突破发展瓶颈】 主动打破传统观念束缚,用新思维、新方法,寻求新市场、新出路。成功推出了PE、融资租赁、电子汇票、上市顾问等20多项新业务。其中,信贷创新有13项全省第一单业务;完成2单PE,其中一单是工总行第一笔加工类企业PE业务,被编入杭管院全国投行业务培训案例;成功办理了全省首笔集“联合承销商、联合保荐人、联合簿记人”三重角色为一身的上市顾问业务。针对小企业贷款担保难问题,主动创新担保方式,小企业“合金商融通”品牌首批进入全省区域融资准入。围绕重点商品交易市场,成功办理了全省首笔商品质押+商户联保、日均存款质押+商品质押方式个人经营贷款。加快“建工灵通卡”项目在全省推广进程,发放灵通卡近3万张,办理代发工资近万户,拉动对公存款增加1亿元。此项工作被中组部编入《全国基层党组织创先争优经验》教材,是工商银行唯一获选案例。

【特色经营打造发展增长极】 立足区域经济特点,努力把特色做长、长项做专、亮点做精。突出强县强行建设,打造市区“龙头”支行,推进非均衡发展。沙河支行率先实现利润超亿元,拨备前利润比上年翻番。全部县支行利润比上年增幅达58%。八家支行进入全省存款、中间业务双十强。在推进支行发展中,强化机制引领,实施经营绩效合约考核,一行一测算,一行一目标,一行一权重,引导支行有什么资源拼什么特色,集中力量发展重点业务、拳头产品,打造特色亮点。针对产业集群多、民营企业多的特点,积极推进“两小贷款”发展。全年新增小企业贷款10.2亿元,余额、增量分别居全省第三、第四位。新增个人贷款17.1亿元,增量系统、同业双首位。两小贷款占全部新增贷款的78.7%。

【夯基固本奠定发展基石】 大力强化客户、渠道、内控三大基础,为全行可持续发展奠定扎实根基。加快扩户增容,优化客户结构。突出目标营销,成功争揽“南水北调”、邯黄高铁等重点项目建设资金、拆迁补偿款14亿元。突出链式营销,扩大小企业客户规模。全年中小企业扩户139户,占新增公司客户的95%以上。突出商友俱乐部平台作用,加快重点市场进入。先后成立11家商友俱乐部,五大市场新增中高端客户1 632户,业务产品渗透率达64%。强化渠道基础。加快物理网点优化整合,大力发展离行式自助银行、ATM等自助渠道,全年建设离行式自助银行10家,新建改建物理网点13家,分别居系统第一、第二位。同时,以“借道分流、转道分流、换道分流”为主体思路,更加注重电子渠道、介质渠道作用。柜面业务可分流率34.3%,居全省首位。银行通布放量、交易笔数、交易额均居系统首位。白金卡增速居全省第三位,POS回佣收入同比翻番。强化内控基础。以案防教育、机制约束、监督检查为抓手,构建横向到边、纵向到底的大安全体系。成立信贷业务监测、视频集中监控、业务检查“三大中心”,深入开展各类风险隐患排查及专项治理活动,推进网点安全保卫工作标准化建设,全行风险防控能力进一步增强。

中国工商银行股份有限公司邯郸分行

【概况】 中国工商银行股份有限公司邯郸分行2011年实现拨备前利润7.75亿元,同比多增1.06亿元;实现拨备后利润8.6亿元,同比多增2.5亿元;实现经济增加值4.61亿元,同比增加1.51亿元,增幅48.71%。全部存款余额377.54亿元,较年初增加6.33亿元,其中储蓄存款较年初增加10.61亿元,还原保本理财产品后增量为18.92亿元。人民币各项贷款余额209.31亿元,较年初增加27.75亿元,同业排名第二。实现中间业务收入3.7亿元,同比增加1.28亿元,同业排名第二。不良贷款占比1.02%,较年初下降0.24个百分点。

【信贷业务】 大客户贷款较年初净增10.67亿元,办理区域理财委托贷款业务5 000万元,实现入池资产续贷5.88亿元,存量贷款资产23.1亿元入池待转让。积极拓展中型公司客户信贷业务,中型客户贷款较年初增加4.89亿元,完成扩户增容35户。突出网贷通等重点产品,小企业贷款客户较年初增加43户,余额较年初增加5.27亿元,户数和余额分别较年初增加68%和132%。重点发展经营性物业支持贷款,房地产开发贷款较年初增加4.7亿元,余额及增量均居同业首位。将资源向利率和综合收益水平高的贷款倾斜,个人贷款较年初增加5.5亿元,余额及增量均居同业首位,其中非住房类个人贷款比年初增加3.2亿元,增量占比达58.72%,较年初提高了37.33个百分点。充分发挥票据中心、武安票据小组职能作用,临漳等支行走出辖区挖掘潜力,做大贴现量。全年累计办理票据贴现66.11亿元,较上年增加24.64亿元。票据周转率较上年提高1倍,实现票据利润4 525.5万元。

【存款业务】 通过组织开展"红酒品鉴会"和中秋、春节走访维护等活动,抢抓私人银行客户和重点代发工资单位,全行5万~100万元客户增加7 500余户,100万元以上财富客户及私人银行客户增加120户。借助人缘、地缘、亲缘等优势,抓大额代发和项目争揽,先后争揽到拆迁补偿等转储项目12个,4.1亿元。组织开展"大联动 大营销"活动,加强公私联动,争揽代发工资客户68家,8 688户,月均代发工资额达2 533万元。重点以他行客户为营销挖转目标,抓住大客户闲散资金、股民保证金资金、商户流转暂存资金、工薪阶层积累资金、客户投资暂存资金等"五类资金",推动储蓄存款与理财产品的相互促进。抓源头和上下游营销,通过工商、税务部门搜集纳税大户名单,重点营销目标客户开户320户,占当年新开户的29.6%。抓"新农保"争揽,加强同试点县人劳部门的沟通,多层次、多渠道公关,获得4个县(区)的业务代理权。把握公积金改革的机遇,挖转原在建行缴费单位160户,金额8 000万元;积极应对邯郸市财政社保资金账户归集改革,连续18天开展社保资金争揽"保卫战",重新将11亿元财政社保资金揽回,确保了我行社保资金占比同业首位。抓社会保障卡营销,与市人社局签署了社会保障卡项目合作协议。

【中间业务和新兴业务】 强化对支行和部门两个维度的考核,中间业务收入同业占比与第一名建行仅差2.04个百分点,差距大为缩小。以信贷业务新产品拓展优质市场,成功办理冀中能源峰峰集团债券投资业务1.3亿元、龙瑞公司PE业务1.5亿元,对全部法人信贷资金实施"安心账户"托管,托管规模72亿元,实现托管业务收入1 460万元。全年大、中、小企业业务分别实现收入9 488万元、4 370万元、3 024万元。实现消费贷款中间业务收入5 007万元,同比多增2 393万元。代理销售保险产品4.45亿元,销售各类基金10.5亿元、个人理财产品104亿元,灵通卡发卡51.6万张、消费额达到150亿元,实现个人中间业务收入6 884万元。新增现金管理客户1 710户,新开对公结算账户3 172户。累计销售黄金业务总量2 927公斤,同比增长56.45%;累计销售白银业务总量440吨,同比增长726.11%,进入总行贵金属业务旺季营销三十强二级分行。安装单位及个人车辆ETC电子标签988辆,市场占比第一。企业网上银行存量客户1.5万户,个人网上银行存量客户53.5万户,Wap手机银行存量客户26万户,同业占比均为第一,电子银行收入保持同业首位。加大信用卡业务营销力度,存量卡26.6万张,同业占比第一。全年办理国际结算业务14.7亿美元,同业占比第一。

【深化改革】 提高经营效益类指标考核权重,调整完善业务协调发展类考评指标,提升全行综合竞争力;提高激励费用与效益的挂钩力度,鼓励全行提高价值贡献。邯钢、天铁、曲周支行分别进入全省经营绩效考核城区、县域支行前十强。先后成立离退休人员服务中心、视频集中监控中心、自助设备运营中心,将监察保卫部分设为监察室和保卫部两个机构;进一步强化全行运营风险管理工作,将重大准风险事件核查调整到内控合规部管理。加强渠道优化建设,物理网点完成优化改造并开门营业9个,离行式自助银行已完成装修待投入运营6个,网点升格任务超额完成,渠道优化建设工作省行考核名列前茅。成功启动丛西支行、罗城头支行业务综合化试点工作。对武安、峰峰、涉县三家小企业专业支行进行转授权,形成中心+支行的业务发展模式。魏县、武安、曲周等支行取得外汇业务经办行资格。

【风险防控】 现金收回邯郸市长远天然气公司等3户企业不良贷款1 362.3万元,清收账销案存资产820万元,成功处置马铝抵债资产1 169万元。组织移交个人不良贷款160户,1 240万元。顺利完成政府融资平台贷款增信工作。有序开展担保圈贷款风险化解工作,化解担保圈贷款6.97亿元,完成省行下达任务的278.71%。深入推进"内控和案防制度执行年"活动,认真开展员工违规为他人借贷提供担保专项排查治理活动。投资149万元,对监控系统、报警系统、物防设施等进行更新改造。组织三级联动应急演练,进一步提高全体员工的安全防范意识和实战应急能力。重新修订《邯郸分行核算三项差错及一类风险事件考核办法》,加大对风险事件和核算差错考核力度,压降三项差错,三项指标均低于省行平均水平。强化突击检查,提高自助设备运营效率,综合考核省行第一。顺利完成总行新版银行票据启用和更换工作,确保凭证管理工作安全无事故。建成并投入使用向阳、中华支行两个新档案库。面对面对账7 064户次,任务完成率为100%。

【队伍建设】 着力加强干部队伍的梯队建设,选拔了一批70后干部充实各级领导班子队伍。通过公开竞聘先后选拔了6名支行行长(经理)助理和成安支行副行长。举办培训班140余期,培训8 000余人次。全面推进职工之(小)家建设,落实同心工程,开展健康日、爱心日等活动。扎实做好信访稳定工作,严格执行信访督查督办工作规则,制定应急预案,维护稳定大局。全面铺开"2011年改革流程、改进服务年"活动,开展星级网点创建和服务明星评选活动,先后评选出市行服务明星120名,其中11人次获省行服务明星称号,38个网点通过省行首批星级网点验收,丛台支行营业室被评选为总行级优质服务样板店。企业文化推广深植工作获得省行认可。

中国农业银行股份有限公司河北省分行

【概况】 2011年,中国农业银行股份有限公司河北省分行在农总行的正确领导下,按照河北省委、省政府工作部署,大力支持全省重点区域和重点项目建设,全力做好"三农"金融服务,积极支持中小企业发展,努力推进经营转型,各项工作实现了健康、平稳、有效发展。到2011年末,资产总额达到4 624.6亿元,比年初增加343.9亿元;负债总额达到4 546.6亿元,比年初增加329.5亿元。各项存款达到4 406.13亿元,比年初增加308.87亿元,存款总量居四大行首位。各项贷款余额达到1 815.15亿元,比年初增加183.8亿元。不良贷款率1.51%,比年初下降0.19个百分点。全面风险管理体系更加完善,合规管理水平进一步提升,实现了无重大责任性事故、无重大违规案件的目标。

【支持重点区域和重点项目建设】 一是加大对重点工程和重点项目的贷款支持力度。紧紧围绕河北省"十二五"规划和重点区域发展战略,紧跟沿海地区、冀中南地区、环首都经济圈等重点区域和111家央企进河北建设项目,对渤海新区、正定新区以及全省13个超千亿园区进行了专题调研,制定了综合金融服务方案。同时,加快推进省、市、县三级核心客户群建设,对重点客户实行名单制管理,组建专业团队,缩短信贷审批流程和环节,全面提升对重点项目的金融服务水平。2011年末,该行法人客户实体贷款达到1 362.74亿元,比年初增加142.62亿元,占总增量的77.6%,同比提升9.47个百分点。同时,推行"绿色信贷",认真执行国家产业政策和环保政策,严控"两高一剩"行业贷款,积极服务全省产业结构调整。2011年末,该行共支持节能环保项目47个,贷款余额110亿元。二是推进重点区域优先发展。持续加大重点行改革力度,推进省分行营业部、唐山、廊坊三家重点城市行和30家重点县域支行快速发展,促进全省重点区域经济发展。三是加大投资银行等新兴业务金融服务力度。该行努力为企业提供全方位综合服务,特别是在信贷规模紧张的情况下,积极发展短期融资券、中期票据、定向工具等债务融资工具产品,有效拓宽客户融资渠道。同时,为客户提供常年财务顾问、融资顾问、理财顾问、企业年金、改制上市财务顾问等理财服务,有效节约企业财务成本。到2011年末,共为30户大型企业累计定制30期、76.9亿元理财产品。

【"三农"服务金融】 2011年末,农行河北省分行县域各项贷款比年初增加129.1亿元,占全行总增量的70.2%,增速19.8%,高于全行平均水平8.5个百分点。该行服务"三农"工作得到了河北省委、省政府和监管部门的高度肯定。支持新农村建设工作受到河北省金融办、人民银行通报表彰,并获支持县域中小企业发展金融工作、支持农户小额信贷工作、优化农村支付环境工作优秀奖三项奖励,与农总行联合研发的县域中小企业产业集群多户联保信贷产品在2011国际优秀中小企业服务商大会上获"2011年度优秀中小企业产品大奖"。在内部改革方面,该行进一步深化服务"三农"改革,建立健全事业部制管理架构,实行"六个单独"运行机制,加强县域支行分类管理,实行一行一策,推进特色发展。在支持重点领域方面,积极支持农业产业化发展,全省支持农业产业化龙头企业124户,投放贷款46.2亿元;对国家级、省级龙头企业的服务覆盖率分别达到93%、66%。积极支持县域中小企业发展,县域中小企业贷款达到278.1亿元,比年初增长22.8%,高于全行贷款平均增幅11.5个百分点。积极支持农产品批发市场、商品城和物流园区等商品流通市场项目,全年新投放县域商品流通市场贷款5.6亿元。积极做好环首都绿色经济圈和蔬菜产业金融服务,全年新投放涉蔬贷款19亿元。积极做好农户金融服务,该行在以惠农卡为载体、以农户小额贷款为驱动的农户金融发展模式下,依托新农保等代理项目实现惠农卡批量发卡,全行共发放惠农卡315万张,全省农户覆盖率达到13%。以结构调整为主线,稳步推进农户贷款业务发展,共向36万农户授信119亿元,贷款余额57.9亿元。在渠道建设方面,扎实推进县域网点改造和转型工作,专项安排网点建设、自助设备和终端投入计划。加大电子设备投放力度,在县域布放各类自助机具占比超过全行的60%。同时,在全省率先开办银行卡助农取款服务,推出了以转账电话为重点的农村渠道建设新模式,最大限度地延伸服务半径。2011年末已在22个县设立助农取款服务点3 203个,交易笔数达到27万笔,交易金额6 100万元,为广大农村地区持卡客户提供足不出村、方便快捷的基础性金融服务。

【支持中小企业发展】 截至2011年,农行河北省分行共支持中小企业客户1 522户,贷款余额519.7亿元,占法人客户贷款余额的41.7%,同比提升1.05个百分点;贷款增速16.1%,高于全部贷款增速4.97个百分点;不良率仅为0.42%。一是实行集中化经营。该行在省、市分行均成立了小企业金融服务专营机构,配备了专职人员,实行"一站式、专业化"的经营模式。研发专门产品,推出了简式快速贷款、自助可循环贷款等适合小企业的特色产品,实行评级、授信、用信一次审批,有效缩短决策链条。二是落实专项资源。对中小企业信贷业务,实行专项资源管理,单独核定任务计划、单独配置信贷规模、单独配备人员、单独进行考核,为做好小企业金融服务提供有力保障。三是严控风险。加强小企业贷款的全过程管理,在实际工作中,逐步探索并总结出了信贷业务调查的"二十二字方针"和"两谈、三查、四看、五确认"的基本调查方法,总结出了"七个门槛"、"六个不贷"的客户准入制度等,严控小企业风险。

【金融服务】 一是加强产品和服务创新。为加强品牌建设,农行河北省分行构建了"金穗卡"、"金钥匙"、"金益农"、"金e顺"、"金光道"等五金产品体系,全方位满足客户多元化需求。努力打造一批具有核心竞争力的拳头产品。二是优化客户服务渠道,构建以营业网点、自助银行、电子渠道为核心的立体化服务渠道。加快推进网点转型,按新标准装修改造的营业网点达到602个,新装修网点全部实现了网点功能合理分区;努力改善网点形象,具备条件的网点已全部更新LOGO标识,客户现场体验和服务品质大幅改善。完善客户服务模式,建立了财富中心、理财中心、理财区三位一体的立体式高端客户服务模式和专业理财师队伍。加快电子化渠道建设。加快电子银行业务发展,全年实现电子银行业务收入5.23亿元,同比多收1.65亿元,四大行市场份额56.14%,居首位。加快银行卡业务发展,全行借记卡总量达到1 940万张,全年新增251万张,居同业第1位。加大自助设备布放力度,共上线运行ATM2334台,安装布放转账电话19.8万台。三是优化内部流程,提高服务效率。进一步优化信贷业务流程,缩短审批环节,提高信贷审批效率。建立现代化运营体系,合理设置网点劳动组合,推进后台集中作业,持续优化柜面业务流程,提高客户服务效率。完善客户服务模式,建立财富中心、理财中心、理财区三位一体的立体式客户服务模式,为个人客户提供高品质、综合性服务。

【打造平安、和谐农行】 一是积极推进全面风险管理体系建设。进一步理顺风险管理运行机制,初步形成了"集中管控、矩阵分布、全面覆盖、全员参与"的风险管理组织体系。组建了风险识别专家队伍,建立了风险合规经理动态补充机制,启动了全省风险合规经理补充选拔工作,建立起后备风险合规经理库。进一步加强非零售客户内部评级法、资产风险分类新系统等风险工具的推广应用。二是加强信用风险管理。深入推动贷款新规落实,制定了贷款新规实施方案,将政府融资平台、房地产、小企业、农户信贷业务作为风险防控重点,通过实行名单制管理、严格贷款准入、控制贷款余额、加大监测和催收力度、增加贷后检查频次等手段,切实防范信用风险,强化信贷管理基础,持续强化贷后管理。三是加强操作风险管理。实施了以作业集中、监控集中、授权集中为重点的"三大集中"现代运营管理体系建设,突出重点环节,严控安全保卫以及法律、声誉等风险。四是强化内部控制和案防工作。该行以农总行"基础管理提升年"、银监会"银行业内控和案防制度执行年"等活动为契机,强化合规教育,严格管理、从严治行,案件防控和合规管理水平进一步提升,内控评价上升为一类行。五是大力推进干部和员工队伍建设,队伍素质和凝聚力进一步增强。坚持以人为本,全力维护员工利益。突出工资向基层、一线倾斜。出台补充医疗保险管理制度,制定企业年金制度,进一步提高员工生活保障水平。加大"职工之家"建设力度,基层员工工作环境不断改善。积极推进民主管理,将开好职工代表大会、党委民主生活会作为加强民主管理的重要抓手,开出成效。加强组织关怀,全省共慰问困难员工1 493人、发放慰问金165万元,进一步提升了员工的向心力和归属感。积极举办建党90周年、建行60周年歌咏大赛等文体活动,员工的凝聚力、自豪感进一步增强。

中国农业银行股份有限公司河北省分行营业部

【概况】 2011年,中国农业银行股份有限公司河北省分行营业部牢固树立科学发展理念,认真落实省分行的做大做强城市业务、做深做细"三农"工作的指导方针,在加强队伍建设和风险管理的基础上,积极拓展优质客户,全力支持地方经济发展,取得了经济效益和社会效益的双丰收。截至年末,各项存款余额达到755亿元,比年初增加51亿元。各项贷款余额达到299亿元,比年初增加35.8亿元,同比多增4.83亿元。其中法人贷款增加39.5亿元,同比多增29亿元;个人住房贷款增加10.6亿元。自营不良贷款比年初下降3 132万元,不良贷款占比1.15%,低于全省平均水平。"三农"业务稳步推进,新增惠农卡5.29万张,新增农户小额贷款6 880万元、个人生产经营贷款1 167万元。开展"农户不良贷款零余额支行"创建活动,零余额支行达到11个;全辖农户不良贷款占比0.05%,比年初下降0.11个百分点,低于全省0.24%的平均水平。已连续9年实现安全经营无案件。2011年内控评价全行33个支行一类行达到28个,比去年增加17个,其他5个行为二类行,整体合规管理水平得到提高。

【对公业务】 一是建立服务组织,启动核心客户群建设。制定《营业部对公核心客户建设管理办法》,成立由营业部老总、前台部室经理和支行行长组成的服务团队,初步选定了2 543个优质客户组成营业部核心客户群。二是完善客户信息、制定服务方案,积极跟踪走访部分客户,如格力电器、轨道交通已收到初步成效。三是放开分理处办理对公业务权限,办理对公业务的网点由年初78个增加到年末的122个。2011年全辖对公结算账户新增8 284户,达到2.18万户,完成省分行任务238 %。四是通过对企业提供发债、信托、融资顾问等增值服务。全年实现投行收入8 285万元,计划完成率165%。累计销售对公理财产品111亿元,实现对公理财业务收入279万元,计划完成率126%。现金管理平台上线账户达743户，新增187户，计划完成率233 %；累计交易额395.6亿元，月均存款29.9亿元，对维护客户、稳定存款发挥了较大作用。

【零售业务】 开展个人优质客户精细化管理工作，将优质客户管理系统和金钥匙专家系统相结合，在原有主任、大堂经理管理客户的基础上，增加柜员成为管户经理，加强与客户联系互动。加强神秘人暗访检查，对检查出来的问题及时落实整改，不断提高文明服务水平。2011年末，储蓄存款余额544亿元，比年初增加49亿元。个人贷款余额37.2亿元，比年初增加10亿元，同比增加3亿元。全辖个人客户437.7万户，比年初增加28.7万户。加强网点改造，提高单点产能。全年共完成51个网点装修，已装修网点数达100个，占全部网点的65%。

【渠道建设】 大力拓展有效商户，拓宽服务渠道，以MIS系统、POS机为切入点，陆续入住世贸酒店、东购广场、东明家具、红星美凯龙等100余家高档商户。全年新增签约商户2 451户，商户总量4 607户；新增POS机4 184台，总量达7 250台。新增贷记卡发卡量51 531张。积极发展电子银行注册客户，全年新增96.16万户；其中个人网银新增27.12万户。电子渠道分流率达62.46%，较上年末提高9.7个百分点，超过全省平均水平1.59个百分点。

【"三农"业务】 制定了《加快重点县域支行业务发展的意见》，优先发展重点县域支行的资产业务。藁城、正定、辛集、鹿泉四家重点县域支行累放贷款10.2亿元，占县域支行新增投放的35.4%。加强对农户贷款区域结构、客户结构、产品结构和要素匹配结构的调整，明确业务发展的重点区域、重点产业和重点客户群体。积极稳妥开办农村个人生产经营贷款业务。在藁城支行已确定24个助农取款服务点，覆盖了该市14个乡镇、24个行政村。当年实现交易量200笔，交易金额12.4万元。抓农户贷款精细化管理与风险防控。明确目标任务，制定激励措施，通过上下协调联动，多措并举抓清收，取得明显成效。

【内控管理】 严格控制信用风险，贷款质量有所提高。全行清收自营不良贷款3 132万元，不良贷款率比年初下降0.28个百分点。有序推进运营后台集中建设，操作风险得到有效控制，全辖154个网点的授权业务全部纳入远程授权，市区行现金清点全部上收到市行现金中心；市区行重要空白凭证集中配送成功运行；联行往来、同城交换、开户审批、司法查询等部分业务已纳入中心集中处理。"三化三铁"达标率100%。推进"基础管理提升年"、"四基"教育（基本理论、基本知识、基本制度、基本技能）和合规文化大讨论活动，评选出"四基"活动先进支行5个，先进个人25名；广安、藁城支行获选省分行"四基"活动先进支行，5名同志获省分行"四基"活动先进个人。开展现场和非现场检查，确保金库、营业场所和自助机具等重点部位的安全；加强消防安全"四个能力"建设，落实线路改造要求，消除火灾风险隐患。通过了总行、省分行的安全评估验收，5个支行被石家庄市公安局评为"平安支行"。

【队伍建设】 落实党风廉政建设责任制，开展反腐倡廉教育活动。组织开展《员工违规处理办法》学习活动，掌握实用条款，提高全员合规意识。开展多种形式的培训，举办各种培训班115期，参训人次达2万多人。组织全辖1 100多人参加柜员岗位资格考试，57人参加产品经理资格考试，组织全国高级会计师、全国职称外语、计算机等各种资格的社会考试工作，参考人数达500多人。开展劳动竞赛，选拔业务骨干参加省分行组织的技术比赛，先后获得了省行信用卡知识竞赛一等奖、国际业务知识竞赛一等奖、金融市场知识竞赛二等奖、柜台业务团体第一名、产品组合创意组一等奖等9个团体奖项和6个个人奖项。深入基层，化解矛盾，减少不稳定因素，慰问198名特困劳模、特困员工，发放慰问金26.8万元，解决了部分困难员工的生活之急，也带去了组织的关怀和温暖。

（张丽）

中国农业银行股份有限公司承德分行

【概况】 2011年，中国农业银行股份有限公司承德分行主体业务稳步推进，增幅居同业之首。各项存款业务快速发展，系统内排名靠前，市场份额大幅提升，同业领先优势加大，实现和保持了各项存款存量、增量同业"双第一"的目标。各项存款完成年度计划的113.3%，存量市场份额和增量市场份额均为同业第一。各项贷款存量市场份额同业第三,增量市场份额同业第二,是近年来贷款投放较多的年份之一。中间业务收入完成年度计划的102%,市场份额同业第二。全行完成年度拨备后利润计划125.6%。

【经营转型】 2011年年初以来,市分行根据新的金融发展形势,以"春天行动"为契机,加快推进业务经营转型,大力营销负债业务、资产业务和中间业务,收到了明显成效。在"春天行动"综合考评中,承德分行全省排名第一。一是抓先机。通过提前谋划,抢抓先机,强力营销,"春天行动"取得了良好效果,实现了首季"开门红"。一季度,各项存款计划完成率全省第一。存量市场份额30%,增量市场份额77%,均为同业第一,在全省率先实现了同业四大行各项存款存量、增量市场份额"双第一"目标。各项贷款增量市场份额36%,同业第一。中间业务收入增幅123%,同业第一,全省第一。拨备前利润计划完成率全省第一。二是抓客户。大力培植核心客户群,建立重点客户营销责任制,分层营销维护,实施方案营销。在资产业务上,根据承德实际,把营销重点放在"钢、矿、路、电"四大行业的重点客户、优质中小企业客户和优质个人客户上。三是抓产品。充分发挥优质业务产品对维护客户、提高竞争力的重要作用,重点营销投资银行和各类理财产品,特别是针对对公存款大幅下滑的严峻形势,把营销对公理财产品作为稳定存款的重要措施。同时努力提高产品的议价能力,明确客户对全行的综合回报率不得低于同业金融机构的经营策略,在兼顾银企双赢前提下,根据客户类型确定不同的综合收益水平,提高对新增客户、新增贷款业务的议价能力,从源头上拓宽收入来源。四是抓网点。为确保"春天行动"扎实有效开展,以全行营业网点为营销主阵地,积极组织开展"文明服务季"等活动,突出"软"服务,吸引客户,赢得客户,增强竞争力。同时,按照标准统一、功能分区、设施齐备、形象靓丽的标准,加快网点建设和转型,增强网点营销能力,提升综合竞争力,全年完成装修改造网点24个。新装修改造的网点,存款增量和中间业务收入分别比全行平均高40%和27%。五是抓转型。把经营转型提高到能否实现有效发展、可持续发展的高度来认识,针对信贷规模紧缩的形势,转变收入增长方式,推进业务经营转型,大力拓展中间业务。在大力营销投资银行、代理寿险、信用卡及商户收单等优势业务的同时,查找中间业务发展"短板",有针对性地重点营销,促进中间业务全面、均衡、快速发展。六是抓县域。坚持城乡两大市场的基本定位,开展了"四个调整",即依据模式调整贷款结构,区别贷款管理水平调整单户贷款额度,根据客户经营周期调整贷款期限,根据收益覆盖风险和成本的原则调整贷款定价水平,积极组织开展"一手抓客户,一手抓产品"县域中小企业综合营销活动,积极创新服务模式,优化信贷结构,打造效益强行,积极开展集团客户营销工作。七是抓清收。按照"依法合规、高效处置、精细管理、控制风险"的思路,坚持不懈抓不良资产清收工作。八是抓竞赛。为在全行上下营造争先创优、不甘落后的营销氛围,积极组织开展"储蓄存款擂台赛"、"代理保险业务竞赛"、"争先创优"等各项营销竞赛活动,有力推动了业务经营工作开展。九是抓宣传。为营造"春天行动"和业务营销的强大声势,在年初对全年的宣传工作有计划、有步骤地进行安排,在开展统一宣传活动的基础上,积极进社区、进厂矿、进市场,开展特色专题宣传,召开客户联谊会,统一印发宣传资料,在电台、电视台统一制作宣传节目,在当地主流媒体投放宣传广告,走进电台"百姓热线"直播间等。年初以来,该行被市级以上报、刊、台、网录用的宣传稿件达511篇,《承德日报》连续3次在头版头条刊发农行大力支持当地经济发展的文章,《金融时报》、《中国城乡金融报》、《河北日报》及《河北经济日报》等媒体对农行支持中小企业发展成果进行了专题报道,承德电视台拍摄的承德农行《创新服务方式 促中小企业发展》电视专题片在多个电视栏目播放,引起了社会各界的强烈反响,树立了良好的公众形象,有效促进了业务经营的开展。十是抓督导。为提高全行上下的执行力,该行对全年各项经营指标层层分解,细化落实,倒排工期,确定时限,逐项明确责任部门和具体责任人,按周上报、按旬统计、按月督导、按季通报,序时推进。对主要经营指标差距较大的支行,市分行领导包片、部门包行,帮扶指导,强力督导,确保各项措施落实。同时,把"实时跟踪,经常调度"作为各项存款的常态化管理方式,针对存款变化和不稳定现象,市分行主管部门加大监测力度,每日监测变动情况,对出现较大波动的认真分析原因,及时联系县支行主管行长，采取有针对性的紧盯措施；对存款增长进度缓慢、不稳定，旬末、月末、季末较日常下降的支行，及时进行调度；对月度市场份额排名第二以下和出现负增长的支行行长、主管行长，进行调度、问责，共同分析问题原因，帮助制定改进和提高措施，尽快扭转被动落后局面，促进全行存款业务均衡、持续、快速发展。

【夯实基础】 农行承德分行在努力抓好业务经营工作的同时，高度重视内控合规管理工作，把“保平安”作为头等人事来抓，在认真贯彻落实各项规章制度，积极组织开展省分行统一安排部署的“九项”全行性活动，努力提升全行基础管理水平的基础上，根据实际，积极采取新的内控合规管理举措，加强全面风险管理，加大基础管理和内控建设力度，加大对各条线的监督力度，加强对重点部位、重点环节、重点时段的管控，抓好各项常规检查，促进各项规章制度落实，有效防范了各类风险和案件，为业务发展创造了良好的环境。一是加强合规教育。年初以来，该行把《中国农业银行员工违反规章制度处理办法》作为学习重点，分章节、分条目重点解读，定期下发学习提示，增强学习效果。同时开展了“典型案例学习教育活动”，明确了活动时间和学习内容，做到有组织、有方案、有要求、有检查，并搜集相关银行抢劫案案例，刻制光盘下发到各支行，发挥警示作用。二是加强安全防范。加强枪支管理，加强消防管理，加强金库管理，加强科技防范，加强重点防控，加强规范化管理，加强市场化守押管理，加强安全保卫检查，并及时督办整改，消除风险隐患。三是加强运营管理。创新合规活动，加强对公支付结算业务风险防范，提高运营管理质量，做好“三大集中”推广工作，确保各项工作落实到位。四是加强信贷管理。坚持将信贷风险管理贯穿于信贷业务的整个过程中，从客户准入环节一直到信用收回为止。重点关注客户经理调查的真实性、审查环节资料的完整性、合规合法性、风险经理履职的到位性、贷后管理的深入性、在线监管的督导性、风险预警及处理的及时性、有效性等。五是加强信息安全管理。完成了全辖网络系统的升级改造工作，全市农行办公网络率先在全省实现了主干千兆光纤接入，百兆到桌面的网络模式，营业网点的网络线路全部提升到了2M。完成了UPS集中监控系统的安装调试工作，6月中旬UPS电源监控系统顺利上线，全辖45个网点的UPS电源全部纳入到UPS集中监控范围，提供了技术保障。加强了计算机病毒防范工作。六是实施整体移位检查。在移位检查过程中，检查组事先不告知经营行及被移位网点，要求营业网点主任、运营主管及部分柜员移位离岗，由检查人员代理各项职责。七是加强法律风险防范。规范合同文本管理，加强案件管理，加强法律审查，加强证照管理。八是强化问题整改。该行对各类检查发现的问题，及时统计分类，限时监督整改，对整改结果逐项目、逐问题汇总甄别，确保整改结果真实，各项数据准确。

【队伍建设】 农行承德分行始终坚持“以人为本”理念，坚持人性化管理，大力加强队伍建设、作风建设、党风廉政建设、精神文明建设、企业文化建设、“和谐农行”建设和维稳建设，积极营造和谐氛围，充分调动了干部员工的工作积极性、主动性和创造性，树立了良好的公众形象，为全行加快发展提供了强劲动力。一是加强队伍建设。2011年，共提拔调整了49名科级干部，充实到各管理岗位，县支行领导班子已经配备到位，年龄结构，知识结构，专业结构得到优化。为提高员工队伍素质，以抓对员工的教育培训为重点，有针对性地加强各项培训，提高全员工作效率、工作质量和营销能力。二是加强作风建设。为进一步增强机关为基层服务意识和能力，在认真落实《承德分行加强机关作风建设十条规定》的基础上，由县支行班子成员对市分行中层干部，从工作能力、管理能力、服务水平、工作作风等方面进行评价，基层行不满意的，市分行进行诫勉谈话，严重的调离工作岗位。三是加强党风廉政建设。把开展“创先争优”活动作为党建工作的重要抓手，加强基层党组织的思想、组织、作风、制度建设，激励广大党员充分发挥先锋模范作用。努力构建案件防控长效机制，健全完善党风廉政建设和案件防范责任体系，明确了党风廉政建设、案件防控、合规经营责任目标和责任范围，层层签订《党风廉政建设责任书》和《安全合规经营责任书》。四是加强精神文明建设。充分发挥工会、共青团、妇联等群团组织在鼓舞士气、促进和谐方面的作用，深入开展创建“文明单位”、“青年文明号”、“青年岗位能手”等各项活动，巩固和扩大精神文明建设成果。年初以来，全行3个先进集体、6个先进个人受到总、分行表彰，被评为省级“文明单位”，市分行工会女工委被总行评为“先进女工委员会”。

（于绍礼）

中国农业银行股份有限公司张家口分行

【概况】 2011年，中国农业银行股份有限公司张家口分行认真贯彻落实总行、省分行的工作部署，以科学发展观为指导，围绕全市经济发展战略，加快业务转型，强化风险控制，全力推动业务发展，各项存款余额达到161.3亿元；各项贷款余额达到77.02亿元；实现中间业务收入1.03亿元；实现拨备后利润2.78亿元。

【负债业务】 面对储蓄存款前所未有的激烈竞争形势，该行先后出台了多项措施，力保储蓄存款持续增长。一是制定了《全员争当零售业务营销能手竞赛活动实施意见》，开展营销竞赛活动。二是制定了《个人优质客户管理维护推进方案》，将优质客户的管理维护责任分层落实到行长、客户经理、前台柜员等7个层面人员身上。全年存款10万元以上的客户比年初增加2 071户。三是制定了《网点文明标准服务管理奖罚办法》和《网点主任业务发展考评办法》，通过对网点环境、柜员服务等8个大项48个小项的检查，提升网点规范化服务水平。四是以既有存、贷款客户为依托，重点加强对集团性客户和关联企业客户进行高层营销，提供优质的服务，维护好客户。全年对公存款客户增加1 277户，存款余额增加1.18亿元。各项存款纯增3.48亿元，其中储蓄存款2.3亿元。

【信贷业务】 2011年，围绕全市经济发展战略和“4+3”产业，该行坚持服务大众、促进民生，可持续发展的经营改革目标，做大做强资产业务，加大信贷投入，助推全市经济发展。一是积极协调信贷规模，落实市金融恳谈会签约重点项目的信贷支持和服务。该行积极向上级行跑办签约项目，落实信贷规模，做好重点项目的信贷投放和申报审批工作，全年新增投入市重点项目贷款10.38亿元，办理承兑汇票47 450万元。上报重点项目8个、金额16.5亿元，获批6个、金额12.8亿元。二是制定并完善“县域中小企业贷款客户储备库”优化中小企业信贷服务措施，开办了小企业简式快速贷款和自助可循环贷款业务，全年发放小企业简式快速贷款25户、金额8 838万元、自助可循环贷款400万元。同时创新金融服务，拓展信贷服务渠道，向省分行申请开办了动产质押贷款业务，共审批发放以铁精粉、铁矿石、煤炭为抵押的贷款4笔、金额3 100万元。全年新增中小企业客户33户，累计新增投放贷款6.88亿元，信贷支持的中小企业客户达67户，中小企业贷款投放达11.51亿元。中小企业贷款增速高于全行贷款平均增速21.82个百分点。三是发展以住房贷款为主的个人信贷业务，促进改善民生。全年营销楼盘项目53个，通过审查的48个，按揭贷款额度达42亿元。累计发放个人贷款105 569万元，其中个人住房贷款累放56 921万元，余额97 920万元。

【服务“三农”】 一是为总结探索服务“三农”的有效路径和模式，组织开展了“环首都绿色经济圈发展规划”、“农村产业金融服务情况”、“农业产业化龙头企业金融服务情况”、“农副产品批发市场及市场商户情况”等一系列调研，制定出台了《环首都绿色经济圈建设发展规划服务方案》、《张家口市西山产业集聚区营销服务、支持实施方案》。对园区和经济圈重点项目、重点客户逐个摸清底数，研究确定对接的金融产品和服务模式，为更好地服务“三农”奠定了坚实的基础。二是大力支持农业产业化龙头企业，发挥龙头企业在农村经济发展中的辐射带动作用。农业产业化龙头企业一头连着基地、农户，一头连着市场，辐射面广，带动作用强。2011年，该行继续大力支持乳品加工、葡萄酒加工、马铃薯、皮毛等特色产业。全年新增农业产业化贷款32 249万元，“三农”业务贷款余额达254 856万元。累计投放县域贷款323 732万元，贷款余额达460 452万元，比上年末增加了99 071万元，有效的信贷投放，对拉动全市农业增效、农民增收、农村经济发展起到了极大地促进作用。三是扎实推进助农取款服务工作，把惠农服务落到实处。该行制定了《银行卡助农取款服务推进实施方案》，按照“以点带面、统筹推进”的方法，选取涿鹿支行和崇礼支行为首批助农取款服务试点。涿鹿支行依托万村千乡市场工程，选取经营规范稳定的农资店设立代理服务网点，崇礼支行则配合代理新农保业务，依托乡村小型超市、医疗诊所、门店设立助农取款服务点。两县共设立服务点27个，布放取款受理终端27部。新增惠农卡26 071张，农户小额贷款余额增加2 818万元,惠农卡累计发卡达 197 318 张,贷款余额为 26 069万元。完成助农取款服务 8 008 笔、余额 120.28 万元。其中为农民代理发放养老金 8 000 笔、金额 120 万元。使农民足不出村即可领到养老金和获得贷款。

【中间业务】 加强与工商联、商会、烟草系统合作,大力推进惠商卡发行,信用卡业务得到高速发展。全年共发卡 103 022 张,营销特约商户 884 户,成功开通并上线运行银行卡 MIS 系统,为特约商户带来了更加便捷的服务。努力扩大代理保险产品期缴销售比例,增加当期收益,全年代理保险业务实现手续费收入 1 101 万元,市场份额排第 1 位。统一调配 60 名业务骨干组建 6 个营销突击队,在全市开展电子机具集中布放营销活动,新布放 ATM 机 18 台、POS 机 819 台、转账电话 1 401 部,在线运行数量分别达到 116 台、1 528 台和 7 689部。营销网上银行 33 096 户、消息服务 108 067户,手机银行 22 448 户。实现电子银行业务收入 1 012 万元、银行卡业务收入 689 万元、自助银行业务收入 626 万元。举办了三期优质客户理财沙龙、为优质客户提供全方位金融理财服务,实现理财业务收入 193 万元,完成年计划的 259.33%,拓展新兴中间业务领域,为客户提供国际贸易融资、对外咨询、担保承诺服务等,实现手续费收入 212 万元。

【不良资产清收处置】 一是摸清底数,对自营、委托不良资产仔细核查、分类,将 22 个重点处置项目逐个分解到清收小组,排出清收处置时间表,逐个实现清收、处置。二是落实领导“包大管难”清收责任制,分行领导、部门经理分包清收任务占到全行任务的 50%,重大项目亲自牵头制定处置方案,实施清收和处置。三是以《在线监测通知书》、《派驻风险合规经理工作提示函》等形式,对到期贷款予以在线监测、实时预警、清收,使到期贷款收回率达到 99.95%。全年清收不良贷款本息 4 670万元,委托资产处置清收 3 222 万元,完成省分行计划的 107.38%,排全省农行第 4 位。

【内控建设】 通过扎实推进合规文化建设,加强案件防控和风险防范工作,继续保持了无重大经济案件,无重大刑事案件、无重大责任事故、无重大负面媒体事件。一是以总行“基础管理提升年”活动为契机,继续做好基础管理工作,加大内部控制和案防工作力度,促进全行内控评价类别的提升,分行进入免检一类行,8 个县支行顺利接受了由二类行晋升一类行的内控检查,一类行增加到 11 个。二是结合案件风险排查、人民银行执法检查,及时发现违章违规问题,研究落实整改措施,对 2010 年内外部检查中发现的问题,全部予以整改到位。三是加强信用风险管理,做好信贷审查、贷后管理工作,将地方融资平台、房地产、中小企业、农户贷款等作为风险防控的重点领域,加大监测,及时退出潜在风险客户。四是加强运营风险管理和安全风险管理,稳步推进集中监控中心、集中授权中心、作业清算中心的建设和运行,全部营业机构实现了远程集中授权,各类违规操作行为大幅度减少,业务差错率、冲抹账比率明显下降。对全行金库开展安全评估,撤并金库 2 个,金库集约化管理水平进一步提高,保留的金库全部取得公安部门《安全设施防范合格证》,全行营业机构均被认定为安全防范优秀单位。57 个单位全部取得电检合格报告,对电源线路零乱问题进行了整改。五是加强声誉风险管理,做好信访维稳工作。

【党风廉政建设】 一是落实党风廉政责任制,把党风廉政工作与业务工作同部署、安排、检查、考核,进一步明确了领导班子成员和相关部门在党风廉政建设中的职责和任务。定期召开党委会、纪委书记例会研究部署党风廉政和反腐败抓源头工作。二是开展警示教育,组织各支行领导班子成员和分行副科以上干部、各网点运营主管共 170 余人到涿鹿监狱进行实地警示教育。严格中层领导选拔任用制度,实行公开竞聘、监察部门全程监督。严格执行贷款审查审批制度、大额采购招投标制度等,提高经营管理的透明度。三是以人为本,开展企业文化核心理念和合规文化主题教育,全面加强员工队伍建设,提升员工队伍素质。对部分支行班子进行了调整,配齐配强支行领导班子。组织开展“建功立业”活动,弘扬先进典型,共评选表彰了 19 个先进集体、80 名先进个人,报省分行表彰的先进集体 3 个、先进个人 7 人。四是关爱员工,组织开展业务培训、业务练兵、技术比赛活动等,全年累计培训 3 580 人次,为职工成长提供平台。完善工资分配机制,工资分配向业务一线员工和基层行倾斜。深化“职工之家”建设,改善员工作生活条件。

(办公室)

中国农业银行股份有限公司秦皇岛分行

【概况】 2011年,中国农业银行股份有限公司秦皇岛分行以科学发展为主题,加快推进经营转型,不断夯实管理基础,有效防范各类风险,圆满地完成了主要业务“系统提位次、同业增份额”的既定目标,各项工作取得了显著成效。截至2011年末,全行各项存款余额239.12亿元,比年初增加21.8亿元,同比多增4.65亿元。人民币各项贷款余额79.85亿元,比年初增加9.44亿元,增量市场份额同比提升2.18个百分点。新增农户小额贷款4 132万元,新增惠农卡24.13万张。自营不良贷款余额7 977万元,较年初减少527万元,余额及占比实现“双降”。清收委托不良资产5 743.6万元。实现国际结算17.05亿美元,同比增长6.5亿美元,增幅61.74%。全年未发生经济、刑事案件和重大责任事故,2011年度被评为内控评价一类行、风险水平评价A类行。全年业务呈现出四个方面的特点:一是业务发展全面提速。2011年,全行人民币各项存款、储蓄存款、对公存款增量市场份额同比分别提升15 、18.7和14.7个百分点,计划完成率排名实现“三个第一”;各项贷款规模运用率达到100%;拨备后利润增速达35.73%,主体业务实现了高速度、跨越式地发展。二是经营转型不断深入。客户结构方面,全行10万元以上个人存款客户达到3.32万户,较年初增加4 841户;存款余额达到100.78亿元,较年初增加11.58亿元,占总增量的73.78%,超出全省平均水平9.26个百分点;电子渠道建设方面,全年新增个人电子银行注册客户26.71万户、企业电子银行注册客户2 873户、新布放ATM 21台、转账电话3 596台,电子交易渠道分流率达到48.51%,同比提高5.61个百分点;网点建设方面,完成装修改造网点31个,两年来累计装修改造网点46个,占全部营业网点的70%,网点形象和产能大幅提升。三是机制建设更趋完善。出台了《加强负债业务管理与考核的意见》、《资产业务发展意见》、《中间业务发展意见》、《费用配置实施方案》、《县级行行级干部绩效考评办法》等一系列制度办法,基本上覆盖业务经营管理的各个方面,同时还完善了科级干部,网点主任、大堂经理,客户经理、柜员等各层面及18个业务条线的考核办法,强化定期汇报、通报,名单制管理、督办、调度、问责和帮扶等工作制度,为业务经营提供了有力的支撑和保障。四是社保卡营销成果丰硕。11月16日,该行与市人社局签署了《秦皇岛市社会保障卡项目合作协议书》,标志着农行秦皇岛分行正式成为秦皇岛市社保卡项目的战略合作银行。

【负债业务】 一是创新机制,实现由经营业务向经营客户的转变。在充分调研和试点的基础上,出台了《关于加强负债业务管理与考核的意见》,通过将优质客户营销维护责任分解落实到人,把目前的存款业务计价工资转化为产品计价工资,以更加直观和透明的方式衡量员工工作业绩,兑现奖惩,实现了负债业务持续快速发展。二是“上产品”。借助理财产品锁定高端客户,重点营销月末到期理财产品,增强关键时点转化成存款的能力。提供个性化服务方案,为客户量身定做了“全额人民币质押+国际贸易融资+国际结算+外汇交易”的组合产品。三是制定《存款季末+营销攻坚方案》。通过召开存款营销会议,对存款大户提前介入,行长、主管行长分工包点等措施,全力控制存款非正常流失。

【贷款业务】 一是把抓大客户、大项目作为工作重点,以市分行为主导,分、支行相互配合,形成系统营销合力。2011年,分别向中交四公司等客户新投放贷款7.4亿元,同时储备了运亿运利、万科等一批优质贷款投放项目。二是积极稳妥发展小企业信贷业务。以简式快速贷和可循环贷款为抓手,积极营销能够提供有效房地产抵押的小企业客户,按照省分行下达的信贷计划,实现了小企业贷款的均衡投放。全年新增小企业贷款2.42亿元。三是强力推进个贷业务发展。逐楼盘制定营销计划,明确办结限时及要求;建立项目储备库,对入库项目密切关注进度,做好跟进营销。2011年,成功营销按揭楼盘28个,累放个人住房贷款6.43亿元。

【中间业务】 一是加快电子银行和银行卡业务发展。通过开展“金钥匙 春天行动”、“激情仲夏,金彩生活”、等专项活动,推进电子银行与信用卡、借记卡等其他个人金融产品,以及电子银行产品的健康发展,取得了良好成效。全年新增信用卡1.56万张、个人电子银行26.7万户、企业电子银行2 873户、转账电话3 596部；拓展有效收单商户412户；新增分期商户89户，实现分期付款交易额3 325万元。二是加大国际业务营销力度。通过深化优质服务，不断扩大存量客户市场份额；对进出口量超千万美元企业和优质中小进出口企业实施重点突破，成功营销了太行贸易等一批客户；积极推广贸易融资新产品，办理了全省农行首笔保付加签业务和跨境人民币信用证业务。三是不断提升代理业务市场竞争力。通过优选合作保险公司，开展代理财险、第三方存管推进活动等，促进代理业务快速发展。全年实现代理保险手续费收入963万元，同业排名第一；新增第三方存管开户4 952户；销售股票型基金3 774万元、人民币理财产品88.7亿元、实物黄金37 691克。

【服务"三农"】 一是继续做好农户小额贷款投放工作。实行一把手负责制，加大对落后行的督导、调度和帮扶力度，采取增量信贷计划与农户贷款发放进度挂钩等措施，促进业务持续健康发展。二是加强惠农卡用卡环境建设。到2011年末，已在4个县的全部69个乡镇和部分行政村布放了转账电话，实现了助农取款"乡乡通"。三是全力清收农户不良贷款。通过开展农户不良贷款清收"攻坚月"活动，有效地遏制了农户不良贷款上升势头。全年累计清收农户不良贷款151笔、金额418.26万元。四是加快构建县域核心客户群。按照支行分类和市场定位，围绕县域支柱产业，以行业性、区域性的优质龙头企业为重点，在多渠道、全方位摸底调查的基础上，经市场营销委员会审议，确定了市、县两级行核心客户名单，为后续营销工作夯实了基础。五是加快重点县域支行业务的发展。根据上级行关于省级重点县域支行经营目标和有关政策，结合抚宁县支行实际，制定了《重点县域支行落实经营目标工作方案》和《2011年重点县域支行考核办法(试行)》，细化了考核内容和方法，方案的实施对促进重点县域支行的发展起到了积极的作用。

【基础管理】 一是扎实做好案件防控工作。开展了"基础管理提升年"、案件风险排查、"案防制度落实年"、重点行治理，"小金库"专项治理和《员工违反规章制度处理办法》学习教育等一系列活动，使全行案件和风险防控能力显著增强。2011年4月，该行还组织副科级以上干部、省分行驻秦独立审批人、派驻风险合规经理及网点主任150余人，到河北冀东监狱听取了犯罪服刑人员现身说法，使广大员工受到了心灵的震撼与洗礼，进一步增强了自我约束能力。二是加强信用风险管理。严控重点领域风险，风险损失抵补能力不断增强，拨备覆盖率达211.86%；不良贷款余额、占比实现双降；固定资产、流动资金和个人3类贷款受托支付比例均居系统内首位，信用风险管理水平得到有效提升。三是加强会计基础管理。重点做好常规会计监管工作，认真组织专项监管检查，加大对重点业务、重点环节的管控力度，先后开展了对账、柜员管理、人民币结算账户、"两箱两库"、会计档案管理等9项专项检查，并对发现的问题及时进行了整改；加强运营主管管理，按月召开运营主管例会，落实谈话制度，组织开展了运营主管"学、守、做"和末笔登记不符专项治理等活动，使运营主管的履职能力明显提升。2011年5月，在全省运营主管业务知识竞赛中取得了第二名的优异成绩。四是推进合规文化建设。开展了"基本理论、基础知识、基本制度、基本技能"学习教育活动，通过开办墙报、集中培训、知识竞赛、专题讲座、技能测试等多种形式，激发员工学习兴趣，提高学习效果。在省分行组织的业务技术比赛中，我行取得团体第二名、外汇政策业务第二名、涉外保函业务第三名的好成绩。认真开展合规文化建设大讨论活动，通过分组学习讨论、合规文化宣讲等活动，使员工合规意识和责任意识明显增强，实现由"要我合规"向"我要合规"的巨大转变。统筹安排检查项目44个并全部组织实施完毕，其中整体移位检查5个分理处，突击查库442次，检查营业机构66个，同时督促相关责任人对检查中发现的问题及时进行整改。

【队伍建设】 一是狠抓领导班子建设。制定下发了《秦皇岛分行2011年科级干部履职考核办法》、《县级支行行长绩效考核办法》和《市分行部室绩效考核办法》，对支行领导班子成员、市分行中层干部履职情况进行了多角度、全覆盖的考核。二是加强员工队伍建设。以客户经理、运营主管和国际业务等紧缺专业人才的培养为重点，采取多种形式开展教育培训工作。2011年，市、县两级行共举办各类培训班89期，累计培训7 216人次。启动年轻干部培养工作。制定了《秦皇岛分行关于加强年轻干部培养选拔工作的意见》，并从市、县两级行分别选派部分人员进行交流任职或学习。建设好“职工之家”,为全行员工办理意外伤害险和家庭财产保险,进一步增强员工的归属感。做好亲情慰问,春节前向59名困难员工和离退人员送去慰问品、慰问金11.8万元。

（范玉柱）

中国农业银行股份有限公司唐山分行

【概况】　2011年,中国农业银行股份有限公司唐山分行抢抓重点城市行政策机遇,加速经营转型,优化资源配置,加强精细管理,各项工作取得新进步,经营管理再上新台阶。截至2011年末,全行各项存款余额905亿元,在同业和系统内率先突破900亿元大关,比年初增加61.3亿元;各项贷款余额532亿元,较年初增加24.28亿元。存贷款总量均居同业首位。全行惠农卡总量51.3万张,新增发卡11.2万张;农户贷款余额9.2亿元,新增农户小额贷款7 637万元;农户贷款不良率0.028%,同比下降0.092百分点。惠农卡发卡总量,农户贷款总量和增量,农户小额贷款总量和增量均居全省首位。助农取款工作得到省分行、省银监局和唐山市政府的充分肯定。在农总行重点城市行考核中,位居全国20家二级分行第2位。

【零售业务】　2011年,该行以大型综合营销活动为抓手,全面加快零售业务发展。一是扎实开展“春天行动”、“激情仲夏”和“爱在金秋”等大型综合营销活动。确立了“拓展高端、服务中端、分流低端”的零售业务发展定位和“由做业务向做客户转变”的营销策略,谋划实施系列大型宣传和综合营销活动。相继开展了集中日宣传、理财师进社区、虎年刷卡有礼、贵宾客户理财沙龙、女性贵宾形象设计沙龙、高端客户理财产品展示会等大型宣传营销活动,累计派发各类宣传资料10万余份,走访重点客户500多人次。二是全力抓好储蓄存款。该行加大绩效考核与组织推动力度,针锋相对开展竞争,确保存款稳定增长。严格落实个人优质客户分层管理,完善考核机制,落实奖惩措施。利用差异化服务、电子银行和理财手段吸引高端客户,促进存款稳定增长。还建立了存款工作“日监测、周调度、月分析”制度,全面落实客户维护、营销责任追究制度,鼓励先进,督导落后,营造争先氛围。三是个贷业务发展持续向好。明确了重点区域、重点产品、实施分类指导,全面放开了辖属24个县支行的住房贷款开办资格,拓宽市场营销范围。严格落实市、县行个人客户经理绩效工资考核办法,推行限时办结制,并组织两次现场观摩会推广个贷业务发展经验,有力推动个贷业务发展。截至2011年末,全行个人贷款较年初增加11.10亿元,创历史最高水平。四是努力发展个人中间业务。坚持改善用卡环境,加快银行卡业务发展,全行新增信用卡客户36 891户,实现信用卡业务收入3 840.32万元。加快电子银行业务发展,完善考核,强化培训,加强组合产品营销,有效提升柜面业务分流率。强力推动代理保险业务发展,加强业务培训,采取专题会议经验介绍、业务能手巡回现场辅导的方式,促进业务发展。积极营销黄金、基金定投、本利丰等理财产品,有力推动个人中间业务发展。五是积极推进网点经营转型。加快实施网点装修改造工程,网点硬件转型取得较大突破,进一步提升社会形象。开展网点文明服务导入工作。组织内训师对已实施导入的网点进行再评价,进一步巩固导入成果。积极推进柜面业务分流,充分利用自助机具和电子银行业务分流柜面客户,电子银行业务柜面分流率达到60.16%,比上年全年水平提高7.87百分点,有效支撑了网点业务转型。

【对公业务】　一是加快有效信贷投放。全行以服务大客户、大项目为重点,逐户制定金融服务方案,对纳入范围的目标客户明确承办部门和承办支行,随时保持“热线”联系,明确专人盯办审查审批手续,确保服务效率和效果。同时,积极发展中小企业信贷业务,组建小企业金融服务团队,拿出专项工资对小企业实体营销进行奖励,实时督导,按季通报进度。2011年,全行小企业贷款余额18.36亿元,比年初增加8.28亿元。此外,还利用票据业务服务实体经济,全年办理贴现票据直贴132亿元,办理转贴现77.67亿元。二是全力营销对公存款。紧抓重点客户维护,加强核心客户群建设,落实管户责任,加强对客户新兴产品需求的搜集,加强拓展。积极营销基本结算账户,2011年新增对公结算账户3 475户,并在全省开出首批1 403张社会保障卡。三是中间业务收入渠道多元化。2011年,全行不断拓宽收入渠道,相继办理了全省系统内首笔国内信用证、并购贷款财务顾问、中期票据分销、人民币买方代付和涉外担保等7项新业务。四是国际业务稳步推进。加强同商务、海关、外管等部门的信息沟通，以辖内进出口重点企业作为服务重点，实行市县行、前后台协调联动营销，分层确定目标客户，落实责任人和金融服务方案。对重点县支行加大营销费用配置，加强业务产品政策支持和上门业务指导，坚持以贸易融资业务为产品支撑，大幅提升重点客户用信率，累计办理进口信用证、贸易融资、保函等业务34.5亿美元。2011年，全行实现国际结算量37.5亿美元，跃居同业首位。在全国重点城市行国际业务争先进位竞赛活动中，获得50家全国重点城市行第三位。

【服务"三农"】 一是努力提升助农取款服务水平。2011年，该行将金融服务与国家惠农政策有效对接，以新农保代理业务为重点，做实惠农卡代理功能，增加发卡数量。以遵化市为试点，通过开辟新农保业务绿色通道、借力第三方机构以及多渠道业务宣传等措施，不断提升代理新农保工作服务能力，得到地方政府、人民银行、银监局的高度认可。在代理新农保业务过程中，紧密结合地区实际，利用科技创新，积极推进以电子服务渠道替代传统人工服务的发展模式，大力开展农村支付服务渠道建设，改善农村金融支付环境。二是做精做细农户贷款业务。2011年，先后依托丰南省级新民居建设示范村、丰润农业产业化示范基地、乐亭特色农业、玉田鸦鸿桥大市场等，积极探索发展新模式，实现农户贷款业务快速发展。同时，迁安、迁西、玉田、乐亭、遵化等5家支行开始发放农村个人生产经营贷款。截至2011年末，办理农村个人生产经营贷款2 494万元，占全部农户贷款增量的24.6%。三是多措并举降低农户贷款不良率。2011年，该行将抑制农户不良贷款增长、压降农户贷款不良率作为工作重点，按月下发到期贷款提示函和不良贷款清收督导函，并召开农户不良贷款清收专题调度会，督促各支行积极采取措施，加大清收力度。并加大考核力度，出台农户小额贷款"零不良"活动方案，并结合实际采取有效的清收措施。截至2011年末，10家县域支行有9家实现零不良，夯实惠农业务常态规范发展根基。四是加快"三农"对公业务发展。该行加大优质客户和重点项目投放力度，为县域客户新增授信23.6亿元，新增贷款10.49亿元。重点支持铁矿等资源类客户、县域全国行业龙头或排名靠前客户、农业产业化龙头企业以及县域商业龙头企业的支持力度。同时，对重点支行优先配置各种资源，新产品优先在重点支行推广，并加大对重点县域支行业务发展的监测督导。截至2011年末，该行县域公司类贷款余额225亿元，比年初增加18.9亿元；县域不良贷款余额0.54亿元，比年初减少1.32亿元，不良率0.2%，比年初下降0.6个百分点。农户金融工作被评为"全国农行系统先进单位"。

【内控管理】 农业银行唐山分行继续大力倡导"指示服从制度、信任不忘制度、习惯让位制度"的理念。紧紧围绕全面风险管理和精细化管理要求，全面加强基础管理，积极探索风险防控长效机制。2011年，内控综合评价得分全省第一，继续保持一类行标准。一是扎实开展各类专项活动。相继组织开展了基础管理提升年、员工违规处理办法学习、会计主管"学、守、做"学习教育活动、案防制度落实年、"无案件机构"创建以及中介机构清理规范和员工与他人非正常资金往来重点治理等系列专项活动。二是加强内控基础管理。深入开展合规文化建设大讨论、"四基"学习等活动，营造良好的内控文化氛围。还组织全辖股级以上领导干部300余人和运营主管到冀东监狱现场开展法纪警示教育，通过感受高墙电网内的"监区"威严，听取服刑人员现身说法，使与会人员受到心灵震撼。各专业条线按季组织自律监管检查，确保检查的频次和力度，始终保持内控高压态势。三是加强信贷基础管理。加强信贷前后台沟通，充分发挥部门联动的平台功能，把好新增客户准入关和授信方案关。切实加强贷后管理，规范派驻风险合规经理履职行为，加强重点业务领域风险控制，有力遏制信用风险发生。四是加强运营管理，防范操作风险。2011年，全面推进"三大集中"建设，全面推广集中授权系统，授权水平在全省保持领先；集中作业进行先行试点，初见成效。组织深入开展营业机构"三化三铁"创建工作，申报单位全部通过省行和总行验收。同时，加强运营主管管理，强化重点环节风险防范，有效扼制了各类案件和责任事故发生。五是加强安全管理，防范外源性风险。坚持落实安全责任，构筑责任网络。加强风险部位的安全管理，及时消除风险隐患。还开展了典型案例学习和防诈骗集中教育活动，组织了“百所千人”防暴演练活动，提升了全员案件防范技能。2011 年，成功防范一起欲抢劫客户资金案件，并协助警方抓获嫌疑人 1 名，避免了客户经济损失。积极推进“四库”达标和视频监控中心建设。为充分发挥视频监控中心的风险防控作用，制定了 41 个点位的轮巡方案和网点抽查方案；对监控员实行定量考核；规定“一报告二通知三联系”的预警报警路径；建立市、县、网点三级联动机制，组建“监控中心应急处置分队”，进一步提高风险监测和处置能力。

【队伍建设】 一是加强系统党建工作，在广大党员干部中深入组织开展“创先争优”活动，较好地发挥党组织的领导核心作用和党员的先锋模范作用。深入开展纪念建党 90 周年、建行 60 周年系列活动，进一步提升党的凝聚力和向心力。该行党委被农总行评为先进基层党组织。二是加强领导干部队伍建设。深入推进“四好班子”建设，组织开展了“学、强、做”专题教育活动，重点抓了领导干部管理责任、职能部门管理职责、党风廉政建设责任制、授权及转授权制度、民主决策制度、行务公开制度六个方面的落实，进一步提高领导干部的履职能力。三是加强员工队伍建设。在推行岗位责任制、服务承诺制和限时办结制等有关制度的基础上，制定下发严格机关工作秩序的管理意见，进一步严明工作纪律。狠抓四项制度落实，消除人事管理隐患。加强劳务派遣工教育管理，极大地缓解一线人员不足的压力。2011 年，共组织各类培训 109 期，累计培训近 8 936 人次。四是深入开展企业文化建设和精神文明建设活动，在全行营建实践企业文化的良好氛围。五是认真做好信访维稳工作。全面落实信访工作责任制，及时排查和化解各种不稳定因素和苗头性、倾向性问题，努力把矛盾解决在基层，遏制越级上访事件。

（韩进良）

中国农业银行股份有限公司廊坊分行

【概况】 2011 年，中国农业银行股份有限公司廊坊分行认真贯彻落实上级行工作会议精神，坚持以科学发展观为指导，围绕全面拓展城乡两大市场，不断强化竞争意识，积极打造核心客户群体，加快推进业务转型，进一步夯实管理基础，核心竞争力和可持续发展能力显著增强，各项业务实现了进位争先，全年未发生任何事故案件。截至 2011 年末，全行各项存款余额 408.95 亿元，各项贷款余额 199.26 亿元。

【存款业务】 围绕加强客户维护管理，加强督导调度，提高负债业务市场竞争力，储蓄存款继续保持“双第一”。加大网点装修改造力度，全年完成 47 个网点的装修改造工作，占全部网点的 51%，网点营业环境和服务能力得到明显改观。借助个人优质客户关系管理系统，落实包户到人责任制，提升客户价值创造能力。组织开展“春天行动”、“金彩仲夏”、“赢在金秋”、“储蓄存款推进季”等一系列营销活动，调动全行员工的积极性，提升基层行综合营销水平。提出城区和县域并重、公司和机构并重、存量和增量并重、资产业务和负债业务并重的工作思路，加强大型集团性、系统性客户的营销和维护，抓住县级财政账户整合归并的契机，积极营销财政账户和财政性存款，促进对公存款快速增长。

【贷款业务】 加强信贷计划配置管理，提升定价水平，合理调整信贷结构，各项贷款区域分布、产品、客户、期限结构不断优化，综合收益水平进一步提升。加强三级核心客户群建设，做好大项目拓展维护，将辖内全部优质客户纳入营销视野，加强与政府、发改委、经贸委等综合规划部门的沟通，以重点区域、重点项目有效信贷投放为抓手，组建专业营销团队实施重点营销。进一步完善个贷中心管理机制，加快个人住房贷款等主体业务发展，规范汽车贷款业务、个人客户综合授信贷款业务，推动个人贷款业务稳健发展。加大优质中小企业支持力度，实行信贷规模倾斜，以简式快速贷款带动小企业信贷业务有效发展。全年新增小企业客户 40 户，贷款增量 3.18 亿元，完成全年任务的 159%，达到了“两个不低于”的要求。

【中间业务】 采取“保、扩、增”的工作举措，继续保持传统业务的发展优势，不断扩大代理业务收入规模，积极增加新的创收项目。加快代理等传统业务发展，开展创建高产支行、高产网点活动，提高网均产能和人均创效水平，开展评选明星和擂台赛活动，在全行上下形成“争先、夺标”的营销氛围。加快信用卡业务发展，利用现有客户资源，大力发展如“易”卡，强力推进金穗惠商卡，坚持量质并举,提高个人优质客户贷记卡渗透率与贷记卡激活率。加快发展电子银行业务,以扩大客户规模、提高客户质量为手段,以增加有效收入、提高电子渠道分流为目标,注重电子银行产品间以及与其他产品间的综合营销。加大电子银行业务培训宣传力度,组织下乡巡回培训20次,组织开展三次大型营销宣传活动,有效提高农行电子银行产品的知名度和认知度。积极推进贷记卡分期付款等新业务发展,努力培育中间业务新的收入增长点。

【服务"三农"】 大力支持县域优质法人客户,密切关注全市重点项目和重点客户,营销一批资产规模、用信额度较大客户。做好存量客户维护工作,逐户制定贷后管理服务方案,明确专职客户经理抓好落实。扎实推进惠农卡和农户小额贷款业务。对全辖农村行进行深入摸底,细致掌握各县支行农户贷款发展潜力,全年新增惠农卡1.5万张,新增农户小额贷款8 000余万元。做好产品对接和服务对接,加快惠农卡批量发卡,持续发展农户小额贷款业务,积极开办银行卡助农取款服务工作。在服务三农过程中,将改善农村金融服务环境、普及金融知识,推广现代金融工具,作为支农惠农的一项主要内容。单独安排配置县域支行ATM、POS机具等固定资产,形成一个物理网点与虚拟网点互补的网络体系,使广大农村客户充分享受现代金融服务的快捷便利,有效提升全市县域金融服务水准。

【内控管理】 加强组织体系建设,理顺运行机制,加大检查监督频次和力度,推动风险管理规范化、标准化、精细化建设进程。完善案防体系建设,明确案防目标、尽责要求、责任范围和责任追究,建立起全方位、多层次、立体化的案件防控体系。着力构建合规文化建设常态机制,提高内控合规工作质量,深入开展了基础管理提升年,基本理论、基本知识、基本制度、基本技能("四基")学习,合规文化宣讲,深化合规文化建设大讨论等主题活动,采取集中学习、讨论演讲、心得交流、典型通报、知识竞赛、签合规承诺书等多种形式,促使全行广大干部员工从思想深处认识合规文化建设的重要性和必要性,培养全行合规习惯,解决经营管理中存在的问题,提高全行风险管控能力。推进以"三大集中"为重点的后台体系建设,各类违规操作行为大幅度减少,业务差错率、冲抹账比率明显下降,工作效率显著提升。坚持安全保卫工作警钟长鸣,常抓不懈,在加强安全防范教育的同时,进一步加大物防、技防建设,全面完成了营业网点和自助机具110报警设施改造工程。

【队伍建设】 加强领导班子建设,组织开展了领导干部"学规定、强素质、做表率"主题教育活动,促进领导干部做好表率。不断强化"重品德、重能力、重业绩"的用人导向和标准,不断优化干部队伍结构,激发广大干部员工奋发向上的工作精神。加大全员培训力度,完善培训规划,逐步建立起分类别、多层次、广覆盖、个性化、普惠制的员工教育培训体系,培训内容向提高业务技能及营销实战型转变。全年累计培训609期,1.9万余人次,全员"四基"水平有效提高,队伍素质明显提升。开展争先创优活动。对业务经营中涌现出的13个先进单位、36名先进个人进行隆重表彰,总结了9个先进典型,充分发挥典型引路作用。围绕服务业务经营,开展多种形式的岗位练兵和业务知识竞赛。全年共举办外汇政策、金融市场业务、运营主管"学守做"、员工违反规章制度处理办法、合规文化建设大讨论知识竞赛活动,有力调动了全员学习业务知识的积极性。

(周　锐)

中国农业银行股份有限公司保定分行

【概况】 2011年,中国农业银行股份有限公司保定分行加快业务发展,强化基础管理,严防案件风险,加强队伍建设,全行经营管理水平进一步提升。一是盈利水平稳步提升。实现拨备前利润8.6亿元,同比增盈2.1亿元,增速32.3%。实现经济增加值4.2亿元,同比增加1.1亿元。二是资产业务健康发展。各项贷款余额142.8亿元,较年初增加14.3亿元。三是负债实力进一步增强。各项存款余额490.1亿元,较年初增加30.4亿元。四是县域经营活力逐步增强。县域各项存款新增36亿元,市场优势突出。各项贷款余额57.2亿元,新增11.8亿元,占全行贷款增量的82.5%。新增惠农卡8.1万张、惠农卡授信6 482户、2.2亿元,新增农户小额贷款1 679户、0.8亿元。

【盈利水平】 围绕提升主流银行、建设精品银行和打造优秀大型上市银行的目标,加快业务拓展步伐,增强创效能力,提升竞争水平。一是负债业务较快增长,客户结构不断优化。以巩固扩大优质客户为负债业务经营之本,努力推动存款规模、效益的均衡增长。瞄准"六优"个人客户集中力量实施重点营销,推行"8511"贵宾客户营销维护模式。对网点按精品、基础两类和ABC三级进行管理考核,进一步激发网点发展动力。在城区和15个县支行启动了住房公积金贷款等业务。市、县分支行大多取得了代理非税收缴业务资格。二是资产业务健康发展,创效水平明显提升。适应从紧货币政策环境,大力开展核心客户群建设,积极发展小企业信贷业务,全行50家小企业客户贷款余额达4.8亿元。三是中间业务稳步推进,收入渠道不断拓宽。以提升价值创造能力为目标,始终把中间业务作为经营发展重点。零售中间业务收入市场优势明显,电子银行业务收入、个人人民币结算收入、代理保险业务收入,市场份额优势明显。对公中间业务收入增速175%。四是积极稳健发展"三农"业务,县域支行活力逐步增强。推进县域支行分类经营、特色发展。将23家县域支行划分为工业化程度较高县、城镇化程度较高县、中小企业集群县、大市场特色县、农业县、欠发达县等六类,分类确定业务重点和发展思路,努力促使各行发挥比较优势、探索适当经营途径。扩大支农路径,以"新农保"项目为依托批量有效发放惠农卡。在阜平、容城等"新农保"试点县布放转账电话5 500台,初步搭建了覆盖45个乡镇的惠农卡服务渠道,推进了助农取款业务。

【平安发展】 坚持"两手抓、两手硬",全面风险治理水平不断提高,实现了全年无重大经济案件、无重大刑事案件、无重大责任事故、无媒体负面报道的目标。一是合规文化建设不断深入。扎实开展"基础管理提升年"、"四基"学习、运营主管"学守做"教育、《违规处理办法》专题学习教育、合规文化建设大讨论、"部门经理讲合规"等活动,全行员工的合规意识不断增强。二是检查监督质量不断提高,案件防控力度进一步加大。全行合规经营水平大幅提升,2011年度支行内控评价,初评一类行24个、比上年度增加17个,二类行7个,没有三类及以下行。三是重点领域信用风险得到有效防范。严格落实银监会"三法一引"贷款新规,完成中长期项目贷款合同修订、融资平台贷款追加有效担保工作。四是运营体系"三大集中"稳步推进。集中监控中心顺利实现了全部机构的系统上线运行,集中授权中心实现了全部对外营业机构的远程授权,明显减轻了前台工作量。营业机构"三化三铁"建设扎实推进,取得较好成效。五是操作风险防控能力不断提高,实现了全部营业机构的社会化押运。强化视频监控中心作用,信息系统功能不断增强。认真开展巡视工作和案件治理,案件防控、全面风险管理分别被总、分行评为先进单位。

【基础建设】 一是扎实开展党建工作。围绕建党90周年,扎实开展"创先争优"活动,对先进基层党组织和优秀党员、党务工作者进行了表彰奖励。二是强化党风廉政建设。落实"一岗双责"制度和反腐倡廉职责,组织全辖干部员工到河北太行监狱接受现身说法教育,建立了廉政文化警示教育基地,增强了干部员工的拒腐防变意识。三是加强干部队伍建设。调整增加了属地高管人员,干部队伍活力进一步增强。强化分行机关管理,改善了机关工作作风。开展多形式的干部员工培训,推进了学习型银行建设,提升了干部员工队伍的综合素质。在全省系统竞赛中,荣获"金融市场"知识竞赛第一名、外汇知识竞赛三等奖、产品设计大赛第一名等荣誉。

中国农业银行股份有限公司沧州分行

【概况】 2011年,中国农业银行股份有限公司沧州分行以科学发展观统领全行各项工作,紧紧围绕总行、省分行各项工作部署,按照年初确定的"调结构、稳发展、促和谐"指导思想和年中工作会议提出的"六确保、六力争"工作目标,认真践行"三争"要求,锐意进取,业务经营多指标升级进位,实现全面发展;内控管理多领域夯实稳固,保持平稳运行;队伍建设多层次优化提升,实现和谐共进。全行综合竞争能力显著增强,内部环境更加和谐稳定,外部形象得到进一步提升。截至2011年底,全行各项存款余额418.9亿元,各项贷款余额93.3亿元;实现利润6.38亿元,各项存款余额及增量、储蓄存款增量等多项业务名列同业之首。全行共有37个先进单位、42名先进个人获得总行、省分行及地方党政部门表彰。2011 年,市分行相继荣获第四届中国农业银行“学习型组织标兵单位”、第四届全国金融系统“学习型组织先进单位”、“河北省 AAA 级劳动关系和谐企业”等荣誉称号。

【负债业务】 截至 2011 年末,该行各项存款余额达到 418.9 亿元,比年初增长 38.3 亿元,同比多增 9.2 亿元。其中储蓄存款余额 330.2 亿元,比年初增加 34.2 亿元。一是储蓄存款保持稳定增长。扎实部署“春天行动”、“激情仲夏”、“爱在金秋”等系列个人金融综合营销活动,大力拓展优质客户,助力储蓄增存。二是对公存款增长成效初显。坚持“两找三定”原则,全面开展对公核心客户群建设工作,逐项核对重点行业 10 强、纳税 50 强及存款超亿元的企业客户。厘清市分行层面对公存款协作关系,明确市分行“四部一体”的对公存款齐抓共管格局。加强“安心快线”等对公理财产品营销力度,实行重点督导,确保了对公存款季末增长。全行对公存款年末余额 89.3 亿元,比年初增加 4.1 亿元。

【资产业务】 2011 年,该行资产业务遵循“调结构、上总量、提升贡献度”的总体发展要求,坚持结构优化,努力扩大规模,狠抓风险防控。到年末本外币各项贷款余额达到 93.3 亿元,贷款总量比 2008 年不良贷款剥离之初增加 1.4 倍,比年初增长 20.2 亿元,贷款规模利用率 99.9%。一是大项目贷款保持较快增长。按照“重点操作一批、重点营销储备一批”的指导思想,全行新投放大项目、大客户贷款近 9 亿元。二是小企业贷款保持有效发展。依据风险可控性等因素,对客户实行“增加授信、稳定维护、积极退出”等区别性政策,促进了客户结构优化。截至 2011 年底,全行小企业贷款余额 14.4 亿元,较年初增长 6.5 亿元,完成省分行核定全年计划的 218%,全省系统排名第二位。三是个人贷款投放迈上新台阶。截至 2011 年底,全行个人贷款余额达到 11.8 亿元,当年新增 4.1 亿元,创历史新高。四是资产处置工作稳步有序推进。2011 年,全行自营不良贷款本息累计清收 1 210万元,完成全年计划的 176%,计划完成率全省第一;委托处置资产累计收回 5 001 万元,完成全年计划的 100%。

【中间业务】 一是保险代理业务保持竞争优势。截至 2011 年底,保险代理新单保费收入、手续费收入分别实现 6.75 亿元、2 702 万元。积极开展骨干支行及精品网点创建活动,采取“点评”方式,对各支行业务进行逐一点评,表彰先进,把脉后进,增强业务发展的针对性和有效性。积极组织全行员工参加保险代理人资格考试,有效防范操作风险,确保业务合规发展。二是国际业务发展提速提质。2011 年,实现国际业务结算量 14.8 亿美元,同比增加 7.8 亿美元;实现结售汇 6.8 亿美元,同比增加 1.3 亿美元;外币同业存款余额 1.4 亿美元,同比增加 5 000 万美元;累放国际贸易融资 9 409万美元,融资余额 5 496 万美元,比年初增加 4 537 万美元;实现中间业务收入1 623万元,同比增加 752 万元。三是信用卡业务全面发展。全年信用卡新增客户 26 671 户,实现信用卡业务收入 1 693万元,准贷记卡和贷记卡透支余额分别为 6 445万元、1.59 亿元,透支不良率分别为 0.37%、0.1%,两项指标均为全省系统最低。四是电子银行业务保持领先优势。全年实现电子银行业务收入 6 487 万元,同比多增 1 965 万元;电子银行渠道分流率达到 63.16%,全省排名第一。

【“三农”业务】 2011 年以来,农业银行沧州分行坚持“稳步推进和防控风险并重”的“三农”业务发展思想,不断优化客户结构,提升业务发展质量。全年新发放惠农卡 63 529 张,农户小额贷款新增投放6 361万元,发放惠农信用卡 2 004 张,授信 4 674万元,县域人民币对公存款比年初增加 5.1 亿元,县域人民币对公贷款比年初增加 8.7 亿元,农户小额贷款在全省系统内唯一实现“零不良”。一是县域资产业务实现快增长。该行“三农”资产业务以激活县域支行经营活力为目标,以县域资产业务振兴规划为抓手,以县域大中型法人资产业务为切入点,县域“三农”资产业务快速增长。到 2011 年末,县域人民币对公贷款余额 22 亿元,比年初增加 8.7 亿元,同比多增 3.6 亿元,是同期增量的 169.3%。二是农户金融工作突出精运作。按照“三农”业务“调结构、增收益、提质量”的发展规划,全行农户金融业务进一步推进精细化管理。全年新发放惠农卡 63 529 张,累计发卡 32.6 万张,全省系统排名第三;农户小额贷款新增投放 6 361万元,累计授信户数 5.16 万户,授信余额 19.7 亿元,授信户数和授信余额系统内均名列第一;全行农户小额贷款余额达到 7.5 亿元,无一形成不良贷款,全省系统内唯一实现“零不良”;发放农村生产经营贷款106笔、金额2 733万元，实现了该业务“零”的突破。依托项目发放惠农卡，获得孟村、盐山新农保试点代理权，发放惠农卡3.8万张，代理发放新农保养老金350万元。继续推动与市团委、组织部、文明办的合作，通过开展“农村大讲堂”等活动，推进信用环境建设；与市委组织部联合开展的“借金融服务 铸先锋工程”活动取得初步成效，全年共发放惠农先锋卡4 311张，覆盖了全辖13个县域支行；继续推进与文明办合作，加大对文明村和文明户的信用支持力度，提高金融服务覆盖率。积极构建农户“支付绿色通道”。确定盐山、孟村两县作为助农取款业务的首批试点地区，在两县的58个自然村设立助农取款服务点60个，并布放POS机、转账电话等自助机具60部，累计帮助9 600余名农民取款320余万元。三是“三农”业务风险落实严防控。先后组织两次尽职监督现场检查和县域重点领域法人客户风险排查工作，增强客户经理风险防范意识，夯实县域信贷资产质量。切实加强县域中小企业贷款的贷后管理，及时提示支行提前做好贷款及利息到期前的催收工作，防止出现欠息、逾期等情况。突出制度执行的日常化和常规化，引导全行在不良贷款防控、催收工作上下真功夫。积极争取地方党政支持，有效利用法律手段，全力实现农户贷款“零不良”目标。

【综合保障】 一是贷款收益水平实现提升。在省分行收紧信贷规模、强化经济资本刚性约束的背景下，加强存量贷款的监测力度，确保全行信贷规模合理占用。在贷款增量规模有限的情况下，优化信贷结构，进一步协调好个人类贷款和法人类贷款的平衡发展。二是资源配置能力不断增强。提高中间业务增量收入挂钩比例等方式，提高全行对资本管理的认识，强化经济资本约束和回报理念，激励各行实现价值创造。三是运营体系建设日趋成熟。按照省分行“三大集中”工作推广要求，逐步建立起各运营监管系统间的数据共享机制，形成风险监控的立体组合，进一步规范前台业务操作。进一步强化现金运营管理，为支行和现金中心配备清分机12台、捆钞机24台，推行现金中心和区域库集中清分整点作业模式。撤并支行重要空白凭证库，实现市区、南大港等支行辖属营业网点重要空白凭证集中配送。四是网点建设工作稳步推进。大力推进营业网点转型，组织制定了《2012—2015年网点布局规划》，对全辖未按新标准装修改造的50个网点分别制定规划意见。管理施工项目24个，完成23个网点建设项目验收。制定《沧州分行网点服务专项奖惩办法》，开展神秘人检查活动，并根据各类被检查网点的表现情况奖优罚劣，有力促进网点服务品质的提升。五是信息系统运行更加稳定。坚持“安全运行、高效服务、科学管理”的指导思想，重点完成营业网点UPS集中监控系统、信息系统应急预案修订完善、市分行数据中心运行保障等工作，确保全行网络系统和设备安全有序运转。

【风险防控】 一是合规文化建设深入推进。扎实开展“基本理论、基础知识、基本制度、基本技能”专题学习活动，营造全行学习制度、执行制度、敬畏制度的良好氛围；认真开展“基础管理提升年”活动，提升内控管理科学化、精细化和信息化水平。二是信用风险防控逐步加强。按照“纵向到底”、“横向到边”的原则，初步建立“集中管控、矩阵分布、全面覆盖、全员参与”的风险管理组织体系。完成对全辖风险合规经理的2010年度考核，促进履职尽责。加强风险监测与管理，在按日监测预警、短信提醒的基础上，全年下发《风险提示》10期，《通报》2期，督办书5期。三是安全保卫工作成效明显。按照“以点带面、层层深入，完善不足、确保安全”的原则，圆满完成社会化押运工作。加大全行物技防设施改造力度，全年先后投资322万元，其中技防设施投资180万元，进一步提高全行风险防御能力。制定完善监控中心相关操作制度，理顺工作流程，成为全省系统监控工作亮点。四是案件专项治理工作扎实有效。在全辖开展清理规范中介机构自查活动，明确清理自查重点问题，排除案件风险隐患。加强支行员工个人账户禁止性交易的动员教育和制度学习，使员工做到知规守规。加大违法违纪问题责任人追究力度，对全员起到警戒震慑作用。开展“银行业内控和案防制度执行年”、“案防制度落实年”活动，查找梳理案件易发风险点，逐项落实整改，完善防控措施，有效遏制各类风险隐患和案件的发生。

【员工队伍】 一是干部员工队伍活力增强。选拔6名正科级干部、11名副科级干部，增强支行领导班子领导力。大力营造全行“学习先进，争当先进”活动氛围，共宣传、推出73名优秀员工作为身边模范代表。二是"书香农行"建设魅力日盛。改革创新市分行机关周四集中学习的内容形式,有效调动全员学习兴趣,增强学习效果。全年共组织45人参加了各类职称考试,20人参加高级工、技师、高级技师职业资格社会化评审考试。制定《沧州分行2011年员工培训计划》,组织各类培训79期、8745人次。2011年,市分行相继荣获总行"第四届学习型组织标兵单位"和第四届全国金融系统"学习型组织先进单位"等荣誉称号。三是党建工作全力推进。全面落实党风廉政建设和案件防控责任制,开展反腐倡廉教育、廉政党课教育和"学规定、强素质、做表率"学习教育等活动,强化反腐倡廉教育,提高全员案件防控意识。完成11个县支行的巡视工作,巡视工作做法得到总、分行领导充分肯定;制定了《县级支行对网点管理人员巡察工作实施办法》,全年组织各支行完成54个营业网点的巡察工作。四是企业文化和精神文明建设聚力凝神。持续宣传总行企业文化核心理念,深入推进全行企业文化核心理念深植工作。被市文明办评为"2010年公共文明志愿服务工作先进单位"。五是信访维稳工作合力促进。充分做好内部协作和外部联合,积极与当地维稳部门协调配合,合力做好内退、协解人员的稳定工作。2011年,被省分行评为"全省农行信访维稳工作先进单位"。

(高建辉)

中国农业银行股份有限公司衡水分行

【概况】 2011年,中国农业银行股份有限公司衡水分行(以下简称农业银行衡水分行),一手抓发展,一手抓管理,积极提高内控管理水平,不断增强综合竞争力,各项工作取得了新的进展。一是各项存款稳步增长。全行人民币各项存款余额突破200亿元,达到209.06亿元,比年初增加13.56亿元,存量市场份额四行占比32.13%,位居第一。其中县域支行存款指标完成较好,7个支行的市场份额排名四行第一,6个支行的增量市场份额排名四行首位。年末全行个人存款余额174.54亿元,四行市场份额37.89%,比年初增加14.7亿元,增量市场份额36.49%,均居四行首位。二是贷款投放取得新突破。各项贷款较年初增加5.83亿元,同比多增1.68亿元,四大行存量市场份额14.24%,同比提升0.09个百分点。三是"三农"工作取得新进步。全行新增惠农卡25.59万张,完成年度计划的511.7%,位居全省第一。农户贷款达到2.21亿元,完成年度计划的103.3%。农户小额贷款不良率较年初下降0.07个百分点。

【存款业务】 一是加大业务宣传,提高社会各界对农行的认知程度。以"大行德广 伴您成长 金钥匙春天行动"营销宣传活动为契机,组织开展新春送福、走进校园、理财沙龙等活动,并冠名衡水市首届鼓王争霸赛,取得了良好的效果;加快网点转型步伐,完成对18个营业网点的装修改造,进一步向社会展示了农行的网点新形象。二是实行日监测、旬通报、随时调度的措施,分层次对支行开展督导和调度。对于落后行和营业单位,主管部门组织人员深入基层帮助分析落后原因,协助基层制定改进措施;根据存款完成进度,行长、主管行长随时对支行主管行长进行电话督导;对于连续落后的支行,由市分行行长、主管行长共同进行调度,并到落后支行现场办公,蹲点帮扶。三是深入开展服务竞赛活动。充分发挥大堂经理在产品销售、业务分流、客户疏导等方面的作用,坚持主任大堂值班制度;开展服务竞赛和服务标兵评选活动,按月对辖属网点进行文明服务检查,对服务工作突出的个人进行表彰和奖励,对服务差引起投诉的给予处罚;充分借助视频监控系统,实行非现场监管,提高员工的服务水平和执行制度的自觉性。四是强化客户营销。开展贵宾客户专项营销活动。对重点客户实行行长挂帅、部门联动营销,同时明确支行行长、主管行长、网点主任营销维护贵宾客户的范围和职责,并与计价工资挂钩考核。对变动情况按旬进行通报,对下降的支行由市分行主管行长进行调度问责;充分发挥市分行理财中心在高端客户维护、拓展方面的作用,开展了"理财进县域、下基层"活动,组织理财师先后深入到县域,与支行一起举办了高端客户理财沙龙活动,进行理财知识讲座,并与客户面对面进行沟通,量身定做综合理财方案。

【贷款投放】 该行始终把发展资产业务放在一个重要位置来抓,下大气力解决制约资产业务发展的思想、机制、体制等方面的问题。一是努力争取大项目、大客户。衡水的大项目、大客户比较少,金融竞争十分激烈,采取“挤进去、挖过来、保得住”的策略,由市分行行长、主管行长带队,市分行与支行协调联动,为邯黄铁路项目授信30亿元,已发放贷款1.3亿元,河钢集团的两家下属企业在农行的贷款余额达到5.13亿元,汇源集团授信5 000万元,发放贷款3 000万元,吉美超市授信1亿元,发放贷款6 500万元。二是调整结构,贷款投放做到有保有压。全年退出潜在风险客户贷款1 600万元,完成年度计划的160%,全年贷款到期收回率99.98%,高出省分行下达目标的0.68个百分点,其中法人贷款到期收回率100%,个人贷款到期收回率99.92%。三是推动个人贷款稳健发展。进一步完善个贷中心体制建设,以个人住房贷款为主攻方向,全市10个支行开办个人住房贷款业务。个人贷款余额比年初增加2.07亿,占全部贷款增量的35.44%。四是加强机制建设,促进资产业务发展。年初下达小企业贷款投放计划,将计划完成率与支行行长、主管行长效益工资挂钩,运用机制来激发支行做好小企业贷款的积极性。建立督导调度制度,对资产业务打不开局面,进展迟缓的支行,采取蹲点帮扶、调度诫勉等措施进行帮促。三季度阜城支行实现了首笔小企业信贷业务的审批,故城支行也办理了低信用风险的法人信贷业务,消灭支行法人信贷业务空白点。

【中间业务】 一是加快电子银行业务发展。该行把发展电子银行业务作为全行的发展重点,充分利用“春天行动”等优惠活动,进行捆绑营销、组合营销,做好售后服务,提高电子银行的使用率。各支行也充分借鉴枣强等先进支行的经验,从工资分配上向其倾斜,调动员工的营销积极性。全行电子银行业务收入实现2 136万元,同比多增633万元,位居同业第一。二是加快银行卡业务发展。信用卡客户数较年初新增11 157户,完成全年计划的100.5%。贷记卡激活率及有效卡占比分别达到51.99%、42.39 %,全省最高;活卡率达到31.2%,全省第二。累计有效商户数较年初新增337家,完成全年计划的140%,计划完成率全省第四。新增有效分期商户26户,完成全年计划的185.7%,全省排名第三。实现信用卡业务收入624.6万元,完成全年计划的108.6%,同比增加257万元。三是加快保险代理业务发展。开展了保险代理业务营销擂台赛,对全市排前3名的支行营业室、前5名的分理处、前10名的员工进行表彰奖励。加强业务督导,形成日监测、周通报、旬调度的工作机制,并联合保险公司对落后网点进行帮扶。

【“三农”业务】 2011年,农业银行衡水分行新增惠农卡255 852张,完成全年任务的511.7%,排名全省第一;农户贷款余额22 093万元,完成全年任务的103.3%。一是积极推进新农保新农合代理业务,代理安平县新农保业务,发放惠农卡154 707张,成功发放养老金3 614万元,农保中心账户归集资金2 860万元,布放助农取款转账电话305部,完成新农保资金交易299 530笔、4 594万元。冀州市“新农合”代理业务也取得独家代理权,累计发卡94 148张,“新农合”中心财政专户余额2 866万元,有效拓宽服务渠道。二是积极做好农户小额贷款投放工作。以结构优化为主线,以合规操作为前提,严格把好客户准入关,做到有保有压,不断优化客户结构。加强贷后管理,有效增加实地入户贷后管理频次,预防信用风险产生几率,农户小额不良贷款不良率0.15%,比年初下降0.07个百分点。三是加快惠农卡批量发卡,积极推进助农取款服务。在做好安平试点支行的银行卡助农取款工作的同时,其他支行在有条件的区域逐步开展通过POS终端实现小额取现的银行卡助农取款服务。

【基础管理】 2011年,农业银行衡水分行以“基础管理提升年”等活动为契机,狠抓基础管理,加大内控、案防工作力度,努力构建、完善全行风险防控体系,确保全行安全经营。一是扎实开展“基础管理提升年”、运营主管“学制度、守职责、做奉献”、领导干部“学规定、强素质、做表率”专题教育、“基本理论、基础知识、基本制度、基本技能”学习、《员工违反规章制度处理办法》、合规文化暨案防制度宣讲教育活动。二是完善案防体系建设,提高案件防控水平。加强合规管理体系、机制建设,市分行内控合规部门的风险防范职责更加明确,支行派驻风险合规经理有效提高了对支行全面风险的管控能力,市分行各部室设立风险管理岗,市分行每季召开一次风险管理例会,分析情况,解决问题,制定措施。市分行视频监控中心的正式投入运行,实现全辖所有金库、营业网点、自助设备、重要凭证库房的远程视频实时监控,风险防范能力显著提升。积极开展“案防制度落实年”

活动，先后开展三次员工行为排查，排查 3 726 人次。三是突出抓好信用风险防控。积极调整客户结构，逐步淘汰落后项目和潜在风险客户，将投放重点放在大客户、大项目和优质中小客户上。认真落实“三个办法一个指引”，加强贷款资金流向监测，不断提高受托支付比例，特别是 7 月份以后，统计口径受托支付比率均超过 95%。四是不断强化操作风险管理。充分发挥运营管理部门的职能作用，认真落实运营管理的专项考核办法，强化机制的激励约束作用。深入开展“两库两箱”管理规范月活动。充分利用会计监控系统、事后监督系统、安保视频联网系统等非现场监管手段，防范和控制柜面业务操作风险。问题差错率由 2010 年末的 0.028% 下降到 0.027%，下降 0.001 个百分点。五是切实抓好安全风险管理。深入开展典型案例学习教育活动，全年共组织各种形式的典型案例学习 134 场次，参加人数累计 2 300 人次。全辖网点均实现与市公安局 110 自动报警监控服务的转网；金库、ATM 机、自助银行和离行式 ATM 机的震动、烟感等报警系统全部与市公安局 110 报警中心实现连接联动。充分发挥市分行视频监控中心的职能作用，发现并督促整改前端设备故障 278 个，发现并纠正风险隐患 5 次，移交疑似文明服务违规问题 505 个。六是切实加强法律、声誉风险管理，抓好舆情监控，严格执行新闻宣传工作纪律，全年未发生声誉风险事件。七是做好信访稳定工作，及时排查不稳定因素和苗头性、倾向性问题，保持全行的和谐稳定。

【队伍建设】 一是扎实做好党建工作，开展“创先争优”活动，弘扬先进表率作用，积极开展“五个一”、“窗口单位”等活动。组织建党 90 周年和建行 60 周年党史知识竞赛，创先争优活动征文活动。开展“一先两优”评选推荐活动，组织到孟良崮红色教育基地接受爱国主义教育。二是积极搭建员工成长平台，激发队伍活力。2011 年先后组织运营主管、外汇业务、信用卡业务、员工违规处罚办法、机构业务、反洗钱业务等多项业务知识竞赛和业务技术比赛，推动全行岗位练兵热潮和岗位能手队伍的建设。同时大力加强员工教育培训，以业务知识、岗位技能培训为主，全年累计培训员工 4 025 人次。三是关爱员工生活，创建和谐发展环境。2011 年，在枣强、阜城、城中支行先后建成高标准活动室 3 个，其中枣强支行积极推进总行级模范“职工之家”创建工作。组织对全辖基层营业网点宿舍、职工食堂进行了装修改造，提高基层网点职工生活水平。全年组织摄影、书法、美术比赛，组织春节联欢会、建党 90 周年、建行 60 周年文艺汇演等各项文体活动 10 余次。

（李 娟）

中国农业银行股份有限公司邢台分行

【概述】 2011 年，中国农业银行股份有限公司邢台分行认真贯彻省分行党委的安排部署和各项工作要求，积极工作，尽心履职，业务经营和内部管理两手抓，较为圆满地完成了全年各项工作任务。业务经营持续稳健有序发展，内控合规管理全面加强，全年实现平安稳定；积极履行社会责任，社会形象有效提升。2011 年末，各项存款增加 25.66 亿元，其中储蓄存款增加 21.34 亿元，对公存款增加 4.3 亿元。各项贷款投放 21 亿元，增速 30.06%，高于全省平均增速 18.79 个百分点，全省排名第一，其中人民币法人实体贷款比年初增加 11.4 亿元；个人贷款比年初增加 5.8 亿元，增量市场份额第二。全年新增惠农卡 146 422 张，计划完成率全省排名第三；新增农户贷款 1 006 户，金额 9 659万元，完成省分行计划，农户贷款到期收回率和不良率两项指标均控制在省行下达的风险控制目标之内。清收自营不良资产 1 830.58 万元，计划完成率全省排名第三。经济资本回报率 38.86%，同比提高 3.83 个百分点。实现经济增加值 2.29 亿元，同比增加 0.67 亿元，增速 41.45%。

【资产业务】 以强化信贷管理为主线，积极拓展新业务，增加信贷投放，全年贷款累计投放 120.50 亿元，贷款余额比年初纯增 21.15 亿元，贷款投放力度不断加大，资产总量增加较快，贷款增量创历史新高。一是加大大客户大项目营销力度。通过实行市、县行联动，并积极向上级行沟通协调，努力增强营销效果，大客户大项目营销取得突破。二是开展小企业业务调研，明确小企业发展方向，加强小企业队伍建设，努力提高小企业运作效率，小企业业务实现持续稳健发展。三是积极发展个人贷款业务。以“增规模、调结构、控风险”为总体要求，以个人助业贷款、个人住房贷款、农村个人生产经营贷款为重点，努力做大个人贷款规模，服务居民创业，提高群众生活水平。全年个人贷款（不含农户）新增5.8亿元，增速44%。四是合理摆布信贷规模。面对有限的信贷规模，明确保重点、保实体的投放原则，努力提高贷款投放的科学性和有效性。

【负债业务】　一是把储蓄存款作为头号任务来抓，统一思想，加强考核。二是以个人服务为抓手，落实包户到人责任制，明确责任、做好个人高价值客户的营销和维护，增强营销维护的效果，提高客户对我行的认知度和满意度。三是把优质公司类账户和机构类客户作为加快负债业务发展的重要抓手，明确责任、市县行联动营销。开展对公存款调研工作，加强制度建设，强化业务督导，实施月通报、季调度。

【中间业务】　该行在抓传统业务的同时，实施市场开拓战略，努力拓宽中间业务收入渠道，应收尽收，中间业务收入的市场份额和贡献率得到进一步提升。一是通过加快发展资产业务，提高投行业务签约率，算细账、做细活，努力增加投行业务收入。二是开拓新市场，提升信用卡及商户收单业务市场创效能力。积极开展专业市场批量营销，同时开展激活刷卡有奖、分期赠礼等活动，提高贷记卡激活率、活卡率，卡种结构日趋合理。商户发展上，进一步优化商户结构，积极办理公务卡报销系统。三是坚持质和量并重，一方面提高电子业务注册率，另一方面提高自助机具使用率和电子银行动户率，提高电子渠道交易占比，缓解柜台业务压力，增加电子银行收入。四是积极推动国际业务健康较快发展。实施国际业务重点行战略，加大对资源相对丰富支行的扶持力度。打造产品亮点，以外汇理财和国际贸易融资业务作为营销重点，提高综合营销、综合服务水平，增加综合收益，实现国际业务收入市场份额同业第一。

【“三农”业务】　该行坚持以精细化管理为手段，积极推动产品创新和结构调整，努力提高三农服务的广度和深度。一是按照“服务到位、风险可控、发展可持续”的总体要求，以风险控制为前提，以精细化管理为手段，加强农户贷款管理。建立增减信机制，农户平均授信额度由2.62万元提升到3.53万元，两年期授信占比同比增加8.06个百分点，三年期授信占比同比增加16.6个百分点。开展调研工作，完成对平乡等8个县的农村个人生产经营经营资格报备工作，共有邢台县等9个县发放农村个人生产经营贷款（包括低风险业务）65笔、1 395万元，丰富了农户贷款产品种类。积极发展风险相对较小的“公司＋农户”模式的农户小额贷款业务，共准入7个行报备的23家公司的担保资格，批准5 133万的担保额度，用信余额821户、3 516万元。二是以新农保代理为抓手，大力发放惠农卡，开办助农取款业务，推动“金融服务村村”工程，不断深化三农服务。在巨鹿县支行和南宫市支行成功开展邢台市第二批“新农保”试点项目的基础上，取得邢台县和开发区“新农保”项目的独家代理权以及宁晋县和大曹庄“新农保”项目的部分代理权，共涉及284.3万人，代理人口89.2万人，占总人数的31.3％。率先于同业取得人民银行“助农取款”批复后，推动“金融服务村村”工程，目前已经为试点县匹配转账电话1 800部，布放778部，布放率为43.2%，有力地促进“助农取款”业务的发展。三是细化分工，业务提速。细化业务分工，实施人员包行，提高支行业务办理能力，并实施业务办理承诺制。如承诺对“公司＋农户”模式贷款准入在3个工作日完成对公司的调查与准入工作。

【小企业服务】　积极支持地方经济发展，满足中小企业信贷需求，推动地方中小企业做大做强。该行对全市小企业开展调研，明确小企业发展方向，年初制定了《邢台分行加快小企业资产业务发展的实施意见》，对营销重点、运作流程、各环节责任、时限要求、风险控制等进行了明确。加强小企业业务调查力量，组建小企业专业调查团队。加强业务培训，编制《小企业信贷业务操作手册》，努力提高小企业运作效率，小企业贷款实现持续稳健发展。全年小企业贷款余额达到12.6亿元，比年初增长3.3亿元，完成省行任务的110%，有力支持中小企业发展。

【网点转型】　农行邢台分行以网点建设和文明服务为抓手，进一步推进网点转型。一是搞好网点规划和建设。根据市场潜力和周边环境，做好网点选址，全年累计装修、迁址29个营业网点。通过新建、装修、迁址，实现全辖网点的合理化布局。二是加快自助设备布放，提高自助设备分流率。全行新增ATM85台、自助查询终端171台（已上线95台）、转账电话7 120台，同时提高自助机具的使用效率，进而提高全行网点业务处理能力，提升服务水平。三是进一步加强服务检查和督导力度。利用视频监控联网系统,对辖内营业网点进行远程视频检查。每次抽查不少于15个网点,对表现好的网点通报表扬,对表现差的通报批评,并将表现差的网点作为次月重点检查的对象进行重复抽查。四是加强网点员工业务培训,提高业务营销能力。开展理财专项培训及理财产品宣讲及电子银行业务宣讲活动。五是出台了《邢台分行营业网点综合竞争力考核办法》,并选择市区8个营业网点进行试点考核,增强营业网点同业竞争能力。

【内控管理】 一是加强案件防控工作。发挥纪委书记巡视的作用,推动巡视工作向网点延伸。深入开展"四基学习"、"基础管理提升年"、"案防制度落实年"、合规文化建设、《员工违反规章制度处理办法》学习教育等活动,培训合规文化,提高合规操作能力。建立健全人人抓案防的防控联动机制,开展警示教育、党委书记讲党课、纪委书记做警示教育专题报告等活动,同时,召开案件分析会、案件剖析会、案件防控联席会等130多次,分析查找存在的风险隐患,制定防范措施,狠抓落实,消除各类隐患。设立兼职内控合规管理员,建立对内控合规信息收集、管理和沟通联系制度。规范全行内控合规检查工作,要求每半年上报尽职监督方案,统一安排检查。充分发挥非现场检查功能,利用视频监控系统、会计监管系统等科技手段,利用非现场检查线索,提高合规检查的有效性和针对性。二是突出抓好信用风险管控。强化信贷调查工作,市县行联动调查,提高信贷调查效率。加强贷后管理工作,对放款审核、合同管理、押品管理、账户监管等重点环节进行了重点管理,对5个支行进行重点帮扶,实现了全年无新增不良、无欠息。不良贷款余额和占比实现双降。到期贷款现金收回率99.98%,高于省分行计划0.96个百分点;实现潜在风险客户退出0.45亿元,完成全年计划的150%。同时抓好审查人员业务培训,提高政策水平和审查效率,在业务办理中推行平行作业,提升服务效率和质量。三是加强操作风险管理。加强对派驻风险经理队伍的管理,制定15项"规定动作",做好重点风险防控工作,形成风险合规经理全面监控、运营主管现场控制、监管人员事后防范的防控体系。深入开展"三化三铁"创建活动,规范全行操作行为。扎实推进运营"三大中心"建设,重点完成"集中授权、集中监控"两项工作。规范集中授权中心和监控中心管理,建立健全考核机制,依托运营监管平台,整合会计监控、事后监督、视频监控联网等系统,实现了对临柜业务运行情况的实时、全面、重点集中监控。开展两次"两箱两库"突击检查。四是强化安保风险管理。开展以"四个能力建设"为中心内容的消防集中教育活动,组织预案展评和演练评比活动。加强对大堂保安、社会化守押、款箱交接、防尾随联动门使用管理、监控系统和报警系统布防、ATM巡检等重点部位、重点环节的安防检查。

(李化杰)

中国农业银行股份有限公司邯郸分行

【概况】 中国农业银行股份有限公司邯郸分行现有干部员工1 832人,辖属1个直属营业部、25个支行,95个营业网点,其中:城区网点42个,县域网点53个,是邯郸市目前营业网点分布最多、网络覆盖最广的国有商业银行。一年来,该行切实以科学发展观为引领,以突出抓好"四个加快、四个提升"为着力点,紧紧围绕"三大中心"建设工作,狠抓基础管理,实现了业务经营上台阶、内控管理上水平的发展目标。2011年末,各项存款(本外币)余额316.59亿元,较年初增加18.15亿元,增量市场份额21.83%,居同业第3位;对公存款余额77.4亿元,较年初增加5.12亿元,同比多增1.74亿元,增量位居全省第3位。各项贷款(本外币)余额159.77亿元,较年初增加22.32亿元,增量居全省第3位。其中实体贷款较年初增加11.61亿元,增量居全省第4位。

【负债业务】 一是加强个人优质客户营销。严格落实分层营销和包户维护责任制,对100万元以上存量和目标客户实行名单制管理,按照存款量分别以10万元、50万元及100万元以上为区间落实支行行长、主管行长及网点主任、大堂经理管理责任,同时,按照核心客户建设有关要求,严格落实了市分行、支行对重点客户的维护和营销责任,确保了存量客户的相对稳定和潜在客户的稳步增加。二是发展代发工资业务。该行针对存款竞争白热化形势,及时提出贷款企业代发工资业务全覆盖目标，进一步加大了对贷款企业代发工资业务营销力度。代发工资业务的有序推进，为该行有效监测贷款企业资金流向、稳定季末、月末时点数存款起到了重要作用。同时，该行将代发工资业务瞄向了行政事业、集团性行业等机构类、行业类客户，利用各种社会关系和“拼抢挖”策略，先后与河北工程大学等单位签订了代发工资合作协议。三是强化理财产品营销。为提高“安心得利”、“安心快线”等理财产品的市场渗透力和社会知名度，提高存款的稳定性。该行进一步提高了营销季末、年底到期理财产品的销售计价，通过激励引导、强化督导、分层负责等措施，全年营销理财产品90亿元以上，同比增加近70亿元，对全年各项存款的稳定增长发挥了支柱性的作用。四是以卡为媒拓展渠道。开创性地发展“社保卡、交通卡、校园卡”，其中“社保卡”拟代理发卡88万张，份额居四大行第3位；成功启动金穗“交通卡”发卡仪式，预计发卡量50万张以上。全年累计完成59个网点装修改造工作，新产品的投入与网点的装修改造有力地提高了客户服务水平，为全年个人负债业务的快速发展奠定了坚实基础。

在对公负债业务发展上，一是抓机制。2011年，该行先后出台了《2011年对公存款考核办法》和《2011年机构类对公存款全员营销奖励办法》，加大时点数、关键时点对公存款的考核力度，同时，从挖掘存款源头出发，设立新增开户奖和新增客户余额奖等奖项，并对各支行单独匹配相应的营销费用，极大调动全行营销机构类存款的积极性。二是抓督导。为进一步强化对公存款的营销督导力度，该行以内部网站设立机构类对公存款营销“光荣榜”和按旬编发《专题简报》等形式，及时通报全辖对公存款完成情况和营销进度，形成对公存款营销人人奋勇争先局面。三是抓客户。在客户营销拓展上，该行充分利核心客户群建设工作为契机，进一步加大存量客户分类管理和与地方十五规划对接工作，通过存量客户分类，量身定做一户一策服务方案，稳定现有客户资源，通过与地方党政等部门的联系与合作，抢占营销先机，为第一时间赢得客户、留住客户、稳定客户争得宝贵的时间。四是抓产品。面对信贷规模趋紧、派生存款生源不足问题，该行不等不靠，积极抓住为钢铁型企业增加国际贸易融资授信额度这一有利时机，科学组合产品，采用进口开证业务+海外代付+全额人民币定期存单质押项下的进口押汇（外汇贷款）+远期售汇等模式，拉动人民币对公存款增长10亿元以上。

【资产业务】 在搞好传统资产业务发展的同时，进一步转变观念，开拓思路，积极向新兴业务要效益，通过国际贸易融资等方式为企业发放外币贷款，有力地调整完善了信贷结构，及时满足了企业资金需求，提高了该行的中间业务收入水平。全年累计办理进口押汇近3亿元，办理信用证近5亿美元，进口代付3亿美元。全年共收回委托不良资产1.2亿元，完成全年计划的100.46%。全年累计开出银行承兑汇票近130亿元，同比多增57亿元，累计办理贴现69亿元。

【中间业务】 积极开展“激情仲夏 金彩生活”零售业务综合营销等一系列活动，采取“试点推进、以点带面、全面覆盖”推广策略，全面加强对商户集聚地的营销力度，通过对重点区域、重点市场的营销，成功带动全行惠商卡业务的全面推广。全年共发放惠商卡4 000余张，新增信用卡客户数3.3万户，完成任务的110.43%，任务完成率居全省第一。新增有效特约商户788户，完成省行全年任务的207%，完成率居全省第二位。大堂经理的配备和网点设施功能的进一步优化，有力提高了全行服务水平，客户对产品的认知度、满意度不断提升，2011年，该行个人电子银行注册客户数新增30多万户，同比新增10余万户，增幅高达39%。

【“三农”业务】 该行依据各县域支行经济结构、资源禀赋、产业特色、发展潜力等特点，科学搞好本行业务发展规划与各县域十二五发展规划的对接工作，围绕以上特点，将县域支行分为五大类型，分类制订了具体的发展规划，明确了发展路径，为全行三农业务特色化、差异化发展，奠定了坚实基础。一是围绕“重点扶持、带动一方”的工作思路，以县域支柱企业、县域农业产业化龙头企业、县域公共事业单位为核心，进一步强化对重点客户的营销力度，有效支持重点客户发展。二是目录管理，定向投放。实行月度农户贷款新增投放计划报告制度。要求各支行每月初3日内，将当月农户贷款新增投放计划、拟投放目标客户、行业、区域、贷款模式、担保方式等内容报市分行农户部审核批复，未经答复发放的贷款视同违规发放，确保新增农户贷款主要投放在县域主导产业、优势行业、重点区域、高价值核心客户群体上来，进一步优化农户贷款客户结构。三是完善考核、有序推进。为推动三农业务发展,农行邯郸分行进一步加大对该项业务的考核力度,制订完善《邯郸分行农户金融业务专项考核办法》,加大三农业务在各支行主管行长效益工资方面的挂钩力度,并通过强化经营问责等措施,保证各阶段三农各项任务指标的序时完成。四是简化流程、提高效率。为缩短经营链条,提高三农服务效率,该行2011年成立以主管行长为组长,调查、审查、审批岗相关人员为成员的"小企业贷款集中作业小组",通过对业务处理流程的进一步细化、优化,坚持实地调查、限时答复、集体会商、按时办结等制度,大大提高审批效率,促进小企业贷款的快速发展。2011年,该行全辖累计上报拟用信合作小企业达72家,年末小企业贷款余额达8.58亿元,较年初增加3.47亿元。该行三农业务取得较快发展,为支持地方经济的大发展做出了贡献,受到邯郸市政协、银监局及有关部门的多次表扬与肯定。2011年,该行县域人民币各项存款较年初增加22.85亿元,占全行存款增量的125.9%,完成全年计划的88.34%。实现"三农"中间业务收入16 514万元,完成省行核定全年计划的125.1%。新增惠农卡61 763张,农户贷款比年初增加6 979万元,不良贷款比率0.18%,控制在总、分行容忍度之内。

【风险防控】 2011年,作为河北农行第一批三大集中建设工作的试点行之一,该行在运营体系建设上实现了全省两个率先和运营管理工作综合考评第一的好成绩,成为全省运营体系建设和推广应用的典范。一是率先在全省完成了总行版集中监控中心建设,统一事后监督标准,节约人力资源,为全省运营体系的推广上线树立的范本。二是率先实现远程集中授权工作,实现全部营业网点上线,提高风险防控能力,减轻运营主管授权压力。三是进一步改造现金中心库区,改进内部操作流程,推动现金中心标准化建设。四是积极推进作业中心建设,实现13个网点非即时性业务、复杂业务向后台迁移。五是加强对自助机具的管理,制定自助设备钞箱管理办法,进一步加强ATM钞箱管理,实现了城区离行式ATM的集中加钞,有效防控现金运营风险。六是开展了查库飞行队突击检查,以及ATM、银行承兑汇票、单位结算账户电子印鉴等专项检查,有效规范制度执行。七是严格落实会计主管定期交流制度,扎实开展运营主管"学、守、做"活动,在全省"学、守、做"综合考核中名列第二名。八是大力加强"三化三铁"建设。通过网点申报、支行审核、总分行验收,有5个网点被评为"三铁"单位,58个网点被评为"良好"单位,32个网点被评为"达标"单位。

在抓好运营体系建设这一重点工作的同时,该行立足本行实际,积极开展"基础管理提升年"、四基教育、警示教育等大型专题活动,通过加大对重点领域和重点部位的检查力度、严格落实各项处罚办法等措施,进一步提高全辖风险防控水平。一是积极开展"基础管理提升年"活动,成立以市分行行长为组长的活动领导小组,进一步加大问题整改力度。通过开展"四基"教育、"案防制度落实年"、合规文化大讨论、运营主管"学、守、做"、《员工违反规章制度处理办法》抄考背等主题活动,基础管理工作得以进一步夯实。二是扎实推进安防体系建设。在继续加强物防、技防、人防建设的同时,坚持经常性地排查消防隐患。采取定期不定期组织各支行对所辖机构的消防设施配备、有无违规用电行为和存储易燃易爆物品、重要部位是否有火灾隐患、消防"四个能力"建设、消防联防协议等情况进行排查和整改。大力推进视频联网系统上线、营业场所电源线路整改和机房达标改造工作,实现电子设备的流程化管理,加强网络运行和安全监测,实现了全辖生产网、办公网安全运营无事故。三是加大监督检查和惩处力度。一年来,通过整体移位检查、单位存款风险滚动式检查、风险排查、神秘人检查等活动,有效揭示和消除了风险隐患,提高网点服务质量。通过在全行积极开展全员"学强做"、"学守做"、"争先创优"、"四基教育"等九项专题活动,进一步提高全员工作积极性和创造性,履职意识明显增强、风险防控水平明显提高、全面防控意识明显提升。四是强化问题整改力度。为进一步消除屡查屡犯、个别环节问题突出等问题,农行邯郸分行本着从严、从重、从速原则,进一步加大对有关责任人处理处罚力度。通过以上措施,农行邯郸分行内控管理水平得到进一步加强,2011年在全省内控评价中,全辖22个县支行,评为一类行17个,占比达77%,实现了年初既定管理目标。

【队伍建设】 以人为本,从严管理,建立健全"能者上、庸者下"的科学用人机制,会聚人才、使用人才、留住人才，是该行员工队伍管理的重要目标。一是强化学习、固本强基。通过开展领导干部“学规定、强素质、做表率”学习教育活动，从强化领导干部素质入手，全年累计举办各类培训班315期，培训达7 722人次，内容丰富，参员广泛，是该行近年来培训期次最多、人数最多的一年，为全年业务营销和新业务拓展奠定坚实基础。二是加强考核、流动管理。利用巡察、年度干部考核等方式，该行进一步加大对现有干部的考察和管理力度，年内，组织精干力量，完成对11个支行近两年来工作巡察，提出有针对建议二十余条，为全辖干部轮流、竞聘等工作创造了良好条件。按照有关方案，对14名科级干部进行了调整，进一步规范支行班子分工和管理权限，通过两次大规模全员竞聘，配齐了职数，干部队伍得到进一步增强。三是广泛参与、提高素质。2011年，该行分别参与省分行举办的机构业务、金融市场业务、《员工违规处理办法》知识竞赛等，均获得前三名好成绩。其中，外汇业务知识竞赛中，获得团体第一名，并有两名选手代表河北队参加总行外汇业务知识竞赛，获得团体第二名。

（杨燕臣）

中国银行股份有限公司河北省分行

【概况】 2011年，中国银行股份有限公司河北省分行本外币资产、负债规模分别达到3 553亿元和3 512亿元，均较年初增长15%。本外币净收入达到110.2亿元，拨备前营业利润67.5亿元，税后净利润47.1亿元，实现考核利润53.8亿元，同比增长22.6%，提前一年实现总行要求考核利润突破50亿元的发展目标。全行人民币各项存款余额达到3 532亿元，较年初新增554亿元，在总行系统内排名第6位，在省内四大行排名第2位。实现中间业务收入23.36亿元，增幅为60%，占全部净收入的21%。人民币各项贷款余额2 160亿元，较年初新增227亿元。不良资产余额12.24亿元，不良率为0.55%，持续“双降”。

【结构调整】 全行围绕促发展，调结构，在业务、网点、客户结构上，实现优化调整。业务结构更趋优化。省行统筹信贷资源，加强定价管理，加快业务结构调整，贷款定价和利率水平不断提高。人民币公司贷款、个人贷款平均利率达到6.62%和6.98%，分别较2010年平均利率提升143个BP和159个BP。高生息资产增加433亿元，增长20%。中小企业授信余额增幅达到22%，在全部对公授信中的占比提升2.5个百分点。本外币存款中活期存款占比提升1个百分点，资金成本得到优化。全行净息差为2.72%，同比提升8个BP。机构布局更加合理。加快网点资源向中心城市和重点区域集中，建设布局科学、结构合理、覆盖全省的网点基本服务渠道，2011年增设机构14家，86家分理处升格为支行，城区网点占比达到65.3%，较年初提升1.1个百分点。客户总量持续提升。全行公司金融客户总数达到8万户，较年初新增1.37万户。企业网银客户达到4.36万户。个人网银客户达到181万户。实现企业网银交易量3.2万亿元，个人网银交易量1 730亿元，同比增长均实现翻番。

【创新工作】 全行围绕提高业务发展水平和产品市场竞争力，加强和鼓励创新，持续改进基础工作，加强制度建设，优化研发流程，新产品立项决策链条明显缩短，员工创新意识显著提高。2011年，在全行众多创新项目中，共评议产生省行产品创新奖13个，管理创新奖10个。其中，入围总行“中银创新奖”项目达到11个，创新工作不但实现历史性的突破，在系统中也名列前茅。全年共有17项产品创新项目完成投产，7项管理创新项目报备投产，新产品的高效投产，有效缓解了授信业务的规模压力，推动了存款和中间业务发展。管理创新项目的投产，对提升全行风险内控水平和工作效率，做出了重要贡献。

【系统运行】 新系统上线后，实现了全行一本账，系统和数据高度集中，前中后台科学分离，业务流程得到优化，使“前台操作后台化、后台操作工厂化”。全辖实施了综合柜员制，并对20项后台业务进行集中，形成规范统一的管理方式和运营模式，提高了工作效率，节约了运营成本。新系统上线后，整合公司金融、个人金融渠道资源，业务功能更加完善，实现了全产品线销售。电子渠道高效、方便、快捷的优势得到充分发挥。新系统上线后，全行认真开展“五找一优”活动，强化新线下26个风险环节的梳理和落实工作。实现了新线下的事后监督转型，整合界定业务经理职责，开发了

BGL监控系统、总账监控系统和监控预警平台，建立起流程、系统、现场相结合的全面动态风险防控模式，风险控制关口前移，风险管控能力得到提升。

【内控工作】 继续深入开展管理达标工作，制定《业务操作指引》，在全行开展“落实操作指引，纠正违规行为”、“治理重点问题”专项活动，操作风险管理水平得到提升，促进了全行工作的标准化和规范化。开发投产监控预警及内控管理平台系统，在全省进行推广，实现对辖内机构和业务的持续监控，对异常交易、违规行为和疑似案件及时预警，监督检查的时效性和针对性不断提高。建立内控联动管理机制，统筹整合并有效利用检查资源，检查成本大幅下降，共同防查治理，形成风险管控合力。通过各项活动开展，基层机构和员工的制度传导执行力得到加强，重点风险问题得到有效治理，遏制了重大违规现象的发生。

【网点效能】 以“加强网点建设、提升网点效能”为指导，深入开展网点标准化建设，加快推进网点转型，在全辖建设了一批规模大、功能强的大中型网点。年末，全行大中型全功能网点达到77家，占网点总量的16.6%；已开办公司金融业务的网点344家，开办率达到74%；网点公司金融业务转型成功279家，转型成功率达到60%。实施机构分级、动态管理，网点单产不断提高，全行网均存款达到7.77亿元，较年初提高1.13亿元。在全辖持续开展技术练兵和技能比武活动，员工业务技能不断提高，网点服务水平显著提升。

【队伍建设】 突出以人为本，加强“管理者、专业技术和技能操作人员”三支队伍建设，积极推进全员队伍的结构调整。实施了“管理培训生”项目，在全行竞聘选拔了142名35岁以下、全日制本科学历以上的优秀青年人才，作为全行中、基层管理人员及中高级专业技术人员后备，进行重点培养。明确了专业技术人员的定位、职责和权限，制定准入、培养、晋升和退出机制，重点加强对客户经理、风险经理等各类经理队伍建设，提高其专业技能。逐步实施等级柜员制，有效拓宽前台一线柜员的薪酬晋升空间和发展通道，实现持续激励。开展全员培训，结合业务发展，建立培训长效机制，全员综合素质得到提升。

【党建工作】 以“突破50亿，争先做贡献”活动为载体，深入开展“创先争优”活动。12个党委、11个党总支、304个党支部、6 875名党员积极响应，热情参与。开展了纪念建党90周年系列活动。圆满完成了党的十八大代表候选人推荐选举工作。进一步健全惩治和预防腐败体系，扎实推进反腐倡廉工作。深入开展平安中行创建活动，抓实“四类案件”防范工作，全辖实现了无案件、无火灾、无责任事故。

中国银行股份有限公司石家庄管理部

【概况】 2011年1月11日，中国银行股份有限公司石家庄管理部正式成立，河北省分行赋予中行石家庄管理部对石家庄地区中行业务的全面管理职能，在中行河北省分行授权范围内行使管理、协调和决策职能。石家庄管理部为二级分行的组织架构，内设综合管理部、人力资源部、公司业务部、个人金融部、计划财务部、风险管理部、监察部等14个部门，管辖石家庄地区12家城区支行、12家县支行、33家二级支行、20家分理处等77个网点，现有员工1 700人。

【经营业绩】 一是资产总额跃居全省首位，盈利能力明显增强。截止2011年12月末，全行本外币资产余额达到748.13亿元，负债余额达到748.55亿元，均列全省系统第1位，分别比年初增长32.06%和33.86%。全行实现本外币净收入14.33亿元，营业利润9.14亿元。二是存款业务领跑全省，存款新增跑赢大市。截至12月末，全行人民币各项存款余额668.34亿元，较年初新增166.01亿元，余额和新增额均列全省系统第1位。其中，人民币公司存款余额254.27亿元，较年初增长39.42亿元，新增额列全省系统第1位。余额市场占比18.05%，新增额市场占比24.78%，新增额在四大行排第2位。人民币储蓄存款余额227.1亿元，较年初增长28.85亿元，新增额列全省系统第2位。余额市场占比15.23%，新增额市场占比25.37%（含理财），新增额在四大行排第3位。人民币金融机构存款余额152.31亿元，较年初增长97.89亿元，余额及新增额均列全省系统第1位。余额市场占比39.46%，新增额市场占比44.4%，余额及新增额占比均列四大行第1位。三是客户数量迅速增长，客户基础持续壮大。截至12月末，公司金融基础客户达到17 205户,其中,有效客户3 994户,较年初新增610户。结算账户19 316户,新增4 980户,新增额在全省排名第1位。“工商验资E线通”新增客户2 525户,对公网银新增客户数5 641户,中小企业授信批复户数95户,均列全省第1位。全行个人有效客户860 462户,新增99 796户,其中20万元以上中高端客户53 807户,新增19 590户,中高端客户户数及新增户数均列全省第1位。个人网银新增172 623户,借记卡发卡301 723张,白金信用卡发卡4 577张,均列全省第一。四是产品运用能力增强,中间业务收入同比接近翻番。截至12月末,全行实现中间业务收入3.49亿元,完成省行任务2.76亿元的126%,收入总额列全省第2位,同比增长1.66亿元,增长90%。其中,公司金融条线中间业务收入实现2.47亿元,同比增长103%,个人金融条线中间业务收入实现1.01亿元,同比增长65%。中间业务毛收入在四大行中占比20.7%,同比提升2.9个百分点。

【网点效能】 加快B类网点业务转型,实施“网点标准化管理及服务销售流程导入”工程,促进网点服务效能提升。开展员工技术大练兵活动,通过季度测评、技能比武和业务尖子传帮带,员工技能水平不断提高。狠抓营业网点规范服务落实,推出《文优服务工作通报》,不断提高员工主动服务意识和服务水平。加快自助设施投放,完善运维机制,建立健全离行式ATM集中运营模式。截至12月末,共有38家B类支行开办对公业务,B类支行对公业务开办率由2010年末的39.29%,提高到67.86%。成功转型的B类支行达到27家,成功转型率71.05%。B类支行对公存款新增贡献率达到13.43% ,储蓄存款(含理财)贡献率达到62.98%。网点成功转型率,网均公司客户、公司存款余额、中间业务收入在全省名列前茅,得到了省行领导的肯定。

【机制建设】 坚持“明确目标,挂图作战,倒排工期,加强督导”工作机制,通过建立客户营销、产品拓展与各网点的匹配度清单以及建立以下各项制度:公司、个金条线业务指标“日点评、周排名、月分析、季通报”制度,各条线工作行政督导机制,季度冲刺调度例会制度,确保营销进度和效果,促进了业务快速发展。积极推进产品定价的绩效考核模式,加强绩效管理的过程控制,通过“过堂会”、“行政督导机制”、“上门督导”、“黄牌警告”、“诫勉谈话”等形式,及时与落后单位负责人进行绩效沟通,推动各单位健康快速发展。加强费用开支管理,制定A、B、C三类网点费用配置办法,打破业务费用分配上的大锅饭。严格落实采购评审委员会制度,加强票据合规性审查,确保费用合理、合规列支。

【作风文化】 倡导和培养各级班子“团结、务实、廉洁、高效”的工作作风。开展基层网点下沉式帮扶活动,及时发现关系员工切身利益的问题,明确责任部门认真进行整改。在全辖开展“快乐工作、健康生活”系列文体活动。深入践行中国银行“追求卓越”核心价值观,通过抓业务、抓服务、抓队伍,“事争第一、大行崛起”的企业精神得以弘扬,全行基本形成拒绝理由、狠抓执行、提高坏账意识的浓厚氛围,“和谐、高效、奋发、向上”的企业文化初步形成,员工精神面貌焕然一新,增强了石家庄中行的凝聚力、向心力和战斗力。

【内控合规】 一是开展以“落实操作指引,纠正违规行为”为主要内容的内控合规综合整治“春雷行动”。全辖开展《操作指引》业务培训25场次。围绕9项重点业务37个重点问题,对全辖所有网点进行地毯式检查,针对发现的261个风险问题,全部落实整改。二是扎实推进“落实操作指引,治理重点问题”活动。制定33项专项措施,分解目标,责任到人。发挥合力实施治理,与省行运行监控中心及柜员管理中心积极沟通,强化非现场监督对问题治理的促进作用。三是加强安全保卫工作。开展“平安中行”创建和落实“消防安全责任年”活动。完善组织领导,层层落实安保责任。对全辖营业网点(含自助银行及自助设备)进行全面安全检查,结合省行监控录像联网检查通报的问题,加大整改力度,消除隐患,确保营业网点安全。创建金库文化,加大金库安全管理,实现省行金库的顺利接收和平稳运营。四是加强员工合规培训和警示教育。组织员工学习《管理问责办法》、《员工违规行为处理办法》、《员工禁止类行为规定》等一系列规章制度。开展“比合规、我争先”主题征文及演讲比赛。组织员工到监狱参观,集中观看反腐倡廉教育光盘等警示教育活动,使合规操作成为员工的心智模式,从思想上构筑防腐拒变的牢固防线。

【渠道建设】 一是加快B类网点业务转型。建立

“一把手总体抓，分管副总牵头抓，一名高经具体抓，跨条线、跨部门联动”管理模式。转型小组深入基层，调研人员，帮扶业务，跑办手续，制定激励政策，定期召集专题会议。制定出台了《高管层B类行联系制度》、《A类行与B类行业务转型结对子方案》、《B类行转型激励方案》等诸多措施，有效地促进了我行网点对公业务的发展。二是开展网点标准化建设和网点服务营销流程导入。实现网点从交易型向营销服务型和客户关系型转变，不断提高客户满意度和网点营销服务能力，全面提升网点竞争力。三是加快自助设施投放。明确由原基建办的三名同志负责此项工作，力争年底前完成“5 + 16 + 34”自助设施投放目标。四是加强电子渠道建设。积极推广网银对账、集团现金管理和网上报关、电子商务等产品，开展以网银对账促进网银客户发展活动。通过开展每个柜员“每日两网银”活动，个人网银和手机银行业务得到较快发展。

【党风廉政】 一是加强基层党建工作。建立健全基层党组织，严格落实党支部组织生活七项制度和党政工作两个议事规则。以“突破50亿，争先做贡献”为载体，扎实推进“创先争优”活动，发挥全体党员在谋发展、促发展中的先锋模范和示范带头作用。二是加强党风廉政建设。扎实推进惩治和预防腐败体系建设《五年工作规划》的落实，要求各级管理者和党员领导干部认真执行《党员领导干部廉洁从政若干准则》和《国有企业领导人员廉洁从政若干规定》，自觉接受群众监督，切实增强廉洁从政的责任感和自觉性。

中国银行股份有限公司承德分行

【概况】 2011年，中国银行股份有限公司承德分行面对复杂的经济形势和严峻的考核压力，全行上下迎难而上，积极进取，各项工作稳步推进。人民币各项存款余额114.23亿元，余额市场占比18.54%，较年初下降3.08个百分点；本年负增长16.26亿元。其中储蓄存款余额67.26亿元，余额市场占比18.03%，较年初提高0.26个百分点；新增6.35亿元，新增市场占比21.04%。公司存款余额46.97亿元，余额市场占比19.32%，较年初下降7.38个百分点；本年负增长22.61亿元。金融机构存款余额8.22亿元，余额市场占比28.34%，本年负增长9.37亿元。外币存款余额1 600万美元，市场占比46.02%，较年初下降10.05个百分点，新增244万美元，其中外币储蓄存款新增91万美元，外币公司存款新增153万美元。人民币各项贷款余额105.8亿元，新增3.4亿元，余额市场占比22.2%。其中公司贷款90.2亿元，余额市场占比25.83%；个人贷款13.2亿元，新增1.2亿元，增幅9.8%。不良贷款余额248万元，不良率0.02%，全年无新不良形成。全行实现净收入5.07亿元，同比增加3 191万元，增幅6.7%。税后净利润2.25亿元，同比增加1 943万元，增幅9.5%。实现中间业务收入7 420万元，同比增长25.3%，创历史最高水平。

【业务发展】 公司存款拓展了新的来源。在交通存款大幅下滑的压力下，加大对财政、社保、公积金等重点客户的走访，注重存量挖潜。截至12月末，财政存款较年初新增3.3亿元。成立区域性营销小组，每个小组配备1～3名客户经理，对全市八县四区分片包干，盯住每个区域内的重点项目。成功营销了北汽福田承德发动机部件制造中心，对承张高速项目进行了持续跟进，所上报的承德市住房和城乡建设局物业专项资金管理平台项目获产品创新三等奖。储蓄存款实现同比增长。持续开展个人金融劳动竞赛，并进行滚动考核。依托财富管理系统，对中高端客户，由基层机构负责人、理财经理、大堂经理进行分层维护，提升客户满意度和维护效率。以代发薪业务为抓手，以行政事业单位和授信客户为重点，全年累计营销代发薪客户8 700余户，月增代发金额1 500万元。加强表内外理财产品的销售，密切与客户的关系，累计销售各类理财产品52.7亿元。从抓源头、抓批量入手，全面拓展基础客户。公积金联名卡11月份正式实现发卡，成为承德市首家与公积金管理中心合作发卡的金融机构。对行业、产业集群和开发园区的客户进行梳理，筛选出年销售收入1～5亿元的中型企业123户，对目标客户建立一对一营销责任，“倒排工期、挂图作战”。利用“工商验资E线通”系统，从源头上争揽客户。全年新增个人基础客户2.5万户，新增中高端客户3 966户；新增对公基础客户446户，新增对公有效客户158户。坚持产品拉动，中间业务收入创历史最高水平。在授信投放受限,传统公司中间业务靠贷款拉动不足的情况下,认真研究政策和产品,寻找新的增长点,对每一项产品都指定专人负责。累计办理人民币存放21亿元,外币存放1亿美元,办理同业代付5.28亿元,完成国际结算5 140万美元,叙作供应链融资3.4亿元。此外在本币达、接利宝等业务上实现了零突破。围绕代理保险、对私国内结算、短信通、信用卡分期等四个重点产品,以及零售贷款、代销基金等业务,组织开展"产品交叉销售"劳动竞赛。支持经济发展,保持信贷合理增长。受贷存比管理和公司存款增长不理想影响,授信业务增幅回落。在做好优质项目储备营销的同时,重点加快中小企业授信和个人贷款发展。立足承德"十二五"期间这一新的发展机遇期,主动加快授信结构调整。全年累计办理特定客户贸易融资5.32亿元,新上报小企业8户授信总量2 830万元,实现中小企业贷款新增1.74亿元,增长48.2%。先后与银泰、天助等20余家开发商达成合作协议,实现住房、商铺贷款累计发放5.5亿元。

【内控管理】 从加强员工思想教育、规范业务操作、加强监督检查三方面入手,做实做细每一项工作。加强教育,构建合规文化。组织开展"我的岗位把好关,我为发展做贡献"活动,先后五批次组织员工到监狱接受服刑人员"现身说法"警示教育;结合社会热点和银行频发的案件,组织法律法规和案件剖析巡回讲座,使员工做到知法守法,洁身自爱。把基层机构负责人作为抓好管理和发展的关键,各级管理者每天抽出一定时间关注内控管理,严格落实"三个同步、三个同责"的要求。落实指引,规范业务操作。围绕"落实操作指引,纠正违规行为"和"落实操作指引,治理重点问题"活动,定期召开内控委员会会议,找问题,查不足,约束员工规范操作。强化监督,严肃问题整改。加强案件防控长效机制建设,建立了机构合规档案,出台事后监督、金库管理、录像监控等实施方案,实施百分考核。上线监控预警与内控管理平台系统,通过数据筛选分析,督导责任单位做好问题整改,提升非现场监管水平。同时,高度重视安全生产和安全运营工作,从后台支持、科技保障、网络维护、安全保卫等方面,加大资金和设备投入,加强人防、物防和技防力量,确保了安全运营。

【渠道建设】 网点布局持续优化。提出全行未来两到三年县域机构发展规划,对承德市纳入环首都经济圈的相关县进行了设立机构的前期调研。首家离行式自助银行投入使用,碧达园支行对外营业,县支行所辖的四个分理处升格为二级支行。完成双滦支行、迎宾路支行的选址及营业用房的购置。电子银行业务快速发展。企业网银客户新增1 030户,覆盖率60.3%,较年初提高40.7个百分点;个人网银新增6万户,覆盖率39.4%,较年初提高20.4个百分点;手机银行新增4.9万户。网点效能不断提升。储蓄存款余额2亿元以上的网点由去年初的12家增长到18家。网均发放借记卡3 850张、代销基金收入19.1万元,个人网银开户2 364户,基金定投开户1 513户,同比分别增长45.78%、18.56%、95.21%和276.37%。

【队伍建设】 以建设学习型队伍为目标,全员综合素质进一步提高。分行班子带头学习,定期就新业务、新产品和相关政策进行集中学习,为员工做好表率。各级管理者立足岗位加强学习,做到既懂得分管业务,也了解全行业务。将员工培训纳入各部门的绩效考核,制定全行年度培训计划,对培训效果进行抽查和后评价。加强员工的技能训练、达标考核和星级柜员管理,302人次获技能达标三级以上能手,能手率85.1%,五星级柜员比例在全省中行系统最高。做好优秀人才的培养选拔。涉及职位晋升和跨序列职位调整的,普遍采取公开竞聘方式。全年对3个中层副职、3家二级支行负责人和11个专业技术职位进行了公开竞聘。对16位中层管理人员进行了岗位调整,基层机构负责人到期轮岗率100%。加强后备人才库建设,确定中层后备人才18名,将副职后备人才的选拔范围从专业技术序列扩大到技能操作序列,调动了一线员工岗位成才的积极性。

【创先争优】 将"创先争优"工作作为党建工作的主要抓手,紧紧围绕省行党委"突破50亿,争先做贡献"的部署,开展了争创"星级党支部"和"星级党员"活动,使党建工作与业务发展紧密结合。定期通报点评各支部的考核情况和党员的营销业绩,激励先进,鞭策落后,激发各支部和全体党员的争先意识。在青年员工中开展了以"我爱百年中行、我争营销先锋、我做合规模范、我当服务明星、我是阳光青年"为主题的扩户增存我争先、落实指引当模范系列活动,强化青年员工的爱行、爱岗意识,激发工作热情。在河北中行"青春中行争先有我”纪念“五四”青年节主题团日评选中，获一等奖和优秀组织奖，在“传承百年激扬青春”青年风采展示大赛中，获二等奖和优秀组织奖。

中国银行股份有限公司张家口分行

【概况】 2011年，中国银行股份有限公司张家口分行坚持以政策市场为导向，以客户拓展为中心，以产品推广为重点，以渠道建设为基础，以内控合规为保障，以机制创新为动力，以队伍建设为支撑，各项业务保持了健康良好的发展势头。年末，本外币资产、负债总额全部突破200亿，增幅均达到29%，创近年最好水平。其中资产总额达到234亿元，新增53亿元；负债总额达到230亿元，新增52亿元。人民币各项存款余额达到168亿元，较年初新增17亿元。其中：公司存款余额达到82.8亿元，较年初新增9.4亿元(含表内理财)；储蓄存款余额达到85.2亿元，较年初新增7.6亿元(含表内理财)；金融机构存款余额达到21.8亿元，较年初新增3.9亿元。人民币各项贷款余额达到192.3亿元，较年初新增17.7亿元。其中：公司贷款余额达到130亿元，较年初新增9亿元；消费贷款余额达到42.8亿元，较年初新增8.3亿元；贴现贷款余额为6.8亿元，累计票据贴现量达40亿元；贸易融资余额为12.5亿元，比年初增加3 800万元。全行实现中间业务收入1.27亿元，同比增加3 500万元。实现各项净收入8.17亿元，同比增加1.2亿元，拨备前营业利润5.26亿元，同比增加8 360万元，净利润3.43亿元，同比增加6 900万元。

【业务发展】 客户方面，结构实现优化，数量实现突破。对公客户方面，营销了张家口海关六个账户及“零基一体户”，全年共有10家行部开立了非税收入专户，非税收入执收单位达到386户。对私客户方面，举全行之力抓好公积金卡和社保卡的发放，全年共发放公积金联名卡2万张。社保卡方面，率先在全省与社保局签署合作协议，10月召开新闻发布会，全年已采集数据18.5万户，发卡1.1万张；全年新增代发薪客户13 907户；新增个人中高端客户6 831户。中小企业客户方面，成立中小企业服务中心，重点发展了30家煤炭供销中小型优质客户。存款方面，对公存款持续增长，不断加强财政、交通、冶金等系统客户的营销维护，通过加大奖罚力度等措施，系统客户存款份额稳中有升，全年新增11.5亿元。储蓄存款市场占比提升，开展多种营销活动，组织实施了网点节日扮靓、网点进社区等活动，拓宽优质存款资源，营销热点存款1.6亿元，营销中高端客户存款6.7亿元。金融机构存款方面，累计办理人民币存放同业业务22笔，金额106亿元，办理同业委托付款业务18笔，金额8.02亿元。资产方面，公司贷款稳中有升，积极扶持新能源、新材料、节能环保等战略性新兴产业的发展，大力支持交通、能源等传统授信优势行业，择优支持商贸物流领域和区域中小企业，资产结构不断优化；不断创新对公理财产品，通过办理中银系列投资信贷资产理财产品，筹集资金35.59亿元；票据贴现贡献突出，累计票据贴现量40亿元，票据业务市场同业排名第一；零售贷款再创新高，全年累计投放零售贷款15.5亿元，全省中行系统排名第三；贸易融资和中小企业授信实现新发展，全年累计向中小企业投放各类贷款2.4亿元，新增1.3亿，有效地支持了中小企业的发展。

【渠道建设】 根据城市区域中心规划发展变化，积极调整和增设网点，桥东支行、宣化新开支行新址装修已开业；报业大厦支行改造和出国金融服务中心建设动工装修，金鼎支行搬迁选址已批复，赤城支行选址装修已报批。张北支行两家离行式自助银行已开业。积极稳妥地推进网点转型，从拓展客户、提升存款规模、有效销售公司金融产品、增强内控有效性等方面推动试点网点公司金融业务发展，16家B类网点开办了对公业务。

【内控建设】 以“落实操作指引、纠正违规行为”活动为中心，从加强基层机构负责人管理、加强一线员工的制度执行力、加强中后台风险防控职能、加强条线的业务指导和监督职能、加强突出问题综合管控、加强个人合规档案管理、加强全面风险管理等七个方面加强内控建设。与行部签订了活动承诺书，制定了《活动培训计划》，对5个业务条线18项内容进行培训，培训人次达636人。深入推进了监控预警平台和一、二道内控防线建设，对基层行部活动开展情况进行督导检查，对存在的问题及时指出，对好的做法及时推广。将员工合规档案与每位员工的绩效考核、奖罚、评先等挂钩，进一步促进员工遵章守纪、合规操作。顺利推进了事后监督转型、现金集中配送和后台集中授权等内控工作,确保了各业务条线合规操作、安全运营,全年无重大事故发生。

【机制建设】 一是完善行部绩效考核。大幅度提高存款和客户增长指标的分值,实行存款存量考核与增量考核相结合,突出日均网均新增额和余额及月均市场占比的考核。二是完善一线业务考核。把客户增长、存款增长和产品覆盖作为一线和基层网点考核的核心指标,存款增长、客户拓展、产品拓展量化考核到每一位柜员和理财经理,突出核心指标在一线考核中的引导作用,调动每一名员工的积极性。三是加强网点管理。实行了市区直管支行负责人公开竞聘,对网点人员进行优化配置,强化了网点对私业务发展。四是加强绩效的沟通和辅导。注重绩效的过程管理,按季对各行部绩效考核结果进行分析,解决发展中存在的问题,促进全行各项业务全面健康发展。

【文优服务】 一是深入开展"创先争优"活动。开展了"八比八看"、"五改进五提升"活动。要求各行部党支部主动对标当地同业和全省系统内的标杆行、先进行,找准发展定位,确定发展目标,敢于赶超跨越。在党团员中开展"争当客户拓展之星"、"争做产品营销专家"活动,充分发挥党团员在为民服务创先争优活动中的先锋模范作用,在2011年行风评议活动中,取得了张家口市金融单位第二名的好成绩。二是抓好青年员工引导和培训。开展了新入行学生警示教育活动;采取以考促学、以赛代测的方式,切实抓好新员工业务学习和技能培训工作。三是利用建行30周年的契机,编辑了30周年画册和专题片,深入开展行史和企业文化建设,进一步增强了员工的荣誉感和自豪感。

中国银行股份有限公司秦皇岛分行

【概述】 2011年,中国银行股份有限公司秦皇岛分行坚持以科学发展观为统领,紧紧围绕"调结构、扩规模、防风险"的工作部署,资产负债规模进一步扩大,中间业务快速增长,盈利能力持续攀升,多项指标取得创历史性突破。截至12月末,本外币资产总额241.72亿元,负债总额238.15亿元,较年初增幅分别为13.98%、14.52%;授信资产不良余额15 617万元,较年初下降了2 482万元,不良率0.89%,较年初下降0.28个百分点,实现"双降"。全年共实现中间业务收入14 835万元,同比增加4 930万元,同比增幅49.78%;实现净收入75 931万元,同比增幅24.57%;实现税后利润35 979万元,同比增幅52.00%。人均利润增幅达51.03%、列全省第三,跃上全省平均线,实现了历史性突破。截至12月末,该行本外币存款余额(不含理财)223.17亿元,较年初新增28.49亿元,本外币贷款余额175.42亿元,较年初新增20.87亿元。其中:人民币公司贷款(含贸易融资)较年初新增11.25亿元,票据融资较年初新增2 543万元,个人贷款新增8.23亿元。外币各项贷款余额2.11亿美元,较年初增加0.27亿美元。

【业务转型】 适应经营形势的变化,积极加快新产品的学习与运用,高效满足客户需求。通过大力推行中国银行个人金融服务特色产品,如个人理财、个人汇款、结售汇、出国留学贷款、中银系列卡、贵金属、第三方存管、票贷保、卡分期业务等,为客户提供优质高效的差异化服务,带动个人金融业务快速发展,人民币储蓄存款新增达21.4亿元,连续3年新增突破20亿大关。同时,积极做好公司授信支持、贸易融资和国际结算业务,加快新产品的推广应用,成功办理省内首笔内保外贷业务、跨境人民币结算业务实现市内首发等,不但突破了贸易融资规模限制、有效地满足了客户需求,而且带动了公司存款在困境中增长13.59亿元。全力服务中小微企业,授信业务实现了历史性的突破,全年新增中小微企业客户39户、新增授信1.59亿元,开拓了新的授信增长渠道。加快消费贷款转型,加快卡分期、个人投资经营、商铺按揭等"非标类"贷款的发展,累计办理信用卡汽车专向分期9 420万元。

【渠道建设】 加快网点建设进程,优化各类服务渠道,提升服务竞争能力。完成了抚宁支行、昌黎民生路支行的装修改造,进行了海港第一城、分行财富管理中心等部分网点的迁址装修和新建。加快网点转型,全面开办对公、对私业务,完善网点服务功能,全功能网点占比达62.5%。增加自助渠道的投入,在离网点较远的区域投放离行式自动柜员机,扩大网点的辐射范围,共配备自动柜员机63台,其中离行式3台,自助终端28台,网银自助体验机15台,自助设备实现了所有网点的全覆盖。加强电话银行、网上银行和手机银行等电子银行渠道的建设，延伸柜台服务，全年新增对公网银2 300户，交易量和交易笔数均实现了倍增；对私网银新增7.99万户、增幅达143.58%。

【文优服务】 持续推进奥运服务长效机制建设，坚持定期开展现场检查、按日进行监控中心非现场检查，推动了服务水平的持续提升。加强领导、统一协调，完善服务制度，形成上下联动、协调统一、齐抓共管的服务管理模式；制定和修订各类文优服务的规章制度，形成完整的制度体系；建立和完善各种服务应急预案，提高应急反应能力。坚持以客户为核心优化业务流程，在全面推行综合柜员的基础上，根据业务实际，适当配置专项业务柜员和业务专岗；认真梳理高低柜分工，动态调整高低柜业务流量；定期评估业务流程，梳理完善各项业务流程，顺利完成了6家网点的集中授权项目投产，实现了业务前后台分离，有效控制风险，提高业务办理效率。充实临柜人员力量，连续3年已有150余名新入行的大学生充实到一线，最大限度地增加柜台数量，加快单位时间内业务办理速度；建立激励约束机制，强化员工业务技能水平，通过统一组织技术练兵和阶段性技术比赛，使员工熟练掌握对外服务的实用技能、一专多能，全行在新业务系统测评中共有一级技术能手35名，在省中行的业务技能大赛中也取得了近年来的团体最好成绩。全面使用星级柜员牌的外评价，将星级柜员牌的使用和员工评先晋级、岗位择聘挂钩，每季对各网点员工的平均业务量、客户满意率进行通报，不断强化一线柜台员工的争星服务意识。

【风险管理】 完善风险管理架构，建立畅通的沟通渠道及反馈机制，提升风险政策和风险偏好的传导力。定期对授信审批、限额核定等各业务环节进行风险识别与评估，持续加强关键风险点的监控，提示和预警业务经营中的实质性风险隐患；结合“一圈、一带、一区、一批”的发展规划，加强对重点行业、敏感行业、区域特色经济等的专题调研，对优质客户适用差异化审批模式，积极支持中型客户拓展。细化尽责流程，强化精细化管理，加大平行作业力度，加强对重点客户、重点或复杂项目的提前介入和指导，提高业务发起过程中营销、材料组织、授信方案设置的针对性及有效性。严格把握房地产信贷投向，加强对个人住房贷款业务“三查”，积极防范虚假按揭贷款。严格落实“三个办法、一个指引”，信贷人员坚持做到“四个必须”。加强授信发放审核，落实“实贷实付”要求，确保信贷资金进入实体经济。积极推进信贷经理队伍建设，严格落实贷后管理规定动作，确保信贷资产质量。

【内控管理】 始终把“发展作为第一要务、防案作为第一责任”，全辖各级管理者和员工本着对自身负责、对团队负责的态度，切实巩固管理达标成果，把合规合法经营作为职业生涯的基础。全面落实《业务操作指引》，扎实开展“落实操作指引，纠正违规行为”专项活动，全面进行评估验证，及时跟进开展“治理重点问题”专项活动，确保关键问题原因查清，低频高危问题跟踪到底，普遍问题找到原因，操作风险管理水平明显提升。积极推广应用监控预警平台，提升非现场监控能力，系统完善业务流程，全面开展案件风险排查，建立员工合规档案，认真落实检查问责，大力整治屡查屡犯，重点风险问题得到有效治理，员工合规经营自觉性明显增强，自我保护能力显著提升。围绕“消防责任年”和“平安中行”创建活动，扎实做到安保工作“七个到位”，有力确保员工人身和银行财产安全。

【党建工作】 深入开展创先争优活动，将创先争优与业务发展、风险内控、文优服务、队伍建设紧密结合，全行30个党支部、552名党员积极响应，努力践行“四个带头”做表率。带头做开拓业务的表率；带头做提高学习力的表率；带头做提高执行力的表率；带头做勤政廉政的表率。围绕建党90周年，组织了先进党组织、优秀共产党员和优秀党务工作者的评选表彰工作，树立了一批基层党建典型。组织基层党支部开展了党员教育活动，不断强化党支部书记“一岗两责”的责任意识和全体党员员工的党员意识，提升队伍的整体执行力，进一步提高了各级党组织的凝聚力、向心力和战斗力。坚持按制度审批费用，坚持按机制兑现奖励，坚持按要求报告有关事项，坚持按日填报工作日志，坚持公开有关行务主动接受大家监督。强化对基层机构负责人、营业柜员“双十禁”以及对员工“四不准”的学习，全面开展案件风险排查，强化制度执行有效性。

中国银行股份有限公司唐山分行

【概况】 2011年,中国银行股份有限公司唐山分行以“抓存款、增客户”作为重中之重的核心工作,以“抓具体、促发展、保落实”为履职尽责的第一要求,着力加快业务发展,提升管理能力,强化人员素质,防范各类奉献,推动全行综合竞争实力迈上新台阶。年末,人民币各项贷款余额为486亿元,比年初增加27亿元。人民币存款余额达到561亿元,较年初新增53亿元。中间业务收入额达4.2亿元,完成省分行下达全年任务的132.5%,同比增幅达43%。经营效益大幅提升,全行共实现净收入21.8亿元,同比增幅为11.3%;实现净利润(省行口径)11.6亿元,完成省行指标的101%,列全省中行系统第1位。

【业务发展】 全行坚持以“创先争优”为统领,切实转变观念,解放思想,牢牢抓住沿海“四点一带”地区大发展、大开放和我市经济转型带来的有利契机,上下协调,强力推进,积极根据重点企业、重点项目建设资金需要,向总行、省行汇报唐山地区的经济特点和项目优势,申请规模倾斜及优惠政策,在最短的时间内完成了对唐山2011年度多个重点项目的授信审批和投放工作。不仅极大地支持了当地经济建设,也助推唐山中行授信总额再创历史新高。与此同时,针对产业转型升级及广大中小企业需求,坚持根据不同产业、不同规模企业的发展状况,分别制定不同的授信审批策略,全力支持产品能耗水平低、技术水平高、环境效益好、发展前景佳的骨干企业及中小企业发展,主动为我市调整产业结构贡献力量。

【产品创新】 针对广大企业及市民金融服务需要,大力推动产品及服务创新,实现质量、效益的两促进、两提高。一是创新授信产品。针对全市骨干企业的上下游、供应链的结算方式和融资需求,抽调精干力量,深入研究探讨,开创性地设计办理了汇利达、融易达、国内商业发展贴现、国内信用证等多项产品,努力缓解他们资金链条紧张、相互结算繁琐的实际。二是优化授信业务流程。按照上报项目受理、上报、审查、评审、批复、核批等环节,对审批程序进行全面优化整合,在有效防范风险的前提下,最大限度地减少了不必要的审批环节,细化了相应的责任追究机制,提升了授信业务的审批效率。

【风险管理】 根据授信业务需要,组建了专职贷后团队,从客户经理实地调查、系统维护、风险提示,到日常督导,逐项梳理,规范操作,初步构建了上下联动、实时反应的风险预警机制。围绕存量授信,精心组织开展“回头看”,针对存在问题,积极进行整改,确保了资产安全。在零售贷款和银行卡业务上,规范手续,认真审查,严防“假按揭、假首付、假收入、假车贷”。在日常风险防范上,抓住重点人员,有针对性地开展了大范围的安防教育和法制教育,有效提高了员工安防意识。在基层机构风险防范上,全面落实各级管理者在岗值班制、重大事项报告制、重点部位定期排查制,完善了各项应急预案,在不同层面组织了模拟演练,提高了应急反应能力。对营业网点、ATM机、车辆等重点部位,坚持定期巡查,强化督导,确保了全行安全无事故。

【网点转型】 在网点布局上,着力加快四个调整,即布局调优,人员调齐,管理调直,功能调强。经过四项调整,唐山中行全年新增4家网点,现有网点数达到65家,自助设备全年投放达到5台,5家县区支行完成装修改造,2家支行成功迁址,全行机构布局得到不断优化。在此基础上,通过公开竞聘,为所有机构配齐了大堂经理、理财经理,规模较大的网点增加了客户经理,下发了相应的岗位职责和考核细则,为提升网点展业能力奠定了基础。

【文优服务】 组织开展以网点内外形象、业务操作、文优服务等为主要内容的文优服务竞赛,着力抓员工日常习惯养成,抓细节规范到位,抓日常督导强化,机构形象持续提升。在全国银行业协会组织的服务评比中,唐山中行营业部先后被命名为“全国级文明规范服务示范单位”和“中国银行业文明规范服务千佳示范单位”

中国银行股份有限公司廊坊分行

【概况】 2011年,中国银行股份有限公司廊坊分行坚持以科学发展观为统领,紧密结合廊坊实际,优化服务、创新发展、合规经营，取得良好成绩。截至年末，汇总人民币实有资产总额达到242亿元，较年初增长31.45亿元；实有负债总额238亿元，较年初增长31亿元；人民币各项存款余额237亿元，较年初新增35.8亿元。人民币各项贷款余额205.6亿元，较年初新增22.9亿元。全年实现汇总人民币净收入8.4亿元，实现汇总人民币净利润3.8亿元。全年未发生案件事故。被评为市“涉农金融服务工作”先进单位、市“文化扶贫”先进单位、市“统计信息工作”先进单位、“中国银行信息科技蓝图项目建设”优秀集体。

【机制建设】 制定了《2011年度辖内经营单位综合绩效考核实施细则》、《2011年度基层机构负责人奖惩实施方案》、《2011年中间业务奖励费用分配方案》等十几个办法。各支行、分行各部门还分别根据内部各岗位、各员工的实际制定了相应的考核分配方案，最大限度地细化考核，量化奖惩，调动了积极性，激发了提速发展的原动力。

【风险管理】 优化信贷结构，加快业务转型，强化基础管理，有效防范了风险隐患，促进了各项业务的持续健康发展。深化了授信结构调整，积极支持中型客户拓展和新模式下中小企业业务发展。加强信用风险管控，保持资产质量稳定。严格落实“实贷实付”要求，优化审核流程，调整报审方式。深入扎实开展重点问题专项治理，利用监控预警及内控管理平台系统，监控能力得到大幅提升。制定了内控检查计划、检查方案和检查要点，使重点机构、重点环节现场检查的覆盖面达到100%，为各项内控检查工作打好了基础。

【创先争优】 通过创新载体，推进了“为民服务创先争优”活动的顺利开展。在规范“三亮”方面，为每名党员配发了党员徽章，亮明了“党员身份”；通过公开业务流程和服务要求等，亮明了“服务标准”；利用“创先争优专栏”、内部网站等方式，亮明了“承诺”，自觉接受群众、客户监督。在开展“三比”方面，制定了技能创优标准和比赛项目，增强了技能测评成绩的公开性、真实性，有效激发了员工“比服务技能”的积极性。在“比工作作风”方面，开展了“效能机关”建设、“先进部门”评比活动，加强了劳动纪律管理，促进了作风的明显改善；在“比业绩贡献”方面，开展了岗位明星、星级柜员等各类评比，看业绩、比贡献，形成比学赶超的生动局面。在实现“三争”方面，开展了“争客户增存款，树红旗当标兵”主题活动。分行党委重视点评指导，按照“听、看、访、评、验”五步工作法在1月、7月开展了点评工作，促进了创先争优活动的深入开展。

中国银行股份有限公司保定分行

【概况】 2011年，中国银行股份有限公司保定分行实施“提速发展、和谐发展、大行崛起”战略，各项工作扎实推进，主要业务实现快速发展，经营绩效持续进步。截至年末，全辖人民币各项贷款余额为189.39亿元，比年初增加14.97亿元，余额和新增市场占比分别达30.44%和22.07%。人民币各项存款余额达到369.88亿元，新增（含理财）33.59亿元，余额和新增市场占比分别达20.57%和24%。中间业务收入2.89亿元，较上年增加1.04亿元，增长56.12%，实现净利润6.31亿元。

【业务发展】 公司存款方面。一是抓热点存款、重点项目，司法系统、南水北调、天威保变配股资金及企业债、保沧高速、长城汽车、津保高铁等项目存款全部存入中行。二是把行政事业存款作为全年增存重点，将“财政、公积金、土地、水利、社保、工商”六大系统与“新农保、新农合、新医改”三大领域作为营销重点，继续开展“每月新增一户行政事业单位”活动。行政事业单位新开户130户，增加存款10.97亿元。三是全面推行账户经理制，建立账户经理队伍，基本实现了户户有人管。储蓄存款方面，一是以理财产品为抓手，以网点为营销主阵地，利用LED、营销大屏发布产品信息，通过各种外部渠道宣传推介理财产品，总结营销要点，指导各行重点营销行外资金。二是利用贷款稀缺资源，对开发商采取“以存定贷，以贷促存”措施，动员开发商将他行存款全部转入中行，顺势营销其上下游客户，借开发商广泛的社会关系帮我行吸收存款。三是抓客户群建设，扩大客户基础。狠抓代发薪和热点存款，制定了代发薪和热点存款奖励办法，大力营销拆迁补偿款、土地补偿款等热点存款。四是加强督导、将全面指导与个别调度和重点帮扶相结合。公司贷款方面：因总行对贷款规模进行严格控制，将贷款与存款和贷款收回情况挂钩，致使公司贷款增长缓慢，全年累计投放贷款37.03亿元，累计收回30.58亿元。贷款主要投向了装备制造、交通运输、新能源、服装纺织、建筑及房地产行业。积极适应国家宏观经济政策变化，调整授信方向，大力营销中小企业，全年共上报中小企业提案66户，批复61户，批复金额43 095万元。零售贷款方面，联合保定市建委组织38家大中型房地产开发商，举办了“2011年房地产市场论坛”，巩固与扩大了与优质开发商的合作；将白沟箱包、安国药材两个专业市场列为个人经营性贷款重点地区，实行尽职调查优先、审批优先、贷款投放优先的“三优先”原则，在人力和政策上予以倾斜，白沟支行全年投放个人投资经营贷款1.82亿元。中间业务方面：国际条线加强营销体系建设，对客户进行分类管理，大力推广新产品，在全省叙作首笔“本币达”、“代付达”等产品，开展消灭空白户、收单竞赛等活动，办理国际结算业务量33.87亿美元，同比增加6.6亿美元，增幅24.2%，海关口径市场占比46.22%；公司条线抓住国家加强宏观调控、压缩信贷规模之机，从提高收入入手，及时转变营销观念，增强与客户的谈判议价能力；实行全产品线营销战略，提高客户的综合贡献度，企业年金、代理中银保险等众多产品在全省做到前列。个金条线利用贷款规模调控提高消贷中间业务收入；提高银行卡收益贡献，以汽车分期业务带动收益增长，采取包销方式促进代理保险业务发展，依托地方特色，建设中间业务特色支行，发展“中银汇兑”、国内结算等特色业务。

【风险管理】 建立授信风险动态传导机制，充分利用现有系统、各种信息渠道，定期分析行业、企业风险动态，发出风险提示，提高风险预警的责任性、主动性与前瞻性，全面增强全员的风险识别与防范能力。针对复杂多变的经济环境和授信形势，特别是监管部门对平台贷款愈来愈严格的监控，分行组织人员重点对道路交通、新能源行业及平台贷款进行了专项调研，逐户梳理借款人的经营风险、财务风险和资金链风险等，重新评估其发展潜力、偿债能力、授信资产质量与授信风险，逐户制定授信管理计划，提高风险管理的责任意识和主动性。

【内控建设】 制定落实省行内控检查管理办法方案，规范二道防线检查工作流程，统筹各类检查资源，抽调业务骨干组织联合检查组，对重空、现金、会计档案、银企对帐、账户、大额资金汇划、印章、贵金属等业务进行案件风险排查。在全行深入开展“落实操作指引，纠正违规行为”专项活动。制定方案，分解任务，下发《业务操作指引岗位手册》、《专项活动重点治理问题提示牌》，签订《承诺书》，组织集中培训25期，参训人员2 832人次，对业务经理、综合柜员、核准柜员、中台业务柜员、客户经理等五个岗位人员进行重点业务操作流程及风险控制点测试，对全辖51个网点的专项活动进行了评估验证。开展“规范基本操作、夯实基础工作、加强基层管理”活动。活动历时一个月，将活动内容划分为基层机构负责人自查整改、分行领导带队检查、总结讲评三个阶段，检查内容为“营业网点一日规范操作”。顺利完成事后监督转型工作。认真开展“落实操作指引，治理重点问题”活动，领导重视、快速行动，召开全行大会进行部署，制定实施方案，抽调29人，成立8个检查组，行领导带头检查督导，活动收效良好。

【安全稳定】 采取召开专题会、晨会，学习文件、案例、报刊、音像资料等方式加强安全防案教育，增强员工防范意识；深入开展“平安中行”创建活动。成立组织、制定方案、签订责任书、创建专刊、制定《保定分行“平安中行”创建标准与创建指引》等促进创建活动开展；开展“落实消防安全责任年”活动，对员工进行消防安全教育，开展防火演练，对全辖51个网点、2座金库及80个自助设备的消防安全隐患进行了全面检查；开展四个专项治理（针对逃生门不规范、出入库不规范、款箱交接不规范、监控录像管理使用不规范）；加强物防技防建设，投资200多万元为5个网点更新改造了监控报警设备，为23个网点的理财区域增加了摄像机，为20个网点加装了硬盘，为51个网点、80台ATM机安装了“110”报警主机和探测器；开展各种警示教育活动，组织新员工开展“学制度、讲法纪、树正气、立规矩”主题教育活动，开展依法信访专题教育，引导和鼓励员工依法信访，签订了信访稳控工作责任书，圆满完成春节和全国两会期间的维护稳定工作。

【党建工作】 围绕省行提出的“突出50亿，争先做贡献”继续在全行开展了创先争优活动动员，根据中央、总行、省行要求，在全行部署了“深入开展为民服务创先争优”活动，各支部均制定了活动实施方案，明确了活动主题、载体和争创目标；开展了纪念建党90周年系列活动，表彰先进，组织新党员宣誓,集中上党课。召开了党风廉政建设暨监察保卫工作专题会议,制定了贯彻落实《建立健全惩治和预防腐败体系2008—2012年规划》实施办法;下发了"2011年党风廉政建设责任制实施办法"和"量化分解表",与各单位负责人签订了"党风廉政建设责任书"。

【队伍建设】 组织基层管理者参加省行组织的各类培训,增强了基层班子整体的工作和营销能力。加强对基层负责人的监督和管理,建立了基层机构负责人和柜面经理、网管经理、大堂经理假日值班制度;充分利用监控和预警平台,加强对基层负责人电子日志的管理。做好人才的选拔任用工作,通过综合运用民主推荐、组织推荐、专业测评、综合能力测评、组织考察等多种方式,把一批业绩突出、群众认可、敬业奉献、埋头干事的优秀年轻人才充实到经营管理岗位上;加强青年人才队伍建设,加强了对新入行大学生的基层锻炼、轮岗实践、业务、技能培训、项目课题研究的培养和锻炼,提高了新入行大学生的专业素质和工作能力;加强三支队伍建设。在公司条线全面建立账户经理制,进一步提升了全行公司业务的服务能力、竞争实力和发展潜力。组织全辖52名大堂经理分批参加了省行2011年度培训,实现了大堂经理由单纯引导客户向识别和发掘优质客户、拓展客户群的转变。根据流程整合和完善新线下业务内控管理的要求,为全辖各机构配备了柜面经理和网管经理。

中国银行股份有限公司沧州分行

【概况】 2011年,中国银行股份有限公司沧州分行牢牢抓住全市经济建设科学发展、跨越发展的重要机遇期,以支持地方经济建设为己任、以服务客户为根本,按照"全行抓客户、存款增份额、服务上水平、重点抢项目、关键防风险,全力提高员工收入,把我行打造成为极具市场竞争力的商业银行"的工作思路,圆满实现了"11256工程"奋斗目标。年末,两项核心存款(含理财)较年初新增29.91亿元,四大行新增占比28.20%。同业存放四大行新增占比68.22%,排名第一。各项贷款(不含表外)较年初新增22.01亿元,四大行新增占比26.81%,排名第二。实现净收入5.3亿元,同比增40.49%;实现营业利润3.08亿元,同比增56.02%;净利润2.18亿元,同比增85.11%;实现中间业务收入1.35亿元,创历史新高。全行不良授信资产较年初减少1 777万元,不良率0.54%,较年初下降0.39个百分点。

【授信业务】 开拓创新,实现贷款业务新的突破,全力支持地方经济建设。一是全力服务重点优质项目。分行梳理出了"三个十"营销目标,通过上下联动,加快了授信项目的营销、发起、审批和投放进度。面对信贷规模日益紧缩的政策环境,分行积极拓宽工作思路,不断创新产品组合方式,为客户"量体裁衣",利用中银集富理财等产品增加融资渠道,满足了重点客户资金需求。实现了对渤海港务、神华集团、高管局、沧东电厂、华润、大化等核心企业的有效维护和拓展。二是加大对中小企业的支持力度。充分利用沧州各县域产业集群蓬勃发展的有利形势,大力推进中小企业授信客户"百户增长计划",要求各支行"一把手"亲自督导,着力推行"1+N"业务模式,以产品、服务为抓手,力助中小企业用足、用好优惠政策,以自身的实际行动,解决金融机构对中小企业的支持"雷声大,雨点小"的困局。全年为50余家中小企业核定了授信总量,累计实现贸易融资等授信投放18亿元。12月29日,《人民日报》发表题为《中行沧州分行18亿授信支持小企业》的文章,使中行形象进一步提高。三是提供专业的国际结算业务服务。充分发挥国际结算业务的专业化优势和丰富的产品优势,通过提供进出口信用证押汇、福费廷、出口融信达、国内信用证押汇、国内商业发票贴现、进口汇利达、融易达等新贸易融资产品,帮助企业规避信用和汇率风险,打消企业因外汇市场复杂形势而产生的顾虑,强力推动我市进出口企业的发展步伐。四是加强贷后资产管理。加大对不良贷款的清收力度,对于任丘四平、河间一中等不良大户,班子成员亲自与当地政府、企业沟通协商,取得理解和支持,成功化解了不良资产2 000余万元。

【负债业务】 多措并举,推动存款业务快速增长,为贷款投放奠定坚实基础。一是加大对重点客户和热点资金的服务力度。强化与渤海新区重点项目企业、高管局等核心客户的接触沟通,密切关注辖内拆迁补偿、企业分红、资本金等热点资金,积极为客户提供高效优质金融服务。2011年,沧州分行先后成功争揽到如河北渤海投资10亿元公司债、神华集团6亿元资本金等热点资金项目,有效满足了客户的资金监管需求,同时也为核心存款的快速增长奠定了坚实的基础。二是狠抓代发薪和热点存款工作。为进一步服务狮城父老,扩大服务范围,分行通过搜集整理全市代发项目和重点企业情况,明确目标客户,在全辖范围内大力开展"代发薪百日竞赛活动",成功争揽到新华区财政系统全部代发业务、完成了河间市1.3亿元财政资金商业化运作等,批量壮大了基础客户群,快速提升了存款份额。截至12月底,全行共签约代发单位近700家,代发户近10万户,全辖可月增存款1.6亿元。三是全力以赴壮大基础客户群。全行坚持"以客户为中心、以市场为导向、以产品为纽带、以服务为根本",充分发挥"工商e线通"等产品的优势和账户经理的作用,新增对公客户1 750个,对私客户8.9万个。同时,大力拓展银行卡市场,满足居民的金融需求,先后完成了与沧州市公积金管理中心合作的"公积金联名卡"项目、与某部队达成了"军保卡"的合作协议。军保卡协议的签订,不仅填补了分行与当地驻军业务合作的空白,并且一旦武警总部实施军保卡项目发卡计划,分行将开创全国中行系统武警军保卡业务的先例,实现银行卡业务新的突破。此外,发放中职学生资助卡和普高学生资助卡13 436张,社保卡、银医卡的营销工作也在持续推动过程之中。

【中间业务】 抢抓机遇,多渠道增加中间业务收入。面对复杂多变金融市场,分行高度重视并加大了对同业存放和同业代付业务的推动力度,实行"走出去"的营销策略,收到了明显效果。与兴业、光大、招商银行叙作存放业务40亿元,实现协议收入3 032万元;代理同业委托付款业务41笔,总计9.24亿元,实现协议中间业务收入554.17万元。在其他中间业务的推动上,通过客户联谊会、贵金属产品展销会、理财保险讲座等形式,在密切银企关系、增进与客户的感情的同时,强力推动重点业务和产品的营销,实现了中间业务收入的倍增式发展。

【内控建设】 强化管理,着力增强内控合规意识,提升风险防控能力。作为内控管理工作的先进单位,先后成功举办了全省纪检监察保卫工作会议和稽核工作会议,并做了典型发言,更以此为契机,进一步提升全行内控管理工作水平。一是以重塑内控理念为出发点,夯实合规文化基础。通过以"我的岗位无差错、我的岗位请放心、我的岗位有作为"为主题的征文活动,结合"讲案例、防案件、纠违规、促发展"为主题的合规案例教育活动,先后两次组织全体员工到沧州监狱进行警示教育,筑牢了拒腐防变的思想防线,使内控合规理念深入人心。二是以创新内控管理为切入点,延伸内控工作路径。积极探索和创新风险管理的新方法、新手段、新模式,调整并扩大了内控委的组成,将每月召开的内控委例会放到基层去开,贴近基层,贴近实际,保证了工作措施的针对性。三是以解决实际问题为落脚点,提高内控管理有效性。深入开展"落实操作指引,纠正违规行为"专项活动,以及拓展的"落实操作指引,治理重点问题"活动,下大气力解决业务操作中存在的顽疾,严格落实对6项重点业务27个重点环节的检查和整改,收到了良好的效果。四是以有效监督为着力点,增强内控监管质效。全年共完成了全辖16家A类支行的内控联合检查、"双十禁"分行检查、督导检查等工作,对29个网点的案件风险排查、专项活动评估实现了全覆盖。五是以强化内控责任为支撑点,健全内控考核体系。完善了对各层面的内控评价和考核办法,完善了量化评估体系,对管理者的履职能力和员工合规行为实行有效防控,切实把"内控是第一责任"落到实处。

【渠道建设】 立足长远,加快渠道网点建设步伐,弥补空白区域服务能力的不足。一是重点推动盐山支行的筹建和开业。10月18日,盐山支行正式对外营业。该机构的设立,是中国银行上市以来,河北省内第一家新设立的县域机构网点。截至2011年底,盐山支行新增对公账户60个,各项存款已超过5 000万元,上报评级组卷授信项目11个,叙作贸易融资1 200万元,有力地支持了盐山县域经济,特别是管道装备制造业的发展。二是加快网点渠道建设步伐。分行专门成立了渠道建设办公室,着力提高对外服务能力。成功迁址升格了金鼎支行,并于10月19日对外营业,增强了对沧州新城区的服务能力;完成了青县、东风路、运东三家支行标准化改造;新增投放离行式自助银行3家,离行式自助设备8台,有效弥补了网点数量的不足,为客户提供了全方位的服务;装修改造了肃宁、河间、任丘等年久失修、设施陈旧的机构;积极稳妥地推进了网点公司金融业务转型。三是强力推进新营业大楼的建设。经过不懈的努力,中国银行沧州分行新营业大楼项目已成功得到总行批复,目前正在进行前期准备工作,即将开工建设。

中国银行股份有限公司衡水分行

【概况】 2011年,中国银行股份有限公司衡水分行各项工作有效推进,实现了包括业务发展、内控管理、队伍建设等在内的各项工作的全面发展。年末,全行本外币总资产达到138.97亿元,增幅2.4%;实现净收入2.68亿元,增幅13.67%;实现拨备前营业利润1.2亿元,增幅17.84%;负债业务稳步增长。到年末,全行人民币两项核心存款新增17.26亿元(含理财),不含理财新增11.71亿元,新增市场占比为22.32%。其中企业存款新增6.57亿元,新增占比为23.76%;储蓄存款新增10.68亿元,新增占比为21.86%。客户数量快速增加。到年末,对公有效客户新增165个,总量达到1 396个;个人有效客户新增57 866个,总量达到312 786个;个人中高端客户新增5 358个,总量达到12 599个。中间业务收入稳步增长。全年实现中间业务收入7 780.76万元,增幅36.33%,市场占比18.75%。中间业务收入在全部净收入中占比达到29.05%,同比提高4.83个百分点;资产质量进一步改善。到12月末,全行不良授信余额为3 986万元,较年初减少3 104万元;不良率0.95%,较年初下降1.21个百分点。

【风险管理】 按照省行"调结构,加强信贷规模和定价管理,提高风险管理水平"的要求,大力发展中小企业授信业务,突出授信业务对负债和中间业务的拉动作用,严把授信准入和贷后管理关,确保授信业务健康发展。立足衡水实际,把发展小企业授信业务放在优先位置考虑;建立了小企业新模式、特定客户授信和个人投资经营贷款客户资源共享机制;提高定价水平,发挥授信业务对存款和中间业务的拉动作用;调整产品结构,逐步减少贷款占比,增加贸易融资产品占比,增加客户粘性;密切关注国际、国内宏观经济走势,明确风险管控重点,加强风险预警和风险识别能力,严防授信业务风险;认真落实贷款新规,建立健全制度机制,提高贷后管理水平;加强对客户经理进行培训,掌握政策要求;对贷款客户资金流向进行排查,严防贷款资金被挪用。同时,为切实强化贷后管理,建立了周四授信碰头会制度。对拟新增授信从客户所处行业、授信品种、定价水平等方面进行把关;对可能给我行授信产生重大影响的事件和问题进行分析和研究;及时传达上级行及监管部门最新政策和监管要求,对整体授信业务发展和风险状况进行分析和研究。

【人力资源】 在充实正、副职后备人才库的基础上,对后备人才成梯次实施培养。按照"按需设岗、竞聘上岗、以岗定薪、岗变薪变、收入向一线和创收岗位倾斜"和"讲规则、按程序,公开、公平、公正,阳光操作"的要求,对中层管理人员进行了调整和补充;制定了新的对支行、对分行部门、对网点员工的绩效管理办法;制定了2011年不同层次、不同系列的绩效考核办法。

【党建工作】 紧紧围绕总行、省行党建工作要求,努力践行"三个代表"重要思想,积极落实科学发展观,不断开拓新思路,探索新渠道,充实新内容,从组织上、思想上、作风上、廉洁上全面加强党的建设,充分发挥政治工作优势,紧紧围绕业务发展和分行中心工作,以加强党的基本建设、促业务发展为目的,围绕省行"突破50亿,争先做贡献"活动,认真做好党建工作,进一步深化"创先争优"活动,使各级党组织的堡垒作用、领导本单位各项建设的核心作用进一步加强,全行党员的模范带头作用更加突出,有力地促进了业务发展。加强教育和引导,深入细致地做好稳定工作,确保了安全稳定;以党建带团建,团员青年的精神面貌焕然一新,确保了银行全面建设的稳步发展。

【内控工作】 深化尽责、合规教育,深化管理达标,创新管理手段,优化内控措施,杜绝大要案和重大违规事故发生,使'三基'问题和高风险问题得到治理,低风险问题、综合违规量和屡查屡犯问题逐渐减少。认真做好"落实操作指引,纠正违规行为"问题排查专项治理工作。创新工作思路,坚持"合规教育常抓不懈,员工培训常抓不懈,合规操作常抓不懈,日常管理常抓不懈,重点排查常抓不懈,问题整改常抓不懈,责任追究常抓不懈";切实发挥好支行行长、副行长,特别是支行内控副行长、业务经理的作用;切实发挥好非现场检查、问题专项治理和各种专项活动的作用，发挥好分行条线分析、洞察与风险预警和分行联系行行长的作用。

【渠道建设】 统一思想，提高认识，加强对渠道建设的重视和领导。从市场和政策两个方面提高对渠道建设重要性的认识；成立了“渠道建设领导小组”，设立了专门的“渠道建设办公室”；抢抓政策和市场机遇，加快自助渠道建设；毫不放松，再接再厉，进一步加快物理渠道建设步伐。2011 年末，已完成自助渠道建设规划。完成离行式自助银行建设 1 家，选址 1 处；投放离行式自助设备 2 台，选址 2 处。全辖共有自助银行 24 家，其中衡水城区 15 家，县域 9 家；投放离行式自助设备 2 台（均在安平县城）。全辖共安装自助设备 86 台，其中穿墙式自动存取款一体机 22 台，大堂式自动存取款一体机 1 台，穿墙式自动取款机 23 台，穿墙式多功能自助终端 24 台，大堂式多功能自助终端 16 台。2011 年共确定撤县进市迁址项目 2 个，网点购置项目 2 个，空白县域选址 1 个。年末，饶阳饶安分理处已撤县进市，更名为京衡大街支行即将开业；阜城府前路分理处确定撤县进市，更名为榕花街支行，已进入装修前期准备阶段。路北支行拟迁新址，新址购置项目已报总行；初步确定在武邑县设立支行，目标物业已选定。另外，还对景县、冀州拟选新址进行了多次沟通和考察。网点形象、功能分区、设施配置实现历史性跨越，网点服务客户的能力和水平得到飞跃式发展，网点的市场竞争能力得到实质性提高。

中国银行股份有限公司邢台分行

【概况】 2011 年，中国银行股份有限公司邢台分行以“围绕存款、中间业务收入和客户增长三项核心业务指标，以客户、产品、服务为抓手，着力调整授信结构，积极发展中小企业，全面强化风险内控管理，以绩效考核和队伍建设为保障，全面提高管理水平和市场竞争力”的经营思路，努力克服内外部各种困难，推动各项业务快速发展，全面提升邢台中行综合实力。年末，本外币资产总额 219.29 亿元，较年初增长 20.69 亿元，增幅 10.42%；负债总额 217.02 亿元，较年初增长 21.15 亿元，增幅 10.80%。全年实现净收入 7.46 亿元，同比增长 1.19 亿元，增幅 18.93%；实现拨备前营业利润 4.93 亿元，同比增长 8 758 万元，增幅 21.60%；实现税后净利润 3.51 亿元，同比增长 9 741 万元，增幅 38.37%。全口径授信余额达 142.48 亿元，较年初增长 8.94 亿元；全口径授信资产不良率 0.28%，较年初下降 0.04 个百分点。其中公司类不良资产下降 312.27 万元。人民币各项存款余额 200.75 亿元，列全省二级分行第 7 位。全年实现中间业务收入 1.64 亿元，较上年同期增长 4 911 万元，增幅 42.54%。

【负债业务】 在公司条线，进一步加大对重点客户的营销力度，提高与客户沟通的深度，扩大合作领域与范围，最大限度挖掘客户潜力，巩固与客户关系，提高市场份额；千方百计服务中小客户，成立了中小企业团队，出台激励措施，优化业务流程，提高了审批效率；加强与省行沟通联系，为企业量身订做了“羊绒通达”产品，拓展了中小企业市场。在个金条线，通过对公业务带动、产品推广等方法带动中高端客户的增长。通过与公司业务联动，捕捉信息，集中营销重点客户联名卡项目，为储蓄存款发展提供支持；加大对理财产品的宣传力度，积极走进企业、社区和学校进行业务宣传，同时充分发挥理财经理队伍紧贴客户优势，围绕中高端客户开展一对一营销活动，以优势理财产品吸引和带动有效客户的增长；组织中高端客户答谢会、贵金属鉴赏会和客户休闲活动，与重点客户开展一对一定向营销活动。

【中间业务】 针对宏观政策趋紧，授信规模紧张的局面，深入研究、应用产品，把为客户提供合适的产品作为解决业务发展瓶颈的主要手段。主动加强与省行的沟通协调，及时掌握产品和业务信息，开动脑筋，在业务中寻找机会，将产品提供给合适的客户，积极拓宽收入来源。加大与保险公司、同业的合作力度，增加中间业务收入。个金条线以对私国内结算、短信通、银行卡、代理保险等四项重点产品为龙头，带动个金中间业务收入增长。

【渠道建设】 加快渠道建设，电子、物理渠道双提速。充分利用在电子银行方面的价格优势和卖点，开展套餐营销，增强营销吸引力；按照“首用负责、及时响应、定期回访”的原则，结合企业客户和个人客户的不同特点，明确营销人员，将售后服务纳入到客户维护的主要职责，改进售后服务，提升客户体验，提高客户使用率；针对不同客户提供差异化的产品组合，实现公司与个人业务的交叉销售，提升业务营销效果；加大自助银行、离行式ATM、中银自助通的投放力度，扩大服务覆盖范围，更好的服务客户。

【文优服务】 高度重视提高员工的服务意识和服务水平，2011年组织开展了技能大练兵系列活动。根据省行要求组织了第一次人员、场地双外包的技能测评；组织优秀选手参加全省技能大比武，并在比武中获得了全省第5名的好成绩。加强员工作风管理，强调劳动纪律。组织全辖文优服务检查，按要求评定星级柜员。加强文优服务工作的指导和培训，营业部大堂经理李玉明被评为总行级优秀大堂经理，并作为河北省分行唯一代表、中行系统17名选手之一参加全国银行业优秀大堂经理比赛。该行行风评议工作再次成为免质询单位。运营服务工作位列全省中行第3位，宁晋支行被评为全国文明单位。在邢台市民主评议行风中，该行连续九年被评为“优秀单位”。

【内控管理】 紧紧围绕省行提出的“管理规范、内控严密”的工作目标，以“控风险、防案件、促发展”为中心任务，针对严峻的宏观形势、银行同业在内控工作中出现的新问题，继续强化内控管理，未雨绸缪，有效杜绝了各类风险，真正起到了为业务发展保驾护航的作用。建立健全内控组织架构。严格资格准入，在全省率先建立了覆盖全行各业务条线、各机构的内控合规员队伍。规范队伍管理，制定实施细则，明确内控合规员“传导、指导、督导、报告”等“八字”工作要求，确保了管理顺畅、有章可循。组织召开了内控合规座谈会，加强辅导和沟通，提高思想重视程度。组织开展了“把好业务第一关，走好人生第一步”主题征文活动，举办了“比合规 我争先”演讲比赛活动，引导全行员工、尤其是近三年以来新入行员工，深层次思考、探索，自觉把内控防案要求融入到每一项业务发展中，渗透到每一个具体的业务操作环节，自觉成为防范风险的一道关口。员工在参与中互相启发、互相激励，形成了“内控工作人人有责”的良好氛围，增强了员工的合规意识。

【人力资源】 积极优化B类支行人力资源，推进网点转型战略。为配合市区B类支行的网点转型，对市区7家B类支行配置到10~11人，并对岗位职责进行梳理，配备专职客户经理，着力实施B类网点的业务转型和服务转型，实现从“交易型”向“营销服务型”转变，实现业务发展新突破，使B类支行成为全行业务发展的重要平台和新的增长点。合理配置人员，为业务发展提供支持。一是合理配置新增人员。为实现整体业务发展战略，2011年配合省行新招录20名大学生。对于新增人员着力保障城区支行、重点县支行需求，在人员总量分配上建立与业务发展相匹配、以绩效产出为导向的人员配置，引导、激励各行通过提升绩效来增配人员；二是配合网点转型战略，重点加大网点人员的投入，将全部新增人员配置到基层营业网点；三是积极做好集中授权等中后台业务集中人员选拔配备，为中后台业务集中提供人力资源保障。

中国银行股份有限公司
邯郸分行

【概况】 2011年，中国银行股份有限公司邯郸分行紧紧围绕总行、省行“调结构、扩规模、防风险、上水平”工作方针和分行党委各项工作部署，深入落实科学发展观，以“突破50亿、争先做贡献”活动为载体，抓存款、增客户、上效益、强管理，各项工作扎实推进，主要业务快速发展，综合实力得到明显提升。2011年末，本外币资产、负债规模分别达到328.01亿元、321.36亿元，较年初新增71.90亿元和69.39亿元，新增额均列全省第2位，增幅达27%以上，其中资产新增额和增幅在当地四大行均列第1位。实现本外币净收入12.2亿元，税后净利润6.33亿元，人均净利润80.52万元，列全省第1位，为省行提前一年实现“考核利润突破50亿元”发展目标，做出了突出贡献。

【业务发展】 在对公客户方面：一是注重从源头上把控客户信息，争揽行业中的优质客户和龙头企业；二是注重用产品争揽客户；三是注重用客户争揽客户，围绕核心客户的上下游企业积极推进“1+N”模式，进一步拓展了中小企业有效客户群；四是注重以供应链融资业务挖掘客户资源；五是注重用电子银行渠道争揽客户。加大对企业网银业务的投入，推动了全行对公客户规模的快速扩张。在对私客户方面：一是注重以代发业务增客户；二是注重以网银产品增客户；三是注重以分层营销增客户；四是注重提高网点效能增客户；五是注重寻找增客户的阶段性重点。采取传统吸揽与创新增存相结合方式，促使核心存款实现快速增长。公司存款方面：一是积极抓好行政事业单位存款，促进对公存款稳步增长；二是积极把握有利时机，成功争揽了多项热点存款；三是积极营销推广新产品，带动存款稳步增长。储蓄存款方面：一是政策调动增存款。出台了储蓄存款开门红竞赛方案，奖优罚劣，调动了全员吸揽增储的积极性；二是活动推动增存款。先后开展了"首季开门红擂台赛"、"迎元宵佳节排位赛"、"存款大决战冲刺赛"等各项活动，有效地促进了储蓄存款的快速增长；三是产品拉动增存款。以"代发薪业务"为切入点，积极营销个人网银、基金定投、三方存管和银行卡等业务；四是精神鼓励增存款。通过编发表扬函和督办函，激励先进，鞭策后进，传导压力；五是负激励督导增存款。将负激励纳入到竞赛方案中，对完不成任务且排名靠后的单位予以处罚，有效强化了全员"增存款、上水平"的发展意识。紧盯优质项目，用好、用足有限的信贷资源，实现了授信业务效益最大化。面对今年宝贵的信贷规模和省行"突破 50 亿元，争先做贡献"活动的要求，紧盯邯郸市政府实施的"3 +3 +3"主导产业倍增计划、"1121"重点项目工程，以及着力培育的"6 +6"大产业大集团，密切关注邯郸精钢、邯郸装备制造、邯郸新材料基地、邯郸物流等行业和企业，深入了解邯钢、天铁、新武安钢铁三大千万吨级精钢集团以及核心企业和产业在结构优化升级改造中的资金需求，深入挖掘信贷投放的潜力，将有限的授信规模投向了能够带来效益最大化的项目。同时，抢抓机遇，做大中小企业贷款业务。从现有客户或担保单位中选择部分客户确定为中小企业发展对象，加快营销拓展进程；从已报项目库中筛选出有发展前景、成长较好的中小企业，做好跟进营销工作；围绕核心客户的上下游企业积极推进"1 + N"模式，大力发展核心客户的上下游客户的授信业务。坚持以产品拓渠道，用服务增收入，中间业务收入实现了快速增长。公司金融板块：一是深入挖掘了信贷资源的创收能力；二是进一步提高了票据贴现业务的创收能力；三是做大、做强同业存放和代付业务。个人金融板块：年初，抓住各项汇款业务快速发展的有利时机，积极开展了"汇款有礼、乐享缤纷"人民币和外币汇出汇款业务营销活动，提高了汇款业务收益。加大重点推动产品的支持力度，及时制定了短信通、银行卡分期、对私国内结算三项产品推动方案，建立了支行网点与个金部的对口联接，专家指导，分片包干制度，在全辖掀起了重点产品推动的高潮。

【网点转型】 为扎实、有效地推进网点转型步伐，分行在城区选出了三家 B 类支行作为开办对公业务的试点行，实行重点帮扶，效果明显。6 月制定了具体工作方案，开展了 A 类与 B 类支行"一对一"帮扶、"手把手"指导活动，进一步推动了网点转型步伐。截止 10 月末，经省行批准，已具备开办对公业务条件的 B 类支行 23 家，完成省行年计划 115%，实现成功转型 18 家，完成省行年计划 150%。在抓好试点工作的同时，还着力做好了基层网点的优化调整工作。从全辖选择了 9 家拟发展成为大中型骨干网点的目标机构，积极做好培育、发展工作，年末使全辖大型骨干网点达到 2 家、中型骨干网点达到 7 家。

【内控安保】 积极开展"落实操作指引，纠正违规行为和治理重点问题"活动，逐步在全辖建立起自觉遵章守纪、自觉执行规定、自觉抵制违规行为的合规文化；扎实做好新线系统下的防案工作，坚持把防案工作摆在突出重要的位置；坚持以人为本，切实维护员工利益，加强员工异常行为排查，做到早预防、早发现、早处置；扎实做好内控合规的检查工作，围绕 9 大类共 37 项业务，主要排查了重点机构和重点人员的风险点，加强了内控检查统筹管理和规范化管理；积极开展"我是一道关"活动，认真做好效能监察和"三重一大"检查工作，加强了"二十六条"、"双十禁"和新版"员工禁止类行为"的学习和落实。扎实做好安全保卫工作，加强了基层营业网点的技防、物防建设与管理，加大全行的消防安全教育、演练力度，全员的消防意识和案件防范能力得到明显提高。

【文优服务】 一是积极构建大服务格局。在全行上下强调了"机关为基层服务、领导为员工服务、后线为一线服务、全员为市场服务"的服务宗旨，进一步强化了全员的服务意识、提高了员工的执行力。二是严格落实省行"5S 六要素"服务规范要求。根据省行要求，在全辖组织开展了"比规范服务、比现场管理、比管理达标，看谁服务好、看谁招迎接递手势规范、看谁客户满意度高"的"三比三看”文优服务竞赛活动,全行上下掀起了“比、学、赶、超”的文优服务高潮,形成了“事争第一,勇当一流”的良好氛围,力争把邯郸分行打造成邯郸人民的首选银行。

【党建工作】 积极开展“突破50亿,争先做贡献”和“创先争优,为民服务”活动。要求全体共产党员统一佩戴“共产党员”胸牌上岗,落实了共产党员“亮身份、亮岗位承诺、亮服务标准”的“三亮”要求,在全体党员中开展了“三比、三争”活动,真正做到在为民服务、创先争优中转作风、提效能、创品牌、树形象。认真抓好两级党组织领导班子和党员领导干部的建设。始终坚持“围绕发展抓党建,抓好党建促发展”的工作理念,重新划分了26个基层党支部,进一步发挥了基层党组织的战斗堡垒作用;注重加强了党委中心组和支部成员学习,增强了班子的整体功能,推动各项业务实现快速发展;加大党风廉政教育和员工职业道德教育力度,抓好了全辖所有中层管理者以上干部的廉政档案的规范管理工作,提高了管理层的组织管理能力和廉洁自律能力;加强了共青团组织建设,真正做到“党建带团建,团建促党建”;通过创办《青年论坛》,为青年员工搭建了良好的交流和展示平台,鼓励青年员工为我行发展集思广益、建言献策,进一步激发了青年员工参与中行建设、支持中行发展的热情。

中国建设银行股份有限公司河北省分行

【概况】 2011年,中国建设银行股份有限公司河北省分行以“争先进位、跨越发展”为重点,以“保平安、拓市场、调结构、增效益”为主线,在认真研究分析面临经营形势的基础上,提出了未来五年的战略愿景及近期和中期的发展策略,在改革中求突破、在竞争中求发展,深化改革创新,强化基础管理,促进业务健康发展,较好地完成了各项工作任务。至年末,全口径存款比年初新增565.86亿元,新增额系统第六、同业第一,其中对公存款余额、新增额均跃居同业第一;一般性存款余额和同业第一的差距大幅缩小。各项贷款比年初新增321.5亿元,新增额系统第六、同业第一。全年实现中间业务收入34.6亿元,比上年增长34.26%,系统第九,同业第二;实现账面利润63.24亿元,创历史最高水平。年末五级分类口径不良贷款余额比年初减少5.29亿元;不良贷款率比年初下降0.36个百分点。全年未发生案件和重大风险事件。

【加快主营业务发展】 资产业务稳健发展。大力支持电力、铁路运输等传统优势产业及战略新兴行业等其他潜力行业,加快推进新农村建设项目,加大卫生、教育、文化等行业信贷业务拓展力度,有层次、有重点地推进重点行业、专业市场、核心企业供应链内小企业业务发展,重点拓展商贸物流类客户和贸易融资类贷款。至年末,对公人民币贷款较年初新增192.13亿元,同业第一,其中非贴贷款新增系统第一。实施“大房金”发展战略,继续巩固房改金融业务领域优势,积极推动个人住房贷款、消费经营类贷款发展,开展交叉营销,产品覆盖度不断提高。至年末,个人贷款余额比年初新增118.41亿元,新增同业第一;房地产开发贷款比年初新增20.46亿元,新增同业第一。负债业务增速加快。对公存款方面,通过多产品覆盖与延伸营销,为客户量身定制综合性资金理财及服务方案等措施,努力提高资金沉淀占比;加强各级财政、社保等重点客户的拓展维护力度,加强新农保账户和社保联名卡的营销,通过账户拓展带动存款增长。积极增加贸易项下外汇存款,抢抓外商投资外汇账户,全力吸收外汇资本金,外汇存款逆势大幅增长。至年末,对公人民币存款较年初新增248.73亿元,市场占比58.75%,较上年末提升31.52个百分点;对公存款余额首次跃居同业首位。个人存款方面,抓源头、抓代工、抓服务、抓高端,个人存款稳定增长;借助理财产品做好资金回流;利用借记卡、转账电话抓储蓄、结算资金沉淀。至年末,个人存款较年初新增226.01亿元,新增市场占比31.23%,较上年提升12.41个百分点,为9年来最好水平。中间业务逐步做强。通过拼市场、做产品、重激励等方式,持续加大中间业务拓展力度。充分发挥信贷规模对中间业务的带动作用,打造全面金融解决方案(FITS)品牌,大力发展新型财务顾问业务,加快债券承销及新兴投行业务发展,持续加大借记卡、代理基金、代理保险、理财产品、贵金属等产品的营销力度,组织开展电子银行“五走进”和“万家企业网银计划”产品推介等活动,不断加大钻石/白金卡、卓越龙卡等重点产品的营销推进力度，积极拓展购车分期、家装分期等厚利型业务。通过开展“客户营销服务季”和“争先进位收官季”等活动，抓客户、抢账户，扩大客户基础。坚持大中小并举的发展战略，建立有效的客户管理体制；安排专项费用，加大基础客户营销激励力度；统筹兼顾新增客户拓展和存量客户维护的关系，做到双管齐下，信用卡和电子银行客户提前超额完成全年计划，外汇和个贷客户持续增长，日均存款1万元以上的基本与非基本有效客户明显增加。

【转变发展方式】 信贷结构不断优化。准确传导总行信贷政策与风险偏好，细化结构调整方案，严控“两高一剩”、“名单制”行业及政府融资平台等敏感领域信贷投放。深入调查了解区域产业结构特点和客户资源，在审批环节落实“一行一策”，通过审批控制风险并引导信贷结构调整。利用区域差别化政策，有效满足优质客户的融资需求。按照“三三三”的比例，同时进行存量增量的调整，继续加大力度发展小企业、微小企业和个人贷款业务。资产质量稳步提升。持续加强资产质量管控，根据形势变化出现的新特点、新要求，及早采取措施、及时消除隐患。对出现逾期欠息情况的良性贷款客户实现了按旬监测、实时整改、限期消除；对于中长期贷款整贷整还、政府融资平台贷款整改等方面存在的瑕疵及可能对资产质量造成的不利影响，有针对性地进行查漏补缺。精细化资产风险分类管理，提升资产质量的真实性；进一步完善平行作业制，切实发挥风险管理关口前移的作用；深入落实贷款新规，做好信贷资金流向监控、跟踪检查等贷后管理工作。继续实施资产质量目标责任管理，建立资产质量管控的主动应对和动态调控机制，确保了资产质量持续向好。进一步加大不良资产清收处置力度。对全行不良资产和已核销项目逐个进行梳理，制定完善处置方案，有效提升了处置效率；开展呆账核销、抵债资产、债权转让和减免息等检查，积极推动个人类不良贷款委外催收；延伸资产保全业务管理范围，切实做好表外不良资产的经营和管理工作。渠道建设持续加强。加快物理网点建设，全年落实网点装修项目142个，其中新设机构项目12个。加强客户经理队伍建设，选聘优秀人员充实客户经理队伍，通过强化激励考核，提供信息支持及沟通交流平台等措施，激发客户经理工作积极性。充分发挥电子渠道优势，释放柜面服务资源。加大自助设备投放力度，开展低效设备搬迁改造活动，推进自助渠道专业化集中管理，提升交易替代率。进一步加快电子银行发展步伐，发挥其在成本低廉、手续简单、使用便利等方面的优势，加大献县经验推广力度，加快E商贸通、网上招投标、短信约定账户转款等七个典型案例的应用推广，做好渠道营销、客户体验等工作，提高电子银行渗透率、客户交易活跃度和品牌影响力，渠道分流作用明显提升。

【改革创新】 体制改革成效初显。认真学习借鉴系统内兄弟分行的成功经验，积极探索实施事业部制改革，年内实现事业部在沧州分行、衡水分行、承德分行、直属支行4个单位挂牌试运营，初步实现了从“部门银行”向“流程银行”的转变。积极推进私人银行建设，指导8家财富中心加快向私人银行中心转型，实现了私人银行机构对11个地市的全覆盖。机制创新深入推进。结合事业部制改革，深入研究事业部运营中的机制建设问题，探索建立对接市场的任务型团队，加强事业部和网点客户经理间的互动。继续做好深化前后台业务分离项目（COS_T系统）全省推广及上线后业务运营管理，探索操作风险防控机制。结合COS_T系统推广上线，深入推进柜面劳动组合优化调整工作，按照“压高柜增低柜、减后台增前台”的工作思路，优化人员配置，实现对公柜面渠道与客户的充分对接，有效释放了对公柜面营销服务能力，对公柜面经营业绩大幅提升。截至年末，分行共增加对公低柜243个，增加柜面客户经理268名，柜面客户经理占对公柜面人员比例达到约35%，初步具备了为客户提供优质、专业服务的能力。进一步完善社区金融服务机制，走进批发结算市场、产业集群、住宅小区等开展社区营销，创新服务功能，较好地满足了客户日益增长的金融需求。产品创新能力增强。密切关注社保、公积金、城市一卡通等发卡动态，做好金融IC卡推广工作。推出账户银、账户铂等新产品，丰富贵金属产品线。继续做大表外融资类理财产品，积极推进私募股权投资基金等创新业务，加强供应链产品组合创新和推广复制，以及第三方支付、网银在线等产品营销。强化跨境人民币产品创新与应用，推广“支付盈”、“代付盈”等产品，提高了客户承办率和收入贡献度。加大对小企业的支持力度，创新了“专利权质押贷款”、“小额组合贷款”和中小企业信托受益权转让集合理财产品，推动面向产业集群的“箱包通”和商圈卖场“租贷通”产品应用，有效满足了客户的融资需求。以顺邦物流电子商务平台建设为范本，通过加大对商贸客户融资力度，推动了“E商贸通”业务发展。

【基础管理】 重视操作风险防范。认真开展操作风险自评估和操作风险损失事件分析，对关键风险点和重点环节部位进行监控检查并组织互查，进一步加强不相容岗位管理，建立了操作风险分析例会制度，对操作风险管理、内控情况、新出现问题进行动态分析研究，采取有针对性的管控措施，提高了治理效果。加强会计基础管理，通过“增强责任意识，严控操作风险”大讨论以及柜面操作无差错劳动竞赛、委派主管结对子活动，开展“帮扶式”检查，有效提升了会计及柜面员工的风险意识和合规操作意识。设立营运风险管理团队，明确各项防控措施，杜绝操作风险。针对新系统上线可能存在的操作风险，研发稽核模型，促进了规范操作，防范了风险隐患。强化案件风险管理。建立健全案件防控工作责任制，梳理完善制度、流程，提高案件风险防范和内控管理水平。围绕“八大突出案件风险”专项治理活动开展定期和集中排查，特别突出易发案件风险和屡查屡犯部位，如对各类诈骗案件、商业贿赂、伪造变造票据以及参与民间借贷、社会集融资等进行重点排查。通过出台案件防控工作考评方案，开展风险内控评估等方式，建立健全案件风险防控长效机制。积极配合审计工作，对于今年以来审计和检查发现的各类问题和隐患，认真梳理，举一反三，强调问题的系统性整改，确保了审计整改落实到位。加强平安建行创建。加强安全生产监督管理，加大安全检查力度，严格落实消防安全责任制，完善远程监控设施建设，有力、有序地推进“平安建行”的创建活动。注重媒体关系维护，加大舆情监测和引导力度，强化声誉风险管理。妥善处理信访问题，利用多种形式排查群体性上访苗头，积极主动地做好疏导化解工作。配合地方政府做好维稳工作，多措并举保安全、保稳定。扎实做好信息系统基础环境管理和日常维护，建立应急预案，加强应急管理，确保了信息系统的安全稳定运行，同时也为业务活动提供了可靠的系统保障。

【队伍建设】 创先争优深入开展。落实中央和总行部署安排，认真开展“为民服务创先争优”活动。充分发挥共产党员的示范带动作用，做好经验分享和先进典型宣传工作，进一步激发了广大员工爱岗敬业、争创佳绩的热情。各单位围绕全行中心工作，从各自职能特点出发，以为民服务为重点，强化服务意识、提高服务效率、提升服务能力、解决突出问题，认真开展“三亮、三比、三评”活动。通过活动的深入开展，服务行为得到规范，服务水平进一步提高，队伍建设持续强化。进一步加强各级班子建设，严格执行民主集中制，树立全局观念、维护班子团结，领导干部的科学决策和发展能力切实提高。组织开展了“学规定、知禁令、作表率”领导人员廉洁从业主题教育活动，持续推进反腐倡廉工作机制，班子队伍风清气正，凝聚力、向心力进一步增强。落实人力资源集中统一管理各项要求，加大对基层机构人力资源结构调整力度，优先向金融资源丰富和人员紧缺的机构倾斜。坚持分级分层培训，提升培训工作质量，加强区域合作与交流，实现教育培训资源的分享与互动，员工队伍综合素质和履岗能力有效提升。

（史庆辉　赵亚旗）

中国建设银行股份有限公司河北省分行营业部

【概况】 2011年，中国建设银行股份有限公司河北省分行营业部认真落实上级行各项工作部署，审时度势，积极应对，在受欧债危机影响，市场环境、政策环境和客户环境不断发生变化，经营中不确定因素明显增加的情况下，圆满完成了各项工作任务。截至2011年底，全口径存款比年初新增112亿元，系统内排名第一，同业排名第二；各项贷款较年初新增55亿元，系统内排名第二，同业排名第一；中间业务收入实现5.39亿元，系统内排名第二，同业排名第一；实现账面利润13.4亿元，系统内排名第二，同业排名第一。

【各项业务发展】 面对激烈的市场竞争和省行争先进位要求，营业部党委认真贯彻落实“一行一策”发展方略，通过举办“一行一策”研究论坛，反复研讨，统一了思想，明确将发挥总部经济优势作为落实“一行一策”发展战略的切入点，立足于把总部经济优势尽快转化为竞争优势和经营优势，努力提升市场竞争力和价值贡献度。针对县域支行整体贡献度偏低、"县强行不强"问题,组织召开"强县战略推进会"和县支行"一行一策"研究论坛,引导各县支行认真分析地域、环境、客户特点,明确自身发展定位、思路和目标,形成各自的"一行一策"。同时,对县支行加大资源投入和政策倾斜力度,加强对县域支行的考核,引领县域支行加快发展。推进"一行一策"在营业部得到全面贯彻和落实。依托总部经济优势,主营业务实现快速发展。围绕石家庄总部经济特点,以资产带动为抓手,积极落实省行党委"两做一防"和"三三三"制结构调整要求,立足早、快、好,加大对大中型项目营销和客户链、产品链延伸,巩固了建行在电力、交通、铁路等基础行业的优势地位。同时,加快小企业资产业务发展,在全辖举办建行专属中小企业融资对接会15场。通过"E商贸通"推进专业市场批量化发展,努力形成规模效应。在存款竞争异常激烈的情况下,注重存款基础地位,对公条线通过实施表格化管理,分层管理客户,抓机构、抓重点客户和重点区域,对私抓高端、抓源头,实现对公、个人存款快速增长。加大理财产品销售力度,有效维护了客户。在利差空间不断收窄的形势下,多渠道组织中间业务收入。个人条线积极研究市场,针对股市低迷、基金保险销售难的实际,明确将信用卡分期、理财产品、贵金属业务作为全年新的增长点,积极组织开展系列专题营销活动,个人条线10项产品有7项在全省新增排名第一。对公条线积极做好财务顾问、单位结算、CTS、保函、承诺、银团贷款、造价咨询等传统优势产品,保持领先优势。重点加大了供应链融资保理业务拓展营销,增加了收入。各项存款稳步增长。全口径存款、一般性存款、对公存款、同业存款余额及新增均在系统内排名第一。资产质量持续向好。不良贷款额、率实现双降。实际不良贷款余额3.68亿元,不良贷款率0.96%,分别比年初减少4 909万元和下降了0.32个百分点。战略性指标完成良好,发展后劲进一步增强。对公基本结算户新增、代理保险收入、国际业务、电子银行等重点业务指标均完成省分行计划。

【战略性业务发展】 客户发展、电子银行业务、信用卡业务、国际业务、投行业务都是战略和基础性业务,直接关系到营业部未来发展,一年来,营业部始终高度重视,不遗余力狠抓落实。一是持之以恒抓客户,夯实发展基础。针对长期以来客户基础薄弱的现状,积极组织抢抓客户,努力扩大客户规模,通过深入开展"客户推荐客户"、客户营销服务季活动,大力拓展大中型资产类客户、小企业客户、结算户和小额无贷户。以二代转型为抓手,加强对个人高端客户的营销服务。2011年,共发展个人中高端客户AUM20万以上3 889户,其中AUM300万以上客户新增260人,位居系统第1位。二是加快电子银行业务发展步伐。成立了电子银行服务团队,营销团队以"直面市场、专业专注"为主要工作宗旨,致力于重点项目客户营销、电子银行营销现场指导及客户、营销活动策划及推进、机构电子银行服务支持,电子银行客户得到快速发展。并且通过持续开展"131"签约工程、2011年进校园活动,2011年进市场活动、"抓柜面、促签约"营销竞赛、企业电子银行"E路争先"、"1元开户六重礼,企业网银新体验"、"2011年四季度争先进位收官季"等一系列网下营销活动,努力扩大客户规模,电子银行业务收入实现2 747.63万元,完成计划的101.76%,总量在全省系统内遥遥领先,成为全省唯一一家连续两年电子银行直接业务收入超两千万元的分行,电子银行账务性交易占比较去年年底提升了11.89个百分点,达到45.91%,有效缓解了柜面压力,降低了经营成本。三是狠抓发卡工作,积极发展卡分期业务。通过发挥柜面销售和团队直销两个渠道作用,信用卡累计营销客户6.26万户,完成全年计划的120%,与去年同期增幅128%。为加快分期业务发展,今年成立了信用卡分期业务中心,致力于将分期业务这项战略产品做强。做好商户收单和网点预审批系统发卡两项业务的同时,积极推进分期付款和特惠商户业务,坚持质量、效益和规模并重,今年营业部共上报汽车分期业务2 246笔,消费2 027笔,消费额1.5亿元,安居分期23笔,金额211.8万元,实现中间业务收入1 573.66万元。四是加快国际业务发展,提升贡献度。面对境内外经济金融形势变化,在加强风险识别,确保可控性的前提下,加强国际业务的发展。营业部国际业务授信客户数已达47户,位居全省第一,本年度新产品应用达到10项,应用跨境人民币产品3项(其中2项省内第一)。

【综合改革】 一是深化业务转型。个人二代转型方面,建立了205名个人客户经理队伍,加快了财富中心向私人银行的转化,建立私人银行3个,产品销售能力、服务能力得到提升;对公转型方面,按照市场目标、客户目标、考核目标一致性的要求,优化了对公客户经理和前台柜员的劳动组合,进一步增强了客户营销服务能力。稳步推进专业技术职务聘任工作,完成了经营中心任务型团队和对公对私两个电子银行团队建设。为寻求新的利润增长点,根据市场和客户需求,建立了卡分期业务中心,组建了直销团队,专心专注服务客户,为卡分期业务快速发展奠定了基础。两个转型的实践探索,为事业部制改革奠定了坚实基础。二是加强渠道建设。加大了自助设备调整和投入力度,加强了电子银行业务营销服务,积极布放转账电话,有效延伸了服务触角。三是进一步加强客户服务管理,成立服务质量效率中心,专职服务培训、督导检查、问题整改工作,实现服务水平尽快提升,在第四期神秘人检查中排名列全省第2位。四是加强机制建设。进一步优化完善考核激励政策,将价值贡献作为资源配置的主线,引领全行以价值创造为核心,努力提升可持续发展的基础与能力。对评先表彰工作进行了规范,今后所有部门不再单独搞评先表彰,统一纳入争创"十佳百星"的表彰,明确该荣誉是营业部的最高荣誉。

【风险管控】 全面加强资产质量管理。一是在落实保增长、扩内需的同时,不忘调结构防风险,在抢抓重点项目时,始终把风险防范放在第1位,避免纯新发放贷款形成不良。结合形势变化和工作热点,加大监测频度和力度,强化重点行业和客户的风险排查,对进出口行业企业、外商投资企业、两头在外企业、中小企业风险变动进行重点关注和监测。二是在房开贷款管理上坚持每周实地走访客户,强化贷后管理,以安装POS、个贷业务等后续服务的及时跟进为切入点,及时掌握企业的真实现金流。以完善相关业务台账为基础,准确掌握每笔贷款的变动。对重点关注项目制定提前分期还款的风险预案,按期(或提前)实现了对重点关注项目贷款的全额回收,全年房开贷款不良率继续保持为"零"。三是强化个贷业务贷后管理和催收工作的标准化、程序化、常态化。进一步加强抵押物清理工作,对长期未办理抵押的楼盘进行了全面摸底,建立了完善的电子台账,对逾期未办理抵押手续和抵押率偏低的支行尽快落实了抵押。积极采取重点压缩、加大法律诉讼力度等差别化催收策略,不良贷款清收处置工作稳步推进,个人贷款不良额为2 988万元,较年初下降1 563万元,不良率为0.34%,较年初下降了0.298个百分点。四是小企业贷款严格执行双人调查和项目评审会制度,认真落实"信贷工厂"各环节职能,在检查内容、检查形式和检查频度上,认真落实检查制度各项要求。增加对潜在风险客户、重点客户的调查分析,及时对行业和客户风险逐户进行梳理和诊断,紧跟市场形势变化,做好信贷结构调整。

切实防范会计部位风险。一是按照专业、专注的原则,成立了资金结算部,加强会计核算业务的风险管理;成立了自助业务管理中心,全面加强ATM管理,提高开机率,降低风险。二是根据不同时段会计工作重点和风险特点,采取全面检查、重点检查、专项检查、常规检查、非现场检查等多种检查形式,扎实开展各类专项业务检查,对审计、检查发现的问题和屡查屡犯问题认真进行整改落实。全年共组织各种形式的检查项目39次,累计检查机构627个次,下发整改通知书245份,累计派罚积分271分,发布会计柜面业务风险提示12期,下发各类业务检查通报17期,促进了全行会计基础管理水平的提高。

全面开展案件防查,不断提高内控水平。一是加强员工教育和行为管控。组织助理以上管理人员和网点负责人到监狱接受现身说法教育。二是落实省分行风险防控会议精神,严格落实风险防控责任,下决心对比较突出的员工违规行为进行了集中处理,在全辖形成了防控案件合规经营的高压态势,确保了平安运营和稳定。三是对营业机构实行操作风险等级管理,坚持按季召开风险分析例会,构筑了较强的风险防范网络。四是认真落实积分管理办法,有效遏制了有章不循、违章操作现象的发生,员工遵章守纪意识进一步增强。五是落实安全管理责任制,扎实抓好安全教育和安全检查,圆满完成了国庆安保、维稳等各项工作,为业务发展提供了良好的安全保障。

【基础管理】 转变作风,提升服务能力。一是进一步提高客户服务能力。营业部5月开展了"服务质量月",10月起开展了为期半年的"为民服务,创先争优,全面提升服务质量"等专项活动,又成立了服务质量与效率管理中心,专注提升营业部整体服务能力。二是进一步提高机关服务基层的能力。持续开展了"减负提效"活动,通过梳理流程,制定明白册,明确和落实承诺等措施,把提高执行力作为工作落实的主要抓手,转变作风,强调纪律,提高效率。中后台部门争做前台服务器,在产品营销辅导、网点转型支持、理财知识讲座、信息资讯汇总等方面提供高品质的服务,使基层机构的服务能力和服务的深度广度有了很大提高。

坚持以人为本,营造和谐发展环境。一是针对员工普遍关心的工资结构中薪点工资占比较低的问题,按照省分行关于员工工资分配的指导意见,结合实际,适当提高了起保障作用的薪点工资占比,员工满意度提升。二是加强技术序列建设,逐步拓宽优秀员工长期晋升发展通道。三是加强员工培训、培养。在全行开展读书学习活动,采取走出去、请进来、组织培训、举办讲座等多种方式,培训各岗位员工。先后组织骨干到厦门大学、浙江大学学习,组织青年干部、骨干赴湖南分行和省内兄弟行进行交流学习,员工队伍素质得到提升。四是开展关爱员工活动,在网站发布心理健康系列讲座资料,组织员工谈体会,说想法,改变心智模式,形成快乐工作、健康生活的共识。

(聂　硕)

中国建设银行股份有限公司承德分行

【概况】 2011 年,中国建设银行股份有限公司承德分行按照年初制定的"以科学发展观为指导,在确保安全运营的前提下,围绕'扩规模、调结构、重创新、增效益'这一主线,加强市场营销,深化结构调整,强化改革创新,全面提升市场竞争力和价值创造力,力争在同业中争先,在系统内进位"的指导思想,根据内外部经营形势变化,及时调整工作重心,主营业务实现稳步发展,较好地完成了各项目标任务,同业市场竞争力、风险内控水平和员工满意度均得到有效提升。截至年末,全口径存款新增 8.5 亿元,增幅为 6.57%;累计实现信贷投放 63.2 亿元,对公非贴现贷款累放达到 38.3 亿元,对公非贴现贷款新增额位居同业首位。个贷业务快速发展,年度累放 11.3 亿元,新增 8.06 亿元,增幅 40.5%,个人贷款增速位居系统第 3 位;全行实现中间业务收入 1.29 亿元,较上年增长 19.6%,中间业务收入总量位居同业第二;全行实现拨备前利润 3.84 亿元,年度计划完成率 106.7%;不良贷款压缩取得进展,额、率实现双降;行风建设排名继续位居前列,在全市公益经营类 23 个参评单位中,荣获行风评议社会"满意度"测评第 1 名;全年实现安全稳健运营,未发生案件和重大风险事件。

【业务发展】 强力拼抢市场,稳步推进资产业务发展。制定重点营销计划,建立层级营销团队,逐级签订《责任状》,促进多层次、全方位联动营销。全年累计向高速、风电、房地产开发等重点行业和项目以及小企业客户投放信贷资金达 51.92 亿元。结构调整取得积极成效,资产结构进一步优化,年内新增中型客户 10 户,可持续发展能力进一步增强。小企业客户业务实现突破,为 73 户小企业发放贴现贷款 6.2 亿元,有力地支持了承德市的小企业发展。改变小额无贷户无人关注的现状,开展"增额提档"活动,推进小额无贷户维护管理,存款占比由年初的 1.96% 提升到 5.64%。个人资产业务在市场竞争力、价值创造力、条线贡献度和创新能力等方面都有较大幅度的提升,为分行的持续稳步发展做出了积极贡献。截至年末,委托性存款新增 9 259 万元,新增和余额占比均为同业第一。个人贷款新增 8.06 亿元,新增和余额占比均为同业第 2 位,增速居全省建行系统第三。房地产开发贷款余额 7.98 亿元,占比位居同业第 2 位。公积金贷款新增 2.55 亿元,新增和余额占比均居同业第 1 位。拼抢市场份额,积极推进负债业务发展。依托贷款项目积极拓展上下游客户,延伸客户链条抢抓源头资金,年末对公存款余额 58.97 亿元,同业存款余额 3.17 亿元。个人存款余额 76 亿元,增幅 9.15%,同业排名第 2 位。电子银行业务实现健康发展,个人网上银行客户新增 42 437 户,手机银行客户新增 43 914 户,短信客户新增63 014 户,均超额完成全年任务指标和省分行的奋斗目标。私人银行实现初步转型。实现了"功能转变、服务转变、经营转变"的要求。私人银行累计签约客户 125 人,签约客户累计 AUM 值 5.39 亿元,人均 AUM 值599.08 万元,在全省系统排名第一。理财产品销量创历史新高。全年累计销售对私理财产品 43.46 亿元,年末余额 7.08 亿元,实现中间业务收入 298 万元。全行银行卡业务收入 2 120 万元,卡折比例 76.31%,居系统内第 1 位。凭证式国债销售始终位列全省第一。以资产业务为依托,中间业务实现持续稳健发展。组织开展中间业务产品“破零、增收”专题活动,消除重点产品空白点。重点拓展优质企业的上下游企业保理和保兑仓业务,积极为高速公路、风电等优质客户提供财务顾问、造价咨询等服务,发挥好信贷这一稀缺资源对中间业务的带动作用。积极培育动产质押、电费保理、国内信用证、货易通、账易融、联名卡等中间业务新品种。2011 年全行实现中间业务收入 12 934 万元,较上年增长 19.6%,同业排名居第 2 位。中间业务在主营收入中的占比为 22.3%,较上年提高 0.4 个百分点。

【内控管理】 继续抓好党风廉政建设和反腐败工作。在全行范围内开展“学规定、知禁令、作表率”领导人员廉洁从业主题教育活动,举办预防职务犯罪专题讲座,开展廉洁从业示范教育、案例警示教育和系列主题教育活动。组织开展“八大突出案件风险”专项整治工作,深化“银行业内控和案防制度执行年”活动。强化积分管理,落实检查责任制,加大对违规问题责任追究力度。做好员工行为排查工作,认真落实特派员管理考核制度,充实纪检监察特派员队伍。以行风建设为平台,着力打造建设银行优质服务品牌。深入开展“平安建行”创建活动。创新工作方法,创新考核机制,实施量化检查考核验收,使之成为一种“常态化”的工作。已有 21 家机构跨入全省建行系统平安创建先进行列,分别获得了省分行授予的“平安支行”或“平安网点”称号,达到现有营业机构数的 87.5%。建立“承德分行远程监控报警中心”,全面提升对外部侵害的防控预警能力,并在内部控制、事后监督和文明优质服务等方面发挥了重要作用。2011 年获得全省金融安全保卫工作先进集体、承德市平安创建工作先进单位、承德市双桥区社会治安综合治理模范单位等荣誉称号。不断强化信贷风险管理,努力提高资产质量。严格把好新增贷款准入关、存量贷款监测关、到期贷款回收关和不良贷款处置关,落实好“进、保、控、压、退”,主动进行结构调整。将资产质量指标纳入基层机构内控评价、KPI 和等级行等考核体系,增强风险内控管理意识。强化对个人信贷业务资产质量的非现场监控,突出管控重点,严防资产质量向下迁徙。资产质量实现四零目标,即新发放贷款零不良,公司类贷款零不良,风险分类零偏离,操作风险零损失。强化审批管理,严把贷款出口关。严格执行信贷结构调整政策,信贷结构持续优化,转变审批观念,实现风险与收益的协调统一,加强审批管理,促进审批质量和效率的双提高。积极开展大中型公司类客户授信业务平行作业,不断提升平行作业工作质量,进一步强化操作风险的管控工作,推动操作风险管理长效机制的建立。加强计划财务规范性管理,采取多种形式防范财务和操作性风险。强化共享中心的规范管理,从源头上规范财务行为,杜绝违规和不规范财务支出行为发生。组织开展内部账户、服务收费、中间业务等专项检查,加大内外部审计检查发现问题的整改力度,有效控制财务风险,规范集中采购行为。坚持“揭示实质风险,解决实际问题,突出治理实效”的风险防范思路。组织开展争创“十佳优秀委派主管”和“无违规、无差错免检柜员”活动,开展“净化镜头下违规行为”非现场检查,完成各类检查 19 项,有效地遏制了屡查屡犯现象,实现了会计部位无案件和重大责任事故。

【基础管理】 组织开展各具特色的专项活动,激发全行员工的工作积极性。集中资源组织开展“迎元旦、庆新春”旺季营销活动,为全年业务发展打下坚实基础;6 月份,组织全辖开展“抓客户、抢存款”突击月专项活动,通过加大激励力度提升存款规模;三季度,组织开展了“客户营销服务季”主题营销竞赛活动;四季度,开展了以“全行增效、员工增收”为主线的“争先进位收官季”活动。各类活动的扎实有效开展,对全行各项任务目标的圆满完成起到了极大的促进作用。开展“为民服务创先争优,人人争做服务标兵”主题活动,实现了“提升全员服务意识和能力,提升服务质量,提升服务效率,确保全年无内部投诉事件,确保全年安全运行无案件事故,确保全年营运各环节运行顺畅无实质性问题,内部客户需求响应及时”。2010 年分行营运工作在全省建行综合考评中获得了 5 块奖牌,2011 年全省营运工作综合考评继续保持领先位次,综合风险管理、系统运行、核心系统业务参数上报准确率、错账调整及时率和准确率、扫描质量、稽核风险控制、风险议题及金点子的征集与上报,均受到省分行通报表扬。在全省营运工作会议上,有四篇文章作为经验材料推广,并做了“充分利用稽核结果,筑牢内控防线”的专题发言。进一步加大宣传和信息工作力度。全年在各类新闻媒体刊发宣传稿件1万余篇,信息宣传和研究思考刊稿等考核结果均进入省分行先进行列,受到省分行的表彰奖励,另有两篇研究成果获得承德金融学会的表彰奖励。进一步加强信息科技工作的保障力度。全行主要业务系统实现安全稳定运行,无自身责任事故发生,核心业务系统可用率100%。经过5个月准备,分行前后台业务分离系统如期上线,运行稳定,提高了业务竞争力。防病毒体系初步建立。经过近一年来的努力工作,防病毒体系逐步形成,系统的安装率和升级率均由原来的不足90%,提高到现在的100%和98%以上,为各系统的安全稳定运行奠定了坚实的基础。

【改革创新】 认真组织,精心谋划,稳妥推进事业部制改革。经过成立组织,制定方案,动员发动,演讲答辩,任职公示,组织认定等诸多环节,事业部制改革工作取得圆满成功,经过两个多月的运转,已经基本进入正常运行轨道。改革后,中后台部门与前台部门的员工比例趋向合理。前台部门管理岗位员工由8人增加到17人,中后台管理岗位员工由26人减少到16人;前台部门经办岗位员工由67人增加到107人,中后台部门经办岗位员工由124人缩减到85人。持续巩固押运社会化成果。在实现了全辖机构押运社会化改革的基础上,坚持“委托”不“脱管”和“外包”不“甩手”,不断学习总结经验,及时解决遇到的新问题、新情况,加强与托管单位的沟通与联系,解决运营过程中出现的新问题,确保了押运社会化的有效实施。继续加大产品创新力度。完成定向保理、电子承兑汇票业务两项创新。办理省内首笔定向保理业务,依托河北钢铁股份有限公司承德分公司,为其上游62户供应商批量投放9.76亿元定向保理业务,实现中间业务收入992.5万元。为河北钢铁股份有限公司承德分公司成功办理电子银行承兑汇票1000万元。加强与客户的合作力度,成功发行河北-兴隆联名卡、千手观音善行福卡,报批了河北-金山岭长城联名卡、宽城神栗联名卡以及和合承德联名套卡,产品创新能力进一步加强。

【企业文化】 坚持民主管理,班子领导力得到有效提升。行领导班子认真坚持党委中心组学习,班子成员的政治素养和领导能力不断提升。坚持重点联系行制度,行领导深入对口支行、网点开展调研,了解业务发展的重点难点问题,帮助解决实际困难,使全行的经营决策更加符合实际。坚持民主集中制原则,带头抓好党风廉政建设,在全行营造了风清气正、求真务实的良好氛围。结合实际,持续推进创先争优活动。认真开展“创先争优收官季”活动,通过制定方案,动员发动,组织实施,督办落实,取得了很好的成效。坚持以人为本,员工满意度和队伍凝聚力持续提高。积极倡导“让客户满意,首先让服务客户的员工满意”的理念,把尊重关爱员工落到实处。通过组织体检、走访慰问困难员工和离退休员工、向患病员工捐款等方式,大力开展“送温暖”活动。充分发挥党团工会组织作用,组织开展丰富多彩的文体活动,员工队伍的凝聚力显著增强。认真做好离退休员工及老干部管理工作,落实两个待遇,使他们老有所养。积极做好后勤保障和接待服务工作。

（刘树兴）

中国建设银行股份有限公司张家口分行

【概况】 2011年,面对激烈的市场竞争和较重的经营压力,中国建设银行股份有限公司张家口分行认真贯彻总行、省分行会议精神,紧紧围绕年初工作思路,深入贯彻“一行一策”理念,深化结构调整,完善体制机制,巩固经营基础,增强发展动力,促进了全行各项工作健康快速发展。年末,存款新增、贷款新增和中间业务收入三项全部实现同业第一;经营效益再创新高;不良贷款额率降至历史最低。基础管理、风险防控能力进一步增强,员工士气高涨,建行品牌显著提升,综合实力稳步提高。

【业务发展】 年初以来,围绕对全行经营发展具有战略意义的重点业务,开展了中间业务攻坚战、存款业务阵地战和客户拓展持久战,强化资产带动,有效促进了全行业务快速发展。中间业务收入实现2.18亿元,当年增幅达37%;完成省分行计划115%,计划完成率居全省第二;市场占比34.9%,继续保持同业第一;在总收入中的占比达到25.8%,同比提高2.85个百分点。各项存款稳步增长,全口径存款余额207亿元,首次跃居同业第一,较年初新增25亿元,同业新增占比52.2%;全口径存款、一般性存款、企业存款和储蓄存款四项指标新增同业占比全部第一。客户拓展成效显著,成功营销了沃尔沃凯盛汽车发动机制造有限公司等一批优质客户,全行新开户数达到1 503户,其中基本户新开807户,达到历年最高水平。各项贷款余额182亿元,较年初新增32亿元,省分行计划完成率155%。全行实现帐面利润5.31亿元,同业排名第一;同比增长1.08亿元,增幅25.5%,增幅全省系统排名第四。

【支持地方经济】 在货币政策从紧的情况下,按照市委、市政府"始终突出发展主题、全面提升工作水平"的主基调,紧密围绕市委市政府确定的签约项目和重点项目,主动转变工作思路,加强与上级行沟通,努力争取上级行的信贷支持和政策倾斜。全年累计发放贷款67亿元(公司类贷款47.2亿元,个人类贷款19.8亿元),投放量创历史最高水平。重点满足了风电、热电、房地产、钢铁、交通、卫生、建筑、化工、城市基础设施等行业,以及中小企业和个人住房的信贷需求。围绕"绿色崛起"主题,加大新型能源项目投入,向博德玉龙、建投蔚州风能、龙源风电、国投张家口风能等风电项目投放贷款15亿元,全行风电项目贷款余额达49.7亿元,继续保持了风电项目的领先优势。向国电怀安热电有限责任公司、河北大唐国际张家口热电项目投放贷款4.8亿元。提升服务和创新能力,积极支持中小企业及"三农"发展。累计投放中小企业贷款8.95亿元,同比多投放4.11亿元,余额达14亿元,较年初新增5.23亿元。累计投放涉农贷款6 933万元,同比多增4 743万元。

【提升服务能力】 2011年,新设网点迈出了近10年来最大的一步 — 成功获批了胜利南路支行和纬二路支行两家新设机构。其中,胜利南路支行的开业,结束了建行多年网点数量只减不增的历史;惠安苑支行的搬迁,进一步优化了网点布局;根据需要完成了多个营业网点的装修改造工作,蓝色银行形象更加凸显。客户经理队伍建设有了新的突破,在全省系统率先建立了个人客户经理人才库,91人通过竞聘走上客户经理岗位,有效提升了客户服务能力。电子渠道建设初见成效,年末电子银行帐务性交易占比同比提高8.8个百分点。全行柜面服务质量得到提升,在省分行网点服务质量监测考评中排名第四,较去年提升一个位次。在民主评议行风活动中,取得第三评议范围第2名,四大国有银行第一的良好成绩。

【加强基础管理】 强化审批和贷后管理,加强风险预警和监测,严控不良资产。不良贷款额1 305万元,不良贷款率0.07%,分别比年初减少1 207万元和下降0.1个百分点。开展了"八大突出案件风险"专项治理、"银行业内控和案防制度执行年"等活动,有效防范了案件发生。积极开展"创先争优"和以"促进作风转变、促进服务高效、促进科学发展"为主要内容的"三促进"活动,推动了发展环境整体优化。加强管理队伍建设,制订了《主要负责人年度目标责任考核方案》,进一步加大了对支行行长、分行部门经理的激励和约束力度,提高了各单位主要负责人的经营责任意识。继续加强培训工作,组织各类培训班69期,受训人数3 171人次,使存量人力资源得到更加有效的开发和利用。成功举办2011年度柜面业务技能竞赛,在全行掀起了岗位练兵热潮。

【履行企业公民义务】 提升建行品牌。认真落实总行"建设未来—中国建设银行资助贫困高中生成长计划"和"中国贫困英模母亲—建设银行资助计划",扶助张家口市20名品学兼优的贫困家庭子女高中就学,使6名英模母亲和妻子得到资助,社会效益良好。联合工会组织开展了第三届"青春热血涌动 建行爱心相连"大型无偿献血活动,80余名员工献血达2万多毫升,向全社会展现了建行员工积极健康、奉献爱心、关爱他人生命的新时代精神风貌。组织完成"地球一小时"工作,产生了较好的社会效应。

(郭建军)

中国建设银行股份有限公司秦皇岛分行

【概况】 2011年,中国建设银行股份有限公司秦皇岛分行坚持以科学发展观为指导,认真贯彻落实省分行党委各项工作部署,围绕"保平安,拓市场,调结构,增效益"这一主线,在严峻的经济金融环境和激烈的市场竞争形势下,实现了各项业务的持续快速健康发展,全行战略规划能力、市场竞争能力、价值创造能力、风险防控能力、政策执行能力进一步增强。截至2011年末,全口径存款较年初新增42.8亿元,其中一般性存款较年初新增27.8亿元。各项贷款较年初新增25.8亿元,其中非贴现公司类贷款新增16亿元,个人贷款新增

7.5 亿元。实现中间业务收入 2.48 亿元，同比增幅 31.3%。实现账面利润 5.14 亿元，同比增幅 11.54%。不良贷款额比年初下降 4 090 万元；不良贷款率比年初下降 0.43 个百分点。

【“一行一策”】 坚持科学发展，紧扣秦皇岛市区域经济发展脉搏，深入贯彻落实省分行党委“一行一策”发展战略，积极拓展市场，加快业务发展，市场竞争能力有效提升。组织全行深入学习“一行一策”发展战略，在企业网开辟“一行一策之我见”专栏，要求各支行行长结合各自所处的区域经济资源特色，探索本支行的业务发展突破口，打造不可复制的竞争优势。在分行本部，由各业务部门制定“一行一策”营销指导意见以及全市重点项目、客户营销分配表，内容涵盖全市各区域的地域优势、产业特点、重点客户、发展现状、发展目标等，落实各单位的营销责任，因地制宜抓特色。一是积极抢抓北戴河新区发展商机。成立了新区机构筹备组以及项目组，成功营销北戴河新区财政集中支付中心基本户；二是依托临港地缘优势，加大煤炭物流企业的营销和维护力度，全年新开立煤炭企业帐户 42 户，新增煤炭企业授信客户 4 户，发放煤炭户保理预付款 33.4 亿元，较上年增加 6 亿元；保理预付款余额 12.9 亿元，较上年增加 2.9 亿元。

【资产业务】 围绕秦皇岛市“一中心三基地”产业定位以及全市重点建设项目，以扩大优质客户基础为重心，以任务型团队为抓手，以信贷有效投放为核心，传统营销手段与创新产品应用并重，在加大重点项目、支柱行业信贷支持力度的同时，积极推动小企业信贷业务、房开贷款和个人贷款业务发展。公司类贷款重点围绕水上运输、电力发电、交通运输设备制造业、铁路运输业等符合国家产业政策的领域，为津秦高铁、承秦高速、曹妃甸煤码头等大型重点客户新增固定资产贷款 7.5 亿元。着力改善信贷结构，努力提高优质高收益中型客户信贷占比，抢抓了鹏远淀粉、方华贸易等中型客户，累计投放中型客户贷款 17.2 亿元，新增 3.9 亿元。加快发展票据贴现业务，票据贴现新增额全省系统排名第三，全年新营销贴现客户 22 户，占全部贴现客户的 44%，新营销客户累贴量 35 245万元，占全年累贴量的 48%。做大做强小企业信贷业务。积极搭建供应链融资、产业集群、工业园区、科技型企业、核心企业、担保增信等批量营销服务平台，实现对小企业客户群体的广泛支持。积极拓展战略新兴产业，加大对符合国家产业政策、契合本区域资源特色、集群化发展的中小企业的投放力度。全年累计投放中小企业贷款 19.8 亿元，同比增速 122%；中小企业贷款余额达到 14.9 亿元，历史性突破 10 亿元关口；小企业非贴贷款新增 5.8 亿元，全年计划完成率 120%。进一步加快住房金融和个贷业务发展。加强市场分析与判断，克服房地产市场不稳定因素影响，抢抓重点开发企业和优质楼盘项目，引进内部银团贷款模式，房地产开发贷款累计投放 6.7 亿元，新增 3.4 亿元，新增额同业第一；房地产开发贷款余额 13.9 亿元，同业排名第二。抢抓消费经营类贷款，消费助业贷款成为个人贷款业务新的增长点。全年发放个人助业贷款 2 679 万元，较上年增长 2 060万元，发放消费经营类贷款 1.7 亿元，新增 1.12 亿元，新增系统内排名第二。

【负债业务】 将稳存增存作为重要的基础性工作，通过抓重点项目资金、财政存款、房改资金以及同业存款，加大激励与约束力度，重点强化责任追究，进行诫勉谈话等手段，实现全口径、一般、企业、个人、同业存款新增同业排名均比上年末上升 2 位。对公条线，瞄准大型优质客户，发挥理财产品与存款的互动，加大机构类、政策性住房资金存款及房开企业存款的营销力度。抓住总行同业定期存款价格政策调整的有利时机，重点营销市商业银行、农村信用社同业存款，新增同业存款 15 亿元，为全行存款的增长起到了重要支撑作用。对私条线，以开展“庆新春”个人存款增存等竞赛活动为契机，调动全员稳存增存积极性。广开源头，开展以“全体动员，抢抓代工”为主题的联动营销活动，稳固存量代发工资单位合作关系，积极拓展目标客户，提高对存款的贡献。大力销售理财产品，以理财产品的销售稳固行内资金，吸引行外客户资金。树立“全行一盘棋”理念，每季度末实行分行领导、本部部门重点联系行制度，人人下达吸存任务，要求帮助对口支行、网点完成增存任务，形成全行上下齐抓存款的局面。年末个人存款新增市场占比 30%，比上年末提升 14.3 个百分点。

【收入来源】 面对信贷规模从紧的局面，向创新要效益，多方培育新的收入增长点。加大产品创新及应用力度。全年创新及应用产品达到 20 余种，在全省系统率先办理四方贴现、跨境人民币开证、小贷通、信用保险保理、跨境人民币开证业务。开办小额无抵押贷款、额度抵押贷款、专利权质押贷款、小企业百易安资金托管业务、出口信保项下小企业贷款等业务，形成了小企业新业务品种多点开花的局面。增强市场反应能力，举全行之力，抢抓了一批战略机遇型项目：一是为中信戴卡公司开出8 350 万欧元的借款保函，稳固了银企关系；二是财政性业务取得突破性进展，与秦皇岛市新型农村合作医疗管理中心签订《新农合业务合作协议》；与秦皇岛市卫生局签署《战略合作协议》，为“医疗健民”业务的快速发展打下良好基础。

【客户基础】　坚持固本强基，强化客户营销拓展。由分行党委书记任组长，推进客户营销工作，将其作为各单位一把手工程，明确职责，加大对客户指标的考核、通报、督导力度。拉清单，抓源头，梳理出全市纳税大户、煤炭户、房地产户及重点建设项目客户清单，将营销目标细化分解，做到层层有人管、户户有人抓、人人有目标、人人有压力。在做好新客户拓展工作的同时，进一步加强小额无贷户管理，做好客户的向上迁徙，获得省分行无贷户维护基础建设先进单位称号。深入落实“客户营销服务季”有关部署，开展对公客户“双千行动”，全员营销、清街扫巷，把客户拓展推向高潮。全年新开立对公账户2 252 户，相当于2010 年开户总量的268%，新增客户数四大行排名由上年的第4 位跃升至第1 位，而且新开户企业存款余额达到14.34 亿元，实现了量质齐升。

【价值创造】　准确把握科学发展观内涵，积极转变发展方式，优化资源配置，加强渠道建设，有效提升了全行价值创造能力。以提高资产质量为中心，以信贷结构调整和信贷基础管理为主线，推行主动型风险管理，切实提高风险管理与信贷审批工作的价值创造力。一是按照省分行提出的“三三三”比例，主动调整结构，合理安排贷款投向，将信贷资源向优质客户、高收益项目倾斜，主动退出“两高一剩”、“淘汰落后产能”行业。全年累计压缩退出钢铁行业贷款5.9 亿元，退出率36%；退出平板玻璃行业贷款0.54 亿元，退出率100%，在信贷资源紧缺的情况下为“吐故纳新”腾出了宝贵的信贷规模空间；压缩关注类贷款9.8 亿元，回收处置不良贷款0.41 亿元，实现拨备净回拨0.92 亿元，提高经济增加值0.69 亿元。二是深入加强信贷基础管理。继续实施严格的风险分类管理，真实揭示客户和贷款风险，促进不良贷款率在低位基础上保持下降态势。三是深入推进大中型对公客户平行作业制度，构筑防控信用风险的“第二道防线”。四是建立行业会诊制度，重点对房地产行业、地方政府融资平台贷款进行行业分析与评估，主动应对系统性风险。强化渠道建设，抢占同业竞争高地。制定网点建设三年规划，加大物理网点新设、迁址及装修改造力度。积极推动对公柜面劳动组合优化调整，在全省系统首家聘任对公(柜面)客户经理，推动对公柜台由“交易核算型”向“营销服务型”转变，充分释放了柜面营销能力，电子回单柜签约、结算卡、电子商业汇票等7 项对公结算产品超额完成省分行全年计划。

【风险防控】　按照保平安工作要求，狠抓基础管理，加大案件防控和遏制违规工作力度，为业务拓展提供平安稳定的环境。牢固树立大局意识和责任意识，强化教育引导和管理制度的落实，确保一方平安。加强合规文化建设。深入推进“学规定、知禁令、作表率”活动，增强各级领导人员廉洁从业意识；组织了冀东监狱警示教育和井冈山革命传统教育活动，提高员工遵纪守法、合规经营自觉性。积极开展“八大突出案件风险”专项治理活动。深入开展创建“平安建行”活动，层层签订《年度安全保卫工作目标责任状》，将安全管理工作作为年度评先创优的考核依据。组织开展多种形式的防抢劫、防火、防盗培训及演练，年内未发生案件及重大风险事件。强化会计基础管理，操作风险有效遏制。着力健全机制、改进流程、加强监督，提升会计基础管理水平，增强会计操作风险控制能力。将风险评价结果纳入KPI 考核，根据会计管理、稽核差错等基础数据，测算各机构风险评价结果，同机构负责人绩效工资挂钩，提升全行对风险管理的重视程度。加大监督检查力度，综合利用交叉检查、顶岗检查、联合检查等形式，针对现金、重空、票据等重点部位开展18 个项目的现场和非现场检查。稽核差错率由2010 年的万分之0.35 下降为万分之0.2，低于全省万分之0.23 的平均水平。加强财务管理规范性，经营集约化水平显著提高。对本级财务报账流程、招待费、会议费、差旅费和集中采购等多项财务管理规定进行了进一步的修改和完善；积极配合内、外部审计，严格财经纪律，进行全面自查和问题整改，杜绝屡查屡犯；着力节约成本，科学合理安排业务管理费用支出,集中资源支持重点业务快速发展。

【队伍建设】 以党建为抓手,通过抓班子、带队伍,努力打造一支作风硬、业务强、士气高,充满生机和活力的干部员工队伍,发展观念、工作思路、干部作风发生明显变化。不断改进工作作风,以改革创新精神切实提高竞争能力,促进了各项业务又好又快发展。一是认真开展党委中心组理论学习,严格落实学习时间,不断拓展学习内容,保证学习的全面性、系统性和及时性,班子成员的政治素养、学识水平、经营决策能力和领导能力不断得到提升。二是转变工作作风,党委成员带领调研小组深入对口支行、网点调研,了解基层在业务发展中的重点、难点问题,了解基层员工在工作、生活中的困难,探索缓解员工工作压力的有益方式,调研覆盖率达到了100%。科学有效的调研工作,使得领导班子的经营决策更加符合改革发展的实际,也具有更强的导向作用。三是完善干部选拔任用机制,加大领导人员交流力度,中层管理人员全年交流调整46人次,管理人员队伍得到进一步优化,无违规违纪事件和违规违纪用人情况发生。以人为本,不断增强员工队伍凝聚力与执行力。着眼于对标先进、鼓劲加压,坚持不懈地开展了一系列转变思想、提升素质主题教育活动,持续提振全行员工的精神状态。一是在全行开展持续读书活动,大力营造勤学善思、学以致用的良好学风;组织召开中层管理人员培训班及全行干部大会,针对干部队伍中存在的服务不到位、放松自我要求、执行力差等方面问题进行深刻剖析,激发了"亮剑跨越、创先争优"的精神和斗志;强化精神激励与约束,对工作不尽职,主要业务指标严重落后的单位负责人,实行工作问责。二是深入落实"三个服务"理念,改进本部作风。梳理本部部门职责、员工岗位职责及工作标准,推行"限时服务承诺",本部服务基层的意识不断增强。三是充实业务拓展一线人员力量,制定鼓励大学生、本部员工充实基层实施意见,激励人力资源向前台一线倾斜。组织有史以来规模最大的对公、对私客户经理竞聘工作,择优选拔出115名对公、对私及对公(柜面)客户经理,建立一支"能打敢拼"的客户经理队伍,为业务拓展提供人力支撑。

(程 青)

中国建设银行股份有限公司唐山分行

【概况】 2011年,中国建设银行股份有限公司唐山分行坚持以科学发展观为指导,深入开展创先争优活动,以"转方式、拓市场、强管理、防风险、促和谐"五项重点工作为主线,克难攻坚,锐意进取,在全行的共同努力下,取得了超出预期的不凡业绩,主要业务实现新突破,圆满完成了"保二争一"的经营目标,各项经营管理工作都实现了长足进步。截至年底,全口径存款余额突破700亿元,新增72亿元;各项贷款累计投放257亿元,余额突破500亿元,新增58亿元;实现中间业务收入5.65亿元,同比增幅40%。主要业务位次和市场份额在同业全面实现了"保二争一"目标,特别是一般性存款新增、对公存款新增、贷款新增等指标均跃居第1位,一般性存款余额、贷款余额均由上年末的第3位跃居到第2位,中间业务保持第1位。实现账面利润16.45亿元,同比增加2.61亿元;实现拨备前利润16.33亿元,完成计划的105%。多项工作得到上级肯定和表彰,获得了全国文明单位、全国企业文化建设优秀单位和建总行文明单位等重要荣誉称号;各业务条线成绩显著,国际业务被总行评为外汇业务百强行,电子银行业务被总行评为"增客户、促应用、提能力"营销活动先进集体,公司业务被总行评为养老金业务先进集体,ATM管理工作被总行评为低效自助设备效率提升先进集体;多项业务在省分行评比中获奖;获省公安系统金融安全保卫工作三等功、2011年度国家安全人民防线建设先进单位和消防工作先进单位,在唐山市行风评议中被评为优胜单位。全年没有发生案件和责任事故。

【拓展市场增效益】 一是整合营销资源。针对重点客户日益多元化的金融需求,组建战略性重点公司客户营销服务团队,着力提供综合性金融服务;针对电子银行业务长期落后的状况,整合相关部门人员组建电子银行营销团队,对全辖电子银行业务进行统一管理。二是以抓客户为手段促进存款增长。制定新开立对公存款账户奖励办法,重点加大对中小型客户群体的培育,突出对各类财政社保存款专户营销,强化小额无贷户管理,促进了对公存款的快速增长。2011 年,对公存款新增 30 亿元,跃居同业第 1 位,其中机构存款新增 22 亿元,占比为 73%。通过狠抓个人高端客户、优质代工户和 CTS 签约客户,个人存款实现了稳定增长。2011 年,个人存款新增 34 亿元,居同业第 2 位。在省分行开展的"客户营销服务季"竞赛活动中,获得客户营销服务季优胜奖。三是以投资银行及新产品推广为龙头,多渠道解决客户的融资需求,促进中间业务实现了超常增长。2011 年,实现对公中间业务收入 3.76 亿元,同比增长 48%,其中投行及新产品收入 1.87 亿元,占全部对公中间业务收入的 49.8%。四是按照省分行"做大资产业务"的要求,积极扩大优质资产规模。结合唐山市经济特点,加大对重点项目和大型企业的信贷投放,确保在重点项目和大型企业的贷款份额,全行公司类贷款实现新增 41 亿元。积极拓展中小企业、住房金融和个贷业务。加强小企业批量化营销,创新应用新业务,实现了货易通、联保联贷和租贷通业务的首次应用,特别是租贷通业务为全国建行首笔,全年累计投放小企业贷款 19.75 亿元,较年初新增 4.31 亿元,有效满足了小企业的融资需求。坚持"大房金"的发展思路,加强优质房地产开发项目的营销储备,积极发展个人住房贷款,个人贷款和房开贷款分别新增 13.41 亿元和 6.55 亿元,均居同业第 1 位。五是强力推进战略性业务。国际业务抢抓跨境人民币结算业务机遇,积极推广海外代付、汇融通等新产品,全年完成外汇中间业务收入 7 382 万元,居同业第 1 位。信用卡业务重点推广购车分期业务和公积金龙卡,中间业务收入实现了翻番增长,其中购车分期业务收入占比近 50%。电子银行业务通过机构整合、强化激励、联动营销等措施,实现直接收入 2 025万元,同比增幅达 31.7%。

【转变方式促发展】 一是积极转变单纯依赖物理网点的传统模式,加强电子银行和自助渠道建设,通过引导社保代发向企业网银迁移、推行员工电子化缴费、组织网购秒杀等多形式的活动,使电子银行账务性交易量比达 37.85%,同比提升 12.91 个百分点;从优化自助设备布局和提升效率着手,实现了对物理网点的全覆盖,个人金融交易主渠道的作用逐步显现。二是扎实推进经营模式转型。对公柜面业务转型平稳落实,分三批完成了 31 个符合条件的对公机构的优化调整工作,工作成果得到了省分行的充分肯定。私人银行建设走在全省系统前列,率先实现了财富中心向私人银行的转型,凤凰大厦私人银行和鹭港私人银行相继开业。加快推进零售网点二代转型,完成网点二代转型 85 家,落实客户经理配备 119 人,网点生产力进一步增强。三是积极推进信贷结构调整,交通、铁矿采选、电力、装备制造等优先支持类行业贷款余额占比 30.04%,较年初提升 5.2 个百分点,钢铁、水泥等行业贷款余额占比 45.97%,较年初下降 3.98 个百分点,信贷结构逐步改善。

【强化管理上水平】 一是加强考核,将资源向前台一线倾斜,加大对存款、中间业务、信用卡、电子银行等重点业务的激励力度;组织各业务条线分别制定了具体的考核激励办法,细分客户和产品,增强了考核的针对性。针对基层行买单价格执行标准不统一的问题,在买单价格基础上,为基层行配置一定比例的管理费用,确保兑现到员工的买单价格全行统一。二是加强网点建设和管理。紧抓上级行对重点城市行增配网点购置资源的机遇,加快网点选址、申报和改造进度,新设 6 个网点型支行,占全省系统新设机构数量的 1/3 强;组织实施网点等级管理,将网点薪酬待遇、负责人晋升与考核排名挂钩,起到了较好的激励效果;积极创建星级网点,培育和打造了一批三星级以上网点。三是深入落实"一行一策",加强分类指导。集中力量成立"一行一策"推进办公室,深入开展调研、督导以及信息反馈等工作,指导全行结合区域经济特色打造业务发展优势,提升市场竞争力。同时,推行领导包行制度,加强对基层行的调研,提高基层机构的经营管理水平。四是强化柜面服务管理,组织开展"网点服务专项治理"活动,有效提升了窗口服务水平,在省分行"神秘人"检查中,网点服务质量居同业第 1 名。

【合规运营保安全】 一是强化财务、会计和营运管理。通过制定应急预案和资金管理考评办法等措施,确保资金支付安全;加强财务检查,严格按照规定对发现问题进行整改,有效防范财务风险;组织完成了前后台业务分离项目推广上线、新系统优化升级等工作,搭建新的业务发展平台。二是加强资产质量管理,建立并实施项目评估报告评议制度,认真组织资产风险分类,强化业务风险研究,积极推行平行作业,风险防控能力得到持续提升;坚持以不良资产处置效益最大化为目标,加快推进不良资产处置进程，现金收回2 604万元。三是扎实开展案件防控工作，强化案例教育、条规教育、警示教育、巡回教育和纪检监察特派员督导，重点开展“学规定、知禁令、作表率”廉洁从业主题教育活动，严格落实责任追究。四是充分发挥安全保卫、信息技术、后勤等条线职能作用，为安全运营提供了保障。

【以人为本促和谐】 一是积极开展创先争优活动，紧密结合实际，加强组织推动，扎实开展“三亮”、“三比”、“三评”以及“为民服务创先争优”等多项活动，基层党组织的战斗堡垒作用和共产党员的先锋模范作用得到了充分发挥。二是加强干部队伍建设。落实管理人员岗位交流，充实基层班子队伍；做好专业技术岗位职务人员聘任工作，不断加强专业技术队伍建设；加大年轻干部选拔力度，对9名行长（经理）助理进行了提拔任用。三是完善人力资源管理机制。进一步规范了基层支行内设部门设置及职数管理，提高了人力资源配置效率；加强人事档案管理，及时做好新入行职工等员工关系的接转工作，维护了员工切身利益。四是持续加大培训力度。多次组织管理人员到北大、南开等知名高校参加培训，聘请知名学者来行讲座，并组织了“部门经理讲业务”系列讲座，不断提高队伍素质。

（彭宗全）

中国建设银行股份有限公司廊坊分行

【概况】 2011年，中国建设银行股份有限公司廊坊分行坚持科学发展观，按照上级行工作部署，围绕“保平安、拓市场、调结构、增效益”主线，坚持“打基础、利长远、可持续”发展原则，落实“一行一策”发展方略，扩大客户基础，强化渠道建设，改革创新，各项业务发展良好，主要指标实现同业争先系统进位。全口径存款比年初新增47.43亿元，新增系统排名第5位，同业排名第一；各项贷款比年初新增39.13亿元，新增系统排名第3位，同业排名第一；实现中间业务收入2.92亿元，比上年增长34%，系统排名第5位，同业排名第2位。全年实现账面利润7亿元，创历史最高水平，系统排名第4位，比上年增长24%。资产不良额、率双降。年末五级分类口径不良贷款余额比年初减少2.9亿元；不良贷款率比年初下降1.9个百分点。全年未发生案件和重大风险事件。

【资产业务】 依托园区经济和总部经济，抓住地方“项目质量建设年”契机，在巩固基础设施建设、交通、电力等传统优势领域中长期信贷业务的基础上，跟踪入园企业，抢抓大中型客户，加快贷款投放，加大项目储备。全年，对公贷款累计投放74.09亿元，较年初新增16.56亿元，新增同业第1位。按照监管部门“两个不低于”的要求，盯住专业市场和产业集群，集中人力和规模优先保证重点区域业务发展，形成规模区域效应，扩大中小企业市场份额。2011年，小企业非贴现贷款累计投放25亿元，余额较年初新增8.6亿元。实施“大房金”战略，对接建设中的地产项目；在文安、香河、胜芳等专业市场推广微小企业助业贷款。全年，个人贷款新增22.57亿元，增速达24%，新增系统和同业均居第1位，成为全省建行系统首家个贷余额超百亿的二级分行。先后荣获了总行“房金业务百佳机构”和“住房公积金专业营销服务先进团队”称号，荣获省分行“房改金融服务20年、个贷余额超500亿”活动“个贷业务突出贡献行”、“房改金融业务突出贡献行”奖。

【负债业务】 坚持存款的基础地位不动摇，以扩大客户基础带动存款增长。发挥公私联动，加大优质基本结算客户、主要贷款客户营销力度，跟进产品批量营销。以转账电话为载体强化下延式营销；以批发结算市场客户为着力点，拓展县域市场；以社区金融服务为切入点，夯实个人存款基础。全年，个人本外币存款新增20.13亿元，居系统第5位。抓住环首都经济圈快速发展的机遇，加强对新入园企业注册资金、重点项目资本金、工程质保金、保证金存款，以及财政社保类资金、拆迁补偿款的营销，同时加强存款类产品的组合应用，以产品创新和灵活运用提升市场竞争能力。全行本外币对公存款比年初增长26.63亿元，新增系统内排名第4位，同业第1位。以财政、教育、卫生、社保、环保、文化、部队等领域机构客户为中心，注重对“民本通达”服务方案的巩固、延伸和拓展，抓住财政系统推广非税系统上线和“省直管县”财政改革等时机，通过代发工资、公务卡、电子银行、现金理财等服务手段，提高机构业务的链条营销和综合服务能力。强化与住房资金管理部门“合作伙伴”关系,抢抓住房维修基金和保障性住房资金市场,抢占业务发展先机。开展本外币联动营销、团队营销,持续加大对重点客户的营销和维护力度,提高大客户的业务承办率,利用存汇通、海外代付、欧贷宝等业务保持外汇存款的稳定增长。全年,外汇存款比年初增加1 677万美元。

【中间业务】 把握市场机遇,调整经营策略,一手巩固优势,不断强化代理业务营销能力,巩固代理基金和代理保险业务市场份额;一手补齐短板,做好借记卡、理财产品等专项营销,成功发行“京津冀旅游联名卡”和防灾科技学院“校园一卡通”,提升个人中间业务效益贡献度。截至年末,个人中间业务收入7 269万元,网均收入161.5万元,其中代理基金业务收入915万元,居同业第1位;柜面保险业务收入1 005万元,居同业第3位。提升国内保理、财务顾问、投资银行、造价咨询、贷款承诺等业务贡献度,满足客户多样化融资需求的同时,保持中间业务收入稳步增长。积极拓展“社会保障卡”业务,与市人社局签署社会保障卡合作协议,确定市场份额80多万张。加大信托计划综合服务业务、代理授权支付业务、“百易安”产品推广应用。以公务卡和卓越卡为突破,扩大信用卡发卡规模;发展汽车和安居等分期业务,提高信用卡收益水平。信用卡全年累计净新增客户2.5万户,消费交易额19.7亿元。深化国际业务立体营销模式,狠抓贸易融资客户拓展;强化以本币融资带动国际业务的意识,充分发挥小企业业务的客户资源,创新开办了“银行投保”融资业务。办理跨境人民币结算业务,拓宽外汇业务收入渠道。全年实现外汇中间业务收入2 707万元,完成国际结算业务量19亿美元,增幅37.5%,市场份额同业第二。

【渠道建设】 加快电子渠道建设。将电子银行业务作为“一把手”工程常抓不懈,加大考核力度。拓宽服务渠道,推广移动签约业务,送服务上门,全行上门签约5万余户。全年,电子银行账务性交易量占比达46.6%,较年初提高16.1个百分点,列系统内第三。企业高级版网银客户新增、企业网银代发工资客户新增和个人网银高级客户新增等多项指标完成率系统名列前茅。同时,发展质量也有较大提高,新增高级版网银激活率52.11%,系统排位第三。加快物理渠道的调整优化。成立了网点建设推进领导小组办公室,抽调专人负责。在全行实施物理网点“升、迁、建、改”工程,将10家机构升格为网点型支行,新设立3个支行,全年共装修网点10个,为可持续发展夯实了基础。在县域机构成立个人贷款分中心,在开发区支行成立信用卡分中心,提高了客户服务水平。增加自助设备投放和提高运行效率。全年新增自助设备40台,改建、新建自助银行12个,自助设备总量达180台,ATM账务性交易占比达62.65%,全年实现各种交易总计761万笔,金额128亿元,台均收入5万元。

【案件防控】 坚持“从严治行”管理理念,通过制度、机制、流程来保证责任到位。认真组织落实“八大突出案件风险”专项治理活动,梳理风险点,筛选确定条线“问题库”和“措施库”,堵塞管理漏洞,消除风险隐患。开展“学办法、知标准、不违规”专题学习教育活动,有效进行员工行为排查,特别是员工参与高息民间借贷、社会集融资与担保等的排查;推进和完善轻微违规行为积分管理,全行的案件防控能力得到有效提升。充分发挥纪检监察特派员职能,所有支行均配备了纪检监察特派员,不断提升基层机构案防能力。制定下发了《建设银行客户经理违规代客服务监督卡》和《中国建设银行廊坊分行对公从业人员廉洁自律告知书》,邀请客户对客户经理进行监督,有效防范了客户经理违规代客行为和道德风险。主动做好协解人员思想工作和帮扶工作,全年未发生上访事件。

【创先争优】 周密部署、妥善安排,结合自身实际,找准党建工作与业务发展的结合点,深入开展“为民服务创先争优”活动,以“效能廊坊”建设为契机,以开展帮扶为抓手,转变工作作风,提高工作效率。围绕全行中心工作丰富活动载体,开展“三亮、三比、三评”活动,通过党员的示范作用带动全行形成了争当表率、争做先进的良好氛围。全行创先争优活动做法得到了省分行的肯定,李秀昆行长专门做出重要批示。

【队伍建设】 领导干部带头加强理论学习,践行“以人为本”理念,发扬密切联系群众的优良作风,深入实际开展调查研究,倡导勤于研究、善于思考的学风。坚持民主集中制原则,不断建立健全并严格执行党委议事规则和决策程序。严格执行中心组学习制度,拓宽学习内容,务求学习实效,进一步提高各级领导干部科学决策和科学发展能力。根据工作需要，调整了部分支行和分行部门的管理人员，充实了一批年富力强的年轻干部，干部结构得到了优化；建立副经理级后备人才库，储备一批年轻干部；全面推行经办岗位职务聘任管理，拓宽员工发展空间和晋升通道。全年共组织各类培训71期，培训员工近4 000余人次。落实党风廉政建设责任制，坚持领导干部“一岗双责”，积极开展“学规定、知禁令、作表率”领导人员廉洁从业主题教育活动，在全行营造了风清气正、真抓实干的良好氛围。充分发挥党、政、工、团的作用，积极开展各种形式劳动竞赛和建功立业活动，和谐氛围日渐浓厚，该行和所属香河支行被授予“河北省AAA级劳动关系和谐单位”荣誉称号，另有4个支行被授予了“廊坊市AA级劳动关系和谐单位”荣誉称号。

（杨　鹏）

中国建设银行股份有限公司保定分行

【概况】　2011年，中国建设银行股份有限公司保定分行认真执行“强化基础、转变方式、突出重点、加快发展、确保平安”的发展思路，以深入落实“一行一策”发展策略为主线，以实现“十项突破”目标和“十项重点工作”为抓手，全行上下团结奋进，顽强拼搏，各项业务持续快速发展，较好地完成了省分行下达的综合经营计划和KPI指标。实现考核利润6.79亿元，同比多增0.82亿元，排名系统前列；实现经济增加值4.15亿元。年末全口径存款比年初新增60.21亿元，排名系统第三。其中，个人存款新增31.84亿元；对公存款新增23.5亿元，同业存款新增4.89亿元，均为同业第一。年末各项贷款新增18.85亿元，保持较快增速。其中，公司类非贴现贷款新增11.65亿元，增幅18.5%；个人贷款新增14.53亿元，增幅51.7%。中间业务收入再创新高。实现中间业务收入3.46亿元，增幅27.2%。不良贷款额、率实现双降。不良贷款余额比年初下降0.46亿元；不良贷款率比年初下降0.6个百分点。全年未发生案件和重大风险事件。

【“一行一策”】　在全省率先实施“一行一策”发展策略，全面梳理当地资源禀赋和自身优势，认真研究市场、研究客户，本部部门和基层机构上下结合，行领导逐行督导对接，认真制定保定发展策略指引、区域发展策略指引，帮助基层机构找准符合自身特点的发展思路、市场定位和突出发展业务，做到攥紧拳头、集聚目标、整合资源、上下联动，增强了与当地经济发展的契合度，在打造不可复制的市场竞争力上取得了初步成效。依托14个产业集群和产业园区，找准定位、抓住重点，实现了小企业业务快速发展。截至年末，小企业贷款余额近18亿元，占公司类非贴现贷款的29.7%，较年初提升8.31个百分点。年内小企业贷款累计投放突破23亿元，新增6.35亿元。小企业总户数达到245户，新增91户。结合当地资源禀赋，该行将基层机构划分为城区机构板块、涿定高板块和县域机构板块，依据各自特点、优势及短板，从综合经营计划的编制、资源配置、考核激励、产品配套、渠道支持等方面实行差别化管理，突出体现“一行一策”的特色，促进了基层机构取得快速发展。例如，容城支行大力打造以服装产业为主的小企业特色银行，主要指标同业占比达到50%以上；安新支行紧紧抓住电子银行业务和信用卡业务为突破口，用小业务开辟了新天地，国际业务、存款等多项指标排名分行前列，员工绩效工资实现翻番。

【业务发展】　按照“强化基础、转变方式、突出重点、加快发展、确保平安”的发展思路，选取最能加快发展、凝聚士气的战略性业务和重点工作，明确了在优质资产项目、客户拓展、电子银行、个贷和房金业务等10个重点业务和工作上实现争先进位的“十项突破”目标，做到任务层层分解，明确责任落实，加强督导通报，强化激励约束，积极总结经验，树立先进典型，以点带面推动了全行业务整体发展。经过不懈努力，该行圆满完成了“十项突破”各项预期目标，多项业务指标进入全省前列。其中，重点优质资产项目上，抢抓市场机遇，在京石高铁、大唐电厂、长安汽车等十大重点资产项目上全部取得实质性突破，全年实现有效投放（含投行业务）37.8亿元。客户拓展上，大力开展“拓客户百日会战”活动，对公有效客户新增2 043户（折算后）；AUM1万以上个人客户新增4.61万户（折算后）；电子银行业务上，账务性交易量比达到49.5%；客户规模不断扩大，新增企业网银（高级版）客户、个人网银客户、个人短信客户、手机银行客户新增均排名系统第二。信用卡汽车分期业务完成 2 280 笔；实现实物金销售 784 千克，账户金交易量 8 315 千克；个人助业贷款新增 1.1 亿元；中间业务收入再创历史新高。

【改革创新】 扎实推进二代转型。坚持“转变发展方式，走高端之路”的指导思想，以深化二代转型为核心，促进个金业务发展。强化客户经理队伍建设，为全部网点配齐专职客户经理，客户经理数量达到 113 人，在全省率先达到总行配置标准。完善个人客户经理考核机制和等级评价机制，开展金牌客户经理评选，破格选聘专业技术职务。提升高端客户服务能力，加大员工培训力度，专门聘请领航公司组织了网点生产力提升项目；推广“客户经理一日流程”，细化客户经理岗位职责和日常工作内容；加强 OCRM 系统、信用卡预审批系统和商机处理系统三大工具的应用，提升高端客户拓展的精准度。大力调整经营重心，全行统一采取改门进厅的方式，加强柜面分流；推行“贵宾客户激励计划”；完善绩效考核分配机制，突出对客户拓展维护、销售的激励导向。一年来，在全省二代转型验收中荣获第一，不仅省行专门在保定召开了二代转型现场会，而且在总行专题会议上也做了经验介绍。截至年末，高端客户新增、资产新增、增速全部保持系统首位。

大力推动业务创新。在信贷规模紧张的严峻形势下，积极发展投行、代理信托等创新业务，成功办理了天威集团 25 亿元中票业务、奥威实业 3.8 亿元并购融资业务、凌云集团 4.5 亿元短融项目、隆基泰和集团 4 亿元集合信托项目等四大项目，实现中间业务收入 6 081 万元，占对公中间业务收入 33% 以上。小企业业务产品创新亮点纷呈，率先在全省实现 7 000 万元中小企业信托受益权转让集合型理财产品落地，首笔 3 000 万元“白酒动产质押”贷款投放，连续实现小企业联贷联保、小额无抵押、专利权质押贷款等新业务的突破。在总、分行的大力支持和指导下，针对白沟箱包市场创新了具有自主知识产权的创新产品“箱包通”，为批量化发展开辟了绿色通道。贯彻省行党委“大房金”新思路，抓住“环首都经济圈”的发展机遇，发挥区位优势，大力推进房金业务。持续深化联动营销机制，以对公联动对私为主，进一步促进联动营销机制规范化、常态化，在小企业业务、房金业务、会计结算业务等方面创造了典型案例。截至年末，全行共发起联动营销项目 54 笔，累计实现中间业务收入 752 万元。狠抓战略性业务。围绕“十项突破”重点目标，全力以赴发展电子银行业务，确定今年为“电子银行发展年”，与各机构负责人签订电子银行任务责任书；继续推进“城区学恒祥，县域学献县”经验复制活动；提高买单价格，实行多重买单；加大渠道调整力度，把账务性交易量比、同步率等指标纳入柜员绩效考核。截至年末，电子银行签约同步率达到 190.3%；账务性交易量达到 49.5%。个人网银客户新增 20.23 万户，手机银行客户新增 18.76 万户；个人短信客户新增 22.25 万户；企业高级网银客户新增 2 727 户。以汽车分期业务带动信用卡发展，以主办行为重点，建立网点推荐营销制度；组建专门营销团队，加强与经销商合作；狠抓产品宣传，努力打造“建行分期付”品牌。截至年末，完成信用卡汽车分期业务 2 280 笔，信用卡净新增客户 4.26 万户，账户活动率 65.5%。进一步加强自助设备渠道建设，将查询机全部更换为存取款一体机，年内新增设备 40 台，自助设备账务性交易量比达到 67.8%。国际业务取得进展，实现国际结算量 14.52 亿美元，外汇存款日均新增 392 万美元；围绕重点区域和重点产品，加大客户拓展力度，国际收支客户期末户数 202 户，同比增长 29 户；KPI 折合客户 681 户。同时，以“民本通达”品牌为纽带，积极发展代理财政和 CTS 业务，成功中标市财政局财政非税业务招标和下属市财信公司招标，实现代理财政收入 391.7 万元，新增 CTS 签约客户 5 364户。加快对公劳动组合改革，加大结算卡等新产品推介，实现单位人民币结算收入 3 606 万元。

【风险防控】 大力提升资产质量。充分发挥风控委的领导决策作用，严格信贷审批制度，推进平行作业机制，强化贷后管理，提高风险跟踪例会质量，贷后风险监测预警能力显著增强。夯实内控管理基础。在全省率先建立基层机构风险评级机制，得到省行充分肯定和大力推广。坚持会计营运风险分析例会制度，认真做好操作风险专项治理和排查工作。积极配合做好内外部审计和各项监管、检查，加大系统性整改力度。积极稳妥地做好守押社会化改革，合理做好人员分流，充实了一线力量。顺利完成前后台分离上线工作，进一步强化关键环节控制。加强信息安全风险防范、IT 设备管理，确保了信息系统稳定运行。强化案件风险防控。初步建立了多维度、多层次内控体系和基层机构风险量化评价机制两个长效机制。认真贯彻落实省行案件风险防控万人大会精神，及时召开全行案件风险防控千人大会，扎实开展“学规定、知禁令、作表率”领导人员廉洁从业主题教育活动和“八大突出案件风险”专项治理，与各级负责人逐一签订《保平安、防风险责任状》，进一步完善基层机构领导人员廉洁从业和效能建设“双测”制度，切实加强“两管一员”队伍建设，纪检监察工作及特派员先进经验先后在总行、省行会议上做了经验介绍。严格落实对违规问题的追究处理，全年共对轻微违规人员536人次积955分。加强安全生产管理，坚决杜绝事故隐患。积极做好协解人员维稳工作，为业务发展提供了可靠保障。

【队伍建设】 加强班子队伍建设。坚持以人为本的管理理念，拓宽优秀员工晋升渠道，在管理人员、会计主管后备库基础上，先后组织了网点负责人、私人银行主管后备人才选拔。让广大一线员工干有奔头、拼有劲头。狠抓班子队伍执行力，先后建立了督办工作规范、绩效管理问责制度、部门服务保障考核测评制度和领导人员动态管理考核机制等四项基础制度，同时积极实施主管行长、委派主管“下楼进厅”，按条线经营业绩排名对主管行长进行综合考评，充分调动了各级管理人员的积极性。强化队伍作风建设，先后在全行集中开展了“四知”教育和加强作风建设活动，大力倡导“严、实、新、细、俭”的五字过硬作风，以各级领导人员为重点，组织了管理人员培训、表态承诺、召开专题民主生活会、组织作风建设测评活动、召开作风建设成果汇报会、进行领导点评等“八个一”活动，进一步提高了班子队伍的战斗力、执行力和凝聚力。提升员工队伍素质。围绕构建学习型组织，加大员工培训力度，主动邀请总、分行领导专家开展了11期“每周一课”系列培训，组织管理人员2批82人次赴浙江大学参加“能力提升”培训；选派三批后备人才赴哈尔滨、常州培训中心参加了“青年管理人员素质与能力提升”培训。全行累计完成各类人员培训116期，培训6 705人次，有效提升了员工队伍综合素质。积极开展劳动竞赛，在全行广泛开展了“金点子”竞赛、理财师大赛、营销技能大赛和电子银行大赛等四大业务技能竞赛，积极引导员工比服务、比业绩，当表率、树标杆。年内被全国金融工会授予第四届全国金融系统“学习型组织先进单位”称号。扎实开展“为民服务，创先争优”活动。以“三亮三创三评”为载体，认真开展“落实为民服务，提升服务质量，打造服务品牌”活动，在全行叫响“专业专注做服务，一心一意为客户”的服务口号。加大服务培训和考核评价力度，细化“包行包网点抓服务”制度，建立部门服务保障测评机制，有效增强了全行员工服务意识，年内在神秘人检查中均排名系统前三，行风评议继续保持保定市金融系统第一；先后荣获省、市级文明单位、省级文明服务规范示范单位称号，被总行授予“第三届中国建设银行文明单位”称号。构建和谐建行氛围。结合创先争优活动，隆重组织2010年度颁奖礼，在员工中引起巨大反响和强烈共鸣，取得了鼓舞士气、提振精神、坚定信心的良好效果。大力开展“两优一先”评选表彰活动，为广大员工树立了学习榜样，党委书记、行长陈中新同志被总行授予优秀共产党员称号。通过发展让广大员工得实惠、增收入，在去年人均工资收入增长33%的基础上，今年增幅达到35%，为全省最高。

（毛旭晖）

中国建设银行股份有限公司沧州分行

【概况】 2011年，中国建设银行股份有限公司沧州分行紧跟省分行年初确定的“保平安，拓市场，调结构，增效益”这一发展主线，各项工作保持了健康快速发展态势，价值创造能力和系统贡献度进一步提升。经营效益大幅提升。全年实现账面利润5.32亿元，实现中间业务收入2.82亿元，为去年的1.37倍。主要指标实现同业争先和系统进位。一般性存款新增33.35亿元，居系统第七，同业第二；各项贷款新增23.77亿元，居系统第六，较上年末提升5个位次，新增市场占比居同业首位。经营亮点纷呈。授信客户新增141户，实现了当年翻番式增长。供应链融资业务量和收入在全国二级分行遥遥领先。国内保理业务收入实现4 874.17万元，居全省第1位。电子银行账务性交易量比全省排名由去年末的第7位上升到第5位。自助设备账务性交易量比提高值全省排名提高到第3位。物理网点调整迈出关键步伐。新兴业务及产品创新应用成效显著，发行了全省第一支“乾元三号”股权收益权理财产品,融税通、人民币跨境信用证换币种转通知等多项产品创新运用填补全省空白。实现了电子商业汇票贴现零的突破。信用卡分期业务对中间业务收入的贡献度明显提升。全年实现安全运营,未发生案件和重大风险事件。不良贷款率比年初下降0.26个百分点,对公贷款实现零不良。系统内整体形象及社会影响力进一步提升。行风评议在市直民主测评中连续第十年保持金融系统第一位次。班子队伍建设富有成效。全行上下风清气正,人心思进,和谐发展的氛围更加浓厚。

【发展规划】 按照省行未来五年战略愿景,深入落实“一行一策”发展方略,根据分行持续提升员工幸福指数与增强核心竞争力的内在要求,及时制定了分行五年发展愿景及目标。战略愿景:以改革为突破,在竞争中求发展,系统内力争跻身A类行,同业中服务、质量、效率保持最优,成为沧州区域内最具价值创造力和最具市场竞争力的客户首选银行。发展目标:资产、负债、中间业务收入等主要指标余额力争超工行,网均新增同业第一;各项主要业务指标排名超过全省系统平均水平;内控水平不断提高,力争实现零案件、零事故;资产质量保持系统最好水平。围绕愿景及目标实现,确定了近期和中期发展策略,坚决实施“争先进位,跨越发展”这一最大的发展工程。

【事业部改革】 按时搭建起了“前台强大、中台高效、后台集约、内控严密”的事业部体制和人力资源布局。进一步完善了事业部在支行的管理架构,构建了新的基层业务联动机制,完成了对八个城区单点支行在事业部体制下的管理架构组建,同时按照渐进式改革的要求,对各县支行的组织架构和岗位设置正在逐步向事业部制靠拢。围绕以客户为中心,从客户需求出发,促进“部门银行”向“流程银行”转变,实践了适合事业部体制运营的考核机制。体制和机制优势持续显现,公司业务事业部、个人业务事业部和房金部三大事业部间的联动协作更加深入,前台市场拓展能力大大提高,中后台的服务意识大大增强,内控水平也更加专业专注。

【存款业务】 在个人存款方面,将个人存款的稳步快速增长作为重中之重,尤其是不断提升县域支行存款贡献度,特别是加大了对月末时点存款的激励约束力度,积极促进存款与理财产品协调发展,大力拓展优质代工等源头性资金,营造全行办个人业务的局面。在对公存款方面,充分利用授信业务的抓手,重开户,重维护,在经营好大客户的同时,对中小客户不断挖潜,不断完善对公客户分层管理机制、激励约束机制和团队化的产品经理实施机制,拼抓房地产开发、基础建设等热点资金和财政、社保等资金。

【资产业务】 一是全力谋求资产业务突破,做强业务优势。面向京沪高速、中铁临港物流等大型企业累放贷款41.93亿元。做强“成长之路”等业务品牌,加快“账易融”等新品发展,小企业非贴现贷款累计发放25.12亿元。继续做大做强保理等供应链融资业务,累计投放供应链融资贷款39.5亿元。做强个人类资产业务,大力发展个人助业贷款、汽车消费类贷款、个人住房贷款、信用卡分期业务。做强国际贸易融资业务,累计发放贸易融资贷款9.89亿元。做强民生领域资产业务,进一步巩固在县级医院领域的优势,面向8家医院累计发放贷款1.35亿元。做强投资银行业务,大力营销推进票据理财业务,累计发行14期,金额达3.33亿元。二是全力谋求有效客户数量增长,夯实发展根基。在对公客户拓展方面,采取有效措施全力拓展公司机构类客户基础,按照存款余额大小和是否是有贷户等维度,进行分部门、分层级维护与拓展。从源头抓开户,大力拓展对公结算客户;加大对存量大客户的维护力度,细化管理,明确专人负责50万元以上无贷户拓展维护工作。积极拓展增量小额无贷客户,重点做好小额无贷户的维护管理。持续实施“授信客户”倍增计划。在个人高端客户拓展方面,结合网点二代转型,以财富中心为依托,以理财产品、转账电话为抓手,加大宣传和资源配置力度,有效吸引行外客户和客户行外资金。大力拼抓代工、代理收费等批发、集群类客户。借助“客户营销服务季”活动和“走进社区,走进市场,拓展客户规模,提升客户价值”竞赛活动,增加优质客户数量,夯实发展基础。三是全力谋求渠道建设突破,提升高端客户服务能力。加快电子渠道建设,大力推广献县经验,实现了电子渠道和自助渠道交易量比系统排名双提升。加快建设物理网点,孟村辛店分理处的试营业,标志着分行物理网点调整迈出了关键步伐。加快壮大客户经理队伍,在对全行对公客户经理进行优化整合的同时,按照专职专业的标准,在全行建立起150余人的专职个人客户经理队伍和配套管理机制。

【中间业务】 一是明确主攻方向。巩固个人中间业务优势,最大限度地做好基金销售,突出做好电子银行业务、新型理财产品;提升公司类中间业务贡献度,以供应链融资为突破口,继续做大做强保理等业务,抓住信贷政策收紧、贷款规模有限带来的机遇,提升议价能力。二是强力推广传统及新兴基础产品。结算业务、保理业务、保函业务以及贷记卡业务等基础及新兴产品收入增幅较大,均超过了50%,股权融资类投行业务实现历史突破。三是强化客户营销。重点强化对公优质客户和个人VIP客户的拓展维护,突出公私联动。四是关注同业信息。

【队伍建设】 乘事业部改革的东风,坚持以人为本,开展和持续强化干部队伍的"危机感、紧迫感、荣誉感、责任感和使命感"的"五感"教育,引导全员努力践行"在改革中求突破,在竞争中求发展"的河北建行精神。加强组织建设,进一步增强班子凝聚力;加强作风建设,强化本部部门的"转化器"作用。通过机制完善、用人制度的落实和管理人员选拔及资源配置的创新,实现了对不同年龄段人员工作热情与潜能的激活,突出做好了公司业务事业部、个人业务事业部的队伍建设。做好离退内退人员的日常管理和服务保障工作,加大对困难员工的帮扶救助。认真落实开展"创先争优"活动,客户服务质量和效率得到进一步提升。和谐氛围更加浓厚,全行上下人心思进,为实现可持续健康快速发展奠定了最坚实的人力资源基础。

【网点服务】 一是将网点服务工作作为"一把手工程"。把员工思想统一到"服务是一种索取,而不是给予"的高度上。二是加强管理。认真组织学习,规范服务行为,提升服务质量。三是加强督导检查,强化责任追究。二级分行在上级行神秘人暗访的基础上,加大检查督导力度。凡检查发现问题的限期整改,并对责任人和机构负责人进行相应的处罚。

【内控管理】 持续加强事业部体制下的风险防控工作,加强员工思想政治引导,从源头杜绝案件发生。整合管控资源,理顺和优化管控流程。按事业部制要求,明确各类风险管控部门的职责。高度关注会计及柜面操作风险和信用风险防控工作。深入开展"学规定、知禁令、做表率"主题教育活动和"八大突出案件风险"等专项治理活动。深入开展"平安建行"创建活动,加强安全生产监督管理。注重媒体关系维护,强化声誉风险管理。扎实做好信息系统管理与维护,确保系统的安全稳定运行。

(张艳梅)

中国建设银行股份有限公司衡水分行

【概况】 2011年,中国建设银行股份有限公司衡水分行紧紧围绕"系统内小而优,当地同业大而强"的奋斗目标,坚持"保平安,拓市场,调结构,增效益"这一工作主线;坚持"业务发展、管理提升、文化建设"三维立体工作目标;以优化体制机制为抓手,以文化促管理,以管理促发展,以改革促激励,全行各项业务快速发展,基础管理不断夯实,业务结构更加合理,运营机制更加科学,核心竞争力进一步提高,年内无案件、无重大责任事故,较好地完成了综合经营计划和省分行下达的各项工作任务,提质增效能力和经营管理水平得到提升。各项主要业务指标取得了较好的成绩,一是经营效益创历史最高水平。全年实现拨备前利润1.94亿元,居系统第2位,增长率居系统内第1位。实现经济增加值7 689万元,利润指标和经济增加值指标均创历史最好水平。二是资产业务实现快速增长。全行各类贷款新增13.42亿元,居系统第4位;增速居系统第1位;新增市场占比居同业第1位,其中:非贴现贷款新增7.43亿元,居同业第1位,个人类贷款新增4.89亿元,居同业第1位。三是负债业务稳步发展。全口径存款余额146亿元,增速居系统第3位;一般性存款市场占比居同业第1位。四是中间业务收入实现大幅增长。全年实现中间业务净收入1.02亿元,同业市场占比居第2位。五是信贷资产质量大幅提升。不良贷款余额比年初下降3 169万元和1.67个百分点。六是渠道建设取得积极进展。电子银行账务性交易量占比明显提升。个人和企业网银客户数量显著增长,渠道建设取得良好开端。

【队伍建设】 明确定位,统一思想,班子队伍建设得到加强。该行党委始终坚持"领导就是服务"

的工作定位,进一步深化重点联系行制度、加强基层调研工作、邀请基层一线员工参加分行有关会议、坚持行领导接待日制度,通过各种方式倾听基层意见建议,不断加强对基层的指导和服务工作。坚持民主集中制原则,充分发扬民主,尊重并注重发挥每一位班子成员作用。加强团结和沟通,在党委内部营造团结高效的良好氛围。坚持《衡水分行党委议事规则》,严格规范党委工作制度。在加强组织建设上,一是创新中心组学习方式,丰富中心组学习内容,扩大充实中心组学习成员,延伸学习链条,建立基层核心组学习制度,使中心组学习成为传导政策信息、提升各级管理人员综合素质、全面提升执行能力的主要工具。二是转变领导职能定位,突出各级党组织"服务、协调、引导"职能作用,通过重点联系行制度、行长接待日制度实现领导和机关的重心下移,拉近了分行党委与基层行的距离,使分行各部门服务能力得到提升。三是树立卓越的价值导向,提出"发展优先、业绩优先、素质优先"的工作导向,通过"突出贡献奖"的评选在全行营造争先创优氛围,鼓励全行员工在工作中创造佳绩。通过目标薪酬制度鼓励基层行提升市场竞争能力,通过企业文化建设培养员工集体荣誉感和团队意识,使全行凝聚力和荣誉感显著提升。四是努力建设学习型组织,建立管理人员业务培训和学术讲座制度,全年邀请行内外业务专家、学者、大学教授组织讲座 12 场次,全年组织培训项目 27 个、参训人数达到 1 300 人次。在全行广泛开展读书活动,形成爱学习、善思考的良好氛围。五是创新人才选拔机制,组织公开竞聘和选聘干部 2 次,38 名政治过硬、年富力强、开拓意识强的干部通过竞聘走上基层和事业部管理岗位(包括事业部改革竞聘),全行管理岗位干部结构得到优化。

【资产业务】 把握节奏,精心谋划,资产业务平稳增长。2011 年以来,克服规模从紧的影响,开拓思路、精选项目,调整信贷结构,实现了资产业务平稳快速增长。一是拓宽思路,加快投放。在信贷资源紧张,外部情况变化不定的情况下,对全年工作做到早谋划、早布置,早安排、早投放。二是应用新产品,适应客户。积极探索新产品的应用,注重以新的产品适应企业的发展需求,加快供应链产品的应用力度。三是精准营销,做好储备。实行包干到人,包干到行的工作方法,对本区域项目进行筛选,充分利用好省行的政策,加大优质项目储备。四是做强房贷,做大消贷。抓住房产项目激增,购房热潮不减的大好机遇,营销、服务两手抓。全年准入楼盘 50 多个,住房贷款新增额创历史最高纪录。

【国际业务】 明确定位,突出重点,国际业务超常规发展。一是提前谋划定位"准"。区域定位上,以桃城区、故城等为主攻区域;行业定位上,以化工、丝网、皮毛为主要发展行业;产品定位上,强化产品链式管理。二是提升服务体现"稳"。加大对新增外汇业务经办机构的指导和扶持力度,采用集中培训、顶岗交流、驻点培训等多种方式,提高经办效率和经办准确率。三是拓展客户突出"精"。提前确立"抓两头、促关键"的发展思路。重点拓展在当地排名前列、产业集群中的龙头企业。四是营销鞭策发力"狠"。在条线考核办法中区分存量、增量制定不同的买单价格,重点激励中间业务收入,增加授信客户新增买单指标。

【负债业务】 全行动员,强化调度,负债业务快速发展。面对同质化竞争激烈的市场环境,找准发展突破口,灵活调整市场营销策略,开展各类型营销活动,实现了负债业务合规、高效、快速增长。个人存款方面,一是做好季度、年度营销活动。通过提前制定方案、提前动员、提前宣传等措施,做好主题营销活动。陆续开展了"一季度个人金融业务龙虎赛"活动、"争先创优上位次,为个人存款突破百亿元做贡献"活动、"2011 年衡水分行抓代工、拓源头联动营销"活动、"走进社区拓展客户规模提升客户价值竞赛"活动和其他专项活动共 28 项,扎实有序地推进个人存款业务稳健发展。二是加强调度,有力推进。在信息站开辟个金专栏、编发工作简报,对重点工作和风险防范进行通报和提示;实行后台管理岗位业务员工与前台指标挂钩形式,形成上下联动发展个人业务的良好氛围。三是完善考核,树立典型。对各单位在业务发展中的优势和短板进行点评,逐步完善激励措施,极大地调动广大员工的积极性。四是加大联动营销力度。对公存款方面,一是实行专管员制度。认真分析每个大中型客户的存款情况,制定不同营销方案,并将客户、产品销售明确到人,及时通报各户存款情况。二是加强工作调度。每月按旬通报各支行对公存款业务进展情况,对发生存款异动的支行,要求说明原因,尽最大努力保持对公存款的稳定增长。三是加大联动营销力度。分行经营部门和基层行联动,对目标客户进行走访,同时把有贷户存款比例提高度作为信贷资产的一项风险防控措施加以管理,有效提升了对公存款沉淀量。

【中间业务】 一是在对公业务中抓好财务顾问等传统业务,同时以国内保理、工程项目资金监管、单位现金管理和“百易安”为中间业务收入增长点,实现“五驾马车”格局。二是狠抓国际业务中间收入。依托进出口开证、出口托收、进口代收、海外代付等中间业务收益较高的业务品种,促进外汇中间收入的快速增长。三是抓好新兴业务发展。以电子银行为重点,积极拓展黄金、银行卡业务,加大电子回单柜、支付密码器、现金管理等资金结算新产品的市场营销力度。

【机制改革】 深化改革,促进激励,核心竞争力明显增强。积极推进事业部改革试点工作,由行长亲自挂帅,成立组织,为顺利推进改革提供了坚强的组织保障。着眼长远发展,确定了“积极准备、主动参与,充分借鉴、因地制宜,平稳推进、减少震动,实事求是、注重实效”的32字原则,为指导改革推进工作提供了思想保障。9月25日,两大事业部正式挂牌运营,事业部体制改革到位。此后,为进一步完善事业部体制机制,建立了事业部内例会制度、部门间联席会议制度等。通过改革,业务经营更加专业专注,责权利更加明晰,管理更加高效,市场竞争能力有效提升。经营部门的管理人员增加6人,经营部门员工增加45人,中后台同量减少。在知识结构上,前台部门本科以上学历人员明显增加。一线员工在数量和素质上都有所提高,前台强大、后台集约的模式初步形成。

【特色培植】 积极践行“一行一策”方略,从行业、客户、产品、价格四个维度提高市场营销的精确性,打造独具衡水特色的发展之路。一是做好宣传发动。在分行网站开设《发展论坛》,为员工交流思想搭建平台,对经营环境进行全面分析,认清自身发展优势和短板,找准快速发展的突破口,为制定切实可行的措施提供依据。二是明确区域特色发展战略。圈定5大省级工业聚集区平台,利用特色产品,制定特色措施,确立特色服务。三是定位特色产业,以产业集群为目标,对本区域项目进行筛选,加大了优质项目储备。通过特色培植,该行的整体竞争实力得到加强,各基层行同业竞争能力得到加强,同时涌现出了故城支行和武邑支行两个先进典型。故城支行国际业务跨越发展,成为我省唯一一个国际业务示范行;武邑支行主打区域特色牌,存、贷款和中间业务同业市场占比高达50%,成为行业佼佼者。

【内控管理】 夯实基础,强化管理,内控管理水平不断提升。一是强化廉洁自律意识和防控责任意识。认真开展廉洁自律主题教育活动,组织以廉洁、合规为主题的文艺汇演;层级之间签署了责任状,以契约形式警示和约束全体员工加强案件风险防范。二是深入开展警示教育。组织巡回讲法讲纪活动,做到警钟常敲、戒言常讲、问题常纠。三是构建家庭、单位、个人三位一体的道德防范屏障。在全行自上而下开展了征集员工心语、家人寄语活动,以亲情教化感染员工行为。四是突出重点,进行效能监察。采取听、看、问、测、讲等方法进行效能监察和督导,大大提高了全行总体效能。五是加大审计检查的问责整改力度,有效地遏制了屡查屡犯现象的发生,提高了对规章制度的执行力。六是加强印章、档案、保密管理,实行定时检查、抽查、通报机制,并督导完善,消除了风险隐患。七是定期召开风险分析例会,使例会成为通报问题、分析预警、解决问题的综合管理平台。

【企业文化】 以人为本,增进和谐,企业文化建设得到增强。一是增强政治和业务修养,加强学习。扩大中心组学习成员范围,注重与业务知识和新产品学习结合,先后开展了对国际业务、投行业务等培训。二是持续做好人才培养和员工沟通。积极培养、挖掘先进单位和典型人物,有的放矢地做好员工培养。通过“团员青年联系信箱”征文活动鼓励员工谏言献策。三是关爱员工健康,缓解员工压力。陆续开展了“关爱女性员工健康保健专家咨询”活动;春季“低碳环保”环湖踏青健身活动;“畅游红叶谷”减压活动等。加强“职工之家”建设,搭建员工行外健身平台,帮助员工舒缓压力,保持积极向上的良好状态。注重扶贫帮困,为重病和困难员工发放救助金10万元。四是培养员工团队精神,开展爱国爱行系列活动。举办了《畅想春天》迎新春歌咏比赛;开展了“党旗飘扬希望衡水”庆祝建党90周年群众性歌咏活动。五是开展创先争优、爱岗奉献文化活动。举办了“书法篆刻、美术、摄影、文学”和“再创辉煌”征文活动。开展了以“创先争优”为主题的“感言”征集和“祝福建行和祝福同事”祝福语征集系列文化活动等，不但丰富了员工文化生活，增强了员工工作动力和组织凝聚力，也为组织绩效的提升创造了有利条件。

（李　磊）

中国建设银行股份有限公司邢台分行

【概况】　2011年，面对外部经营环境复杂多变，市场竞争日益激烈的严峻形势，中国建设银行股份有限公司邢台分行在省分行党委的正确领导下，以未来五年战略愿景和发展目标为指导，围绕年初确定的“保平安、扩规模、上占比、增效益”工作主线，坚持“一行一策”发展方略，落实“两做一防”的工作要求，攻坚克难，奋力拼搏，主要指标均超额完成省行计划，业务发展亮点纷呈，各项工作实现了跨越发展，争先进位。截至12月末，全口径存款当年新增43.4亿元，计划完成率全省第二。拨备前利润5.7亿元，同比增速达33%。全口径存款新增、企业存款新增、同业存款新增和非贴对公贷款新增均居同业第一，对公贷款余额居当地四大国有商业银行之首。

【开拓市场】　针对近年邢台市钢铁、玻璃、羊绒等行业均被列入国家受调控行业的严峻形势，有关人员积极“跑省进京”，并多次邀请总行、省行领导考察调研，最大限度地争取了区域差别化信贷优惠政策，保持了对邢台市玻璃、羊绒、炭黑、煤化工、光伏新能源等行业骨干企业的支持力度不减，当年累计投放各类贷款138亿元，对公贷款余额和新增均列同业第一。积极支持当地大项目建设，为沙河电厂、市交通局、邢汾高速、京港澳高速、邢衡高速等一批重点项目提供金融支持。成功承办了省分行与邢台市人民政府举办的政银企恳谈会，以此为契机，与市交通局签署了长期战略合作协议，办理了全国建行系统第一笔“固定资产支持融资”业务。在全省系统首家成功营销了当地社会保障卡业务。坚持好中选优，审慎把控贷款投放节奏，稳健发展个贷业务，成功发放房开贷款1.8亿元，个人贷款新增5.8亿元，同比多增2.1亿元，公积金贷款新增3亿元，均居同业第一。

【业务创新】　转变观念，开拓思路，加快新产品推广应用，积极应对贷款规模趋紧、外部监管从严形势，有效增强了中间业务创收能力。一是加快新产品应用创新。成功办理融资租赁业务2.1亿元，办理信托理财业务2.5亿元，成功办理了第一笔电子票据贴现和买断式转贴现业务。办理了全省首笔小企业固定资产购置贷款和全省首笔国内信用证融资业务。二是积极探索营销方式创新。抓住邢台市人大、政协“两会”召开时机，为全市人大代表和政协委员统一办理理财金卡820多张，现场签约网银200余户，有效拓展了高端客户。成功营销了邢台市第二中学“校园一卡通”业务，实现批量发卡3 000多张。突破传统套路，成功发行“爱车无忧”、“牛城晚报”联名卡。顺德路支行率先开办“理财夜市”，得到省分行领导的充分肯定，被《建设银行报》予以报道。同时，加强对渠道、流程的创新，在全省首创了“远程结汇”模式。

【渠道建设】　一是加快物理网点改造步伐。年内启动网点改造项目17个，新建个人贷款分中心4个，增强了网点综合服务能力。二是加强电子渠道建设。通过组织开展“交易占比提升争强赛”、“网点签约PK赛”、“372”劳动竞赛等专项营销活动，按月兑现奖励，有效调动了全行发展电子银行的积极性。加大对落后行处督导帮扶力度，借助企业网银学校、上门辅导、典型引路等措施，以点带面带动电子银行业务的全面发展。以代发工资、批量发卡为重点，加强产品联动、公私联动，批量短信、上门POS外签等业务成效显著。以网上商户拓展为电子银行业务突破口，为邢台学院成功开通了第一家教育类网上支付商户。随后，邢台建行党费收缴、邢台移动公司等4家网上收银台商户相继上线运行，覆盖客户3.9万人，大大增强了电子渠道竞争力。截至12月末，企业手机短信和高级企业网银新增均在系统内名列前茅，全行电子银行账务性交易量比提高10.9个百分点。三是加强自助渠道管理。年内新增自助设备48台，自助银行9个，搬迁及提升低交易设备7台。着力提高自助设备账务性交易量比，强化网点柜面业务分流引导，建立故障维修快速反应机制，做好日常维护，全行自助设备开机率达到98.8%，被总行授予“低效自助设备效率提升活动先进集体”荣誉称号。

【风控管理】 强化教育监督和内控制度落实，着力推进案防长效机制建设，确保“一方平安”。一是开展形式多样的警示教育活动。组织了“学规定、知禁令、作表率”领导人员廉洁从业主题教育活动；组织了主题为“遵规守纪、廉洁从业”、“保平安、促发展”的两次大型宣讲活动。组织全行1 300多名员工到隆尧监狱开展警示教育。开展“按章操作、远离违规”自创漫画活动。针对新“288条”，专门编写9 000字的讲解培训教材，提高了学习效果。开通廉洁从业短信平台，向全行各级领导人员定期编发廉洁从业短信，保持学习教育常态化。二是巩固案防成果。定期组织领导人员大事报告和一把手述职述廉，坚持严格执行案件防控形势分析会开到基层行、建立员工个人合规档案等一系列行之有效的制度。综合运用业务检查、家庭走访、审计监测等手段，强化员工日常行为排查，及时消除隐患。扎实开展“八大突出案件风险”专项治理与“内控和案防制度执行年”活动，有效消除了风险隐患。三是加强操作风险控制。实施主动风险管理，加大跟班督导和非现场检查频率和力度，提高各条线关键部位和环节的风险防控能力。被省分行评为“建设防风险信息体系先进集体”。加强对金库、对账扫描和账户管理等部位的管理，完善供电、网络、消防、库款押运等应急预案和演练。细化了IT条线考核指标管理，加强监控的及时性和统计的准确性。积极推进“平安建行”创建活动，46个单位被省行评定为“平安支行”和“平安网点”。四是加强贷款管理。严格落实“三个办法一个指引”，做好贷款受托支付业务。认真做好关键风险点监控和平行作业等工作，出台了“信用风险管理评价方案”，及时把握敏感行业和客户的风险状况。坚持月度贷后管理例会制度，进一步落实信贷经理职责，提高了贷后管理水平。加强风险分类和预警事项的汇报沟通，认真做好信贷政策解读，统一前中台风险偏好，确保精准营销和审批质量。完善限时审批方案和“一次性作业”，优化低风险信贷业务流程，严格审批时效公告监督，审批效率得到进一步提高。加大不良贷款清收处置力度，全年清收核销不良贷款1 550万元。五是加强产品销售风险管理，认真落实信用卡“三亲见”制度和身份证核查规定。加强舆情监测和媒体关系管理，有效防范了声誉风险。

【队伍建设】 坚持以人为本，努力打造一支作风硬、业务精、士气高、充满生机和活力的干部员工队伍。一是加强各级领导班子和员工队伍建设。认真落实民主集中制原则，营造宽松和谐的议事氛围。建立了行领导周例会制度，加强班子成员的工作沟通。加大工作失职问责力度，增强各级管理人员履职尽责意识。进一步加强基层党组织建设，将城区20个网点支行的党员组织关系统一划归机关党总支管理。先后组织了委派主管、财富客户经理、个人客户经理、对公柜面客户经理和对公专业技术人员人才库选拔工作，为员工职业生涯成长打通了晋升通道。二是加强学习型组织建设。组织各单位负责人到北京大学开展高层次素质提升培训，邀请中国台湾领航财富资深专家对全行管理人员和客户经理进行系统培训。组织客户经理开展主题演讲比赛，全年自主组织培训259期，培训1.3万多人次，提高了员工业务素质和履岗能力，有效促进了全行业务的发展。围绕庆祝建党90周年，组织专题党课和“两优一先”评选活动，组织150名党员干部和业务骨干赴井冈山开展革命传统教育，提高了党员队伍素质，增强了战斗力。三是认真落实“三个服务”理念。领导班子成员分包支行实地开展调研督导，现场解决业务需求及发展中遇到的瓶颈问题。首推中后台部门“包行制”，营造了齐心协力，共谋发展的浓厚氛围。对市区单点支行实行工资集中发放，把县域支行设备耗材纳入物品统一配送范围，对网点支行保洁工作实行外包管理等，有效释放了前台工作活力。四是加强企业文化建设。扎实开展“践行核心价值观，促进科学发展”主题系列活动，两篇员工征文分获总行一、二等奖。成功举办春节晚会、网球训练班、百日读书等活动，组织员工开展郊游、登山、球类比赛等户外健身运动，舒缓了员工工作压力，增强了团队凝聚力。积极倡导“细、实、严、俭”的工作作风，在全行形成了风清气正、谋事创业的良好行风。五是狠抓服务质量整治。以“为民服务，创先争优”活动为契机，出台了《邢台分行网点服务违规行为积分管理实施方案》，并运用远程监控系统动态监测网点服务。网点服务在省分行组织的第四期神秘人检查中排名第一。加大对客户投诉事项管理，妥善处理各类投诉1 003件，无一有效投诉。六是深入开展关爱员工活动。组织全行员工开展健康体检，增强了员工健康意识。积极开展“送温暖”活动,在春节和“七一”前夕先后对35名职工和离休老党员进行走访慰问,营造了和谐的发展氛围。该行工会被中华全国总工会授予“全国模范职工之家”称号,成为全国建设银行系统获此殊荣的两家单位之一。

(宋丽敏　张玉全)

中国建设银行股份有限公司邯郸分行

【概况】　2011年,中国建设银行股份有限公司邯郸分行认真贯彻总行、省分行工作会议精神,以“保平安、拓市场、调结构、增效益”为主线,以稳健运营为前提,以结构调整为抓手,以改革创新为动力,以强化管理为保障,全力提升市场竞争力,在较为严峻的经营环境下取得了较好的经营成果。经营效益再跃新台阶,全年实现账面税前利润8.48亿元,同比新增1.18亿元,同比增幅16.2%。主营业务继续领先同业,全口径存款较年初新增55.81亿元。存款、一般性存款、个人存款余额和新增年末系统内均排名第4位,同业排名第1位;对公存款余额系统第四,新增第三,当地余额第一,新增第二。各项贷款较年初增长22.71亿元,各类贷款新增均完成全年任务。全行实现中间业务毛收入4.03亿元,收入总量创历史新高,居系统内第三,四大行占比继续保持同业第一。

【业务发展】　2011年,在同业激烈的竞争态势下,该行始终把发展作为第一要务,积极拼抢市场,着力实现弯道超车。深入落实省行“两做一防”要求,大中小型企业齐头并进,供应链融资产品全线推开,进一步提高了信贷资产总量和贷存比例。配合全行贷款投放工作,还充分发挥贴现蓄水池的作用,贴现余额、累贴量在全省和当地排名第一。对公存款工作走出了近几年迟滞不前的局面,“社保资金财政专户”成为对公存款新增的绝对主力。公积金存款新增和市场占比在当地继续保持了绝对优势,个人存款依靠代工单位拓展、理财产品销售、高端客户维护、重点县域增存等有效手段,继续领先同业。以信贷资源有效撬动中间业务发展,贷款综合收益率同比提高了约10个百分点。电费保理、定向保理、“联贷联保”等创新不断涌现,股权融资、互助通、单位人民币结算业务等成为中间业务新的增长点,黄金、基金定投、汽车分期等形成品牌优势,促进了中间业务的较快增长。

【加大力度调结构】　集中开展了客户营销服务季活动,全力提升有效客户占比,全年对公客户新增364户,无效户变有效户、无贷户变有贷户等小额无贷户维护管理工作卓有成效,客户基础有所改善。个人客户方面,抓好信用卡等重点产品营销,加强个人高端客户的拓展维护,客户结构得到进一步调整。信贷业务坚持“进、保、控、压、退”政策,采取以低风险业务置换高风险业务、理财产品置换贷款业务及贷款的处置和回收等措施,更多的信贷资源配置到小企业、个人住房贷款等收益较高领域,到年末大企业、中小企业和个人贷款余额占非贴贷款总额的比重分别为71.5%、17.8%和10.7%,中小企业和个人贷款比重进一步提升,信贷结构进一步优化。在发挥物理网点、客户经理等传统渠道作用的基础上,进一步加大自助渠道建设投入,11月末电子银行和自助设备账务性交易量占到总交易量的72%,比年初提高了5个百分点,渠道结构调整初见成效。在收入结构上,年末中间业务在主营业务收入中的比重达到29%,比上一年提高了2.02个百分点,小企业业务、国际业务、信用卡业务等收入贡献度在逐步提升。

【积极稳妥转方式】　面对日益加剧的市场竞争和客户需求变化,积极完善经营机制,进行了对公柜面劳动组合、前后台分离、贷后管理岗位分离等流程改革。继续深化网点二代转型,加强客户经理配备,成立了私人银行,进一步提升服务高端客户的能力。推进县域支行个贷中心建设工作,争取到了部分县支行个人助业贷款经办权,为县域支行发展个人类贷款创造了条件。进一步完善考核机制,制定下发了各条线业务发展指导意见和系列产品营销方案,优化完善绩效考核体系,引导条线从“要资源”转向“挣资源”,突出资源配置对重点业务的引导作用,加大中间业务指标考核权重,确保了业务的健康、稳步发展。着力推进联动营销,鼓励各条线销售其他条线牵头管理的产品,鼓励组合销售,条线之间、本部与分支机构之间联动营销意识进一步增强,联动效果明显。

【扎扎实实抓管理】　在宏观调控政策趋紧和监管政策从严的情况下,高度关注信贷资产安全。强化各项基础管理,抓好资产质量管控,严把贷款准入关，严控贷后管理关，完善抵质押物管理，防止了贷款分类下迁和产生新的不良。加大不良贷款的清收处置，到年末公司类不良资产现金回收10 911万元，完成全年计划的206%；个贷不良率较年初下降了0.29个百分点。全部不良贷款率0.3%，超额完成省分行控制计划。进一步加强合规文化教育，在员工和领导人员中认真开展“职业道德自律与合规行为习惯养成”教育实践活动和“学规定、知禁令、作表率”领导人员廉洁从业主题教育活动。强化柜面操作风险管控意识，研究应对前后台业务分离后新的风险，以重点业务、重点机构、新业务为切入点，重点加强了现金、重空、票据、岗位设置和授权管理等重点业务和部位的检查。坚持会计营运风险分析例会制度，深化会计风险等级评价机制和条线问题反馈机制，消除风险隐患。积极配合做好内外部审计和各项监管、检查，加大整改力度。切实加强信息安全风险防范、IT设备管理，确保信息系统稳定运行。做好反洗钱工作，持续推进“平安建行”创建活动，做好信访维稳工作，为业务发展提供了安全保障。

【以人为本强队伍】 深入开展创先争优，进一步丰富活动内容，创新活动载体，以“三亮三比三评”为切入点，将创先争优活动与各项工作有机结合起来。围绕建党90周年，组织开展了系列主题教育活动，继续加强学习型组织建设，持续加强反腐倡廉建设，深入加强领导班子思想、作风建设，下大力解决员工关心的热点难点问题。加强干部队伍建设，根据实际调整充实部门和支行领导班子，充实了专业技术队伍和纪检监察特派员队伍。积极践行以人为本，构建和谐建行。尊重和关爱员工，完善员工考核体系，合理评价员工劳动价值。加大培训力度，提高全员履岗能力。组织多种形式的文体活动，帮助员工舒缓压力，保障员工的身心健康。继续扎实推进民主管理、行务公开等，进一步加大了对特困员工的帮扶救助力度，认真落实好离退休人员“两个待遇”，和谐氛围日渐浓厚。深入践行“三个服务”经营理念，以客户满意度为出发点和落脚点，扎实开展各项工作，全面提高服务质量。认真做好新闻宣传、品牌管理等工作，加强企业文化建设，深入开展核心价值观的学习、宣传和实践，高度重视行风评议工作，不断增强“软实力”，提升了建设银行品牌形象。

（李逸然）

中国建设银行股份有限公司河北省分行直属支行

【概况】 2011年，中国建设银行股份有限公司河北省分行直属支行在省分行党委的正确领导下，按照“提速度、上规模、调结构，加快优质业务拓展”的工作思路，大力开拓市场，加大创新力度，各项工作取得了较好的成绩，基本完成了年初既定的各项任务和目标。主营业务健康发展、中间业务实现跨越式发展、经营效益大幅提高，综合性竞争能力得到大幅提升，风险防范能力明显增强。全年实现拨备前利润2.72亿元，计划完成率124.2%，比上年增长41.83%。实现中间业务毛收入6 337.4万元，完成省分行计划的136.2%；中间业务净收入6 320.05万元，同比增长59.2%，增速位居全省系统第一。全口径存款比上年新增44.3亿元，一般性存款日均余额比上年新增67.5亿元，其中对公存款日均新增66.9亿元；各项贷款新增14.82亿元，完成年初规模的212.31%。新发放贷款不良率为零。

【业务发展】 在信贷投放受政策限制的情况下，抢抓机遇，当年实现贷款投放37.3亿元，对公贷款余额增幅25.04%。全年对公存款最高时点余额达到313.91亿元，创支行历史新高。在社保资金分流100亿元的不利情况下，成功营销财政社保省级“五险合一”归集账户，社保类资金存款新增26.3亿元；河北钢铁集团日均及时点存款余额均创历史新高；新增省农信社同业存款30亿元；河钢集团国际物流公司、国开行河北省分行、河北国酒茅台有限公司等客户也落户支行，为后续业务拓展打下坚实的基础。

【产品创新】 一是加强产品创新应用，成功营销河钢集团中期票据24亿元，国内信用证5亿元，当年实现中间业务收入820万元；办理委托贷款型理财产品5亿元、联合贷款型理财产品3 000万元，实现中间业务收入170万元。二是扩大市场份额提高收入。为某集团办理保理业务13.5亿元，向对公客户累计销售理财产品近80亿元。代理财政授权支付业务新增预算单位400多家，代理非税收缴业务较去年增长11.28亿元，增幅达52.68%。三是国际业务中间业务收入贡献继续提高。大力营销河北钢铁集团、财政厅等大中型客户的国际业务;积极拓宽与河北银行、农信社的国际业务合作范围;大力推进跨境人民币业务,承办了全省单笔金额最大的跨境人民币开证业务,并获得省分行2011年度“跨境人民币业务奖”。四是加强与省农信社、河北银行、河北金融租赁等同业合作,通过理财产品、代理信托计划综合服务等业务,进一步拓宽了收入渠道。同时发挥全省托管分中心的作用,积极配合省分行做好理财产品资金收付工作,实现中间业务收入280万元。五是资金结算业务收入获得新的突破。全年实现单位结算收入达到206万元,同比增加150万元,比上年末增长了3.7倍。

【稳妥改革】 2011年支行紧紧围绕“以客户为中心”的经营理念,紧密结合省分行《试点行事业部改革实施方案指导意见》精神,积极稳妥推进事业部改革。为充分发挥事业部制的优点,体现省分行“前台强大、中台高效、后台集约、内控严密”精神,支行成立了事业部改革工作领导小组,确定了事业部改革原则与思路、审定改革方案、安排推进步骤、跟进配套工作以及有关事宜的协调等一系列工作,坚定不移地实施了事业部制改革。结合支行实际,确定成立由公司业务事业部与私人银行部构成业务经营运作基本平台,作为支行两大利润中心和责任中心,同时成立综合管理部,负责全部中后台事务的处理,风险及审批人员由省分行派驻。为保障以客户为中心、专业专注以及完成部门银行向流程银行的转变,公司业务事业部下设集团客户部、机构客户部、国际业务部、资金结算部等四个部门。此次事业部改革,充分发挥了支行背靠省分行、地处金融街的区域优势,致力于将支行打造成在当地同业有突出竞争优势的对公业务精品银行和石家庄金融街最好的私人银行之一。完善了各项考核评价体系,体现“激励有力、约束有效”。通过优化绩效考核方案,配套重点业务激励方案,有力推动了重点业务发展,2011年激励费用总量比上年增加了68.9%,同时体现了“能者多劳、能者多得”,达到个税申报标准的员工增加4人,全部为普通客户经理。

【基础管理】 支行始终把风险防范放在工作的第1位,坚持“发展是业绩,安全也是业绩”的理念。在信贷管理上,风险经理加强与业务部门沟通,提前介入客户、平行作业,覆盖业务全过程。信贷经理认真履行职责,有效防控信贷业务风险。在案件防控上,加强重点部位和环节的风险控制,确保各项制度、措施落实到位,开展多项专项检查、突击检查等,对屡查屡犯、内外部审计检查发现的问题及时整改,消除各种风险隐患,风险经理认真落实总行关于对关键风险点的监控检查。全行未发生案件风险,有力促进支行各项业务健康、快速发展。

【队伍建设】 深入贯彻学习实践科学发展观活动,提高班子队伍对科学发展观的认识,较好实现了“两不误、两促进”。注重加强党风廉政建设,各级领导干部遵纪守法和廉洁自律的自觉性不断提高。重视思想政治工作,坚持以人为本,始终围绕员工思想实际、业务发展实际,开展形式多样的学习、教育活动,不断提高员工的拼搏意识和责任意识,尊重和关爱员工,切实解决员工的实际问题,努力营造积极进取、和谐向上的文化氛围。在上半年进行经办岗位职务聘任的基础上,支行进行了中层竞聘上岗和双向选择,经办岗位员工双向选择、优化组合。在干部选拔任用上,坚持“公开、公平、公正”,认真贯彻中央、总行和省分行有关规定,严格按照省分行的规章制度操作,择优提拔了2名同志任部门经理、3名同志担任部门副经理,为员工职业生涯的发展搭建了平台。

【学习培训】 不断提高员工的知识层次,更新员工的知识结构,是支行工作的重要组成部分。为使学习和培训工作制度化、经常化,制定了工作计划,采取集中学习、自学、请进来、走出去等多种培训形式,组织员工利用班前、班后、每日晨会的时间,以岗位技能为重点,经验交流为根本,开展多层次的学习和培训。保证员工的知识结构能够满足业务发展的需要,大力提倡知识储备,为业务发展提供人才储备。

(邓　猛)

交通银行股份有限公司河北省分行

【概况】 2011年,交通银行股份有限公司河北省分行始终按照“走国际化、综合化道路,建设以财富管理为特色的一流公众持股银行集团”的发展战略,推动各项业务在连续多年高位运行的基础上,继续取得了良好经营业绩。截至2011年末,河北省分行本部本外币资产总额达到824亿元,较年初增加121亿元,增长17.21%。人民币各项存款余额756.4亿元,较年初增加106.8亿元;人民币对公存款余额535.1亿元,较年初增加81亿元。外币各项存款余额18 834万美元,较年初增加5 870万美元。全年实现经营利润16.3亿元,实现拨备后利润16.2亿元。

【业务发展】 负债业务稳步增长,存款长效机制初步形成。2011年以来,面对政策与市场双重压力,把破解存款业务发展瓶颈作为经营管理工作的重中之重,推新思维,凝心聚智,果断采取了一系列抓存款的有力措施,初步形成了存款长效发展的五项机制。一是以开门红竞赛、对公存款争霸赛和对私储蓄冲刺赛等系列活动为抓手,形成了存款发展的良性竞争机制。二是以客户为中心,坚持新户拓展和老户挖潜并重,一方面依托产业园区、行业协会、金融同业等各种平台,积极拓展了一批优质中小客户,为存款业务增长积聚了后劲,并对拆迁补偿款、破产清算资金等项目进行了成功攻关,推动机构事业存款稳定增长;另一方面加强客户关系管理,深入挖掘公、私条线对依存度较高的存量客户存款潜力,提高贡献度,增强存款稳定性,形成了存款发展的客户保障机制。三是加快产品和金融服务创新,依托现金管理和供应链竞争优势,增加企业结算存款,并通过保证金及代付资金沉淀留住存款;借助总行签约型理财产品的销售,促进储蓄的月末回流,积极拓展代发工资和第三方存管业务,大幅提高代发资金留存率及第三方存管资金回流率,形成了存款发展的产品拉动机制。四是大力吸收新领域存款,积极争揽各类托管、存管资金和金融要素市场新型存款,着力资本市场IPO收款行营销,形成了存款发展的市场提升机制。五是积极落实总行"一个交行、一个客户"要求,加强公司、零售板块联动,形成了存款发展的板块联动机制。到2011年末,人民币各项存款完成总行下达任务的112.4%,外币各项存款完成总行任务的209.6%。

公司与机构业务主体支撑作用显著。到2011年末,公司板块列入总行绩效考核和专项考核的22项指标中,19项指标完成全年计划。一是通过搭平台、拓渠道、抓产品,全方位推动对公存款稳定增长。大力推进金融社保IC卡业务,确定发卡意向30万张;与企业合作成功上线了跨行资金管理平台、银烟通系统和工商验资通系统,实现了系统性大额资金归集;与邢台、张家口市政府、石家庄海关、石家庄一卡通公司分别签署了银政战略合作协议、银关战略合作协议和排他性资金监管协议;借助蕴通供应链,大力拓展了一批优质中小企业客户,全年新开公司客户4 228户,客户基础得到进一步夯实。到2011年末,人民币对公存款余额535.1亿元,较年初增加81亿元。二是大力发展创新型业务,以投行业务为代表的新型业务的拉动作用日趋增强。积极推进企业债务融资和配套服务业务,积极探索银信合作新模式,发起设立与应收账款信托计划挂钩的理财产品;先后为企业办理共计9.1亿元的资产池业务;努力推进PE私募股权融资业务,成功担任四方通信在港上市4亿元募集资金境内唯一主收款行;全年实现投行业务收入7 789万元,同比增加2 307万元,同比增长42.1%。三是以进口开证、结构性进口代付、国内信用证、对外担保等国际业务重点产品为抓手,有效拉动存款、中间业务收入等快速增长。全年办理国内信用证125亿元。累计实现国际结算64.2亿美元,完成总行任务的105.3%,同比增加12.4亿美元。多举措大力发展离岸业务,使其成为我行支持当地企业"走出去"、领先于当地同业的特色业务,全年累计实现离岸结算量17.4亿美元,同比增长79.2%。

深耕零售"沃土",多渠道做大做强个金业务。一是持续加大储蓄存款营销力度,通过公私联动、板块联动、内外联动提高员工揽存热情,以银企合作、银证合作、银商合作拓宽储蓄增存渠道。到2011年末,全行储蓄存款余额达221.3亿元,较年初增加25.9亿元。二是把AUM规模的持续增长作为衡量个金业务健康发展的重要标志,以储蓄存款、个人贷款、得利宝、黄金、保险、基金、国债、三方存管等业务的协调发展为手段促进AUM余额的稳步增长。到2011年末,全行AUM余额达314.9亿元,较年初增加37.9亿元。三是以提高综合效益为目标,大力发展POS机业务和信用卡业务。全年新布放POS机具2 500多台,商户结算交易量达132亿元,同比增加46亿元,全年累计实现商户结算收入2 128.7万元,较上年同期增加932.8万元,同比增幅78%;全年新发放信用卡18.7万张,累计实现卡业务净收入2 990.7万元,同比增加970.7万元。四是准确把握贵金属持续升温的市场行情,联合国金黄金等公司高频率组织贵金属展销会,加大"沃德金"、"收藏金"的营销力度,全年累计销售贵金属产品1.3亿元。

【经营结构】 科学把控投放节奏,信贷结构更趋合理。严格执行信贷政策,新增贷款多集中在交通运输、机械电子、装备制造等优势行业及新能源等领域,平板玻璃、煤化工、风电设备等限额管理行业贷款增长得到有效控制,钢铁行业贷款占比大幅下降;资产结构不断优化,1-8级授信客户贷款占比达到97.5%,较年初上升0.43个百分点;总行考核的8个行业全部达到占比区间;加大对零售信贷投入力度,近一半的信贷资源用到了小企业和个贷业务,年末零售信贷行内占比达到17.1%,较年初提高3.25个百分点。大力实施绿色信贷工程,积极支持企业节能减排技术创新和改造项目,《金融时报》、《科技日报》等多家媒体将该行作为全国金融系统的绿色信贷先进典型进行了重点报道。到2011年末,人民币各项贷款余额达到535.3亿元,较年初增加57.2亿元,增长12%。小企业和个贷增量达到25.3亿元,完成总行任务的168.7%。

中高端客户有效增长,客户结构分层持续改善。"蕴通财富"品牌效应进一步扩大,新上线了蕴通账户22户,完成总行任务的183%;蕴通供应链实现突破增长,拓展核心企业5户,链属企业达标客户84户;领汇财富高端客户新增44户,企业年金客户新增297户,航运金融高端客户新增3户。加大高端客户专享理财服务和增值服务力度,推动私人银行、沃德客户较年初分别增加126户、1 887户,到2011年末,财富管理客户占比达到24.5%;做大优质基础客户群体,第三方存管个人客户、代发工资分别新增2 390户、37 140户,完成总行任务的91%和172%。

【风险管理】 查漏补缺,防范体系进一步形成。着力加强对各类风险的识别、计量和监控机制建设,在全辖推行了"1+2"风险管理机制,规范了操作风险事件收集、评估管理;突出对新产品、新业务的合规管理,进一步规范了分级授权工作和反洗钱工作,建立了全行关联交易事前识别工作机制。

多管齐下,资产质量进一步提高。一是严格执行总行行业限额授信管理规定,新增授信合规高效;严格执行贷款新规,资金挪用风险防范水平有效提升。二是进一步加强对逾期贷款、监察名单贷款的管理,强化对潜在风险、产能过剩、融资平台、关注类等客户的动态管理,全年成功减退10.8亿元,并对多笔监察名单贷款进行了加固担保,平台贷款户数和金额整改率分别达到100%和83%。三是继续加大不良资产清收力度,全年累计清收压缩不良资产18 114万。

查防并举,各类风险进一步堵截。一是认真开展了"小金库"专项治理工作,进一步加强了财务合规管理。二是加强员工教育管理,有效推进员工行为管控专项行动,提升了员工合规操作和案防意识。三是深入开展"会计营运工作示范行"创建活动,全面提升会计营运工作质量和内控管理水平。四是审计、监察、风险等部门与各业务条线协同行动,开展了高频度、多维度的业务检查,及时下发风险提示和整改通知,整改落实成效明显,堵塞了管控盲点和风险漏洞。在总行综合内控管理评价中,我行获得B+的良好成绩。

【基础建设】 "三位一体"建设进一步加快。一是持续加大机构和渠道布局建设力度,在廊坊新建了分行,邯郸开发区支行、唐山迁西支行、沧州任丘支行获批筹建;大力拓宽电子交易渠道,年末全省自助设备达294台,较年初增加59台;自助服务区、自助单机点达到161个,较年初增加31个。二是加强产品创新、品牌推广、客户体验和市场营销力度,促进"三位一体"经营方式的转变,2011年,电子银行业务整体分流率达到59%,较上年提高12.1个百分点;对公有效客户网银动户覆盖率达到36.3%,完成总行任务的111%;达标沃德客户网银动户覆盖率达到55.8%,完成总行任务的178%;发展B2C电子商户6户,完成总行任务的100%。

服务体系建设进一步完善。调整优化了神秘访客考核机制,为全省所有网点统一配备了广告机,加强了对客户意见的管理,客户质询、投诉类工单逐渐减少。设立了私人银行服务中心,服务高端客户能力进一步提升。在省分行本部开展了为期三个多月的"金牌服务柜员评选"活动,有效提升了全员服务意识和品牌影响力。

【人才建设】 突出人才队伍建设,员工队伍素质进一步提高。一是加大公开选拔干部和竞争上岗力度,增强了干部队伍的生机和活力。二是更新理念、创新机制,持续加强客户经理队伍建设和各类专业人才建设,通过多种形式的培训,员工的综合素质和业务能力得到了全面提高。通过优胜劣汰、择优选拔,全年新增对公客户经理40人,强化专业资质培训,全行持有AFP、CFP、CTP等证书员工较上年明显增加,队伍专业素养进一步提升。

持续开展以执行力为特色的企业文化建设,发展合力进一步形成。各级领导干部以身作则,靠前指挥,以强烈的责任意识带动执行的高效,发扬勇于担当、敢于负责的精神,尽职尽责地做好本职工作。进一步加强机关作风建设,为基层服务意识进一步增强,工作作风有了新的改进。

加强党的建设,队伍战斗力进一步增强。深入开展"为民服务创先争优"主题实践活动,组织开展了党性教育、深化岗位奉献、戴党徽、亮身份等活动。围绕经营管理目标组织各项活动,发动广大党员在实现经营目标、提升服务水平、破解发展难题中争创一流业绩,基层党组织的战斗堡垒作用和党员的先锋模范作用得到进一步发挥。

交通银行股份有限公司
秦皇岛分行

【概况】 2011年,面对错综复杂的经营环境和异常困难的负债业务发展局面,交通银行股份有限公司秦皇岛分行坚定发展信心,直面困难和挑战,团结一致,奋勇拼搏,不断提高市场竞争能力、业务发展能力和风险管理能力,全行各项业务健康有序发展,风险防控持续加强,经营效益稳步提升。截至12月末:资产总额138.46亿元,比年初增加3.76亿元,增长2.79%。实现经营利润25 655万元,实现拨备后利润25 094万元。

【存款业务】 积极扩大客户群,夯实存款发展基础。加强公私联动和贷款客户上下游链属企业营销,积极拓展大中小各种规模类型的优质客户。做好老客户维护挖潜工作。依托产品优势,积极发展新领域存款。建立稳存增存机制,为存款业务发展提供保障。

【信贷业务】 不断优化信贷结构,提高信贷结构合理度。持续提升贷款定价水平,提升贷款业务综合收益。加强投放有效性管理,大力发展低资本消耗的零售信贷业务,不断提高零售类信贷占比。切实做到规模用足、投放均衡、结构优化、风险可控、效益提升。

【中间业务】 高度重视中间业务在战略转型中的重要作用,提高收入类指标考核权重,科学引导经营单位加快投行、国际结算、个金销售等重点业务发展,提高中间业务收入水平。大力拓展财务顾问与咨询、国内保理、承兑汇票敞口收费、保函等重点业务,办理全省首笔应收帐款质押项下银行承兑汇票业务;大力营销国内信用证业务,拓展国际中间业务收入增长点。积极推广对公理财产品,拓宽中间业务收入来源。加大特约商户拓展力度,组织刷卡促销活动。

【风险管理】 一是加强信用风险管理。加强重点领域风险管控,严格执行名单制管理和限额管理,组织开展应受托未受托、五级分类准确性、集团客户、政府融资平台、疑点客户及房地产行业贷款等风险排查。加强对逾期贷款、监察名单贷款的管理,强化对潜在风险、产能过剩、政府融资平台、关注类等领域客户的动态管理。加强贷后管理,进一步完善考核方式、监控手段、查访流程和分工协作机制,不断提升贷后管理的精细化水平。加大对贷款新规的执行力度,不断提高受托支付比例,综合受托支付比例达到82.28%。在控制新增不良贷款的同时,大力清收存量不良贷款,促进信贷资产质量稳步提升。二是深化操作风险和合规风险管理。根据业务发展和内控管理需要,不断完善规章制度、操作流程和实施细则。加强会计营运、个人金融、信息安全等关键领域的操作风险管控。以专项检查和常规检查为抓手,采取灵活多样的检查方式,全面监控全行重点会计业务及重点业务环节,防范操作风险。健全内控制度和业务监管人员配置,加大内控管理考核和违规处罚力度,基础管理不断加强,内控机制不断完善,保证了各项业务安全健康发展。

【基础管理】 加强干部员工队伍建设。加强客户经理和基层营业机构负责人等各类紧缺适用人才培养,加强对优秀年轻干部的培养。加强"三位一体"服务网络建设。积极打造"人工网点+电子银行+客户经理"的服务网络。优化资源配置与考核机制。持续提升服务水平。牢固树立"一个交行、一个客户"的服务理念,在公司、国际、个金、零贷、电银等各条线之间加强客户信息资源共享,制定中高端客户综合服务方案,全面满足客户业务需求。

交通银行股份有限公司唐山分行

【概况】 2011年，交通银行股份有限公司唐山分行转变经营理念，谋划工作思路，采取有效工作措施，加快业务发展。截至2011年末，分行本外币资产总额达到270.36亿元，较年初增长29.05亿元，增幅12.04%；实现经营利润5.93亿元；国际业务结算量首次突破20亿美元大关。不良贷款占比0.38%，较年初下降0.16个百分点。

【负债业务】 一是坚持老户挖潜与新户拓展并重，夯实揽存基础。提升重点客户贡献度，壮大基础客户规模。强化中台指导前台营销理念，落实名单式管理，有针对性地营销新客户，新增对公有效户296户，绝对增量居全辖首位，对公新开户累计带来存款16亿元。借助系列客户活动、以客荐客、公私联动，壮大个人优质客户群，新增对私有效客户4 569户；代发工资客户新增1.16万户，完成年度计划的118.4%，为储蓄存款的稳定增长夯实了基础。提高信贷资金留存率。紧盯信贷资金流向，提升在我行留存比率，授信客户贷存比较上年提升3.6个百分点；提高保证金比例，承兑汇票保证金比例较上年提升16个百分点。二是加快新产品、新业务的推广和应用，拓宽揽存渠道。做大蕴通财富品牌。增加省行级供应链核心企业。加大汽车供应链业务推广力度，获取低成本保证金存款，全年共拓展汽车供应链链属企业17户。今年以来，共办理了基于票据池的票据托管、质押业务10亿元，额度居全辖首位；成功办理了辖内首笔电子供应链业务，实现客户贸易融资全程电子化操作。

发展创新型业务，拓展新型存款。一是及时摸排客户，办理了全辖首笔资产池业务，共办理资产池业务8亿元，入池额度居全国各辖属行首位，形成以贷揽存稳定资金。二是努力推进私募股权融资业务，取得良好进展。三是通过办理金融租赁业务4.2亿元，增加日均存款4亿元。四是适时推出私人银行专属理财产品，全年共销售专属理财产品3亿元，有力揽入高端客户行外资金。五是围绕客户需求，大力推广进口代付、国内信用证、本外币交叉理财等国际业务产品，累计带来人民币存款88亿元。

【信贷调整】 加强信贷投向管理，优化信贷结构。对综合收益较低的客户加大减持退出力度，列入重点发展行业中的采矿、机械、建材行业的贷款占比提升顺利达标。调优贷款期限结构，中长期贷款余额占比较年初下降2.87个百分点。着力提升贸易融资类产品占比，各项表外业务余额占比达到30%，较年初提升2.64个百分点。向综合收益较高的零售信贷业务倾斜信贷资源。

【业务转型】 一是大力发展中间类业务，收入的规模和占比实现双提升。以资产池、融资租赁、公司债、私募债券、贵金属等业务为增长点，有力带动中间业务收入实现快速增长。二是个人财富管理品牌特色更加鲜明。沃德客户、有效客户等财富管理客户的规模进一步扩大；个金营销人员中持有AFP和CFP认证的人员分别达到42人和8人，营销人员的综合素质进一步提升。三是充分发挥境内外联动优势，着力凸显国际业务“战略亮点”。离岸业务实现快速发展。加快新型业务发展。与境外分行、境内同业积极开展进口代付业务合作，推动国际中间业务收入快速增长；创新国内信用证融资模式，有效规避开证额度限制，共为客户办理各类国内信用证业务48笔，合计13.52亿元。

【资源配置】 一是加大考核力度。制订和完善了各条线、各岗位人员考核办法，实现了以考核优辨业绩、优选人才，强化了员工的竞争意识、忧患意识和市场拓展意识；对全行21家支行由大、中、小型支行细分为三大类、九小类，根据类别匹配发展资源，激发了支行争先进位的意识和动力。二是加大经营性费用投入，压缩行政性费用支出，费用资源向经营一线倾斜，在加大业务费用投入的同时，严控成本，厉行节约，全行成本收入比为23.73%，实现了较高的运营效率。三是加强全面风险管理，风险防控取得新成效。深入开展员工行为管控专项行动，全面清查员工违规参与民间借贷行为。开展“学规章、遵操守、促倍增”集中宣传教育活动，着力提升员工从业意识，规范员工从业行为。顺利完成平台类贷款的风险化解、担保、抵质押整改工作。加大清收处置不良贷款2 914万元，全部为现金。严格落实反洗钱各项制度要求，大额重报和可疑重报报送率为95.5%和95.9%。

【提升服务】 一是实施规范化服务，服务的质量和水平进一步提升。将服务纳入支行考核范畴，加大奖励处罚力度，提升员工规范服务意识；制订“大堂经理在岗在位管理办法”，保证了大厅服务岗位责任制的落实；开展了系列服务竞赛活动，树立优质服务典型，着力营造比、学、超的工作氛围；规范管理营业大厅花卉、植物、物件摆放，实现优质服务环境统一格局。二是加快电子渠道建设，业务辐射范围进一步扩大。全行自助设备达到71台，较年初增加12台；获审批筹建自助服务区5个，新增自助单点10个；新布放POS机具685台，较上年同期翻了一番；新增手机银行用户1.45万户，较年初增长8 486户，完成全年任务的176.28%；电子银行分流率达到57.72%，较年初提升12.35个百分点；筹建迁西支行，县域支行达到5个，网点辐射范围进一步扩大。三是会计营运水平稳步提升。全行无差错网点数由年初的零提升至目前占比近50%，涌现多名无差错柜员，全行差错率水平由年初的0.69%降至目前的0.07%。

【队伍建设】 一是以“创先争优”活动为契机，大力加强基层党组织建设。围绕创先争优总体目标，结合分行实际，认真组织发动，扎实有序推进；在分行内网首页开辟“为民服务创先争优活动专栏”，及时通报活动成效，鼓励先进行为，营造浓厚活动氛围；在全行范围内深入开展了“分行机关服务评议活动”，对基层反映较为突出的问题，责令相关部门认真整改，并将评议结果纳入部门年终绩效考核；分行各部门认真查摆问题，研究制订整改措施，优化工作流程，提高工作效率。二是加快推进干部人才队伍建设，为事业发展提供坚实的人力资源。优化人才队伍知识结构。拥有本科以上学历员工占比69.84%，较年初增加2.5个百分点；壮大营销人员队伍规模。新增对公、对私营销人员共计50名，营销人员总数达到152人，占比达到24.52%，较年初提升4.2个百分点。

交通银行股份有限公司邯郸分行

【概况】 2011年，在市场竞争不断加剧的严峻形势下，交通银行股份有限公司邯郸分行贯彻落实总分行的各项决策部署，按照“倍增计划”和“二次改革”的总体要求，团结带领全体员工，艰苦创业，开拓进取，各项业务逆势而上。截至2011年末，邯郸分行人民币各项存款余额37.99亿元，比年初增加18.97亿元，其中：对公存款余额32.41亿元，比年初增加16.83亿元，储蓄存款余额5.59亿元，比年初增加2.14亿元；人民币各项贷款余额26.67亿元，比年初增加7.06亿元。

【存款业务】 积极推进存款业务长效机制建设，深入开展“拓新户、增存款”、“强服务、增效益、赢大市”以及“开拓新户、挖潜老户、全力做好中型企业客户”等营销活动，为存款业务的持续稳定增长奠定了坚实的基础。一是发展机构类客户稳定存款。二是挖潜大客户拉升存款。三是强化结算促进存款。四是拓展新业务吸引存款。五是深化银银合作发展同业存款。

【信贷业务】 实施“稳定发展大型客户，重点发展中型客户，积极扶持小微客户，大力发展个人消费贷款”的信贷业务发展策略，促进了信贷结构的进一步优化。一是稳定发展大型客户。大型优质客户风险低、收益高，始终是我行业务发展的重点。二是重点发展中型客户。加大了奖励力度，使中型客户数量和业务规模有了大幅提升。三是积极扶持小微客户。针对小微企业的特点，设专人负责小企业业务，实施了有别于大企业的授信流程，支撑了小企业业务的健康高效开展。四是大力发展个人消费贷款。五是开展客户摸排，加强客户储备。通过对企业和项目信息的分析筛选，结合我行的信贷政策，确定了下一阶段客户发展的重点，初步形成了储备一批、上报一批、实施一批的客户发展格局，为来年业务的快速发展打下了良好的基础。

【个金业务】 一是精准营销私人银行客户，精细维护沃德客户。通过从展业通客户中发展私人银行客户，从企业管理层中发展沃德客户，使我行中高端个人客户的数量和质量都有了较大幅度的提升。二是大力发展代发工资及个贷业务，实现零售业务批发做。通过深入挖掘对公客户资源批量发展代发工资客户；三是本着“信息共享、渠道共用、客户为本、产品交叉、服务至上”的指导思想，认真分析客户需求，深入挖掘、充分利用有限的客户资源，实行精准化管理和批量式营销，促进了个金指标的全面提升。

【队伍建设】 通过抓思想教育、个别谈心、正向激励等方式，积极引导员工树立正确的人生观和价值观，把个人的职业发展和交行的发展紧密结合起来。激发客户经理的工作热情；切实加强客户经理的培训工作；加强客户经理考核，建立客户经理末位淘汰制和后备客户经理替补制。这些措施的落实促进了客户经理队伍整体素质的提升，为各项业务发展提供了有力的人力资源保障。

【文化建设】 组织员工参加了由邯郸银监分局组织的“学党史、知党情、跟党走”知识竞赛活动，并获得优秀奖。积极参加邯郸市巾帼志愿者行动计划，被市总工会和妇联授予“三．八”红旗集体荣誉称号。开展了员工体检和郊游活动，并积极参加总行和省分行组织的员工心理关爱行动、运动会和演讲比赛等活动，丰富了员工的业余文化生活。

【内控案防】 积极推进案件防控长效机制建设，在全体员工中深入开展了“深化内控和案防制度执行年”、“案件风险集中专项治理”、“学规章、遵操守、促倍增”主题教育活动、“员工失范行为排查”、“反欺诈专项行动”和“员工行为管控专项活动”等一系列活动，有效提高了全体员工的尽责合规意识，在全行营造“人人重操守、事事讲合规”的文化氛围，为各项业务的持续健康发展提供了有力地保障。

中信银行股份有限公司石家庄分行

【概况】 2011 年，中信银行股份有限公司石家庄分行以成立十周年为契机，在总分行党委的正确领导和监管部门的大力支持下，紧紧围绕“注重资本约束、严细价值管理、主动结构调整、突出创新发展”的经营思路，面对国际国内经济形势复杂多变、监管力度不断加强、市场竞争日益激烈等诸多困难和压力，迎难而上，团结拼搏，取得较好成绩。2011 年分行总体经营情况为：盈利水平持续提高，资产质量不断改善，结构调整初见成效，基础工作更加扎实。截至 2011 年 12 月 31 日，分行总资产达到 380.43 亿元，增长 12.69%；本外币各项存款余额 363.53 亿元，比年初增加 39.7 亿元，增幅 12.26%。其中自营存款余额 331.05 亿元，比年初增加 10.57 亿元，增幅 3.3%。本外币各项贷款余额 283.4 亿元，比年初增加 19.61 亿元，增幅 7.43%。不良贷款率 0.63%，比年初下降 0.17 个百分点。继 2010 年，分行再次被人民银行石家庄中心支行评为“年度河北省支付清算系统优胜单位”，以优良的金融服务摘得“河北消费者最满意的银行品牌”桂冠，被《当代金融家》评为 2011 年“好分行——产品创新奖”，我分行牵头筹组的“西柏坡高速公路高庄至北沟段”30.67 亿元银团贷款项目因在开发红色教育基地、促进革命老区经济发展方面的巨大推动作用，以及在银团分销筹组、担保结构设计等方面的出色表现，荣获“2010 年度银团贷款业务最佳交易奖”。分行韩光聚行长当选“2011 年度河北省十大经济风云人物”。

【公司业务】 供应链金融业务取得了规模、质量、效益的协调发展。一是贴近市场，加大业务推动力度。2011 年公司银行部加大了供应链金融业务的推动力度，对经营单位提出的业务需求快速响应，加大了现场推动的频率和力度，实施点对点的指导和支持，为经营单位的客户营销方案、授信方案提供智力支撑和方案设计，提高对业务的指导能力。二是产品创新和融资模式创新取得突破。2011 年成功开展承德钢铁“1 + N”应收账款质押融资业务，成功推动了进口信用证项下未来货权转现货质押融资模式，分行首笔国内保理融资实现投放，国内保理代付渠道打通，解决了信贷规模偏紧情况下保理投放问题。三是提升操作风险管理水平和业务质量。公司银行部持续加强对供应链金融业务的风险排查力度和贷后管理频度，加强了对操作风险的管控，2011 年不断开展供应链金融现货质押业务专项检查、出具各类风险提示函、预警函、开展业务操作培训会，增加了对操作预留印鉴的管理，通过对质押物权属、监管机构、业务操作等各方面的把关、检查、管理，切实防范了业务风险，风险管理水平不断增强，业务质量得到进一步保障。四是推进管理平台建设，创新管理模式。为提高供应链金融业务的操作和管理效率，上半年提出了汽车金融业务信息的系统建设方案，在信息部门配合下，我行汽车金融信息系统正式上线运行，系统实现了包括操作判断、业务提示、合格证管理、档案资料、报表管理等多个方面的电子流程化管理，能够对业务操作和日常管理进行统一监测和统计，提高了汽车金融业务办理效率和业务操作的合规性，供应链管理平台建设日见成效，管理模式不断创新。

持续推进投资银行业务稳步发展。一是充分运用金融合作平台和中信集团平台,加强了与信托、租赁、基金、证券、担保、同业等机构合作,通过交叉销售和量身定制的业务方案,提高差异化和综合化服务水平,丰富了我行中间业务的盈利模式和渠道。二是不断改进和丰富营销推动的方式,形成分层次的持续的业务储备,不断夯实业务发展基础。三是不断梳理产品及时发布营销指引、市场动态、政策制度、操作流程、典型案例等信息,拓宽客户经理的营销思路。四是通过主动梳理客户和与经营单位的客户对接,持续进行客户筛选和方案配置工作,对可行的业务及时纳入推动流程;五是对重点客户出具产品方案,明确专人协助营销和与总行及其他职能部门的沟通协调,努力达成实质业务运作。

不断提升公司电子金融业务市场竞争力。一是加快了公司网银的推广步伐。通过服务创新和系统支持进一步提升网银支付替代率和网银交易结算量,强化电子银行渠道对企业日常结算性存款营销的支持作用,激活已签约但尚未开展实质性业务的睡眠客户,深挖存量客户资源,加强了公司网银签约客户的深度营销。二是充分依托 B2B 电子商务系统。积极与行业协会、商会、现货交易市场等系统性平台进行有效对接,通过电子银行类产品的全方位覆盖,努力实现对特定类型对公客户的批量开发和规模营销。三是加大了现金管理的营销推广力度。针对大中型企业集团客户日益加强资金集中化管理的趋势,2011 年重点依托了现金管理业务积极拓展大中型企业集团下属成员企业网络,强化了对其外部结算资金和内部流动资金的获取能力,从而实现客户资金在我行系统内的循环与沉淀。四是加强了电子金融的产品培训。定期开展产品培训,使一线营销人员熟练掌握我行电子银行产品的功能、特点、优势和操作流程,为市场开拓提供有效的产品支持,有针对性地进行市场开拓和客户营销。

协同营销,一户一策,提高战略客户贡献度。一是 2011 年初全面启动了战略客户"一户一策"工作,成立了工作小组,为个性化服务战略客户、解决业务发展瓶颈提供了依据,提高了战略客户的营销效果、整合了营销资源、充分挖掘了客户潜力,引导、协助经营单位做好战略客户的开发拓展和服务维护。二是完善了相关机构和制度的建设。为进一步推进分行战略客户营销、提高战略客户的贡献度,分行于今年 6 月份成立了机构及战略客户部,同时制定了《中信银行石家庄分行战略客户管理办法》。三是完成了多家集团客户授信调查统计、统一授信及集团成员单位额度申领等工作。狠抓机构存款,加大机构负债系统营销力度。2011 年公司银行部紧紧抓住地方财政部门这一机构负债的主要源头,通过开展银财合作论坛等形式加强与机构客户的合作关系,优化机构负债的营销组织管理机制,河北省财政厅、石家庄市财政局的营销由分行统一开展和管理,市县级财政由各支行组织营销,机构负债无论在分行层面和支行层面都作为"一把手"工程来抓,强化了关系营销和方案营销,集中全行资源重点突破。

【零售业务】 按照"源头开发、POS 跟进、批量获取、重点筛选、促进增值"的指导思想,积极应对外部不利环境,及时调整发展策略,以储蓄工作为核心,从源头抓起,加大业务创新力度,多方面拓展零售业务渠道;不断优化零售业务结构,盈利能力大幅提升,努力推进全行零售业务的健康、可持续发展。全行零售条线紧跟分行的思路目标,积极谋划、提早部署,在一季度"开门红"活动的基础上,零售部策划了"百亿有你""储蓄达人"营销评比活动,主要业务负责人通过分片包干的形式,协助行领导联系行管理,分支联动共同做好负债业务营销工作。同时,加强渠道梳理,增强过程管控,提高重要时点贡献度。一季度分行就实现储蓄新增 8 亿元,为全年营销工作奠定了坚实基础。二季度围绕"为行庆十周年献礼"组织了"攀高峰"活动。重点通过加大新产品营销、新渠道拓展以及数据库外呼,通过关联指标的交叉营销,强化对负债的新增拉动,零售负债在消化一季度冲高因素短暂调整后,继续走高,较年初新增储蓄 10 亿元。零售条线不断改进营销组织模式,加强数据库分析及运用,建立数据管理和数据分析兼职人员,加强分行整体零售数据管理,树立客户分层、分群经营、交叉营销的经营理念,通过总行外呼中心、短信等方式加强客户营销。截至 12 月末,零售条线共向总行申请营销项目 11 个,涉及理财、基金、保险、贵金属等代理业务类、主题卡类、代发等零售业务,内容包含邀约、推荐、调研、慰问等方面,总计外呼数据约 21 万人,实际可用客户数量 12.8 万人次,对支行一线营销形成强有力的支持和促动。分行零售条线高度重视结合专业产品组织市场活动,从而促进提升客户活跃度和综合贡献。结合总行两大客群的经营模式,着重落实香卡系列营销,每2—3月组织一项主题活动,持续不间断开展刷卡抽奖等活动,“刷香卡、迎新春、兑好礼”“香飘三月、礼意浓浓”“芬芳五月、母爱香聚”“童趣无限、分香快乐”“夏日香行季”“香卡缤纷节日季”等,逐步扩大发卡人群、提升客户用卡活跃度。截至11月末,香卡客户新增3万户,较年初储蓄存款增量4亿,其中,2011年新开立客户号的香卡客户存款1.85亿。属地化产品市场推出“中信燕赵都市报联名卡”系列活动。以燕赵读者俱乐部会员活动为契机,逐步形成月月、周周持续不断、常态化的营销态势,通过不断重复、强化对客户的强迫记忆,提高金卡客户占比和交叉率;同时,我行积极联合中国移动公司、中国联通公司、中国银联河北分公司等战略合作单位,资源共享、互惠互利,扩大零售客户获取渠道,丰富客户经营手段,逐步在全行树立起标准化的零售营销、服务模式,树立起良好的品牌影响力。

【国际业务】 紧紧围绕“突出创新发展”指导思想,根据市场形势和客户需求,成功办理了石家庄分行首笔“内保外贷”业务;国际部、公司部、支行密切配合,完成我行创新业务——“票证通”,实现未来货权质押开证和国内证与承兑汇票的转换;完成分行首笔“跨境人民币贸易结算”业务;适时推出国内信用证项下的代付和代偿业务。截至12月末,分行实现考核口径收付汇量23.21亿美元,同比增长36.53%,完成全年计划任务(20.07亿美元)的115.65%。在石家庄当地17家金融机构中,我行继续保持市场份额占比第四位,在中小股份制商业银行中稳居第一,市场占有率8.81%,市场地位得到进一步巩固。

【资金资本业务】 积极运用新产品设计方案,开办了远期代客外汇买卖业务和人民币对外汇掉期业务,实现我行汇率避险产品的突破创新。在产品组合方面,结合今年境内外汇率市场价格倒挂的实际情况,我行推出“境内远期售汇+境外远期结汇”和“外汇理财+海外代付”两项产品组合方案,在满足进口付汇客户新的套利需求的同时,有效推动分行负债营销业务发展。截止12月底,提前一个季度完成总分行全年计划任务,指标综合完成率127%,系统内排名跃居第2位,较去年同期上升六位。

【亮身份活动】 在党员队伍中开展“亮身份、比贡献、树形象”活动。旨在通过开展“亮牌示范”活动,着力在党员队伍中倡导争当“带头学习业务、带头争创佳绩、带头弘扬正气、带头遵章守纪、带头合规经营”的“五带头”优秀共产党员和在各经营单位推动“建设一个好班子、理顺一个好思路、倡导一种好作风、打造一支好队伍、营造一个好环境”即“五个一工程”的建设力度。

【农校对接】 在山东济南舜耕国际会展中心举办的第二届农校对接洽谈会暨“农校对接”服务网物联交易系统启动仪式上,中信银行成为与“农校对接”服务网签订全面战略合作框架协议的首家金融机构。石家庄分行作为此次金融项目的开发和主办单位,独家承办了以“金融机构在农校对接项目中的支点作用”为主题的金融论坛,并与河北省师大后勤服务集团签订了以农校对接B2B业务为核心的全面合作框架协议,揭开了中信银行“农校对接”金融服务项目的序幕。

【网点建设】 2011年,根据分行机构网点建设规划,顺利完成了异地邯郸分行的开业,同城友谊北大街支行筹建已获省银监局批复,并于2012年1月8日正式开业。同时,老网点扩建、改造和迁址同步进行,高开区支行通过扩建装修,办公环境得到了改善,中华南大街支行拟扩建方案已获分行批复,前期报批手续正在准备,和平西路支行的改造工程基本完工,拟申请迁址行裕华东路支行和自强路支行的申请已上报总行,并得到了总行发展规划部表示认可,批复手续于本月底下达。

2011年,分行在自强路购买新办公大楼,预计2012年上半年交付使用。

中国光大银行股份有限公司石家庄分行

【概况】 2011年,光大银行股份有限公司石家庄分行深入贯彻落实科学发展观,认真落实中央经济工作会议精神,以“更有内涵的发展”为指引,在创新中稳步前进,两家新建异地二级分行顺利开业,一家同城支行获准筹建,整体经营管理工作取得长足进步,为河北省经济发展做出了积极贡献,荣获河北省政府颁发的金融创新奖。

【业务调整】 各项业务保持稳健快速增长态势。面对较为复杂的经济形势,光大银行石家庄分行积极应对,顺势而为,制定了对公业务紧抓“存款、利差、中间业务收入”三大核心工作、零售业务做好“营销渠道建设和业务品牌建设”两大关键环节的工作思路,各项经营管理工作取得了优异成绩,圆满地完成了总行下达的各项主要指标任务。

存款规模稳健快速增长。截至2011年末,该行一般存款时点余额达230亿元,较年初增加71亿元,增长44%。一般存款日均余额达173亿元,较年初增加44亿元,增长34%,获得总行的充分肯定。光大银行石家庄分行荣获总行“2011年度对公存款先进分行”和“贸易融资综合先进分行”称号,该行贸易金融部和二级分行邯郸分行当选为总行“2011年度先进集体”。贷款规模稳步提升。截至2011年末,各项贷款时点余额为210亿元,较年初增加37亿元,增长22%;各项贷款日均余额为190亿元,较年初增加22亿元,增长13%。其中,对公贷款时点余额171亿元,较年初增加28亿元,增长20%;对公贷款日均余额156亿元,较年初增加12亿元,增长8%;银承、国内证等表外余额238亿元,较年初增加80亿元,增长50%;对私贷款时点余额达39亿元,较年初增加9亿元,增长31%;对私贷款日均余额达34亿元,较年初增加10亿元,增长42%。中间业务收入快速提升。截至2011年末,实现中间业务净收入(税后)1.30亿元,较去年同期增加3003万元,增幅为30%。资产质量持续提高。截至2011年末,不良贷款余额659万元,比年初下806万元,降幅55%;不良资产率0.03%,比年初下降0.05个百分点。与年初相比保持双降态势。利润指标实现新的突破。截至2011年末,实现账面税后利润4亿多元。信贷结构不断优化。光大银行石家庄分行积极调整信贷结构:积极支持交通、省市政府建设重点项目,积极支持省内重点行业钢铁、汽车、煤化工等企业的日常流动资金需求,对产能过剩行业、造船行业严格按照符合产业政策、土地规划、环评审批等手续齐全等要求审批。在客户结构上,以钢铁、汽车等大客户为依托、以货押、全程通、国内证等产品为手段、以担保融资平台、专业市场模式为支撑,大力发展中小企业客户融资。在业务结构上,在做好传统公司贷款业务的同时,积极发展对私贷款,拓展托管、年金、现金管理等产品,以满足市内企业日益丰富的金融需求。零售业务方面,在做好工程机械按揭贷款,商业用房按揭贷款的同时,个人助业贷款、平安小额信用贷款等业务取得较快发展。投行等创新业务发展迅速。光大银行石家庄分行充分利用光大集团金融牌照齐全、功能全面的独特优势,联合金控公司、金融租赁公司等兄弟企业,综合运用短债、中票、理财、信托、企业债等投行类业务产品,为河北省企业直接融资金额36.5亿元,为企业融资提供了新的渠道,有效降低了企业融资成本,有力地支持了河北省一大批上市和拟上市企业的业务发展。

【内控管理】 随着业务规模的急速扩张及业务品种的日益丰富,风险管理的压力日益增大。2011年光大银行石家庄分行通过组织参加廉政教育、开展合规知识竞赛、补充关键岗位人员,加强培训及业务任职资格考核、完善薪酬管理制度,开展阳光服务等多种措施,培育风险合规文化,提升风险管理水平、服务水平。通过严格落实银监会“三个办法一个指引”,开展产能过剩行业情况梳理、政府融资平台贷款自查检查、房地产贷款梳理检查等活动,确保贷款质量的稳步提升,通过每季度人员风险排查,组织行内倾听计划、客户满意度调查,不断提高员工及客户满意度,实现全年安全运营目标。

【阳光服务】 深耕细作,规范管理,稳步推进阳光服务工作。阳光服务工作设置专人专岗,有效提升了工作效率和服务水平。成功开展了“再看同业”、“领导担任大堂经理”、“阳光服务明星”评选等丰富多彩、形式多样的主题活动,极大地激发了一线员工的服务热情;严格规范管理,实行阳光服务每周监控抽查并发布通报,每月检查十家本地营业厅并发布现场检查通报,并进一步完善阳光服务考核管理办法,有效提升了阳光服务管理水平。康乐街支行顺利通过全国级“银行业文明规范服务千佳示范单位”复查,中华大街支行、建华北大街支行、友谊北大街支行顺利通过了省级“银行业文明规范服务百佳示范单位”评选。

【网点建设】 2011年光大银行石家庄分行继续加强网点建设工作,完善网点布局,提升服务质量,两家异地二级分行顺利开业(邯郸分行2011年5月18日正式开业,廊坊分行2011年9月28日正式开业);同城支行友谊大街支行2011年12月获银监会批准筹建;异地支行唐山新华道支行

2011 年 12 月获银监局批准筹建。截至 2011 年 12 月 31 日，中国光大银行石家庄分行在石家庄、唐山、邯郸、廊坊共设有营业网点 13 家，其中，包括分行营业部、同城支行 9 家、异地分行 2 家；共拥有现金类自助设备 90 台，拥有 13 个在行式自助银行服务区，3 个离行式自助银行服务区。

【提高素质】 光大银行石家庄分行紧紧围绕“更有内涵发展”和全行战略重点工作，本着层次分明，全面发展的原则，不断创新培训形式，探索适合分行发展实际的培训管理新模式、新思路和新方法。一是分层分类开展中层干部培训。首先以政治思想教育为着力点，加强开展党风廉政建设教育，重点在于加强政治思想教育、提高遵规守纪意识，树立风险合规意识，提高案件防控能力。同时依托建党九十周年，分行组织了红色教育培训、党建培训等一系列课程，使中层干部感悟革命精神、坚定理想信念、改进工作作风、不断完善自我。二是以提升领导力为核心，开展中层干部名校培训班，针对中层干部的岗位特点，通过领导力、品牌营销、国学智慧、沟通技巧等课程帮助他们提升素质，提升管理能力。三是开展相关业务知识培训。针对分行的经营特点和业务发展方向，专门聘请了多个知名讲师授课，提升业务条线员工素质。据统计，光大银行石家庄分行全年共举办集中培训 178 个场次，参训人员达5 340人次，分别比上年增加 38 个场次和2 432人次；参加相关监管机构及外单位培训 35 次，计 42 人次；组织考试 6 场。

（康　虞）

华夏银行股份有限公司石家庄分行

【概况】 2011 年，在总行党委的正确领导下，在省政府、人民银行和监管部门的大力支持下，全行上下紧紧围绕“调结构、控风险、创效益、促发展”的核心目标，着力提高合规运营能力、优质服务能力和持续盈利能力，加强全方位、全过程风险管理，推进规模增长和发展方式转变，深入开展“创先争优”活动，全行保持了持续健康发展的良好势头，超额完成了 15 项经营指标中的 14 项，达到历史最好水平，多项经营指标居于系统前列。总行按照经营计划完成及综合评价体系，分季度对各家分行进行了排名，前三季度石家庄分行分别位列第 7，第 4 和第 3 名，排名不断上升，经营管理能力得到总行认可。

【盈利能力】 2011 年，石家庄分行拨备前利润实现 6.9 亿元，拨备覆盖率为 222%，盈利水平大幅提高，综合实力显著增强，为我们谋全局、办大事提供了重要的物质基础。一年来，在没有特殊政策的情况下，我们依靠自身实力，设立了沧州分行，建设速度居全系统前列；建设了分行财富中心、会计作业中心，全行整体形象大幅提升。在机构、人员快速增加的情况下，员工收入实现了逐年增长，福利待遇不断改善；拨备覆盖更加充足，抗风险能力显著增强；往年滚动欠账全部消化完毕，财务基础更加坚实。中间业务收入快速增长，收入结构明显改善，全年中间业务收入完成 1.1 亿元，同比增加5 800万元，完成全年计划的 135%，中间业务收入占比达到 8.8%，同比上升了 2.4 个百分点。

【业务规模】 全行一般性存款余额达到 283.5 亿元。对公存款余额 228.8 亿元，增加 32.6 亿元，完成计划的 96%；对公存款日均 206.6 亿元，增加 42.1 亿元，完成计划的 104%；储蓄存款余额 54.7 亿元，增加 12.4 亿元；储蓄存款日均 45.8 亿元，增加 7.4 亿元，完成全年计划的 101%；个人金融资产总量 70.7 亿元，完成计划的 109%；净增公司有效客户 241 户，完成计划的 166%；净增个人贵宾客户1 123户，完成计划的 112.3%；净增信用卡 VIP 客户15 519户，完成计划的 155%。全行营销方式不断转变，营销能力显著提高。一是公司业务营销机制进一步完善，客户结构更趋合理。通过实施市场开发计划，打通了优质客户绿色通道。建立了商机引导信息中心，指导机构开展营销。积极实施客户倍增计划，推动客户链式开发。全年完成供应链金融业务量 112 亿元，同比增加 62.9 亿元，全系统排名第二。加强客户流失管理和客户提升工作，对有潜力、有价值的客户进行二次营销，对低效户制定了提升方案。研究制定无贷户管理办法，完善了分层营销、分类管理、分级服务的工作模式，加大费用倾斜和激励力度，全年非授信客户净增 194 户，无贷户存款余额达 77.8 亿元。以财政系统、产权交易、住房保障、安全管理等为代表的一批无贷户的成功营销，突破了困扰石家庄分行多年的机关事业存款的短板，带动存款增长13亿元。二是个人业务营销力量不断加强,业务亮点逐步显现。紧盯村民补偿款、单位集资款等项目,持续做好稳存增存工作,充分利用中小企业接力贷业务做好储蓄增存。加大对优质开发商和本地优质楼盘的营销力度,实现个贷规模和综合效益双提高。年末全行个人消费类贷款余额6.8亿元,同比增加3.5亿元。积极推进零售业务批发做,信用卡业务步入系统前列,全年新增发卡1.55万张,总量达3.1万张,任务完成率居全系统第一,石家庄分行荣获华夏信用卡年度“营销竞赛特别奖”。利用个人业务平台,开展客户增值服务,积极搭建7+N增值服务平台,提高了客户的参与度和忠诚度。全力做好VIP客户维护,提高客户满意度,“六率”指标有较大提升,实现了个人VIP客户的快速增长。

【国际业务】 全年国际结算量12.5亿美元,首次突破10亿美元大关,增加3亿美元,增幅32%,达到总行卓越目标,居河北省股份制银行第2位。全年完成国际业务收入2 504万元,同比增加1 254万元,增幅100%。对公国际结算有效客户230户,完成计划的160%,大中型客户成为有效支撑,小型客户成为中坚力量。国内信用证成为新的增长点,开证业务量达到39.2亿元,全系统排名前列。

【中小企业】 分行本部及三家二级分行均设立了中小企业信贷分部,通过定制度、抓产品、促开发、控风险,发挥各分部的龙头作用,调动各机构的营销热情,业务规模显著增长,区域影响不断扩大,经营特色初步形成。尤其是接力贷业务和客户批量开发的做法,得到了总行高度认可。全年累计审批中小企业信贷业务570笔,总计金额134亿元,业务量稳居全系统前3名。在总行对各分部的年度综合评比中,石家庄分行居全系统第2位,“中小企业金融服务商”的品牌影响力进一步扩大。

【资产质量】 进一步落实贷款新规,完善实施细则、操作流程和合同文本,资金监管达到规定要求。政府融资平台解包还原、重新评估、保全整改、三方会谈等工作顺利推进,监管要求全部落实,受到河北银监局的通报表扬。继续强化同一债务人管理,加强各专业条线横向沟通,防止出现多头授信。严把贸易融资审核关,严格准入和用信管理,及时发布风险提示,确保业务合规,风险可控。认真做好在线检查,建立重点监控客户名单,实行电话录音监督,切实加强贷后管理。把现场检查和风险排查有机结合,纳入日常管理,有效防范了突发风险。通过多渠道、多手段清收不良资产,严格控制新增不良贷款,全行资产质量逐年提高。近三年,石家庄分行五级后三类不良贷款分别为2.82亿元、2.91亿元和1.59亿元,不良贷款户数分别为14户、11户和6户,不良率分别为1.96%、1.71%和0.78%,提前两年完成了“511工程”确定的资产质量目标。

【机构建设】 4月份,沧州分行顺利开业,服务能力进一步增强。三家二级分行陆续筹建、开业和健康发展,得到了总行的高度认可,也为石家庄分行的可持续发展奠定了坚实基础。年末,正定支行和保定东风东路支行的筹建得到总行批准。按照机构设置规划,邯郸分行正在总行批复之中,辛集支行的筹建工作已经开始准备,同城支行和唐山丰润支行的选址也基本确定。对市内和平东路支行、广安街支行、裕华东路支行、和平西路支行进行了装修或迁址改造,有效提升了服务形象,区域分布更趋合理。进一步完善了各营业网点的服务设施,服务标准更趋规范。财富管理中心建成启用,服务层次有效提升。设立了渠道建设中心,推动了电子机具的投放进度。全年新增自助银行4家,新增自助设备33台,新增POS机具409台,TPOS机具总量达到1249台。

【核心系统】 经过一年的紧张筹备,新核心系统于8月26日成功上线。一年来,全行上下在人员培训、数据保洁、设备排查、环境搭建等方面,开展了大量卓有成效的工作,先后举办了12期181人的封闭培训,召开了10次上线领导小组会议,32次上线工作会议,发布指令136条,提前10天完成切换上线方案和分时计划编写,提前一小时完成了系统整体切换,得到了总行的高度肯定。需要特别指出的是,“8.26”系统上线后,石家庄分行未发生1笔非计划性生产数据的调整。

【队伍素质】 全年共举办各类培训班87期,培训人数6 676人次。新入行员工持证上岗通过率达到96%,全行员工持证上岗率达到100%。全年共调整7级以上行员20人,8、9级行员72人,辞退各类员工18人。向总行推荐后备人才人选92名,全部获得总行批准。各级员工尽职履责意识和能力进一步增强,党委的战略思想和工作部署得到了有效贯彻。一年来,各级管理人员积极应对复杂的经济形势，主动转变经营思想，调整经营策略，适应不断变化的市场需求，市场竞争能力得到了进一步锤炼。在这一年里，由于各种原因，石家庄分行也遇到了一些突发事件，给工作造成了一些被动。但是在这些事件的处理过程中，石家庄分行各级人员顾全大局、齐心协力、沉着应对、百折不挠，在最短的时间内妥善解决了问题，充分反映出我们这支队伍的凝聚力和战斗力，全行应对复杂情况的能力进一步增强，队伍素质稳步提高，这是全行可持续发展的最宝贵力量。

【党建工作】 全行紧紧围绕“三个转变，两个提高，一个发挥”的工作要求，深入开展“创先争优”活动，达到了预期目标。活动评议结果显示，全行党员、群众对党委的满意率均达到100%；对基层党支部的满意率达到100%，对党员的满意率分别达到了99%和98%。一年来，共培训入党积极分子70人，发展新党员19人，预备党员转正16人。逐步完善二级分行工团组织建设，完成分行团委换届，组织了“乒动华夏”客户乒乓球邀请赛、职工运动会、书画摄影展、服装设计大赛等文体活动，推进企业文化建设，增强全行员工凝聚力。石家庄分行红旗路支行荣获总行级“青年文明号”。

【内控管理】 继续深化“内控和案防制度执行年”活动，坚持“一岗双责”，落实党风廉政建设责任制，开展员工异常行为排查，强化廉政教育，筑牢拒腐防变的思想防线。在全行开展了《廉政准则》和《银行从业人员职业操守指引》学习活动。保定分行开展了“制度执行回头看”活动，查找并弥补了工作漏洞。沧州分行实施“基础建设年”和“管理提升年”活动，力促各项业务合规发展。唐山分行开展了“从日常工作做起，树立主动合规意识”的征文比赛，收到了很好效果。办公室重点加强舆情处置和印章管理。人事部门加大强制休假和岗位轮换力度。合规部门切实做好授权管理和法律风险，确保各项业务合规有效。会计部通过加强对全辖会计人员管理，完善强制轮岗休假制度，加强高风险业务管控，全行会计专业风险管控能力得到有效提升。信息技术部门改进了电力供应设施，完善了多项应急预案，保障了系统稳定运行。保卫部门进一步加大了技防投入，增加了消防演练频次，加强了保安队伍管理。这些措施都为全行实现“零案件”目标奠定了坚实基础。

招商银行股份有限公司石家庄分行

【概况】 招商银行股份有限公司石家庄分行筹建于2010年6月11日，同年11月1日获得河北省银监局颁发的金融许可证和营业执照，12月7日开业。石家庄分行是招商银行在全国范围内设立的第36家一级分行。

2011年，在人民银行、省银监局及省市有关部门的大力支持和帮助下，在总行党委的领导下，招商银行石家庄分行认真贯彻落实总行“二次转型”的战略要求，坚持以支持地方经济建设为己任，以促进效益增长为中心，以增进存贷款业务快速发展为重点，整章建制，开拓市场，严抓管理，狠抓落实，推动各项工作不断向健康、持续、快速发展轨道运行。

【业务规模】 严格落实总行及监管部门关于存贷比控制的规定，在积极扩大规模的同时，坚持优先发展存款业务，认真践行总行二次转型工作要求，努力降低资本消耗，经济资本回报率较高，保证了全年利润计划的完成。2011年实现税前利润5 777万元、经济利润2 095万元，分别完成全年计划的496.8%和262%；经济资本回报率16.8%，超出全年计划13.71个百分点；实现净利息收入14 644万元，计划完成率为113.9%；实现中间业务收入1 330万元，计划完成率119.8%。将存贷款作为全行的核心业务，全力以赴、全行动员。12月末，折人民币自营存款余额38.7亿元，比年初增加26.6亿元。其中储蓄存款余额3.1亿元，比年初增加1.9亿元；对公存款余额35.6亿元，比年初增加24.7元。折人民币自营贷款余额48.13亿元，比年初增加26.43亿元。其中公司贷款余额40.42亿元，比年初增加19.7亿元；个人贷款实现零突破，比年初增加2.29亿元；票据融资5.42亿元，比年初增加4.43亿元。全年实现各类贷款累计投放34.4亿元。其中公司贷款投放32.05亿元，个人贷款投放2.35亿元。共办理银行承兑汇票928笔，金额共计32.86亿元；办理票据直贴158笔，金额共计7.13亿元；办理转贴现买入6批次，金额共计11.95亿元。国际结算量12 693万美元，完成率254%；外汇交易量4 253万美元，完成率为85.1%。全面营销拓展基础客群，零售业务快速发展。开立钻石卡4张，金葵花发卡由30张增加到275张，金卡由210张增到1 598张，普卡由1 141张增至10 322张。全年理财产品累计销售13.43亿元，基金定投保有量累计新增66户，实物黄金代购8 200元。信用卡累计发卡2 496张，过件率78%。手机银行开户139户，快易理财164户，三方存管开户106户。网银专业版移动证书首次开通客户数2 689户。自助设备存取款68 220笔，单台设备日均交易量23.36笔，非现金交易883笔，自助设备服务率100%。网上银行交易53 064笔，发生额39.36亿元；电话银行交易189笔，交易金额共计4 702.58万元；快易理财交易81笔，交易金额共计163.79万元。电子银行替代率84.7%。POS累计消费25 207笔，交易金额1.14亿元。

【机制经营】 一是强化内部管理，发挥干部、员工主观能动性，制定了《干部履职能力考核办法》和《员工绩效工资考核分配办法》，按照以绩定酬、效益优先原则，充分体现"干与不干不一样、干多干少不一样、干好干差不一样"的考核理念，稳妥、公平、合理拉开收入差距，实现创效能力与个人收入的有机结合。二是由各部门民主推荐和分行组织人事部门提名推荐，将政治素质过硬、专业能力突出、个人业绩显著、日常工作勤奋敬业的人员提名党委研究，经过组织考察、报批报备、公示、谈话等程序，新聘任总经理助理6人、部门经理4人、享受经理级待遇2人，进一步激发员工队伍生机与活力。三是加强人员队伍建设，充实分行人员力量。根据分行员工队伍情况，结合分支机构筹建工作，做好各类人员的招聘工作，进一步充实人员力量，总计完成对320人次的笔试、面试工作，择优录用35人。四是加快机构网点建设，同城支行招商银行股份有限公司石家庄广安支行于2011年7月26日批准筹建，同年12月21日获得河北省银监局下发的金融许可证和营业执照，2012年1月9日举行开业仪式正式对外营业。五是为进一步发挥青年员工在分行打造强行进程中的表率作用，加大了优秀年轻干部的培养选拔力度，按照总行党建工作指导意见要求，结合分行实际，相继成立了分行纪委、团委和工会组织，并在机关设立了三个党支部，民主推选产生了纪委委员、团委委员、工会委员会委员和各支部委员组成人选，为干部队伍注入了新鲜活力。

【对公业务】 一是以资产带动负债业务发展。授信业务在目前阶段成为市场的稀缺资源，也是对公业务的"撒手锏"。在授信规模有限的情况下，以提高分行综合收益为标准，甄选优质客户进行营销。首先通过专项重点营销，授信客户在分行的存款有了较大幅度的提升，缓解了因市场因素造成存款流失的压力；其次，在上报和已获批的客户中谈综合收益，为分行增加稳定的保证金存款，并为营销日常结算和其他业务带来了良好的契机，其他正在上报或具备放款条件的企业也都可以带来保证金存款或日常结算存款，用好稀缺的授信武器。二是认真分析市场，以产品赢得收益。在发展资产、负债业务的同时积极利用招商银行的优质产品，营销潜在客户、维护已有客户，在重点突破的基础上实现"多点开花"。招商银行2011年推出了现金管理产品"智能现金池"业务，分行在充分熟悉业务和产品的基础上，细分需求市场、制定专项营销方案，经过细致营销、打消客户疑虑，成功营销3户"智能现金池"客户，其中两户多次购买了该产品，金额超过亿元，为分行增加了一定的中间业务收益，得到了总行现金管理部的表扬，客户通过交易也赢取了总行现金管理部的一等奖。与招银租赁携手，密切联动，成功办理融资租赁业务2.87亿元，实现了分行自成立以来租赁业务的首笔投放，不仅为分行带来了稳定的存量结算存款，并在负债、结算、资产、零售等诸多业务中加速全面合作，同时实现了超过900万元的中间业务手续费收入。

【零售业务】 一是大力发展"一卡通"客户，加快"跑马圈地"。2011年，分行持续开展了楼盘营销、开卡有礼、刷卡有礼等一系列主题营销活动，通过电台、网站、公交车体、公交站亭及各种LED显示屏等多种媒体投放活动广告，加大活动宣传力度，同时联合石家庄百盛商场开展"刷一卡通，享店庆折扣，得缤纷好礼"大型促销活动，客户反响热烈，口碑宣传作用明显，促进了"一卡通"发卡量及卡均存款两项指标的持续提升。二是注重发挥理财经理团队的营销主力军作用，推动业务发展。一方面通过组织"路演"、"陌拜"等营销活动，利用招行的品牌影响力争揽中高端客户。另一方面充分利用WMS系统和DW系统开展数据库营销，对中高端客户实行名单式管理，针对客户不同特点实行分类管理，确定目标客户挖潜提升，增加原有客户资产额。三是加大个贷业务推动力度,带动整个零售业务的发展。认真梳理了系统业务流程,根据总行授权要求,建立了分级的系统审批权限。严格执行差别化的房贷政策,做到业务合规经营。积极营销优质按揭资源,客户经理进驻楼盘,进行面签、交叉销售等营销工作,从源头上提高个贷业务的发起效率。四是做好客户维护工作。大力营销专业版、个人贷款、基金、理财、保险等多种产品,在加快个贷业务发展的同时,加强个贷客户的维护和持续经营,加大随借随还、消费易、周转易等创新功能的营销推广力度,大力发展循环授信业务,使单一的房贷客户变成高价值贡献的客户。

【国际业务】 为尽快发展国际业务,分行在部室格局上进行改革,启动新模式,配合全面营销,实现国际结算、结售汇业务重大突破。一是从申请资格准入,建章立制开始,一步一个脚印,一步一个突破。作为新建行,2011 年初向河北省外管局申请办理对公、对私结售汇资格的准入,1 月底就取得办理对公、对私结售汇操作资格。同时,制定了相应的规章制度及操作流程,为今后业务健康有序地开展奠定基础。二是充分利用分行品牌、业务平台及境内外联动优势,积极营销国际业务客户。通过海关、外管等渠道取得省内前 2000 家进出口企业名单,资源共享,展开营销。同时寻找一些关系客户,为其宣传分行的品牌优势及结算服务,如上门取单、提前预审单等,争取客户来分行办理结算业务。三是提供差别化服务,多项业务实现零突破。分行积极克服时间要求紧、人员新、不熟悉业务系统等各种困难,在总行及兄弟行的支持帮助下,首次成功办理了两笔全额人民币质押、外币贸易融资业务,为分行带来 2 亿人民币保证金存款和 475 万美元结算量。抢占先机,协同营销,成功办理了首笔外债结汇、外汇买卖业务,为分行带来 1.2 亿港币外汇交易量及一定的汇差收入。

【内控管理】 一是强化内控,防范风险。石家庄分行成立以来,党委和行长室就十分重视全行合规经营,始终把内控管理、合规经营工作纳入重要议事日程,要求全行坚定不移地坚持依法合规经营,并在此基础上加快发展。牢固树立"发展是第一要务,合规经营是第一责任"的理念,明确部门主持工作的负责人是本部门内控合规工作第一责任人,并签订责任书,对本部门内控合规工作负全责,内控合规工作要与业务经营工作同部署、同落实,同检查、同考核、同奖惩,在全行形成齐抓共管的良好氛围。认真开展自行查核工作,在总行审计 181 词条基础上,结合分行各条线实际业务重点,有针对性的制定了自行查核方案和查核点,组织、指导分行的自行查核工作,并定期分析自行查核结果,跟踪自行查核问题的整改,防范屡查屡犯现象。为进一步抓好年末内控工作,12 月份在全行开展了"回头看"工作,从各层面、各业务条线对服务、业务流程、已有业务等全面梳理,按规章制度、操作流程一一对照,建立了工作台账,对业务办理、流程上的不足及检查发现的各项问题全面完成了整改。二是产品为媒,服务至上。以招商银行的"产品"和"服务"这两大金字招牌吸引客户,占领市场。为了更好地提高客户的依存度,通过理财产品的销售,有力吸引行外资金,促进存款沉淀。借助招行信用卡的社会影响力,将信用卡作为争揽客户的利器,大力推广一卡通和网上银行专业版。优质服务是留住老客户、争夺新客户最根本的手段,坚持"以客户为中心"的服务理念,利用晨会对总行的服务管理制度和服务监测标准进行了逐条学习对照,结合分行营业厅运营实际,加强服务工作基础管理,落实首问负责制,编制了大堂经理日志和大堂服务排班表,大堂经理实行定位制,强化大堂经理在维护服务环境、分流客户维持服务秩序上的重要作用。从 5 月底开始,按照分行郑晓东行长提出的"二个准备、五个环节"的要求,对整个客户接待流程进行逐步逐环节的细化落实,规范营业前准备、营业中接待、营业后整理的各项工作,完善营业厅服务流程。四季度开始全面推行金葵花、金卡客户服务规定动作,提升高端客户服务体验,在总行的客户满意度回访调查中分行名列前茅。全年共组织了 8 次总行培训师对分行的服务培训课程,要求分行员工全部参加,各项服务规定全行员工都要掌握和执行,服务效率有了很大提高。

【企业文化】 在加强企业文化建设过程中,分行把强化执行作为一项基础性的工作抓紧、抓细、抓实,在全行建立一种行动迅速、执行有力、注重细节、负责到底的管理氛围。积极开展形式多样的企业文化活动,设立企业文化墙、组织新春联欢会、行长为员工庆生会、全民健身登山运动、全员动手齐参与的节日聚餐等各项活动,其中,石家庄分行独具招行特色的“金葵花饺子”名扬行内外。全行树立“以行为家”的信仰，弘扬爱岗敬业精神，最大限度地发挥干部员工在打造强行工作中的主体作用，全行的思想意识进一步提升，理念和行动更加统一。爱心回报社会，全行员工积极踊跃地参与了为武定、永仁两县捐款捐物献爱心活动，共捐资7 300元，捐助衣物270件，进一步营造了员工团结互助的良好氛围，增强了全行干部员工创建和谐银行的责任感和使命感。

（杨　洁）

上海浦东发展银行股份有限公司石家庄分行

【概况】 2011年，上海浦东发展银行股份有限公司石家庄分行立足河北区域经济，抓住机遇加快发展，开拓市场扩大规模，调整结构提高效益，强化管理提升水平，各项工作全面进步，主要业务指标超额完成全年计划，经营效益大幅提升，市场竞争力、社会影响力、企业凝聚力进一步增强。截至2011年底，各项贷款155.95亿元，比年初增加28.75亿元。各项存款171.14亿元，比年初新增66.39亿元。实现中间业务收入9 306万元，比上年增加3 250万元。实现账面利润4.7亿元，比上年增长2.05亿元，增幅77.36%；拨备前利润5.62亿元，超总行下达计划1.16亿元。

【主要措施】 年初，根据浦发总行战略要求，结合河北省石家庄市经济实际，确立推进经营结构转型，大力发展负债业务和中间业务，加大市场拓展，狠抓队伍建设，完善经营机制，优化经营结构的经营思想，取得了较好效果。一是把握政策导向，支持地方经济发展。在贷款投放上，紧紧围绕国家产业政策、河北产业结构调整规划和全行发展战略，坚持以国家经济发展战略和总行行业信贷政策为导向，优先支持技术先进、行业领先、清洁安全、附加值高的现代制造业；积极拓展以贸易融资为主导的短期融资业务，重点围绕大中型优质客户上下游供销商，强化客户信息资源的挖掘与整合应用，依托产业链、供应链、资金链，大力发展贸易融资业务；加大对流动资金贷款的创新与改造，适当投放高端优质客户的流动资金贷款，大力调整贷款的客户、行业、产品结构，提高对地方经济发展的贡献度。2011年末，浦发银行石家庄分行一般性对公贷款余额133.45亿元(含直贴)，较年初新增18.56亿元，增幅16.15%；累计办理票据直贴43.01亿元。通过调整信贷结构，累计投放贷款61.45亿元，办理应收账款转让2 676笔，保理业务量为12.97亿元。二是整信贷投放结构，做好重点企业金融服务。2011年，分行着眼于信贷集约化经营和精细化管理的科学发展理念，按照总量适度、结构合理的要求，主动、前瞻性地把握信贷投放量和投放方向，重点支持的企业和项目主要有冀中能源峰峰集团有限公司、邯郸钢铁集团有限责任公司、邯钢集团邯宝钢铁有限公司、唐山冀东水泥股份有限公司、张家口市高等级公路资产管理中心、石家庄市财茂投资开发有限责任公司、沧州市交通运输局、唐山远洋城房地产开发有限公司等，以上企业合计在我行表内融资余额达79.7亿元。三是勇于承担社会责任，加大支持中小企业力度。浦发银行高度重视作为股份制银行的应承担的社会责任，立足中小企业实际需求，加强对中小客户群体的市场调研，建立健全符合中小企业特点的业务流程、风险管理和服务模式，重点支持一批技术含量高、经营效益好、市场潜力大的优质中小企业客户；针对不同发展阶段、不同业务领域、不同业务模式的中小企业发展模式特点，对产品进行整合，推出个性化的融资方案，致力于提供全方位的金融服务。截至2011年末，中小企业表内、外授信余额合计12.71亿元，较年初增加6.03亿元。其中：中小企业表内授信余额5.54亿元，较年初增长4.05亿元；表外授信余额7.17亿元，较年初新增1.98亿元；表内外累计投放175笔，金额31.06亿元。四是加快机构网点建设，加大金融服务辐射范围。2011年，我行相继完成了保定分行的筹建和开业工作，武安支行、平安大街支行筹建完成，进入开业前准备阶段，沧州分行获得银监会批复，进入紧锣密鼓的筹建中，预期机构建设目标正在有条不紊地实现。我行以平均三个多月时间建成开业一家二级分支机构的浦发速度，得到了政府赞赏和社会各界的认同。营业机构建设速度的加快，不断扩大了我行提供金融服务辐射范围，增强了对省内重点区域的服务能力，有力地助推地方经济发展。五是新金融产品，拓宽融资渠道。创新是信贷工作的灵魂，创新是支持地方经济发展的动力和源泉。我行在支持地方经济发展过程中，注重加快信贷产品的创新，实现产品营销的多元化；加快营销方案的创新，提供个性化的金融服务；加快信贷市场的创新，突破新的业务领域；加快经营方式的创新，拓宽资产经营渠道；加快传统商业银行与新兴投资银行业务的互动创新，增强综合化经营能力。2011 年，多个"第一"在业务创新中诞生：第一笔保理代付业务、第一笔国内信用证卖方代付业务、第一笔企业债募集资金监管业务、第一笔企业中期票据承销业务、第一笔个性化票据类理财产品、第一笔直接股权投资基金业务、第一笔 IPO 募集资金监管业务、第一笔监管方担保项下的"厂商银"业务、第一笔国内信用证买方代付业务、第一笔为他行代付业务等。2011 年，浦发银行在扩展业务空间、创新产品与服务、增进业务深度与广度上取得长足进步。六是积极践行企业社会责任。1 月 8 日上午，石家庄分行田德明行长带领分行本部、同城支行共 20 多名志愿者去石家庄市社会福利院进行了爱心捐赠。石家庄市社会福利院专门为浦发银行颁发了捐赠活动荣誉证书。唐山分行 20 名志愿者代表走进常记共产主义大院养老院，为老功臣们送去价值6 000余元的保暖内衣和慰问品，还和老人们一起表演节目，演唱红色革命歌曲，让老功臣在冬日里感到了浓浓暖意。邯郸分行的志愿者在当地举行了向社会福利院捐赠活动。不同的地点，相同的问候，传递的都是来自浦发银行和社会各界的关爱。河北青年报、河北经济日报、燕赵都市报、石家庄电视台等新闻媒体进行了跟踪宣传报道。通过志愿者活动，不仅进一步提升了员工健康向上的职业精神，同时也进一步向社会各界展示了浦发银行关注社会、关注民生的社会责任感。

兴业银行股份有限公司石家庄分行

【**概况**】 2011 年，全行上下以发展为第一要务，以创新为根本动力，狠抓存款增长这一工作重点，从考核评价、资源配置、发展基础客户三方面入手，全力拓展核心负债，积极适应信贷规模调控从紧、资金价格波动较快的市场变化，公司、零售、同业各项业务均实现快速增长。截至 2011 年 12 月末资产总量 457. 19 亿元，较年初增加 131. 28 亿元，增幅 40. 28%；本外币各项存款余额 287. 5 亿元，较年初增加 165. 27 亿元，增幅 135. 21%，本外币各项贷款余额 160. 93 亿元，较年初增加 47. 67 亿元，增幅 42. 09%。截至年末，分行盈利 3. 42 亿元。

【**做大做强分行基础客户群体**】 以核心客户为基础，中型实体企业为主流，小企业作为新的业务增长点，坚定不移地做大做强我行优质客户群体。一是借助我行特色业务和特色产品，发挥"两翼"的业务优势，将供应链融资、现金管理、投行业务、理财等产品作为切入大型重点客户营销的一种手段，为省内重点大客户提供多元化的综合性金融服务，大型客户对我行企金业务尤其是负债业务的贡献度逐步提升。二是对于重点发展的中型客户，强化区域营销意识，及时调整营销策略，将主办行客户纳入了重点客户营销管理，在贷款规模的安排上给予优先配置。三是小企业中心业务发展围绕"抢市场，抓客户，筑基础，增收益"的工作中心，划定以石家庄、唐山、廊坊为三大核心区域，实施集群式营销，大力推进了小企业业务规模和市场份额的扩大。

【**多渠道、多领域开展特色业务**】 践行社会责任，倡导低碳经济，发展绿色金融。作为全国首家"赤道银行"，分行强化社会责任，积极支持河北省节能减排项目建设。作为业务发展重点，积极与政府职能部门沟通，争揽节能减排项目，安排专项规模给予优先支持。认真执行行业绿色信贷标准和环境与社会风险管理要求，在调查、审查和贷后管理等各个环节，坚持环保从严原则，实行"环保一票否决"，加强与环保部门的信息沟通，执行差别化的风险管理要求。截至 2011 年末，我行绿色金融贷款余额达到 22. 59 亿元。

调整业务结构，全力支持小企业发展。一是优化业务流程，提高审批效率；二是完善经营模式，充分发挥小企业专营机构作用，增加二级分行专营机构建设步伐，将小企业业务与零售个人经营贷业务有机结合，联动发展；三是发掘基于核心客户产业链和专业集群市场的小企业资源，积极创新金融产品和担保模式，在风险可控的前提下，推动小企业的业务稳健发展；四是按照银监会"两个不低于"的标准和要求，我行单列、单核小企业信贷规模，采用设定下限，上不封顶的模式，从根本上保障小企业信贷规模；五是加强管理，严格杜绝不合理收费，切实降低小企业融资成本。截至

2011年12月末，我行小企业贷款余额11.87亿元，较上年增加9.81亿元，投放涉及67家小企业。

拓展融资渠道，加大投资银行业务支持力度。一是响应省委省政府号召，在传统信贷业务之外，充分利用我行推出的“兴业芝麻开花”中小企业上市计划，全力支持有条件的省内经济实体成长上市，目前总行入池客户已达25户；二是积极运作石家庄市、沧州市、廊坊、唐山等地的中小企业集合票据业务，拓宽企业直接融资渠道；三是加强与证券公司的业务联系，增强银证合作，共同支持省内经济的快速发展；四是继续加大与信托公司、兴业总行资金中心业务沟通合作，为省内经济实体提供融资支持。

心系民生，创新产品，推动零售金融业务发展。积极探索零售业务产品创新，加大个人经营贷款、个人住房按揭贷款、个人消费贷款等零售贷款的投放力度。截至2011年12月末，我行零售贷款共投放25.45亿元，较年初增加18.71亿元。

【推进机构网点建设，搭建服务体系】 在总行和监管部门的大力支持下，分行网点建设步伐稳健。截至2011年末，已设立六家同城支行，两家异地二级分行（唐山分行、廊坊分行）。

【强化内控管理，提升风险防控能力】 坚守风险管理底线，严防出现行业性、系统性、区域性风险。在复杂多变的市场环境下，切实增强风险管理的前瞻性和预判能力，突出抓好重点领域和易发风险领域风险防范工作。落实国家政策要求，强化平台贷款管理。认真执行差别化住房信贷政策，实行名单制管理，从严把握行业准入政策，全流程监控信贷资金用途，防止非住房贷款流入房市。一是完善制度体系，保证业务发展有章可循。认真贯彻落实监管要求，加强过程管理，推动依法合规经营，加强风险防控制度体系建设，细化风险控制操作流程，建立健全规章制度，做到有法可依、有章可循。截至2011年末，我行共制订相关制度74个，涉及信贷投向、风险管理、内控检查、计财和人力资源等多个方面。二是强化管理和培训，增强管理人员和业务人员的合规意识和案件风险防范的主动性。一方面加大对管理人员和营销人员规范化操作理念的培养，牢固树立依法合规意识，重点强化规章制度和案件风险防范的教育和学习，举一反三，有效进行借鉴和警示；另一方面，强化风险防控主动意识，注重对各个环节的风险把控，查找薄弱环节和漏洞，提出有针对性的应对措施，确保员工具备较高的案件防范意识和风险控制能力。三是强化对基层网点管理，提高制度的执行力，确保各项内控制度执行到位。针对目前发生在信贷业务、现金业务、代理业务、清算业务等环节的案件占比较高，同质同类金融案件频繁多发于基层营业机构的情况，着力抓好重点机构、重点业务部位以及基层案件风险防控。同时针对创新业务、新的金融犯罪特点，对案件防控措施和手段及时不断更新，以取得更好的案件防范效果。四是抓好案件防范重点，落实责任追究。严格违规责任追究，杜绝有章不循、有禁不止的行为，问责违法、违规，保持查办高压态势，对案件责任人实施严厉的责任追究，确保各项内外法规、规章制度的严格执行。

【提升队伍素质、推进企业文化建设】 不断充实人员配备，优化人员结构，以满足各项业务的快速发展、经营管理的精细化要求以及机构网点增速建设的需要。结合自身实际和总行关于编制管理的相关规定，开展了首次定岗定编工作，基本做到了人员的合规合理配置，建立了科学、合理、有序的专业化队伍；完善激励约束机制和动态考核机制，有效激发了员工的潜能和工作热情；将员工培训与个人职业生涯发展相结合，通过多种培训形式，不断提高管理人员的综合能力，业务人员的专业能力，柜面人员的服务能力，全体员工的综合素质显著提升。践行社会责任，向狼牙山中心小学捐赠了价值1.5万元的文体用品。企业文化建设方面，秉承兴业银行“和谐高效”的优良传统，始终坚持依法经营、稳健经营、文明经营，致力于为客户提供全面、优质、高效的金融服务的同时，将“最关心员工的银行”定位为自己的建设目标，通过各种文体活动活动，不断增强兴业文化在员工中的影响力，增强了员工的凝聚力和向心力。

中国民生银行股份有限公司石家庄分行

【概况】 2011年，中国民生银行股份有限公司石家庄分行紧紧围绕做“民营企业的银行、小微企业的银行、高端客户的银行”的战略定位，全面加强经营管理，强力提高市场竞争力，各项业务持续、稳步、健康发展。截至12月末,该行一般性存款569.62亿元、较年初增加137.13亿元;各项贷款348.70亿元、较年初增加60.67亿元;资产规模达到644.26亿元,较年初增加132.3亿元。

【负债业务】 2011年将"吸收存款"作为全年重点工作,进一步加大了负债业务工作力度。一是进行全面动员,牢固树立"存款立行"和"发展是硬道理"的观念,号召全行员工全力以赴,做好稳存增存工作;二是加大客户经理整合力度,加强了对客户的系统化、专业化营销,促进了存款持续增长;三是整合产品,充分发挥产品带动作用。该行通过发挥产业链和产业集群的联动效应有效拓展了同类交易融资客户,派生存款16.5亿元。四是加强对零售客户的维护提升,促进了储蓄存款的稳步增长。2011年该行储蓄存款增量在系统内排名第一;储蓄存款余额占当地8家股份制银行的40%强,储蓄存款增量占当地8家股份制银行的一半以上。

【中小微企业】 2011年,在贷款规模受限的情况下,集中资源,在确保河北省基础设施行业、大型企业和重点项目的资金需求的同时,积极开展中小和小微业务,支持中小微企业的发展。一是全面落实"规划先行、批量开发"的营销策略,组建了专业营销团队,加强了项目的集群开发和商圈开发,带动了商贷通快速发展。二是全面落实"信贷工厂"模式,推行"专业化、标准化"作业,最大程度地提高了工作效率,节约了客户的时间成本。三是广泛开拓业务渠道,先后与省、市工商联以及各类行业协会进行合作,积极搭建长期稳定、互惠共赢的多点、多层次、多领域的银企对接融资平台,有组织、有系统的扩大对小微企业的金融支持与服务。截至12月末,该行中小和小微企业贷款客户近6 500户,余额127.39亿元。

【业务创新】 2011年,在业务品种、业务模式等方面探索创新,促进了业务多元化。一是投行业务取得新成效。二是理财业务取得新突破,成功发行了两个信托理财项目,打开了分行开展理财业务的先河。三是直接融资领域取得新局面。四是现金管理业务取得新进展,跨行资金归集系统成功上线。五是港口物流银行建设初见成效,分别与秦皇岛港务局、京唐港港务局签订了合作协议。六是票据委托理财业务实现创新。在总行"金案例－跨越2011"年度竞赛中,该行"秦皇岛港煤炭抵质押"、"M+1+N模式项下交易融资业务批量开发"分获一、二等奖,"分行公司业务结构转型"案例被评为全行优秀案例。

【合规建设】 一是开展"民生发展 合规护航"为主题的合规建设活动,组建了专兼职合规经理队伍和保卫经理队伍,开展了人员风险排查,进行了案件警示教育,梳理了管理制度,更新了技防设施,内部管理进一步制度化、规范化、合规化。二是加强纪检监察工作,围绕作风建设和银监局案件风险隐患清查专项活动扎实开展员工职业道德教育和风险防范工作,提高了员工自律意识和自控能力严格业务管理。三是结合银监会"三法一指引"和政府融资平台贷款清查工作部署,对业务环节进行了全面检查,扎扎实实推进了内控建设。四是积极开展"平安支行"创建活动,使全行员工牢固树立"安全保效益"的重要思想,确保了各项业务安全、高效运营,实现了全年无各类经济案件、无职工违法犯罪、无治安、火灾事故,累计有7家机构被总行评为"平安支行",得到了省公安厅、省银监局的一致好评。

【机构建设】 2011年该行按照机构建设计划稳步推进各项工作,将人、财、物向网点建设倾斜,新建了4家县域支行任丘支行(2011年1月开业)、鹿泉支行(2011年10月开业)、黄骅支行(2011年11月开业)、武安支行(2011年12月开业)和1家同城支行建设南大街支行(2011年3月开业),改建了2家老支行新华西路支行、裕华东路支行,进一步提升了网点竞争优势。

【队伍建设】 一是持续开展分类分层次的员工学历提升计划,做好EMBA班、研究生课程班和网络本科班的联合办学工作,组织各类员工进行再学习,提高员工学历层次。二是开展中级管理人员晨训,并按照学习进度和内容组织了测试,有效提高了中层管理人员依法合规经营意识和综合管理能力。三是组织客户经理"早间一小时"业务培训,选调了27名行内兼职讲师下支行进行穿插教学,帮助客户经理全面掌握该行的金融产品,为分行业务快速发展提供了有力支持。四是组织新员工参加拓展训练和"运营新兵大课堂"等培训活动,增强了新入职员工的归属感和对民生企业文化的认同感,培养了团队协作意识、责任意识,增强了团队凝聚力。

【形象建设】 围绕全行中心工作,加大宣传报道力度，进一步提升民生银行社会形象。一是加强了舆情监测，在分行内部形成强大的宣传合力；二是组织了“品海鲜，摘冬枣”、“聚首海滨，畅享人生”高尔夫球巡回赛等营销活动，为潜在目标客户的市场开发奠定了良好基础；三是与河北人民广播电台合作，开通了“民生金融直播间”，有效宣传了该行产品和服务，提升了品牌形象。在“2011 河北消费者最满意的银行品牌评选活动”中，该行以总票数第一的成绩成功当选消费者最满意的银行品牌。

（白 亮）

东亚银行（中国）有限公司石家庄分行

【概况】 东亚银行（中国）有限公司石家庄分行是河北省引进的首家外资银行，于2009 年6 月18 日获银监会批准筹建，2010 年3 月31 日正式营业。2011 年，在团队建设、员工士气、文化建设、绩效激励、经营管理等方面进一步完善管理和内部提升，各项业务均实现了突破性快速发展。

【团队建设】 一方面积极引进高素质的人才，加强领导班子建设。高效务实的管理团队和精干的员工队伍带动了分行业绩下半年的快速增长；同时，分行加强校企合作，多次在省内重点大学进行校园招聘，并通过为在校大学生提供实习机会的方式，为分行的人才梯队建设储备优秀人才。在加强团队建设方面，通过员工、领导双向选择，重组营销团队，消化化解积存矛盾，发挥新员工和老员工互补作用，调动团队积极性，树立“一切为业务”的工作风气，逐步加强了分行的一线团队。

【激励机制】 新班子接任后，按照多劳多得的原则制定和实施绩效考核。一方面，在全面评估分行实际经营能力的基础上，围绕“扭亏为赢”这一基本目标，突出利润、贷存比等几个关键指标，并落实任务完成进度。另一方面，通过“按月考核，按季兑现”落实绩效考核，实现能者上、庸者下。推动市场部门抓业务开拓、抓客户基础建设；营运部门增强服务意识，加强公私业务的联动，实现前中后台的联动。

【强化培训】 一方面，加大对员工业务能力的培训。分行将每周四晚上作为分行业务集中培训时间，培训内容涵盖业务产品、风险控制、合规宣讲、案例分析等，通过跨部门交流，小组讨论等各种方式鼓励员工积极自主参与。通过密集的培训，分行员工的业务能力有了很大提高。业务操作方面，在强化“风险控制，合规经营”的基本理念的同时，积极鼓励后台员工提高业务技能和服务意识，通过在岗强化学习和实际操作，要求后台员工在各方面跟得上业务发展的步伐。

【完善制度】 不断完善内部控制建设，确保业务流程和风险处于受控状态。分行持续开展各项控制活动，完善制度控制，加强岗位制衡，优化业务流程，持续提升系统性控制，增强应急能力，提高内部控制的合规性、有效性和适宜性。

【文化建设】 一是多渠道听取员工意见。二是通过培训和演讲等方式，引导员工树立积极正确的职业观。三是东亚银行（中国）有限公司石家庄分行工会第一次工会会员（代表）大会于2011 年10 月13 日召开，公开投票选举产生了工会主席和工会成员。分行通过建立工会，举办羽毛球比赛、每周瑜伽课程等各种形式的文体活动和解决员工午餐、鼓励员工使用关爱平台等各种关怀方式，营造积极、温馨的工作氛围。目前全行员工积极性明显提高，员工归属感、自豪感明显增强。

河北省农村信用社联合社

【概述】 河北省农村信用社联合社（以下简称省联社）挂牌成立于2005 年6 月，是由全省154 家县级联社和3 家市级联社发起设立，经中国银监会批准、在工商部门注册登记的金融机构。根据国务院批复的《河北省深化农村信用社改革实施方案》和省政府授权，省联社具体承担对全省农村信用社（含农村商业银行、农村合作银行，以下简称农信社）的管理、指导、协调、服务职责。省联社现有法人机构158 家，其中省级法人机构1 家，即省联社；市级法人机构3 家，即石家庄、沧州、衡水市联社（省联社在其他8 个设区市设立办事处，属于派出机构）；县级法人机构154 家。共有营业网点4 919个，员工五万二千余名。2011 年，在省委、省政府的正确领导和有关部门的大力支持下，省联社坚持科学发展观和服务“三农”市场定位，深化改革、加快发展、创新机制、防控风险、强化管理，业务运行实现较快增长，股份制改革工作取得明显进展，农村金融主力军作用得到进一步发挥，发展质量和效益明显提高，各项指标均创历史最好水平。截至2011年末，全省农信社各项存款余额达5 678.02亿元，净增781.17亿元，增长16.1%，同比多增107.36亿元，负债总额达6 596.15亿元。各项贷款余额达3 619.90亿元，净增486.32亿元，增长15.5%，资产总额达6 935.50亿元。存贷款市场份额继续位居全省银行业机构之首，各项业务经营指标实现快速增长。所有者权益达339.5亿元，其中实收资本273.2亿元。实现拨备前利润136.58亿元，同比增加40.70亿元，增长42.4%，扣除拨备后实现利润59.94亿元，同比增加18.77亿元，增长45.6%，效益性指标创历年最好，全省农信社154家县级机构首次实现全部盈余。同时，监管指标全部超额完成银监会达标升级目标。2011年，全省农信社共缴纳各种税金25.3亿元，其中所得税15.8亿元，营业税7.9亿元。

【市场竞争能力进一步提升】 一是加大对“三农”信贷支持力度。全省农信社继续推进“农信进万家”活动，制定支持“三农”发展工作的指导意见，不断拓展农户小额贷款和农户联保贷款使用范围，大力推广新开发的25个信贷产品，加大对农民专业合作社和居民消费的信贷倾斜力度，积极扶持符合节能减排、转变经济增长方式要求的产业。积极开展小额信贷创新工作，在环京地区选择了5家县级机构开展试点。2011年，全省农信社涉农贷款余额3 065.20亿元，净增449.89亿元，占比84.7%，同比高出1.4个百分点，涉农贷款增速高于上一年度1.7个百分点，实现了中央提出的“两个不低于”的政策要求。二是加大对县域中小微企业支持力度。优先支持有市场竞争力的农业产业化龙头企业，发展信用共同体，促进农村产业化升级。对商业信用较好的中小企业主动提供授信和用信支持，对成长性好的小微企业提供适应其资金需求特点的信贷产品。积极扶持具有区域优势与特色的流通企业，大力支持新民居建设和基础设施建设，全力支持城乡一体化发展。截至2011年末，全省农信社中小微企业(含农村经济组织)贷款余额2 183.77亿元，比年初增加391.48亿元。小微企业贷款增速25.4%，高于全部贷款平均增速9.9个百分点。三是加快电子银行业务发展步伐。截至2011年末，全省信通卡存量达1 257.34万张，卡内存款余额421.57亿元；发展特约商户23 857户；布放POS机26 219台；安装ATM机1 695台，其中正式开通1 531台；开通电话银行146万户；开通短信服务业务106万户。有144家县级机构开通网上银行，支付宝快捷支付和支付宝卡通业务正式上线，“农信村村通”工程正式启动，在村一级布放EPOS(自助服务)终端1750台，有效延伸了农村金融服务渠道。有4 074个营业网点实现了全国范围内跨行资金的实时汇兑，全省支票影像系统和支付密码系统上线运行。

【“双改”工作取得明显进展】 一是明确目标，全面部署。全力推动县级联社农商行、股份公司改制工作(即“双改”)，按照河北省“十二五”发展规划和省委省政府有关决策部署，确定了“全面启动、环京先行、以点带面、加快推进”的改制总体思路，省联社制定了2011年至2013年具体的改制目标任务，分别启动了24家县级联社的农商行改制和26家县级联社的股份公司改制工作，并以1号文件印发了《2011年县级农信联社股份制改革工作方案》，以环首都经济圈县级机构率先实现改制为突破口，带动改制工作全面推进。二是多措并举，全力推动。省联社建立专门工作机构加强组织领导和动员，逐县开展摸底调研，督导各市级农信机构制定本市改制规划；多次召开改制工作座谈会统一思想、摸清问题、研究措施。建立改制工作经验交流平台，邀请银监会合作部及河北银监局等相关领导对拟改制机构进行培训，组织拟改制机构到先进省市考察学习改制经验。与省金融办、国资委、工商联联合举办股权合作洽谈会，促进优质企业与改制联社达成入股协议和合作意向。积极争取地方党政和有关部门政策支持，有效解决改制工作中工商注册等难点问题，尤其是率先解决了组建股份公司的政策空白，开全国之先河。三是积极申报，“双改”工作成效初见。截至2011年末，文安、大厂、宣化、宽城、滦平、南皮6家县级机构获批筹建农商行；26家拟改制股份公司的县级联社已全部完成了清产核资，其中石家庄赵县、新乐两家联社已获批开业。全省154家县级机构中已有136家全部清退了资格股，投资股占比已达到98.7%，比年初提高了30.5个百分点。

【机制创新深入推进，经营活力得到有效激发】 一是优化省、市、县三级行业管理机制。省联社坚持“有所为,有所不为”原则,明确省、市两级管理机构的定位,加快推动省、市两级履职重点由侧重管理向侧重监督与服务方向转变。在坚持行业管理和分类管理的前提下,在信贷咨询、财务开支、劳动用工、薪酬分配等方面最大限度向县级改制社放权,充分调动和发挥县级改制机构的经营积极性和决策主动性。出台了县级行社内部绩效薪酬分配工作指导意见和县级行社领导班子绩效薪酬考核办法。通过内控管理达标和经营质量达标双线考核,建立了对市、县农信机构综合评价、分类管理的新机制,完善了市级机构激励约束机制和综合考评办法。二是加快省联社治理结构和运行机制创新。完善内部治理结构,加强自身法人治理,进一步规范了省联社党委会、理事会、高级管理层各自职责权限和履职行为。顺利完成省联社第一届民主管理组织换届工作,配齐配强省联社高管层,并在理事会设立了提名与薪酬、战略发展、风险管理、稽核监督、大额财务开支等五个专门委员会,为加强内控、防控和化解风险奠定了组织基础。按决策、执行、监督、服务四个架构,对省联社内设职能部门及职责、人员进行了必要调整,并在省联社机关首次采取了公推公选的干部选拔任用方式。

【合规管理持续强化,风险防控能力不断增强】 一是狠抓内控建设。建立和完善内控制度的评价改进机制,集中清理原有的行业管理制度和省联社机关内部规章制度,共修订或新制定了50余项规章制度,进一步健全完善了制度体系。加强内审工作和合规管理,在省联社设立总审计师职位,设立合规部,制定了未来三年风险管理达标提升规划,不断强化风险管理工作。二是紧紧抓住防控重点。省联社结合银监会“三项整治”活动,在全系统组织开展“合规管理和风险防控年”活动。加大贷款“三查”制度执行力,持续推动会计基础达标升级工作,加强库存现金、重要空白凭证和应收账款管理,认真落实重要岗位轮换等“四项制度”,加大“九种人”排查力度,严格防范道德风险和操作风险,全面强化稽核工作。大力推进县级机构视频监控远程联网、运钞工作改革及安全防范设施达标建设,加强自助机具的安全管理,深入推进“平安农信”创建活动。三是持续加大案件治理力度。召开全省农村信用社纪检监察工作会议,落实案件防控责任制和案件责任追究办法,加强案件专项治理和治理商业贿赂工作,结合省委“约法八章”纪律要求,修订完善农信系统作风建设“十个不准”。对各级领导班子成员实行“一岗双责”,层层签订党风廉政责任状,将案件防控工作纳入考核内容,自上而下逐级签订案件防控目标责任状。按照“重要举报必究、违规线索必查、露头案件必打”原则,加大对各类违法违纪行为的查处力度,

【加强信息科技建设步伐加快】 一是加快信息科技设施基础建设。完成了办公网、生产网基础带宽升级、营业网点线路扩容、企业征信网整合和省中心机房光纤网改造,建成并推广使用了信贷、稽核、财管、人力资源、办公自动化和经营分析等六大管理系统。丰富完善电子渠道建设项目,开发中间业务科技支持平台。启动建设了业务经营实时风险监测系统。二是强化信息科技风险管理。开展信息安全风险评估和信息科技检查,顺利完成了同城灾备系统建设,实施了集中监控管理系统建设,完成了统一运维服务平台建设;健全各级信息科技安全管理体系,开展了信息科技风险评估和信息安全专项检查,完成了应用级同城灾备中心建设。

【党建工作和企业文化建设不断加强】 一是加强党的建设。以纪念建党90周年为契机,以深入开展“创先争优”活动为载体,紧紧围绕省联社中心工作,积极采取措施加强和改进农信社党建工作,涌现出一批先进基层党组织、优秀共产党员等先进典型。持续开展党委巡视工作,加强对巡视人员配备与培训。始终坚持正确的选人用人导向,规范干部工作制度和考察考核程序,优化员工资源配置,进一步完善和健全干部选拔任用机制。增强选人用人公正性,适时补充县级机构高管后备库,配齐配强县级机构领导班子。二是加强企业文化建设。积极稳妥地推进网点改造,着力打造精品营业网点,持续推进营业网点形象建设。开展丰富多彩的企业文化活动,成功组织了存款突破5 000亿元、农信社成立60周年等主题宣传活动,积极参加了央视“2011年春耕行动中国行”、银监会“农村信用社60年发展历程暨农村金融服务产品博览会”等大型活动和全省金融系统业务技能比赛,举办了“爱党、爱社、爱岗”有奖征文活动。不断加大对员工的业务培训力度,全面提高员工综合素质。加大信息报送力度和对外宣传力

度，积极做好银行业文明服务工作。认真做好信访维稳工作，加强声誉风险管理，树立了积极向上的河北农信新形象。

（高玉成）

中国邮政储蓄银行有限责任公司河北省分行

【概况】 2011年，中国邮政储蓄银行河北省分行按照"服务城乡大众、支持'三农'、服务中小企业"的市场定位，依托邮政金融网络覆盖城乡的优势，不断完善金融服务功能，推进产品开发和金融创新，各项邮政金融工作都取得了新进展。截至2011年底，个人储蓄存款余额达到1 518.99亿元。全年累计发放绿卡通主卡122.58万张，结存绿卡通户数237.78万户。结存商易通客户6.08万户、沉淀资金27.4亿元。成功取得了金融社保IC卡发放资格，进一步增强了服务城乡居民的服务能力。重点推出与广大城乡居民生活密切相关的保险、理财产品，对提高城乡居民收入、提高生活质量发挥了积极的促进作用。全年代理新保保费86.7亿元，代销基金有效销量5.39亿元，人民币理财产品有效销量33.03亿元，新增托管余额16.41亿元。新农保工作稳步推进，邮政金融参与58个县的新农保工作，全年累计代收付1 627.24户、14亿元，受到社会各界的广泛好评。大力开展信贷产品创新，全年试点开办了小额再就业贴息贷款、小微企业贷款"接力贷"、经营性车辆按揭贷款、个人汽车消费贷款、个人商用房贷款、渔船质押贷款等新贷款产品，有效缓解了城乡居民和小微企业融资难的问题。全年累计发放各类贷款215.95亿元。全行对公存款余额达到349.4亿元，公司业务实现了新的跨越。全年交易票据346.75亿元，实现利润1.17亿元，不良资产率、客户违约率等指标均为零，票据业务取得较好成绩。

【核心竞争力明显增强】 采取网点迁址、原址改造扩建等措施加大网点改造力度，通过网点功能分区、配备优良的硬件设备、规范网点物品摆放等措施，进一步提升网点服务水平。重点加大ATM、POS等自助设备布放力度，全省布放ATM974台、POS4477台，拓宽了邮政金融业务服务渠道。电子银行业务快速发展，全省电话银行注册客户和个人网上银行注册客户分别达到195万户和102万户。积极推进全国性系统在我省上线和全省性系统的开发工作，顺利完成了网点视频监控安保集中系统、统版中间业务平台系统和交通违法异地缴纳罚款系统等28个系统工程的优化上线运行工作。进一步完善服务管理体系、检查监督体系、分析考核体系，全省配备了1961名专兼职服务管理人员，初步形成了运行高效、齐抓共管、管理优质的服务管理框架。组织开展了"服务双星"创建、"河北省服务质量奖"评选等活动，促进了邮政金融服务质量的提高。扎实推进营销体系建设，认真开展了"金雁奖"营销活动，全省配备了1 270名专职客户经理和293名产品经理，建立起了多专业、多层面、全方位的邮储银行营销体系。实施了全员素质提升培训工程，全年举办各类培训班980期，培训员工3.36万人次，员工素质得到了新的提升。

【风险防控能力切实得到加强】 始终把风险防控作为重中之重，从风险体系建设、从业人员管理等方面入手，切实加强风险防控工作，进一步提升了整体防范能力和水平。不断创新工作方法和形式，以管理"四项业务"、搭建"四大平台"、建设"四项机制"为契机，积极开展"能力建设年"、"业务行为规范年"等活动，进一步增强了全行员工的风险意识。全面启动了"风险经理派驻"工作，扎实推进了资产保全工作，认真开展了信用风险监测、小额贷款风险评估等工作，强化了全行信用风险管理。逐级签订了《案件防控责任书》，定期召开全省案防会议，有效落实了重大风险隐患及整改情况上报制度，梳理形成了案件风险排查要点，极大地提升了案件防控能力。组织推进了"内控和案防制度执行年"活动，重点开展了大额存款滚动式风险排查抽查、库存现金真实性突击审计、票据业务专项审计等10项重点业务的专项审计，确保及时消除隐患。进一步完善了安全应急预案、安全检查评比等工作制度，全年新建网点的物防、技防设施全部达到公安部门要求的标准，极大地提升邮政金融网点的安全防范能力。

【党的建设和精神文明建设取得新成绩】 全面加强党的思想建设、组织建设、作风建设、制度建设和廉政建设，着力发挥党建工作围绕中心、服务大局、促进和谐的作用，为邮储银行发展提供了思想保证和精神动力。以纪念建党90周年活动为契机，组织开展了"党史知识竞赛活动"、"庆七一、唱红歌、爱祖国"歌咏比赛、党性教育等活动，全省党员干部的党性意识进一步增强。全面落实党风廉政建设责任制,有效发挥了纪检监察在银行内控管理和案件防控中的作用。认真组织开展了"亮牌示范"、"岗位奉献"、"服务群众"、"三亮、三比、三评"等活动,确保"为民服务创先争优"活动见到实效。组织员工开展了各种文体活动,丰富了员工业余文化生活。深入开展了"全员不掉队","夯实基础、增强素质、创先争优"为主题的竞赛活动,进一步激发了员工的工作热情。

河北银行股份有限公司

【概况】 2011年,在董事会的正确领导下,在各级监管部门的指导和帮助下,河北银行股份有限公司(以下简称河北银行)紧紧围绕年初确定的经营思路和任务目标,大力推动战略转型,努力转变增长方式,坚定不移地走差异化、特色化、精细化之路。开拓创新,奋力拼搏,资产规模实现快速增长,资产质量保持基本稳定,盈利水平得到大幅提升,主要经营指标再创历史新高,战略转型初见成效,其他各个方面也取得了新的发展成就。

截至2011年末,河北银行资产规模突破千亿元,达到1 065.71亿元,同比增长40.58%。各项贷款余额390.42亿元,同比增长18.86%。各项存款余额734.02亿元,同比增长8.65%。实现拨备前营业利润14.60亿元,同比增长45.26%;实现净利润9.97亿元,同比增长74.29%。主要监管指标总体稳定,局部优化,资本充足率12.19%,不良贷款率0.80%,拨备覆盖率310.30%,贷款拨备率2.47%,均保持国内城商行先进水平。社会影响力显著提升。中共中央政治局委员、国务院副总理王岐山,中国银监会副主席王兆星等领导分别到河北银行考察指导。在中国金融网、中国金融研究院主办的"2011中国金融形势分析、预测与展望专家年会暨第七届中国金融(专家)年会"活动中,河北银行被评为"2010年最具发展潜力中小银行"。在中国金融认证中心主办的"2011中国电子银行年会"活动中,河北银行被授予"2011年区域性商业银行网上银行最佳市场推广奖"。石家庄地区的平南支行、建华南大街支行、开发区支行、金桥支行与总行营业部分别荣获中国银行业协会与河北省银行业协会评选的"2010年度中国银行业文明规范服务千佳示范单位"和"河北省银行业文明规范服务示范单位"荣誉称号。

【专注中小企业,战略转型初见成效】 河北银行积极调整信贷政策,优化资源配置,创新产品和服务,在转型中小企业、调整客户结构、优化收入结构等方面取得明显成效。截至2011年末,中小企业贷款余额204.95亿元,较年初增长了32.98%,全年贷款增量的82%投向了中小企业。中小企业贷款余额占全部贷款余额的比重达到52.49%,同比提高5.58个百分点。其中,小企业贷款余额为95.81亿元,较年初增加17.33亿元,增长了22.08%。通过细分客户,进一步调整客户结构,全面提升客户服务质量。为了满足中高端客户的金融需求,全年共发售理财产品90期,中高端零售客户数量显著增加,年末达到7.5万户,较年初增加1.35万户,占比达到8.04%。此外,河北银行着力改善居民金融服务质量,引入移动签约机,尝试建立离柜服务体系,针对不同客户群体提供上门签约服务,实现功能包括开借记卡、短信即时通签约、个人网银和手机银行开户等。继续开展"代理缴费业务便民工程":开通了代收城镇居民医疗保险业务拉卡拉渠道的跨行卡缴费,开通了国大36 524部分网点自助缴款,方便了客户医保缴费、缴纳有线电视费等。

【多项业务取得新突破】 2011年,河北银行成为具备全部利率债承销资格的河北省唯一一家、国内6家城商行之一;债券承销额大幅提高,获得财政部2011年记账式国债承销进步奖;债券交易量和结算量不断提高,跻身于全国城商行前列。截至2011年末,全行债券交易总量和现券交易量分别为2.72万亿元、1.95万亿元,分别比上年同期交易量增长11%和20%,在银行间债券市场总排名继续提高,分别为第27位和第11位,在全国城商行排名分别升至第7位和第3位。2011年实现票据业务收入2.33亿元。共研发成立理财产品239期,发行金额为269亿。

【风险管理水平持续提高】 制定了一系列新的风险管理政策、制度与措施,研发了新的风险管理工具,全行风险管理工作上升到新层次。制定了全行风险管理政策,明确提出了"稳健、审慎"的总体风险偏好。制定下发了《2011年授信工作指导意见》和《授信审查标准手册》,进一步规范和提高了全行授信业务审查质量。完善了"总分支"三级授权审批架构,建立了风险总监派驻制度。新一代信贷风险管理系统成功上线运行，为全行信用风险的识别、计量、监测、控制提供了强有力的支撑。此外，全行党、团、工会工作顺利开展，安全保卫工作常抓不懈，继续保持了全年无重大事故、无重大案件、无重大经济损失的安全运营记录。

【稳步推进机构建设，环渤海区域布局初现雏形】 截至2011年底，全行营业网点共计78家。其中，分行7家，下辖支行7家，石家庄地区63家支行和1个总行营业部，环渤海区域布局已初现雏形。5月份，河北银行青岛分行正式成立。10月份，鹿泉支行、天津南开支行、唐山龙泽路支行、邯郸开发区支行相继开业。

【弘扬核心价值观，企业文化建设再谱新篇】 在回顾总结发展历程、秉持"合心合力 共生共荣"经营理念的基础上，河北银行提炼了"朋友金融 知心致行"的品牌价值主张，并重点推出"惠友亨通"、"益友融通"两个核心子品牌，河北银行品牌化经营步入新阶段。以15周年行庆为契机，举办了一系列庆祝活动，建成并开放行史馆，提升了企业形象，增强了全行凝聚力。努力践行企业社会责任，积极响应政府开展"山区教育扶贫工程"的号召，为赞皇县野草湾联办小学改扩建项目捐资200万元。先后获得"全国企业文化建设2011年度优秀单位"、"2011河北消费者最满意的银行品牌"等荣誉。

承德银行股份有限公司

【概况】 承德银行股份有限公司(以下简称承德银行)是承德市首家法人股份制金融机构。现内设职能部室11个，辖1家分行，1家营业部和18家支行，共计20家分支机构，员工494人，基本形成了辐射承德市八县三区的金融服务网络，成为一家以存、贷、汇业务为基础，集信用卡、网上银行、电话银行、代收代付等多种业务为一体的实力雄厚、信誉卓著的股份制商业银行。2011年，全行各项业务继续保持了稳健、快速发展的良好势头，经营规模持续扩展，服务领域有效延伸，综合竞争实力明显增强。截至2011年末，全行资产总额已突破200亿元大关，各项存款余额178.33亿元，实现利润总额5.26亿元，缴纳各项税金1.52亿元。

【机构建设】 唐山分行是承德银行实施跨区域经营、打造"精品银行"战略后设立的第一家异地分行。于2011年2月14日开始试营业。截至年末，唐山分行各项存款余额为4.37亿元，各项贷款余额为3.23亿元，累计签发银行承兑汇票6.57亿元，各类客户总数达到5 375户，完成拨备前利润886万元，实现了"当年开业、当年盈利、安全运营"的目标，为日后向更广阔的区域发展积累了经验，奠定了基础。翠桥支行于10月27日正式挂牌开业，全行网点发展到20家，网点布局更加合理；发起组建的首家村镇银行—围场华商村镇银行于4月1日试营业，年末各项存款余额1.87亿元，各项贷款余额0.99亿元，当年实现税前利润239万元；营业部、中天支行、宽城支行等3家支行被河北省银行业协会评选为"河北省银行业文明规范服务示范单位"，综合服务水平普遍提升。

【综合竞争力】 连续三年被承德市政府授予"金融贡献奖"，首次被河北省政府授予"2010年度金融贡献奖"；在由中国金融网等权威金融媒体评选的2010中国最佳中小企业银行评选活动中，荣获"中国最佳中小企业服务银行"；在《银行家》杂志发布的2011年中国商业银行综合竞争力排名中，连续两年蝉联"全国资产规模300亿元以下城市商业银行综合竞争力排名第2位，环渤海第1位"大奖，标志全行综合竞争力已稳步跻身于全国城市商业银行前列。

【产品功能】 先后开办了信贷业务公正、贷款抵押物保险、银行保函、委托贷款、保兑仓等新业务；网上银行、公务卡巧得利、银联柜面通、互联网支付、超级网银等新产品陆续推出；工商验资E线通、财政零余额支付系统、绩效考核系统、网上跨行清算等系统成功上线；完成了贷款新规流程改造、支付授权方式及对账系统改造、供热缴费系统改造，业务种类和产品功能更加丰富。

【存款结构】 科学整合金融资源，通过完善考评机制、加大营销力度、强化信息沟通、提升服务水平、完善产品功能等方式，实现了储蓄存款持续增长、对公存款逐步提高的良好效果。结合本地区存款基数与存款结构、经济现状及市场预期、各支行区域经济条件及客户分布等具体因素，于年初重新制定了更具灵活性、适用性的业务目标和考核办法；将员工日常业务量和差错率纳入年终考核范畴，通过薪酬杠杆撬动全员"揽存款"和"找客户"的营销积极性。2011年全行新开办借记卡47 010张，借记卡总数突破13.64万张，卡内存款余额 9.69 亿元，比年初增加 2.95 亿元，增长 43.77%；新开办公务卡 1 152 张，开立网上银行 349 户，网银交易额达 6.79 亿元；新营销代发工资单位 152 户，累计代发工资 11.52 亿元；“巧得利”签约户数达到 4 338 户，签约金额突破 2.81 亿元，比年初增长 0.89 亿元。这些新产品、新业务进一步拓展了全行客户群体，也带动了存款的稳定增长。树立“以客户为中心”的营销服务模式，按照资产等级、发展潜力和贡献度对存量客户和目标客户进行差异化管理，将高层公关、窗口服务、员工自主营销有效结合，着重抓好个人高端客户、系统项目及财政专项资金、重点企事业单位客户等三大类存款客户的信息搜集与营销服务，通过完善日常服务细节、开辟业务办理绿色通道、举办客户答谢会、银企座谈会等方式，与客户建立长期稳定的合作关系；对客户的大额资金流向及时掌握，将与其具有重要资金往来、业务合作的上下游客户、交易对手作为攻坚目标，努力实现资金行内循环；同时，针对业务覆盖不足的中小企业、个体商户、高收入人群以及周边村镇，组织市场拓展能力较强的人员或团队进行对口公关。截至 2011 年末，全行各类存款账户总数达 32.47 万户，其中日均存款 50 万元以上的客户达 2 097 户，存款余额 101.78 亿元，占全部存款的 57.08%，成为推动全行存款稳步增长的重要支撑。不断拓展存款增长新渠道，通过开办银行承兑汇票、保兑仓、担保公司担保贷款、委托贷款等新业务，强化对保证金存款及第三方企业存款的吸引力，2011 年全行累计吸收保证金存款 27.32 亿元，保证金存款余额达 9.34 亿元；御路、财苑、隆化、兴隆四家新支行经营基础逐步夯实，唐山分行、翠桥支行如期开业，截至 12 月末，六家新机构各项存款余额达到 20.46 亿元，日均存款余额 12.73 亿元，成为全行存款的重要增长点。通过全行上下共同努力，在全市金融机构存款总额中占比突破 15%，比去年增加 1.55 个百分点，连续三年越居全市第四位，实现了存款规模与结构的同步提升。

【信贷结构】 切实贯彻“有保有压”及“贷款三查”信贷管理理念，逐步推进全行贷款结构向国家支持和鼓励的行业、领域过渡转型，降低由于政策变化导致的行业性及流动性风险；全面落实“贷款新规”，本着“合法合规、有利发展、兼顾效益”的原则，有效掌握贷款营销、调查、审核、发放以及贷后资金支付和监督管理的各个环节；大力清收不良贷款，严防“前清后溢”现象，不良贷款率控制在 1% 以内，信贷机构进一步优化。突出信贷资产的合规性管理，对单户授信额度较大、关联交易频繁、行业集中度偏高以及国家产业政策调整频繁的贷款密切关注，谨慎介入、适时退出；加大对小企业和涉农贷款的资金扶持，2011 年累计发放各类小企业贷款 66.16 亿元，同比增长 14.88 亿元，增幅 29.02%；发放涉农贷款 35.8 亿元，同比增长 28.87 亿元，增幅 416.6%，超额完成了“两个不低于”的监管目标；政府融资平台贷款处置工作成效显著，截至年末，平台贷款余额为 5.6 亿元，比年初下降 5.1 亿元，下降 47.66%，且全部为正常类土地储备贷款，无任何展期、逾期、倒贷等违规风险；严格落实贷款新规，2011 年全行累计发放各类贷款 74.2 亿元，其中按新规走款统计口径达 91.82%，合规口径达 97.69%，分别超过监管目标的 11.82 和 17.69 个百分点。最大限度放大资金收益边际，努力争取放贷空间，由总行领导亲自与省、市两级人行沟通协调，全力争取放贷指标。2011 年贷款净增 16.75 亿元，且将 2010 年 4 亿元再贴现指标接续使用，共计新增各类贷款 20.75 亿元，比年初核定指标 12.89 亿元多放贷 7.86 亿元；建立及时、畅通的指标信息传导机制，对每月指标配给额度、存量贷款的到期情况、已分配指标贷款的手续办理情况等实行日监测、日报告制度，加大优质贷款项目的营销力度，一旦指标额度确定第一时间择优用满、用足，提高资金收益水平；降低授信项目在审时间，合理调整授信审批权限，对低风险业务大胆放权；同时对风险度大、授信金额高、有较好发展潜力的客户实行协同调查，由总行相关部室指导或直接参与贷前风险评估，截至 2011 年年末，总行部室直接参与并指导支行完成贷前调查 21 户，涉及授信金额 12.26 亿元；在唐山分行和 6 家县域支行试行视频会议信贷审批模式，有效提高了授信审批效率；发挥表外业务补充作用，全年累计签发银行承兑汇票 53.31 亿元，办理再贴现 9.43 亿元，发放各类委托贷款 25.65 亿元，对于缓解指标压力、满足客户合理资金需求、提高资金盈利能力具有重要作用。2011 年全行贷款月收益率 8.08‰，比去年增长 0.4‰，增幅 5.22%。积极提升资金市场运营效率，抢抓市场资金流动性趋紧、货币市场利率走高的有利时机，认真研判市场走势，科学配置投放资金的持有期限、业务结构、资金占比等要素。2011 年资金市场累计日均占用资金52.69亿元,实现净收益2.02亿元,比去年增加1.06亿元,增幅110.42%,资金综合收益率达到3.83%。

【内控管理】 选人、育人机制逐步完善。经过多年探索,逐步形成了以机构、业务、管理等实际需求为基础,以支行培养、行内竞聘、岗位交流、社会化公开招聘为主要途径的具有特色的人才选拔培育模式。2011年全行面向社会公开招聘支行长7名,择优聘用二本以上毕业生35名,从行内选聘副股级以上干部38名,聘任会计主管14名,并在日常工作中选拔业务突出、表现优秀的18名员工充实到总行各部门,保证了各项业务、各个环节有效运转。考核激励模式成效显著。薪酬制度改革如期完成,员工薪酬结构更加合理;对在工作中表现突出的3个优秀党支部、15名优秀党员、4个先进部门及46名先进个人进行了隆重表彰;年终业务考核工作顺利完成,考核内容加大了对金融基础知识、票据及假币识别、行内规章制度的考核占比,全行考试及格率首次达到92.8%,远高于以往水平;组织员工参加银行从业资格认证考试,员工持证率达到54.86%,全员整体素质稳步提升。科技支撑作用进一步增强,视频会议系统正式上线运行,存取款一体机在翠桥、华源支行投入使用,设备运行正常;电子验印系统的测试及员工培训工作顺利完成,参训员工测试合格率达100%,已于今年2月6日上线运行;新银行卡平台项目正式上线,新平台除涵盖原有ATM机所有功能外,同时支持存取款一体机、银联柜面通、农民工卡、无卡支付等功能,服务功能更加完善;对供热缴费系统进行改造,目前可实现对承德热力集团、龙新热力、龙霄热力、龙鸿热力、龙宇热力5家热力公司的缴费支持;农民工卡系统、银联在线支付系统上线运行,现代化、多元化支付能力进一步增强。四是品牌形象大幅提升。充分利用杂志、报刊、网络、电台等媒体进行立体化宣传,全年发表各类宣传文章70余篇,组稿金融专版4期,编发承德银行行报12期。

【风险防控】 从教育和培训员工,加大监督与检查力度,强化落实和执行三个关键环节入手,做好风险防控工作。一是强化员工风险合规意识。本着"教育为主、惩罚为辅、警示全行"的原则,建立对风险事件、违规行为的常态化责任追究机制,防微杜渐;组织员工开展"学制度、守规则、做标兵"活动,增强员工的风险合规意识和制度执行力。稽核检查形成常态,建立健全审计责任制,提高内审人员钻研业务的积极性和风险识别能力,更好地适应当前案防工作需要;继续开展存款风险滚动检查,对全行的账户管理、大额资金支付、印章管理、重要空白凭证和银企对帐环节进行重点排查;按规定开展授信业务专项检查,确保授信手续完整合规,防范操作风险;根据《2011—2013年"四项重点内容"排查工作实施方案》要求,对2011年未排查的9家机构的重点业务、重点岗位、重点人员、重点环节进行全面排查;开展财务收支情况专项检查,从财务制度执行、财务核算、资金交易的合规性等方面强化财务收支管理;认真做好离岗离任审计,提高对重要岗位人员的监督力度和审计效果,有效防范职务风险;逐步建立集检查、奖惩、纠错、评价、整改于一体的内控制度长效机制。严防科技信息风险,本着"风险分散,整体安全"的原则,稳步推进新办公楼数据中心建设及数据中心系统迁徙工作,同步开展好同城灾备系统建设,有序完成综合信息系统的升级换代,全面提升全行在突发性、不可控风险情形下正常、持续运营能力。四是继续做好安全保卫工作。继续加大对金库、枪弹、押运等要害部位以及电子机具、安保消防设施的巡检力度;开展安保人员培训及防火、防爆、防抢、防盗窃演习;强化网上银行、公务卡、热河卡等新系统风险防控措施,严防IT信息系统风险,确保全行安全运行无事故。

(白 杰)

廊坊银行股份有限公司

【概况】 2011年,廊坊银行股份有限公司以科学发展为主题,以监管政策为导向,深化经营管理改革,坚持立足地方经济、立足中小企业、立足城乡居民的市场发展定位,开展金融自主创新,严格控制各类风险,持续提高运营质量。2011年末,全行各项存款余额153.63亿元;各项贷款余额93.28亿元;全行资产总额175.58亿元。全年实现各项收入8.24亿元,比上年增长11.96%,拨备前利润3.55亿元,为确保各项风险的有效覆盖,今年提取拨备3.04亿元,最终实现利润5 163万元,实现税金4 853万元。核心资本充足率13.1%,资本充足率17.43%,拨备覆盖率155.24%。

【金融创新】 2011年，廊坊银行在业务产品、服务功能等方面加快创新步伐，取得显著成效。开通网上银行、个人短信通业务，填补廊坊银行网上金融服务的空白。实现银星卡分级，开发红珊瑚卡、金卡和白金卡，区分不同级别的持卡客户，提供更具个性化和针对性的金融服务。

【机构布局】 天津分行正式开业，这是继石家庄分行后跨区域设立的第二家分行，也是廊坊银行走出河北省、布局环渤海的重要战略步骤。实现顺安道支行的迁址升级、建设路支行的迁址开业，实施固安支行、光明道支行和新安里支行网点的装修、搬迁和新设等事宜，完成全辖网点"五区一室"改造工程，进一步优化企业形象。

【内控管理】 明确决策层面及经营层面各类会议的议事规则与决策程序，坚持每周召开行领导班子会沟通情况、安排工作，并加大各项决策的落实督导力度。加强信息沟通。通过编发信息通报、定期座谈交流、实时咨询反馈等形式，进一步优化董事监事履职环境，确保信息披露的及时、准确、完整、透明。实施授权管理。通过董事长向行长授权，行长向副行长及全辖各分支行负责人授权的形式，完成各层面的差异化授权，进一步明确职责边界。推行机制改革。对石家庄分行、天津分行、胜芳支行、燕郊支行、开发区支行5家分支机构实施经营管理体制改革，适当下放人权、事权和财权，并根据试点成效，不断优化调整改革措施。强化内控管理。继续加大稽核检查力度，深入开展案件防控和内部审计。全面加强安保预防工作，确保全行无事故、无案件。

【员工素质】 2011年面向全国重点高校招聘本科生和硕士研究生66名；鼓励员工参加学历教育和职称培训。截至年末，全行本科以上学历人员473名，占全行员工的73%，中级以上职称技术人员130名，占全行员工的20%，为廊坊银行未来可持续发展提供有力的人才保障。根据工作需要，采取内部晋升和外部招聘的方式补充中层管理人员。加强素质培训。通过举办"廊坊银行·清华大讲堂"系列培训、风险管理培训、新入行员工综合培训、金融法律法规监管知识培训及各类业务培训等多层面、全方位的培训活动，有效提升全行干部员工的金融知识水平和实际操作能力。加强同业交流。成立调研小组，先后前往北京银行、吉林银行、张家口银行、沧州银行等同业机构，就社区银行、绩效考核、风险管控、系统建设等进行同业交流。推行幸福工程。关注员工身心健康，落实企业年金，强化员工保障，贯彻执行"双休日"制度，为建设充满工作热情和健康活力的高效团队奠定基础。

【企业文化】 积极开展对口帮扶工作，建设文明生态村，向对口贫困村居委会捐款用于建设村委会办公场所及维修村街道路。向市内部分社区居委会赠送办公设备，设立宣传栏，改善社区办公环境。组织员工慰问武警官兵，参加市委宣传部组织的文化扶贫捐赠活动等，提高我行的社会认知度。开展文化活动。举办"幸福家园"、"戏苑芬芳"等公益文化活动10余场，丰富市民的业余文化生活；组织参加廊坊市庆祝建党90周年"党旗飘扬·幸福廊坊"五月红歌赛活动；积极参与全市首届文化艺术节开幕式及承办相关演出工作事宜，树立品牌形象，提升社会美誉度。广受社会认可。廊坊银行以良好的企业形象和经营业绩，先后荣获"全国模范劳动关系和谐企业"、"2010中国最具特色中小银行"、"河北省支付清算系统优秀单位"、"特级明星企业"、"河北省服务质量奖"等荣誉称号。

（苏　媛）

沧州银行股份有限公司

【概况】 2011年，面对复杂多变的宏观经济形势、日益激烈的市场竞争，沧州银行以科学发展观为指导，抢抓机遇谋发展，建好队伍促发展，夯实基础强发展，防控风险保发展，各项工作实现了新突破。存款总量持续上升。截至年末，存款余额达到246.5亿元，较年初增加39.4亿元，位居全市银行业前列。其中，储蓄存款达到147.91亿元，增加36.31亿元，增长32.54%，仍然是存款增长的主力军；对公存款达到98.60亿元，增加3.06亿元，增长3.2%；银行卡存款达到16.4亿元，增加4.6亿元，增长39%。各分支行全部完成当年存款任务，其中21家分支行存款增加1亿元以上。其中：廊坊分行全年吸收存款8亿元，黄骅支行较年初增加4亿元，河间支行较年初增加2亿元，为全行存款增长做出了突出贡献。值得一提的是，员工层面的营销骨干显著增多，存贷款营销业绩日均达到8 000万元以上的员工，由2010年的12个增加到

41人,发挥了良好的典型带动作用。

【主要措施】 一是领导重视,督导有力。主要领导多次召开会议调度,并深入一线调研指导。各位行领导对分包支行时时进行调度,并帮助支行对大客户进行直接营销,取得了良好的效果。存款经营部密切关注存款工作各个时期的变化、特点,每天监测存款的变动情况,并有针对性地提出可行性建议,抓住重点、关键点,为领导层做出正确判断提供了事实依据。二是管理有方,积极主动。加强专业营销队伍管理。组织专职营销人员参加贷款、网银、非税、POS、保险、营销等各种培训8次以上,考试4次。存款经营部还通过多种形式推广营销经验和营销技巧,分享干部员工的营销心得。积极制定《客户经理管理办法》,招录客户经理扩大队伍。加强亿元营销骨干队伍建设,出台《2011年加强亿元营销骨干队伍建设的意见》,培养营销骨干39名。规范发展外销人员。本着"加强管理,规范发展,确保真实,严控风险"的原则,对880名外销人员进行了进一步规范。2011年新审核外销人员69人,外销人员增至990人,扩大了社会营销队伍。三是创新业务,增强服务。增强银行卡的服务力度。取消了银行卡ATM跨行取款手续费,将狮城卡单笔刷卡消费限额提高。积极推进IC卡业务、无卡支付业务和柜面通业务。四是狠抓内控,安全运营。加大银行卡的管理力度。对POS专管员、专职营销人员进行了专业培训,严格防范银行卡风险。对代发工资卡初次使用设置了密码激活程序。严格规范保险代理工作。重新界定支行保险兼业代理许可证的代理范围,并取得代理船舶保险资格。采用定期检查与随机检查相结合,专项检查与全面检查相结合的方式,分管业务实现检查全覆盖,及时发现问题,消除风险隐患。全年完成上门收款、公交卡、银行卡、保险、外销人员、存款滚动式检查等各种专项检查6次以上。

【主要业绩】 贷款投放及时高效。全年共计投放贷款169.56亿元,新增26.6亿元,大幅超过上年新增规模。各分支行立足当地经济,加大营销和储备力度,新增加一批优质企业客户。其中,廊坊分行投放贷款4亿元,河间、盐山、泊头、府西、黄骅、御河、市场、西环8家支行新增贷款超过1亿元。全部贷款中,中小企业贷款余额达到110.29亿元,户数1 627户,比年初分别增加18.44亿元、547户,是历年来增加企业客户最多的一年,进一步优化了我行的客户结构。新开发"速贷通"、"短贷通"、"租贷通"等三个信贷产品,受到企业的欢迎。该行支持小微企业的做法,得到王岐山副总理的高度赞扬。

2011年,沧州银行的产品创新在竞争和结构调整中起到了积极作用。一是创新丰富了信贷产品。随着"短贷通"、"租贷通"等新产品相继推出,目前沧州银行信贷产品达到23个,加大了客户的选择空间。例如针对商场、成熟市场开发的商贷通和租贷通业务,使商户可以不用寻求外部担保就可以很方便地取得贷款。二是创新调整了担保结构。2011年通过引进担保公司,为客户搭建更加灵活便捷的担保平台,当年新增贷款担保公司8家,合作担保公司达到14家,增加贷款客户151个,金额7.49亿元。三是创新调整了利率结构。产品创新在满足客户差异化需求的同时,也增加了沧州银行进行议价的筹码。如短贷通可以把利率提高到18%,联贷通客户的利率可以普遍上浮50%以上,最主要的原因是为客户提供了更加方便快捷的融资渠道。通过积极营销,沧州银行行客户数量快速增长,全行新增客户1 078户,其中公司类客户548家,个人客户530家,客户总量达到了9 002户。公司类客户数量增加较多,前五名为廊坊分行58户,任丘支行55户,泊头支行48户,河间支行42户,盐山支行39户。增加最少的后五名为南湖支行5户,车站支行6户,气象支行7户,解放路支行7户,市场支行9户。

经营利润大幅增长。全年实现利润高达6.18亿元,比上年增加1.98亿元,增长47.14%;缴纳各项税金2.26亿元,比上年增加0.92亿元,增长68.66%。其中,运河支行实现利润超过6 000万元,车站支行超过5 000万元,西环、黄骅、任丘支行超过4 000万元,新东、劝业场、桥西支行超过3 000万元。由于优化了客户结构,提高了议价能力,贷款整体收益水平随之提高,全年贷款利息收入11.57亿元,比上年增加3.66亿元,增长46.27%。资金营运收入突破1亿元,比上年增加5 600万元,增长1.3倍。总行坚持向管理要效益,在网点建设、科技建设等资本支出大幅增长的情况下,增收节支效果明显。

盈利因素主要有四个方面:一是贷款盈利能力增强。2011年货币紧缩政策和持续加息使贷款定价大幅提升,净利息收入较快增长。全年贷款平均收益率达到8.67%,较上年提高1.37个百分点，实现贷款利息收入11.5亿元，较上年增加3.6亿元，增幅45.6%。二是资金收益水平提高。准确把握政策和市场有利时机，合理安排投资进度，优化投资结构，在保证流动性达标和风险可控的前提下，不断提高投资组合收益水平。大幅增加票据持有规模，全年累计票据交易389亿元，平均收益率达到5.92%，实现利息收入1.78亿元，较上年同期增加1.14亿元，增长178%。持有债券38.68亿元，其中国债5亿元，金融债21.4亿元，有银行担保企业债11.48亿元，无银行担保企业债0.8亿元，债券平均收益率为4.26%，较上年提高0.41个百分点。实现收入1.52亿元，同比增加0.22亿元，增幅16.9%。全年实现利润10 482万元，较上年同期增加6 139万元，增长141%。三是存款付息成本降低。全年存款利息支出3.92亿元，同比增加1.5亿元，增长62%。在连续三次加息上调0.75个百分点的情况下，全行存款直接成本率为1.79%，仅比上年上升0.37个百分点。四是财务管控手段灵活。严格控制财务风险，全年营业费用列支4.62亿元，占年度预算的109.86%。

监管指标更加优良。24项监管指标从年初到年末持续达标，继续保持了良好的运营质量。其中，不良贷款率为0.56%，较年初下降0.15个百分点；资产利润率1.56%，较去年提高0.09个百分点；资本利润率21.35%，较去年提高0.53个百分点；拨备覆盖率356%，较年初提高94.37个百分点，高于150%的监管要求；资本充足率15.46%，核心资本充足率14.45%，均高于监管标准；杠杆率7.58%，高于4%的新监管标准。在继续保持二级行水平的基础上，主要监管指标均比上年有所优化。在财政部门组织的金融企业绩效评价中，沧州银行再次被评为“优秀”，这是该行连续两年荣获“优秀”评级。

【网点建设】 劝业场、南湖、道东、西环支行完成装修，内外面貌焕然一新，彰显出现代银行的风格品质。廊坊分行年初正式营业，增长贡献日益突出，大大拓展了沧州银行未来发展的空间。中捷支行如期开业，肃宁、青县、孟村已经试营业，东光、献县两家支行正在紧张筹建，基本实现“全覆盖”。县域网点加快布局，有利于我们更好地服务县域经济，拓展本土市场。

【服务水平】 各分支行深入开展服务达标创建活动，认真践行各项服务规范，积极配好大堂经理，努力为客户提供规范化、人性化、航空化的服务。进一步扩大ATM、POS、存取款一体机的覆盖范围，网上银行、电子商票、非税收入、代收取暖费等业务，在为广大客户提供丰富而便利的现代金融服务方面发挥了更大作用。

【科技建设】 2011年是沧州银行信息科技三大系统建设的启动年。全年开发了综合前置、二代支付、IC卡、网上支付跨行清算、无卡支付、反假数据报送等六个系统，完成了短信平台、支票影像、信贷管理、个人征信、1104报表、非税收入、网上银行、城商行汇票管理等八个系统的升级。尤其是综合前置系统，实现了银联、中间业务、自助设备管理等多项功能，重新规划了我行信息科技系统整体架构，为核心系统减轻了压力，也为综合业务系统升级打下了基础。

【内控管理】 沧州银行牢固树立“安全比发展更重要”的思想，认真落实“总行风险稽核部全面检查，主管业务部室专项检查，分支行自查”三级检查监督机制，深化会计“三铁”和信贷“三化三无”创建活动，基础管理水平稳步提高。认真落实银监会“三个办法一个指引”，持续不断地开展贷款专项检查，有效防范了信贷风险。风险稽核部在做好常规业务检查的同时，扩大检查覆盖面，相继开展了印章管理、非税收入、基建审计、集中监控、新建支行等专项检查，真实、准确、充分地揭示了存在的问题和风险。其他各部室积极完善内部规章制度，加强对基层的检查指导，进一步提高了制度的规范性和操作的合规性。各分支行认真落实行党委提出的“规模大行、管理强行”的要求，高度重视内部管理，狠抓制度落实，认真组织员工学习，积极组织技能练兵，整体管理水平有了新的提高。

文明建设硕果累累。在全国上下隆重纪念建党90周年之际，沧州银行行党委被中共中央授予“全国先进基层党组织”称号，全省获此殊荣的单位仅有20家，全国城商行系统仅有5家。同时，经过层层考核筛选，该行还被评为“全国文明单位”，是沧州市唯一获此殊荣的企业。这两项全国最高荣誉，是沧州银行在“四个文明”建设中取得的重大成果。

张家口市商业银行股份有限公司

【概况】 2011年，在市委、市政府的正确领导下，在主管、监管部门的大力支持和有效监管下，张家口市商业银行股份有限公司紧紧围绕全市经济发展大局，以“创先争优”、“三学习”和“学转促保争”活动为抓手，以学习型组织建设和品牌建设为载体，强化管理，提升质量，优化服务，塑造品牌，实现了健康快速发展，为全市经济社会发展做出了应有贡献。连续两年荣获全市十强企业，在英国《银行家》杂志评选的全球银行业1 000强中位列第971位。主要经营指标完成良好。(一)各项存款持续增长。截至12月末，全行各项存款余额达到273.1亿元，较年初增加61.8亿元，增幅达29.2%，其中对公存款126.1亿元，储蓄存款146.9亿元，存款结构更趋合理。(二)信贷投放稳中有升。根据信贷政策紧缩和规模按月调控的实际，积极争取规模，优化结构支持重点，确保贷款投放增量不低于去年，截至12月末，各项贷款余额达到149. 8亿元，比年初增加28.7亿元，增幅达23.7%。(三)监管指标更加优化。截至12月末，资本充足率达到13.9%，拨备覆盖率达到1469.7%，贷款损失准备充足率达778.3%，不良贷款率0.3%，各项监管指标均达到良好银行标准。(四)中间业务发展迅速。开通了代发工资、代理收费等中间业务，截至12月末，代理收费金额4.5亿多元，发好运卡16万余张、卡存余额11亿多元，发行三期对公理财产品8.4亿元。(五)资金业务良性发展。积极与全国近百家股份制银行、城商行等银行类金融机构以及信托、证券公司等非银行类金融机构进行广泛深入合作，大幅拓展了投融资渠道，有效提高了资金盈利水平，提升了市场知名度和影响力。累计货币市场业务量达到6 500多亿元，较上年增加3 500亿元。

【工作措施】 一是进一步完善公司治理结构。调整了外部董事，新增2名独立董事，完善了董事会议事规则；新增3名副行级领导，配强了经营管理团队；调整了薪酬与改革、风险控制与关联交易、审计委员会，增设了战略委员会。健全了监事会监督机制，形成了科学决策、相互独立、制衡有效的现代企业管理构架，进一步提高了民主决策、科学决策的能力。召开1次股东大会、6次董事会，研究解决了发展战略、经营管理、风险管控等一系列重大问题。发行次级债5亿元，增强了全行资本实力。二是主动服务地方经济建设。全力保障重点项目建设。认真履行地方银行的职责，充分发挥决策链条短、反应速度快的优势，为全市重点项目特别是项目实施前期注入启动资金，有力保障项目开工建设。紧紧围绕全市重大产业支撑项目和基础设施建设项目，建立起项目储备库，确定专门部室和人员对重点项目进行研究对接；开通重点项目“绿色通道”，简化手续，提高效率，优先给予信贷资金支持；合理调整信贷结构，腾出规模支持重点项目建设；加强与外埠金融机构合作，与省国开行和北京国开行签署战略合作协议，引进外埠资金支持地方重点项目建设。截至12月末，累计为隆源供水、张涿高速、国储液化天然气、宣化工程机械等重点项目建设投放信贷资金11.4亿元。

积极支持中小企业发展。根据国务院和人民银行出台的关于支持小微企业的政策规定，采取有力措施，全力支持小微企业发展。一是根据信贷规模较紧和中小企业融资需求短、频、急等特点，在继续推行联保贷的基础上，研发了合同贷、机械贷等多种信贷产品。二是积极向省人民银行争取增加信贷规模，共多争取8亿元，有效扩大了对中小企业的信贷投放数量。三是签发银行承兑汇票累计57.3亿元，有效缓解了中小企业融资难的问题。四是加强银企对接，通过市金融办、工商联等部门搭台召开银企座谈会，了解市县中小企业融资需求，增进银企合作。五是制定专门支持小微企业的信贷政策，对优质小微企业信贷规模不设限、简化信贷手续，确保在商行开户的优质中小企业不因资金不足而影响经营。截至12月末，累计投放中小企业信贷资金89.2亿元，贷款余额达到97.8亿元。

主动服务县域经济。根据县域经济发展特点，有针对性地研发了县域工商联会员联保贷款、行业担保联盟贷款、农业产业化集群贷款等多项金融产品，重点支持了张北顺达油脂、雪川农业、金农生物、玉晶淀粉等一大批农业产业化龙头项目和中小企业。截至12月末，累计投放“三农”信贷资金4.9亿元，余额达到6.2亿元。

全面提升内部控制和风险管理水平。一是完善了内控组织、规章制度、操作管理、执行落实、监督检查和内外联动体系，通过流程整合和制度梳理，建立了《岗位操作规程》和《操作标准手册》，并对15个主要控制环节制定了108项操作规范。二是制定了“全面风险管理实施办法”“贷款管理办法”、“贷款风险分类管理办法”、“财务管理办法”等一系列制度，实现规章制度全面覆盖。三是加强内部审计和风险管理队伍建设，在总行和分行成立内部控制委员会，各部室和各支行设立内控合规员，形成覆盖全部业务条线和机构的内部控制体系，同时在总行风险管理部配备多名中层干部和专业人员，各支行委派业务主管，建立起专业化的风险管理队伍。四是开展全行性工作岗位管理职责和风险识别与评估活动，年内召开85次风险识别会，明确每名员工、每个岗位的职责任务、风险提示和防控措施，真正做到“凡是业务经营环节必有制度覆盖，凡是有制度规定员工必须严格执行”，从源头上防范风险，实现了“零案件”目标。荣获金融时报和中国社会科学院金融研究所评选的“2011中国金融机构金牌榜金龙奖”年度最佳风控中小银行称号。

年内共接受两次大型全面检查：一是河北银监局的全面现场检查，通过检查促进各项工作进一步规范，提升了整体工作水平；二是省审计厅的延伸审计，通过全面审计，进一步查找不了足，改进了工作，促进全面工作上台阶。两次检查都得到了上级单位的充分肯定。

【品牌形象】 一是提升硬件服务档次。加大投入实施网点改造提升工程，对8家支行进行统一形象改造，优化了服务环境；调整配置大堂引导员42名，合理设定功能分区，推行营业室标准化服务模式；开通代收水费、煤气费、有线电视费等代收费业务，方便百姓交费；设立呼叫中心，开通手机银行、网上银行、电话银行，在全省率先完成金融IC卡研发，完善了科技服务功能和科技支撑能力。二是创新金融产品和服务，有针对性地开发了煤炭贷、“VIP授信”、汽车经营贷款、公务员贷款等信贷产品，设立中小企业贷款服务中心，深入开展金融服务进社区、进企业活动，使服务更加专业化、多元化。三是开展客户满意度调研。聘请外部公司独立深入企业，开展客户满意度调研，了解征集客户的真实意见、建议和需求。聘请23名社会监督员，对支行服务工作进行明察暗访，提出意见和建议，促进服务水平的提高。四是开展“创先争优”、“三学习”和“学转促保争”活动，按照市委要求，对标先进，查找不足，改进提高，在全行营造了“比学赶帮超”氛围，有力促进了各项工作上水平。积极履行社会责任，年内为增绿添彩工程、贫困助学工程捐资175万元。连续三年荣获全市民主评议公益经营类第一名。

【网点布局】 一是增设县域分支机构。积极向监管部门申报争取，加大县域支行建设力度。通过积极跑办、紧张筹建，怀安县支行、沙城支行、崇礼县支行如期开业运营，为商行更好地服务“三农”和县域经济发展拓宽了新的渠道。同时，将原来的宣化开发区支行、南关支行两个二级支行升格为一级支行，进一步提升了服务功能。二是发起成立村镇银行。经过大量市场调研、可行性分析等工作，发起成立了唐山开平汇金村镇银行，已于12月12日正式开业运营。发起成立张家口康保县银丰村镇银行，已经完成了营业选址、人员选定、员工培训、装修设计、手续上报等工作，待2012年河北银监局批复后开业运营。

【环首都绿色经济圈】 按照省金融办关于组建环首都绿色经济圈银行的有关要求，张家口市商业银行行积极与市政府及省金融办银行处沟通请示汇报，制定工作方案，组织相关材料，重点做了更名请示、网点设置等工作。目前更名请示准备上报河北银监局，待报中国银监会批复；环首都机构建设规划申请已经上报至河北银监局待批。

【文化建设】 把企业文化建设与提高员工综合素质、培育核心竞争力有机结合起来。一是寓教于人。设立文化展厅、创办幸福内刊，开展系列文体活动，组织召开员工士气提升会、幸福共识会等，使企业核心文化深入员工心中，增强了全体员工的凝聚力和向心力。二是培养人才。确定2011年为学习型组织建设年，开展全方位的业务培训活动，提高全员的学习和分析解决问题能力。充分利用夜校、网络学院、幸福大学三个学习平台以及外出学习，加强对员工的培训教育，共举办各类培训班15期，培训员工1 600多人次，有效提高了全行员工队伍的综合素质。三是引进人才。不断充实、优化员工队伍。按照公平、公正的原则，向社会公开招聘了51名高素质本科毕业学生，其中研究生13人，目前全行研究生达到50多人，进一步充实了人才队伍，优化了人才结构，为更好更快发展储备了人才。

（任 德）

秦皇岛市商业银行股份有限公司

【概况】 秦皇岛市商业银行股份有限公司(简称秦皇岛市商业银行)成立于1998年,是秦皇岛市唯一具有独立法人资格的地方性股份制商业银行。2011年,秦皇岛市商业银行在市委、市政府的正确领导下,在监管部门的科学监管下,克服经济环境变化、行业竞争加剧的不利影响,强管理、促转型、抓内控、塑特色,各项业务持续保持平稳较快发展,全面超额完成各项任务目标,创造了建行以来规模增长最快、经济效益最好的历史佳绩。截至2011年12月末,全行资产总额187.31亿元,比年初增加41.58亿元,增幅28.53%;负债总额177.79亿元,较年初增加40.38亿元,增幅29.39%;各项存款余额173.03亿元,比年初增加38.51亿元,增幅28.62%;各项贷款余额87.96亿元,比年初增加15.55亿元,增长21.47%;实现拨备前利润4.2亿元,同比增加1.83亿元,增幅77.54%。资本充足率11.32%。不良贷款率0.38%,拨备覆盖率638.45%,贷款损失准备充足率487.73%,流动性比率55.88%,存贷比51.22%,其他各类监管指标均达到监管标准,抵御风险的能力持续增强。

【主要成绩】 一是存款增长实现历史上的三个第一。以三区四县全市口径统计,2011年,本行存款增幅排名第1位,较全市平均增幅高16.78个百分点;对公存款增量排名第1位;储蓄存款增幅排名第1位,较全市平均增幅高23.06个百分点。2011年本行存款余额为173.03亿元、较年初增加38.51亿元,增幅28.62%,存款余额完成年度计划的101.78%,市场占比为10.42%,较年初提高1.17个百分点。二是理财产品实现零突破。2011年本行首次发行理财产品,成为河北省城商行系统第二家发行理财产品的银行。全年共推出六期,金额5.3亿元,以期限合理、高收益、低风险的优势,受到客户欢迎,取得了良好效果。三是监管指标更加优良。资本充足率、不良贷款率、拨备覆盖率、贷款损失准备充足率、流动性比率、存贷比等各类监管指标均达到监管标准,监管评级将有新的提高,为申报三类行创造了条件。四是科技建设再谱新篇。作为本行重大科技基础性工作的新一代核心系统顺利上线;开通了“96336”客服专线,实现账户查询、业务咨询、投诉受理等服务功能,弥补了本行对外统一服务渠道的缺失;网上银行建设项目取得阶段性成果,为外围应用系统建设奠定了坚实基础,也为业务发展提供了强大的科技支撑。五是结构调整初见成效。在对公存款连续5年保持全市排名第2位的基础上,2011年把调整存款结构、加快储蓄业务发展放在全行业务经营的突出位置,在考核上加大倾斜力度,在资源配置上向储蓄业务倾斜,出台了一系列措施,狠抓营销服务,极大促进了储蓄业务的发展。2011年末,本行储蓄存款余额达到56.85亿元,较年初增长15.64亿元,增幅37.97%,日均储蓄存款达到48.84亿元,较上年增加8.27亿元,增幅20.39%,两项指标均高于全市银行系统的平均增长水平。在推进信贷结构调整上,一是中长期贷款占比下降,流动性进一步提高,二是中小企业和个人类贷款占比进一步提高,2011年末个人贷款余额达到17.8亿元,较年初增加6.9亿元,增幅63%,完成全年5亿元个贷任务的138%。同时,在信贷政策上进一步向涉农贷款倾斜,达到了监管部门的要求。六是机构改革扎实推进。2011年本行按照“细化前台部门,提升专业营销能力;梳理中台部门,提升风险管控和盈利能力;整合后台部门,提升运营效力”的原则,对总部职能部门进行了整合。设立客户服务中心,延伸服务功能;设立电子银行部,大力发展电子支付渠道;设立风险控制部、影像后督中心,着力构筑风险防控屏障。七是风险管控水平持续提高。健全多项规章制度,制度体系进一步完善;加强贷后管理,充实了队伍,加大了总部对支行直管的工作力度,严控信贷风险;推行信贷资产风险十级分类工作,进一步规范分类标准;加强内审工作,防范各类风险、隐患;继续推进案件防范工作以及问责、整改工作,内控建设进一步加强。八是社会形象大幅提升。市委、市政府对本行的发展成绩给予充分肯定。经过几年的发展,商行发生了脱胎换骨的转变,彻底摆脱了高风险的危机,甩掉了“贫、乱、差、危”的帽子,成一家公司治理日趋完善、运营机制灵活、经营效益显著、市场定位清晰的现代股份制商业银行。发展环境不断优化。我行的社会认知度、认可度不断提升,与社会各界的关系越来越融洽,越来越和谐;同时,注重加强与同业的交流合作,特别是与省内城商行的交流合作进一步密切,积极参与各项活动，展示本行良好的精神风貌。

【工作措施】 强化经营，突出重点，在推动业务发展上有新突破。抓存款壮大资金实力。加大对公存款营销力度。一是充分发挥联系行制度，构建三级联络调度机制，建立了以行经营班子、职能部室、支行三级联动制度；二是推行客户经理考核模式，增强全员营销理念。在全行范围内组织了2次经理客户的选拔和晋升考试，共聘任专职客户经理156名，使我行的营销队伍在整体素质和营销能力上有较大幅度的提升。2011年末，我行对公存款余额达到116.18亿元，较年初增长22.86亿元，增幅24.50%，对公日均存款达到98亿元，较上年增加21.34亿元，增幅27.83%。截至年末，我行在全市10家金融机构中存款总量排名第六位，2011年存款增量在全市排名第2位，仅次于农信社，存款增幅在全市排名第1位。年末存款市场占比为10.42%，较年初提高1.37个百分点，市场占比提高比率在全市排名第1位。二是储蓄存款营销增势强劲。在经营目标的确定上，我行把调存款结构、加快储蓄业务发展放在全行存款营销的突出位置，在考核政策上加大了对储蓄存款的倾斜力度，在资源配置上向储蓄业务倾斜，狠抓营销服务。2011年末，我行储蓄存款余额达到56.85亿元，较年初增长15.64亿元，增幅37.97%，日均储蓄存款达到48.84亿元，较上年增加8.27亿元，增幅20.39%，两项指标均高于全市银行系统的平均增长水平，成为储蓄增长历史上最好的一年。

抓贷款体现经济效益。一是加强信贷投放计划管理。各项贷款指标符合监管要求，实现了收益的最大化。二是推进信贷结构调整，规范信贷管理。中长期贷款占比下降，流动性进一步提高；个贷业务快速发展，业务结构进一步优化；稳步推进贷款新规的落实工作，各项指标均达到监管要求；四是加强政府平台贷款管理，行业风险进一步降低。

抓中小立足市场定位。我行坚持“三个立足”的市场定位，找准切入点，拓展具有高成长性的优质中小企业，做强中小市场，完成了小企业贷款增幅不低于全部贷款增幅的年度任务目标。同时，放开个人信贷规模，优先保证个贷业务，进一步优化了信贷业务结构。

抓理财丰富业务品种。2011年我行在推出理财产品业务上实现了突破。通过与金融同业密切合作，以本行重点对公客户为试点，全年成功发售了六期理财产品，金额5.3亿元，实现中间业务收入8.8万元。

夯实基础，提高质量，在促进管理升级上有新提高。一是整合总部职能部室，梳理部门工作职责；二是完善绩效考核体系，建立多层次的绩效薪酬制度，对支行行长、客户经理、前台柜员、总部部室、会计主管等实施多层级考核，进一步增强考核的公平性、合理性；三是提高人力资源管理水平，完成了中层干部聘用和新员工招聘工作；加大培训力度，采用不同形式组织了500人次的培训，提高了业务素质；四是加强党建工作。开展了制度学习月、建党90周年庆祝活动和红歌比赛，进一步提高了党组织的凝聚力、向心力和战斗力；五是加大宣传力度。在各种重大会议和活动中，充分运用报刊、广电、网络和其他媒体开展系统性宣传，从不同层面报道我行的发展成果。同时，加大广告投放力度，进一步扩大我行知名度。

创新升级，提升服务，在强化科技支撑上有新成效。一是扎实推进核心系统上线工作。经过科技人员和全行上下的不懈努力，历时一年建设的核心系统于9月23日顺利上线。与之配套的外围系统如1104、反洗钱、支票影像、电子验印系统与新核心同期上线；开通了“96336”客服专线；网上银行建设项目取得阶段性成果；二是大力拓展电子服务渠道建设。ATM机数量达37台，较年初增加5台。POS数量达260台，较年初增加128台，有效缓解了柜面业务压力；三是强化银行卡营销，与团市委合作，推出了秦卡青年卡，进一步提升了秦卡的品牌影响力；四是不断优化用卡环境，已完成省内柜面通业务、无卡支付业务的上线工作。值得一提的是，IC卡建设项目正稳步推进，我们将以此为契机，进一步打造我行品牌。

完善内控，惩防并举，在构建风险体系上有新作为。一是健全规章制度。围绕各项业务和内部管理出台了多项制度；二是加强全行贷后管理工作；三是加强内审工作；四是在全辖范围内开展文明服务大检查和内控制度建设及执行情况风险排查，推动案防工作的持续、深入；五是严格问责，坚持严惩重处违规违纪行为，确保合规经营、安全经营。

此外，全行账户、现金、反洗钱等管理工作全面加强，会计核算、账务管理水平进一步提高；安全保卫工作进一步强化，实现了全年安全运营无事故。

唐山市商业银行股份有限公司

【概况】 2011年,唐山市商业银行股份有限公司坚持“立足现实、突出特色、以稳求快、急近图远”的发展思路,大胆推进体制改革,强力推动业务发展,严格管控各类风险,着力增强企业活动,各项工作均取得了新成绩,超额完成了董事会下达的各项经营目标,结束了长达6年不能给股东分红的历史,为实现做大做强目标奠定了坚实基础。截至2011年末,全行资产总额达到227.3亿元,较年初增加54.8亿元,增长31.8%;各项贷款余额93.8亿元,较年初增加52.5亿元,增长145.2%;各项存款余额213.2亿元,较年初增加74.5亿元,增长53.9%;实现利息收入6.31亿元,比上年增加1.61亿元,增长34%;中间业务收入2.64亿元,比上年增加1.54亿元,增长140%;实现利润总额1.82亿元,税后净利润1.45亿元;不良贷款率为“0”,资本充足率11.07%,贷款损失准备充足率130%,流动性比例49.77%,资产利润率和资本利润率分别达到0.73%和13.43%。

【业务发展】 创新营销模式,拉动存款业务快速增长。一是加强对公业务市场营销。充分发挥法人银行优势,整合产品服务,优化业务流程,提高服务质量,加大对支行阶段性目标考核,对公存款实现较快增长。二是加强储蓄业务营销。走“差异化、特色化”发展道路,找准“市民银行”的发展定位,广泛开展“金融管家进社区”活动,传播金融知识,将贴身贴心的服务送进社区,为市民解决身边的金融问题。三是加强网点和服务能力建设。圆满完成3家支行迁址更名工作,优化了网点布局。同时加强网点环境治理,提升硬件设施配备,增设业务办理窗口,为客户提供免费糖果、茶水、饮料等贴心服务,以高质量服务打动客户、维护客户。

抢抓市场机遇,稳步做大授信业务。加大对城市基础设施建设、市属主导产业、优秀中小企业、个人贷款等领域的信贷营销与投放,加大“三项重点”的推进力度,授信业务结构不断优化。建立了小微企业及个人金融业务专营中心,为小微企业及个人授信业务实施专项政策、专门经营、专业管理。进一步强化不良贷款清收和置换贷款处置力度,创下了不良贷款率为“零”的历史纪录。

加强资金运作,稳步提高盈利能力。积极探索新形势下的资金运营管理模式,精确匡算头寸,合理调剂余缺,抢抓机遇拓宽投资渠道、调整债券组合,科学搭配债券、逆回购、票据、同业存款等各类资产结构。全年管理资产日均余额80.8亿元,实现收益3.91亿元,2011年新增运用资金日均余额36.9亿元,实现收益2.18亿元。

【经营管理】 推进组织架构改革。一是精简总行内设机构。按业务条线设立8位业务总监,将总行原有26个部室精简成10个,提高了工作效能和协同效率。二是推进机关“瘦身”、支行“强身”。总行机关精简近半,将一大批人员调整到支行,优化了人员配置比例,在提高机关管理效能的同时,大大加强了一线营销力量。三是完善专业技术人才管理机制。将部分中层管理人员、机关部室各级主管、支行营业室主任、客户经理部经理纳入专业技术职务序列,为人才的培养和晋升开辟了新通道。

推进考核机制改革。完善干部任用和考核机制。明确“品行第一、实绩为上”的用人导向,任用调整了一批中层干部,扭转了过去干部能上不能下的局面,建立健全了干部培养和选拔任用机制。推进薪酬体系改革。将全行薪酬结构划分为基本薪酬、岗位薪酬、绩效薪酬三部分,确定了七级63档工资体系,科学合理设置考核指标,进一步健全完善了激励机制。

加强财务管理,提高财务核算水平。创新财务分析模式,多角度、多纬度深入分析经营中存在的不足和问题,找准与同业之间的经营差距,进一步提升账务分析的辅助决策能力。改革营业费用管理模式,加强营业费用分级归口管理和开支审批控制,健全完善事前干预、事中控制、事后监督的全流程管理机制。对刚性费用支出做到预测细致、准确,并合理压缩弹性开支,将有限的资源投入到业务发展上,提升费用支出的合理性和科学性。

【防控治理】 进一步完善内控体系。在全行开展案件防控综合治理活动,着力构建条线管理、风险管控、监督检查“三位一体”的监督案防体系。年内出台管理制度、操作规程等近300项,基本做到了风险环节全覆盖,为全行风险防范工作的深入开展提供了全面的制度体系保障。

加强业务检查和行为排查。一是加强会计业务监督检查。结合飞行检查、专项排查、现场检查等方式,对账户风险、手工登记簿使用、重要空白凭证、大额款项收付等各类业务进行排查。二是加强对重点业务、重点岗位、重点人员、重点环节的全面排查。全辖开展“百点风险排查活动”,组织开展了授信业务、固定资产管理、投资业务审计等13项专项审计工作。三是加强视频监督检查和全员思想行为大排查。设立视频监督办公室,以视频网络监控系统为依托,不间断监督员工在岗行为。开展全员思想行为大排查和入户家访活动,帮助员工树立安全合规意识,端正工作态度,调动工作积极性。四是加强信息科技风险防控。加大机房设备巡检力度,对全行计算机进行全面详细的安全检查,及时查找和排除信息科技风险隐患。

加强舆情监测和声誉风险管控。加强与舆情管控部门的沟通联系,建立联动机制,成功处置了不良舆情。充分利用OA论坛,号召广大员工广开言路,正面引导对经营管理建言献策,并协调相关部室作出正面解释和回应,充分发挥OA论坛交流思想、解疑释惑的作用。

加强安全保卫管理。人防方面,健全安全保卫制度体系,组织开展应急预案演练,建立营业室准入和夜巡制度,提高员工的安全保卫防范意识和突发事件的应对处置能力。物防方面,检查全辖线路及安防设施,实施机关门禁制度。技防方面,升级全行摄像头、消防烟感报警装置等设施,同时加强日常监督检查,防范安全问题发生。

【公司治理】 一是加强董事会建设,完善董事会组织架构,严格按照董事选举程序,认真做好董事长补选及董事的增选工作。二是全面落实监管要求,年内组织召开了2次临时股东大会、3次董事会会议和9次董事会临时会议,先后审议通过了章程修改、注册资本变更、董事选举、经营计划调整、董事及高管履职评价报告等42项议案,保障了广大股东的合法权益,发挥了董事会领导决策作用。三是着力推进增资扩股,不断优化股权结构。变更注册资本方案已获河北银监局批复,拟将注册资本由63 000.05万元变更为104 290.05万元。四是加强信息披露和信息报告工作,真实、准确地向董、监事和股东会汇报经营管理情况,确保信息畅通。

【科技兴行】 自主开发公积金银企互联系统,完成对CMPAS系统(客户经理绩效考核系统)三期及1104、反洗钱、信贷管理系统、财务管理系统、电子对账系统等外围系统的改造工作。积极推进新一代核心业务系统建设,2011年10月23日,具有完全自主知识产权、自主运维、在全国城商行系统处于领先水平的新一代核心业务系统正式投产,实现了所有账务划转类业务的前后台分离,完善了业务授权机制,丰富了风险控制手段,缓解了原有系统的软硬件压力,使新系统架构向先进银行水平迈进了坚实的一步,对于提升前台服务效率、拓展业务发挥了重要的促进作用。

【品牌形象】 一是积极投身社会公益,组织开展各类社会公益活动,以活动为载体着力加强精神文明建设,企业形象进一步提升。二是加强对外宣传,提升品牌知名度。积极向监管部门和唐山各级媒体报纸报送反应发展变化的信息材料,起到了良好的宣传效果。三是策划制作形象宣传片、确定主打宣传用语,在各支行营业大厅进行滚动播放,并与户外广告塔、公交车体广告等宣传方式有机结合,较好地展示品牌和企业形象。

【党建工作】 不断加强和改进党建工作。一是认真梳理和谋划党建工作,为安全发展提供思想和组织保证。重点加强完善基层组织结构,把党建工作同经营管理紧密结合,对吸纳发展党员、加强队伍建设、强化党员教育、推进创先争优等项工作进行周密安排和督导落实。二是围绕中心工作组织开展系列活动,以党建促业务发展。组织开展“对标赶超、创先争优”活动、“商行之星”评选活动、“百日营销岗位建功竞赛”活动,营造比、学、赶、帮、超的浓厚氛围,推动存款业务的快速发展。

健全完善惩防体系,全力推进反腐倡廉建设。一是靠制度严格管理,狠抓责任追究。坚持落实中层干部“一岗双责”,与全体中层正职干部分别签订党风廉政建设、综合治理、案件防控三项责任状和一份《辞职报告》,强化了违规问责和制度约束。二是靠机制加强约束,促进防腐保廉。完善警示教育机制,设立纪检委员,通过廉政教育、廉政短信、廉政谈话等方式,强化思想教育和警示,筑牢拒腐防变思想防线。

保定市商业银行股份有限公司

【概况】 保定市商业银行股份有限公司(以下简称保定市商业银行)成立于2008年7月,是在原保定市城市信用社基础上,经中国银监会批准,依照《商业银行法》、《公司法》等法律法规而设立的,是保定市首家具有独立法人资格的地方性股份制城市商业银行。2011年12月28日，经中国银监会批准，更名为保定银行。总行位于保定市朝阳北大街889号，注册资本人民币67 198万元，现任董事长兼行长张英莉。

保定市商业银行实行"一级法人、统一核算、分级管理、授权经营"的管理体制，建立健全了股东大会、董事会、监事会和经营管理层"三会一层"公司治理架构。内设办公室、人力资源部、计划财务部、公司金融部、个人金融部、风险控制部、会计结算部、电子银行部、信息发展部、稽核部、安全保卫部及党办室、纪检监察室等职能部门，下辖24家支行，其中县域支行4家。2011年末，在职员工482人，其中大专以上学历363人，占比75%；具有专业技术职称人员201人，占比42%。

2011年，保定市商业银行坚持以客户为中心，以市场为导向，秉承"诚信、规范、创新、发展"的经营理念，立足"服务地方经济，服务中小企业，服务市民百姓"的市场定位，依托完善的一级法人体制，创新理念，加快发展。充分发挥决策链短、经营灵活的优势，积极为地方中小企业、重点项目、高新产业、社会民生等提供丰富的金融服务。保定市商业银行致力于科技建设和产品创新，大力发展自助银行、网上银行等电子银行业务。同时，着力拓展企业文化内涵，努力提高服务品质，内控管理水平不断提升。为中小微企业、工商户量身定制的"小额商务贷款"和"金臂膀·助您腾飞"、"金支点·伴您成长"等系列综合信贷产品及惠及民生的"全民创业小额贷款"是本行的知名品牌，深受客户欢迎。2011年，被市政府授予"金融贡献奖"，被省政府授予"金融创新奖"，被省银行业协会授予"服务质量奖"。先后有6家支行被评为省级文明服务示范单位，1家支行被授予中国银行业文明规范服务千佳单位。

年末，全行资产总额128.15亿元，各项贷款余额35.42亿元；负债总额119.74亿元，各项存款余额118.93亿元；实现拨备前利润总额2.43亿元，净利润1.06亿元；贷款不良率为1.59%；资本充足率12.03%；拨备覆盖率218.36%。各项监管指标持续优化。

【战略转型】 2011年初，把转变发展方式，实施战略转型摆在突出地位，走"社区化、差异化、特色化、精细化"的经营之路。一是推进市场转型。做深做透本地市场，助力县域经济、三农(城乡结合部)经济，坚持机构布局向内向下发展，服务触角不断向县域延伸、向社区渗透。二是推进产品转型。以满足客户需求为中心，瞄准目标客户群体特点，为客户提供高度细分化、个性化、定制化的业务产品。三是推进客户转型。坚持"小企业大服务，小客户大市场"的经营理念，强化"市民银行"、"小微企业伙伴银行"特色。四是推进服务转型。以客户利益为核心，不断创新服务范围、内容方式和手段，提高金融服务效率和水平。

【经营决策】 一是提高董事会的战略规划和风险管控能力，适应转型与发展的需要。二是建立完善董事评价与考核机制，规范董事履职行为，充分发挥董事的决策与监督作用。三是充分发挥董事会各专门委员会的作用，规范工作程序，提高工作效率，为董事会科学决策提供了可靠保障。四是建立董事与监事、经营管理层、监管部门之间的沟通机制，提高了决策的针对性和有效性。五是充分发挥独立董事在审计、关联交易控制、提名、制度建设等方面的作用，确保其能够发表独立客观的意见，更好地维护本行、职工和中小股东的权益。

【社会责任】 2011年，本行累计发放贷款38.95亿元，中小企业贷款占比达88.52%，帮助中、小、微企业解决融资难题。一是对小企业金融服务中心充实力量、强化管理，进行贷款规模倾斜，全力保障小微企业的贷款需求。二是大力推进产品创新。在充分进行市场调研的基础上，为中小微型企业量身订制了"金臂膀·助您腾飞"、"金支点·伴您成长"两大系列信贷产品。形成了以集团担保为特点的"鑫丰市场模式"和"白沟五金建材城模式"。"金支点·商户贷"以快速融通资金，受到广大小微企业的热烈欢迎；"金支点·商圈贷"降低了小微企业融资门槛和融资成本，有效解决了小企业抵质押不足的问题，提高了商圈内小企业的整体市场竞争能力。三是大力支持全民创业。本行把"为政府分忧、为弱势群体解难"作为应尽的社会责任，持续加大"下岗失业人员小额担保贷款"优势品牌投放和管理力度，提高贷款额度，扩大贷款范围，优化贷款流程，增加开办网点，加强企业创业规划、财务指导、行业前景分析和必要的业务知识援助等特色服务。截至年末，累计发放"下岗失业人员小额担保贷款"贷款4.17亿元，创造就业岗位3万多个，惠及各类自主创业与再就业人员6万余名，受到社会各界的广泛赞誉。

【风险内控】 建立了涵盖操作风险、市场风险、信用风险、流动性风险等风险防控机制。一是按照贷款新规对贷款业务实行了全流程风险控制。二是建立监审联动机制,加强了与监管部门的沟通交流,促进了内控制度和监管意见落实到位。三是加强科技建设提升风险防范能力。去年投入1 000万元,完成了网上银行系统、住房公积金业务上线、IT运维审计系统的重新规划和升级改造。四是认真开展风险排查,加强"条线"检查力度,完善防范设施,强化安全培训,实现连续十年安全运营。

【核心竞争力】 2011年,先后完成了中层经营管理干部正、副职的选配工作,明确了本行人事管理制度的改革方向,确立了干部选拔使用的正确导向,同时也解决了多年积累下的一些遗留问题。根据业务发展和打造人才工程的需要,面向社会公开招聘了130多名新员工,为本行实现可持续发展补充了新鲜血液,增添了发展活力,进一步改善了员工队伍的年龄结构、知识结构,使员工队伍的整体素质得到提升。

【党建工作】 2011年,继续巩固和扩大创先争优活动成果,认真组织广大党员开展"亮牌示岗"、"夺旗争星"活动,激励党员发挥先锋模范作用。按照"为民、务实、清廉"的要求,坚持"标本兼治、综合治理、惩防并举、注重预防",全面落实党风廉政责任制,实行"一岗双责",逐级抓好落实。大力开展廉洁从业教育,党员干部作风教育和岗位廉政教育;深入推进商业贿赂治理工作,使日常行为监管和预防职务犯罪工作逐步走向经常化、制度化。加强行风、政风建设,进一步提高了群众满意度。本行以建设"和谐银行"为目标,坚持以人为本的理念,持续巩固AAA级劳动关系和谐企业成果。不断提升员工的从业素质和服务水平,组织各种业务培训30余场,人均受训3次。全行共评选出55名"先进工作者"和25名"柜面服务之星",在全行形成创先争优、拼搏奉献的良好风尚。

【壮大实力】 经过三年的不懈努力,本行在经营业绩和管理内控等方面全面迈上了新台阶,综合实力显著增强。2011年11月15日董事会十四次会议,审议通过了《保定市商业银行股份有限公司更名为保定银行股份有限公司的议案》。2011年11月28日,中国银监会正式批准保定市商业银行股份有限公司更名为"保定银行股份有限公司",简称"保定银行"("银监"复[2011]613号)。标志着本行完成了由地方性银行向区域性银行的蜕变,为"三年腾飞"战略目标画上了圆满句号。成功更名"保定银行",将使本行迈入一个全新的发展时期。为此,制定了包括业务发展规划、资本补充规划、网点建设规划、科技发展规划、人力资源规划、管理工作规划在内的《保定市商业银行2011—2015年发展规划》。规划期内力争把保定银行打造成为监管指标优良,服务效益良好,经营机制科学,公司治理有效,内控制度完善,风险管控到位,转型特色突出,信息科技先进,企业文化独特,人才保障有力,立足保定、辐射华北、走向全国的区域性现代化精品银行。具体战略步骤分为:第一步,实施二次增资扩股,引进战略投资者,扩充资本实力,监管评级达到3级;第二步,化解历史包袱,完成置换资产的回购,跨区融资,做强做优,把保定银行打造成以保定为中心,网点覆盖县域、遍布主要社区和村镇、服务功能辐射华北地区的区域性现代化精品银行;第三步,监管评级达到2级,进军资本市场,择机上市,走向全国。并把"六抓一促进"作为战略举措即:一抓法人治理,二抓基础管理,三抓风险管理,四抓金融创新,五抓科技建设,六抓企业文化,通过此六项举措,促进本行转变发展方式和战略转型,实现科学稳健和跨越式发展。

(韩亚清)

衡水市商业银行股份有限公司

【概况】 2011年衡水市商业银行股份有限公司(以下简称衡水市商业银行)主要经营指标和监管指标持续向好,合规经营承诺圆满落实。一是主要经营指标再创新高。截至年底,资产总额150.39亿元,比年初增加10.37亿元,增长7.69%;各项贷款余额84.33亿元,比年初增加10.44亿元,增长14.13%;负债总额137.8亿元,比年初增加8.23亿元,增长6.35%;各项存款136.25亿元,比年初增加16.02亿元,增长13.33%;所有者权益12.59亿元,比年初增加2.5亿元,增长24.78%;实现拨备前利润3.53亿元,同比增加2 296万元,增长6.96%;净利润3.06亿元,同比增加7 995万元,增长35.25%。二是各项监管指标继续向良好转化。截至年底,资本充足率12.43%,比年初提高0.56个百分点;核心资本充足率12%,比年初提高0.63个百分点;不良贷款率0.98%,比年初下降0.86个百分点;贷款损失充足率331.74%,比年初提高0.91个百分点;

拨备覆盖率200%,比年初提高16.67个百分点;资产利润率2.12%,比年初提高0.89个百分点;资本利润率27.06%,比年初提高9.96个百分点;成本收入比31.97%,比年初下降14.31个百分点;流动性比例48.67%,比年初提高4.41个百分点;流动性缺口率12.25%,比年初提高17.47个百分点;核心负债依存度69.67%,比年初提高9.28个百分点。上述各项监管指标均达到或超过监管指标要求,大部分指标达到或超过全省城商行平均水平。三是14项合规经营承诺及监管部门要求全部履行到位。向河北银监局签订的《2011年合规经营承诺书》得到切实贯彻,全部圆满落实。特别是政府融资平台贷款整改、中长期合同修正和贷款新规落实三项重点工作,全部按照监管部门要求保质保量完成了全年任务。认真落实河北银监局关于建设社区银行试点的工作部署,在全省建成了第一家社区支行并运行良好。2011年,衡水市商业银行再次也是连续第5年被评为“省级文明单位”。

【业务发展】 一是积极应对存款分流的严峻形势,千方百计确保增长。今年以来,央行货币调控政策持续加深,连续上调存准率,并实施了差别准备金动态调整机制,加之负实际利率的影响,导致市场流动性持续趋紧,存款工作压力剧增,出现了增长缓慢且大起大落、全行存贷比居高不下、甚至个别时点突破监管要求底线的情况。面对严峻形势,我们审时度势,及时转移工作重心,调整营销策略,加大调度力度,下大力扭转存款工作的被动形势。树立典型,以点带面。年初,在冀州支行召开了存款工作现场,深入挖掘和推广冀州支行等先进支行在存款工作中的成功经验和做法,促后进带平衡,对全行存款工作进行再动员、再部署;完善机制,强化激励。及时调整考核机制,加大了存款工作占比系数,并实行按月考核,重点加强对落后支行的调度和帮扶,促使全行上下把工作中心向存款工作转移;调整结构,综合营销。制定了“以储蓄存款强基础,以对公存款调结构,以银行卡业务增效益”的营销方案,在储蓄存款上保大户、扩群体,持续巩固储蓄存款的基础地位;在对公存款上,重点加大对行政事业单位以及大项目、大客户的营销力度,提高优质客户的贡献度;在银行卡业务上,明晰主要客户群体,大力发展高端客户,全年发卡量达到112 694张,卡存款余额39 148多元;加强开户管理,吸收结算存款。重点抓了贷款客户基本账户向我行的迁移,通过增加结算账户开户量,提高贷款客户资金归行率,有效提高了结算资金规模。

二是认真落实宏观调控政策,持续调整信贷结构。用足用好人民银行核定的信贷规模,按要求保持了均衡投放;根据中小微企业信贷需求旺盛的实际情况,适时适度向人民银行申请新增规模,共争取贷款规模2亿元,全部投向中小微企业。全年中小微企业贷款余额达到59亿元,占全行贷款总额的77.47%,有效满足了中小微企业的发展需求;按照“有进有退,有保有压”的原则,将信贷投放的大部分用于支持传统产业和特色经济。同时,积极配合国家产业政策,降低集中度较高行业的贷款占比,严格产能过剩行业和高耗能、高排放行业的信贷投放标准,严禁支持落后产能建设。加强了对政府投融资平台风险的防控,严格控制新增投放;严把新增贷款投放关口,提高抵、质押贷款比重,对抵押贷款占比未达到50%的支行,实行了限放措施,有效降低了资产风险。到年末,我行抵、质押贷款占比达到46%,实现了逐年持续增长。

三是全力处置不良贷款,确保资产质量稳步提升。2011年,是衡水市商业银行确定的不良贷款扫尾年,面对包袱重、处置难的现实情况,从强化领导入手,进行了集中清收。建立强有力的领导机构和工作队伍。首先,成立了存量不良贷款清收领导小组,由行长亲自挂帅,专门负责存量不良贷款的清收转化。其次,成立了新增不良贷款清收小组,由一名副行长挂帅,专门负责对新增不良贷款进行监控和处置,做到随发生随处置,严防风险积累。领导小组下设专门办事机构,从支行抽调了十几名业务骨干,集中时间、集中力量、集中人员,实行专职清收;加大促激力度。根据不良贷款清收的难易程度,对贷款进行分门分类,按清收效果给予不同的奖励,调动清收积极性。在此基础上,建立考核制度、问责制度,定期调度,一线办公,对清收工作做到持续加压,坚持不懈。经过艰苦努力,不良贷款清收、诉讼保全、呆帐核销、抵贷资产保管处置等工作成效显著。截至年底,衡水市商业银行不良贷款占比0.98%,创造了历史最好水平。

四是努力拓宽增收渠道,不断提升综合盈利能力。在做好传统存贷业务的同时,充分利用资金的时间差,大力拓展金融同业业务,深化同业市场参与程度,突出抓好债券投资,做好逆回购或债券持有,将临时闲置资金用足用好,既保证了资金的正常运营,又培育了利润增长点。全年共实现债券业务收入9 000万元。

五是加快建设电子银行,全面完善服务功能。建设自助银行。银行卡发行上线以后,在分支机构全部安装了独立对外自助设备,安装了5台离行式自助存取款设备,实现了全天候自助服务。全年共实现POS和ATM交易398 440笔,累计交易额63 259.3万元。迅速启动网上银行、手机银行建设。先后投入800多万元用于科技系统改造,夯实电子银行技术保障。同时,制定完善了电子银行管理制度,对全员进行了电子银行业务操作规范、机具管理及操作培训,到12月底,网银和手机银行全部正式开通。其中,网银业务迅速拓展,两个月就签约企业网银209户,累计交易1 395笔,累计交易额26 983万元;签约个人网银1 984户,累计交易2 853笔,累计交易额6 187万元。短信通和客服专线全部开通。实现了对电子银行交易信息的实时传送,对客户业务咨询做到了全天候服务。

六是网点建设持续推进,全省第一家社区支行启动运营。有步骤推进现有网点标准化建设。完成了七家支行营业室的升级改造,营业环境和服务功能全面提升;继续向县域和产业聚集区增设网点。深州支行、枣强支行和路北支行三家网点完成筹建并顺利开业;致力于服务转型,全力推进具有河北特色的社区支行建设。2011年,河北银监局共确定了三家机构进行社区支行建设试点,我行位列其中。从8月份接受任务,仅用5个月时间就完成了考察调研、选址装修、人员配备、基础设施建设等工作,年底前,在全省试点机构中率先开业。社区支行重点体现"贴近百姓、方便市民、亲和服务、惠及民生"的经营特点,与其他银行错时服务、延时服务,一切以便民为中心,开业短短一个多月来,以其良好的服务形象,高效的工作效率赢得了市场的广泛好评。七是积极创新产品和服务,全力破解小微企融资瓶颈。小微企业融资难一直是制约区域经济发展以及社会稳定的突出瓶颈,作为地方银行,我们坚持秉承"服务地方,造福社会"的发展理念,从创新产品和服务入手,对如何破解小微企业融资难问题进行了积极探索。通过学习借鉴国内外的成功经验,成立了专门的小微企业信贷中心,实行"信贷规模单列,机构核算独立,业务流程单设"的管理机制。微贷中心开发的"衡商微贷"产品,专门面向小微企业、个体经营者、城乡居民,提供50万元以下的小额贷款,具有手续简单、无需抵押、担保灵活、快速高效的特点,客户提出借款申请后,最快的一天之内就可获得贷款,真正体现和满足了微小贷款"小快急"的特点,受到客户的普遍好评。"衡商微贷"产品投放市场三个多月来,办理业务222笔,金额2 599万元,平均每天就有1-2家客户得到衡水市商业银行支持。"衡商微贷"产品以其良好的市场认可度,正逐步成为衡水市商业银行最具特色的信贷产品,为转变经营方式,推进特色化、差异化经营开辟了成功的道路。

【审慎经营】 2011年,衡水市商业银行继续坚持把审慎经营、合规管理作为经营的基本准则。首先,对各项管理规定、服务规范、操作规程进行持续改进和完善,优化管理流程和业务流程。信贷方面,推行了质询制度和对调查人员的评估考核制度。对新增贷款严格把关,实行了四个限制,即存贷比过高的支行限制增贷,抵押率过低的支行限制增贷,集中度较高的客户限制增贷,不符合国家产业政策的项目限制投放;前台业务方面,建立有效的制衡制度,将防范关口前移;在内部监管上,结合重要岗位人员的交流和轮岗,严格执行离任审计、定期检查与重点稽核相结合的内审制度,审计频率和力度进一步提高和加强。其次,从强化监督、挖掘和消除风险隐患着手,开展了高密度、高频率的风险排查。先后组织了贷款新规执行情况检查、配合银监局开展了贷款分类偏离度检查,组织了科技风险排查,进行了存款风险滚动式检查、财政存款账户排查和银企对账检查等,对易发案件的部位如重要空白凭证管理、库存现金管理、柜员尾箱管理等进行了持续的重点检查。对发现的问题,全部及时进行风险提示,提出整改要求,并对隐患整改情况及时进行评估和督查,使大部分问题得到有效整改。总体来看,衡水市商业银行在合规意识和内控管理的规范性上实现了较大提高,案件防控能力得到了较大提升。

【党建工作】 加强和改进党的领导、发挥党组织的领导核心作用,是做好经营管理的基础和动力。一是加强对党员队伍的革命传统教育。为加强对党员队伍的党史教育,培育艰苦奋斗、勇于奉献的优质品质,行党委利用双休日时间,分批组织全行党员赴河南南街村、山东孟良崮战役遗址、台儿庄战役遗址和革命圣地西柏坡进行参观学习,通过参观活动,带领党员重温党史,激发了广大党员"坚持党的领导,做新时期创业先锋"的革命热情。二是加强基层党组织建设,创新党建活动载体。

围绕三年大发展战略目标和日常经营管理，设立了党组织活动平台，先后组织了组织开展了庆祝建党90周年演讲比赛、唱红歌等活动，组织举办了"颂歌向党、奋进商行"庆祝建党九十周年文艺演，培育了党员发挥作用的有效载体，做到把党的建设、企业文化建设、精神文明建设与业务经营有机结合，同步推进，真正发挥了各级党组织的政治核心作用、战斗堡垒作用和共产党员的先锋模范作用。三是加强作风建设，提高执行能力。在全行大兴实事求是之风、求真务实之风、狠抓落实之风，鼓励讲真话、报实情、鼓实劲、求实效。紧密结合实际，定期开展纪律和作风整顿，整饬不良作风，提高工作效率，提高执行和落实能力，不断开拓各项工作新局面，形成了人人思进、个个争先的良好局面。

邢台银行股份有限公司

【概况】 邢台银行股份有限公司（简称邢台银行）成立于2007年9月19日，是经国家银监会批准，依照《商业银行法》、《公司法》等法律法规设立的具有一级法人资格的地方性股份制商业银行。

2011年，该行机关分设21个部室，下辖24个分支机构。其中：市区16家支行，县域支行7家，邯郸1家分行，控股村镇银行3家，2012年拟新增加7家分支机构，机构数年底将达到31家，在职干部员工共1 000余人。

近年来，邢台银行充分发挥自身特点和优势，市场竞争力和影响力不断提高，目前在全省11家城商行中，位列第6位；被《金融时报》授予"全国中小企业金融服务十佳机构"。此外，邢台银行还先后荣获"河北省金融贡献奖"、"河北省金融创新奖"、"国家级标准化服务试点单位"和"全国文明单位"等称号。截至2011年末，邢台银行资产总额达258.65亿元，比年初增加100.51亿元，增长63.56%；各项贷款余额87.44亿元，比年初增加19.9亿元，增长29.46%（其中，不良贷款余额为8 265.5万元，不良贷款率0.95%）；负债总额248.33亿元，比年初增加99.66亿元，增长67.03%；各项存款余额181.51亿元，比年初增加44.68亿元，增长32.65%。截止2011年末，邢台银行存贷比为48.17%，流动性比率48.31%，资本充足率为12.18%，核心资本充足率为8.83%，拨备覆盖率达622.91%，贷款损失准备充足率达474.40%，单一集团客户授信集中度7.19%，单一客户贷款集中度9.34%，资产利润率0.85%，资本利润率18.69%。2011年，邢台银行实现营业性收入91 354万元，同比增加31 087万元；营业支出66 646万元，同比增加20 671万元；实现拨备前利润58 463万元，同比增加19 225万元；全年实现利润总额18 488万元，同比增加7 809万元。全年缴纳各项税金10 868万元。主要经营指标再创历史新高。

【主要工作成绩及措施】 一是对公存贷款业务继续保持平稳增长。在谋划全年存款营销计划时，邢台银行确立了"寻项目，抓源头"的思路，提出了在营销工作中实现要"造路"工程，抓项目源头，抓项目的上下游客户，抓资金链条，重点营销财政性存款，加大营销奖励力度，激发支行和员工的工作热情。在加快产品创新和有效风险管理的基础上，该行实施了授信流程优化与内部评级建设项目，加快信贷业务流程创新，优化了全行的信贷审批流程，缩短了业务受理时间。同时，对原有的授信部门进行了改革，成立了公司业务部、授信审批部、风险管理部三个部门，分设贷前、贷中和贷后三个岗位，使全行的授信业务更加贴近市场和企业需求，市场竞争力进一步提高。在国家信贷资金趋紧的情况下，合理把握信贷投放总量、节奏和投向，进一步优化信贷结构，提高资产质量，有力地支持了地方经济发展。二是个人金融业务实现跨越发展。2011年以来，邢台银行提出"大个金"的理念，以深入推进零售业务的多元化发展为导向，主动创新。一是大力发展个人储蓄存款，形成了"一人在邢行，全家拼市场"的氛围，调动全行每位员工营销存款的积极性。二是代理发行基金业务，12月5日，邢台银行与中国银联合作开办了"银联基金直销通"业务。这项业务的开办填补了邢台银行中间业务收入匮乏的局面，成为该行新业务领域拓展上的里程碑。三是重点抓好代发工资和电子银行业务，全力做好代发工资和电子银行的营销工作，并制定了《代发工资业务考核办法（暂行）》，做好金牛IC卡、电子银行等捆绑式营销，提高了该行个金业务的市场占有率。四是借助新业务发展，促进全行业务跨越。借助本行的金牛IC卡、电子银行、手机银行等业务，留住现有客户、吸引新客户，达到了流量带动存量的预期效果，提高了客户签约数量和使用率，锁定了优质客户。年末，金牛卡发行164 279张，IC卡发行9 612

张,存款余额达 9.9 亿元。同时,利用新开通的“支付宝卡通”业务吸收新客户,稳固客户,吸收存款,提高离柜率,提升电子银行产品的知名度,扩大市场影响力,加速扩张基本客户群。三是中小企业业务健康稳定发展。2011 年,邢台银行坚持向中小企业业务转型的战略,全年累计发放中小企业贷款余额较年初增加 21 389 万元,达到 70 035万元,占全行贷款余额的 8.22%,实现小、微企业贷款的双增。深化机构改革,在成立本市桥东、桥西和邯郸分中心基础上,在宁晋、清河、内丘三个县域成立了 3 家支中心,在邢台地域和邯郸地区打响了“冀南微贷”品牌。开展产品创新,先后开发了“互助通”联保贷款产品、小企业“锦商通”订单贷产品和个人经营性物业贷款产品。在 9 月 2 日成功上线了具有邢台银行特色的小企业运营系统,并汇编了《小贷、微贷系统操作手册》。四是培养了一批开拓、创新、协作、专业的微贷队伍,建立了一支具有凝聚力、战斗力和创造力的信贷队伍,目前微贷客户经理 109 名,经过培训和实际工作其专业化水平、业务分析和风险控制能力大为提高;截至 2011 年末,共营销微贷客户 7 940 户,发放贷款 3 500 笔,发放金额 5 亿多元,无一笔不良贷款。四是有效提高信贷资产质量。2011 年,全行上下树立“抓信贷资产质量,就是抓百年老店的建设”的思路,切实做好核销不良资产工作。抓好了现有不良资产的消化,通过以资抵贷、债务重组、法律诉讼等有效办法盘活不良资产存量,把已经形成的不良资产逐步压缩至可控的限度内;抓好了潜在不良资产的消化,在观念、机制、手段上追求创新,有效监控潜在不良资产,避免形成新的不良资产;优化信贷投入,避免新的不良资产生成。五是分销渠道建设全面铺开。邢台银行十分注重分销渠道的扩张和完善,并大力发展电子分销渠道建设,有效分流了营业网点压力。南宫支行、天一支行、巨鹿支行和威县支行相继成立,并牵头组建了唐山迁安襄隆村镇银行和沙河襄通村镇银行,服务地域半径大为增加。小企业信贷中心成立了三个县域支中心,营销网络已经全面覆盖市区范围,“冀南微贷”业务在邢台、邯郸两地“开花结果”。布放在行式 ATM 机 27 台,离行式 2 台,全年实现 ATM 交易额 4.89 亿元,手续费收入 19.9 万元。投放 POS 机具 399 台,全年实现 POS 交易额 3.44 亿元,手续费收入 44.9 万元。截至 2011 年 12 月末,邢台银行手机银行累计户数9 847 户,交易笔数 51 515 笔,交易金额 8.68 亿元。网上银行企业户达 1 025 户,个人户达 6 832 户。电话银行累计开通 11 676 户,短信银行累计开通 29 995户。六是务全面升级。创建特色服务文化,继续推进金融“三服务”活动,分别对“三服务”进行了指导部署和具体要求,明确了考核方案。完成了客服体系架构建设,组建了电子银行部,96306 电话银行服务正常运转。采取“走下去,领上来”的双线培训模式对全行营业网点的一线员工开展关于“提升全行综合服务力的培训”,继续组织“八项技能强化训练班”的培训课程。继续坚持一线员工技能考核,统一在支行悬挂《员工技能星级展示栏》,每季度开展“优质服务标兵”评选活动。成功组织了全省城商行“第三届会计专业技能比赛”,邢台银行参赛选手在比赛中取得优异成绩。七是制定五年发展规划。规划内容做到远期有方向,中期有目标,近期有方略,为打造邢台银行打造百年老店奠定了坚实基础。八是略布局更具合理。全年成立了 4 家分支机构,包括 1 家市区支行和 3 家县域支行,机构数量从 20 家发展到 24 家,另有 1 家机构已获批准正在筹建中,基本完成预定目标;牵头组建了唐山迁安襄隆村镇银行和沙河襄通村镇银行,这是继清河金农村镇银行后邢台银行又组建的两家村镇银行,村镇银行的成立将会以全新的服务形式履行邢台银行服务地方、服务三农的社会责任。

【服务地方经济,履行社会责任】 坚持“服务地方经济、服务中小企业、服务市民百姓”的经营理念,树立“竞争、创新、安全、效益”四个意识,以“打造精品行,报答家乡情”为宗旨,积极支持全市基础设施建设、重点项目建设、县域经济和中小企业发展。2011 年,邢台银行积极响应、落实国家“调结构、促转型”的宏观政策和积极的财政政策及稳健的货币政策。在信贷资金规模紧张,中小企业资金需求较大的情况下,邢台银行采取多种措施最大限度地支持企业发展,满足中小企业资金需求。

截至 2011 年末,邢台银行已在沙河市、宁晋县、清河县、内丘县、南宫市、巨鹿县和威县设立了 7 家分支机构,同时在清河县、唐山迁安和沙河市成功筹建了三家村镇银行,2011 年邢台银行将力争在临城县、永年县等地增设 6 家新的分支机构,实现科学布局、合理调配资源、有效扩大网点效应,以便于借助县域合作的平台,优化信贷结构,主动加大对“三农”的支持力度。

选择在中小企业贷款、县域经济合作特色贷款、优化信贷审批流程、转型零售银行四个方面来强化金融服务，支持地方经济发展。一是加大中小企业支持力度，开发小微业务。邢台银行积极探索服务中小企业新途径，成立小企业信贷中心，实行一级事业部管理模式，依托支行平台开展业务，实现了“信贷计划、财务资源配置、信贷评审系统和小企业客户认定标准”的三独立，积极缓解资金供需矛盾。二是结合邢台本地特色，形成差异化优势，开发县域经济合作特色贷款，选取试点县市对县域经济进行调查，并设计出相关县域经济特色的金融产品，先后开发了商业承兑汇票贴现、保理、保函、仓单、提单质押贷款、保兑仓和“短贷通”循环贷款等业务品种，进行推广应用。三是针对客户需要，充分发挥总部银行机制灵活、决策自主、审批高效的优势，优化信贷审批流程，提高工作效率。

随着邢台银行效益的不断提升，“回报客户，报答家乡”成为该行体现履行社会责任的主要形式。近几年来，该行先后向青海玉树灾区、特教学校、市敬老院、福利院、县域合作、孤寡弱势群体、下岗职工、市慈善总会等，累计捐款捐物达300余万元，员工个人捐款50多万元。

（刘培华　宋文哲）

邯郸银行股份有限公司

【概况】 邯郸银行股份有限公司（简称邯郸银行）现有43个分支行，员工890名。2011年，邯郸银行在邯郸市委、市政府的正确领导和人行、银监等部门的大力支持下，坚持“地方银行、百姓银行、中小企业银行”办行方向和市场定位，全行上下齐心协力，积极应对货币政策的调整变化，业务经营和重点工作完成了年初确定的各项计划，是历史上发展最好、最快的一年。

【主要业绩】 一是资产突破300亿元年末资产总额321.1亿元，超计划7%，增长26.9%。资产总额和增量均居全省城商行第3位。二是存款突破200亿元。年末存款余额259.6亿元，超计划18%，增加74.7亿元，增长40.4%，在全省城商行的排名由第四位晋升为第3位，在市内银行业由第六位晋升为第五位，存款增加额连续两年居全市银行业第1位。三是贷款突破100亿元 年末帐面各项贷款余额113.3亿元，完成了市政府下达的增加20亿元的计划，增长22%。四是信贷结构实现优化 为进一步扩大小微企业贷款，邯郸银行引进了德国储蓄银行微贷技术，是我市最早开办微贷业务的银行，年末微贷余额7 088万元。年末小企业贷款余额（含个人经营性贷款、下岗再就业贷款）50.3亿元，增长34.9%，增加13亿元，超上年增量0.6亿元；涉农贷款42.5亿元，增长31%，实现了“小企业贷款、涉农贷款增速不低于全部贷款”的监管要求。五是不良贷款实现“双降”年末不良贷款额4 702万元，下降4.5 %；不良贷款率0.41%，下降0.12个百分点。扣除市财政于今年初退税和分红返还因素后，如期完成全部置换不良贷款回购。六是利润大幅增长实现拨备前利润7.7亿元，增加2.7亿元，增长54.6%；利润总额6.2亿元，增加2.5亿元，增长68.3%；净利润4.7亿元，增加1.9亿元，增长63.5%。月均净资产回报率32.6%，比上年提高5.1个百分点。

分支行突破40个。经过紧张筹建，成安、鸡泽、联纺西、远大支行正式开业，馆陶支行、武安村镇银行达到开业条件，年末分支行达到43个。资本总额突破20亿元。完成了新一轮增资扩股工作，年末资本总额达到23.6亿元，增长95.8%；资本充足率达到13.7%，提高2.9个百分点。

【获得荣誉】 一是坚持业务发展与文明创建同部署、同考核、同奖惩，深入开展文明创建活动，被中央文明委命名为“全国文明单位”，全国获此殊荣的城商行仅7家。二是被省政府授予“2011年度金融创新奖”。三是在中国《银行家》杂志商业银行竞争力排名中，居86家同规模城商行第7位，首次进入前“十强”。四是在中国社科院和金融时报社中国金融机构金牌榜评选活动中，入围“年度最具成长性中小银行”。五是以第24名的位次进入全市纳税“三十强”，居全市金融机构第一。六是邯郸市政府授予邯郸银行“支持地方经济发展先进单位”称号，连续多年居全市银行业考评第一级次。七是在省城商行系统点钞比赛中，邯郸银行选手全部获得奖项，是获奖最多的银行；在全省金融系统职工技能（打字录入、知识竞答、识假币点钞和散把点钞）比赛中，获得全省城商行第一、全省金融系统第八名的好成绩。

渤海银行股份有限公司唐山支行

【概况】 2011年是渤海银行股份有限公司唐山支行(简称渤海银行唐山支行)取得了良好成绩。截至2011年12月31日,渤海银行唐山支行存款总额达65 893万元,其中对公存款39 455万元(含保证金存款5 061万元),储蓄存款26 438万元;贷款总额达135 045万元(其中贴现19 599万元),其中企业贷款余额71 026万元,个人按揭贷款44 420万元;累计开出银行承兑汇票13 138万元;累计办理银承贴现44 095万元,为唐山经济的发展做出了应有的贡献。

【业务发展】 一是找准行业龙头,大力发展业务。公司业务部全体客户经理发挥团队精神,团结协作,寻找业务发展的突破口。在贷款营销上,紧紧抓住在唐山具有影响力的企业为突破口,发展贷款业务,累计投放贷款2.5亿元;在存款营销上,既注重新客户的开发,又注重老客户的稳定与挖掘,收到了一定的成效,稳定了部分存款。二是坚持抓大不放小,积极支持中小企业。坚持"抓大不放小"的指导思想,加大对中小企业扶持力度,充分利用上下游产业链纽带,连接行内客户资源,发展经营成果良好的私营企业客户,着力打造服务中小企业的特色银行。2011年,累计为中小企业投放贷款6 800万元,比年初增加2 100万元,受到了企业及监管部门的一致好评。三是加强联络,争抢市场,着力调整业务结构,使存款来源逐渐多元化,为来年稳健快速发展打下了良好的基础。

【个人业务经营】 一是根据2011年初制定的"六个加强"、"三个激活"和"四个转型"的工作目标,积极落实省分行的激励措施,加强业务的全员营销,在8月份开展了《渤海银行唐山支行负债业务竞赛活动》,目标分解到每个部门及每个员工,取得了较好的效果,基本完成了分行下达的增存任务。除此,批零联动产品交叉销售工作也取得了较好的效果,利用零售的理财产品优势为机构客户理财,使机构客户的资金获取了较高收益。在总行组织的"给力明星赛"零售交叉销售推广竞赛及"速度与激情"汽车贷款产品销售竞赛活动中,该行取得了"最佳竞技团体"称号,零售部两名员工获得"年度最佳经济个人"和"年度最具激情个人"等荣誉。二是加强消费贷款的拓展及管理工作。在省分行指导下,零售部对唐山市一手楼盘进行了拉网式摸底,以确定目标进行营销。同时,采用汽车贷款与担保公司合作的方式,充分发挥联动优势,凭借品种全、额度大、定价低等特点,在唐山汽车贷款市场上颇具优势。三是以好益贷返利为核心,在深入、认真学习的基础上,鼓励销售人员积极宣传,对存量客户进行名单式管理、进行深度维护及二次营销挖潜。下半年新增个贷业务好益贷捆绑率达到85%以上,存量贷款好益贷捆绑率在70%以上。四是多次组织高尔夫活动,逐步开展高尔夫客户的维护及二次营销活动,并邀请证券公司分析师、基金经理为销售人员及客户进行理财培训,得到了客户好评。

【工作制度】 2011年8月份,经总行批准,支行内部荣升为二级分行,管理体制、人员结构都发生了很大的变化。针对这种情况,根据总行下发的相关管理制度,结合行内的实际情况出台了各项制度的实施细则。从员工的业务、服务、学习培训、日常行为、工作纪律、创新等方面进行规范,完善内部制度建设,做到有章可依,促进各项工作稳步向前推进。风险防范工作常抓不懈,建立了稳健经营的长效机制。

【风险防控】 坚持"内外兼修"的原则,在努力拓展各项业务的同时,更加注重精心打造我行的经营管理平台,全面做好各项内部管理工作。一是定期组织全面业务检查和专项检查,检查内容包括:借记卡业务安全检查、网上银行业务安全检查、节假日期间的案件防控检查、存款滚动式的风险检查和营运业务全面检查等;二是定期组织全员学习总行下发的各项业务管理办法和规章制度,并定期安排业务知识和业务技能的考试,提高员工的综合素质,从而降低操作风险;三是深抓案件防控的宣传和教育工作,组织员工学习监管机构和行内的规章制度以及各种典型案例,安排规章制度和案例分析的考试,通过考试提高全员的风险意识;在考勤纪律、着装、安全保卫、工作日志、会议学习,培训记录等方面加强管理,逐步规范员工日常行为习惯。四是加强内控制度建设,组织员工对《企业文化手册》及内控制度指引等内容有针对性地进行了学习。抓执行、抓落实督促员工不折不扣严格执行,从防范操作风险入手狠抓制度落实,逐步使管理工作向规范化方向迈进,提高服务水平和营业环境档次,以真诚的服务和细微的关注来打动客户,赢得客户的支持。同时,把思想教育和实际工作相结合，对照工作找差距、找问题，真正防范风险工作落到实处，全年重大事故、重大案件的发生率为零。

【强化服务】 一是为了进一步贯彻总行有关整顿工作作风活动和开展文明规范服务活动的文件精神，支行把两项活动相结合，认真执行总行实行活动的有关方案要求和《中国银行业自律公约》、《中国银行业文明服务公约》及实施细则，在整顿工作作风活动中认真践行渤海的企业文化和职业警言，积极进行自我评分和查找思想上、工作上的一些问题，使员工对开展文明服务工作的重要性和必要性有深刻的认识和体会。二是强化服务意识，靠优质高效的服务稳定客户。对于银行来讲，前台是一个极其重要的窗口，前台服务的好坏直接关系到全行在客户心目中的形象。在日常办理业务过程中，支行注重对员工服务意识的培养，将人性化服务、亲情化服务融入到服务工作的点点滴滴中，扎实有效地践行"用心服务每一天"的理念。

（耿彩琴）

河北省金融租赁有限公司

【概况】 河北省金融租赁有限公司（以下简称公司）成立于1995年12月20日，注册资本金5亿元人民币，是经中国银行业监督管理委员会批准成立的以经营租赁业务为主的非银行金融机构，由河北建设投资集团有限责任公司、新奥集团股份有限公司等六家公司共同出资设立。

公司设董事会和监事会。设总裁1名，副总裁4名，业务总监1名。内设机构包括总裁办、金融部、资金部、财务部、资产管理部、风控部、业务一部、业务二部、业务三部 、业务四部 、业务五部（北京）、业务六部（上海）。监事会下辖稽核部。

经中国银行业监督管理委员会批准，公司经营下列业务：（1）融资租赁业务（2）吸收股东一年期（含）以上定期存款（银行股东除外）

（3）接受承租人的租赁保证金（4）向商业银行转让应收租赁款（5）经批准发行金融债券（6）同业拆借（7）向金融机构借款（8）境外外汇借款（9）租赁物品残值变卖及处理业务（10）经济咨询（11）中国银行业监督管理委员会批准的其他业务。

【主要指标】 截至2011年12月31日，公司总资产53.56亿元，比上年增长199.05%；总负债45.56亿元，资产负债率85.06%；净资产8亿元，比上年增长9.59%；净资产收益率为9.09%，比上年增长1.04个百分点。

按五级分类划分，公司租赁资产26.56亿元，其中：正常类26.31亿元，占99.05%；关注类1283.58万元，占0.49%；次级329.67万元，占0.11%；可疑类671.65万元，占0.25%，损失类260.89万元，占0.1%。

2011年，公司全年实现经营收入16214万元，完成计划的103.6%；实现净利润6963万元，完成计划的102.4%，比去年增长23.17%。

【生产经营】 2011年，全年共新增立项项目58个，比2010年增加37个；评审通过项目28个，比2010年增加10个；签约实施项目28个，比2010年增加14个；全年租赁资金投放总额达24.51亿元，比2010年增加18.15亿元。

2011年，公司完成融资总额65.48亿元，比2010年融资总额6.56亿元增加58.92亿元，融资规模比上年大幅提升。从融资渠道看，新增了中国进出口银行、南京银行、招商银行、天津银行、南昌银行、民泰银行、泰隆银行等一批合作伙伴，保证了公司开展重大项目的资金需求；从融资方式看，同业拆借融资额3.3亿元，依托租赁应收账款发行信托产品实现融资2.16亿元。

截至2011年底，公司业务领域涉及交通运输、通讯、基础设施建设、能源、医疗卫生、公用事业、金融、装备制造等多个行业，合作客户遍及河北、北京、天津、上海、四川、辽宁、陕西、山西、贵州、山东、宁夏、内蒙古、吉林、湖北、湖南、云南、甘肃、河南、江西等19个省、自治区和直辖市，全年累计签署租赁合同总额24.83亿元。

（谢运展）

冀中能源集团财务有限责任公司

【概况】 冀中能源集团财务有限责任公司（以下简称：财务公司）前身为华北制药集团财务有限责任公司，成立于1994年，为河北省首家企业集团财务公司。2009年冀中能源集团重组华北制药集团后，对原华北制药集团财务公司进行重组。2009年9月正式更名为冀中能源集团财务有限责任公司，同年12月注册资本由3亿元增加至10亿元。

股东冀中能源集团有限责任公司、冀中能源股份有限公司、华北制药股份有限公司分别持股45%、35%、20%。

重组增资后，财务公司坚持“依托集团、服务集团”的宗旨，围绕集团公司资金管理需要稳健经营，资金实力、经营规模取得快速发展。2010年借助商业银行现金池技术，建立起覆盖集团公司合并报表范围的全部成员单位的资金服务网络；2011年末资产总额（含委托）94.06亿元，是重组前的6.5倍，实现跨越式发展。

财务公司经银监会核准的业务范围：对成员单位办理财务和融资顾问、信用签证及相关的咨询、代理业务；协助成员单位实现交易款项的收付；经批准的保险代理业务；对成员单位提供担保；办理成员单位之间的委托贷款及委托投资；对成员单位办理票据承兑与贴现；办理成员单位之间的内部转账结算及相应的结算、清算方案设计；吸收成员单位的存款；对成员单位办理贷款及融资租赁；从事同业拆借；对金融机构的股权投资。

财务公司还具备人民银行电子商业汇票系统、同业拆借市场的资格；保险代理业务资格；具备500万美元可自由兑换外币资本金及外汇业务资格。

在经营范围内开办了存款结算、自营贷款、委托贷款、银行承兑汇票贴现、再贴现、保险代理等近30项业务品种。

财务公司设业务部、营业部、财务部、综合部、发展部、稽核部共六个部门，在岗员工34人。

2011年获河北银监局授予的“无案件机构”称号。

【经营概况】 2011年，冀中能源集团财务有限责任公司（以下简称“公司”）以服务集团公司资金集中管理为根本，创新发展融资业务，积极应对货币市场资金整体紧张的外部环境，实现经济指标与发展质量的双丰收。

全年实现营业总收入22 145万元，较上年增长111%；利润总额15 040万元，较上年增长116%；资产总额（含委托）94.06亿元，较上年末增加了8.03亿元，增幅9%；总负债（含委托）81.75亿元，较上年末增加7亿元，增幅9%；所有者权益12.31亿元，较上年末增加1.06亿元，增幅9%。

【信贷业务】 受整体资金形势影响，本年公司适度控制新增贷款，将票据业务作为发展重点。2011年，自营贷款总额（含贴现）39亿元，较年初增加14亿元，增幅44%；为成员企业提供低成本票据贴现资金24亿元，节约企业财务费用3 546万元。

在信贷业务管理方面，初步建立起财务公司授信工作体系，完成13家贷款企业授信工作，授信工作的开展将会促进财务公司资产业务的理性发展。同时，依据贷款新规的要求，从合规管理的角度入手，对贷款支付等具体操作细节进行规范调整。

【业务创新】 2011年，公司将票据融资业务作为发展重点，相继开办了转贴现、票据卖出回购、票据收益权转让、票据存款等新业务，实现票据融资24.3亿元。通过再贴现及前述新业务的灵活运用，拓宽了财务公司资金来源，提高了资产流动性，为缓解资金紧张局面发挥了重要作用。特别是票据收益权转让业务，在市场整体资金紧张的背景下，以低于市场价格30%的资金，为企业提供融资9亿元，实现了成员企业、财务公司、合作银行的三方共赢，为财务公司后续业务创新开阔了思路。

【资金集中】 2011年是财务公司作为冀中能源集团资金集中管理平台运行的第一个完整年度，在集团资金需求旺盛和市场整体资金紧张的背景下，吸收存款期末余额43.75亿元，较年初减少7.7亿元，全年结算资金净流出10亿元；资金集中平台系统共完成3 829亿元、31.17万笔资金划转业务；通过协定存款业务，协助成员单位理财，增加企业利息收入470万元。

进一步加强账户管理，本年新增两家银行省外账户归集，新归集账户62个，累计归集234家单位472个账户；为便于服务和账户管理，建立了客户信息档案，现已完成基础信息整理工作。

【中间业务】 财务公司的中间业务经营主要以让利和服务企业需要为宗旨。2011年，委托贷款余额30.3亿元，为成员单位节省手续费支出209万元；保险代理业务新增国内货运保险代理；面向河北省重点建设项目河北航空开办保函业务，以低费率、低保证金的优势，协助企业快速提升运力。

【风险管理和内部控制】 根据冀中能源集团《风险监控管理办法》，制定了《财务公司风险监控管理实施办法》，明确了风险监控工作组织方案、风险监控指标方案，初步建立了监控报告机制、监控应对机制以及动态维护机制。根据自身特点，选取了反映资本充足性、信用风险、流动性风险、操作风险以及合规风险的监控指标20余项，建立风险监控指标库，积累风险管理信息数据，为风险管理工作进一步完善打好基础。

2011年财务公司拓展了稽核部职能，新增信贷业务稽核，并从单纯的差错稽核扩大到风险稽核，建立起覆盖资金业务运作全过程的稽核体系。

以“小金库”治理工作为契机，对会计人员管理、会计制度执行、内部控制制度建设、会计建账、会计信息质量和会计电算化开展等进行了全面清查。进一步规范了对资金划转、费用报销、物资采购、应收应付款项的管理。

【企业文化建设】 2011年，财务公司组织了“进入500强我们做什么”系列活动。通过集体学习、书写学习心得、召开座谈会等形式，教育引导员工正确认识“世界500强企业”标准，从小事做起、从本职工作做起，以500强企业员工标准要求自己，引导员工与企业共成长，员工队伍的业务素质逐步提高。

职工是企业的主人，在公司快速发展的同时，关心职工身心健康，让职工分享企业发展成果，在公司倡导创建和谐企业文化。2011年职工薪酬继续稳步增长。公司还组织员工体检、五子棋竞赛、团队野外寻宝等活动，活跃公司氛围，增强员工凝聚力。

（段淑哲）

中国信达资产管理股份有限公司河北省分公司

【概况】 2011年，中国信达资产管理股份有限公司河北省分公司面对改制转型新形势、新任务，积极解放思想、转变观念，坚持以不良资产经营为核心，以资产管理和金融服务为重点，努力提高经营效益，有效防范经营风险。全年实现税前利润8.4亿元，新增收购不良资产7.9亿元，新增受托不良资产34亿元，实现中间业务收入998万元，现金回收1.98亿元，年度财务预算执行良好，质量管理目标全部达标，未发生重大责任事故和案件，各项工作保持健康、平稳、有序运行。分公司还荣获河北省2011年度金融创新奖及银监会系统“2010—2011年度文明单位”表彰。

【以不良资产收购受托为重心，大力拓展市场化业务】 （一）携手推介宣传，努力扩大分公司市场知名度。2011年上半年省政府组织召开了“河北省重点项目和企业融资对接会”，召开了由四家资产管理公司驻省机构共同主办的“河北省金融创新业务融资推介会”。分公司受省金融办委托，负责推介会的前期筹备、会议主持及相关服务工作。专门成立工作小组，会前进行认真谋划和精心筹备，会上以生动新颖的幻灯片对中国信达综合金融服务功能进行了全面推介，会后积极与省内各主要媒体沟通宣传，广泛搜集参会企业信息，为分公司扩大影响、广揽客户、挖掘商机起到了积极作用。（二）抢抓市场先机，全力扩张不良资产收购规模。结合近两年资产收购业务进展缓慢的实际情况，分公司年初便将不良资产收购和受托业务作为事关分公司可持续发展的重中之重来安排布置。一是对全省范围内大量金融机构不良资产情况进行了摸底调查，寻求市场商机，建立客户联系。二是充分利用政策先发优势，努力捕捉非金资产收购商机。根据市场变化和客户需求，分公司及时转变思维观念，调整策略部署，通过不懈努力，成功取得新增收购不良资产7.9亿元、公司系统排名第三的好成绩。（三）积极主动出击，超额完成年度委托代理目标任务。分公司通过多渠道、大范围走访相关单位和部门，努力寻求委托代理业务的商机。与张家口一建和唐山国控成功签署不良资产委托处置协议，取得了分公司委托代理指标完成率公司系统排名第四的好成绩。此外，继续做好建设银行河北省分行委托核销类资产处置工作，为委托方回收资金650万元。（四）发挥协同优势，中间业务和财务性投资取得较好效果。一是分公司先后向信达租赁介绍融资租赁项目43个，正式推荐立项项目7个，获审核通过项目2个。二是分公司与金谷信托公司合作，为满足省国控拟对矿业资源进行整合的大量资金需求，量身定做了5亿元的信托计划融资方案；协助做好省内大型房地产企业信托贷款项目，实现协同销售收入54.72万元。三是推荐省内三家大型企业作为信达证券IPO业务备选项目；协助信达证券成功购得2亿元短期融资券及“满堂红2号”在河北地区发行工作。四是协调做好信达澳银发行“信达澳银产业升级股票型基金”，取得了在河北省发行2 086万元、全国排名第十位的好成绩。五是为信达财险河北分公司的筹备、开业提供了大力支持，并通过非金收购和融资租赁为信达财险增加几十万元保费收入。六是为两家省内大型企业提供了财务顾问服务。七是积极拓展渠道，努力寻求财务性投资项目。（五）锁定市场目标，以签订战略协议为契机对客户进行深度挖掘。分公司充分利用多年资产处置积累的大量客户资源和与当地政府、国资委等建立的良好合作关系及各种人脉资源,先后与省内具有一定影响力的11家大中型企业和银行签署了战略合作协议,并与其中9家实现了实质性业务合作。(六)强化组织领导,不断完善市场化业务工作机制。分公司于年初积极谋划,确定实行"领导挂帅、部门负责、全员参与、项目组管理"的工作机制,研究制定了《中国信达资产管理股份有限公司河北省分公司市场化业务工作指导意见》,明确了市场化业务工作的组织领导、工作流程及激励措施,起到了有效的激励推动作用。

【以公司全局性股权项目为重点,创新处置模式提升股权价值】 2011年初,根据公司工作会议和股权工作会议精神,分公司对现有股权项目进行了深入分析,提出了以价值管理为核心,以公司全局性重大股权项目为重点,实施分类管理的措施。一是经过几经周折,排除万难,12月28日成功实现了将冀中能源上市公司6 526.6万股过户到我公司名下。至此,公司层面重大股权项目——峰峰置换冀中能源股份项目取得了圆满成功,不仅为分公司完成全年利润计划奠定了坚实的基础,也为全公司实现全年利润计划做出了重要贡献,同时闯出了一条股权价值提升的新模式。二是对价值提升类股权项目,从涵养资源、提升价值、开拓客户的角度抓好经营,力争实现与资本市场对接,为积极推进开滦集团整体上市做了大量工作。三是加快推动有价值贬损、存在管理风险的处置类股权资产处置。耀华集团按照《股权转让协议》约定支付了剩余股权转让款。在河北圣雪葡萄糖有限责任公司股权转让过程中,高度重视企业改制发展和职工安置问题,在扣除职工安置费用后,实现现金回收,成为公司系统第一个采取以推动企业整体改制实现股权退出的成功案例,不仅避免了股权价值进一步贬损的风险,还帮助企业实现了改制过程的平稳过渡。圣雪公司为表示感谢向分公司赠送了题为"转股减债扶持企业发展,推动改制圣雪重获新生"的锦旗。四是对目前能够维持经营且经营和管理风险不大,但暂时无法实现价值提升股权资产项目,着重培育司企关系,努力维护公司权益,从中积极寻求推进双方合作和开展集团协同业务的商机。

【以实现资产增值为目标,不断加强债权类资产的深度精细化管理】 年初通过对剩余项目分析预测,做出了"优先处置小散差项目、深入挖掘有价值提升空间的重大项目、积极转化资产形态实现资产二次增值"的策略安排。一是对分公司现有资产进行认真分类、估值,原则上保有价值预期较好的涵养类资产,重点处置存在风险的或被动处置的项目以及小散差等价值贬损类资产。二是高度关注重点处置项目,加强与总部沟通联系,积极挖掘价值升值机会。三是借助与政府机关或部门关系紧密的债权资产项目,加强与地方政府沟通,推进战略合作,争取更多业务合作空间。对河北卫星化工厂项目成功实施债权转让;对石家庄化肥集团有限责任公司项目与省国资委达成就延期支付剩余转让价款的一致意见,不仅最大限度保证了公司利益,同时也积极维护了与省国资委的战略合作关系;唐山市昌盛纸业有限公司等多个项目都取得了理想的处置效果,为完成全年回现任务做出了积极贡献。对于未处置项目,分公司也密切关注企业发展状况,避免因信息不畅丧失项目的有利处置时机。

【以防范风险为重点,进一步夯实管理基础】 一是坚持"敬畏规则""细节决定成败"等教育常抓不懈,教育全体员工在思想上一定要始终牢固树立"敬畏规则""细节决定成败"的意识,凡事必须按制度、程序办,绝对不允许凭经验、靠主观意志做工作。二是持续抓好质量管理工作,自觉贯彻ISO质量管理先进理念,将质量管理体系的学习、执行、检查、完善等各环节工作落到实处,实现质量管理工作的常态化、规范化,并顺利通过了公司系统ISO9001质量管理内审检查。三是业务决策、估值、审核、法律、评估、拍卖、公告等各环节工作规范有序,进一步加强对各类中介机构的管理,按时完成了对各委员会和工作小组成员以及拍卖、评估、法律中介机构备选库调整工作。四是不断加强各项财务管理工作,特别是认真务实开展了"小金库"专项治理自查工作,并顺利通过了公司财务会计大检查和"小金库"专项检查组的现场检查。五是各项基础管理工作进一步强化,坚持做好处置终结项目的认定和审计工作,加强了档案、印章、公文、办公用品等日常管理使用,加强行政后勤管理,为员工创造良好的办公环境,强化司机、车辆管理,保证了全年安全无事故。

【继续加强党风廉政建设、队伍建设和企业文化建设】 一是切实加强分公司党的组织建设和作风建设。按公司党委部署和要求,认真扎实开展争先创优、公开承诺及革命传统主题教育活动等,充分发挥党组织的政治核心作用，不断增加分公司党组织的号召力和凝聚力。二是通过党委中心组学习等，加强干部政治理论学习；日常工作中要求各级干部以身作则，真抓实干，充分发挥模范带头作用，做到开拓创新、求真务实，遵纪守法、清正廉洁。三是严格按照两个责任书要求，落实干部“一岗双责”。四是利用学习上级有关党风廉政建设文件、开展反腐倡廉党课教育、观看反腐倡廉建设展和宣教片、日常警示教育等形式，增强干部员工依法规范经营、廉洁自律的意识。五是重视员工培训，努力提高员工素质，分公司共举办有关业务培训15期。同时，还积极倡导建立学习型组织，制定《员工考取执业资格、从业资格、专业技术职称和参加相关培训审批及费用报销办法(试行)》，以鼓励员工养成不断更新知识技能的良好习惯，更好地适应公司商业化转型和业务创新发展需要。六是积极配合公司企业文化建设，及时更新了分公司名牌标识，升级改造了视频会议室相关设备设施，设立了公司室外形象宣传广告。七是充分发挥工会组织作用，开展丰富多彩的文化体育活动，增强集体凝聚力，保持分公司已形成的良好的精神风貌。

中国东方资产管理公司石家庄办事处

【概况】 2011 年，中国东方资产管理公司石家庄办事处按照总公司党委战略部署，认真践行科学发展观，坚持以利润为中心，积极推进可疑类收官处置，全力开展新商业化业务拓展，以制度改革推动工作创新，以合规经营实现规范管理，各项工作取得了新进展。截至12 月31 日，可疑类资产收现完成总公司下达任务率 118.7%；商业化业务完成公司下达任务的 115%；完成年度利润目标的 238.1 %。办事处整体工作水平进一步提升。

【精耕细作，推进可疑类资产收官处置】 在可疑类资产处置上，办事处坚持以利润为中心，深挖项目潜力，拓宽运作空间。截至 12 月 31 日，办事处建行可疑类资产收现排名列全辖第 11 名。其中个贷排名全辖第 2 名。建行可疑类资产累计回现 178 878 万元，剩余债权金额(本金)164 311.62 万元。

2011 年是办事处可疑类资产处置的“收官”之年。办事处把精耕细作、挖掘潜力作为处置的主攻方向之一。对每一个项目实行充分尽调，穷尽线索，准确估值，设计选择最佳处置方案，力争收现实现最大化。

办事处在年初即确定了一批重点项目，由总经理成员牵头协调，班子成员对项目进展情况定期听取汇报，亲临一线督导指挥，亲自参与处置谈判，现场办公解决棘手问题，有效推进处置收现。在抓好大项目、重点项目的同时，对于金额较小的项目，办事处同样不放弃、不让步，年内启动近 20 个小项目处置，收现 1 000 余万元，对办事处整体收现起到了补充作用。

在综合分析剩余资产质量的基础上，办事处今年把个贷处置作为可疑类资产处置收现的“重头戏”之一。办事处一方面紧紧抓住一批重大、难点项目，充分利用代理机构人脉关系不断加大催收力度，加快清收进度；另一方面加强个贷批量委托管理，在委托代理机构过程中把符合政策和最大限度激励中介机构积极性很好地结合起来，做到既保证收现效果又尽可能节约费用。

【全员营销，积极拓展商业化业务】 今年是办事处商业化业务取得突破性进展的一年，同时也是全体员工思想观念深入转变的一年。经过长期以来的努力，办事处初步形成了能适应市场变化的经营机制，打造了一支能投入市场竞争的员工队伍，市场意识、风险意识、效益意识和责任意思深入人心，商业化业务拓展力度不断加大。一是多措并举，奠定基础。办事处召开专题会议就如何做好今年的商业化业务进行探讨；积极参加总公司组织的商业化业务知识培训，了解当前可开展的各类新商业化业务模式；通过《市场新讯》内刊形式，捕捉与我公司业务发展密切相关的各项国家及省内金融经济政策及同业动态，达到拓展思路的目的；年初进行的机构调整中，继续压缩二线人员充实一线部门力量。这些措施都为商业化业务的开展奠定了良好的基础。二是注重营销，广泛宣传。办事处开展了全方位、多角度、深层次的营销工作，通过走访省金融办、财政厅、信息产业厅等政府部门和机构，为新业务开展争取良好的外部环境支持；通过走访省内中行、工行、中信、华夏等多家金融机构，拓展融资渠道，宣传公司业务品种；通过与产权交易中心、信托公司、投资公司、租赁公司等非银行金融机构和企业的业务联系，积极寻求合作机会；通过对河北建投、冀中能源、省供销社等省内多家企业的走访，不断探索业务合作和对接模式。在此基础上，上半年办事处与河北省中行召开了业务座谈会，对可对接业务进行了深入探讨，进一步巩固了双方合作关系。在5月份河北省金融办省重点项目和企业融资对接会上，办事处向与会企业发放《金融产品服务手册》，还邀请大业信托、东兴证券等平台公司一道参会。利用河北省发改委组织的银企业务对接会这一机会，积极向河北银行等金融机构推介中小企业增信业务，并与部分企业进行了直接洽谈。三是合规经营，防范风险。在商业化业务运作过程中，一方面，在吃透政策、法规的基础上，针对市场和客户需求，量身打造合适的产品。主动与多家有融资需求的企业接触洽谈，设计资金信托计划助其融资；另一方面对公司倡导、推荐的中小企业应收账款、融信通、票据回购等新业务品种积极尝试，多方联系，与企业探讨合作模式，争取合作机会。办事处非常重视商业化业务的合规经营和风险防控，注意加强新业务规范管理。先后起草了《关于办事处开展投资项目风险监测实施建议》、《办事处投资项目风险监测评级实施细则(试行)》等制度文件，推动了办事处投后项目风险评级监测工作；整理完成了《新商业化业务手册》，为商业化业务开拓提供支持；拟订了《中国东方资产管理公司石家庄办事处新商业化业务直接责任人问责措施》，对新业务开展起到规范和促进的作用。到2011年年底，新商业化业务已签约项目4个，合同金额6.5亿。另外中行河北2009－1资产包(14户)项目，自收购至今已完成包内全部项目的处置回收，整包收现已覆盖成本。

【优化股权企业管理新模式】 一是债转股企业日常管理。认真参加债转股企业的股东会、董事会和监事会计11次，通过严格审议相关议题，切实维护我公司的合法权益。通过对企业的走访、调研，进行掌握企业财务状况及重大事项及时，引导企业发展健康有序。二是积极向债转股企业提供各类服务。为帮助冀雅电子股改上市，办事处协助承接了上市财务顾问及承销业务；利用三友集团“十二五”期间新上项目较多的机会，向其推荐投资及财务管理等顾问服务。通过这些运作，在为企业提供服务的同时也促进了办事处新业务的开展。

【及早谋划，抢抓时机，实现增资东信损失类资产处置】 日常在做好债权维护的基础上，广泛开展营销宣传，除了在公司网站、《河北经济日报》和河北产权交易所招商外，办事处还向上海产权交易所、北方联合投资有限公司、石家庄长城公司等多家单位开展营销，以真正实现公开操作和收益最大化。根据业务推进实况，办事处适时调整处置预案，在原上报产交所挂牌方案基础上增加了公开竞争性出售方案，事实证明了该调整的正确性。在原意向买受人放弃购买的情况下，能够及时抓住市场有利时机，积极向新的投资人推荐亮点项目。经过4轮艰苦议价，资产包顺利成交。截至2011年末，损失类资产终结处置项目1 332户，处置金额52.48亿元，处置收现5 799万元，完成目标责任状任务的184%。

【完善内控，防范风险，加强内部管理建设】 一是加强干部队伍作风建设。全年组织党委中心组理论学习4次，班子成员和处以上党员干部认真学习了学习胡锦涛、贺国强同志在第十七届中纪委第六次全体会议上的讲话、银监会刘明康主席在经济金融形势通报会上的讲话，坚持用科学的理论武装头脑、指导实践、推动工作。党委班子在明确分工的基础上，通过每月初中层以上干部参加的扩大会议和每周工作例会以及周工作计划总结，推进了党委部署的各项工作的落实。通过民主生活会等多种形式，认真征求党内外群众意见建议，开展了深刻的批评与自我批评，进一步健全落实民主集中制、完善内控，增强领导班子的凝聚力、战斗力。二是深入推进反腐倡廉教育。2011年办事处纪委以反腐倡廉和遵纪守法教育为抓手，重点做好各类案件防范工作。为大家购买了《杨善洲事迹》、《苦难辉煌》等书籍并组织学习；深入开展自查自纠，切实做好《廉政准则》的贯彻落实工作；“七一”当天，纪委书记做了廉政教育报告；组织员工参观河北省第四监狱和《全国窃密泄密案例警示教育展》，开展警示教育。通过这些措施，进一步提高广大员工的政治觉悟和道德修养，有效加强了廉洁自律工作。11月份总公司党风廉政建设巡查小组对办事处贯彻落实《廉政准则》情况进行了督导检查，并给予了充分认可。三是加大监督检查力度。办事处全年组织内部审计2次，对2011年终结处置项目及个贷批量委托情况进行审计。对检查中发现的问题督促整改，提高内审的效果质量。接受了总公司监察审计部直属分部的现场审计，并对有关问题进行了认真整改。开展了“小金库”治理复查工作，并接受了总公司对办事处的专项抽查。通过内外部审计监督,各项工作得到了进一步规范。四是强化风险控制和审查制度。全年共组织召开经审会 90 次,审议处置方案 134 个。组织召开评估审核与中介机构管理委员会 38 次,审议项目 53 个。审查工作坚持做到“四个结合”,即“到位审查”与“到位服务”相结合、“审查意见”与“审查建议”相结合、“预审”与“网审”相结合,“重点审查”与“关口前移”相结合,实现了审查职能与服务职能的对接,提升了审查的层次。针对新商业化业务的审查,采取“项目性质”与“政策要求”相结合、“交易结构”与“商业逻辑”相结合、“收益指标”与“风控环节”相结合、“方案内容”与“合同条款”相结合的审查策略,保证了审查质量和工作效率。

【科学发展,优化机制,营造和谐集体氛围】 一是加强财务预算和费用控制。按照总公司要求,圆满完成了办事处 2011 年度财务预算的编制、上报工作。结合办事处本年收现及业务开拓情况,对办事处 2011 年度管理费用可用额额度和预算支出情况进行了分析和测算,为全年费用控制奠定了良好基础。在业务费用管理方面,通过认真分析项目实际情况,采取不同项目对应不同费率方案的做法,防治“一刀切”,在降低费用和激励中介机构方面做出了有益的尝试。二是提高员工素质和团队战斗力。办事处始终高度重视员工教育培训工作。根据转型需要,结合实际工作安排,办事处采取多种方式,不断加大培训力度。一是专题培训。2011 年办事处参加总公司的视频培训会 12 次,自行组织法律知识、业务技能等培训 5 次,实现培训有目的、有内容、有实效。二是以会代训。组织召开全体员工业务研讨会,由各业务团队负责人从发现途径、商业逻辑、业务经验等多角度进行了典型案例讲解,使全体员工对商业化业务开展的思路、模式、风控、管理有了更全面的认识。三是学习交流。年内选派四名员工到总部市场开发部、审查部等职能部门以及大业信托进行交流学习,为今后开展工作打下了好的基础。三是推动和谐集体建设。办事处重视思想政治工作,注意把解决思想问题与解决实际问题结合在一起,促进了企业文化建设,形成了一切围绕中心工作,合力创建和谐氛围的良好局面。工会从生活中的点滴小事入手,积极为员工送温暖,先后组织了羽毛球选拔赛、“拖拉机”比赛等,营造和谐、健康、奋进的工作氛围。响应总公司号召组织开展了“大干 70 天,全力推进处置收现和商业化业务”劳动竞赛活动,切实把总公司会议精神落到实处。2011 年,办事处分别被中国金融工会、中国银监会评为“全国金融模范职工之家”和“文明单位”,这是对办事处多年以来良好集体氛围的充分肯定和认可。

2011 年是中国共产党建党 90 周年。结合这一盛事办事处组织了一系列生动、简朴而意义深刻的党性主题活动,以此教育和激励全体党员和员工知党、爱党、跟党走。办事处为全体党员及员工购买《中国共产党党史》等书籍;组织观看电影《建党伟业》;策划了纪念建党 90 周年专题宣传板;张贴宣传挂图,号召全体员工认真学习杨善洲同志先进事迹;组织全体员工举办“七一”红歌会;七一当天办事处组织全体员工收看了胡锦涛同志重要讲话,全体党员重温了入党誓词。通过这些活动,进一步提高了全体党员的党性修养,激发了员工爱党、爱国和集体主义情感,增强了团队凝聚力。

中国华融资产管理公司
石家庄办事处

【概况】 2011 年,中国华融资产管理公司石家庄办事处(以下简称“办事处”)在公司党委正确领导下,在省委、省政府以及各职能部门的大力支持下,面对商业化转型发展的机遇和挑战,从河北实际出发,紧紧围绕创建“有尊严、有价值、有内涵、有实力、有责任”的五有现代金融企业目标和“依法合规科学发展,风险管控责任到人,争创利润绩效优先”的经营方针,全办上下团结拼搏,真抓实干,积极进取,树正气,比贡献,讲激励,促发展,各项工作开创了新局面,取得了新成效。

【经营业绩】 2011 年,办事处在 2010 年集中处置可疑类资产取得较好经营业绩的情况下,清醒地认识到在商业化经营方面存在的差距和不足,不自满,不松懈,积极开展“对标”活动,以先进办事处作参照,转作风,提能力,高标准,快节奏,奋力拼搏,创先争优,抓利润,防风险,努力在商业化经营上寻求突破。办事处在总部下达的经营指标基础上自我加压,确定了确保和力争计划两个指标,并提出 6 月底完成必保任务和 9 月底完成力争任务的计划和措施。为了实现经营计划,办事处以市场为导向,以客户为中心,以利润为第一目标,解放思想，开动脑筋，用新的发展思路，全面开拓业务，全力开发客户。办事处与各部门签订了《绩效合同》，向各部门分解落实了商业化收入任务，进一步完善了激励机制，加大考核力度；修改完善了《项目经理责任制实施细则》，各部门制定了客户营销办法；办事处领导班子成员分工负责，靠前指挥，深入一线，担任主营销官，与项目人员并肩作战；各部门间展开“大干240天劳动竞赛”，掀起了“比、学、赶、帮、超”竞赛热潮，员工精神饱满，热情高涨，工作积极性、主动性被极大地调动，出现了你追我赶、拼搏奉献的良好局面。到年底，办事处实现经营净收入8 362万元，完成全年确保计划的238.91%，力争计划的226%；实现净利润4 810万元，完成公司下达全年确保利润计划的481%、力争利润计划的321%，同比增长609%。以资产管理为主业，中间业务、平台业务齐头并进的良好态势基本形成。工作任务的完成，极大提振了办事处的发展信心。同时，办事处积极推进品牌效应和大客户战略，本着“资源共享、优势互补、风险共担、利益均沾、互惠共赢、合作发展”的战略合作原则，先后与华夏银行签订了合作协议，与河北省政府、石家庄市政府达成了全面战略合作意向，取得了显著成效。

【风险管控】 2011年，办事处初步建立了风险(法律)管理部门牵头抓总，预审会、业审会、评审会、财审会集体议事，全员风险管理和全环节风险管理相交叉、相并重的风险管控体系，在风险(法律)提示预防、风险(法律)审查和后续审计等环节掌握了工作主线和工作方法，办事处风险管控有了较为扎实的基础和清晰的抓手。在全系统风险大排查和各项审计、三重一大检查中，全员的风险意识进一步增强，风险识别和管控能力进一步提高，潜在风险点被不断发现和归总，同时也较好地树立了办事处管理规范、严谨的形象，赢得了声誉。针对被诉案件多、难度大、赔付风险大的形势，办事处把案件处理工作当做头等大事来抓。通过成立法律事务部、调整代理律师、增加法律顾问、实行案件周报制度、增强案件处理绩效挂钩力度和问责机制、积极协调地方政府部门等措施，取得了重大进展。2012年办事处10件案件，当年结案8件，风险敞口由最初的3.5亿降至1 100余万元。

【审计评估】 2011年，公司改制获国务院同意，即将真正迈入股份制改革发展第二次创业新阶段。审计评估工作关系到公司改制的大局。为此，办事处专门召开会议研究贯彻，充分认识审计评估工作的重要意义，切实增强工作责任感和使命感，以高度负责的态度，积极主动地配合中介机构做好有关工作。为加强审计评估工作的组织领导，办事处成立了领导小组和工作小组，配备了高素质的成员，明确了各成员的分工职责。为了给审计评估工作顺利开展做好准备，办事处从理顺产权关系入手，把历史遗留问题弄清楚并加以解决。办事处剩余政策性资产量较大，类别较多，为了确保审计评估结果的真实性，为改制后打好经营基础，办事处在不放松商业化业务拓展的前提下，加快进度，逐项抓好落实，按要求及时完成了全部明细表的填制、法律尽职调查资料的提供等基础工作。为做好债转股企业专项审计和股权价值评估，加强与债转股企业的沟通，全面收集和整理企业的相关资料，尽最大努力提供评估依据，使中介机构作出专业、审慎的判断。

【机制建设】 2011年，办事处践行“辛苦理应得到回报，成绩理应得到肯定，贡献理应得到表彰”的感恩理念和回报文化，积极稳妥地调整了办事处内设机构，适度整合了人力资源；全面实施了岗位绩效工资制度，员工的岗位意识、责任意识、贡献意识进一步增强；在广泛征求员工意见的基础上，完善了办事处工资分配、费用考核管理、项目经理责任制和员工内部流动等制度，继续落实奖优罚劣、公开、透明、民主的各项正向激励机制，保持政策的连接性；建立了“风险与约束相称、激励与问责相平衡、利润与奖励挂钩、当前与长远兼顾”的考核措施和办法，平均主义、大锅饭和论资排辈现象被打破，先进、优秀和劳动得到尊重；试行了全面成本核算管理，为以利润为中心的考核体系做准备。由于靠“制度管人”，让“业绩说话”，有效激发和调动了全体员工的积极性，在工作量成倍增加、工作标准和效率要求提高的情况下，广大员工不怕疲劳、不辞辛苦，本着想干事、干成事的强烈愿望，加班加点成为常态。全办员工人心思干，整体呈现心齐劲足、干事创业的良好局面，确保了全年各项工作任务的完成。

【队伍建设】 2011年，办事处继续坚持内部挖潜和外部引进相结合的队伍建设方针，择优招聘了5名年轻专业人员，公开竞聘选拔了10名高级员工，干部队伍结构得以优化，树立了正确的用人导向。对现职人员加强了培训的力度，在选送人员参加公司培训的同时，办事处以业务案例交流、新业务专题讲座、专家现场辅导等形式，自身组织了各类培训15期，增加了培训的针对性、有效性，收到良好效果。办事处党委带领广大党员干部和员工进一步深入开展"创先争优"活动，开展"创建好部室，争做好员工，勇当好领导"活动，加强队伍作风建设、学习型组织建设、党风廉政建设，在办事处倡导树立"五方面正向思维"和"七个方面的良好风气"，做到"6个主动"、"6个克服"、"6个对照"，不断提升工作能力，加强工作的前瞻性，正气进一步树立，士气全面提升，广大员工的危机感、责任感和荣誉感以及工作主动性显著增强，队伍整体素质不断提高，作风得到根本性转变。按照公司部署，开展了"五有"大讨论大思考大实践活动，确定了办事处、各部门和员工个人的五有标准，并组织对照分析查找不足，制定了部门解决方案，员工个人提出了计划和措施，集中精力开展对标活动，在对标中开阔眼界，开阔思路，学习提高；开展了庆祝建党90周年系列活动，增强了广大党员和员工的自豪感、使命感、责任感；充实了纪检工作力量，成立了监察室，增补了纪检委员，不断加强党风廉政建设，切实履行"勤政廉政目标责任书"和"廉洁自律保证书"的承诺，开展了警示教育、廉政文化创建、自查自纠回头看、"三重一大"决策制度执行年、履职合规年、"小金库"专项治理等活动，加强教育，做到警钟长鸣，保证能干事，干成事，不出事。

渤海国际信托有限公司

【概况】 经过2009年和2010年连续两年信托规模高速增长后，渤海国际信托有限公司（以下简称渤海信托）根据公司发展的内在需求，提出2011年总体经营思路是"巩固、整理、完善、提高"，推动渤海信托的发展模式从规模数量型向质量效益型转变。在新的经营思路指导下，通过公司上下共同努力，渤海信托全面完成预算任务，资产规模再上台阶，转型工作成效显现，资产管理能力显著提升，各方面工作都取得长足进展。

【经营业绩】 2011年，渤海信托全年实现收入58 618.11万元，较去年同期增长144.17%，其中信托报酬收入47 612.11万元，同比增长203.28%；固有业务收入11 006万元，同比增长32.47%。实现净利润27 264.25万元，同比增长154.15%。净资产收益率由去年的12%提高到17.05%，增长率达到42.06%；管理信托资产规模由去年末的761.85亿增长为2011年末的1 103.59亿，增长率达到44.86%。

【模式转型】 2011年，面对银根持续收紧、房地产业调控力度不断加大的宏观经济形势，渤海信托在严控风险的前提下，大力推动产品创新，不断拓展市场领域，信托资产规模稳步增长。全年新增信托资产规模1 882.80亿元，顺利清算信托资产1 541.05亿元，年末存续信托资产规模1 103.59亿元。渤海信托在信托资产规模持续增长的同时，经营模式转变和业务创新成效突显，成功开发业内第一个非单一投向类集合资金信托产品—天禧；开拓个人消费金融市场创新模式——维仕个人消费信托贷款项目成功运作；规划天禧、遇喜、财富、慧富系列产品，初步建立渤海信托品牌体系。2011年末存续集合资金信托规模共计110.22亿元，同比增长141.34%，占信托财产总规模的10.3%，较上年末提高6个百分点。自主资产管理能力显著提升，信托报酬率大幅提高，本年新增项目实际报酬率的平均值约为0.76%，是2010年末平均报酬率的2.2倍，加权年化信托报酬率达到0.51%，渤海信托发展已由量的积累走向质的飞跃。

【业务突破】 固有业务是信托公司两大业务门类之一，也是渤海信托的相对弱项。2011年，公司高度重视固有业务能力的提升，积极引进人才，增设了资产管理部，扩大自营业务团队规模，拓宽业务渠道，丰富资金运作模式，积极推进相关项目，提升业务拓展能力。经过一段时间的探索和积累，抓住市场机遇，在中间业务方面取得较大突破。在不占用公司资本金的前提下，开展业务规模已超过500亿，收入3 500万元，为提升固有业务业绩作出了重要贡献。

【自主管理】 为提升自主"财富管理，渠道营销"能力，渤海信托积极借鉴业内先进公司成熟做法，着力加强财富中心建设，设置公开客服热线，规范客户接待、产品推介和项目管理工作，并结合实际建立了新闻发言人制度。同时，加强与第三方机构合作，已经和20多家第三方理财机构建立联系，并展开了积极合作，有效拓宽了自主发行渠道。公司信息系统建设成果显著。公司信息技术部引进成熟人才,内外结合,大力推进信息系统建设,消费金融业务管理平台平稳运行,信托财务系统正式上线运行,TA(登记过户系统)加快建设,为提高自主管理能力和后台管理效率提供了有效手段。

【风险管理】 根据银监会关于净资本管理的要求,渤海信托出台《渤海信托净资本管理实施细则》,根据公司发展战略和经营方针,以风险可控为前提,以年度预算为基础,将净资本和风险资本分解到各业务部门,对每笔业务进行风险资本核算,通过风险资本配置控制业务方向,引导其开展创新业务,加强新项目筛选和设计,降低项目风险资本系数,力避有附加风险的业务,提高公司有限的净资本的资产承载力。同时,实现增资扩股,使公司注册资本增至20亿元,有力提升了渤海信托的发展实力和抗风险能力。通过增加注册资本和逐步调整信托资产结构,较好地落实了银监会净资本管理要求,基本实现了净资本全部覆盖风险资本,为公司业务良性发展创造了有利条件。同时,根据实际情况改组公司风险管理委员会和业务评审委员会,加强风险管理和业务指导,开展制度修订和流程梳理工作,针对房地产项目开展压力测试,聘请外部律师梳理以往项目,查漏补缺,确保项目安全运行。

【人力资源管理】 根据业务发展需要,渤海信托对部分岗位编制进行调整,进一步优化各部门岗位设置。重点充实财富中心等与信托业务相关的中台部门,以适应信托业务规模高速扩张而急剧增加的项目后期管理工作。

根据人员引进计划和业务发展需要,渤海信托2011年引进成熟人才19名,应届毕业生19名。新引进人员中,既有金融、财会等经济类学科人才,也有化工、材料、交通、机械等理工类和海外留学经历的国际化人才,结构合理,基本满足了各部门用人需求,同时为业务创新和转型提前进行人力资源准备。

为适应公司业务开展需要,渤海信托大力开展业务技能培训。上半年,共组织员工参加各项培训44次,其中:专业技术人员培训19次、一般行政人员培训20次、管理干部培训5次。培训对提高员工业务能力和工作水平,改进公司管理起到积极促进作用。

公司结合实际完善绩效考核办法,将前后台部门之间的协同、合规等工作品质纳入考核范围,充分体现绩效考核对员工提升工作绩效方面的指导作用,通过绩效考核提升公司总体工作品质。

证券期货机构

河北财达证券经纪有限责任公司

【概况】 2002年4月,经中国证监会审核批准,河北财达证券经纪有限责任公司正式设立;2010年1月,公司更名为“财达证券有限责任公司”,是河北省内目前唯一的法人证券公司。现注册资本14.169亿元,股东单位13家,控股股东为唐山钢铁集团有限责任公司;公司设有股东会、董事会、监事会,董事会下设提名、薪酬与考核委员会、审计委员会、风险控制委员会,实行董事会领导下的总经理负责制;公司总部共设总经理办公室等19个部门,下设102家证券营业部,其中省内91家、省外11家。分别分布于上海、深圳、北京、天津、佳木斯、河南商丘、福建莆田;拥有财达期货有限公司一家子公司;员工1 957人;业务经营范围:证券经纪、证券投资咨询、证券自营、证券投资基金代销;注册地:石家庄市自强路35号;公司董事长王义芳,总经理、法定代表人翟建强。

由于管理稳健、控制有力,在中国证监会2011年证券公司分类评价中,公司再次获评A类证券公司,为公司的进一步发展创造了有利条件;2011年公司荣获“河北省金融贡献奖 ”、“河北省纳税百强企业”、“河北省明星企业”、“河北省省直五一劳动奖章”、“最具发展潜力证券公司”等一系列荣誉,并荣获上交所“投资者教育特色奖”,公司的社会形象进一步提升;总经理翟建强荣获河北省国资系统十大“有突出贡献的经营管理人才”称号。

【主要指标】 截至2011年底,公司资产总额107.54亿元,净资产30.65亿元,公司年内新增开户9.3万户,客户总数达到144.5万户;实现A股、基金交易量5 774.4亿元、营业收入10.81亿元、利润总额4.53亿元。国有资本保值增值率为111.06%。根据监管部门统计,公司营业收入业内排名31位,比上年提升1位;净利润业内排名25位,比上年提升2位。在证券行业赢利能力整体下滑、全国109家证券公司有19家出现亏损的情况下,公司保持了较好的经营业绩,实现排名晋位升级,遏制了市场占有率下滑的趋势,巩固了在河北省的区位优势,为下一步更好地开展工作奠定了基础。

【业务经营】 积极推动业务转型工作 。建立以“客户需求”为中心的经营模式。开发运行财达证券在线行情交易系统,升级和扩容手机炒股系统,为客户提供更多、更方便快捷的交易通道;有效降低第三方存管单客户单银行服务形成的客户群集中、转账行为集中和维稳压力集中三大系统性风险,持续改进和提升客户服务水平,本着“风险可控,审慎实施、稳步推进”的原则,积极推进第三方存管单客户多银行服务体系建设,陆续完成系统的改造和搭建、流程的规划和设计、制度的修订和完善等各项准备工作,并通过监管部门的检查验收;顺利搭建外币银证转帐系统,并通过相关业务的联网测试 。

积极推进投资顾问团队建设。制订《证券投资顾问人员管理办法》、《证券投资顾问服务业务文本》及配套工作流程等文件;搭建投资顾问业务支持系统,开发投资顾问业务产品 ;举办员工炒股大赛、股评大赛等营销服务活动,组织两期投资顾问业务培训会;注册投资顾问 24 人,正在注册 23人,试点工作在邯水院、唐龙泽展开,择机全面推行,促使公司经纪业务由通道式服务向专业化理财服务的转型,全面提升公司的客户服务水平和能力。

申请实施经纪人制度。为进一步扩大营销队伍,有效降低公司运营成本,公司就如何更好、更快地实施经纪人制度,与监管部门做了大量的沟通与汇报工作,同时不断完善相关制度,积极创造实施条件,已获得监管部门审批。

提升研发产品质量。加强对研发业务人员的专业化培训,建立行业估值模型,提高研究报告的撰写水平和技能;规范研究报告的发布流程,建立健全研究报告模板制度,完善报告审核体系,加强质量监控,有效提升研究报告质量和对外发布规范标准;加大深入基层支持一线营业部工作力度,共开展各种讲座近百场次,基本覆盖河北省内大部分地区,三季度开展的沧州、唐山、邯郸等客户集中地区营业部巡讲活动,有力支持营业部投资咨询业务开展,大大增强了营业部的吸引力和凝聚力;继续扩大对外宣传力度,在巩固省内媒体的基础上,先后在《新华社》、《东方财经》、《理财周刊》、《新闻晨报》和《徽商》等一些全国性媒体上发布研究报告,公司《二季度策略报告》首次登录《证券时报》,实现财达证券研究报告在“三大报”上的突破。

优化布局,进一步扩展网点建设。经中国证监会批准,公司在保定北市区、承德宽城、河南商丘、福建莆田新设 4 家营业部,年内全部正式开业,运营良好,标志着公司进军省外市场、加强全国布局的战略取得新的突破。同时,公司选取承德宽城、福建莆田两家营业部进行非现场交易模式营业部的试点,为公司节约运营成本、实现低成本扩张、适应监管部门即将出台的轻型营业部政策进行了有益尝试 。公司拥有营业网点 102 家,网点规模位居行业第 12 位。

信息系统建设再上新台阶。中华商务中心新机房全面启用,实现电话委托系统、网上交易系统、新意系统、核心交易系统等的平稳、顺利切换,运行平稳;账户集中管理系统平稳上线,有效提升账户业务处理效率,实现多交易系统环境下的账户统一管理;建立统一的客户适应性管理体系,满足了各类金融产品风险控制与长效监管的需求;完成异地数据备份建设工作。与深圳证券通信公司签订异地数据备份合同,并积极进行线路申请、调试等各项准备工作,完成正式数据的上传,确保了公司核心数据的安全。积极推进公司数据中心建设工作。完成第一期建设,实现数据集中及几个系统的整合,为公司各管理系统提供单一、全面、权威的数据来源。

【推进新业务】 继续推动基金代销业务,共代销 5 只基金产品,累计代销金额 5 520 万元,同时加大与基金公司合作力度,不断扩大与公司签约的基金公司数量,增加上线基金品种,为广大投资者提供更多的投资渠道和产品,共上线基金公司 10 家,上线基金近 150 只。

稳步开展自营投资业务。积极参与一级市场投资,仅方正证券配售就盈利 1 067 万元,在此基础上,借鉴业内先进经验,着手组建投资经理团队,并着手制定配套的管理及考核办法,逐步渗透二级市场投资;公司积极完善自营投资体系建设,按照市场化运作模式,引进专业人才,在上海组建固定收益部,7 月底正式运营以来,团队建设、业务开展顺利,充分发挥人才资源优势,在风险可控的基础上,取得盈利近 4 000 万元的良好收益,成为公司业务创新的典范。

积极推动融资融券业务资格申请工作。派出

专门工作小组,多次赴优秀券商考察、学习相关制度、程序、业务系统搭建等事项;初步拟定融资融券业务实施方案,制定相关制度,搭建融资融券业务系统及相关配套系统,组织进行多轮内部功能测试,组织相关人员进行业务培训并指导营业部进行系统测试,公司融资融券方案已顺利通过中国证券业协会组织的专家评审,正在进一步完善方案,申报工作基本就绪。

全力筹备承销保荐、资产管理等业务资格申请工作。成立专门工作小组,明确牵头部门,积极与监管部门沟通,加大跑办力度,并从技术、人员、制度等方面进行了提前谋划和准备;10 月份,启动承销保荐、资产管理等高端专业人才的招聘工作,投行团队、资管团队引进工作取得实质性进展,相关的业务制度、资格申报材料准备就绪;投行部协助省金融办,对省内拟上市企业中的近百家企业进行调研,并牵头撰写出版《现代企业上市融资指南》一书,提升了公司知名度,为未来投行业务的开展奠定基础。

积极为期货公司开展业务创造条件。进一步收购原科信期货公司股权,实现控股比例 96%,搭建了新的组织架构,并完成更名为财达期货有限责任公司的工作;期货公司新建上海托管机房和石家庄灾备机房全面投入使用,为期货公司的进一步创新发展创造了条件。

【企业管理】 不断改革完善考评体系。正式出台《总部部室考核管理办法》及《总部员工考核管理办法》,改善总部工作作风,提高工作效率;为引导各分支机构在经营管理、合规创效等诸方面实现更好发展,成立专门小组,借鉴行业先进经验,制定《营业部考核补充办法》,并推出《营业部合规评价办法》及《营业部合规评价实施方案细则》等制度,同时根据市场情况并结合公司实际,优化调整考核指标体系,考核评价的引导作用明显增强。借鉴行业先进经验,对 2012 年度营业部指标分解体系进行改革,力求更加科学、合理,为建立分类考核体系奠定了一定的基础。

优化整合,充分发挥人才、资源、区域联动优势。积极改革用人机制,按照"业绩突出、群众拥护、领导认可"的原则,采取组织任命和竞争上岗相结合的办法,选拔一批业务骨干充实到各部门、各营业部的管理团队,充分调动广大员工的积极性,公司的战斗力明显增强;财务管理体制不断创新,在石家庄办事处成功试点的基础上,在唐山、保定、秦皇岛等各地设立财务办事处 ,充分利用现有财务资源,更好地发挥财务支持和服务作用,保障各营业部财务会计工作按时、高效、顺利完成;借鉴行业先进经验,编制营业部营销、服务及管理等方面的指引,同时针对不同区域情况差别,制定差异化的区域客户维护、回流及营销方案,充分发挥区域内网点、人员联动优势,巩固和树立公司在河北省内的区域优势地位。

规范管理进一步加强。公司严格按照监管部门要求及相关法律、法规的规定,不断深化合规管理,持续加强风险监控,建立健全合规评价,努力提高合规管理的有效性,各部室、各营业部合规意识明显增强;进一步完善稽核后续工作,强化整改督办工作力度,积极推进管理建议书模式;不断细化合同管理,严控合同风险,开发法务管理软件,细化法律事务管理,提高工作效率;积极推进"证券市场交易结算资金监控系统"项目建设,为监管部门对证券市场交易结算资金进行日常监管、动态监控提供技术支持。

确保公司实现安全运营。高度重视安全运营,以维护"庆祝建党 90 周年"、"全国及省两会"、"大运会"期间安全稳定为重点,以组织制订和全面落实公司《营业网点日巡查、周检查、月自查及公司季度抽查、年度检查安全责任工作制度》为抓手,以"保员工股民稳定、保营业场所安全、保信息系统畅通",确保公司运营安全为工作目标,坚持开展员工的安防学习、培训、宣传及演练,加强总部及各营业部安防隐患的检查和督促整改等工作,不断提升员工安防意识,有效支持和保障公司各项业务的安全平稳运营。

【党建工作】 严格按照省委、省国资委党委和集团公司党委要求,全面开展创先争优活动,促进公司"二次创业"向纵深发展,围绕"抓管理、促营销、提服务"的工作主线,在干部职工中强化责任意识和主人翁意识,有力促进公司经营发展。积极推动公司惩治和预防腐败体系建设,深化廉洁从业教育,全力推进权力运行监控机制建设工作。积极落实稳定工作责任制,切实做好接访、约访和下访工作,最大限度地消除各种不和谐、不稳定因素,为公司发展构建了和谐稳定的环境。加强企业文化建设,组织开展一系列积极向上、员工喜闻乐见的文化活动,组织红歌比赛、红色教育,参加省直健步走、辖区证券业羽毛球、乒乓球比赛等活动,丰富员工业余生活;切实关心员工生活,根据物价水平上涨的实际情况，调整员工误餐补助标准，实施《工会会员互助活动实施办法》、《员工困难补助管理办法》和《员工亲情慰问管理办法》、《员工奖励疗养管理办法》四项关注民生、造福员工的温暖型制度，并建立了职工食堂，彻底解决了员工午餐的后顾之忧，不断增强员工凝聚力和战斗力，员工幸福指数明显提升。

【重要子公司】 财达期货有限公司成立于1996年3月，是经中国证监会批准，国家工商行政管理总局核准登记注册国有控股的专业性期货经纪有限公司。公司拥有上海期货交易所、大连商品交易所和郑州商品交易所的全权会员资格，可以代理上述各家交易所上市品种的期货交易、交割、咨询以及培训业务。注册地在北方经济金融中心城市天津市。公司于2009年8月完成增资扩股，注册资本金增至1亿元人民币，控股股东为财达证券有限责任公司。财达期货有限公司具有实力雄厚、产业背景强的股东背景，成为业内少有的同时具备券商背景和现货背景的期货公司。

公司拥有稳定、可靠的技术平台和技术团队，已经实现了交易、行情的异地灾难备份。公司采用了文华财经、博易大师报价分析系统以及恒生、易盛自助交易系统，为客户提供了多样性选择，方便客户了解全球期货行情，参与期货交易。公司目前已经完成了建行、工行、交行全国银期转账平台建设，正在进行农行、中行的银期平台建设，以满足客户多样性选择的要求。

（刘申　张志欣）

河北恒银期货经纪有限公司

【概况】 河北恒银期货经纪有限公司是在原秦皇岛恒银期货经纪有限公司的基础上，重新注册为河北恒银期货经纪有限公司，是河北省唯一一家经中国证监会批准成立的国有专业期货经纪公司。公司拥有中国金融期货交易所、上海期货交易所、大连商品交易所以及郑州商品交易所会员资格和席位，从事经中国证监会批准的商品期货经纪、金融期货经纪、咨询、培训及其他相关业务。公司开通了建行、农行、交行、工行银期转账，交易安全、方便、快捷。

河北恒银期货经纪有限公司拥有一支高学历、高素质、团结高效的员工队伍，员工平均年龄33岁，本科以上学历的员工占70%。公司严格按照《公司法》和现代企业管理制度建立健全了法人治理结构。公司实行董事长领导下的总经理负责制，下设综合事务部、财务管理部、风险稽核部、信息技术部、交易管理部、结算管理部、研究发展中心和营销服务中心8个职能部门，并建立健全了一整套内部控制制度。公司注重营业网点建设，近几年来先后在衡水、承德、唐山、邯郸、沧州、廊坊设立了6家营业部，在省内形成了较完备的营销网络服务体系。

公司坚持“公开、公平、公正”和“以人为本、规范运作、防范风险、服务一流”的经营宗旨，依托省财政厅和国富集团雄厚的股东背景，以严谨务实的敬业精神和认真负责的工作作风，内强素质，外树形象，竭诚为广大客户服务，为客户搭建“价格发现”和“风险管理”平台，建立了以市场为导向的全新的客户关系管理体系和完善的风险监控体系，公司各项业务有了长足的发展，为我省期货市场的培育和发展做出了重要的贡献，并取得了良好的经济和社会效益。

保险机构

中国太平洋财产保险股份有限公司河北分公司

【概况】 中国太平洋财产保险股份有限公司河北分公司（以下简称河北分公司）是中国太平洋财产保险股份有限公司下属的一级分公司，成立于1994年，在全省11个设区市设立了中心支公司，96个县、区设立了支公司和营销服务部，现有从业人员1 445人。2011年，河北分公司在省委、省政府和上级公司的领导下，全面贯彻落实全省经济工作会议和保险监管工作会议精神，坚持市场对标、动态调整、转型发展、合规经营四项工作原则，以客户需求为导向，以市场为坐标，整合资源投入，创新营销模式，优化人力配置，转变发展方式，提升发展能力，突出规范经营，各项工作取得了扎实的成效。2011年，河北分公司原保费收入19.63亿元，在太保系统内名列第九位，在全省同行业名列第三位，同比增长20.20%，同比增长高于行业4.61个百分点，市场份额8.68%，同比增长0.33

个百分点。综合成本率91.38%，优于行业1.83个百分点。为全省提供保险保障额度6 951.65亿元，比上年增加597.37亿元，同比增长9.4%。累计已决赔款金额92 401万元，同比增长36.74%。上缴和代扣代缴税款2.92亿元，同比增长36.16%。

【服务水平】 2011年，河北分公司按照集团公司和总公司工作要求，认真实施以客户需求为导向的战略转型，以提升客户服务效率和服务水平为切入点，着力打造服务竞争优势。

一是采取有力措施，进一步提高理赔服务效率。通过实施理赔提速工程，进一步优化理赔管理流程，提高各环节时效；完善中心支公司理赔工作考核办法，加大查勘定损、人伤调查等关键岗位人员的绩效考核力度，促进理赔工作目标的落实；加大未决案件的清理力度，在全省深入开展理赔"流程再提速，服务达新标"的达标竞赛活动和车险通赔竞赛活动，进一步提高理赔服务时效；在全辖推广使用车险移动视频查勘定损单兵系统，通过3G技术实现事故现场查勘定损等工作的实时数据传输，与后台操作人员协同同步进行查勘定损，以新技术的运用提升服务效率和水平；实施"管理集中，服务延伸"理赔管理模式，在县级机构配置理赔内、外勤，延伸服务触角，向规模较大的68家县级机构派驻理赔外勤73名、综合内勤17名，理赔管理迈出新步伐；为方便客户索赔和监督，河北分公司还在所有机构营业场所的显著位置均悬挂"理赔服务流程"、"保险理赔提示"、"车险索赔材料清单"、"十项服务承诺"；认真落实客户投诉管理和客户回访制度，进一步加强内控和监督。一系列举措的实施使河北分公司的理赔服务又迈上了新的台阶，2011年，河北分公司案件数在同比增长4.08%的情况下未决赔案件数同比下降了7.61%，结案率达到了87.59%，同比上升0.64个百分点。

二是建立重大客户理赔绿色通道和重大赔案应急预案机制，使大案尤其是危害公共安全的重大突发事件的快速反应和处理能力进一步提升。2011年10月份，河北分公司承保的唐山市交通运输集团一辆客车在滨保高速公路上与一辆小轿车发生交通事故，造成35人死亡、19人受伤。接到报案后，河北分公司快速反应、迅速开通理赔绿色通道，立即启动重大理赔应急预案，理赔工作小组于事发当天下午就赶赴现场进行调查，协助做好事故救援工作，一周之内就将35人死亡赔偿金1 750万元赔付完毕，有力地促进了事故的顺利处理，充分发挥了保险的社会稳定功能，重大赔案快速反应能力受到省长的充分肯定，中国保监会也在内部《值班简报》上予以肯定。2011年，河北分公司还向邯郸钢铁集团股份有限公司赔付企财险赔偿金650万元，有效地保障了企业的正常生产经营。

三是加强机构网点和渠道建设，进一步改善客户服务界面。为方便客户，延伸服务，2011年河北分公司新设立了两家县级支公司，同时还对22家县级营销服务部进行了支公司升格改建工作；为适应业务发展需要对9家分支机构的营业场所进行了搬迁改造和标准化建设，对89家分支机构的VI标识统一进行了规范更换；充分利用银行、车商、中介代理公司、寿险代理等社会资源，广辟业务代理渠道；整合资源，加大投入，大力发展电话和网络销售业务。这些举措的落实，改善了公司形象，提升了服务辐射能力，方便了客户。2011年，河北分公司县级机构产能占比提高到了49%，渠道业务占比提高到了60.12%，渠道业务占比较去年底上升16.18个百分点。

【保险业务】 2011年，河北分公司将责任险、企财险、家财险作为重点险种，制定了积极的发展策略，通过整合渠道、政策支持、销售竞赛、业务考核等措施大力推动业务发展，保费收入进一步增长，服务范围和领域不断扩大，有效增强了河北分公司服务河北经济社会发展的作用。2011年，河北分公司涉及公共安全的责任险保费收入5 563.00万元，同比增长9.19%，提供风险保障1 981.00亿元，赔款支出4 604.72万元，比上年增加2 750.28万元，同比增长148.31%。其中，全省客运承运人责任险为全省11 463辆客运车辆提供风险保障894.98亿元；全省统保的中小学校方责任险为全省中小学提供风险保障670.87亿元；危险货物责任保险共承保危险货物运输车辆5 368辆，累计提供风险保障35.32亿元。同时，河北分公司还积极推动非车险新产品、新领域业务拓展，试办工程机械设备综合险，拓展汽车延保责任险，扩大服务领域。企财险同比增长19.75%，为全省企业单位提供1 440.65亿元风险保障，赔款支出2 831.98万元。家财险为广大城乡家庭提供了177.64亿元的风险保障，赔款支出57.59万元，同比增长63.7%。

【合规经营】 2011年，河北分公司的服务和发展得到了社会的广泛赞誉，获得了河北省政府颁发的2011年度“金融贡献奖”，河北保监局2011年保险公司服务质量评价结果产险公司第一名，被河北省有关部门授予“河北省服务名牌企业”、“2011—2012年度服务、诚信双满意单位”以及2011年“河北省服务质量优秀单位”和“河北省诚信示范单位”等重大荣誉，品牌形象进一步提升。全辖各级机构反映公司合规经营的亿元保费和千家机构处罚概率等关键性指标均为0，客户投诉率始终保持在较低水平，被河北保监局评为分类监管最优的A类公司。

河北分公司在今后的发展中，继续坚持以“服务全省经济建设”为己任，以“做一家负责任的保险公司”为使命，以“诚信天下，稳健一生，追求卓越”为企业核心价值观，以“推动和实现可持续的价值增长”为经营理念，积极为建设和谐河北做贡献。

（张景府）

天安保险股份有限公司河北分公司

【概况】 2011年，天安保险股份有限公司河北分公司深入贯彻落实科学发展观，紧紧围绕“效益、合规、发展”主题思想，从加强内部管理、提高合规意识、改善业务品质、提高盈利能力、加快业务发展、开展服务创新等方面着手，全面改善和提高公司的经营能力，同时在河北保监局正确领导下，自觉加强自律意识，在工作中注重思想教育，法规教育，倡导自觉规范。2011年，全辖实现保费收入19 096.88万元，保险金额264.19亿元，赔付金额14 427.67万元。2011年主要工作：

【内部管理】 一是创新理赔管理模式。有效构建了全辖分级理赔考核体系；推行3 000元以下案件快速理赔；规范残值处置流程；逐月进行理赔专项分析；推行多元化的培训模式等。进一步增加小额赔案金额，尽可能提高小额赔案占比。自2011年9月推出了新的小额赔案快速理赔解决方案，并取得良好效果，9月—11月小额赔案占比分别为26%、33%、55%，数据稳步提升，初步计划在明年年初将小额赔案标准提升至5 000元。二是总公司加强了对创新产品的开发力度，推出了《职业院校学生实习责任保险》、《高等教育校方责任保险》两个新险种，拓宽了保险服务领域。三是加快赔案处理速度，降低诉讼成本，合理组织答辩意见，充分发挥调解作用。加快了赔案处理速度，力争将矛盾和纠纷化解在萌芽状态，以此减少因为公司自身的原因造成诉讼案件的发生。四是业务后台支持功能更加强大。通过总公司加强信息系统的优化和改造，提升了对理赔支付、系统出单、移动查勘和定损系统等业务系统的支持。呼叫中心实现了集中上线，加强了数据监控与流程优化，并通过一系列的客户回访活动，提升了客户满意度。

【保险“三项工程”】 进一步推进“保险信誉、保险护城河、绿色保险”三项工程，提升保险业在社会上的形象和影响力，为维护社会稳定做出积极贡献。深入推进“保险信誉工程”，一是积极探索研究销售、承保、理赔等重要环节的行业服务标准，提高服务水平。二是规范操作流程，严格执行车险“见费出单”、交强险“互碰自赔”等制度，公开理赔程序，严格履行对外承诺，为客户提供简便快捷的服务。三是高度重视投诉工作，进一步完善信访处理机制和矛盾纠纷调解机制，对客户投诉本着主动联系、耐心解释、积极沟通、妥善处理的原则，解决好矛盾纠纷，维护客户权益，提升公司的美誉度。四是积极参与“保险声誉与可持续发展研讨会”，专门邀请总公司林郁文总裁助理出席研讨会，会议期间还积极与同行领导就保险的发展，市场的变化，维护行业的利益等交换了意见。增进了同业之间的相互了解，提升了公司的形象，彰显了天安保险公司的风采。扎实推进“保险护城河工程”，一是积极开展保险工作，为平安建设提供多样化的优质保险业务：积极主动，做好保险宣传，采取多种形式，主动宣传保险产品；积极开展各类形式的培训工作；加强与综治管理部门的沟通，加大公关力度。二是进一步强化信访安全工作：制定切实可行的规章制度和考核办法，将矛盾纠纷化解在萌芽阶段。三是加强新闻宣传，提升社会形象：加强与当地主流媒体的沟通，及时与《河北日报》、《河北经济日报》等进行联系和沟通，今年先后两次在《河北经济日报》刊登了“小额案件快速理赔”保险创新服务和在保监局举行的现场查勘测评获得第三名优异成绩的内容，积极宣传我公司参与平安建设的措施和取得的成果。努力推进“绿色保险工程”，围绕保险业自身转变发展方式与可持续发展、保险产品和保险服务创新、保险业服务地方经济社会可持续发展等方面，树立绿色发展理念，切实转变经营管理方式，为社会经济发展作出贡献。

【合规经营】 一是认真贯彻保监会《保险公司内部控制基本规范》，牢固树立规范、合规经营意识，强化内控职能，强化合规经营理念，加强合规文化普及宣传教育，2月14日至23日分公司组织全辖人员进行保险业反洗钱知识培训，并于2月24日组织高管人员及全体员工进行了反洗钱知识考试，考试成绩良好。二是树立合规从高层做起、合规人人有责、合规创造价值的理念，实施中支机构班子成员合规考试上岗机制，各中心支公司签订了《合规经营管理承诺书》，并将每个机构、每个从业人员都纳入考评，对严重影响经营，损害公司形象的实行“零容忍”，强化全面风险管理，三是定期或不定期地对各机构进行常规或专项稽核检查，确保各项工作的合规性，并且对机构负责人及重要岗位人员进行专项审计工作(2011年进行专项审计4个、全面经营审计2个、经济责任审计18个、全年经济审计覆盖率达52.63%；超额完成保监局规定的覆盖率30%的目标)，坚决杜绝各种违规违纪现象的出现，努力将合规检查关口前移。四是积极组织高管人员参加2011年培训。根据保监局安排，组织分公司班子成员、各中支负责人及营销服务负责人共33名高管人员参加了现场及网络培训，所有高管人员均在规定时间内完成了测试，且成绩良好。

【风险防范】 一是提升业务承保质量，推行差异化的业务管理方式。加强承保管理，强化合规经营意识，进一步落实业务核保集中管理，提高承保质量，规避法律风险，不断优化业务结构，提升经营效益。加强与保险中介机构、银行的合作，拓宽业务渠道。通过承保业务数据的积累和分析，区别不同区域、不同行业、不同标的的风险状况，适时调整核保政策，提高机构风险管控的能力，指导机构进一步优选客户，不断提升业务质量，鼓励发展效益险种、优质业务。二是下发《重大理赔案件快速响应规定》，加强各级机构对重大理赔案件快速响应和及时处理，为做好应对汛期暴雨、洪涝、台风、雷电等自然灾害的工作，下发了《关于做好汛期防灾防损工作的通知》，完善了财产险理赔实务操作等，完成了车险移动查勘定损系统首次成功测试。推行“总经理接待日”制度，每月1号、15号为总经理接待日，制定了切实有效的快速处理程序，增强后线与一线的互动，加速理赔服务质量的提升，通过以上措施进一步加强公司内部管理，维护行业形象。

中国大地财产保险股份有限公司河北分公司

【概况】 2004年12月13日，中国大地保险股份有限公司河北分公司(以下简称公司)在石家庄开业，现已在河北省11个地市、63个县(区)设立营业机构75家。2011年，紧紧围绕“经营合规、数据真实、效益发展”扎实工作，实现业务平稳增长、风险安全可控、承保利润创新高的良好发展局面。2011年全省实现保费收入6.2亿元，同比增长1.98%，承担风险总额1 722亿元，综合成本率91.45%，实现承保利润4 783.18万元。其中：车险保费收入5.34亿元、同比增长1.46%，业务占比86.19%；非车险保费收入5 383.77万元、同比增长4.10%，业务占比8.68%；人身险保费收入3 178.91万元，同比增长7.44%，业务占比5.13%。

【拓宽服务】 公司积极落实河北保监局保险护城河工程、保险信誉工程、绿色保险工程，通过推进“三项工程”建设提升公司服务社会的能力和水平。推广治安保险，积极发展责任险，广泛参与各种招投标项目的公众责任险和雇主责任险，保费规模也较同期有了大幅增长。大力发展人身保险，公司多家地市机构与当地医保中心开展了业务合作，为参加基本医疗保险的城镇职工提供大额补充医疗保险服务，每年超过16万名的职工享受到了大额补充医疗保险保障。在农业保险方面，公司报备了林业火灾保险、林业风灾保险、温室大棚保险、中小企业财产保险等专属农业保险以及与“三农”相关的保险险种。截至目前，公司开办的农业保险主要还是以与“三农”相关的保险险种为主，合计保额约1亿元。2010和2011年，公司共计为近2万名小额贷款户和农民提供了意外伤害保险，为5千多名乡村教师提供了意外伤害和重大疾病保险保障。

【运营管理】 河北分公司作为总公司销售《基本法》试点单位，积极配合并推进试点工作的开展。11个中支完成了《基本法》试点改革。制定了《销售团队及销售人员日常管理方案》，明确了客户经理、团队经理、三级机构、二级机构四个层级的团队建设责任。通过积极规范四级机构基础管理，制定了四级机构经营考核办法，明确专门部门和人员对四级机构进行实时考核，加强了对四级机构的过程管控，省管县模式初步建成。人力资源保障更加有力，结合各机构业务发展实际情况，优化人员结构。全省出台了一系列的绩效考核办法，通过各项绩效考核办法的推动落实，强化了所有被考核人的责任意识，有力地保障了公司各项经营目标特别是利润指标的完成。

【服务质量】 公司以客户服务体系规划为指导，围绕"打基础、建机制、推服务、现亮点"的要求，巩固已有服务，做精特色服务，尝试高端服务。一是建立车险、非车险理赔自主查询制度，建立有效沟通机制。鼓励客户利用上述系统对案件理赔流程、损失核定信息、赔偿金额等信息进行在线查询。二是建立车险投保理赔提示制度。如实告知客户所填保单的各项内容，签单前提醒客户关注条款中的保险责任、责任免除、特别约定、投保人义务、免赔率等内容，以免在理赔处理中发生争议。三是建立车险理赔服务标准指引。规范理赔服务人员的基本服务礼仪与规范；建立车险理赔时效管理制度，细化接受报案、查勘、定损、立案、理算、核赔、结案付款的要求，明确各岗位处理时间；建立以被保险人为中心的客户回访机制，通过客户回访，提升客户满意度，监督理赔服务环节的操作，同时征求被保险人对公司理赔服务的意见。四是加强理赔服务创新。推广 RAS 快速定损系统和小额案件快速处理流程，可实现单车估损金额 3 000 元以下案件现场定损出单，大大缩短了理赔周期，提高理赔效率。非事故道路救援服务，为切实做好全国非事故道路救援试点工作，确保该服务项目正式启动的顺利实施，分公司制定并下发了《全国非事故道路救援实施方案》，对 12 座以下非营业和家庭自用客车，符合单车商业险保费在 2 000 元以上；大客户和重点渠道客户；总对总协议单位客户提供此项服务。根据河北保监局 2011 年河北省保险公司服务质量评价结果通报，大地财险河北分公司位列家财险公司第三位。

【合规经营】 分公司坚持以合规经营为主线，调整业务结构，推动业务发展模式转型。各级机构及时传达和领会监管部门和上级公司的各项规范要求。加强审计监督，依托审计预警系统，定期排查重点机构和关键环节的风险点，落实风险预警机制；通过高管人员审计以及中介管理、渠道费用等专项审计，严查虚构代理人套取中介手续费、虚开发票变通费用等违规行为。坚决摒弃不合规的业务，主动放弃有规模、无效益的业务，虽然对业务增长造成了一定影响，但有效保证了业务优质和结构的优化。

（张晓东）

安邦财产保险股份有限公司河北分公司

【概况】 安邦财产保险股份有限公司河北分公司（以下简称"安邦产险"）是经营财产保险、人身保险等业务的全国性保险公司，于 2004 年 6 月 9 日获得中国保监会批准筹建，并于同年 9 月 30 日开业。安邦产险实力雄厚，股东包括上海汽车集团股份有限公司、中国石油化工集团公司等"世界 500 强"企业。凭借一流的企业文化和创新机制，安邦产险发展迅速，已经成为全国分支机构最全的财产保险公司之一，在全国所有省、市、自治区都设立了分支机构，已拥有 37 家分公司，400 多家中心支公司，1000 多家县、区级机构。机构的广泛铺设不仅推动了安邦业务的快速发展，也为安邦给客户提供及时、周到的服务打下了坚实的基础。安邦产险通过出众的资源配置能力、卓越的创新精神，坚持为客户提供优秀的产品、优质的服务、优惠的价格，实现客户增值。安邦重视建立与客户的相互信任和长期发展，努力为客户提供多层次、全方位的金融服务，实现与客户、股东、战略伙伴、员工的共赢发展。

截至 2011 年 12 月 31 日，安邦财产保险股份有限公司河北分公司（以下简称安邦产险河北分公司）累计实现保费收入 12 795.17 万元（其中车险业务实收保费 12 532.16 万元，非车险为 263.01 万元）。保单总体满期赔付率为 41.09%，其中车险为 41.86%，非车险为 13.98 %，滚动一年的历年制赔付率为 57.81%，总体承保效益较好。截至 2011 年 12 月 31 日，我司本年报案量 9 748 件，其中人伤报案 1 272 件，全年已决案件 10 914 件，已决赔款金额 5 144 万元。

【新建机构建设】 2011 年是安邦保险致力于业务发展之年，安邦产险河北分公司将积极贯彻落实公司发展战略，根据本地区经济状况，全面谋划公司发展全局。经过前期的认真调研，在大量准备工作的基础上，于 2011 年 10 月 26 日正式获批筹建十家四级机构。公司网点不断增加,可以更快捷、方便地为客户服务,提高理赔客服的服务效率,提升客户满意度。安邦产险河北分公司将以县级机构的增量为契机,继续发挥原有机构的积极作用,不断推动全辖业务的快速增长,从而实现公司新的跨越式的发展,将公司业务更上一个新的台阶。

【保险业务】 一是配备高端查勘设备,提升服务质量。安邦产险总公司为提升理赔服务质量,2011 年为第一现场查勘人员配备了高端的查勘通讯工具及救援设备。通过查勘专用手机,可将现场事故照片在现场即时上传理赔系统平台,并完成简单的施救(更换备胎、电瓶馈电、缺油等),缩短了查勘时间,有效提升了案件的理赔效率。2011 年安邦产险河北分公司有 70% 以上的 3 000 元以下简易案件通过查勘手机的应用实现了当天查勘、定损完毕,真正做到了准确、合理、迅速的服务承诺。二是改造流程,加强考核,提高理赔服务时效。2011 年通过推行“首勘负责制”、“7 日结案率考核”、“红、黄、绿通道加快案件流程”的制度及流程改造从而提高理赔效率。按照赔案预估金额将赔案划归不同通道,每条通道下发政策定期组织清理长账期赔案,从而解决了大量积压案件,且提高了整体理赔时效。新制度、新考核指标、新流程的使用,使得安邦产险河北分公司今年前三个季度的结案率均保持在 80% 以上,且在行业内一直名列第一。三是加强定损中心合作建设。安邦产险河北分公司高度重视与维修企业尤其是 4S 店的产业链建设,共同为客户提供从出险到维修再到最终赔付的全过程服务,使客户省心、放心、安心。今年,安邦产险河北分公司共签订定损中心 93 家。以上定损中心的签订公司均严格审核其维修资质、维修质量以及服务品质,通过全省不同车型的定损中心合理布点,达成专业服务、方便客户、客户满意的最终目标。四是严格治理销售误导。严格落实投保提示制度,所有网点均在前台出单大厅醒目位置张贴投保提示及承保流程。严禁销售人员代替投保人签名行为,通过出单员环节严把对投保签名环节的审查关。加强销售环节管理,一是要求出单人员和销售人员在出单或展业时除向客户提供保险条款外,还要对保险合同内容,尤其是免责条款进行提示和说明;二是分公司客服部安排专员对客户真实性进行回访;三是针对业务员套取费用、恶性价格竞争等行业痼疾,管理层始终如一地倡导“阳光做事”的企业文化,从正面引导各级机构和一线业务人员;四是通过查勘员回访、客服中心电话调查等多种方式保证客户资料真实,杜绝业务员提供虚假客户资料、恶意造假甚至骗保等现象的发生,保障客户及企业合法利益不受侵害。强化省公司管控责任,加大考核力度,严格追究责任。通过开展专项培训等方式,加强销售人员的行为管理,在售前环节避免销售误导行为的产生。加强与媒体的定期沟通机制。安邦产险河北分公司于今年 9 月中旬成功举行了有 10 家驻冀新闻媒体参加的中秋新闻媒体座谈会,广泛宣传保险行业知识和相关管理规定,以及安邦的营销理念、销售流程和服务措施,营造了和各级媒体的良好沟通与交流氛围,提升了安邦产险的行业形象,同时也有效引导了河北的各级新闻媒体对保险行业的舆论导向。

【合规经营】 公司始终坚持依法合规经营,严格执行监管和公司的规章制度,完善公司内控合规体系,推进财务业务数据集中管理,增强公司内部管控和风险控制能力。具体工作如下:一是签订《合规经营协议书》。分公司在 9 月份同全辖各级机构负责人签订《合规经营协议书》,对违规行为明确了不同等级的惩戒措施,进一步提升了机构负责人的主动合规经营意识。二是开展承保、理赔自查自纠活动。分公司承保部和理赔部多次联合开展条款、费率、自律执行情况及理赔基础管理、诉讼案件处理、客户投诉情况等方面全方位的自查自纠,及时化解了机构潜在的风险隐患,有效地改进了机构的风险管控水平和服务水平。三是以保险公司服务质量评价为契机,努力全面提升公司的服务质量和服务水平,提高客户满意度和公司美誉度。四是全面加强财务、业务真实性管理。安邦产险河北分公司分别在 2011 年 3 月 24 日—4 月 15 日和 8 月 15 日—9 月 30 日在全辖各分支机构开展了两次财务、业务真实性大自查,对发现的问题进行逐一整改,保证了数据的真实性。五是注重高管合规意识提升。在分公司经费有限的情况下,组织下辖所有机构负责人 40 余人先后在西柏坡、北方大厦等地参加了保监局主办的高管培训班,同时认真组织上述人员参加保监局的高管网络学习,使机构负责人的合规意识进一步明显提升。六是反洗钱工作常态化。2011 年安邦产险河北分公司对全员进行了多次的反洗钱知识专项培训,并根据人行反洗钱相关规定对 1 154 名客户信息进行了抽查。2011 年全年未发生一起违规问题,并于 2011 年 5 月 31 日,顺利通过中国人民银行石家庄中心支行反洗钱处的现场检查。七是严格执行自律规定。一方面将自律中涉及承保条件的要素全部设置到车险业务的自核规则中,违反自律规定的业务将被系统自动退回,不能提交核保,从源头上杜绝了机构违规操作的可能性。另一方面按总公司合规经营要求,严格贯彻手续费自律规定,不参与市场恶性手续费竞争。在 2011 年协会组织的历次自律检查中,全辖各级机构未发生一笔手续费违规问题。八是健全内控制度。随着今年安邦产险河北分公司八家三级机构改建为中支及十家四级机构的获准筹建,分公司组织专业团队对各项内控制度进行了完善,同时结合公司的发展新形势,完善了各项规章制度,为公司的风险管控提供了强有力的保障。

【风险防范】 2011 年安邦产险河北分公司对应收保费继续保持了应收为“零”的良好管控水平。严格贯彻落实“两卡”制度。安邦产险河北分公司大力推行业务员手续费结费到卡和赔款到客户卡的“双卡”工程,在提升效率、规避风险、改善服务等方面均收到较好效果。严格执行车船税代收代缴工作。通过对核心业务系统进行车船税代收设置,从源头杜绝了基层机构在车船税问题上违规操作的可能性,代收代缴率达到 100%。坚持“打假压虚”不放松。分公司专职重案人员对每案进行复核,采取发现问题“四不放”政策:疑似假案不能放、错赔重赔不能放、制假责任人不能放、参与制假的修理厂不能放。重点审核两次以上出险的案件,排除假案隐患并加强复查,保证案件的真实性与合理性。2011 年查实不属保险责任(含虚假案件)53 件,合理拒赔金额达 107 万余元。化解矛盾纠纷机制常态化。安邦产险河北分公司高度重视对矛盾纠纷排查化解工作的组织领导,将矛盾纠纷排查化解工作制度化、规范化、日常化。通过加强预防、深入排查、尽快化解、及时报告等手段,确保了全年未发生一起矛盾纠纷事件。

【服务经济社会】 首先在经营管理创新方面实现了财务核算集中。安邦产险全国财务核算已于今年全部集中到总公司,设立财务集中核算中心,将原来各分公司处理的账务集中到总公司,实现了标准化、流程化、规范化的核算模式。分支机构取消做账的权限,仅保留查询的功能,能够实时监控机构业务事项,从而在根本上控制了核算及资金风险。核算的集中,也实现了安邦产险业务核算、理赔、费用报销的全部集中,为保险行业的财务管理进行了有益的实践。其次在拓展服务领域方面,为充分解决中小企业贷款难问题,安邦产险河北分公司积极尝试推广中小企业履约保证保险业务,目前已对近百家企业进行了前期市场调研,积极推动小额贷款保证保险的发展。此外,安邦产险还积极推动平安建设的相关保险业务,严格贯彻落实保监会与有关部门联合发文要求,积极与地方职能部门进行沟通,不断提高对社会经济发展的保障程度。安邦产险河北分公司在各界领导的正确指导下,深入贯彻落实河北保险业“十二五”规划各项任务要求,全面深入推进河北保险业“三项工程”建设。坚持合规经营不放松,坚持改革创新不懈怠,以“一个客户,综合服务”的经营理念,在稳健中求发展,面对市场形势的不断变化与发展任务的艰巨繁重,认真贯彻实施总公司制定的发展战略,保持奋发图强、一往无前的进取创新精神,努力把公司的发展战略推向一个更新的阶段。

阳光财产保险股份有限公司河北分公司

【概况】 2011 年阳光财产保险股份有限公司河北省分公司(以下简称阳光产险河北省分公司)以保险业“十二五”规划纲要和公司“二五”战略为引领,坚持价值发展、成本管控和合规经营三个不动摇,紧紧抓住渠道建设、理赔服务、基础达标和合规建设四大重点,努力推进保险“三项工程”,提高公司品质和形象,取得了优异的发展和骄人的业绩。2005 年 12 月 15 日,中国保监会以保监产险[2005]1108 号文批准阳光财险河北省分公司筹建,2006 年 4 月 30 日经河北保监局验收取得《经营保险业务许可证》,2006 年 5 月 12 日经河北省工商行政管理局核准设立登记,取得《营业执照》。从开业至今已成立近六年的时间。阳光产险河北省分公司凭借强劲的股东实力,在河北保监局的大力支持下,公司已在唐山、秦皇岛、邢台、邯郸、沧州、保定、衡水、石家庄、张家口、廊坊、承德 11 个地市设立中心支公司,营销服务部及支公司 44 家。目前,全省共有各类员工 926 名,平均年龄 34 岁,后援管理类员工有 463 名,销售类员工 463 名;具有研究生学历2名,本科学历的有183名,专科学历253名;有40名具有中级以上职称;党员108名,预备党员8名。阳光产险河北省分公司始终坚持把品质、市场能力、盈利能力、可持续发展能力、客户满意作为一切工作的指南,不断取得新的突破,创造新的辉煌;始终以"为客户创造价值、使员工富有成就、为社会营造和谐、让股东获得厚报"为使命,开拓进取,奋力拼搏,为河北社会经济发展、为构建和谐河北发挥应有的作用。

【经营结果】 2011年阳光产险河北省分公司围绕全省保险工作会议精神和保险业发展"十二五"规划的任务要求,发扬艰苦奋斗、积极进取的精神,以加快发展为目标,扎实推进各项工作的开展,实现了业务收入的双增长。截至2011年12月31日,阳光产险河北省分公司保费收入8.51亿元,同比增长32.9%;为社会提供保险保障金额1 358.45亿元,较去年同期增长20.4%;支付各类赔款2.94亿元,较去年同期增长48.8%。公司成立五年来,累计支付赔款7.51亿元,上缴税款1.3亿元,为社会提供就业机会2 700个。2011年度保监局分类监管继续维持B类机构评价结果。市场能力及排名情况阳光产险河北省分公司目前在河北省保险市场24家产险主体中排名第5,市场份额为3.53%。阳光产险河北省分公司在成立5年多的时间内一年一个新台阶,保费规模不断扩大、承保质量逐年好转、经营成本率持续走低,实现了公司又好又快的发展。2011年,阳光产险河北省分公司保费规模在阳光产险系统全国36家分公司中排名第3,年度计划达成率全国排名第15位,保费贡献率占6.32%,经营成本率处于蓝区16家盈利机构中第五名。

【保险服务】 拓展电销、网销保险销售创新举措。积极发挥电话销售价格便宜、方便快捷的特点,大力发展网销业务,建立标准化、集中化的营运模式,使客户在网络销售中享受各种自助服务,开展多元营销模式,提高经营效率。加强与法院、公安局、交警等政府有关部门合作、建立机动车盗抢案件工作联络和协调机制,推动保险综治工作的开展;公司上下倡导并努力践行绿色保险理念,以转变发展方式、提高经营效益为主线强化落实措施。积极参与以节能减排、环保低碳为主题的各类保险项目活动,推进环境责任保险。2011年阳光产险河北省分公司财产保险实现保费收入2 603.82万元,较去年同期增长15.74%,保障金额197亿元,承保了邯郸新能源、唐山万浦电厂、衡水海伟集团、保定天威集团等重要项目的财产保险及邯大高速、唐山燕山大路南延路的工程保险,为保定天威特电、秦皇岛骊华淀粉厂等企业提供了482.16万元的保险赔偿金。

【保险服务】 做好"快赔"、"闪赔",努力提高理赔效率。为保护广大保险消费者合法权益,切实提升服务质量,阳光产险河北省分公司积极推行各项创新服务。结合每年一次的客服节活动推出了"七大服务承诺",开展了理赔关爱"三个一工程","三个一工程"是指,通过查勘定损人员在为客户提供车险理赔服务时,为客户提供一瓶水、一张报和一把伞(一件大衣),通过每一位阳光员工的细致工作,让客户在享受理赔服务的同时,向其展示公司的服务形象。"阳光e车险"打造电子商务先进平台,树"闪赔"服务标杆。"阳光e车险"作为阳光产险推出的新一代网络车险,独具价格低、全自助、全新投保体验、行业最快的自助投保速度、即时人工支持帮助、定制最快理赔服务、低碳环保等七大独特优势。并针对网销小额赔付推出快速理赔的"闪赔"服务,即"阳光e车险"客户,专享5 000元以下(非人伤)案件,免单证,报案24小时内赔付。如有延时,将对阳光产险执行实际赔款金额的100倍罚息。在保障投保优惠的基础上率先打出"闪赔"服务牌,将车险理赔服务引领到了一个新的高度。

【宣传沟通和消费者教育】 加强与新闻媒体沟通联系,做好保险在保障民生、服务经济社会等方面的宣传功能作用。2011年阳光产险河北省分公司在各大报纸、网络等媒体发布新闻简讯99篇,同时品宣方面还建立了每月外宣稿件不得少于5篇的考核机制。利用"946服务热线"平台做好消费者教育工作。每周四阳光产险河北省分公司都有车险承保、理赔方面的专家在石家庄交通广播电台做客"946服务热线",介绍保险相关知识并在线解答消费者提出的各种问题。

【履行社会责任】 五年来,依托阳光青年志愿者协会,组织社会公益活动、向地震灾区捐款、捐助孤儿院、敬老院和贫困学生等公益活动30余次,直接捐款20多万元,累计捐赠保险近亿元。2011年阳光产险河北省分公司组织实施了世界无烟日公益宣传、到儿童福利院探望孤儿、组织员工义务献血、净化母亲河捡拾垃圾等公益活动。为建设和谐河北,不仅发挥了保险职能,还认真负责地履行了社会责任。

【风险防范】 为做好风险防范化解工作，每季度对经营风险进行全面排查，重点对违法犯罪风险、群众性事件风险、现金流不足风险、非正常退保风险、人员不稳定风险、产品设计风险、产品定价风险、巨灾风险、诉讼风险、声誉风险十大风险进行认真排查，做到全面细致，不留死角。进一步完善风险预警机制和危机处理预案，落实内控规章制度，发现风险隐患、苗头性问题及时处理，将风险控制在萌芽状态，对违反规定，发生风险的机构和人员严格处理，特别是公众关注的热点、焦点问题。下大力抓好风险源头的整治工作，确保公司健康发展。

（蔡珊珊）

紫金财产保险股份有限公司河北分公司

【概况】 2010年11月9日，经中国保险监督管理委员会批准，紫金财产保险股份有限公司河北分公司正式成立。作为一家财产保险公司，紫金保险河北分公司经营范围包括财产损失保险、责任保险、信用保险和保证保险、短期健康保险和意外伤害保险，以及经保险监管机关批准的其他业务。开业之初，河北分公司坚持以科学发展观统领全局，全面强化风险防控，强化经营管理，夯实基础，实现了管理水平全面提高、业务发展全面进步。截至2011年底，共实现保费收入6 154.23万，为保户提供了145.87亿的保险保障。共发生报案1 766笔，其中车险1 654笔，非车险112笔；综合赔付率为53.9%，边际成本率为96.3%。已决赔款484.05万元，其中车险452.72万元，非车险31.33万元。

【队伍建设】 为实现公司稳健发展，打造“职业、专业、敬业”的经营管理队伍，河北分公司高度重视队伍建设。一是积极吸引优秀人才，在队伍建设中坚持“三事三化”的选择原则，三事是“想干事、能干事、好共事”；三化是“年轻化、知识化、专业化”。二是加强员工队伍培训，全年制定了详细的培训规划，并建立起新员工培训、岗位技能培训、企业文化培训等模块培训体系，培训内容涵盖了法律法规、内控制度、产品介绍、专业技能、企业文化等各方面。通过一系列培训规划推动和落实，有效提升了员工队伍专业技能。三是完善绩效考核体系，深入推动绩效考核实施。通过绩效考核意义的宣导，形成绩效考核文化和工作氛围；通过差异化考核指标的细化分解，有效发挥绩效考核的督促和激励作用，进一步提升队伍的高效执行力。

【内控建设】 一是完善组织架构，为严防管理和操作风险，不断完善合规组织架构，严格管控各项业务流程，加强财务、两核、后援等集中管理。每月各条线需自行组织对各项风险的专项审视，对出现的风险隐患及时处理，避免形成系统性风险。二是健全各项规章制度和操作流程，建立起一套科学化、制度化、规范化的管理制度体系，不断优化组织架构和监督体系。同时重视应急处理机制的建立和完善，有效防范集中性风险的发生。三是完善培训机制，统一组织关于反洗钱、保险法等的专项培训，同时要求并监督各部门开展合规、内控及专业方面的各项培训，有效推进了学习型组织建设，此外每季度集中组织关于经营风险、外部风险等的集中培训，使高管人员及中层管理人员能够识别风险、认清危害；四是加强文秘综合、文件收发、档案、保密等工作，办文办会办事质量进一步提高，较好地服务和保障了公司工作的开展。

【产品创新及服务创新】 紫金保险总公司开发了数款适合中小企业、城乡创业者融资需求的保险产品，既有贷款抵押物财产险、小额借款人意外伤害险等传统险种，又有为了支持中小企业融资需要而专门开发的小额贷款保证保险、科技保险等产品。河北分公司一直积极与各商业银行建立合作关系，2011年度累计为贷款抵押物提供了数亿元的保险保障；另外，河北分公司自开业以来一直致力于三农保险的拓展，首先对农村的车辆保险业务进行了大力拓展，并取得了一定成效；其次在直接服务于农村人民的意健险方面也做了很多努力，累计为2万余名村民提供了意健险的保险服务。

在积极发展业务的同时，河北分公司把拓宽保险服务领域也作为了工作的重中之重，在多个产品及服务方面都取得了一定成绩；在客户服务方面，河北分公司在总公司推出“10项特色服务”的基础上，根据河北省实际情况重点在“小额案件快赔、上门收取单证、分项赔付、10万以下一天结案”等方面进行了重点布置，实现了结案周期大幅缩短、客户满意度持续提升的服务目标。

【保险"三项工程"建设】 一是稳步推进三级机构的筹建工作,进一步充实客户服务网络;制定宣传规划,通过电视、广播、报纸、杂志等来提高社会认知度;还有通过加强内控管理,优化理赔流程,以理赔速度的提升以及客户满意度的提升来确保"保险信誉工程"的深入落实。二是在"保险护城河工程"的建设上,紧密结合当前全省平安建设的新形势新要求,通过积极参与社会治安综合治理工作,配合各级党政机关特别是综治管理部门共同推动平安建设的深入开展,同时用政策导向扩大责任险产品的覆盖面,为维护社会大局稳定发挥紫金保险河北分公司应有的作用及应尽的职责。三是极寻求参与环境污染责任保险的市场机会,依靠总公司已经承保的项目经验,加强内部培训和外部经纪渠道沟通,为"绿色保险工程"贡献力量。

信达财产保险股份有限公司河北分公司

【概况】 信达财产保险股份有限公司河北分公司于2011年7月18日取得开业许可,7月26日开始开展业务。开业以来,信达财险河北分公司积极制定业务发展战略,不断夯实管理基础,从严防范各类风险,各项工作取得了积极进展。一是超额完成保费任务。开业5个月时间完成保费收入4 683.10万元,保费计划达成率117%。其中,车险实现保费收入4 471.15万元,占比95.5%;财产险实现保费收入159.05万元,占比3.4%;意健险实现保费收入52.81万元,占比1.1%。二是客户服务质量全省排名第一。信达财险河北分公司一直高度重视做好客服队伍建设、服务内控、理赔给付、投诉处理等工作,不断提高服务能力和水平,使"平均结案周期""车险当期结案周期""万件保单被投诉率"等多项指标在2011年度河北省保险公司服务质量评价中名列前茅,并最终以92.73分位列财产险类第一。

【采取多种措施,努力拓展业务】 一是有针对性制定政策措施。先后出台了《核保及费用政策》《核保政策、费用政策调整方案》《销售系列管理办法实施细则(试行)》,组织开展了"开门红"劳动竞赛、非车险劳动竞赛、车险业务专项激励活动等,从政策导向和激励措施上,不断优化业务品种和结构,提高业务品质,增强业务创新能力,为业务平稳较快发展提供了保障。二是直销业务和渠道业务齐头并进。通过引进和组建直销业务团队、积极与保险代理公司合作相结合的方式,使不同渠道相互补充、共同发展。通过坚持销售团队周例会制度、加强政策宣导、加大培训力度、强化日常展业检查、实施激励方案、严格入职考核、实行优胜劣汰机制等多种措施,充分激发和调动销售人员展业积极性。同时,稳步推进渠道业务公司化、销售团队专业化,与20家保险专业代理公司、30家兼业代理机构和5家经纪公司签订了合作协议。分公司还与江泰、安信、长城、圣源祥、奇胜等保险经纪公司建立了合作关系,并取得了初步成效。三是加强了重点大客户的开发。2011年,信达财险河北分公司与建行河北省分行、光大银行石家庄分行签订了全面合作协议,与中信银行、邮政储蓄银行等金融机构也进行了实质性接洽,为开展银保合作打下了坚实的基础;积极拓展股东业务,加强与信达资产河北分公司的业务联动,成功承揽了唐山天赫钛业有限公司、东北助剂化工有限公司、沧州中铁技术装备有限公司等融资租赁项目的财产险业务;积极推动开滦集团、华北柴油机等股东业务及董、监事责任保险的展业工作等;与省(市)发改委、省国资委、省安监站等政府职能部门协调,积极拓展有影响力的保险项目。四是积极参与省内招投标业务。先后参与了邯大高速、清东陵高速、保定天鹅集团、河北省环责险(保定试点)、河北农业大学校方责任险、沧州中铁技术装备有限公司、省建投风电项目运营期保险等大项目招投标活动。其中,清东陵高速、河北省环责险(保定试点)、沧州中铁目顺利入围中标。

【狠抓理赔服务工作,打造信达财险品牌】 一是重视理赔队伍建设。公司自成立以来,通过不断采取集中学习公司制度和体系文件、学习借鉴先进经验、组织业务研讨和现场演练、在实际工作中不断总结经验教训等多种方式,使理赔人员的业务能力得到全面提高,培养和锻炼了一支比较精干、高效的理赔队伍。二是建章立制,确保理赔各项工作有章可依,有规可循。先后制定了《客服部员工岗位职责》《机动车简易案件快速处理协议书》《查勘定损操作手册(试行)》《河北分公司理赔规则》《查勘车辆使用管理办法》等20多个试行文件及协议文本的制定,使分公司在开业较短的时间内完成了客服制度的基本构架，为开业后客服工作开展提供了制度上的支持。三是加强了理赔服务网络建设。为解决河北分公司无下设机构，查勘人员力量不足与理赔工作高标准、高效率之间的矛盾，公司建立与公估公司等机构的合作机制，与河北泛华等四家省内较大的公估公司签署了公估合作协议，基本能够满足省内出险查勘的要求；选定石家庄鑫动力等三家修理厂为维修及定损点，确保了为客户提供快速定损和救援服务的能力。四是不断规范理赔服务流程。通过建立客服工作周例会制度、查勘和赔款电话回访制度、细分理赔流程节点、强化理赔时效考核、推行查勘标准服务等一系列有效措施，努力提高理赔服务水平和质量。在2011年度河北省保险公司服务质量评价中，信达财险河北分公司以92.73分在位列财产险类第一。

【创新产品和销售，提供多元化服务】 一是提高产品差异化水平，培育新的业务增长点。信达财险总公司已与建设银行总行合作开发了个人高端医疗保险产品、国内贸易短期信用险、银行贷款保证保险等产品，河北公司将积极推进上述产品的销售工作。同时，河北分公司也根据市场需求开发设计了“E家安心”、“E心呵护”等区域性卡单。二是利用集团优势，开展综合营销工作。充分利用信达集团综合金融服务功能、多种金融产品优势，积极与集团内部幸福人寿、信托、基金、证券、金融租赁等平台公司开展业务协同互动、交叉销售，全方位拓展保险业务。

【严格内控管理，切实防范各类风险】 一是加强内控体系建设。开业以来，河北分公司在总公司制度体系文件的基础上，紧密结合内部管理和业务拓展实际工作需要，相继建立完善了分公司《远程出单点管理办法》《POS机管理办法》《单证使用办法细则》等各方面规章制度和操作流程30多项，基本覆盖分公司工作各方面，使各项工作都有章可循、有规可依。二是加强执行制度检查力度。公司设立了专门内部网站，将所有制度挂网，为查询和学习制度提供了便利条件。三是加强对风险点的排查工作。公司一方面大力拓展业务，另一方面时刻注意防范各类风险。年内，抽专人几次对出单点的合规性和单证管理、POS机管理开展专项检查，发现问题及时整改，防患未然，。四是加强对销售环节的管理。在向投保人提供保险条款、说明保险合同的内容时，对免责条款做出提示和明确说明。加强对销售人员的管理。严格落实保险营销员持证上岗和挂牌展业制度；每周五对保险营销员开展教育培训，严格落实监管部门关于保险营销员继续教育的相关规定，提高保险营销员的依法合规意识和保险专业知识素养及业务技能；强化保险营销员日常管理，通过考核，实行优胜劣汰。

【重视员工队伍建设，不断提高整体素质】 信达财险河北分公司高度重视员工队伍组建和专业人才的引进工作，在人员选聘过程中，根据岗位需要，坚持标准、严格筛选，逐步引进了一批优秀专业人才。截至2011年底，信达财险河北分公司到位非销售类人员33人，其中：男性24人，女性9人；具有本科以上学历31人，占比92%；拥有中、高级职称的10人，占比29%；党、团员19人，占56%；人员平均年龄32岁；员工入公司前从事财产保险工作的20人，占总人数的59%，并且大多数具有5年以上保险从业经历。业务团队原有11支销售系列人员90多人，经过考核，保留业务团队11支销售系列人员77人。筹建以来，根据业务发展需要，采取多种措施，提高员工素质和专业技能。一是组织员工学习掌握《保险法》、《保险公司管理规定》等法律法规、有关监管政策和规定、公司规章制度和工作流程以及公司企业文化等；二是加强员工思想教育，使其牢固树立遵纪守法、敬畏规则、严格按程序和权限办事的思想观念，自觉遵守公司各项管理规定；三是提请总公司组织视频业务培训，各部门轮流讲课，部门内部组织业务学习，日、周业务分析交流等形式学习业务知识，努力提高员工业务技能；四是加强对各部门和各级人员学习和执行制度情况的监督检查，对检查结果进行通报。通过经常性的制度学习和业务培训，员工素质和业务水平得到明显提高。

【筹划分支机构建设，满足业务发展需要】 根据《河北保险业发展“十二五”规划纲要》要求及总公司对分支机构建设规划，结合自身业务发展和后援服务体系建设需要，经大量前期调研分析，信达财险河北分公司于12月初向河北保监局上报筹建唐山、沧州、邢台3家中心支公司的申报材料，并于12月28日取得河北保监局《关于同意筹建信达财产保险股份有限公司唐山等三家中心支公司的通知》。

（刘伟彩）

合众人寿保险股份有限公司河北分公司

【概况】 合众人寿保险股份有限公司河北分公司(以下简称合众人寿河北分公司)于2006年4月25日正式登陆燕赵。经过六年的打拼,河北合众已在省内成功开设30家分支机构,把"合众保险,理赔不难"的保险新形象送到千家万户,赢得了合众系统内和河北保险市场的一致好评和赞誉。成立六年来,合众人寿河北分公司保费逐年递增,2006年总保费3 025万,2007年总保费收入2.6亿,2008年总保费收入3.4亿,2009年总保费收入3.9亿,2010年总保费收入3.6亿,2011年河北分公司累计实现规模保费收入4.4亿元,同比增长22.2%。个人业务保费收入20 209.86万元,占总保费收入的46.2%,较上年同期增长50.3%,其中,续期保费收入为12 346.51万元,较上年同期上升67.8%。

【经营理念】 合众人寿河北分公司始终以服务行业的道德标准严格要求自己,始终把优质的服务提供给客户作为公司的重要任务。将开业至今所铸就的"合众保险,理赔不难"的服务承诺表达得淋漓尽致,从培训内外勤员工在思想上真正认识到服务的重要性和诚信做人的服务理念,到规范内勤员工的服务礼仪,体现了河北合众一直以来贯彻的诚信经营、品质为先的经营理念。随着公司规模的提升,业务品质也在不断进步,2011年年累计13个月保费继续率90.87%,年累计25个月保费继续率95.02%。截至2011年12月31日,全年累计当日结案率74.2%,三日结案率90.1%,十日结案率98.0%。合众人寿河北分公司秉承"投资于人"的理念,将员工视为公司最重要的资源和最宝贵的财富,为员工提供具有竞争优势的薪酬福利待遇与学习培训机会,努力营造良好的人才成长环境,使合众人寿成为引才、纳才、聚才、留才之地。公司通过明晰的企业战略、明确的发展目标、宽松和谐的工作氛围、奖惩分明的工作制度,全面激发员工的最大潜能,实现个人与公司事业的双重成功。公司秉承"实现多赢共好"的企业价值理念,积极参加各种公益活动,关注社会,奉献爱心。合众人寿河北分公司向国际戒烟竞赛石家庄赛区捐赠了总保额为200万的合众团体交通意外伤害保险,用于奖励参加比赛的获奖者。此外,合众人寿还积极参与各种灾害捐助活动和公益活动。自公司开业以来,合众人寿河北分公司启动了"合众助学行"大型公益活动,先后在各分支机构寻访高考贫困生作为资助对象,帮助他们顺利完成学业。该项活动将每年举办一次。随着公司规模的不断扩大和新设机构的不断增多,"合众助学行"活动将逐步在全省范围内展开,更多的贫寒学子将从该项活动中受益。截至2011年12月31日,上千名中小学生获得合众助学行活动的帮助。

随着业务品质和保费规模的不断攀升,合众人寿河北分公司逐步获得越来越多消费者的支持和信赖。在广大消费者和监管部门的大力指导和关注下,河北分公司依靠长期的品质经营和诚信服务连续两年获得河北省消协、石家庄市消协颁发的保护消费者信得过单位称号,并在2010年3.15国际消费者权益日来临之际,荣获石家庄市消协颁发的"2009年度全市保护消费者合法权益工作先进单位"荣誉称号。在未来的经营过程中,合众人寿河北分公司将秉承"向规律要方向,向管理要效益,向经营要资源,向规范要后劲"的发展思路,本着"合规、创新、增长、高效"的经营方针,积极落实监管单位提出的"防风险、调结构、稳增长"的要求,发挥完善的产品优势和服务优势,在社会各界及总公司的帮助和指导下,在全体员工的努力下,全面实现2012年的各项经营目标。面对未来,合众人寿河北分公司将顺应挑战,不断突破自我,用更好的服务为消费者送去贴心关怀,同时打造河北合众的金字招牌!

中英人寿保险股份有限公司河北分公司

【概况】 中英人寿保险股份有限公司河北分公司自2007年7月开业以来,作为寿险公司一直致力于大力发展人身保险业务,为广大客户提供风险保障。目前除本部石家庄外,机构已拓展至保定、唐山、承德,并于今年11月在得到河北保监局许可后增设了邯郸营销服务部。2011年,中英人寿河北分公司当年保费收入达到2.89亿元,且呈现出良好的发展态势,业务结构逐步向为广大客户提供风险保障型险种为主,充分发挥出保险的风险管理和经济补偿职能。2011年累计赔付金额达到

1 860.09万元,发挥了保险的保障功用,对社会稳定发挥了积极的作用。

【经营管理】 2010 年中英人寿明确"以客户为导向"的公司发展战略,自 2010 年 3 月开始,总公司每月指定第二周周五固定为"高管服务日",安排高管亲临客服一线,了解和倾听来自客户的声音。这一创新举措获得了业界和社会公众的高度认可,并先后在"2010 搜狐金融理财网络盛典"和《保险经理人》"中国保险业年度风云榜"的评选中荣获"2010 年客户服务创新奖"和"年度服务创新奖"。在"高管服务日"启动一周年后,该项特色服务再次升级——从 2011 年 3 月开始中英人寿的高管服务日走向了一线和渠道,各分公司高管服务日也同期举行,即"高管服务日"将于同一天在中英人寿总公司和全国所有分支公司举办。总部从 2011 年开始将每月邀请支公司总经理和总、分公司各渠道主管参与"高管服务日",使"以客户为导向"发展战略更深入地向全国的渠道、一线机构传播、落地。

品质论坛服务活动。2011 年 8 月中英人寿河北分公司举办了"品质论坛"服务活动,以"为你.十分幸福"为 2011 年中英人寿整体品牌宣传主题,从宣传核心、产品行销辅助品设计到各渠道的推广竞赛等都围绕该主题进行。此次活动以回馈客户,扩大中英人寿在当地的影响力为主,主题与养老相结合,通过设计幸福调研、养老调查问卷等,提高广大客户对养老保险的关注度,提升中英人寿在客户、媒体间的品牌知名度和美誉度。

【服务保障】 一是开通 95545 全国客服电话。中英人寿于 2010 年 9 月 26 日获得中华人民共和国工业和信息化部批准,成功申请到 95545 全国客服号,成为首家以合资身份申请到 955 号码的合资寿险公司。这是中英人寿统一客户服务通路建设的重要里程碑。2011 年 4 月 1 日号码启用后,实现了客户呼入、公司呼出、公司短信的三号合一,大幅提升了客户感受,增进了客户满意度。95545 的启用标志中英人寿的客户服务工作进入了一个更高的阶段,中英将一如既往,秉承"关爱万家"的企业愿景,为客户提供更优质的服务。

二是电话核保服务。中英人寿于 2011 年 3 月正式面向全国推出电话核保服务。该服务将为客户和营销员提供优质、高效、便捷的新契约核保支持。电话核保,指保险公司通过电话直接向营销员或客户进行沟通确认,客户在签收保险合同的同时,对电话上核实的信息进行最终确认。与传统保单审核方式相比,电话核保省去了信函打印、寄送和回复等环节,简化了核保流程、减少了等待时间,大大方便了营销员和客户。电话核保的施行,进一步提高了我公司新生保单处理时效,单张问题保单的确认时间由传统方式的 2 天最快可降至 10 分钟。该服务作为营运新战略中"优质、便捷、专业"的实践,将保单审核过程化繁为简、既方便客户、又节约成本。

为进一步提升客户对我公司的满意度,扩大理赔服务范围,从 2011 年 7 月 1 日起,中英人寿在受理客户理赔申请时,会发送短信反馈客户,使客户了解相关理赔进程,切身感受到公司正在积极地处理赔案,使客户安心。

【改善民生】 中英人寿河北分公司大力发展健康、医疗保险。近几年来健康险保费收入逐年递增,保费收入累计达到 8 762.66 余万元。满足了广大人民群众多层次、多元化的健康保障需求,发挥了服务经济社会发展的重要功能。在发展医疗险方面,我公司以客户需求为导向,推出面向高端客户的医疗险——"寰宇一家"。这款高端医疗险保额高、保障区域广、保障内容全、服务完善,能够提供 24 小时中英文双语医疗咨询援助服务热线,协助办理就诊预约和第二医疗意见服务。费用支付在特定医疗机构就医的客户,可享受医疗费用直付,无须自行垫付。进一步丰富了我公司的产品线。以上是我公司在服务国民经济发展等方面所做的一些工作,我们会继续总结经验与不足,努力提高保险服务效率,提升客户服务水平,积极推进保险服务创新工作,为河北保险业健康发展做出应有的贡献。

中国人民健康保险股份有限公司河北分公司

【概况】 2011 年,中国人民健康保险股份有限公司河北分公司以科学发展观为统领,深入贯彻落实上级公司各项工作部署,克服多重困难,在业务发展、经营管理、成本效益、员工综合素质、企业文化、内部活力等方面狠下工夫,公司整体始终保持健康平稳发展。截至 12 月 31 日,全司累计实现保费收入 40 858.54 万元,累计支付赔款 9 811.37 万元。

【统一思想】 一是统一全员思想，采取有力措施，及时召开业务分析会、司务会、全体员工大会等有效形式，号召员工坚定信心，克服困难，把“集中精力抓业务、一心一意促发展”的口号转变为每一位员工的自觉行动。二是加大督导帮扶力度。分公司班子成员分别带队，多次赴三级机构进行现场督导和辅导，切实帮助基层解决实际问题。目前，上下联动，互帮互促已成为今年工作的一项重点，有效解决了沟通渠道不畅、攻关力度不够等问题。三是大力开展“创先争优”活动。围绕“创先争优”活动各阶段安排，开展了领导点评、员工思想大讨论等活动，分公司结合实际制定了《2011年度竞赛方案》，进一步完善了奖励办法，各渠道也配合开展了各种形式的业务竞赛活动，有力地促进了业务发展。通过各种活动的开展，员工的思想观念实现了一次质的转变，效益意识、抢抓机遇意识和做强业务意识大大增强。

【业务发展】 团险渠道大力推广“湛江模式”，推进政策性委托业务的发展。在关系国计民生的医疗保障体系建设中，人保健康河北分公司发挥着越来越重要的作用，承保政府委托性业务20个，涉及张家口、邯郸、唐山、秦皇岛等4个地市，13个县区，承保人群194万人，承担风险保障达3 880亿元，形成了以“政府主导、专业运作、合署办公、优质服务”为主要特点的运行模式，专业化能力和服务优势不断显现。一是积极向政府汇报工作，争取政策支持。向省政府及医改领导小组递交了关于我司积极参与医疗体系改革的报告，并拜访了省政府相关部门领导和唐山、张家口、秦皇岛市政府及主管部门领导，促成了省发改委、石家庄市发改委、卫生局、和唐山、秦皇岛人社局分别组织的由各相关部门领导参加的考察团，到湛江实地考察，大力提升了公司形象。由于“湛江模式”的积极推广，2011年社保业务同比增收2 700多万元，有效促进了业务发展。二是结合实际，学习借鉴“湛江模式”的精髓。一手抓项目优化，张家口、唐山、秦皇岛等公司组建了医疗巡查队伍，建立了驻院代表制度，在医疗流程上加强管控，严查弄虚作假，减少不合理用药和过度治疗。秦皇岛中心支公司还在今年与市人社局、医保中心及秦皇岛市各大医疗机构沟通协商，在全市范围内进行大额医疗保险与各医疗机构直接结算业务，不仅减少了公司与客户间的纠纷矛盾，还减轻了参保群众的经济负担。一手抓二次开发，张家口、秦皇岛在原有承保项目上，二次开发了市城镇职工意外伤害保险和意外医疗保险，承保规模和社会经济效益大幅提高。下一步，进一步搞好对社保业务的再挖掘，力争实现工伤补充、民政救助、窗口企业补充医疗保险业务的突破。个险渠道一是全力打响“开门红”业务攻坚战。将一季度开门红工作划分为三个阶段，年前第一阶段重点冲刺保费达成，年中二阶段狠抓假日营销，年后第三阶段主抓培训收心，各阶段层层推进，确保了各项指标的达成。三是紧盯新单期缴和续期保费，细化到每个机构、每个单，逐单追踪落实，确保圆满实现既定目标。四是加强督导追踪力度。分公司通过短信、邮件通报各机构保费收入情况，每周编制《续期周报》，明确各机构达成率和保费差距，逐一进行不同形式地指导和沟通。五是全体动员，分公司个险部牵头，财务、运营、人事行政等部门做好后勤保障，召开了“成长无忧”全员营销启动会暨业务销售培训会，在全系统开展全员营销活动，有效推动了业务发展。银保渠道探索新的销售思路，如联合举办小型理财沙龙、健康管理讲座、陪同拜访银行客户等。密切关注市场变化，开展了假日经营、大干三月份、四五联动、三季度业务竞赛等阶段性活动，要求各中支一把手亲自抓银保，克服畏难情绪和困难，紧盯年度目标不动摇，扭转落后局面。精心准备，召开了全省“康利人生”分红型产品培训班，并迅速落实银行渠道开拓、团队技能培训、企划支持等具体工作，全力推进新产品业务发展。

【成本管控】 一是加强理赔分析监控，及时总结分析理赔业务中存在的问题，有效降低赔付率。二是加强理赔管理，加大对重大疑难案件的审核力度，严格控制不合理赔付。三是通过加强费用管理，在保证业务拓展所需费用的同时，提高了费用使用的合理性、有效性和规范性。

【内控建设】 一是配合保监会做好秦皇岛综合检查工作，并按照监管部门要求，在全省系统开展了财务业务真实性检查、中介业务自查自纠、对外担保清理、反洗钱制度建设等活动，对照重点内容进行逐项检查，不漏掉任何一个可能存在的风险点，确保依法合规经营。二是开展了2011年集中审计效能监察、第二次财务业务数据真实性暨“小金库”专项治理综合检查工作，组织力量对各三级机构进行了现场检查，确保整个检查工作不走形式、不走过场、不留死角。三是开展了公章使用自查自纠活动,重新明确了各类印章保管使用和责任人落实情况,并进一步强化了印章管理责任制的落实。

【队伍建设】 一是根据各业务渠道、各地市机构、各种客户群体的特点,有针对性地开展健康管理专业培训,全年共进行了53次培训,将健康管理专业知识和渠道销售相结合,使兼职健康管理人员学到的知识能实时用于销售活动中。二是配合渠道发展业务。在银保渠道开展了"关爱健康,肿瘤筛查"活动,个险渠道制定了"成长无忧"健康管理说明会支持方案,利用健管特色,推动业务发展。

(武晓明)

中国人民人寿保险股份有限公司河北分公司

【概况】 2011年,面对前所未有的困难和挑战,中国人民人寿保险股份有限公司河北省分公司在省委省政府的关怀支持下,认真贯彻执行保监会"转方式、调结构、防风险、促发展"的总体要求,紧紧围绕集团公司"转方式促发展、强合规增效益"的工作主基调,以河北保监局"三项重点工程"作为促进企业健康快速发展的有力推手,坚持总公司"规模效益化"指导思想不动摇,采取"业务不分渠道、渠道不分险种、机构不分二三四"的销售策略,千方百计拓展市场,保持了业务发展稳定增长,实现了挑战全国系统"三连冠"的目标,被河北省服务质量评选委员会和河北省质量技术监督局评为2011年度"河北省服务品牌",被河北省人民政府授予2011年度"金融稳定奖",创造了河北人保寿险业务发展新的里程碑。从总体情况看。全省系统累计实现保费收入79.2亿元(新会计准则保费61.49亿元),完成总公司下达年度任务计划的127.65%,居全国系统省级分公司第1位,在当地寿险市场排名第2位;实现费差益30多万元,业务规模稳定增长,发展基础进一步夯实,公司实力显著增强。从分渠道情况看。银保渠道实现保费收入50.16亿元,占总保费的63.41%,比去年同期负增长10.95%,在全国系统排名第3位,在当地寿险市场份额为23%,排名第2位;个险渠道规模人力近2万人,年内新增人员2 200人;实现保费18.3亿元,同比增长67,89%,排名全国系统第1位,比去年同期增长了10个百分点;团险渠道实现保费收入4.24亿元,完成总公司计划的83%,系统排名第4位,其中,短期险5 367万元,同比增长34.48%;互动渠道累计实现保费收入5.95亿元,同比增长48.75%,渠道保费贡献度7.6%,占全国互动保费总量的10.8%,规模保费系统排名第1位。其中,产代寿保费收入3.2亿元,直销业务2.75亿元,寿代产保费收入1.02亿元。机构人力发展壮大。机构铺设工作稳步推进。年内新开业地市公司2家(石家庄、承德),三级机构覆盖率达100%;新开业四级机构10家,全省四级机构共106家,覆盖率61.6%,另外批准筹建的还有21家。树立"大增员"的新理念,变突击增员为常态化增员。全省销售人力规模达近2万人。个险渠道现有人力1.8万人,队伍人力排名全系统第2位,年净增员率11.12%。

【个险业务】 一是注重发挥营业部经理"杀手锏"的作用。举办个险营业部经理能力素质提升培训班,对全省数百名营业部经理进行专题培训。个险业务之所以傲视群雄,营业部经理们功不可没。二是充分利用农村小型茶话会、形式多样的产说会议及人保客户节,积极开拓市场;用新产品抢占市场,全省销售的金鼎E款、鑫安年金、惠民补充养老年金3款新产品保费在总保费中占据半壁江山。三是将农网建设作为业务发展的重中之重。以"村村都有人保人"为目标,大力推广"自有队伍,自主经营"、"助力政府,服务三农"、"产寿联合,共享共建"三种农网建设模式,确保实现总人力增长目标。四是对营销人员实行差异化管理,对营业部经理和营销人员实行"高峰会"积分制,充分调动营销人员的积极性、主动性和创造性,进一步提高队伍产能。

【银保业务】 一是举办了为期三个月的县区经理银保实战演练暨专业能力提升培训班,开展了专业能力百日提升工程,开创了崭新的培训模式。二是开展了"三个一"弱体帮扶活动。要求各地市一把手每个人抓一批重点银行,包一个弱势行,帮一个后进县,确保活动网点和总体产能要有明显提升。三是推进县区业务赶队进位。在保定、廊坊、秦皇岛、张家口等中支已建立市区业务银保中介部,其他机构正在筹建银保业务市区部,扭转我省市区银保业务急剧下滑的不利局面。四是加强三四级机构银保业务达标化建设。重点监控和考核"素质提升工程"期间每个阶段保费规模、活动网点比率及合作渠道的情况，以合格、达标、优秀和卓越四个类型开展评比活动。

【互动业务】 一是分阶段制定下发各类业务竞赛方案，激励各级机构和营销人员加大业务开拓力度，促进规模保费的增长。二是建立产寿险联席会议制度，共同商讨工作意见和措施，促成财险公司向寿险开放了358个农村基层网点。三是与财险联合制定下发《四季度交叉销售竞赛方案》，明确了奖惩措施并提出具体要求，在全省掀起你追我赶的竞赛热潮。四是与产险联合举办交叉销售种子讲师培训班，提升系统内讲师的培训传承能力。五是成立交叉销售调研督导小组，直接负责交叉互动工作推动与督导。调研督导小组由产、寿险挂职交流干部带头，赴全省6个地市指导工作，研究解决实际问题。六是召开各类会议指导业务发展。七是配合集团公司、总公司完成对产险泊头模式、寿险隆尧模式的调研工作，总结经验，在系统内复制、推广。

【团险业务】 一是用好公司各种奖励政策，大力发展团体年金B业务，积极推广“团体组织，个人缴费”销售模式，发动全体业务人员推广销售，为公司业务发展添砖加瓦。二是全力发展短期险业务，积极做好创费险种业务。大力发展建工险、小额借意险等创费业务，与河北农信社签署了双方合作协议签署、信保通系统上线运行，42家四级机构正式建立业务合作关系并签署协议。三是在风险可控、保本微利的前提下积极寻求与更多中介机构的业务合作。与省农信社、河北圣源祥、泛华安信、恒泰安、名阳、汇新、通泰运输集团有限公司、民生商安、河北华康保险代理公司、河北康诺、中盛融安国际、北京明亚保险经纪公司等签订了合作协议，在中介业务发展上取得积极进展。四是为贯彻落实保监会关于农村小额人身保险试点的要求，全力推进农村小额试点工作。

【费用管控】 一是以绩效考核办法为统领，积极引导业务发展。合理制订发展目标，使大家够得上、摸得着，充分调动大家的积极性，在以规模和效益为核心指标的基础上，增加了期交、短险等效益险种的考核奖励，为提高后援综合管理水平，加强执行力建设，设定了综合管理类考核指标。二是适度管控费用，为业务发展让路，费用向业务、向一线倾斜。三是严格固定费用管理，合理配置费用资源。制订了“全面预算与重点费用严格管控相结合”的预算管理体制，对固定费用实行在预算总额内，按时间进度与业务进度相结合的方式控制使用。

【内控合规】 一是在全省范围内聘任19名兼职合规员，明确兼职合规员的工作职责，加强合规队伍建设。二是制定《合规监察特派员管理暂行办法》，向唐山中心支公司派驻合规监察特派员。三是进一步完善修订内控合规百分考核办法。将合规管理与绩效考核挂钩，变“被动合规”为“主动合规”。四是对承德、邢台、衡水、沧州中支进行了经济责任审计。五是整理、完善内控制度，着手建立主要风险标准化业务流程。六是以创建“廉洁文化建设示范点”为抓手，提高全员遵纪守法意识和党员干部廉洁自律意识。七是积极参与行风建设、民主评议，提升公司形象和信誉。

【后援服务】 中国人保寿险河北省分公司始终坚持“人民保险、服务人民”的宗旨，拥有365天24小时的全天候4008895518专线服务电话和ePICC电子商务平台在内的销售服务体系，拥有覆盖全省所有城市遍布城乡完善的机构网点，拥有一支300多人的学历高、素质高、意志坚、专业能力突出、年富力强的高精尖管理人才队伍，营销员近2万人，地市机构实现全覆盖，县区机构、网点基本实现全覆盖。部分县区公司的保费总量和新单保费总量跃居当地寿险市场首位。省分公司及七家地市机构购建了办公楼。努力为全省人民提供优质高效的售后服务、简便快捷的理赔服务和排忧解难的保障服务。

【企业文化】 中国人保寿险河北省分公司弘扬“以人为本，和谐奋进”的价值理念，尊重员工，关爱员工，弘扬优秀传统，营造和谐气氛，振奋员工的创业精神，不断增强公司的凝聚力、向心力、战斗力。编制完成了《企业文化建设三年规划》，精心组织，分步实施。提出了“四个珍惜、五种意识、六个匹配”、“五讲、四有、三热爱”、“六比六看”等崭新理念，初步形成了具有河北人保寿险特色的企业文化体系。举办了“激情、责任、使命”主题演讲比赛，引导广大员工永葆创业激情，强化政治责任，担当历史使命。坚持开办“周四课堂”，搭建“员工论坛”，促进共同学习、共同进步。成功举办了全省首届“奋进杯”摄影书法绘画比赛，丰富职工业余文化生活。组织参加了集团公司的文艺调演及乒乓球、羽毛球比赛，赢得荣誉。施行“双薪（心）工程”，出台补充养老办法，解除员工后顾之忧。

观源索澜，鉴往知来。要想强公司、富员工、增实力、图发展，就必须围绕“转方式促发展，强合规增效益”的工作方针，不能有丝毫的偏差；就必须坚持走“规模效益化”发展道路，不能有丝毫的动摇；就必须增强责任感、使命感和紧迫感，不能有丝毫的懈怠；就必须勇敢面对困难和挑战，不能有丝毫的胆怯；就必须弘扬勤俭节约、艰苦创业的精神，不能有丝毫的放纵；就必须谦虚谨慎、戒骄戒躁，不能有丝毫的自满；就必须加强内控合规，防范经营风险，不能有丝毫的放松；就必须团结拼搏、强化执行，不能有丝毫的背离。中国人保寿险河北省分公司将以更好、更快的发展，更快捷、更全面的服务支持河北经济社会发展，继续发挥大型国有金融保险企业的行业引领和主渠道作用，为创造“经济强省和谐河北”更加辉煌灿烂的明天而努力奋斗！

（陈宝顺　赵明森）

海康人寿保险股份有限公司河北分公司

【概况】 海康人寿保险股份有限公司是由荷兰全球人寿保险集团与中国海洋石油总公司各出资50%组建而成，于2003年5月正式获得营业执照，在中国开展寿险业务。海康人寿总部位于上海，目前注册资本为18亿元人民币。海康人寿保险公司河北分公司于2009年5月正式获得营业执照，通过经代公司和电话营销两条渠道推广业务，尚未开设分支机构。截至2011年末，实现规模保费收入3 244.82万元，增幅73.5%；理赔总额127.06万元，增幅542.08%；负债总额2 929.65万元，增幅66.26实现%；实现净利润556.01万元；各项业务平稳发展。

【各项业务】 一是坚持稳健发展的策略，科学地拓展业务。经代业务在与公司合作方面，采取“深耕扶植”的策略，不断探讨新型的合作模式，进行深度经营，互惠互利共同发展；延续合规经营的方针，做好售前、售中、售后各环节的培训、管理及督导等工作，确保符合公司内部、外部监管制度的要求。保费收入占河北寿险市场的0.06%，同比增长近100%。二是不断优化产品结构，经代渠道继续延续公司只推动期缴保费的策略，并不断将保障类产品的占比拉升；电销渠道主要销售普通寿险产品和健康险产品。2011年实现新单保费1 854.81万元。其中10年期及以上新单期缴占比86.35%，保单保险期限10年及以上93.81%。

【服务品质】 在竞争激烈、产品同质化严重的市场环境中，通过服务赢得客户的信任和肯定，是海康人寿一直努力的方向。公司围绕“精益六西格玛理念”这一先进的企业营运管理技术，通过持续改进流程的核心理念，整合运营资源，让绩效最大化，想客户所想，急客户所急，通过简化缩短流程，为销售渠道与客户提供更为及时便捷的服务。

【风险防范】 贯彻落实风险管理创造价值的理念，坚持风险管理与业务发展齐抓共管，结合自身业务特点将各类风险进一步细化，以风险源于人身保险公司内部和外部为标准，定期排查内生性风险，定期排查外生性风险。健全机制，建立风险预警体系和风险报告制度。坚持每季度对辖区本系统存在的风险进行排查，做到全面细致、不留死角；高度重视信访投诉工作，加强管理，化解纠纷；高度关注敏感时期的敏感问题。认真执行风险报告报送制度，每季度汇总分析产品销售风险、非正常集中退保风险、反洗钱风险、“三假”风险等，并形成风险排查报告报送。

完善公司内控制度建设，加强内控管理。对公司之前发布的现行有效的部分内部管理制度进行修订，同时颁布了多部新的内控制度。为确保内控制度的有效落实，在制度进行修订或颁布后，通过电子邮件向全体员工进行公示，并在公司网站的相应板块公示；相关部门还会通过分发电子课件、组织集中培训、在线学习和测试等方法，使制度所涉及员工及时了解。

（陈帅）

光大永明人寿保险有限公司河北分公司

【概况】 2011年光大永明人寿保险有限公司河北分公司共实现保费收入42 612.32万元（按新准则统计），其中团险保费收入1 523.62万元；电销业务220.94万元；中介渠道规模保费1 235.76万元，达成率82.38%；银保代理渠道规模保费39 632万元，达成率188.73%。2011年万能险销售461.7万元，其中团险渠道130.50万元，银保渠道331.2万元；投连险销售517.5万元。

【业务特点】 一是赔款和给付支出、退保金情况。光大永明人寿河北分公司全年累计退保金1 445.27万元,赔款和给付支出220.84万元,赔款支出为团险渠道险种,说明分公司团险业务品质需整体提高。二是佣金、手续费、营业费用支出方面。光大永明人寿河北分公司全年手续费及佣金支出累计3 473.02万元;营业费用累计支出2 079.20万元,其中人力费用支出占比48.58%,职场费用支出占比6.41%,日常经营费用占比45.01%。三是各地市机构发展情况。光大永明人寿河北分公司在机构建设方面也得到快速发展,继唐山、邯郸、张家口、保定中支相继开业之后,承德中支也取得了监管经营许可证;秦皇岛已经保监局开业验收,等待下发经营许可证。

面对新的市场形势,我们认为只有解放思想,创新思路,才能谋求更大的发展。结合自身业务特点,提出了"在邮储银行开展委托代理业务"的发展思路。在预筹地区进行渠道委托代理,不仅在当地市场快速建立市场品牌形象,扩大公司全省影响力,赢得了市场先机,而且为公司正式开业后的业务发展奠定了坚实的基础。目前,全省有六个地市先后成功运作委托代理业务,期间实现规模保费7 500万元,为分公司达成年度目标奠定了坚实的基础。同时,沧州、衡水、邢台、廊坊四个地市的委托代理业务也在紧张有序运作中,有望成为公司新的业务增长点。

幸福人寿保险股份有限公司河北分公司

【概况】 幸福人寿保险股份有限公司河北分公司(以下简称幸福人寿河北分公司)于2010年3月19日经中国保险监督管理委员会批准筹建,同年8月12日取得营业执照,正式开业。幸福人寿河北分公司自开业以来始终贯彻"诚信、稳健、专业、创新"的经营理念,秉承"以人文本、诚信规范、共创价值、服务社会"的核心价值观,以"国际水准的经营管理,优质高效的客户服务,世界知名的企业品牌"为发展愿景,坚持依法合规经营,强化公司治理,不断提高企业核心竞争力和企业价值。2011年,是幸福人寿河北分公司第一个完整的经营年度。一年来,幸福人寿河北分公司坚持"个险稳起步、团险求效益、银保上规模"的经营策略,求真务实,攻坚克难,积极主动采取措施,努力拓宽业务渠道,不断优化业务结构,积极推进分支机构建设,不断夯实管理基础,进一步强化内管内控,有效防控风险,取得了可喜的成绩。

【提升业务】 一是保费收入迅速增加,增长率居幸福人寿系统榜首。截至2011年12月31日,幸福人寿河北分公司完成综合规模保费收入13 762.60万元,计划达成率56.5%,居公司系统第11位。其中,银保实现规模保费收入12 744.70万元(期缴1 153.30万元,期缴占比9.0%),计划达成率55.9%,居系统第14位;团险实现规模保费收入814.90万元,计划达成率107.2%,居系统第13位(短险472.86万元,计划达成率152.5%,居系统第6位);个险营销实现标保收入87.20万元,计划达成率14.5%,居系统第18位;中高端实现标保收入108万元,计划达成率166.2%,居系统第2位;中介个险实现保费收入7.80万元,计划达成率3.5%,居系统第20位;续期收费实现779.10万元,完成总公司下达任务目标的106%,居系统第3位。二是突出了以效益为中心,成效初显。年内,团险、团险短险、中高端、续期回收等四项指标均提前、超额完成年度计划。团险短险业务以效益型短期意外险为重点(建工险、村民福利保障等非医疗性短险占比达到90%以上);银保业务收入中,期缴占比达到9%以上,居系统第九位;个险标保、各项业务13个月继续率等指标都有较大幅度的增长与提升;费用预算执行率为109%,较好地实践了以经济效益为中心的经营理念和发展目标。

【机构建设】 2011年幸福人寿河北分公司计划铺设3~4家中心支公司,3家支公司。从7月开始,幸福人寿河北分公司高质量、高效率地完成了7家三、四级机构的建设与批筹工作。目前,保定、邯郸和沧州等3家中支已经先后开业运行,为幸福人寿河北分公司加快发展奠定了一个坚实的基础。

【队伍建设】 一是精挑细选,广招人才,为公司加快发展奠定人力基础。随着幸福人寿河北分公司分支机构的铺设,为满足日益扩大的业务需求,过去的一年,幸福人寿河北分公司透过多个渠道引进不同职级不同岗位人员。在分支机构人员架构搭建过程中,幸福人寿河北分公司创新举措,不拘一格选招人才,在短短五个月时间内就选聘了包括四位中支总在内的63人,保证了中支筹备计划的顺利、高效进行。截至2011年12月31日,幸福人寿河北分公司(含中支)共有内勤员工100人,大学本科及以上学历73人，占比达到70%以上；中共党员26人，占比26%；个、银、团外勤948人，其中银保52人、团险12人、个险884人，初步建立起了适应分公司当前业务发展的人员队伍架构，为幸福人寿河北分公司的发展奠定了坚实的人力基础。二是加强员工考核，逐步完善了员工考核激励机制。2011年初，幸福人寿河北分公司按照人事考核工作程序，坚持公开公正公平原则，完成了上个年度员工绩效考核工作。上半年，又出台了幸福人寿河北分公司及三级机构的工资和绩效考核办法；年底按幸福人寿要求及考核办法进行了员工、机构的绩效考核。三是加强员工培训，进一步提升了员工队伍整体素质。结合幸福人寿新员工培训课程安排，根据幸福人寿河北分公司2011年工作开展情况及员工需求，制定并认真落实了幸福人寿河北分公司全年培训计划，组织内勤员工培训28次，外勤销售培训近百次，内容涵盖企业文化及分公司业务发展思路、保险相关法律法规、公司内部管理制度、保险基础知识、岗位职责、业务流程、产品知识、销售技巧、核保理赔基本知识、团队管理、消防安全、职场礼仪及健康讲座，均收到了良好效果。四是狠抓制度落实，提高了幸福人寿河北分公司内管内控水平。2011年，幸福人寿河北分公司结合业务开展中遇到的新问题、新情况，结合ISO质量管理体系内审提出的建议，组织各相关部门又修改完善了多项制度办法，内容包括差旅费管理、重大突发事件应急、客户服务标准化管理等多个方面。

各项制度落实初见成效。2011年初以来，幸福人寿河北分公司以学习ISO质量管理体系各项制度为抓手，以促制度落实为引线，狠抓内管内控，夯实管理基础。不断加大对重空单证、各类档案、各种印章等基础性管理工作的检查指导，不断规范业务流程，强化运营与财务风险管理与分析预警职能，促进了各项工作的规范健康发展。年内，幸福人寿河北分公司先后接受了幸福人寿ISO内审检查、数据财务真实性检查、中天银会计师事务所审计、省及石家庄市税务大检查，河北省纪委治贿办公室与省保监局联合开展的关于小金库治理情况大检查均顺利通关，幸福人寿河北分公司档案管理工作获得了省档案局“AA”资格管理认证资质。各项制度的严格落实，收到了良好的效果，对幸福人寿河北分公司业务发展中规避和抵御各类风险起到了保驾护航作用。

【提升公司软实力】 一是加大了对外宣传工作力度。幸福人寿河北分公司采取固定、流动、软文等多种途径进行了品牌宣传。年初为配合幸福人寿在中央电视台推出的系列广告宣传计划，该公司相继采取了主要交通要道、公交候车亭、出租车顶灯、《商情》3·15专刊广告等形式进行配套宣传，效果良好；2011年下半年，结合幸福人寿河北分公司开业一周年庆典、各中支机构开业等活动，幸福人寿河北分公司又在《燕赵都市报》、《河北经济日报》等省内主要媒体刊发广告并进行了同步宣传，这些措施都有力地提升了幸福在河北市场的品牌知名度。二是社会认可度不断提升。2011年幸福人寿河北分公司被省工商局授予“信用会员单位”并颁发了铜牌牌匾；在河北省纪委治贿办公室与省保监局联合组织的专项大检查中，获得了非常有活力、非常有潜力、非常有发展力“三个非常”的高度评价；在河北省保监局统研处牵头组织的信息安全大检查中，内管内控、业财系统、信息网络安全等方面得到了省保监局领导的充分肯定与赞誉；在石家庄市地税局组织的为期一个月的“闪电行动”专项驻点大检查中，顺利过关并获得好评。四是初步建成了高效、顺畅的后援服务体系。围绕促进业务发展、提升服务品质这一主线，幸福人寿河北分公司加强了后援服务体系建设。一是不断优化和完善核保、保全、理赔和客服系统，使流程更加科学、规范、顺畅。二是加强财务管理，合理配置资源，幸福人寿河北分公司实行财务集中管控，在保证业务发展的同时，严格控制费用支出，促进了经营效益提高。

（张德云）

和谐健康保险股份有限公司河北分公司

【概况】 和谐健康保险股份有限公司河北分公司为和谐健康保险股份有限公司的分支机构。和谐健康保险股份有限公司是经中国保险监督管理委员会最早批准开业的全国性、专业性健康保险公司之一，公司注册资本金10亿元。目前，公司总部设在成都。2010年12月31日，中国保监会以保监寿险【2010】1650号文批复同意和谐健康保险股份有限公司河北分公司筹建后，2011年1月和谐健康保险股份有限公司正式启动了河北分公司的各项筹备工作。河北分公司筹建组在河北保监局的严格监管和指导下，按照和谐健康总公司的总体部署，借鉴安邦财险、安邦人寿的分支机构筹备经验，对机构发展规划、分公司拟任负责人聘任、营业场所设置、计算机设备配置及系统测试、员工招聘和培训、内控制度建设等方面，逐一进行了专项筹备。2011 年 1 月 28 日顺利通过河北保监局验收，2011 年 4 月 15 日获得经营保险业务许可证，2011 年 5 月 13 日获得营业执照，截至 2011 年 6 月 23 日所有证照全部办理齐全，和谐健康保险股份有限公司河北分公司正式成立。

【主要成绩】 2011 年为和谐健康河北分公司筹备成立期，主要做了以下几方面工作：办公场地及相关设备方面，2011 年采取房屋租赁的方式来解决办公场所。营业地址为：石家庄市裕华西路 15 号万象天成 A 座 21 层，消防设施完善。装修按照金融单位形象要求和公司 VI 标准进行。设立客户服务前台，办公区，功能齐全，动静分离。规章制度建设方面，按照业务需求和强化风险管理原则，建立健全了各项规章制度。组织架构及从业人员情况方面，设立了总经理室、综合办公室、人力资源部、财务部、银保业务部、团体业务部、运营部、理赔部、政府医疗部、健康管理部等部门，人员均通过了资质考察，无违法犯罪记录，80% 的人员具有与金融保险相关的工作经历。计算机设备配置及网络建设情况方面，设备通过局域网相互连接，按公司要求配备机房，并与总公司内网建立连接。PC 机安装公司内部各办公操作软件及管理系统。为保障公司信息安全，在每台 PC 机上又安装了知名杀毒软件，每天定时进行网络升级，以防止文件被病毒或黑客破坏。合规经营、规范管理方面，管理人员参加并通过分公司新进员工培训、业务培训和相关法律法规培训。其他人员培训按保监会和行业协会要求实施。培训内容包括：法律法规、保险业务、诚信道德和企业文化、公司管理制度和工作流程。

【总体特点】 和谐健康河北分公司开业以来，坚持“健康伴您一生”的理念服务于社会广大民众，全面推行健康保障和健康管理的功能创新服务模式。公司为广大人民群众提供了疾病、住院、失能、护理、意外以及多种健康管理服务项目，同时充分借助总公司 4008 -816 -816 呼叫中心和网络服务优势，全天候地满足客户的售后服务需求。配合总公司壮大专业健康经营与管理服务团队，加快拓展服务领域的步伐，通过构建“和谐健康俱乐部”等服务形式，充分整合各类医疗、健康服务等社会资源，合力打造具有中国特色的、融健康保障和健康管理于一体的新型专业健康保险公司。

【业务特色】 一是健康管理业务。总公司设立“和谐健康俱乐部”，通过与医疗服务资源或医疗服务提供者和特约商户的合作，进行日常健康指导、干预和诊疗管理等活动，同时，公司提供会员健康档案管理、健康讲座、健康通讯、优惠的健身项目、健康体检、特需诊疗安排等丰富的健康维护和诊疗管理服务项目，供客户进行选择。公司开发了“网络医院”系统平台，利用互联网将全国最优秀的专家资源整合起来，为广大客户提供“面对面”的网上健康咨询服务；开发了高端健康管理服务产品，如海外抗衰老治疗及肿瘤筛查等，将全球最先进的医疗服务引入中国，丰富公司产品线；针对高端客户的特殊需求，提供家庭私人医生服务。通过健康管理，客户将得到科学、系统化、个性化的健康教育与指导，定期的健康评估，从而改善风险水平，尽享健康人生。二是银行保险业务。公司通过与各大商业银行、地区商业银行建立了业务合作关系，延伸了业务销售和客户服务渠道。针对合作银行的客户群需求，公司开发与之相适应的集医疗保障、理财投资于一体的保险产品，通过遍布各地的银行服务网点，让客户轻松便捷的分享公司投资收益。三是电话保险业务。电话保险是公司为客户提供业务支持和服务的创新方式，通过一个电话，能够实现从“保险询价”到“赔款支付”的多环节服务。总公司公司设立电话呼叫中心，拨通 4001 -111 -111(销售热线)、4008 -816 -816(客服热线)，足不出户让客户体验到方便、快捷的保险服务。四是团体保险业务。为服务企业客户，公司开发了一系列团体产品，包括团体医疗、团体重疾、团体意外等，并专门设立“团体保险业务部”，集中公司骨干力量服务于全国各类机关、事业单位、企业等团体，为大型团体客户开通绿色服务通道，进一步提升服务速度和质量。五是政府医保合作。公司在开展商业保险业务和服务的同时，积极参与地方政府医保合作项目，为社会医疗保险提供有力的支持和补充。公司根据不同地域的具体情况，开发设计具有针对性的产品组合和合作方案，充分发挥公司在省市地区的医疗资源优势，提供贴近百姓的丰富多样的产品和服务。六是个人保险业务。公司注重分析不同客户群体的差异化需求，把不断完善产品的个性化需求作为一项重要工作，为客户提供包括疾病、医疗、护理、意外在内的多样化保险服务；对于高端客户，公司可根据其自身的具体需求量身定做保险、健康管理、医疗等多方位服务方案，实现“一对一”的个性化保姆式服务。和谐健康保险致力于成为中国数一数二的健康保险公司，为构建和谐健康的社会贡献力量！

（侯朋立）

泰康人寿保险股份有限公司河北分公司

【概况】 2011年，泰康人寿保险股份有限公司河北分公司始终围绕“坚持科学发展 服务地方经济”这一工作主线，深入贯彻总公司新三年战略精神，坚持抓服务、严监管、防风险、促发展，各项业务实现平稳较快发展。泰康人寿河北分公司坚持“诚信、稳健、创新、分享”的核心价值观，以服务为基础，合规经营，开拓进取，努力实现又快又好发展。全省拥有10家中心支公司，一家营销管理本部、75家支公司和128家营销服务部，构建了一支上千人的员工队伍和近万名思想过硬、作风优良、团结奋进、专业高效的代理人团队，遍及全省城乡县域，形成了个人保险、银行保险、续期收展、电话行销四大业务体系。2011年度，响应保监会指导精神，调结构、转方式，共实现原保费收入231 186万元，规模保费在系统中排名13位，保障额度12 626 946万元。2011年新增员工385人，代理人减少2 816人，新增支公司1家，批筹支公司4家；现设有乡镇级营销服务部96家，县域机构当地占比列行业第2位，为地方贡献税收2 976万元。2011年度共计赔付10 899件，赔付金额5 175.15万元，为社会稳定及服务“三农”做出了积极的贡献。

【服务客户，快速理赔】 泰康人寿河北分公司始终以建设“业务好、财务好、服务好”的“三好公司”为目标，践行“以人为本、客户至上”的服务理念，大力推行e站到家、电子化投保、3G理赔等创新服务模式，竭力为客户提供实惠、便捷、全面、高效的金融保险服务。2011年，先后荣获“服务质量达标先进单位”“河北网民最信赖的金融品牌”、“金牌理财机构”等多项荣誉称号。截至2011年12月，泰康人寿河北分公司成立近十年来，累计赔付4.2万件，赔付金额近1.7亿元，受益客户超3.4万人，客户满意度逐年提升，为河北省的社会和谐稳定与保险行业快速发展做出了应有的贡献。

【加强风险管控，依法合规经营】 2011年，泰康人寿河北分公司积极落实省保监局“三大工程”，对接“保险信誉工程”，推动“绿色保险工程”，围绕客户反映强烈的突出问题开展专项治理，切实解决理赔难的问题，有效治理销售误导行为；加快公司营销员信用数据库建设，建立公司信用评价体系；建立和完善客户投诉调解机制，提高投诉处置效率；牢固树立“节能减排”理念，积极探索和运用现代信息技术，切实做大做强公司电销业务。与此同时，制定《2011年度合规培训计划》，将每年的5月份定为公司的“反洗钱宣传月”，根据总公司要求逐步承担起部分下辖机构的内部审计工作；加强“内部风险指标监控体系”建设，为公司的决策及风险管控提供依据；大力推广票据真实性自查自纠工作，规范运作，防范风险，全力推进“保险护城河工程”。

【履行社会责任，加强品牌建设】 泰康人寿以“分享成功，奉献社会”作为企业的司训，积极助力于公益事业。泰康人寿河北分公司发扬“服务公众，回馈社会”的理念，积极投身于河北的慈善活动。成立十年来，先后援建“县域图书馆”13家，捐赠图书3 000多册，举办各类理财、健康讲座7 000多场；第十届客服节，与河北省少工委联合举办了以“低碳环保”为主题的少儿书画大赛，覆盖全省700多所中小学，近30万人参与，取得了良好社会效果。2011年4月9日，泰康人寿承德中支代表河北分公司参与一对一帮扶“见义勇为英雄”，现场对见义勇为英雄曹殿合进行了捐助；2011年6月1日，泰康人寿承德中支代表河北分公司赞助承德25家中心小学小黄帽10 000顶、文具1 000多件，物品价值45 000元；2011年6月25日，泰康人寿张家口中支代表河北分公司为“重走张库大道”大型新闻采访活动赞助800万的人身意外险……不论是支援灾区，还是助学扶贫，河北泰康人都会率先响应国家号召，伸出自己的慈善之手，献血，捐资，赠物，身体力行，充分体现了保险公司为社会国家保驾护航的大爱。

（董成旺　赵艳红）

民生人寿保险股份有限公司河北分公司

【概况】 民生人寿保险股份有限公司河北分公司(以下简称公司)是民生人寿第一批设立的省级机构,于2003年12月开业。公司秉承"为民生服务"的使命,不断提高保险服务区域覆盖面,努力为全省城乡提供保险保障,已在全省11个区市建立地市级中心支公司,拥有近百家县区级支公司或营销服务部。机构数量和个险业务在民生人寿系统名列前三,在河北市场多家公司中稳居前七名。2011年保费总收入超过13亿元。

公司以"诚信立司、服务兴司、专业治司、创新强司"为发展战略,把"团队"和"服务"作为核心竞争力,走稳健经营、持续发展的品牌路线,连续多年业务指标居系统前列,保费续期继续率进入行业领先地位,公司及所属机构先后获全国总工会、中国金融工会、中国保监会党委和民生人寿总公司颁发的荣誉奖项,是河北省工商局"3.15"活动"诚信服务示范单位"、河北省质量促进会评定的"优质服务单位"。

河北民生人寿注重团队建设,与河北大学、金融学院等高校合作培养人才,拥有一支敬业专业的员工队伍,近七百内勤员工全部具有大专以上学历;营销员人数达7 000多人,均通过国家指定专业培训课程和资格考试,寿险管理师、理财规划师占相当比重。

2011年,公司个人代理渠道完成17 532万元,收展完成2 000万元,个险合计为19 532万元,系统排名第二位,同比增长15%。银保业务完成2.4亿,系统排名第五位。中介业务完成1 600万元,系统排名第五位。团险业务完成2 350万元,系统排名第六位。续期业务完到86 952万元,系统排名第一位。以上各项业务均完成年度计划的100%。

遵照保监局方案,狠抓诚信工程建设及护城河工程、绿色保险工程,结合实际狠抓落实,出台了一系列有效地措施。一方面结合落实《保险法》和《准则》,通过加强诚信教育和业务培训、完善业务流程、改善内部管理,全面提升营销员队伍道德素质和专业技能,提升内外勤队伍契合度,落实保监局"三个目标要求",建设一支忠诚度高、信誉度强、素质技能优良的销售团队;另一方面,狠抓内勤员工队伍建设,认真落实合规经营诚信服务原则,加强回访管理,提升理赔时效,全面提高服务质量,提升公司品牌形象和核心竞争力。

【合规经营】 公司将2011年定位为"合规年",积极贯彻落实保监局和总公司的部署,大力推进合规经营,分公司机关设立风险合规部,负责全部工作的合规内审工作,在三级机构和四级机构建立专门的联系人,从组织架构上充实了人力。切实加强风险防范,一季度组织风险大检查,查找梳理出了200多个风险点。在日常的风险防控方面,坚持双管齐下,一是事前,事前的工作要大力宣传和落实合规风险防控政策。一是事后,认真落实离任审计和违规事故案件责任追究。依法、积极稳妥处理涉法事务,有效减少和防止了风险发生。

【服务社会】 2011年2月开始在全辖97个县域机构组织开展百万客户大回访的"新春开放日"活动。请广大客户和准客户走进民生的职场,深入营销团队,提升了民众对保险的认知。在日常经营中重视做好人身意外险服务,积极与定点医院协商,对意外险客户采取"加急报"、"倒赔钱"、"快给付"、"解燃眉"等措施,切实落实"非常6+1"承诺,对小额理赔案件实现了最快时效和最低报批程序,获得了广大客户的一致称赞。同时充实理赔队伍数量,加强理赔调查审核力量,对大案要案进行集中调查和服务,使得理赔服务质量大大提升。

(武晓波)

金融自律组织

河北省金融学会

【概况】 河北省金融学会是从事金融科学研究活动的全省性、群众性学术团体,是由河北省各市金融学会、石家庄辖内各县(市)金融学会、省级金融机构、省内金融院校、省会市级金融机构和热爱金融研究事业并有一定研究成果的个人自愿组成的非盈利性社会组织。河北省金融学会成立于1981年1月8日。英文名称:HEBEI SOCIETY FOR FINANCE AND BANKING。行政主管部门是中国人民银行石家庄中心支行,业务主管部门是河北省社会科学界联合会,社团登记管理机关是河北省民政厅，是中国金融学会团体会员单位。河北省金融学会现有团体会员单位66个。河北省金融学会宗旨是：以马列主义、毛泽东思想、邓小平理论和“三个代表”重要思想为指导，深入践行科学发展观；坚持党的基本路线，坚持实事求是、理论联系实际的学风，在学术上贯彻“百花齐放、百家争鸣”的方针，紧密联系河北省经济金融实际，致力于提高全省金融理论水平和金融业务水平，为深化河北省金融体制改革，促进河北省经济金融持续、稳定、协调发展做出积极贡献。

近年来，河北省金融学会积极贯彻“为上级行服务、为本行领导服务、为当地政府服务”的工作理念，以资助课题为抓手，组织单位深入开展金融研究，完成了一大批高质量的调研文章，为领导决策提供了参考。同时，充分发挥平台和纽带作用，致力建设科学先进的金融文化，通过组织考察学习、举办高层论坛等活动，提高会员单位整体研究水平，增强会员单位之间的沟通和了解，创造了良好工作氛围，受到广大会员单位欢迎。河北省金融学会积极履行社会责任，发挥业务特长，每年联合有关部门组织大型社会科普宣传，为百姓解疑答难，普及金融知识，倡导诚信理念，取得良好社会效益。河北省金融学会多次被河北省社会科学联合会、河北省民政厅授予“河北省优秀社团”光荣称号。

【主要工作】 一是积极发挥金融学会的平台作用，组织开展金融研究。组织团体会员开展资助课题研究，组织团体会员单位申报资助课题9个，聘请有关专家对课题验收评奖。二是学会秘书处积极开展金融研究。撰写《关于河北省水利建设情况及金融支持对策的调查报告》，得到了河北省委主要领导批示，省水利厅根据省领导批示，多次和金融研究处联系，希望就报告中提出的问题和建议做进一步交流和探讨；撰写了《金融支持：推动环渤海区域经济转型》，被人民银行总行分支行行长报告2011年第61期刊载；修改完成了《政府融资平台贷款业务法律风险研究》，被人民银行总行《金融研究报告专报》第34期刊载。完成的社科联2011年度重点民生课题《对河北省扶贫贷款若干模式运行情况的调查与思考》被《当代金融家》刊载。三是做好学会秘书处基础性工作，加强河北省金融学会的合规性建设。积极配合河北省社团管理局、河北省质量技术监督局、河北省社科联、财监办等有关部门对学会的各种年检、换证和审计工作。以上基础性工作的顺利完成，为学会工作顺利开展奠定了基础。四是加强和各团体会员单位的沟通、联系，努力把学会建设成团结、和谐的大家庭，为学会工作顺利开展创造良好氛围。2011年组织会员单位外出考察学习。通过活动，开阔了视野，增长了知识，增进了会员单位之间了解和友谊，对促进学会工作起到了良好作用。五是发挥学会科普功能，积极开展科普宣传。通过向社会发放宣传资料、解答市民问题等形式，普及金融知识，为群众提供金融服务。六是积极指导省内各市和石家庄各县（市）学会工作。2011年度，河北省金融学会被河北省社科联评为优秀社团。

（吴　强）

河北省钱币学会

【概况】 河北省钱币学会是由省内钱币学、货币史研究单位及研究者，钱币工作者，钱币收藏者和爱好者自愿结成的，非营利性的地方性学术团体。成立于1987年12月21日。业务主管部门是河北省社会科学界联合会，社团登记管理机关是河北省民政厅。是中国钱币学会和河北省社会科学界联合会的团体会员。河北省钱币学会现有团体会员单位26个，个人会员221人。成立以来，遵循“弘扬中华货币文化，为人民服务，为社会主义建设服务”的宗旨，团结全体会员和广大钱币爱好者，组织各种钱币学术活动，推进河北省钱币学和货币史的研究，取得了丰硕成果。

河北省地处古代燕南赵北，中山故地。抗日战争时期又拥有中国共产党领导的重要抗日根据地，因此，先秦货币中的燕国、赵国、中山国货币和革命根据地货币中的晋察冀边区货币、晋冀鲁豫边区货币是河北省钱币学会研究的重点。在先秦燕国货币、中山国货币、赵国货币以及刀币研究方面，处于国内领先地位。有多项独到的学术观点和学术成果。

近十几年来，河北省钱币学会配合中国人民银行，积极倡导和推动中国人民银行成立旧址的保护和收回工作，配合人民银行圆满完成了石家庄市中华北大街55号“小灰楼”的收回、修复工程，并最终将其建成了博物馆，为我国革命文物保护事业作了一件大事。中国人民银行成立旧址纪念馆暨河北钱币博物馆,于2009年12月1日对公众开放。博物馆开馆后,引起了强烈的反响,受到了社会各界的好评。中国人民银行成立旧址纪念馆暨河北钱币博物馆的开馆,填补了河北省钱币与银行类博物馆的空白,也为我省革命传统教育和金融历史文化传承与弘扬提供了一个重要平台。

【主要工作】 一是学会组织进一步规范,基础建设工作得到加强。2011年学会秘书处按照年初工作部署,先后开展了省钱币学会个人会员清理登记工作和个人会员会费收缴工作。对老会员进行了重新登记,对部分申请入会人员进行了审核,办理了入会手续,并为所有会员颁发了民政厅统一制定的会员证。对一部分长期失去联系、不参加会员活动的人员进行了清理。通过个人会员清理和会费收缴,还有效增强了大家的会员意识,加强了学会与会员的联系。同时,省内地市级钱币学会的组织工作得到进一步规范。年内,秦皇岛市、廊坊市钱币学会理事会任期届满,分别召开了会员代表大会,进行了换届工作。承德市、沧州市钱币学会筹备工作正在积极进行中。二是开展学术活动,钱币学术研究工作取得一定成绩。为推动全省钱币学术研究活动,河北省钱币学会开展了2010年度学术征文活动。会员单位和个人踊跃参与了这次活动,参加投稿的人员涵盖了人民银行、商业银行、院校、企业等不同行业。2011年3月份,对收到的文章进行了评审,其中13篇文章分获一、二、三等奖。张家口市钱币学会在征文活动中组织推荐文章数量与获奖文章数量均列第一,成绩突出,被授予组织奖。这次学术征文活动的开展,对于提高广大会员参与钱币学会活动,开展钱币学术研究的积极性,是一次有力的促进,有益于推动各单位及广大会员关注钱币学术研究,不断提高学术水平,取得更大学术成就。论文评奖活动结束后,学会秘书处编辑出版了《河北钱币》2011年第一期杂志,编发了活动中得优秀文章,并向学会各位理事及有关单位进行了寄送。《河北钱币》的出刊,为全省钱币学术研究者、收藏爱好者提供了交流园地,受到了大家普遍欢迎。三是以河北钱币博物馆为活动平台,宣传普及钱币知识取得较好效果。2011年2月份,钱币学会配合河北钱币博物馆进行了申报河北省第二届博物馆陈列精品申报工作,学会秘书处为介绍博物馆情况的短片撰写了脚本和解说词。通过策划,钱币博物馆的各项陈列以“央行之根”为总题目,获得了河北省文物局颁发的陈列精品奖。在建党90周年前夕,钱币学会还积极配合各类新闻媒体做好革命传统宣传教育工作,先后为北京电视台《人民货币》节目联系采访对象,介绍采访信息;为河北电视台相关节目介绍相关信息和专家学者;安排钱币学会专家学者为《金融博览》杂志撰写红色货币史文章等。通过一系列工作,进一步传播了红色金融文化,同时也扩大了河北钱币博物馆的社会影响。按照河北省社会科学界联合会举办“2011年河北省第七届社会科学普及周活动”的安排,钱币学会还联合河北省金融学会等单位和部门在中国人民银行成立旧址“小灰楼”前举行了一场金融知识宣传普及活动。通过摆放宣传展板、发放宣传材料、讲解金融知识、解答群众问题、现场鉴定钱币真伪等方式,向公众宣传普及金融、货币知识和银行、保险业务,深受群众欢迎。现场吸引了约200名群众,专业人员为数十名群众提供了咨询、鉴定服务。人民银行石家庄中心支行货币金银处的工作人员,现场解决了一位群众在兑换残币过程中遇到的问题。2011年度,河北省钱币学会被河北省社科联评为优秀社团。

河北省银行业协会

【概况】 河北省银行业协会(下称协会)是经中国银行业监督管理委员会河北监管局(下称河北银监局)批准,在河北省社团管理局核准注册登记的非盈利性社会团体法人,由获准经营银行业务并设在河北省行政区的银行机构及非银行金融机构组成。协会目前有四十个会员单位,包括国有独资商业银行,股份制商业银行,政策性银行,信托投资公司,资产管理公司和邮政储汇局。协会的最高权力机构为会员大会,理事会是会员大会的执行机构。理事会正、副会长的任期为二年。协会设监事会,监事的任期为一年,监事不得兼任理事。协会理事会下设秘书处,为协会日常办事机构。秘书处内设综合协调部,自律维权部,宣传服务部,教育培训部,财务后勤部。协会根据促进业务发展的需要设立各种专业委员会,规范业务行为,加强行业自律。河北省银行业协会于2004年

11月5日成立,12月8号召开第一次会员代表大会。河北省银行业协会会员单位39家,第三届理事会成员14位。协会常设办公机构秘书处,下设综合协调、自律维权、教育培训、宣传服务、财务后勤五个职能部门和维权、自律、文明服务、法律、银团贷款和交易五个工作委员会。协会秘书处租用建设银行省行营业部铁道支行办公楼三层局部房间办公,现有人员12人,其中银监局2人,国开行、农发行、工行、农行、中行、建行、河北银行各一人,由劳务市场招聘合同工3人。

年内因部分理事单位人员变化,理事会成员进行了调整:原国家开发银行河北省分行行长王力红调离,由该行新任行长张林武接任河北省银行业协会副会长、理事职务;原华融资产管理公司石家庄办事处总经理姚维平调离,由该公司新任总经理吴坤达接任河北省银行业协会副会长、理事职务。上述理事成员变动已经河北省银行业协会第六次会员大会公告。另外,中国工商银行河北省分行黄纪宪行长、中国农业银行河北省分行刘星行长、中国银行河北省分行张志勇行长、中国建设银行河北省分行杨毓行长也已调离河北,其在协会任职调整尚未公告。

【加强秘书处内部管理,完善工作流程】 通过建立良好工作程序,进一步加强各部门协调,明确岗位职责,完善工作制度,推动工作开展。一是完善专业工作委员会、各部门、各会员单位之间的联络机制,使协会与会员单位的沟通与联系更加紧密。二是进一步明确各部门职责,把《办公会议制度》、《周报制度》、《考勤制度》等各项工作制度,落到实处。三是加大工作力度,丰富协会工作简报、工作动态、工作简讯内容。截至11月末,共下发、转发文件61份,工作简报15期,领导讲话5编,文明服务简讯6编,金融要闻20编,政策法规17编,其他信息39编。四是加强协会网站建设,强化网站的管理制度,从稿件的收集、审查、登录都有专人负责,领导把关,并对各会员单位的投稿情况进行考核,定期通报。对网站进行了更新,增加栏目和内容,使网站更加简洁、美观,便于浏览和阅读。及时发布信息,把握宣传工作主动性,提高社会公众知情权,搭建会员沟通交流信息共享平台。截至11月末,收到各会员单位各类稿件2392编,发表619篇。五是为庆祝建党90周年,展示河北银行业辉煌成就和传播美好形象,配合银监局完成河北省银行业金融机构向《河北日报》——“《向党和人民汇报》特刊”供稿的组稿、联系等相关工作。六是加强与新闻媒体、金融监管、民政以及中银协、兄弟省协会联系和沟通,加强银行业舆情监测工作,跟踪银行业热点、焦点问题,积极防范声誉风险,拓宽联络渠道。七是增设“河北省银行业信息快讯”专刊,不定期刊发协会动态、会员动态、案防动态、高层论坛、服务创新、产品创新、行业拓展、行业建设、行业成果、热点关注等内容,截至目前已发表2期。

【召开第六次会员大会】 2011年3月10日在石家庄召开第六次会员大会。省金融办、人民银行、银监局有关领导应邀出席大会。大会审议通过《河北省银行业协会第六次会员大会审议事项表决办法》、《河北省银行业协会2010年工作报告》、《河北省银行业协会2011年工作计划》、《河北省银行业协会2010年财务预算执行情况》、《河北省银行业协会2011年财务预算报告》、《河北省银行业协会关于调整财务预算年度的议案》;审议通过了第三届理事会理事变更人选、以及中信银行唐山分行、招商银行石家庄分行入会申请;审议通过了新修订的《河北省银行业协会章程》;对全国千家文明示范单位和省内百家文明示范单位以及“三个办法一个指引”培训推广活动优秀单位和优秀培训师进行表彰;河北银监局李莅春副局长作重要讲话。

【举办各类有益活动,加强行业文化建设,增进会员间相互交流】 一是今年3月在石家庄举办以“绿色发展责任创新”为主题的首届河北省银行业迎春书画摄影展。从作品的收集到场地的租赁、布展、参观安排、专家评委聘任、奖项设置、评选等各个环节都制定了详细周密的方案。来自全省39家会员单位员工的192幅精品佳作参加了展出。评选出书画、书法、摄影团体及个人奖项71个。协会把全部参展作品制成专册,提供给各会员单位作为永久纪念。二是丰富银行员工的业余生活,增强凝聚力和向心力。5月17－18日在石家庄中山路体育馆,成功举办河北省银行业2011年“工行杯”羽毛球比赛。此次比赛共有17个单位报名参赛,产生出团体前六名,评选出优秀组织奖和精神文明奖若干名,比赛取得圆满成功。比赛期间河北银监局党委副书记副局长李莅春亲临现场宣布开幕,并具体指导组织工作,各参赛单位的行领导也到现场为队员加油鼓劲。

【成功举办“2011环渤海经济区银行业协会联席

会”】 2011年8月30日，河北省银行业协会承办的2011年环渤海经济区银行业协会联席会议在河北廊坊成功召开。中国银行业协会第一副秘书长余学军、河北省金融工作办公室副主任樊长坤、河北银监局副局长李莅春莅临会议并作重要讲话。会议以“认真落实金融产业十二五规划，推动环渤海经济区银行业健康稳定发展”为主题，会议代表就发挥区域和开放优势、加强行业调研、引领行业发展、立足定位、辅助监管、加强行业自律，维护行业权益，创建和谐市场、打击逃废银行债务、曝光“黑名单”、支持中小企业贷款、银团贷款和银行服务、协调、组织会员共同开展创新业务等方面做了交流和探讨。同时，会议还集体审议通过了《环渤海经济区银行业协会联席会议轮值办法》。并确认下一届环渤海会议承办单位为青岛银行业协会。环渤海经济区银行业协会联席会成员单位北京市、天津市、河北省、山东省、辽宁省、大连市、青岛市的专职副会长、秘书长和有关部门负责人参加了会议，江苏、陕西、湖北、重庆、宁夏、青海、福建、海南、西藏等九家银行业协会的代表也应邀列席了会议。

通过学习、交流，加深了区域银行业的相互了解，增进了友谊，增强了协会的辐射和影响力。与会代表一致认为，环渤海地区的各银行业协会在开展合作方面具有得天独厚的地缘优势，具有共同创建环渤海地区良好的金融市场生态环境的基础。随着环渤海地区的经济合作越来越密切和广泛，作为全国金融市场的一个重要组成部分，环渤海地区银行业协会在保持各自工作风格的情况下，积极探索共性的发展，积极为会员单位搭建同业互动与交流、联合与合作的平台。

【强化维权意识，保护银行业自身权益】 一是针对目前河北省股份制商业银行、城市商业银行以扩大经营范围、实施跨区域发展战略、进一步加大拓展步伐的现状，协会印发了冀银协发【2011】23号文件《河北省银行业协会关于进行银行跨区域经营情况调查的通知》，对河北省银行业跨区域机构、业务发展情况、异地机构业务授权及风险防范措施等方面进行调查，全面了解我省中小银行实施跨区域发展战略的现状，及时总结经验，完善管理，促其健康发展。二是为解决部分会员单位营业执照中没有登记基金业务，影响执照年检的问题，经调查研讨，撰写《关于协调解决银行机构营业执照经营范围问题的函》，寄送省工商局，并于5月初接到省工商局《对〈关于协调解决银行机构执照经营范围问题的函〉的意见》。同时协会通过多渠道加强与工商局的沟通，力争为会员单位排忧解难。三是为进一步增强维护银行业机构合法权益的针对性，进一步提高法律意识，严格操作规程，促进银行业合法合规经营。2011年9月20日协会组织工、农、中、建、交等银行的金融法律管理部门负责人、银行业法律专家，召开典型案例分析会，对省农业提请研究的农业银行辛集市支行与辛集市亚澳商贸有限公司租赁合同抵消权纠纷一案进行研讨。将与会人员的观点形成纪要，经协会领导审阅后提供给农行作为本案的专业支持。四是针对新闻媒体对银行自动柜员机50元纸钞投放量小，要求加大投入问题。开展调查研究，了解情况。向河北青年报进行了书面反馈调查结果。要求各行重视客户需求，合理布局，增加柜员机对50元纸钞投放量，维护银行服务信誉。五是为保护会员单位合法权益，维护金融债权、打击逃废银行债务行为，推进金融生态环境建设，印发了《河北省银行业协会关于开展通报逃废银行债务机构活动的通知》，对此项工作进行了具体安排布置。

【强化合规经营，推动行业自律建设】 一是将中银协制定的《中国银行业存款业务自律公约》和《中国银行业个人住房贷款业务自律公约》经会长审定签署，通过冀银协发【2011】18号文件印发给全体会员单位，督促河北省银行业机构依照公约要求认真规范经营行为，保护金融消费者正当合法权益，进一步促进银行业存款业务和个人住房贷款业务的健康发展。二是《印发〈中国银行业票据业务规范〉的通知》，要求会员单位认真执行，进一步规范商业汇票市场的经营秩序，提高金融资源配置效率，维护河北省票据市场的良好经营环境。三是转发中银协对抵制各种违规图利性乱评比活动、服务收费方面给消费者以充分知情权、选择权等自律要求文件。对协会会员单位自觉抵制违规评比，规范河北省银行业服务定价行为，保护金融消费者的合法权益等方面，提出具体要求。四是下发《河北省银行业协会关于进行银行业履行社会责任情况调查及报送有关材料的通知》，征集会员单位报送履行社会责任有关情况，编写并出版河北省银行业履行社会责任情况调查报告，向社会展示河北省银行业负责任、敢担当的良好形象，推动河北省银行业认真履行社会责任工作的开展。该项报告受到省有关领导的重视，省长助理江波作了重要批示。五是为进一步规范会员单位服务收费行为,引导会员单位严格自律、坚决贯彻落实监管部门有关规定,印发《河北省银行业协会关于进一步落实监管部门"免除34项服务收费及人民币个人账户密码挂失费"要求的通知》。组织会员单位展开自查,陆续接到会员单位的自查报告。配合中银协完成对"免除34项服务收费及人民币个人账户密码挂失费"的暗访及检查工作。经过汇总可以看出河北省银行业机构能够严格执行监管部门要求,已经免除通知要求的收费项目,并采取各种方式认真履行收费告知义务,整体执行情况良好。六是按照中银协统一要求,开展2011年度行规行约贯彻落实情况的检查工作。七是积极答复政协提案,立足查找自身不足,改进工作,引导银行业为社会公众提供更好的金融服务。协会接到了银监局转来的省政协0182号政协提案"关于银行办理存取款业务的建议"和0359号提案"关于提高银行服务水平、减少排队时间长、取钱难现象的建议"。领导非常重视,责成自律部组织有关会员单位针对提案中提到的现象在本单位进行摸底调查。并于3月4日召开了由工、农、中、建、交等10家银行主管服务部门领导参加的座谈会,共同研究提案中提出的问题,形成统一认识,研究议定具体措施,进一步改进和完善银行服务工作,最大程度地满足社会公众对银行服务需求,同时也积极争取社会公众对银行业的正面理解。会议研究结果形成两提案的书面答复意见,经协会领导审批后报银监局。

【继续做好推动银团贷款工作】 一是在对2010年全省银团贷款业务发展情况进行调查研究的基础上。印发《2010年河北省银团贷款业务情况简报》,为下一步工作开展奠定基础。二是配合中银协银团贷款交易与专业委员会的工作,将《中小银行银团贷款业务调查问卷》和《银团贷款业务统计表》转发河北银行,通过数据统计和情况调查促进我省银团贷款业务的发展。三是向中银协报送了银团贷款业务情况分析表。

【做好协会《专刊》编辑发行】 为扩大河北省银行业机构的知名度,向社会宣传展示会员单位的综合实力和良好形象,加强会员单位间沟通协作,2010年协会决定出版河北省银行业协会《专刊》。经过大量细致工作,完成了各类文字、图片、数据、领导签名、寄语等各种材料的搜集整理、审核修改、版面设计、印刷等一系列工作,于2011年上半年《河北银行业专刊》出版发行。第二期以河北省银行业机构履行社会责任综合情况为核心内容的《专刊》,已完成组稿编辑工作,将于近日印发。

【文明服务】 一是落实文明服务联络员制度,建立文明服务专职联络人才库,搭建协会与会员单位间有效沟通交流渠道。二是积极开展省内百佳文明服务单位的检查验收工作。为确保验收质量,制定详细的验收方案和工作流程,验收检查过程中及时与被检查单位沟通,对服务有缺陷单位做到现场辅导整改,并由属地监管部门的现场确认,确保检查工作不留死角、不走过场。三是建立河北省银行业年度服务改进情况报告制度。全面总结会员单位在服务理念提升、服务管理制度完善、服务渠道建设、服务产品创新、服务流程优化、重大专项服务、示范单位创建、评选、服务亮点展示等九个方面的成功经验和取得的成果,提高银行业整体服务水平和良好社会形象。四是积极组织各相关会员单位申报河北省技术监督局举办的2011年河北省服务质量奖和2011年河北省服务名牌。下发了《关于申报2011年河北省服务质量和2011年河北省服务名牌的通知》,明确申报条件。结合2010年中国银行业文明规范服务千佳示范单位的评选活动,对申报的67家会员单位的材料进行初审,组织人员进行暗访抽查和顾客满意度测评,筛选推荐24家2011年河北省服务质量奖申报单位和1家2011年度"河北省服务名牌"单位,完成评审报告,上报省质检局。五是5月10日在唐山成功召开河北省银行业文明服务工作座谈会。会议采取经验交流、服务专家授课、现场观摩等形式,取得圆满成功。36家会员单位主管文明服务的行长或总经理、部门经理及文明服务示范单位代表110余人参加了会议,对河北省银行业整体服务工作起到积极的推动作用。六是积极推广中银协汇编的《银行服务百姓读本》和《中国银行业文明规范服务制度手册》。让社会公众了解银行服务、银行服务有章可循。有效推动银行业服务百姓、积极践行行业规范,严格内部服务管理,构建和谐社会发展的良好形象。七是开展"2010年中国银行业文明规范服务千佳示范单位复查"和"2010年中国银行业文明规范服务百佳示范单位的检查"。协会成立了常务副会长和秘书长带队,各部主任任组长,抽调部分商业银行专业人员任组员的5个复查组,在各市银监分局的支持配合下,完成了对全省10个地市38家千佳服务示范单位的复查工作。按照中银协评选标准,推荐农行石家庄广安大街支行、中行河北省分行营业部、建行石家庄广安街支行、工行保定长城支行等4家机构为百佳示范候选单位。为保证候选单位名副其实,田奇秘书长亲自带队对4家百佳示范候选单位进行现场检查,按照百佳考核标准,逐条进行授课及现场指导。10月26日—27日,中国银行业协会检查组对河北省4家文明服务百佳示范候选单位的服务环境、服务制度与规范、人员精神风貌和经营效益等六大方面258项内容及《中国银行业自律公约》、《中国银行业文明服务公约》、行规、行约贯彻落实和执行情况等进行检查验收。检查组对河北省银行业协会和各申报单位所做的工作给予了充分肯定和高度评价。八是积极参与金融机构开展"为民服务创先争优"活动。常务副会长秦凯应邀参加交行举办的"走进交行、感受服务"金牌服务柜员颁奖典礼,并做讲话。此项活动以提高客户的满意度为出发点和落脚点,增强了客户对交行的了解,彰显了该行改进提升服务的决心和举措,推动为民服务创先争优活动深入开展,为塑造全省银行业文明规范服务形象、构建和谐金融环境奠定基础。九是配合银监局深入开展"送金融知识下乡宣传服务站"创建活动,共同对申报网点进行审批考核,按照标准对申报网点整体金融服务水平、相关规章制度、金融知识集中宣讲、扶持农村、社区青年创业等进行现场检查,合力推进活动开展。十是开展2011年度中国银行业文明规范服务"明星大堂经理"评选活动现场评测,制定测评方案,建立现场评测工作组,组织专人对相关文件和考核标准进行学习,确保评测工作顺利开展。

【业务培训】 一是为提高银行风险防范的能力,促进银行业持续、健康发展。年内成功举办2期银行卡风险系列培训班和1期理财规划师系列培训班。培训覆盖河北省11个地市、25家金融机构、共计100余人参训。二是与兴业银行石家庄分行共同举办《河北省银行业协会金融知识培训讲座》。协会积极联系此业务领域的专家河北省工行的葛丽英授课,促进该行客户经理深入理解和掌握"财务报表解读和分析"在实际工作中的运用。兴业银行石家庄分行(现场)、唐山分行(视频)、廊坊分行(视频)对公条线管理人员、客户经理共计130余人参加了培训。三是为增加两岸经济金融文化交流,积极借鉴境外银行同业经营管理经验,根据会员单位的要求,积极筹办河北省银行业高管人员赴台两岸金融交流培训班。已有省内十家单位的30余名高管人员报名参加此次赴台交流。赴台手续及流程正在进行中,有望近期成行。

【做好贷款新规贯彻落实】 根据《河北省银监局2011年度推进贷款新规贯彻落实方案》要求,继续加大推进"三个办法一个指引"的贯彻落实工作力度,结合会员单位贷款新规执行情况,于2011年7月召开了河北省银行业贯彻落实贷款新规工作会议。省金融办副主任樊长坤和银行处处长曹宏伟,河北银监局副局长李招军和政策法规处处长袁力军等领导同志莅临会议。省金融办副主任樊长坤、河北银监局副局长李招军做了重要讲话,全省35家会员单位的70余人参加了此次会议。会议通过典型单位介绍落实贷款新规经验、现场讨论等形式,进行各会员单位交流互动。与此同时,各有关银行针对贯彻实施贷款新规的具体情况,提出了许多合理化建议。会后协会及时将各行开展贷款新规执行情况报告编辑成册发给会员单位,供学习借鉴。在此基础上又组织开展调研,起草了《关于河北银行业贯彻落实贷款新规情况的报告》上报河北银监局。银监局领导对报告非常重视,局长郭锦洲、副局长李莅春、李招军分别做出批示,充分肯定协会的工作。郭锦洲局长批示:"请办公室、法规处认真研究此报告中提出的相关问题"。李莅春副局长批示:"能够结合我局重点工作推进落实,充分发挥职能作用,深入思考问题,很好。望能坚持良好做法。〈新规〉落实深度调研已列入我局11月份工作重点。望此件亦供法规处参阅"。李招军副局长批示:"请法规处阅研报告中所提问题"。通过一系列落实贷款新规活动,有效提升了全省金融机构信贷精细化管理水平,推动了河北银行业信贷业务健康稳健发展。

【政府融资平台有序退出】 根据《中国银监会关于切实做好2011年地方政府融资平台贷款风险监管工作的通知》(银监发〔2011〕34号)、《中国银监会办公厅关于印发地方政府融资平台贷款监管有关问题说明的通知》(银监办发〔2011〕191号)、《河北银监局关于切实做好融资平台贷款有序退出工作的通知》(银监冀局发[2011]145号)有关文件精神,河北银行业协会积极组织、认真落实。按照银监局确定的工作程序和步骤,经拟退出平台公司的最大债权银行申报,银监局对口监管部门初审,河北省银行业协会组织召开了五次债权人联席会,集体会商政府融资平台公司退出工作。到11月末,共有43家政府融资平台公司,经批准,退出融资平台贷款管理,整改为一般公司类贷款,按照商业化运作。

【银行从业人员资格认证考试】 协会坚持以“服务会员单位、服务参试考生”的宗旨,认真贯彻落实中银协有关文件精神,成立由常务副会长秦凯任组长,秘书长田奇任副组长,教育培训部牵头组织,各部门主任为成员的资格认证考试领导小组,多次召开专题会议,研究部署考试工作,及时解答考生在报名过程中遇到的问题,提前谋划考前新增考点的检查方案,按照中银协《关于做好2011年下半年中国银行业从业人员资格认证考试考前相关工作的函》文件精神,明确职责、落实专人,详细制定全省5个地市4天11个考点的巡考计划,研究部署新增考点的巡考预案措施,积极应对突发事件,按期完成考生资格审核,圆满完成了10月下旬连续两周两次3万人次的银行从业人员资格认证考试组织工作。

【财务管理】 一是建立财务内审机制,成立内审小组,定期对财务账实进行自查监督。二是坚持重要财务事项评审制度。如:预、决算报告、审计、大宗采购等重大开支事项经集体讨论,报领导审批。三是加强财务核算,保证账账、账实相符,核算准确。四是提高对清理“小金库”工作的重要意义的认识,坚决杜绝任何盈利性质的收费,杜绝“小金库”发生。认真进行了自查清理和复查,向银监局报送了自查复查报告。

河北省证券业协会

【概况】 河北省证券业协会(以下简称协会),是依据《社会团体登记管理条例》设立的,由河北省辖区内合法的证券公司、证券营业部、证券投资咨询机构和证券中介机构组织的自律性省级行业协会,是非营利性社会团体法人,是中国证券业协会特别会员。目前,协会有会员单位160个。协会接受中国证券监督管理委员会河北监管局、河北省民政厅的业务指导和监督管理。协会的宗旨是:在国家对证券市场集中统一监管的前提下,实行行业自律性管理;为会员服务;维护会员的合法权益及河北省证券市场的公开、公平、公正和有序运行,促进全省证券市场的健康稳定发展。

【主要工作】 一是协助证券监督管理机构教育和组织会员执行证券市场方面的法律法规。二是依法维护会员的合法权益,向河北证监局、中国证券业协会反映会员在经营活动中的问题、建议和要求。三是制定会员应遵守的自律性规则,监督检查会员行为;对违反自律规则及协会章程的,按照规定给予纪律处分。四是对会员之间、会员与客户之间发生的纠纷进行调解。五是组织证券从业人员的业务培训,提高从业人员的业务技能和管理水平。六是开展会员间的业务交流、研讨和考察学习。七是收集、整理和为会员提供全省证券行业方面的信息。八是推动行业诚信建设和文化建设。

河北省保险行业协会

【概况】 2011年,河北省保险行业协会坚持科学发展观,紧紧围绕“转方式、促规范、防风险、稳增长”的总体部署,积极服务行业和会员公司,以规范保险市场秩序、防范化解行业风险、保护保险消费者利益为己任,与时俱进,开拓创新,各项工作取得积极成效。截至2011年底,省协会共有会员58家,其中产险会员公司23家,寿险会员公司25家,各地市保险行业协会10家。

【“保险三项工程”】 一是组织开展“3·15”保险服务宣传月活动。“3·15”期间,号召各会员公司积极组织“理赔优质服务月”竞赛,提高理赔速度和质量。与河北省消费者协会联合举办“保护消费者权益、提升保险服务质量培训交流会”,联合出版《燕赵消费》“3·15”保险消费教育专刊,共向省政府各部门、省市消协、农村消费者投诉站、各保险主体、大型企事业单位发送4400多本。二是成立宣传工作委员会。为了整合行业宣传资源,发挥行业协会宣传交流职能,不断提升河北保险业诚信形象,2011年6月28日,河北省保险行业协会宣传工作委员会成立。研究制定《河北省保险行业宣传工作思路》,提出整合行业资源、共同做好行业宣传工作的措施。加强通讯员队伍建设,组织举办河北省保险行业宣传工作会议暨通讯员培训班,邀请新闻界的专家进行新闻宣传专业知识培训。加强和新闻媒体的合作,召开以“河北保险行业与媒体战略合作、保险宣传与保险消费紧密相连”为主题的河北省保险业宣传工作研讨会。在《中国保险报》、《河北日报》等报纸杂志发表了一系列行业宣传稿件。积极创新宣传形式,在开办好《河北保险通讯》的基础上,开通了官方微博,全年共发布协会工作动态和行业信息401条。三是成立保险合同纠纷人民调解委员会。为切实保护保险消费者利益,给保险消费者开辟一条经济、方便、快捷的合同纠纷处理新途径,按照构建监管部门、保险机构、行业协会、人民调解机构共同参与的大调解工作格局的要求,在河北保监局和石家庄市司法局的指导下,2011年9月29日,石家庄市保险合同纠纷人民调解委员会成立,随即10个地市级行业协会全部成立了调解委员会。截至2011年底,河北省11家调解委员会共受理纠纷调解案件145件,调解完毕134件,得到了保险消费者的广泛欢迎。四是开展保险明星评选活动。组织开展第四届“保险明星”评选活动,选出各公司爱岗敬业、诚实守信、服务优良的保险营销员作为行业先进典型,掀起诚信展业、诚信经营的高潮。

【行业自律】　一是专业委员会职能进一步发挥。2011年,产险工作委员会共召开4次会议,先后研究制定《河北省机动车辆保险理赔自律规约及惩戒条款》和《石家庄市机动车辆保险自律规约及惩戒条款》。根据市场变化对《河北省财产险业务自律规约及惩戒条款》进行了修订。寿险工作委员会召开3次会议,围绕如何规范银行代理业务、避免销售误导,规范代理费、防止账外激励等问题开展了大量工作。二是自律督查与同业交流轮值制度得到较好的执行。2011年,产险组织开展了10次自律督查,共检查23家会员公司和10个地市的153个分支机构,对16家会员公司进行了83.42万元自律惩戒和通报批评。寿险开展了3次自律督查,共检查25家会员公司和4个地市的57个分支机构,以及40个银行兼业代理网点。三是大型招投标业务项目协商机制得到有效落实。2011年,省协会组织了4次大型招投标规范性业务协商,有效地防范了低价竞争,维护了行业利益。四是召开产险会员公司总经理高峰会议。围绕产险市场手续费不理性竞争、车船税奖励的使用等行业自律难点问题进行了专题研讨,对产险手续费自律的必要性和紧迫性形成了共识。了解各产险会员公司手续费自律标准的需求,组织协调产险工作委员会修订完善自律规约。

【优化行业发展环境】　一是协调解决行业发展的难点问题。就手续费上限标准规范是否与《反价格垄断规定》相违背问题,积极向河北省价格监督检查局请示汇报。会同河北保监局法制处到河北省高院民一厅进一步就交强险不当判决问题进行沟通,充分表达保险行业的诉求。二是进一步健全信息技术平台。为中保协车险信息集中平台的平稳运行提供技术保障。2011年,共处理车险平台电子联系单38 996条,协调各会员公司对系统做了6次联调测试,为系统改造提供了依据。开发“石家庄市保险市场业务信息统计系统”,为各会员公司石家庄业务的发展提供了数据支持。起草《建立河北省保险行业协会寿险会员公司银邮渠道销售人员信息平台方案》,进一步扩大平台功能。完善特别关注信息平台建设,全年处理寿险特别关注交换信息2 655条,为各寿险会员公司防范承保风险提供了服务。同时,借鉴寿险特别关注信息平台的经验,2011年底,启动了产险特别关注信息平台建设工作,预计2012年初上线。三是积极开展交流和调查研究。召开全省秘书长联席会议、寿险公司理赔部门负责人和企划岗人员工作交流会。组织产险工作委员会部分委员赴日本交流考察,学习东京海上日动公司的经营管理和日本产险行业自律经验。参加了华北地区保险行业协会秘书长联席会议、全国少数民族地区第三届保险社团组织秘书长联席会议和中保协组织的各项交流会议。开展商业车险制度改革调研工作,协调河北省消费者协会和石家庄市汽车流通行业协会,组织召开“商业车险制度调研座谈会”,积极为车险制度改革建言献策。

【保险监管委托事项】　做好非银行类保险兼业代理资格审核工作:2011年,共接收各保险公司上报的申报材料3 112件次,受理2 549件,审核通过并送保监局1 555件。完成保险从业人员资格考试及证书换发工作,2011年,河北省保险代理、经纪、公估从业人员资格考试报名人数分别为205 362人、178人和588人,农村营销员报名85人,换发保险代理、经纪、公估从业人员资格证书分别为21 681本、33本和68本,农村营销员资格证书26本。其他委托事项:2011年,组织各会员公司和各地市协会开展2010年全年和2011年上半年保险公司服务质量评价检查工作。组织开展参评2011年“河北省服务名牌”公司的评审。按季度向河北省统计局报送保险业服务业统计信息。

第三部分

学术调研

【金融支持“4+3”产业发展研究】

大力发展以低碳经济为主导的“4+3”产业，是张家口市委、市政府立足自身比较优势、重新审视市情的基础上对全市产业发展的一次重大战略调整，突出了“绿色生态、高质高端、节约集约、统筹协调”十六字调整转型主攻方向，围绕旅游业、新型能源业、食品加工业、装备制造业、现代物流业、电子信息业、矿产品精深加工业等七个行业的发展，形成了特色突出、优势明显、竞争力强的现代产业发展格局，为张家口市实现“全力打造强市名城”的战略目标构筑起有力支撑。

一、金融视角看“4+3”产业发展

金融看待一个产业的发展，一般分为远期和近期两个视角。远期主要看一个产业发展的前景，与国家的产业政策是否吻合，与未来市场需求是否吻合，其目的在于确立金融信贷支持的大方向，属于一个长期的战略性考虑。“4+3”产业是对过去张家口市以钢铁、化工等为主体的高投入、高消耗、高污染、低效益产业的摒弃，是对新型环保节能型产业的挖掘和发展，既有效避免了发达地区曾走过的“先污染后治理”的老路，体现了张家口市的后发优势。从长期看，一方面符合国家的产业政策，具有良好的发展前景，所以张家口市的“4+3”产业符合金融信贷支持的大方向，这些产业的企业、项目在信贷政策支持范围之内，有利于更好地争取银行信贷资金的支持。近期的视角主要看某个产业内的企业或项目的具体情况，包括这个企业处于创业期、成长期、成熟期还是衰落期，这个企业在这个产业的所有企业中处于一个什么位置，在行业中的排名情况，企业的股权结构、领导者素质、财务状况、是否有抵押担保等。近期视角往往决定着某一个企业、某一个项目是否能够得到银行的信贷支持。所以，虽然从远期视角看，张家口“4+3”产业属于信贷支持的范围，但这些产业的企业并不一定都能够得到信贷支持，相对来说，在本行业竞争力较差的企业得到银行信贷支持的难度较大，规模较小、抵押担保不足的企业银行几乎很少光顾。得到信贷支持的，往往是“4+3”产业中张家口市具有区域优势、资源优势、传统优势的产业，如风电、矿产品、装备制造等产业。从目前来看，一些产业在张家口市范围内属于优势产业、主导产业，但放至全省乃至全国看，其优势体现并不明显，金融机构向上级行申请贷款规模时难度很大。

二、“4+3”产业发展概况及金融支持现状

近年来，张家口市“4+3”产业在政府和金融机构的大力支持下，得到了长足发展，相关产业正逐步向全市支柱型产业发展。2011年，“4+3”相关产业增加值共计446亿元，其中旅游业年增加值25亿元，占“4+3”产业的5.6%，接待游客1 502.68万人次，同比增长44.48%，（该项指标全国平均增幅为13.2%），创收86.50亿元，同比增长47.01%，（该项指标全国平均增幅为23.6%），两项指标增幅均居全省第一，远高于全国平均增幅；新型能源业年增加值69.57亿元，占“4+3”产业的15.6%，其中风电产业已累计完成装机容量280万千瓦，并网273多万千瓦，初步形成了风力发电、风电装备制造、运输、安装、维修一条龙的风电产业链条；其他产业也发展较快，矿产品精深加工业年增加值166.89亿元，占37.4%，装备制造业年增加值37.13亿元，占8.3%，食品加工业年增加值69.45亿元，占15.6%，电子信息业年增加值5.32亿元，占1.2%，现代物流业年增加值73亿元，占16.4%。

在金融信贷资金支持方面，全市金融机构除农业发展银行受自身业务领域限制外，其他7家银行类金融机构均不同程度的对“4+3”产业进行了大力扶持。2011年，全市金融机构累计对“4+3”产业投放信贷资金99.42亿元，余额达142.12亿元，从分产业投放情况看，新型能源业及矿产品精深加工业分别以年投放31.07亿元、余额50.57亿元和年投放30.04亿元、余额53.60亿元成为“4+3”产业中的龙头产业，其他产业信贷支持分别为装备制造业年投放13.43亿元、余额13.41亿元，旅游业年投放9.65亿元、余额8.30亿元，食品加工业年投放8.06亿元、余额8.38亿元，现代物流业年投放6.99亿元、余额7.71亿元，电子信息业年投放0.18亿元、余额0.14亿元。从分机构投放情况看，农行支持力度最大，年投放20.36亿元、余额37.02亿元，其他机构分别为中行年投放19.62亿元、余额35.43亿元，建行年投放17.07亿元、余额28.40亿元，商行年投放17.06亿元、余额15.75亿元，工行年投放16.91亿元、余额16.34亿元，农信社年投放8.42亿元、余额9.39亿元，邮储银行年投放0.92亿元、余额0.87亿元。

三、金融支持“4+3”产业发展中的问题

1. 产业总体发展有限，对全市经济推动作用不足。在调查中发现，张家口市“4+3”产业发展前景看好，但是从目前来看，“4+3”产业在张家口市经济总量中占比较小，2011年“4+3”产业整体仅占全市GDP的39.7%，对全市经济发展的支持拉动作用不明显，特别是电子信息业等新兴产业，不论是总量上，还是占比上，在张家口市还不是主导产业。与域外相关产业发展相比，张家口市“4+3”产业中新型能源业、旅游业、现代物流业等产业依托较为明显的区位优势在全省乃至全国可以占有一定份额，但矿产品精深加工业、装备制造业等需要资源、技术实力积累的产业并不具有明显优势，食品加工业、电子信息业等更是属于后发产业，基础尚为薄弱，把“4+3”产业作为全市产业战略，还有待深入研究。

2. 产业间发展不平衡，信贷支持力度差距较大。在“4+3”产业中，由于产业发展阶段、产业发展基础、产业发展水平不同，导致产业之间投资成本、效益程度等存在很大差距，即使在同一产业中，企业间实力也不尽相同。从实践中看，虽然均属于金融机构支持方向，但从项目盈利状况、竞争能力、抵押状况等信贷条件看，优势产业、大企业、大项目资金十分充裕，议价能力强，金融机构争相支持，而一些产业发展水平不高、处于发展初期、没有形成规模的产业则难以得到信贷支持，部分新型产业由于风险未知等原因，只能主要依靠行政推广，金融机构普遍积极性不高。调查显示，张家口市近年来围绕新型能源产业尤其是风电业信贷投入增长很大，在“4+3”产业总投放占比中达31.25%，但主要集中在风电场开发建设方面，其基础配套设施建设则由于持续投入大、效益不明显等原因得不到金融机构的青睐，其他一些诸如食品加工业等相对基础薄弱，受自然、政策、市场等方面影响较大，抵御风险能力较低的产业，由于风险较高，加之风险补偿和奖励机制不足，信贷支持力度较弱，据统计，食品加工业、现代物流业、电子信息业3个产业的信贷投放在“4+3”产业中只占15.31%，导致产业间发展不平衡。

3. 缺乏大型的产业龙头型企业，企业实力制约金融信贷支持力度。“4+3”产业当中，除了新型能源业有实力较强的龙头型企业，且还是归属域外大型集团公司旗下，不属于张家口市本土企业，其他大部分产业均缺乏足够引领产业发展的大型龙头型企业。这一现状直接导致企业实力偏弱，难以形成优势新型产品，整体产业缺乏竞争力，难以吸引金融信贷资金投入。以旅游业为例，张家口市目前大多旅游景点规模较小，也比较零散，缺乏配套服务及产品，与其他旅游发达地区相比缺乏竞争优势，加之旅游项目资金投入大、建设周期长、回收率低，项目单位在申请贷款时很难找到价值足够大又能长期保值的抵押物，其他企业也难以具备相应的信贷担保能力，或不愿为此提供长线担保，因此难以得到信贷资金的有力支持。

4. 产业发展的不平衡性与金融体系的不完善，造成部分行业融资困境。不同的产业发展阶段，不同类型的企业项目，对应不同的融资渠道、融资方式，以上所说的金融视角，实际上只是银行的角度，而且是国有大银行的角度，并不是一个大金融的角度，所产生的一些问题，很多是由于金融体系的不完善造成。如目前张家口市专门支持小微企业的中小金融机构不够多，村镇银行、小贷公司、农村资金互助社的数量和实力还不够，这些原因导致一部分企业，特别是在产业中竞争力较弱的小微企业得不到资金支持的主要原因；又如张家口市的科技型小微企业很少，发展后劲不足，很难得到资金支持，这与张家口市缺少风险投资机构有关；张家口市创业期、成长期的小微企业发展资金不足，与缺乏股权投资基金、直接融资渠道较少有关。所以，从大金融的视角看，张家口市“4+3”产业中部分企业的融资困境，正是由于金融组织体系不完善造成的。

5. 缺乏有效的信息沟通共享平台，银企之间信息不对称影响金融支持产业发展。银企之间的信息不对称问题，是金融机构难以提供有效信贷支持的主要负面因素之一。“4+3”产业作为张家口市主推的支柱型发展产业，其许多具体信息并不为金融机构所掌握，或是其企业信息针对性不强、时效性不够，不能适应银行审核信贷申请的具体需要，金融机构在进行信贷投放时由于缺乏必要的信息而出于安全性考虑不得不慎贷、惜贷；另一方面，企业对金融政策变动掌握了解的不全面、不及时，也是造成项目盲目上马、信贷资金难以到位的原因之一。调查显示，“4+3”产业中除极少

部分企业属于大项目、大企业外，其余绝大部分企业实力不强，属于前景看好的小微企业，这就决定了这些企业在资金、厂房等硬实力上比较薄弱，在寻求银行信贷资金抵押借贷时处于弱势地位。同时，“4+3”产业很多属于新兴行业，金融机构对于这些行业信息了解不多，对信贷风险疑虑较大，贷款审批持审慎态度，导致企业贷款更是难上加难。

四、金融支持“4+3”产业发展的对策建议

1. 分析产业层级结构，不断完善金融体系。针对当前张家口市产业发展现状，应该按照产业发展资金需求分布，大力完善金融体系。从资金渠道的准入条件标准，目前大致有股票融资、创业板融资、债券融资、私募股权基金融资、国有商业银行贷款、地方性金融机构贷款、村镇银行贷款、小贷公司贷款、农村资金互助社、民间借贷等几个层次，根据这个层次，张家口市“4+3”产业中，符合各个层次的企业、项目有多少，资金需求有多大，占有多大的比例，与张家口市当前的这一层次的金融机构是不是匹配，有了这样一个大的测算，我们才能抓住工作的重点，集中力量补齐金融体系中的“短板”，从而不断完善与产业发展条件相适应的金融组织体系。例如，对于“4+3”产业中优势产业的龙头型企业和大型项目，可以考虑由国有商业银行主要进行信贷支持，一方面由于其需求资金额度大、期限长，国有商业银行资金实力雄厚、风险抵御能力较强，具有信贷支持的先天优势；另一方面，龙头企业和大型项目往往具有较强的抵质押能力，这也有利于各家国有商业银行向上级行申请贷款规模。同时，对于“4+3”产业中一些处于中游实力的企业，可以由地方性金融机构主要给予信贷支持，并且利用政府财政主导建立的各类风险补偿基金等给予金融机构以“放贷后盾”。而对于“4+3”产业中存在的处于起步发展阶段的、抵质押能力不足的小微企业，可以在有效引导管理的前提下，充分发挥村镇银行、小额贷款公司、农村资金互助社以及民间借贷等不同层级信贷资金的补充作用，利用其资金门槛低、手续简便等优势，给予小微企业发展必要的信贷支持，为解决小微企业贷款难找出一个新途径。

2. 建立产业发展基金，扩大政府支持力度。一个地方主导产业的发展，需要政府的强力支持，特别是在产业发展的初期，不仅需要政策上的支持，更需要资金上的支持。建议对于“4+3”产业中的一些发展较弱的行业，如电子信息、物流等产业，建立产业发展基金，对该产业内龙头企业的发展提供支持，特别在固定资产投资、科技创新、融资担保等关键环节进行支持，实现优惠政策、财政资金、信贷资金的联合推动，才能从根本上解决融资难题。

3. 研究市场导向，大力扶持企业生产。在金融体系不够完善的情况下，金融机构要更好地支持产业发展，就要充分研究分析市场，掌握主动权，在信贷支持方面，要以市场为导向，增强贷款营销观念，对“4+3”产业的优质企业构建绿色通道，简化审批手续，增强对市场的反应能力。合理调整和优化网点结构布局，进一步延伸服务网络，扩大金融服务覆盖面。要加强产品创新，集中力量支持建设一批集产学研于一体、具有核心竞争力的产业龙头，辐射带动一批专、精、特小微企业，通过创新金融产品，推进现代支付结算方式等手段，为小微企业做大、大型企业做强提供有效的金融支持。

4. 加强货币政策效果评估，引导信贷资金投向。金融机构在对“4+3”产业进行信贷投放时要关注环保、生态等长效产业，对环境友好型的企业和项目进行重点倾斜，对“三高”企业改造升级给予资金支持。人民银行作为货币信贷政策制定者，要加强货币政策效果评估，对金融机构信贷投放行为进行引导，防止信贷投入失衡现象出现，逐步把金融机构追求短期经济效益为主转变到关注项目持续性发展的整体效益方面上，避免出现无序竞争，对违规的金融机构随时监管、及时纠正。同时，稳步推进县域金融机构投放当地贷款考核工作，建立对县域金融机构新增存款支持当地经济的正向激励机制，为“4+3”产业的发展奠定良好基础。

5. 搭建共享平台，协力助推银企共赢。要加快企业信用体系建设步伐，搭建信息共享平台，减少银企信息不对称。扩大银企对接渠道，帮助企业选择融资方式，指导金融机构寻找优质客户，实现银企互助双赢。

（中国人民银行张家口市中心支行 曹建强 赵连飞 何雪松 杜桂林 赵 翀）

【优势互补 整合资源 实现环渤海经济圈巨龙腾飞】

环渤海地区地形宛如面向渤海湾跃跃欲飞的巨龙。北京、天津是龙头，辽宁、山东是龙翼，河北、山西、内蒙古三省区是广阔的龙身腹地，大连、青岛及其他港口城市是龙须。环渤海地区陆地面积占全国的十分之一强，GDP占全国的三分之一强。改革开放后，国家在上世纪80年代以深圳为龙头、在90年代以上海为龙头，分别进行了从南到北的战略经济开发布局，最终形成了珠江经济圈和长三角经济圈。两个经济圈的形成使国家经济、社会各方面快速发展，使中国经济连上几个台阶。近年来国家为实现经济布局的总体平衡，以保持整个国家经济的和谐发展，开始把环渤海经济圈作为开发重点。大力发展以天津滨海新区为重点的北方经济产业带，并辅之于经济圈内大港口、甚至特大港口的建设，形成新的物流中心，以期带动中国北方经济实现跨越式发展，这是一个保持中国继续快速发展的重大战略。环渤海地区各省市要按照“舞起龙头、跃动两翼、强健龙身、伸展龙须”为目标，以最快的速度隆起北方新的经济中心为目的。因此深入研讨环渤海地区的区位优势、查找各自不足，以整合地区内行政、经济、金融资源，强化市场配置资源的能力，是当前面临的重要课题。

一、环渤海地区的区位、经济优势

首先是区位优越。环渤海地区处于东北亚经济圈的中心地带，向南联系长江三角洲和珠江三角洲、港澳台地区和东南亚各国；向东沟通韩国和日本；向北联结着蒙古国和俄罗斯远东地区。这种地缘优势，为环渤海区域经济的发展和合作，提供了有利的环境和条件，成为海内外客商新的投资热点地区；其次是丰富的自然资源。环渤海地区拥有丰富的海洋资源、矿产资源、油气资源、煤炭资源和旅游资源，也是中国重要的农业基地，耕地面积全国的四分之一之多，粮食产量占全国的23%以上；三是海陆空交通发达便捷。环渤海地区是中国交通网络最为密集的区域之一，是我国海运、铁路、公路、航空、通讯网络的枢纽地带，形成了立体交通网络，成为沟通东北、西北和华北经济和进入国际市场的重要集散地；环渤海地区拥有中国最为密集的港口群；四是工业基础和科技实力雄厚。环渤海地区是中国的重工业和化学工业基地，有资源和市场的比较优势。环渤海地区科技力量强大，仅京津两大直辖市的科研院所、高等院校的科技人员就占全国的四分之一。五是形成了实力较强的骨干城市群。环渤海地区以京津两个直辖市为中心，大连、青岛、烟台、秦皇岛等沿海开放城市为扇面，以沈阳、太原、石家庄、济南、呼和浩特等省会城市为区域支点，构成了中国北方最重要的集政治、经济、文化、国际交往和外项型、多功能的密集的城市群落。在国际经济中心不断向亚太地区转移的大趋势下，环渤海地区蕴藏着巨大的发展潜力。六是环渤海区域国民经济都取得了较快的发展。综合实力显著增强，对外开放进一步扩大，第三产业发展加快。被经济学家誉为继珠江三角洲、长江三角洲之后的中国经济第三个“增长极”。

二、环渤海区域经济、金融发展现状的不足

（一）行政力量对跨行政区域的经济圈形成干预，削弱了市场配置资源的能力。环渤海经济区域圈包含五省两个直辖市和两个计划单列市。由于在发展速度及经济规模和改革意识上存在差异，各地方政府经济主管及决策部门制定地方政策时多以本地区出发，缺乏大局观念。在局部利益与环渤海经济区域整体利益布局发生矛盾或者冲突时往往优先关注本省市利益，缺乏通盘考虑和整体观念。虽然区域内各省市已经从理论上开始对环渤海经济圈合作的研讨，但由于涉及利益主体的多元化，实质意义上的合作尚未全方位开展。

（二）地区经济实力及发展观念存在较大差距，合作基础不牢固。环渤海五省二市及两个计划单列市，经济实力存在较大差距。形成了三个阶梯，第一阶梯是北京、天津滨海新区、山东青岛和大连及部分沿海发达地区。这些地区在几十年的发展中，由于国家扶持或者改革开放中优先获得了发展机会，取得了比较优势。第二阶梯是天津老城区、辽宁省。天津老城区在计划经济体制下已经形成了门类齐全的产业布局及集群，加上港口优势及直辖市的政治优势，一度是北方经济中心。但随着市场经济的发展，天津的地位一度跌落，裹步不前；辽宁也一样，在计划经济体制下是中国的资源和重工业制造大省，一度在国家战略布局,尤其是资源和重工业布局中拥有无可争辩的地位,但随着资源的枯竭,重工业制造也失去了依托和优势,其他产业实力又极其薄弱,急需二次创业。第三阶梯是河北、内蒙古、山西。河北除沿海的港口及几个地级市外,整个经济以农业为主,基本上处于竞争体系的末端部位。内蒙古和山西经济发展除能源资源如煤炭外,其他与河北无异。在三个阶梯的区域内出现了与地理地形完全相反的经济地形,区域合作的基础不牢,在合作中的地位不对等,难以寻求战略合作的平衡点。

(三)区域内企业结构不合理。通过几十年的发展,区域内企业数量及实力有所增加和增强。也涌现了一些国际、国内知名企业。但从企业结构看大企业尤其是国有大企业比重较高,国有企业比重不仅高于长三角、珠三角区域,而且高于全国水平。这是优势,也是劣势,反映了企业结构的不合理问题。另外区域内的中小型企业虽数量众多,但在激烈的市场竞争中,缺乏技术、资金及人才优势,淘汰率很高,带来诸多社会问题,使区域经济发展态势极不稳定。而部分国有大型企业坐拥国家强大的政策、资金及技术支持而不思进取,或利用其垄断地位打压中小企业,使区域内不正当竞争加剧,给区域合作带来阻力。

(四)区域内经济、金融紧密关联度不高。由于环渤海经济区域内经济发展的不平衡造成金融布局的不平衡和区域内享受国家经济政策的不平衡,甚至有加剧的趋势。第一阶梯地区及第二阶梯地区的部分地区享有较多的国家经济、金融扶持政策,随着经济的发展,其优势更加明显,其他阶梯地区明显处于劣势。区域内出现了严重的经济、金融政策落差。加上区域内行政干预力量的因素,使地区金融机构实力及布局的严重失调。从资金上看,东部地区资金相对宽裕,西部地区相对匮乏。从金融机构布局上看,缺乏服务整个经济圈的银行、保险等金融机构。资金流动上看,缺乏便捷、快速的资金运行渠道。从相互合作上看,缺乏有制度保障的经济、金融、保险机制。形成了落差分明、布局失衡、东强西弱、缺乏互通的经济、金融局面。

(五)缺乏强有力的行政力量推动。经济圈的形成需要行政力量的推动,这是打破行政干预的主要因素。环渤海经济圈的特殊位置和行政归属不一使各地方行政力量形成了各自经济决策的思维定势。由于在经济圈中所处政治和经济地位的不同而采取了不同的经济发展战略,缺乏实质意义上的行政协调及联动机制,虽然召开了十余次"环渤海地区经济联合市长联席会"对区域合作等问题进行过交流、研讨和前景展望,但参加方仅限于区域内部分地区领导,不具有全面性。真正通过经济区域圈内所有行政力量对区域经济进行统一有效、协调联动的实质性合作尚需时日和相关省市高层作出决断。合作时遇到需要各方照顾整体利益、放弃某些局部利益的决策时必须依靠各省市的高层领导作出决策。

三、相关建议

(一)减少行政干预,增强行政协调,强化市场配置资源能力。区域内各省市及地方政府要尽量减少行政力量的干预,充分发挥市场力量的作用,以市场行为作为决策的依据。在经济区域内按照分工合作、优势互补、市场优先、共同发展的原则指导地方经济工作大局。成立由九省市政府高层人士参加的协调各方利益有决策权的常设议事机构,负责对合作中遇到的问题进行协商和处理、地方政府对经济的不正当干预行为进行查处,最大限度地发挥市场配置资源的作用,使三个梯队间形成良好的竞争与合作态势,加快经济圈内的经济发展速度,推进一体化进程。

(二)东西部地区加强互动,夯实基础,积蓄经济圈总体发展后劲。河北西北部、内蒙古及山西省相对东部地区经济不发达。虽有丰富的自然资源和农业发展潜力,但由于历史及其他原因缺乏自身发展能力。而这些地区又是环渤海经济区域龙身中的重要腹地,拥有雄厚的人口和土地及其他战略资源,是东部经济发展的重要支撑和依托。环渤海经济区域内东部较发达地区应发挥自身资金、技术、人才、科技优势,采取政府投资或出台优惠措施等方式加大对西部地区的物流、交通基础设施建设和资源开发项目的投资,对西部农业基础设施开发、农牧业发展及高附加值产业进行投资扶持,以改造西部投资环境。尽量以政策扶持和市场力量促使东部银行、保险及战略投资机构加强对西部地区金融机构布局,以激发西部地区自身发展潜力。使之在短期内形成与东部发达地区的市场对接能力,发挥优势互补功能,为产业转移做好准备。西部地区也要积极适应东部开发的需要,改变政府服务职能,优化投资环境,为区域经济圈的总体开发做好政策和投资环境上的准备。

(三)改变企业类型结构,组建支柱产业集群,增加中小企业创新活力。适当减少国有大企业数量,对保留的国有大企业进一步推进其创新功能,确保其在国际、国内经济布局中的支柱地位。同时,出台扶持中小企业技术创新,机制创新政策。将技术、资金向其倾斜,形成有竞争能力的区域支柱产业集群、特色产业集群、优势产业集群。在避免重复建设,规避恶性竞争、保护环境的前提下促使中小企业形成集群优势,同时做好战略分工。最终使整个经济圈内的企业比例协调、合理布局。形成良好的发展态势。以增强区域竞争力,形成经济持续快速健康发展的总态势。

(四)加强区域内金融改革力度。1. 建立区域内央行行长定期联席会议制度。尽快制定有执行细则的联席会近期及中长期实质性规划。按照"扎实推进、由易到难、东西兼顾、倾向西部"的原则开展扎实有效的工作。加强对区域金融改革、合作的专题调研。对于对区域经济发展合作有重大推进作用的调研结论,应及时向人总行、国务院提出建议,促使国家正确决策。同时发挥央行在货币政策执行中的核心作用,建议国家在区域内实行更加灵活、优惠的金融调控政策。2. 一是积极推动国际金融集团设立服务环渤海经济圈的国际级金融、保险及融资机构。提高天津北方经济及金融中心的影响力,为经济发展融通资金。二是积极推动国家决策部门尽快设立专门服务环渤海经济圈的金融机构,在此类金融机构中,应明确规定投向西部的资金比例。保险公司应该加大对西部薄弱地带尤其是农业保险的机制创新,为东部地区发展保驾护航。3. 发挥滨海新区及其他经济开发区的资金优势,积极投向符合国家产业政策的产业。4. 鼓励东部金融机构加大对西部基础性建设的投资力度,必要时由央行协调。5. 尽快研讨及执行九省市区域内金融创新工具及开发相应程序,建设区域内金融高速公路。6. 改变央行分支机构布局。应考虑恢复人行省会中心支行的省分行地位,为形成布局合理、决策科学、相互协调、互利共赢的金融格局打基础。同时考虑改变地市级中心支行的分区设置,从根本上减少地方行政干预的可能。7. 均衡商业银行布局。推动各股份制商业银行在西部地区布局设点的速度,开展适度良性竞争,改变西部地区银行网点少,资金实力弱,投资环境差的现状。8. 九省市政府要出台相关政策,为外来投资提供便捷、快速、优质、安全、高效的服务保驾护航。

(五)借助行政力量推进区域内经济合作,借鉴珠三角、长三角经济圈发展经验。要做到以下几点:1. 继续办好"环渤海地区经济联合市长联席会",争取发展为"环渤海地区经济联合省市长联席会",参加省市由局部扩展到区域内全部地区,提高参会人员的级别及层次,成立负责日常事务的常设机构,将各省市的财政、金融、经济主管部门、社会科学领域等部门的主要负责人纳入参会人员和办事机构,以利于进行更加紧密、务实的研讨及合作。2. 学习借鉴珠三角、长三角经济圈发展模式。珠三角、长三角经济圈在发展中所取得的经验和应汲取的教训值得借鉴,要在结合环渤海区域实际的情况下积极学习借鉴珠三角和长三角地区的发展经验,加速区域内经济联合步伐,避免走弯路。3. 转变政府职能,破除地方保护主义,促进区域内跨省产业及经济大连通。在积极协商的前提下,认真执行区域内已经达成共识的相关协议,顾全大局,发挥优势产业,不搞恶性竞争。

(中国人民银行衡水市中心支行 齐录明 王长智)

【稳健货币政策下中小企业信贷问题研究】
——以河北省邯郸市为例

一、我国中小企业经营发展的货币政策背景

2008年下半年至2010年,人民银行实施了"适度宽松"的货币政策以应对全球金融危机的冲击,为我国经济在全球率先企稳回升起到了关键作用。随着国内经济的持续、较快上升,通胀预期加大、通胀压力上升等问题浮现,美国等主要经济体持续量化宽松的货币政策,又使国际流动性溢出效应更加明显,进一步加剧了输入性通胀压力。为管理通胀预期和稳定物价,2011年人民银行实施了稳健的货币政策,先后3次上调存贷款基准利率,6次上调存款准备金率,并宣布从2011年9月5日起开始将保证金存款纳入存款准备金缴存范围,进一步收缩流动性。在这样的大背景下,金融

机构信贷扩张能力明显受到抑制，信贷投放回归常态水平，金融机构与企业特别是中小企业之间的资金对接难免出现梗阻。

二、稳健货币政策下邯郸辖区各金融机构支持中小企业发展情况

（一）银行业金融机构设置及贷款总量基本情况

截至2011年9月30日，邯郸市共有银行业金融机构15家，其中国有商业银行4家，政策性银行1家，股份制银行5家，城市商业银行3家，其他商业银行1家（邮政银行），农村合作金融机构1家。全辖金融机构各项存款余额2 436.61亿元，各项贷款余额1 473.04亿元。前三季度新增存款305.11亿元，增幅13.97%；新增贷款154.34亿元，增幅11.62%，贷款增幅低于存款增幅2.35个百分点。增量存贷比50.59%，低于2010年末增量存贷比14.86个百分点。

（二）中小企业信贷呈现的特点

一是中小企业贷款增速明显放缓。2009年末、2010年末、2011年9月末邯郸辖区金融机构中小企业贷款余额依次为351.95亿元、507.71亿元、570.14亿元。2011年前三季度增长率为12.30%，较2010年44.26%的年增长率明显放缓。

二是中小企业贷款存量占比基本不变。2009年末中小企业贷款余额占各项贷款余额的比重为31.05%，在适度宽松货币政策的拉动下，到2010年末比重上升到38.5%，2011年9月末占比为38.7%，与上年末比较基本不变。

三是中小企业贷款增量占比明显降低。2010年全部贷款增量为185.1亿元，其中中小企业贷款增量为155.76亿元，结构占比84.15%；2011年前三季度各项贷款增量为154.34亿元，中小企业贷款增量为62.43亿元，结构占比仅为40.45%。

四是中小企业表外融资业务增速加快。2011年末邯郸市金融机构表外融资余额为444.57亿元，其中中小企业表外融资余额188.5亿元，较年初增加84.62亿元，同比增长1.79倍；中小企业新增表外融资额占全部新增表外融资额的58.24%。

（三）邯郸市各金融机构支持中小企业发展的具体措施

1. 设立专门机构，实现中小企业贷款专业化管理。四大国有商业银行邯郸分行、中国邮政储蓄银行邯郸市分行、邯郸银行和邢台银行均先后成立了中小企业金融业务中心，实现了中小企业信贷业务的专业化管理。各金融机构都在原有客户经理的基础上，抽调精兵强将，组建了素质高、营销能力强、有一定客户资源的中小企业信贷客户经理队伍，为各行中小企业贷款业务的健康持续发展做好充分的准备。

2. 优化信贷流程，提高办理效率。中小企业信贷业务具有“短、频、急”的特点，单笔融资额度较小，时效性要求很高，临时性及短暂性的信贷需求较为常见。针对这些特点，农业银行邯郸分行和邮储银行邯郸市分行采取了缩短业务链条，实现一次调查、一次审查、一次审批的简化式业务流程，同时整合小企业评级、授信和用信流程，企业用信与评级、授信一并审批，提高对中小企业的综合服务效率；工商银行邯郸分行对中小企业信贷业务不再需要经过各级行层层集体审议，而是实行直接由二级行小企业业务中心发起，实行“2+1+2”审批模式，即小企业中心和支行双人调查后，直接报省行分部审查，然后行长签批，大大缩短了审批时间，提高了审批效率；河北省农村信用联社邯郸办事处采取下放各联社信贷审批权限，每周至少召开两次贷审会，对急用资金的客户，实行特事特办，马上研究，立刻办理等方式，最大限度满足中小企业信贷需求。

3. 大力推动信贷产品和服务方式创新。

一是积极推进银行金融产品创新。目前，各家银行以市场为导向，以客户为中心，开发一批小企业融资“拳头”产品、特色产品，如中国银行邯郸分行的“银商通达”、“融信达”，建设银行邯郸分行的“贸易通”、“账易融”，邯郸银行的“邯银微贷”，邢台银行的“冀南微贷”等。邮储银行与华夏银行合作近期推出了一款“中小企业买断型接力贷”贷款产品，贷款限于流动资金贷款，即用于借款企业日常经营周转的贷款。担保方式为邮储行与华夏银行认可的抵押、质押及保证等担保方式。授信额度也由原来的最高1 000万元增加至2 000万元。

二是设计不同的产品配套措施。针对不同类型的生产企业，在不同的生产经营过程中采取不同的信贷产品，为每个企业设计专门的产品配套措施。通过产品配套，实现对中小企业的封闭管理。例如农业发展银行邯郸分行对于棉花购销企业,采取独立监管第三方最有效的监管模式,通过签订合法有效的三方监管协议,防范了借款企业自身管理库存可能出现的信用风险和道德风险,有利于解决企业资产少、收购资金需求多的矛盾,可以更好地支持企业做强做大。

三是创新金融服务方式。2011 年 7 月农业银行邯郸分行根据相关文件精神,在邯郸辖区首创实行小企业贷款集中作业,成立以市分行主管客户部门副行长为组长,信贷前后台相关人员为组员的小企业贷款集中作业小组,大大缩短了贷款审批时间,加快了小企业信贷投放力度。

4. 加强与担保公司的业务合作,创新融资担保方式。针对部分小企业无抵押物的实际,通过专业担保公司的担保,为小企业融资创造条件。例如,邯郸银行推出的"中小企业成长"系列贷款产品中的"担保公司担保"贷款,主要包括与邯郸市中小企业信用担保有限公司合作的"诚信担保"贷款、与武安市诚信担保有限公司合作的"其他特定担保"贷款和与河北中科智投资担保有限公司合作的"中科智担保"贷款等三个品种。通过客户资源共享和互荐、产品创新和整合,共同为缓解中小企业融资担保难提供解决途径。

三、稳健货币政策下中小企业信贷中面临的问题

(一)中小企业融资需求总量扩大与银行信贷供给总量收紧之间的矛盾

据调查,邯郸市的产业结构主要以冶金为主,中小企业多围绕冶金开展业务,行业集中。伴随着 CPI 的高位运行,企业所需原材料、水、电及劳动力价格猛涨,经营成本增加,盈利空间变小,资金周转不畅。而长期以来中小企业的发展主要依赖自身内部积累,即内源融资比例高,外源融资比例相对不足,外源融资中又缺乏直接融资渠道,间接融资主要还是依赖于金融机构贷款。实施稳健的货币政策以来,金融机构的流动性大量滞留于央行宏观调控的蓄水池内,信贷投入减少,且贷款主要投向大企业、大行业和重点项目,中小企业新增授信和贷款审批的难度加大。

(二)中小企业自身管理不足与银行的风险性经营原则之间的矛盾

商业银行的经营原则包括安全性、效益性和流动性,其中安全性是指银行管理经营风险,保证资金安全的要求。因此,正规金融机构信贷资金配置普遍存在的"所有制歧视"和"规模歧视",难免形成对中小企业贷款的挤出效应。例如,在银行看来,中小企业财务、资信和管理方面不透明、不规范,没有参与评级或信用等级偏低,违约率高,银行不敢贷;中小企业自身积累少,固定资产不足,合法有效的抵押和担保难落实,银行无法贷;优势项目和特色产品欠缺,申请贷款项目风险大,银行不愿贷。加上稳健货币政策下贷款规模导致管理成本上的差异,使银行缺乏为家庭式中小企业提供更多融资服务的动力,中小企业的贷款可得性很低。

(三)金融体制改革的滞后性与中小企业成长需求之间的矛盾

一方面体现在金融服务创新不足。邯郸市中小企业多数处于"成长期"阶段,因受产业结构、企业规模、经营业绩以及市场条件的限制,短期内难以通过发行股票、短期融资券和集合票据等进行直接融资。而银行内部现存的多数创新型金融产品多为涉外企业和大客户量身定做,绝大部分中小企业还是望之莫及。另一方面体现在缺乏与中小企业相匹配的中小金融机构。在我国目前的银行组织体系中,还缺乏专门为中小企业融资服务的政策性银行。以邯郸市为例,虽然有遍及城乡的中小商业银行如农村信用社、城市商业银行等,但由于他们没有得到政策性融资权,自身问题还没有解决,无法满足中小企业贷款需求。

(四)政府职能部门的审批效率和中小企业融资进度需求之间的矛盾

由于金融机构办理中小企业贷款要求企业提供相关权利证明,政府相关职能部门的审批效率直接影响到贷款的及时取得。例如若企业本身以土地抵押贷款,在贷款之前,应在国土资源局办理土地他项权证,而一般办证审批时间在 2 周至 1 个月,有时由于审批时间过长,企业错过了最好的市场时机,这笔贷款也就变得毫无意义。

(五)中小企业经营状况与融资成本之间的矛盾

企业的融资成本包括利息支出和相关筹资费用。自 2010 年 10 月份启动加息以来,贷款基准利率已经连续五次上调累计 1.25 个百分点,加上目前邯郸市银行业对中小企业的贷款利率大多实行基准利率上浮，企业的融资成本持续攀升。同时，由于银行对中小企业的贷款多采取抵押或担保方式，不仅手续繁杂，而且为寻求担保或抵押，中小企业不得不支付诸如担保费、抵押资产评估等昂贵的费用，这无疑使处于成长期的中小企业经营“雪上加霜”。为谋求生存，部分中小企业不得不求助民间借贷，但游离于合法渠道之外的民间借贷“贵”、“乱”、“险”，使中小企业如饮鸩止渴。

四、破解中小企业融资难题的对策建议

解决中小企业融资难问题，要认真落实国务院及地方政府制定的政策措施，加强政府部门、银行、企业之间的协同配合。

（一）中小企业要全方位提高自身素质，增强市场竞争能力

一是提高经营者和管理者的水平，大力引进优秀人才和先进技术，建立规范的现代企业制度，进一步完善法人治理结构，合法规范经营；二是提升自身的社会信誉度，建设诚信文化，凝聚诚信精神，扩大社会影响力，改善信誉形象；三是提高自主创新水平，优化产品结构，把结构调整与开拓市场结合起来，争取政策和资金支持，增强自身适应市场变化和抵御风险的能力，切实提高企业核心竞争力。

（二）加快培植适合当地产业结构的中小企业产业集群，为金融支持提供优质载体

建议从提高自主创新能力、延长产业链、增强协作配套能力和提高园区化程度和配套服务水平等方面入手，进一步加快适合当地特色的中小企业产业集聚，尽快培育壮大一批特色鲜明、结构优化、产业链完整、服务体系健全和市场竞争力强的产业集群，实现“金融支持－产业集群发展－金融支持力度加大”的良性循环。

（三）建立和完善与中小企业发展相适应的金融机构体系

一是国有商业银行要加大对中小企业的信贷支持，清理纠正金融服务中的不合理收费，切实降低企业融资的实际成本。二是充分发挥地方金融机构在支持中小企业的主力军作用，强化其重点服务中小企业和“三农”的市场定位，并引导其将服务网点向辖内县域和乡镇地区延伸机构。三是规范担保公司、典当行、投资公司等融资性机构的融资活动，坚决打击高利贷、非法吸储等非法金融活动，使民间借贷以合法独特的优势发挥其对中小企业融资的补充效应。

（四）拓宽中小企业融资渠道

鼓励具备一定规模的成长型、创新型、外向型中小企业通过资本市场直接融资，逐步扩大中小企业集合票据、集合债券、短券融资券发行规模，积极稳妥发展私募股权投资等融资渠道。有关部门要积极贯彻落实党中央国务院关于支持中小企业发展的政策精神，有序开展中小企业直接债务融资产品创新和基础设施建设，改善中小企业股权质押融资环境。

（五）完善政府服务职能，为中小企业融资创造更多机会

一是要制定支持中小企业融资的政策。出台具体的可操作的政策性融资措施，推动中小企业信用担保体系的建设步伐并实现担保行为的规范化。二是加大对中小企业税收扶持力度，加强财政对中小企业工作的支持力度，加大对科技型中小企业技术创新的支持力度。三是要成立各级中小企业发展中心，联合各相关服务机构，在资金、信息、技术市场等方面为中小企业提供专业化、一站式金融、培训和信息咨询等服务，架起商业银行与中小企业间沟通、联系的桥梁，促进银企合作与共同发展。

（六）建立和完善中小企业信用担保体系

一是应确定适当的担保比例，在担保机构和协作银行之间合理分担风险。中小企业信用担保机构要与协作银行明确保证责任形式、担保范围、责任分担比例、资信评估、违约责任、代偿条件等内容。担保机构应避免全额担保，对目前商业银行不愿承担任何风险的做法，人民银行应该制定相应的政策引导商业银行在风险分担、放大倍数和业务开展上积极与信用担保机构合作。担保机构和协作银行可以在合作中积极进行业务创新。

二是建立担保资金补偿机制。资金补偿机制是中小企业信用担保体系正常运作的关键环节。政府可以考虑每年从财政预算中划拨一定的资金作为基础，并从科技发展基金、技改贷款贴息中划出一定金额用于高科技行业的风险补偿。担保机构可按每年担保费和利息收入的一定比率提取一部分作为补充，形成风险补偿基金，用于弥补担保机构的风险损失。

三是健全再担保基金制度。中小企业信用担保机构应该依靠再担保体系来分散和规避企业风险,降低单笔担保损失的实际代偿率。

四是健全中小企业信用担保法律体系。目前,关于专业信用担保机构的市场准入与退出,担保人员从业资格,信用担保机构财务及内控制度,担保业务范围和种类等问题尚无明确的法律规定,不利于担保业的规范发展。为此,应当抓紧制定《中小企业信用担保管理办法》,规范信用担保机构的准入、退出及内控制度,明确信用担保机构的行业定位及职能,进一步促进全国中小企业信用担保机构的规范化发展。

(中国人民银行邯郸市中心支行　高天放　代顺凯　李贵贤　栗春廷　赵丽梅)

【银监部门与商业银行审计部门建立联动督查机制的实践与思考】

——以河北省辖区城市商业银行为例

建立监管部门与商业银行审计部门工作联动机制,是充分利用监管资源,降低监管成本,提高监管有效性的重要途径,同时也是推进发挥审计部门在商业银行内部管理、风险控制、问题纠改等方面的有利推手。本文以河北省城市商业银行为例,就监管部门与商业银行建立督查联动机制问题进行一些思考和研究。

一、银监部门与商业银行建立联动督查机制的现实紧迫性

(一)建立监管部门与商业银行信息互动常态机制的现实需求。联动督查机制是银监部门与商业银行审计部门建立的一种互动机制,旨在通过与其审计部门的联动及相关督查评价,促进商业银行提升自我纠错内生动力,增强监管有效性。2004年以来,河北银监局及辖内各分局在规范市场准入、非现场监管引领现场检查等方面做了很多有益的探索,取得一定成效。但是,上述监管手段在采用时多是银监部门主动提出监管意见后,银行业机构按照意见去被动落实。在现实工作中,存在一些监管意见落实不到位,风险隐患长期存在,甚至酿成案件等问题。究其根源,主要是商业银行缺乏与监管部门的有效联动,对问题和风险认识不到位、整改不到位,同时,监管部门的监督评价不到位也是原因之一。要提升监管效能,靠单方面的监管手段是远远不够的,还要尽可能发挥被监管机构的主观能动性,使其与银监部门产生联动,这就迫切需要建立一个常态的机制,并从形式和内容上固定下来,使双方定期沟通信息,互通有无,产生互动。河北省目前有11家城市商业银行法人机构,这些城商行的公司治理和组织架构大同小异,“三会”之下设高管层,总行按业务条线分设部室,支行职能则趋于简单。银监部门具体联动的对象应同时具备对多个业务条线审计稽核、监督奖惩的职能。根据河北省辖区城商行现状,上述职能一般由董事会审计委员会、监事会办公室和审计稽核部门承担,其中审计部门承担其中最主要的职能。因此,由银监部门和商业银行审计部门具体承担并建立双方的联动督查评价机制是一个比较恰当的选择。

(二)促进商业银行提升自我纠错内生动力的现实需求。商业银行各项业务快速发展与自身缺乏纠错内生动力是一对矛盾,贯穿于商业银行发展的始终。这个矛盾在河北辖内的城市商业银行表现尤为突出,如不能有效克服,将会成为城商行健康可持续发展的绊脚石。目前看来,无论是董事会审计委员会、监事会还是作为高级管理层的审计部门,其职能效用的发挥还不够理想。内部审计发现的问题,往往被掩盖或不能被充分揭示,主要是城商行现有审计机构设置缺乏独立性和权威性、自我纠错内生动力不强造成的。城商行存在的问题,要主要靠城商行自身去解决。全面改革城商行现行审计机制有一定的难度,且需要相当长的时间。目前,建立银监部门与城商行审计联动督查评价机制是一个现实的选择。通过双方联动机制的建立,可以使双方互动成为常态,及时传导监管压力,促进城商行提升内外部审计工作质量,提高解决自身矛盾和问题的内生能力。

(三)有效节约监管资源,提升监管效能的现实需求。近几年来,愈加繁重的监管工作任务与紧张的监管资源之间的矛盾一直没有得到有效缓解。据不完全统计,2008—2010年的3年间,河北银监局及辖内各分局共撰写非现场监管分析报告近200份,对辖区城商行组织现场检查近50项次,现场检查工作量约9 000人/天。随着城商行的快速发展,监管部门在市场准入方面的工作量不断加大,非现场监管和现场检查的难度也在增加,主要是因为监管任务越来越繁重,监管资源却没有得到有效补充。到2011年3季度,全省从事城商行监管的专职人员有69名,与3年前几乎没有变动,但监管的城商行机构却从2008年的334家增加到2011年3季度末的377家,监管的城商行资产从2008年末的1 348.5亿元迅速上升到2011年3季度末的2 843.56亿元。怎样充分利用有限的监管资源,引导城商行正确处理好拓展业务与风险防控的关系?在银监部门与商业银行之间建立审计联动督查评价机制不失为现实的选择。这一机制的建立可以在现有监管资源下,延长监管半径,通过联动机制及时了解和评估城商行审计工作情况,充分利用城商行审计资源,确保各项监管意见得到及时有效落实,使联动机制的建立最终达到服务于商行风险防控,节约监管资源,提升监管效能的目的。

二、联动督查机制的重点与框架设计

银监部门与城商行建立审计联动督查机制要突出两个重点,首先是互联互动,即整个机制的设计要突出银监部门和商业银行之间的互动和交流,对监管部门和商行审计部门在联动机制中的职责都要明确,城商行参与联动机制的人员构成应符合有关监管指引要求,并具备专业从业资格。其次是督查评价,即建立互动平台后,双方要共同对商业银行内外部审计工作以及整个联动机制进行督查和后评价,通过固定渠道进行交流,及时主动接受对方对完善联动机制及加强监管工作的意见。在突出两个重点的基础上,笔者认为应从以下几方面对联动机制具体框架进行设计。

首先,要明确具体的联动方式。为便于双方联系沟通,增强督查评价的效果,城商行应将审计委员会及内审部门岗位职责、人员分工、审计规划等报银监部门。城商行开展内外部审计检查或其他重要审计事项应提前书面通知银监部门,监管部门可派人进行督查指导。城商行应于每项内部审计项目结束后一定时限内将审计报告、问题整改及问责情况报银监部门,对审计发现的重大风险应立即上报。银监部门在上级监管部门下达年度现场检查计划后一定期限内应将检查项目书面通知城商行对口联络部门,必要时可选调商业银行内审工作人员协助参与现场检查。检查结束交换意见时,联动机制对口联络部门应派人参加并独立发表意见。银监部门对现场检查、日常监管中发现的问题,可通过联动机制要求城商行予以落实或开展后续检查。

第二,要明确银监部门与外部中介机构的联动方式。城商行要健全委托外部中介机构的管理制度和流程,单方面决定终止外部审计委托前,应向监管部门报告终止委托的原因和外部审计机构的陈述意见,不得因外部审计机构出具保留意见、否定意见或无法出具审计意见而终止审计委托。城商行聘请外部会计师事务所或其他中介机构进行审计时,应书面告知银监部门,在不影响外部审计独立性的前提下,监管人员可依据有关法规对审计项目提出监管要求和意见。外部中介机构对城商行年审结束后,应与银监部门举行三方会谈,由外部中介机构向银监部门通报审计结果,监管人员可依据有关法规对审计结果发表意见或提出监管要求。银监部门也要注意加强与商业银行及外审机构的信息交流,通过联动机制的平台举行三方会谈,也可直接与外审机构沟通,通报最新监管政策,回复政策咨询,及时解决城商行存在的问题。

第三,要明确以联席会议方式作为交流平台。银监部门与商业银行审计委员会和内审部门有关负责人应每季度召开一次联席会议,会议的议题一是监管部门通报上季度现场检查开展情况、监管中发现的主要风险和问题、监管意见和整改要求。二是城商行汇报上季度内部审计或外部审计发现的主要问题及整改情况、下阶段审计工作安排,对监管部门上季度监管意见的整改落实情况。三是就目前内外部审计中存在的问题进行协调沟通,推动双方加强联动,就完善机制提出改进建议。

第四,要明确如何对联动机制进行督查评价。城商行审计委员会或内审部门至少应每季一次将审计工作开展情况、联席会议情况及有关监管要求以书面形式向董事会报告,并通报监事会和高管层。要建立对内、外部审计检查发现问题的跟踪整改机制,关注外部审计风险提示,跟踪、监督、检查整改情况。对现场检查中发现的问题建立台账,并将责任落实到具体部(室)、支行(部),及时向董事会、监事会和监管部门反馈。银监部门对审计项目方案、工作底稿、审计报告等资料档案定期或不定期进行督查,对审计部门尽职情况做出客观评价。审计督查评价结果应以书面形式告知城商行董事会、监事会和高级管理层,董事会、监事会或高级管理层要督促内审部门认真落实评价意见,并向银监部门反馈。

三、审计联动督查机制的实践与成效

河北银监局把城商行监管部门与辖内城商行建立审计联动督查机制作为2011年一项创新性工作。辖内各分局均进行了有益的探索,制定了相关制度,在全省范围内全面推动并深入落实。首先,在现场检查中落实了联动机制。如对机制建立以后新开展的现场检查项目,一般由分局事先向商行书面通报检查项目及检查方案,要求其按照联动机制要求协助参与检查。2011年2季度以来,河北银监局及辖内各分局共开展联动现场检查40项,发现各类问题372个,提出监管意见191条。其次,实现了与外部中介机构的联动。2011年2季度以来,河北银监局及各分局与有关城商行按照联动机制要求进行定期联席会议19次,对联动机制进行阶段性总结,对机制的效果进行了探讨,对存在的问题进行了深入交流和充分沟通。

通过一段时间的探索和实践,联动机制在实际工作中也取得初步成效。一是实现了信息共享,提高了监管效能。双方通过监管信息交流、定期会议、联动现场检查等方式及时沟通信息,落实联动机制,解决了监管部门对城商行经营管理实际状况掌握不充分的问题。监管部门通过非现场监管信息系统获得数据信息的同时,对城商行内审部门自查发现的问题进行深入分析,更加全面监测城商行经营管理情况,充分发现风险隐患,特别是对重要事项监管的针对性大大加强。二是减少了重复检查,节约了监管资源。银监部门对城商行审计部门检查频繁、风险管控到位的业务领域适当减少检查频率,对尚未覆盖或存在薄弱环节的业务领域加大检查频度和深度,做到重点突出、有的放矢。三是加强了城商行审计制度建设,审计效能进一步提升。根据联动机制要求,城商行审计部门按照全面性、及时性、合理性原则对全行各项制度、办法进行及时梳理,对已过时或操作性不强的制度予以修订或删除,重新制定了《内部审计章程》、《内部审计工作制度》、《内部审计报告制度》等多项制度,充实了审计人员,加强了审计力量,提高了审计人员的素质和审计制度执行力。

四、深入推进审计联动督查机制的思考

尽管河北银监局在建立监管部门与城商行内部审计部门联动督查评价机制方面取得了一定成效,但是,还有一些因素制约了联动机制的深入推进。主要有以下四点:

一是双方联动还不够深入,后评价有待加强。审计联动机制实施的根本目的在于资源共享、协同交流、及时高效、有效监管。但由于机制刚刚建立,双方的配合还不够默契,联动也不够深入。如现场检查项目大部分由上级监管机构安排,基层监管部门缺乏和商行审计部门交流选择现场检查项目的自主性,制约了机制运行的实际效果。此外,囿于有限的监管资源,目前对联动机制的督查和后评价还处于探索阶段,有待在今后的实践中加以检验,促其进一步完善成熟。

二是商行审计力量相对薄弱,影响了联动机制的效果。河北省辖内11家城商行目前共有员工9 612人,专职审计人员90名,占比0.94%,审计力量配备仍不够强,并且还存在着审计人员知识结构不全面、缺乏专业知识经验等问题,不利于审计职能的有效发挥。受人员素质、数量等因素制约,审计部门除完成本行稽核项目外,在开展监审合作项目时不够积极主动,影响了监审合作项目的质量。

三是商行现行审计机制制约了监审合作的深度。审计部门作为城商行一个管理部门,相对于董事会或高管层来讲处于被领导地位,审计人员在工作中难免有一些顾虑,独立性、权威性不足,工作不够超脱,在一定程度上影响了监审合作的深度。此外,各家城商行的审计工作一般由监事长负责,在做出审计报告时要由总行领导审阅批准,容易出现对某些重大或敏感问题认识和把握上不一致,造成审计结论出现偏差或避重就轻。

四是审计停留在操作层面,影响了监审合作的效果。目前城商行内审工作仍然停留在具体操作层面,以事后监督为主,缺乏对银行所面临全部风险暴露情况以及风险治理水平的总体评价,审计人员主要把精力集中在经营活动事后检查上,对事前分析和事中监控不够,风险识别手段单一,不能全面覆盖各业务条线,间接影响了机制运行的效果。

为深入推进审计联动督查机制建设，提升机制运行的效果，下一步的工作思路是：

（一）城商行要充分重视并大力提升审计工作的综合效能。城商行要高度重视审计工作，大力提升审计在全行各项工作中的地位，建立直接对董事会负责的垂直审计体制，拓宽审计领域，力求实现对各业务条线风险的全面覆盖。董事会要赋予审计部门独立的处罚权，提升对违规问题的整改力度和效果。要把外部审计一并纳入审计联动督查评价系统，通过这一平台实现与外部中介机构的信息交流与反馈，使各类信息能够通过顺畅的渠道进行沟通，保持较高透明度。要保证审计部门拥有足够的资源和人力，加强对审计人员的专业培训，完善审计人员岗位职责、履职回避、问责奖惩、岗位轮换等制度，夯实审计基础，确保审计联动机制顺畅运行。

（二）在联动机制中植入科技因素，提高监管和内审工作的科技含量。城商行要对现行审计机制进行变革，探索建立具有风险预警能力的非现场审计系统，实现审计方式由事后检查型向风险预警型转变，提高审计工作的科技含量。银监部门和商行审计部门要搭建审计信息交流平台，实现商业银行非现场审计系统与监管部门的对接，使监管部门能够通过非现场审计系统直接提取审计数据和信息，从而做到实时监控，促进审计联动督查评价机制向纵深推进。

（三）银监部门要加强对商行审计工作的督查评价。为深入落实审计联动督查机制，监管部门要通过联席会议等渠道定期与董事会及其审计委员会沟通，了解其内外部审计情况，定期对内审工作独立性和有效性进行后评价，对审计计划、工作底稿、风险评估、审计报告等进行客观评估，提出改进意见，促进商业银行提升审计工作质量，使审计督查联动机制更好地服务于商行当前业务发展和风险防控的需要。

（四）积极开展培训合作，促进监管与银行审计队伍素质共同提升。河北银监局及辖内各分局与属地城市商业银行建立审计督查联动机制以来，在多个方面收到成效，但双方在开展培训合作方面一直是短板。今后，应建立定期的业务培训机制，针对双方面临的急需解决的重要问题，确定培训大纲，有组织有步骤地开展培训合作。通过业务培训合作与交流，实现优势互补，促进监审双方业务水平和人员素质共同提升。

（河北银监局　田耀全）

【美国农业政策及金融支持的启示与思考】

根据总行党委安排，笔者于2011年9月10日至9月23日，参加了赴美国高级管理人员现代银行经营管理培训班。期间，考察学习了美国对农业与农村发展的政策和财政支持、农业及农业企业贷款、农业合作社、金融机构主要问题及发展趋势、金融机构风险分析和风险控制等方面的知识，参观了美国农业部、芝加哥期货交易所及伊利诺伊州农业信用服务机构和当地农场等，收获较大。通过学习考察，进一步开阔了视野，拓展了知识，增加了一些感性认识。现结合我国国情和农发行实际谈几点粗浅的认识：

一、美国对农业的扶持政策

美国拥有耕地19 745万公顷，农场数量约200万，农业现代化程度很高，农业产出及对国民经济的贡献也很大，是世界上最大的农产品出口国，每年创造的农业GDP约2 000亿美元。美国农业之所以领先全球，除因农业资源非常丰富外，政府实施多方面的支持与保障政策发挥着更为重要的作用。

（一）农业生产投入支持。美国对农业的保护和支持从上世纪30年代就已经开始，经过几十年的发展，随着经济实力的不断增强，对农业的投资不断扩大，体系日渐完善，在建设现代、高效、精密农业，提高农业生产力和生产水平的同时，也确保了农民收入。一是农业基础设施建设投入。政府向农业地区大力提供资助发展水利、交通、运输、供电和通讯等事业，特别是大型水利灌溉设施都由联邦政府和州政府投资兴建，中小型灌溉设施由农场主个人或联合投资，政府也给予一定补助。仅20世纪30—60年代，政府累计农业投资达88亿美元，使680万农户受益（当时美国农户数不足1 000万户）。二是科技投入。联邦政府通过在各地建立农业院校、农业试验站和农业技术推广站三级机构推动农业生产水平和生产率持续提高。允许农户使用GPS定位系统，依据定位系统测得有关土壤的技术数据对耕地“对症下药”，有针对性地施肥、浇水等，大力发展精密农业，提高土地生产率。如伊利诺伊州一家农场,耕种面积达11 156亩,从播种到施肥等田间管理、收割都实行高科技、智能化管理,近年来,更是综合运用土壤保护、生化防虫、测土施肥、卫星定位等先进技术。三是补贴农业生产要素的投入。为保护土地,政府出资修造梯田等,还提供土地休耕补贴、农田水土保持补贴、湿地保护补贴、草地保育补贴等。政府补贴使农户在不增加农业生产要素的情况下,获得更多的收成。2001—2008 年,农场主平均净收入达到 9. 6 万美元,2007 年和 2008 年更是高达近 20 万美元,远远高于美国家庭年收入 5 万 ~6 万美元的平均水平。

(二)价格和收入支持。为防止农产品价格大幅下跌,联邦政府成立了农产品信贷公司,实施农业价格支持计划。支持计划主要包括"直接收购"和"无追索权贷款"。"直接收购"是农产品信贷公司为了支持某些农产品价格,随时以最低保证价格(即支持价格)从市场上收购任何数量的农产品。可以说,价格补贴是美国农业扶持政策的核心。对玉米、大豆等主要农产品实行多重价格补贴,主要补贴方式有:固定补贴,即根据土地面积及历史产量给予固定补贴;最低价格保障 ,即农产品售价低于政府确定的目标价格时政府补齐;循环计算 ,即一年内平均价格低于目标价格的政府再予以补助 。一般来说,政府补贴收入占农场主当年收入的 15% ~24% ,最高农产品补贴比率高达 63% 。政府对主要粮食品种等农产品的各种补贴对增加农户收入、稳定农业生产发挥了保障作用。

(三)农业保险支持。美国现行的农业保险体系是以 1938 年颁布的《联邦作物保险法》为基础逐步发展和完善起来的,制度形成历经了三个阶段:一是政府直接办理农作物保险业务,独家经营"单轨制"阶段。此间,联邦农作物保险公司直接开展农作物保险业务,以只承保小麦(资讯,行情)、棉花(资讯,行情)和烟草保险等为主,保险责任为多种风险,农作物保险承保面积有限。二是政府引进私营商业保险公司共同经营农作物保险业务的"双轨制"阶段。三是政府提供补贴并完全交由私营商业保险公司独家经营和代理农作物保险业务的"单轨制"阶段。美国农作物保险形式主要有:多种风险农作物保险、团体风险保险、收入保险、冰雹保险等。由于政府对参加农产品产量、价格、农业收入保险的农场提供 50% 以上的保费补贴 ,所以农业的抗风险能力较强 ,收入相对稳定。

(四)金融支持。美国拥有多层次、广覆盖、政策性与商业性并存、充分竞争的农村金融服务体系。在服务美国农业的金融体系中,农业服务署(政策性金融机构)的作用不容忽视。在美国金融业支农体系中,商业银行占 40% ,农村信用体系占 30. 8% ,农业服务署占 20. 6% ,保险公司占 5. 7% ,私人银行占 2. 9% 。在竞争激烈的美国金融业中,农业服务署之所以能占有一席之地,主要靠低成本、差异化的经营战略:第一,业务范围实行备案制,农业服务署向农场主或农民发放贷款,包括土地贷款、机械设备贷款、医疗教育贷款等,只需要向当地监管部门备案,不需要审批。第二,从负债看,发债成本低,一般不超过 4% 。因农业企业融资发债与国家债券信用等级一样高,并且发债筹措的资金发放农业贷款后产生的利息收入实行免税,这样,发债成本就低于市场融资成本。第三,业务经营主要包括直接贷款和担保业务两类。担保业务是主要业务,占 70% 以上,主要为出口企业融资、巨型农场进入资本市场等进行担保。在直接贷款中,不仅为农场主发放生产贷款,还为农业地区提供医疗、教育、农业基础设施等公共产品贷款,贷款期限一般在 10 年以上,最长期限 50 年。此外,如果农业贷款出现自然灾害等损失,90% 由政府负责,10% 由放贷机构承担。

(五)立法支持。美国农业支持政策每隔 5 年重新评估并以国会法案的形式重新审定。1933 年美国国会通过《农业调整法》以来,经过 70 多年的发展和完善,美国已在农产品价格、环保 、农户收入保证 、税收优惠 、金融和保险扶持等方面形成了一套较为完整的政策支持体系。2002 年通过的《农业安全与农村投资法案》增加了直接补贴的范围和额度,通过反周期支付和贷款差额支付,增加价格补贴并加大信贷、保险、灾害等政策的支持力度。2008 年《农业法案》更是将 2008—2012 年农业补助金额提高到 2 900 亿美元,除了维持和增加对玉米、小麦、大麦、大豆、棉花等农作物的补贴外,还将补贴范围扩大到水果及蔬菜等专业农作物。

二、我国农业扶持及金融支持方面存在的主要差距

十一届三中全会以来,我国农业生产发生了

翻天覆地的变化。特别是近年来随着中央对“三农”工作的高度重视，农业农村经济投入和产出均取得了卓越成效，然而同农业发达的美国相比，无论在政策支持、金融扶持、生产能力和发展水平上均存在较大差距。

（一）农业基础设施仍较薄弱。在我国农业基础设施中，水利设施薄弱是明显的短板。有关研究表明，在影响粮食生产的诸要素中，水的增产效应最为突出，水利对粮食生产的贡献率在40%以上。而目前，全国仍有一半耕地缺少基本灌排条件，且现有的农田灌溉设施大多是20世纪50至60年代修建的，很多已年久失修，功能老化，配套设施不全，财政欠账较多，对农业生产的保障功能大大降低。2010年西南地区发生严重干旱，2011年春季北方冬麦区发生严重气象干旱，前段时间长江中下游地区又发生严重干旱，这些都警示我们水利设施落后将直接威胁农业生产和国家粮食安全。

（二）农业生产方式仍较落后。美国20世纪初就开始积极推进土地的规模经营，并实现了机械力对人力和畜力的替代，20世纪70年代实现了全面机械化，进入90年代后全球卫星定位系统广泛应用于农业生产中，农业工人的装备水平已经接近或超过产业工人。而我国仍实行以农户家庭为单位的小规模经营，农业机械虽有一定程度的推广和应用，但因家庭地块分割限制，传统的耕作习惯和耕作方式仍占主导地位。家庭联产承包责任制在一定历史条件下，极大地调动了农民生产的积极性和创造性，促进了农村生产力的发展，但在工业化城镇化发展和农村劳动力转移的背景下，土地承包经营权分散，又阻碍了农业规模化生产和集约化经营程度的提高。

（三）农业保险相对缺失。美国国会于1935年通过第一部《联邦农作物保险法》后，政府就开始经营农业保险。我国农业保险虽然自20世纪30年代曾陆续试办，但由于既缺少必要的经济基础，又没有法律来规范，大都是昙花一现。新中国成立伊始即开办农业保险，但1958年中断。1982年恢复农业保险以来，基本是在商业保险的框架内试验，农业保险的供给难以满足农业对保险的需求。美国有完备的农业保险法律体系，法律规定联邦政府应支持农业保险。我国至今还没有一部农业保险法，只能执行规范商业性保险活动的《保险法》。农村政策性保险制度尚未建立，农业商业性保险业的发展也遭遇很多现实问题。商业性保险处于费率高农民保不起、费率低保险公司赔不起的尴尬境地，农户参保意愿和参保率均较低。农业自然灾害险种几乎空白。

（四）金融支农力度有待加大。各家商业银行由于追求利润最大化的经营目的导致“嫌贫爱富”，对农业这一弱质产业介入较少，且近年来逐渐在“退农进城”，即使在县域内仍留有分支机构的，也主要是吸收当地存款，其中一部分存款还流向城市，形成了对农业农村资金的虹吸效应，加剧了农业农村资金紧张局面。农村信用社由于资金、人员所限，独木难支。农业发展银行随着近年来业务领域的不断拓展，在维护国家粮食安全、促进粮棉油产业健康发展以及支持新农村建设中发挥了重要作用，但因农发行资金来源渠道仍较单一，难以满足农田水利等基础设施建设和新农村建设的巨大资金需求。同时，由于农业贷款缺乏风险补偿机制，也在一定程度上抑制了金融支持农业的积极性。

三、几点启示

对美国农业政策及金融支持的一些先进做法和经验，可以结合我国实际，有选择地为我所用，也为我国政策性金融继续深化改革提供有益的启示与借鉴。

（一）加大对农业的扶持力度。一是扩大支持粮棉油政策性收购的力度和范围。农业支持和保护政策主要包括直接补贴和价格支持，但两者相对于粮食等主要农产品生产的作用效果有着较大差异。价格支持能够直接、快速、明显地提高农产品的国际竞争力，维护被保护农产品的生产能力。当前，美国实施价格支持的农产品品种至少包括小麦、玉米、大麦、棉花、大米、大豆、花生、食糖、高粱等。我国粮食最低价收购是典型的价格支持政策。随着我国对农业支持和保护力度的不断增大，应逐步扩大农产品保护价收购品种，提高重要农产品生产能力和市场竞争力。同时，从储备结构看，我国除了保有一定的粮食、油脂、猪肉等储备外，对其他农产品除了根据市场情况出台临时收储政策外，还没有建立专项的常规储备。应逐步扩大农产品常规储备种类和数量，使储备体系有效发挥平抑价格波动的功能。

（二）加强农业科技的推广应用。一是进一步明确各级政府农业部门的职责，充分发挥农业科研院所的作用，突出开展符合农业发展需要的应用型研究，并充实县级以下一线推广应用型人才。二是增加对农业科研与技术推广的投入。我国目前的农业科技投入一直偏低，提高农业科技投资占农业生产总值的比重，加大对农业科研、推广的公共投资力度刻不容缓。三是加快先进农业科技的转化和普及应用效率。针对干旱地区，应推广节水型农业灌溉技术，建设节水灌溉工程，建设节水型农业试验、示范推广、培训的综合基地和示范工程。增加对高科技智能化农业的政策扶持和技术资金投入，包括对农机更新、土壤改造、良种培育、生化防虫、湿地保护、智能作业等实行政府补贴。

（三）加强农田水利建设。由于我国自然灾害频发，加强农田水利建设对增强农业的抗灾能力具有重要的战略意义。一是发挥政府在水利建设中的主导作用。由于农田水利建设投入大、见效慢，具有很强的公益性，应充分发挥公共财政对水利发展的保障作用，把水利作为财政投入的重点领域，建立水利投入稳定增长机制。二是切实落实好从土地出让收益中提取10%用于农田水利建设的政策，针对土地出让收益和农田水利建设资金需求不匹配的区域性矛盾，强化省内统筹，中央也应统筹部分资金，重点支持粮食主产区、中西部地区和贫困地区的农田水利建设。三是加强对水利建设的金融支持，发展面向水利的中长期优惠贷款业务，推进经营性水利项目市场融资。

（四）完善农业保险法律体系及相关配套制度。一是出台《农业保险法》，把农业保险纳入法制化轨道，用法规形式明确农业保险的政策属性、政府的管理职能和具体的支持方式、经营主体应享受的具体优惠政策。二是完善与农业保险密切相关的配套制度，制定相应的信贷扶持政策，规定金融机构对参保农户优先提供信贷，对经营农业保险的公司提供流动性资金；制定相应的税收扶持政策，对经营农业保险公司免征部分税赋，保证其长期稳定经营。加大对农业再保险补贴，对粮棉糖等敏感性大宗农产品以及畜禽、蔬菜和水果等主要出口创汇产品进行再保险补贴。各级政府财政每年拨出一定资金设立农业保险基金，以备补偿农业的巨灾损失。

（五）加大金融支持力度。一是进一步加强农村金融体系建设。目前，我国农村金融服务主要以银行类信贷的间接融资为主，直接融资发展相对滞后；两个或两个以上市场的金融产品严重不足，信贷、证券、保险没有形成相互结合、互为补充的发展局面。大力发展包括投资业务在内的直接融资，以有效破解“三农”领域融资渠道不畅、资金投入不足的难题。拓宽农发行在“三农”领域从事投资业务的渠道，除发起设立农业产业发展基金、村镇银行等股权投资业务外，还可发起设立粮食安全基金、水利投资基金和新农村建设基金等投资业务。二是对农发行不同业务类别，如粮棉油准政策性贷款、县域城镇建设贷款、新农村建设贷款等政策性很强的业务视性质给予配套扶持政策。三是鉴于农发行贷款多投入弱质产业和领域，对其应实行税收优惠政策，提高拨备税前扣除比例，执行优惠营业税率，对所得税实行先征后返等。四是鉴于农村金融市场中资金供需矛盾突出，适应中央加大金融支农要求，央行下达农发行指令性信贷计划，应适当高于各家金融机构的年度贷款增长平均水平，以充分发挥农发行在农村金融中的骨干和支柱作用。五是制定《政策性银行法》或《中国农业发展银行条例》，为农发行更好地履行支农职能提供法律法规保障。

（中国农业发展银行河北省分行　李玉）

【基于人民币国际化视角的跨境人民币结算业务分析】

一、人民币国际化发展战略

改革开放至今，中国深度参与了经济全球化进程，与世界经济的融合程度不断提高，金融体制改革也逐渐向前推进，1996年，中国按照IMF协定第8条的要求，实现了人民币经常项目下的自由兑换。同时，中国也逐步放松了资本管制，2001年允许境内居民利用外币资产投资B股市场，2002年开始推行QFII，2006年又开始推行QDII，国内资本市场进一步开放。2005年，人民币放弃挂钩美元的机制，开始实施盯住一揽子货币的浮动汇率制度，并走上了持续升值之路。随着中国经济的快速发展和人民币的走强，人民币的境外需求大幅增加，特别是2008年金融危机爆发，主流国际货币的波动和贬值严重影响了我国外汇储备和金融系统安全，人民币国际化战略也开始正式实施。

人民币国际化战略大致分为三个阶段：第一，推进人民币跨境贸易结算，发挥人民币在国际贸易中的计价和结算职能，并成为非本币国家之间的贸易结算货币；第二，加速人民币资本项目的可兑换，放松资本项目管制，发挥人民币金融交易计价职能，人民币成为可投资货币；第三，进行利率和汇率机制改革，使人民币保持坚挺、稳定，并可自由兑换，最终成为国际储备货币。

由于中国并没有完全放开资本项目管制，人民币也没有实现自由兑换，目前的人民币国际化战略实质上是“两条腿走路”：一方面是大力推进人民币国际贸易结算，另一方面则是增加人民币保值、增值作用，大力发展香港离岸人民币市场。简而言之，就是一种货币体系，两个货币市场（在岸和离岸人民币市场）。

二、人民币国际化现状

中国具有人民币“走出去”的坚实基础。目前中国的综合国力不断增强，GDP位居世界第二，对外贸易总量世界第一，对外出口世界第一，外商投资总量世界第二，已经成为世界经济发展链上不可或缺的关键一环。

在国际进出口贸易方面，目前我国与周边八个国家（越南、蒙古、老挝、朝鲜、尼泊尔、俄罗斯、吉尔吉斯斯坦、哈萨克斯坦）在边贸地区已形成了一定的人民币使用区域。此外，为推进人民币国际化进程，自2008年开始，中国人民银行已与香港特别行政区、韩国、阿根廷、马来西亚等12个国家和地区货币当局签署了双边本币互换协议，大大扩展了人民币跨境流通渠道，提升了人民币结算规模。

在国际金融方面，随着中国大陆与港澳地区CEPA协议的签订和实施，香港特别行政区的人民币业务发展迅猛。图1数据显示，2011年前3季度，香港特别行政区的人民币存款增长近一倍，至6 220亿元；同期经香港银行处理的人民币贸易结算总额超过1.3万亿元。2011年11月22日，中国人民银行与香港特区金融管理局续签货币互换协议，并将互换规模提高一倍至4 000亿元人民币，这也反映了过去一年香港特别行政区人民币离岸外汇和资本市场的发展。

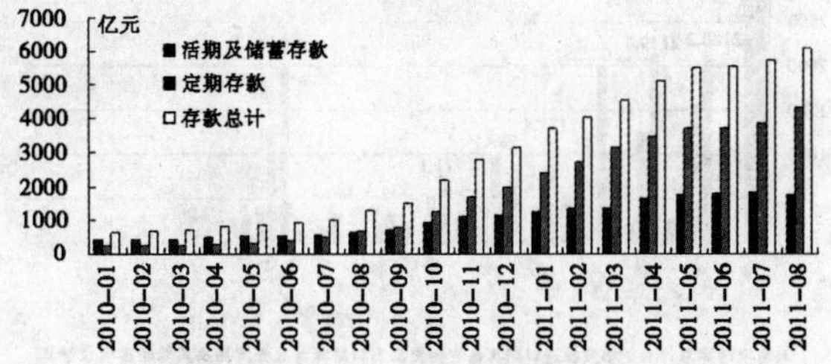

图1　2010年1月—2011年8月香港特别行政区人民币存款统计数据

数据来源：香港特区金融管理局（HKMA）

三、跨境人民币结算业务的发展现状

跨境人民币结算经历了从“结算试点”到“全面铺开”的持续推进过程。2008年12月，国务院决定对广东和长三角洲地区与港澳地区、广西和云南与东盟的货物贸易进行人民币结算试点；2009年4月，上海、广州、深圳等五个城市开始展开跨境贸易人民币结算试点；到2009年7月，国务院正式出台了《跨境贸易人民币结算试点管理办法》与《跨境贸易人民币试点管理办法实施细则》正式规范了跨境人民币结算操作和管理办法；从2011年8月开始，人民币跨境业务对内拓展到了全国所有省份和地区，对外也覆盖全球所有国家和地区。

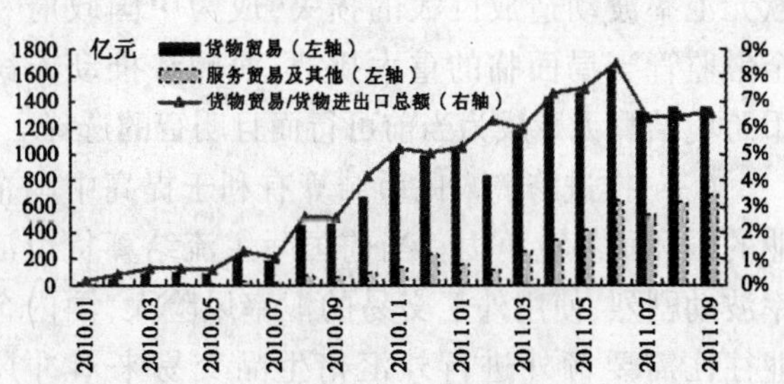

图2　2010年1月—2011年9月跨境贸易人民币结算量

数据来源：中国人民银行统计数据

当前，跨境人民币结算的发展势头迅猛，人民跨境结算的范围不仅涉及经常项目下的货物贸易和服务贸易，而且资本项目下也可以经过个案审批的方式参与跨境贸易结算。由图2可知，从2010年1月—2011年9月，跨境人民币结算量基本上保持逐月增加趋势，货物贸易人民币结算量占货物进出口总额超过6%，但是比例仍然很小，说明人民币跨境结算还有很大发展潜力。

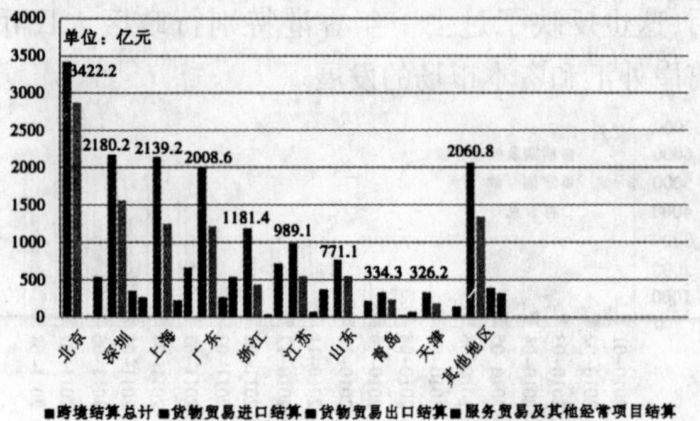

图3　2011年1—9月全国分地区跨境结算量

数据来源：中国人民银行统计数据

按区域分布来看，由图3所示，2011年1—9月，跨境人民币结算业务主要集中在北京、深圳、上海、广东、浙江、江苏、山东、天津等沿海地区，这一方面与沿海地区进出口贸易发达有关，一方面与人民币跨境结算推行的时间先后和市场接受度有关。按结算方式来看，跨境人民币结算业务主要集中在货物贸易进口结算上，这主要是因为人民币单边升值预期使得国外出口商乐意持有人民币，这也造成了跨境人民币结算的"非对称"特征。

四、跨境人民币结算带来的机遇分析

自2008年国际金融危机以来，美联储两次推出量化宽松政策，导致美元大幅贬值，而美国国债危机更加剧了美元波动。同时，欧洲主权债危机越演越烈，市场对欧元信心沦丧。如何避免美元、欧元汇率波动造成巨大的损失，成为中国政府和金融监管当局面临的重大挑战，而顺势推动人民币跨境结算无疑成为当前可行而且明智的选择。

（一）推进跨境人民币结算有利于提高中国企业的国际贸易竞争力。当前国际主流结算货币汇率波动剧烈，使用外汇交易的汇率风险大，国内企业往往需要额外进行外汇衍生品交易来对冲风险，而改用人民币进行结算既可以规避汇率风险，减少交易成本，又可以减少汇兑手续和资金流动环节，提前锁定收入，加速企业结算和资金周转速度，提高了企业的决策和资金管理效率。

（二）推进跨境人民币结算有利于提升中资银行的竞争力，促进产品创新。人民币越来越多地在国际贸易中充当结算和计价职能，增加了中资银行的国际结算量，拓展了中资银行的国际结算网络，加速了中资银行的国际化进程。另外，中资银行可以凭借海外机构和代理行资源，增加拓展境内外客户和业务的机会，扩大业务领域。同时，中资银行根据客户的需求加强产品创新，培育新的业务增长点，改善中资商业银行的业务结构、收入结构和盈利模式。

（三）人民币用于跨境结算有利于中国金融市场的自身发展壮大，人民币跨境结算带来了人民币保值和增值的投资需求，带动了包括结算业务、短期或超短期的资金折放、中长期的投融资业务、衍生产品交易业务的创新发展，推动了中国金融体系的改革，提高中国金融体系的专业化和国际化水平。

五、跨境人民币结算面临的问题分析

目前跨境人民币结算发展势头虽然不错，但是在中国邻国以外特别是欧美各国，跨境人民币结算的贸易量还不大，企业贸易结算仍习惯于使用美元或欧元。事实上还存在着许多问题制约着跨境人民币业务的发展。具体而言，跨境人民币发展面临以下几个问题。

（一）人民币单边升值预期导致了跨境人民币结算呈现"非对称"特征。由图4可知，当前至未来一段时期，人民币升值预期比较明显。对中国以外的进口商来说，用人民币付款不仅面临人民币来源的问题，还要承担从合同签订到实际付款期间人民币升值的风险。

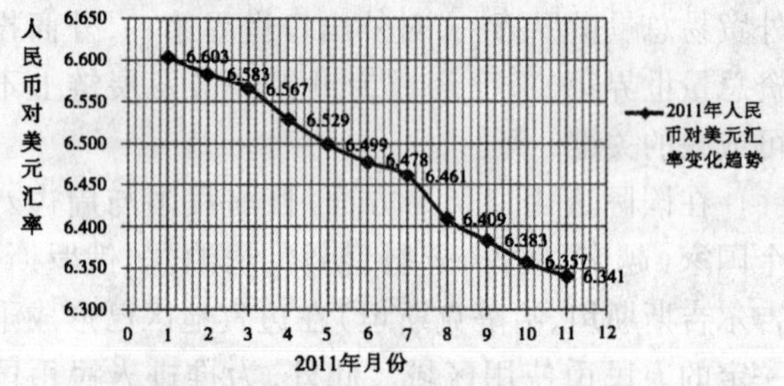

图4　2011年人民币对美元汇率变化趋势

数据来源：国家外汇管理局网站，其中每月汇率取该月每日汇率的平均数得到。

据中国人民银行数据，2010年度5 063亿元人民币结算量里，进口付款比例大约为85%~90%，出口收款人民币结算比例在10%~15%。图3也展示了2011年1月—9月进出口人民币结算的巨大差距。因此，人民币跨境结算高速成长并不能说明人民币国际化取得重大突破，一旦人民币单边升值预期削弱或者逆转，人民币"走出去"的速度就会显著回落甚至出现"反国际化"，对中国资本市场和人民币汇率造成新的冲击。

（二）中国金融市场还不成熟，资本外汇管制尚未放松，监管体系尚不完善。当前，国内债券市场发展缓慢，投资者缺乏多元化的投资渠道，政策主导、内幕交易、缺乏强制分红制度等问题仍较为严重，市场化的发行和监管框架明显滞后。另一方面，汇率形成机制还不完善，制约人民币成为投资工具、汇率避险工具和储备货币，更为重要的是，资本项目管制使得境外人民币缺乏投资升值的重要基础条件。

（三）当前中国出口产品的层次低，可替代性强。根据图5和图6可知，我国出口主要集中在工业制成品，而高技术产品在工业制成品出口中占比30%左右，这个比例不低，但是高技术产品出口按贸易方式划分，又主要集中进料加工贸易，这些出口商品大都是劳动密集型产品，技术含量低，可替代性强，真正资本、技术密集型产品的出口偏少。因此，在国际竞争中，我国相关出口商品的议价能力、结算货币的选择能力比较差。长远看，对于推广跨境贸易人民币结算业务不利。

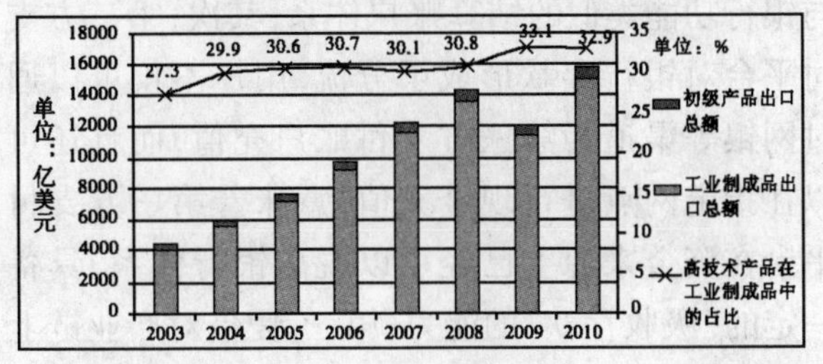

图5　2002—2010年中国初级产品、工业制成品出口数据

数据来源：中国国家统计局网站，2011年中国国家统计年鉴

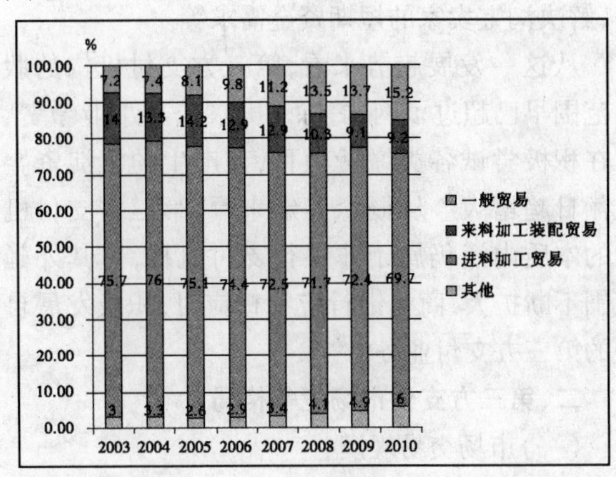

图6　高技术产品出口按贸易方式分布比例

数据来源：2011年中国科技部高技术产品数据统计报告

（四）通货膨胀和外汇储备的双重压力限制了人民币跨境结算的步伐。一段时期内，我国通胀压力和外汇储备的保值增值压力较大。在短期内还难以全面推进资本项目开放和汇率形成机制改革的情况下，人民币跨境贸易结算形成大规模逆差，或成为推动基础货币大量增加和通货膨胀压力不容忽视的因素。另一方面，我国巨额外汇储备保值增值压力空前，人民币跨境贸易结算逆差成为外汇储备被动增加新来源。

基于上述分析，人民币国际化进程不可能“一蹴而就”，短期内对跨境人民币结算寄予过高期望，很可能会“欲速则不达”。因此，目前推进跨境人民币结算不应操之过急，“摸着石头过河”，要勇于试错，但也不要盲目冒进。在政府层面上，推进跨境人民币结算业务应站在人民币国际化战略高度，以市场为主导，根据国内外经济形势、主要货币走势及时调整策略，要特别警惕境外资本流动倒逼人民币国际化政策。

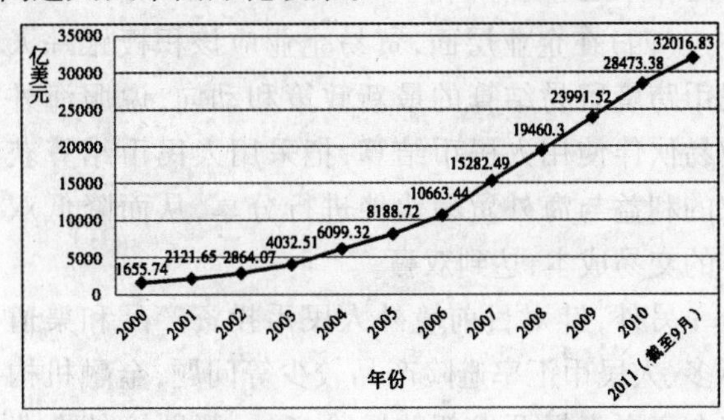

图7　2000年1月—2011年9月中国外汇储备数据

数据来源：中国外汇管理局网站

六、推进跨境人民币结算的策略分析

从人民币国际化战略和跨境人民币结算存在的问题出发，推进跨境人民币结算业务的有效措施，具体来讲有以下几点：

（一）大力发展香港人民币离岸市场，构建安全的人民币跨境流动机制。当前大部分的跨境人民币结算量都集中在香港特别行政区，香港人民币离岸市场承担了境外人民币“资金池”的作用。因此，一方面要拓宽境外人民币的投资渠道，在满足相关条件的前提下，允许境外资本投资内地资本市场。另一方面，要大力发展多种人民币投资工具，以增加人民币投资的市场深度，提高境外资本的收益率和流动性。

（二）强化人民币汇率形成机制改革，合理推进资本账户开放和人民币自由兑换进程。当前人民币的单边升值预期导致了跨境人民币结算的“非对称”特征，同时，由于人民币汇率并没有市场化，在香港特别行政区市场上就存在 NDF 和 CNH 两种人民币汇率衍生品市场，境内外两种不同的人民币汇率机制，为境外投机资本利用汇差套利提供了条件，也对中国现行汇率体系形成了较大压力和冲击风险。未来应该加快人民币汇率形成机制改革，实现人民币汇率的市场化和双向波动，减弱人民币升值预期，收窄人民币汇率波动区间，维持人民币汇率稳定。

（三）完善我国外汇管理体制，建设合理、快捷的跨境人民币清（结）算体系。要设计科学合理的清算渠道和统计监测体系，监控人民币资金的去向、用途，防止热钱冲击国内实体经济。要及时配套或完善出口退税、人民币国际结算账户、国际收支统计申报的相关操作办法，尽快出台人民币境外债权债务管理条例，构建有效的海外人民币债权运作渠道。

（四）在企业层面，贸易企业应该积极跟踪人民币跨境贸易结算的最新政策和动向，说服海外贸易伙伴使用人民币结算，把采用人民币结算获取的利益与海外贸易伙伴进行分享，从而降低双方的交易成本，达到双赢。

另外，针对目前境外人民币投资产品和渠道不多、人民币汇率避险产品较少等问题，金融机构应在离岸市场开发新的避险产品，帮助境外企业降低汇兑风险。同时，中国与相关国家应加强区域金融合作，建立人民币对各国货币报价机制等措施，推动跨境人民币结算和人民币的国际化。展望未来，人民币跨境贸易结算、相关政策的配套措施和离岸人民币市场三者处于同步互动的发展，将使跨境人民币结算走得更稳、更远。

（中国工商银行股份有限公司河北省分行 张佳宏 周冉 吴松薇）

【论电子商务中第三方支付及其对银行业务的影响】

电子商务以互联网为媒介，近年来在我国发展迅速。网上支付作为电子商务交易流程的中间环节，发挥着关键作用。除了网上银行、电子储蓄卡、信用卡快捷支付等支付方式，第三方支付机构在完成网上支付这一重要任务方面异军突起，推动了电子商务的快速发展。

一、第三方支付概述

所谓第三方支付，是指由具有信誉保障的非银行的第三方机构，采用与相应各银行签约的方式提供与银行支付结算系统接口和通道服务，实现资金转移和网上支付结算服务。从实际操作来看，商业银行、电信运营商等均属于第三方机构；具有较好信誉和技术支持的支付平台支付宝、财付通、快钱等属于非银行第三方支付机构；非银行第三方机构通过与各个主要银行之间签订有关协议，进行数据交换和相关信息确认，实现在持卡人或消费者与各个银行以及最终的收款人或者是商家之间建立一个支付的流程。

随着电子商务的迅猛发展，第三方支付机构也逐渐具备了商业银行的一些“特质”。根据银联信发布的《商业银行与第三方支付的博弈》报告指出，随着第三方支付平台的迅猛发展，其对商业银行中间业务形成了替代：首先，除未能拥有实体账户介质外，第三方支付平台自身已形成相对独立、与银行功能类似的结算账户体系；其次，第三方支付平台对银行存款形成了分流，用户不仅可以通过网银等渠道为第三方支付账户充值，而且还可以在指定网点进行现金充值，意味着第三方支付平台在资金来源上已经可以脱离银行体系，具备一定的“吸收存款”的能力；第三，凭借对产业链上下游交易行为和资信记录的全面掌握，第三方支付机构开始为中小企业和商户打造网络融资平台，在一定意义上具备“融资贷款”的性质，如支付宝联合中国建设银行为淘宝卖家提供小额信贷服务，解决淘宝卖家的短期资金需求等。

从这一发展趋势来看，第三方支付机构的服务范围早已超过了网购，除了开展公共事业缴费，也在积极尝试各类缴费项目，其产生的沉淀资金数额日趋增大。从概念界定来看，第三方支付机构的本质内涵仍属于非银行支付机构，但其外延范围不断扩大，商业银行应积极应对，积极发展自身的第三方支付业务。

二、第三方支付市场竞争格局

（一）市场交易规模

根据中国电子商务研究中心发布的《2011 年（上）中国电子商务市场数据监测报告》显示，截至 2011 年 6 月，国内第三方支付达到 8 300 亿元，增长率 112%，预计未来几年仍将呈现稳定增长趋势,至2012年第三方支付市场规模将达22 500亿元。根据易观智库定义,在本文中,第三方支付市场交易规模是指用户通过第三方支付平台发生的交易金额,不仅包含电话支付、网关支付和账户进行消费购买时支付发生的金额,同时也包括用户账户的充值、非消费目的的转账和提现的交易金额。

图1为中国电子商务研究中心编制的2007—2012年中国第三方支付交易规模增长图。从2007年的900亿元,到2010年的10 500亿元,第三方支付交易规模飞速发展。

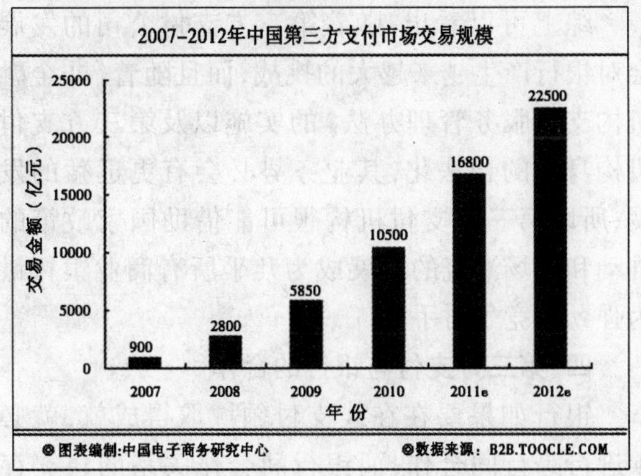

图1 2007—2012年中国第三方支付交易规模图

数据来源:中国电子商务研究中心《2011年(上)中国电子商务市场数据监测报告》[2011年(上). 中国电子商务市场数据监测报告[R]. 中国电子商务研究中心. http://b2b.toocle.com/]

(二)第三方支付企业市场地位

根据中国电子商务研究中心发布的《2011年(上)中国电子商务市场数据监测报告》显示,在2011年上半年国内第三方支付企业市场份额中,支付宝稳居首位,市场占有率为47.2%;紧其次是腾讯公司的财付通,市场占有率为20.3%;第三为银联在线(包含银联商务、北京银联、广州银联及数字王府井等),市场占比为9%;快钱、汇付天下、环迅支付、易宝支付、首信易支付、网银在线等紧随其后。图2为2011年上半年国内第三方支付企业市场份额占比图。

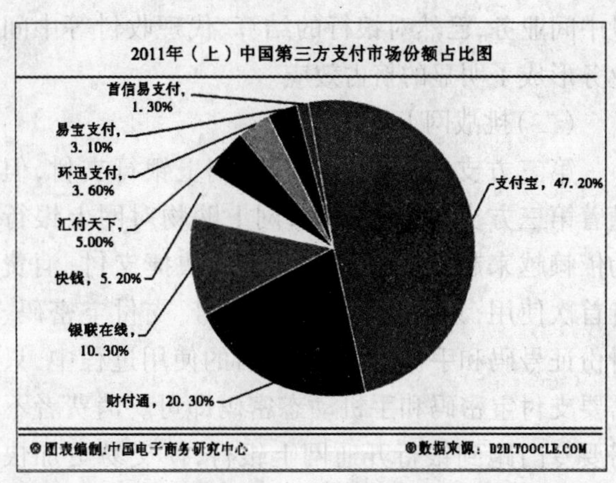

图2 2011年(上)中国第三方支付市场份额占比图

数据来源:中国电子商务研究中心《2011年(上)中国电子商务市场数据监测报告》[2011年(上). 中国电子商务市场数据监测报告[R]. 中国电子商务研究中心. http://b2b.toocle.com/]

三、第三方支付对银行业的挑战

第三方支付平台在助推银行结算业务、电子银行业务向广度和深度拓展的同时,在很大程度上又对银行的基础支付功能、传统中间业务领域、潜在客户和存贷款构成威胁和替代。所以,银行同第三方支付平台的关系由完全合作转向了竞争与合作并存。

(一)抢占银行中间业务市场

随着金融业的发展,中间业务逐渐成为商业银行新的利润增长点和核心业务。商业银行中业务主要包括支付结算、担保、承诺、交易、咨询等,其中作为传统媒介的支付结算业务是最重要的部分。目前,第三方支付机构除未能拥有实体账户介质外,第三方支付平台自身已形成相对独立、与银行功能类似的结算账户体系。虽然很多第三方支付机构都已经公开声明并没有从事结算业务,但从业务实质上来说,它们已经突破了这种特许经营的限制,而这种突破必将给银行业务带来不可避免的冲击,在一定程度上减少银行的业务收入。比如支付宝、财付通、易宝支付和快钱等能为企业客户提供大额收付款、多层级交易自动分账和一对多批量付款等各种资金结算产品;为个人客户提供信用卡免费跨行异地还款、转账汇款、机票订购、火车票代购、保险续费、生活缴费等支付服务。

第三方支付平台通过业务领域的不断延伸,对银行支付结算市场份额进行抢占,直接以较低的价格提供与银行相同或相近的服务,替代了大量中间业务,已然对银行的结算、代理收付等中间业务形成了明显的挤占效应。

(二)挑战网上银行

第三方支付的成长依赖于网上银行支付,但随着第三方支付产品创新,网上购物对网上银行的依赖越来越低。支付宝推出的快捷支付,消费者首次使用,只需要输入银行卡号、支付宝密码、身份证号码和手机号码,而以后的使用过程中,只需要支付宝密码和手机动态密码即可。消费者不需要专门跑到银行开通网上银行,使交易更加快捷流畅,这必然会对银行的网上银行开户数造成严重影响。所以,随着更多第三方支付公司推出更加快捷方便的支付产品,势必将会挤占银行网上银行开户数、网上支付的份额,使部分电子银行客户出现分流。

(三)分流银行存款

目前,一方面用户不仅可以通过银行网银、邮局汇款、手机充值卡等渠道为第三方支付账户充值,而且还可以在指定网点进行现金充值,这意味着第三方支付平台在资金来源上已经可以脱离银行体系,具备了一定的“吸收存款”能力。另一方面,在购物者将钱转到第三方支付平台和通过第三方支付平台将货款支付的时间间隔中,这些钱就成为第三方支付的资金沉淀。而且购物者从网上银行到支付宝上的余额也属沉淀资金。由于日交易额的巨大,沉淀的资金是一笔可观的数字,从某种意义上说,第三方支付平台具备了银行的吸收存款功能。

从持有货币(存款)所实现的“交易”、“预防”和“投资”三大功能来看,当前第三方支付平台能够分流的还只是“交易”功能,影响的主要是银行活期存款。但随着第三方支付平台的高速发展以及业务触角向代理保险、代理基金等领域拓展,未来还将对存款的“投资”功能(定期存款)形成分流和竞争,所以,第三方支付平台对银行业存款业务形成分流,银行应当对此予以高度重视,并采取必要的措施加以应对。

(四)争抢银行贷款

第三方支付平台对银行中小企业信贷业务形成竞争。第三方支付机构凭借对产业链上下游交易行为和资信记录的全面掌握,其开始为中小企业和商户打造网络融资平台,通过网上融资和网络渠道融资两种形式为商户提供资金支持,适应了中小企业融资小、短、频、快的需求特点。

据中国电子商务研究中心监测各电商企业已披露数据显示:2007 年、2008 年、2009 年、2010 年的网络融资总额分别为 2 000 万元、14 亿、46 亿;而 2010 年,以阿里巴巴、网盛生意宝等上市公司为代表,中国第三方电子商务市场企业全年“网络融资”贷款规模首度突破“百亿大关”,达 140 亿元。可见,第三方支付机构顺应电子商务的发展,在网络融资上大展身手,发展迅速,对银行的传统贷款功能形成冲击。

综上可以看出,随着第三方支付公司的发展会对银行产生越来越大的挑战,而且随着《非金融机构支付服务管理办法》的实施以及第三方支付机构身份的合法化,其业务势必会有更迅猛的发展,所以第三方支付机构很可能借助国家政策的推动和市场潮流的发展成为几乎所有商业银行最为强劲的竞争对手。

四、第三方支付与银行的合作

银行如果要在在线支付领域取得成就,就必须进行跨行间合作,而银行间合作关系的建立存在很大的难度。同时,第三方支付凭借已有的消费者基础,具有市场领先优势,以及以支付宝为代表的第三方支付存在许多创新,银行短时间很难追赶。但是,第三方支付要想在市场上立足,单纯依靠自身力量是不可能解决其信用和安全问题,因此,第三方支付和银行的合作势在必行。

(一)信用担保的合作

一方面,由于我国的电子商务正处于起步阶段,始终缺少一个诚信的商务环境。因此单靠第三方支付企业很难取得顾客信用度使顾客平白无故地将资金注入。因此,银行的加入更显得尤为重要,因为银行的形象以及性质能够帮助第三方企业建立良好的诚信度。另一方面,第三方支付的担保为信用保证体系的缺失起到弥补作用。但是这种担保,归根到底还是来源于第三方支付和银行互通,确认买家的银行支付能力。如果银行介入这种第三方支付业务,会使担保的过程更便捷。但是,传统银行的担保手续往往比较繁琐,不如账户充值或者预付方式更为便捷,更适用于电子商务模式。如果传统银行能够仿照第三方支付,在电子支付过程中提供支付担保等中间业务,那么其优势将是第三方支付机构无法相比的。

所以银行同第三方在信用担保上的合作对二者都是极为有利的。

(二)银行对第三方支付地位的支持

一方面,第三方支付无法替代银行,无法超越银行日趋全能的服务功能,无论其如何快速发展,只是提供一个支付平台,并非为一种金融工具,与银行的服务功能相距甚远。第三方支付机构正值产业投入期,且市场价格竞争十分激烈,第三方支付平台的盈利状况还处于较低水平,其信用等级也无法同银行信用相提并论。因此,第三方支付平台还需要加强与商业银行的业务合作,共同做大支付市场规模。另一方面,银行为了拓宽自己的业务范围和增大服务的客户群体,除了保持原有传统业务经营外,也大力发展自身的网上业务。

(三)客户群体的共享

一方面第三方支付经过近几年的快速发展,已经获得了一大批客户的认同感。第三方支付平台凭借自己在网络消费者中已有的基础市场,主流的使用人群已经对第三方支付平台产生了认同感,银行企业短时间很难追赶并且超越,所以二者合作对于银行来说可以争取到这部分潜在客户。第三方支付的发展能够有效引导客户使用网银,切实减少商业银行的网点压力。另一方面,银行拥有着庞大的基础客户群体,如果第三方支付机构同银行进行良好的合作,使用网上银行的群体极有可能在第三方支付平台进行买卖,从而成为其客户。

综上所述,随着电子商务的发展,银行与第三方支付的相互依赖性逐渐增强,电子银行作为第三方支付的基础支付系统,为第三方支付提供运营基础;而第三方支付在支付模式、营销模式上的创新又给银行带来了更多活力。银行与第三方支付通过有效合作,能够在很大程度上降低运营风险以及由此带来的运营成本,加快业务处理速度。这既方便了网上消费的用户,也有利于银行业务的全方位拓展。

五、银行应采取的应对措施

在第三方支付企业和银行的博弈中,双方都应该尽力保持自己的竞争力,通过加强自身的建设来获得更大的发展。对于银行来说,可根据自己的实际情况有选择地开展第三方业务,使自己逐步在网络经济中获得较大的发展,同时加强同第三方支付机构的战略合作,建立利益共享机制,并发挥自身优势,增强对这一市场竞争的主动权。

(一)创新中间业务

商业银行应不断完善网络银行与电子货币系统,增强电子商务流的运转效率。一是结合市场需求,进一步丰富电子支付产品,加快手机支付、电话支付、在线分期付款等产品的创新实践,提升客户体验,增强客户黏性,巩固支付业务的主导地位;二是深入研究不同行业的电子商务流程特点,将现有标准化的支付产品向两端进行功能延伸,为航空、铁路、旅游、保险、公共事业等不同的垂直行业提供个性化的电子支付解决方案;三是可以在电子支付流程中提供资金监管、信用担保等中介服务,以保障买卖双方交易资金的安全性,促进电子商务产业链。

(二)向零售银行业务转变

一方面,面对第三方支付平台的强烈冲击,商业银行不应再充当网关模式下的支付公司连接银行和客户的支付链,而应不断完善自身的电子支付系统,以拓展与客户直接相连的渠道,直接介入电子支付链,积极向零售银行业务转型,成为网上支付的领头羊。例如工商银行最近推出的工银 e 支付,就是为了顺应快捷支付的潮流而设计出的新的支付方式。另一方面,第三方支付平台的资金划拨和结算清算业务最终都需通过商业银行来完成,商业银行应以此为契机,不断增加结算量、发卡量及网银业务,推动向零售银行业务的转型。

(三)开拓新的贷款市场

面对第三方支付平台对商业银行存贷款业务产生的分流效应,银行应加强主动负债管理,如在资本市场发行各种债券或金融创新产品和工具以增加资金来源。同时,商业银行应采取抓大放小的竞争策略。对于互联网龙头企业、行业龙头企业、重点行业客户等大型商户,银行应与其建立直接联系,通过信贷整体服务方案、产品创新等,提高营销成功率;对于小型商户,现阶段主要由第三方支付平台去服务,同时注重双方的合作分工和解决商业银行在资源及风险控制方面的不足。

(四)拓展备付金存管业务

为防范第三方支付机构挪用客户备付金,央行规定支付机构只能根据客户发起的支付指令转移备付金，并需要在商业银行开立备付金专用存款账户，而且只能选择一家商业银行作为备付金存管银行。这为商业银行拓展备付金存管业务，并以此加强与第三方支付平台在诸多领域的合作带来了良好市场机遇。各个银行要把握政策机遇，尽快掌握本地非金融支付机构行业状况、机构数量、注册资本、业务类型、备付金规模和开展支付业务的地域范围等信息，了解客户对于备付金账户主办银行的业务需求及其他金融需求，并迅速做出反应，提供一整套行之有效的备付金监管服务方案。

（五）入股第三方支付机构

对于有条件的银行，可以考虑适时入股第三方支付机构，以谋求双方的合作与共赢。尽管我国对商业银行资本投资有诸多严格的限制，但第三方支付机构实际承担了部分金融职能，因此政策上取得突破并非没有可能，而且第三方支付平台普遍缺乏资金管理能力，引入商业银行作为股东，有利于提升支付平台的信用等级，降低违规风险。对商业银行而言，入股第三方支付机构可以拓宽服务半径，实现客户资源的共享和业务发展的互补。

总之，银行则可以根据自己的实际情况有选择地开展第三方支付业务，使得自己在未来的网络经济中获得更大的发展。就目前的形势来看，银行与第三方支付的关系仍然是合作大于竞争，银行和第三方支付共同打造电子支付市场，使得资金流的速度加快，减少社会成本，但是二者之间潜在的竞争却会越演越烈，银行要对此做好充分准备和应对措施。

（中国工商银行股份有限公司河北省分行 陈菲 王志娟）

【供应链金融发展趋势研究】

如何准确把握供应链金融的发展趋势，为商业银行可持续发展找准方向，值得银行管理者深入思考。

一、供应链金融的定义

近年来，供应链金融受到社会各界的广泛关注，尽管对于物流金融及供应链管理的研究已经进行了很多年，但供应链金融却是一个相对较新的学科，当前理论界对供应链金融的定义仍未统一。在现行的研究中，Hoffmann 在 2005 年提出的定义较具有代表性，他认为“供应链金融可以理解为供应链中包括外部服务提供者在内的两个以上的组织，通过计划、执行和控制金融资源在组织间的流动，以共同创造价值的一种途径”（Hofmann, E.（2005））。在同一时期，我国商业银行经营者也从实践出发，提出了对供应链金融的理解，其中具有代表性的是胡跃飞（2007）给出的定义，供应链金融是指“在对供应链内部的交易结构进行分析的基础上，运用自偿性贸易融资的信贷模型，并引入核心企业、物流监管公司、资金流导引工具等新的风险控制变量，对供应链的不同节点提供封闭的授信支持及其他结算、理财等综合金融服务”。

比较上述定义可以看到，不管表述如何，供应链金融应具备的基本要素是相同的。第一，它是一种系统性安排。供应链金融既不是商业银行的某种服务，也不是某类产品，而是以供应链中全体企业为对象的综合性金融服务。从商业银行服务种类的角度看，应该囊括向供应链中的核心企业和卫星企业提供的多种结算、融资及财务管理服务。第二，实施供应链金融的目的是降低整个供应链的财务成本。在供应链中，原材料被转化成产成品并最终由消费者购买的过程中，存在大量不同生产节点企业之间的交易。与传统的企业内分工不同，这些交易使得参与分工的企业流动资金占用大幅增加。同时，在供应链中处于附属地位的卫星企业往往受自身资信状况所限，只能以很高的成本获得银行融资，使得整个供应链的财务成本上升，违背了采取供应链生产模式的基本要义。因此，为了保障供应链制造模式的运营绩效，实施供应链金融应该把供应链中所有成员视作利益共同体，以降低整个供应链的财务成本为导向。

二、供应链金融的发展趋势分析

供应链金融的产生与发展，有其深刻的背景。一方面，社会分工形态发生重大变化。研究表明，20 世纪后半期以来产品内分工成为国际分工的主要形态，无论是制造企业还是服务企业，“外包”成为其经营活动中不可分割的一部分。企业创造价值的方式发生根本性变化，随之派生的金融服务需求也发生了革命性的变化。另一方面，在金融市场体系不断完善的形势下，商业银行不再是金融资源分配的唯一渠道，其生存空间不断缩小。可以预见，产品内分工将更加广泛地存在于企业间，供应链金融将在新形势下迎来更大的发展机遇。

（一）产业链条趋向细化及网状化

研究表明，“工序国际分工不是个别厂商采用的特殊生产方法，也不是个别行业的特例性或局部性现象，而是在全球经济结构基本层面具有大局意义的当代国际分工形态特点”（卢锋，2004）。这种分工模式的演变体现在产业组织结构中，就是同一产品的生产工序被不断细化，并分包给越来越多的“上游”企业，同时参与最终产品分销的“下游”企业群体也在不断扩大，使银行越来越面对网络集群成员，而不是离散的点客户。如坚持供应链金融中“横到边、竖到底”的客户营销理念，商业银行将未来客户拓展模式将向着“团购”式方向演变。

（二）产品内分工派生的贸易量持续上升

20世纪70年代以后，信息技术的发展，航空、远洋运输成本的持续下降，以及国内物流行业的专业化程度不断提高，使国际、国内贸易变得更加简便易行，进一步提升了企业参与产品内分工的积极性。在供应链生产模式下，同一产品生产中的各个工序被分配到不同国家和地区进行，大量的中间产品流通通过国际或国内贸易来完成，导致“出现特定产品生产过程派生的国际贸易价值可能超过最终产品价值的局面”（卢锋，2004）。对商业银行而言，这意味着大量的贸易融资、现金管理等以润滑供应链不同节点间资金流动为目的的业务机会。

（三）金融脱媒加速推进

直接融资以其低成本的优势赢得了许多大型企业的青睐，越来越多的大型优质企业通过股权、债券、资产证券化等直接融资方式来募集资金。同时，大型企业的财务公司功能日益完善，在当前信贷紧缩的形势下，其资金调配能力在某种意义上不亚于商业银行。随着财务公司的实力不断增强，其已开始部分替代银行对其集团企业提供融资安排。

中小企业方面，银行贷款也不再是小企业获取金融支持的唯一途径。摆在优质中小型企业面前的还有创业板上市、产业基金、债券融资、风险投资等多种选择，相对于银行贷款，这些直接融资方式在融资成本上的优势和对企业声誉形象上的提升使符合条件的中小企业对其保持着极大的热情。而符合直接融资条件的企业群体，恰恰是商业银行在传统经营模式下仅存的敢于大胆切入的细分市场。

分析国家金融体系建设现状，多样化的金融市场建设将继续推进，未来可供企业选择的直接融资渠道将更加丰富，金融脱媒化呈加速发展态势。商业银行的生存空间将不断受到挤压，调整经营方式的需求愈加迫切。

三、我国商业银行供应链金融发展现状

下表对国内大型商业银行和部分代表性中小股份制商业银行的供应链金融发展情况进行了对比。数据显示，我国银行间供应链金融发展状况差异很大。

在经营思路上，深发展银行将其视作盈利模式，建设银行、浦发银行将其看作综合金融服务，工商银行认为供应链金融是客户营销方式，更多银行将其看成一种产品，因而衍生出对供应链金融不同的运作方式。有的将其纳入公司业务范畴，实行本外币一体化经营；有的将其作为贸易融资业务，侧重开发国际结算和贸易融资。在风险评价方式上，深发展银行应用专门的风险控制技术。在新产品开发上，深发展银行为供应链金融专门开发了“进口全程货权质押授信”、“离在岸联动出口保理”、“融资租赁保理”、“国内保理业务商业汇票结算方式”等产品，其他银行的供应链产品以成熟的国际贸易融资产品为主，针对供应链特点专门开发的产品品种较少。在信息技术开发方面，深发展银行、工商银行和交通银行推出了相应的电子化操作平台。在经营成果上，供应链金融对深发展银行的经营业绩拉动作用最为明显，其他银行统计数据中未考察供应链金融的贡献度情况。

商业银行供应链金融发展现状简表

银行名称	供应链金融经营思路	是否调整风险管理技术	供应链金融隶属业务品种	供应链产品数量	是否有专门电子化应用平台	能够承办供应链金融行业数量
深发展银行	盈利模式	是	公司金融	12	是	4
建设银行	综合金融服务	否	贸易融资	10	否	未明确
交通银行	产品	否	公司业务	8	是	10
浦发银行	综合金融服务	否	公司业务	6	否	3
中国银行	产品	否	贸易融资	6	否	未明确
工商银行	营销方式	否	网络融资	未明确	是	未明确
农业银行	产品	否	现金管理	未明确	否	未明确

数据来源:上述银行的2010年报及官方网站。

商业银行间对实体经济的理解不同是产生该现象的重要原因。随着我国金融领域的改革不断深化,过去商业银行间存在的行政、行业、地域壁垒逐渐消除,银行的生存环境无限趋近完全竞争市场,走差异化竞争的道路成为银行经营者的共识。在这种形势下,有的看到了人民收入水平提高、消费升级中的商机,提出向零售银行转型;有的依托信息技术的发展,提出打造电子银行;将注意力集中到供应链分工模式的研究,并找出切实可行运作方式的银行较少。

风险控制手段的缺乏是影响供应链金融发展水平的现实原因。许多银行看到了供应链金融的巨大商机,但在实际操作中却困难重重。供应链中,作为卫星企业的中小企业是金融资源的主要需求者,按照供应链金融的基本原理,可以基于其与核心企业的交易关系来分配金融资源。然而,随着产品内分工的不断细化,供应链内的交易关系变得越来越复杂,要准确界定并追踪交易关系和资金流向,真正实现融资的自偿性和封闭运行仍然是传统风险控制技术下的一个难点。因而许多银行在提供供应链金融服务时,仍然倾向于采用要求企业提供抵押担保的传统授信模式,致使许多企业因缺乏担保物而得不到金融服务,从而制约了供应链金融发展水平的快速提升。

四、我国商业银行供应链金融发展思路

综上所述,商业银行如果固守传统业务领域,继续坚持寻找"好企业"——抵押/担保——出账的信贷业务发展模式,将越来越不适应实体经济的深层次变化。无论是从服务经济的角度出发,还是商业银行自身的生存考虑,都应该及早认清形势,做出调整。

(一)建立专门的组织架构

供应链金融的服务内容显现出高度的集成性。当前我国商业银行的业务分工形式主要为:与国内贸易相关的业务由公司业务部管理,与国际贸易相关的业务由国际业务部管理,而现金管理、国内结算等业务由后台业务部门管理。供应链金融需对国内外贸易中的各种金融服务加以整合,并面向客户提供能够迅速响应客户需求的一体化服务。因而银行应对自身工作机制加以调整,建立跨越不同部门的工作机制,统一协调贸易融资、信息技术、信贷审批、结算业务、金融市场等工作,使供应链金融高质量运行。

(二)建立电子化应用平台

风险控制手段的缺乏是制约我国商业银行供应链金融发展水平的主要瓶颈,其难点主要在于对交易关系的准确界定和对供应链中物流、信息流、资金流的精确匹配。建立跨界的电子化应用平台是解决这一难题的有效手段。人民银行"应收账款质押登记公示系统"上线,为银行核实应收账款的有效性提供了平台。而今越来越多的核心企业依托电子商务平台对供应链进行整合,通过数据的实时传输实现企业内和企业间生产工序的高度协调,这为信息流和物流的精确匹配提供了有利条件。银行可以将这些作业系统和其他网上作业系统,如征信系统、企业网上银行、物流公司作业系统、企业ERP系统、SWIFT系统、TSU系统等加以整合,建立统一的电子化应用平台,实现供应链中信息流和资金流的实时交互和自动校验,达到密切追踪交易关系和控制业务风险的目的。

(三)建立专门的风险评价体系

供应链金融的产品开发和运作以贸易关系为核心,传统的以财务分析为基础的风险评价手段不再适应供应链金融的风险防范要求。在风险评价中,应该更多地考查交易对手资信、交易商品的价格稳定性、交易流程的控制能力、企业交易记录以及整个供应链运营状况等因素。在评价指标的选择上,除了考虑借款申请人的企业素质、经营能力、盈利能力、偿债能力、发展潜力等因素外,还要考虑交易对手的资质,如交易对手信用级别、行业特征、经营能力、偿债能力等指标。融资项下资产情况指标也应纳入考察范围,如质物的变现能力、在贷款期间的损耗程度、应收账款的账期、退货的情况、平均坏账率等。另外,整个供应链的运营状况也是防范供应链金融风险需要考察的内容,具体指标可以选择行业状况、以往交易履约情况等。

(四)产品设计标准化

供应链金融服务是一种介于高度定制化和完全通用化产品之间的金融服务。由于参与供应链分工的企业众多,地域分散,规模不一,需求品种不一,银行在对供应链中企业提供一揽子金融服务时,既面临供应链中相似角色的企业需求的相似性,也面临整个供应链整体服务需求的独特性。为各不相同的供应链提供定制化的金融服务,增加了商业银行供应链金融成功案例在全国范围快速复制的难度。将供应链金融产品进行模块化、标准化是适应供应链金融特点的有效方式。在实践中,商业银行不乏成熟的单元产品,如国际/国内保理,池融资,福费廷,仓单质押融资等,可将这些产品进一步细化,从中提炼出通用产品模块,在实施供应链金融服务时,通过多种基本模块的快速组合来满足供应链整体服务需求。

(五)加强人才储备

为了防范操作风险,我国商业银行的业务操作流程被不断细分,单一岗位的业务操作不断向精细化和专业化演变,使操作人员的知识面不断收窄。供应链金融是面向企业集群的一揽子金融服务,技术含量高,为了满足供应链整体的综合金融服务需求,在当前岗位分工模式下,需要集合前、中、后台多岗位的人力,其间沟通和协调的时间成本将大大增加。为了保障供应链金融服务的技术含量和响应效率,银行应建立既具有风险识别、产品设计能力,又有整合营销技能的专业化团队,保证供应链金融产品的设计、推广和充分实施。

(中国建设银行股份有限公司唐山分行　于海军　邝旋)

【个人理财业务的风险及对策】

目前,个人理财业务已呈现出巨大的发展潜力。但是,受金融法律制度、金融管理体质和金融市场发育程度等方面的制约,个人理财业务不可避免地会遇到许多新的问题。

一、个人理财业务存在的风险分析

(一)法律风险。商业银行经营面临多重风险,而其中法律风险造成的损失很可能是无法估量的。因此新巴塞尔资本协议把法律风险单独列为银行所面临的风险之一。对于个人理财业务法律风险的防范,我国《办法》和《指引》也给予了高度重视,将其列为我国商业银行个人理财业务的风险管理内容之一。

(二)声誉风险。所谓声誉风险,是指由于操作失误,不按时履约,违反相关法律规范或其他原因,而给组织创新工具交易的机构或交易中的一方声誉带来的不良影响。声誉风险虽然不直接给银行造成损失,但是他它会损害银行形象,从而对银行业务的拓展和交易规模的扩大产生严重的负面影响。在银行之间竞争日趋激烈的今天,银行的声誉和形象是其至关重要的无形资产。

(三)利率和汇率风险。利率风险是理财产品管理面临的重要风险之一。以人民币理财产品为例,目前,受法律法规和金融政策的限制,人民币理财产品所汇集资金的投资对象相对来说信用等级较高,市场风险较低,但非零风险。商业银行在发行理财产品时,普遍承诺了高额的收益率,一旦市场利率发生不利于银行投资的变化后,普遍承诺的收益将很难保证。

(四)从业人员的操作风险。操作风险是银行与生俱来的,属于内生性风险。从操作风险发生的原因来看,操作风险主要由内部因素造成,银行工作人员越权或从事职业道德不允许的或风险过高的业务都会导致银行产生损失。操作风险发生的可能性几乎遍布银行的所有业务环节,从产品的复杂性、新技术的应用、人员的流动、人员的欺诈行为、规章制度的建设到会计系统的稳定,银行内任何一个环节都可能引发操作风险。可见,任何一个部门都不可能游离于操作风险管理之外。个人理财业务也不例外。

二、个人理财业务发展的风险防范对策

(一)严格遵守国家法律法规,在法律法规许可范围内开展个人理财业务。开展理财业务应当严格遵守国家法律法规的规定，遵循公平竞争的原则，不能将储蓄业务和资金信托业务混同为理财业务，变相突破国家利率政策，开展信托活动或者进行变相高息揽储、逃避财务与税收管理等违法违规活动。

（二）建立个人理财业务风险管理体系，并将之纳入整体风险管理体系之中。要根据理财业务的特点，建立并完善理财业务市场风险管理制度和管理体系，对利率和汇率等主要金融政策的改革与调整进行充分的压力测试，评估可能对银行经营活动产生的影响，制定相应的风险处置和应急预案。应形成风险管理部门、个人金融部门和理财中心各有侧重、分工明确、相互支撑的风险管理架构。做到对理财业务事前、事中、事后风险的全面控制。

（三）提高理财产品定价能力和资产管理水平，规避投资风险。在设计理财产品的时候，应加强对理财业务市场风险的管理，在对理财产品的市场变化做出科学合理的预测基础上，对于理财资金和理财产品的投资组合，进行合理规划，并根据对市场变化的预测分析，采用合理的方法计算各投资组合的风险价值和投资收益率。并据此明确产品的期限及产品期限内有关市场风险的监测和管控措施，严格按照“成本可算、风险可控”的原则设计开发产品。

（四）借鉴外资银行先进经验，加大理财产品创新力度，丰富理财内容。个人理财业务在国外已开展了几十年，尤其是国外金融业实行混业经营，其产品线完整且较为成熟。可以模仿国外的理财产品，提高理财服务的含金量。在此基础上，对货币市场、资本市场、保险市场、外汇市场、黄金市场以及新兴的金融衍生品市场进行深入研究，以市场细分为出发点，以客户需求为导向，积极进行业务创新，使客户的效益获取程度达到最高，这也是拓展个人理财业务发展空间十分关键的环节。

（五）建立先进的计算机系统处理平台，构建系统的个人理财网络。理财业务要进一步发展必须有一个个人理财的计算机系统平台，就是要具有客户信息维护、客户需求分析、批量处理个性化需求、日常服务维护、协助产品营销、客户理财规划等诸多功能的客户关系管理体系。计算机系统平台是客户和银行的互动窗口和建立学习型关系的支撑，从而成为维护客户忠诚度的重要基础。

（六）大力培育个人理财客户经理队伍，提高个人理财经理专业化水平。人力资本是商业银行的核心竞争力所在，因此打造理财品牌首先是相关人才先行。目前，专业人才的缺乏已成为制约理财业务快速发展的主要瓶颈。因此组建一支专业的、全能的个人理财专家队伍势在必行。

（七）提供差异化理财服务，提高核心竞争力。选择基于差异化的核心竞争优势战略来发展个人理财业务，从而提高银行的核心竞争力。

（八）打造自有品牌，细分市场，调整营销策略。近年来，在金融产品同质化越来越严重的情况下，品牌营销已成为各家银行掌握竞争主动权的重要手段。因此，有必要重新审视现有业务品种，通过应用现代高科技加以改造，并及时不间断地向市场推出系列化、特殊化、现代化的业务新品，通过广泛的宣传、良好的服务，使之更加适应市场的需求，树立起个人理财业务的品牌形象。

（中国民生银行股份有限公司石家庄分行　白亮）

【从美国银行业发展状况看商业银行客户关系管理】

——谈参加美国沃顿培训班学习体会

2011 年 9 月，很荣幸参加了招商银行总行在世界一流学府沃顿商学院举办的中高层管理培训班。在历时十三天的学习中，感觉收获很大。特别是西方商业银行在发展战略、精细化管理、企业文化融合等方面的一些做法，值得我们学习和借鉴，战略、管理、文化三个方面对一家银行的发展至关重要。外聘教授的专业素养和职业精神让人敬佩，他们对商业银行的案件分析很透彻，对管理工具及模型的使用很专业，这对我们今后能够运用科学方法制定先进有效可操作的远景规划具有很好的指导意义。

美国商业银行客户关系管理，是银行通过培养最终客户对其本身及产品更积极的偏爱或偏好，留住他们并以此提高业绩的一种营销，它既是一套现代化的经营管理理念的解决方案，同时又意味着是一套应用软件系统。其实施的流程大致可以分为：管理客户、发现客户、价值分析、区分客户；面向客户、提高客户满意度；管理客户经理、实施过程考核等阶段。美国商业银行对客户关系管理的探索，经过多年的实践，已积累了丰富经验。

目前,美国商业银行已将客户关系管理视为其提供增值服务、培养客户忠诚度、收集客户信息的重要手段。如何通过分析和研究美国银行客户关系管理的经验,对招商银行真正以客户满意为中心,具有一定的借鉴意义。

一是从美国商业银行客户关系管理的特点看,先进的经营理念是客户管理活动的主要源泉。在美国,各家商业银行也是美国四大银行,如富国、摩根大通、美洲、花旗等,经营管理理念已从"以客户为中心"深化到"以客户满意为中心",银行服务的宗旨在于为客户带来长期的价值,因此在思维模式上,已跳出传统的以销售为唯一目的的客户管理思维,确立为以满足客户需要为先,即满足客户需要优于银行产品推销,注重通过提升客户的价值来获取利润,通过创造客户终生价值来持久地维系客户关系。美国银行信奉最佳客户不仅是在其产品和服务花费最多的人,而且是对其评价最高、极有才能,把其推荐给他们的朋友和家人的人。如富国银行销售文化和员工激励机制是实现银行目标的重要组成部分,无论从战略安排到战术设计上都围绕客户满意度的构成要素来组织、实施和评价。业务流程、新产品开发、管理制度、资源配置等所有的经营行为都要根据客户面临的难题及市场环境变化而改变,按照客户的要求进行设计和调整,把为客户提供解决问题的方案和办法当成银行的责任。因而,银行内部格外强调部门协调和合作,强调团队精神,这样有利于银行调动整体各方面的资源为客户提供服务,满足客户多方面的需求,最终达到使客户满意的目的。

二是按"客户关系"进行管理。美国银行服务、营销的对象已经从传统的单一客户发展到"客户关系"上,他们提倡,更多看到的是发展、拥有多少客户关系,而不是拥有多少客户。"客户关系"概念是在"客户"概念基础上的拓展和深化。传统意义的"客户"是单一的、孤立的,而新的"客户关系"是立体的、联系的。因此,在美国银行家的眼中,个人客户不再是孤立的一个人,而是包括他的亲属在内的一个"客户关系",私人业主也不再是简单的一个个体或家庭,而是可将他的企业扩展到这个客户关系之下。在一个高价值客户的"客户关系"中更是整合了他的经纪人、代理人、金融助手、咨询师等多个账户,银行可以通过配备客户关系经理以及各方面的金融管理专家团队,帮助客户减轻、管理日趋复杂的资产压力,在对公司客户的服务中,还可将该公司的关联企业、海外机构甚至重要客户都纳入一个客户关系中。

三是完善的管理架构是客户关系的坚实基础。将客户组合管理作为机构设置的基础。目前,美国银行大多以客户为中心和前中后台分离的原则进行内部机构设置。以富国银行为例,前台业务部门专门对各类客户进行营销,根据客户类型,对全行效益的贡献度和市场前景的不同,前台又被分为综合银行部、公司和投资银行部、资本业务管理部、财富业务管理部4个板块。各业务板块实行专业化、垂直型的管理。各种形式下,具体的产品、业务只是视为满足客户需求、解决客户问题、为客户提供服务而采用的工具、手段。总行层面设立相关的业务总部,分行面向市场,直接向客户提供服务。根据分行所在地市场环境和经济发展状况的特点,各业务板块合理地在该地区以"租柜台"的形式设业务部门,重要客户由总行集中管理,这样可以便于随时快速动态掌握客户信息,加快反应速度。值得一提的是,在具体部门职能分配上,该行注重以客户组合管理作为机构设置的基础,打破了传统的以个人、公司作为划分标准的模式,通过细分目标市场,分析客户特点,按不同客户对银行服务的不同要求进行机构设置。如该行通过实践发现:个人客户可以分为一般个人客户、高价值个人客户;公司和机构客户也可分为中小客户和高价值的大客户。中小客户与大客户虽同属公司型客户,但前者比较满足于传统银行服务,与一般个人客户需求有类似之处;而后者则更侧重于资本市场、证券服务以及投资银行业务等多元化需求,传统银行业务很难满足其需要。于是在组织结构设置上,他们将个人客户业务与中小客户业务合并到综合银行部,公司和投资银行部负责对年销售收入在2.5亿美元以上的大客户的综合服务,财富业务管理部负责对高端客户本人、家庭及他们的企业提供私人银行、信托投资、金融理财、保险等综合性服务。各部门之间的关系不是孤立的,而是一种信息共享的战略伙伴关系,确保银行最大限度地贴近客户,在人员、产品、服务上实施差异化,还有利于产品的标准化、批量化、品牌化,同时大大避免了各产品部门之间多头营销。

四是建立高素质的营销队伍作为维系客户关系的纽带。细分客户是发展业务的基础,但如果没有一支专业化、高素质的营销队伍为细分客户提供独特的服务,提高客户满意度和忠诚度也会成为空谈。纽约银行把营销人员分为两类:一类是销售人员,专职负责开发新客户,在广度上拓展市场;另一类是客户关系经理,由资深银行业务人员担任(通常要求 MBA 专业毕业,有较强的组织沟通能力),负责维护客户并销售更多的产品,从深度上渗透市场。客户关系经理已成为美国银行接触客户的固定界面,向客户提供全方位、一揽子的金融服务。当客户有金融需求时,他不必去找银行的各个产品部门,而是通过客户经理一个接触点就可以全部得到办理。银行通过客户经理也可以对每个客户进行整体的把握,实行统一的客户战略,避免了由各个产品部门直接面对客户,各个部门之间缺乏有效沟通,从而很难对客户进行总体分析与把握的现象发生。这样不仅提高了客户的便利程度,还有利于银行实现交叉销售。客户关系经理主要任务是收集客户信息,联系银行与客户之间的各种关系,做客户财务参谋;研究分析客户的需要并提出解决的办法,协调和争取银行的各项资源(即产品),及时解决客户的需要;了解竞争银行的客户策略及时提出对策、建议;通过管理、服务客户为银行赚取合理的回报;通过分析客户需求,努力从各个角度各个层面为客户提供全方位服务。为保证客户关系经理最大限度地发挥作用,美国银行还特别强调加强合作和内部沟通,形成团队精神。因此客户关系经理的工作不是在市场上孤军奋战,而是始终能得到银行内部各协作部门的支持与尊重 。

五是强大的信息系统是客户关系管理的主要工具。上世界 90 年代中期开始,美国各家银行纷纷建立起客户关系管理系统,实现了客户信息一体化管理,目前在这方面的投入仍以年平均 40% 的速度增长。客户关系管理系统通过对客户资料的整合和动态分析,以及对客户活动的全程跟踪监控,为营销人员细分市场,寻找和锁定目标客户,有针对性地进行营销活动提供了有力的支持,同时还为有关部门防范信贷和操作风险、科学决策授信额度等提供重要参考依据。在大多数银行里,客户关系管理系统的中心信息库成为一个信息共享的大平台,组织中的每个人都可以查阅到相应的客户数据,这样避免了不同部门只从各自系统中片面了解客户的弊病,确保了客户在与银行网点、电话、网站、客户关系经理等不同接触点接触时得到了始终如一的对待。此外营销人员还可以根据系统中的客户历史数据提供个性化服务,让高价值客户感觉到自己被重视。

由此可见,客户关系管理系统不仅仅是一套将市场营销的科学管理理念通过信息技术手段集成的先进管理软件,更是一套将客户关注融入企业运作核心的管理制度。美国银行正是通过对客户关系管理系统的完美运用,实现了提高客户交流能力,最大化客户收益的目标。

六是针对不同类型的客户采取积极灵活的营销策略是银行客户管理的重要手段。一般来讲,客户对金融产品的知识是有限的,因此美国银行十分重视金融知识与教育的传播。他们利用网站、新闻媒体、金融课堂等渠道,持续性地对不同目标客户群分层次进行超越产品的知识化传播,既体现了对客户的充分尊重(包括尊重客户的个性选择和客户知情权),又对特定人群进行了细分化营销,挖掘了客户的潜在需求。

总之,从美国商业银行成功客户管理经验受到的启示很大。

第一,客户关系管理是一个战略性系统工程。强调战略性是要充分认识客户已成为银行至关重要的商业资源,树立“以客户满意为中心”的竞争、发展战略思想是招行的必然选择。这需要我们转变观念,从追求规模效益转向挖掘客户效益。改变过去以网点和人际关系为主线的那种对客户不加选择的竞争方式,借助信息技术工具,细分客户价值,针对不同客户群体进行市场定位,提供符合其需求的金融产品和服务,并着力稳定发展高效益的客户群,以期获得深度效益。

第二,注重组织再造与业务流程重构。通过改革和组织再造,整合内部资源,建立适应客户战略的、职能完整、交流通畅、运行高效的组织机构。组织机构的再造不仅表现在名称上,更应体现在功能设置和机构内部不同方面的关系协调和相互作用的发挥上。组织再造的同时要以客户需求挖掘和满足为中心,实行业务流程的重构,加强基于客户互动关系的营销和产品销售以及服务工作,统一客户联系渠道,针对客户的需求及时推出创新的金融产品和服务。

第三,调整劳动组合,加快产品经理和客户经理两支队伍建设。加大后台业务综合处理能力,将节约出来的人员充实到产品经理队伍和一线营销服务队伍中去。另外,还应当尽快完善产品经理和客户经理的培训体系,健全人才选拔机制,加快高素质和专业化的产品经理和客户经理队伍建设,形成可持续发展的动力源。在考核机制上,为鼓励客户经理、产品经理协同作战,应考虑产品经理按一定比例分享客户经理的业绩,以鼓励产品经理改良、开发业务产品,协同客户经理更好地开展客户服务,扩大销售。

第四,利用信息技术建立以客户为中心的新型客户关系管理模式。金融业是一个信息密集型行业,其业务和管理都高度依赖于信息技术,改变传统的粗放型客户关系管理方式,将分散、割裂于市场、信息、服务各个部门中各自独立的信息系统整合在一起,使不同部门都可以看到客户信息的全貌,挖掘有价值的客户,最大化客户价值,简化业务处理流程,加强客户交流,以一对一和交互式客户服务方式提供个性化服务。这样才能更有效地利用我们手中的客户资源,将数据转换成有用的信息,将信息转换成知识,将知识变成利润。

(招商银行股份有限公司石家庄分行　郑晓东)

【发展靠人才支持　效益靠人才创造】

近年来,张家口市商业银行秉持"人才就是核心竞争力"的发展理念,通过科学合理的人才引进、培养、选拔和激励,精心构建人才聚集地,努力打造核心竞争力,为商行的健康、可持续发展提供了有力保障,实现了稳健、快速的发展。截至2011年5月末,全行资产总额达到330.7亿元,各项存款余额达到211.3亿元,各项贷款余额达到121.2亿元,综合竞争力在全国小型城市商业银行中位列前五,主要业务经营质量指标在河北省各城市商业银行中位居第一,在张家口银行业市场份额位居第一。

一、广开才路,拓宽人才引进渠道

一是实施校园招聘计划。根据业务发展的需要,通过与国内顶级专业招聘机构—中华英才网建立合作关系,采取社会公开招聘、锁定名校名专业的校园招聘等方式,近年来共招聘高质量的全日制本科及以上毕业生96人,其中硕士研究生37名,重点大学一类本科生14人,普通一类本科生7人,普通本科生44人。2011年拟招聘60名左右全日制一类本科及以上应届毕业生。生源水平逐年提高,人才队伍得到了进一步充实。二是实施常态化人才选拔机制。主要通过定向选拔、社会招聘等方式,坚持"发现一个,引进一个"的原则,共引进28名思想品德好、业务水平高,管理能力强,社会资源丰富的专业人才,为商行人才队伍注入了新鲜血液。三是为进一步提高服务水平和服务质量,探索打造了业务引导员素质模型。两年来,通过实行"入学时定向培养、入学后定期考核、毕业时专项选拔"的分期引进方式,共择优挑选了76名形象好、服务优的业务引导员,为提升张家口市商业银行服务形象、服务质量与服务水平奠定人力基础。

二、多措并举,丰富人才培养机制

一是深入推进企业文化建设,营造干事创业的良好氛围。聘请国内知名企业策划公司—中国软实力研究中心,系统策划和推进全行企业文化建设。确立了"创造幸福、携手成功"、"忠诚、智慧、团队、阳光、审慎"等企业使命和核心价值;开展到海尔和万科等企业游学活动,组织丰富多彩的文体娱乐活动,召开全员总结表彰大会、中层干部工作案例分析会,组织"商行和我……"主题演讲比赛以及每季的业务技能比赛及基础知识考试等活动,为全员搭建了一个互促互学、取长补短、共同提高的平台;在新华网、《张家口日报》等新闻媒体刊发新闻报道130余篇,增强了社会知名度和公信力,初步建立了具有自身特色的企业文化,在全行营造了健康向上、干事创业的良好氛围,进一步提升了人才队伍的战斗力和凝聚力。二是实施全员素质工程。一方面,按照"缺什么、补什么"的原则,通过与北京理工大学等名校合作,采取"走出去,请进来"相结合的方式,聘请知名大学教授、金融专家、营销能手等各类专家为师资,组织干部员工参加以管理能力、业务知识、产品营销、企业文化建设等方面为主要内容的培训,着力提升人才队伍的综合素质。近三年来累计举办各类培训班42期,培训干部员工7 100多人次,培训面达100%。另一方面,坚持每周三"业务学练日"和每月初"知识学习周",进行岗位练兵和业务知识学习,做到月初有计划、落实有考勤、学练有记录、岗位必达标。三是设立了培训夜校,购买了模拟操作设备终端,并组建了讲师队伍,分批分期对全辖所有一线员工及业务引导员进行轮训，受训面达百分之百，有效提升一线员工的业务技能及综合素质。同时，还积极筹建以业务知识为主要授课内容的网络学院和以案例培训为主要内容的企业大学，为提高全行干部、员工队伍综合素质奠定了坚实的基础。四是建立全行每日晨会、总行机关中层管理人员每周行务会、全行正职中层管理人员每月扩大行务会的例会制度，理清工作思路，提高管理水平，提升工作效率。五是积极探索专业人才和重要岗位的轮岗交流机制，创建交流小组，并将各基层行部专业人才和重要岗位纳入交流范围，定期对各行部的专业人才和重要岗位进行轮岗交流，进一步丰富管理经验，锻炼培养综合性人才。

三、探索创新，完善人才选拔机制

一是树立正确的用人导向。在选人用人方面，始终坚持德才兼备、注重实绩、公平公正的原则，通过公开竞聘的方式选拔干部，让想干事、能干事、能干成事的人走上管理岗位。二是建立后备人才库。通过民主推荐、组织考核等措施，挑选一批综合素质高、业务能力强、群众基础好、热爱商行、奉献商行的优秀人才进入后备人才库，并坚持动态管理、备用结合、优先选拔的原则，切实做好后备干部的管理、培养和选拔工作。三是对业务性较强的管理岗位实行按条线专项选拔。针对会计条线的主管岗位，通过公开竞聘的方式选拔一批具备专业会计知识、较高操作技能和丰富临柜经验的业务骨干走上会计主管岗位，并定期对会计主管进行轮岗，以点带面逐步提高一线员工业务及服务水平；针对授信审批和审计等专业管理岗位，通过公开竞聘、综合考核的方式，挑选一批职业操守好、专业水平高的优秀人才走上了管理岗位。

四、稳步推进，健全人才激励机制

一是不断完善全行薪酬制度改革。建立与商行发展水平相适应的，科学、严谨的基本工资体系，依据不同岗位、承担不同职务执行不同工资，打破分配中的平均主义，体现效益优先、效率优先、兼顾公平的原则，形成科学合理、激励有效并具备竞争性，且有利于吸引人才，留住人才，调动人才积极性的工资收入体系。二是探索建立科学完善的考核制度，进一步加大奖惩力度。通过制定工作任务目标、定时督导、考核并点评工作完成情况的正向激励方式，最大限度地调动人才的积极性和创造性；同时，通过组织全体干部员工参观预防职务犯罪警示教育展览、在全系统通报上海农村银行“5·28”案件、聘请市纪委领导做反腐倡廉专题报告等负向激励方式，使广大干部员工进一步增强了依法合规、廉洁自律意识。三是积极探索中长期激励、股权激励机制。中期薪酬面向中高层实职管理人员，是对连续2年完成相关设定目标的单位和个人给予的一定激励；同时积极探讨、研究长期薪酬、股权激励机制，充分调动工作热情。

（张家口市商业银行股份有限公司　任德）

【地方商业银行如何助力小微企业发展】

——以唐山市商业银行为例

小微企业融资难是世界范围内普遍存在的问题，在我国这种现象更为严重，究其原因，一方面是由于银行业的高度垄断，另一方面则是小微企业规模小、风险高，而金融资源的分配与其他资源一样，都基于效率原则，因此银行业更愿意将资金贷给单笔授信额度较大、抗风险能力更强的大企业，而不愿意将资金贷给效益贡献度低的小微企业。但是，众所周知，小微企业是我国地方经济的重要组成部分，不但为社会提供了大量就业，而且关系到我国经济的活力和社会发展。唐山市商业银行作为地方银行，扎根地方服务地方是立行宗旨，如何助力小微企业的发展，就成为了唐山市商业银行必须面对的重要课题。

一、唐山市小微企业融资现状

唐山市现有中小微企业1.95万家，所提供的就业岗位占全市总数的50%，小微企业发展对调整唐山市经济结构，促进就业，改善民生具有重要的作用。但是，唐山市小微企业与全国其他城市小微企业普遍存在的问题一样，融资困难已经成为制约其发展的重大瓶颈。据调查，唐山市小微企业银行贷款平均仅27万元，许多小微企业难以得到银行贷款支持，而通过民间借贷等其他渠道获得的资金不仅利率高，而且没有保障，严重制约了唐山市小微企业的发展。

二、小微企业融资难问题分析

小微企业贷款规模普遍较小，信息不对称问题严重，并且往往缺乏足够的固定资产，这就使得银行在向小微企业贷款时会面临“成本高、抵押难、风险大”等诸多问题。

“成本高”主要是指贷款的单位成本高。银行每笔贷款的交易成本实际上差别并不大，而中小企业的贷款规模比大型企业要小得多，所以单位贷款的交易成本就显得非常高。“抵押难”，一方面是因为中小企业往往缺乏足够的固定资产，另一方面也是因为抵押的程序繁琐、评估费用高，加大了企业的融资成本。“风险大”是由信息不对称问题引起的，主要体现在银行对小微企业实际的经营状况和将来的盈利前景难以做出准确的判断：这一方面是因为小微企业经营透明度低、缺乏规范的会计制度；另一方面也是由于小微企业规模小、经营方式灵活，生产的不确定性大。在这些因素的共同作用下，银行更偏好于向大企业贷款，而不愿意向小微企业贷款。

三、唐山市商业银行支持小微企业措施

为解决小微企业融资难问题，唐山市商业银行成立了小微企业与个人金融业务专营中心，配备了专业的小微企业授信团队，并进行了市场调研、制度研究和产品研发。同时，唐山市商业银行积极与唐山市各职能部门开展合作，并协同唐山市金融办开展金融支持小微企业发展试点工作，即以唐山市商业银行为依托，在特定区域内，探索为小微企业提供全方位融资服务的新模式；建立唐山市商业银行与政府出资的市、区担保机构互利共赢全面合作的新机制；创新符合小微企业融资（风险）偏好的新产品。并提出了以下三个举措：

（一）金融措施

1. 提升基本服务水平。降低门槛，在试点区域内只要企业有需求，符合融资条件，风险可控，操作合规，唐山市商业银行将最大限度给予满足。放宽授信额度，试点区域内，对小微企业的信贷支持一般为单户5万元—500万元，但企业有特殊需求的，可不受500万元额度限制。进一步加大对企业固定资产、流动资金、票据贴现的资金投放力度，确保对小微企业贷款增速高于全行贷款增速10个百分点以上。

2. 创新符合小微企业特点的金融产品。着眼于破解小微企业融资中遇到的抵质押物缺失、担保难等瓶颈制约，积极推出联保贷、互保贷、商圈贷、一般法人保证贷、专业担保公司担保贷、机器设备抵押贷、房地产抵押贷、经营性物业抵押贷、应收账款质押贷、存货质押贷、国内保理、票易票、股权质押贷、银行承兑汇票及存单质押贷、厂商银、循环贷等20款新型信贷业务产品，增强小微企业融资能力。

发挥金融对产业发展的引导作用，优先受理政府支持的行业及领域的客户融资需求。唐山市商业银行结合唐山市政府相关部门，优先支持政府支持的文化创意产业、便民服务业、高新技术产业以及下岗失业人员、复转军人、大学生创业项目的授信需求，并在授信额度、授信利率及授信期限上予以优惠。

3. 拓宽金融服务领域。为小微企业提供委托贷款、银行承兑汇票、保函等表外业务服务；根据小微企业需求，提供资金归集、账户管理、监督支付、代理收付款、银行卡、代发工资、代缴费、商务POS、网上银行等现金管理服务；组织小微企业发行集合票据，多渠道解决小微企业融资难问题；提供融资、担保、保险、理财、财务管理等咨询服务；改善小微企业经营管理，促进小微企业健康发展。

4. 改进金融服务模式。为满足小微企业“短、频、急”的资金需求特点，依托完善的结算网络和专业服务团队，为小微企业实施专项政策、专门经营、专业管理、专家团队，提供“一对一”的专属服务。

5. 提高审批效率。建立小微企业贷款审批绿色通道，简化审批程序，提高审批效率。借款人申报资料齐全的，5天内完成从业务受理到放款流程，对需要补充完善的进行认真指导，审批最长不超过7天。工商、住建、公安、评估机构降低小微企业股权出质登记、资产抵押登记以及资产评估费用，压缩办理抵押、评估、担保手续时限，原则上在3天内完成。

（二）优惠政策

1. 利率优惠。在不违反中国人民银行、中国银监会等管理机构有关规定的前提下，依据借款人风险水平、筹资成本、管理成本、唐山本地利率市场水平等因素，分别不同情况给予利率优惠。

2. 不良贷款比率容忍度。根据小企业贷款的风险、成本和核销等具体情况，对小企业不良贷款比率实行差异化考核，适当提高小企业不良贷款比率容忍度，原则上小企业不良贷款比率容忍度最高可以提高到3%。

3. 中间业务费用减免。唐山市商业银行中间业务包括支付结算类、银行卡业务、代理类、担保类(包括银行承兑汇票、各类银行保函、国内保理等)、咨询类(包括银行询证函、资信证明、企业信息咨询费等)、委托类、承诺类(主要包括贷款承诺业务)以及其他。中间业务收费包括手续费、电子汇划费、顾问费、信息咨询费、管理费、托管费、承诺费、担保费、年费等形式。

唐山市商业银行承诺对于国家有统一收费或定价标准的,按国家统一标准执行;国家没有统一收费或定价标准的,银监会授权中国银行业协会确定标准的,按中国银行业协会确定的标准收费;不附加不合理的贷款条件,不强迫企业到指定的机构接受服务及收费;不收取不合理的费用特别是不合理的贷款咨询、财务顾问等中间业务费用。

4. 唐山市商业银行存贷比及贷款分类。允许将单户500万元(含)以下的小企业贷款视同零售贷款处理,具体的风险权重按照《商业银行资本充足率管理办法》执行。在计算存贷比时,对于发行金融债所对应的单户500万元(含)以下的小企业贷款,可不纳入存贷比考核范围。

5. 税费优惠。对小微企业免征管理类、登记类和证照类等有关行政事业性收费,其中行政事业性收费具体包括:工商行政管理部门收取的企业注册登记费;税务部门收取的税务发票工本费;海关部门收取的海关监管手续费;商务部门收取的装船证费、手工制品证书费、纺织品原产地证明书费;质检部门收取的组织机构代码证书工本费;贸促会收取的货物原产地证明书费、ATA单证册收费;国土资源部门收取的土地登记费;新闻出版部门收取的计算机软件著作权登记费;农业部门收取的农机监理费(含牌证工本费、安全技术检验费、驾驶许可考试费等);林业部门收取的林权证工本费;旅游部门收取的星级标牌(含星级证书)工本费、A级旅游景区标牌(含证书)工本费、工农业旅游示范点标牌(含证书)工本费;中国伊斯兰教协会收取的清真食品认证费;各省、自治区、直辖市人民政府及其财政、价格主管部门按照管理权限批准设立的管理类、登记类和证照类行政事业性收费。

加大对小微企业税收扶持力度,提高小微企业增值税和营业税起征点,即:自2011年11月1日起,将销售货物、应纳税劳务增值税的起征点提高到月销售额20 000元;将按次纳税的增值税起征点提高到每次(日)500元;将按期纳税的营业税起征点幅度由月营业额5 000元提高到20 000元;将按次纳税的营业税起征点幅度由每次(日)营业额100元提高到500元。将符合条件的小型微利企业所得税优惠政策延长执行期限并扩大范围,即:自2012年1月1日—2015年12月31日,对年应纳税所得额低于6万元(含6万元)的小型微利企业,其所得减50%计入应纳税所得额,按20%的税率缴纳企业所得税。小微企业因特殊困难不能按期纳税的,可依法申请在3个月内延期缴纳。将符合条件的国家中小企业公共技术服务示范平台纳入科技开发用品进口税收优惠政策范围。扩大中小企业专项资金规模,更多运用间接方式扶持小微企业。进一步清理取消和减免部分涉企收费。

对金融机构与小型微型企业签订的借款合同自2011年11月1日—2014年10月31日止三年内免征印花税;将金融企业中小企业贷款损失准备金税前扣除政策的执行期限延长至2013年12月31日;将符合条件的农村金融机构金融保险收入减按3%的税率征收营业税的政策延长至2015年底。

6. 建立风险补偿机制。各级政府要设立小微企业贷款风险补偿专项资金,用于弥补金融机构对小微企业贷款形成的一些风险,引导金融机构加大对小微企业的信贷投入。

(三)加强三方合作关系

唐山市商业银行:成立小微企业专营机构,配备专业人员、单列信贷计划、单独配备资源,为唐山市小微企业提供更方便、快捷、安全、优质、个性化的金融服务,贯彻落实优惠政策,使小微企业得到及时有效、成本低廉的资金支持。

小微企业:选择唐山市商业银行作为其全部金融业务的主办银行;在存款、资金托管、账户管理等业务方面选择唐山市商业银行为主办银行;委托唐山市商业银行办理涉及借款人银行卡、代发工资、代缴费、商务POS等金融业务。

担保公司:在"利益共享、风险共担"的原则上,为向唐山市商业银行申请授信业务的小微企业提供担保支持,并在现行保费的基础上给予一定优惠,原则上不超过担保金额的2.5%。

通过以上举措,唐山市商业银行小微企业及个人金融业务专营中心在短短两个月内,便受理101笔授信业务,共计14 599万元,单户授信额度145万元,有效缓解了唐山市小微企业融资难的问题。

(唐山市商业银行股份有限公司　田奇申)

【提供全面金融服务,做综合金融服务商】

——试述资产管理公司的新定位、新功能

经过12年的努力,金融资产管理公司圆满完成了国家赋予的政策性任务和历史使命,目前正在探索商业化转型。转型能否成功,取决于资产管理公司能否寻找到新的市场定位,在整个中国金融体系中发挥新的功能,成为适应市场需求、具有良好公司治理机制和可持续盈利模式的现代金融服务企业。伴随着中国经济的快速成长,金融对企业的服务也从单一的、粗放的模式向综合的、精细的服务模式转变,综合金融服务商应运而生。经过几年的努力,四家资产管理公司已经初步建立了集银行、证券、保险、信托、租赁、基金、评级等金融服务于一身的综合金融服务架构体系,成为国内第一批具有综合金融服务能力的大型国有控股金融机构。综合金融服务商成为资产管理公司的新定位,它将以不同于传统的崭新方式为市场提供综合的、精细的、全面的金融服务。

一、资产管理公司新定位:提供全面金融服务的综合金融服务商

“专业的资产管理者和卓越的综合金融服务商”——这是对当前金融资产管理公司重建功能定位和转换发展战略的最好诠释。

近年来,东方、信达、华融、长城四家金融资产管理公司都加快了商业化转型的步伐,通过兼并重组的方式构建平台子公司,形成了多牌照的机构体系和多元化业务体系。在机构体系方面,四家资产管理公司通过持股或控股方式,构建了包括银行、证券、保险、租赁、信用评级、信托、期货、基金等几乎所有重要的金融机构体系,成为国内为数不多的能覆盖几乎所有金融服务模式的大型国有控股金融机构。这种架构体系上的优势,为开展全方位综合性金融服务提供了扎实的操作基础。在业务品种方面,资产管理公司下属的独立平台在各自领域内提供传统的金融服务,而在集团层面,则具备了整合平台资源、协同提供综合金融服务的条件。当前,各家资产管理公司充分认识到综合金融服务的重要性,正摸索打造综合金融服务的最佳业务模式。综合金融服务将实现由一家金融机构为企业提供包括银行、保险、证券、信托、租赁、基金乃至信用评级等全方位金融服务,为企业实现融资需求、提高融资效率、降低资金成本等起到积极的作用。

二、资产管理公司新功能

(一)直接融资服务功能

资产管理公司的直接融资服务功能,主要体现在两方面,一是通过旗下平台公司帮助客户在资本市场实现融资,比如IPO、证券发债等;二是通过资本市场外的各种直接融资工具进行直接投融资服务。

当今社会,融资成为企业血液的重要来源和企业生存与发展的基本条件,同时也带动了整个社会财富创造效率的提升。我国经济将在较长时期内保持适度增长,经济的证券化程度仍存在巨大的提升空间。根据国家工商总局发布的统计数据,截至2011年3季度末,全国实有企业共计1 228万余家,而到2011年底上市公司仅2 340余家;从债券市场来看,债券总值与GDP比例在发达国家可达到甚至大大超过100%,而在我国仅为25%~30%,市场上存在着巨大的融资需求。

资产管理公司凭借旗下拥有的证券公司业务平台,可以为企业提供IPO、债券融资、财务顾问等金融服务,满足企业融资多样化的需求。通过帮助企业债券融资咨询、方案策划和组织实施,协助企业设计融资产品并组织企业债券销售、推荐上市等工作,帮助企业扩大经营,有效改善治理结构,提升企业形象和公众知名度,增强企业竞争实力和抗风险能力,充分挖掘企业内在价值,促进财富最大化。

在资本市场以外,金融资产管理公司可以运用其自身的投融资功能和旗下的投资平台,开展各类风险可控的投融资业务,例如:利用自有资金进行项目直投,或委托贷款,利用信托公司开展信托投资,通过设立基金开展融资业务等。这些直接融资功能可以拓宽企业的融资渠道,使企业享受到多种多样、满足不同需求的融资服务。

信托作为制度安排最灵活、业务功能最全面的金融工具,是多元化业务科学发展过程中必不可少的业务平台。特别是2007年信托新政的颁布实施,更是让信托这一强大而独特的资产管理制度“受人之托,代人理财”的本源功能得以凸显。信托作为惟一可以联接资本市场、货币市场、实业领域的金融工具,通过与资产管理公司各办事处及其他平台公司一道开展资产重组并购、项目融资、财务顾问等投行业务,运用多样化的业务手段,如融资性信托贷款、股权投资等方式运作项目,能够很好地解决企业融资难题,提升投资价值,增强企业实力。

作为直接融资方式的另一种制度安排,基金近年来也出现了良好的发展趋势。各家资产管理公司也都积极设立了自己的基金管理公司,通过设立基金的方式,资产管理公司可以聚集更多的社会资金,借助资产管理公司的丰富市场经验和渠道,为企业提供更大规模的融资服务。

(二)间接融资服务功能

经过几年的转型努力,四家资产管理公司都已参股或控股了银行和租赁公司,因此可以通过银行和租赁公司开展间接融资服务。目前资产管理公司参股或控股的银行,无论在规模和地域服务范围上尚处在起步阶段,但随着转型的深化,将逐步发展成为覆盖全国的重要业务支柱。值得一提的是,各家资产管理公司下属的租赁公司近几年来业务取得了迅猛发展,不仅成为集团内部的一项主要业务,在整个中国租赁行业也占据了重要的地位。与发达国家相比,虽然我国租赁业务存在较大差距,但其未来发展空间很大。据估算,目前我国租赁渗透率在4% ~5%,而发达国家相应指标一般在20%左右,美国达到30%以上。金融租赁的服务领域非常广泛,涉及投资、生产、贸易、消费、服务、政府采购等方方面面,尤其是对中小企业,能有效适应中小企业的各种需求,缓解融资难、成本高的困境。同时,金融租赁在传统业务基础上不断拓展的咨询和服务等附加增值业务,也将从更大程度上满足企业的综合性服务需求。

(三)综合金融服务商功能

在下一步的市场化改革中,资产管理公司将在商业化转型中着力促进资产管理公司功能的转换,在坚持资产管理主业的基础上,大力发展以投行手段为核心的金融中间业务和以获取阶段性投资回报为目的的财务性投资业务,以为客户提供高附加值的金融服务为目标,由单纯为客户提供产品逐渐向为客户提供尽职调查、财务顾问、融资顾问等高附加值的综合金融服务转变。即不能仅仅充当金融体系的风险化解者,更要主动成为金融体系的风险管理者和价值创造者;不能仅仅满足于通过资产处置实现价值的回收和重建,更要主动根据客户需求,设计综合性的资产管理方案和产品,实现价值的重组和提升。

如前所述,金融资产管理公司在商业化发展过程中已构建起了多元化的服务平台,包括银行、证券、信托、保险、租赁、基金、评级、投资等平台,在架构体系上已经具备了为同一个主体对象提供多项金融服务的条件。在此基础上开展的综合创新业务,可以有效汇聚不同的资金来源,应用更多的技术手段,融合不同产品的功能,为客户提供综合化、专业化的"一揽子金融服务",实现更大范围和更高层次的业务协同。此外资产管理公司拥有遍布全国的主要城市的服务网络和营销体系,进一步优化整合之后将通过集团内部的机构协同和业务协同促进资源共享、信息共享和项目共享,全力打造为企业服务的产品链、价值链、信息链,更好地为企业发展提供一条龙式的综合金融服务。

近年来资产管理公司开展了一系列的金融创新业务,比如对中小企业的融资增信服务、资产管理和远期不良资产收购有机结合起来,与有关商业银行合作推出中小企业财务顾问及不良资产收购的综合服务等一系列创新的产品,既缓解了中小企业融资难的需求,保障了商业银行的资产质量,同时也拓宽了资产管理公司自身的业务渠道,较好实现了三方共赢。

除了提供单项资金服务外,资产管理公司更大的优势在于能提供综合服务。比如企业要发债,资产管理公司可以同时提供债券承销、评级等服务。资产管理公司还可以更早地介入,帮助企业设计整体融资方案,对企业备选的各种融资需求诸如IPO、发债引进战投或者风投等进行优化论证,最终拿出最优方案。而资产管理公司下属的专业平台公司则为实施最优方案提供了坚实保证。此外,各种融资工资的合理组合,期限的合理匹配将大大提高企业的融资效率,降低资金使用成本。借助资产管理公司一站式服务模式,企业将有效解决融资难、效率低、成本高的问题,获得明显不同于以往的优质金融服务。

(四)信用评级服务

信用评级是保证企业在债务市场成功融资的一项重要环节。信用评级机构作为独立第三方,对债务工具发表独立、客观、公正的评价并出具报告,成为市场投资者与企业之间有效沟通的桥梁,也可节省借贷双方的时间和提高融资效率。同时,评级机构还可利用自身的专业优势、人才优势、信息优势,为企业提供管理咨询、财务顾问、信息咨询等相关服务。

四家资产管理公司中，东方公司在开拓信用评级业务方面走在了前列。东方旗下的金诚国际信用评估有限公司已获得中国证监会、中国人民银行和国家发改委三个国家政府部门认定的证券市场及银行间债券市场两大债券市场国内全部债务工具类信用评级资质，成为第一个拥有全牌照的国有评级公司，是中国境内经营资本实力最雄厚的信用评级机构之一。公司建立了庞大的行业和企业信用信息数据库。同时，公司全资控股的专业数据公司拥有国内第一个，也是目前最大、最全的贷款违约损失 LossMetrics 数据库。基于行业和企业信用信息数据库，公司开发了"信用评级管理系统"和"信息支撑管理系统"，为公司信用评级业务的开展，以及评级质量和效率的提升奠定了坚实的基础。公司自主研发的"实现可扩展的数据存储方法"获得了国家专利，"信用评级管理系统"荣获 2010 年度中国金融博览会金融创新奖。

在评级过程中，东方金诚还可以充分利用专业优势、人才优势、信息优势和管理优势，从企业的经营环境、基本经营和市场竞争地位、管理与战略、财务状况等各方面找出存在的问题，主动帮助企业提供解决方案，以达到改善企业信用环境、解决融资困境的目标。同时，东方资产及旗下证券、实业投资、融资租赁、保险、信托等各专业金融服务平台公司不仅能够为东方金诚评级业务的开展提供数据、人才和技术支持，也能够为广大客户提供综合化和专业化的金融服务，提升公司整体研发能力和评级技术的创新性应用能力。

（五）不良资产处置功能

在过去 12 年的历史中，四家资产公司累计接收、管理、处置各类金融不良资产近 3 万亿元，对国家的经济金融改革与发展做出了巨大贡献。十多年处置所形成的专业经验弥足珍贵，也是整个国内金融市场中几大资产管理公司所区别于其他各大金融机构的一大特色和优势所在。资产公司实施商业化转型，虽然总体上将以金融服务业为主，但不良资产业务仍将是一块重要的业务领域。

当前不良资产市场已经发生了根本性的变化。多元化多层次的不良资产业务参与主体和细分市场已经成熟运作。目前不良资产业务主要有三种表现方式：一是问题项目，二是危机企业，三是小型风险金融机构。资产管理公司要巩固不良资产业务主业，就要继续发挥好在银行不良资产处置、各类风险金融机构以及实体企业托管、清算和重组等方面的独特专业优势，积极充当"救火队、清洁工和保健医生"，发挥好经济金融体系的"安全网、稳定器"作用。

不良资产业务中综合金融服务主要体现在：通过债务的重组、整合缓解企业压力；帮助清扫法律障碍和纠纷；利用平台公司给企业做一些金融服务、上市辅导等。在这个过程中，只要能够帮到企业、用户的办法都会用上，核心就是帮助企业去创造价值，走出困境。资产管理公司近年来利用旗下平台公司，通过对接资本市场等方式进行增值运作，不但在最大程度上实现了资产的保值增值，还全力支持了参股企业的发展，实现了"双赢"。

总之，赋予不良资产业务新的内涵，包括投资的概念、投行的手段、资产管理的模式等三个方面，更好地继承和发扬资产公司的专业优势，将更有助于凸现资产管理公司在金融市场的独特作用，有效增进国家金融稳定，优化市场资源配置，促进社会财富增加。

三、相关建议

金融资产管理公司的业务转型目前主要面临着两个方面的客观问题：一是历史的遗留问题；二是新的市场准入。公司成立之初的经营范围早就已经不适应商业化业务的开展，而当前阶段的资产管理公司正处在转型过程中，新的业务模式尚未定型，因此资产管理公司转型的成功，前提条件还要有赖于国家有关部门给予相应的政策法律支持。如：根据资产管理公司转型过程中开展业务的需要，允许其进入金融市场中的诸多领域；给予资产管理公司自身投融资方面的政策支持；特别是在监管方面，在资产管理公司业务整体合法合规和风险可控的前提下，对其新业务范围和模式进行更为灵活的监管，给予其一定的业务拓展和创新空间，从而促进和加快资产管理公司尽快成功转型。

（中国东方资产管理公司石家庄办事处　罗光　安建秀）

第四部分

金融规章选编

中国银行业监督管理委员会河北监管局行政复议操作规程

第一章 总则

第一条 为规范中国银行业监督管理委员会河北监管局（以下简称河北银监局）行政复议行为，正确履行行政复议职责，根据《中国银行业监督管理委员会行政复议办法》制定本操作规程。

第二条 银行业金融机构、其他单位和个人（以下简称申请人）不服河北银监局所辖各银监分局（含县、市监管办事处，下同。以下简称被申请人）的具体行政行为，提出行政复议申请，以及附带提出对河北银监局或银监分局制定的抽象性规范文件审查申请和行政赔偿请求的（以下简称行政复议申请），河北银监局受理行政复议申请、作出行政复议决定、审查决定和赔偿决定（以下简称行政复议决定），适用本操作规程。

第三条 河北银监局行政复议委员会（以下简称行政复议委员会）是河北银监局（以下简称行政复议机关）行政复议事项的议决机构，负责办理行政复议事项，并作出行政复议决定。

河北银监局法律事务部门（以下简称法律事务部门）负责行政复议申请的接受、审查、行政复议有关文书的起草，以及其他与行政复议有关的具体工作。

第二章 行政复议申请的接受和审查

第四条 法律事务部门应当在接受行政复议申请材料之日起5个工作日内，对申请人的行政复议申请进行审查，符合受理条件的，应当填制《行政复议申请受理审批表》（见附件一），报主管局领导批准受理。申请人的行政复议申请材料和其他材料全部到达法律事务部门之日为行政复议申请受理日。

第五条 法律事务部门对被申请行政复议的事项进行审查的法律依据是国家的法律、法规、规章和其他具有法律效力的规范性文件。

第六条 行政复议申请有下列情形之一的，不予受理：

（一）超过法定的申请复议期限，又没有正当理由的；

（二）向人民法院提起行政诉讼，已经被受理的；

（三）被申请人已经变更或撤销被申请复议的行政行为的；

（四）行政复议机关没有管辖权的；

（五）其他不予受理的情形。

第七条 对经主管局领导批准不予受理的行政复议申请，法律事务部门应当向申请人送达《不予受理行政复议申请通知书》（见附件二）。

第八条 法律事务部门经审查，认为行政复议申请不属于本行政复议机关管辖的，应当告知申请人向有关机关、单位或部门提出。

第三章 行政复议事项的答辩和调查

第九条 法律事务部门对已经受理的行政复议申请，应当在7个工作日内，向被申请人发送《行政复议答辩通知书》（见附件三）、行政复议申请书和其他有关材料，通知被申请人答辩。

第十条 被申请人应当自收到行政复议答辩通知和其他有关材料之日起10日内，向行政复议机关提出行政复议答辩书，并提交当初作出具体行政行为的证据、依据和其他有关材料。

第十一条 法律事务部门根据被申请人提供的行政复议答辩书和其他材料对被申请行政复议的行政行为进行书面审查。

法律事务部门进行审查时,不得为维持被申请人的被行政复议行政行为而进行调查。

第十二条 法律事务部门在对被申请复议的行政行为进行审查时,经主管局领导批准,可以对下列事项进行专门调查:

(一)申请人申请行政复议的条件、资格,及其委托代理人的身份、条件和委托关系;

(二)抽象性规范文件的正当性和合法性;

(三)申请人和其他当事人因被申请复议的行政行为侵害的事实的真实性和损失程度;

(四)被申请人实施被申请复议的行政行为程序的非法性和不正当性;

(五)其他应当调查的事项。

第十三条 法律事务部门进行调查不得少于两人,需要询问当事人或其他人员的,应有专人制作《询问调查笔录》(见附件四)。

第十四条 行政复议期间,一般不停止被申请复议的行政行为的执行,但有下列情形之一的,应当停止被申请复议的具体行政行为的执行:

(一)法律事务部门认为需要停止执行的;

(二)申请人申请停止执行,法律事务部门认为执行会造成难以弥补的损失,并且停止执行不会损害社会公共利益的;

(三)法律、法规和规章规定应当停止执行的。

第十五条 法律事务部门认为被申请复议的行政行为需要停止执行的,应当报经主管局领导批准,并向被申请人送达《停止执行被复议行为通知书》(见附件五)。

第十六条 被申请人不如期答辩,或答辩时没有提交当初作出具体行政行为的证据、依据和其他材料的,视为没有证据和法律依据。

第十七条 在行政复议过程中,被申请人不得自行向申请人、其他有关组织或者个人收集证据。

被申请人违反规定自行收集证据的,行政复议机关不予认定和采信。

第十八条 在行政复议期间出现下列情形之一的,经主管局领导批准,应当终止行政复议程序:

(一)申请人撤回行政复议申请的;

(二)被申请人自动撤销、变更,或作出新的具体行政行为的;

(三)申请人据以申请行政复议的法律根据发生变更的;

(四)其他依法应当终止行政复议的情形。

对决定终止行政复议程序的,法律事务部门应当向申请人送达《终止行政复议程序通知书》(见附件六)

第十九条 法律事务部门审查完毕,写出《行政复议审查报告》(见附件七),经主管局领导批准后,提请行政复议委员会研究决定。

第二十条 法律事务部门的审查报告,应当对被复议的行政行为分别提出维持、变更或部分变更、撤销或部分撤销、责令限期履行等处理意见,并说明处理意见的依据。

第四章 行政复议决定

第二十一条 行政复议委员会由法律事务部门提请召开会议。

第二十二条 行政复议委员会会议过半数以上(含半数)委员出席会议有效;全体委员半数以上(含半数)同意作出的行政复议决定有效。

第二十三条 法律事务部门应当在行政复议委员会召开会议的5个工作日前,将《行政复议申请审查报告》,附行政复议申请书、被申请人的答辩书等材料送达行政复议委员会各位委员。

第二十四条 各委员应当对被申请复议的事项进行全面审查,并提出自己审查意见。

第二十五条 行政复议委员会认为有必要时,经主任(或受委托的副主任)决定,可以邀请申请人或其他当事人列席会议。

第二十六条 行政复议委员会研究讨论被申请复议的事项之前,法律事务部门应当查明行政复议委员会各位委员和邀请列席会议的申请人或其他当事人是否到会,参加会议的人数是否符合规定要求。

第二十七条 行政复议委员会研究讨论被申请复议的事项按照以下程序进行:

(一)行政复议委员会主任(或受委托的副主

任)宣布会议开始,宣布应到会人数和实际参加会议人数,宣布本次会议讨论议题;

(二)法律事务部门宣读申请人的行政复议申请书、被申请人的答辩书,并出示相关证据材料和法律依据;

(三)法律事务部门对被申请复议的事项发表审查意见,以及行政复议决定意见;对申请人附带要求审查的规范性文件的效力进行说明;对申请人一并提出的国家行政赔偿要求的事实根据和法律依据,以及赔偿数额的合理性进行说明。

(四)各委员依次对法律事务部门的审查意见、行政复议决定意见发表自己的看法和意见;

(五)法律事务部门就各位委员的意见与本部门的审查意见的分歧点进行说明,对拟采纳的意见说明要采纳的理由,对不予采纳的意见说明不采纳的原因;

(六)主任(或受委托的副主任)根据各委员和法律事务部门的意见,发表决定建议;

(七)行政复议委员会各位委员对主任(或受委托的副主任)的决定建议以举手的方式进行表决。

第二十八条 行政复议委员会根据全体委员半数以上(含半数)的赞成意见作出行政复议决定。对少数委员的不同意见应当记入行政复议委员会工作会议记录。

第二十九条 行政复议委员会主任(或受委托的副主任)可以对疑难、复杂,影响重大且难以形成正确决定的行政复议申请,决定暂缓表决,同时决定延长行政复议期限。

第三十条 法律事务部门对决定暂缓表决延长行政复议期限的,应当向申请人送达《行政复议延期通知书》(见附件八)。

第三十一条 行政复议委员会根据表决结果,分别作出下列行政复议决定:

(一)对具体行政行为认定事实清楚,证据确凿,适用法律正确,程序合法,内容适当的,决定维持;

(二)对被申请人不履行法定职责的,责令其在一定期限内履行;

(三)具体行政行为有下列情形之一的,决定撤消、变更或者确认该具体行政行为违法;

1. 主要事实不清、证据不足的;

2. 适用法律错误的;

3. 严重违反法定程序的;

4. 超越或者滥用职权的;

5. 具体行政行为明显不当的。

(四)被申请人未按照规定提交行政复议答辩书及当初作出行政行为的证据、依据和其他有关材料的,视为该行政行为没有证据、依据,决定撤消该具体行政行为,或者确认该具体行政行为违法。

(五)决定撤消或者确认行政行为违法的,可以责令被申请人在一定期限内重新作出具体行政行为,若申请人一并提出行政赔偿请求的,可以依法作出行政赔偿决定:

(六)对申请人附带提出的规范性文件审查申请,依法作出废止、部分变更或合法有效的决定。

第三十二条 法律事务部门应根据行政复议委员会作出的行政复议决定制作《行政复议决定书》(见附件九),报局长(或局长委托的其他局领导)签发,并按照法定途径送达申请人和被申请人。申请人和被申请人应当在《行政复议文书送达回证》(见附件十)上签收。

第三十三条 法律事务部门应当监督被申请人在规定的期限内自动履行《行政复议决定书》确定的内容。被申请人没有正当理由不履行《行政复议决定书》确定的内容的,法律事务部门应当向被申请人下达《责令限期履行行政复议决定通知书》(见附件十一)。

第五章 附则

第三十四条 本操作规程经河北银监局局长办公会议讨论通过后施行。修改亦同。

第三十五条 本操作规程由河北银监局法律事务部门负责解释。

第三十六条 本操作规程自2005年7月1日起施行。

中国农业发展银行河北省分行财会工作四级监督管理暂行办法

第一章 总则

第一条 为充分发挥会计监督作用,加强财会规章制度执行力,进一步规范财会行为,全面提升财会工作水平,依据中国农业发展银行《会计制度》、《财务管理制度》、《会计坐班主任管理办法》、《河北省分行营业机构会计内控管理办法》等制度办法,制定本办法。

第二条 本办法中的四级监督指县级支行会计坐班主任、会计出纳部主管或副主管、主管财会工作的副行长、市级分行财会检查辅导人员按照职责权限,分四级对各项财会工作进行监督。

第三条 财会工作四级监督按照“逐级监督、分级负责”的原则开展工作。各级监督岗位责任人认真开展会计监督工作,实事求是地反映存在问题,客观公正地给予准确评价;下级监督岗位责任人开展会计监督工作要向上级监督岗位责任人负责,定期逐级报告开展监督情况;对于监督中发现的问题,相关人员应及时整改。对监督责任人监督不到位,存在明显应发现未发现重大问题,以及相关人员不认真纠改相关问题的,严肃追究相关人员责任。

第四条 本办法适用于河北省分行辖内机构。

第二章 监督职责范围

第五条 一级监督由县级支行会计坐班主任负责。按照要求对综合柜员办理的业务实行全程实时监督,对重要岗位、关键环节实施重点监督。

第六条 二级监督由县级支行会计出纳部主管负责(副行长兼任会计出纳部主管的,由会计出纳部副主管负责)。按照要求对一级监督岗位责任人履行职责情况进行实时监督,对重要环节、重要事项实施再监督。

第七条 三级监督由县级支行分管财会工作的副行长负责。按照要求定期对二级监督岗位责任人实施序时监督,对重要环节、重要事项实施再监督。

第八条 四级监督由市级分行财会检查辅导人员负责。定期对三级监督岗位责任人实施序时监督,并根据不同时期的工作重点,有针对性地对重要环节、重要事项实施再监督。

第三章 监督内容

第九条 一级监督的主要内容。一级监督的主要内容分为实时监督和事后监督两部分。

(一)实时监督的主要内容。

1. 日常会计核算情况。主要监督各项会计核算业务是否以实际发生的交易或事项为依据,按操作规程准确办理。是否严格执行“现金收款业务,先收款、后记账。现金付款业务,先记账,后付款;转账业务,先记借、后记贷;他行票据,收妥抵用;凭证传递合规”等相关要求。

2. 重要会计核算事项。主要审查存放人民银行款项和存放同业款项的支付;核对同城票据交换清单与交换凭证;每日核对系统内往来款项及余额,柜员凭证整理单与当日处理的业务是否相符;审查授权限额以上的资金转账和大额现金支付;审查内外资金的汇划、汇票和银行本票的签发(承兑)、解付是否按规定程序办理;其他应收、应付款是否经有权人审批,列账是否合规;查询查复业务是否遵循“有疑必查、查必彻底、有查必复、复必详尽”原则准确及时办理;审查贷款的发放相关借据凭证要素和审批手续是否合规,信贷资金支取是否合理、手续是否完备和资料是否完整。

3. 账务数据差错处理情况。主要审查当日无法处理而需挂账的账务,查明挂账原因,并登记挂账日期、金额、处理情况等内容；审查错账冲正及抹账业务是否符合制度规定。

4. 现金、重要单证、重要物品管理情况。主要监督是否坚持双人管库、双人押运制度；实行现金寄库的机构，审查营业前库存现金与前一工作日“柜员钱箱现金结数单”余额核对是否一致；午间和营业终了前，审查现金、重要单证等实物与系统日结核对情况；监督重要单证、重要物品、现金是否纳入钱箱管理，业务印章、压数机、重要空白凭证、IC 卡等重要物品是否按要求妥善保管，使用保管情况是否符合内控制度。

5. 账户管理与使用情况。重点监督账户的开立、使用、变更是否合法合规，手续是否齐全；账户资金的查询、冻结、解冻、扣划手续是否完备；启用、变更的电子印鉴是否及时入库并正常使用；是否按要求加强网银账户资金管理等。

6. 履行反洗钱、反假币义务情况。主要监督综合柜员是否对大额现金和可疑支付交易信息进行审查、记录和判断，并向有关部门和机构报告；是否协助、配合司法机关和行政执法机关打击洗钱活动；是否妥善保管客户账户资料、交易记录和其他反洗钱信息记录，反洗钱资料是否连续完整，保管是否合规；是否通过反洗钱管理系统监测并准确上报反洗钱数据。业务办理过程中发现假币是否按假币收缴、鉴定管理办法规定的程序进行鉴别和收缴，是否通过反假货币信息系统及时准确上报反假币相关信息。

7. 人员岗位交接情况。主要审查柜员临时离职或工作变动是否办理交接，交接手续是否完备。

8. 系统营运管理情况。主要审查营业机构综合柜员的交易范围是否符合制度要求，科目额度和交易额度是否合理；柜员钱箱设立、使用、变更是否符合制度规定；监督机构签到、签退、稽核单处理等情况；需要通过主机数据调整的账务差错，是否按照综合业务系统主机业务数据调整办法的相关要求办理。

(二) 事后监督的主要内容。

1. 保密措施情况。每月监督各应用系统操作员更换密码情况，审查会计信息的保密措施是否安全有效。

2. 会计核算情况。每月检查上月会计核算情况，账、簿、卡是否按规定设置齐全、内容是否真实完整。按月检查会计核算是否达到“五无、八相符”，即账务无积压，结算无事故，计息无差错，记账无串户，存款无透支；账账、账款、账据、账实、账表、账卡、账簿和内外账务全部相符。

3. 账务核对情况。定期核对存放同业款项、存放人行款项和省辖往来款项，坚持按月逐笔勾对，核对不相符的，是否查明原因并及时处理；是否按月签发并收回银企对账单，并协助开户企业查明对账不符的原因。

4. 金库管理情况。每旬至少查库一次，重点盘查重要空白凭证、有价单证、库存现金、重要物品、抵质押物品、代保管物品等账实是否相符；检查库款寄存及代押运手续是否齐全，管理是否严密；管库人员是否坚持双人管库、钥匙分管记录是否完整。

5. 财务收支情况。按月重点检查其他应收、应付款清理是否及时；利率执行、利息核算、加罚利息计算等是否准确无误。折旧、税金等各项税费提取是否正确。

6. 会计档案管理情况。按月检查会计档案是否按规定排序，及时装订；会计档案是否由专人管理，档案管理人员变动交接手续是否齐全；是否建立“会计档案保管清册”；会计档案管理是否按保管年限分类登记，调阅手续是否合规。

第十条 二级监督的主要内容。

(一) 履行职责情况。按旬抽查一级监督岗位责任人履行职责情况，重点监督一级监督岗位责任人是否按要求开展监督工作；一级监督岗位责任人履行综合业务系统业务主管职责情况；处理重要会计业务和疑难问题，协调柜面各项工作情况；审查重要会计业务事项和授权情况；机构签到、日终轧账、机构签退、岗位轮换等情况。是否存在发现问题不报告等情况，是否督促相关人员及时纠改发现的问题。

(二) 执行内控制度情况。主要监督业务印章、压数机、重要空白凭证、IC 卡等是否按要求妥善保管，使用保管情况是否符合内控制度的要求；是否严格执行强制休假、重要岗位人员定期轮换制度；存放中央银行款项和同业款项对账是否及时准确；是否定期查库，库存现金、有价单证、重要空白凭证、重要物品情况等是否核对无误。

(三) 会计核算情况。重点监督会计凭证是否真实、合法、完整；监督大额现金的收付、大额资金的汇划、反洗钱、反假币工作、重大账务差错调整、核销呆账、办理票据业务会计报表编报等情况。

（四）财务管理情况。重点监督是否严格执行权责发生制；财务支出是否合法、合规、合理；其他营业收支、营业外收支、其他应收款、其他应付款、递延资产等科目核算是否准确、列支手续是否合规；税金缴纳是否及时准确；资产管理、基建项目管理是否符合规定；各项财务事项是否超指标、超计划、超标准。

（五）优质文明服务情况。主要监督财会人员统一着装、挂牌上岗、文明服务、营业场所环境卫生、安全防范等情况。

（六）档案管理情况。主要包括会计资料是否及时整理装订、立卷归档，会计档案、会计凭证、重要物品销毁等资料是否完整，相关调阅、销毁手续是否齐全。

第十一条 三级监督的主要内容。

（一）履行职责情况。按月抽查二级监督岗位责任人履行职责情况，重点检查二级监督岗位责任人是否按要求开展监督，是否存在发现问题不报告等情况，是否督促相关人员及时纠改发现的问题。

（二）学习练兵情况。检查是否建立并严格执行了学习制度、岗位练兵制度、岗位责任制、业务考核等制度。

（三）金库管理情况。按月查库，库存现金、有价单证、重要空白凭证、重要物品是否核对无误。

（四）业务办理情况。采取非现场监督的方式，每旬实时或抽查会计远程监控录像，检查不少于2个工作日的重点时段的会计业务处理情况，查看是否有违规操作问题。

（五）执行财务制度情况。检查各项财务收入是否按规定及时纳入账内核算，财务开支事项是否严格审查把关，财务开支是否合法、合规、合理，是否存在逾越“五条红线”问题。

第十二条 四级监督的主要内容。四级监督的主要内容分为会计和财务两部分。

（一）会计信息部负责监督的主要内容。

1. 履行职责情况。按季抽查检查三级监督岗位责任人履行职责情况，重点检查三级监督岗位责任人是否按要求开展监督，是否存在发现问题不报告等情况，是否督促相关人员及时纠改发现的问题。

2. 人员配备情况。重点检查县级支行是否建立会计人员岗位责任制以及工作质量考核情况，会计人员是否具备上岗资格，会计人员数量是否满足内控制度要求，岗位设置是否科学合理，岗位责任是否明确，有无岗位工作质量考核。

3. 会计核算情况。重点抽查账、簿、卡是否按规定设置齐全，内容是否真实完整；账务核算是否符合制度规定；签发的单证是否符合有关规定；是否按规定及时、准确编制和报送会计报表等。

4. 会计远程监控系统管理情况。重点检查会计远程监控系统的运行情况；是否按规定合理调整视频摄像机位置；监控资料的管理是否符合规定。

（二）计划财务部负责监督的主要内容。

1. 履行职责情况。按季抽查检查三级监督岗位责任人履行职责情况，重点检查三级监督岗位责任人是否按要求开展监督，是否存在发现问题不报告等情况，是否督促相关人员及时纠改发现的问题。

2. 经费开支情况。审核县级支行各项费用开支指标的控制情况及项目的合理性、合规性，上报的实际开支项目是否符合审批制度，大额支出有无审批记录。审核开支凭证及相应附件、资料是否合规、合法。

3. 财务收支情况。重点抽查各项财务收支的完整性、合规性、合法性；检查各项收入是否按规定全部纳入账内核算，是否真实、完整；检查固定资产折旧、税金、利息等涉及损益的各项支出是否符合规定。

4. 资产购建及使用情况。主要检查固定资产专项指标是否控制在上级行下达的额度之内，有无违规购建固定资产情况，固定资产是否按规定进行登记。

第四章 四级监督操作程序

第十三条 一级监督。县级支行会计坐班主任采取现场监督和逐笔审查的方式，按一级监督内容开展监督检查，逐工作日登记《会计坐班主任工作日志》，每周汇总填制《中国农业发展银行河北省分行财会工作四级监督报告表》，记录检查的主要内容、检查工作的整体概况、存在的主要问题、整改意见及上次检查问题的整改情况等。组织岗位责任人限期纠改，并及时向二级监督岗位责任人报告。报告表一式两份，一份由一级监督岗位责任人留存并专夹保管，一份交二级监督岗位责任人审查备案。

第十四条 二级监督。县级支行会计出纳部主管或副主管按照二级监督内容进行全面检查，发现违规问题可随时检查。检查后每旬填制《中国农业发展银行河北省分行财会工作四级监督报告表》，记录检查的主要内容、检查工作的整体概况、存在的主要问题、整改意见及上次检查问题的整改情况等，组织岗位责任人限期纠改，并及时向三级监督岗位责任人报告。报告表一式两份，一份由二级监督岗位责任人留存并专夹保管，一份交三级监督岗位责任人审查备案。

第十五条 三级监督。由分管财务会计工作的行长采取随机抽查和重点检查的方式，按三级监督的主要内容进行检查。每月至少检查一次。检查后按月填制《中国农业发展银行河北省分行财会工作四级监督报告表》，记录检查的主要内容、检查工作的整体概况、存在的主要问题、整改意见及上次检查问题的整改情况等，组织岗位责任人限期纠改，并及时向四级监督岗位责任人报告，重大问题及时上报市分行。报告表一式三份，一份由三级监督岗位责任人留存并专夹保管，两份按季分别上交至市级分行会计信息部和计划财务部审查备案。每季末对三级监督情况进行总结，形成监督检查报告分别上报市级分行会计信息部和计划财务部，内容包括开展检查情况，检查项目、范围和内容、总体评价、发现的问题、整改意见和建议、检查问题的整改情况等。

第十六条 四级监督。市级分行会计信息部、计划财务部检查辅导人员采取联查、抽查、重点检查等方式，按四级监督的主要内容开展检查，也可根据需要开展专项检查。检查频率及检查面按会计检查辅导要求执行。检查后由财务、会计检查辅导人员分别填制《中国农业发展银行河北省分行财会工作四级监督报告表》，记录检查的主要内容、检查工作的整体概况、存在的主要问题、整改意见及上次检查问题的整改情况等，组织岗位责任人限期纠改，重大问题及时上报省分行，并在会计检查辅导总结报告中报告开展四级监督情况。报告表由市分行会计信息部、计划财务部留存，年末由会计信息部统一整理，并与三级监督岗位责任人上报的报告表、监督检查报告以及市级分行会计检查辅导资料一并装订保管。

第五章 责任追究及奖惩

第十七条 责任追究。工作中有以下情形的，按照监督职责范围追究相关人员责任，视情节轻重，依据《违反财会制度行为处罚暂行办法》进行处罚；同时，由监督检查人员按照《中国农业发展银行员工违规积分管理办法》规定程序给予违规积分认定。

（一）监督岗位责任人拒不履行会计监督职责的。

（二）监督岗位责任人监督不到位，明显问题应发现而未发现，导致违规行为得不到及时纠正，发生重大责任事故的。

（三）对实施监督过程中发现的问题，以及下级监督岗位责任人反映的问题，不及时报告，对违章操作行为不制止、不纠正，经检查过的业务事项仍发生重大差错事故的，或造成责任事故和经济损失的。

（四）对实施监督过程中发现的问题，以及下级监督岗位责任人反映的问题，在职权范围内没有及时采取相应措施，使问题不能得到适时解决的。

第十八条 表彰奖励。工作中有以下情形的，根据财会工作条线考核办法，给予奖励。

（一）对工作认真负责，切实履行职责，会计监督工作成绩突出，在内外部检查中，未发现重大问题的。

（二）在检查工作中能及时发现重大经济案件，对违法违纪现象敢于大胆揭露、反映和处理问题，杜绝了重大隐患事故。

（三）在国家、客户和员工资金和人身安全过程中，做出突出成绩，帮助挽回经济损失的。

（四）通过开展监督检查，对各级行改善经营管理、提高经济效益方面做出突出贡献的。

第六章 附则

第十九条 本办法由中国农业发展银行河北省分行财务会计处负责解释。

第二十条 本办法自 2011 年 7 月 1 日起执行。

中国工商银行股份有限公司河北省分行合同管理办法

第一章 总则

第一条 为加强合同管理,规范合同行为,预防和控制相关风险,维护我行合法权益,根据《中华人民共和国合同法》等有关法律法规和《中国工商银行合同管理办法》等行内规章制度,制定本办法。

第二条 本办法所称合同是指全行各级机构与自然人、法人、其他组织之间订立的用于设立、变更、终止民事权利义务关系的书面协议。但不包括劳动合同和劳务派遣协议。

前款所称书面协议,是指合同书、协议书、承诺书、信件、数据电文等可以有形地表现所载内容的协议以及被对方当事人接受的单方出具的法律文件。

第三条 本办法所称合同管理是指按照我行内部控制与风险管理要求,对合同的制定、使用、谈判、审查、审批、签订、履行、变更、解除、保密、保管等行为进行规范的活动。

第四条 合同管理遵循以下原则:

(一)依法合规,防范风险;

(二)全程规范,重点控制;

(三)保障安全,讲求实效;

(四) 合理分工,相互配合。

第二章 部门职责

第五条 各级行法律事务部门(包括承担法律事务工作职能的其他内设部门,下同)是本行合同归口管理部门。省行法律事务部履行以下职责:

(一)制定合同管理制度;

(二)参与重大合同谈判;

(三)起草或审定格式合同文本,统一发布制定完成的各类格式合同文本;

(四)对各类非格式合同文本和格式合同文本的修改进行法律审查;

(五)会同合同主管部门对已经使用的格式合同文本进行修订完善;

(六)负责“合同管理园地”的维护与管理;

(七)组织开展合同管理情况监督检查;

(八)参与处理重大合同纠纷;

(九)处理合同诉讼(仲裁)事项;

(十)总结和提示相关法律风险;

(十一)其他综合性管理工作。

各二级分行法律事务部门履行前款第(三)、(五)、(六)项以外的其他职责。

第六条 省行合同主管部门履行以下职责:

(一)根据业务发展和经营管理需要,起草格式合同文本或提出格式合同文本制定需求,配合法律事务部做好合同文本制定或审定工作;

(二)根据风险防控和业务发展需要,会同法律事务部修订完善格式合同文本;

(三)参与重大合同谈判;

(四)参与合同管理情况检查;

(五)负责对重大合同项目使用的非格式合同文本进行业务审查;

(六)对本专业各类合同实施日常监督,发现问题,及时向法律事务部门反馈,与法律事务部门共同研究解决。

(七)对本专业合同的业务风险和操作风险进行整体控制;

(八)总、省行规章制度和本办法规定的其他职责。

省行营业部、各二级分行合同主管部门履行前款第(一)、(二)项以外的其他职责。

本条所称合同主管部门是指根据行内业务分工和部门职能对合同涉及的项目或业务具有管理职责的各级行行内部室。多个部室对同一业务均具有管理职责的,该项业务牵头管理部室为合同主管部门。

本条所称重大合同项目是指属于本办法第二十五条规定范围的合同项目(下同)。

第七条 合同发起部门(或发起单位,下同)履行以下职责:

(一)拟定具体业务使用的非格式合同文本,对拟签订的合同进行(或提请)业务审查和提交法律审查;

(二)对拟签约对象进行尽职调查;

(三)负责合同谈判;

(四)办理合同报批、签署、登记、备案等相关手续;

(五)负责我行合同履行并督促对方当事人履行合同(由承办部门负责合同实际履行的除外);

(六)办理合同解除、变更相关手续;

(七)处理合同纠纷;

(八)报告重大合同信息;

(九)对所订立合同的业务风险和操作风险进行控制;

(十)总、省行规章制度和本办法规定的其他职责。

前款所称合同发起部门是指根据本部门或本单位业务经营或管理需要,申请以本级行或上级行名义就某项具体业务对外签订合同的各级行行内部室或分支机构。

第八条 合同发起部门之外另有承办部门(或承办单位,下同)负责合同实际履行的,承办部门履行以下职责:

(一)负责我行合同履行并督促对方当事人履行合同;

(二)向相关合同管理部门或上级行及时反馈合同履行情况;

(三)根据实际需要,向相关合同管理部门或上级行提出合同解除、变更申请;

(四)直接或商请相关合同管理部门共同处理合同纠纷;

(五)报告重大合同履行信息;

(六)对自身职责范围内的业务风险和操作风险进行控制;

(七)总、省行规章制度和本办法规定的其他职责。

前款所称合同承办部门是指根据合同约定或行内相关规定,承担全部或部分合同履行职责的各级行行内部室或分支机构。

第九条 各级行办公室(档案管理中心)负责制定本行合同保管、保密、用印和归档等有关管理制度,并监督其执行情况;负责保管合同正本原件及相关法律文件。

第十条 各级行其他相关部室根据行内业务分工和部门职能,负责对合同谈判、签订、履行等提供相关资料、出具相应意见以及参与合同起草或谈判、协助签订、履行合同和处理合同纠纷等工作。

第三章 合同文本

第十一条 合同文本分为格式合同文本和非格式合同文本。

格式合同文本是指我行为反复使用而预先拟定以文件形式下发供全行各级机构使用的合同文本。格式合同文本由总行和省行制定和发布。

非格式合同文本是指由合同发起部门自行拟定的合同文本或由对方当事人提供的合同文本。

第十二条 省行制定格式合同可以采取以下方式:

(一)相关业务部门自行起草,法律事务部审定;

(二)相关业务部门提出需求,法律事务部制定;

(三)聘请外部专业律师制定。

省行营业部、各二级分行可根据本行经营管理需要,向省行相关业务主管部门提出格式合同文本制定需求;省行相关业务主管部门应会同法律事务部对省行营业部或相关二级分行的需求进行审核,经审核确需制定相应格式合同文本的,按照前款规定予以办理。

第十三条 格式合同文本应符合以下要求:

(一)符合有关法律法规和监管规定;

(二)符合工商银行相关制度规定;

(三)维护工商银行合法权益;

(四)依法尊重和保护客户合法权益;

(五)内容完整,条理清晰,权利义务明确。

对格式合同文本中免除或者限制我行责任的条款,应采用能够与合同其他条款相区别的文字、符号、字体等特别标识,提示对方当事人予以注意。

第十四条 省行格式合同文本制定完成后，以行发文或相关业务部门与法律事务部联合发文的形式印发公布。

第十五条 "合同管理园地"是全行统一的合同文本管理电子平台。省行格式合同文本发布后，由法律事务部导入"合同管理园地"，纳入格式合同文本序列。省行法律事务部设置合同管理岗位，负责"合同管理园地"的日常管理。

第十六条 省行合同主管部门应建立格式合同文本定期审查制度，出现下列情形之一的，应及时修订或废止相应合同文本，并经省行法律事务部审核确认：

（一）与新颁布或生效的经济金融政策、相关法律法规和监管规定相冲突的；

（二）合同内容与业务发展或经营管理需要不相适应的；

（三）其他需要修订或废止的情形。

第十七条 省行可根据实际和业务需要，按照规定流程对总行制定的格式合同文本进行适当修订后在辖内统一使用。

第十八条 相关业务属于我行格式合同文本适用范围的，各级行原则上应使用相应格式合同文本签订合同，并确保所使用文本为正在执行的最新版本。

第十九条 客户对我行格式合同文本提出修改要求的，应当妥善处理；确有必要修改的，双方可以协商确定。

对格式合同条款的修改应符合业务具体情况和风险特点，对合同中的权利义务条款、重要风险防范条款和违约责任条款等进行修改应审慎把握，避免对我行权益造成不利影响。

第二十条 相关业务无我行格式合同文本的，或虽制定有格式合同文本，但在办理具体业务时确有必要另行拟定合同文本的，合同发起部门应结合业务实际，在与对方当事人协商一致的基础上，参考已经过行内法律事务部门审查的文本、相关行业示范文本或其他类似文本拟定合同文本，也可根据实际情况由法律事务部门或外部专业律师起草或委托对方当事人拟定合同文本。

第四章 合同谈判

第二十一条 合同发起部门按照相关授权权限、行内规定或业务规定，单独或会同合同承办部门、相关业务主管部门负责合同谈判工作。

第二十二条 合同谈判前，合同发起部门应对拟签约对象从以下几个方面进行尽职调查：

（一）主体资格合法，具有经年检的营业执照，其核准记载内容与实际相符；

（二）拟订立合同的标的属于其经营范围，涉及专营许可的，具备相应的许可或资质证书；

（三）具有相应履约能力，必要时应要求其出具资产负债表、资金证明、注册会计师签署的验资报告等相关文件，并到工商行政管理、税务等机关和部门进行调查；

（四）商业信用良好，现时未涉及重大经济纠纷或重大经济犯罪案件；

（五）根据业务实际需要核实的其他事项。

第二十三条 除签约对象唯一等特殊原因外，各级行应在对拟签约对象进行尽职调查的基础上，按照行内相关规定采取招投标或竞争性谈判等方式选择确定合同对方当事人。

第二十四条 合同发起部门应结合我行实际和合同项目情况，事先与拟签约对象进行充分协商，就合同标的、数量、质量、价款或报酬、履行期限、地点、方式及违约责任等事项达成一致，不得在未确定上述事项前将合同提交审查或审批。

第二十五条 有下列情形之一的，属于重大合同项目。合同发起部门应当商请法律事务部门、合同主管部门及行内其他相关部室组成合同谈判小组，共同参与方案论证、合同谈判，必要时可聘请外部专家参与：

（一）涉及新的客户类型、业务领域、交易模式或产品结构或风险控制措施的创新性项目；

（二）金额较大、融资结构复杂或涉及境外客户的项目融资和银团贷款项目；

（三）重大对外投资项目；

（四）法律关系复杂、涉及多方的债务重组和资产处置项目；

（五）其他涉及我行重大利益的项目。

第二十六条 对行内相关部门出具的书面意见，包括但不限于对合同事项的法律意见、评审意见，合同发起部门在对外谈判过程中可结合业务实际需要，在征询相关部门意见的基础上，以统一口径对外提示。但不得以复印、传真、电邮或任何其他方式直接将上述书面意见交付谈判对方。

第五章 合同审查

第二十七条 合同签订前,合同发起部门应按照本办法规定履行业务审查和法律审查手续。但使用我行格式合同文本签订合同且未对该文本条款作实质性修改、补充的,无需提交法律审查。

实质性修改或补充是指使我行享有的权利或承担的义务发生重大变动或对我行合法权益产生不利影响的修改或补充。

第二十八条 合同发起部门负责对拟签订的所有合同文本进行业务审查,合同主管部门负责对符合本办法第二十五条规定的重大合同项目使用的非格式合同文本和具体业务对格式合同文本的修改进行业务审查。

业务审查应确保合同约定符合金融监管规定、行内规章制度规定和业务审批要求,合同相对方具备签约资格和履约能力,合同内容逻辑清晰、条款齐备、文字表述准确。

第二十九条 合同主管部门对合同文本的业务审查实行分级审查原则,以省行名义对外签订的合同文本,由省行相应合同主管部门进行业务审查;以省行营业部、各二级分行名义或其辖内支行名义对外签订的合同文本,由省行营业部、各二级分行相应合同主管部门进行业务审查。

第三十条 业务审查完成后,需要进行法律审查的,合同发起部门应提请法律事务部门对合同文本予以法律审查。法律事务部门应根据相关法律法规和总、省行的法律审查规定及要求,对送审合同文本内容的合法性、有效性出具意见,并针对合同文本中存在的法律风险或重要合规风险,提出规避风险、维护我行权益的措施和建议。

对合同文本的法律审查,按照总、省行的法律审查规定及相关要求,由省行法律事务部和各二级分行法律事务部门分别负责。

第三十一条 下列行外单位或部门提供的格式合同,签订前不必进行法律审查:

(一)公用企业单位提供的供水、供电、供气、供热等公用产品购买或设备安装合同,电信/移动通讯业务入网协议、服务协议等;

(二)税务机关提供的代扣、代收、代征税(费)款协议;

(三)环卫、城管部门提供的垃圾处理、门前三包协议;

(四)公安机关或消防机关提供的治安联防协议书、安全管理责任书;

(五)其他具有行政管理职能的机构、组织或公用企事业单位制定的涉及公共管理的合同。

前款以外其他免于法律审查的合同范围由省行法律事务部确定。

第三十二条 适用境外(含香港特别行政区、澳门特别行政区及台湾地区)法律或国际公约、准则、惯例,并由外聘律师出具正式法律意见的非格式合同,签订前法律事务部门仅就律师出具的法律意见进行审查,不再对合同文本进行审查。

非格式合同由外聘律师起草,但适用中国(不含香港特别行政区、澳门特别行政区及台湾地区)法律的,签订前仍应进行法律审查。

第三十三条 已经出具法律审查意见的合同,如合同内容发生实质性修改或补充,相关业务部门应在签订前重新提交法律审查。

第三十四条 法律事务部门可根据工作需要,聘请律师对相关合同文本进行法律审查。聘请律师的管理权限和工作流程按照总、省行的外聘律师管理规定及相关要求执行。

第三十五条 凡根据本办法及总、省行相关规章制度规定,应当进行法律审查的合同事项,合同发起部门在审批、签署或实施之前,必须履行法律审查手续。未按规定履行法律审查手续或事后提交法律审查的,由合同发起部门和审批人员承担相应责任。

第三十六条 各级行法律事务部门应注意整理和总结合同审查中发现的典型或普遍性法律问题,并以书面形式向合同主管部门和辖内机构进行风险提示。

第六章 合同签订

第三十七条 合同签订前,合同发起部门应根据相关法律、法规、规章及总、省行授权管理和相关规章制度规定履行相应审批手续。

第三十八条 合同签订前,合同发起部门应核实确认以下事项:

(一)已获得签订合同的必要授权和批准;

(二)对方当事人具备相应主体资格,获得合法有效的签约授权;

(三)使用的格式合同文本是现行有效的版本;使用非格式合同文本,或对格式合同文本条款

进行实质性修改或补充的,已按规定履行了业务审查和法律审查手续;

(四)合同记载的对方当事人名称与其身份证件、营业执照等主体资格证明文件和资质证书记载名称一致;

(五)合同内容已落实审批文件要求,填写正确完整,主从合同及其附件编号等信息相互衔接,存在外文合同文本的,中、外文合同文本文义一致;

(六)各份合同内容一致;

(七)根据业务需要和行内相关规定应予核实的其他事项。

第三十九条 合同签订前,相关业务部门应按照我行有关制度规定和合同约定,提示客户对可能对其权益产生重要影响的合同条款予以充分注意,审慎解答客户对合同条款提出的问题,协助客户全面准确地理解合同条款,避免产生争议。

第四十条 合同发起部门应以本级行或上级行名义对外签订合同,不得使用行内职能部门或内设机构名义签订合同。

第四十一条 对方当事人为自然人的,原则上应由我行当事行行长和该自然人本人签署合同;对方当事人为法人或其他组织的,原则上应由我行当事行行长和其法定代表人或负责人签署合同。

我行或对方当事人授权他人签署合同的,应由我行当事行行长、对方自然人本人或法定代表人(负责人)出具授权委托书。

第四十二条 签订合同应遵守我行行政印章管理相关规定。印章管理部门应对合同内容填写是否正确完整、有权签字人是否签署、是否填写合同签署日期等合同信息进行形式审查,审核无误后,按照我行行政印章管理规定予以用印。

合同页数超过一页的,应加盖骑缝章,但使用电子签名、数据电文的合同及依照业务惯例不需要加盖骑缝章的除外。

第四十三条 合同发起部门负责核实对方当事人签字盖章及授权委托手续的真实性、有效性。

第四十四条 合同签订后,合同发起部门负责办理以下事项:

(一)按照有关规定需要向外部监管机构或上级行进行报告或备案的,应及时办理报告或备案手续;

(二)按照有关规定应当办理登记或批准手续的,须及时办理登记或批准手续;

(三)按照有关规定或合同约定需要办理强制执行公证等手续的,须及时办理相关手续;

(四)按照有关规定需要办理其他手续的,须及时办理相关手续。

第七章 合同履行、变更和解除

第四十五条 合同生效后,合同发起部门应按照诚实信用原则及时、全面行使合同权利、履行合同义务,并督促对方当事人按照上述原则履行合同,以实现合同订立目的。需要行内相关部门或机构协助履行的,相关部门或机构应在各自职能范围内予以协助。

第四十六条 合同各方当事人互负债务,没有先后履行顺序的,应当同时履行,在对方履行之前我行有权拒绝其履行要求;在对方履行义务不符合约定时,我行有权拒绝其相应的履行要求。

第四十七条 合同各方当事人互负债务,有先后履行顺序的,对方应先履行而未履行的,我行有权拒绝其履行要求;对方应先履行但履行不符合约定的,我行有权拒绝其相应的履行要求。

第四十八条 我行应先履行义务,但有确切证据证明对方当事人有经营状况严重恶化或转移财产、抽逃资金以逃避债务或丧失商业信誉或有丧失或者可能丧失履行债务能力的其他情形时,我行可以中止履行,但应书面通知对方。对方提供适当担保时,我行应当恢复履行。中止履行后,对方在合理期限内未恢复履行能力并且未提供适当担保的,我行可以解除合同。

第四十九条 合同成立以后客观情况发生了我行在订立合同时无法预见的、非不可抗力造成的不属于商业风险的重大变化,继续履行合同对于我行明显不公平或者不能实现合同目的的,我行可请求人民法院变更或解除合同。

第五十条 因合同约定情形、不可抗力以及我行原因不能全部或部分履行合同的,合同发起部门应当及时通知对方当事人,并按照合同约定或法律规定向对方提供证明。对我行原因不能履行合同的,合同发起部门应及时研究确定处理方案,按照规定流程报有权审批人同意后,与对方当事人协商变更或解除合同,避免引发争议和纠纷。

第五十一条 对方当事人提出变更或解除合同且确属合同约定解除情形或不可抗力所致的，按照法律规定或合同约定执行；因其他原因对方要求变更或解除合同的，合同发起部门应根据我行实际情况研究确定答复意见，按照规定流程报有权审批人同意后予以答复。我行不同意变更或解除合同的，合同发起部门应督促对方按照合同约定及时、全面履行合同义务。

第五十二条 依照本办法及相关法律法规规定变更或解除重大项目合同的，合同发起部门应商请合同主管部门、法律事务部门共同研究确定处理方案或答复意见。

第五十三条 依照本办法及相关法律法规规定，我行与对方当事人协商一致变更合同或解除的，应当采取书面形式，并按规定履行法律审查手续。

变更合同的，可采取签订补充协议、对原合同条款进行更改并经各方当事人签章确认或另行签订合同等形式；解除合同的，应当签订解除合同的协议。

第五十四条 合同发起部门应实时监控合同履行情况，按规定向本级行负责人、本级行或上级行合同主管部门、法律事务部门报告合同客观情况发生重大变化、对方当事人违约、合同纠纷等重大合同信息。

第五十五条 有如下情形之一的，合同发起部门应及时研究确定处理方案，按照规定流程报有权审批人同意后，依法行使合同解除权或采取其他救济措施：

（一）合同履行期限届满前，对方当事人明确表示或以行为表明不履行主要债务的；

（二）对方当事人迟延履行主要债务，经催告后在合理期限内仍未履行的；

（三）对方当事人迟延履行债务或者有其他违约行为致使我行不能实现合同目的的；

（四）合同约定或法律规定我行可解除合同的其他情形。

第五十六条 对方当事人违约的，合同发起部门应按照合同约定及相关法律法规规定追究对方的违约责任，并采取合法有效的适当措施，防止我行损失扩大。对方违约造成我行损失的，还应要求对方承担损失赔偿责任。

第五十七条 合同变更或解除需要办理相关批准、登记、通知等手续的，合同发起部门应及时履行相应程序。

第五十八条 因履行完毕、解除等情形导致合同权利义务终止的，合同发起部门应遵循诚实信用原则，根据交易习惯向对方当事人履行通知、协助、保密等义务。

第五十九条 合同承办部门负责合同实际履行的，承办部门应及时向合同发起部门报告相关合同履行情况，并根据行内规定或合同约定履行本章规定的相应职责。

第八章 合同纠纷处理

第六十条 因合同履行、变更、解除或违约责任、损失赔偿等与对方当事人发生纠纷的，合同发起部门和承办部门应根据各自职责及时与对方协商确定处理方案。对重大合同纠纷或其他疑难、复杂纠纷，可提请合同主管部门和法律事务部门共同参与纠纷处理。对符合总、省行相应应急预案规定情形的纠纷，应按规定启动应急预案，及时、妥善化解纠纷。

第六十一条 对因我行违约或过错引发的合同纠纷，应优先适用省行关于非诉讼特定纠纷的处理规定予以办理，避免形成被诉案件造成额外经济损失及声誉损失。

第六十二条 不能按照本办法第六十条、六十一条规定，通过协商方式解决合同纠纷的，可依据行内诉讼案件管理规定和授权管理规定，采取诉讼或仲裁方式解决。

第九章 合同保密和保管

第六十三条 对合同中涉及我行的商业秘密或其他秘密信息，除法律、法规另有规定外，合同发起部门人员及行内相关人员应按规定履行保密义务，不得向对方当事人或任何第三方泄露。确需向对方当事人披露我行商业秘密或者其他秘密信息的，应要求其提交保密承诺书、签署保密协议或者在合同中约定相关保密条款。

第六十四条 不论合同是否成立或合同权利义务是否终止，合同发起部门人员及行内相关人员应根据合同约定或法律规定履行对对方当事人的保密义务，不得泄露或不正当使用其商业秘密。

第六十五条 各级行办公室(档案管理中心)为合同档案管理部门,负责依据我行档案管理相关规定,建立完善合同类档案管理制度,对合同档案的建立、移交、归档、利用、保管和鉴定销毁等进行严格管理。

相关业务合同档案管理另有规定的,从其规定。

通过电子系统进行合同管理的,合同保管按照系统管理要求进行,可不再另立档案进行管理。

第六十六条 合同发起部门、承办部门应实时、真实地留存或登记所有与合同谈判、签订、履行等有关的资料和法律文件,确保合同资料真实、完整、无遗失。

合同签订后,合同发起部门、承办部门应在15日内将合同正本原件、与合同相关的所有资料和法律文件送交档案管理部门进行归档;需要办理登记、批准、备案等相关手续的,在办理完毕相关手续后15个工作日内归档保存。

合同履行过程中产生的补充协议、变更协议和其他相关法律文件也应一并纳入合同档案进行管理。

第六十七条 下列合同档案应永久保存:

(一)不动产购置和处置合同;

(二)对外股权投资、收购兼并或股权转让合同;

(三)我行档案管理制度规定应永久保存的其他合同。

第六十八条 除永久保存的合同外,相关法律法规和我行档案管理制度对合同保管期限有规定的,从其规定;没有规定的,合同应当自履行完毕之日起保管五年。

第六十九条 超过保管期限的合同档案,由档案管理部门定期组织相关业务部门共同进行鉴定,无特殊原因的,应予销毁。对虽然超过保管期限,但合同履行仍存在争议的,相关业务部门可提出延长保管期限,延长期限一般不超过五年。

第七十条 合同档案管理部门应健全《合同档案移交(接收)登记簿》、《合同档案查阅、借用登记簿》等相关手续,确保合同档案管理制度得到有效落实。

第七十一条 经授权以业务专用章签订合同,并且签订后因业务需要由相关业务部门自行保管的,相关业务部门应按照本办法规定建立健全合同档案管理制度,妥善保管有关合同。

第十章 监督检查

第七十二条 各级行合同主管部门负责对本专业范围内合同文本的使用及合同签订、履行等情况进行日常监督,并可根据监控情况,要求合同发起部门或下级行纠正合同管理中的不当行为。

第七十三条 各级行法律事务部门应单独或会同合同主管部门、内控合规部门按年对本行辖内合同管理情况进行检查。对检查中发现的问题,应以整改意见等形式督促合同发起部门和其他相关部门及时予以整改;对检查中发现的违法违规行为及其责任人员,按照总、省行相关规定进行处理或转送相关部门调查处理。

第十一章 奖惩

第七十四条 对在合同管理工作中成绩突出或为我行避免、挽回重大合同损失的单位和个人,当事行应予以表扬和适当奖励。

第七十五条 对违反本办法规定,在合同管理工作中有下列情形之一的责任人员,按照总行《员工违规行为处理规定》等行内相关规定予以处理,涉嫌犯罪的,移交司法机关处理

(一)未进行合同尽职调查或尽职调查不到位,致使我行合同目的未能实现或未完全实现的;

(二)未按规定将合同提交审查或不履行合同审查义务的;

(三)未经审批越权签订合同或擅自修改合同内容的;

(四)不履行我行合同义务或履行义务不到位,引发合同纠纷的;

(五)未经审批擅自变更或解除合同的;

(六)未履行合同管理职责或履行职责不到位的;

(七)以权谋私的;

(八)未按规定履行保密义务和归档、保管责任的;

(九)未按规定处理合同纠纷或处理纠纷出现重大失误的;

(十)遗失合同资料或相关法律文件的;

(十一)其他违反相关法律法规和本办法规定的情形。

违反前款规定,对我行造成经济损失或其他不良影响的,应承担相应民事责任。

第十二章 附则

第七十六条 本办法适用于省行及辖内各级分支机构。

我行分支机构之间或与系统内其他行因经营管理需要签订相关合同的,参照本办法执行。

第七十七条 本办法由省行负责解释和修订。

第七十八条 本办法自印发之日起施行,《中国工商银行河北省分行合同管理暂行办法》(工银冀发[2009]55号)同时废止。其他相关规定与本办法不一致的,以本办法为准。

中国农业银行股份有限公司河北省分行贷后管理实施细则

第一章 总则

第一条 为规范和加强信贷业务发生后的经营管理(以下简称贷后管理),有效防范和控制信贷风险,促进信贷业务持续健康发展,根据国家有关法律法规及总行《中国农业银行贷后管理办法》(农银发[2009]392号)、《中国农业银行个人信贷业务管理办法》(农银规章[2010]64号)等制度,结合河北分行实际,制定本细则。

第二条 贷后管理是指从贷款发放或其他信贷业务发生后直到本息收回或信用结束的全过程信贷管理行为的总和,包括资金账户监管、日常跟踪、现场检查和定期分析、担保监管、信贷资产风险分类、风险预警及处理、不良信贷资产管理、信用收回和总结、信贷档案管理等。

第三条 本细则所规范的信贷业务,是指风险分类为正常、关注类的信贷业务,以及移交不良贷款处置机构前的不良信贷资产业务(包括次级、可疑和损失,下同)。移交不良贷款处置机构以后的不良信贷资产执行我行不良资产处置相关制度规定。

第四条 贷后管理应与信贷业务营销、客户退出相结合,遵循"分层管理,明确职责;责任到人,考核到位;实时监管,快速处理"的原则。

第五条 各级行应充分运用合同开展贷后管理。信贷业务合同订立时应充分体现信贷业务审批内容和贷后管理要求,合同中无贷后管理要求条款或条款不能满足风险控制要求的,应补充完善。信贷业务实施后,应强化履约管理,充分运用合同约定的我行权利和客户义务,约束客户行为,维护我行利益。

第六条 法人客户信贷业务贷后管理实行"方案管理"。贷后管理(服务)方案应明确客户管理团队各成员的职责、经营管理目标和风险防控措施。

第七条 贷后管理应充分运用信贷管理系统(以下简称CMS)。贷后管理工作事项应及时录入(上传)CMS并按规定进行流转,替代纸质档案的审核和阅签。

第八条 概念释义

本细则所称管理行是指总行、省分行和二级分行。

本细则所称县级行是指县域和城区的一级支行,以及在管理行成立的信贷业务专业经营机构。

本细则所称客户管理行,是指根据客户分层经营管理制度,承担客户整体营销、维护,授信额度核定,以及整体贷后管理责任的行。

本细则所称经营主责任人,专指对客户核定授信额度时确定的经营主责任人。

本细则所称客户经理(组)是指在各级行客户部门设置,承担信贷客户营销、维护和管理工作的人员(团队)。根据客户分层经营管理制度,管理行管理客户的客户经理组,由客户管理行客户部门牵头组织,管理行、所辖行客户部门负责人、客户经理及县级行行长(分管副行长)等共同组成。

本细则所称贷后监管风险经理是指承担信贷监管职能的信贷风险经理。贷后监管风险经理在各级行信贷管理(风险管理)部门设置,负责信贷风险监控、督促客户部门和下级行按规定实施贷后管理。

本细则所称派驻风险合规经理是指由二级分行按风险及合规管理要求设立,并派驻县级行专门负责全面风险管理和合规管理的人员。

第二章 组织与职责

第九条 法人客户实行分层经营管理制度,每个客户对应一个客户管理行,并在此基础上确定各级行的贷后管理工作职责。客户管理行负责本级行管理客户贷后管理的组织实施、总体风险控制,监测客户整体用信、定期进行风险分析、沟通传递风险信息、牵头处理风险事项等;县级行负责本行所有客户的日常贷后经营管理。

个人客户由县级行实施贷后管理,承担贷后管理的经营主责任;管理行主要负责对辖内个人客户的贷后管理工作进行监督评价。

第十条 法人客户管理行的确定。管理行客户部门应根据客户分层经营管理制度要求和自身管理能力,于每年年底前确定本级行下一年度管理客户名单,并提交本级行市场营销委员会审定后向辖内发布。同时,抄报上一级行对口客户部门和信贷管理部门。对新拓展客户,按总、分行有关制度规定的标准确定客户管理行或由授信审批行明确客户管理行。管理行管理客户以外的客户全部为县级行管理客户。客户管理行一经确定,应保持相对稳定。管理行管理客户移交下级行或县级行管理应以书面形式通知。

第十一条 客户经理(组)的配备。县级行须按户配备客户经理,作为贷后管理的具体经办人。县级行应对本行重点客户或信用余额超过5000万元(不含低信用风险信贷业务,下同)的客户配备客户经理组,客户经理组组长由行长、分管副行长或客户部门负责人担任,并至少配备两名客户经理进行共同管理,其中一名客户经理为贷后管理的主办人,承担贷后管理的主要责任,其他客户经理为协办人,承担贷后管理的协办责任。客户经理管理客户应实行定期轮换,每名客户经理对同一法人客户连续管理不得超过三年。

对于管理行管理的客户,客户管理行客户部门应指定本部门责任客户经理,组织所辖行成立客户经理组,按照贷后管理(服务)方案确定的职责,各司其职,共同负责对客户的贷后管理工作。客户经理组由客户管理行、所辖行的客户部门负责人、客户经理及县级行行长(分管副行长)等人员组成。客户管理行客户部门负责人担任组长,县级行行长(或分管副行长)或组长提名的其他客户经理组成员担任副组长。

各级行应根据管理客户的数量和管理任务的需要,配备充足的客户经理。每名客户经理管理法人客户的数量不得超过12户(仅与农业银行发生低信用风险信贷业务的客户除外,集团客户按1户计算,下同)。每名客户经理管理消费信贷类个人客户数量不得超过500户,经营信贷类个人客户数量不得超过100户,管理农户小额贷款客户数量,原则上不超过400户。

客户经理(组)名单确定后,客户管理行客户经理应及时在CMS做好维护。

第十二条 贷后监管风险经理的配备。省分行、二级分行要在信贷管理(风险管理)部门至少配备3名贷后监管风险经理,从事贷后风险监管工作。县级行可根据贷后管理工作需要在信贷管理部门配备贷后监管风险经理。

第十三条 县级行客户部门是贷后管理的具体实施部门。对于法人客户,县级行客户部门的贷后管理职责至少包括:

(一)制定贷后管理(服务)方案,落实贷后管理(服务)方案规定的管理措施。对本级行管理客户负责制定贷后管理(服务)方案;对管理行管理的集团客户在本行的成员单位,按照管理行制定的整体贷后管理(服务)方案要求,制定具体落实方案。

(二)维护客户关系,营销金融产品,提高客户价值贡献度。

(三)资金账户监管。按规定做好信贷资金的支付审核和用后监督,督促贷款归行,定期检查分析客户账户资金的往来情况。

(四)日常跟踪。通过多种渠道搜集行业、市场、客户公开信息,走访客户,及时掌握客户和担保人情况,重估押品价值等。

(五)现场检查。定期现场检查客户及保证人的生产经营及财务状况、信贷业务批复的管理要求落实情况,检查押品保管及价值变化情况。

(六)定期分析。在资金账户监管、现场检查、日常跟踪管理、风险预警等工作的基础上，定期分析客户贷后风险状况，撰写贷后管理定期分析报告。

（七）信用评级发起或推翻。贷后管理过程中发现本级行管理客户出现风险，并符合农业银行客户信用等级管理制度规定的降级条件的，及时按规定进行评级更新或向下推翻。

（八）风险预警与化解。发现风险信号及时提出处理建议并进行报告，实施风险化解措施；组织落实上级行制定的风险化解方案。

（九）风险分类及减值测试。收集、整理风险分类相关信息，并录入 CMS，及时发起风险分类和减值测试。

（十）信贷档案管理。收集、整理信贷客户有关档案资料，按规定移交档案管理部门保管；做好 CMS 数据录入及电子档案上传，保证 CMS 信息的完整性、真实性和准确性。

（十一）信贷业务履约管理。及时催收贷款本息，监督或有资产业务到期兑付等。

（十二）不良信贷资产管理。对未移交不良贷款处置机构的不良信贷资产，制定处置方案，并组织实施。

（十三）报告。向县级行行长、贷后管理例会汇报辖内客户贷后管理情况；向客户管理行客户部门汇报辖内上级行管理客户贷后管理情况及方案执行情况。

（十四）对内外部检查发现的贷后管理问题进行整改。

对于个人客户，县级行客户部门的贷后管理职责至少包括：

（一）更新借款人信息、受理合同要素变更申请。

（二）回答借款人咨询，按月提取贷款结清名单并为借款人提供贷款结清的相关手续。

（三）按照规定进行信贷资金支付审核，监测信贷资金用途。

（四）按规定进行贷后检查。

（五）日常管理。按规定录入 CMS 数据，收集、整理信贷档案等。

（六）贷款到期处理和信用收回。

（七）检查、评价合作机构与农业银行的业务合作情况，并按规定进行调整。

（八）押品及保证担保管理。

（九）对逾期贷款进行催收和处理。

第十四条 经营主责任人对客户贷后经营管理负总责。其职责至少包括：

（一）指导、督促客户经理尽职履行贷后管理工作职责。

（二）阅签客户经理提交的现场检查表和贷后管理定期分析报告。

（三）对本级行管理客户出现的风险预警信号，组织客户经理（组）制定风险化解措施，并督导落实。

（四）对上级行管理客户出现的风险预警信号，及时采取应急处理措施防止风险扩大，组织落实客户管理行制定的风险化解方案。

（五）利用贷后管理例会等平台集中会审客户风险，制定风险防控措施并监督落实。

第十五条 县级行信贷管理部门是贷后管理的检查监督部门，其职责至少包括：

（一）在线检查。通过 CMS 检查信贷业务操作的合规性，检查监督客户部门的贷后管理工作。

（二）现场检查。对信贷业务操作的合规性、客户部门的贷后管理工作进行现场检查，发现风险信号或违规线索的，可延伸至客户进行现场检查。

（三）督促整改。对检查中发现的信贷业务违规操作问题和客户部门贷后管理工作中存在的问题，督促相关部门进行整改。

（四）风险预警。对检查中发现的信贷业务风险信息及时预警，并督促客户部门进行处理。

（五）定期报告。定期汇总、分析本行信贷业务风险监控情况和对客户部门贷后管理工作的监督、检查情况，并向行长、贷后管理例会报告。

（六）组织贷后管理例会。按照规定频次和行长要求，提请召开贷后管理例会，做好会议记录，整理会议纪要。

上述（一）至（五）项职责，由贷后监管风险经理承担，未设贷后监管风险经理的县级行，由派驻风险合规经理承担。

未设信贷管理部门的县级行，第（六）项职责由综合管理部门或客户部门承担。

第十六条 管理行客户部门对辖内本业务条线的贷后管理工作承担系统管理职责，指导和督促本业务条线下级行客户部门的贷后管理工作。对于本级行管理的法人客户，管理行客户部门职责至少包括：

（一）牵头制定本级行管理客户贷后管理（服务）方案，组织和落实贷后管理（服务）方案规定的管理措施。

（二）维护客户关系，营销金融产品，提高客户价值贡献度。

（三）收集、整理国家经济金融政策，关注行业、产业发展动态，研究产业、行业整体风险和系统风险状况，并定期发布。

（四）建立定期联系协调机制，定期联系走访客户，搜集、沟通行业和客户信息。

（五）会同所辖行客户经理定期进行现场检查。

（六）督促相关县级行进行资金账户监管。

（七）通过CMS监测客户用信情况、利息偿还情况、县级行客户部门贷后管理工作开展情况。

（八）信用评级发起或推翻。贷后管理工作中发现本级行管理客户出现风险，并符合农业银行信用等级管理制度规定的降级条件的，按规定及时进行评级更新或向下推翻。

（九）牵头处理风险预警信号并组织落实风险化解措施，在不良信贷资产移交前制定清收方案并组织实施。

（十）定期分析客户贷后管理情况，并向行长、贷后管理例会报告。

（十一）牵头处理本业务条线内外部检查中发现贷后管理问题的整改工作。

对管理行直接经营的客户，客户管理行客户部门还应承担第十三条规定的县级行客户部门职责。

对于个人客户，管理行客户部门负责对辖内个贷业务进行监督和指导，具体职责至少包括：

（一）组织或参与对下级行个贷业务的现场检查，重点检查个贷业务合规性、押品权属证书的真实性、押品价值的充足性等。

（二）定期分析辖内个贷业务发展状况，撰写分析报告，并根据辖内机构的经营管理水平和不同个贷业务品种的风险特征，向本级行分管行长及有关部门提出业务发展或风险控制建议。

（三）分机构、产品监管辖内个贷业务风险情况，并落实停复牌管理；针对个贷业务出现的问题及风险预警信号，建立整改台账，逐级落实责任，跟踪、反馈处理过程和结果。

（四）对本级行直接审批的单笔大额贷款形成的不良资产或多笔由于共同原因形成的不良资产，会同有关部门制定不良信贷资产清收方案，并协助组织实施。

（五）检查、评价合作机构与农业银行的合作情况，并进行调整。

第十七条 管理行信贷管理部门负责对本级行客户部门和下级行贷后管理工作进行检查监督，其职责至少包括：

（一）对本级行客户部门和下级行贷后管理工作进行在线检查和现场检查，发现问题督促其及时整改。

（二）对检查中发现的信贷业务风险信息及时预警，并督促客户部门及时处理。

（三）对检查情况进行汇总分析，并向行长或贷后管理例会报告。

（四）按照规定频次和行长要求，提请召开贷后管理例会，做好会议记录，整理会议纪要。

（五）指导和督促下级行信贷管理部门的贷后管理工作。

第十八条 风险管理部门职责包括风险管理职责和在线监控职责。

（一）风险管理职责主要包括：实施区域和行业信用风险限额和组合管理，组织报告有关风险事项，指导信贷资产风险分类和客户信用等级评定工作，审核信贷资产风险分类、减值准备等事项。

（二）在线监控职责主要包括：

1. 日常监测。通过CMS监测客户用信及风险情况。

2. 在线检查。通过CMS监测信贷业务操作的合规性，检查监督客户部门的贷后管理工作。

3. 督促整改。对监测和检查中发现的信贷业务违规操作问题和客户部门贷后管理工作中存在的问题，督促相关部门进行整改。

4. 风险分析及预警。对信贷业务风险状况进行分析，发现异常情况及时预警，并督促客户部门进行处理。

5. 对监测和检查情况进行汇总分析，并向行长或贷后管理例会报告。

县级行风险管理部门职责由派驻风险合规经理承担。

第十九条 其他相关部门职责

运营管理(会计)部门负责配合信贷管理部门制定资金监管办法、流程。会计人员根据客户经理需求,在结息日和信用到期前企业账户资金不足的,及时提示客户经理;发现资金账户往来异常,向客户经理预警;按规定扣划到期贷款本息;根据客户经理的需要提供企业账户资金明细账供查阅。

法律部门(未设法律部门的为承担相应职责的岗位,下同)为贷后管理提供法律支持,开展贷后相关法律风险的管理。

信息技术管理部门为贷后管理电子化提供科技支持。

内控合规部门对贷后管理工作进行内控评价和再监督。

监察部门为贷后管理工作的再监督部门。

第二十条 各部门的贷后管理工作职责由部门负责人和具体经办人共同承担。其中,客户经理(组)承担贷后日常管理、发现和报告风险及授权处理风险的责任,贷后监管风险经理(含履行贷后监管职责的派驻风险合规经理,下同)承担信贷风险监管和对客户部门贷后管理工作执行情况监管的责任;客户经理和贷后监管风险经理所在的部门负责人、分管副行长和行长承担贷后管理的组织领导和风险处理及决策责任。

第三章 贷后管理(服务)方案

第二十一条 法人客户贷后管理实行“方案管理”。客户管理行客户部门应在对客户全面、深入分析的基础上,根据客户的具体风险特点和业务管理要求,牵头逐户制定(修订)贷后管理(服务)方案,经分管客户部门行领导专题会议审核批准后执行。县级行管理客户的贷后管理(服务)方案,由县级行行长直接审核批准后执行。对总行管理客户,总行客户部门未制定方案的由省分行对口客户部门负责制定。

贷后管理(服务)方案按照“谁制定,谁录入”的原则,由制定行客户部门及时录入 CMS。

第二十二条 客户管理行制定的集团客户贷后管理(服务)方案,按规定程序审核后发集团成员单位所在县级行。管理行制定的集团客户贷后管理(服务)方案为整体方案的,县级行还应对本行开户的集团客户成员单位,根据整体方案要求及成员单位的具体情况制定具体落实方案,并报客户管理行客户部门审定后实施。

第二十三条 贷后管理(服务)方案应当逐年制定(修订)。对存量信贷客户,贷后管理(服务)方案应在客户年度授信方案审批后一个月内、且授信项下首笔用信前制定(修订),依据授信管理制度当年不需要核定授信额度的存量信贷客户,贷后管理(服务)方案应在本年初第一个季度内制定(修订);对新拓展的信贷客户,贷后管理(服务)方案应在首笔用信前制定。

第二十四条 客户贷后管理(服务)方案内容(参考格式见附件 1)至少应包括:客户(项目)基本情况;经营管理及风险控制目标;主要风险点和收益点分析;信贷资金监督支付方案;账户资金监测要求、现场检查频次及重点检查内容等贷后管理的主要措施;融资、资金结算及其他配套服务方案;客户经理组各成员的贷后管理职责分工。对综合收益、货款归行、国际结算份额、现场检查频次等易于量化的指标应进行量化。

第二十五条 各级行客户部门应严格按照贷后管理(服务)方案规定的职责进行贷后管理,落实各项风险控制措施和工作要求。方案执行期间,因客户或市场情况及国家政策发生变化,有可能对我行信贷资金产生不利影响时,客户管理行客户部门应适时调整贷后管理(服务)方案,并经分管行领导(县级行管理客户为县级行行长)审核批准。

第二十六条 贷后管理(服务)方案落实情况的监督和考核。各级行贷后监管风险经理应将客户贷后管理(服务)方案的制定和执行情况作为贷后管理工作现场检查的重要内容。各级行应利用贷后管理例会等平台定期听取贷后管理(服务)方案落实情况汇报,并对量化指标完成情况进行审核。

第四章 资金账户监管

第二十七条 县级行客户经理、支付审核人员与会计人员应相互配合做好信贷资金的支付审核、用后监督和借款人在我行账户资金的定期监测。

第二十八条 信贷资金应当通过贷款人受托支付或借款人自主支付的方式进行支付管理与控

制。采用贷款人受托支付方式的，支付审核人应在贷款发放前进行支付审核；采用借款人自主支付方式，按照相关制度规定需要支付审核的，支付审核人应在贷款入账后对外支付前进行。相关制度规定或认为有必要时，审核人应要求客户提供能够证明交易行为的资料。

第二十九条 信贷资金支付应当由县级行行长、分管客户部门副行长、客户部门负责人和客户经理进行分级审核。县级行行长应根据不同客户的具体情况确定本行行长、分管客户部门副行长、客户部门负责人的单笔信贷资金支付审核权限，并在客户贷后管理（服务）方案中列示；县级行客户经理的单笔信贷资金支付审核权限执行相关制度规定。属于管理行管理客户的，客户管理行客户部门可对县级行客户部门负责人、分管客户部门副行长和行长的单笔信贷资金支付审核权限进行调整，并在贷后管理（服务）方案中列示。

第三十条 采用借款人自主支付且需要支付审核的，客户经理必须在贷款发放后对外支付前书面通知会计人员。会计人员应协助客户部门做好信贷资金的支付审核工作，对于未经审核的信贷资金划转应立即通知支付审核人，不得擅自办理。

第三十一条 采用借款人自主支付方式且不需要支付审核的，客户经理应要求借款人按月报告贷款支付情况；定期通过账户分析、凭证查询、现场调查等方式核查贷款资金支付是否符合合同约定用途。法人客户应按月、逐笔核查；个人客户应按季核查，核查业务比例，应不低于本营业单位本季度新发放贷款采用自主支付方式笔数的50%。单项产品管理制度有特殊要求的，执行其相关规定。

第三十二条 无论采用何种支付方式，法人客户使用我行信贷资金后，客户经理应及时跟踪监督信贷资金用途，填写《信贷资金用后跟踪表》（附件2），逐笔记录信贷资金使用情况。个人客户使用我行信贷资金后，可不填写《信贷资金用后跟踪表》。

第三十三条 在贷款发放或支付过程中，借款人出现下列情形之一的，县级行应与借款人协商补充贷款发放和支付条件，或根据合同约定采取停止贷款发放和支付、收回已发放贷款等措施：

（一）信用状况恶化。

（二）不按合同约定使用信贷资金。

（三）项目进度落后于资金使用进度。

（四）违反合同约定，以化整为零方式规避贷款人受托支付。

（五）其他影响信贷资产安全的情况。

第三十四条 县级行客户部门应与运营管理（会计）部门相互配合，对客户通过网银支付信贷资金实行落地审核。借款人需要使用我行企业网银支付信贷资金的，县级行客户部门应与客户签订《企业网银账户监管协议》，并及时向运营管理（会计）部门提供相应客户、账户名单及相关要求；会计人员应按照客户部门提供的名单和相关要求，在网银账户上标注账户控制类型，设置控制参数。

客户使用我行企业网银支付信贷资金前，需向县级行客户部门提交用款申请、采购合同等交易证明资料；通过网银客户端发起交易后，会计人员（或由客户部门通知会计人员）对客户网银落地交易进行查询，并打印《电子银行强制落地业务处理单》交客户部门进行审核。审核完毕后，客户部门将《电子银行强制落地业务处理单》交会计人员进行后续处理。

第三十五条 对于使用信贷资金需进行支付审核的借款人，应在借款合同或补充协议中约定，借款人使用信贷资金必须经过我行审核同意。对客户采用票据交换、他行托收等被动划款方式支付信贷资金的，须提前向我行提交订单、合同等交易资料并进行审核。

第三十六条 县级行客户经理应当督促借款人在我行办理存款和结算业务。对仅在农业银行办理信贷业务的法人客户，其货款归行率和结算业务份额应不低于90%；对在多家银行办理信贷业务的法人客户，其货款归行率和结算业务份额应不低于农业银行信用占比。我行对货款归行及结算份额的相关要求应尽量争取在借款合同中进行约定。对财务管理高度集中、实行账户资金归集的客户，须通过书面协议等形式明确货款归行和结算份额的有关要求。银团贷款按有关规定执行。

第三十七条 县级行客户经理应通过 CMS【资金帐户查询】菜单、查验会计分户账和传票等方式，对借款人在我行账户进行资金监测，掌握账户资金往来情况，并结合企业采购、销售模式分析账户资金流入、流出是否正常,综合判断信贷资金用途是否符合合同约定。

客户经理应至少按月对我行账户资金监测情况进行汇总分析,填写《账户资金定期监测台账》(附件3)。个人客户可不填制。

第三十八条 客户部门应加强对集团客户资金的监控,防止信贷资金在集团内部不同项目、不同成员之间随意划转。对财务管理高度集中、实行账户资金归集的集团客户,须与我行签订协议(或在合同中约定),由集团总部(集团财务公司或集团指定机构)负责监督信贷资金使用,确保实际用款与合同约定用途一致,并定期向我行提供信贷资金用途证明。

第三十九条 客户经理发现借款人有挤占挪用信贷资金、未按合同约定使用贷款的情况,应及时向经营主责任人报告,并按合同约定采取暂停用款、提前收回贷款等措施督促借款人限期纠正。

第四十条 客户管理行客户部门应通过CMS随时查阅本级行管理客户的信贷资金支付审核信息,监督检查客户经理组各成员的账户资金监测情况,及时发现问题,指导、督促相关行进行整改。

第五章 贷后日常跟踪、现场检查和定期分析

第四十一条 日常跟踪。客户经理日常贷后管理工作中,除对客户进行资金账户监管外,还应按月收集借款人、保证人财务报表(告)(上市公司可按季收集公布的财务报告),随时搜集、掌握借款人和担保人公开信息、其他融资(担保)情况、上下游企业、所处行业及国家宏观经济政策、贷后监管风险经理提供的风险预警信息等与贷后管理相关的情况。客户管理行客户经理还应通过CMS监测客户用信情况、贷后管理(服务)方案落实情况等信息。客户经理可通过以下渠道收集客户信息:

(一)借款人(担保人)及其上下游客户直接提供的信息。

(二)人民银行征信系统信息及应收账款登记公示系统信息。

(三)银监会派出机构客户风险监测预警系统信息。

(四)银税系统信息。

(五)工商、税务、国土资源、环保、质量监督、发改委、人民法院等政府管理部门的有关信息。

(六)金融同业、中介机构、公众媒体等有关信息。

(七)其他渠道收集的有关信息。

第四十二条 日常跟踪中形成的资料,应作为客户贷后管理资料归档保管,并及时录入CMS。借款人、保证人财务报表(告)应在收集后的五个工作日内录入CMS。

第四十三条 建立联系协调机制。

(一)客户管理行客户部门应及时搜集、掌握国家行业、产业等政策信息,以及本级行管理客户相关动态。

(二)督促客户经理组各成员及时收集并上报借款人、担保人、关联企业、上下游客户的相关信息。

(三)对收集到的信息进行分类汇总和加工分析,并及时通报客户经理组各成员,必要时可召集客户经理组会议进行信息沟通,研究客户发展趋势。

第四十四条 县级行客户经理应按下列标准对法人客户进行现场检查和贷后管理定期分析,单项产品管理办法有具体要求的,从其规定。

对正常、关注类法人客户,至少每季进行一次,于季后30日内完成(上市公司可适当顺延)。客户管理行客户部门可视具体情况,要求县级行客户经理增加频次,并在贷后管理(服务)方案中明确。

对次级类法人客户,在移交不良贷款处置机构前,至少每月进行一次。移交后执行不良资产处置制度的相关规定。

对可疑、损失类法人客户,在移交不良贷款处置机构前,至少每半年进行一次。检查以有效清收和资产保全为目的,与贷款催收相结合。移交后执行不良资产处置制度的相关规定。

对于出现橙色、红色风险信号的法人客户,在预警信号解除前,至少每月进行一次。

对仅在农业银行办理低信用风险信贷业务的法人客户,信贷业务逾期后进行现场检查和贷后管理定期分析,至少每季度进行一次,可与贷款催收合并进行。分析内容可适当简化,重点分析信用逾期的原因、风险处置方案及实施情况等。

第四十五条 法人客户出现下列情形时,县级行客户经理应立即进行现场检查和贷后管理定期分析。

(一)贷款五级分类形态向下迁徙。

(二)贷款发生欠息、展期、逾期及或有资产垫付。

(三)出现停产、半停产状况。

(四)发生可能影响信贷资产安全的投资活动、体制改革、债权债务纠纷、事故与赔偿等重大事项。

(五)出现其他可能影响我行信贷资产安全的重大风险预警信息。

第四十六条 管理行客户部门应当单独或会同所辖客户经理组,对本级行管理客户进行现场检查和贷后管理定期分析。省分行客户部门每年至少进行一次;二级分行客户部门每半年至少进行一次。

第四十七条 二级分行分管客户部门副行长每年要对本级行管理客户和信用余额超过2亿元的上级行管理客户至少进行一次现场检查;县级行行长或分管客户部门副行长每半年要对本行法人客户至少进行一次现场检查。行长或分管客户部门副行长的现场检查可与客户部门的现场检查一并实施。

第四十八条 法人客户现场检查的内容。检查人员应做好现场检查的前期准备,认真分析客户财务报告,结合资金账户监管、日常跟踪、风险监测掌握的信息,确定检查重点;现场检查要深入企业办公地点、车间、仓库等主要经营场所,有条件的可以形成影像资料。法人客户现场检查至少包括以下内容:

(一)信贷业务批复中的管理要求落实情况。

(二)客户生产经营情况。包括但不限于企业开工情况,设备运转情况,员工增减情况,企业库存及销售情况,环保设施达标及运行情况,事业单位的主要经营管理指标等。

(三)客户财务情况。通过账实核对、账账核对、账表核对,对主要财务指标进行检查分析。

(四)担保情况。核查保证人的生产经营是否正常;核查押品的合法性和完整性,确认抵押权是否受到侵害,核查质押物的保管是否符合规定;按照押品管理办法规定的频次对押品价值进行贷后重估和确认。

(五)与管理人员面谈。详细了解原材料和主要产品市场、生产技术和组织管理、经营计划、体制及人员变动、经济纠纷、与其他债权人的合作、对外担保、关联企业及关联交易等情况。

除上述(一)至(五)项检查内容外,检查人员还应针对不同的信贷业务,进行重点检查:

对于处于建设期的固定资产贷款,重点检查项目进展情况与项目评估报告及工程规划是否存在较大差异,投资、建设是否按项目计划进行,项目累计完成工作量与投资支出是否相当,费用开支是否符合有关规定,总投资是否突破,施工方垫资情况,项目主要技术、工艺、设备是否出现较大变化,固定资产贷款是否被挤占挪用,项目能否按期竣工和达产,预计效益和市场情况等。

对于房地产开发贷款,重点检查项目建设进度是否与我行投放的开发贷款相匹配,关注项目投资完成率;检查是否按照销售进度归还我行开发贷款,待销售面积是否能够有效覆盖我行开发贷款风险,关注项目销售率、销售款回笼率和贷款偿还率。

对于流动资金贷款,重点是检查贷款实际用途是否合理,资金账户流入、流出是否正常。检查客户生产情况,关注达产率和盈亏平衡点;检查客户销售情况,关注产(购)销率、销售货款回笼率;检查客户货款归行情况,关注货款归行率。处于营运期的固定资产贷款,参照流动资金贷款进行重点检查。

对于银行承兑汇票业务,重点检查商品(劳务)交易合同的履行情况(汇票签发后2个月内,收集合同项下增值税发票或普通发票,并查验真伪);检查出票人与实际用票人是否一致,保证金和兑付资金来源是否合理;对比分析商品(劳务)交易合同、价格以及交易发票和结算方式是否与客户经营范围、经营方式以及主要购销产品、上下游客户等相匹配。对于保函业务,重点检查保函项下基础合同的履行情况。

对于国际贸易融资业务,重点检查客户生产经营活动和合同履行情况,全程监控货物流、单证流和资金流,做到"盯单、盯货、盯资金"。

对于事业法人客户信贷业务,要重点检查事业单位体制改革、收费政策变化对客户的影响,关注客户收支变化情况,及时掌握客户经营管理、财务状况、建设发展和内外融资变化情况。

第四十九条 贷后管理定期分析内容。贷后管理定期分析应在全面分析客户贷后情况的基础上,重点关注达产率、产销率、货款回笼率和货款归行率等指标,分析判断客户现金流状况。《贷后管理定期分析报告》内容应至少包括:客户基本情况;客户运营状况(或项目进展情况);财务状况;资金账户监管情况;融资和对外担保情况;担保分析;信贷业务批复要求及贷后管理(服务)方案落实情况;客户与农业银行合作情况;风险因素分析;结论及工作措施建议等。

第五十条 客户经理现场检查结束后应填制《信贷业务现场检查表》(附件4),并结合资金账户监管、日常跟踪和风险预警等情况,撰写《贷后管理定期分析报告》(附件5),签署意见后提交本部门负责人审核,其中县级行客户经理填制或撰写的《信贷业务现场检查表》、《贷后管理定期分析报告》还应提交经营主责任人审核,属于上级行管理客户的,还需上报客户管理行客户部门负责人阅签。

第五十一条 县级行客户部门应按照下列标准对个人客户定期进行贷后现场检查。

(一)对采取分期还本付息还款方式且金额在30万元(含)以上的农户贷款,每半年检查一次。对采取分期还款方式的其他个贷业务,实行逾期催收检查,不要求固定的贷后检查频次。但管户客户经理应密切关注借款人还款情况,监测有无他人代为偿还贷款或同一人批量偿还贷款情况,及时识别冒名或虚假贷款,化解信贷风险。

(二)已进入诉讼程序的个人不良贷款,在情况未发生重大变化条件下,不要求固定的贷后检查频率。

(三)对低信用风险个贷业务,实行逾期催收检查,重点关注押品保管和价值变化情况。

(四)对其他个贷业务,原则上至少每半年检查一次;农户单项信贷产品不良率在1%(含)以上的,检查频率不低于三个月一次。对信贷管理水平较高、近三年新增贷款不良率较低(未超过当地同业近三年新增贷款不良率或所在二级分行近三年新增贷款不良率不超过2%,单项产品管理办法有具体规定的执行相应规定)且个贷业务量较大,每半年检查一次确有困难的,经二级分行批准,可适当降低检查频率(须明确具体的检查频次要求,且至少每年检查一次)。对批准降低检查频率的个贷业务品种,二级分行应动态监测新增贷款不良率指标的变动情况,超出规定标准的要及时恢复至少每半年检查一次的规定频次。

(五)农户贷款检查可灵活采取电话访谈,约见借款人,现场实地走访,与村委会、专业合作社、产业化龙头企业面谈等方式,其中农村个人生产经营贷款须全部现场实地走访,其他贷款产品采取现场实地走访方式的比例不低于应检查户数的5%。对于能够按期还款的客户,可将监控还款记录作为检查的辅助手段,但不得完全代替检查。

第五十二条 个人客户贷后现场检查的主要内容。

(一)借款人是否按照合同约定用途使用信贷资金。

(二)借款人的资产、职业、收入、家庭、健康状况等是否有较大变化。

(三)借款人是否有违法行为,是否卷入经济纠纷。

(四)保证人的保证能力、押品的完整性和安全性是否发生变化,押品的价值是否减少,抵质押权是否受到侵害,押品的保管是否符合规定。采用联保方式办理的贷款,联保小组成员间继续联保并承担连带保证责任的意愿,小组成员是否发生重大变故等。

(五)经营类业务还应检查借款人生产经营、财务状况是否正常,主要产品的市场状况是否有较大变化,借款人与其他债权人、债务人的合作关系是否正常等。

第五十三条 客户管理行客户经理应通过CMS随时查阅本级行管理客户各成员行提交的《信贷业务现场检查表》和《贷后管理定期分析报告》,并报部门负责人审阅。发现问题的应及时指导、督促相关行进行整改。

第五十四条 信贷管理部门对客户部门贷后管理工作的检查。

省分行、二级分行贷后监管风险经理至少每年对本级行客户部门的贷后管理工作进行一次现场检查;县级行贷后监管风险经理至少每半年对本级行客户部门的贷后管理工作进行一次现场检查。检查内容主要包括:客户贷后管理(服务)方案的制定和落实情况;客户经理(组)配备、资金账户监管、现场检查和定期分析、信贷资产分类、风险预警处理、CMS信息录入、信贷档案管理等工作开展情况。检查结束后,检查人员填写《贷后管理工作检查表》(附件6),签署意见后提交本部门(派驻风险合规经理提交委派行信贷管理部门)负责人审核,并就检查中发现的问题向客户部门进行提示,提出进一步加强贷后管理工作的具体要求。

县级行贷后监管风险经理在检查本级行客户部门贷后管理工作的同时,应对本级行信贷业务运作的合规性进行检查,发现风险信号和违规线索的,可以延伸至客户进行现场检查。

第五十五条 上级行信贷管理部门对下级行的贷后管理工作检查。

上级行信贷管理部门可根据实际情况,结合其他信贷检查、通过现场或非现场方式,对下级行的贷后管理工作进行检查。检查内容主要包括信贷业务操作的合规性、贷后管理例会召开情况、客户部门和信贷管理部门的贷后管理工作等。省分行每年至少检查一次;二级分行可根据各行实际情况确定检查频次,但每年应对所辖县级行进行一次全面检查。

对现场检查中发现的问题,检查人员应填制《中国农业银行河北省分行信贷检查工作底稿》(附件7),如实记录客户的基本情况、农行信用的基本情况、问题的性质、时间、金额、过程、信贷风险现状及各阶段责任人等,并留档保存。

第五十六条 对下级行贷后管理工作检查中发现的问题,管理行应按照规定建立《中国农业银行内外部监管检查发现问题整改台账》,向被查单位发出《中国农业银行整改通知书》,督促被查单位按规定的标准进行整改。

第五十七条 省分行应按规定对二级分行、县级行进行贷后管理巡检。巡检内容包括客户经理配备情况;放款审核执行情况;客户部门、信贷管理部门贷后管理职责履行情况;贷后管理例会工作情况;押品管理和贷后价值重估情况,并对被巡检机构的贷后管理工作水平进行整体评价。

第六章 监测、预警与风险处置

第五十八条 各级行贷后监管风险经理应当以CMS为基础信息平台,综合运用各类有效信息,监测辖内信贷客户的风险状况和所辖行信贷业务的整体风险。其监测重点是:

(一)本级行管理客户以及本级行审批业务的风险。监测内容至少包括:

1.客户基本状况。包括:营业执照、组织机构代码证书、排污许可证书等各类证照的年检及换发情况;主要管理人员信用记录及变动情况;注册资本、经营范围、经营场所变动情况等。

2.客户经营状况。包括:主要产品及生产工艺变化情况;生产、销售变动情况等。

3.客户信用状况。包括:客户用信情况,有无新发生不良贷(垫)款及逾期、欠息的信贷业务;我行信用额度变动情况,他行信用增减变化情况;对外担保额度变动情况;贷款归行及我行账户资金异常变动情况;信贷风险分类形态向下迁徙及担保保障程度变动情况等风险信息。

4.客户财务状况。包括:资产负债率、流动比率、现金流动负债比等财务指标的变动情况;存货、应收账款等重点科目的异常变动情况等。

5.风险信号处置情况。包括:已发布风险信号是否及时流转、阅签;经营主责任人是否及时组织落实风险处置措施;风险信号消除后是否及时解除等。

(二)所辖行信贷业务的整体风险。主要包括辖内各行信贷资产总量变化,信贷资产质量结构变化,区域分布、行业投向、以及信贷产品结构等情况。

(三)国家重点宏观调控行业的信贷业务风险。包括高污染、高耗能行业和国家产业指导目录中限制、淘汰行业的信贷业务风险。

(四)对上级行和其他渠道提供的预警客户和业务进行持续跟踪监测。

第五十九条 各级行贷后监管风险经理应当通过CMS监测辖内信贷业务的操作状况,以及本级行客户部门和下级行的贷后管理工作。其主要内容包括:

辖内信贷业务操作的合规性,及时发现违规信用。

本级行客户部门和下级行的贷后管理工作情况,及时发现贷后管理工作中存在的问题并督促相关部门整改。

CMS录入数据的及时性、准确性、真实性和完整性等。

第六十条 对法人客户,管理行客户部门应通过CMS、人民银行征信系统、银监会大额授信系统,借助政府管理部门、金融同业、社会中介、公众媒体等信息平台,监测本级行管理客户的经营情况、项目进展情况、财务状况、银行信用及风险状况、贷后管理(服务)方案落实情况,以及上下游客户、国家产业政策等信息。

第六十一条 对个人客户,管理行客户部门应通过 CMS 或其他辅助系统,区分产品和机构维度,监测、跟踪和管控辖内资产质量;批量监测借款人信息、凭证信息及还款信息,汇总符合假按揭特征的借款人清单,并向下级行或县级行发出风险提示函;批量监测辖属权证办理情况,督促有关行加快权证办理进度,防控担保风险。

第六十二条 风险信号的分级管理。客户经理和贷后监管风险经理在日常监测和现场检查中发现的风险信号,应根据风险影响范围、紧急程度、风险敞口和预计损失等因素,实行分级管理,确定不同的报告路径,制定针对性的处理措施。

信贷风险信号分为红色、橙色、黄色三个级别。

(一)红色风险信号是指已经对信贷资产安全构成严重危害、风险敞口巨大,或预计损失严重、影响恶劣、需要立即采取紧急措施的重大风险信号。

(二)橙色风险信号是指直接威胁信贷资产安全、风险敞口较大,需立即采取措施以防止风险进一步扩大、损失程度增加的重要风险信号。

(三)黄色风险信号是指有一定风险敞口,可能影响信贷资产安全,需采取提高安全性措施以防止风险扩散的一般风险信号。

客户经理和贷后监管风险经理在贷后管理中发现符合《主要风险预警信号提示及参考认定规则》(附件8)提示的事项,应根据对客户偿债能力是否构成不良影响决定是否发布风险预警,并依据其影响程度确定风险信号等级。区域、行业类风险预警信号由省分行负责发布,二级分行、县级行客户经理、贷后监管风险经理发现的区域、行业类风险信号,应按照管理条线向省分行客户部门或信贷管理(风险管理)部门报告,由省分行决定是否发布。

第六十三条 风险信号的报告和处理路径。

(一)黄色风险信号。各级行贷后监管风险经理、管理行客户经理在监测、检查中发现的黄色风险信号报经本部门负责人审核(派驻风险合规经理发现的,可免予审核)后,及时向县级行客户部门发布。发布形式可以填制《风险预警信号处理表》(附件9),也可以采取信贷风险预警通知、信贷风险提示函、信贷在线检查通报或其他有效方式进行发布。县级行客户经理在资金账户监管、日常跟踪和现场检查中发现的黄色风险信号应填制《风险预警信号处理表》,及时报告本部门负责人。属于管理行管理客户的,预警发起人应同时抄报(送)客户管理行客户部门。

县级行客户部门负责人对客户经理、贷后监管风险经理发布(或报告)的黄色风险信号,根据本部门的处理能力决定是否报告经营主责任人。县级行客户部门负责人和经营主责任人接到风险信号后,应立即组织本部门或本级行采取处理措施。处理结果应当向预警发起部门反馈(县级行客户经理发起预警的除外)。

(二)橙色、红色风险信号。各级行贷后监管风险经理、客户经理在监测、检查及其它贷后管理工作中发现的橙色、红色风险信号,应填制《风险预警信号处理表》并报经本部门负责人审核(派驻风险合规经理发起的,报委派行信贷管理部门审核)后,及时向客户管理行客户部门和经营主责任人发布(或报告)。红色风险信号应同时抄报(送)客户管理行风险管理部门(县级行管理客户为派驻风险合规经理,下同)。

对县级行管理客户,经营主责任人接到风险信号后,应组织相关部门或人员制定风险化解措施或处理方案并立即实施。对管理行管理客户,经营主责任人接到风险信号后,应立即采取应急处理措施防范风险扩大;客户管理行客户部门接到风险信号后,应视本部门的处理能力决定是否向分管副行长汇报,并牵头制定风险化解措施或处理方案,会同或指导所辖客户经理组进行处理。贷后监管风险经理发起预警的,管户客户经理(组)应向预警发起人反馈处理结果。具体处理流程见《风险预警信号报告处理流程》(附件10)。

第六十四条 风险预警信号符合农业银行客户信用等级管理制度规定的降级条件的,客户管理行客户部门应及时发起评级更新或向下推翻。

风险预警信号符合农业银行信贷资产风险分类管理制度规定的降级条件的,县级行客户部门应及时发起风险分类,并按照规定的权限和流程报有权审批行审批。

第六十五条 风险信号的解除

黄色、橙色风险信号由客户管理行客户部门(县级行管理客户为县级行行长)根据处理结果决定是否解除;红色风险信号由客户管理行风险管理部门根据处理结果决定是否解除。风险信号解除应填制《风险预警信号解除申请表》(附件11)

在风险预警信号解除前,红色风险信号,原则上应对客户制定清收退出政策,存量信用原则上只收不放;橙色风险信号,原则上对客户采取主动退出政策,存量信用原则上收多放少(办理展期、还旧借新、借新还旧等业务时,应按照适当比例压缩);黄色风险信号,原则上对客户实行风险观察政策,观察期内对该客户加强贷后管理,密切观察其风险变化情况。

第六十六条 实施重大风险信号应急处理机制。对于客户出现异常变化,可能对客户生产经营造成严重不利影响,导致农业银行债权处于严重不确定状态并极有可能发生较大风险的,有关行应视情况采取电话、传真、NOTES等方式于当日或次日上报,其中:风险敞口5亿元以上(含)的上报总行(总行管理客户报总行相关客户部门,其他客户报总行信贷管理部门),同时抄报省分行相关客户部门;风险敞口1亿元(含)至5亿元(不含)的上报省分行(总行、省分行管理客户报省分行相关客户部门,二级分行、县级行管理客户报省分行信贷管理部门),预计损失超过5000万元或风险敞口超过5亿元的实行行长负责制,有关行长可以越级直接报告。省分行相关客户部门或信贷管理部门接到下级行上报的重大风险信号后,应在第一时间报告分管副行长及行长,视情况确定或指导相关行落实风险应急处理措施,同时牵头组织资产处置、法律事务等部门及有关行组成风险处理小组研究制定风险控制措施并组织落实,尽可能控制风险,减少损失;单户不良信贷资产占比或预计不良信贷资产占比超过50%的,原则上由资产处置部门牵头处置。

第六十七条 符合重大信用风险事件标准的,应按照我行重大信用风险事件报告制度的规定,及时报告风险管理部门,由有权行风险管理部门牵头处置。

第七章 贷后管理例会

第六十八条 各级行应建立贷后管理例会,对客户风险和贷后管理工作情况进行集中审议,分析存在的风险因素,制定风险防范措施,形成会议决议,提高贷后管理工作的执行力。

第六十九条 贷后管理例会是行长领导下的贷后管理议事机构,实行委员制。主任委员由行长担任;副主任委员由分管信贷前、后台的副行长担任;部门委员由客户部门、信贷管理部门、风险管理部门、法律事务部门的负责人担任,未设相应部门的由相关岗位人员担任;个人委员由独立审批人、专职审议人、派驻风险合规经理及经主任委员指定的其他人员担任。

第七十条 各级行应在信贷管理部门设置贷后管理例会办公室,作为贷后管理例会的具体办事机构,未设信贷管理部门的,主任委员应指定相关岗位人员承担贷后管理例会办公室工作职责。

第七十一条 例会召开频次。贷后管理例会原则上定期召开,省分行和二级分行至少每半年召开一次,最迟于每年4月底和10月底前召开;县级行至少每季度召开一次,于每季结束后次月召开。

各级行可根据贷后管理工作需要临时增开贷后管理例会。

第七十二条 主持人和参会人员。各行贷后管理例会由主任委员主持,每次参会委员人数应不少于全部委员人数的三分之二(县级行参会委员最低不得少于三人)。经主任委员同意,管理行贷后管理例会可邀请下级行相关人员列席。

第七十三条 贷后管理例会审议内容主要包括对客户风险的审议和对贷后管理工作的审议

第七十四条 客户风险审议范围。各级行贷后管理例会应在本级行管理客户范围内,集中审议以下客户的风险:

(一)出现明显风险信号、存在较大风险的客户。

(二)内外部监管、检查中发现重大风险性问题的客户。

(三)集团客户和大额授信的客户。

(四)受行业、区域政策影响较大的客户。

(五)对业务经营有重大影响的客户。

(六)主任委员认为有必要审议的其他客户。

管理行定期召开的贷后管理例会必须对上述(一)、(二)项列明的客户进行审议,(三)至(六)项列明的客户由主任委员视情况提出审议名单进行审议。县级行定期召开的例会原则上对本行所有客户进行审议(合作商逐户审议,个人客户和仅办理低信用风险信贷业务客户可分类审议,下同),法人客户超过10户(不含仅办理低信用风险信贷业务客户)的县级行定期召开的例会可不审议本行所有客户,但必须对上述(一)、(二)项列明的客户进行审议,且每半年至少对本行所有客户审议一次。

第七十五条 贷后管理工作的审议范围主要包括:

(一)客户部门贷后管理工作整体情况。

(二)贷后管理各项制度的落实情况。

(三)信贷业务风险监控和预警情况。

(四)潜在风险退出客户管理的组织实施情况。

(五)下级行贷后管理例会工作开展情况。

(六)前次贷后管理例会决议执行情况。

(七)主任委员认为需审议的其他贷后管理相关事项。

每次召开贷后管理例会时,主任委员可视情况在上述范围内选取部分内容进行审议。

第七十六条 对客户风险的审议由客户部门汇报,主要审议要点包括:

(一)对法人客户,应结合日常跟踪、非现场监测、现场检查和贷后定期分析等情况,逐户汇报以下内容:

1. 客户基本情况,公司治理结构、管理层及主要分支机构的主要变化情况。

2. 客户生产经营和财务状况,近期重大变化及其影响。

3. 建设项目的实施情况,与项目评估预计的对比变化情况。

4. 客户在我行的用信及变化情况。

5. 客户所属行业政策、区域经济形势变化对客户的影响。

6. 保证人担保能力、抵(质)押物的权属和价值变化情况。

7. 贷后管理(服务)方案的制定和执行情况。

8. 发现的客户风险预警信号及处理情况。

9. 贷后管理中存在的问题及解决方案。

10. 其他需审议的贷后管理事项。

(二)对个人客户,汇总汇报个贷业务整体形态变化情况、分析存在的风险因素,制定风险防范措施。

(三)逐项或汇总汇报上次例会决议执行情况。

(四)客户管理过程中遇到的其他问题。

第七十七条 对贷后管理工作的审议由信贷管理(风险管理)部门汇报(派驻风险合规经理向驻地行贷后管理例会通报),主要审议要点包括:

(一)贷后管理相关机构和岗位设置、人员配备和变动情况。

(二)贷后管理工作的总体评价、存在的问题和改进措施。

(三)贷后监测、检查中发现问题及处置措施。

(四)前次贷后管理例会决议的执行效果、存在的问题和改进措施。

(五)下一步贷后管理的工作重点。

(六)其他需审议的贷后管理工作。

第七十八条 参会委员对会审客户的风险进行审议,视风险防控需要,按户议定停止新增用信、压缩信用余额、补充担保、加强账户资金监管、采取法律措施等风险防范和化解措施。

第七十九条 贷后管理例会审议情况可作为不良信贷资产形成时界定贷后管理是否尽职的重要依据。

第八十条 贷后管理例会办公室按照规定的频次或根据有关委员的建议,提请主任委员召开贷后管理例会。主任委员根据本行客户风险状况、管理需要等,确定例会的召开时间、参会人员、审议客户名单和审议事项。贷后管理例会办公室根据主任委员确定的审议客户名单和审议事项,通知相关部门准备会议汇报材料。

第八十一条 客户部门、信贷管理(风险管理)部门及派驻风险合规经理应根据本细则规定第七十六条、七十七条规定的审议要点撰写汇报材料,由经办人员和部门负责人签字后移送贷后管理例会办公室(派驻风险合规经理撰写的汇报材料不需部门负责人签字)。贷后管理例会办公室将收集的汇报材料整理后,至少提前三天发送给参会委员,并通知参会人员按时参加会议。

第八十二条 贷后管理例会办公室应对例会审议情况做好专门记录,整理会议纪要,逐户填制《贷后管理例会审议表》(附件12),并将会议纪要和《贷后管理例会审议表》一并呈报主任委员审签。个人客户和仅在农业银行办理低信用风险信贷业务的客户可不填制《贷后管理例会审议表》。

会议记录应载明会议期次、时间、主持人、参会委员、审议内容、汇报和审议情况及会议决议等。会议纪要应载明议定的客户风险及防范和化解措施、贷后管理工作要求以及各项决议的执行部门、机构和有关责任人

第八十三条 会议纪要经主任委员签发后，印发本级行相关部门及下级行。二级分行、县级行会议纪要应在会后15个工作日内上报上级行信贷管理部门备案，每半年应将例会召开和执行情况报告上级行信贷管理部门。

第八十四条 决议的执行、反馈和监督。贷后管理例会议定的具体执行部门和机构应根据会议纪要和《贷后管理例会审议表》，负责落实贷后管理例会议定的相关决议，并在下次例会汇报具体执行情况。贷后管理例会办公室应收集、整理贷后管理例会决议执行的总体情况，向贷后管理例会汇报。

第八十五条 贷后管理例会办公室应按会次整理会议资料，并纳入信贷档案统一管理。会议资料包括客户风险审议汇报材料、贷后管理工作审议汇报材料、会议记录、会议纪要和《贷后管理例会审议表》。

第八十六条 管理行信贷管理部门应将下级行的贷后管理例会及决议执行落实情况作为贷后管理工作检查的重要内容。

第八十七条 管理行应派员定期或不定期列席下级行贷后管理例会，了解下级行贷后管理例会的运行情况并进行监督和指导。

第八章 信贷业务到期管理

第八十八条 法人客户到期信贷业务的催收。对将要到期的法人客户信贷业务，县级行客户经理应不晚于每笔信贷业务到期前20日，填制《信贷业务到期通知书》发送借款人和担保人并取得回执，或采取本行确定的其他有效方式，及时通知借款人和担保人。分期还款的法人客户信贷业务按照不同的到期时间分别进行催收。

对银行承兑汇票、信用证等或有资产业务，到期前10日客户账户资金不足以兑付的，应及时通知客户（同时通知担保人督促客户）将足额资金存入我行。合同约定分期存入的按照不同到期时间分别进行催收。

合同约定按月（季）结息的，在结息期前3天客户账户资金不足以付息的，及时通知客户将足额资金存入我行。

第八十九条 个人客户到期信贷业务的催收。个人客户信贷业务（采取自助贷款方式的除外）到期前，县级行客户经理应采取短信、电话、电子邮件、发送《贷款到期通知书》等方式通知借款人、担保人及时办理还款手续。

第九十条 信贷业务的提前到期。发生合同约定事项导致信贷业务提前到期的，县级行客户经理报经县级行行长同意后，向借款人和担保人发出《贷款提前到期通知书》，办理相关还款手续，未收回的，按逾期催收手续办理。

第九十一条 信贷业务的提前偿还。客户主动申请提前偿还信贷业务时，县级行行长应根据借款合同的约定并综合考虑其他因素，确定是否同意提前还款。如同意提前还款的，可按照信贷业务合同约定收取一定金额的补偿金。

第九十二条 信贷业务的到期归还。信贷业务到期应按照信贷业务合同约定的期限和还款方式，由客户主动归还。客户与县级行签订《划款授权书》的，县级行可按《划款授权书》的约定自动从客户的账户或银行卡中予以扣收。

第九十三条 客户还清全部信用后，县级行应将押品或其权属证书返还抵押人、出质人并作签收登记，设定抵押、质押登记的应及时与抵押人、出质人到登记部门办理注销登记。

第九十四条 信贷业务展期处理。法人客户信贷业务到期前不能偿还的，经客户申请，符合农业银行展期条件，可按照我行信贷制度规定的程序和权限办理信贷业务展期。个人客户信贷业务原则上不得展期，确需展期的，按新发放贷款审批权限和流程办理。

第九十五条 信贷业务的重新约期。对于具有行业竞争优势、预期未来项目建成后经营效益良好的优良客户，由于业务审批时约期不合理或项目建设期延长等原因造成预期现金流不足以归还到期贷款的，可按照我行信贷制度规定的程序和权限办理重新约期。

第九十六条 信贷业务借新还旧。除符合总行规定的条件外，禁止办理借新还旧。

第九十七条 法人客户逾期信贷业务的催收。信贷业务到期日的次日营业终了尚未归还的

信贷业务列入逾期催收管理,县级行客户经理应于信贷业务到期日的次日起算,5个工作日内首次填制《信贷业务逾期催收通知书》和《担保人履行责任通知书》,分别发送到客户和担保人进行催收。此后,至少每半年发送一次,直至依法诉讼(仲裁)或移交不良贷款处置机构。能取得回执的,应取得回执;不能取得回执的,要保留相关催收证据资料。分期还款的法人客户信贷业务从第一次出现逾期后进行催收。

第九十八条 个人客户逾期信贷业务的催收。对不按约定归还本息的个人客户信贷业务,县级行客户经理应视贷款逾期的不同期数采取不同的催收处置措施,收回贷款逾期本息或者提前收回未到期贷款。

(一)逾期30天(含)以内。对借款人(需通知担保人或保险人的,按规定进行通知)应进行短信或电话催收,善意提示借款人还款;通过电话了解借款人联络信息的有效性及借款人的违约原因。

(二)逾期31至60天(含)。对借款人(需通知担保人或保险人的,按规定进行通知)应进行短信、电话或信函催收。对经营类贷款和农户贷款应进行上门催收,通告逾期还款对借款人形成的影响以及我行将要采取的法律措施等相关内容。

(三)逾期61天至90天(含)。应对借款人(需同时通知担保人或保险人的,按规定进行通知)进行上门催收,督促借款人落实还款计划并签收催收回执。对于无法约见或者不愿签收回执的,可采取亲属签收、寄发挂号催收信函并留存回执、通过影像资料或文字对催收情况进行说明等方式;同时应做好诉前保全、强制清收准备。农户贷款催收可通过联系担保人、协管员、"五老"等外部力量协助进行。

(四)逾期90天以上。原则上应采取法律手段进行催收。

第九十九条 法人客户新发生逾期或形成不良的信贷业务,县级行客户部门应于发生逾期或形成不良一个月内书面报告原审批行信贷管理部门和客户管理行客户部门。客户管理行客户部门牵头组织有关部门制定清收处置方案,提交风险管理委员会(未设风险管理委员会的县级行提交贷后管理例会)审定后由有关行客户经理(组)组织实施。客户管理行客户部门应建立清收台账,对不良资产清收工作进行督导。

第九章 潜在风险客户退出

第一百条 潜在风险客户是指已出现较为明显的风险特征,或在可预见的范围内,预计客户生产经营情况有可能出现不利变化,影响到我行信贷业务的最终偿还,但尚未形成不良,为防止形成事实风险,需要到期或提前收回、压降信用余额的法人客户。

第一百〇一条 潜在风险客户退出工作要遵循结合风险形势、突出重点行业、强化考核激励、坚持循序渐进的原则。潜在风险客户的认定范围、风险特征和考核内容,由总行根据经济形势、产业及行业政策和农业银行的经营战略进行调整。

第一百〇二条 潜在风险客户退出实行指令性计划管理。省分行信贷管理部门根据经济及金融生态环境、信贷资产结构及风险状况,分解总行下达的年度计划,制定全行年度退出计划。年度退出计划下达后原则上不作调整,如遇特殊情况,由省分行统一进行调整。

第一百〇三条 潜在风险客户退出按照名单进行管理。二级分行信贷管理部门依据省分行下达的年度退出计划,牵头组织本级行客户部门、县级行对辖内法人客户进行全面风险排查,按照总行潜在风险退出客户管理制度规定的客户认定范围和潜在风险特征,并结合我行客户名单制管理,选择风险程度高的客户确定潜在风险退出客户名单和当年退出额度,经风险管理委员会审议确认,报经行长审批同意后报省分行。

第一百〇四条 对确定为潜在风险退出的客户,二级分行应在全面分析客户资产负债状况、经营管理状况和贷款担保状况的基础上,针对客户的潜在风险特征,逐户制定退出(压降)方案和风险退出措施,并落实退出责任人。

第一百〇五条 省分行、二级分行信贷管理部门应建立潜在风险客户退出监测台账,利用CMS(或数据直通车系统)按月、逐户监测潜在风险退出客户的贷款实际压降情况,及时对辖内各行退出计划完成情况进行督导;年末对辖内各行潜在风险客户退出计划的完成情况进行考核。

第一百〇六条 潜在风险客户退出是我行重要商业机密,各行相关人员须做好保密工作,严禁将客户退出名单及相关情况外泄，各级行有关潜在风险客户退出的文件应通过商密文件方式处理。

第十章　电子化手段的运用

第一百〇七条　CMS贷后管理系统是贷后管理工作的主要操作平台。各级行客户经理、贷后监管风险经理的贷后管理事项应当通过CMS贷后管理系统进行登记或流转，对于系统无法录入的贷后管理信息，可以编制WORD文档或对相应的纸质文本资料扫描后作为档案上传，并在相应位置说明上传档案内容，确保系统信息的完整性。经CMS贷后管理系统登记或流转确认的贷后管理信息效力优于纸质文本，各级行检查监督部门应尽可能以CMS在线检查替代现场检查。

第一百〇八条　CMS贷后管理系统贷后管理事项的登记和流转分为业务的发起、贷后管理意见的审核与确认、意见的落实及归档等四个环节，并支持业务的抄送、会签和补充处理。业务发起人应跟踪贷后管理事项的流转进程，及时提示后手进行处理，确保贷后管理事项流转顺畅，事项流转结束后，由业务发起人进行归档。各级行客户经理、贷后监管风险经理应随时登录CMS贷后管理系统，及时处理前手提交的贷后管理工作事项。

第一百〇九条　各级行客户经理、贷后监管风险经理应充分发挥CMS财务分析预警软件的作用，结合账户资金监管、日常跟踪、现场检查等贷后管理工作中掌握的客户信息，科学分析、判断信贷客户的财务状况和偿债能力，并根据分析结果采取针对性的贷后管理措施。

第一百一十条　各级行应借助电子化手段实现集团客户及担保人的信息共享，提升发现、识别和化解信贷风险的能力。

第一百一十一条　各级行应积极开展与土地、房产部门相关系统的联网查询工作，充分利用人行征信系统、应收账款登记系统、大额授信系统、银税系统等公共系统资源，掌握客户真实的财务状况、融资情况、担保情况和信用记录等信息。

第一百一十二条　信息技术管理部门应配合信贷业务部门的管理需求，积极开发功能齐全的电子化工具，维护系统的安全和稳定运行，为贷后管理工作提供有力的科技支持。

第十一章　工作移交及责任追究

第一百一十三条　贷后管理经办人的工作移交。原客户经理或贷后监管风险经理工作岗位变动（含由于管理客户移交导致的管理责任变动，下同）时，须在部门负责人（派驻风险合规经理工作移交为委派行风险管理部门负责人）主持和监交下，同接手客户经理或贷后监管风险经理对其负责的信贷客户业务风险状况进行鉴定，形成书面交接材料。客户经理交接的法人客户信贷业务，应逐户填制《经营责任移交表》（附件13），连同书面交接材料由移交人、接手人、监交人签字后登记存档。工作移交后，接手人对接手的信贷客户承担贷后管理工作职责。

第一百一十四条　部门负责人的工作移交。原客户部门或信贷管理（风险管理）部门负责人工作岗位变动时，须在本行分管副行长主持和监交下，同接手人对其负责的信贷业务风险状况进行鉴定，形成书面交接材料，由移交人、接手人、监交人签字后登记存档。工作移交后，接手人对接手的信贷客户承担相应的贷后管理工作职责。

第一百一十五条　各级行分管副行长、行长的工作移交。原分管副行长、行长工作岗位变动时，应在上一级行信贷管理部门主持和监交下，同接手的分管副行长、行长对其负责的信贷业务风险状况进行鉴定，形成书面交接材料（已进行离任审计的，可以以离任审计结果替代）。作为经营主责任人移交的信贷业务，应逐户填制《经营责任移交表》，连同书面交接材料由移交人、接手人、监交人签字后登记存档。工作移交后，接手人对接手的信贷客户承担相应的贷后管理工作职责。

第一百一十六条　移交人在交接过程中必须对其负责的信贷业务风险状况作出客观评价，对应揭示风险而未揭示的，要承担相应责任；责任移交后，接手人对接手后的信贷业务经营状况负责，不得推诿责任，对移交人揭示的风险未采取化解措施的，要承担相应责任。

责任移交过程中，移交人或接手人对客户风险状况或管理责任认定有异议的，经当事人书面申请，由上一级行内控合规（审计）部门进行责任审计，进行客户风险状况认定。

第一百一十七条　工作移交档案应纳入信贷

档案统一管理。工作移交档案应包括《经营责任移交表》、文字说明材料、离任审计结果及其它相关资料等。

第一百一十八条 逾期信贷业务的责任认定、追究。新发生逾期的信贷业务(贷款欠息视同等额贷款逾期)自逾期之日起,给予客户经理、客户部门负责人、分管副行长、行长一定期限(一般为三个月)的责任清收宽限期,宽限期内不启动责任认定和追究程序。宽限期满未收回全部贷款本息的,启动责任认定和追究程序,对贷前调查、审查(审议)、审批、用信管理和贷后管理各环节工作进行核查,确定违规环节和违规责任,依据《中国农业银行员工违反规章制度处理办法》有关规定进行追究。

第一百一十九条 正常、关注类信贷资产认定为不良信贷资产,应区分下列情况认定贷前调查、审查(审议)、审批、用信管理和贷后管理各环节的违规责任,并进行追究。

(一)不良信贷业务尚未到期且未形成实际损失的,可以暂不进行责任认定和追究。

(二)不良信贷业务尚未到期但已经形成实际损失;或向不良贷款处置机构移交时,应启动责任认定和追究程序。

(三)不良信贷业务到期后未收回全部贷款本息的,参照本细则第一百一十八条相关规定进行追究。

第一百二十条 建立尽职免责机制。对积极发展信贷业务,且相关人员在办理业务过程中履职尽责,无道德风险,确因政策调整或不可抗拒因素等客观原因,导致信贷资产出现风险或造成损失的,按规定进行责任认定后,免于追究相关责任人的责任。

单项产品管理办法规定实行不良贷款容忍度管理的,执行相关规定。

第一百二十一条 客户经理、客户部门负责人、贷后监管风险经理、信贷管理(风险管理)部门负责人和各级行行长(分管副行长)在贷后管理工作中不尽职或违规操作的,根据相关规定进行积分处理、经济处罚、通报批评,情节严重的,根据《中国农业银行员工违反规章制度处理办法》给予纪律处分,形成不良信贷资产的要负责清收。

第十二章 考核评价

第一百二十二条 各级行应建立对贷后管理工作的考核评价机制,做到有奖有罚。

第一百二十三条 各级行应对客户部门、信贷管理(风险管理)部门的贷后管理职责履行情况进行考核评价,并纳入本级行统一的部室绩效进行考评。贷后管理指标应占部室绩效考评指标的一定权重,其中:客户部门不低于30%、信贷管理(风险管理)部门不低于10%。

第一百二十四条 管理行应对下级行贷后管理工作进行考核评价,并纳入统一的综合绩效考评。贷后管理指标占全部考评指标的权重原则上不低于5%。

第一百二十五条 贷后管理工作职责履行情况应与客户经理、贷后监管风险经理的业绩考核挂钩。客户经理挂钩比率原则上不低于绩效工资收入的20%;贷后监管风险经理挂钩比例原则上不低于绩效工资收入的10%。

第一百二十六条 贷后管理工作考评应坚持“过程和结果并重”的原则。考核过程主要是考核贷后管理的各项规定和要求是否落实到位,重点是各岗位、各部门的贷后管理工作职责履行情况;考核结果主要是考核客户信贷风险是否得到有效控制,资产质量有无明显提高和信贷客户的综合创效情况,重点是客户货款归行率、到期贷款现金收回率、贷款不良率、潜在风险客户退出计划完成率和贷款综合收益率等指标。

第一百二十七条 建立客户风险预警奖励机制。对于员工及时提供客户风险信息,或在信贷风险处理中发挥重大作用,从而预防或避免客户骗取银行信用、挪用抽逃信贷资金、损坏(或拆毁、转移)银行抵押财产等重大风险事件的,各行应给予奖励,充分调动和激励全行干部员工自觉维护信贷资产安全的积极性。

第一百二十八条 建立贷后管理评先奖励机制。二级分行每年可以按不低于5%、县级行每年可以按不低于20%的比例评选贷后管理和客户营销维护中表现突出的优秀客户经理,并给予适当奖励。

第一百二十九条 各行应加强信贷人员的岗位培训和考核。对新上岗人员应进行综合考试,考试合格者方可上岗;不合格者不得从事信贷工作。对已经上岗的信贷人员,各行也应有针对性地加强培训并定期进行综合考核;考核不合格的,半年后再次考核,连续两次考核不合格者,须调离信贷岗位。

第十三章 附则

第一百三十条 信贷资产风险分类、信贷档案管理、不良信贷资产移交后的处置按照相关制度办法执行。

第一百三十一条 本细则适用于我行所有信贷业务,其中个人、小企业和三农信贷业务,可制定单项贷后管理制度。信用卡透支业务根据贷记卡、准贷记卡业务相关规定执行。省分行客户部门可根据本细则制定省分行、二级分行管理法人客户(核心客户)的贷后管理规定。

第一百三十二条 本细则由中国农业银行河北省分行负责解释、修订。

第一百三十三条 本细则自2011年5月1日起执行。

中国银行股份有限公司河北省分行对公押品评估报告贷前审核实施细则

第一章 总则

第一条 为防范授信风险,实现风险关口前移,客观、准确地掌握押品真实价值,为授信决策提供参考,根据国家有关法律、法规、资产评估准则和中国银行总行《中国银行股份有限公司抵质押担保管理办法(试行)》、《中国银行股份有限公司对公贷款业务押品内部评估管理办法》,结合我行的实际,特制定本实施细则。

第二条 本细则所称贷前审核是指各行将授信项目上报省行风险管理部进行授信审批前,由省行授信执行部对外部机构出具的对公授信项下房地产和土地使用权类押品的评估报告进行审核,并出具审核意见。

第三条 贷前审核的对象为:各行(部)报送省行风险管理部进行授信审批的对公授信项下房地产(包括在建工程)和土地使用权类押品的外部评估报告,主要包括:外部评估机构出具的评估结果报告和技术报告等相关资料。

第四条 贷前审核采取“分步实施,逐步推进”的措施,目前适用范围为:全辖除总行级重点客户外的公司授信客户,不包含仅在我行叙作贸易融资业务的特定客户。

中小企业管理部门可参照本实施细则对中小企业授信客户制定相应的管理办法。

第五条 贷前审核坚持书面审核为主,现场核实为辅,遵循“独立性、客观性、科学性、审慎性”的原则。

第六条 贷前审核与授信发放审核实行联动机制,审核意见通知书作为授信发放审核申报的必备材料。

第二章 业务分工及主要职责

第七条 实施贷前审核工作主要涉及业务发起行(部)和省行授信执行部押品管理团队。

第八条 本细则所称业务发起行(部)是指我行具有授信业务发起职能的行(部),其主要职责为:在贷款审批前,在押品管理部门(岗)的协助下,就押品评估事宜与客户及中介机构进行沟通,并对评估报告的真实性负责;负责在授信项目报省行风险管理部审批前,将押品的外部评估报告及相关材料报送省行授信执行部审核人员进行贷前审核,并通知同级押品管理部门(岗)。

第九条 省行授信执行部押品管理团队主要职责为:根据法律、法规、资产评估准则和我行有关管理办法,按照审慎的原则,对业务发起行(部)上报的押品外部评估结果报告、技术报告及相关材料进行审核,出具审核意见,并及时反馈给授信业务部门和风险管理部门,为授信决策提供参考。

第十条 各二级分行押品管理部门(岗)负责对本辖区内贷前审核工作的开展情况进行督导,指导业务发起部门完成材料申报、项目沟通、中介机构评价等工作。

第三章 贷前审核工作流程

第十一条 贷前审核实行垂直申报的原则,由业务发起行(部)直接向省行授信执行部进行申报,经三级审批后,省行授信执行部向业务发起行出具审核意见。

第十二条 业务发起行(部)上报相关材料

业务发起行(部)将授信项目上报省行风险管理部审批前,负责该项目的客户经理须填制《押品评估报告贷前审核申报表》(附件一),交主管领导签字后,将审核材料一并上报省行授信执行部押品管理团队并抄送同级风险管理部门,审核资料主要包括:押品的外部评估结果报告、技术报告、权属证书复印件、押品影像资料、项目评审报告以及根据审核需要应提供的其它材料。

第十三条 省行授信执行部初审人员对上报材料进行审核,在材料齐备的情况下,原则上初审应在2个工作日内完成。

初审人员应重点审核以下几方面:

(1)上报材料的齐备性。申报表是否由客户经理和主管领导签字,申报材料是否齐全,评估报告是否包括技术报告等资料;

(2)押品准入的合规性;

①审核押品的权属状况和使用现状,该押品是否存在他项权利;

②押品是否为抵押人所有或者依法享有处分权;

③押品是否存在租赁权;

④押品的四至是否清晰,房地是否对应;

⑤押品是否符合我行设定抵押权的相关要求。

(3)评估过程的合理性。

①评估中介机构的审核。外部评估机构是否为我行中介机构备选库成员;

②报告模板的审核。评估报告是否使用我行指定的模板;

③评估目的的审核。评估目的是否为确定押品抵押贷款额度提供参考依据;

④评估假设的审核。应审核假设是否与押品现状相符合;

⑤潜在风险披露的审查。外部评估报告是否对抵押物已存在的瑕疵进行提示;

⑥其他内容的审核。评估报告是否由两名以上评估师签字,评估过程是否符合估价规范。

(4)评估价值的准确性。

①评估方法选用的审核。评估技术报告中评估方法的选取是否合理,是否符合抵押规范的要求;是否采取两种以上方法进行评估,若未采取,是否对情况进行说明;

②关键参数选取的审核。关键参数确定依据是否充分;

③评估结果权重确定合理性的审核。不同评估结果权重的赋值是否适当,赋值理由是否充分;

④评估价值的认定。初审人员依据评估规范,结合近期市场成交情况,按照评估准则有关要求,重新进行评估结果的计算。

第十四条 省行初审人员将审核初步结果及相关材料交由复审、审定人员进行复核,复审、审定人员重点审核押品的准入条件及评估价值的合理性,审核完成后,审核人员在审核意见通知书上签字。

第十五条 沟通与反馈

审核过程中,如需业务发起行(部)进行解释说明或补充更改相关材料,经复审人员同意后,押品初审人员应及时向业务发起行(部)发出《押品评估报告贷前审核事项沟通联系单》(附件二),与业务发起行(部)进行沟通,针对双方意见差异较大的项目,审核人员经总经理室同意后,应到现场进行实地勘察。

第十六条 出具审核意见

审核完成后,审核人员应根据沟通结果,填写《押品评估报告贷前审核意见通知书》(附件三),出具最终的审核意见,及时反馈给业务发起行(部)和授信审批部门。审核意见应明确包含中介机构的评估价值、我行认可的评估价值以及押品可能存在的瑕疵风险。

第十七条 审核意见的采用

如果审核价值与外部中介机构出具的评估结果差异在±20%(含)以内,可以采用外部评估结果作为押品的评估价值。

如果审核价值与外部中介机构出具的评估结

果差异在±20%以上，应以审核结果作为押品的评估价值，并作为风险评审的参考依据。

第十八条 中介机构的考核

审核工作结束后1个工作日内，省行授信执行部应从评估技术角度对外聘中介机构的使用情况进行考核；各业务发起行应在接到审核意见通知书3个工作日内，按照《中国银行股份有限公司河北省分行外聘中介机构管理实施细则》（2011年版）的有关规定，填写《中介机构评价调查表》并反馈本行授信执行部门。

第四章 附则

第十九条 本细则由中国银行股份有限公司河北省分行授信执行部负责解释，自下发之日起实施。原《中国银行股份有限公司河北省分行对公押品评估报告贷前审核实施细则（试行）》（冀中银执【2009】12号）同时废止。

中国银行股份有限公司河北省分行公司授信业务项下保单质押担保业务操作规程（2011年试行版）

第一章 总则

第一条 为进一步拓宽我行公司授信业务领域，带动我行保险兼业代理业务的开展，根据《中华人民共和国商业银行法》、《中华人民共和国物权法》、《中华人民共和国担保法》、《中华人民共和国保险法》等相关法律规定以及中国银行相关规章制度特制定该操作规程。

第二条 公司授信业务项下保单质押担保业务，简称“保贷通”业务，是指借款企业以未到期的人寿保单做质押，从银行获得人民币贷款、贸易融资或申请开具银行承兑汇票。

第三条 各职能部门应积极配合，加强对“保贷通”业务的监管，确保依法合规开展该项业务。

第二章 业务准入条件

第四条 与我行开展“保贷通”业务合作的保险公司必须与省行建立保险兼业代理关系，并且与省行签订《公司授信业务项下保单质押担保合作协议》。

第五条 原则上选择具有较高解约金价值的趸缴型保险产品作为质押担保险种，且必须是省行与保险公司签订的《公司授信业务项下保单质押合作协议》中所规定的险种，各分支机构在业务操作时不得擅自扩大质押险种范围。

第六条 本规程试行期间我行只接受该规程正式下发后，由我行所辖机构代理销售的保险产品用于授信业务质押担保。

第三章 出质人及质物

第七条 出质人必须是保单持有人即投保人本人（年满18周岁、具有完全民事行为能力的自然人）。同时必须具备以下条件：

1. 持有当地常住户口或有效身份证件，在当地有固定的住所。

2. 保单的被保险人应当为投保人本人，且受益人须为成年人。

3. 若保单的投保人、被保险人与受益人是非本人关系，则投保人、被保险人、受益人必须以本人书面签字形式同意保单出质，确认保单权益转让。若出质人已婚，还须配偶以本人书面签字形式同意保单出质，确认保单权益转让。

4. 出质人（投保人）、被保险人与授信企业必须存在关联关系（授信企业的法定代表人或主要股东）。

第八条 用于质押的保单必须已过保单犹豫期（投保人签收保单十日后），且经过保险公司解约金价值确认、保单冻结、保单权益人转让等相关手续后，方能办理保单质押担保。

第四章 担保额度、期限及担保范围

第九条 保单质押担保金额最高不得超过保险公司出具的《质押保单解约金确认函》所载解约金价值的80%。

第十条 保单质押担保授信的期限不得超过保单到期日。

第十一条 保单质押担保适用于一年期(含)以下贷款(包括项目贷款和流动资金贷款)、贸易融资和银行承兑汇票授信。

第十二条 原则上一份授信合同只接受一份保单的质押担保(如遇授信金额较大,可接受多份保单对应一份授信合同)。其授信总量的质押担保应是由多份保单为质押物的最高额质押。试行期内,暂不接受单份或多份保单为质押物的最高额质押。

第五章 保单质押担保的申请与办理

第十三条 保单质押担保申请及办理

(一)出质人需向我行提交以下材料:

(1)与我行建立保险兼业代理业务关系的保险公司开具的,具有解约金价值的人寿保险保单原件;

(2)投保人有效身份证原件及复印件(居民身份证、户口簿或其他有效居留身份证件),如投保人与被保险人、受益人非同一人时,则还需提供保单受益人的有效身份证件原件和复印件;若出质人已婚,需同时提供配偶身份证、结婚证或户口本。

(二)经办人员对出质人提交的有关材料进行初审:

(1)出质人提供的上述材料真实有效;

(2)质押保单的签发机构必须是与省行签订《公司授信业务项下保单质押合作协议》的保险公司,保单品种未超出协议约定范围;

(3)质押保单已过犹豫期;

(4)出质人与授信企业存在关联关系。

(三)初审通过后,由经办行填写《质押保单解约金申请确认函》,连同保单正本一并提交保险公司,由保险公司对材料进行征询和验证。

(四)经办行收到保险公司出具的《质押保单解约金确认函》及保单正本后,按照一般公司客户的授信审批和管理流程进行相关操作。客户经理应当在《借款合同》第九条的"借款人承诺的其他事项"中增加下述约定事项:如发生质押保单责任范围内的保险事故或因投保人过错,保险人解除合同的,贷款人可以宣布授信提前到期。

(五)经办行在签署借款及质押合同后,应同时要求出质人(投保人)到银行签订《质押保单权益转让书》。如出质保单的投保人(被保险人)与受益人非本人关系,则需投保人(被保险人)、受益人共同前往银行面签确认《质押保单权益转让书》。经办行依据正式签署的合同、保单正本及《质押保单权益转让书》向保险公司进行质押权利的确认,凭保险公司出具《质押保单权益转让及冻结确认函》、《质押保单受益人转让批单》作为质押权利落实的依据。

(六)经办行应根据我行有关规定对《质押保单解约金确认函》、《质押保单权益转让及冻结确认函》、《质押保单受益人转让批单》及保单正本等有关文件予以妥善管理。

第六章 保单质押的终止

第十四条 《质押合同》对应的授信到期后,借款人已偿还全部贷款本息/贸易融资本息/银行承兑汇票申请人在汇票到期日前将足额票款打入在承兑人处开立的结算帐户后,经办行须在三个工作日内填写《质押保单权益恢复通知函》提交保险公司,由保险公司凭此通知函,恢复投保人行使该保单项下相应权益。

第十五条 《质押合同》对应的授信到期后,借款人逾期无法偿还贷款本息/承兑汇票申请人在汇票到期日前未能将足额票款打入其在承兑人处开立的结算帐户的,且质押保单未发生保险事故或被保险公司解除的,经办行向保险公司提交《质押保单权益行使通知函》、保单正本、授信合同(借款合同或商业汇票承兑协议)、《质押合同》、《质押保单权益转让及冻结确认函》,由保险公司确认解约金。接到保险公司支付解约金通知后,经办行应当向保险公司出具《中国银行债权金额确认函》,通知保险公司将《中国银行债权金额确认函》所载金额的解约金转入经办行指定账户。

第十六条 《质押合同》对应的借款合同存续期间,如发生质押保单责任范围内的保险事故或因投保人过错,保险人解除合同的,在接到保险公司通知后,经办行应当宣布授信提前到期,借款人在合理期限内归还贷款本息的,经办行向保险公司提交《质押保单权益恢复通知函》。若借款人未能在合理期限内偿还剩余贷款本息,经办行应当及时向保险公司提交《质押保单权益行使通知函》、保单正本、《借款合同》、《质押合同》、《质押保单权益转让及冻结确认函》,由保险公司确认保险金。接到保险公司支付保险金的通知后,经办行应当在3个工作日内向保险公司出具《中国银行债权金额确认函》,通知保险公司将《中国银行债权金额确认函》所载金额的保险金转入指定账户。

第十七条 《质押合同》对应的银行承兑汇票授信期间,如发生质押保单责任范围内的保险事故或因投保人过错,保险人解除合同的,由经办行向保险公司提交《质押保单权益行使通知函》、保单正本、《商业汇票承兑协议》、《质押合同》、《质押保单权益转让及冻结确认函》,由保险公司确认保险金。接到保险公司支付保险金的通知后,经办行应当向保险公司出具《中国银行债权金额确认函》,通知保险公司将《中国银行债权金额确认函》所载金额的保险金转入指定账户。

第七章 “保贷通”业务的部门职责

第十八条 省行公司与金融市场部(金融机构)是“保贷通”业务的牵头部门,负责“保贷通”业务管理规定及操作流程的制订、与保险公司签订《公司授信业务项下保单质押合作协议书》,并会同相关部门对该项业务进行业务检查。

第十九条 公司与金融市场部(客户关系、国际结算、中小企业)分别负责本条线“保贷通”业务的开展工作及业务合规检查。

第二十条 根据授信业务具体管理归属,风险管理部、公司与金融市场部(中小企业)分别负责“保贷通”业务授信风险管理。

第二十一条 根据授信业务具体管理归属,授信执行部、公司与金融市场部(中小企业)分别按有关规定对出质保单及相关材料进行管理。

第二十二条 财务管理部负责“保贷通”业务相关账务处理办法及核算要求的制定。

第二十三条 法律与合规部负责“保贷通”业务相关文本合法合规性审查。

第二十四条 省行各级对外营业机构负责“保贷通”业务的具体操作。

第二十五条 各二级分行、石家庄管理部各部门按照省行条线分工对口负责“保贷通”业务的业务开展及管理工作。

第八章 附则

第二十六条 本操作规程由省行公司与金融市场部(金融机构)负责解释。

第二十七条 本操作规程适用于中国银行股份有限公司河北省分行全辖开展对公业务的各级机构。

第二十八条 本操作规程自下发之日起执行,试行期为两年。

中国光大银行股份有限公司石家庄分行依法合规经营责任制管理办法

第一章 总则

第一条 为加强合规风险管理,完善合规管理机制,进一步明确各经营单位、各条线部门合规负责人在依法合规经营中的责任,确保全行依法合规开展各项业务经营活动,有效防范合规风险,根据《中国光大银行合规风险管理政策》、《中国光大银行员工合规手册》等有关制度规定,特制定本管理办法。

第二条 本办法所称依法合规经营，是指石家庄分行各项经营管理活动均符合所有对我行具有约束力的法律法规、规章制度的总称。包含但不限于国家有关经济金融法律、行政法规、监管规章和其他规范性文件，以及地方性法规、地方政府规章和其他规范性文件；市场惯例；行业自律组织制定的行业规则；我行的内部规章制度；其他应该遵守的规则和准则。

第三条 依法合规经营责任制的核心是合规责任与经营权限对等、合规标准与内控要求一致、合规考核与奖惩措施密切挂钩。

第四条 本办法规定的有关责任人在任职期间所应承担的责任不因调动、离职、退休或其他离任情形而消除，即当事人离任后被发现其在任期间有因未正确履行职责导致违法违规问题的仍然依据我行相关制度规定追究其责任。

第二章 依法合规经营责任范围

第五条 石家庄分行行长为分行合规负责人；副行长、风险总监为分管条线合规负责人；各经营单位第一负责人为本单位合规负责人，上述合规负责人均向石家庄分行合规负责人负责，对本单位的合规经营承担责任。

第六条 分行各条线部门第一负责人是本部门合规负责人，向石家庄分行合规负责人负责，对本条线业务的合规经营承担责任。

各条线部门、经营单位合规负责人按照本规定签订《中国光大银行石家庄分行合规经营责任书》（见附件），以确保本单位依法合规开展经营管理活动。

第七条 石家庄分行全体员工按照《中国光大银行员工合规手册》的规定对各自岗位职责范围内工作的合规性承担责任，向本单位、本条线合规负责人负责。

第三章 各经营单位的合规责任

第八条 各经营单位包括：二级分行、分行营业部、各支行、分行公司业务经营部门。

第九条 各经营单位合规负责人对本单位的合规经营承担主要领导责任。具体职责为：

（一）倡导良好的合规文化。在本单位员工中培育树立“诚信为本”的企业价值观，强化“合规工作、人人有责”和“主动合规”的观念和行为准则；

（二）及时传达相关法律法规和我行的各项规章制度，并结合本单位实际情况加以贯彻落实，确保每位员工明晰并且严格执行各项规章制度；

（三）严格自律、以身作则、带头遵守各项规章制度，确保本单位依法合规经营；

（四）坚决杜绝擅自变通规章制度的行为，如果发现有关规章制度存在欠缺和不足，应及时上报分行有关部门；

（五）主动揭示风险并及时报告发现的问题及隐患，同时积极采取有效措施化解风险；

（六）指导督促本单位合规经理认真履职，及时全面高质量完成各项合规风险管理工作。

第十条 各经营单位副职班子成员对所分管业务的依法合规经营承担直接领导责任，向本单位合规负责人负责。具体职责为：

（一）协助本单位合规负责人做好分管业务的合规风险管理工作，确保所分管业务依法合规经营；

（二）严格自律，带头遵守和执行法律法规和各项规章制度，不搞违法违规经营；

（三）严格认真贯彻落实分管业务的各项规章制度和管理办法，督促、指导员工依法合规操作业务；

（四）对分管业务中的存在的问题及风险隐患要高度重视，及时向本单位合规负责人报告，同时采取有效措施予以消除。

第十一条 各经营单位员工个人对自身岗位职责范围内工作的合规性、合法性承担直接责任，向本经营单位合规负责人负责。

第四章 各条线部门的合规责任

第十二条 分行各条线管理部门，包括但不限于风险管理部、计划财务部、公司业务管理部、零售业务部、运营管理部、贸易金融部、中小企业部、办公室、信息科技部、人力资源部、法律合规部、资产保全部、阳光卡中心等。

第十三条 各条线管理部门对本条线业务的依法合规经营进行专业管理。各条线部门合规负责人对本条线业务的依法合规经营承担主要责任。具体职责为：

(一)及时传达相关法律法规和总行内控制度、监管部门的规章,并结合分行实际情况制定具体的操作实施办法或具体工作措施。

(二)严格自律,以身作则,带头遵守我行各项规章制度,确保本条线依法合规开展经营管理活动。

(三)组织开展本条线各项业务培训工作,提高员工政策业务素质及履职能力。

(四)指导、督促各经营单位贯彻落实相关法规制度,并对执行情况进行监督检查。

(五)对本条线的违规行为应及时制止并督促违规单位进行整改,对暴露的业务风险应积极采取措施予以化解,对重大违规事项的责任人严肃查处。

(六)加强管理考核,将各经营单位的合规风险管理水平作为对本条线风险管理能力的重要考核内容,做到奖罚分明。

(七)根据外部规范的变化和制度执行中出现的问题,及时对规章制度进行修订和完善。

第十四条 各条线管理部门副职对所分管业务的依法合规经营承担相应责任,向本部门合规负责人负责。具体职责为:

(一)协助本部门合规负责人及时传达相关法律法规和总行的规章制度,并结合石家庄分行实际情况起草具体的管理办法或者落实措施;

(二)严格自律,以身作则,带头遵守法律规定和我行规章制度,确保分管业务依法合规开展。

(三)指导、督促各经营单位贯彻落实分管业务的各项规章制度,并对执行情况进行监督检查。

(四)对分管业务的违规行为应及时制止并督促违规单位进行整改,对暴露的业务风险采取措施予以化解,对重大违规事项的责任人提出处理意见。

(五)根据外部规范的变化和规章制度执行中出现的问题,提出修订和完善的意见建议。

第十五条 各条线管理部门岗位员工对各自岗位职责范围内工作的合规性、合法性承担具体责任,向本部门合规负责人负责。

第五章 依法合规经营责任的考核

第十六条 分行对各经营单位、条线管理部门的合规风险管理工作进行年度综合考评。

(一)考评内容:

1. 有无案件发生;

2. 有无重大违规事故发生;

3. 有无重大差错情况发生;

4. 合规风险管理工作完成情况;

5. 有无故意对合规风险进行隐瞒漏报情况;

6. 有无在银监局、人民银行、外汇局等监管部门,以及总行各条线部门检查中发现的违规情况;

7. 有无在分行合规检查、专项检查、反洗钱检查及其他各项检查中发现的违规情况;

(重大违规事故:是指由于未履行或者未正确履行依法合规经营责任,致使经营机构发生的重大违法违规事件,使我行资产、资金处于重大风险中,或者造成我行资产、资金损失,或者对我行声誉产生恶劣影响)

(详见,2011 年石家庄分行依法合规经营责任制考核表)

(二)考评标准:

考评结果分三类:优秀、合格、不合格。

考评为“优秀”的标准:年度考核成绩高于 90 分(含),并且未发生重大违规事故,同时能够及时、高质量完成各项合规风险管理工作。

考评为“合格”的标准:年度考核成绩界于 60 分(含)以上和 90 分以下,并且未发生重大违规事故,同时能够及时完成各项合规风险管理工作。

考评为“不合格”的标准:年度考核成绩低于 60 分,或者发生重大违规事故,或者不能及时完成各项合规风险管理工作。

(三)考评结果的使用:

考评结果是各单位(包括经营单位和管理部门)和本单位合规负责人年终评先工作的重要依据。考评结果为“优秀”的单位,分行授予“合规经营(管理)先进单位”称号。考评结果“不合格”单位,取消当年“先进集体”评选资格,同时取消其合规负责人本年度先进个人评选资格,以及下年度职务晋升资格。年度综合考评由分行法律合规部负责组织,考评结果经行办会审定后实施。

第十七条 各条线部门、各经营单位合规负责人应将个人履行合规风险管理工作纳入年终工作述职,作为年度考核的重要内容。

第六章 违法违规责任的追究

第十八条 对发生违法违规行为的直接责任

人和其他相关责任人,视违规性质和情节、造成风险大小及后果,按照《中国光大银行全员问责管理办法》以及其他相关规定给予相应经济处罚和行政处分。对于涉嫌违法的,移交司法机关依法追究刑事责任。

第十九条 对发生重大违规事故的经营单位合规负责人,分行除按照《全员问责管理办法》等规定处理外,还将按照《中国光大银行领导干部引咎辞职暂行规定》进行处理。

第二十条 对及时报告并采取有效措施化解问题的经营机构合规负责人,分行将视具体情况给予减免责任。如经营单位合规负责人发生刻意掩盖、隐瞒问题行为的,将予以加重处罚。

第七章 附则

第二十一条 本管理办法由中国光大银行石家庄分行法律合规部负责制定、解释和修改。

第二十二条 各二级分行在签订责任书、考核等环节要比照分行模式同时进行。

第二十三条 本管理办法自发布之日起施行。

华夏银行股份有限公司石家庄分行二级分行人力资源管理实施细则

第一章 总则

第一条 为规范二级分行人力资源管理,提高人力资源管理工作质量,根据《华夏银行分行行员录用管理办法》(华银制〔2010〕125 号)、《华夏银行聘任行员管理办法》(华银制〔2011〕23 号)、《二级分行人力资源管理规定》(华银发〔2009〕923 号)等相关制度,制订本实施细则。

第二章 机构设置及职责

第二条 二级分行内部设置办公室、计划财务部、公司业务部、个人业务部、会计部、信息技术部六个部门和地区信用风险管理部授信管理中心驻地行放款管理室。

第三条 二级分行党务、安全保卫、人力资源管理、纪检监察、合规等职责归并到办公室;国际业务职责归并到公司业务部。

第四条 二级分行同城支行(营业部)和县域支行设置营业室、公司客户部、个人客户部。

第五条 二级分行部门职责见附件 1。

第三章 岗位设置及编制管理

第六条 职级管理

二级分行部门负责人为经理(主任)、副经理(副主任),其中经理(主任)为 7 级行员,副经理(副主任)为 8 级行员。

二级分行辖属县域支行、同城支行(营业部)行长(经理)为 7 级行员,副行长(副经理)为 8 级行员,部门(室)经理(主任)为 9 级行员。

第七条 岗位设置

二级分行会计部、分行营业部营业室岗位设置按照《新核心系统集中作业实施方案》执行。

新核心系统条件下,同城支行营业部设营业部经理岗、综合经理岗、高柜岗、低柜岗等 4 个岗位。

二级分行其他岗位参照一级分行岗位体系进行设置,履行相应职责。

第八条 基础编制

新设二级分行行员基础编制为 50 人(含地区信用风险管理部授信管理中心放款管理室行员编制 2 人)。其中会计部编制 7 ~ 8 人,支行营业部编制 7 人。

新设县域支行:核定编制 25 人。

新设同城支行:核定编制 16 人。

第九条 储备编制

为支持二级分行储备人才,核定二级分行储备编制 6 人,后续每新设 1 家营业网点收回编制 3 人。

第十条 规模编制

二级分行人均存、贷款规模达到全辖平均水平以后,根据总行相关规定奖励规模编制。

第十一条 二级分行职数核定

二级分行6—9级职数合计不超过编制的40%,其中6、7级职数不超过编制的15%。

第四章 行员录用及程序管理

第十二条 二级分行行员录用坚持标准明确、程序规范、择优录用、控制风险、优化结构的原则,在管辖行核定的编制、职数内录用。

第十三条 二级分行录用行员以总行印发的岗位说明书规定的各项资格条件作为行员录用基本标准,同时满足下列要求:

(一)岗位年龄要求

拟录为6、7级行员的,年龄40周岁(含)以下;拟录为8、9级行员的,年龄35周岁(含)以下;拟录为10级及以下行员的,年龄30周岁(含)以下。

拟录为客户经理的(含支行公司客户部经理、个人客户部经理),年龄40周岁(含)以下。

特别优秀或岗位急需人才,年龄可适当放宽,但须报管辖行批准。

(二)遵纪守法、廉洁自律、诚实守信、作风正派,具有良好的职业道德,诚信记录良好,无违规违纪及其他不良记录。

(三)身体健康。

(四)符合国家法律法规有关要求。

(五)符合银行监管部门规定的任职资格。

(六)符合我行亲属回避制度要求。

第十四条 应届毕业生一般应具有全日制本科(含)以上学历、学士(含)以上学位(留学生的学历、学位根据教育部留学服务中心出具的认证书确定)。学习专业为经济类、金融类、管理类、法律类、计算机类、外语类等本行所需专业。

第十五条 行员录用形式分为招聘和选调。其中:招聘包括校园招聘、社会招聘;选调包括从其他金融机构和单位调入。

第十六条 招聘程序(校园招聘、社会招聘):

(一)按照用人需求、明确招聘岗位和录用标准条件,确定招聘方案,经管辖行审批后发布招聘信息。

(二)资格审查。按照录用标准,对应聘人员信息资料进行审查筛选,确定初选人员名单。

(三)组织考试。二级分行主管部门自行组织或委托外部中介机构对初选人员进行笔试、面试,必要时可以进行心理、能力和素质等方面的测评。拟录用人数与参加笔试人数比例原则上应达到1:5;拟录用人数与参加面试人数比例原则上应达到1:3。

(四)研究审批

二级分行人力资源主管部门依据笔试、面试成绩,提出拟录用人员和备选人员建议,填写《分行录用行员审批表》(附件1),经二级分行党总支会议集体研究后,报管辖行人力资源部审查。其中,拟录用的9级及以上行员,报管辖行党委会议研究审批;10级及以下行员录用,报管辖行分管人力资源的行领导审批。

(五)体检。拟录用人员体检须在二级分行指定医院进行,指定医院原则上应为三级甲等医院。各行可根据国家及当地有关规定,制定体检标准。

(六)外调。各分行应对拟录用人员进行外调,无工作经历的应届毕业生可不外调。外调包括查阅档案和向原单位有关人员了解拟录用人员工作、生活、道德品质等方面的情况,并对是否有过违规违纪、受过处分处罚进行确认。外调应安排双人进行,外调结束后须填写《拟录用人员外调情况表》(附件2)。

原单位不接受外调的,须由原单位人事部门出具工作鉴定,并由拟录用人员填写《分行拟录用人员情况确认表》(附件3),对有关信息的真实性做出承诺。

(七)办理入行手续

体检、外调合格后,通知拟录用人员办理入行手续,并审核拟录用人员的身份证、学历学位证、职称证等有关证件;有工作经历的还需审核解除(终止)劳动合同证明,原单位未出具解除(终止)劳动合同证明的,不得办理录用手续。

第十七条 选调

(一)行员推荐。行内人员向二级分行人力资源部门推荐人选,并按要求填写推荐意见。

(二)资格审查、组织考试。按照录用标准,二级分行人力资源部门对推荐人选进行资格审查,并组织笔试和面试。拟录用为7级(含)以上行员的,经二级分行研究同意后,可免于笔试。

（三）研究审批、体检、外调、入行手续办理程序分别参照本办法第十六条第（四）、（五）、（六）、（七）项执行。

第十八条 对录用的应届毕业生，原则上应先安排到支行柜台岗位工作两年，之后再根据业务发展需要进行转岗。

第十九条 行员录用资料管理

二级分行应对录用程序中形成的招聘方案、相关会议纪要以及被录用行员的笔试面试成绩、体检报告、外调情况表、录用审批表、情况确认表、二级分行录用决议文件（或纪要）、管辖行及总行的批复文件等相关材料妥善保管，存档备查。

第二十条 二级分行录用行员，须严格按照本实施细则以及年度人力资源专业管理有关要求执行，规范录用程序、严把准入条件，确保录用材料真实、准确、完整。对未按照规定录用行员的，按华夏银行违规行为处理有关规定执行。

第五章 劳动合同及档案管理

第二十一条 二级分行行长劳动合同（含保密协议书、培训服务协议书及其他附属协议，下同）与总行签订；领导班子其他成员劳动合同与管辖行签订；其他行员劳动合同与二级分行签订。劳动合同解除和终止亦同。

第二十二条 二级分行行长档案由总行管理；分行领导班子其他成员档案由管辖行管理；二级分行其他行员档案由二级分行管理。

第二十三条 二级分行办公室为行员人事档案材料形成部门，应按有关规定收集、整理行员经历、政治思想、品德作风、业务能力、工作表现、工作实绩等归档材料，并及时归档。

第六章 行员聘任及调配管理

第二十四条 行员聘任，是指二级分行任用和聘用行员。行员的聘用分为选拔聘用（简称选聘，下同）和竞争上岗聘用（简称竞聘，下同）。

第二十五条 聘任各级行员，必须坚持下列原则：

（一）党管干部原则；

（二）任人唯贤、德才兼备原则；

（三）群众公认、注重实绩原则；

（四）公开、平等、竞争、择优原则；

（五）民主集中制原则；

（六）依法合规原则。

第二十六条 二级分行及其人力资源管理部门，按照行员管理权限履行行员聘任职责，负责组织实施。

第二十七条 聘任的各级行员应当具备下列基本条件

（一）认真贯彻执行党的基本路线和国家各项方针政策，具有一定的政策理论水平和良好的政治思想品德及职业道德，遵纪守法，廉洁自律；

（二）具有高度的事业心和责任感，富于创新意识和进取精神；

（三）具有拟聘任职位所需要的理论、政策、专业知识水平和管理能力；

（四）具备拟聘任职位所必需的任职资格及条件要求，拟任6、7级实职行员年龄原则上为43周岁以下；拟任8、9级实职行员年龄原则上为38周岁以下；属专业性较强的岗位经批准可适当放宽。

（五）聘任应按照逐级聘任原则进行，提职人员原则上应当在下一级岗位工作满2年。

（六）近3年年度考核原则上为称职及以上。未因违规违纪等问题受过相关处分，无不良记录。

（七）受到引咎辞职、责令辞职、解聘职务、免职处理的行员，一年内不得重新聘任为同级或高于原级职务。行员如受纪律处分，处分解除一年后晋升职务不再受原处分影响。

（八）身体健康，符合亲属回避相关规定。

第二十八条 任用适用的职位和岗位

（一）二级分行工会、团总支工作人员。

（二）下设党支部书记、支部委员会委员。

第二十九条 党支部书记、工会主席、团总支书记在换届时，对民主推荐或提名的人选需召开党员代表大会、工会代表大会、团员大会选举通过。

第三十条 选聘适用的职位

二级分行：除任用岗位以外的9级及以上行员。

第三十一条 任用及选聘程序为：党总支研究拟聘任人选；民主推荐或提名推荐；管辖行党委审批；确定考察人选；组织考察；任职前公示；党总支研究考察及公示情况；下发聘任文件。

第三十二条 二级分行9级及以上行员聘任、解聘审批程序

（一）二级分行党总支会议对拟聘任及解聘人

选讨论通过后，以党总支文件形式上报管辖行党委。管辖行人力资源部牵头组织征求分行对口主管部门意见，报党委审批。

（二）二级分行在接到管辖行的批复同意后，方可履行聘任及解聘程序。

第三十三条 竞聘的范围、方式及条件

（一）竞聘范围：竞聘原则上在二级分行除分行领导班子外的所有7至9级行员（含7级、9级）职位中进行。

（二）竞聘方式：竞聘分为岗位空缺竞聘和在职竞聘两种方式。二级分行行员竞聘上岗以各分行为单位在其内部进行。

（三）竞聘的条件：竞聘上岗按照逐级竞聘原则进行，竞聘上一级职位一般应有在下一级岗位工作2年的经历。

第三十四条 行员竞聘上岗的程序为：公布职位、公开报名、资格审查、笔试、面试、党总支研究确定考察人选、管辖行党委审批、组织考察、任职前公示、党总支研究、下发文件正式聘用。

第三十五条 选拔聘用原则上必须经过民主推荐程序。民主推荐方式可分为会议投票推荐和个别谈话推荐。民主推荐结果在一年内有效。

（一）民主推荐须提出明确的任职岗位条件和要求。

（二）民主推荐一般实行差额推荐，差额比例原则上不得低于1人。

（三）民主推荐由二级分行领导班子成员和内设部门及直属机构负责人参加。

（四）民主推荐程序为：确定推荐人员范围；实施民主推荐；向党总支汇报推荐情况。

（五）对个别特殊需要的人选或不适宜进行民主推荐的职位人选，可以由党总支推荐提名，经党总支委员会研究作为考察对象人选。

第三十六条 对确定的考察对象，由二级分行人力资源管理部门按照管理权限，进行严格考察。

（一）考察拟聘任人选，必须依据拟聘任职务的职责要求，全面考察其德、能、勤、绩、廉等方面情况，注重考察工作实绩。

（二）考察工作程序为：成立考察组，制定考察工作方案；确定考察范围及考察相关事宜；形成考察材料。

（三）考察谈话的范围一般为：考察对象上级单位有关领导；考察对象所在单位领导成员；考察对象所在的组织部门及纪检监察部门负责人；考察对象所在单位内设部门及直属机构负责人；其他有关人员。同时需由被考察人所在单位纪检部门出具书面意见。

（四）考察结束，必须形成书面考察材料，归入被考察人档案。考察材料必须全面、准确、清楚地反映考察对象的情况，包括：德、能、勤、绩、廉方面的主要表现和主要特长；主要缺点；民主推荐、谈话推荐、民主测评情况。

（五）实行干部考察工作责任制。考察组工作人员必须坚持原则，公道正派，深入细致，如实反映考察情况和意见，并对考察材料负责。

第三十七条 为加强聘任工作民主和监督，避免和减少用人失察失误，提高选人用人质量，根据总、分行有关规定，对拟提拔任职人员实施任职前公示制度。

（一）任前公示按照行员管理权限，由二级分行人力资源部门根据上级行党委研究决定组织实施，在考察结束后进行，任前公示时间原则上为7天。

（二）公示期间各单位、部门或个人均可以对公示对象在德、能、勤、绩、廉以及任职资格条件等方面存在的问题以口头或书面形式向人力资源部门反映。凡以单位、部门名义反映的要加盖公章，以个人名义反映的应署真实姓名、单位和联系地址。人力资源部门对群众来信、来访、来电反映公示对象的有关情况登记建档，进行归纳整理，对反映出来的重要情况进行调查核实，并为反映情况者保密。任何人不得对反映情况的单位、部门或个人进行打击报复。同时，对诬告行为要严肃查处。

（三）公示期满，如有反映问题的，人力资源部门将所反映情况调查核实后，向党总支报告有关情况，由党总支会议研究做出是否聘任决定。公示结果不影响任职的，办理聘任手续。

（四）对决定聘任的干部，由党总支指定专人同本人谈话后宣布任职，下发聘任文件。

第三十八条 试用期是指按照行员管理权限对行内新提职聘用、行外调入聘用的各级行员，在规定期限内进行的岗位试聘。试用期满后依据考核结果确定是否正式聘用。

（一）试用期限。试用期一般为1年。试用期满，如需要延长试用期限，应按照行员管理权限，报管辖行党委研究，可以适当延长试用期3至6个

月。试用期只能延长一次。试用时间从试用聘任文件签发之日起计算。

（二）试用期待遇。试用期内，各级职务行员享受同职级行员的各项待遇（新引进行员按照劳动合同规定执行），享有所在岗位相应的权利、义务，并承担相应的职责。

（三）试用期管理。对试用期内的行员实行专项管理，定期了解情况。对自我要求不严、不能胜任工作的实行谈话诫勉；对胜任岗位工作较慢的及时给予指导，促使其尽快提高领导能力、工作水平和业务技能。

（四）经考核有下列情形之一者，应延长试用期。

1. 试用期评价结果为欠称职的；

2. 未能全部完成工作目标任务；

3. 工作能力和水平与岗位要求有一定差距；

4. 责任心不够强，自身要求不够严，群众有一定反映；

5. 其它应延长试用期的情况。

（五）有下列情形之一者，应解除试用期，不予聘用试用职务。

1. 试用期评价结果为不称职的；

2. 思想政治素质方面存在突出问题；

3. 缺乏做好本职工作所需要的能力和水平，不能正常履行岗位职责；

4. 工作不负责任，有严重失误，给本行造成重大损失或不良影响；

5. 自身要求出现严重问题，群众反映较大。

（六）试用期间，如发现试用前存在或在试用期内有以权谋私、违法违纪违规、年度考核不称职等情况的，应中止试用，不予聘用试用职务。

（七）经考核合格者，试用期在聘期内的，不再下发聘任文件；试用期超过聘期的，正式下发聘任通知，任职时间从试用之日起计算。不予聘任试用职务的，回原岗位或按原职级安排适当工作。

第三十九条 为加强对我行领导人员的管理和监督，保证领导人员公正履职，促进党风廉政建设，根据《党政领导干部选拔任用工作条例》、《国有企业领导人员任职和公务回避暂行规定》等有关规定，实施行员回避管理。

（一）实施回避管理的领导人员指二级分行5级至9级行员。

（二）领导人员应回避的亲属关系包括配偶、父母，配偶的父母，子女及其配偶，兄弟姐妹及其配偶、子女，配偶的兄弟姐妹。与华夏银行领导人员存在以上亲属关系的人员，不得安排在华夏银行工作。

（三）领导人员任职期间存在需要回避情况的，本人应当提出回避申请。所在单位发现其有需要回避情况的，应当提出回避建议，报管辖行党委决定。

（四）新任用或新调入领导人员在任职或入行前，应向分行人力资源部门如实报告应回避的关系，并及时申请回避。

（五）因婚姻、职务变化等情况新形成的回避关系，当事人应当及时申请回避。

（六）出现需要回避情形时，职务层次不同的，一般由职务层次较低的一方回避；职务层次相当的，根据工作需要和当事人的实际情况决定其中一方回避。

（七）个人、组织有权反映领导干部需要回避的情况，接到反映的单位应及时将情况交分行人力资源部门处理，纪检监察部门负责监督检查。

（八）领导人员有需要回避情况不及时报告或者有意隐瞒的，将予以批评，情况严重的给予组织处理。

（九）领导人员必须服从回避决定。无正当理由拒不执行回避决定的，就地免职或降职使用。

第四十条 二级分行7级及以上行员退出领导岗位，按总行有关规定执行。

第四十一条 二级分行10级（含）以下行员调配由二级分行管理。

第七章 行员绩效和年度考核

第四十二条 二级分行行员（不含领导班子成员）年度考核、绩效考核办法须在年初制定，经管辖行审批备案后，由二级分行组织实施。

第四十三条 地区信用风险管理部授信管理中心驻二级分行放款管理室行员在驻地行参加季度、年度考核。

第四十四条 二级分行行员绩效考核按季度进行，考核结果与奖金分配挂钩。绩效考核结果和季度奖金分配应及时报管辖行人力资源部备案。

第四十五条 二级分行行员年度考核在上一年度结束后进行，其考核结果及运用应及时报管辖行人力资源部备案。

第八章 薪酬与福利管理

第四十六条 二级分行行长基本工资由总行核定,领导班子其他成员基本工资由管辖行核定。二级分行其他行员基本工资由二级分行按照总行规定的标准和要求核定,并报管辖行人力资源部备案。

第四十七条 二级分行在管辖行核定的工资额度内进行薪酬发放。

二级分行领导班子成员及其他行员车补、房补及其他福利按总行及管辖行有关规定执行。

二级分行领导班子成员及其他行员失业保险、医疗保险、生育保险及住房公积金原则上在二级分行当地缴纳,养老保险、工伤保险汇总到管辖行统一缴纳。企业年金按总行有关规定执行。

第四十八条 二级分行行员基本工资晋档每年进行一次,实行考核积分制。考核积分主要依据上一年度考核结果确定,并结合上一年度出勤及处分情况,逐年积累。

(一)各级行员初始积分均为0分。

(二)年度考核优秀加2分,称职加1分,基本称职加0.5分,需改进或不称职不加分。

(三)病事假累计超过21天(不含21天,按工作日计算)的,不加分。

(四)产假超过105天(不含105天,按自然日计算)的,或产假与其他假别(不含年休假)累计超过120天(不含120天,按自然日计算)的,不加分。

(五)因违规违纪、重大事项责任等受过处理或处分的,按有关办法处理,之前累积积分清零,并至少记-1分。

(六)行员等级发生变化(晋级或降级)时,考核计分重新从0分开始计算,之前累积积分清零。

第四十九条 每年年初计算行员考核计分。若积分达到2分,则晋升1档基本工资,同时从其考核积分中扣除2分。

第五十条 二级分行行员基本工资晋档程序

年初由各二级分行根据行员考核积分情况,提出基本工资晋档方案,经管辖行党委会研究审批后执行。晋档后基本工资自当年1月份起执行。

第五十一条 二级分行根据级别核定条件,并结合上年度考核结果提出行员基本工资晋级方案,经管辖行党委会议审批后执行。

第五十二条 二级分行10级以下行员的晋级于每年年初进行。其中:博士研究生晋级每年进行两次,分别于当年1月份和7月份起执行晋级后基本工资;其他学历人员晋级每年进行一次,于当年1月份起执行晋级后基本工资。

第五十三条 二级分行10级以下行员有下列情况之一的,当年不得晋级:

(一)年度考核结果为需改进或不称职的。

(二)因违规违纪、重大事项责任等受过处理或处分的。

(三)病事假累计超过21天(不含21天,按工作日计算)的。

(四)产假超过105天(不含105天,按自然日计算)的,或产假与其他假别(不含年休假)累计超过120天(不含120天,按自然日计算)的。

第九章 行员退休管理

第五十四条 二级分行行长退休由总行审批,领导班子其他成员退休由管辖行管理,报总行备案。二级分行其他行员退休由二级分行管理,报管辖行备案。

第十章 行员出国(境)管理

第五十五条 二级分行行员因私出国(境)登记备案及证件保管由二级分行按照总行规定负责管理。

第五十六条 二级分行行员因公出国(境)政审由管辖行出具政审意见。

第十一章 附则

第五十七条 本实施细则有与总行相关制度相违背的,以总行相关制度为准。

第五十八条 本实施细则由石家庄分行人力资源部负责解释。

第五十九条 本实施细则自印发之日起施行。

招商银行股份有限公司石家庄分行合规管理委员会工作制度

第一章 总则

第一条 为促进我行完善合规风险管理体系,实施全面合规风险管理,充分发挥合规管理委员会的职能和作用,确保法律法规、监管要求和内部规章制度的有效执行,根据《招商银行股份有限公司合规政策》等制度要求,参照《招商银行总行合规管理委员会工作制度(第二版)》,制定本制度。

第二条 石家庄分行合规管理委员会(以下简称委员会)是分行高级管理层下的分行合规风险管理的最高管理机构,主要负责审议批准分行合规风险管理的重大制度和年度合规风险管理计划、合规风险管理报告,审议分行涉及合规风险重大事项并形成决议以指导执行。

第三条 委员会通过召开全体会议履行职责。委员会会议包括定期例会和临时会议两种形式。

第二章 组织机构

第四条 委员会实行委员制,委员分为常设委员和非常设委员。委员会下设办公室,为委员会日常办事机构,设在分行办公室。

第五条 常设委员包括分行行长室成员,办公室、会计财务部、信用风险管理部总经理助理以上职务的负责人。

第六条 非常设委员包括分行除上述常设委员部门外的其他部门第一负责人。

第七条 如分行有关部门负责人发生调整,由承接其职责的负责人履行相应的委员职责。

第八条 常设委员和非常设委员因故不能出席的,可授权本部门其他负责人参加会议,并对被授权人的表决结果负责。

第九条 委员会设主任委员一名,由分行行长即合规官担任。

第三章 职责

第十条 委员会主要职责

(一)审议批准分行合规风险管理的重大制度及年度合规风险管理计划等。

(二)审议分行年度合规风险管理报告,讨论存在的问题,研究决定控制目标。

(三)审议分行部门与合规部门或风险管理部门就业务合规问题未能达成一致的事项(包括但不限于各项业务准入及办理过程中的合规取向问题)并形成决议以指导执行。

(四)审议分行涉及合规风险的重大事项并形成决议以指导执行。

(五)研究决定对合规督导官进行正向激励和管理问责的相关事宜。

第十一条 委员会办公室的主要职责

(一)负责会议通知、会务组织、议案提交、会务协调和决议督办、跟踪反馈等工作。

(二)汇总整理表决意见,报主任委员签批后生效。

(三)及时将表决结果反馈给相关部门和全体委员,并将有关表决资料连同审议事项资料一并归档保管。

第四章 议事规则

第十二条 定期例会在每年一季度召开,会议由主任委员召集。临时会议根据主任委员的提议随时召开。

第十三条 需要提交委员会会议审议的事项,相关部门应在会议召开前10个工作日填写《招商银行石家庄分行合规管理委员会审议项目申请表》(见附1),并将审议材料(主要包括项目背景介绍、对合规风险进行初步评估及缓释措施等)提交至委员会办公室,由委员会办公室初审并报分行行长(主任委员)审阅后方可上会审议,审议材料应于会议前2个工作日送达各位委员。

第十四条 会议召开需同时满足以下条件：

(一)分行行长室成员半数以上(不含半数)出席，且主任委员出席。

(二)分行办公室、会计财务部、信用风险管理部总经理助理以上职务的负责人等常设委员中至少应有三分之二(含)以上出席。

委员会办公室将根据议题内容确定参加会议的非常设委员名单。

第十五条 对涉及非委员单位的审议事项，必要时可要求相关单位派员列席会议，列席人员可以参加审议但不具有投票表决权，且有义务介绍审议事项的相关情况。

第十六条 委员会应对本制度第十条第三款的相关事项采用表决方式；对第十条的其他事项由会议召集人决定是否采取表决方式。

第十七条 对于表决事项，采用记名投票表决方式，在集体充分讨论的基础上，由各委员进行独立表决并在《招商银行石家庄分行合规管理委员会表决意见表》(见附2)上签署意见。委员会办公室指定专人计票，至少获得三分之二(含)以上参会委员的同意并且分行行长未行使“一票否决权”时，该事项即为表决通过。

第十八条 对于无须表决事项，在集体充分讨论的基础上，由会议召集人提出总结性意见。

第十九条 如半数(含)以上委员认为审议材料准备不充分，需进一步修改、补充，相关部门应按委员会办公室的要求修改、完善后重新提交。

第二十条 参会委员及其他相关人员须对会议讨论意见严格保密，不得擅自披露有关信息。

第二十一条 因特殊原因，需要紧急审议表决的事项，经委员会主任委员同意，可采取传签方式进行表决，表决机制适用第十七条规定。

第二十二条 委员会决议形成后，由委员会办公室汇总整理表决意见，填写《招商银行石家庄分行合规管理委员会表决综合意见表》(见附3)报主任委员签批，并将表决结果反馈给全体委员和相关部门。

第五章 附则

第二十三条 本制度由分行办公室负责解释、修订。

第二十四条 本制度自印发之日起施行。

附：1. 石家庄分行合规管理委员会审议事项申请表

2. 石家庄分行合规管理委员会表决意见表

3. 石家庄分行合规管理委员会表决综合意见表

兴业银行股份有限公司石家庄分行内控检查与整改操作规程

第一章 总则

第一条 为建立行之有效的业务检查工作机制，推动分行业务检查工作的有序开展，根据《商业银行内部控制指引》、《商业银行合规风险管理指引》和总行《兴业银行合规管理制度》、《兴业银行后续审计管理办法》等相关规章制度，制定本操作规程。

第二条 本规程属于“操作规程”，适用于分行全辖各级机构。

第三条 本操作规程所称内控检查，是指由相关内控管理部门检查人员实施的一种专业检查(或内部自查)行为。

本操作规程所称整改，指有关单位对内外部监管、审计、评价及检查(或内部自查)中发现的问题，查找问题根源并采取自我补救和纠正等措施的过程。整改应按照“自我整改，条线管理，跟踪落实，全程督导”的原则开展。

第四条 内控检查与整改是分行全面风险管理工作的重要组成部分，是分行内部控制及合规管理活动在相关专业领域的重要体现。分行各级机构和管理部门应高度重视上述工作，认真贯彻落实本操作规程要求，保障各项内控制度的切实执行。

第五条 内控检查（自查）报告及整改结果作为评价相关单位内控工作的重要依据。

第二章 工作职责

第六条 内控检查工作职责

内控检查由分行统一领导，各部门负责本级业务检查工作的具体实施。各部门应按照本办法规定时间拟定本部门季度自查与检查计划并及时提交分行风险管理部。

（一）检查部门职责

1. 制定检查计划与检查方案，确定检查目标、检查对象、检查内容、检查方式、检查时间等；

2. 实施检查，调取相关档案资料，采取适当的检查方式和方法实施检查；认真记录检查过程，编制检查工作底稿；

3. 报告处理，对本次检查进行归纳总结和问题定性，拟定检查（自查）报告；

4. 及时向被检查单位及风险管理部反馈检查发现的问题，提出整改要求及相关建议，形成《整改情况表》。

（二）被查单位职责

1. 对前期需要提供数据或自查的项目，及时提供自查报告等材料；

2. 积极配合现场检查，履行必要的核实手续，提供检查办公场所和设备，如实提供检查所需业务档案等资料。

3. 对检查底稿提及的事实及时进行核实并确认。

第七条 整改工作职责

（一）被检查单位及自查部门职责

1. 针对检查发现问题组织相关人员分析原因、制定明确可行的整改方案，被检查单位与检查部门保持连续的信息交流，执行《整改情况表》，认真落实整改措施，按时报送整改报告及落实情况，避免问题的再度发生。

在部门自查中发现本部门存在问题要在认真分析原因的基础上制定切实可行的整改放案，并报送风行风险管理部。

2. 对需要时间或条件支持方能改进的问题，研究制定切实可行的中长期整改措施；对于超出自身职权职责范围应由其他部门负责整改的问题，应与检查部门、分行风险管理部门联系沟通；

3. 就整改的问题适时进行自我检查，配合、协助检查人员开展后续整改检查；

4. 对管理权限内的违规责任人进行考核及责任认定，并按照总分行有关管理规定进行处理。

（三）风险管理管理部门职责

1. 对整改工作进行督导，开展后续整改检查，负责做好整改效果后评价，以此作为对被检查单位、业务条线管理部门的内控考核依据之一；

2. 对重要问题、屡查屡犯问题开展专项检查。

第三章 工作程序

第八条 工作程序主要包括制订检查计划、实施检查、报告处理、制定整改方案、落实整改措施、整改评价等阶段。

第九条 制订内控检查计划

制定计划是内控检查工作的起始阶段。包括年度整体计划、季度自查与检查计划及具体项目实施方案。

年度整体自查及检查计划是对年内检查工作的整体性安排。季度自查与检查计划是全年整体检查计划的分解和细化，是对季度内控检查工作的总体安排。年度整体自查和检查计划及季度自查和检查计划由风险管理管理部门牵头组织同级各业务和管理条线管理部门分项目制订，初步确定检查目标、检查对象、检查内容、检查方式、检查时间等。二级分行制定的季度检查计划应同时报备分行风险管理管理部。每年12月份及每季度最后一月月初各检查部门应向分行风险管理部分别提交下一年和下一季度季度自查与检查计划。年度自查与检查计划、季度自查和检查计划经分行内控委员会会议讨论通过后执行。

项目实施方案是对检查项目落实的具体安排。该方案主要是确定项目的检查目标、检查范围、检查内容、检查方式、检查时间、检查分工等。项目实施方案由检查实施部门在检查实施前自行制订，并报备同级风险管理管理部门。

第十条 实施检查

一、自查部分

由各部门按照自查计划安排本部门人员自行进行检查，实行部门负责人负责制。

二、检查部分

(一)由相关部门牵头组成检查小组,实行组长负责制。

(二)按照计划安排到达被查单位,向被查单位领导说明检查项目,商定检查对象,提出需要协助、配合的事项,采取突击检查或暗查的不受此限。

(三)根据实际需要,调取相关档案资料,采取适当的检查方式和方法实施业务检查。原则上,检查对象有配备人员组织辖内业务检查的,上级行可以检查下级行检查、监督体制的完善性和工作的有效性为主,具体业务操作为辅。

(四)认真记录检查过程,编制《内控检查(自查)工作底稿》(见附件1),并由被查单位负责人签字或盖章确认。如被查单位对《内控检查(自查)工作底稿》中所列举的情况和事实持有异议,应及时提出书面反馈意见。

第十一条 报告处理

主要是对检查结果进行归纳总结和问题定性。具体程序如下:

一、自查部分

根据《内控检查(自查)工作底稿》拟定《检查(自查)报告》(见附件2),同时送达风险管理管理部门。

二、检查部分

(一)根据《内控检查(自查)工作底稿》和被查单位的书面反馈意见,检查小组拟定《检查(自查)报告》(见附件2)和《整改情况表》(见附件3),同时送达被检查单位、业务主管部门、风险管理管理部门。

(二)对事实确认有争议的检查项目,检查负责人可将《检查(自查)报告》发送被查单位征求意见。被查单位应在二个工作日内提出书面反馈意见,逾期未送书面材料的,视同无异议处理。

第十二条 制定、落实整改措施

(一)自查部分

对本部门自查中发现的问题,明确整改时限和责任人,制定详细且明确可行的整改措施并切实执行。并于检查(自查)报告要求整改的时限内将整改报告(整改落实情况)报送分行风险管理管理部。

(二)检查部分

被检查单位应根据《整改情况表》,明确整改时限和责任人,制定详细且明确可行的整改措施并切实执行。并于检查(自查)报告要求整改的时限内,将整改报告连同《整改情况表》(整改落实情况)报送检查部门、业务主管部门、风险管理管理部门,相关部门应根据职责对整改落实情况进行监督。一方面要对单个问题整改落实情况进行核实;另一方面,对具有普遍性的问题,还应抽取其他未被检查单位进行延伸检查。

业务主管部门对制度缺失或不完善、制度执行等普遍性的问题,自身应同时从内控管理角度制定《整改情况表》,进一步完善制度规范,强化制度执行。业务主管部门的《整改情况表》应报同级风险管理管理部门监督落实。

第十三条 整改评价

风险管理管理部门根据整改报告和《整改情况表》(整改落实情况)以及后续跟踪情况,对自查单位、被检查单位及业务主管部门的总体整改效果开展评价。《整改评价表》(见附件4)应于收到整改报告和《整改情况表》十五个工作日内告知自查单位、被检查单位、业务主管部门,并抄送分行领导(或同级行领导)。《整改评价表》将作为内控考核的依据。

第四章 工作要求及纪律

第十四条 内控检查人员应严格执行以下工作纪律:

(一)服从检查工作的统一安排;

(二)维护检查的严肃性,实事求是、客观公正地反映问题或风险隐患,不得隐瞒不报、歪曲夸大或避重就轻;

(三)严格遵守保密制度,不得对外泄露与检查对象有关的涉密数据、资料。

第十五条 被检查对象应积极配合检查工作,如实反映相关业务操作、内控管理的实际情况,确保所提供资料的真实、完整。

第五章 附则

第十六条 本操作规程由兴业银行石家庄分行负责制定、解释和修改,维护管理部门为分行风险管理部。

第十七条 本操作规程自发布之日起施行。

中国民生银行股份有限公司石家庄分行二级分行放款管理实施细则

第一章 总则

第一条 为规范二级分行放款管理,防范和控制授信执行中的操作风险,根据《中国民生银行放款中心管理办法》(试行)、《中国民生银行二级分行放款管理办法》(试行)以及其他授信业务有关规定制定本细则。

第二条 本细则所指二级分行是指列入总行机构建设规划,经监管部门批准,在地级城市(或地区)设立的分行。二级分行归属一级分行管辖,对下属同城支行、县域支行进行管理。

第三条 本细则适用的授信业务包括综合授信、贷款、贴现、保函、票据承兑、贸易融资、保理等对公授信业务。

第二章 二级分行放款中心的机构、岗位设置

第四条 二级分行必须在资产监控部或相关风险管理部门设立放款中心,对辖内授信业务进行集中放款。

第五条 二级分行放款中心内设验印岗、放款审查岗、放款岗(授信风险管理工作系统操作权限暂由一级分行放款岗操作)、档案管理岗、综合统计岗等岗位。

第六条 二级分行放款中心的基本职能是对已审批拟发放的授信业务实施授信条件落实、取印核保、合同签订、验印、授信资料齐全性、有效性、合法合规性审查,以及授信档案和抵(质)押物的管理、授信风险管理工作系统部分模块的维护等。放款中心各岗位基本工作职责是:

一、验印岗:负责对公授信客户和担保客户印鉴的建库,验印系统的管理以及所有合同、协议印鉴的核验等工作;

二、放款审查岗:负责审查授信条件落实情况;负责授信资料、合同要素及签订手续、抵(质)押权利凭证的完整性、有效性、合法性和合规性审查、打印放款通知书等;

三、放款岗:负责与运营管理部门进行抵(质)押权利凭证的出入库交接、放款通知书原件交接等;授信风险管理工作系统中对审查通过业务的系统确认权限由一级分行放款岗操作;

二级分行放款岗与运营管理部门的各类交接工作可由档案管理岗或综合统计岗兼岗;

四、档案管理岗:负责二级分行辖内对公授信业务档案的管理,包括对公授信业务档案的归档、保管、借阅、调用、移交,以及放款审查通过后形成档案的电子扫描工作等;

五、综合统计岗:负责信贷系统、信贷台账的录入和维护,集中处理二级分行信贷报表等工作。

第七条 二级分行放款中心的主管部门是其所属一级分行的资产监控部,主管部门主要职责是:

一、负责对二级分行放款中心的业务指导和培训;

二、负责对二级分行放款中心的检查和监督;

三、负责二级分行档案库的验收和定期检查;

四、其他。

第三章 相关部门职责和分工

第八条 二级分行放款业务涉及二级分行的运营管理部、票据中心、公司银行管理部、动产融资监管中心、放款中心等部门。各部门与放款中心应相互配合,加强沟通,严格落实授信条件,提高放款效率和管理质量。

第九条 二级分行运营管理部职责:

一、负责对放款中心提交的放款通知书和借款凭证要式完整性进行审核；对单位借款凭证上借款单位加盖的公章进行审验；对单位借款凭证上借款单位有权人或其授权的代理人的签章进行要式上的审核，即审核个人签章是否齐全；负责对单位借款凭证上贷款人的印章和有权人的签章进行审验；

二、负责复核放款数据，复核无误后根据放款通知书和借款凭证在综合业务系统办理贷款入账手续，并及时将借款凭证信贷部门留存联回执移交放款中心归档；

三、依据放款中心提供的抵（质）押物品出、入库单进行会计核算，负责抵（质）押物品实物保管；

四、按月与放款中心对账，包括资产业务数据及抵（质）押物品等的核对。

第十条 二级分行动产融资监管中心负责对二级分行动产融资涉及的监管商额度、具体出帐业务的管理，职责详见《中国民生银行动产融资业务监控管理办法》（试行）。二级分行尚未设立动产融资监管中心的，其相应职责应由一级分行公司银行管理部（动产融资监管中心）负责。

第四章 放款审查

第十一条 二级分行放款审查是指二级分行放款中心对已审批拟发放授信条件完备性的审查。包括授信资料的齐全性、有效性、合法合规性的审查，授信条件落实情况审查，合同、抵（质）押的有效性审查、授信要素审查，同时参与合同的签订以及抵（质）押登记手续的办理等。

第十二条 二级分行放款中心或贷后管理人员要参与或监控辖内各类合同、协议的签订。合同、协议的签订必须双人与客户面签，合同面签手续规定详见《中国民生银行放款中心操作规程》（试行）。合同、协议原件要及时移交放款审查岗人员，并送放款中心验印，验印通过后一份交还客户，一份由放款中心归档管理。

第十三条 对二级分行辖内抵（质）押授信业务，抵（质）押权利凭证的领取必须由二级分行放款中心或贷后管理人员参与办理。抵（质）押权利凭证由放款中心人员与运营管理部门人员共同办理入库、交接手续，并领取入库保管单，权利凭证复印件和入库保管单作为档案留底保存。

第十四条 所有非我行格式文本的合同等法律文件、手续都必须经过法律合规部审核，确保合同等法律文件的合法、合规、有效性。

第十五条 对授信实施的放款审查操作程序和要求，按照《中国民生银行放款中心操作规程》（试行）的有关规定执行。

第十六条 对授信条件不明确或存在异议的，可向该授信终审人申请解释，并形成书面记录备案。

第五章 放款审查简要流程

第十七条 二级分行放款中心放款操作程序分为授信资料的报送、授信资料的受理和审查、验印、授信发放资料的要素审查、合同的签订和审查、通知放款、资料归档等环节。

第十八条 为加强二级分行初设阶段风险管理，授信风险管理工作系统中二级分行放款岗的系统操作权限暂由一级分行放款岗执行。

二级分行放款中心验印岗、审查岗应在审查表相应栏位注明完整的审查意见，并经二级分行放款中心负责人和二级分行有权提用人签字后，将审查表传真至一级分行放款中心，同时通知一级分行放款岗接收业务。一级分行放款中心审查放款信息、并由一级分行放款岗对符合放款要求的业务进行系统确认，同时将经一级分行放款中心负责人签字确认的审查表传真回二级分行放款中心。二级分行放款岗凭该传真件在放款通知书上加盖放款专用章并经二级分行放款中心负责人签字后提交本级运营管理部办理后续放款手续。二级分行放款使用的授信发放审查表详见附件。

第十九条 放款业务流程如下：

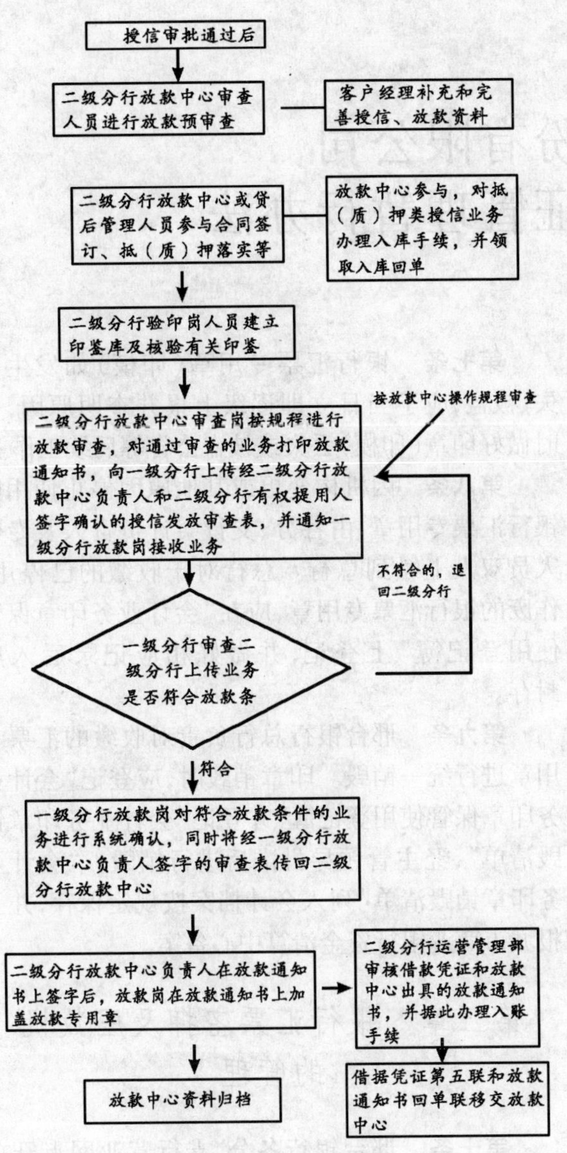

第六章　文件资料、档案及押品管理

第二十条　二级分行办理业务涉及的授信资料、放款资料均由二级分行集中专库保管。二级分行放款中心的档案管理岗，负责对公授信档案的管理工作，分行所有授信业务档案集中分行管理。各分支机构及相关人员可按权限通过档案管理系统查询电子档案。

第二十一条　二级分行授信档案的收集、整理、归档、管理及电子档案的管理等按照《中国民生银行对公信贷业务数字化管理办法》和《中国民生银行对公信贷业务档案管理标准化操作办法》的有关规定执行。

第二十二条　二级分行抵(质)押等权利凭证的实物集中由二级分行运营管理部门保管，二级分行放款中心负责办理权利凭证的出入库手续。抵(质)押权利凭证原则上在授信归还前不得出库，如确需办理临时出库的，需履行临时出库审批手续，审批同意后由放款中心通知运营部门办理临时出库手续。

第二十三条　二级分行放款中心要监督分支机构及时将授信后管理的有关资料归档管理。

第七章　信贷系统的维护及统计

第二十四条　二级分行放款中心负责信贷台账、授信风险管理系统等的数据维护工作，要按相关规定及时录入授信发放和收回情况。

第二十五条　二级分行放款中心集中处理二级分行各种对公信贷报表。

第八章　附则

第二十六条　本细则由一级分行资产监控部制定，并负责解释、修改和补充。

第二十七条　本细则未尽事宜，遵循总、分行相关业务管理规定。

第二十八条　本办法从发文之日起开始执行。

注：各类业务审批表见附件

邢台银行股份有限公司
银行汇票印、押、证管理暂行办法

第一章　总则

第一条　为加强邢台银行股份有限公司(以下简称邢台银行)银行汇票业务的管理,确保银行汇票印、押、证的正确应用和安全管理,有效防范支付结算风险,依据《票据法》、《票据实施管理办法》、《支付结算办法》等法律、规章,结合邢台银行业务系统实际,特制定本办法。

第二条　本办法适用于邢台银行办理银行汇票的各级分、支行营业机构。

第二章　银行汇票专用章(印模)的管理

第三条　银行汇票专用章是邢台银行各分、支行用于签发汇票业务的专用印章,是银行汇票凭证的必须记载事项之一。

第四条　邢台银行总行定期将辖内拟开办银行汇票业务的机构名称、银行机构代码(即支付系统行号)、联系电话、地址等基本信息统一报城市商业银行资金清算中心,待城市商业银行资金清算中心审核批准后,由城市商业银行资金清算按照规定的尺寸和式样组织汇票专用章(印模)的刻制,并留存印章印模备案。

第五条　邢台银行总行收到新刻制的汇票专用章(印模)时,在"印章交接保管使用登记簿"上预留印模,进行登记并办理交接,各分、支行领到汇票专用章(印模)后,登记"印章交接保管使用登记簿"后启用,做到"专人保管、专人负责"。

银行汇票专用章专管人员不得同时保管银行汇票空白凭证。

第六条　各分、支行的委派会计主管每月检查汇票专用章一次(印模视同印章一并进行检查),并登记《邢台银行银行汇票印押证检查登记簿》。

第七条　银行汇票专用章(印模)如发生丢失、被盗,应于当日立即逐级上报并查明原因,同时做好印章(印模)丢失或被盗公告等后续工作。

第八条　因机构变更或其他原因停止使用的银行汇票专用章,由各分、支行会计负责人及专管人员双人上缴到总行。总行对于收缴的已停用、作废的银行汇票专用章,应在"会计业务印章保管使用登记簿"上登记,并做好相应记录后入库封存。

第九条　邢台银行总行负责对收缴的汇票专用章进行统一销毁。印章销毁时,应登记"会计业务印章保管使用登记簿"并登记"会计业务印章销毁清单",经主管领导批准后进行销毁。"会计业务印章销毁清单"列入会计档案按规定保存,并上报城市商业银行资金清算中心备案。

第三章　银行汇票密押及压数机的管理

第十条　邢台银行各分、支行营业网点开办银行汇票业务,由城市商业银行资金清算中心进行银行汇票资金清算,必须使用城市商业银行资金清算中心指定的密押设备。

第十一条　邢台银行总行根据辖内密押设备的实际需求数量向城市商业银行资金清算中心报送订购计划,由城市商业银行资金清算中心统一组织向指定厂家订购。

第十二条　密押设备由城市商业银行资金清算中心授权邢台银行科技信息部后方可使用。

密押系统管理员由科技信息部人员担任,负责掌管系统口令,负责生成IC卡;负责银行汇票密押系统的设置和日常维护;与密押主管、密押员分别负责掌管存有主密钥三个分量的IC卡,并且必须遵循"背靠背"原则生成主密钥分量,妥善记录并保管好主密钥分量的备份,以便重新生成密钥。

密押主管由运营管理部人员担任,负责恢复

主密钥管理,负责系统程序更新管理;与系统管理员、密押员分别负责掌管存有主密钥三个分量的IC卡,并且必须遵循"背靠背"原则生成主密钥分量,妥善记录并保管好主密钥分量的备份,以便重新生成密钥;接入行密押主管还负责中心标识管理与导入中心加密公钥管理。

密押员由运营管理部人员担任,负责系统应用密钥的日常管理;与系统管理员、密押主管分别负责掌管存有主密钥三个分量的IC卡,并且必须遵循"背靠背"原则生成主密钥分量,妥善记录并保管好主密钥分量的备份,以便重新生成密钥;接入行密押员负责导入资金清算中心加密公钥文件和导出银行应用密钥加密文件并上传至城市商业银行资金清算中心。

第十三条 现行业务系统中邢台银行各分、支行签发银行汇票不再使用压数机,对停用的压数机由各分、支行指定专人妥善封存保管。

第四章 银行汇票凭证(票样)的管理

第十四条 银行汇票是由具有签发银行汇票资格的邢台银行各分、支行签发、具有法律效力的票据,邢台银行各分、支行应加强银行汇票空白凭证(票样)的管理,确保银行汇票资金安全。

第十五条 银行汇票空白凭证(票样)由邢台银行总行向城市商业银行资金清算中心订货,由城市商业银行资金清算中心统一向中国人民银行指定厂家订货印制,各分、支行不得自行印制。

第十六条 邢台银行总根据辖内各分、支行上报的银行汇票空白凭证(票样)用量计划汇总后报送城市商业银行资金清算中心,由邢台银行总行统一向城市商业银行资金清算中心订货。邢台银行总行接到城市商业银行资金清算中心指定印刷厂发来的银行汇票空白凭证(票样)后要认真清点数量、起止号码,清点无误后登记"重要空白凭证登记簿",记录银行汇票空白凭证(票样)的保管、使用情况。

第十七条 邢台银行总行对各分、支行银行汇票空白凭证(票样)的领用情况在"重要空白凭证登记簿"上详细登记,包括领用时间、数量、起止号码等,以备日后查考。

第十八条 银行汇票空白凭证一律纳入表外科目核算。各分、支行的委派会计主管每周对银行汇票空白凭证进行一次检查(票样视同银行汇票空白凭证一并进行检查),并登记《邢台银行银行汇票印押证检查登记簿》,确保账实相符。

第十九条 各分、支行对作废及停止使用的银行汇票空白凭证(票样)应按年填列明细清单上报邢台银行总行,同时将作废及停止使用的银行汇票空白凭证(票样)按照有关规定妥善封存,及时在系统中注销凭证号码。

邢台银行总行统一安排各分、支行对作废及停止使用的银行汇票空白凭证(票样)集中进行销毁,同时由邢台银行总行报送城市商业银行资金清算中心备案。

第五章 附则

第二十条 本办法由邢台银行总行负责制定、解释、修改。

第二十一条 本办法自发布之日起执行。

冀中能源企业集团财务有限公司从业人员职业行为规范

第一章 总则

第一条 为规范企业集团财务公司从业人员(以下简称从业人员)职业行为,提高从业人员职业道德和业务素质,维护财务公司行业信誉,依据《银行业金融机构从业人员职业操守指引》,制定本规范。

第二条 本规范所称从业人员是指按照《中华人民共和国劳动合同法》规定,与财务公司签订劳动合同的在岗人员;财务公司董(理)事会成员、监事会成员及高级管理人员;以及财务公司聘用或以其他用工形式在财务公司直接从事金融业务的人员。

第三条 本规范适用于中华人民共和国境内的企业集团财务公司从业人员及财务公司控股公司或财务公司委派到其他分支机构的从业人员。

第二章 基本职业行为准则

第四条 从业人员应当学法、懂法、守法,遵守国家金融法规和财务制度,尊重和保护知识产权,自觉维护金融稳定和安全。从业人员应当遵守《企业集团财务公司管理办法》等监管法规、行业自律制度和所在企业集团及机构的各项规章制度,依法、合规开展业务,客观、真实反映本机构业务信息。

对于已经发生的违法违规行为或尚未发生但存在潜在风险隐患的行为,应当按照相关报告制度规定,及时报告。

第五条 从业人员应当以高标准职业道德规范行事,品行正直,诚实守信,爱岗敬业,维护行业及公司声誉。

第六条 从业人员应保守国家秘密、所在集团及本单位的商业秘密、客户的商业秘密及个人隐私,对在执业过程中所获得的未公开信息负有保密义务。从业人员对客户服务结束或者离开所在单位后,仍应按照有关规定或合同约定承担上述保密义务。

第七条 从业人员应当具备岗位任职资格或能力,熟练掌握业务技能,积极参加监管部门、行业自律组织和所在单位组织的后续教育,树立终身学习理念,与时俱进,追求新知,提升素质,完善技能,做到专业胜任。

第八条 从业人员应当牢固树立依托集团、服务集团的理念,尊重客户、了解需求,强化服务意识,规范服务礼仪,提高服务质量。

第九条 从业人员应当保护客户信息,维护客户权益,不得采取隐瞒或误导等不正当手段,损害客户权益。

第十条 从业人员应当公私分明,秉公办事,不得谋取非法利益。

从业人员应当遵守国家和本单位防止利益冲突的规定,有效识别现实或潜在的利益冲突,并及时向有关部门报告,在办理授信、资信调查、融资等业务涉及本人、亲属或其他利益相关人时,主动汇报和提请工作回避。

从业人员未经批准不得在其他盈利性经济组织兼职。

第十一条 从业人员应当遵守禁止内幕交易的规定,不得利用内幕信息为自己或他人谋取利益,不得将内幕信息以明示或暗示的形式告知他人。

第十二条 从业人员应当遵守国家关于反洗钱的相关规定,拒绝洗钱,及时报告可疑交易,履行反洗钱义务。

第十三条 从业人员应当自觉抵制并积极向有关部门举报商业欺诈、非法集资、高利贷和黄、赌、毒活动。

第十四条 从业人员在社会交往和商业活动中,应当廉洁从业,自觉抵制商业贿赂及不正当交易行为。

第十五条 从业人员之间应当相互尊重、协作互助,树立理解、信任、合作的团队精神,分享专业知识和工作经验,共同创造,共同进步。

第十六条 从业人员应当加强与金融行业从业人员的交流,学习先进的专业技能和管理经验,相互促进,共同提高。

第十七条 从业人员应当关爱社会,积极参与公益活动,履行社会责任,发扬勤俭节约的优良传统,珍惜资源,抵制铺张浪费。

第三章 高级管理人员职业行为规范

第十八条 董(理)事会成员、监事会成员和高级管理人员除遵守第四条至第十七条所列内容外,还应当遵守以下职业操守。

(一)认真执行国家方针政策,恪守职业道德,服从国家宏观调控,维护大局。科学管理,公道正派,作风民主,坚持原则。

(二)严格执行国家关于企业领导人员廉洁从业、"三重一大"决策制度等规定。

(三)严格执行国家关于薪酬管理的法律法规和政策,组织制定本单位稳健的薪酬管理制度,并认真实施。

(四)忠实履行决策、监督和经营管理职责,组织制定科学的发展战略,谨慎用权,防范风险。

(五)以身作则,自觉遵守本规范并承担组织本单位从业人员学习、遵守本规范的责任。

(六)知人善任,任人唯贤,关心员工职业生涯发展,培育团队意识。

(七)防止违法及不良行为,不得利用职务上的便利谋取或输送非法利益。

(八)优化流程,精细管理,重点监控,明确本单位关键岗位特殊职业操守并组织关键岗位从业人员学习、遵守。

第四章 监督管理

第十九条 本规范是从业人员职业操守的标准要求。各财务公司可以依照本规范制定或者修订本单位员工具体职业行为规范。

第二十条 财务公司应当将从业人员遵守本规范的情况纳入反腐倡廉建设、合规和操作风险管理、员工教育培训和人力资源管理范围,定期评估,建立持续的评价和监督机制。

第二十一条 财务公司应当对模范遵守本规范的从业人员给予奖励,对违反本规范的从业人员进行相应处置。

第二十二条 财务公司协会依据本规范对会员单位贯彻落实情况进行监督检查和评估。

第五章 附则

第二十三条 财务公司从事保险、证券等工作的人员除遵守本规范外,应参照执行保险、证券行业的职业行为规范。

第二十四条 本规范由中国财务公司协会负责解释和修订。

第二十五条 本规范自公布之日起生效。

河北恒银期货经纪有限公司营业部管理规定(试行)

第一章 总则

第一条 为规范期货公司营业部(以下简称营业部)的经营活动,加强对营业部的监督管理,根据《期货交易管理条例》、《期货公司管理办法》(证监会令第43号)等法规、规章,制定本规定。

第二条 中国证监会派出机构(以下简称派出机构)按照属地监管原则,对辖区内营业部的设立、变更、终止及日常经营活动进行监督管理。

第二章 经营条件

第三条 营业部应当具备满足期货业务需要的营业场所,且营业场所符合以下条件:

(一)营业场所属于产权清晰、使用权稳定的经营性房产,且期货公司拥有该房产所有权或者使用权证明;

(二)营业场所具备消防设施和灭火器材,保持安全出口和应急通道顺畅,符合消防安全管理规定;

(三)中国证监会规定的其他条件。

营业部变更营业场所的,拟迁入营业场所应当符合上述条件,并经营业部所在地派出机构批准。

第四条 营业部应当具备满足期货业务需要的办公、通讯、交易等设施,且设施符合以下条件:

(一)营业部应当配备2条以上网络通讯线路,保证营业部的正常交易;

(二)营业部应当配备2条以上具有录音功能的电话线路;

(三)营业部应当采取双路供电,或者在单路供电情况下,备用供电措施能够提供正常业务运行4小时的供电时间;

(四)营业部信息技术系统应当符合有关监管要求,保证运行安全和稳定;

(五)营业部应当设立投资者教育园地、现场开户场地以及专门的财务和档案室(柜室);

(六)营业部应当配备满足开户管理要求的相关影像采集设备;

(七)营业部应当配备防火、外围隔离以及防盗设施;

（八）中国证监会规定的其他条件。

第五条 营业部应当设立信息公示栏，且按照相关规定公示下列事项：

（一）中国期货业协会网址及期货公司网址；

（二）期货公司及营业部的投诉和服务电话；

（三）营业部从业人员的姓名、照片、岗位、任职时间、从业资格号等信息；

（四）提示投资者可以通过中国期货业协会网站查询期货公司及营业部从业人员资格公示信息，通过期货保证金安全存管监控机构查询服务系统查询期货交易结算结果和期货交易相关的其他信息；

（五）中国证监会规定的其他事项。

上述信息发生变化的，营业部应当于变化之日起5个工作日内对营业场所公示信息进行变更。

第六条 营业部负责人在任职前，应当按照相关规定取得任职资格。

期货公司按照相关规定为取得任职资格的拟任营业部负责人办理任职手续并报告相关派出机构。

营业部负责人变更的，拟任负责人应当具备任职资格，期货公司按照相关规定办理变更手续。

第七条 营业部负责人应当在营业部所在地实地履行职责，全面负责营业部的日常经营管理工作。

营业部负责人不得兼任其他营业部负责人，且不得在期货公司总部兼任除董事以外的职务。

营业部负责人拟连续离岗10个工作日以上的，期货公司应当临时指定1名符合营业部负责人任职条件的人员代为履行职责，并提前5个工作日向营业部所在地派出机构报告。营业部负责人1年内累计离岗时间超过3个月的，期货公司应当更换营业部负责人，法律法规另有规定的除外。

期货公司指定的代为履职人员不符合任职条件的，派出机构可以要求期货公司更换代为履职人员。

代为履职人员应当实地履行职责，履职期间暂停管理公司的其他事务。

第八条 营业部负责人拟自行离职的，应当在离职前1个月向期货公司提出申请。期货公司在接到营业部负责人离职申请之日起5个工作日内向营业部所在地派出机构报告，并在3个月内完成营业部负责人变更。

拟离职营业部负责人应当切实履行职责直至营业部负责人变更手续完成。拟离职营业部负责人在完成变更手续前离职的，期货公司应当指定期货公司经理层人员代为履行职责，并在5个工作日内报告营业部所在地派出机构。

代为履职人员应当实地履行职责，履职期间暂停管理公司的其他事务。

第九条 营业部负责人离任的，期货公司应当按照相关规定向营业部所在地派出机构报告。期货公司应当对离任营业部负责人任职期间的合规经营情况进行离任审计，公司总经理、首席风险官对离任审计报告签字确认。期货公司应当在营业部负责人离任之日起3个月内将离任审计报告报送营业部所在地派出机构。

第十条 期货公司应当建立营业部负责人强制休假与定期审计制度或者轮岗制度。

第十一条 营业部业务岗位应当分工合理、职责明确，且岗位分工应当符合以下要求：

（一）营业部应当设立市场开发、开户与合同管理、交易、信息技术管理、财务等业务岗位，确保前、中、后台业务分开；

（二）营业部业务岗位应当有专职的工作人员；

（三）营业部工作人员素质和从业经历等能够满足相关业务岗位的需要；

（四）营业部财务岗位工作人员具有会计从业资格证书；

（五）中国证监会规定的其他要求。

第十二条 除营业部负责人外，营业部工作人员不得少于5人；营业部从事期货业务活动的工作人员应当取得期货从业资格。

第三章 内部控制

第十三条 营业部各项内部控制制度由期货公司统一制定，并报营业部所在地派出机构备案。内部控制制度包括以下项目：

（一）期货公司对营业部统一结算、统一风险管理、统一资金调拨、统一财务管理及会计核算的管理制度；

（二）营业部岗位职责及人员管理制度；

（三）营业部信息技术系统管理及应急制度；

（四）营业部合同、印章及档案管理制度；

（五）营业部市场营销管理制度；

（六）营业部投资者回访制度；

（七）营业部投资者教育、投资者投诉处理制度；

（八）反洗钱制度；

（九）中国证监会规定的其他管理制度。

第十四条 营业部在与投资者签订期货经纪合同，为投资者开立账户前，应当向投资者充分揭示期货交易的风险，审慎评估投资者的财务状况、期货专业知识、交易经验、风险偏好和风险承受能力，不得误导无投资意愿或无风险承受能力的投资者参与期货交易。

投资者参与股指期货交易的，营业部还应当审查投资者是否满足股指期货投资者适当性制度的有关要求。

第十五条 营业部在与投资者签订期货经纪合同，为投资者开立账户时，应当严格按照期货市场统一开户的要求，做好投资者身份核对、投资者影像资料留存、投资者期货结算账户登记等工作。

第十六条 营业部应当加强开户及合同管理，开户及合同管理应当符合以下要求：

（一）营业部应当指定专门的合同签署人负责与投资者签订期货经纪合同，合同签署人应当获得期货公司的授权；

（二）营业部应当严格执行期货公司的期货经纪合同管理制度，建立期货经纪合同的收发、存档及借阅记录台账；

（三）营业部应当使用期货公司连续编号、统一印制的期货经纪合同；

（四）营业部签署的期货经纪合同应当一式三份，期货公司、营业部、投资者各执一份，期货经纪合同内容应当填写完整和规范；

（五）期货公司应当建立投资者开户的二级复核制度，营业部相关责任人员应当在开户资料上签字留痕；

（六）营业部应当在投资者开户完成1个月内，将投资者开户资料文本报送至期货公司总部，并留存相关资料文本或者电子文档，以备营业部所在地派出机构检查；

（七）营业部应当通过期货公司总部统一为投资者申请交易编码，分配资金账户，统一在期货公司交易结算系统中维护投资者的开户资料。

第十七条 期货公司应当建立统一的结算制度，期货业务的结算由期货公司总部统一进行，营业部不得承担结算任务。

营业部应当于每日收市后，核对投资者的电话委托交易及手工出入金等情况，向期货公司核实存在的差异。

营业部应当按照合同约定及期货公司规定向投资者提供结算账单。

第十八条 期货公司应当建立统一的风险管理制度，不断健全、完善风险控制体系。

营业部履行部分风险控制职责的，期货公司应当直接管理营业部的风险管理人员。

第十九条 营业部投资者的交易指令必须通过期货公司风险控制系统或者期货公司风险控制人员进行事先风险控制。

营业部不得使用电话、交易所内远程终端等方式直接将投资者的交易指令传送至期货交易所场内交易席位。

第二十条 期货公司存在主、辅交易系统的，期货公司应当统一管理主、辅交易系统的风险控制，统一操作设置主、辅交易系统的风险控制参数。

营业部不得设置交易系统的相关参数。

第二十一条 期货公司应当建立统一追加保证金、统一强行平仓等风险管理制度，统一执行相关的风险控制措施。

营业部应当按照期货公司的统一要求，协助开展风险控制相关工作。

第二十二条 营业部应当执行期货公司统一的手续费政策。期货公司统一设置投资者的手续费费率参数。

第二十三条 期货公司对投资者实施动态风险监控，每日进行风险测算。

营业部应当按照期货公司的统一要求，对经常出现保证金不足、交易频繁等重点投资者的风险状况进行及时跟踪与监测，加强对投资者的风险管理。

第二十四条 期货公司应当加强对期货保证金专用账户的管理，完善期货保证金账户的设立、变更和撤销手续。

期货公司可以根据业务发展需要对营业部保证金专用账户资金进行实时监控。对不能进行实时监控的营业部保证金专用账户，期货公司总部应当定期和不定期地进行检查和压力测试。

营业部保证金专用账户的资金，由期货公司总部统一管理和调拨，营业部无权调拨。

第二十五条 营业部应当严格执行期货公司的出入金管理制度。

期货公司统一管理投资者银期转账出金操作。

营业部投资者通过非银期转账方式出金的，应当符合期货保证金安全存管的相关规定，且投资者的出金需经期货公司总部财务、结算部门审核。

第二十六条 期货公司对营业部实行统一的财务管理和会计核算，建立统一的财务管理和会计核算制度，明确期货公司和营业部的职责与业务操作流程。

营业部自有资金由期货公司统一管理与控制。

第二十七条 营业部数量超过5家的，期货公司应当建立统一的网络财务软件核算系统，加强对营业部的财务管理。

第二十八条 营业部根据期货公司统一财务管理和会计核算制度的要求，承担编制凭证等职能的，依据合法有效的会计原始凭证进行会计核算；营业部财务人员应当审核原始凭证的合法性、真实性和完整性。

营业部根据期货公司的凭证管理制度，需要将原始凭证和记账凭证提交期货公司的，应当留存复印件或电子文档，以备营业部所在地派出机构检查。

第二十九条 营业部应当在财务室或相对隔离的财务柜室妥善保管财务印章和财务凭证等有关财务用品和资料。

营业部应当建立财务印章和财务空白凭证的双人管理和审批使用制度，并做好使用登记工作。

第四章 合规管理

第三十条 期货公司应当建立、完善内部合规检查制度，将营业部合规检查纳入期货公司统一合规检查工作的范围。

第三十一条 期货公司合规检查部门应当每年对营业部的经营合规情况进行1次以上现场检查，检查包括以下事项：

（一）营业部负责人履职情况及从业人员执业情况；

（二）营业部岗位设置情况及人员资格情况；

（三）营业场所及设施合规情况；

（四）营业部内部控制制度执行情况；

（五）期货公司统一结算、统一风险管理、统一资金调拨、统一财务管理及会计核算执行情况；

（六）信息技术系统运行情况；

（七）中国证监会规定的其他事项。

第三十二条 期货公司应当在完成营业部合规检查10个工作日内，将检查情况和发现的问题报告营业部所在地派出机构。

期货公司应当留存营业部的合规检查报告，并于每年3月底前将期货公司上一年度对营业部的合规检查报告报送公司住所地派出机构。

第五章 监督管理

第三十三条 营业部不符合本规定有关要求的，派出机构应当依法采取相应的监管措施。

第三十四条 营业部负责人自行离职未履行本规定第九条有关程序的，派出机构可以依法采取相应的监管措施并将营业部负责人的行为记入诚信档案。

第三十五条 派出机构在对营业部负责人离任审计报告审查过程中，发现违法违规行为的，应当依据相关规定进行处理。

第三十六条 营业部所在地派出机构可以根据营业部合规经营的情况，要求期货公司增加合规检查次数。

第三十七条 派出机构对营业部采取限期整改、暂停业务、撤销许可证等监管措施的，应当将采取监管措施的相关文件抄送期货公司及公司住所地派出机构；营业部在上述事项发生后3个工作日内向期货公司报告。

第三十八条 派出机构因营业部管理问题对期货公司采取限期整改、暂停业务等监管措施的，应当将采取监管措施的相关文件抄送营业部所在地派出机构。

第六章 附则

第三十九条 本规定自2012年5月1日起施行。

中国人民人寿保险股份有限公司反洗钱工作管理暂行办法

第一章 总则

第一条 为预防洗钱活动,防范洗钱风险,根据《中华人民共和国反洗钱法》及相关法律法规、监管规定,结合公司实际,制定本办法。

第二条 本办法所称反洗钱,是指公司为了防止通过购买保险产品的方式掩饰、隐瞒毒品犯罪、黑社会性质的组织犯罪、恐怖活动犯罪、走私犯罪、贪污贿赂犯罪、破坏金融管理秩序犯罪、金融诈骗犯罪等犯罪所得及其收益的来源和性质的洗钱活动,依照国家相关法律法规及本办法的规定采取相关措施的行为。

第三条 各分支机构营销人员、相关业务经办人员在展业或业务办理过程中均应严格执行反洗钱法律法规及公司反洗钱内控制度,向本机构反洗钱部门或反洗钱岗人员报告其发现的大额及可疑交易。

第四条 公司各级机构应给予反洗钱部门或反洗钱岗位人员履行职责所必需的权利及物质保障。

第二章 反洗钱工作组织架构

第五条 公司总部及各级分支机构应成立反洗钱领导小组,反洗钱领导小组应由各级机构分管领导及相关部门负责人组成,负责公司全辖及各分支机构的反洗钱领导工作,公司反洗钱工作在反洗钱工作领导小组领导下进行。

第六条 总公司合规部作为反洗钱工作牵头部门,负责建立健全公司反洗钱基本内控制度、公司反洗钱工作相关部门间的组织协调、分公司报送的大额交易和可疑交易报告的总对总报送以及相关数据的报送。

总公司业务管理部门、客户服务部门负责复核分支机构上报的可疑交易,根据反洗钱相关法律法规的规定修改、完善公司相关业务制度。

总公司信息技术部门负责公司反洗钱信息系统的开发与完善工作。

总公司审计部门应在常规经营审计中加入对分支机构反洗钱内控制度执行情况审计。

总公司各业务部门以及其他相关部门应根据反洗钱工作相关要求完善各条线业务制度及业务流程,积极配合公司开展反洗钱工作。

第七条 各省级分公司业管客服部门作为本机构反洗钱牵头部门,负责组织落实客户身份识别、大额及可疑交易识别报送等反洗钱工作。其他各级分支机构应指定本机构反洗钱牵头部门或设立专门的反洗钱岗位,指定专人负责本机构反洗钱工作。

各分支机构合规部门或合规岗人员负责协助反洗钱牵头部门完善本机构反洗钱内控制度,协助反洗钱牵头部门完成可疑交易的分析识别及其他反洗钱工作。

分支机构各级监察审计人员在常规审计、内控检查过程中应加入反洗钱制度执行情况的检查内容。

各分支机构其他部门应协助反洗钱负责部门落实反洗钱法律法规及内控制度,业务经办机构及经办人对所经办业务的客户身份识别、可疑交易的识别报告承担第一位的责任。

第三章 客户身份识别

第八条 公司各级分支机构应遵循"了解你的客户"的原则对本机构客户进行基本的身份识别并记录客户基本身份信息:

(一)单个被保险人保险费金额人民币2万元以上或者外币等值2000美元以上且以现金形式缴纳的人身保险合同,保险费金额人民币20万元以上或者外币等值2万美元以上且以转账形式缴纳的保险合同,各分支机构在订立合同时,应确认投保人与被保险人的关系,核对投保人和人身保险被保险人、法定继承人以外的指定受益人的有效身份证件或者其他身份证明文件,登记投保人、被保险人、法定继承人以外的指定受益人的身份基本信息,并留存有效身份证件或者其他身份证明文件的复印件或者影印件。

期缴产品单个被保险人保费以单期缴费乘以交费年限计,首期和续期交费分别为现金和转账方式的,按上述现金交费方式规定的识别起点标准进行客户身份识别。

(二)在客户申请解除保险合同时,如退还的保险费或者退还的保险单的现金价值金额为人民币1万元以上或者外币等值1000美元以上的,公司应当要求退保申请人出示保险合同原件或者保险凭证原件,核对退保申请人的有效身份证件或者其他身份证明文件,确认申请人的身份。

(三)在客户申请承保前撤件时,如退还的保费为人民币1万元以上或者等值1000美元以上的,公司应当核对撤件申请人的有效身份证件或其他身份证明文件,确认申请人的身份。

(四)在被保险人或者受益人请求保险公司赔偿或者给付保险金时,如金额为人民币1万元以上或者外币等值1000美元以上,保险公司应当核对被保险人或者受益人的有效身份证件或者其他身份证明文件,确认被保险人、受益人与投保人之间的关系,登记被保险人、受益人身份基本信息,并留存有效身份证件或者其他身份证明文件的复印件或者影印件。

客户如果委托第三方办理相关业务的,各分支机构应要求代理人出示客户签字或盖章授权书或采取其他有效确认代理关系的存在,且在按照本办法的有关要求对被代理人采取客户身份识别措施时,应当核对并留存代理人的有效身份证件或者身份证明文件,登记代理人的姓名或者名称、联系方式、身份证件或者身份证明文件的种类、号码。

第九条 各分支机构应根据客户的特点、账户的属性,并考虑地域、业务、行业、客户是否为外国政要等因素,按照《公司客户洗钱风险等级划分标准》划分本机构客户的洗钱风险等级,并在持续关注的基础上,适时调整风险等级。

各分支机构应按照公司相关规定本机构保存的客户基本信息进行定期审核,对风险等级较高客户的审核应严于对风险等级较低客户的审核。对本机构禁止交易以及高洗钱风险的客户,应每半年进行一次审核。

第十条 公司各级机构应根据客户洗钱风险等级的不同采取不同的客户识别措施,按照《公司客户洗钱风险等级划分标准》,在承保时发现禁止交易客户的,应拒绝其业务请求;在承保后发现的,应将该客户与公司发生的各类交易按照重大可疑交易上报,同时以书面形式向当地人民银行分支机构和公安机关报告。

对高洗钱风险、中等洗钱风险客户应根据《公司客户洗钱风险等级划分标准》的相关规定采取更为严格的身份识别措施。

第十一条 需留存复印件或影印件的客户身份证件及身份证明文件包括:

(一)客户为企业法人及其分支机构的,须留存营业执照副本;

(二)客户为事业单位的,须留存其事业单位法人登记证;

(三)客户为工会的,须留存工会法人登记证书或管理机关设立批文;

(四)客户为社会团体的,须留存社团法人登记证书或管理机关的设立批文;

(五)客户为外地常设机构的,须留存驻在地政府主管部门的批文;

(六)客户为外国驻华机构、外资企业驻华代表处、办事处的,须留存国家有关主管部门给其出具的批文、证明或登记证;

(七)客户为个体工商户的,须留存其营业执照正本;

(八)客户为居民委员会、村民委员会、社区委员会的,须留存其主管部门出具的批文或证明;

(九)客户为个人(港、澳、台居民除外)的,须留存居民身份证、护照、有效的临时居民身份证;

(十)客户为未成年人的,须留存户口簿;

(十一)客户为中国人民解放军军人的,须留存军人身份证件;

(十二)客户为中国人民武装警察的,须留存武警身份证件;

(十三)客户为港、澳、台居民的,须留存国家出入境管理部门签发的香港特别行政区、澳门特别行政区、台湾地区居民的通行证或者其他有效旅行证件。

(十四)法律、法规和国家有关文件规定的其他有效证件。

第十二条 客户身份基本信息包括:

自然人客户的"身份基本信息"包括客户的姓名、性别、国籍、职业、住所地或者工作单位地址、联系方式,身份证件或者身份证明文件的种类、号码和有效期限。客户的住所地与经常居住地不一致的,登记客户的经常居住地。法人、其他组织和个体工商户客户的“身份基本信息”包括客户的名称、住所、经营范围、组织机构代码、税务登记证号码;可证明该客户依法设立或者可依法开展经营、社会活动的执照、证件或者文件的名称、号码和有效期限;控股股东或者实际控制人、法定代表人、负责人和授权办理业务人员的姓名、身份证件或者身份证明文件的种类、号码、有效期限。

第十三条 在与客户的业务关系存续期间,各级分支机构应当采取持续的客户身份识别措施,关注客户及其日常经营活动。客户先前提交的身份证件或者身份证明文件已过有效期的,客户没有在合理期限内更新且没有提出合理理由的,应中止为该客户办理业务。

第十四条 在发生下列情况时,应重新识别客户身份:

(一)客户要求变更姓名或者名称、身份证件或者身份证明文件种类、身份证件号码、注册资本、经营范围、法定代表人或者负责人的。

(二)客户行为或者交易情况出现异常的。

(三)客户姓名或者名称与国务院有关部门、机构和司法机关依法要求金融机构协查或者关注的犯罪嫌疑人、洗钱和恐怖融资分子的姓名或者名称相同的。

(四)客户有洗钱、恐怖融资活动嫌疑的。

(五)公司获得的客户信息与先前已经掌握的相关信息存在不一致或者相互矛盾的。

(六)先前获得的客户身份资料的真实性、有效性、完整性存在疑点的。

(七)应重新识别客户身份的其他情形。

第十五条 重新识别客户身份信息可以采取的措施有:

(一)要求客户补充其他身份资料或者身份证明文件。

(二)回访客户。

(三)实地查访。

(四)向公安、工商行政管理等部门核实。

(五)其他可依法采取的措施。

第十六条 公司与保险代理公司、保险经纪公司,商业银行、农村合作银行、城市信用合作社、农村信用合作社、邮政等保险代理机构开展合作时,应在合作协议中明确双方在识别客户身份方面的职责,相互间提供必要的协助,相应采取有效的客户身份识别措施。

第十七条 符合下列条件时,公司可信赖销售保险产品的代理机构所提供的客户身份识别结果,不再重复进行已完成的客户身份识别程序,但仍应承担未履行客户身份识别义务的责任:

(一)代售保险产品的代理机构采取的客户身份识别措施符合反洗钱法律、行政法规和本办法的要求。

(二)代理机构能够有效获得并保存客户身份资料信息。

(三)代理机构与公司签署协议明确双方身份识别方面的职责,并能及时向我方提供代理产品所涉及客户的身份资料信息。

如上述机构无法提供真实有效的客户身份资料,各分支机构应采取措施,对上述机构代理业务所涉及的客户进行有效地客户身份识别。

第十八条 公司利用电话、网络以及其他远程出单方式销售产品时,应实行严格的身份认证措施,采取相应的技术保障手段,强化内部管理程序,识别客户身份。

第四章 大额交易和可疑交易报告

第十九条 本办法中大额交易指单笔保险业务交易或单个客户当日累计交易达到人民币20万元以上的现金收支。

现金收支是指客户或其代办人在办理保险业务时,由公司保险业务人员、代理机构收取或支付其现金或其直接向公司职场柜面、业务人员或代理机构缴纳或领取现金的资金往来,包括缴纳保费、退保、承保前撤件、赔偿及给付等。

公司各级机构应使用公司反洗钱系统,加强对大额交易的监测与统计,发生大额交易的应按公司规定流程上报。

第二十条 本办法中可疑交易是指资金流动的金额、频率、流向、用途、性质、交易对手方等有异常情形的交易。包括承保、退保、承保前撤件、赔偿或给付等。

第二十一条 公司各级分支机构应将本机构发生的下列交易或者行为作为可疑交易,按公司相关规定上报:

(一)短期内分散投保、集中退保或撤件;或者集中投保、分散退保或撤件,且不能合理解释。

（二）频繁投保、退保、撤件、变换险种或者保险金额。

（三）对公司的审计、核保、理赔、给付、退保规定异常关注，而不关注保险产品的保障功能和投资收益。

（四）犹豫期退保时称大额发票丢失的，或者同一投保人短期内多次退保遗失发票总额达到大额的。

（五）发现所获得的有关投保人、被保险人和受益人的姓名、名称、住所、联系方式或者财务状况等信息不真实的。

（六）购买的保险产品与其所表述的需求明显不符，经公司工作人员解释后，仍坚持购买的。

（七）以趸交方式购买大额保单，与其经济状况不符的。

（八）大额保费保单承保前撤件、犹豫期退保、保险合同生效日后短期内退保或者提取现金价值，并要求退保金转入第三方账户或者非缴费账户的。

（九）不关注退保可能带来的较大金钱损失，而坚决要求退保，且不能合理解释退保原因的。

（十）明显超额支付当期应缴保险费并随即要求返还超出部分。

（十一）保险经纪人代付保费，但无法说明资金来源。

（十二）单位客户坚持要求以现金或者转入非缴费账户方式退还保费，且不能合理解释原因的。

（十三）单位客户首期保费或者趸交保费从非本单位账户支付或者从境外银行账户支付。

（十四）通过第三人支付自然人保险费，而不能合理解释第三人与投保人、被保险人和受益人关系的。

（十五）与洗钱高风险国家和地区有业务联系的。

（十六）没有合理的原因，投保人坚持要求用现金投保、赔偿、给付保险金、退还保险费和保单现金价值以及支付其他资金数额较大的。

（十七）公司支付赔偿金、给付保险金时，客户要求将资金汇往被保险人、受益人以外的第三人；或者客户要求将退还的保险费和保单现金价值汇往投保人以外的其他人。

（十八）怀疑客户为恐怖组织、恐怖分子以及恐怖活动犯罪募集或者企图募集资金或者其他形式财产的。

（十九）怀疑客户为恐怖组织、恐怖分子、从事恐怖融资活动的人以及恐怖活动犯罪提供或者企图提供资金或者其他形式财产的。

（二十）怀疑客户为恐怖组织、恐怖分子保存、管理、运作或者企图保存、管理、运作资金或者其他形式财产的。

（二十一）怀疑客户或者其交易对手是恐怖组织、恐怖分子以及从事恐怖融资活动人员的。

（二十二）怀疑资金或者其他形式财产来源于或者将来源于恐怖组织、恐怖分子、从事恐怖融资活动人员的。

（二十三）发现或者有合理理由怀疑客户或者其交易对手与国务院有关部门、司法机关、联合国安理会、人民银行公布的恐怖组织、恐怖分子名单相关的。

（二十四）发现或者有合理理由怀疑客户或其资金来源与司法机关、监管机构发布的违法犯罪协查名单中人员相关的。

（二十五）客户拒绝提供有效身份证件或者其他身份证明文件的。

（二十六）对向境内汇入资金的境外机构提出要求后，仍无法完整获得汇款人姓名或者名称、汇款人账号和汇款人住所及其他相关替代性信息的。

（二十七）客户无正当理由拒绝更新客户基本信息的。

（二十八）采取必要措施后，仍怀疑先前获得的客户身份资料的真实性、有效性、完整性的。

（二十九）客户资金数额、交易频率、资金流向、资金性质及客户身份信息等有异常情况，有理由认为其涉嫌洗钱的其它交易行为。

（三十）有其他合理理由怀疑客户涉嫌洗钱的其他交易行为。

第二十二条 各级分支机构营销人员及相关业务经办人在办理保险业务时，如发现本办法第二十一条规定的情形之一的，应立即通知本机构反洗钱岗人员，经其审核后，认为符合可疑交易条件的，由其按公司相关规定上报。

各分支机构对本机构发生的符合本办法第二十一条规定标准的可疑交易应加强人工识别，通过调查了解或有合理理由可以排除该笔交易疑点的，可以不作为可疑交易上报，但应留存相关调查记录。

第二十三条 如果一项交易既达到大额交易标准，又符合可疑交易条件，则应分别上报大额交易和可疑交易报告。

第五章 重大及涉嫌恐怖融资的可疑交易

第二十四条 重大可疑交易是指有充分理由认为交易涉及的资金或客户与洗钱犯罪行为或其他违法犯罪行为有关的、交易涉及的资金或客户与外国政要相关的以及交易涉及的资金或客户存在其他明显可疑特征且涉及金额巨大的。

第二十五条 涉嫌恐怖融资的可疑交易是指符合本办法第二十一条第十八项至第二十三项所描述的特征的可疑交易。

第二十六条 各级分支机构对本机构发生的重大可疑交及涉嫌恐怖融资的可疑交易应特别关注,在按规定上报总公司的同时,将相关情况报告中国人民银行在当地设立的分支机构或公安机关,并配合相关行政司法机关的调查工作。

第六章 客户资料和交易记录保存

第二十七条 公司各级机构应当妥善保存的客户身份资料和交易记录。

客户身份资料包括记载客户身份信息、资料以及反映本机构开展客户身份识别工作情况的各种记录和资料。

交易记录包括关于每笔交易的数据信息、业务凭证、账簿以及有关规定要求的反映交易真实情况的合同、业务凭证、单据、业务函件和其他资料。

第二十八条 客户资料及交易记录保存期限:

(一)客户身份资料,自业务关系结束之日起或保险合同终止或履行完毕之日起至少10年;

(二)交易记录,自交易记账之日起至少10年;

(三)如该笔交易符合可疑交易条件,并已依法提交可疑交易报告,则相关交易报告及交易记录保存期限为自该可疑交易报告提交之日起至少20年,相关客户资料的保存期限为自业务关系结束之日起或保险合同终止或履行完毕之日起至少15年;

(四)如公司业务或财务制度规定,相关记录保存期限高于本办法规定的,从该规定;如果低于本办法规定的,则依据本办法规定的期限保存。

第二十九条 客户资料包括依据本办法规定进行客户身份识别时获得的客户身份证明资料,以及依据公司相关业务规定为客户办理保险业务时取得的其它客户资料;交易记录包括公司保险业务的业务单证、保险合同、会计凭证等。

上述资料及记录包括纸质文件、电子介质文件及相关业务系统中的数据资料。

第三十条 各分支机构应严格遵守公司关于客户档案管理的相关要求,采取必要管理措施和技术措施,严密保护客户身份资料和交易记录的安全,防止相关资料和记录的缺失、损毁,泄漏。

各级分支机构应采取切实可行的措施保存客户身份资料和交易记录,便于反洗钱调查和监督管理。

第七章 协助反洗钱现场检查和调查

第三十一条 公司各级机构及相关工作人员应当依法协助、配合司法机关和行政执法机关打击洗钱活动。

第三十二条 根据有关规定,中国人民银行及其派出机构可以对金融机构反洗钱工作进行现场检查。公司各级分支机构在接到监管机构现场检查通知后,应按要求做好相关准备工作,协助提供相关资料,配合检查,并做好沟通和解释工作;同时应在接到现场检查通知时及在监管机构作出检查结论后及时向总公司报告。

第三十三条 根据有关规定,经调查仍不能排除洗钱嫌疑的,有管辖权的侦查机关可以冻结调查所涉及客户的资金账户。公司各级分支机构在接到侦查机关的通知后,应按要求积极配合做好工作,同时应在接到通知后及时向总公司报告。

第三十四条 各级机构应与当地人民银行派出机构建立反洗钱工作联系,积极配合反洗钱监管工作,按要求上报反洗钱非现场监管报表及反洗钱工作信息。

第八章 保密规定

第三十五条 公司各级机构及相关工作人员应当保守反洗钱工作秘密,不得违反规定向客户或其它单位、人员提供有关反洗钱工作信息。

第三十六条 公司各级机构及相关工作人员在依法履行反洗钱业务过程中获得的客户身份信息和交易资料、大额交易报告和可疑交易报告信息应当予以保密，非依法律规定不得向任何单位或个人提供。

第三十七条 公司各级机构、人员，在协助监管机构和行政司法机构开展反洗钱现场检查、反洗钱调查和账户资金冻结等工作时，对于所知悉的相关信息，不得擅自对外泄露。

第九章 宣传、培训

第三十八条 公司各级机构应当按照反洗钱预防、监控制度的要求，积极参与反洗钱监管机构组织的反洗钱宣传。

公司各级机构应根据实际情况，通过在营业场所悬挂条幅、张贴海报，向客户发放宣传资料，设置反洗钱举报电话等方式开展反洗钱宣传。

第三十九条 公司各级机构反洗钱牵头部门应定期组织反洗钱法律法规、监管规定、公司制度、操作指引等反洗钱专业培训，增强各级机构管理人员和销售人员的反洗钱意识，提升各级机构反洗钱岗位操作人员的专业技能

第十章 反洗钱检查和审计

第四十条 公司各级机构应高度重视反洗钱内部检查、审计以及自查工作。并应在每年初制定本年度反洗钱检查计划，明确本年度反洗钱检查的的要点。

公司各级合规部门、业务管理和客户服务部门应在常规合规或业务检查中应增加反洗钱检查内容组织反洗钱专项检查和风险排查工作，及时发现和化解风险隐患。

第四十一条 公司各级审计部门应开展反洗钱内控制度健全性、有效性以及执行力检查，对执行中存在的问题提出整改要求。

第十一章 责任追究

第四十二条 公司各级机构及工作人员违反本办法，有下列行为之一的，将视违规情节及后果的严重程度对违规机构给予警告、通报批评、限期整改的处分，对违规机构反洗钱工作部门负责人、直接责任人及相关责任人给予警告、记过、降职、解聘处分：

（一）未按照规定对客户资料进行审查、识别，致使公司依据不实客户身份资料承保不符合承保条件的保险业务或在不符合公司业务规定的情况下为客户办理退保、赔偿或给付等业务的；

（二）未按照规定保存客户资料和交易记录的；

（三）未按照规定对大额和可疑交易进行审查和报告的；

（四）对明知或应知的可疑交易不报告的；

（六）对可疑交易不认真进行核实、认定，致使误报、漏报、错报的；

（七）违反规定泄露支付交易信息或客户信息的；

（八）存在其它违反公司反洗钱内控制度的行为的。

第四十三条 公司各级机构及工作人员违反本办法规定，因过失导致或故意协助洗钱行为的，对违规机构分管反洗钱工作的负责人、反洗钱部门负责人将给予降职、解聘处分；对直接责任人及相关责任人将给予开除处分；涉嫌犯罪的，移交司法机关依法处理。

第四十四条 公司各级机构在开展业务过程中，违反有关法律、行政法规及公司相关规定，不履行法定反洗钱义务被中国人民银行或监管机关追究责任的，对该违规机构分管反洗钱工作的负责人、反洗钱部门负责人、直接责任人及相关责任人给予相应的纪律处分，情节严重的，将依照《中国人民人寿保险股份有限公司案件责任追究暂行规定》追究其直接责任或间接责任。

第十二章 附则

第四十五条 本办法相关用语含义如下：

（一）“客户”包括投保人、被保险人、受益人以及他们的委托代理人。

（二）“保险业务”包括收取保险费、退保、赔偿或给付。

（三）“短期”指十个工作日以内，包括十个工作日。

（四）“频繁”指交易行为营业日每天发生3次以上，或者营业日每天发生持续3天以上

第四十六条 本办法由总公司法律合规部负责解释。各分公司应据此制定反洗钱实施细则和操作规程。

第四十七条 本办法自发布之日起开始实施。

第五部分

大事记

1月

5日　石家庄市副市长张小国在石家庄市金融办主任张新峰陪同下到河北银行股份有限公司调研，河北银行董事长乔志强、行长姚浩俊等参加座谈。

△　由河北省委宣传部和河北日报报业集团主办的2010年河北十大新闻、年度十大新闻人物评选揭晓，河北财达证券经纪有限责任公司董事长王义芳当选2010年度河北十大新闻人物。

6日　张家口市商业银行荣获“张家口市城镇面貌三年大变样工作模范集体”称号。

7日　河北银行股份有限公司小企业金融服务中心被中国银监会授予“2010年度全国小企业金融服务先进单位”称号。

10日　和谐健康保险股份有限公司河北分公司筹建。

11日　中国银行河北省分行石家庄管理部组建。

12日　沧州市委、市政府在石家庄市举办沧州市与河北省金融界恳谈会。河北省委副书记、省长陈全国，省委常委、常务副省长赵勇，省长助理、省金融办主任江波，中国人民银行石家庄中心支行行长张文汇、中国人民银行沧州市中心支行行长李庆，省级金融机构负责人及沧州市主要领导出席会议。

13日　于松任中国银行股份有限公司廊坊分行行长，张琳任中国银行股份有限公司唐山分行行长。

△　中国银监会副主席王兆星在河北省省长助理、省金融办主任江波及河北银监局局长郭锦洲陪同下到河北银行股份有限公司调研。

14日　承德银行“网上支付跨行清算系统”上线运行。此举丰富了承德银行支付系统功能，将为客户提供更加高效、便捷的金融服务。

15日　中国人民银行怀来县支行举行“履行货币发行职能，支持地方经济发展”现场观摩会暨恢复办理发行基金出入库业务剪彩仪式。中国人民银行石家庄中心支行党委委员、纪委书记任德智，怀来县委副书记、县长胡炜等为仪式剪彩。

16日　在河北省社会科学院、河北日报报业集团、河北省工业经济联合会联合主办的第三届河北省最具社会责任感企业及企业家调查推选活动中，河北银行股份有限公司荣获“最具社会责任奖·河北十大企业”称号，河北银行董事长乔志强荣获“最具社会责任奖·河北十大企业家”称号。

17日　柴英豪任中国银行股份有限公司邯郸分行行长。

△　河北财达证券经纪有限责任公司中华商务中心机房上线运行。

△　中国人民健康保险股份有限公司河北分公司召开2010年“虎跃燕赵”表彰会暨公司成立三周年庆典活动。

18日　廊坊银行发起设立的滦平盛阳村镇银行开业。

△　衡水市商业银行首张银行卡——“金鼎卡”发行。

△　中国信达资产管理股份有限公司河北省分公司信达证券石家庄裕华东路营业部开业。

19日　河北省副省长张杰辉赴北京拜会国家开发银行总行行长蒋超良，代表河北省委、省政府向国家开发银行赠送“开发展潮流、行强国大计”牌匾，感谢开发银行对河北省经济社会发展的大力支持。国家开发银行河北省分行行长张林武陪同。

△　沧州银行第一家域外分行——廊坊分行开业。

△　邢台银行举行小企业信贷中心揭牌暨“冀南微贷”启动仪式。

20日　中国保监会副主席杨明生会见河北省委常委、常务副省长赵勇。

△　中国农业发展银行河北省分行被河北银监局评为“2010年度无案件机构”。

21日　河北省人民银行系统工作会议暨全省外汇管理工作会议在石家庄召开。会议传达中国人民银行工作会议暨全国外汇管理工作会议、天津分行工作会议精神，总结全省人民银行系统和外汇管理系统2010年工作，分析全省经济金融形势，安排部署2011年工作任务。

△ 在河北省财政厅对河北省金融企业2009年度绩效评价中，河北财达证券经纪有限责任公司被评为AAA-级优秀企业。

23日 沧州银行网上支付跨行清算业务系统上线。

24日 邯郸银行与德国储蓄银行国际合作基金会举行微贷项目合作签约仪式。邯郸银行成为邯郸市首家引进国外先进微贷技术的银行。

△ 中国人寿保险有限公司总裁吴焰、副总裁周树瑞在中国人寿河北省分公司总经理孙大震陪同下，到廊坊市中心支公司调研指导工作。

27日 中国工商银行总行副行长李晓鹏到河北省分行调研。期间，走访慰问了该行离休老干部，视察了总行电子银行中心（石家庄）和总行后台中心（石家庄）营业楼在建情况。

29日 在河北省银行业协会开展的评选活动中，河北银行股份有限公司平南支行荣获“2010年度中国银行业文明规范服务千佳示范单位”称号；河北银行股份有限公司建华南大街支行、开发区支行、金桥支行、总行营业部荣获“河北省银行业文明规范服务示范单位”称号。

1月 中国太平洋财产保险股份有限公司河北分公司以80%比例首席承保中国石油天然气集团公司雇主责任险，此项目是该公司在重大客户上首次尝试系统内大共保模式，涉及全国31家分公司；177家中石油下属二级单位、168万人次参保，其中河北省有15.5万人参保。

△ 合众人寿保险股份有限公司沧州中心支公司、承德中心支公司和邯郸中心支公司荣获2008—2009年度河北省保险业服务质量达标先进单位。

2月

10日 河北省省长助理、省金融办主任江波到河北财达证券经纪有限责任公司调研创先争优活动开展情况，河北财达证券公司董事长王义芳携领导班子成员及有关部门负责人参加汇报。

14日 承德银行首家异地分支机构——唐山分行试营业。标志着承德银行由地方性银行转型为区域性银行。

16日 中国人民银行石家庄中心支行组织召开河北省社会信用体系建设领导小组联络员会议，讨论河北省信用门户网站建设方案，部署2011年河北省社会信用体系建设计划起草工作。省金融办、省法院、省委宣传部、省发改委、省工业和信息化厅、省公安厅、省财政厅、省人力资源和社会保障厅、省环境保护厅、省住房和城乡建设厅、省商务厅、省国税局、省地税局、省工商局、省质监局、石家庄海关、河北银监局、河北证监局、河北保监局等成员单位参加会议。

18日 中国证监会核准河北财达证券经纪有限责任公司在福建省莆田市秀屿区、河南省商丘市睢阳区及河北省宽城满族自治县、保定市北市区各设立1家证券营业部。

21日 中国建设银行河北省分行在张家口市举办“全面金融解决方案（FITS）”业务推介会暨财务顾问签约仪式。

23日 河北省人民政府向中国农业发展银行河北省分行致感谢信。对该行2010年围绕河北经济社会发展，加大信贷投放力度，扩大融资规模，圆满完成各项目标任务，为河北经济社会发展提供支撑表示感谢。希望该行继续为河北经济发展、富民强省做出新贡献。

△ 中国银行河北省分行成立产品创新与投资决策办公室，作为创新工作委员会和投资决策委员会的日常办公机构，负责辖内新产品开发工作的协调管理。

25日 中国工商银行河北省分行设立唐山唐海、廊坊燕郊、沧州渤海新区、保定涿州4家省行计划单列支行；在沧州海兴、邢台南和、张家口赤城设立分支机构。

28日 中国人民银行石家庄中心支行召开副处级以上干部大会，宣布总行党委关于张辰辰、乔志彬同志任石家庄中心支行助理巡视员（副厅局级）的任职决定。中国人民银行天津分行党委书记、行长林铁钢出席会议并讲话，张辰辰、乔志彬同志分别作表态发言。

△ 中国人民银行石家庄中心支行授予中国建设银行河北省分行“2010年度河北省支付清算系统运行工作优秀单位”称号。

2月 河北省政府授予中国人民财产保险股份有限公司河北省分公司、中国人寿保险股份有限公司河北省分公司和中国平安财产保险股份有限公司河北分公司“河北省服务名牌”称号。

3月

1日 中国银行河北省分行运行“河北省分行柜员机构信息在线审批系统”。实现了无纸化、参数化、逻辑化的系统审批和管理。

2日 国家开发银行总行副行长李吉平会见河北省委副书记付志方。付志方代表河北省委、省政府感谢开发银行对河北经济社会发展的大力支持。

△ 国家开发银行在石家庄市举行贷款签约仪式，支持河北省中小企业发展及抗旱救灾。国家开发银行河北省分行分别与河北省国控担保集团公司签订《支持中小企业战略合作框架协议》，与张家口市城建开发总公司签订4 000万元抗旱应急贷款合同。河北省副省长张杰辉，国家开发银行总行副行长李吉平等出席签约仪式。

△ 唐山市商业银行马家沟支行荣获“2010年度中国银行业文明规范服务示范千佳单位”称号；唐山市商业银行友谊支行和天元支行获得“2010年度河北省银行业文明规范服务示范单位”称号。

3日 唐山市商业银行被唐山银监分局评为“2010年度无案件机构”。

7日 中国人民银行石家庄中心支行授予国家开发银行河北省分行“2010年河北省支付清算系统运行工作优秀单位”称号。

△ 河北财达证券经纪有限责任公司荣获上交所会员单位“投资者教育特色奖”。

9日 中国人民银行张家口市中心支行联合张家口市公安局召开打击银行卡犯罪“天网—2011”专项行动工作会。

10日 SSL VPN设备在唐山市商业银行投入使用。

14日 张家口市政府、河北省金融办、中国人民银行石家庄中心支行、河北银监局在石家庄市举办“2011中国·张家口金融经济发展高层恳谈会”。

15日 中国人民银行石家庄中心支行组织召开河北省商业汇票委员会2011年第一次例会，通报表彰2010年度商业汇票先进集体和先进工作者，研究讨论河北省票据市场“十二五规划”及2011年河北省商业汇票工作安排，增补委员会委员。河北省商业汇票工作专业委员会各成员单位负责人参加了会议。

△ 中国保监会在秦皇岛市组织召开人身保险现场检查动员大会，保监会人身保险监管部主任梁涛、河北银监局局长吕宙出席会议并讲话。

18日 中国人民银行邢台市中心支行与晋中市中心支行在山西和顺县举行跨省区反洗钱合作机制启动仪式。中国人民银行太原中心支行和石家庄中心支行反洗钱处有关领导、邢台市中心支行行长张力生、副行长王建文及有关部门负责同志出席了启动仪式。山西和顺、祁县、昔阳、左权、河北内丘5县金融机构共计90余人参加了会议。

21日 河北恒银期货经纪有限公司邀请河北焦炭行业协会秘书长张伯春就焦炭行业相关问题做专题讲座。

24日 国家开发银行河北省分行副行长高敬军接受中央电视台《财经时间》记者专访。介绍开发银行对保障性住房项目的信贷政策及分行与河北省住建厅通过创新融资模式支持全省廉租房和公租房建设有关工作进展情况。

25日 中国人民银行总行党委委员、行长助理李东荣、办公厅巡视员孙辉等，在中国人民银行石家庄中心支行行长张文汇、副行长邵延进等陪同下到邯郸调研经济金融运行及稳健货币政策执行、人民银行两网分离运行等情况。

△ 上海浦东发展银行石家庄分行与桥西区委联合举办“携手·成长·共赢——上海浦东发

展银行与桥西区企业对接会”。

28日　交通银行河北省第5家省辖行——保定分行开业。

29日　邢台银行第一家域外村镇银行——唐山迁安襄隆村镇银行开业。

30日—31日　中国人民银行天津分行宣传思想工作会议暨青年工作会议在保定市召开。中国人民银行天津分行党委委员、工会主任王深德出席会议并讲话，中国人民银行保定市中心支行行长郜仁姿致辞。

31日　承德银行借记卡—“热河卡”累计发行突破10万张，卡内存款余额达6.76亿元。

△　中国人寿保险有限公司副总裁王慧轩到中国人寿河北省分公司调研指导工作。王慧轩副总裁为银险专业能力提升培训班学员授课，并出席银保专业能力实战演练启动仪式。

4月

1日　中国工商银行总行首席信息官林晓轩到河北省分行进行信息科技工作调研。总行信息科技部、数据中心（北京）相关负责人陪同调研。

△　在《燕赵都市报》发起的消费者最满意的银行评选活动中，民生银行石家庄分行以总票数第一的成绩荣获“2011年河北消费者最满意的银行”称号。

△　承德银行发起组建的该行首家村镇银行——围场满族蒙古族自治县华商村镇银行股份有限公司试营业。

△　中英人寿保险有限公司实现全国统一客服电话95545的客户呼入、公司呼出、公司短信三号合一，成为首家以合资身份申请到955号码的寿险公司。

5日　中国人寿保险有限公司总裁李良温在中国人寿河北省分公司总经理孙大震陪同下，到唐山市丰润支公司慰问一线员工，调研指导农村销售网络建设工作。

7日　由中共张家口市委组织部和中国人民银行张家口市中心支行联合举办的“张家口市金融支持大学生村官创业富民现场推动会”在涿鹿县召开。中国人民银行石家庄中心支行、张家口市委组织部、市共青团委、市各家银行负责人及大学生“村官”代表参加了会议。

8日　中国工商银行河北省分行在省内同业首家设立贵金属旗舰店。

△　河北银行股份有限公司行长姚浩俊与河北省工业和信息化厅签署中小企业融资服务合作协议，河北省副省长张杰辉、省金融办主任江波、河北银监局副局长张德海、中国人民银行石家庄中心支行副行长李小秋等出席签约仪式。

△　河北财达证券经纪有限责任公司晋升三星级“河北省职代会星级单位”。

10日　河北银行股份有限公司“小企业联保贷”被中国金融营销奖组委会授予“2010年度金融产品十佳奖”称号。

△　中国人寿保险有限公司总裁李良温赴廊坊市，与参加全国三级机构负责人经营管理培训班学员座谈，并作专题演讲。总裁助理张志廷、周丽萍，中国人寿河北省分公司总经理孙大震、副总经理陈国良参加了活动。

11日—12日　中国信达资产管理股份有限公司河北省分公司接受总公司ISO质量管理体系内审组现场内部审核。

12日　廊坊银行网上银行业务系统进入试运行阶段。

14日—15日　中国银行总行行长李礼辉携办公室、风险管理部、公司金融总部公司业务模块、中小企业模块负责人到中国银行保定分行调研。

△　和谐健康保险股份有限公司河北分公司获得经营保险业务许可证。

18日　唐山市商业银行曹妃甸支行开业。

19日　中国建设银行总行党委决定，李秀昆任中国建设银行河北省分行党委书记；免去杨毓中国建设银行河北省分行党委书记职务。

20日　上海浦东发展银行唐山分行举行开业暨签约仪式。

20日—21日　中国人寿保险有限公司河北省分公司举办“新产品种子讲师培训班”。重点讲解了金鼎富贵E款、惠民补充养老年金保险（万能型）以及鑫安年金保险（万能型）三款新产品。

22日 民生银行石家庄分行发行首支信托理财产品。

△ 在北京举行的“2011中国金融形势分析、预测与展望专家年会暨第七届中国金融（专家）年会”活动中，河北银行股份有限公司被评为“2010年最具发展潜力中小银行”，河北银行董事长乔志强被评为“2010中国银行业年度人物”。

△ 在由中国金融网、中国金融研究院、CCTV财经频道主办的2010年度中国最佳中小企业服务银行评选活动中，承德银行荣获“2010中国最佳中小企业服务银行”称号。

23日 唐山市商业银行个人业务部以及30家支行在唐山市开展“金融服务进社区”活动。

25日 中国工商银行总行党委书记、董事长姜建清，党委委员、组织部长兼人力资源部总经理王希全到河北省分行宣布总行党委关于该行主要领导调整的决定，许杰任中国工商银行河北省分行党委书记、行长，黄纪宪不再担任中国工商银行河北省分行党委书记、行长职务。期间，姜建清行长一行视察了该行视频监控中心和财富管理中心，并会见陈全国省长、赵勇常务副省长、江波省长助理等。

△ 邢台市人民政府、中国建设银行河北省分行政银企合作恳谈会暨邢台市交通运输局、建设银行邢台分行全面战略合作协议签约仪式在邢台市举行。

△ 中国人民银行石家庄中心支行组织机关规章制度首次测试，390人参加测试。

26日 中国保监会结束对秦皇岛市13家人身保险公司的现场检查，并召开现场检查总结大会，人身保险监管部副主任袁序成和河北保监局局长吕宙出席会议并讲话。

△ 中国保监会河北监管局召开2010年度保险公司服务质量评价新闻发布会。

△ 河北银行股份有限公司举行品牌发布会，针对小企业金融服务、个人理财服务推出“惠友亨通”、“益友融通”两个核心子品牌。

27日 中国银行河北省分行与冀东发展集团签署总额为100亿元的《供应链金融战略联盟合作协议》。协议签署后，冀东发展集团成为中国银行首个建材行业供应链金融战略联盟合作伙伴。

△ 在河北省重点项目银企对接会上，河北省委常委、常务副省长赵勇听取交通银行河北省分行副行长李文方关于该行大力支持河北省重点企业、重点项目的情况汇报。

△ 民生银行石家庄分行与河北省就业服务局签订50亿元小额担保贷款合作协议。

△ 唐山市商业银行荣获唐山市政府系统“2010年度信息工作优胜单位”称号。

△ 中国太平洋财产保险股份有限公司河北分公司向邯郸钢铁集团股份有限公司赔付发电机受损、营业中断保险赔偿金650万元。

△ 邯郸银行进入邯郸市纳税“三十强”行列，在邯郸市金融机构中名列第一，在服务行业中名列第二。

30日 民生银行石家庄分行运营管理部在石家庄市金融系统技能大赛中获得2010年度石家庄市“工人先锋号”称号。

△ 民生银行石家庄分行荣获河北省政府颁发的2010年度“金融贡献奖”。这是该行第三次获此奖项。

4月 中国保监会授予河北保监局“中国保监会信访工作先进单位”称号。

△ 中国太平洋财产保险股份有限公司河北分公司启动法人客户回访工作，2011年4月至2012年4月期间分期分批进行法人客户回访。

5月

1日 中国太平洋保险集团公司与德国安联救援服务公司签署总对总服务协议，为保险期内的太平洋保险电话销售客户提供无限次免费道路救援增值服务。

3日 唐山市商业银行荣获“唐山市新农村建设帮扶工作先进单位”称号。

4日 中国工商银行河北省分行被河北省政

府授予“金融贡献奖”，成为河北省唯一连续四年获此殊荣的大型股份制商业银行。

△ 中国工商银行河北省分行在《燕赵都市报》发起的2011年银行品牌评选活动中，被评为“2011年河北消费者最满意的银行品牌”；在河北新闻网组织的金融品牌调查活动中，被评为“2011年度河北网民最信赖的银行品牌”。

△ 中国农业银行总行党委决定，杨光任中国农业银行河北省分行党委副书记，主持全面工作。

△ 中国人民银行邢台市中心支行成立综合评价和综合执法检查领导小组，制定印发《邢台市新设金融机构加入人民银行金融管理与服务体系管理办法》、《邢台市金融机构执行人民银行金融管理政策评价办法》等制度规定，确保“两综合、两管理”工作规范运行。

△ 河北财达证券经纪有限责任公司荣获河北省直五一奖状。

6日 河北省财政厅党组书记、厅长齐守印一行莅临河北恒银期货经纪有限公司视察指导工作。

9日 河北银行股份有限公司支票影像交换系统直联模式改造项目上线。改造后的支票影像系统以河北银行总行身份一点接入人民银行支票影像系统石家庄分中心，业务不再委托人民银行处理，可直接通过行内系统进行支票的提入提出，提高了业务处理速度和结算风险防范水平。

△ 唐山市商业银行章程及变更注册资本事宜获河北银监局批复，唐山市商业银行注册资本由10 003万元人民币变更为63 000.05万元人民币。

10日 中国保监会河北监管局印发《关于建立保险专业中介机构定期风险排查报告制度的通知》，要求各保险专业中介机构定期排查、报告重大经营风险隐患，及时防范化解市场风险，完善了河北省保险业定期风险排查机制。

△ 中国光大集团董事长唐双宁莅临中国光大银行石家庄分行调研指导工作。

12日 石家庄市副市长王大军、副秘书长杨智勇在市金融办主任张新峰等陪同下到河北银行股份有限公司调研。

14日 中国农业银行河北省分行举办全省农行运营主管业务知识竞赛。来自全辖11个二级分行的33名运营主管参加比赛，中国农业银行河北省分行党委委员、副行长禹修德为获奖代表队颁奖。

15日 中国人民银行邯郸市中心支行与邯郸市公安局联合组织市辖金融机构开展“2011安全用卡、打击犯罪”宣传活动。

△ 中国农业银行河北省分行荣获“中国农业银行重点城市行改革发展推进工作突出贡献奖”，中国农业银行唐山分行荣获“重点城市行改革发展突出成就奖”。

18日 中国金融工会副主席翟晓华、中国农业发展银行总行工会团委工作部主任刘庆枚到农业发展银行承德分行调研，农业发展银行河北省分行行长李玉、副行长王金浩陪同。

△ 中国光大银行在河北省设立的第二家二级分行——邯郸分行开业。

18日—20日 中国银行总行监事长李军到唐山、秦皇岛分行调研，总行风险管理总部、监事会有关人员及河北省分行行长张志勇等陪同调研。

19日 中国人民银行廊坊市中心支行召开“十二五”时期金融全面支持廊坊市经济发展暨“两管理、两综合”工作会议。

△ 中国人寿保险有限公司河北省分公司举行集团级“青年文明号”授牌仪式，孙大震总经理出席仪式并讲话。

20日 中国建设银行河北省分行被河北省政府授予2010年度财政国库管理制度改革银行代理业务“突出贡献奖”。这是该行连续第七年被评为河北省财政支付业务优秀代理银行。

22日 河北银行股份有限公司青岛分行开业。

25日 河北银行股份有限公司被中国银联授予“2010年度银联标准信用卡成长奖”。

26日 中国银行河北省分行被河北省金融办和中国人民银行石家庄中心支行授予“支持县域中小企业发展金融工作优秀奖”。

△ 河北恒银期货经纪有限公司举办河北省

焦炭期货论坛。

27日　河北省省长助理兼省金融办主任江波视察民生人寿保险股份有限公司河北分公司。勉励河北民生人寿又好又快发展，为和谐河北建设多做贡献。

27日—29日　保定市首届金融理财产品博览会上，河北银行股份有限公司保定分行荣获“十佳理财机构”称号，“益友融通”金融产品获得“十佳理财产品”称号。

28日　河北银行股份有限公司建行十五周年纪念日，行歌启动仪式、行徽分发与佩戴仪式依次展开，河北银行股份有限公司行史馆开馆。

30日　《金融时报》以“人行张家口市中心支行上下一体联动提升履职效能”为题，报道了中国人民银行张家口市中心支行推行两级支行“一体化”管理模式和取得的成效。

△　中国证监会核准河北银行股份有限公司证券投资基金销售业务资格。

△　中国信达资产管理股份有限公司河北省分公司组织以“资产管理公司驻冀机构如何发挥金融服务功能，在支持河北经济发展的同时实现自身健康可持续发展”为主题的信达、华融、东方、长城四家资产管理公司驻冀机构联席会议。

31日　中国保监会河北监管局与河北银监局联合召开由保险机构、银行机构负责人参加的河北省银保业务监管工作会议，通报信访投诉情况，并就进一步贯彻落实《商业银行代理保险业务监管指引》提出要求。

5月　中国光大银行石家庄分行、河北恒银期货有限公司、中国太平洋财产保险股份有限公司、河北财达证券经纪有限责任公司荣获河北省政府颁发的2010年度“金融贡献奖”。

△　中国保监会河北监管局及太平洋人寿河北分公司、太平洋财险河北分公司、人保财险河北省分公司、嘉禾人寿河北分公司、中国出口信用保险公司河北分公司6家保险业单位荣获2010年度河北省政府颁发的“金融贡献奖”。

△　中国保监会河北监管局全面实施专业中介机构分类监管。对辖内105家专业中介机构，评估出6家现场检查类和22家关注性非现场检查类机构。

6月

3日　中国人民银行天津分行行长林铁钢到秦皇岛市中心支行调研。

4日　承德银行双塔山支行识破一起伪造存单案件，涉案金额8.2万元。

9日　中国银行河北省分行召开全辖“网点转型破冰行动”动员大会。

△　河北省国资委副主任甄新生到河北财达证券经纪有限责任公司调研指导工作。

10日　曾卫任中国银行股份有限公司承德分行行长，解聘郑文忠中国银行股份有限公司承德分行行长职务。

△　张家口市商业银行行长师炯宇带队参加张家口市银企信用对接会，并与19家企业签订贷款意向协议书，意向贷款金额4.5亿元。

12日　中国太平洋财产保险股份有限公司河北分公司交叉销售业务实现保费收入7 524.6万元，提前202天完成总公司核定的年度任务。

15日　中国人民银行行长周小川在人民银行创先争优活动经验交流会上，对中国人民银行唐山市中心支行开展“如何在履行央行职责中体现共产党员先进性”征文活动给予肯定。

16日　中国人民银行石家庄中心支行在廊坊市组织召开河北省金融支持环首都绿色经济圈发展工作座谈会，听取廊坊、张家口、承德、保定市中心支行和12个县（市）支行汇报，对《河北省金融支持环首都绿色经济圈发展的指导意见》提出修改意见。

20日　上海浦东发展银行股份有限公司石家庄分行与中国移动河北分公司举行战略合作协议签约仪式。首先在渠道共享、VIP共享、机场贵宾服务、火车站贵宾对外开放等领域展开合作，进而在对公结算、代发工资、企业年金、移动支付等领域开展深度合作。

22日　河北银行股份有限公司小企业金融服务中心天津分中心揭牌仪式暨“惠友亨通”小企业产品推介会在天津市举行。

23日 和谐健康保险有限公司河北分公司获准加入人民银行金融服务与管理体系。

27日 渤海国际信托有限公司完成增资扩股，注册资本达到20亿元，控股股东为海航资本控股有限公司。

28日 免去阚华中国光大银行股份有限公司石家庄分行行长职务。

29日 中国保监会河北监管局稽查处成立。

△ 国家开发银行河北省分行与沧州市政府举行高层联席会议。国家开发银行河北省分行行长张林武、副行长韩岗出席会议。沧州市委书记郭华、市长焦彦龙对开行长期以来给予沧州市的支持表示感谢，并希望继续密切双方合作。双方商定在城市化、规划、港口、交通、产业发展、基层业务和国际业务等领域开展合作。

30日 中国农业发展银行河北省分行被农业发展银行总行评为“先进基层党组织”。

△ 中国工商银行河北省分行小企业贷款余额突破400亿元大关；全省小企业信贷专营机构增至66家，客户总量突破1 300户。

6月 中国保监会河北监管局制定出台《人身保险公司理赔服务标准指引（试行）》，从服务制度、人员及资源配备、报案勘查、赔款或给付保险金、信息化建设及应急机制建立、服务承诺及客户回访等方面做出规定，切实保护保险消费者合法权益，提高保险公司理赔服务水平和服务质量。

△ 中国保监会河北监管局会同河北省综治办、高级人民法院、卫生厅、公安厅、司法厅、财政厅6家单位联合下发《关于有效预防和妥善处理医疗纠纷，维护正常医疗秩序的意见》，依托医疗责任保险建立医疗纠纷调解机制。

△ 中国银行河北省分行自主研发的“易保通账户资金监管平台”运行，应用于商品交易、股权转让、融资监管、资产收购、工程建设、二手房交易、矿区电费代收等多个领域。该系统被中国银行总行评为中银产品创新二等奖。

△ 中国信达资产管理股份有限公司河北省分公司分别与中信银行石家庄分行、崇利制钢有限公司、河北省国有资产控股运营有限公司和张家口市第一建设工程有限公司签署战略合作协议。

△ 荣焕武和王萱被聘任为民生人寿保险股份有限公司河北分公司总经理助理。

7月

1日 唐山市商业银行内网即时通讯软件IM投入使用。

2日 中国人民银行沧州市中心支行组织辖内工商银行、农业银行、中国银行、建设银行、邮政储蓄银行、华夏银行6家国债承销机构的463家分支单位，开展以“多一份国债了解，多一份财富保障”为主题的储蓄国债宣传日活动。

4日—5日 中国工商银行总行董事高剑虹、魏伏生到河北省分行进行资产管理业务调研，并视察总行信用卡电话服务中心（石家庄）项目建设情况。

6日—7日 中国工商银行总行副行长罗熹到河北省分行调研。期间，拜会了河北省省长陈全国、常务副省长赵勇，并走访了重点客户。

7日 高名安任中共中国光大银行石家庄分行委员会副书记（主持工作）。魏昭任中共中国光大银行石家庄分行委员会委员。

△ 中国信达资产管理公司副总裁李月瑾到河北省分公司就股权管理工作进行调研，分公司领导班子成员、各部门负责人及股权管理部门参加座谈。

11日—16日 中国农业银行河北省分行组织开展“百县千镇”零售产品营销宣讲活动。

12日 上海浦东发展银行石家庄分行第三家异地分行——保定分行正式营业。

13日 中国保监会河北监管局批复安邦财产保险股份有限公司河北分公司唐山、保定、廊坊、邯郸、张家口、邢台、衡水和秦皇岛8家营销服务部改建为中心支公司。

14日 中国人民银行张家口市中心支行、张家口市总工会联合举办张家口市金融系统人民币支付业务技能竞赛，国务院反假货币联席会议秘书处处长潘隽、中国人民银行石家庄中心支行党委委员、纪委书记任德智、张家口市金融机构负责人出席竞赛开幕式。

△　中国证监会公布2011年证券公司分类评价结果，河北财达证券经纪有限责任公司被评为A类券商。

15日　中国信达资产管理股份有限公司河北省分公司与河北科技风险投资有限公司签署战略合作协议。

16日　唐山市商业银行启动全行飞行检查工作，利用双休日和班后时间突击检查全辖30家支行营业室的班后情况，进一步强化内控风险管理机制，提高支行营业室人员的风险防范意识，确保业务安全。

18日　中国信达资产管理股份有限公司河北省分公司接受总公司“小金库”专项治理检查组检查。总经理杜宝峰向检查组汇报分公司“小金库”专项治理工作开展情况，总经理助理樊志江及各部门负责人参加座谈。

19日　中国保监会河北监管局会同中国人民银行石家庄中心支行、河北银监局、河北证监局印发《关于金融支持河北沿海经济隆起带发展的意见》，深入推进保险三项工程。

25日　免去王新成中国银行河北省分行副行长兼信贷风险总监职务，按规定办理退休手续。

△　中国证监会河北监管局副局长宋庆三在河北财达证券经纪有限责任公司合规总监郭爱文、总办主任张元陪同下，到新乐营业部视察指导工作。

26日—27日　中国人民银行内审司副司长陶晓峰、天津分行纪委书记王会奇、内审处处长王山松等到邯郸市中心支行调研指导内控建设工作。

28日　中国人民银行党委委员、行长助理李东荣率有关部门负责人，会同解放军总后勤部、工商银行负责人，就军人保障卡业务到保定市调研。中国人民银行石家庄中心支行行长张文汇、副行长光兰明，保定市中心支行行长邵仁姿、调研员蒋新巧等陪同调研。

△　中国人民银行黄骅市支行举行恢复发行库业务仪式。

△　民生银行石家庄分行“跨行网上批量代扣代付”资金归集系统通过测试并顺利上线。该系统可以实现跨行资金的批量归集和批量支付。

29日　中国工商银行河北省分行实施提升营业部竞争力改革，组建2家省行级重点支行。

△　中国信达资产管理股份有限公司任命张贵礼为河北省分公司党委委员；聘任张贵礼为河北省分公司总经理助理。

7月　国务院副总理王岐山在张云川、陈全国、赵勇、孙瑞彬、景春华、江波、艾文礼等省市领导及相关部门负责同志陪同下到中国银行河北省分行、河北银行股份有限公司华兴支行调研金融支持中小企业发展情况。

△　中国保监会河北监管局在石家庄开展首次车险理赔服务现场测评工作。测评采取真实保单虚拟事故报案方式，同时将测评结果、排名进行行业内通报，并抄送各总公司。

8月

1日　中国人民银行成立旧址纪念馆暨河北钱币博物馆被命名为“石家庄市爱国主义教育基地”。

8日　廊坊银行建设路支行举行迁址仪式，标志着廊坊银行第一家社区型网点挂牌营业。

△中国太平洋财产保险股份有限公司河北分公司保费突破1亿元，保费规模、贡献率、业务增长率等指标位列系统前三名。

10日　衡水市地税系统POS机刷卡缴税系统正式启动，结束了小额税款及个体工商户无法使用银行卡缴纳税款的历史。

11日　中国农业发展银行承德分行营业部被中华全国总工会授予“工人先锋号”称号。

15日　中国太平洋财产保险股份有限公司启动“产险服务规范与标准及示范门店建设工程”，太平洋财险河北分公司作为首批16家示范分公司之一，开始推进示范服务门店建设项目。

16日　沈锋任中国银行河北省分行行长助理。

19日　中国人民银行承德市中心支行举行承

德市农村青年信用示范户授牌仪式。

22日　中国建设银行河北省分行发行3亿元全国首单旅游题材投资理财产品——河北建投西柏坡圣地城旅游有限公司项目投资财务顾问型理财产品。

23日　中国人民银行征信中心副主任王晓蕾受中国人民银行副行长杜金富委托，到廊坊市中心支行就廊坊市金融综合服务系统建设情况进行调研。

△　跨境贸易人民币结算业务在河北省正式放开。

26日　承德银行唐山分行开业。

27日—28日　“2011·张家口、乌兰察布、大同市中心支行工作交流年会”在张家口市召开。

29日　邢台银行南宫支行开业。

30日　中国银监会河北监管局举办金融青年创先争优先进事迹交流会暨青年文明号颁奖仪式。

31日　渤海银行唐山支行兼职行长王彦平赴任渤海银行总行。同日，王荣生任渤海银行唐山支行负责人。

8月　唐山市中心支库被中国人民银行石家庄中心支行确认为全省区域性中心支库。

△　中国保监会河北监管局完成对秦皇岛人身保险公司专项检查处理工作。针对检查发现问题，给予9家机构、4名直接责任人行政处罚。针对销售资格管理不严、回访用语不合规、团险业务不规范等违规行为，向13家公司发监管函，责令限期改正。

9月

1日　中国银行河北省分行首张公积金一卡通发行，该卡作为基于PBOC2.0标准的全国首张公积金IC卡，在快速拓展基础客户、显著增加存款方面处于同类产品领先地位，可扩展多种行业应用。

△　衡水市商业银行微贷中心试营业。

3日　河北银行股份有限公司党委书记、董事长乔志强被选为石家庄市第九次党代会代表。

4日　国家外汇管理局河北省分局会同河北省商务厅开展“诚信兴商宣传月”活动。

6日—8日　中国人民银行内审司副司长陶晓峰、天津分行内审处处长王山松一行到张家口市中心支行调研指导内控体系建设工作。

8日　由中国保监会河北监管局主办，承德银监分局和承德银行承办的“第一届河北省法人银行业金融机构信息科技风险管理论坛”在承德市召开。中国银监会信息中心副主任单继进、河北银监局副局长李招军，承德银监分局局长陈学敬、承德银行行长张磊等出席会议。

13日—14日　交通银行总行行长牛锡明在河北省分行调研指导工作。

15日　中国人民银行邢台市中心支行、共青团邢台市委和中国银行邢台分行联合召开“建设中小企业信用体系、搭建中小企业融资平台”为主题的银企座谈会。

△　在第十六届城博会保障性安居工程投融资机构展上，中国建设银行河北省分行荣获“最佳组织奖”。

16日　张家口市商业银行怀安县支行开业。

19日—22日　中国人民银行石家庄中心支行受总行委托，在正定国家乒乓球训练基地承办“中国人民银行离退休干部乒乓球”比赛。

20日　廊坊银行银行卡分级管理项目上线运行。

21日　中国人民银行邢台市中心支行组织召开邢台市推进金融IC卡应用工作座谈会。

22日　中国人民银行天津分行行长林铁钢到廊坊市中心支行调研指导工作，中国人民银行石家庄中心支行副行长李小秋，天津分行人事处处长肖瑞卿、宣传部部长于木兰及廊坊市中心支行领导班子全体成员参加了座谈。

△　中国人民银行石家庄中心支行举行河北省企业诚信建设交流会暨河北省诚信企业授牌仪式。省直相关单位领导，各市、县工经联、企业家协会负责人及2011年“河北省诚信企业”代表共350人参加会议。

△　由中国保监会河北监管局发起，中国保

险学会、《中国保险报》联合在秦皇岛市举办“保险声誉与可持续发展”研讨会。

22日—23日　中国保监会副主席周延礼一行对唐山市丰南区黄各庄镇农村社会治安保险开展情况调研。期间，视察了唐山保监分局。

23日　承德银行在《银行家》杂志“2011中国商业银行竞争力评价报告”北京发布会上，再次获得“全国资产300亿以下小型城市商业银行综合排名第二位，环渤海第一位”荣誉。

26日　中国人民银行唐山市中心支行在滦南县召开唐山沿海地区“诚信兴商，和谐发展”工作推进暨研讨会。全市沿海地区30家重点涉外企业负责人、金融机构及地方政府有关部门60余人参加会议。

27日　中国工商银行河北省分行投行业务实现突破，办理首单海外并购融资业务1 695万美元和香港特别行政区上市顾问服务。

△　中国农业银行河北省分行举办全省农行《员工违规处理办法》知识竞赛。

△　台湾两岸金融交流协会访问团在承德市金融办主任赵宇峰陪同下，到承德银行友好访问。承德银行董事长单庆林、行长张磊、副行长师文生、监事长姜鹏等接待来宾。

△　中国人保财寿险河北省分公司联合召开交叉销售工作座谈会。人保财险河北省分公司总经理魏丙申、中国人寿保险有限公司河北省分公司总经理孙大震，双方挂职干部及交叉销售部门人员参加了座谈会。会议达成多项共识。

28日　中国光大银行在河北省设立的第三家二级分行——廊坊分行开业。

△　河北银行股份有限公司与中国金融认证中心（CFCA）联合举办“2011放心安全用网银联合宣传年”石家庄站活动，河北银行手机银行上线仪式同期举行。

29日　中国人寿保险有限公司董事长吴焰、监事会主席周树瑞、首席投资执行官俞小平一行到中国人寿河北省分公司调研指导工作，并拜会河北省委书记张庆黎、常务副省长赵勇、省委秘书长景春华、省长助理江波，就中国人保与河北省政府双方战略发展合作等事项进行会谈。河北保监局局长吕宙、人保财险河北省分公司总经理魏丙申、中国人寿保险有限公司河北省分公司总经理孙大震、人保健康河北省分公司总经理姚仲坚参加会见。

9月　中国人民银行石家庄中心支行组织全省人民银行系统和金融机构开展“征信专题宣传月”活动。

△　中国人民银行唐山市中心支行协调河北银联、银联商务，组织市区18家银行机构举办“唐山市银行卡刷卡有奖消费活动”启动仪式和银行卡知识宣传活动。唐山市副市长辛志纯、中国人民银行唐山市中心支行行长、相关机构负责人和代表260多人参加活动。

△　河北省政府第94次常务会议讨论通过《河北省政策性农业保险试点工作实施方案》，这是政策性农业保险开办以来，河北省政府首次以文件形式出台扶持政策。

10月

7日　中国太平洋财产保险股份有限公司河北分公司承保的唐山市交通运输集团一辆客车在滨保高速公路发生特大交通事故，35人死亡、19人受伤。太平洋保险河北分公司启动重大理赔紧急预案，一周之内预付事故赔款1 750万元，发挥了保险的社会稳定功能。

8日　民生银行鹿泉支行开业。

8日—9日　中国银行总稽核周玮到沧州分行调研。

11日　中国信达资产管理股份有限公司河北省分公司总经理杜宝峰参加信达、华融、东方、长城四家资产管理公司驻冀机构联席会议，河北省金融办副主任樊长坤、河北银监局副局长李招军等出席会议。

12日　河北银行股份有限公司鹿泉支行开业。同日，河北银行股份有限公司天津南开支行开业。

11日　在上海证监局组织的异地证券公司所属营业部分类评价工作中，河北财达证券经纪有限责任公司上海九江路营业部获A类评级。

△ 中国期货业协会资格考试与认证部部长王春卿一行莅临河北恒银期货经纪有限公司，开展从业人员资格现场检查。

16日—17日 中国人寿保险有限公司河南省分公司总经理李俊耀一行到中国人寿保险有限公司河北省分公司及石家庄中心支公司参观考察。

17日 中国保监会河北监管局印发《河北省保险公司服务质量评价暂行办法（修订版）》，增加服务经济社会发展评价指标，提高了评价的科学性。

△ 中国建设银行总行村镇银行管理委员会主任顾京圃一行赴河北省，就批量组建村镇银行有关事宜与河北省政府、河北银监局领导会晤。

△ 中国信达年度重大股权项目——峰峰置换冀中能源股份项目获国务院国资委审批通过。

18日 承德金融学会召开第五届会员代表大会。

△ 河北银行股份有限公司唐山龙泽路支行开业。

19日 中国农业银行河北省分行在唐山遵化召开全省银行卡助农取款服务现场会。农业银行河北省分行党委委员、副行长孙希晨出席会议并讲话。

△ 邢台银行天一支行开业。

20日 天安保险股份有限公司总裁洪波莅临河北省分公司调研指导。

20日—21日 光大永明人寿保险有限公司董事长解植春莅临河北省分公司指导工作。

21日 中国银监会河北监管局在廊坊举行“京津冀监管合作备忘录签署仪式”。

△ 中国银联公布《2010年河北省第三季度银行卡跨行交易运行质量报告》，河北银行股份有限公司银行卡跨行交易成功率位居省内26家银行之首；银行卡发卡方承兑率省内排名第4。

23日 中国工商银行河北省分行发行河北省第一张符合人社部和人民银行标准的金融社保芯片卡，填补了河北省金融社保卡领域空白。

△ 唐山市商业银行“新一代核心业务暨账务集中二期系统”上线运行。

24日 交通银行河北省分行与邢台市人民政府签署《银政战略合作协议》。双方将在金融社保、授信融资、财政收付、产业投资、财务顾问、理财服务等领域开展合作。

26日 晋冀鲁豫四省四市（长治、聊城、安阳、邯郸）金融协作年会（2011）在武安市召开。中国人民银行长治、聊城、安阳、邯郸四市中心支行有关人员参加会议。

△ 中国建设银行河北省分行党委书记、行长李秀昆参加河北省金融办举办的全省支持小微企业发展座谈会，介绍该行支持小微企业发展的具体措施。

26日—27日 中国人民银行衡水市中心支行配合总行信管中心验证TMIS新机房服务器功能，组织全辖完成TMIS系统切换测试任务。

△ 中国保监会河北监管局批准安邦财产保险股份有限公司河北分公司定州、高碑店、曲阳、黄骅、青县、任丘、冀州、景县、饶阳和雄县十家支公司筹建。

27日—28日 中国农业银行河北省分行召开重点县域支行推进工作调度会。农业银行河北省分行党委委员、副行长孙希晨出席会议并讲话。

△ 中国银行业务流程再造工作会议在廊坊市召开。中国银行总行副行长王永利、首席运营官杨士华出席会议。

28日 河北财达证券经纪有限责任公司上市工作座谈会在廊坊市召开。

29日 上海浦东发展银行石家庄分行举行“凝心聚志、继往开来”开业三周年庆典活动。开业三年，该行一般性存款达到173.2亿元，表内外资产总额超过570亿元。

△ 沧州银行网银代缴取暖费业务上线运行。

31日 台湾两岸金融交流协会常务监事、吉博金融管理公司经理张育璋一行到河北银行股份有限公司座谈，商讨开展金融服务合作事宜。

△ 河北银行股份有限公司邯郸开发区支行开业。

△ 唐山市商业银行各项存款余额达到208亿元。

10月 中国农业发展银行监会事主席丁仲篪到承德、唐山、保定调研，商讨新农村建设事宜。农业发展银行河北省分行行长李玉、副行长王玉武陪同调研。

△ 东亚银行（中国）有限公司石家庄分行结束近2年的亏损，实现扭亏为赢。

△ 河北省首家保险合同纠纷人民调解委员会在石家庄成立。石家庄保险消费者与保险公司产生争议和纠纷，涉案金额财产险20万元以下、人身险10万元以下未经诉讼的，可向保险合同纠纷调解委员会申请调解。

△ 河北省6家保险公司共保签订河北省环境污染责任保险第一单。保定市确定危废、危化等行业的100家企业作为第一批试点企业。

△ 渤海银行唐山支行在渤海银行总行举办的2011年7—10月"速度与激情"汽车贷款产品销售竞赛中，荣获"最佳竞技团体"奖。

11月

1日 中国人民银行总行"青年文明号"创建工作考核组到邯郸市中心支行考核"青年文明号"创建工作。

2日 河北省监察厅驻省国资委监察专员冉德章在省国资委纪委副书记王春东等陪同下到河北财达证券经纪有限责任公司督导检查建设领域专项治理和《廉政准则》等制度贯彻落实情况。河北财达证券公司总经理翟建强、党委副书记、纪委书记肖林、副总经理韩莉莎及有关部室负责人参加汇报。

4日 交通银行河北省分行与张家口市人民政府签署《银政战略合作协议》，双方将在金融社保、授信融资、财政收付、财务顾问、理财服务等领域开展合作。

△ 中国银监会河北监管局副局长李莅春在沧州银监分局副局长宗涛、王彦昌陪同下到沧州银行调研指导工作。调研组一行参观了鑫源泰钢管集团有限公司、河北盛泰集团、肃宁华斯集团和河间国欣棉业等企业。

△ 英国《银行家》（The Banker）杂志公布2011年"全球1 000家大银行"排名结果，张家口市商业银行位列第971位，排名国内银行第98位。

7日 中国建设银行河北省分行个人贷款余额突破500亿元。

8日 由邢台银行发起设立的第三家村镇银行——沙河襄通村镇银行开业。

△ 河北钢铁集团法律事务部部长李红宴一行到河北财达证券经纪有限责任公司调研。

10日 中国人民银行石家庄中心支行行长张文汇到保定市中心支行检查指导发行库管理工作。

△ 承德金融学会举办以"金融支持承德经济转型问题研究"为主题的2011年承德金融论坛。

△ 河北省政府办公厅《专报信息》刊发《邯郸银行六举措扶持小微企业发展》，介绍邯郸银行大力发展小微贷款，积极扶持邯郸市小微企业发展的经验。副省长张杰辉批示："很好，建议全省各设区市商业银行借鉴、推广"。省金融办印发通知，转发经验材料，并要求全省各城市商业银行"认真借鉴，进一步采取有力措施，加大对小微企业的支持力度。"

11日 中信建投证券股份公司董事总经理王冲一行在石家庄市金融办、发改委有关同志陪同下到河北银行股份有限公司考察。河北银行股份有限公司党委副书记盛俊龙等参加座谈。

12日—13日 由中国人民银行石家庄中心支行、河北省人力资源和社会保障厅、河北省总工会联合举办的河北省金融系统职工技能大赛预赛落幕。河北省20家银行业金融机构代表队参加比赛。

14日 在中国企业文化研究会主办的"中外企业文化2011北京峰会"上，河北银行股份有限公司荣获"全国企业文化建设2011年度优秀单位"。河北银行企业文化经验入选《2011年度企业文化优秀成果文集》。

17日 唐山市商业银行建立首批6个反假货币电子化工作站。

18日 河北盛安保险代理有限公司获河北保

监局《关于河北盛安保险代理有限公司车险代理专业化试点有关问题的批复》，标志着保监会着力推动的车险销售专业化试点在河北省迈出实质性步伐。

△ 河北银行股份有限公司与石家庄市工业和信息化局签订战略合作协议。石家庄市副市长刘明轩、石家庄市工业和信息化局副局长徐东、石家庄市财政局副局长周巧娥、石家庄市金融办副主任李建新及石家庄市24个县市区工信局负责人，河北银行董事长乔志强、行长姚浩俊、副行长杨书林参加了签约仪式。

18日—19日 中国钱币与银行博物馆委员会2011年座谈会在邯郸市召开。中国钱币博物馆党委书记温克勤、副馆长周卫荣出席会议。湖北、新疆、广西、甘肃、河北、宁波6家钱币博物馆负责人参加会议。

22日 中国证监会河北监管局局长郭润伟到河北恒银期货经纪有限公司考察。

23日 邢台银行巨鹿支行开业。

24日 河北财达证券经纪有限责任公司在河北省财政厅2010年度金融企业绩效评价中，被评为金融企业AA级。

28日 中英人寿保险有限公司河北分公司邯郸营销服务部开业。

30日 廊坊银行天津分行开业。

△ 唐山市商业银行成立小微企业及个人金融业务专营中心。

11月 中国保监会河北监管局与河北省工商局经侦总队、石家庄市工商局经侦支队合作，在石家庄试点建立沟通协调机制、信息共享机制和联合执法机制，促进车险市场规范发展。

△ 中国信达资产管理股份有限公司河北省分公司分别与冀中能源集团国际物流有限公司、唐山天赫钛业有限公司签署战略合作协议。

12月

1日 中国人民银行总行党委委员、行长助理金琦到石家庄中心支行调研。中国印钞造币总公司董事长敖惠诚、中国人民银行天津分行行长林铁钢及有关部门负责同志陪同调研。调研期间，人民银行总行、分行领导对石家庄中心支行民主生活会及班子建设情况给予肯定，对进一步履行好央行分支机构职责、加强领导班子和干部队伍建设提出要求。总行调研组在石家庄中心支行召开货币金银管理工作座谈会，听取了石家庄中心支行行长张文汇、纪委书记任德智关于货币金银和钞票处理工作情况的汇报。调研组一行还视察了河北重点库、石家庄中心支库、钞票处理中心、石家庄印钞公司，并慰问干部职工。

2日 中国人民银行石家庄中心支行举办河北省金融系统职工技能大赛决赛，共有10支代表队参赛。人民银行总行工会办公室副主任张晓晔、货币金银局领导以及天津分行工会主任曹元芳对比赛进行指导。河北省人力资源和社会保障厅、河北省总工会有关领导、部分金融机构职工代表现场观看比赛。

5日 中国太平洋财产保险股份有限公司河北分公司在全辖配置近百台由公司独自研发的车险移动视频查勘定损单兵设备。推进了理赔集约化、专业化和标准化进程。

6日 河北银行股份有限公司与衡水市政府战略合作暨银企对接会在衡水市举行。衡水市副市长李洪林、衡水市金融办主任白金芳、河北银行股份有限公司行长姚浩俊、副行长杨书林出席会议。

△ 河北财达证券经纪有限责任公司被中国证券投资者保护基金会授予“2011年度中国证券投资者调查十佳公司”称号。

8日 “青岛财富之夜”暨2011第四届金融风云榜颁奖活动授予河北银行股份有限公司青岛分行“最佳中小企业服务奖”。

9日 廊坊市金融学会召开第五届会员代表大会。

△ 中国电子银行年会授予河北银行股份有限公司“2011年区域性商业银行网上银行最佳市场推广奖”。

11日 在首届河北省金融理财峰会上，河北银行股份有限公司荣获“河北省十大金牌理财机构”称号。

△ 渤海国际信托有限公司董事会选举杨健担任公司董事长，聘任郑宏为公司总裁。金平不再担任董事长。

13日 张家口市举行金融消费者权益保护活动启动仪式。各县（区）政府领导，消费者协会负责人，人民银行各县（市）支行、张家口银监分局、保险机构领导共计600余人分别在主、分会场参加启动仪式。张家口市常务副市长何江海、中国人民银行张家口市中心支行行长曹建强讲话。

△ 国富投资集团总裁徐洪杰到河北恒银期货经纪有限公司沧州营业部调研。

15日 中国人民银行石家庄中心支行党委书记、行长张文汇带领有关部门负责同志到邢台市中心支行调研指导工作。

19日 衡水市商业银行枣强支行开业。

△ 邢台银行威县支行开业。

20日 河北保监局发布《中国保监会河北监管局关于实施局长信访接待日制度的公告》，自2012年1月1日起实施中国保监会河北监管局局长信访接待日制度。

△ 在全国精神文明建设工作表彰会上，邯郸银行被授予“全国文明单位”称号。

21日 中国人民银行沧州市中心支行与沧州市金融办联合召开沧州市企业域外融资情况统计协调会议。

△ 张家口市商业银行崇礼县支行开业。

22日 中国人民银行承德市中心支行召开承德市2011年“银企文”对接会议。承德市委宣传部、中国人民银行承德市中心支行、银行业金融机构和承德市20余家文化企业参加会议。

△ 唐山市商业银行海港支行获唐山银监分局批准筹建。

23日 衡水市商业银行首家社区支行——惠民社区支行开业。

△ 衡水市商业银行路北支行开业。

26日 中国银行河北省分行被中国银行总行评为档案管理一级单位。

27日 衡水市商业银行深州支行开业。

28日 中国农业发展银行总行投资部筹备组负责人田丰、农业发展银行河北省分行行长李玉到石家庄市正定新区考察。

△ 冀中能源上市公司股份过户至中国信达资产管理股份有限公司河北省分公司，峰峰置换冀中能源股份项目取得成功。

29日 唐山市商业银行“2011年度变更注册资本方案”获河北银监局批复，唐山市商业银行注册资本由63 000.05万元人民币变更为104 290.05万元。

△ 河北省财政厅党组书记、厅长邢国辉到河北恒银期货经纪有限公司调研。

30日 唐山市商业银行遵化支行获唐山银监分局批准筹建。

31日 中国工商银行河北省分行经营利润实现100.71亿元。

△ 河北银行股份有限公司资产总额突破千亿元。

12月 国家外汇管理局唐山市中心支局被国家外汇管理局河北省分局授予“2011年度应对和打击热钱工作先进集体”称号。

△ 中国人民银行唐山市中心支行在全国率先推行现金流通管理系统。至2011年末，辖区金融机构网点窗口配置现金流通管理系统智能终端120余台。

△ 中国信达资产管理股份有限公司河北省分公司分别与石药集团有限公司、河北民海化工有限公司、新华联合冶金控股集团有限公司签署战略合作协议。

2011年 渤海银行唐山支行荣获渤海银行总行颁发的“2011年度消费贷款综合营销奖”。

2011年 渤海国际信托有限公司年末信托资产规模达1 103.59亿元。

2011年 上海浦东发展银行石家庄分行荣获河北省人民政府“2011年度金融创新奖”。

2011年 中国太平洋财产保险股份有限公司河北分公司车险电话销售产品实现保费收入11 535万元。

第六部分

经济金融统计资料

特载

第一部分　　金融形势综述

第二部分　　金融机构概览

第三部分　　学术调研

第四部分　　金融规章选编

第五部分　　大事记

► 第六部分　　经济金融统计资料

第七部分　　金融机构名录

河北省国民经济统计

河北省国民经济核算

（2007—2011年） 单位：亿元

项　目	2007	2008	2009	2010	2011
国内生产总值	13 863.50	16 188.60	17 026.60	20 197.10	24 228.2
第一产业	1 971.20	2 034.60	2 218.90	2 562.80	2 905.7
第二产业	7 252.50	8 777.40	8 874.90	10 705.70	13 098.1
第三产业	4 639.80	5 376.60	5 932.80	6 928.60	8 224.4
全社会固定资产投资	6 876.90	8 870.80	12 310.50	15 082.50	15 795.2
中央投资	440.40	657.30	541.70	690.20	740.1
地方投资	5 242.40	6 807.90	9 974.10	12 231.60	15 055.2
第一产业	114.80	181.00	245.10	318.50	426.5
第二产业	3 011.40	4 098.30	5 065.80	5602.60	7 463.2
第三产业	2 556.60	3 185.80	5 205.00	7 000.80	7 905.5
地方财政收入	788.90	1 820.80	2 018.10	2 410.50	3 020.1
地方财政支出	1 478.50	1 851.70	2 311.80	2 778.90	3 509.6
社会消费品零售总额	3 986.20	4 880.40	5 764.90	6 731.10	8 035.5
城市	1 909.30	2 335.70	2 751.00	5 112.30	6 159.1
农村	2 076.90	2 544.70	3 013.90	1 618.80	1 876.4
限额以上企业(单位)消费品零售额(亿元)					2 077.2
城市					2 043.9
农村					33.4
居民消费价格指数	104.70	100.80	99.30	103.10	105.7
城镇居民人均总收入(元)	11 690.47	13 441.10	14 718.30	16 263.40	18 292.2
农村人均纯收入(元)	4 293.43	4 795.00	5 150.00	5 958.00	7 120
实际利用外资(万美元)	300 722.00	363 395.00	369 316.00	436 597.00	526 016
进出口总额(亿美元)	255.39	384.19	296.10	419.30	535.99
进口(亿美元)	85.22	143.89	139.20	193.60	250.15
出口(亿美元)	170.17	240.30	156.90	225.70	285.84

河北省国内生产总值

(2007—2011年) 单位:亿元

指　标	2007	2008	2009	2010	2011
全省生产总值	13 863.50	16 188.60	17 026.60	20 197.10	24 228.2
第一产业	1 971.20	2 034.60	2 218.90	2 562.80	2 905.7
第二产业	7 252.50	8 777.40	8 874.90	10 705.70	13 098.1
#工业	6 566.80	7 967.60	7 902.10	9 554.00	11 741.9
第三产业	4 639.80	5 376.60	5 932.80	6 928.60	8 224.4
#运输、仓储、邮电业	1 138.00	1 281.20	1 513.90	1 880.30	2 046.2
批发、零售、住宿、餐饮业	884.00	992.80	1 371.50	1 563.00	2 074.2
金融保险业	311.20	419.00	520.09	569.30	675.7
房地产业	404.60	435.90	550.40	693.50	814.6
其他服务业	1 902.00	2 247.70	1 976.10	2 222.50	2 613.7

河北省社会消费品零售总额

(2007—2011年) 单位:亿元

指　标	2007	2008	2009	2010	2011
社会消费品零售总额	3 986.20	4 880.40	5 764.90	6 731.10	8 035.5
#城市	1 909.30	2 335.70	2 751.00	5 112.30	6 159.1
农村	2 076.80	2 544.70	3 013.90	1 618.80	1 876.4
限额以上企业(单位)消费品零售额(亿元)					2 077.2
#批发零售贸易业	3 413.00	4 185.40	4 914.40	5 966.80	
餐饮业	503.60	628.20	767.40	764.30	
其他	69.60	76.80	83.10		

河北省固定资产投资

（2007—2011 年） 单位:亿元

指　标	2007	2008	2009	2010	2011
全社会固定资产投资	6 876.90	8 870.80	12 310.50	15 082.50	15 795.2
国有及国有控股	2 065.90	2 494.00	3 737.00	4 486.30	3 890.3
按三次产业分					
第一产业	114.80	181.00	245.10	318.50	426.5
第二产业	3 011.40	4 098.30	5 065.80	5 602.60	7 463.2
第三产业	2 556.60	3 185.80	5 205.00	7 000.80	7 905.5
按隶属关系分					
中央投资	440.40	657.30	541.70	690.20	740.1
地方投资	5 242.40	6 807.90	9 974.10	12 231.60	15 055.2
按资金来源分					
国家预算内资金	106.00	184.20	393.90	346.40	380.0
国内贷款	858.30	910.10	1 543.40	2 101.80	1 624.1
债券	11.20	6.00	12.90	27.80	36.0
利用外资	73.40	101.00	81.00	72.40	111.4
自筹资金	4 279.90	5 810.00	8 436.80	10 289.10	13 516.9
其他资金	611.30	745.60	1 124.50	1 405.60	1 696.9
商品房建设与销售					
房屋施工面积(万平方米)	5 856.90	7 879.70	12 739.30	20 790.30	26 835.4
#住宅	5 188.60	6 915.60	10 907.20	17 274.50	21 483.0
房屋竣工面积(万平方米)	1 195.10	1 103.20	1 896.40	3 028.60	5 145.3
#住宅	1 080.10	1 000.80	1 639.40	2 651.00	4 250.4
商品房销售面积(万平方米)	1 961.00	1 919.50	2 849.10	4 533.00	5 901.4
#住宅	1 863.50	1 838.60	2 708.10	4 213.10	5 311.8
商品房销售额(亿元)	520.90	546.60	941.80	1 605.80	2 350.0
#住宅	479.50	514.60	881.60	1 453.60	1 998.1

河北省利用内外资

（2007—2011 年） 单位:亿元

指　标	2007	2008	2009	2010	2011
实际利用内外资总额(亿元)		1 222.00			
#实际利用内资(亿元)	805.30	1 185.70	1 485.00	1 949.80	3 763.7
实际利用外资(万美元)	300 722.00	363 395.00	369 316.00	436 597.00	526 016
#对外借款	13 908.00	10 817.00	4 192.00	7 283.00	4 788
外商直接投资	241 621.00	341 868.00	359 824.00	383 074.00	468 095
#合资企业	74 634.00	121 955.00	132 187.00	103 141.00	176 717
合作企业	2 717.00	6 641.00	7 061.00	7 574.00	5 574
独资企业	157 768.00	199 694.00	183 864.00	260 238.00	272 356
#亚洲	137 181.00	190 692.00	211 393.00	245 002.00	334 258
#香港特别行政区	103 257.00	133 647.00	158 878.00	195 212.00	269 370
日本	7 350.00	17 654.00	14 904.00	13 557.00	17 013
韩国	8 907.00	7 597.00	4 558.00	3 681.00	8 615
欧洲	13 025.00	20 068.00	16 861.00	18 706.00	29 395
#欧盟	11 896.00	19 206.00	15 663.00	15 761.00	25 673
拉丁美洲	63 228.00	94 157.00	62 361.00	72 890.00	55 419
北美洲	9 786.00	13 082.00	53 456.00	23 798.00	28 204
#美国	8 282.00	11 929.00	52 339.00	18 621.00	18 003
大洋洲	15 533.00	22 548.00	14 892.00	20 860.00	18 761
#澳大利亚	2 744.00	7 190.00	8 807.00	9 530.00	4 356
新批三资企业合同					
项目数(个)	369.00	248	215	246	195
#合资企业	153.00	99	79	90	71
合作企业	24.00	10	16	14	11
独资企业	191.00	139	120	141	113
合同总金额(万美元)	687 265.00	654 633.00	607 168.00	735 350.00	926 787
#合资企业	329 331.00	399 187.00	304 552.00	259 769.00	407 040
合作企业	30 432.00	21 346.00	46 816.00	31 106.00	35 787
独资企业	325 982.00	232 131.00	254 835.00	434 193.00	483 744
合同外资额(万美元)	311 892.00	288 913.00	260 727.00	329 314.00	422 376
#合资企业	101 377.00	137 455.00	87 128.00	80 995.00	151 277
合作企业	12 399.00	9 700.00	26 530.00	15 434.00	17 028
独资企业	196 827.00	141 089.00	146 887.00	226 559.00	254 033

河北省对外经济

（2007—2011 年） 单位:万美元

指　标	2007	2008	2009	2010	2011
进出口总值	2 553 848.00	3 841 850.00	2 961 131.00	4 193 116.00	5 359 910
#进口总值	852 197.00	1 438 870.00	1 392 002.00	1 936 113.00	2 501 524
出口总值	1 701 651.00	2 402 981.00	1 569 129.00	2 257 003.00	2 858 386
#国有企业	449 047.00	551 208.00	270 154.00	364 803.00	475 129
外商投资企业	656 983.00	978 129.00	657 876.00	922 360.00	1 017 392
集体企业	58 400.00	78 517.00	32 519.00	45 477.00	48 825
私营企业	534 737.00	791 786.00	603 614.00	916 364.00	1 307 818
#初级产品			155 470.00	182 583.00	241 150
工业制品			1 413 659.00	2 074 400.00	2 617 277
#机电产品	511 201.00	766 156.00			998 292
#一般贸易	1 439 235.00	2 007 767.00	1 232 708.00	1 799 712.00	2 389 590
加工贸易	233 864.00		285 241.00	409 743.00	419 651
#高技术产品	99 984.00	213 566.00			380 923
#农产品	86 199.00	100 052.00			150 259
#亚洲	802 187.00	1 141 647.00	630 659.00	865 750.00	1 145 993
#香港特别行政区	34 789.00	35 073.00	30 645.00	36 712.00	41 226
日本	129 898.00	147 383.00	103 481.00	116 426.00	139 619
韩国	188 143.00	327 485.00	130 980.00	177 209.00	229 404
非洲	97 310.00	143 284.00	118 732.00	133 972.00	167 281
欧洲	457 998.00	648 124.00	493 522.00	757 421.00	907 303
拉丁美洲	71 995.00	121 328.00	69 884.00	133 832.00	187 568
北美洲	251 259.00	315 413.00	228 258.00	324 443.00	390 698
#美国	224 497.00	273 017.00	203 177.00	286 259.00	347 024
大洋洲	20 902.00	33 185.00	28 074.00	41 585.00	59 544
#澳大利亚	16 662.00	25 701.00	23 171.00	34 008.00	49 755
对外经济技术合作					
合同数(份)	263	170	253	268	214
合同额	181 017.00	402 344.00	268 671.00	298 257.00	332 866
营业额	129 314.00	162 003.00	290 231.00	288 174.00	244 889
国际旅游					
海外旅游者人数(人次)	817 599	9 747	842 185.00	977 447.00	1 141 439
创汇金额	30 911.00	535.50	30 781.00	35 071.00	44 765

河北省行政区划

（2011 年）

地　区	城市合计	地级市	县级市	县	市辖区	街道办事处	镇	乡
全　省	33	11	22	114	36	239	937	1030
石家庄市	长安区	桥东区	桥西区	新华区	裕华区	井陉矿区	辛集市	藁城市
	晋州市	新乐市	鹿泉市	深泽县	无极县	赵　县	灵寿县	高邑县
	元氏县	赞皇县	平山县	井陉县	行唐县	栾城县	正定县	
承 德 市	双桥区	双滦区	鹰手营子矿区		承德县	兴隆县	平泉县	滦平县
	隆化县	丰宁满族自治县		宽城满族自治县		围场满族蒙古族自治县		
张家口市	桥东区	桥西区	宣化区	下花园区	宣化县	张北县	康保县	沽源县
	尚义县	蔚　县	阳原县	怀安县	万全县	怀来县	涿鹿县	赤城县
	崇礼县							
秦皇岛市	海港区	山海关区	北戴河区	青龙满族自治县		昌黎县	抚宁县	卢龙县
唐 山 市	路南区	路北区	古冶区	开平区	丰润区	丰南区	遵化市	迁安市
	滦　县	滦南县	乐亭县	迁西县	玉田县	唐海县		
廊 坊 市	安次区	广阳区	霸州市	三河市	固安县	永清县	香河县	大城县
	文安县	大厂回族自治县						
保 定 市	新市区	北市区	南市区	涿州市	定州市	安国市	高碑店市	满城县
	清苑县	涞水县	阜平县	徐水县	定兴县	唐　县	高阳县	容城县
	涞源县	望都县	安新县	易　县	曲阳县	蠡　县	顺平县	博野县
	雄　县							
沧 州 市	新华区	运河区	泊头市	任丘市	黄骅市	河间市	沧　县	青　县
	东光县	海兴县	盐山县	肃宁县	南皮县	吴桥县	献　县	
	孟村回族自治县							
衡 水 市	桃城区	冀州市	深州市	枣强县	武邑县	武强县	饶阳县	安平县
	故城县	景　县	阜城县					
邢 台 市	桥东区	桥西区	沙河市	南宫市	邢台县	临城县	内丘县	柏乡县
	隆尧县	任　县	南和县	宁晋县	巨鹿县	新河县	广宗县	平乡县
	威　县	清河县	临西县					
邯 郸 市	邯山区	丛台区	复兴区	峰峰矿区	武安市	邯郸县	临漳县	成安县
	大名县	涉　县	磁　县	肥乡县	永年县	邱　县	鸡泽县	广平县
	馆陶县	魏　县	曲周县					

河北省历年总人口及人口自然变动

(1952—2010 年)

年份	总人口(万人)	#男	城镇	出生率(‰)	死亡率(‰)	自然增长率(‰)
1952	3 272	1 653	258	29.17	12.10	17.07
1953	3 343	1 688	271	29.47	11.48	17.99
1954	3 443	1 743	298	32.63	12.10	20.53
1955	3 529	1 789	308	32.39	11.64	20.65
1956	3 589	1 821	323	29.29	11.34	17.95
1957	3 670	1 865	363	29.62	11.30	18.32
1958	3 732	1 898	433	24.45	10.92	13.53
1959	3 791	1 933	490	23.09	12.29	10.80
1960	3 779	1 923	481	20.51	15.84	4.67
1961	3 795	1 922	406	15.13	13.63	1.51
1962	3 884	1 961	338	28.68	9.06	19.62
1963	3 956	2 018	345	38.61	11.20	27.41
1964	3 997	2 044	357	33.63	10.91	22.72
1965	4 087	2 084	367	32.93	8.74	24.18
1966	4 183	2 133	368	29.22	8.69	20.53
1967	4 254	2 170	375	25.74	7.17	18.57
1968	4 347	2 217	373	26.86	6.52	20.34
1969	4 445	2 267	371	24.70	6.48	18.22
1970	4 550	2 320	381	26.73	6.49	20.24
1971	4 640	2 367	401	25.06	6.49	18.57
1972	4 728	2 416	446	25.27	7.22	18.05
1973	4 804	2 456	468	21.88	6.56	15.33
1974	4 862	2 487	476	18.19	6.80	11.39
1975	4 913	2 515	495	17.78	7.22	10.56
1976	4 943	2 535	505	18.44	11.39	7.05
1977	4 998	2 563	525	19.62	6.77	12.85
1978	5 057	2 595	553	20.88	6.49	14.39
1979	5 105	2 620	589	19.86	6.36	13.50
1980	5 168	2 651	614	20.47	6.46	14.01
1981	5 256	2 692	637	23.99	6.05	17.94
1982	5 356	2 742	668	19.35	5.94	13.41
1983	5 420	2 777	692	17.91	6.60	11.31
1984	5 487	2 815	728	16.73	5.41	11.32
1985	5 548	2 852	757	17.10	5.30	11.80
1986	5 627	2 893	784	20.42	6.12	14.30
1987	5 710	2 936	812	22.50	6.00	16.50
1988	5 795	2 978	840	20.35	5.50	14.85
1989	5 881	3 021	871	20.19	5.44	14.75
1990	6 159	3 147	885	20.46	6.82	13.64
1991	6 220	3 167	904	16.61	6.75	9.86
1992	6 275	3 212	961	15.33	6.43	8.90
1993	6 334	3 227	991	15.43	6.11	9.32
1994	6 388	3 264	1 033	14.93	6.50	8.43
1995	6 437	3 266	1 099	13.93	6.32	7.61
1996	6 484	3 309	1 151	13.85	6.55	7.30
1997	6 525	3 327	1 189	13.11	6.82	6.29
1998	6 569	3 343	1 222	13.01	6.18	6.83
1999	6 614	3 357	1 255	12.99	6.26	6.73
2000	6 674	3 397	1 308	11.30	6.21	5.09
2001	6 699	3 384	1 363	11.16	6.18	4.98
2002	6 735	3 420	1 437	11.53	6.25	5.28
2003	6 769	3 454	1 809	11.43	6.27	5.16
2004	6 809	3 480	1 809	11.98	6.19	5.79
2005	6 851	3 441	2 582	12.84	6.75	6.09
2006	6 898	3 486	2 674	12.82	6.59	6.23
2007	6 943	3 529	2 795	13.33	6.78	6.55
2008	6 989	3 562	2 928	13.04	6.49	6.55
2009	7 034	3 582	3 077	12.93	6.43	6.50
2010	7 194	3 647	3 186	12.22	6.41	6.81
2011	7 241	3 743	3 302	13.02	6.52	6.5

河北省金融汇总统计

河北省全部金融机构(含外资)本外币信贷收支表

汇率:6.3009 (2011年12月31日) 单位:亿元

栏目 来源项目名称	本月	比年初		栏目 运用项目名称	本月	比年初	
		今年	去年			今年	去年
一、各项存款	29 749.53	3 502.23	3 720.55	一、各项贷款	18 460.60	2 546.26	2 645.88
1.单位存款	10 968.34	1 192.69	1 513.46	㈠境内贷款	18 435.43	2 527.34	2 645.22
其中:活期存款	6 490.29	136.68	0.98	1.短期贷款	7 347.33	1 421.14	979.70
定期存款	1 984.10	607.95	0.06	(1)个人贷款及透支	1 248.98	126.53	286.48
通知存款	193.56	-23.98		其中:个人消费贷款	137.54	32.09	20.27
保证金存款	1 361.74	360.35	330.13	(2)单位贷款及透支	5 333.88	1 108.57	486.38
2.个人存款	17 923.07	2 197.21	2 122.00	其中:经营贷款	5 265.17	1 138.93	542.26
储蓄存款	17 878.19	2 163.62	2 112.75	固定资产贷款	62.78	-33.36	-53.81
保证金存款	5.77	5.08	0.83	(3)普通并购贷款	0.40	-0.55	0.14
结构性存款	39.11	28.50	8.42	(4)银团贷款	48.20	13.58	-7.23
3.财政性存款	447.78	56.93	-24.99	(5)贸易融资	715.87	173.02	213.94
4.临时性存款	80.12	-1.51	-30.34	(6)境外投资转贷款			
5.委托存款	34.08	0.83	10.24	2.中长期贷款	10 559.12	1 154.57	1 915.77
6.其他存款	296.13	56.08	130.17	(1)个人贷款	2 653.02	526.79	565.97
二、金融债券	17.53	5.99	11.54	其中:个人消费贷款	2 157.84	434.61	481.93
三、中长期借款	1.04	-0.24	-0.29	(2)单位贷款	7 071.35	509.92	1 159.73
四、应付及暂收款	605.38	116.73	-95.12	其中:经营贷款	1 629.59	-20.57	199.84
其中:应付利息	321.74	72.56	23.49	固定资产贷款	5 441.76	530.49	952.56
五、同业往来(来源方)	108.32	-36.66	-80.98	(3)普通并购贷款	41.90	11.90	-0.30
六、系统内资金往来(来源方)				(4)银团贷款	788.30	106.19	191.68
七、外汇买卖(来源方)	1 745.78	398.69	1 052.33	(5)贸易融资	0.50		0.50
其中:结售汇	1 687.53	395.03	999.58	(6)境外投资转贷款	4.05	-0.23	-1.81
八、各项准备	462.20	127.71	46.07	3.融资租赁	17.16	5.16	-0.16
其中:贷款损失准备金	450.81	138.72	39.18	4.票据融资	505.52	-53.33	-249.71
九、所有者权益	860.94	162.77	188.16	其中:贴现	505.52	-53.33	-249.71
其中:实收资本	415.41	41.83	46.51	5.各项垫款	6.29	-0.21	-0.38
十、其他	-3 259.00	-650.95	835.58	㈡境外贷款	25.17	18.92	0.66
				二、有价证券	651.35	-75.10	28.54
				三、股权及其他投资	81.44	6.45	62.50
				四、应收及预付款	193.45	60.14	-138.11
				其中:应收利息	71.96	27.60	9.62
				五、同业往来(运用方)	4.55	-35.52	-12.51
				六、系统内资金往来(运用方)	8 689.82	677.63	1 985.16
				七、金银占款			
				八、外汇买卖(运用方)	1 745.76	398.67	1 052.33
				其中:结售汇	1 687.36	395.04	999.56
				九、固定资产	278.16	39.58	25.64
				十、库存现金	181.37	8.29	28.69
				十一、投资性房地产	5.23	-0.14	-0.27
资金来源总计	30 291.74	3 626.26	5 677.85	资金运用总计	30 291.74	3 626.26	5 677.85

河北省金融机构(含外资)本外币信贷收支表(按部门)

汇率:6.3009　　(2011年12月31日)　　单位:亿元

来源项目名称	本月	比年初 今年	比年初 去年	运用项目名称	本月	比年初 今年	比年初 去年
一、各项存款	29 749.53	3 502.23	3 720.55	一、各项贷款	18 460.60	2 546.26	2 645.88
1.住户存款	17 948.32	2 199.10	2 127.85	(一)境内贷款	18 435.43	2 527.34	2 645.22
(1)活期及临时性存款	6 114.03	549.53	1 143.53	1.住户贷款	3 902.00	653.32	852.45
(2)定期及其他存款	11 834.30	1 649.57	984.32	(1)消费性贷款	2 295.38	466.70	502.20
2.非金融企业存款	7 766.87	693.66	1 002.33	短期消费性贷款	137.54	32.09	20.27
活期及临时性存款	4 546.90	-39.16	703.30	中长期消费性贷款	2 157.84	434.61	481.93
定期及其他存款	3 219.97	732.82	299.03	(2)经营性贷款	1 606.62	186.62	350.25
3.机关团体存款	3 281.11	519.68	485.13	短期经营性贷款	1 111.44	94.44	266.21
4.财政性存款	447.78	56.93	-24.99	中长期经营性贷款	495.18	92.18	84.05
5.其他存款	296.13	56.08	130.17	2.非金融企业及其他部门贷款	14 533.43	1 874.02	1 792.76
6.非居民存款	9.32	-23.22	0.06	(1)短期贷款及票据融资	6 603.87	1 241.28	443.51
二、金融债券	17.53	5.99	11.54	短期贷款	6 098.35	1 294.61	693.22
其中:境外发行				票据融资	505.52	-53.33	-249.71
三、中长期借款	1.04	-0.24	-0.29	(2)中长期贷款	7 906.10	627.78	1 349.79
其中:境外借款	0.90	-0.24	-0.29	(3)其他贷款	23.46	4.96	-0.54
四、应付及暂收款	605.38	116.73	-95.12	(二)境外贷款	25.17	18.92	0.66
五、同业往来(来源方)	108.32	-36.66	-80.98	二、有价证券	651.35	-75.10	28.54
其中:境外同业往来	3.47	1.01	1.53	其中:境外有价证券			
六、系统内资金往来(来源方)				三、股权及其他投资	81.44	6.45	62.50
七、外汇买卖(来源方)	1 745.78	398.69	1 052.33	四、应收及预付款	193.45	60.14	-138.11
八、各项准备	462.20	127.71	46.07	五、同业往来(运用方)	4.55	-35.52	-12.51
九、所有者权益	860.94	162.77	188.16	其中:境外同业往来	1.50	-0.46	1.64
十、其他	-3 259.00	-650.95	835.58	六、系统内资金往来(运用方)	8 689.82	677.63	1 985.16
				七、金银占款			
				八、外汇买卖(运用方)	1 745.76	398.67	1 052.33
				其中:结售汇	1 687.36	395.04	999.56
				九、固定资产	278.16	39.58	25.64
				十、库存现金	181.37	8.29	28.69
				十一、投资性房地产	5.23	-0.14	-0.27
资金来源总计	30 291.74	3 626.26	5 677.85	资金运用总计	30 291.74	3 626.26	5 677.85

河北省全部金融机构(含外资)人民币信贷收支表

(2011年12月31日)

单位:亿元

来源项目名称	本月余额	比年初 今年	比年初 去年	运用项目名称	本月余额	比年初 今年	比年初 去年
一、各项存款	29 563.77	3 488.87	3 689.93	一、各项贷款	18 143.99	2 423.05	2 613.01
1.单位存款	10 841.38	1 187.06	1 478.22	(一)境内贷款	18 143.38	2 423.11	2 613.01
其中:活期存款	6 384.19	134.71	0.98	1.短期贷款	7 109.50	1 344.82	954.69
定期存款	1 978.08	607.66	0.06	(1)个人贷款及透支	1 248.92	126.50	286.45
通知存款	189.12	-28.42		其中:个人消费贷款	137.48	32.06	20.24
保证金存款	1 351.34	356.99	328.28	(2)单位贷款及透支	5 241.57	1 043.26	487.93
2.个人存款	17 867.75	2 189.23	2 128.24	其中:经营贷款	5 172.86	1 072.89	542.26
储蓄存款	17 824.33	2 155.83	2 119.50	固定资产贷款	62.78	-32.62	-53.81
保证金存款	5.72	5.08	0.82	(3)普通并购贷款	0.40	-0.55	0.14
结构性存款	37.70	28.32	7.91	(4)银团贷款	48.20	13.58	-7.23
3.财政性存款	448.24	56.86	-24.95	(5)贸易融资	570.42	162.03	187.41
4.临时性存款	76.40	-1.98	-31.47	(6)境外投资转贷款			
5.委托存款	33.91	1.01	10.33	2.中长期贷款	10 505.32	1 126.64	1 908.51
6.其他存款	296.08	56.69	129.56	(1)个人贷款	2 653.02	526.79	565.97
二、金融债券	17.53	5.99	11.54	其中:个人消费贷款	2 157.84	434.61	481.93
三、中长期借款	0.15			(2)单位贷款	7 024.83	484.80	1 152.40
四、应付及暂收款	577.02	123.93	-19.61	其中:经营贷款	1 601.80	-43.06	199.84
其中:应付利息	321.43	72.51	23.61	固定资产贷款	5 423.04	527.86	952.56
五、同业往来(来源方)	104.56	-37.67	-82.52	(3)普通并购贷款	38.37	8.37	-0.30
六、系统内资金往来(来源方)				(4)银团贷款	788.30	106.38	189.94
七、外汇买卖(来源方)	1 148.33	480.94	518.10	(5)贸易融资	0.50		0.50
其中:结售汇	1 148.31	480.94	518.09	(6)境外投资转贷款	0.30	0.30	
八、各项准备	459.65	127.39	45.74	3.融资租赁	17.16	5.16	-0.16
其中:贷款损失准备金	448.26	138.40	38.85	4.票据融资	505.52	-53.33	-249.69
九、所有者权益	857.22	162.70	187.39	其中:贴现	505.52	-53.33	-249.69
其中:实收资本	415.00	41.86	46.52	5.各项垫款	5.88	-0.19	-0.35
十、其他	-3 298.30	-680.25	813.56	(二)境外贷款	0.61	-0.06	
				二、有价证券	651.35	-75.10	28.54
				三、股权及其他投资	81.44	6.45	62.50
				四、应收及预付款	165.96	56.02	-62.63
				其中:应收利息	70.39	26.72	9.26
				五、同业往来(运用方)	3.06	-35.06	-14.10
				六、系统内资金往来(运用方)	8 772.81	767.80	1 965.83
				七、金银占款			
				八、外汇买卖(运用方)	1 149.82	480.70	517.16
				其中:结售汇	1 149.57	480.71	517.09
				九、固定资产	278.16	39.58	25.64
				十、库存现金	178.10	8.58	28.45
				十一、投资性房地产	5.23	-0.14	-0.27
资金来源总计	29 429.92	3 671.88	5 164.13	资金运用总计	29 429.92	3 671.88	5 164.13

河北省全部金融机构(含外资)人民币信贷收支表(按部门)

(2011年12月31日) 单位:亿元

来源项目名称	本月余额	比年初 今年	比年初 去年	运用项目名称	本月余额	比年初 今年	比年初 去年
一、各项存款	29 563.77	3 488.87	3 689.93	一、各项贷款	18 143.99	2 423.05	2 613.01
1.住户存款	17 893.28	2 191.31	2 134.17	(一)境内贷款	18 143.38	2 423.11	2 613.01
(1)活期及临时性存款	6 085.37	536.47	1 144.85	1.住户贷款	3 901.93	653.29	852.42
(2)定期及其他存款	11 807.92	1 654.85	989.32	(1)消费性贷款	2 295.31	466.68	502.17
2.非金融企业存款	7 636.75	686.05	966.00	短期消费性贷款	137.48	32.06	20.24
活期及临时性存款	4 437.64	-43.08	664.63	中长期消费性贷款	2 157.84	434.61	481.93
定期及其他存款	3 199.11	729.13	301.36	(2)经营性贷款	1 606.62	186.62	350.25
3.机关团体存款	3 280.58	521.21	485.13	短期经营性贷款	1 111.44	94.44	266.21
4.财政性存款	448.24	56.86	-24.95	中长期经营性贷款	495.18	92.18	84.05
5.其他存款	296.08	56.69	129.56	2.非金融企业及其他部门贷款	14 241.45	1 769.82	1 760.59
6.非居民存款	8.83	-23.25	0.02	(1)短期贷款及票据融资	6 366.10	1 164.99	418.56
二、金融债券	17.53	5.99	11.54	短期贷款	5 860.58	1 218.32	668.25
其中:境外发行				票据融资	505.52	-53.33	-249.69
三、中长期借款	0.15			(2)中长期贷款	7 852.31	599.85	1 342.54
其中:境外借款				(3)其他贷款	23.04	4.98	-0.51
四、应付及暂收款	577.02	123.93	-19.61	(二)境外贷款	0.61	-0.06	
五、同业往来(来源方)	104.56	-37.67	-82.52	二、有价证券	651.35	-75.10	28.54
其中:境外同业往来				其中:境外有价证券			
六、系统内资金往来(来源方)				三、股权及其他投资	81.44	6.45	62.50
七、外汇买卖(来源方)	1 148.33	480.94	518.10	四、应收及预付款	165.96	56.02	-62.63
八、各项准备	459.65	127.39	45.74	五、同业往来(运用方)	3.06	-35.06	-14.10
九、所有者权益	857.22	162.70	187.39	其中:境外同业往来			
十、其他	-3 298.30	-680.25	813.56	六、系统内资金往来(运用方)	8 772.81	767.80	1 965.83
				七、金银占款			
				八、外汇买卖(运用方)	1 149.82	480.70	517.16
				其中:结售汇	1 149.57	480.71	517.09
				九、固定资产	278.16	39.58	25.64
				十、库存现金	178.10	8.58	28.45
				十一、投资性房地产	5.23	-0.14	-0.27
资金来源总计	29 429.92	3 671.88	5 164.13	资金运用总计	29 429.92	3 671.88	5 164.13

河北省全部金融机构(含外资)外汇信贷收支表

(2011年12月31日)　　单位:亿美元

栏目 来源项目名称	本月余额	比年初		栏目 运用项目名称	本月余额	比年初	
		今年	去年			今年	去年
一、各项存款	29.48	3.45	5.27	一、各项贷款	50.25	21.05	5.69
1.单位存款	20.15	1.83	5.71	㈠境内贷款	46.35	17.99	5.59
其中:活期存款	16.84	1.12	0.00	1.短期贷款	37.75	13.36	4.40
定期存款	0.95	0.09		(1)个人贷款及透支	0.01	0.00	0.01
通知存款	0.71	0.71		其中:个人消费贷款	0.01	0.00	0.01
保证金存款	1.65	0.59	0.30	(2)单位贷款及透支	14.65	10.57	-0.10
2.个人存款	8.78	1.63	-0.70	其中:经营贷款	14.65	10.69	
储蓄存款	8.55	1.59	-0.78	固定资产贷款		-0.11	
保证金存款	0.01	0.00	0.00	(3)普通并购贷款			
结构性存款	0.22	0.04	0.08	(4)银团贷款			
3.财政性存款	-0.07	0.01	-0.01	(5)贸易融资	23.08	2.78	4.50
4.临时性存款	0.59	0.10	0.18	(6)境外投资转贷款			
5.委托存款	0.03	-0.03	-0.01	2.中长期贷款	8.54	4.63	1.20
6.其他存款	0.01	-0.09	0.09	(1)个人贷款			
二、金融债券				其中:个人消费贷款			
三、中长期借款	0.14	-0.03	-0.04	(2)单位贷款	7.38	4.15	1.17
四、应付及暂收款	4.50	-0.87	-10.90	其中:经营贷款	4.41	3.61	
其中:应付利息	0.05	0.01	-0.02	固定资产贷款	2.97	0.54	
五、同业往来(来源方)	0.60	0.18	0.24	(3)普通并购贷款	0.56	0.56	
六、系统内资金往来(来源方)	13.17	13.17	-2.16	(4)银团贷款		-0.03	0.28
七、外汇买卖(来源方)	94.82	-7.81	81.33	(5)贸易融资			
其中:结售汇	85.58	-8.81	73.36	(6)境外投资转贷款	0.60	-0.05	-0.25
八、各项准备	0.40	0.07	0.06	3.融资租赁			
其中:贷款损失准备金	0.40	0.07	0.06	4.票据融资	0.00	0.00	0.00
九、所有者权益	0.59	0.04	0.13	其中:贴现	0.00	0.00	0.00
其中:实收资本	0.07			5.各项垫款	0.07		0.00
十、其他	6.24	4.73	3.26	㈡境外贷款	3.90	3.06	0.10
				二、有价证券			
				三、股权及其他投资			
				四、应收及预付款	4.36	0.83	-10.95
				其中:应收利息	0.25	0.15	0.06
				五、同业往来(运用方)	0.24	-0.06	0.24
				六、系统内资金往来(运用方)		-1.08	0.69
				七、金银占款			
				八、外汇买卖(运用方)	94.58	-7.79	81.46
				其中:结售汇	85.35	-8.79	73.49
				九、固定资产			
				十、库存现金	0.52	-0.02	0.05
				十一、投资性房地产			
资金来源总计	149.95	12.93	77.18	资金运用总计	149.95	12.93	77.18

河北省全部金融机构(含外资)外汇信贷收支表(按部门)

(2011 年 12 月 31 日)　　单位:亿美元

栏目 来源项目名称	本月余额	比年初		栏目 运用项目名称	本月余额	比年初	
		今年	去年			今年	去年
一、各项存款	29.48	3.45	5.27	一、各项贷款	50.25	21.05	5.69
1.住户存款	8.74	1.60	-0.71	(一)境内贷款	46.35	17.99	5.59
(1)活期及临时性存款	4.55	2.19	-0.12	1.住户贷款	0.01	0.00	0.01
(2)定期及其他存款	4.19	-0.59	-0.59	(1)消费性贷款	0.01	0.00	0.01
2.非金融企业存款	20.65	2.15	5.89	短期消费性贷款	0.01	0.00	0.01
活期及临时性存款	17.34	1.43	6.17	中长期消费性贷款			
定期及其他存款	3.31	0.72	-0.28	(2)经营性贷款			
3.机关团体存款	0.08	-0.23		短期经营性贷款			
4.财政性存款	-0.07	0.01	-0.01	中长期经营性贷款			
5.其他存款	0.01	-0.09	0.09	2.非金融企业及其他部门贷款	46.34	17.99	5.59
6.非居民存款	0.08	0.01	0.01	(1)短期贷款及票据融资	37.74	13.35	4.39
二、金融债券				短期贷款	37.74	13.35	4.39
其中:境外发行				票据融资	0.00	0.00	0.00
三、中长期借款	0.14	-0.03	-0.04	(2)中长期贷款	8.54	4.63	1.20
其中:境外借款	0.14	-0.03	-0.04	(3)其他贷款	0.07		0.00
四、应付及暂收款	4.50	-0.87	-10.90	(二)境外贷款	3.90	3.06	0.10
五、同业往来(来源方)	0.60	0.18	0.24	二、有价证券			
其中:境外同业往来	0.55	0.18	0.23	其中:境外有价证券			
六、系统内资金往来(来源方)	13.17	13.17	-2.16	三、股权及其他投资			
七、外汇买卖(来源方)	94.82	-7.81	81.33	四、应收及预付款	4.36	0.83	-10.95
八、各项准备	0.40	0.07	0.06	五、同业往来(运用方)	0.24	-0.06	0.24
九、所有者权益	0.59	0.04	0.13	其中:境外同业往来	0.24	-0.06	0.25
十、其他	6.24	4.73	3.26	六、系统内资金往来(运用方)		-1.08	0.69
				七、金银占款			
				八、外汇买卖(运用方)	94.58	-7.79	81.46
				其中:结售汇	85.35	-8.79	73.49
				九、固定资产			
				十、库存现金	0.52	-0.02	0.05
				十一、投资性房地产			
资金来源总计	149.95	12.93	77.18	资金运用总计	149.95	12.93	77.18

河北省全部金融机构本外币信贷收支表

汇率:6.3009 (2011 年 12 月 31 日) 单位:亿元

栏目 来源项目名称	本月余额	比年初		栏目 运用项目名称	本月余额	比年初	
		今年	去年			今年	去年
一、各项存款	29 739.84	3 494.35	3 718.74	一、各项贷款	18 455.04	2 541.05	2 645.54
1.单位存款	10 961.12	1 186.52	1 512.41	㈠境内贷款	18 429.87	2 522.13	2 644.88
其中:活期存款	6 485.44	132.82		1.短期贷款	7 346.34	1 420.15	979.70
定期存款	1 981.72	605.64		(1)个人贷款及透支	1 248.98	126.53	286.48
通知存款	193.56	-23.98		其中:个人消费贷款	137.54	32.09	20.27
保证金存款	1 361.74	360.35	330.13	(2)单位贷款及透支	5 332.89	1 107.57	486.38
2.个人存款	17 920.61	2 195.51	2 121.24	其中:经营贷款	5 264.18	1 137.94	542.26
储蓄存款	17 875.73	2 161.92	2 111.99	固定资产贷款	62.78	-33.36	-53.81
保证金存款	5.77	5.08	0.83	(3)普通并购贷款	0.40	-0.55	0.14
结构性存款	39.11	28.50	8.42	(4)银团贷款	48.20	13.58	-7.23
3.财政性存款	447.78	56.93	-24.99	(5)贸易融资	715.87	173.02	213.94
4.临时性存款	80.12	-1.51	-30.34	(6)境外投资转贷款			
5.委托存款	34.08	0.83	10.24	2.中长期贷款	10 558.11	1 153.91	1 915.43
6.其他存款	296.13	56.08	130.17	(1)个人贷款	2 652.96	526.79	565.92
二、金融债券	17.53	5.99	11.54	其中:个人消费贷款	2 157.78	434.61	481.87
三、中长期借款	1.04	-0.24	-0.29	(2)单位贷款	7 070.40	509.26	1 159.44
四、应付及暂收款	605.04	116.43	-94.99	其中:经营贷款	1 629.59	-20.57	199.84
其中:应付利息	321.71	72.53	23.49	固定资产贷款	5 440.81	529.83	952.28
五、同业往来(来源方)	108.32	-36.66	-80.98	(3)普通并购贷款	41.90	11.90	-0.30
六、系统内资金往来(来源方)				(4)银团贷款	788.30	106.19	191.68
七、外汇买卖(来源方)	1 745.78	398.69	1 052.33	(5)贸易融资	0.50		0.50
其中:结售汇	1 687.53	395.03	999.58	(6)境外投资转贷款	4.05	-0.23	-1.81
八、各项准备	462.17	127.68	46.07	3.融资租赁	17.16	5.16	-0.16
其中:贷款损失准备金	450.78	138.69	39.18	4.票据融资	501.97	-56.88	-249.71
九、所有者权益	860.04	162.76	188.23	其中:贴现	501.97	-56.88	-249.71
其中:实收资本	414.41	41.83	46.51	5.各项垫款	6.29	-0.21	-0.38
十、其他	-3 258.91	-651.22	834.87	㈡境外贷款	25.17	18.92	0.66
				二、有价证券	651.35	-75.10	28.54
				三、股权及其他投资	81.44	6.45	62.50
				四、应收及预付款	193.42	60.12	-138.11
				其中:应收利息	71.95	27.59	9.62
				五、同业往来(运用方)	4.55	-35.52	-12.51
				六、系统内资金往来(运用方)	8 684.59	674.36	1 983.20
				七、金银占款			
				八、外汇买卖(运用方)	1 745.76	398.67	1 052.33
				其中:结售汇	1 687.36	395.04	999.56
				九、固定资产	278.13	39.58	25.65
				十、库存现金	181.36	8.31	28.66
				十一、投资性房地产	5.23	-0.14	-0.27
资金来源总计	30 280.87	3 617.78	5 675.52	资金运用总计	30 280.87	3 617.78	5 675.52

河北省全部金融机构人民币信贷收支表

（2011 年 12 月 31 日）

单位：亿元

栏目 来源项目名称	本月余额	比年初		栏目 运用项目名称	本月余额	比年初	
		今年	去年			今年	去年
一、各项存款	29 554.09	3 481.00	3 688.12	一、各项贷款	18 138.43	2 417.84	2 612.67
1.单位存款	10 834.16	1 180.88	1 477.17	(一)境内贷款	18 137.83	2 417.90	2 612.67
其中:活期存款	6 379.34	130.85		1.短期贷款	7 108.50	1 343.83	954.69
定期存款	1 975.71	605.35		(1)个人贷款及透支	1 248.92	126.50	286.45
通知存款	189.12	-28.42		其中:个人消费贷款	137.48	32.06	20.24
保证金存款	1 351.34	356.99	328.28	(2)单位贷款及透支	5 240.57	1 042.27	487.93
2.个人存款	17 865.30	2 187.54	2 127.48	其中:经营贷款	5 171.86	1 071.89	542.26
储蓄存款	17 821.88	2 154.14	2 118.74	固定资产贷款	62.78	-32.62	-53.81
保证金存款	5.72	5.08	0.82	(3)普通并购贷款	0.40	-0.55	0.14
结构性存款	37.70	28.32	7.91	(4)银团贷款	48.20	13.58	-7.23
3.财政性存款	448.24	56.86	-24.95	(5)贸易融资	570.42	162.03	187.41
4.临时性存款	76.40	-1.98	-31.47	(6)境外投资转贷款			
5.委托存款	33.91	1.01	10.33	2.中长期贷款	10 504.31	1 125.98	1 908.17
6.其他存款	296.08	56.69	129.56	(1)个人贷款	2 652.96	526.79	565.92
二、金融债券	17.53	5.99	11.54	其中:个人消费贷款	2 157.78	434.61	481.87
三、中长期借款	0.15			(2)单位贷款	7 023.88	484.14	1 152.11
四、应付及暂收款	576.69	123.62	-19.48	其中:经营贷款	1 601.80	-43.06	199.84
其中:应付利息	321.40	72.48	23.60	固定资产贷款	5 422.08	527.19	952.28
五、同业往来(来源方)	104.56	-37.67	-82.52	(3)普通并购贷款	38.37	8.37	-0.30
六、系统内资金往来(来源方)				(4)银团贷款	788.30	106.38	189.94
七、外汇买卖(来源方)	1 148.33	480.94	518.10	(5)贸易融资	0.50		0.50
其中:结售汇	1 148.31	-0.94	518.09	(6)境外投资转贷款	0.30	0.30	
八、各项准备	459.62	127.36	45.74	3.融资租赁	17.16	5.16	-0.16
其中:贷款损失准备金	448.23	138.37	38.85	4.票据融资	501.97	-56.88	-249.69
九、所有者权益	856.30	162.69	187.45	其中:贴现	501.97	-56.88	-249.69
其中:实收资本	414.00	41.86	46.52	5.各项垫款	5.88	-0.19	-0.35
十、其他	-3 298.21	-680.52	812.85	(二)境外贷款	0.61	-0.06	
				二、有价证券	651.35	-75.10	28.54
				三、股权及其他投资	81.44	6.45	62.50
				四、应收及预付款	165.93	56.01	-62.63
				其中:应收利息	70.38	26.71	9.26
				五、同业往来(运用方)	3.06	-35.06	-14.10
				六、系统内资金往来(运用方)	8 767.57	764.52	1 963.86
				七、金银占款			
				八、外汇买卖(运用方)	1 149.82	480.70	517.16
				其中:结售汇	1 149.57	480.71	517.09
				九、固定资产	278.13	39.58	25.65
				十、库存现金	178.09	8.59	28.42
				十一、投资性房地产	5.23	-0.14	-0.27
资金来源总计	29 419.05	3 663.41	5 161.80	资金运用总计	29 419.05	3 663.41	5 161.80

河北省全部金融机构外汇信贷收支表

（2011年12月31日） 单位:亿美元

来源项目名称	本月余额	比年初 今年	比年初 去年	运用项目名称	本月余额	比年初 今年	比年初 去年
一、各项存款	29.48	3.45	5.27	一、各项贷款	50.25	21.05	5.69
1.单位存款	20.15	1.83	5.71	(一)境内贷款	46.35	17.99	5.59
其中:活期存款	16.84	1.12		1.短期贷款	37.75	13.36	4.40
定期存款	0.95	0.09		(1)个人贷款及透支	0.01	0.00	0.01
通知存款	0.71	0.71		其中:个人消费贷款	0.01	0.00	0.01
保证金存款	1.65	0.59	0.30	(2)单位贷款及透支	14.65	10.57	-0.10
2.个人存款	8.78	1.63	-0.70	其中:经营贷款	14.65	10.69	
储蓄存款	8.55	1.59	-0.78	固定资产贷款		-0.11	
保证金存款	0.01	0.00	0.00	(3)普通并购贷款			
结构性存款	0.22	0.04	0.08	(4)银团贷款			
3.财政性存款	-0.07	0.01	-0.01	(5)贸易融资	23.08	2.78	4.50
4.临时性存款	0.59	0.10	0.18	(6)境外投资转贷款			
5.委托存款	0.03	-0.03	-0.01	2.中长期贷款	8.54	4.63	1.20
6.其他存款	0.01	-0.09	0.09	(1)个人贷款			
二、金融债券				其中:个人消费贷款			
三、中长期借款	0.14	-0.03	-0.04	(2)单位贷款	7.38	4.15	1.17
四、应付及暂收款	4.50	-0.87	-10.90	其中:经营贷款	4.41	3.61	
其中:应付利息	0.05	0.01	-0.02	固定资产贷款	2.97	0.54	
五、同业往来(来源方)	0.60	0.18	0.24	(3)普通并购贷款	0.56	0.56	
六、系统内资金往来(来源方)	13.17	13.17	-2.16	(4)银团贷款		-0.03	0.28
七、外汇买卖(来源方)	94.82	-7.81	81.33	(5)贸易融资			
其中:结售汇	85.58	-8.81	73.36	(6)境外投资转贷款	0.60	-0.05	-0.25
八、各项准备	0.40	0.07	0.06	3.融资租赁			
其中:贷款损失准备金	0.40	0.07	0.06	4.票据融资	0.00	0.00	0.00
九、所有者权益	0.59	0.04	0.13	其中:贴现	0.00	0.00	0.00
其中:实收资本	0.07			5.各项垫款	0.07		0.00
十、其他	6.24	4.73	3.26	(二)境外贷款	3.90	3.06	0.10
				二、有价证券			
				三、股权及其他投资			
				四、应收及预付款	4.36	0.83	-10.95
				其中:应收利息	0.25	0.15	0.06
				五、同业往来(运用方)	0.24	-0.06	0.24
				六、系统内资金往来(运用方)		-1.09	0.69
				七、金银占款			
				八、外汇买卖(运用方)	94.58	-7.79	81.46
				其中:结售汇	85.35	-8.79	73.49
				九、固定资产			
				十、库存现金	0.52	-0.02	0.05
				十一、投资性房地产			
资金来源总计	149.95	12.93	77.18	资金运用总计	149.95	12.93	77.18

河北省中资全国性四家行本外币信贷收支表

汇率:6.3009　　(2011年12月31日)　　单位:万元

栏目 来源项目名称	本月余额	比年初		栏目 运用项目名称	本月余额	比年初	
		今年	去年			今年	去年
一、各项存款	159 875 844	11 426 009	18 043 705	一、各项贷款	90 533 063	9 964 236	13 257 510
1.单位存款	59 552 231	3 987 340	6 828 578	㈠境内贷款	90 458 376	9 943 014	13 257 510
其中:活期存款	35 933 426	-785 127		1.短期贷款	22 549 307	5 598 221	2 799 044
定期存款	12 307 813	3 508 289		(1)个人贷款及透支	1 404 512	464 511	248 840
通知存款	1 103 645	-33 324		其中:个人消费贷款	840 259	254 557	83 167
保证金存款	2 781 431	567 774	491 508	(2)单位贷款及透支	14 592 824	3 638 926	691 025
2.个人存款	97 263 865	7 247 524	10 565 237	其中:经营贷款	14 504 377	3 711 041	714 144
储蓄存款	97 172 946	7 160 948	10 560 569	固定资产贷款	75 459	-73 604	-19 243
保证金存款	4 838	495	4 668	(3)普通并购贷款			
结构性存款	86 080	86 080		(4)银团贷款	70 000	-25 000	-97 370
3.临时性存款	581 607	-83 835	-280 274	(5)贸易融资	6 481 970	1 519 784	1 956 549
4.其他存款	2 478 141	274 980	930 164	(6)境外投资转贷款			
二、代理财政性存款	335 087	80 478	94 741	2.中长期贷款	65 860 116	5 036 988	11 961 092
三、金融债券				(1)个人贷款	20 077 561	3 296 763	4 282 490
其中:境外发行				其中:个人消费贷款	18 166 633	3 024 311	3 920 704
四、中长期借款	8 974	-2 431	-2 930	(2)单位贷款	41 594 411	1 385 668	6 585 833
其中:境外借款	8 974	-2 431	-2 930	其中:经营贷款	7 015 524	-429 534	814 968
五、应付及暂收款	2 459 195	212 283	-78 793	固定资产贷款	34 578 887	1 815 202	5 722 428
其中:应付利息	1 448 741	206 987	92 897	(3)普通并购贷款	371 881	71 881	
六、卖出回购资产			-2 900	(4)银团贷款	3 781 797	289 799	1 109 630
七、向中央银行借款	12 650	12 650		(5)贸易融资			
八、同业往来(来源方)	7 928 068	2 499 685	-766 439	(6)境外投资转贷款	34 467	-7 124	-16 861
1.同业存放	7 892 878	2 489 631	-791 110	3.融资租赁			
其中:境外同业存放				4.票据融资	2 033 049	-689 881	-1 496 215
2.同业拆借	35 190	10 055	24 671	其中:贴现	2 033 049	-689 881	-1 496 215
其中:境外同业拆借	34 725	10 055	24 671	5.各项垫款	15 904	-2 314	-6 411
九、境外联行往来(来源方)		-152 671	152 671	㈡境外贷款	74 687	21 222	
十、外汇买卖(来源方)	16 381 828	6 813 638	9 530 789	二、有价证券	307 312	-102 972	-348 478
其中:结售汇	15 803 132	6 777 060	9 003 317	三、股权及其他投资	68 888	68 888	-6 090
十一、委托存款及委托投资基金(净)	5 361	-1 724	-4 601	四、应收及预付款	450 873	122 509	-320 433
1.委托存款及委托投资基金	10 071 628	1 905 274	2 221 867	其中:应收利息	355 633	113 239	69 528
2.减:委托贷款及委托投资	10 066 267	1 906 998	2 226 468	五、买入返售资产	106 510	-75 239	178 849
十二、代理金融机构委托贷款基金	452 921	434 500	10 000	六、存放中央准备金存款	729 172	88 645	-533 873
其中:中央银行委托贷款基金				七、存放中央银行特种存款			
十三、各项准备	1 591 246	412 716	1 281	八、缴存中央银行财政性存款	514 433	21 589	158 678
其中:贷款损失准备	1 574 968	458 293	-11 771	九、同业往来	5 073 701	1 551 296	2 337 394
十四、所有者权益	1 877 894	232 457	512 661	1.存放同业	3 454 509	325 911	1 944 209
其中:实收资本				其中:存放境外同业	62	-3	-145
十五、其他	-75 339 654	-3 004 448	-3 093 382	2.拆放同业	1 619 192	1 225 385	393 185
				其中:拆放境外同业			
				十、境外联行往来(运用方)			
				十一、代理金融机构贷款	452 833	434 500	10 000
				其中:代理人行专项贷款			
				十二、库存现金	971 019	76 247	132 487
				十三、外汇买卖(运用方)	16 381 609	6 813 445	9 530 759
				其中:结售汇	15 802 913	6 776 866	9 003 287
				十四、投资性房地产			
资金来源总计	115 589 414	18 963 144	24 396 802	资金运用总计	115 589 414	18 963 144	24 396 802

河北省中资全国性四家行人民币信贷收支表

（2011年12月31日） 单位:万元

栏目 来源项目名称	本月余额	比年初		栏目 运用项目名称	本月余额	比年初	
		今年	去年			今年	去年
一、各项存款	158 532 191	11 401 234	17 907 377	一、各项贷款	88 692 480	9 828 194	12 941 892
1.单位存款	58 747 473	4 040 664	6 650 890	㈠境内贷款	88 686 506	9 828 781	12 941 892
其中:活期存款	35 292 776	-715 932		1.短期贷款	20 954 131	5 476 730	2 534 453
定期存款	12 251 770	3 508 816		(1)个人贷款及透支	1 403 845	464 248	248 491
通知存款	1 086 835	-50 134		其中:个人消费贷款	839 592	254 294	82 818
保证金存款	2 690 176	523 952	478 912	(2)单位贷款及透支	14 377 891	3 574 004	694 356
2.个人存款	96 755 200	7 167 611	10 623 784	其中:经营贷款	14 289 443	3 646 119	714 144
储蓄存款	96 664 708	7 081 354	10 619 104	固定资产贷款	75 459	-73 604	-19 243
保证金存款	4 762	527	4 680	(3)普通并购贷款			
结构性存款	85 730	85 730		(4)银团贷款	70 000	-25 000	-97 370
3.临时性存款	551 815	-88 083	-291 342	(5)贸易融资	5 102 395	1 463 478	1 688 976
4.其他存款	2 477 703	281 043	924 044	(6)境外投资转贷款			
二、代理财政性存款	339 715	79 811	95 156	2.中长期贷款	65 687 572	5 044 021	11 909 475
三、金融债券				(1)个人贷款	20 077 561	3 296 763	4 282 490
其中:境外发行				其中:个人消费贷款	18 166 633	3 024 311	3 920 704
四、中长期借款				(2)单位贷款	41 456 333	1 385 578	6 537 396
其中:境外借款				其中:经营贷款	6 980 239	-444 951	814 968
五、应付及暂收款	2 439 173	317 524	46 941	固定资产贷款	34 476 094	1 830 528	5 722 428
其中:应付利息	1 445 873	206 549	93 844	(3)普通并购贷款	371 881	71 881	
六、卖出回购资产			-2 900	(4)银团贷款	3 781 797	289 799	1 089 590
七、向中央银行借款	12 650	12 650		(5)贸易融资			
八、同业往来(来源方)	7 499 362	2 196 159	-859 087	(6)境外投资转贷款			
1.同业存放	7 498 897	2 196 159	-859 087	3.融资租赁			
其中:境外同业存放				4.票据融资	2 033 017	-689 866	-1 495 974
2.同业拆借	465			其中:贴现	2 033 017	-689 866	-1 495 974
其中:境外同业拆借				5.各项垫款	11 787	-2 104	-6 062
九、境外联行往来(来源方)				㈡境外贷款	5 974	-587	
十、外汇买卖(来源方)	10 720 425	6 168 047	4 552 361	二、有价证券	307 312	-102 972	-348 478
其中:结售汇	10 720 424	6 168 054	4 552 370	三、股权及其他投资	68 888	68 888	-6 090
十一、委托存款及委托投资基金(净)	5 361	-1 724	-4 601	四、应收及预付款	422 081	99 343	-106 493
1.委托存款及委托投资基金	10 071 628	1 913 685	2 215 813	其中:应收利息	346 401	109 430	66 879
2.减:委托贷款及委托投资	10 066 267	1 915 409	2 220 414	五、买入返售资产	106 510	-75 239	178 849
十二、代理金融机构委托贷款基金	452 921	434 500	10 000	六、存放中央准备金存款	729 172	88 645	-533 873
其中:中央银行委托贷款基金				七、存放中央银行特种存款			
十三、各项准备	1 567 516	407 207	-628	八、缴存中央银行财政性存款	514 433	21 589	158 678
其中:贷款损失准备	1 551 238	452 784	-13 680	九、同业往来	4 928 923	1 549 543	2 211 937
十四、所有者权益	1 862 780	247 817	503 060	1.存放同业	3 309 731	324 158	1 818 753
其中:实收资本				其中:存放境外同业			
十五、其他	-75 548 528	-3 114 514	-3 072 290	2.拆放同业	1 619 192	1 225 385	393 185
				其中:拆放境外同业			
				十、境外联行往来(运用方)			
				十一、代理金融机构贷款	452 833	434 500	10 000
				其中:代理人行专项贷款			
				十二、库存现金	942 531	79 554	130 013
				十三、外汇买卖(运用方)	10 718 403	6 156 667	4 538 953
				其中:结售汇	10 717 891	6 156 707	4 538 424
				十四、投资性房地产			
资金来源总计	107 883 566	18 148 711	19 175 389	资金运用总计	107 883 566	18 148 711	19 175 389

河北省中资全国性四家行外汇信贷收支表

(2011年12月31日)　　　　单位:万美元

来源项目名称	本月余额	比年初		运用项目名称	本月余额	比年初	
		今年	去年			今年	去年
一、各项存款	213 248	14 103	25 959	一、各项贷款	292 114	34 736	53 969
1.单位存款	127 721	−1 846	29 922	㈠境内贷款	281 209	30 913	53 969
其中:活期存款	101 676	−5 508		1.短期贷款	253 166	30 646	45 447
定期存款	8 894	353		(1)个人贷款及透支	106	45	53
通知存款	2 668	2 668		其中:个人消费贷款	106	45	53
保证金存款	14 483	7 321	2 060	(2)单位贷款及透支	34 112	11 460	194
2.个人存款	80 729	15 989	−6 626	其中:经营贷款	34 112	11 460	
储蓄存款	80 661	15 938	−6 625	固定资产贷款			
保证金存款	12	−4	−1	(3)普通并购贷款			
结构性存款	56	56		(4)银团贷款			
3.临时性存款	4 728	871	1 737	(5)贸易融资	218 949	19 141	45 200
4.其他存款	69	−912	926	(6)境外投资转贷款			
二、代理财政性存款	−735	65	−85	2.中长期贷款	27 384	269	8 589
三、金融债券				(1)个人贷款			
其中:境外发行				其中:个人消费贷款			
四、中长期借款	1 424	−298	−377	(2)单位贷款	21 914	1 079	7 728
其中:境外借款	1 424	−298	−377	其中:经营贷款	5 600	2 600	
五、应付及暂收款	3 178	−15 737	−17 845	固定资产贷款	16 314	−1 521	
其中:应付利息	455	88	−128	(3)普通并购贷款			
六、卖出回购资产				(4)银团贷款			3 141
七、向中央银行借款				(5)贸易融资			
八、同业往来(来源方)	68 039	49 137	14 137	(6)境外投资转贷款	5 470	−810	−2 280
1.同业存放	62 528	47 351	10 412	3.融资租赁			
其中:境外同业存放				4.票据融资	5	−2	−35
2.同业拆借	5 511	1 786	3 725	其中:贴现	5	−2	−35
其中:境外同业拆借	5 511	1 786	3 725	5.各项垫款	653		−31
九、境外联行往来(来源方)		−23 053	23 053	㈡境外贷款	10 905	3 823	
十、外汇买卖(来源方)	898 507	141 140	751 892	二、有价证券			
其中:结售汇	806 664	131 154	672 178	三、股权及其他投资			
十一、委托存款及委托投资基金(净)				四、应收及预付款	4 570	3 720	−31 306
1.委托存款及委托投资基金		−1 270	925	其中:应收利息	1 465	646	412
2.减:委托贷款及委托投资		−1 270	925	五、买入返售资产			
十二、代理金融机构委托贷款基金				六、存放中央准备金存款			
其中:中央银行委托贷款基金				七、存放中央银行特种存款			
三、各项准备	3 766	1 015	362	八、缴存中央银行财政性存款			
其中:贷款损失准备	3 766	1 015	362	九、同业往来	22 977	1 381	19 023
十四、所有者权益	2 399	−2 203	1 545	1.存放同业	22 977	1 381	19 023
其中:实收资本				其中:存放境外同业	10	0	−21
十五、其他	33 150	18 230	−2 640	2.拆放同业			
				其中:拆放境外同业			
				十、境外联行往来(运用方)			
				十一、代理金融机构贷款			
				其中:代理人行专项贷款			
				十二、库存现金	4 521	−280	507
				十三、外汇买卖(运用方)	898 793	142 843	753 808
				其中:结售汇	807 031	132 855	674 176
				十四、投资性房地产			
资金来源总计	1 222 976	182 401	796 001	资金运用总计	1 222 976	182 401	796 001

河北省股份制商业银行本外币信贷收支表

汇率:6. 3009　　　　(2011 年 12 月 31 日)　　　　单位:万元

栏目 来源项目名称	本月余额	比年初		栏目 运用项目名称	本月余额	比年初	
		今年	去年			今年	去年
一、各项存款	27 960 589	6 486 240	5 363 544	一、各项贷款	20 579 620	3 410 393	3 181 758
1.单位存款	19 699 364	4 315 684	3 729 047	(一)境内贷款	20 579 520	3 410 418	3 181 758
其中:活期存款	7 266 610	867 468		1.短期贷款	10 119 778	2 781 989	1 002 647
定期存款	3 207 073	1 345 829		(1)个人贷款及透支	801 650	428 731	215 949
通知存款	538 368	-41 237		其中:个人消费贷款	65 428	23 329	11 504
保证金存款	7 150 539	1 911 531	2 155 813	(2)单位贷款及透支	8 446 006	2 082 421	606 791
2.个人存款	7 124 877	1 867 868	1 202 803	其中:经营贷款	8 242 716	1 913 268	613 752
储蓄存款	6 769 623	1 620 060	1 117 543	固定资产贷款	156 907	140 707	16 200
保证金存款	50 258	48 912	1 083	(3)普通并购贷款			
结构性存款	304 996	198 896	84 177	(4)银团贷款	199 000	64 050	-2 900
3.临时性存款	103 856	30 969	12 539	(5)贸易融资	673 122	206 786	182 807
4.其他存款	1 032 493	271 719	419 156	(6)境外投资转贷款			
二、代理财政性存款	41 312	1 964	-1 072	2.中长期贷款	10 049 395	670 029	2 829 994
三、金融债券				(1)个人贷款	1 985 936	638 971	575 106
其中:境外发行				其中:个人消费贷款	1 534 759	476 650	526 395
四、中长期借款				(2)单位贷款	6 251 684	-101 662	1 808 144
其中:境外借款				其中:经营贷款	2 368 090	-415 746	957 465
五、应付及暂收款	909 178	199 363	-1 077 663	固定资产贷款	3 883 594	314 084	851 104
其中:应付利息	187 659	72 904	38 590	(3)普通并购贷款	4 900	4 900	
六、卖出回购资产	254 914	143 276	111 638	(4)银团贷款	1 800 832	123 004	447 997
七、向中央银行借款	20 100	20 100		(5)贸易融资			
八、同业往来(来源方)	5 788 171	2 285 247	2 532 788	(6)境外投资转贷款	6 042	4 816	-1 253
1.同业存放	5 787 931	2 285 247	2 542 184	3.融资租赁			
其中:境外同业存放				4.票据融资	404 789	-39 071	-646 919
2.同业拆借	240		-9 396	其中:贴现	404 789	-39 072	-646 918
其中:境外同业拆借			-9 396	5.各项垫款	5 558	-2 529	-3 963
九、境外联行往来(来源方)				(二)境外贷款	100	-24	
十、外汇买卖(来源方)	1 073 455	-2 827 468	992 547	二、有价证券	22 018	-8 483	-12 230
其中:结售汇	1 069 862	-2 827 390	992 613	三、股权及其他投资			
十一、委托存款及委托投资基金(净)	332 015	-164 928	-241 260	四、应收及预付款	684 185	136 810	-1 137 631
1.委托存款及委托投资基金	1 650 030	366 587	116 893	其中:应收利息	47 435	22956	11 486
2.减:委托贷款及委托投资	1 318 015	531 515	358 153	五、买入返售资产	874 970	224 683	157 437
十二、代理金融机构委托贷款基金		-1	-13 480	六、存放中央准备金存款	462 046	154 149	11 162
其中:中央银行委托贷款基金				七、存放中央银行特种存款			
十三、各项准备	275 384	43 015	54 253	八、缴存中央银行财政性存款	42 575	19 957	-7 823
其中:贷款损失准备	265 390	44 045	54 907	九、同业往来	1 805 021	1 669 657	28 431
十四、所有者权益	547 702	187 288	175 161	1.存放同业	1 213 198	1 097 834	8 431
其中:实收资本				其中:存放境外同业			
十五、其他	-11 572 829	-3 575 281	-4 664 946	2.拆放同业	591 823	571 823	20 000
				其中:拆放境外同业			
				十、境外联行往来(运用方)			
				十一、代理金融机构贷款			
				其中:代理人行专项贷款			
				十二、库存现金	86 104	19 116	17 863
				十三、外汇买卖(运用方)	1 073 453	-2 827 466	992 544
				其中:结售汇	1 069 862	-2 827 217	992 440
				十四、投资性房地产			
资金来源总计	25 629 991	2 798 816	3 231 512	资金运用总计	25 629 991	2 798 816	3 231 512

河北省股份制商业银行人民币信贷收支表

（2011 年 12 月 31 日）　　单位:万元

来源项目名称	本月余额	比年初 今年	比年初 去年	运用项目名称	本月余额	比年初 今年	比年初 去年
一、各项存款	27 687 462	6 594 041	5 206 255	一、各项贷款	20 260 313	3 228 225	3 208 004
1.单位存款	19 477 242	4 423 793	3 569 760	㈠境内贷款	20 260 213	3 228 249	3 208 004
其中:活期存款	7 088 155	997 426		1.短期贷款	9 803 514	2 599 774	1 024 596
定期存款	3 202 959	1 342 394		(1)个人贷款及透支	801 650	428 731	215 949
通知存款	510 747	-68 857		其中:个人消费贷款	65 428	23 329	11 504
保证金存款	7 138 606	1 920 738	2 147 472	(2)单位贷款及透支	8 204 724	1 953 796	626 433
2.个人存款	7 081 308	1 868 128	1 206 840	其中:经营贷款	8 001 433	1 784 643	613 752
储蓄存款	6 740 230	1 621 850	1 126 735	固定资产贷款	156 907	140 707	16 200
保证金存款	49 843	48 811	1 003	(3)普通并购贷款			
结构性存款	291 235	197 466	79 102	(4)银团贷款	199 000	64 050	-2 900
3.临时性存款	96 419	30 401	10 499	(5)贸易融资	598 141	153 198	185 114
4.其他存款	1 032 493	271 719	419 156	(6)境外投资转贷款			
二、代理财政性存款	41 311	1 964	-1 072	2.中长期贷款	10 046 353	670 076	2 834 290
三、金融债券				(1)个人贷款	1 985 936	638 971	575 106
其中:境外发行				其中:个人消费贷款	1 534 759	476 650	526 395
四、中长期借款				(2)单位贷款	6 251 684	-101 662	1 808 569
其中:境外借款				其中:经营贷款	2 368 090	-415 746	957 465
五、应付及暂收款	645 956	166 278	-448 336	固定资产贷款	3 883 594	314 084	851 104
其中:应付利息	187 515	72 921	38 777	(3)普通并购贷款	4 900	4 900	
六、卖出回购资产	254 914	143 276	111 638	(4)银团贷款	1 800 832	124 867	450 615
七、向中央银行借款	20 100	20 100		(5)贸易融资			
八、同业往来(来源方)	5 763 671	2 261 695	2 544 350	(6)境外投资转贷款	3 000	3 000	
1.同业存放	5 763 431	2 261 695	2 544 350	3.融资租赁			
其中:境外同业存放				4.票据融资	404 789	-39 072	-646 918
2.同业拆借	240			其中:贴现	404 789	-39 072	-646 918
其中:境外同业拆借				5.各项垫款	5 558	-2 529	-3 963
九、境外联行往来(来源方)				㈡境外贷款	100	-24	
十、外汇买卖(来源方)	762 735	-1 358 227	628 778	二、有价证券	22 018	-8 483	-12 230
其中:结售汇	762 549	-1 358 255	628 681	三、股权及其他投资			
十一、委托存款及委托投资基金(净)	330 337	-163 173	-240 387	四、应收及预付款	440 260	120 773	-596 704
1.委托存款及委托投资基金	1 648 352	368 342	117 765	其中:应收利息	43 119	19 840	10 560
2.减:委托贷款及委托投资	1 318 015	531 515	358 153	五、买入返售资产	874 970	224 683	157 437
十二、代理金融机构委托贷款基金		-1	-13 480	六、存放中央准备金存款	462 046	154 149	11 162
其中:中央银行委托贷款基金				七、存放中央银行特种存款			
十三、各项准备	273 607	43 049	52 765	八、缴存中央银行财政性存款	42 575	19 957	-7 823
其中:贷款损失准备	263 613	44 080	53 419	九、同业往来	1 777 642	1 655 105	31 411
十四、所有者权益	537 745	179 453	176 600	1.存放同业	1 185 819	1 083 282	11 411
其中:实收资本				其中:存放境外同业			
十五、其他	-11 578 732	-3 825 755	-4 575 323	2.拆放同业	591 823	571 823	20 000
				其中:拆放境外同业			
				十、境外联行往来(运用方)			
				十一、代理金融机构贷款			
				其中:代理人行专项贷款			
				十二、库存现金	82 041	18 699	17 785
				十三、外汇买卖(运用方)	777 243	-1 350 408	632 747
				其中:结售汇	777 026	-1 350 456	632 647
				十四、投资性房地产			
资金来源总计	24 739 107	4 062 700	3 441 788	资金运用总计	24 739 107	4 062 700	3 441 788

河北省股份制商业银行外汇信贷收支表

（2011 年 12 月 31 日）

单位:万美元

来源项目名称	本月余额	比年初		运用项目名称	本月余额	比年初	
		今年	去年			今年	去年
一、各项存款	43 347	-14 171	24 766	一、各项贷款	50 676	29 969	-3 221
1.单位存款	35 252	-14 611	24 828	㈠境内贷款	50 676	29 969	-3 221
其中:活期存款	28 322	-18 247		1.短期贷款	50 193	29 953	-2 605
定期存款	653	550		(1)个人贷款及透支			
通知存款	4 384	4 384		其中:个人消费贷款			
保证金存款	1 894	-1 298	1 318	(2)单位贷款及透支	38 293	21 283	-2 365
2.个人存款	6 915	297	-392	其中:经营贷款	38 293	21 283	
储蓄存款	4 665	-44	-1 205	固定资产贷款			
保证金存款	66	18	13	(3)普通并购贷款			
结构性存款	2 184	322	799	(4)银团贷款			
3.临时性存款	1 180	143	330	(5)贸易融资	11 900	8 670	-241
4.其他存款				(6)境外投资转贷款			
二、代理财政性存款	0	0	0	2.中长期贷款	483	16	-615
三、金融债券				(1)个人贷款			
其中:境外发行				其中:个人消费贷款			
四、中长期借款				(2)单位贷款			-62
其中:境外借款				其中:经营贷款			
五、应付及暂收款	41 775	7 026	-91 120	固定资产贷款			
其中:应付利息	23	-2	-27	(3)普通并购贷款			
六、卖出回购资产				(4)银团贷款		-281	-375
七、向中央银行借款				(5)贸易融资			
八、同业往来(来源方)	3 888	3 745	-1 689	(6)境外投资转贷款	483	298	-178
1.同业存放	3 888	3 745	-313	3.融资租赁			
其中:境外同业存放				4.票据融资	0	0	0
2.同业拆借			-1 376	其中:贴现			
其中:境外同业拆借			-1 376	5.各项垫款			
九、境外联行往来(来源方)				㈡境外贷款			
十、外汇买卖(来源方)	49 314	-219 453	61 363	二、有价证券			
其中:结售汇	48 773	-219 463	61 371	三、股权及其他投资			
十一、委托存款及委托投资基金(净)	266	-252	-112	四、应收及预付款	38 713	4 303	-78 184
1.委托存款及委托投资基金	266	-252	-112	其中:应收利息	685	504	141
2.减:委托贷款及委托投资				五、买入返售资产			
十二、代理金融机构委托贷款基金				六、存放中央准备金存款			
其中:中央银行委托贷款基金				七、存放中央银行特种存款			
十三、各项准备	282	8	226	八、缴存中央银行财政性存款			
其中:贷款损失准备	282	8	226	九、同业往来	4 345	2 408	-378
十四、所有者权益	1 580	1 260	-201	1.存放同业	4 345	2 408	-378
其中:实收资本				其中:存放境外同业			
十五、其他	937	37 866	-14 237	2.拆放同业			
				其中:拆放境外同业			
				十、境外联行往来(运用方)			
				十一、代理金融机构贷款			
				其中:代理人行专项贷款			
				十二、库存现金	645	94	28
				十三、外汇买卖(运用方)	47 011	-220 745	60 751
				其中:结售汇	46 475	-220 726	60 734
				十四、投资性房地产			
资金来源总计	141 390	-183 971	-21 003	资金运用总计	141 390	-183 971	-21 003

河北省农村合作银行人民币信贷收支表

(2011 年 12 月 31 日)　　　　单位:万元

栏目 来源项目名称	本月余额	比年初		栏目 运用项目名称	本月余额	比年初	
		今年	去年			今年	去年
一、各项存款	1 264 110	71 303	-63 540	一、各项贷款	868 887	1 822	104 088
1.单位存款	288 146	-38 018	-186 350	㈠境内贷款	868 887	1 822	104 088
其中:活期存款	245 104	-14 629		1.短期贷款	579 120	-84 790	102 722
定期存款	34 735	-8 593		(1)个人贷款及透支	93 438	-24 561	25 765
通知存款	1 739	-2 683		其中:个人消费贷款	9 647	-25 484	14 908
保证金存款	2 236	-16 445	-13 283	(2)单位贷款及透支	485 682	-60 229	76 957
2.个人存款	975 754	110 702	122 654	其中:经营贷款	485 682	-60 229	76 957
储蓄存款	975 754	110 702	122 654	固定资产贷款			
保证金存款				(3)普通并购贷款			
结构性存款				(4)银团贷款			
3.临时性存款	210	-1 381	156	(5)贸易融资			
4.其他存款				(6)境外投资转贷款			
二、代理财政性存款	883	865	13	2.中长期贷款	243 034	112 062	-8 418
三、金融债券				(1)个人贷款	49 597	23 460	-2 259
其中:境外发行				其中:个人消费贷款	41 181	36 791	4 237
四、中长期借款				(2)单位贷款	193 437	88 602	-6 159
其中:境外借款				其中:经营贷款	193 437	88 602	-6 159
五、应付及暂收款	32 572	419	-1 275	固定资产贷款			
其中:应付利息	23 665	4 356	-38	(3)普通并购贷款			
六、卖出回购资产				(4)银团贷款			
七、向中央银行借款		-10 908		(5)贸易融资			
八、同业往来(来源方)	788	-169 725	170 485	(6)境外投资转贷款			
1.同业存放	788	-169 725	170 485	3.融资租赁			
其中:境外同业存放				4.票据融资	24 650	-23 455	-148
2.同业拆借				其中:贴现	24 650	-23 455	-148
其中:境外同业拆借				5.各项垫款	22 083	-1 995	9 932
九、境外联行往来(来源方)				㈡境外贷款			
十、外汇买卖(来源方)				二、有价证券	96 787	-10 054	14 871
其中:结售汇				三、股权及其他投资	400		-89 441
十一、委托存款及委托投资基金(净)			-26	四、应收及预付款	7 003	336	369
1.委托存款及委托投资基金	134 238	15 032	99 703	其中:应收利息	3 907	-523	308
2.减:委托贷款及委托投资	134 238	15 032	99 729	五、买入返售资产		-247 995	247 995
十二、代理金融机构委托贷款基金				六、存放中央准备金存款	217 177	23 481	28 426
其中:中央银行委托贷款基金				七、存放中央银行特种存款			
十三、各项准备	53 604	4 072	630	八、缴存中央银行财政性存款			
其中:贷款损失准备	51 193	4 472	630	九、同业往来	244 388	147 079	-20 541
十四、所有者权益	141 407	14 695	53 232	1.存放同业	243 978	147 079	-20 541
其中:实收资本	75 154	4 058	39 111	其中:存放境外同业			
十五、其他	-49 531	3 197	129 029	2.拆放同业	410		
				其中:拆放境外同业			
				十、境外联行往来(运用方)			
				十一、代理金融机构贷款			
				其中:代理人行专项贷款			
				十二、库存现金	9 191	-751	2 781
				十三、外汇买卖(运用方)			
				其中:结售汇			
				十四、投资性房地产			
资金来源总计	1 443 833	-86 082	288 548	资金运用总计	1 443 833	-86 082	288 548

河北省农村商业银行人民币信贷收支表

（2011年12月31日） 单位:万元

栏目 来源项目名称	本月余额	比年初		栏目 运用项目名称	本月余额	比年初	
		今年	去年			今年	去年
一、各项存款	397 572	38 502	9 325	一、各项贷款	307 533	40 347	59 314
1.单位存款	154 234	-14 290	-20 140	㈠境内贷款	307 533	40 347	59 314
其中:活期存款	90 625	-11 150		1.短期贷款	253 844	48 712	56 836
定期存款	49 989	-5 657		(1)个人贷款及透支	58 117	4 501	29 983
通知存款	750	370		其中:个人消费贷款	19 907	10 800	513
保证金存款	12 870	2 148	9 011	(2)单位贷款及透支	195 727	44 211	26 853
2.个人存款	243 023	52 544	29 398	其中:经营贷款	195 727	44 211	26 853
储蓄存款	243 023	52 544	29 398	固定资产贷款			
保证金存款				(3)普通并购贷款			
结构性存款				(4)银团贷款			
3.临时性存款	315	248	67	(5)贸易融资			
4.其他存款				(6)境外投资转贷款			
二、代理财政性存款	8 803	8 803	-2 946	2.中长期贷款	34 690	-5 306	2 638
三、金融债券				(1)个人贷款	14 032	13 301	723
其中:境外发行				其中:个人消费贷款	1 008	622	378
四、中长期借款	300			(2)单位贷款	20 658	-18 607	1 915
其中:境外借款				其中:经营贷款	20 658	-18 607	1 915
五、应付及暂收款	9 773	521	-595	固定资产贷款			
其中:应付利息	3 851	464	186	(3)普通并购贷款			
六、卖出回购资产				(4)银团贷款			
七、向中央银行借款	11 547	1 544		(5)贸易融资			
八、同业往来(来源方)	8 762	-37 294	12 250	(6)境外投资转贷款			
1.同业存放	8 762	-22 294	12 250	3.融资租赁			
其中:境外同业存放				4.票据融资	18 999	-3 059	-160
2.同业拆借		-15 000		其中:贴现	18 999	-3 059	-160
其中:境外同业拆借				5.各项垫款			
九、境外联行往来(来源方)				㈡境外贷款			
十、外汇买卖(来源方)				二、有价证券	28 117	-14 231	-7 974
其中:结售汇				三、股权及其他投资	240		-1 000
十一、委托存款及委托投资基金(净)			-31	四、应收及预付款	827	-165	22
1.委托存款及委托投资基金			-31	其中:应收利息	416	-112	192
2.减:委托贷款及委托投资				五、买入返售资产		-2 788	2 788
十二、代理金融机构委托贷款基金				六、存放中央准备金存款	92 316	5 229	-4 574
其中:中央银行委托贷款基金				七、存放中央银行特种存款			
十三、各项准备	13 039	2 740	2 237	八、缴存中央银行财政性存款			
其中:贷款损失准备	13 039	2 740	2 237	九、同业往来	15 067	-6 598	-3 606
十四、所有者权益	32 438	7 163	7 469	1.存放同业	14 767	-6 598	-3 606
其中:实收资本	21 203	3 665	5 142	其中:存放境外同业			
十五、其他	-33 321	714	18 050	2.拆放同业	300		
				其中:拆放境外同业			
				十、境外联行往来(运用方)			
				十一、代理金融机构贷款			
				其中:代理人行专项贷款			
				十二、库存现金	4 813	899	789
				十三、外汇买卖(运用方)			
				其中:结售汇			
				十四、投资性房地产			
资金来源总计	448 913	22 693	45 759	资金运用总计	448 913	22 693	45 759

河北省村镇银行人民币信贷收支表

（2011 年 12 月 31 日） 单位:万元

栏目 来源项目名称	本月余额	比年初		栏目 运用项目名称	本月余额	比年初	
		今年	去年			今年	去年
一、各项存款	159 376	121 508	26 422	一、各项贷款	93 630	73 123	16 412
1.单位存款	83 200	63 753	16 920	㈠境内贷款	93 630	73 123	16 412
其中:活期存款	65 304	49 933		1.短期贷款	62 643	45 630	13 327
定期存款	17327	13668		(1)个人贷款及透支	42 287	31 979	6 366
通知存款	300			其中:个人消费贷款	33	-167	226
保证金存款	270	153	20	(2)单位贷款及透支	20 356	13 650	6 961
2.个人存款	76 176	57 754	13 998	其中:经营贷款	20 356	13 650	6 961
储蓄存款	76 176	57 754	13 998	固定资产贷款			
保证金存款				(3)普通并购贷款			
结构性存款				(4)银团贷款			
3.临时性存款			-4 496	(5)贸易融资			
4.其他存款				(6)境外投资转贷款			
二、代理财政性存款				2.中长期贷款	8 300	5 201	2 690
三、金融债券				(1)个人贷款	8 120	5 021	2 690
其中:境外发行				其中:个人消费贷款	3 291	705	2 178
四、中长期借款				(2)单位贷款	180	180	
其中:境外借款				其中:经营贷款	180	180	
五、应付及暂收款	2 229	-6 162	8 318	固定资产贷款			
其中:应付利息	493	428	49	(3)普通并购贷款			
六、卖出回购资产				(4)银团贷款			
七、向中央银行借款	5 909	5 909		(5)贸易融资			
八、同业往来(来源方)			0	(6)境外投资转贷款			
1.同业存放			0	3.融资租赁			
其中:境外同业存放				4.票据融资	22 688	22 293	395
2.同业拆借				其中:贴现	22 688	22 293	395
其中:境外同业拆借				5.各项垫款			
九、境外联行往来(来源方)				㈡境外贷款			
十、外汇买卖(来源方)				二、有价证券			
其中:结售汇				三、股权及其他投资			
十一、委托存款及委托投资基金(净)				四、应收及预付款	1 143	-242	1 385
1.委托存款及委托投资基金	3 174	3 174		其中:应收利息	84	63	20
2.减:委托贷款及委托投资	3 174	3 174		五、买入返售资产	2 500	2 500	
十二、代理金融机构委托贷款基金				六、存放中央准备金存款	24 920	20 342	1 317
其中:中央银行委托贷款基金				七、存放中央银行特种存款			
十三、各项准备	1 818	1 188	451	八、缴存中央银行财政性存款			
其中:贷款损失准备	1 818	1 188	451	九、同业往来	76 210	45 699	25 406
十四、所有者权益	37 249	23 490	12 628	1.存放同业	76 210	45 699	25 406
其中:实收资本	36 880	22 880	13 000	其中:存放境外同业			
十五、其他	-5 946	-3 196	-2 562	2.拆放同业			
				其中:拆放境外同业			
				十、境外联行往来(运用方)			
				十一、代理金融机构贷款			
				其中:代理人行专项贷款			
				十二、库存现金	2 231	1 315	736
				十三、外汇买卖(运用方)			
				其中:结售汇			
				十四、投资性房地产			
资金来源总计	200 635	142 737	45 257	资金运用总计	200 635	142 737	45 257

河北省金融管理机构统计

河北省人民银行人民币信贷收支表

（2011年12月31日） 单位：万元

来源项目名称	本月余额	比年初 今年	比年初 去年	运用项目名称	本月余额	比年初 今年	比年初 去年
一、财政存款	3 250 183	394 716	-381 932	一、金融机构贷款	1 177 756	-260 621	401 608
其中：中央财政存款			·	1.中资大型银行贷款	12 650	-55 872	68 522
地方财政存款	3 250 183	394 716	-381 932	2.中资中小型银行贷款	124 670	-183 180	78 650
二、金融机构存款	18 689 566	5 023 491	1 456 853	3.城市信用社贷款	11 649		
1.中资大型银行存款	816 695	66 292	-613 717	4.农村信用社贷款	501 103	47 406	350 709
2.中资中小型银行存款	7 897 968	2 218 353	1 254 794	5.财务公司贷款	5 832	5 832	
3.城市信用社存款	4 466	-172	-95	6.外资金融机构贷款			
4.农村信用社存款	9 832 751	2 689 605	779 244	7.其他金融机构贷款	521 853	-74 807	-96 273
5.财务公司存款	135 036	50 999	34 418	其中：资产管理公司贷款			
6.外资金融机构存款	1 203	-1 003	2 206	二、专项贷款			
7.其他金融机构存款	1 448	-582	2	三、金银占款			
三、金融机构特种存款			-39 724	四、外汇占款			
四、邮政储蓄转存款			-36	五、有价证券及投资			
五、商业银行划来财政性存款	644 543	36 959	166 141	六、买入返售证券			
六、卖出回购证券				七、存放金融机构			
七、中央银行债券							
八、国家资本							
九、其他	-21 406 536	-5 715 788	-799 693				
资金来源总计	1 177 756	-260 621	401 608	资金运用总计	1 177 756	-260 621	401 608

河北省人民银行系统机构、人员情况一览表

（2011 年 12 月 31 日）

单位：个、人

单位名称	从业人员	在岗职工	柜员合同工	代理用工	离退休	一级分行（局）	省行营业部二级分行（局）	县支行（局）	城区支行（局）	二级支行（局）	分理处	集镇办	储蓄所	各类机构总数
石家庄	1 373	1 036			337	1		17						18
承　德	479	363			116		1	8						9
张家口	767	571			196		1	13						14
秦皇岛	374	290			84		1	4						5
唐　山	653	476			177		1	8						9
廊　坊	559	431			128		1	8						9
保　定	1153	926			227		1	22						23
沧　州	714	553			161		1	13						14
衡　水	569	459			110		1	10						11
邢　台	786	604			182		1	16						17
邯　郸	845	655			190		1	14						15
总　计	8 272	6 364			1 908	1	10	133						144

河北省人民银行系统职工性别、年龄、学历、职称结构统计表

（2011 年 12 月 31 日）

单位：人

机构名称	性别结构			年龄结构					学历结构						职称结构				
	男	女	合计	30 岁以下	31 ~40 岁	41 ~50 岁	51 ~60 岁	合计	博士研究生	硕士研究生	大学本科	大学专科	中专及以下	合计	高级职称	中级职称	初级职称	其他	合计
石家庄	689	347	1 036	79	196	515	246	1 036	3	70	491	296	176	1 036	48	506	232	250	1 036
承德	269	94	363	19	49	202	93	363		1	30	264	68	363	7	183	63	110	363
张家口	415	156	571	24	86	303	158	571		1	64	381	125	571	4	263	182	122	571
秦皇岛	201	89	290	18	47	154	71	290		9	66	124	91	290	4	134	110	42	290
唐山	339	137	476	23	79	232	142	476		5		361	110	476	12	242	89	133	476
廊坊	298	133	431	30	100	214	87	431		10		344	77	431	5	193	108	125	431
保定	650	276	926	28	190	458	250	926		5		641	280	926	13	407	265	241	926
沧州	417	136	553	17	87	299	150	553		5	214	178	156	553	8	274	99	172	553
衡水	338	121	459	15	92	244	108	459		4	168	172	115	459	6	253	75	125	459
邢台	471	133	604	20	112	290	182	604		1		451	152	604	11	296	141	156	604
邯郸	486	169	655	19	113	337	186	655	1	6	93	414	141	655	8	302	253	92	655
总计	4 573	1 791	6 364	292	1 151	3 248	1 673	6 364	4	117	1 126	3 626	1 491	6 364	126	3 053	1 617	1 568	6 364

中国银行业监督管理委员会河北监管局机构、人员情况一览表

（2011年12月31日） 单位：人

地区	机构数	人员数
省局机关	1	259
承德	1	63
张家口	1	84
秦皇岛	1	54
唐山	1	80
廊坊	1	65
保定	1	129
沧州	1	86
衡水	1	72
邢台	1	102
邯郸	1	94
总计	11	1 088

中国银行业监督管理委员会河北监管局职工性别、年龄、学历、职称结构统计表

（2011年12月31日）

单位：人

机构名称	性别结构			年龄结构					学历结构						职称结构			
	男	女	合计	30岁以下	31～40岁	41～50岁	51～60岁	合计	博士	硕士	学士	本科及大专	中专及以下	合计	高级职称	中级职称	初级职称	合计
省局机关	161	98	259	31	53	140	35	259	1	41	162	44	11	259	25	133	27	185
承德	43	20	63	7	10	31	15	63		3	5	53	2	63	1	42	6	49
张家口	70	14	84	6	14	44	20	84		2	15	66	1	84		56	12	68
秦皇岛	31	23	54	2	11	34	7	54		4	9	33	8	54		38	10	48
唐山	59	21	80	4	13	50	13	80			18	59	3	80		56	12	68
廊坊	49	16	65	12	6	37	10	65		5	10	48	2	65	1	30	17	48
保定	95	34	129	6	24	83	16	129		3	65	49	12	129	3	87	28	118
沧州	69	17	86		13	56	17	86				84	2	86	1	66	11	78
衡水	53	19	72	6	16	35	15	72				70	2	72	2	49	12	63
邢台	77	25	102	6	24	56	16	102			28	69	5	102	2	64	18	84
邯郸	75	19	94	8	15	52	19	94		2	34	56	2	94	2	70	11	83
总计	782	306	1 088	88	199	618	183	1 088	1	60	346	631	50	1 088	37	691	164	892

河北省银行业分地区机构、人员情况一览表

（2011 年 12 月 31 日）

单位：个、人

地区	机构数	人员数
石家庄	1 502	29 496
邢台	884	12 757
邯郸	1 143	14 988
衡水	579	9 208
保定	1 286	18 554
沧州	915	13 165
廊坊	667	10 241
唐山	1 116	17 540
张家口	761	10 456
承德	635	7 154
秦皇岛	501	8 393
合计	9 989	151 952

河北省银行业机构、人员情况一览表

（2011 年 12 月 31 日）

单位:个、人

机构名称	机构数	人员数
国有商业银行	3 107	73 885
工商银行	838	21 293
农业银行	1 033	21 264
中国银行	468	11 937
建设银行	692	17 177
交通银行	76	2 214
政策性银行及国家开发银行	164	3 589
国家开发银行	1	157
农业发展银行	163	3 432
股份制商业银行	104	4 196
中信银行	29	986
光大银行	13	459
华夏银行	15	594
浦发银行	8	264
兴业银行	9	553
民生银行	27	1 160
招商银行	2	126
渤海银行唐山支行	1	54
城市商业银行	401	10 229
农村合作金融机构	4 814	50 938
农村合作银行	99	1 048
农村商业银行	33	424
农村信用社	4 682	49 466
村镇银行	21	470
资金互助社	1	10
邮政储蓄机构	1 367	8 149
非银行金融机构	5	254
财务公司	3	84
信托投资公司	1	90
金融租赁公司	1	80
金融资产管理公司	4	187
外资金融机构	1	45
合　计	9 989	151 952

河北省上市公司统计表

（2011 年 12 月 31 日）

序号	股票代码	板块	股票简称	公司名称	公司地址	邮政编码	上市时间	董秘	办公电话	传真
1	000401	主板	冀东水泥	唐山冀东水泥股份有限公司	河北省唐山市丰润区林荫路	063031	1996.6.14	李占军	0315－3083382	0315－3244005
2	000408	主板	ST 金谷源	玉源控股股份有限公司	北京市朝阳区华严北里甲 1 号健翔山庄 B6	100029	1996.6.28	张春生	010－62021686	010－62016515
3	000413 200413	主板 B 股	宝石 A 宝石 B	石家庄宝石电子玻璃股份有限公司	河北省石家庄市高新技术产业开发区黄河大道 9 号	050035	1996.9.25	付殷芳	0311－86917771	0311－86917775
4	000600	主板	建投能源	河北建设能源投资股份有限公司	石家庄市裕华西路 9 号裕园广场 A 座 17 层	050051	1996.6.6	姚　勛	0311－85518601	0311－85518601
5	000687	主板	保定天鹅	保定天鹅股份有限公司	河北省保定市纸厂路一号	071055	1997.2.21	李　斌	0312－3322326	0312－3322055
6	000709	主板	河北钢铁	河北钢铁股份有限公司	石家庄市裕华西路 40 号	063016	1997.4.16	李卜海	0311－66778719	0311－66778711
7	000778	主板	新兴铸管	新兴铸管股份有限公司	河北省武安市上洛阳村北(2672 厂区)	056300	1997.6.6	曾耀赣	0310－5792007	0310－5796999
8	000848	主板	承德露露	河北承德露露股份有限公司	河北省承德市高新技术产业开发区西区 8 号	067000	1997.11.13	李文生	0314－2059888	0314－2059100
9	000856	主板	ST 唐陶	唐山陶瓷股份有限公司	河北省唐山市路北区缸窑路 110 号	063022	1998.8.13	张增光(代)	0315－3282555	0315－3271595
10	000889	主板	渤海物流	秦皇岛渤海物流控股股份有限公司	河北省秦皇岛市海港区河北大街 146 号金原国际商务大厦 26、27 层	066000	1997.12.18	焦海青	0335－3280638	0335－3022676
11	000923	主板	河北宣工	河北宣化工程机械股份有限公司	河北省张家口市宣化区东升路 21 号	075105	1999.7.14	庞廷闽	0313－3186008	0313－3056036
12	000937	主板	冀中能源	冀中能源股份有限公司	河北省邢台市中兴西大街 191 号	054000	1999.9.9	陈立军	0319－2068282	0319－2068666
13	000958	主板	ST 东热	石家庄东方热电股份有限公司	河北省石家庄市建华南大街 161 号	050031	1999.12.23	王世荣	0311－85087068	0311－85087068
14	600135	主板	乐凯胶片	乐凯胶片股份有限公司	河北省保定市建设南路 1 号	071054	1998.1.22	张永光	0312－3302372	0312－3302386
15	600149	主板	ST 廊发展	廊坊发展股份有限公司	河北省廊坊开发区科技谷园区青果路 99 号	100102		王云凌	0316－6066958	0316－6069858
16	600155	主板	＊ST 宝硕	河北宝硕股份有限公司	河北省保定国家高新技术产业开发区朝阳北路 175 号	071051	1998.9.18	戴文斌	0312－3109616	0312－3109619
17	600230	主板	沧州大化	河北沧州大化股份有限公司	河北省沧州市永济东路 19 号	061000	2000.4.6	金　津	0317－3556143	0317－3025065
18	000158	主板	常山股份	石家庄常山纺织股份有限公司	河北省石家庄市和平东路 183 号	050011	2000.7.24	池俊平	0311－86910388	0311－86673929
19	600409	主板	三友化工	唐山三友化工股份有限公司	河北省唐山市南堡开发区	063305	2003.6.18	张建华	0315－8511337	0315－8519188 8511006
20	600480	主板	凌云股份	凌云工业股份有限公司	河北省涿州市松林店镇	072761	2003.8.15	张建华	0312－3955116	0312－3951234
21	600482	主板	风帆股份	风帆股份有限公司	河北省保定市国家高新技术产业开发区朝阳北路 206 号	071057	2001.7.14	张亚光	0312－3208588	0312－3215920

序号	股票代码	板块	股票简称	公司名称	公司地址	邮政编码	上市时间	董秘	办公电话	传真
22	600550	主板	天威保变	保定天威保变电气股份有限公司	河北省保定市天威西路318号	071056	2001.2.28	张继承	0312-3308413	0312-3308413
23	600559	主板	老白干酒	河北衡水老白干酒业股份有限公司	河北省衡水市人民东路39号	053000	2002.10.29	刘　勇	0318-2122755	0318-2669976
24	600722	主板	ST金化	河北金牛化工股份有限公司	河北省沧州市黄河东路20号	061000	1996.6.26	郝利辉	0317-3509929	0317-3030719 0317-3509906
25	600803	主板	威远生化	河北威远生物化工股份有限公司	河北省石家庄市和平东路393号	050031	1994.1.3	王东英	0311-85915898	0311-85915998
26	600812	主板	华北制药	华北制药股份有限公司	河北省石家庄市和平东路388号	050015	1994.1.14	杨海静	0311-85992929	0311-86060942
27	600965	主板	福成五丰	河北福成五丰食品股份有限公司	河北省三河市燕郊经济技术开发区	065202	2004.7.13	宋宝贤	010-61595607	010-61595618
28	600997	主板	开滦股份	开滦能源化工股份有限公司	河北省唐山市新华东道70号东楼	063018	2001.6.2	侯树忠	0315-3026757	0315-3026507
29	601000	主板	唐山港	唐山港集团股份有限公司	唐山海港经济开发区	063611	2010.7.5	单利霞	0315-2916891	0315-2916409
30	601258	主板	庞大集团	庞大汽贸集团股份有限公司	河北省唐山市滦县火车站东一公里处	063700	2011.4.28	王　寅	010-59767095	010-59767091
31	601633	主板	长城汽车	长城汽车股份有限公司	河北省保定市朝阳南大街2266号	071000	2011.9.28	徐　辉	0312-2197813	0312-2197812
32	002049	中小板	晶源电子	唐山晶源裕丰电子股份有限公司	唐山市玉田县城西大街150号	064100	2005.6.6	杜林虎	0315-6198161	0315-6198179
33	002108	中小板	沧州明珠	沧州明珠塑料股份有限公司	沧州市新华西路43号	061001	2007.1.24	于增胜	0317-2075199	0317-2075246
34	002146	中小板	荣盛发展	荣盛房地产发展股份有限公司	廊坊市新开路239号荣盛地产大厦	065000	2007.8.8	陈金海	0316-5908566	0316-5908567
35	002282	中小板	博深工具	博深工具股份有限公司	石家庄高新技术产业开发区海河道10号	050035	2009.8.21	任京建	0311-85381666	0311-85965550
36	002342	中小板	巨力索具	巨力索具股份有限公司	河北省保定市徐水巨力路	072500	2010.1.26	白雪飞	0312-8608899	0312-8608086
37	002442	中小板	龙星化工	龙星化工股份有限公司	沙河市东环路龙星街1号	054100	2010.7.6	江　浩	0319-8869535	0319-8869260
38	002459	中小板	天业通联	秦皇岛天业通联重工股份有限公司	秦皇岛北戴河区金城路48号	066100	2010.8.10	徐　波	0335-5302528	0335-5302528
39	002494	中小板	华斯股份	华斯农业开发股份有限公司	河北沧州肃宁县尚村镇	062350	2011.11.2	郗惠宁	0317-5090055	0317-5115789
40	002603	中小板	以岭药业	石家庄以岭药业股份有限公司	河北省石家庄市高新技术产业开发区天山大街238号	050035	2011.7.28	吴　瑞	0311-85901311	0311-85901311
41	200160	B股	ST大路B	承德帝贤针纺股份有限公司	河北省承德县下板城镇	067400	2000.9.29	韩志刚	0314-3115048	0314-3111475
42	300081	创业板	恒信移动	河北恒信移动商务股份有限公司	石家庄市建设南大街80号恒辉大厦	050021	2010.5.20	陈　伟	010-88846662	010-88846622
43	300107	创业板	建新股份	河北建新化工股份有限公司	沧州市临港化工园区	061001	2010.8.20	陈学为	0317-3563326 -9009	0317-3562683
44	300137	创业板	先河环保	河北先河环保科技股份有限公司	石家庄市湘江道251号	050035	2011.11.5	邢金生	0311-85323900	0311-85323456
45	300138	创业板	晨光生物	晨光生物科技集团股份有限公司	河北邯郸曲周县晨光路1号	057250	2011.11.5	刘英山	0310-8851698	0310-8851011
46	300255	创业板	常山药业	河北常山生化药业股份有限公司	河北省石家庄市正定富强路9号	050800	2011.8.19	张　威	0311-88712789	0311-88712397

河北省证券经营机构经营情况统计表

（2011 年 12 月 31 日）

序号	地市	证券营业部(家)	其中：财达证券	员工人数	证券帐户（万户）	资金帐户（万户）	托管市值（亿元）	本年累计交易金额(亿元)	本年累计营业收入(万元)	本年累计净利润(万元)
1	石家庄	48	19	1 501	142	89	443	4 704	61 636	16 883
2	唐山	30	18	586	61	38	293	1 501	26 949	7 308
3	保定	16	10	499	45	25	188	1 100	19 937	6 585
4	邯郸	13	10	289	35	21	70	687	13 605	4 731
5	秦皇岛	9	7	173	24	13	55	660	13 721	5 870
6	沧州	11	8	174	28	15	50	677	11 258	4 818
7	廊坊	13	7	269	20	12	119	590	10 060	2 706
8	承德	4	3	81	13	7	20	280	6 555	3 031
9	邢台	8	5	180	20	11	28	341	7 391	2 903
10	张家口	4	2	94	14	8	26	268	7 276	3 208
11	衡水	4	4	60	15	8	16	257	4 930	2 398
	合计	160	93	3 906	418	249	1 307	11 066	183 320	60 441

河北省证券经营机构损益情况表

（2011 年 12 月 31 日） 单位:元

项目		期末余额	年初余额
资产负债状况	资产总额	12 923 224 890.50	22 141 881 817.02
	其中:银行存款-自有资金	52 738 844.25	33 759 169.40
	应收款项(不含内部往来)	14 226 438.00	16 204 540.00
	内部往来	5 244 084 734.20	8 730 484 440.12
	固定资产原值	540 395 838.70	520 712 064.33
	固定资产净值	312 965 343.43	335 150 330.49
	负债总额	12 010 308 955.21	21 048 384 880.04
	其中:代理买卖证券款	11 812 674 207.68	20 897 977 861.96
	其中:代理买卖证券款-人民币	11 741 517 872.78	20 666 104 314.14
	应付款项(不含内部往来)	39 956 156.44	53 665 747.27
	内部往来	5 101 910.88	25 917 534.48
	资产净值	912 915 935.29	1 093 496 936.98
项目		本期金额	本年累计金额
损益情况	营业收入	112 716 182.50	1 833 197 464.97
	其中:手续费及佣金收入	69 817 163.04	1 618 231 266.39
	利息收入	40 932 177.93	207 323 004.91
	营业支出	141 885 892.84	1 187 128 876.45
	其中:手续费支出	23 113 268.24	194 002 574.66
	佣金支出	1 169 481.08	8 369 842.97
	利息支出	13 610 834.81	71 005 876.17
	营业税金及附加	3 471 293.40	80 935 929.23
	业务及管理费	100 283 327.85	832 273 508.81
	其中:折旧及摊销	7 599 474.78	89 750 236.32
	场地设备租赁费	6 422 868.13	78 589 460.59
	职工薪酬	48 029 872.15	437 027 695.07
	电子设备运转费	2 335 830.06	13 131 838.30
	营业利润	-29 169 710.34	646 068 588.52
	利润总额	-29 082 427.87	646 773 893.84
	所得税	2 838 502.22	42 360 915.61
	净利润	-31 920 930.09	604 412 978.23

河北省期货经营机构统计表

（2011 年 12 月 31 日）

序号	机构名称	负责人	办公电话	详细地址
1	河北恒银期货经纪有限公司	李其强	0311－87898718	河北省石家庄市桥东区槐安东路 90 号国富大厦三层
2	河北恒银期货经纪有限公司衡水营业部	王士山	0318－5225999	河北省衡水市育才南大街 29 号广厦酒店北侧三楼
3	河北恒银期货经纪有限公司承德营业部	王晓军	0314－2071717	河北省承德市南营子大街永兴大厦 B 座七层
4	河北恒银期货经纪有限公司唐山营业部	常正胤	0315－2352909	河北省唐山市路北区大里路 228 号
5	河北恒银期货经纪有限公司邯郸营业部	张明国	0310－2035836	河北省邯郸市人民路 219 号邯郸国际商务中心 20 层 2013、2014 室
6	河北恒银期货经纪有限公司沧州营业部	李建平	0317－5673999	河北省沧州市浮阳北大道 28 号樸园新村北公建楼二楼
7	黑龙江三力期货经纪有限责任公司石家庄营业部	魏庆刚	0311－85113596	河北省石家庄市中山东路 289 号长安广场 15 层 1501 室、1503 室
8	冠通期货经纪有限公司秦皇岛营业部	姚剑辉	0335－3641266	河北省秦皇岛市港城大街 176 号八达大厦 9 楼
9	中辉期货经纪有限公司石家庄营业部	张秀丽	0311－85288801	石家庄市裕华西路 9 号裕园广场 C 座一单元 1903 室
10	北京中期期货有限公司保定营业部	沈立成	0312－3035518	河北省保定市时代路 56 号国贸大厦十层 1011、1012 室
11	津投期货经纪有限公司秦皇岛营业部	孙振伟	0335－3088123	河北省秦皇岛市海港区新华街 9 号新天地商务中心 A 座 2201、2218
12	华泰长城期货有限公司石家庄营业部	郭　琳	0311－85519307	河北省石家庄中山西路 188 号中华商务中心 A 座 1608、1611 室
13	晟鑫期货经纪有限公司石家庄营业部	杨　帅	0311－85189980	河北省石家庄市桥西区中山西路 48 号华银大厦 1502、1503 室
14	大华期货有限公司石家庄营业部	朱建伟	0311－87875665	河北省石家庄市桥西区自强路 35 号庄家金融大厦 903 室
15	民生期货有限公司唐山营业部	黄桂成	0315－2258814	河北省唐山市路北区友谊路 81 号天元大厦 302、303 室
16	中辉期货经纪有限公司唐山营业部	魏晓辉	0315－3739396	河北省唐山市新华道世博大厦 11 层 1113 室、1115 室、1116 室、1118 室
17	美尔雅期货经纪有限公司石家庄营业部	陈　璨	0311－89103817	河北省石家庄市中山西路 83 号东方大厦第九层 927 室
18	浙江省永安期货经纪有限公司石家庄营业部	王吉元	0311－86680600	河北省石家庄市长安区中山东路 322 号开元大厦 A－2－1002 室
19	北京中期期货有限公司唐山营业部	刘海峰	0315－3195433	河北省唐山市建设北路 152 号东方国际大厦 C 座 0812、0815 室
20	大连良运期货经纪有限公司石家庄营业部	沈　军	0311－89182815	河北省石家庄市长安区广安街 36 号银泰国际大厦 18 层 1803、1804 室
21	中电投先融期货有限公司石家庄营业部	李光辉	0311－86061916	河北省石家庄市长安区广安街 91 号世纪方舟 B－811
22	中国国际期货有限公司石家庄营业部	张笑金	0311－86080825	河北省石家庄市桥西区中华南大街 172 号泰丰大厦 1701、1703 室
23	中信建投期货经纪有限公司廊坊营业部	岳重光	0316－2326909	河北省廊坊市广阳区广阳道 20 号中太大厦 707、708、709 室
24	信达期货有限公司石家庄营业部	倪　辉	0311－89691997	河北省石家庄市平安南大街 30 号万隆大厦 5 层 501、502、503、504、510、511 室
25	锦泰期货有限公司石家庄营业部	王亚萌	0311－66683209	河北省石家庄市新华区康乐街 8 号尚德国际商务中心 509、510 室
26	北京中期期货有限公司邯郸营业部	高　永	0310－3053688	河北省邯郸市人民东路 98 号招贤大厦 1009、1010 室
27	中钢期货有限公司唐山营业部	梁国政	0315－3192882	河北省唐山市建设北路 152 号东方大厦 B 座 9388、9688 室
28	海通期货有限公司石家庄营业部	崔　哲	0311－86069155	河北省石家庄市长安区育才街 56 号九派大厦 A－1－1903
29	天富期货有限公司唐山营业部	马立柱	0315－2230128	河北省唐山市路北区大理路 121 号
30	河北恒银期货经纪有限公司廊坊营业部	师　洋	0316－2210666	河北省廊坊市新华路 76 号天利得益商务中心第 15 层 1508、1509、1510、1511 室
31	银河期货有限公司唐山营业部	王丕屹	0315－2849102	河北省唐山市路北区煤医道 12 号
32	上海中财期货有限公司唐山营业部	高向阳	0315－2222072	河北省唐山市路北区智源里和馨园 1－3－203、1－4－202

河北省期货经营机构经营业务统计表

（2011 年 12 月 31 日）

序号	地市	期货营业部(家)	与去年同期比较	其中：恒银期货	开户数	员工人数	保证金余额（亿元）	本年累计交易量(万手)	本年累计代理交易额(亿元)	本年累计手续费收入(万元)	本年累计净利润(万元)
1	唐山	8	33.33%	1	3 890	95	2.46	408.56	3 799.32	2 080.46	212.28
2	石家庄	13	0.00%	0	20 854	184	5.13	1 035.67	12 337.51	4 518.25	54.44
3	邯郸	2	0.00%	1	990	19	0.44	44.91	728.01	284.36	-7.88
4	沧州	1	0.00%	1	491	7	0.10	23.47	198.75	82.34	-48.40
5	保定	1	0.00%	0	1 775	20	0.52	76.28	821.28	501.76	61.26
6	廊坊	2	0.00%	1	1 104	18	0.17	24.68	268.79	189.71	-80.12
7	邢台	0	0.00%	0	–	–	–	–	–	–	–
8	秦皇岛	2	0.00%	0	1 119	14	0.32	45.79	501.56	285.95	80.97
9	张家口	0	0.00%	0	–	–	–	–	–	–	–
10	承德	1	0.00%	1	289	9	0.05	8.14	67.98	37.29	-49.33
11	衡水	1	0.00%	1	1 157	9	0.26	39.65	350.19	218.19	34.62
	全省	31	6.90%	6	31 669	375	9.45	1 707.14	19 073.40	8 198.31	257.84

注：“本期”相关数据为填报月度期间数据；“累计”相关数据为年初至填报月度末期间数据；其他数据为填报月度末时点数据。

河北省保险机构地区分布表

（2011 年 12 月 31 日）

	总公司	分公司	中心支公司	支公司	营业部	营销服务部	合计
石家庄市	0	53	17	141	4	342	557
唐山市	0	0	40	122	6	373	541
秦皇岛市	0	0	33	55	1	151	240
邯郸市	0	0	34	98	0	287	419
邢台市	0	0	26	87	0	166	279
保定市	0	0	36	140	2	321	499
张家口市	0	0	23	71	0	117	211
承德市	0	0	24	55	1	174	254
沧州市	0	0	35	101	2	215	353
廊坊市	0	0	26	57	1	197	281
衡水市	0	0	27	59	1	186	273
合　计	0	53	321	986	18	2 529	3 907

中国保险监督管理委员会河北监管局职工性别、年龄、学历、职称结构统计表

（2011 年 12 月 31 日）

单位：人

机构名称	性别结构			年龄结构					学历结构						职称结构			
	男	女	合计	30 岁以下	31 ~40 岁	41 ~50 岁	51 ~60 岁	合计	博士研究生	硕士研究生	大学本科	大学专科	中专及以下	合计	高级职称	中级职称	初级职称	合计
河北省	47	25	72	17	39	14	2	72	1	26	40	5	0	72	12	20	7	39

河北省保险业经营情况统计表

（2011 年 12 月 31 日）

单位:万元

项目	金额
原保险保费收入	7 328 886.63
1. 财产险	2 229 182.47
2. 人身险	5 099 704.16
（1）人身意外伤害	128 884.22
（2）健康险	268 711.05
（3）寿险	4 702 108.89
原保险赔付支出	1 834 738.63
1. 财产险	1 030 576.85
2. 人身险	804 161.78
（1）人身意外伤害	33 457.02
（2）健康险	97 703.09
（3）寿险	673 001.67

河北省银行业统计

国家开发银行股份有限公司河北省分行本外币信贷收支表

汇率:6.3009　　(2011 年 12 月 31 日)　　单位:万元

栏目 来源项目名称	本月余额	比年初		栏目 运用项目名称	本月余额	比年初	
		今年	去年			今年	去年
一、各项存款	1 860 483	396 901	-595 290	一、各项贷款	13 783 177	2 783 707	1 563 197
1.单位存款	1 210 483	396 901	-595 290	(一)境内贷款	13 606 293	2 613 445	1 556 574
其中:活期存款	1 063 271	564 491		1.短期贷款	976 462	430 956	-554 430
定期存款	8 455	-97 494		(1)个人贷款及透支			
通知存款	20 000	-95 000		其中:个人消费贷款			
保证金存款	571	-4 893	1 992	(2)单位贷款及透支	934 562	390 556	-555 930
2.个人存款				其中:经营贷款	925 562	630 656	204 186
储蓄存款				固定资产贷款	9 000	-240 100	-760 116
保证金存款				(3)普通并购贷款			
结构性存款				(4)银团贷款	41 000	39 500	1 500
3.临时性存款				(5)贸易融资	900	900	
4.其他存款	650 000			(6)境外投资转贷款			
二、代理财政性存款				2.中长期贷款	12 629 831	2 182 578	2 110 915
三、金融债券				(1)个人贷款	4 615	-11	214
其中:境外发行				其中:个人消费贷款	4 615	-11	214
四、中长期借款				(2)单位贷款	10 795 588	1 762 964	1 839 704
其中:境外借款				其中:经营贷款	316 920	205 953	66 071
五、应付及暂收款	15 349	-2 016	-583	固定资产贷款	10 478 669	1 557 011	1 748 404
其中:应付利息	1 197	-5 686	-1 276	(3)普通并购贷款	42 185	42 185	
六、卖出回购资产				(4)银团贷款	1 787 442	377 440	270 997
七、向中央银行借款				(5)贸易融资			
八、同业往来(来源方)		0	-4	(6)境外投资转贷款			
1.同业存放		0	-4	3.融资租赁			
其中:境外同业存放				4.票据融资		-88	88
2.同业拆借				其中:贴现		-88	88
其中:境外同业拆借				5.各项垫款			
九、境外联行往来(来源方)				(二)境外贷款	176 884	170 262	6 623
十、外汇买卖(来源方)	1 463	-45	0	二、有价证券			
其中:结售汇	1 463	-45	0	三、股权及其他投资			
十一、委托存款及委托投资基金(净)	47	47		四、应收及预付款	34 656	13 962	3 867
1.委托存款及委托投资基金	47	47		其中:应收利息	33 820	13 813	3 678
2.减:委托贷款及委托投资				五、买入返售资产			
十二、代理金融机构委托贷款基金				六、存放中央准备金存款	6 288	-6 688	-15 856
其中:中央银行委托贷款基金				七、存放中央银行特种存款			
十三、各项准备	311 485	311 485		八、缴存中央银行财政性存款			
其中:贷款损失准备	311 485	311 485		九、同业往来	0	0	0
十四、所有者权益	192 103	-51 184	56 117	1.存放同业	0	0	0
其中:实收资本				其中:存放境外同业			
十五、其他	11 444 655	2 135 749	2 090 968	2.拆放同业			
				其中:拆放境外同业			
				十、境外联行往来(运用方)			
				十一、代理金融机构贷款			
				其中:代理人行专项贷款			
				十二、库存现金			
				十三、外汇买卖(运用方)	1 463	-45	0
				其中:结售汇			
				十四、投资性房地产			
资金来源总计	13 825 585	2 790 936	1 551 207	资金运用总计	13 825 585	2 790 936	1 551 207

国家开发银行股份有限公司河北省分行人民币信贷收支表

（2011 年 12 月 31 日）

单位:万元

来源项目名称	本月余额	比年初 今年	比年初 去年	运用项目名称	本月余额	比年初 今年	比年初 去年
一、各项存款	1 626 344	166 018	−595 030	一、各项贷款	12 780 812	1 863 927	1 531 345
1.单位存款	976 344	166 018	−595 030	㈠境内贷款	12 780 812	1 863 927	1 531 345
其中:活期存款	829 703	332 335		1.短期贷款	513 346	−32 160	−554 430
定期存款	8 455	−97 494		(1)个人贷款及透支			
通知存款	20 000	−95 000		其中:个人消费贷款			
保证金存款		−3 620	3 603	(2)单位贷款及透支	471 446	−72 560	−555 930
2.个人存款				其中:经营贷款	462 446	167 540	204 186
储蓄存款				固定资产贷款	9 000	−240 100	−760 116
保证金存款				(3)普通并购贷款			
结构性存款				(4)银团贷款	41 000	39 500	1 500
3.临时性存款				(5)贸易融资	900	900	
4.其他存款	650 000			(6)境外投资转贷款			
二、代理财政性存款				2.中长期贷款	12 267 466	1 896 175	2 085 687
三、金融债券				(1)个人贷款	4 615	−11	214
其中:境外发行				其中:个人消费贷款	4 615	−11	214
四、中长期借款				(2)单位贷款	10 468 509	1 511 846	1 814 475
其中:境外借款				其中:经营贷款	74 335	−3 518	66 071
五、应付及暂收款	15 344	−2 021	195	固定资产贷款	10 394 174	1 515 364	1 748 404
其中:应付利息	1 192	−5 690	−1 276	(3)普通并购贷款	6 900	6 900	
六、卖出回购资产				(4)银团贷款	1 787 442	377 440	270 997
七、向中央银行借款				(5)贸易融资			
八、同业往来(来源方)		0	−4	(6)境外投资转贷款			
1.同业存放		0	−4	3.融资租赁			
其中:境外同业存放				4.票据融资		−88	88
2.同业拆借				其中:贴现		−88	88
其中:境外同业拆借				5.各项垫款			
九、境外联行往来(来源方)				㈡境外贷款			
十、外汇买卖(来源方)	118	−318	−240	二、有价证券			
其中:结售汇	118	−318	−240	三、股权及其他投资			
十一、委托存款及委托投资基金(净)	47	47		四、应收及预付款	32 541	12 097	3 803
1.委托存款及委托投资基金	47	47		其中:应收利息	31 734	11 945	3 624
2.减:委托贷款及委托投资				五、买入返售资产			
十一、委托存款及委托投资基金(净)				六、存放中央准备金存款	6 288	−6 688	−15 856
其中:中央银行委托贷款基金				七、存放中央银行特种存款			
十三、各项准备	311 485	311 485		八、缴存中央银行财政性存款			
其中:贷款损失准备	311 485	311 485		九、同业往来	0	0	0
十四、所有者权益	181 539	−59 211	56 060	1.存放同业	0	0	0
其中:实收资本				其中:存放境外同业			
十五、其他	10 686 227	1 453 292	2 058 310	2.拆放同业			
				其中:拆放境外同业			
				十、境外联行往来(运用方)			
				十一、代理金融机构贷款			
				其中:代理人行专项贷款			
				十二、库存现金			
				十三、外汇买卖(运用方)	1 463	−45	0
				其中:结售汇			
				十四、投资性房地产			
资金来源总计	12 821 105	1 869 291	1 519 291	资金运用总计	12 821 105	1 869 291	1 519 291

国家开发银行股份有限公司河北省分行外汇信贷收支表

（2011年12月31日） 单位:万美元

栏目 来源项目名称	本月余额	比年初		栏目 运用项目名称	本月余额	比年初	
		今年	去年			今年	去年
一、各项存款	37 160	36 668	-23	一、各项贷款	159 083	146 613	5 040
1.单位存款	37 160	36 668	-23	㈠境内贷款	131 010	119 540	4 040
其中:活期存款	37 069	36 856		1.短期贷款	73 500	73 500	
定期存款				(1)个人贷款及透支			
通知存款				其中:个人消费贷款			
保证金存款	91	-188	-228	(2)单位贷款及透支	73 500	73 500	
2.个人存款				其中:经营贷款	73 500	73 500	
储蓄存款				固定资产贷款			
保证金存款				(3)普通并购贷款			
结构性存款				(4)银团贷款			
3.临时性存款				(5)贸易融资			
4.其他存款				(6)境外投资转贷款			
二、代理财政性存款				2.中长期贷款	57 510	46 040	4 040
三、金融债券				(1)个人贷款			
其中:境外发行				其中:个人消费贷款			
四、中长期借款				(2)单位贷款	51 910	40 440	4 040
其中:境外借款				其中:经营贷款	38 500	33 500	
五、应付及暂收款	1	1	-114	固定资产贷款	13 410	6 940	
其中:应付利息	1	1	0	(3)普通并购贷款	5 600	5 600	
六、卖出回购资产				(4)银团贷款			
七、向中央银行借款				(5)贸易融资			
八、同业往来(来源方)				(6)境外投资转贷款			
1.同业存放				3.融资租赁			
其中:境外同业存放				4.票据融资			
2.同业拆借				其中:贴现			
其中:境外同业拆借				5.各项垫款			
九、境外联行往来(来源方)				㈡境外贷款	28 073	27 073	1 000
十、外汇买卖(来源方)	213	52	40	二、有价证券			
其中:结售汇	213	52	40	三、股权及其他投资			
十一、委托存款及委托投资基金(净)				四、应收及预付款	336	298	11
1.委托存款及委托投资基金				其中:应收利息	331	298	9
2.减:委托贷款及委托投资				五、买入返售资产			
十一、委托存款及委托投资基金(净)				六、存放中央准备金存款			
其中:中央银行委托贷款基金				七、存放中央银行特种存款			
十三、各项准备				八、缴存中央银行财政性存款			
其中:贷款损失准备				九、同业往来			
十四、所有者权益	1 677	1 294	20	1.存放同业			
其中:实收资本				其中:存放境外同业			
十五、其他	120 368	108 897	5 128	2.拆放同业			
				其中:拆放境外同业			
				十、境外联行往来(运用方)			
				十一、代理金融机构贷款			
				其中:代理人行专项贷款			
				十二、库存现金			
				十三、外汇买卖(运用方)			
				其中:结售汇			
				十四、投资性房地产			
资金来源总计	159 418	146 911	5 051	资金运用总计	159 418	146 911	5 051

国家开发银行股份有限公司河北省分行助学贷款地区分布表

（2011 年 12 月 31 日）

单位：万元

单位\项目	助学贷款			其中：	
	笔数	金额	较年初	中央贴息助学贷款	地方贴息助学贷款
省分行	9 663	4 615.34	-78.9		4 615.34
合计	9 663	4 615.34	-78.9		4 615.34

国家开发银行股份有限公司河北省分行中间业务收入情况表

（2011 年 12 月 31 日）

单位：万元

项　目	合计	1. 投行业务收入	2. 国内担保承诺业务收入	3. 结售汇业务收入	4. 人民币对公结算与现金管理业务收入	5. 代收代付业务收入	6. 对公国际结算业务收入	7. 个人国际结算业务收入	8. 信用卡业务收入（不含商户收单）	9. 银行卡商户收单业务收入	10. 电子银行业务收入（不含自助银行）	11. 自助银行业务收入	12. 个人人民币结算业务收入	13. 代理销售基金等投资类产品业务收入	14. 个人理财业务收入	15. 代理保险业务收入	16. 托管业务收入
河北省分行	17 621.67	10 702.13	6 643.33	27.94	43.25	-	203.85	-	-	-	-	-	-	-	-	1.17	-
合　计	17 621.67	10 702.13	6 643.33	27.94	43.25	-	203.85	-	-	-	-	-	-	-	-	1.17	-

国家开发银行股份有限公司河北省分行机构、人员情况一览表

（2011年12月31日）

单位：个、人

单位名称	从业人员	在岗职工	柜员合同工	代理用工	离退休	一级分行（局）	省行营业部二级分行（局）	县支行（局）	城区支行（局）	二级支行（局）	分理处	集镇办	储蓄所	各类机构总数
河北省分行	159	159	–	26	4	1	–	–	–	–	–	–	–	1
合　计	159	159	–	26	4	1	–	–	–	–	–	–	–	1

国家开发银行股份有限公司河北省分行职工性别、年龄、学历、职称结构统计表

（2011年12月31日）

单位：人

机构名称	性别结构			年龄结构					学历结构						职称结构			
	男	女	合计	30岁以下	31~40岁	41~50岁	51~60岁	合计	博士研究生	硕士研究生	大学本科	大学专科	中专及以下	合计	高级职称	中级职称	初级职称	合计
河北省分行	94	65	159	71	46	32	10	159	4	56	78	21		159	53	47	40	140
总　计	94	65	159	71	46	32	10	159	4	56	78	21		159	53	47	40	140

中国农业发展银行河北省分行人民币信贷收支表

(2011 年 12 月 31 日)　　单位:万元

栏目 来源项目名称	本月余额	比年初		栏目 运用项目名称	本月余额	比年初	
		今年	去年			今年	去年
一、各项存款	1 235 524	47 666	91 899	一、各项贷款	6 509 472	776 950	501 698
1.单位存款	1 235 524	47 666	92 217	㈠境内贷款	6 509 472	776 950	501 698
其中:活期存款	1 062 445	48 781		1.短期贷款	3 317 935	-59 426	-266 739
定期存款	85 861	-4 655		(1)个人贷款及透支			
通知存款	7 302	3 502		其中:个人消费贷款			
保证金存款	79 917	39	21 558	(2)单位贷款及透支	3 317 935	-59 426	-266 739
2.个人存款				其中:经营贷款	3 317 935	-59 426	-266 739
储蓄存款				固定资产贷款			
保证金存款				(3)普通并购贷款			
结构性存款				(4)银团贷款			
3.临时性存款			-318	(5)贸易融资			
4.其他存款				(6)境外投资转贷款			
二、代理财政性存款	493 972	-26 460	77 126	2.中长期贷款	3 184 395	829 418	768 464
三、金融债券				(1)个人贷款			
其中:境外发行				其中:个人消费贷款			
四、中长期借款				(2)单位贷款	3 126 395	799 418	768 464
其中:境外借款				其中:经营贷款	4 500	4 500	
五、应付及暂收款	11 452	130	2 143	固定资产贷款	3 121 895	794 918	768 464
其中:应付利息	639	-1 256	1 076	(3)普通并购贷款			
六、卖出回购资产				(4)银团贷款	58 000	30 000	
七、向中央银行借款				(5)贸易融资			
八、同业往来(来源方)	32 091	-372 778	-529 753	(6)境外投资转贷款			
1.同业存放	32 091	-372 778	-529 753	3.融资租赁			
其中:境外同业存放				4.票据融资	7 142	6 958	-27
2.同业拆借				其中:贴现	7 142	6 958	-27
其中:境外同业拆借				5.各项垫款			
九、境外联行往来(来源方)				㈡境外贷款			
十、外汇买卖(来源方)	-13	-13		二、有价证券			
其中:结售汇	-13	-13		三、股权及其他投资			
十一、委托存款及委托投资基金(净)				四、应收及预付款	2 110	1 452	-4 011
1.委托存款及委托投资基金				其中:应收利息	1 835	1 425	-3 630
2.减:委托贷款及委托投资				五、买入返售资产			
十二、代理金融机构委托贷款基金				六、存放中央准备金存款	87 961	-3 020	6 466
其中:中央银行委托贷款基金				七、存放中央银行特种存款			
十三、各项准备				八、缴存中央银行财政性存款			
其中:贷款损失准备				九、同业往来	20 530	-4 052	-248 225
十四、所有者权益	133 016	29 854	13 905	1.存放同业	20 530	-4 052	-248 225
其中:实收资本				其中:存放境外同业			
十五、其他	4 714 227	1 092 899	600 404	2.拆放同业			
				其中:拆放境外同业			
				十、境外联行往来(运用方)			
				十一、代理金融机构贷款			
				其中:代理人行专项贷款			
				十二、库存现金	198	-32	-205
				十三、外汇买卖(运用方)			
				其中:结售汇			
				十四、投资性房地产			
资金来源总计	6 620 271	771 299	255 723	资金运用总计	6 620 271	771 299	255 723

中国农业发展银行河北省分行资产负债表

（2011 年 12 月 31 日）

单位:元

项目	年初数	年末数	项目	年初数	年末数
资产:			负债:		
现金及银行存款	3 905 117.26	2 709 383.00	向中央银行借款		
存放中央银行款项	909 802 579.50	879 606 924.32	联行存放款项	40 592 559 894.89	47 105 626 791.52
贵金属			同业及其他金融机构存放款项	4 048 689 452.75	320 913 667.56
存放联行款项			拆入资金		
存放同业款项	245 816 587.31	205 300 115.17	交易性金融负债		
衍生金融资产			吸收存款	17 090 494 725.83	17 301 689 586.84
买入返售金融资产			应付职工薪酬	7 226 587.06	26 256 960.85
应收款项类金融资产			应交税费	55 569 904.64	66 557 992.02
应收利息	4 103 977.93	18 351 620.59	应付利息	18 952 892.51	6 389 743.70
其他应收款	2 476 450.20	4 145 346.03	其他应付款	31 478 454.73	15 319 176.89
发放贷款和垫款	61 754 559 013.39	65 094 721 209.68	预计负债		
长期股权投资			其他负债	460 822 522.98	460 750 873.96
投资性房地产			负债合计	62 305 794 435.39	65 303 504 793.34
固定资产	384 904 579.92	383 121 192.64	所有者权益(或股东权益):		
在建工程	25 213 555.62	37 996 573.55	实收资本(或股本)		
固定资产清理	14 002.89	1 697 958.99	其中:国家资本		
无形资产	5 800 209.49	5 217 302.23	集体资本		
长期待摊费用	888 208.76	836 171.00	其中:国有法人资本		
抵债资产			个人资本		
			未分配利润	1 031 689 846.88	1 330 199 003.86
			归属于母公司所有者权益合计	1 031 689 846.88	1 330 199 003.86
			所有者权益(或股东权益)合计	1 031 689 846.88	1 330 199 003.86
资产总计	63 337 484 282.27	66 633 703 797.20	负债和所有者权益(或股东权益)总计	63 337 484 282.27	66 633 703 797.20

中国农业发展银行河北省分行利润表

（2011 年 12 月 31 日）

单位：元

项目	上年数	本年数	项目	上年数	本年数
一、营业收入	1 773 151 829.70	2 161 933 329.57	（四）其他业务成本		
（一）利息净收入	1 754 417 370.12	2 129 291 540.77	三、营业利润（亏损以“－”号填列）	1 045 935 599.90	1 348 877 653.51
利息收入	2 977 939 075.92	3 746 210 802.72	加：营业外收入	2 443 178.63	3 931 446.65
利息支出	1 223 521 705.80	1 616 919 261.95	减：营业外支出	16 686 374.71	22 607 771.30
（二）手续费及佣金净收入	17 860 029.63	30 517 496.59	四、利润总额（亏损以“－”号填列）	1 031 692 403.82	1 330 201 328.86
手续费及佣金收入	21 630 977.07	34 114 283.34	减：所得税费用	2 556.94	2 325.00
手续费及佣金支出	3 770 947.44	3 596 786.75	五、净利润（亏损以“－”号填列）	1 031 689 846.88	1 330 199 003.86
（三）投资收益（损失以“－”号填列）			归属于母公司所有者的净利润		
其中：对联营企业和合营企业的投资收益			少数股东损益		
（四）公允价值变动收益（损失以“－”号填列）			六、每股收益：		
（五）其他收入	874 429.95	2 124 292.21	（一）基本每股收益（元）		
汇兑收益（损失以“－”号填列）	847 677.47	1 170 743.15	（二）稀释每股收益（元）		
其他业务收入	26 752.48	953 549.06	七、其他综合收益		
二、营业支出	727 216 229.80	813 055 676.06	八、综合收益总额		
（一）营业税金及附加	166 177 065.17	209 153 647.89	（一）归属于母公司所有者的综合收益总额		
（二）业务及管理费	561 039 164.63	603 902 028.17	（二）归属于少数股东的综合收益总额		
（三）资产减值损失或呆账损失（转回金额以“－”号填列）					

中国农业发展银行河北省分行中间业务收入情况表

（2011 年 12 月 31 日）

单位：万元

项目	合计	1. 人民币结算业务收入	2. 国际结算手续费收入	3. 外币汇兑收入	4. 代理类中间业务收入	5. 担保类中间业务收入	6. 咨询顾问类业务收入	7. 其他中间业务收入
河北省分行财会处	3.52				3.52			
唐山市分行	324.70	16.80	0.02	3.83	15.05		235.50	
秦皇岛市分行	218.74	13.00	13.94	14.72	9.44	0.45	101.70	
邯郸市分行	435.56	32.89	17.89		122.92	0.50	10.12	
邢台市分行	303.16	14.37	1.51	10.63	105.97	1.60	1.06	
保定市分行	429.88	33.13	5.60	6.43	82.13	5.35	197.18	
张家口市分行	223.40	9.44		0.64	52.73		78.84	
承德市分行	421.44	26.72		0.71	15.51		276.50	
沧州市分行	345.14	11.53		0.47	6.77		300.52	
廊坊市分行	318.78	13.19	0.87	34.92	18.54	10.00	146.00	
衡水市分行	136.91	16.75		2.28	11.10		23.94	0.04
河北省分行营业部	366.51	22.96	11.59	42.48	87.57		43.10	
合计	3 527.74	210.78	51.42	117.11	531.25	17.90	1 414.46	0.04

中国农业发展银行河北省分行机构、人员情况一览表

（2011 年 12 月 31 日）

单位：个、人

单位名称	从业人员	在岗职工	柜员合同工	代理用工	离退休	一级分行(局)	省行营业部二级分行(局)	县支行(局)	城区支行(局)	二级支行(局)	分理处	集镇办	储蓄所	各类机构总数
石家庄	134	106			28	1								1
营业部	454	400			54		1	17						18
承德	227	191			36		1	9						10
张家口	361	304			57			15						15
秦皇岛	139	129			10		1	5						6
唐山	305	267			38		1	12						13
廊坊	251	202			49		1	10						11
保定	541	475			66		1	23						24
沧州	388	347			41		1	15						16
衡水	281	246			35		1	11						12
邢台	438	373			65		1	18						19
邯郸	450	392			58		1	17						18
总计	3 969	3 432			537		10	152						163

中国农业发展银行河北省分行职工性别、年龄、学历、职称结构统计表

（2011 年 12 月 31 日）

单位：人

机构名称	性别结构			年龄结构					学历结构						职称结构			
	男	女	合计	30 岁以下	31～40 岁	41～50 岁	51～60 岁	合计	博士研究生	硕士研究生	大学本科	大学专科	中专及以下	合计	高级职称	中级职称	初级职称	合计
石家庄	87	19	106	11	32	43	20	106		21	68	14	3	106	30	51	5	86
营业部	251	149	400	10	94	221	75	400		2	152	157	89	400	10	162	153	325
承德	128	63	191	19	20	101	51	191		5	74	78	34	191		111	37	148
张家口	204	100	304	19	46	149	90	304		1	71	143	89	304	4	91	138	233
秦皇岛	85	44	129	12	19	76	22	129			47	46	36	129	3	40	51	94
唐山	162	105	267	25	58	144	40	267			114	86	67	267	4	87	99	190
廊坊	118	84	202	20	41	99	42	202		3	72	74	53	202	6	77	74	157
保定	299	176	475	41	88	252	94	475		8	165	193	109	475	4	209	149	362
沧州	231	116	347	24	76	169	78	347		1	108	161	77	347	4	171	105	280
衡水	144	102	246	29	43	116	58	246	1	1	107	85	52	246	3	120	58	181
邢台	236	137	373	36	61	201	75	373		1	128	143	101	373	7	109	151	267
邯郸	246	146	392	47	86	192	67	392		8	161	151	72	392	5	150	132	287
总计	2 191	1 241	3 432	293	664	1 763	712	3 432	1	51	1 267	1 331	782	3 432	80	1 378	1 152	2 610

中国工商银行股份有限公司河北省分行本外币信贷收支表

汇率:6.3009　　(2011年12月31日)　　单位:万元

栏目 来源项目名称	本月余额	比年初		栏目 运用项目名称	本月余额	比年初	
		今年	去年			今年	去年
一、各项存款	42 628 029	91 624	4 374 292	一、各项贷款	26 805 779	2 832 210	3 786 197
1.单位存款	16 432 029	-880 346	1 299 673	(一)境内贷款	26 787 399	2 817 497	3 786 197
其中:活期存款	10 880 795	-667 176		1.短期贷款	5 180 717	1 970 965	532 296
定期存款	3 672 500	861 657		(1)个人贷款及透支	226 328	130 069	64 675
通知存款	137 407	-420 564		其中:个人消费贷款	33 745	2 135	7 200
保证金存款	437 124	122 406	80 353	(2)单位贷款及透支	2 714 681	1 006 381	150 660
2.个人存款	25 964 174	1 049 790	3 246 732	其中:经营贷款	2 706 781	1 029 171	186 353
储蓄存款	25 942 338	1 032 051	3 246 732	固定资产贷款	7 900	-22 790	-35 666
保证金存款	4 644	546		(3)普通并购贷款			
结构性存款	17 192	17 192		(4)银团贷款			
3.临时性存款	53 169	-98 488	-191 263	(5)贸易融资	2 239 708	834 515	316 961
4.其他存款	178 656	20 668	19 149	(6)境外投资转贷款			
二、代理财政性存款	263 334	128 996	31 146	2.中长期贷款	21 429 959	730 091	3 561 537
三、金融债券				(1)个人贷款	7 621 188	920 843	1 474 980
其中:境外发行				其中:个人消费贷款	6 617 101	596 431	1 297 062
四、中长期借款	2 158	-652	-851	(2)单位贷款	12 873 722	-172 068	1 542 246
其中:境外借款	2 158	-652	-851	其中:经营贷款	494 543	-19 080	588 537
五、应付及暂收款	865 865	124 935	48 674	固定资产贷款	12 379 179	-152 987	931 371
其中:应付利息	426 648	35 198	10 064	(3)普通并购贷款			
六、卖出回购资产				(4)银团贷款	932 892	-18 032	545 162
七、向中央银行借款	12 650	12 650		(5)贸易融资			
八、同业往来(来源方)	1 832 941	192 102	15 377	(6)境外投资转贷款	2 158	-652	-851
1.同业存放	1 832 941	192 102	15 377	3.融资租赁			
其中:境外同业存放				4.票据融资	176 276	116 440	-307 636
2.同业拆借				其中:贴现	176 276	116 440	-307 636
其中:境外同业拆借				5.各项垫款	446		
九、境外联行往来(来源方)				(二)境外贷款	18 380	14 713	
十、外汇买卖(来源方)	16 378 869	6 827 660	9 537 484	二、有价证券	98 258	241	-24 001
其中:结售汇	15 800 172	6 791 058	9 009 114	三、股权及其他投资			
十一、委托存款及委托投资基金(净)	550	335	663	四、应收及预付款	113 308	5 235	53 269
1.委托存款及委托投资基金	345 040	173 589	217 983	其中:应收利息	69 815	18 065	38 724
2.减:委托贷款及委托投资	344 490	173 254	217 320	五、买入返售资产	10 000	-171 749	181 749
十二、代理金融机构委托贷款基金	434 500	434 500		六、存放中央准备金存款	128 287	-44 685	-9 273
其中:中央银行委托贷款基金				七、存放中央银行特种存款			
十三、各项准备	625 479	266 224	-94 854	八、缴存中央银行财政性存款	320 512	40 477	114 897
其中:贷款损失准备	615 943	311 747	-113 313	九、同业往来	5 281	1 716	-517
十四、所有者权益	755 992	156 331	243 878	1.存放同业	5 281	1 716	-517
其中:实收资本				其中:存放境外同业			-143
十五、其他	-19 264 884	1 672 454	-464 079	2.拆放同业			
				其中:拆放境外同业			
				十、境外联行往来(运用方)			
				十一、代理金融机构贷款	434 500	434 500	
				其中:代理人行专项贷款			
				十二、库存现金	240 690	-18 446	51 927
				十三、外汇买卖(运用方)	16 378 869	6 827 660	9 537 484
				其中:结售汇	15 800 172	6 791 058	9 009 114
				十四、投资性房地产			
资金来源总计	44 535 483	9 907 160	13 691 730	资金运用总计	44 535 483	9 907 160	13 691 730

中国工商银行股份有限公司河北省分行人民币信贷收支表

（2011 年 12 月 31 日）　　单位:万元

栏目 来源项目名称	本月余额	比年初		栏目 运用项目名称	本月余额	比年初	
		今年	去年			今年	去年
一、各项存款	42 258 974	37 569	4 260 485	一、各项贷款	26 501 127	2 745 354	4 005 229
1.单位存款	16 214 514	-829 581	1 186 166	㈠境内贷款	26 497 822	2 745 716	4 005 229
其中:活期存款	10 686 668	-617 280		1.短期贷款	4 989 790	1 884 398	772 815
定期存款	3 659 198	862 511		(1)个人贷款及透支	226 328	130 069	64 675
通知存款	137 407	-420 564		其中:个人消费贷款	33 745	2 135	7 200
保证金存款	427 038	122 420	78 385	(2)单位贷款及透支	2 714 334	1 006 915	150 687
2.个人存款	25 812 658	944 975	3 246 428	其中:经营贷款	2 706 434	1 029 705	186 353
储蓄存款	25 791 172	927 587	3 246 428	固定资产贷款	7 900	-22 790	-35 666
保证金存款	4 644	546		(3)普通并购贷款			
结构性存款	16 842	16 842		(4)银团贷款			
3.临时性存款	53 146	-98 493	-191 258	(5)贸易融资	2 049 128	747 414	557 453
4.其他存款	178 656	20 668	19 149	(6)境外投资转贷款			
二、代理财政性存款	263 334	128 996	31 146	2.中长期贷款	21 331 309	744 877	3 540 050
三、金融债券				(1)个人贷款	7 621 188	920 843	1 474 980
其中:境外发行				其中:个人消费贷款	6 617 101	596 431	1 297 062
四、中长期借款				(2)单位贷款	12 777 230	-157 934	1 519 908
其中:境外借款				其中:经营贷款	494 543	-19 080	588 537
五、应付及暂收款	851 950	117 195	51 998	固定资产贷款	12 282 687	-138 854	931 371
其中:应付利息	426 465	35 280	10 192	(3)普通并购贷款			
六、卖出回购资产				(4)银团贷款	932 892	-18 032	545 162
七、向中央银行借款	12 650	12 650		(5)贸易融资			
八、同业往来(来源方)	1 832 738	192 015	15 583	(6)境外投资转贷款			
1.同业存放	1 832 738	192 015	15 583	3.融资租赁			
其中:境外同业存放				4.票据融资	176 276	116 440	-307 636
2.同业拆借				其中:贴现	176 276	116 440	-307 636
其中:境外同业拆借				5.各项垫款	446		
九、境外联行往来(来源方)				㈡境外贷款	3 305	-362	
十、外汇买卖(来源方)	10 717 733	6 167 963	4 549 767	二、有价证券	98 258	241	-24 001
其中:结售汇	10 717 732	6 167 969	4 549 763	三、股权及其他投资			
十一、委托存款及委托投资基金(净)	550	335	663	四、应收及预付款	112 342	4 525	52 940
1委托存款及委托投资基金	345 040	173 589	217 983	其中:应收利息	68 869	17 357	38 486
2减:委托贷款及委托投资	344 490	173 254	217 320	五、买入返售资产	10 000	-171 749	181 749
十二、代理金融机构委托贷款基金	434 500	434 500		六、存放中央准备金存款	128 287	-44 685	-9 273
其中:中央银行委托贷款基金				七、存放中央银行特种存款			
十三、各项准备	619 141	262 455	-94 463	八、缴存中央银行财政性存款	320 512	40 477	114 897
其中:贷款损失准备	609 605	307 978	-112 922	九、同业往来	1 910	-21	-21
十四、所有者权益	752 185	161 197	238 585	1.存放同业	1 910	-21	-21
其中:实收资本				其中:存放境外同业			
十五、其他	-19 185 886	1 644 470	-134 571	2.拆放同业			
				其中:拆放境外同业			
				十、境外联行往来(运用方)			
				十一、代理金融机构贷款	434 500	434 500	
				其中:代理人行专项贷款			
				十二、库存现金	232 819	-20 055	50 341
				十三、外汇买卖(运用方)	10 718 115	6 170 757	4 547 335
				其中:结售汇	10 717 603	6 170 774	4 546 829
				十四、投资性房地产			
资金来源总计	38 557 868	9 159 345	8 919 194	资金运用总计	38 557 868	9 159 345	8 919 194

中国工商银行股份有限公司河北省分行外汇信贷收支表

（2011 年 12 月 31 日）

单位:万美元

栏目 来源项目名称	本月余额	比年初		栏目 运用项目名称	本月余额	比年初	
		今年	去年			今年	去年
一、各项存款	58 572	11 008	18 099	一、各项贷款	48 351	15 464	-31 088
1.单位存款	34 521	-5 988	17 842	㈠境内贷款	45 958	13 072	-31 088
其中:活期存款	30 809	-6 037		1.短期贷款	30 302	14 544	-34 750
定期存款	2 111	-26		(1)个人贷款及透支			
通知存款				其中:个人消费贷款			
保证金存款	1 601	76	334	(2)单位贷款及透支	55	-78	
2.个人存款	24 047	16 995	257	其中:经营贷款	55	-78	
储蓄存款	23 991	16 939	257	固定资产贷款			
保证金存款				(3)普通并购贷款			
结构性存款	56	56		(4)银团贷款			
3.临时性存款	4	1	-1	(5)贸易融资	30 247	14 622	-34 750
4.其他存款				(6)境外投资转贷款			
二、代理财政性存款				2.中长期贷款	15 657	-1 472	3 662
三、金融债券				(1)个人贷款			
其中:境外发行				其中:个人消费贷款			
四、中长期借款	343	-82	-112	(2)单位贷款	15 314	-1 390	3 774
其中:境外借款	343	-82	-112	其中:经营贷款			
五、应付及暂收款	2 208	1 276	-459	固定资产贷款	15 314	-1 390	
其中:应付利息	29	-11	-18	(3)普通并购贷款			
六、卖出回购资产				(4)银团贷款			
七、向中央银行借款				(5)贸易融资			
八、同业往来(来源方)	32	15	-30	(6)境外投资转贷款	343	-82	-112
1.同业存放	32	15	-30	3.融资租赁			
其中:境外同业存放				4.票据融资			
2.同业拆借				其中:贴现			
其中:境外同业拆借				5.各项垫款			
九、境外联行往来(来源方)				㈡境外贷款	2 393	2 393	
十、外汇买卖(来源方)	898 465	143 268	753 187	二、有价证券			
其中:结售汇	806 621	133 278	673 343	三、股权及其他投资			
十一、委托存款及委托投资基金(净)				四、应收及预付款	153	115	49
1.委托存款及委托投资基金				其中:应收利息	150	114	36
2.减:委托贷款及委托投资				五、买入返售资产			
十二、代理金融机构委托贷款基金				六、存放中央准备金存款			
其中:中央银行委托贷款基金				七、存放中央银行特种存款			
十三、各项准备	1 006	618	-46	八、缴存中央银行财政性存款			
其中:贷款损失准备	1 006	618	-46	九、同业往来	535	288	-65
十四、所有者权益	604	-705	814	1.存放同业	535	288	-65
其中:实收资本				其中:存放境外同业			-21
十五、其他	-12 538	3 616	-48 743	2.拆放同业			
				其中:拆放境外同业			
				十、境外联行往来(运用方)			
				十一、代理金融机构贷款			
				其中:代理人行专项贷款			
				十二、库存现金	1 249	304	261
				十三、外汇买卖(运用方)	898 404	142 843	753 554
				其中:结售汇	806 642	132 855	673 786
				十四、投资性房地产			
资金来源总计	948 692	159 014	722 711	资金运用总计	948 692	159 014	722 711

中国工商银行股份有限公司河北省分行资产负债表

（2011 年 12 月 31 日）

单位:元

资产	行次	期初数	期末数	负债及所有者权益	行次	期初数	期末数
各项资产:				各项负债:			
现金及存放中央银行款项	1	7 121 419 186.65	6 894 885 094.19	向中央银行借款	29	0.00	0.00
存放同业款项	2	16 453 391.23	33 720 476.41	同业及其他金融机构存放款项	30	16 408 391 817.70	18 329 414 768.19
贵金属	3	318 023 306.45	519 584 476.43	拆入资金	31	0.00	0.00
拆出资金	4	0.00	0.00	联行存放	32	0.00	0.00
存放联行	5	205 015 841 919.27	188 659 201 297.94	以公允价值计量且其变动计入当期损益的金融负债	33	0.00	730 424 433.92
以公允价值计量且其变动计入当期损益的金融资产	6	0.00	0.00	衍生金融负债	34	227 881.46	4 166 716.92
衍生金融资产	7	407 738.87	4 226 212.48	卖出回购金融资产款	35	0.00	126 261 874.50
买入返售款项	8	1 814 489 624.54	99 939 296.96	存款证	36	0.00	0.00
应收利息	9	517 501 901.82	698 147 668.80	吸收存款	37	426 698 517 664.17	428 188 702 213.35
其他应收款	10	385 013 331.21	466 564 732.09	应付职工薪酬	38	64 856 944.27	49 256 375.96
其他流动资产	11	39 560 836.22	55 502 239.66	应交税费	39	1 886 843 099.16	2 574 140 189.29
发放贷款和垫款	12	236 684 805 906.10	261 853 279 555.94	应付利息	40	3 914 499 341.61	4 266 482 875.00
可供出售金融资产	13	979 967 920.54	982 541 502.00	其他应付款	41	1 554 153 485.39	1 768 840 097.98
持有至到期投资	14	196 500.00	34 000.00	其他流动负债	42	15 284 034.62	287 708 123.29
应收款项类资产	15	0.00	0.00	长期借款	43	28 102 327.35	21 580 840.46
长期应收款	16	-3 927 605.14	-4 996 949.31	已发行债务证券	44	0.00	0.00
长期股权投资	17	0.00	0.00	长期应付款	45	34 232 392.80	62 262 911.97
投资性房地产	18	0.00		预计负债	46	17 859 770.40	7 939 770.40
固定资产	19	2 941 516 549.46	2 823 649 554.39	递延所得税负债	47	0.00	0.00
在建工程	20	263 835 678.92	492 871 212.15	其他非流动负债	48	64 529.00	64 529.00
固定资产清理	21	9 837 540.19	28 700 183.72	负债总计	49	450 623 033 287.93	456 417 245 720.23
无形资产	22	920 106 153.81	839 370 013.55	所有者权益:			
开发支出	23	0.00		股本	50	0.00	0.00
商誉	24	0.00	0.00	资本公积	51	2 166 020.54	-2 315 798.00
长期待摊费用	25	100 216 332.62	97 719 683.69	减:库存股	52	0.00	0.00
递延所得税资产	26	-704 829 488.21	-961 175 406.84	盈余公积	53	0.00	0.00
其他非流动资产	27	199 200 934.95	393 399 064.57	一般准备	54	0.00	0.00
				未分配利润	55	5 994 438 401.03	7 562 233 986.59
				外币报表折算差额	56	0.00	0.00
				归属于母公司所有者权益合计	57	5 996 604 421.57	7 559 918 188.59
				少数股东权益	58	0.00	0.00
				所有者权益合计	59	5 996 604 421.57	7 559 918 188.59
资产总计	28	456 619 637 709.50	463 977 163 908.82	负债及所有者权益总计	60	456 619 637 709.50	463 977 163 908.82

中国工商银行股份有限公司河北省分行利润表

（2011 年 12 月 31 日）

单位:元

项　　目	行次	本期金额	项　　目	行次	本期金额
一、营业收入	1	15 662 375 131.50	公允价值变动收益(损失以“-”号填列)	18	0.00
利息净收入	2	12 091 161 464.54	汇兑损益(损失以“-”号填列)	19	-5 309 002.45
利息收入	3	19 714 551 439.63	其他业务收入	20	31 997 198.09
其中:客户贷款利息收入	4	15 129 888 970.88	二、营业支出	21	5 674 458 057.04
投资证券利息收入	5	40 181 753.42	营业税金及附加	22	1 055 920 781.33
存放央行款项利息收入	6	14 793 560.99	业务及管理费	23	4 800 854 779.71
存放和拆放同业及其他金融机构款项	7	4 529 687 154.34	资产减值损失	24	-186 950 677.03
其中:系统内往来净收入	8	4 473 243 605.21	其他业务成本	25	4 633 173.03
利息支出	9	7 623 389 975.09	三、营业利润(损失以“-”号填列)	26	9 987 917 074.46
其中:客户存款利息支出	10	7 137 344 450.92	加:营业外收入	27	175 391 219.36
同业及其他金融机构存入和拆入款项	11	486 045 524.17	减:营业外支出	28	94 188 087.82
应付债券利息支出	12	0.00	四、利润总额(损失以“-”号填列)	29	10 069 120 206.00
手续费及佣金净收入	13	3 544 524 851.96	减:所得税费用	30	2 506 886 219.41
手续费及佣金收入	14	3 726 852 846.98	五、净利润(损失以“-”号填列)	31	7 562 233 986.59
手续费及佣金支出	15	182 327 995.02	归属与母公司所有者的净利润	32	
投资收益(损失以“-”号填列)	16	619.36	少数股东损益	33	
其中:对联营企业和合营企业的投资收益	17	0.00			

中国工商银行股份有限公司河北省分行损益表

（2011 年 12 月 31 日）　　单位:元

项　　目	金　　额
99. 其他利息支出	0.00
5220. 系统内往来支出	12 211 460 276.21
99. 其他系统内往来支出	11 044 997.28
5221. 省辖往来支出	26 395 572 093.95
99. 其他省辖往来支出	26 561 426.63
5222. 辖内往来支出	24 482 366 891.79
99. 其他辖内往来支出	113 258 561.26
5230. 其他金融机构往来支出	0.00
5231. 中央银行往来支出	1 098 404.86
5232. 同业存款利息支出	484 947 119.31
5310. 手续费支出	182 327 995.02
99. 其他手续费支出	8 582 108.11
5320. 营业费用	4 800 854 779.71
5325. 其他营业成本	1 130 606.30
5330. 营业税金及附加	1 055 920 781.33
5150. 营业外收入	175 391 219.36
99. 其他营业外收入	72 267 133.69
5360. 营业外支出	94 188 087.82
99. 其他营业外支出	82 105 195.93
9026. 扣除资产减值损失前利润	9 882 169 528.97
5340. 贷款减值损失	17 626 393.58
5343. 坏账损失	-205 975 172.38
5347. 抵债资产减值损失	1 398 101.77
9027. 减值准备合计	-186 950 677.03
9030. 扣除资产减值损失后利润	10 069 120 206.00
5400. 所得税	2 506 886 219.41
9040. 税后利润	7 562 233 986.59
9042. 净利润	0.00
5600. 以前年度损益调整	0.00
01. 期后事项调整	0.00
02. 外部审计调整	0.00
99. 以前年度损益调整	0.00

中国工商银行股份有限公司河北省分行中间业务收入情况表

（2011 年 12 月 31 日）

单位：万元

项　目	合计	1. 投行业务收入	2. 国内担保承诺业务收入	3. 结售汇业务收入	4. 人民币对公结算与现金管理业务收入	5. 代收代付业务收入	6. 对公国际结算业务收入	7. 个人国际结算业务收入	8. 信用卡业务收入（不含商户收单）	9. 银行卡商户收单业务收入	10. 电子银行业务收入（不含自助银行）	11. 自助银行业务收入	12. 个人人民币结算业务收入	13. 代理销售基金等投资类产品业务收入	14. 个人理财业务收入	15. 代理保险业务收入	16. 托管业务收入
省行营业部	57 591	7 308	4 229	696	6 647	325	344	26	5 516	1	6 014		3 201	18 021	2 309	3 494	5 474
唐山分行	54 500	14 557	2 631	1 082	5 026	518	646	0	5 252	2	4 784		2 305	12 907	2 234	2 788	4 552
秦皇岛分行	26 104	3 794	2 939	400	1 890	134	615	2	2 991	3	2 540		1 540	7 966	1 361	624	1 845
邯郸分行	37 058	13 606	2 892	769	2 886	167	488	1	2 634	0	2 864		1 996	6 549	1 728	1 883	1 460
邢台分行	40 153	13 385	2 950	271	3 641	31	174	1	2 161	0	2 690		1 352	11 490	1 211	1 887	1 601
衡水分行	14 084	3 843	1 327	627	1 484	10	85	0	953	0	1 577		960	3 027	603	581	583
沧州分行	28 678	4 331	4 502	847	2 215	236	139	3	2 462	0	1 839		1 536	8 281	1 037	933	2 155
保定分行	39 104	6 455	4 466	970	2 771	120	415	1	4 294	1	3 619		2 681	10 611	2 596	1 883	1 842
廊坊分行	37 761	4 665	5 538	480	1 716	54	292	0	2 988	2	2 605		2 223	12 633	1 875	2 816	2 480
承德分行	19 823	4 144	1 356	146	2 163	27	14	5	1 389	0	1 090		976	6 671	1 014	442	1 475
张家口分行	19 486	4 058	3 118	56	2 015	19	12	0	1 294	1	1 731		1 083	5 190	820	377	1 443
省行	1 570	0	0	1 169	0	0	1	0	0	0	0		0	400	0	0	0
合　计	375 910	80 146	35 949	7 512	32 454	1 641	3 224	40	31 932	11	31 352		19 852	103 745	16 786	17 708	24 910

中国工商银行股份有限公司河北省分行助学贷款地区分布表

（2011 年 12 月 31 日）

单位：万元

单位\项目	助学贷款			其中	
	笔数	金额	较年初	中央贴息助学贷款	地方贴息助学贷款
合　计	1 260	466.56	(265.74)	30.53	436.03
省分行营业部	44	20.12	(12.17)	12.98	7.14
承德	0	0.00	(2.69)	0.00	0.00
张家口	20	9.51	(1.98)	0.00	9.51
秦皇岛	881	311.84	(192.66)	0.00	311.84
唐山	200	78.34	(18.73)	0.00	78.34
廊坊	32	13.79	(27.17)	13.79	0.00
保定	56	24.23	(9.03)	1.88	22.35
沧州	23	6.85	(1.30)	0.00	6.85
邢台	4	1.88	0.00	1.88	0.00

中国工商银行股份有限公司河北省分行银行卡业务统计表

（2011 年 12 月 31 日）

单位：张、笔、台、万元

项目	银行卡数量								存现	
	当期发卡数量				期末卡数量					
	贷记卡	准贷记卡	借记卡	小计	贷记卡	准贷记卡	借记卡	小计	笔数	金额
营业部	31 220	1 943	654 360	687 523	578 320	47 512	2 771 379	3 397 211	17 628 615	19 976 427
承德	18 858	1 205	204 011	224 074	119 093	67 129	716 635	902 857	6 058 804	5 574 477
张家口	9 746	464	205 979	216 189	66 244	17 316	755 422	838 982	6 074 445	6 777 803
秦皇岛	21 867	1 558	241 098	264 523	164 752	55 092	1 037 096	1 256 940	6 728 825	7 037 029
唐山	139 658	1 637	521 080	662 375	468 962	63 120	1 896 818	2 428 900	13 073 858	18 174 616
廊坊	15 761	1 138	359 229	376 128	184 789	16 812	1 274 507	1 476 108	8 867 586	9 939 673
保定	27 520	1 356	475 724	504 600	262 886	28 796	2 268 214	2 559 896	12 233 020	15 442 845
沧州	18 972	918	321 816	341 706	159 756	22 297	1 335 877	1 517 930	7 779 849	9 771 615
衡水	7 155	3 979	197 114	208 248	56 959	26 930	606 723	690 612	3 955 778	5 756 272
邢台	17 805	711	365 324	383 840	98 926	19 023	1 345 792	1 463 741	7 850 134	9 962 832
邯郸	13 783	1 693	516 007	531 483	198 898	66 961	1 556 975	1 822 834	8 933 993	11 260 674
总计	322 345	16 602	4 061 742	4 400 689	2 359 585	430 988	15 565 438	18 356 011	99 184 907	119 674 264

续表

项目	资金交易情况								ATM 数量
	取现		消费		转账		小记		
	笔数	金额	笔数	金额	笔数	金额	笔数	金额	
营业部	27 687 813	13 232 988	7 007 372	2 366 471	13 431 188	62 724 626	57 518 412	89 037 145	300
承德	7 706 090	3 438 831	1 498 131	631 503	2 624 855	6 293 878	15 148 016	13 366 256	100
张家口	7 440 388	3 869 802	836 991	439 628	2 596 085	10 396 484	14 161 920	18 320 292	104
秦皇岛	12 933 657	4 379 690	4 978 450	1 348 909	5 406 010	17 833 295	27 018 127	27 312 425	153
唐山	22 123 535	10 808 102	4 987 837	2 217 903	9 329 875	39 258 840	43 382 320	61 862 979	205
廊坊	16 897 681	6 214 429	2 967 552	2 696 401	8 479 774	27 438 695	33 015 260	41 595 837	176
保定	20 914 883	9 274 104	3 167 375	1 493 493	8 450 318	25 448 293	39 092 829	44 349 852	220
沧州	13 540 487	5 779 640	3 497 733	1 308 653	4 976 011	14 139 954	26 216 892	26 431 092	156
衡水	7 665 928	3 745 101	1 746 610	529 275	2 975 169	15 747 511	14 546 645	23 084 346	69
邢台	15 533 733	6 390 468	2 201 225	833 488	4 967 313	17 730 416	26 907 355	30 234 810	173
邯郸	17 650 159	6 746 669	2 807 793	1 754 225	7 506 894	39 842 447	32 730 435	54 367 391	159
总计	170 094 354	73 879 824	35 697 069	15 619 950	70 743 492	276 854 438	329 738 211	429 962 424	1 815

中国工商银行股份有限公司河北省分行网上银行业务发展情况表

（2011 年 12 月 31 日）

单位：户、笔、万元

单位	客户数				交易笔数（双向）				交易金额（双向）			
	个人		企业		个人		企业		个人		企业	
	年末余额	当年新增	年末余额	当年新增	交易笔数	当年新增（较2010年）	交易笔数	当年新增（较2010年）	交易金额	当年新增（较2010年）	交易金额	当年新增（较2010年）
营业部	1 050 990	213 788	29 406	4 732	17 229 403	4 190 987	6 257 748	1 554 435	46 426 924	13 276 154	108 115 375	16 019 583
承　德	261 958	31 003	10 694	－1 228	4 250 808	603 943	926 085	－662	2 875 008	－308 471	11 436 079	－10 815 621
张家口	235 503	50 562	6 903	－377	3 930 265	985 206	833 207	－22 211	4 650 100	901 951	14 348 638	1 438 413
秦皇岛	287 844	52 635	6 537	－58	10 046 833	2 186 924	1 725 820	191 920	7 799 083	－144 979	22 697 744	－1 215 440
唐　山	724 230	176 848	13 763	1 591	17 833 330	4 992 122	3 036 395	432 091	20 587 033	6 125 678	81 319 690	17 518 522
廊　坊	407 569	78 190	10 211	－495	12 900 121	2 288 010	2 170 445	432 618	16 680 210	6 619 812	85 432 032	26 844 378
保　定	649 569	145 996	16 637	2 769	11 009 764	2 425 697	2 676 606	250 890	14 858 493	5 039 134	38 624 482	1 751 138
沧　州	372 601	84 630	14 387	1 936	10 064 318	2 053 136	2 544 971	339 408	9 092 949	2 996 033	27350 253	1 613 231
衡　水	194 934	33 584	6 129	897	4 224 079	1 141 799	1 181 465	－44 902	10 820 572	4 041 231	19 229 512	1 664 788
邢　台	471 487	95 032	15 736	1 169	10 428 305	1 756 353	2 267 137	177 863	10 910 881	3 383 630	49 008 541	21 174 000
邯　郸	545 933	120 774	15 305	2 935	8 275 711	2 861 567	2 081 949	229 899	25 696 479	12 277 365	52 204 538	9 741 237
总　计	5 202 618	1 083 042	145 708	13 871	110 192 937	25 485 744	25 701 828	3 541 349	170 397 731	54 207 537	509 766 884	85 734 229

中国工商银行股份有限公司河北省分行机构、人员情况一览表

（2011 年 12 月 31 日）

单位：个、人

单位名称	从业人员	在岗职工	柜员合同工	代理用工	离退休	一级分行（局）	省行营业部二级分行(局)	县支行（局）	城区支行（局）	二级支行（局）	分理处	集镇办	储蓄所	各类机构总数
河北省分行	687	640	24	23	200	1								1
营业部	3 566	3 253	313		1179		1	14	15	79	7		34	150
承　德	1 010	906	73	31	480		1	6	7	15	6		5	40
张家口	1 445	1 337	104	4	778		1	7	7	35			2	52
秦皇岛	1 208	1 057	83	68	370		1	3	11	32	2			49
唐　山	2 625	2 219	334	72	932		1	8	16	74			7	106
廊　坊	1 375	1 209	163	3	316		1	7	10	29	12		6	65
保　定	2 480	2 225	255		881		1	17	12	60	6		4	100
沧　州	1 717	1 350	187	180	584		1	8	10	51	2		2	74
衡　水	996	833	138	25	369		1	7	6	19	2		3	38
邢　台	1 857	1 372	352	133	671		1	10	10	43	5		3	72
邯　郸	2 327	1 808	425	94	954		1	10	14	49	7		10	91
总　计	21 293	18 209	2 451	633	7 714	1	11	97	118	486	49		76	838

中国工商银行股份有限公司河北省分行职工性别、年龄、学历、职称结构统计表

（2011 年 12 月 31 日）

单位：人

机构名称	性别结构			年龄结构					学历结构						职称结构			
	男	女	合计	30 岁以下	31～40 岁	41～50 岁	51～60 岁	合计	博士研究生	硕士研究生	大学本科	大学专科	中专及以下	合计	高级职称	中级职称	初级职称	合计
省分行营业部	1 696	1 870	3 566	252	893	2 205	216	3 566		22	1 326	1 398	820	3 566	20	1 210	792	2 022
邯郸分行	1 285	1 042	2 327	220	683	1 213	211	2 327		13	786	984	544	2 327	17	575	478	1 070
邢台分行	1 008	849	1 857	258	526	930	143	1 857		6	515	718	618	1 857	12	359	412	783
衡水分行	571	425	996	100	303	534	59	996		5	326	414	251	996	6	353	135	494
沧州分行	1 000	717	1 717	300	422	886	109	1 717		5	544	892	276	1 717	17	686	251	954
保定分行	1 386	1 094	2 480	238	638	1 378	226	2 480		12	773	1 090	605	2 480	11	740	551	1 302
廊坊分行	770	605	1 375	130	379	766	100	1 375		7	537	541	290	1 375	14	537	276	827
唐山分行	1 424	1 201	2 625	238	722	1 487	178	2 625		5	684	1 146	790	2 625	12	771	583	1 366
秦皇岛分行	617	591	1 208	116	212	783	97	1 208		10	491	405	302	1 208	9	372	271	652
承德分行	628	382	1 010	85	213	618	94	1 010		3	324	523	160	1 010	6	383	263	652
张家口分行	901	544	1 445	65	245	968	167	1 445		1	335	632	477	1 445	10	390	315	715
省分行本部	374	313	687	96	330	191	70	687	1	69	524	78	15	687	108	361	81	550
总计	11 660	9 633	21 293	2 098	5 566	11 959	1 670	21 293	1	158	7 165	8 821	5 148	21 293	242	6 737	4 408	11 387

中国农业银行股份有限公司河北省分行本外币信贷收支表

汇率:6.3009 (2011 年 12 月 31 日) 单位:万元

来源项目名称	本月余额	比年初		运用项目名称	本月余额	比年初	
		今年	去年			今年	去年
一、各项存款	44 061 265	3 088 674	5 162 633	一、各项贷款	18 151 537	1 838 014	3 011 226
1.单位存款	11 072 064	239 841	1 567 388	(一)境内贷款	18 151 439	1 837 915	3 011 226
其中:活期存款	7 644 933	307 190		1.短期贷款	6 923 828	1 962 911	961 911
定期存款	1 833 040	148 379		(1)个人贷款及透支	901 855	220 704	183 951
通知存款	134 513	-105 570		其中:个人消费贷款	627 049	195 285	67 895
保证金存款	436 466	39 785	116 175	(2)单位贷款及透支	5 331 546	1 679 806	545 884
2.个人存款	32 742 199	2 684 877	3 537 193	其中:经营贷款	5 274 486	1 680 175	590 655
储蓄存款	32 742 199	2 684 877	3 532 495	固定资产贷款	57 059	-369	-35 204
保证金存款			4 698	(3)普通并购贷款			
结构性存款				(4)银团贷款	70 000		-110 000
3.临时性存款	39 046	22 997	2 464	(5)贸易融资	620 428	62 402	342 076
4.其他存款	207 955	140 959	55 588	(6)境外投资转贷款			
二、代理财政性存款	15 778	-31 660	29 780	2.中长期贷款	10 699 053	330 457	2 143 178
三、金融债券				(1)个人贷款	3 104 558	646 322	869 337
其中:境外发行				其中:个人消费贷款	3 008 736	699 464	867 092
四、中长期借款				(2)单位贷款	6 452 267	-338 076	1 115 734
其中:境外借款				其中:经营贷款	1 545 928	-281 616	456 583
五、应付及暂收款	626 157	-21 501	-291 317	固定资产贷款	4 906 340	-56 460	659 151
其中:应付利息	380 472	47 594	15 352	(3)普通并购贷款	18 881	18 881	
六、卖出回购资产			-2 900	(4)银团贷款	1 123 347	3 330	158 108
七、向中央银行借款				(5)贸易融资			
八、同业往来(来源方)	625 738	228 646	-415 714	(6)境外投资转贷款			
1.同业存放	625 738	228 646	-415 714	3.融资租赁			
其中:境外同业存放				4.票据融资	518 260	-455 032	-93 172
2.同业拆借				其中:贴现	518 260	-455 032	-93 172
其中:境外同业拆借				5.各项垫款	10 298	-420	-691
九、境外联行往来(来源方)				(二)境外贷款	99	99	
十、外汇买卖(来源方)	510	275	-767	二、有价证券	38 974	-40 064	-51 374
其中:结售汇	510	275	140	三、股权及其他投资			
十一、委托存款及委托投资基金(净)	38	-88	-4 292	四、应收及预付款	46 781	14 287	-410 412
1.委托存款及委托投资基金	4 988 149	1 352 693	823 986	其中:应收利息	44 003	13 084	-3 484
2.减:委托贷款及委托投资	4 988 111	1 352 781	828 279	五、买入返售资产			-2 900
十二、代理金融机构委托贷款基金	18 421		10 000	六、存放中央准备金存款	106 674	12 091	-22 592
其中:中央银行委托贷款基金				七、存放中央银行特种存款			
十三、各项准备	439 288	12 854	46 272	八、缴存中央银行财政性存款	38 292	-45 956	22 223
其中:贷款损失准备	439 031	12 820	46 254	九、同业往来	263 685	262 282	830
十四、所有者权益	780 290	143 843	149 832	1.存放同业	263 685	262 282	830
其中:实收资本				其中:存放境外同业			
十五、其他	-27 582 261	-1 325 616	-2 097 866	2.拆放同业			
				其中:拆放境外同业			
				十、境外联行往来(运用方)			
				十一、代理金融机构贷款	18 333		10 000
				其中:代理人行专项贷款			
				十二、库存现金	320 659	54 670	29 475
				十三、外汇买卖(运用方)	288	102	-815
				其中:结售汇	288	102	92
				十四、投资性房地产			
资金来源总计	18 985 224	2 095 427	2 585 660	资金运用总计	18 985 224	2 095 427	2 585 660

中国农业银行股份有限公司河北省分行人民币信贷收支表

（2011 年 12 月 31 日）　　单位:万元

来源项目名称	本月余额	比年初 今年	比年初 去年	运用项目名称	本月余额	比年初 今年	比年初 去年
一、各项存款	43 976 670	3 129 803	5 131 137	一、各项贷款	17 542 975	1 789 449	2 672 743
1.单位存款	10 993 370	279 051	1 534 268	㈠境内贷款	17 542 877	1 789 350	2 672 743
其中:活期存款	7 586 576	339 222		1.短期贷款	6 319 383	1 914 136	623 080
定期存款	1 823 377	161 362		(1)个人贷款及透支	901 188	220 441	183 602
通知存款	125 894	-114 189		其中:个人消费贷款	626 382	195 022	67 545
保证金存款	434 410	42 600	114 981	(2)单位贷款及透支	5 331 325	1 679 817	555 450
2.个人存款	32 736 464	2 685 404	3 538 778	其中:经营贷款	5 274 266	1 680 186	590 655
储蓄存款	32 736 464	2 685 404	3 534 080	固定资产贷款	57 059	-369	-35 204
保证金存款			4 698	(3)普通并购贷款			
结构性存款				(4)银团贷款	70 000		-110 000
3.临时性存款	38 881	24 388	2 503	(5)贸易融资	16 870	13 878	-5 972
4.其他存款	207 955	140 959	55 588	(6)境外投资转贷款			
二、代理财政性存款	20 407	-32 328	30 195	2.中长期贷款	10 699 053	330 457	2 143 178
三、金融债券				(1)个人贷款	3 104 558	646 322	869 337
其中:境外发行				其中:个人消费贷款	3 008 736	699 464	867 092
四、中长期借款				(2)单位贷款	6 452 267	-338 076	1 115 734
其中:境外借款				其中:经营贷款	1 545 928	-281 616	456 583
五、应付及暂收款	623 110	88 421	-166 377	固定资产贷款	4 906 340	-56 460	659 151
其中:应付利息	380 032	47 348	15 324	(3)普通并购贷款	18 881	18 881	
六、卖出回购资产			-2 900	(4)银团贷款	1 123 347	3 330	158 108
七、向中央银行借款				(5)贸易融资			
八、同业往来(来源方)	270 997	-53 245	-488 564	(6)境外投资转贷款			
1.同业存放	270 997	-53 245	-488 564	3.融资租赁			
其中:境外同业存放				4.票据融资	518 260	-455 032	-93 172
2.同业拆借				其中:贴现	518 260	-455 032	-93 172
其中:境外同业拆借				5.各项垫款	6 181	-210	-343
九、境外联行往来(来源方)				㈡境外贷款	99	99	
十、外汇买卖(来源方)	242	199	43	二、有价证券	38 974	-40 064	-51 374
其中:结售汇	242	199	43	三、股权及其他投资			
十一、委托存款及委托投资基金(净)	38	-88	-4 292	四、应收及预付款	43 102	11 484	-200 940
1.委托存款及委托投资基金	4 988 149	1 352 693	823 986	其中:应收利息	40 430	10 275	-4 027
2.减:委托贷款及委托投资	4 988 111	1 352 781	828 279	五、买入返售资产			-2 900
十二、代理金融机构委托贷款基金	18 421		10 000	六、存放中央准备金存款	106 674	12 091	-22 592
其中:中央银行委托贷款基金				七、存放中央银行特种存款			
十三、各项准备	439 288	12 854	46 272	八、缴存中央银行财政性存款	38 292	-45 956	22 223
其中:贷款损失准备	439 031	12 820	46 254	九、同业往来	262 496	262 496	
十四、所有者权益	793 000	156 841	151 764	1.存放同业	262 496	262 496	
其中:实收资本				其中:存放境外同业			
十五、其他	-27 772 302	-1 257 434	-2 250 412	2.拆放同业			
				其中:拆放境外同业			
				十、境外联行往来(运用方)			
				十一、代理金融机构贷款	18 333		10 000
				其中:代理人行专项贷款			
				十二、库存现金	318 737	55 420	29 614
				十三、外汇买卖(运用方)	288	102	92
				其中:结售汇	288	102	92
				十四、投资性房地产			
资金来源总计	18 369 872	2 045 023	2 456 866	资金运用总计	18 369 872	2 045 023	2 456 866

中国农业银行股份有限公司河北省分行外汇信贷收支表

（2011 年 12 月 31 日） 单位:万美元

栏目 来源项目名称	本月余额	比年初		栏目 运用项目名称	本月余额	比年初	
		今年	去年			今年	去年
一、各项存款	13 426	-5 558	5 184	一、各项贷款	96 583	12 026	52 116
1.单位存款	12 489	-5 314	5 386	㈠境内贷款	96 583	12 026	52 116
其中:活期存款	9 262	-4 387		1.短期贷款	95 930	12 026	52 147
定期存款	1 534	-1 886		(1)个人贷款及透支	106	45	53
通知存款	1 368	1 368		其中:个人消费贷款	106	45	53
保证金存款	326	-409	197	(2)单位贷款及透支	35		-1 400
2.个人存款	910	-35	-204	其中:经营贷款	35		
储蓄存款	910	-35	-204	固定资产贷款			
保证金存款				(3)普通并购贷款			
结构性存款				(4)银团贷款			
3.临时性存款	26	-209	1	(5)贸易融资	95 789	11 981	53 494
4.其他存款	0	0	0	(6)境外投资转贷款			
二、代理财政性存款	-735	65	-85	2.中长期贷款			
三、金融债券				(1)个人贷款			
其中:境外发行				其中:个人消费贷款			
四、中长期借款				(2)单位贷款			
其中:境外借款				其中:经营贷款			
五、应付及暂收款	484	-16 574	-17 784	固定资产贷款			
其中:应付利息	70	41	5	(3)普通并购贷款			
六、卖出回购资产				(4)银团贷款			
七、向中央银行借款				(5)贸易融资			
八、同业往来(来源方)	56 300	45 300	11 000	(6)境外投资转贷款			
1.同业存放	56 300	45 300	11 000	3.融资租赁			
其中:境外同业存放				4.票据融资			
2.同业拆借				其中:贴现			
其中:境外同业拆借				5.各项垫款	653		-31
九、境外联行往来(来源方)				㈡境外贷款			
十、外汇买卖(来源方)	42	14	-118	二、有价证券			
其中:结售汇	42	14	15	三、股权及其他投资			
十一、委托存款及委托投资基金(净)				四、应收及预付款	584	452	-30 674
1.委托存款及委托投资基金				其中:应收利息	567	452	83
2.减:委托贷款及委托投资				五、买入返售资产			
十二、代理金融机构委托贷款基金				六、存放中央准备金存款			
其中:中央银行委托贷款基金				七、存放中央银行特种存款			
十三、各项准备				八、缴存中央银行财政性存款			
其中:贷款损失准备				九、同业往来	189	-23	128
十四、所有者权益	-2 017	-2 061	-282	1.存放同业	189	-23	128
其中:实收资本				其中:存放境外同业			
十五、其他	30 161	-8 830	23 514	2.拆放同业			
				其中:拆放境外同业			
				十、境外联行往来(运用方)			
				十一、代理金融机构贷款			
				其中:代理人行专项贷款			
				十二、库存现金	305	-98	-8
				十三、外汇买卖(运用方)			-133
				其中:结售汇			
				十四、投资性房地产			
资金来源总计	97 661	12 356	21 429	资金运用总计	97 661	12 356	21 429

中国农业银行股份有限公司河北省分行资产负债表

（2011 年 12 月 31 日）

单位：万元

项目名称	期末余额		比上月 + -		比年初 + -		项目名称	期末余额		比上月 + -		比年初 + -	
	余额	结构%	今年	去年	今年	去年		余额	结构%	今年	去年	今年	去年
资产总计	46 245 953	100.00	563 661	554 197	3 439 084	5 010 242	负债及所有者权益总计	46 245 953	100.00	563 661	554 197	3 439 084	5 010 242
一、现金	320 659	0.69	43 397	1 475	54 206	29 939	负债总计	45 465 663	98.31	504 662	468 405	3 295 241	4 860 410
二、贵金属	17	0.00	0	0	0	0	一、各项存款	44 061 265	96.91	604 773	499 672	3 088 674	5 162 633
三、存放中央银行款项	106 674	0.23	-35 616	4 387	12 091	-22592	1. 单位存款	10843554	23.85	137 568	-108 956	341 015	1 506 800
四、存放同业款项	263 685	0.57	262 020	403	262 282	830	2. 储蓄存款	32 742 199	72.02	459 915	580 218	2 684 877	3 532 495
1. 境内同业	263 685	0.57	262 020	403	262 282	830	3. 应解汇款	38 944	0.09	13 551	-971	22 950	2 465
2. 境外同业	0	0.00	0	0	0	0	4. 保证金存款	436 466	0.96	-6 173	29 381	39 785	120 873
五、存放系统内款项	27 298 660	59.03	223 947	491 664	1 291 902	2 069 252	5. 其他存款	0	0.00	0	0	0	0
#拨付营运资金	0	0.00	0	0	0	0	二、向中央银行借款	0	0.00	0	0	0	0
六、应收利息	44 003	0.16	-56 121	-43 328	13 084	-3 484	三、同业存放款项	625 738	1.38	-102 546	-10 139	228 646	-415 714
七、各项贷款	18 151 537	39.25	141 186	155 508	1 838 014	3 011 226	1. 境内同业	625 738	0.00	-102 546	-10 139	228 646	-415 714
1. 贷款	17 008 552	93.70	186 563	100 484	2 237 065	2 763 013	2. 境外同业	0	0.00	0	0	0	0
2. 贸易融资	614 428	3.38	-5 207	55 571	56 402	342 076	四、系统内存放款项	0	0.00	0	0	0	0
3. 贴现及买断式转贴现	518 260	2.86	-40 139	-511	-455 032	-93 172	五、同业拆入	0	0.00	0	22 346	-110 261	110 261
4. 其他贷款	10 298	0.04	-31	-35	-420	-691	六、卖出回购款项	0	0.00	0	0	0	0
八、拆放同业	0	0.00	0	0	0	0	1. 境内外金融机构	0	0.00	0	0	0	0
九、其他应收款	5 660	0.02	-37 774	-41 384	1 407	1 318	2. 境内外非金融机构	0	0.00	0	0	0	0
十、投资	38 974	0.08	-243	-4 251	-40 064	-51 374	七、汇出汇款	103	0.00	-87	-98	47	0
1. 债券	38 974	0.08	-243	-4 251	-40 064	-51 374	八、应付利息	380 472	0.84	-14 934	-20 705	47 594	15 352
2. 股票	0	0.00	0	0	0	0	九、应交税费	20 818	0.05	3 003	5 732	4 702	2 568
3. 其他	0	0.00	0	0	0	0	十、应付职工薪酬	91 687	0.20	2 528	-11 574	43 018	-10 688
其中：长期股权投资	0	0.00	0	0	0	0	十一、应付股利	0	0.00	0	0	0	0
十一、买入返售资产	0	0.00	0	0	0	0	十二、其他应付款	109 521	0.24	7 074	-8 761	-6 394	22 761
1. 境内外金融机构	0	0.00	0	0	0	0	十三、递延收益	8 329	0.02	-7	-44	1 784	1 502
2. 境内外非金融机构	0	0.00	0	0	0	0	十四、预计付债	15122	0.03	-36	-345	-1 934	-1 547
十二、长期待摊费用	21 656	0.05	3 883	3 645	6 271	3 978	十五、应付债券	0	0.00	0	0	0	0
十三、固定资产净值	288 977	0.62	44 141	36 162	25 103	20 575	十六、其他负债	152 712	0.34	-193	-7679	-589	-26718
固定资产原价	407 343	0.88	45 687	37 708	57 125	45 784	其中：衍生金融负债	3 855	0.01	1 323	-404	2 427	1 429
减：累计折旧	118 366	0.26	1 546	1 545	32 022	25 209	十七、递延所得税负债	0	0.00	0	0	0	0
十四、固定资产清理	984	0.00	-250	41	22	-348	所有者权益总计	780 290	1.69	58 999	85 792	143 843	149 832
十五、在建工程	9 533	0.02	72	4 524	-2 927	4 584	一、实收资本	0	0.00	0	0	0	0
十六、无形资产	104 999	0.23	336	-386	-2 797	-3 013	二、资本公积	0	0.00	0	0	0	0
十七、抵债资产	0	0.00	0	0	0	0	其中：重估准备	0	0.00	0	0	0	0
十八、递延所得税资产	0	0.00	0	0	0	0	三、盈余公积	0	0.00	0	0	0	0
十九、其他资产	29 222	0.06	-19 439	2 057	-6 656	-4 377	四、一般风险准备	0	0.00	0	0	0	0
1. 投资性房地产	0	0.00	0	0	0	0	五、信托赔偿准备	0	0.00	0	0	0	0
2. 衍生金融资产	4 283	0.01	1 384	-511	2 636	1 647	六、未分配利润	780 290	100.00	58 999	85 792	143 843	149 832
3. 商誉	0	0.00	0	0	0	0	其中：本年利润	776 972	99.57	55 675	90 573	776 972	640 636
二十、减：各项资产减值准备	439 288	0.95	5 878	56 321	12 854	46 272	七、以前年度损益调整	0	0.00	0	0	0	0

中国农业银行股份有限公司河北省分行中间业务收入情况表

（2011 年 12 月 31 日）

单位:万元

项　目	合计	1. 投行业务收入	2. 国内担保承诺业务收入	3. 结售汇业务收入	4. 人民币对公结算与现金管理业务收入	5. 代收代付业务收入	6. 对公国际结算业务收入	7. 个人国际结算业务收入	8. 信用卡业务收入（不含商户收单）	9. 银行卡商户收单业务收入	10. 电子银行业务收入（不含自助银行）	11. 自助银行业务收入	12. 个人人民币结算业务收入	13. 代理销售基金等投资类产品业务收入	14. 个人理财业务收入	15. 代理保险业务收入	16. 托管业务收入
分行营业部	40 176	8 648	574	1 280	1 735	633	1 343	57	423	2 778	7 652	2 364	5 893	352	542	3 247	121
承德	12 960	4 741	79	40	664	27	396	2	459	892	1 021	541	2 204	171	106	1 104	20
张家口	10 291	2 095	166	130	565	81	76	6	149	549	1 012	626	2 813	103	193	1 101	16
秦皇岛	13 131	2 603	99	372	978	107	1 941	15	155	694	1 316	649	2 233	133	132	964	20
唐山	55 564	18 125	2 520	1 279	2 279	473	6 314	13	579	3 262	5 086	2 274	5 302	478	1 260	3 832	470
廊坊	28 369	7 086	1 480	1 013	1 238	53	1 389	12	229	1 443	4 234	1 672	3 968	358	356	2 315	198
保定	26 244	2 831	216	511	1 103	150	466	26	514	1 494	5 291	1 832	5 557	484	905	3 124	101
沧州	23 016	3 580	149	866	1 237	143	750	10	469	1 224	5 379	1 109	4 153	245	329	2 702	38
衡水	9 518	809	26	516	886	35	87	17	155	470	1 662	474	2 162	81	135	1 174	14
邢台	19 416	4 837	75	652	771	133	1 340	5	283	711	3 364	811	3 008	286	231	2 086	65
邯郸	29 168	7 682	2 082	314	1 631	196	4 783	6	306	1 112	2 826	1 098	3 278	174	329	1 651	175
河北省分行	-10	0	0	-11	0	0	0	0	0	0	0	0	1	0	0	0	0
合　计	267 844	63 036	7 467	6 961	13 087	2 031	18 885	168	3 719	14 629	38 842	13 450	40 573	2 864	4 517	23 301	1 239

中国农业银行股份有限公司河北省分行损益情况表

（2011 年 12 月 31 日） 单位:万元

项　目	金　额
1. 贷款利息收入	785 843
2. 往来轧差收入	655 209
3. 中间业务收入	183 500
4. 其他营业收入	－1 153
5. 投资收益	3 329
6. 营业外收入	4 457
收入小计	1 631 185
1. 利息支出	473 106
2. 费用支出	407 818
3. 手续费支出	8 193
4. 营业税金及附加	51 585
5. 其他营业支出	2 816
6. 营业外支出	2 054
7. 拨备支出	46 272
支出小计	991 844
账面利润	639 341

中国农业银行股份有限公司河北省分行助学贷款地区分布表

（2011 年 12 月 31 日） 单位:万元

单位\项目	助学贷款			其中:	
	笔数	金额	较年初	中央贴息助学贷款	地方贴息助学贷款
省分行营业部	10	0.0	0.0		0.0
承德	127	12.7	－19.6		12.7
张家口	75	0.0	－0.4		0.0
秦皇岛	0	0.0	0.0		0.0
唐山	1	0.0	0.0		0.0
廊坊	7	3.0	－2.3		3.0
保定	13	2.6	－0.8		2.6
沧州	7	0.9	0.0		0.9
衡水	35	0.0	0.0		0.0
邢台	64	2.4	－2.5		2.4
邯郸	70	0.0	－0.4		0.0
合　计	409	22	－26		22

中国农业银行股份有限公司河北省分行银行卡业务统计表

（2011 年 12 月 31 日）

单位：张、笔、台、万元

项目	银行卡数量								存现	
	当期发卡数量				期末卡数量					
	贷记卡	准贷记卡	借记卡	小计	贷记卡	准贷记卡	借记卡	小计	笔数	金额
石家庄	51 531	391	279 913	331 835	181 601	19 506	3 211 785	3 412 892	11 438 642	13 967 480
营业部	51 531	391	279 913	331 835	181 601	19 506	3 211 785	3 412 892	11 438 642	13 967 480
承德	13 561	470	102 899	116 930	57 197	9 378	1 259 249	1 325 824	2 315 079	2 952 850
张家口	14 913	1 021	87 087	103 021	60 094	8 211	1 065 151	1 133 456	2 382 226	3 571 406
秦皇岛	16 407	98	330 394	346 899	58 404	9 443	1 327 796	1 395 643	2 473 645	3 049 510
唐山	40 224	－177	328 948	368 995	165 746	15 040	2 501 837	2 682 623	7 385 420	10 938 750
廊坊	17 807	432	193 979	212 218	86 690	10 091	1 581 994	1 678 775	4 635 255	5 298 333
保定	35 687	1 719	231 801	269 207	140 412	16 933	2 246 082	2 403 427	6 009 921	9 284 276
沧州	27 657	1 869	81 894	111 420	121 981	15 183	1 957 085	2 094 249	5 068 077	7 773 076
衡水	12 408	－30	323 640	336 018	63 172	7 299	1 036 884	1 107 355	2 006 457	3 012 605
邢台	23 697	457	303 734	327 888	84 606	9 582	1 601 956	1 696 144	3 939 188	5 814 661
邯郸	33 939	1 203	234 825	269 967	91 192	10 421	1 613 893	1 715 506	3 603 078	5 596 689
总计	287 831	7 453	2 499 114	2 794 398	1 111 095	131 087	19 403 712	20 645 894	51 256 988	71 259 636

续表

项目	资金交易情况								ATM 数量
	取现		消费		转账		小记		
	笔数	金额	笔数	金额	笔数	金额	笔数	金额	
石家庄	25 768 315	12 698 673	7 181 532	3 156 385	59 145 656	200 205 740	103 534 145	230 028 278	442
营业部	25 768 315	12 698 673	7 181 532	3 156 385	59 145 656	200 205 740	103 534 145	230 028 278	442
承德	5 613 253	3 750 142	1 292 795	552 563	8 961 075	26 415 323	18 182 202	33 670 878	77
张家口	5 601 918	4 152 851	922 942	517 540	9 071 386	36 227 903	17 978 472	44 469 700	110
秦皇岛	5 785 764	3 434 679	2 494 260	795 798	11 611 105	34 064 896	22 364 774	41 344 883	119
唐山	23 673 020	15 572 918	5 154 690	2 656 749	44 190 164	379 771 036	80 403 294	408 939 454	360
廊坊	13 501 247	5 664 737	3 507 661	2 164 717	32 815 963	105 232 880	54 460 126	118 360 667	217
保定	17 921 307	10 351 054	3 918 286	2 009 174	41 079 980	138 982 060	68 929 494	160 626 564	253
沧州	15 535 128	8 222 296	3 801 740	1 496 201	39 983 873	131 305 789	64 388 818	148 797 362	221
衡水	5 479 862	3 336 994	1 152 183	515 658	12 537 364	40 244 607	21 175 866	47 109 863	99
邢台	11 241 961	5 807 700	2 239 720	799 513	28 191 335	65 502 973	45 612 204	77 924 848	163
邯郸	12 817 594	6 498 703	1 874 336	1 384 298	24 779 153	173 482 237	43 074 161	186 961 927	207
总计	142 939 369	79 490 749	33 540 145	16 048 595	312 367 054	1 331 435 443	540 103 556	1 498 234 423	2 268

中国农业银行股份有限公司河北省分行网上银行业务发展情况表

（2011 年 12 月 31 日）

单位：户、笔、万元

单位	客户数				交易笔数（双向）				交易金额（双向）			
	个人		企业		个人		企业		个人		企业	
	年末余额	当年新增	年末余额	当年新增	交易笔数	当年新增	交易笔数	当年新增	交易金额	当年新增	交易金额	当年新增
河北省	3 077 805	1 264 648	65 222	22 247	431 753 845	431 753 845	35 005 620	35 005 620	807 688 473	807 688 473	277 317 302	277 317 302
营业部	651 661	271 231	13 165	5 015	100 980 346	100 980 346	6 316 239	6 316 239	121 654 533	121 654 533	33 979 865	33 979 865
承德	149 691	68 602	2 896	1 036	8 520 467	8 520 467	1 032 152	1 032 152	8 851 379	8 851 379	8 701 960	8 701 960
张家口	96 407	33 906	1 635	857	6 849 762	6 849 762	418 030	418 030	12 401 304	12 401 304	4 176 526	4 176 526
秦皇岛	131 170	65 198	2 904	1 305	12 928 207	12 928 207	1 350 594	1 350 594	14 487 172	14 487 172	8 047 009	8 047 009
唐山	364 129	146 204	9 665	3 006	68 202 942	68 202 942	8 726 630	8 726 630	263 331 875	263 331 875	103 928 566	103 928 566
廊坊	333 558	150 658	5 508	2 039	34 145 484	34 145 484	2 572 223	2 572 223	53 920 385	53 920 385	17 391 978	17 391 978
保定	325 864	122 275	6 133	1 707	44 041 478	44 041 478	2 924 411	2 924 411	67 064 214	67 064 214	15 864 078	15 864 078
沧州	368 021	130 658	8 336	2 318	64 883 057	64 883 057	4 714 507	4 714 507	78 793 750	78 793 750	21 295 062	21 295 062
衡水	118 542	48 909	2 429	787	19 002 986	19 002 986	1 248 971	1 248 971	22 634 332	22 634 332	5 792 137	5 792 137
邢台	376 250	154 910	7 283	2 139	38 056 843	38 056 843	2 586 081	2 586 081	38 666 497	38 666 497	10 878 028	10 878 028
邯郸	162 512	72 097	5 268	2 038	34 142 273	34 142 273	3 115 782	3 115 782	125 883 031	125 883 031	47 262 092	47 262 092
总计	3 077 805	1 264 648	65 222	22 247	431 753 845	431 753 845	35 005 620	35 005 620	807 688 473	807 688 473	277 317 302	277 317 302

中国农业银行股份有限公司河北省分行机构、人员情况一览表

（2011 年 12 月 31 日）

单位：个、人

单位名称	从业人员	在岗职工	柜员合同工	代理用工	离退休	一级分行(局)	省行营业部二级分行(局)	县支行(局)	城区支行(局)	二级支行(局)	分理处	集镇办	储蓄所	各类机构总数
河北省	509	438		74	101	1								1
石家庄	3 427	3 276		151	1 156		1	17	17	18	103			156
承德	1 068	971		97	897		1	8	4	5	27			45
张家口	1 451	1 370		81	1 015		1	13	5	1	35			55
秦皇岛	1 335	1 273		62	444		1	4	10	13	39			67
唐山	2 948	2 656		292	958		1	9	15	30	89			144
廊坊	1 706	1 545		161	660		1	10	6	8	70			95
保定	2 934	2 846		88	1 401		1	23	8	0	86			118
沧州	2 116	2 096		20	1 037		1	16	5	30	50			102
衡水	1 280	1 234		46	834		1	10	5	1	45			62
邢台	1 793	1 730		63	1 055		1	17	4	14	57			93
邯郸	1 921	1 832		89	991		1	15	7	14	58			95
总计	22 488	21 267	0	1 224	10 549	1	11	142	86	134	659	0	0	1 033

中国农业银行股份有限公司河北省分行职工性别、年龄、学历、职称结构统计表

（2011 年 12 月 31 日）

单位：人

机构名称	性别结构			年龄结构					学历结构						职称结构			
	男	女	合计	30 岁以下	31～40 岁	41～50 岁	51～60 岁	合计	博士研究生	硕士研究生	大学本科	大学专科	中专及以下	合计	高级职称	中级职称	初级职称	合计
河北省	297	141	438	47	162	148	81	438	1	52	205	367	18	438	121	209	55	385
石家庄	1 765	1 511	3 276	262	1 042	1 787	185	3 276		51	537	1 664	1 024	3 276	22	952	1 186	2 160
承德	675	296	971	61	259	612	39	971		9	113	683	166	971	9	288	427	724
张家口	976	394	1 370	58	353	861	98	1 370		9		897	464	1 370	4	326	639	969
秦皇岛	707	566	1 273	86	409	709	69	1 273	0	19	209	646	399	1 273	8	314	428	750
唐山	1 511	1 145	2 656	261	925	1 293	177	2 656	0	32	504	1 205	915	2 656	11	619	962	1 592
廊坊	912	633	1 545	142	515	791	97	1 545		30	338	685	492	1 545	4	389	553	946
保定	1 643	1 203	2 846	170	954	1 528	194	2 846	0	27	272	1 501	1 046	2 846	19	658	712	1 389
沧州	1 313	783	2 096	138	672	1 142	144	2 096		11	308	1 178	599	2 096	9	554	797	1 360
衡水	712	522	1 234	92	394	678	70	1 234		6	340	505	383	1 234	8	377	306	691
邢台	1 009	721	1 730	132	550	943	105	1 730		17	162	965	586	1 730	5	313	657	975
邯郸	1 103	729	1 832	127	646	995	64	1 832		15	269	1 408	408	2 100	11	532	487	1 030
总计	12 623	8 644	21 267	1 576	6 881	11 487	1 323	21 267	1	278	3 257	11 704	6 500	21 535	231	5 531	7 209	12 971

中国银行股份有限公司河北省分行本外币信贷收支表

汇率:6.3009 (2011年12月31日) 单位:万元

栏目 来源项目名称	本月余额	比年初		栏目 运用项目名称	本月余额	比年初	
		今年	去年			今年	去年
一、各项存款	30 827 803	3 460 582	4 402 800	一、各项贷款	22 194 225	2 079 430	3 207 693
1.单位存款	14 259 250	2 168 584	1 846 231	㈠境内贷款	22 138 574	2 072 942	3 207 693
其中:活期存款	7 765 926	665 536		1.短期贷款	5 702 365	450 311	382 348
定期存款	2 618 069	561 407		(1)个人贷款及透支	213 672	88 091	-1 550
通知存款	265 405	66 522		其中:个人消费贷款	167 931	56 674	10 773
保证金存款	1 032 879	313 074	186 231	(2)单位贷款及透支	3 278 433	412 186	-444 475
2.个人存款	14 604 367	1 252 918	1 793 817	其中:经营贷款	3 267 933	402 686	-473 556
储蓄存款	14 604 360	1 252 910	1 793 817	固定资产贷款	10 500	9 500	783
保证金存款	7	7		(3)普通并购贷款			
结构性存款				(4)银团贷款		-25 000	12 630
3.临时性存款	429 333	-31 418	-96 446	(5)贸易融资	2 210 260	-24 966	815 744
4.其他存款	1 534 853	70 499	859 197	(6)境外投资转贷款			
二、代理财政性存款	10 386	5 341	4 452	2.中长期贷款	15 912 755	1 643 213	3 612 261
三、金融债券				(1)个人贷款	4 284 253	571 042	986 911
其中:境外发行				其中:个人消费贷款	3 874 964	624 418	861 762
四、中长期借款				(2)单位贷款	9 523 810	719 466	2 232 965
其中:境外借款				其中:经营贷款	2 429 696	76 012	-472 510
五、应付及暂收款	465 043	28 694	128 495	固定资产贷款	7 094 114	643 454	2 699 244
其中:应付利息	282 996	56 602	38 949	(3)普通并购贷款	353 000	53 000	
六、卖出回购资产				(4)银团贷款	1 725 558	304 501	406 360
七、向中央银行借款				(5)贸易融资			
八、同业往来(来源方)	3 806 821	1 206 302	594 932	(6)境外投资转贷款	26 134	-4 796	-13 975
1.同业存放	3 771 631	1 196 247	570 261	3.融资租赁			
其中:境外同业存放				4.票据融资	519 375	-20 206	-782 622
2.同业拆借	35 190	10 055	24 671	其中:贴现	519 375	-20 206	-782 622
其中:境外同业拆借	34 725	10 055	24 671	5.各项垫款	4 080	-377	-4 294
九、境外联行往来(来源方)		-152 671	152 671	㈡境外贷款	55 651	6 488	
十、外汇买卖(来源方)		-14 183	-8 492	二、有价证券	76 291	-27 954	-218 677
其中:结售汇		-14 159	-8 502	三、股权及其他投资			
十一、委托存款及委托投资基金(净)				四、应收及预付款	150 629	62 059	31 882
1.委托存款及委托投资基金	1 589 316	-291 943	823 305	其中:应收利息	134 408	55 180	30 749
2.减:委托贷款及委托投资	1 589 316	-291 943	823 305	五、买入返售资产			
十二、代理金融机构委托贷款基金				六、存放中央准备金存款	293 786	49 113	-310 162
其中:中央银行委托贷款基金				七、存放中央银行特种存款			
十三、各项准备	520 781	133 825	55 574	八、缴存中央银行财政性存款	40 400	14 979	3 946
其中:贷款损失准备	519 993	133 769	55 245	九、同业往来	4 802 164	1 337 744	2 287 140
十四、所有者权益	258 806	-82 945	114 137	1.存放同业	3183 594	112 359	1 893 955
其中:实收资本				其中:存放境外同业			
十五、其他	-8 170 595	-1 094 059	-414 862	2.拆放同业	1 618 570	1 225 385	393 185
				其中:拆放境外同业			
				十、境外联行往来(运用方)			
				十一、代理金融机构贷款			
				其中:代理人行专项贷款			
				十二、库存现金	161 550	-10 292	36 371
				十三、外汇买卖(运用方)		-14 193	-8 487
				其中:结售汇		-14 169	-8 496
				十四、投资性房地产			
资金来源总计	27 719 045	3 490 886	5 029 706	资金运用总计	27 719 045	3 490 886	5 029 706

中国银行股份有限公司河北省分行人民币信贷收支表

（2011 年 12 月 31 日）

单位:万元

栏目 来源项目名称	本月余额	比年初		栏目 运用项目名称	本月余额	比年初	
		今年	去年			今年	去年
一、各项存款	30 156 406	3 479 010	4 415 973	一、各项贷款	21 503 871	2 187 937	3 040 790
1.单位存款	13 930 864	2 170 194	1 816 499	㈠境内贷款	21 501 858	2 188 183	3 040 790
其中:活期存款	7 471 287	633 072		1.短期贷款	5 104 417	565 850	227 500
定期存款	2 602 696	552 889		(1)个人贷款及透支	213 672	88 091	-1 550
通知存款	265 405	66 522		其中:个人消费贷款	167 931	56 674	10 773
保证金存款	1 014 504	311 433	184 506	(2)单位贷款及透支	3 093 795	339 856	-473 929
2.个人存款	14 275 359	1 269 717	1 844 441	其中:经营贷款	3 083 295	330 356	-473 556
储蓄存款	14 275 353	1 269 711	1 844 441	固定资产贷款	10 500	9 500	783
保证金存款	6	6		(3)普通并购贷款			
结构性存款				(4)银团贷款		-25 000	12 630
3.临时性存款	415 768	-37 464	-98 044	(5)贸易融资	1 796 951	162 903	690 349
4.其他存款	1 534 415	76 562	853 078	(6)境外投资转贷款			
二、代理财政性存款	10 386	5 341	4 452	2.中长期贷款	15 874 019	1 642 901	3 599 965
三、金融债券				(1)个人贷款	4 284 253	571 042	986 911
其中:境外发行				其中:个人消费贷款	3 874 964	624 418	861 762
四、中长期借款				(2)单位贷款	9 511 208	714 358	2 226 734
其中:境外借款				其中:经营贷款	2 417 094	70 033	-472 510
五、应付及暂收款	463 231	28 916	129 464	固定资产贷款	7 094 114	644 325	2 699 244
其中:应付利息	281 605	56 869	39 855	(3)普通并购贷款	353 000	53 000	
六、卖出回购资产				(4)银团贷款	1 725 558	304 501	386 320
七、向中央银行借款				(5)贸易融资			
八、同业往来(来源方)	3 733 430	1 179 613	573 377	(6)境外投资转贷款			
1.同业存放	3 732 965	1 179 613	573 377	3.融资租赁			
其中:境外同业存放				4.票据融资	519 342	-20 191	-782 381
2.同业拆借	465			其中:贴现	519 342	-20 191	-782 381
其中:境外同业拆借				5.各项垫款	4 080	-377	-4 294
九、境外联行往来(来源方)				㈡境外贷款	2 013	-246	
十、外汇买卖(来源方)			-14	二、有价证券	76 291	-27 954	-218 677
其中:结售汇				三、股权及其他投资			
十一、委托存款及委托投资基金(净)				四、应收及预付款	146 697	62 167	30 311
1.委托存款及委托投资基金	1 589 316	-283 532	817 251	其中:应收利息	130 585	55 323	29 192
2.减:委托贷款及委托投资	1 589 316	-283 532	817 251	五、买入返售资产			
十二、代理金融机构委托贷款基金				六、存放中央准备金存款	293 786	49 113	-310 162
其中:中央银行委托贷款基金				七、存放中央银行特种存款			
十三、各项准备	503 389	132 084	53 274	八、缴存中央银行财政性存款	40 400	14 979	3 946
其中:贷款损失准备	502 601	132 028	52 945	九、同业往来	4 663 544	1 338 201	2 161 719
十四、所有者权益	239 629	-91 665	113 314	1.存放同业	3 044 974	112 816	1 768 535
其中:实收资本				其中:存放境外同业			
十五、其他	-8 235 624	-1 129 355	-556 596	2.拆放同业	1 618 570	1 225 385	393 185
				其中:拆放境外同业			
				十、境外联行往来(运用方)			
				十一、代理金融机构贷款			
				其中:代理人行专项贷款			
				十二、库存现金	146 258	-6 305	33 791
				十三、外汇买卖(运用方)		-14 193	-8 473
				其中:结售汇		-14 169	-8 496
				十四、投资性房地产			
资金来源总计	26 870 848	3 603 945	4 733 246	资金运用总计	26 870 848	3 603 945	4 733 246

中国银行股份有限公司河北省分行外汇信贷收支表

（2011 年 12 月 31 日）

单位:万美元

栏目 来源项目名称	本月余额	比年初		栏目 运用项目名称	本月余额	比年初	
		今年	去年			今年	去年
一、各项存款	106 556	2 395	1 205	一、各项贷款	109 564	-11 060	28 074
1.单位存款	52 117	2 289	5 854	㈠境内贷款	101 052	-12 491	28 074
其中:活期存款	46 761	7 174		1.短期贷款	94 899	-12 835	25 920
定期存款	2 440	1 405		(1)个人贷款及透支			
通知存款				其中:个人消费贷款			
保证金存款	2 916	390	329	(2)单位贷款及透支	29 303	12 345	4 824
2.个人存款	52 216	1	-5 842	其中:经营贷款	29 303	12 345	
储蓄存款	52 216	0	-5 842	固定资产贷款			
保证金存款	0	0		(3)普通并购贷款			
结构性存款				(4)银团贷款			
3.临时性存款	2 153	1 018	268	(5)贸易融资	65 595	-25 180	21 096
4.其他存款	69	-912	926	(6)境外投资转贷款			
二、代理财政性存款				2.中长期贷款	6 148	346	2 188
三、金融债券				(1)个人贷款			
其中:境外发行				其中:个人消费贷款			
四、中长期借款				(2)单位贷款	2 000	869	953
其中:境外借款				其中:经营贷款	2 000	1 000	
五、应付及暂收款	288	-20	-133	固定资产贷款		-131	
其中:应付利息	221	-30	-125	(3)普通并购贷款			
六、卖出回购资产				(4)银团贷款			3 141
七、向中央银行借款				(5)贸易融资			
八、同业往来(来源方)	11 648	4 596	3 369	(6)境外投资转贷款	4 148	-523	-1 906
1.同业存放	6 136	2 810	-356	3.融资租赁			
其中:境外同业存放				4.票据融资	5	-2	-35
2.同业拆借	5 511	1 786	3 725	其中:贴现	5	-2	-35
其中:境外同业拆借	5 511	1 786	3 725	5.各项垫款			
九、境外联行往来(来源方)	-23 053	23 053		㈡境外贷款	8 513	1 431	
十、外汇买卖(来源方)	-2 142	-1 177		二、有价证券			
其中:结售汇	-2 138	-1 181		三、股权及其他投资			
十一、委托存款及委托投资基金(净)				四、应收及预付款	624	14	248
1.委托存款及委托投资基金	-1 270	925		其中:应收利息	607	8	246
2.减:委托贷款及委托投资	-1 270	925		五、买入返售资产			
十二、代理金融机构委托贷款基金				六、存放中央准备金存款			
其中:中央银行委托贷款基金				七、存放中央银行特种存款			
十三、各项准备	2 760	397	408	八、缴存中央银行财政性存款			
其中:贷款损失准备	2 760	397	408	九、同业往来	22 000	1 000	19 000
十四、所有者权益	3 043	1 465	168	1.存放同业	22 000	1 000	19 000
其中:实收资本				其中:存放境外同业			
十五、其他	10 321	5 831	20 892	2.拆放同业			
				其中:拆放境外同业			
				十、境外联行往来(运用方)			
				十一、代理金融机构贷款			
				其中:代理人行专项贷款			
				十二、库存现金	2 427	-484	465
				十三、外汇买卖(运用方)			-2
				其中:结售汇			
				十四、投资性房地产			
资金来源总计	134 615	-10 530	47 785	资金运用总计	134 615	-10 530	47 785

中国银行股份有限公司河北省分行资产负债比较表

（2011年12月31日）

各货币汇总折人民币　　单位:万元

资产项目	行次	2011年12月31日	占比	2010年12月31日	+/-	(+/-)%	负债所有者权益项目	行次	2011年12月31日	占比	2010年12月31日	+/-	(+/-)%
现金及存放中央银行款项	1	497 374.76	1.40%	442 070.09	55 304.68	12.51%	向中央银行借款	21	0.00	0.00%	0.00	0.00	0.00%
存放同业款项	2	11 188 200.81	31.49%	10 008 103.83	1 180 096.98	11.79%	同业及其他金融机构存放款项	22	5 306 483.15	14.93%	4 035 578.15	1 270 905.00	31.49%
贵金属	3	12 929.25	0.04%	5 447.54	7 481.71	137.34%	拆入资金	23	35 190.14	0.10%	177 806.09	-142 615.96	-80.21%
拆出资金	4	1 617 606.38	4.55%	393 184.77	1 224 421.61	311.41%	交易性金融负债	24	0.00	0.00%	0.00	0.00	0.00%
交易性金融资产	5	0.00	0.00%	0.00	0.00	0.00%	衍生金融负债	25	0.00	0.00%	0.00	0.00	100.00%
衍生金融资产	6	0.01	0.00%	0.00	0.01	100.00%	卖出回购金融资产款	26	0.00	0.00%	0.00	0.00	0.00%
买入返售金融资产	7	0.00	0.00%	0.00	0.00	0.00%	吸收存款	27	29 305 843.76	82.48%	25 918 064.78	3 387 778.98	13.07%
应收利息	8	134 407.88	0.38%	79 228.24	55 179.64	69.65%	应付职工薪酬	28	58 342.44	0.16%	39 716.95	18 625.49	46.90%
发放贷款和垫款	9	21 659 513.96	60.96%	19 720 038.88	1 939 475.07	9.84%	应交税费	29	21 063.10	0.06%	89 417.00	-68 353.90	-76.44%
可供出售金融资产	10	0.00	0.00%	0.00	0.00	0.00%	应付利息	30	282 995.94	0.80%	226 393.96	56 601.98	25.00%
持有至到期投资	11	0.00	0.00%	0.00	0.00	0.00%	预计负债	31	1 047.67	0.00%	340.05	707.62	208.09%
贷款及应收款项类债券	12	76 291.39	0.21%	104 245.72	-27 954.33	-26.82%	发行债券	32	0.00	0.00%	0.00	0.00	0.00%
长期股权投资	13	0.00	0.00%	0.00	0.00	0.00%	递延所得税负债	33	0.00	0.00%	0.00	0.00	0.00%
投资性房地产	14	0.00	0.00%	0.00	0.00	0.00%	其他负债	34	105 413.39	0.30%	77 567.74	27 845.65	35.90%
固定资产	15	286 980.05	0.81%	224 199.51	62 780.54	28.00%	负债合计	35	35 116 379.58	98.83%	30 564 884.73	4 551 494.85	14.89%
无形资产	16	26 918.03	0.08%	28 753.06	-1 835.03	-6.38%							
商誉	17	0.00	0.00%	0.00	0.00	0.00%	股本(营运资金)	36	157 936.54	0.44%	124 798.54	33 138.00	26.55%
递延税资产	18	0.00	0.00%	0.00	0.00	0.00%	资本公积	37	0.00	0.00%	0.00	0.00	0.00%
其他资产	19	32 679.68	0.09%	26 162.07	6 517.61	24.91%	减:库藏股	38	0.00%	0.00	0.00%		
							盈余公积	39	0.00	0.00%	0.00	0.00	0.00%
							一般风险准备	40	0.00	0.00%	0.00	0.00	0.00%
							未分配利润	41	258 586.07	0.73%	341 750.44	-83 164.37	-24.33%
							外币折算差额	42	0.00	0.00%	0.00	0.00	0.00%
							归属于母公司股东权益合计	43	416 522.61	1.17%	466 548.98	-50 026.37	-10.72%
							少数股东权益	44	0.00	0.00%	0.00	0.00	0.00%
							股东权益合计	45	416 522.61	1.17%	466 548.98	-50 026.37	-10.72%
资产总计	20	35 532 902.20	100.00%	31 031 433.71	4 501 468.48	14.51%	负债和股东权益总计	46	35 532 902.20	100.00%	31 031 433.71	4 501 468.48	14.51%

注:本表数据未经审计,未经调整,为基础数据。

中国银行股份有限公司河北省分行资产负债比较表

（2011 年 12 月 31 日）

人民币　　单位:万元

资产项目	行次	2011 年 12 月 31 日	占比	2010 年 12 月 31 日	+/-	(+/-)%	负债所有者权益项目	行次	2011 年 12 月 31 日	占比	2010 年 12 月 31 日	+/-	(+/-)%
现金及存放中央银行款项	1	481 821.93	1.39%	422 786.54	59 035.39	13.96%	向中央银行借款	21	0.00	0.00%	0.00	0.00	0.00%
存放同业款项	2	11 115 882.43	31.97%	9 898 516.17	1 217 366.27	12.30%	同业及其他金融机构存放款项	22	5 267 380.22	15.15%	4 007 045.60	1 260 334.62	31.45%
贵金属	3	11 690.28	0.03%	5 447.54	6 242.74	114.60%	拆入资金	23	465.00	0.00%	465.00	0.00	0.00%
拆出资金	4	1 617 606.38	4.65%	393 184.77	1 224 421.61	311.41%	交易性金融负债	24	0.00	0.00%	0.00	0.00	0.00%
交易性金融资产	5	0.00	0.00%	0.00	0.00	0.00%	衍生金融负债	25	0.00	0.00%	0.00	0.00	100.00%
衍生金融资产	6	0.01	0.00%	0.00	0.01	100.00%	卖出回购金融资产款	26	0.00	0.00%	0.00	0.00	0.00%
买入返售金融资产	7	0.00	0.00%	0.00	0.00	0.00%	吸收存款	27	28 634 883.99	82.36%	25 234 741.34	3 400 142.65	13.47%
应收利息	8	130 585.32	0.38%	75 262.25	55 323.07	73.51%	应付职工薪酬	28	58 342.44	0.17%	39 716.95	18 625.49	46.90%
发放贷款和垫款	9	20 986 680.37	60.36%	18 936 859.73	2 049 820.64	10.82%	应交税费	29	21 063.10	0.06%	89 417.00	-68 353.90	-76.44%
可供出售金融资产	10	0.00	0.00%	0.00	0.00	0.00%	应付利息	30	281 604.94	0.81%	224 736.01	56 868.93	25.30%
持有至到期投资	11	0.00	0.00%	0.00	0.00	0.00%	预计负债	31	819.28	0.00%	100.00	719.28	719.28%
贷款及应收款项类债券	12	76 291.39	0.22%	104 245.72	-27 954.33	-26.82%	发行债券	32	0.00	0.00%	0.00	0.00	0.00%
长期股权投资	13	0.00	0.00%	0.00	0.00	0.00%	递延所得税负债	33	0.00	0.00%	0.00	0.00	0.00%
投资性房地产	14	0.00	0.00%	0.00	0.00	0.00%	其他负债	34	105 121.04	0.30%	77 221.65	27 899.39	36.13%
固定资产	15	286 980.05	0.83%	224 199.51	62 780.54	28.00%	负债合计	35	34 369 680.01	98.86%	29 673 443.55	4 696 236.46	15.83%
无形资产	16	26 918.03	0.08%	28 753.06	-1 835.03	-6.38%							
商誉	17	0.00	0.00%	0.00	0.00	0.00%	股本(营运资金)	36	157 936.54	0.45%	124 798.54	33 138.00	26.55%
递延税资产	18	0.00	0.00%	0.00	0.00	0.00%	资本公积	37	0.00	0.00%	0.00	0.00	0.00%
其他资产	19	32 570.22	0.09%	40 281.06	-7 710.84	-19.14%	减:库藏股	38	0.00%	0.00	0.00%		
							盈余公积	39	0.00	0.00%	0.00	0.00	0.00%
							一般风险准备	40	0.00	0.00%	0.00	0.00	0.00%
							未分配利润	41	239 409.86	0.69%	331 294.25	-91 884.39	-27.73%
							外币折算差额	42	0.00	0.00%	0.00	0.00	0.00%
							归属于母公司股东权益合计	43	397 346.40	1.14%	456 092.79	-58 746.39	-12.88%
							少数股东权益	44	0.00	0.00%	0.00	0.00	0.00%
							股东权益合计	45	397 346.40	1.14%	456 092.79	-58 746.39	-12.88%
资产总计	20	34 767 026.41	100.00%	30 129 536.35	4 637 490.06	15.39%	负债和股东权益总计	46	34 767 026.41	100.00%	30 129 536.35	4 637 490.06	15.39%

注:本表数据未经审计,未经调整,为基础数据。

中国银行股份有限公司河北省分行资产负债比较表

各外币折美元　　（2011 年 12 月 31 日）　　单位:万元

资产项目	行次	2011 年 12 月 31 日	占比	2010 年 12 月 31 日	+/-	(+/-)%	负债所有者权益项目	行次	2011 年 12 月 31 日	占比	2010 年 12 月 31 日	+/-	(+/-)%
现金及存放中央银行款项	1	2 468.35	1.87%	2 911.73	-443.38	-15.23%	向中央银行借款	21	0.00	0.00%	0.00	0.00	0.00%
存放同业款项	2	22 000.00	16.66%	21 000.00	1 000.00	4.76%	同业及其他金融机构存放款项	22	16 728.46	12.67%	8 761.02	7 967.44	90.94%
贵金属	3	196.63	0.15%	0.00	196.63	100.00%	拆入资金	23	5 511.14	4.17%	26 777.76	-21 266.62	-79.42%
拆出资金	4	0.00	0.00%	0.00	0.00	0.00%	交易性金融负债	24	0.00	0.00%	0.00	0.00	0.00%
交易性金融资产	5	0.00	0.00%	0.00	0.00	0.00%	衍生金融负债	25	0.00	0.00%	0.00	0.00	0.00%
衍生金融资产	6	0.00	0.00%	0.00	0.00	100.00%	卖出回购金融资产款	26	0.00	0.00%	0.00	0.00	0.00%
买入返售金融资产	7	0.00	0.00%	0.00	0.00	0.00%	吸收存款	27	106 486.34	80.63%	103 178.98	3 307.36	3.21%
应收利息	8	606.67	0.46%	598.85	7.82	1.31%	应付职工薪酬	28	0.00	0.00%	0.00	0.00	0.00%
发放贷款和垫款	9	106 783.73	80.85%	118 256.78	-11 473.05	-9.70%	应交税费	29	0.00	0.00%	0.00	0.00	0.00%
可供出售金融资产	10	0.00	0.00%	0.00	0.00	0.00%	应付利息	30	220.76	0.17%	250.34	-29.58	-11.82%
持有至到期投资	11	0.00	0.00%	0.00	0.00	0.00%	预计负债	31	36.25	0.03%	36.25	0.00	0.00%
贷款及应收款项类债券	12	0.00	0.00%	0.00	0.00	0.00%	发行债券	32	0.00	0.00%	0.00	0.00	0.00%
长期股权投资	13	0.00	0.00%	0.00	0.00	0.00%	递延所得税负债	33	0.00	0.00%	0.00	0.00	0.00%
投资性房地产	14	0.00	0.00%	0.00	0.00	0.00%	其他负债	34	46.40	0.04%	2 195.27	-2 148.88	-97.89%
固定资产	15	0.00	0.00%	0.00	0.00	0.00%	负债合计	35	129 029.34	97.70%	141 199.63	-12 170.28	-8.62%
无形资产	16	0.00	0.00%	0.00	0.00	0.00%							
商誉	17	0.00	0.00%	0.00	0.00	0.00%	股本(营运资金)	36	0.00	0.00%	0.00	0.00	0.00%
递延税资产	18	0.00	0.00%	0.00	0.00	0.00%	资本公积	37	0.00	0.00%	0.00	0.00	0.00%
其他资产	19	17.37	0.01%	11.11	6.27	56.40%	减:库藏股	38	0.00%	0.00	0.00%		
							盈余公积	39	0.00	0.00%	0.00	0.00	0.00%
							一般风险准备	40	0.00	0.00%	0.00	0.00	0.00%
							未分配利润	41	3 043.41	2.30%	1 578.84	1 464.57	92.76%
							外币折算差额	42	0.00	0.00%	0.00	0.00	0.00%
							归属于母公司股东权益合计	43	3 043.41	2.30%	1 578.84	1 464.57	92.76%
							少数股东权益	44	0.00	0.00%	0.00	0.00	0.00%
							股东权益合计	45	3 043.41	2.30%	1 578.84	1 464.57	92.76%
资产总计	20	132 072.75	100.00%	142 778.47	-10 705.71	-7.50%	负债和股东权益总计	46	132 072.75	100.00%	142 778.47	-10 705.71	-7.50%

注:本表数据未经审计,未经调整,为基础数据。

中国银行股份有限公司河北省分行损益比较表

各货币汇总折人民币 （2011年12月31日） 单位:万元

项目	行号	2011年12月31日	2010年12月31日	+/-	(+/-)%
一、营业收入	1	982 458.17	914 853.88	67 604.29	7.39%
利息净收入	2	791 816.28	759 986.46	31 829.81	4.19%
利息收入	3	1 433 208.20	1 200 972.73	232 235.47	19.34%
利息支出	4	641 391.93	440 986.27	200 405.66	45.44%
手续费及佣金净收入	5	167 104.09	143 832.18	23 271.91	16.18%
手续费及佣金收入	6	169 697.13	145 508.72	24 188.41	16.62%
手续费及佣金支出	7	2 593.04	1 676.54	916.50	54.67%
投资收益	8	-158.42	0.88	-159.30	-18 036.12%
其中:对联营企业和合营企业的投资收益	9	0.00	0.00	0.00	0.00%
公允价值变动损益	10	0.00	0.00	0.00	100.00%
汇兑损益	11	160.07	-0.32	160.39	50 675.76%
其他业务收入	12	23 536.15	11 034.67	12 501.48	113.29%
二、营业支出	13	587 405.76	437 415.90	149 989.86	34.29%
营业税金及附加	14	77 717.15	60 488.28	17 228.87	28.48%
业务及管理费	15	348 739.36	301 881.75	46 857.61	15.52%
资产减值损失	16	140 705.73	65 933.56	74 772.17	113.41%
其他业务成本	17	20 243.52	9 112.31	11 131.21	122.16%
三、营业利润	18	395 052.41	477 437.98	-82 385.57	-17.26%
加:营业外收入	19	454.21	1 811.71	-1 357.51	-74.93%
减:营业外支出	20	5 426.58	4 513.88	912.70	20.22%
四、利润总额	21	390 080.03	474 735.81	-84 655.78	-17.83%
减:所得税费用	22	131 493.96	132 985.37	-1 491.41	-1.12%
五、税后利润	23	258 586.07	341 750.44	-83 164.37	-24.33%
归属于本行股东的净利润	24	258 586.07	341 750.44	-83 164.37	-24.33%
少数股东损益	25	0.00	0.00	0.00	0.00%

注:本表数据未经审计,未经调整,为基础数据。

中国银行股份有限公司河北省分行损益比较表

人民币 （2011 年 12 月 31 日） 单位:万元

项目	行号	2011 年 12 月 31 日	2010 年 12 月 31 日	+/-	(+/-)%
一、营业收入	1	952 499.74	900 076.03	52 423.71	5.82%
利息净收入	2	766 901.93	749 356.03	17 545.91	2.34%
利息收入	3	1 403 361.42	1 185 933.07	217 428.35	18.33%
利息支出	4	636 459.48	436 577.04	199 882.45	45.78%
手续费及佣金净收入	5	162 179.08	139 766.46	22 412.62	16.04%
手续费及佣金收入	6	164 766.90	141 409.09	23 357.81	16.52%
手续费及佣金支出	7	2 587.82	1 642.62	945.19	57.54%
投资收益	8	-158.42	0.88	-159.30	-18 035.12%
其中:对联营企业和合营企业的投资收益	9	0.00	0.00	0.00	0.00%
公允价值变动损益	10	0.00	0.00	0.00	100.00%
汇兑损益	11	160.07	0.00	160.07	100.00%
其他业务收入	12	23 417.06	10 952.66	12 464.41	113.80%
二、营业支出	13	576 623.54	433 094.24	143 529.30	33.14%
营业税金及附加	14	77 717.15	60 488.28	17 228.87	28.48%
业务及管理费	15	348 739.36	301 881.75	46 857.61	15.52%
资产减值损失	16	129 923.52	61 611.90	68 311.61	110.87%
其他业务成本	17	20 243.52	9 112.31	11 131.21	122.16%
三、营业利润	18	375 876.19	466 981.79	-91 105.60	-19.51%
加:营业外收入	19	454.21	1 811.71	-1 357.51	-74.93%
减:营业外支出	20	5 426.58	4 513.88	912.70	20.22%
四、利润总额	21	370 903.82	464 279.62	-93 375.81	-20.11%
减:所得税费用	22	131 493.96	132 985.37	-1 491.41	-1.12%
五、税后利润	23	239 409.86	331 294.25	-91 884.39	-27.73%
归属于本行股东的净利润	24	239 409.86	331 294.25	-91 884.39	-27.73%
少数股东损益	25	0.00	0.00	0.00	0.00%

注:本表数据未经审计,未经调整,为基础数据。

中国银行股份有限公司河北省分行损益比较表

各外币折美元　　（2011 年 12 月 31 日）　　单位:万元

项目	行号	2011 年 12 月 31 日	2010 年 12 月 31 日	+/-	(+/-)%
一、营业收入	1	4 754.63	2 231.39	2 523.23	113.08%
利息净收入	2	3 954.09	1 605.15	2 348.94	146.34%
利息收入	3	4 736.91	2 432.09	2 304.82	94.77%
利息支出	4	782.82	826.93	-44.12	-5.34%
手续费及佣金净收入	5	781.64	613.91	167.73	27.32%
手续费及佣金收入	6	782.46	619.03	163.44	26.40%
手续费及佣金支出	7	0.83	5.12	-4.29	-83.82%
投资收益	8	0.00	0.00	0.00	-25.00%
其中:对联营企业和合营企业的投资收益	9	0.00	0.00	0.00	0.00%
公允价值变动损益	10	0.00	0.00	0.00	-100.00%
汇兑损益	11	0.00	-0.05	0.05	100.18%
其他业务收入	12	18.90	12.38	6.52	52.61%
二、营业支出	13	1 711.22	652.55	1 058.67	162.23%
营业税金及附加	14	0.00	0.00	0.00	0.00%
业务及管理费	15	0.00	0.00	0.00	0.00%
资产减值损失	16	1 711.22	652.55	1 058.67	162.23%
其他业务成本	17	0.00	0.00	0.00	0.00%
三、营业利润	18	3 043.41	1 578.84	1 464.57	92.76%
加:营业外收入	19	0.00	0.00	0.00	0.00%
减:营业外支出	20	0.00	0.00	0.00	0.00%
四、利润总额	21	3 043.41	1 578.84	1 464.57	92.76%
减:所得税费用	22	0.00	0.00	0.00	0.00
五、税后利润	23	3 043.41	1 578.84	1 464.57	92.76%
归属于本行股东的净利润	24	3 043.41	1 578.84	1 464.57	0.93
少数股东损益	25	0.00	0.00	0.00	0.00

注:本表数据未经审计,未经调整,为基础数据。

中国银行股份有限公司河北省分行助学贷款地区分布表

（2011 年 12 月 31 日）　　单位:万元

单位\项目	助学贷款			其中:	
	笔数	金额	较年初	中央贴息助学贷款	地方贴息助学贷款
省分行营业部	1 861	1 183.0	-66.0	1 183.0	
秦皇岛	1 782	2 628.0	47.0	2 628.0	
廊坊	3 020	3 480.0	-238.0	3 480.0	
保定	2 682	3 699.7	-530.3	3 699.7	
合　计	9 345	10 990.7	787.3	10 990.7	

中国银行股份有限公司河北省分行中间业务收入情况表

（2011 年 12 月 31 日）

单位：万元

项　目	合计	1. 投行业务收入	2. 国内担保承诺业务收入	3. 结售汇业务收入	4. 人民币对公结算与现金管理业务收入	5. 代收代付业务收入	6. 对公国际结算业务收入	7. 个人国际结算业务收入	8. 信用卡业务收入（不含商户收单）	9. 银行卡商户收单业务收入	10. 电子银行业务收入（不含自助银行）	11. 自助银行业务收入	12. 个人人民币结算业务收入	13. 代理销售基金等投资类产品业务收入	14. 个人理财业务收入	15. 代理保险业务收入	16. 托管业务收入
河北省	233 561	66 255	36 414	21 936	15 751	4 894	16 827	1 394	7 535	17 644	183		6 743	29 468	750	5 579	2 186
石家庄	36 530	9 320	3 467	4 156	2 926	1 006	1 050	350	1 340	3 914	11		1 006	6 785	135	834	231
分行营业部	4 329	98	954	1 380	166	39	576	178	225	136	122		186	163	56	16	34
承德	7 434	3 444	732	205	381	12	60	41	330	514	2		332	823	13	372	171
张家口	13 173	4 266	2 803	402	1 216	109	536	55	571	384	3		459	2 077	35	120	137
秦皇岛	14 753	2 769	3 757	1 411	984	324	1 084	121	576	926	11		538	1 664	51	364	173
唐山	41 705	10 527	8 135	5 126	3 060	1 724	1 719	151	997	4 563	6		975	3 066	118	1 032	507
廊坊	15 005	4 796	1 202	1 622	525	4	1 794	90	423	630	7		607	2 650	29	576	50
保定	28 923	7 190	4 761	3 545	1 575	868	2 363	150	1 102	1 527	5		846	3 739	104	868	281
沧州	13 433	4 642	1 365	1 217	674	42	1 029	72	553	1 171	4		469	1 884	43	190	77
衡水	7 776	1 231	966	1 027	700	30	1 402	28	429	661	2		338	601	29	233	101
邢台	16 431	7 100	2 083	765	809	61	849	47	495	911	7		473	2 102	53	389	287
邯郸	34 068	10 872	6 188	1 080	2 734	676	4 365	112	494	2 307	4		514	3 915	83	586	137
合计	467 121	132 511	72 827	43 872	31 501	9 789	29 289	2 788	15 070	35 289	366		13 487	58 937	1 500	11 159	4 373

中国银行股份有限公司河北省分行银行卡业务统计表

（2011 年 12 月 31 日） 单位：张、笔、台、万元

项目	银行卡数量								资金交易情况	
	当期发卡数量				期末卡数量				存现	
	贷记卡	准贷记卡	借记卡	小计	贷记卡	准贷记卡	借记卡	小计	笔数	金额
河北省										
石家庄	22 895	60 055	301 723	384 673	158 295	88 434	923 005	1 169 734		
营业部			11 676	11 676			33 949	33 949		
承德	2 109	13 729	109 958	125 796	16 937	33 307	407 037	457 281		
张家口	5 678	24 539	213 844	244 061	42 783	31 779	600 451	675 013		
秦皇岛	6 110	13 011	159 606	178 727	46 035	21 509	524 329	591 873		
唐山	10 153	191 921	260 403	462 477	105 086	222 653	1 115 762	1 443 501		
廊坊	7 013	7 631	113 973	128 617	35 703	16 761	508 162	560 626		
保定	11 339	36 903	183 829	232 071	95 188	46 281	734 206	875 675		
沧州	5 039	12 154	126 454	143 647	43 146	16 789	387 623	447 558		
衡水	6 417	12 911	118 023	137 351	30 090	20 002	325 172	375 264		
邢台	4 796	38 539	148 668	192 003	51 892	44 463	549 065	645 420		
邯郸	12 742	27 007	211 128	250 877	68 299	32 174	575 249	675 722		
总计	94 291	438 400	1 959 285	2 491 976	693 454	574 152	6 684 010	7 951 616		

续表

项目	资金交易情况								ATM 数量
	取现		消费		转账		小计		
	笔数	金额	笔数	金额	笔数	金额	笔数	金额	
河北省	6 453	969 541	96 324	14 411.47	289	59 944.7			
石家庄	102 510	31 582.5	1 725 901	231 694.63	9 724	15 300.4			127
营业部	10 196	7 168.49	133 810	27 791.74	3 932	8 557.14			3
承德	90 111	23 901.8	360 057	43 619.67	2 462	4 543.99			50
张家口	44 182	16 358.8	497 634	98 511.00	1 770	3 952.64			71
秦皇岛	53 223	19 861.5	576 191	104 292.60	3 019	23 667.2			59
唐山	122 167	36 523.4	1 156 213	146 228.47	13 801	25 575.8			121
廊坊	34 370	9 933.92	558 645	81 478.29	2 708	4 598.01			62
保定	108 412	20 298	1 683 278	173 661.71	4 134	5 739.9			92
沧州	52 278	17 581.9	524 266	95 534.37	9 517	9 761.8			71
衡水	40 322	14 339.1	467 024	72 419.22	1 846	5 856.72			36
邢台	45 781	10 924	582 558	84 823.21	3 356	13 479.8			55
邯郸	44 070	7 848.7	722 054	87 876.51	3 060	5 022.52			75
总计	754 075	217 292	9 083 955	1 262 342.88	59 618	126 116			822

中国银行股份有限公司河北省分行网上银行业务发展情况表

(2011 年 12 月 31 日)

单位:户、笔、万元

单位	客户数				交易笔数(双向)				交易金额(双向)			
	个人(户)		企业(户)		个人(万笔)		企业(万笔)		个人(亿元)		企业(亿元)	
	年末余额	当年新增	年末余额	当年新增	交易笔数	当年新增	交易笔数	当年新增	交易金额	当年新增	交易金额	当年新增
保定	276 023	172 623	5 586	3 050	142. 27	142. 27	22. 61	22. 61	413. 22	413. 22	949. 08	949. 08
沧州	13 118	8 350	4 172	2 749	16. 62	16. 62	10. 17	10. 17	76. 02	76. 02	275. 03	275. 03
承德	107 556	60 369	1 456	1 030	46. 48	46. 48	3. 55	3. 55	39. 56	39. 56	416. 71	416. 71
邯郸	135 175	83 402	4 833	3 250	49. 65	49. 65	11. 44	11. 44	69. 39	69. 39	1 540. 66	1 540. 66
衡水	135 168	79 553	2 234	1 407	65. 28	65. 28	9. 05	9. 05	95. 14	95. 14	377. 12	377. 12
廊坊	253 529	162 609	3 179	2 152	128. 70	128. 70	12. 63	12. 63	172. 31	172. 31	626. 25	626. 25
秦皇岛	118 657	66 792	3 307	2 300	63. 65	63. 65	10. 72	10. 72	65. 75	65. 75	785. 61	785. 61
营业部	185 823	108 789	236	97	104. 00	104. 00	5. 32	5. 32	239. 36	239. 36	4 043. 52	4 043. 52
石家庄	117 414	77 507	8 253	5 643	48. 74	48. 74	34. 48	34. 48	138. 18	138. 18	1 118. 81	1 118. 81
唐山	109 860	76 288	4 510	2 693	47. 82	47. 82	29. 67	29. 67	144. 15	144. 15	2 361. 9	2 361. 9
邢台	172 822	105 175	3 553	2 418	64. 05	64. 05	10. 15	10. 15	169. 71	169. 71	397. 66	397. 66
张家口	187 773	106 955	2 328	1 385	72. 74	72. 74	7. 33	7. 33	153. 99	153. 99	760. 98	760. 98
总计	1 812 918	1 108 412	43 647	28 174	850. 00	850. 00	182. 19	182. 19	1 776. 79	1 776. 79	30 713. 10	30 713. 10

中国银行股份有限公司河北省分行机构、人员情况一览表

（2011 年 12 月 31 日）

单位：个、人

单位名称	从业人员	在岗职工	柜员合同工	代理用工	离退休	一级分行(局)	省行营业部二级分行(局)	县支行(局)	城区支行(局)	二级支行(局)	分理处	集镇办	储蓄所	各类机构总数
河北省分行	1 090	979	334	111	107	1								1
石家庄	1 732	1 500	1 107	232	71			12	53	7	8			80
承德	558	486	296	72	51		1	4	14	4	1			24
张家口	835	749	522	86	71		1	5	23	6				35
秦皇岛	941	905	501	36	94		1	4	31	4	3			43
唐山	1 593	1 420	1 039	173	57		1	8	46	11	1			67
廊坊	896	719	501	177	35		1	6	20	8	5			40
保定	1 303	1 088	698	215	54		1	12	21	11	6			51
沧州	848	756	447	92	37		1	10	12	4	3			30
衡水	637	560	407	77	40		1	7	11	3	3			25
邢台	717	629	412	88	35		1	5	13	9	3			31
邯郸	787	672	360	115	56		1	4	29	4	1			39
总计	11 937	10 463	6 624	1 474	708	1	10	77	273	71	34			466

中国银行股份有限公司河北省分行职工性别、年龄、学历、职称结构统计表

（2011 年 12 月 31 日）

单位：人

机构名称	性别结构			年龄结构					学历结构					
	男	女	合计	30 岁以下	31～40 岁	41～50 岁	51～60 岁	合计	博士研究生	硕士研究生	大学本科	大学专科	中专及以下	合计
河北省	509	494	1 003	280	242	411	70	1 003	5	173	531	214	80	1 003
石家庄	1 011	721	1 732	500	474	728	30	1 732		82	645	766	239	1 732
营业部	33	54	87	57	14	14	2	87		8	45	20	14	87
承德	277	281	558	164	169	201	24	558		22	259	202	75	558
张家口	414	421	835	176	272	377	10	835		31	337	337	130	835
秦皇岛	459	482	941	167	298	445	31	941		53	366	392	130	941
唐山	776	817	1 593	480	483	588	42	1 593		95	695	617	186	1 593
廊坊	414	482	896	215	315	345	21	896		33	352	379	132	896
保定	620	683	1303	312	421	535	35	1 303		67	507	463	266	1 303
沧州	450	398	848	146	279	409	14	848		29	292	354	173	848
衡水	309	328	637	142	231	246	18	637		27	217	264	129	637
邢台	391	326	717	227	236	223	31	717		57	285	283	92	717
邯郸	400	387	787	301	235	233	18	787		60	354	284	89	787
总计	6 195	5 742	11 937	3 167	3 669	4 755	346	11 937	5	737	4 885	4 575	1 735	11 937

中国建设银行股份有限公司河北省分行本外币信贷收支表

汇率:6.3009 （2011年12月31日） 单位:万元

栏目 来源项目名称	本月余额	比年初		栏目 运用项目名称	本月余额	比年初	
		今年	去年			今年	去年
一、各项存款	42 358 747	4 785 128	4 103 981	一、各项贷款	23 381 522	3 214 582	3 252 393
1.单位存款	17 788 887	2 459 262	2115286	(1)境内贷款	23 380 965	3 214 660	3 252 393
其中:活期存款	9 641 772	-1 090 676		1.短期贷款	4 742 397	1 214 034	922 489
定期存款	4 184 205	1 936 845		(1)个人贷款及透支	62 658	25 648	1 765
通知存款	566 319	426 288		其中:个人消费贷款	11 534	463	-2 700
保证金存款	874 962	92 509	108 750	(2)单位贷款及透支	3 268 165	540 553	438 957
2.个人存款	23 953 124	2 259 940	1 987 495	其中:经营贷款	3 255 176	599 009	410 692
储蓄存款	23 884 050	2 191 110	1 987 525	固定资产贷款		-59 944	50 844
保证金存款	187	-58	-30	(3)普通并购贷款			
结构性存款	68 888	68 888		(4)银团贷款			
3.临时性存款	60 059	23 074	4 970	(5)贸易融资	1 411 574	647 833	481 768
4.其他存款	556 677	42 853	-3 770	(6)境外投资转贷款			
二、代理财政性存款	45 588	-22 198	29 363	2.中长期贷款	17 818 349	2 333 226	2 644 115
三、金融债券				(1)个人贷款	5 067 563	1 158 555	951 262
其中:境外发行				其中:个人消费贷款	4 665 832	1 103 998	894 789
四、中长期借款	6 816	-1 779	-2 078	(2)单位贷款	12 744 612	1 176 347	1 694 888
其中:境外借款	6 816	-1 779	-2 078	其中:经营贷款	2 545 357	-204 849	242 358
五、应付及暂收款	502 130	80 156	35 354	固定资产贷款	10199254	1381196	1432662
其中:应付利息	358 624	67 593	28 531	(3)普通并购贷款			
六、卖出回购资产				(4)银团贷款			
七、向中央银行借款				(5)贸易融资			
八、同业往来(来源方)	1 662 568	872 635	-961 034	(6)境外投资转贷款	6 175	-1 676	-2 035
1.同业存放	1 662 568	872 635	-961 034	3.融资租赁			
其中:境外同业存放				4.票据融资	819 139	-331 083	-312 785
2.同业拆借				其中:贴现	819 139	-331 083	-312 785
其中:境外同业拆借				5.各项垫款	1 080	-1 517	-1 426
九、境外联行往来(来源方)				(2)境外贷款	557	-78	
十、外汇买卖(来源方)	2 450	-115	2 565	二、有价证券	93 789	-35 195	-54 425
其中:结售汇	2 450	-115	2 565	三、股权及其他投资	68 888	68 888	-6 090
十一、委托存款及委托投资基金(净)	4 773	-1 971	-972	四、应收及预付款	140 155	40 928	4 829
1.委托存款及委托投资基金	3 149 122	670 935	356 593	其中:应收利息	107 407	26 911	3 539
2.减:委托贷款及委托投资	3 144 349	672 906	357 565	五、买入返售资产	96 510	96 510	
十二、代理金融机构委托贷款基金				六、存放中央准备金存款	200 424	72 126	-191 847
其中:中央银行委托贷款基金				七、存放中央银行特种存款			
十三、各项准备	5 699	-186	-5 712	八、缴存中央银行财政性存款	115 230	12 088	17 612
其中:贷款损失准备		-43	43	九、同业往来	2 571	-50 446	49 941
十四、所有者权益	82 806	15 227	4 814	1.存放同业	1 949	-50 446	49 941
其中:实收资本				其中:存放境外同业	62	-3	-2
十五、其他	-20 321 914	-2 257 227	-116 575	2.拆放同业	622		
				其中:拆放境外同业			
				十、境外联行往来(运用方)			
				十一、代理金融机构贷款			
				其中:代理人行专项贷款			
				十二、库存现金	248 120	50 315	14 714
				十三、外汇买卖(运用方)	2 452	-125	2 578
				其中:结售汇	2 452	-125	2 578
				十四、投资性房地产			
资金来源总计	24 349 662	3 469 671	3 089 705	资金运用总计	24 349 662	3 469 671	3 089 705

中国建设银行股份有限公司河北省分行人民币信贷收支表

（2011 年 12 月 31 日）

单位:万元

栏目 来源项目名称	本月余额	比年初		栏目 运用项目名称	本月余额	比年初	
		今年	去年			今年	去年
一、各项存款	42 140 141	4 754 851	4 099 781	一、各项贷款	23 144 507	3 105 454	3 223 129
1.单位存款	17 608 725	2 420 999	2 113 957	(1)境内贷款	23 143 950	3 105 531	3 223 129
其中:活期存款	9 548 245	-1 070 947		1.短期贷款	4 540 541	1 112 345	911 058
定期存款	4 166 499	1 932 054		(1)个人贷款及透支	62 658	25 648	1 765
通知存款	558 128	418 097		其中:个人消费贷款	11 534	463	-2 700
保证金存款	814 224	47 500	101 040	(2)单位贷款及透支	3 238 437	547 415	462 148
2.个人存款	23 930 719	2 267 515	1 994 137	其中:经营贷款	3 225 448	605 871	410 692
储蓄存款	23 861 719	2 198 652	1 994 155	固定资产贷款		-59 944	50 844
保证金存款	112	-25	-18	(3)普通并购贷款			
结构性存款	68 888	68 888		(4)银团贷款			
3.临时性存款	44 020	23 485	-4 542	(5)贸易融资	1 239 446	539 282	447 146
4.其他存款	556 677	42 853	-3 770	(6)境外投资转贷款			
二、代理财政性存款	45 588	-22 198	29 363	2.中长期贷款	17 783 191	2 325 786	2 626 282
三、金融债券				(1)个人贷款	5 067 563	1 158 555	951 262
其中:境外发行				其中:个人消费贷款	4 665 832	1 103 998	894 789
四、中长期借款				(2)单位贷款	12 715 627	1 167 231	1 675 020
其中:境外借款				其中:经营贷款	2 522 674	-214 287	242 358
五、应付及暂收款	500 882	82 992	31 856	固定资产贷款	10 192 953	1 381 518	1 432 662
其中:应付利息	357 771	67 052	28 473	(3)普通并购贷款			
六、卖出回购资产				(4)银团贷款			
七、向中央银行借款				(5)贸易融资			
八、同业往来(来源方)	1 662 196	877 776	-959 484	(6)境外投资转贷款			
1.同业存放	1 662 196	877 776	-959 484	3.融资租赁			
其中:境外同业存放				4.票据融资	819 139	-331 083	-312 785
2.同业拆借				其中:贴现	819 139	-331 083	-312 785
其中:境外同业拆借				5.各项垫款	1 080	-1 517	-1 426
九、境外联行往来(来源方)				(2)境外贷款	557	-78	
十、外汇买卖(来源方)	2 450	-115	2 565	二、有价证券	93 789	-35 195	-54 425
其中:结售汇	2 450	-115	2 565	三、股权及其他投资	68 888	68 888	-6 090
十一、委托存款及委托投资基金(净)	4 773	-1 971	-972	四、应收及预付款	119 940	21 167	11 196
1.委托存款及委托投资基金	3 149 122	670 935	356 593	其中:应收利息	106 516	26 475	3 228
2.减:委托贷款及委托投资	3 144 349	672 906	357 565	五、买入返售资产	96 510	96 510	
十二、代理金融机构委托贷款基金				六、存放中央准备金存款	200 424	72 126	-191 847
其中:中央银行委托贷款基金				七、存放中央银行特种存款			
十三、各项准备	5 699	-186	-5 712	八、缴存中央银行财政性存款	115 230	12 088	17 612
其中:贷款损失准备		-43	43	九、同业往来	973	-51 133	50 239
十四、所有者权益	77 966	21 444	-605	1.存放同业	351	-51 133	50 239
其中:实收资本				其中:存放境外同业			
十五、其他	-20 354 716	-2 372 194	-130 711	2.拆放同业	622		
				其中:拆放境外同业			
				十、境外联行往来(运用方)			
				十一、代理金融机构贷款			
				其中:代理人行专项贷款			
				十二、库存现金	244 717	50 493	16 268
				十三、外汇买卖(运用方)			
				其中:结售汇			
				十四、投资性房地产			
资金来源总计	24 084 978	3 340 398	3 066 082	资金运用总计	24 084 978	3 340 398	3 066 082

中国建设银行股份有限公司河北省分行外汇信贷收支表

(2011 年 12 月 31 日)

单位:万美元

栏目 来源项目名称	本月余额	比年初		栏目 运用项目名称	本月余额	比年初	
		今年	去年			今年	去年
一、各项存款	34 694	6 258	1 471	一、各项贷款	37 616	18 306	4 867
1.单位存款	28 593	7 167	839	(1)境内贷款	37 616	18 306	4 867
其中:活期存款	14 844	-2 258		1.短期贷款	32 036	16 911	2 129
定期存款	2 810	860		(1)个人贷款及透支			
通知存款	1 300	1 300		其中:个人消费贷款			
保证金存款	9 640	7 265	1 201	(2)单位贷款及透支	4 718	-807	-3 230
2.个人存款	3 556	-971	-836	其中:经营贷款	4 718	-807	
储蓄存款	3 544	-967	-835	固定资产贷款			
保证金存款	12	-4	-1	(3)普通并购贷款			
结构性存款				(4)银团贷款			
3.临时性存款	2 545	62	1 468	(5)贸易融资	27 318	17 718	5 359
4.其他存款				(6)境外投资转贷款			
二、代理财政性存款				2.中长期贷款	5 580	1 395	2 738
三、金融债券				(1)个人贷款			
其中:境外发行				其中:个人消费贷款			
四、中长期借款	1 082	-216	-265	(2)单位贷款	4 600	1 600	3 000
其中:境外借款	1 082	-216	-265	其中:经营贷款	3 600	1 600	
五、应付及暂收款	198	-419	531	固定资产贷款	1 000		
其中:应付利息	135	88	10	(3)普通并购贷款			
六、卖出回购资产				(4)银团贷款			
七、向中央银行借款				(5)贸易融资			
八、同业往来(来源方)	59	-773	-202	(6)境外投资转贷款	980	-205	-262
1.同业存放	59	-773	-202	3.融资租赁			
其中:境外同业存放				4.票据融资			
2.同业拆借				其中:贴现			
其中:境外同业拆借				5.各项垫款			
九、境外联行往来(来源方)				(2)境外贷款			
十、外汇买卖(来源方)		0	0	二、有价证券			
其中:结售汇				三、股权及其他投资			
十一、委托存款及委托投资基金(净)				四、应收及预付款	3 208	3 140	-930
1.委托存款及委托投资基金				其中:应收利息	141	73	48
2.减:委托贷款及委托投资				五、买入返售资产			
十二、代理金融机构委托贷款基金				六、存放中央准备金存款			
其中:中央银行委托贷款基金				七、存放中央银行特种存款			
十三、各项准备				八、缴存中央银行财政性存款			
其中:贷款损失准备				九、同业往来	254	116	-39
十四、所有者权益	768	-901	844	1.存放同业	254	116	-39
其中:实收资本				其中:存放境外同业	10	0	
十五、其他	5 206	17 613	1 697	2.拆放同业			
				其中:拆放境外同业			
				十、境外联行往来(运用方)			
				十一、代理金融机构贷款			
				其中:代理人行专项贷款			
				十二、库存现金	540	-1	-211
				十三、外汇买卖(运用方)	389		389
				其中:结售汇	389		389
				十四、投资性房地产			
资金来源总计	42 007	21 561	4 075	资金运用总计	42 007	21 561	4 075

中国建设银行股份有限公司河北省分行资产负债表(本外币合计)

(2011 年 12 月 31 日)

单位:元

资产	行次	期末余额	年初余额	负债和股东权益	行次	期末余额	年初余额
资产:	1			负债:	27		
现金及存放中央银行款项	2	5 637 712 008.19	4 292 282 182.84	向中央银行借款	28		
存放同业款项	3	19 472 225.33	523 899 937.60	同业及其他金融机构存放款项	29	21 625 677 412.82	12 899 056 406.61
贵金属	4	-352 273.50	-210 974.36	拆入资金	30		
拆出资金	5			交易性金融负债	31		
交易性金融资产	6	688 880 000.00		衍生金融负债	32	17 635 612.14	22 058 794.75
衍生金融资产	7	18 463 975.59	25 217 576.06	卖出回购金融资产款	33		
买入返售金融资产	8	965 104 040.91	0.00	吸收存款	34	419 149 053 060.93	371 547 346 258.82
发放贷款和垫款	9	233 522 408 893.84	201 500 824 256.76	应付利息	35	3 476 499 044.72	2 845 034 362.62
应收利息	10	682 155 675.40	512 749 406.92	应付职工薪酬	36	588 294 228.03	598 718 892.38
可供出售金融资产	11			应交税费	37	254 300 581.92	201 945 131.72
应收款项投资	12			预计负债	38	6 874 441.62	9 899 451.62
持有至到期投资	13	937 891 100.00	1 289 840 700.00	应付债券	39		
长期股权投资	14			递延所得税负债	40		
资产支持证券	15			其他负债	41	986 782 739.39	872 865 362.58
投资性房地产	16			负债合计	42	446 105 117 121.57	388 996 924 661.10
固定资产	17	2 838 911 184.49	2 514 428 598.80	股东权益:	43		
在建工程	18	315 330 584.20	129 402 372.45	股本	44		
无形资产	19	450 097 151.04	459 752 583.32	资本公积	45		
商誉	20			减:库存股	46		
递延所得税资产	21			盈余公积	47		
其他资产	22	200 857 056 604.75	178 423 970 108.48	一般风险准备	48		
	23			未分配利润	49	828 014 048.67	675 232 087.77
	24			外币报表折算差额	50		
	25			股东权益合计	51	828 014 048.67	675 232 087.77
资产总计	26	44 693 3131 170.24	389 672 156 748.87	负债和股东权益总计	52	446 933 131 170.24	389 672 156 748.87

中国建设银行股份有限公司河北省分行利润表

（2011年12月31日） 单位:元

指标	行号	本年累计金额
一、营业收入	1	12 713 119 351.64
利息净收入	2	9 487 569 825.72
利息收入	3	16 787 930 515.36
利息支出	4	7 300 360 689.64
手续费及佣金净收入	5	3 154 935 616.66
手续费及佣金收入	6	3 203 546 782.68
手续费及佣金支出	7	48 611 166.02
投资收益(损失以"－"号填列)	8	66 901 524.37
其中:对联营企业和合营企业的投资收益	9	
公允价值变动收益(损失以"－"号填列)	10	－2 330 417.86
汇兑收益(损失以"－"号填列)	11	3 175 358.23
其他业务收入	12	2 867 444.52
二、营业支出	13	6 389 976 637.63
营业税金及附加	14	892 803 601.17
业务及管理费	15	4 134 729 387.73
资产减值损失	16	1 087 907 149.95
其他业务成本	17	274 536 498.78
三、营业利润(亏损以"－"号填列)	18	6 323 142 714.01
加:营业外收入	19	18 759 266.69
减:营业外支出	20	18 392 378.62
四、利润总额(亏损总额以"－"号填列)	21	6 323 509 602.08
减:所得税费用	22	2 564 326.66
五、净利润(净亏损以"－"号填列)	23	6 320 945 275.42
六、每股收益:	24	
(一)基本每股收益	25	
(二)稀释每股收益	26	

中国建设银行股份有限公司河北省分行中间业务收入情况表

（2011 年 12 月 31 日）

单位：万元

项 目	合计	1. 投行业务收入	2. 国内担保承诺业务收入	3. 结售汇业务收入	4. 人民币对公结算与现金管理业务收入	5. 代收代付业务收入	6. 对公国际结算业务收入	7. 个人国际结算业务收入	8. 信用卡业务收入（不含商户收单）	9. 银行卡商户收单业务收入	10. 电子银行业务收入（不含自助银行）	11. 自助银行业务收入	12. 个人人民币结算业务收入	13. 代理销售基金等投资类产品业务收入	14. 个人理财业务收入	15. 代理保险业务收入	16. 托管业务收入	其他
河北省	251	3	53	20	4	1	0	0	4	24	20	0	0	0	0	0	0	122
石家庄	59 148	12 005	4 264	2 561	3 918	68	2 157	10	2 003	1 638	1 792	906	930	3 084	1 429	2 716	327	19 339
承德	12 853	1 224	4 016	68	1 305	107	16	1	382	336	222	181	256	318	390	406	0	3 624
张家口	21 643	3 581	1 971	206	1 695	22	18	1	462	514	389	295	337	1 393	732	955	0	9 073
秦皇岛	24 492	6 666	1 317	573	1 554	53	950	7	690	362	443	287	300	605	557	687	0	9 441
唐山	55 776	15 189	647	1 566	4 338	154	5 208	2	1 677	1 305	1 046	581	811	2 686	768	2 870	0	16 927
廊坊	28 936	11 426	899	720	2 101	7	1 627	12	716	716	620	520	446	915	591	1 151	81	6 387
保定	33 799	9 684	811	932	3 593	128	676	0	1 139	1 354	933	759	675	1 440	1 242	2 001	59	8 372
沧州	27 945	4 378	117	481	2 835	58	852	1	1 096	779	728	444	559	1 457	857	1 372	1	11 931
衡水	10 214	2 285	210	657	1 032	5	444	2	219	223	330	219	249	311	242	561	4	3 221
邢台	26 636	5 375	4 353	549	2 655	21	845	0	811	608	722	356	378	1 077	434	1 079	3	7 370
邯郸	39 302	7 612	1 004	1 499	4 297	16	4 092	1	1 351	999	848	501	547	1 917	688	1 410	15	12 504
合计	340 995	79 429	19 661	9 834	29 326	639	16 887	38	10 551	8 858	8 093	5 048	5 489	15 203	7 928	15 210	491	108 310

中国建设银行股份有限公司河北省分行助学贷款地区分布表

（2011 年 12 月 31 日）

单位：万元

二级分行	贷款合同金额	贷款人数	贷款余额	贷款不良额	签约学校
营业部	110.8	88	19.83	14.23	2
保定	25.75	93	1.35	0.8	1
廊坊	26	41	3.5	3.5	1
承德	70.92	127	31.27	6.75	3
张家口	423	652	5.03	4.94	2
合计	656.47	1397	60.98	30.22	10

* 贷款合同金额、贷款人数为自开办之日起的累计数。

中国建设银行股份有限公司河北省分行网上银行业务发展情况表

（2011 年 12 月 31 日）

单位：户、笔、万元

单位	客户数				交易笔数（双向）				交易金额（双向）			
	个人		企业		个人		企业		个人		企业	
	年末余额	当年新增	年末余额	当年新增	交易笔数	当年新增	交易笔数	当年新增	交易金额	当年新增	交易金额	当年新增
河北省	22 540	-901	4	-42	326 029	-904 916	196 246	-1 688	2 938	-16 274	308 727.45	-248 642
石家庄	757 752.00	284 450.00	10 031.00	2 828.00	21 481 410.00	6 608 037.00	6 269 123.00	880 896.00	10 732 294.67	4 889 518.95	50 483 188.50	14 890 532.38
承德	143 045	46 482	2 704	690	3 065 915	802 661	1 178 073	443 869	919 119	503 535	3 519 436.44	1 936 766.49
张家口	181 878	71 110	2 374	720	4 544 576	1 452 755	2 059 406	1 262 467	1 971 307	1 250 246	5 885 579.92	2 131 374.00
秦皇岛	234 464	71 084	3 275	1 354	6 108 194	1 729 251	936 775	475 704	2 458 229	876 744	5 944 880.13	2 068 616.39
唐山	506 332	194 389	5 819	2 034	13 157 386	4 333 287	3 193 447	1 226 499	10 397 562	6 259 029	22 025 476.35	1 488 477.00
廊坊	289 301	116 404	3 654	1 716	8 862 712	2 969 296	1 695 841	832 237	3 226 085	1 802 160	10 061 192.17	3 768 619.50
保定	523 203	223 365	5 780	2 710	13 312 211	4 963 060	4 325 285	1 586 153	5 158 215	2 981 286	13 285 133.61	5 220 586.89
沧州	391 027	142 377	6 639	2 017	11 468 441	3 691 792	2 340 052	903 714	6 514 281	3 738 058	15 887 528.38	8 410 967.36
衡水	149 272	52 058	2 368	714	4 970 335	1 893 790	1 009 525	549 766	2 986 484	1 653 155	3 510 257.93	1 326 375.43
邢台	283 451	115 522	6 578	2 132	7 403 348	2 231 610	1 961 932	587 014	3 969 989	2 085 463	6 650 254.44	2 254 790.11
邯郸	464 934	164 982	5 131	1 858	12 394 209	3 993 393	3 752 278	1 820 037	12 912 367	7 865 308	24 574 192.54	11 082 961.76
总计	3 947 199	1 481 322	54 357	18 731	107 094 766	33 764 016	28 917 983	10 566 668	61 248 869	33 888 230	162 135 848	54 331 426

中国建设银行股份有限公司河北省分行银行卡业务统计表

（2011年12月31日） 单位：张、笔、台、万元

项目	银行卡数量								资金交易情况	
	当期发卡数量				期末卡数量				存现	
	贷记卡	准贷记卡	借记卡	小计	贷记卡	准贷记卡	借记卡	小计	笔数	金额
营业部	33 159	11	480 962	514 132	203 401	12 249	2 841 367	3 057 017	6 433 407	4 899 427.11
直属支行	-101		6 874	6 773	4 888		40 053	44 941	102 728	92 815.51
承德	10 043	0	133 287	143 330	44 726	4 030	697 917	746 673	1 580 043	1 266 574.03
张家口	12 393	74	208 595	221 062	70 448	2 565	1 030 875	1 103 888	2 316 513	2 239 191.35
秦皇岛	10 247	0	141 005	151 252	68 975	3 647	790 276	862 898	1 848 718	1 421 001.09
唐山	150 119	6	310 501	460 626	291 879	5 201	2 145 761	2 442 841	4 406 278	4 619 957.08
廊坊	17 267	1	226 385	243 653	81 222	3 195	1 102 342	1 186 759	2 155 869	1 837 603.87
保定	29 341	22	387 217	416 580	146 453	1 220	1 951 444	2 099 117	4 229 285	3 441 588.07
沧州	14 813	0	254 010	268 823	99 973	3 696	1 454 206	1 557 875	3 199 769	2 775 204.67
衡水	7 472	19	125 593	133 084	35 926	1 176	561 360	598 462	1 417 336	1 285 758.34
邢台	12 029	6	243 040	255 075	79 938	373	1 184 553	1 264 864	2 266 874	1 947 904.73
邯郸	18 644	197	272 189	291 030	146 706	6 734	1 763 069	1 916 509	3 597 116	3 425 439.13
总计	315 426	336	2 789 658	3 105 420	1 274 535	44 086	15 563 223	16 881 844	33 553 936	29 252 464.98

续表

项目	资金交易情况								ATM 数量
	取现		消费		转账		小计		
	笔数	金额	笔数	金额	笔数	金额	笔数	金额	
营业部	18 638 930	5 593 979	11 507 816	2 112 598.12	10 934 083	16 814 071.49	41 120 882	24 565 590.00	308
直属支行	316 722	94 169	251 847	53 545.15	219 332	475 830.64	1 485 818	1 370 217.52	
承德	4 262 149	1 546 831	2 008 653	328 903.46	2 780 449	3 265 952.30	10 082 126	6 245 575.08	79
张家口	6 186 649	2 457 648	2 848 650	492 626.75	4 641 894	7 293 856.54	14 467 469	11 107 028.87	109
秦皇岛	5 724 809	1 728 743	3 752 619	485 132.67	3 190 556	5 218 423.42	14 813 745	9 875 140.03	105
唐山	14 383 322	5 679 388	8 132 731	1 655 038.83	9 980 345	17 945 849.88	33 598 740	26 467 035.51	234
廊坊	7 184 769	2 324 215	4 772 641	1 107 197.13	5 123 323	6 737 846.31	19 032 177	12 268 375.65	121
保定	14 990 983	4 263 063	8 253 588	1 202 603.03	8 856 346	10 692 122.83	33 555 123	17 715 663.95	263
沧州	10 324 200	3 518 160	5 904 558	943 957.43	7 365 425	10 467 331.28	24 155 543	15 527 910.55	172
衡水	4 187 928	1 692 956	1 897 848	330 899.69	2 851 433	4 745 112.47	10 121 762	8 033 832.41	73
邢台	7 237 842	2 724 707	3 179 000	609 604.69	4 733 833	7 184 921.59	16 913 744	12 435 742.36	145
邯郸	12 532 921	3 824 752	5 714 828	1 478 990.76	7 683 641	15 867 175.02	41 494 613	38 052 761.78	203
总计	105 971 224	35 448 611	58 224 779	10 801 097.72	68 360 660	106 708 493.77	232 556 663	152 958 202.71	1 812

中国建设银行股份有限公司河北省分行机构、人员情况一览表

（2011 年 12 月 31 日）

单位：个、人

单位名称	从业人员	在岗职工	柜员合同工	代理用工	离退休	一级分行(局)	省行营业部二级分行(局)	县支行(局)	城区支行(局)	二级支行(局)	分理处	集镇办	储蓄所	各类机构总数
河北省	798	789			108	1	11	107	113	159	173		128	692
石家庄	2 568	2 400			328	1	1	12	20	9	19		45	107
承德	608	585			81		1	5	4	8	5		3	26
张家口	1 091	1 031			182		1	7	10	9	10			37
秦皇岛	1 032	999			128		1	3	11	19	2		7	43
唐山	2 336	2 240			276		1	11	15	30	15		32	104
廊坊	1 093	1 057			120		1	8	8	11	14		4	46
保定	2 020	1 895			238		1	13	11	12	29		12	78
沧州	1 569	1 482			199		1	19	8	13	32		2	75
衡水	932	894			93		1	8	7	1	14		7	38
邢台	1 378	1 348			161		1	12	8	24	8		5	58
邯郸	1 752	1 653			239		1	9	11	23	25		11	80
总计	17 177	16 373			2 153	1	11	107	113	159	173		128	692

中国建设银行股份有限公司河北省分行职工性别、年龄、学历、职称结构统计表

（2011 年 12 月 31 日）

单位：人

机构名称	性别结构			年龄结构					学历结构						职称结构			
	男	女	合计	30 岁以下	31～40 岁	41～50 岁	51～60 岁	合计	博士研究生	硕士研究生	大学本科	大学专科	中专及以下	合计	高级职称	中级职称	初级职称	合计
河北省	464	325	789	155	277	269	88	789	9	118	487	139	36	789	211	384	138	733
石家庄(营业部、直属支行)	1 061	1 339	2 400	475	775	962	188	2 400	1	65	708	994	632	2 400	58	592	618	1 268
承德	324	261	585	116	209	230	30	585		7	253	246	79	585	9	146	219	374
张家口	490	541	1 031	248	326	385	72	1 031		17	363	485	166	1 031	25	214	315	554
秦皇岛	406	593	999	234	392	329	44	999		23	358	432	186	999	8	262	322	592
唐山	894	1 346	2 240	558	867	674	141	2 240		38	640	1 217	345	2 240	41	554	519	1 114
廊坊	504	553	1 057	264	289	446	58	1 057		13	378	463	203	1 057	11	296	411	718
保定	940	955	1 895	239	799	749	108	1 895		24	498	811	562	1 895	36	490	394	920
沧州	676	806	1 482	291	503	610	78	1 482		17	460	699	306	1 482	25	403	476	904
衡水	504	390	894	135	314	375	70	894		7	292	380	215	894	25	251	278	554
邢台	670	678	1 348	255	525	480	88	1 348		17	401	602	328	1 348	17	302	445	764
邯郸	723	930	1 653	234	778	565	76	1 653		30	465	840	318	1 653	29	442	482	953
总计	7 656	8 717	16 373	3 204	6 054	6 074	1 041	16 373	10	376	5 303	7 308	3 376	16 373	495	4 336	4 617	9 448

交通银行股份有限公司河北省分行本外币信贷收支表

汇率:6.3009 (2011年12月31日) 单位:万元

栏目 来源项目名称	本月余额	比年初		栏目 运用项目名称	本月余额	比年初	
		今年	去年			今年	去年
一、各项存款	7 682 959	1 088 049	1 166 025	一、各项贷款	5 499 461	683 359	702 941
1.单位存款	5 003 226	757 237	834 234	(一)境内贷款	5 499 399	683 408	702 941
其中:活期存款	2 367 901	247 044		1.短期贷款	2 276 792	530 602	199 140
定期存款	744 209	212 443		(1)个人贷款及透支	24 127	-11	6 306
通知存款	72 771	-39 823		其中:个人消费贷款	13 253	2 138	4 252
保证金存款	1 027 579	287 772	181 870	(2)单位贷款及透支	1 955 340	478 765	143 998
2.个人存款	2 240 442	256 160	263 797	其中:经营贷款	1 953 354	476 779	218 309
储蓄存款	2 148 631	181 532	252 873	固定资产贷款			
保证金存款	417	67	110	(3)普通并购贷款			
结构性存款	91 393	74 561	10 813	(4)银团贷款	125 000	-9 950	-2 900
3.临时性存款	10 544	-16 443	7 094	(5)贸易融资	172 325	61 798	51 735
4.其他存款	428 748	91 095	60 901	(6)境外投资转贷款			
二、代理财政性存款	37 998	703	1 971	2.中长期贷款	3 109 242	169 823	570 826
三、金融债券				(1)个人贷款	596 626	148 804	128 488
其中:境外发行				其中:个人消费贷款	522 839	134 601	129 388
四、中长期借款				(2)单位贷款	1 457 275	-58 307	323 320
其中:境外借款				其中:经营贷款	430 679	-129 519	82 211
五、应付及暂收款	575 288	57 424	-1 160 490	固定资产贷款	1 026 597	71 211	241 534
其中:应付利息	48 774	2 611	9 816	(3)普通并购贷款			
六、卖出回购资产				(4)银团贷款	1 052 299	77 509	119 458
七、向中央银行借款				(5)贸易融资			
八、同业往来(来源方)	174 193	71 907	18 432	(6)境外投资转贷款	3 042	1 816	-440
1.同业存放	173 953	71 907	18 432	3.融资租赁			
其中:境外同业存放				4.票据融资	109 997	-17 017	-67 603
2.同业拆借	240			其中:贴现	109 996	-17 018	-67 603
其中:境外同业拆借				5.各项垫款	3 368		579
九、境外联行往来(来源方)				(二)境外贷款	62	-49	
十、外汇买卖(来源方)	85	85	0	二、有价证券		-7	-6
其中:结售汇	85	85	0	三、股权及其他投资			
十一、委托存款及委托投资基金(净)	207 201	38 401	-40 208	四、应收及预付款	521 453	56 348	-1 165 365
1.委托存款及委托投资基金	594 770	213 449	42 148	其中:应收利息	13 712	7169	4 764
2.减:委托贷款及委托投资	387 569	175 048	82 356	五、买入返售资产			
十二、代理金融机构委托贷款基金		-1	-13 480	六、存放中央准备金存款	51 501	-10 267	1 493
其中:中央银行委托贷款基金				七、存放中央银行特种存款			
十三、各项准备	44 682	9 812	11 671	八、缴存中央银行财政性存款	42 574	20 006	-7 872
其中:贷款损失准备	44 682	9 812	11 671	九、同业往来	6 241	79	-3 592
十四、所有者权益	185 284	37 299	41 622	1.存放同业	6 241	79	-3 592
其中:实收资本				其中:存放境外同业			
十五、其他	-2 753 973	-548 229	-496 043	2.拆放同业			
				其中:拆放境外同业			
				十、境外联行往来(运用方)			
				十一、代理金融机构贷款			
				其中:代理人行专项贷款			
				十二、库存现金	32 401	5 848	1 901
				十三、外汇买卖(运用方)	85	85	0
				其中:结售汇	85	85	0
				十四、投资性房地产			
资金来源总计	6 153 716	755 451	-470 500	资金运用总计	6 153 716	755 451	-470 500

交通银行股份有限公司河北省分行人民币信贷收支表

（2011 年 12 月 31 日）

单位:万元

栏目 来源项目名称	本月余额	比年初		栏目 运用项目名称	本月余额	比年初	
		今年	去年			今年	去年
一、各项存款	7 564 290	1 068 193	1 161 422	一、各项贷款	5 352 758	571 982	778 907
1.单位存款	4 912 461	732 219	831 151	㈠境内贷款	5 352 696	572 031	778 907
其中:活期存款	2 297 239	232 418		1.短期贷款	2 133 132	419 179	271 621
定期存款	742 319	210 553		(1)个人贷款及透支	24 127	-11	6 306
通知存款	60 610	-51 984		其中:个人消费贷款	13 253	2 138	4 252
保证金存款	1 021 528	291 432	180 641	(2)单位贷款及透支	1 853 176	393 852	218 309
2.个人存款	2 213 457	258 693	265 739	其中:经营贷款	1 851 190	391 866	218 309
储蓄存款	2 130 475	183 058	259 949	固定资产贷款			
保证金存款	141	105	30	(3)普通并购贷款			
结构性存款	82 841	75 530	5 760	(4)银团贷款	125 000	-9 950	-2 900
3.临时性存款	9 624	-13 815	3 632	(5)贸易融资	130 829	35 289	49 906
4.其他存款	428 748	91 095	60 901	(6)境外投资转贷款			
二、代理财政性存款	37 998	703	1 971	2.中长期贷款	3 106 200	169 869	574 309
三、金融债券				(1)个人贷款	596 626	148 804	128 488
其中:境外发行				其中:个人消费贷款	522 839	134 601	129 388
四、中长期借款				(2)单位贷款	1 457 275	-58 307	323 745
其中:境外借款				其中:经营贷款	430 679	-129 519	82 211
五、应付及暂收款	312 977	25 103	-531 306	固定资产贷款	1 026 597	71 211	241 534
其中:应付利息	48 721	2 637	9 947	(3)普通并购贷款			
六、卖出回购资产				(4)银团贷款	1 052 299	79 372	122 077
七、向中央银行借款				(5)贸易融资			
八、同业往来(来源方)	174 144	71 929	20 526	(6)境外投资转贷款			
1.同业存放	173 904	71 929	20 526	3.融资租赁			
其中:境外同业存放				4.票据融资	109 996	-17 018	-67 603
2.同业拆借	240			其中:贴现	109 996	-17 018	-67 603
其中:境外同业拆借				5.各项垫款	3 368		579
九、境外联行往来(来源方)				㈡境外贷款	62	-49	
十、外汇买卖(来源方)	85	85	0	二、有价证券		-7	-6
其中:结售汇	85	85	0	三、股权及其他投资			
十一、委托存款及委托投资基金(净)	207 201	39 267	-40 090	四、应收及预付款	279 427	41 105	-623 360
1.委托存款及委托投资基金	594 770	214 315	42 266	其中:应收利息	11 250	4 848	4 915
2.减:委托贷款及委托投资	387 569	175 048	82 356	五、买入返售资产			
十二、代理金融机构委托贷款基金		-1	-13 480	六、存放中央准备金存款	51 501	-10 267	1 493
其中:中央银行委托贷款基金				七、存放中央银行特种存款			
十三、各项准备	44 313	10 119	10 979	八、缴存中央银行财政性存款	42 574	20 006	-7 872
其中:贷款损失准备	44 313	10 119	10 979	九、同业往来	4 838	-427	1 136
十四、所有者权益	180 133	33 200	41 990	1.存放同业	4 838	-427	1 136
其中:实收资本				其中:存放境外同业			
十五、其他	-2 760 491	-620 606	-500 027	2.拆放同业			
				其中:拆放境外同业			
				十、境外联行往来(运用方)			
				十一、代理金融机构贷款			
				其中:代理人行专项贷款			
				十二、库存现金	29 553	5 599	1 689
				十三、外汇买卖(运用方)	0	0	0
				其中:结售汇			
				十四、投资性房地产			
资金来源总计	5 760 650	627 992	151 986	资金运用总计	5 760 650	627 992	151 986

交通银行股份有限公司河北省分行外汇信贷收支表

（2011 年 12 月 31 日）　　单位：万美元

栏目 来源项目名称	本月余额	比年初		栏目 运用项目名称	本月余额	比年初	
		今年	去年			今年	去年
一、各项存款	18 834	3 913	1 123	一、各项贷款	23 283	17 949	－10 965
1.单位存款	14 405	4 478	750	㈠境内贷款	23 283	17 949	－10 965
其中：活期存款	11 215	2 753		1.短期贷款	22 800	17 932	－10 469
定期存款	300	300		（1）个人贷款及透支			
通知存款	1 930	1 930		其中：个人消费贷款			
保证金存款	960	－506	224	（2）单位贷款及透支	16 214	13 609	－10 805
2.个人存款	4 283	－174	－150	其中：经营贷款	16 214	13 609	
储蓄存款	2 882	－90	－947	固定资产贷款			
保证金存款	44	－4	13	（3）普通并购贷款			
结构性存款	1 357	－80	783	（4）银团贷款			
3.临时性存款	146	－390	523	（5）贸易融资	6 586	4 323	336
4.其他存款				（6）境外投资转贷款			
二、代理财政性存款				2.中长期贷款	483	16	－496
三、金融债券				（1）个人贷款			
其中：境外发行				其中：个人消费贷款			
四、中长期借款				（2）单位贷款			－62
其中：境外借款				其中：经营贷款			
五、应付及暂收款	41 631	6 903	－91 100	固定资产贷款			
其中：应付利息	8	－3	－19	（3）普通并购贷款			
六、卖出回购资产				（4）银团贷款		－281	－375
七、向中央银行借款				（5）贸易融资			
八、同业往来（来源方）	8	－3	－306	（6）境外投资转贷款	483	298	－59
1.同业存放	8	－3	－306	3.融资租赁			
其中：境外同业存放				4.票据融资	0	0	0
2.同业拆借				其中：贴现			
其中：境外同业拆借				5.各项垫款			
九、境外联行往来（来源方）				㈡境外贷款			
十、外汇买卖（来源方）	0		0	二、有价证券			
其中：结售汇				三、股权及其他投资			
十一、委托存款及委托投资基金（净）		－131	－13	四、应收及预付款	38 411	4 168	－78 347
1.委托存款及委托投资基金		－131	－13	其中：应收利息	391	369	－21
2.减：委托贷款及委托投资				五、买入返售资产			
十二、代理金融机构委托贷款基金				六、存放中央准备金存款			
其中：中央银行委托贷款基金				七、存放中央银行特种存款			
十三、各项准备	58	－44	104	八、缴存中央银行财政性存款			
其中：贷款损失准备	58	－44	104	九、同业往来	223	87	－688
十四、所有者权益	818	659	－49	1.存放同业	223	87	－688
其中：实收资本				其中：存放境外同业			
十五、其他	1 034	10 979	284	2.拆放同业			
				其中：拆放境外同业			
				十、境外联行往来（运用方）			
				十一、代理金融机构贷款			
				其中：代理人行专项贷款			
				十二、库存现金	452	59	43
				十三、外汇买卖（运用方）	14	13	0
				其中：结售汇	14	13	0
				十四、投资性房地产			
资金来源总计	62 382	22 277	－89 957	资金运用总计	62 382	22 277	－89 957

交通银行股份有限公司河北省分行资产负债表

（2011 年 12 月 31 日）

单位：元

项目名称	期末余额	去年同期	项目名称	期末余额	去年同期
流动资产：		0.00	流动负债		0.00
现金及银行存款	327 446 245.14	269 072 977.09	短期存款	38 480 075 343.05	34 223 921 833.37
其中：现金	324 005 365.91	265 528 762.42	短期储蓄存款	18 793 158 792.08	17 717 626 056.80
贵金属	1 652 331.96	0.00	财政性存款	379 865 316.78	392 499 668.51
存中央银行款项	940 748 269.88	843 357 804.10	同业存放款项	1 739 527 673.59	1 020 457 020.52
其中：备付金存款	515 006 269.88	617 673 804.10	拆入资金	2 400 000.00	2 400 000.00
存放同业款项	62 414 594.68	61 624 521.75	应解汇款	102 245 938.87	96 412 091.56
存放联行款项	27 564 958 087.87	22 386 223 219.03	汇出汇款	3 189 484.19	173 451 618.50
短期贷款	20 741 874 272.76	15 904 373 876.59	委托存款	13 818 023.10	11 791 567.60
应收进出口押汇	1 721 023 771.86	1 080 037 349.94	应付帐款	487 743 271.30	461 632 627.55
应收帐款	137 120 426.84	65 431 023.75	其他应付款	162 250 644.05	265 673 055.03
其他应收款	24 222 052.41	29 929 724.48	存入短期保证金	10 247 668 162.70	7 232 603 445.44
贴现	1 100 341 102.46	1 293 511 930.89	应付工资	123 575 090.17	87 188 349.95
短期投资	−2 058 302 000.00	−1 656 653 105.12	应交税金	−53 472 866.73	−33 537 152.56
其他流动资产	11 155 580.24	7 036 310.60	预提费用	138 000.00	1 505 250.00
一年内到期的长期投资		68 136.11	其他流动负债	928 562 665.88	831 313 110.37
流动资产合计	50 574 654 736.10	40 284 013 769.21	一年内到期的长期负债	1 064 133 865.64	1 338 546 172.45
长期资产：		0.00	流动负债合计	72 474 879 404.67	63 823 484 715.09
中长期贷款	31 073 214 867.21	29 374 275 686.80	长期负债		0.00
逾期贷款	358 154 769.89	508 820 027.16	长期存款	5 051 506 133.33	3 676 360 375.15
减：呆账准备	446 817 829.98	348 700 179.25	长期储蓄存款	2 141 381 188.91	1 152 880 409.60
固定资产原值	756 447 002.92	722 604 450.24	存入长期保证金	925 685 485.84	177 776 823.30
减：累计折旧	380 449 022.38	333 163 139.87	其他长期负债	2 838 100.00	0.00
固定资产净值	375 997 980.54	389 441 310.37	长期负债合计	8 121 410 908.08	5 007 017 608.05
在建工程	441 505 603.95	16 245 810.88	未分配利润	1 852 843 250.10	1 479 849 580.47
长期资产合计	31 802 055 391.61	29 940 082 655.96	其中：本年利润	1 852 843 250.10	1 479 849 580.46
无形资产	2 498 495.21	2 084 094.59	所有者权益合计	1 852 843 250.10	1 479 849 580.47
递延资产	37 770 418.19	37 750 917.14			
其他长期资产	32 154 521.74	46 420 466.71			
其他资产合计	72 423 435.14	86 255 478.44			
资产总计	82 449 133 562.85	70 310 351 903.61	负债及所有者权益总计	82 449 133 562.85	70 310 351 903.61

交通银行股份有限公司河北省分行中间业务收入情况表

（2011年12月31日）

单位:万元

项　目	合计	1. 投行业务收入	2. 国内担保承诺业务收入	3. 结售汇业务收入	4. 人民币对公结算与现金管理业务收入	5. 代收代付业务收入	6. 对公国际结算业务收入	7. 个人国际结算业务收入	8. 信用卡业务收入（不含商户收单）	9. 银行卡商户收单业务收入	10. 电子银行业务收入（不含自助银行）	11. 自助银行业务收入	12. 个人人民币结算业务收入	13. 代理销售基金等投资类产品业务收入	14. 个人理财业务收入	15. 代理保险业务收入	16. 托管业务收入
石家庄	12 372.35	4 829.59	142.50	2 486.89	165.73		2 731.98			1 378.49			10.77	363.96		262.45	
秦皇岛	4 293.28	2 040.89	361.13	784.54	47.97		455.98			257.52			2.21	190.77		152.28	
唐山	8 100.10	4 002.75	226.61	1 414.65	77.21		1 240.91			500.44			5.10	274.85		357.58	
保定	161.30	122.51			1.28		34.25						0.16	3.09			
沧州	635.29	593.10			2.19		37.18						0.26	2.56			
邯郸	1 615.90	920.38	10.84		2.49		639.12						0.33	6.52		36.21	
合计	27 178.21	12 509.21	741.08	4 686.08	296.87		5 139.43			2 136.45			18.83	841.76		808.52	

交通银行股份有限公司河北省分行损益明细表

（2011年12月31日）　单位:元

项目名称	金　额	项目名称	金额
利息收入	3 223 725 263.14	13.保险费	541 282.79
金融企业往来收入	524 687 335.77	14.邮电费	7 532 035.09
中央银行往来利息收入	4 370 916.23	15.安全保卫费	4 084 790.75
同业往来利息收入	46 133 615.59	16.外事费	12 085.66
其中　1.存放同业利息收入	468 974.10	17.办公用品	1 971 909.40
2.拆放同业利息收入	45 664 641.49	18.印刷费	3 666 835.46
系统内往来利息收入	439 996 574.16	19.公杂费	9 044 251.41
联行往来利息收入	34 186 229.79	20.低值易耗品	4 265 352.00
其他金融企业往来收入		21.水电费	12 867 306.76
其中:拆放金融公司利息收入		22.租赁费	40 713 967.56
管理费收入		23.物业管理费	3 343 448.06
手续费收入	205 464 149.66	24.修理费	5 112 358.92
汇兑收益	48 811 265.51	25.车辆运营管理费	29 132 023.05
证券买卖差价收入		26.税金	6 186 143.17
租赁收益		27.法律顾问费	1 875 951.40
其他营业收入	174 091 592.01	28.诉讼费	106 970.00
投资收益	4 567 277.39	29.公证费	2 900.00
其中:国债投资收益	4 603 913.50	30.咨询费	649 960.50
营业外收入	3 105 525.83	31.技术转让费	
1.固定资产盘盈收入	907 300.00	32.递延资产摊销	13 732 672.38
2.固定资产清理收入	294 113.61	33.无形资产摊销	608 468.38
3.出纳长款收入	10 584.52	34.劳动保护费	1 982 603.53
4.罚款收入	306 165.14	35.取暖费	3 652 191.99
5.其他营业外收入	1 587 362.56	36.研究开发费	
利息支出	1 109 471 907.99	37.董事会	
金融企业往来支出	142 517 493.53	38.住房公积金	24 346 155.58
中央银行往来利息支出		39.广告费支出	5 222 619.00
同业往来利息支出	108 730 384.65	40.减员补偿费	
其中　1.同业存放利息支出	62 046 578.55	41.其他从业人员	2 244 134.96
2.同业拆放利息支出	46 683 806.10	42.其他费用	820 532.77
系统内往来利息支出	28 949 965.83	其他营业支出	175 138 719.93
联行往来利息支出	1 307 727.95	固定资产折旧	57 521 512.57
其他金融企业往来支出	3 529 415.10	呆帐准备金支出	
其中:向金融公司拆借利息支出		其他营业支出	117 617 207.36
手续费支出	22 139 067.39	营业税及附加	199 658 274.13
汇兑损失	377 918.65	其中:1.营业税	177 969 778.45
营业费用	662 735 950.24	2.城市维护建设税	12 457 884.49
1.职工工资	264 322 321.06	3.教育费附加	5 491 937.21
2.职工福利费	7 231 469.53	营业外支出	19 847 495.43
3.工会经费	5 286 446.41	1.固定资产盘亏	
4.职工教育经费	1 907 288.16	2.固定资产清理净损失	1 005 924.69
5.待业保险费		3.出纳短款	30.07
6.劳动保险费	62 213 045.24	4.培训经费支出	
7.业务宣传费	48 167 726.68	5.公益救济性捐赠	
8.业务招待费	65 172 244.68	6.结算赔款支出	
9.差旅费	6 409 784.26	7.其他损失	8 994 817.44
10.会议费	3 176 135.90	8.罚款支出	200 000.00
11.电子设备运转费	8 755 198.92	9.其它支出	9 646 723.23
12.钞币运转费	6 375 338.83	以前年度损益调整	-277 668.08
收入小计	4 184 452 409.31	所　得　税	
纯　　损		支出小计	2 331 609 159.21
		税后利润	1 852 843 250.10
合　　计	4 184 452 409.31	合　　计	4 184 452 409.31

交通银行股份有限公司河北省分行银行卡业务统计表

项目	当期发卡数量（2011年当年口径）				期末卡数量				存现		取现		消费		转帐		小计	
	贷记卡	准贷记卡	借记卡	小计	贷记卡	准贷记卡	借记卡	小计	笔数	金额	笔数	金额	笔数	金额	笔数	金额	笔数	金额
石家庄	128 310	0	54 509	182 819	444 183	920	684 800	1 129 903	889 982	1 158 158	2 788 585	1 269 338	620 378	288 237	4 557 871	17 659 668	8 856 816	20 375 401
秦皇岛	4 766	0	33 698	38 464	57 407	0	517 744	575 151	702 317	571 638	2 084 143	720 369	361 575	123 519	3 481 382	7 658 743	6 629 417	9 074 269
唐山	51 441	0	66 954	118 395	208 559	0	364 125	572 684	549 147	1 096 833	1 772 950	1 624 570	318 684	190 706	2 754 571	17 360 531	5 395 352	20 272 640
保定	577	0	3 998	4 575	577	0	3 998	4 575										
沧州	826	0	3 108	3 934	1 061	0	4 876	5 937										
邯郸	940	0	11 964	12 904	4 350	0	22 678	27 028										
总计	186 860	0	174 231	361 091	716 137	920	1 598 221	2 315 278	2 141 446	2 826 629	6 645 678	3 614 277	1 300 637	602 462	10 793 824	42 678 942	20 881 585	49 722 310

交通银行股份有限公司河北省分行网上银行业务发展情况表

（2011年12月31日）

单位：户、笔、万元

单位	客户数				交易笔数（双向）				交易金额（双向）			
	个人		企业		个人		企业		个人		企业	
	年末余额	当年新增	年末余额	当年新增	交易笔数	当年新增	交易笔数	当年新增	交易金额	当年新增	交易金额	当年新增
石家庄	239 754	35 716	2 605	697	1 664 393	602 127	746 476	298 963	3 102 217.31	936 336.67	17 272 029.76	6 667 579.82
秦皇岛	77 384	11 345	1 565	352	769 508	111 024	333 339	163 454	1 162 712.63	320 384.13	8 407 894.26	2 056 941.37
唐山	127 400	30 116	2 047	812	1 236 647	498 466	484 947	259 349	2 401 630.12	1 397 652.58	8 800 369.08	3 055 275.68
廊坊	121	121	0	0	53	53	0	0	51.74	51.74	0	0
保定	5 028	5 028	98	98	9 881	9 881	3 755	3 755	14 587.49	14 587.49	198 844.40	198 844.40
沧州	3 386	2 086	108	73	27 121	18 723	5 487	3 095	198 583.02	183 093.26	182 814.50	83 330.66
邯郸	10 436	6 345	214	105	40 870	18 946	53 575	49 112	69 557.92	44 264.72	983 917.78	319 143.72
总计	463 509	90 757	6 637	2 137	3 748 473	1 259 220	1 627 579	777 728	6 949 340.23	2 896 370.59	35 845 869.78	12 381 115.65

交通银行股份有限公司河北省分行机构、人员情况一览表

（2011年12月31日）

单位：个、人

单位名称	从业人员	在岗职工	柜员合同工	代理用工	离退休	一级分行（局）	省行营业部二级分行（局）	县支行（局）	城区支行（局）	二级支行（局）	分理处	集镇办	储蓄所	各类机构总数
石家庄	932	932	0	0	60	0	0	0	30	0	0	0	0	30
秦皇岛	476	476	0	20	45	0	0	0	32	0	0	0	0	32
唐山	620	620	0	0	58	0	0	0	32	0	0	0	0	32
廊坊	30	30	0	0	0	0	0	0	1	0	0	0	0	1
保定	61	61	0	0	0	0	0	0	1	0	0	0	0	1
邯郸	76	76	0	0	0	0	0	0	2	0	0	0	0	2
合　计	2 195	2 195	0	20	163	0	0	0	98	0	0	0	0	98

交通银行股份有限公司河北省分行职工性别、年龄、学历、职称结构统计表

（2011年12月31日）

单位：人

机构名称	性别结构			年龄结构					学历结构						职称结构			
	男	女	合计	30岁以下	31～40岁	41～50岁	51～60岁	合计	博士研究生	硕士研究生	大学本科	大学专科	中专及以下	合计	高级职称	中级职称	初级职称	合计
石家庄	480	452	932	324	270	246	92	932	0	76	593	199	64	932	10	234	201	445
秦皇岛	250	226	476	133	156	146	41	476	0	1	209	195	71	476	3	93	169	265
唐山	301	319	620	238	144	163	75	620	0	37	396	146	41	620	6	163	137	306
廊坊	18	12	30	19	3	5	3	30	0	1	21	8	0	30	0	4	4	8
保定	32	29	61	47	4	8	2	61	0	6	52	3	0	61	0	4	2	6
邯郸	36	40	76	57	9	8	2	76	0	9	60	7	0	76	0	5	2	7
合　计	1 117	1 078	2 195	818	586	576	215	2 195	0	130	1 331	558	176	2 195	19	503	515	1 037

中信银行股份有限公司石家庄分行本外币信贷收支表

汇率:6.3009　　(2011年12月31日)　　单位:万元

来源项目名称	本月余额	比年初	
		今年	去年
一、各项存款	4 384 279	362 733	735 876
1.单位存款	3 134 745	103 545	539 768
其中:活期存款	925 261	-225 026	
定期存款	557 595	184 435	
通知存款	44 107	-21 738	
保证金存款	1 397 119	166 927	449 742
2.个人存款	1 018 484	39 384	193 048
储蓄存款	989 301	11 198	192 284
保证金存款	2	0	-8
结构性存款	29 180	28 186	772
3.临时性存款	31 001	19 780	3 112
4.其他存款	200 050	200 024	-51
二、代理财政性存款		-2 000	2 000
三、金融债券			
其中:境外发行			
四、中长期借款			
其中:境外借款			
五、应付及暂收款	76 783	23 795	23 335
其中:应付利息	28 367	12 927	4 520
六、卖出回购资产			
七、向中央银行借款			
八、同业往来(来源方)	583 460	550 052	-88 152
1.同业存放	583 460	550 052	-88 152
其中:境外同业存放			
2.同业拆借			
其中:境外同业拆借			
九、境外联行往来(来源方)			
十、外汇买卖(来源方)	36 861	-3 574 613	780 351
其中:结售汇	33 320	-3 574 531	780 429
十一、委托存款及委托投资基金(净)	86 524	101 260	-86 148
1.委托存款及委托投资基金	243 341	40 020	36 178
2.减:委托贷款及委托投资	156 817	-61 240	122 326
十二、代理金融机构委托贷款基金			
其中:中央银行委托贷款基金			
十三、各项准备	43 590	599	4 921
其中:贷款损失准备	43 581	599	6 713
十四、所有者权益	78 225	18 905	29 295
其中:实收资本			
十五、其他	-1 204 575	-411 348	-98 546
资金来源总计	4 085 146	-2 930 617	1 302 932

运用项目名称	本月余额	比年初	
		今年	去年
一、各项贷款	3 674 497	361 460	510 436
(一)境内贷款	3 674 497	361 460	510 436
1.短期贷款	2 042 881	355 089	169 566
(1)个人贷款及透支	4 349	2 253	648
其中:个人消费贷款	39	-1 446	335
(2)单位贷款及透支	1 942 650	303465	193 504
其中:经营贷款	1 931 684	306 499	121 387
固定资产贷款		-14 000	14 000
(3)普通并购贷款			
(4)银团贷款	74 000	74 000	
(5)贸易融资	21 883	-24 629	-24 587
(6)境外投资转贷款			
2.中长期贷款	1 577 770	118 357	484 110
(1)个人贷款	476 691	195 358	146 055
其中:个人消费贷款	444 635	172 170	139 341
(2)单位贷款	887 264	-128 062	297 301
其中:经营贷款	269 800	-178 840	194 800
固定资产贷款	617 464	50 778	102 501
(3)普通并购贷款	4 900	4 900	
(4)银团贷款	208 915	46 161	40 754
(5)贸易融资			
(6)境外投资转贷款			
3.融资租赁			
4.票据融资	53 846	-107 986	-143 240
其中:贴现	53 846	-107 986	-143 240
5.各项垫款		-4 000	
(二)境外贷款			
二、有价证券	9 708	-4 530	-7 192
三、股权及其他投资			
四、应收及预付款	37 088	27 162	3 178
其中:应收利息	8 305	2 557	2 029
五、买入返售资产			
六、存放中央准备金存款	53 587	25 430	-5 257
七、存放中央银行特种存款			
八、缴存中央银行财政性存款	1	-45	45
九、同业往来	262 776	233 121	19 616
1.存放同业	211 276	181 621	19 616
其中:存放境外同业			
2.拆放同业	51 500	51 500	
其中:拆放境外同业			
十、境外联行往来(运用方)			
十一、代理金融机构贷款			
其中:代理人行专项贷款			
十二、库存现金	10 630	1 400	1 755
十三、外汇买卖(运用方)	36 859	-3 574 615	780 352
其中:结售汇	33 320	-3 574 531	780 429
十四、投资性房地产			
资金运用总计	4 085 146	-2 930 617	1 302 932

中信银行股份有限公司石家庄分行人民币信贷收支表

(2011年12月31日)

单位:万元

栏目 来源项目名称	本月余额	比年初		栏目 运用项目名称	本月余额	比年初	
		今年	去年			今年	去年
一、各项存款	4 313 156	460 498	659 039	一、各项贷款	3 597 153	363 461	449 990
1.单位存款	3 070 139	203 490	462 673	(一)境内贷款	3 597 153	363 461	449 990
其中:活期存款	861 730	-126 108		1 短期贷款	1 965 537	357 090	109 120
定期存款	557 522	184 509		(1)个人贷款及透支	4 349	2 253	648
通知存款	44 107	-21 738		其中:个人消费贷款	39	-1 446	335
保证金存款	1 396 117	167 880	448 174	(2)单位贷款及透支	1 878 288	314 974	135 387
2.个人存款	1 015 509	39 765	193 285	其中:经营贷款	1 867 323	318 009	121 387
储蓄存款	986 864	11 793	192 628	固定资产贷款		-14 000	14 000
保证金存款	2	0	-8	(3)普通并购贷款			
结构性存款	28 643	27 972	666	(4)银团贷款	74 000	74 000	
3.临时性存款	27 458	17 219	3 132	(5)贸易融资	8 900	-34 137	-26 915
4.其他存款	200 050	200 024	-51	(6)境外投资转贷款			
二、代理财政性存款		-2 000	2 000	2.中长期贷款	1 577 770	118 357	484 110
三、金融债券				(1)个人贷款	476 691	195 358	146 055
其中:境外发行				其中:个人消费贷款	444 635	172 170	139 341
四、中长期借款				(2)单位贷款	887 264	-128 062	297 301
其中:境外借款				其中:经营贷款	269 800	-178 840	194 800
五、应付及暂收款	75 996	23 022	23 339	固定资产贷款	617 464	50 778	102 501
其中:应付利息	28 354	12 928	4 523	(3)普通并购贷款	4 900	4 900	
六、卖出回购资产				(4)银团贷款	208 915	46 161	40 754
七、向中央银行借款				(5)贸易融资			
八、同业往来(来源方)	583 460	550 065	-88 166	(6)境外投资转贷款			
1.同业存放	583 460	550 065	-88 166	3.融资租赁			
其中:境外同业存放				4.票据融资	53 846	-107 986	-143 240
2.同业拆借				其中:贴现	53 846	-107 986	-143 240
其中:境外同业拆借				5.各项垫款		-4 000	
九、境外联行往来(来源方)				(二)境外贷款			
十、外汇买卖(来源方)	18 447	-1 841 985	421 648	二、有价证券	9 708	-4 530	-7 192
其中:结售汇	18 260	-1 842 012	421 551	三、股权及其他投资			
十一、委托存款及委托投资基金(净)	86 087	101 417	-85 619	四、应收及预付款	36 622	27 386	2 496
1.委托存款及委托投资基金	242 904	40 177	36 707	其中:应收利息	7 839	2 781	1 348
2.减:委托贷款及委托投资	156 817	-61 240	122 326	五、买入返售资产			
十二、代理金融机构委托贷款基金				六、存放中央准备金存款	53 587	25 430	-5 257
其中:中央银行委托贷款基金				七、存放中央银行特种存款			
十三、各项准备	42 795	622	4 276	八、缴存中央银行财政性存款	1	-45	45
其中:贷款损失准备	42 787	622	6 067	九、同业往来	260 218	239 776	13 452
十四、所有者权益	74 702	15 925	28 623	1.存放同业	208 718	188 276	13 452
其中:实收资本				其中:存放境外同业			
十五、其他	-1 193 940	-488 694	-84 158	2.拆放同业	51 500	51 500	
				其中:拆放境外同业			
				十、境外联行往来(运用方)			
				十一、代理金融机构贷款			
				其中:代理人行专项贷款			
				十二、库存现金	10 436	1 409	1 921
				十三、外汇买卖(运用方)	32 980	-1 834 017	425 529
				其中:结售汇	32 797	-1 834 067	425 429
				十四、投资性房地产			
资金来源总计	4 000 703	-1 181 128	880 983	资金运用总计	4 000 703	-1 181 128	880 983

中信银行股份有限公司石家庄分行外汇信贷收支表

(2011 年 12 月 31 日)

单位:万美元

栏目 来源项目名称	本月余额	比年初		栏目 运用项目名称	本月余额	比年初	
		今年	去年			今年	去年
一、各项存款	11 288	−14 214	12 020	一、各项贷款	12 275	294	9 213
1.单位存款	10 253	−14 593	12 038	㈠境内贷款	12 275	294	9 213
其中:活期存款	10 083	−14 446		1.短期贷款	12 275	294	9 213
定期存款	12	−11		(1)个人贷款及透支			
通知存款				其中:个人消费贷款			
保证金存款	159	−136	239	(2)单位贷款及透支	10 215	−1 241	8 856
2.个人存款	472	−35	−20	其中:经营贷款	10 215	−1 241	
储蓄存款	387	−71	−37	固定资产贷款			
保证金存款				(3)普通并购贷款			
结构性存款	85	36	17	(4)银团贷款			
3.临时性存款	562	414	2	(5)贸易融资	2 060	1 536	357
4.其他存款				(6)境外投资转贷款			
二、代理财政性存款				2.中长期贷款			
三、金融债券				(1)个人贷款			
其中:境外发行				其中:个人消费贷款			
四、中长期借款				(2)单位贷款			
其中:境外借款				其中:经营贷款			
五、应付及暂收款	125	123	0	固定资产贷款			
其中:应付利息	2	0	0	(3)普通并购贷款			
六、卖出回购资产				(4)银团贷款			
七、向中央银行借款				(5)贸易融资			
八、同业往来(来源方)	0	−2	2	(6)境外投资转贷款			
1.同业存放	0	−2	2	3.融资租赁			
其中:境外同业存放				4.票据融资			
2.同业拆借				其中:贴现			
其中:境外同业拆借				5.各项垫款			
九、境外联行往来(来源方)				㈡境外贷款			
十、外汇买卖(来源方)	2 922	−261 478	60 490	二、有价证券			
其中:结售汇	2 390	−261 487	60 500	三、股权及其他投资			
十一、委托存款及委托投资基金(净)	69	−20	−75	四、应收及预付款	74	−30	103
1.委托存款及委托投资基金	69	−20	−75	其中:应收利息	74	−30	103
2.减:委托贷款及委托投资				五、买入返售资产			
十二、代理金融机构委托贷款基金				六、存放中央准备金存款			
其中:中央银行委托贷款基金				七、存放中央银行特种存款			
十三、各项准备	126	3	98	八、缴存中央银行财政性存款			
其中:贷款损失准备	126	3	98	九、同业往来	406	−985	945
十四、所有者权益	559	477	101	1.存放同业	406	−985	945
其中:实收资本				其中:存放境外同业			
十五、其他	−1 688	11 597	−2 507	2.拆放同业			
				其中:拆放境外同业			
				十、境外联行往来(运用方)			
				十一、代理金融机构贷款			
				其中:代理人行专项贷款			
				十二、库存现金	31	0	−23
				十三、外汇买卖(运用方)	616	−262 793	59 892
				其中:结售汇	83	−262 799	59 902
				十四、投资性房地产			
资金来源总计	13 402	−263 514	70 129	资金运用总计	13 402	−263 514	70 129

中国光大银行股份有限公司石家庄分行本外币信贷收支表

汇率:6.3009　　(2011年12月31日)　　单位:万元

栏目 来源项目名称	本月余额	比年初		栏目 运用项目名称	本月余额	比年初	
		今年	去年			今年	去年
一、各项存款	2 304 092	705 081	481 790	一、各项贷款	2 095 591	371 867	266 856
1.单位存款	1 833 591	532 771	341 811	(一)境内贷款	2 095 591	371 867	266 856
其中:活期存款	381 279	116 452		1.短期贷款	925 802	504 442	-186 052
定期存款	232 275	138 401		(1)个人贷款及透支	16 631	14 035	1 189
通知存款	81 496	-32 938		其中:个人消费贷款	14 225	12 872	1 306
保证金存款	1 087 453	302 672	387 593	(2)单位贷款及透支	545 132	403 012	-310 246
2.个人存款	459 029	165 351	139 161	其中:经营贷款	511 700	387 428	-306 637
储蓄存款	364 876	119 376	93 764	固定资产贷款			
保证金存款	331	181	138	(3)普通并购贷款			
结构性存款	93 822	45 794	45 259	(4)银团贷款			
3.临时性存款	11 398	6 958	746	(5)贸易融资	364 039	87 395	123 005
4.其他存款	73	1	72	(6)境外投资转贷款			
二、代理财政性存款				2.中长期贷款	1 139 982	-160 282	534 157
三、金融债券				(1)个人贷款	371 506	76 462	126 687
其中:境外发行				其中:个人消费贷款	176 998	46 190	122 646
四、中长期借款				(2)单位贷款	768 176	-236 744	407 170
其中:境外借款				其中:经营贷款	566 556	-246 054	398 860
五、应付及暂收款	29 591	11 213	9 301	固定资产贷款	201 620	9 310	8 310
其中:应付利息	12 500	5 636	3 267	(3)普通并购贷款			
六、卖出回购资产	96 980	96 980		(4)银团贷款	300		300
七、向中央银行借款				(5)贸易融资			
八、同业往来(来源方)	306 203	-172 464	355 816	(6)境外投资转贷款			
1.同业存放	306 203	-172 464	365 212	3.融资租赁			
其中:境外同业存放				4.票据融资	29 807	27 707	-81 249
2.同业拆借			-9 396	其中:贴现	29 807	27 707	-81 249
其中:境外同业拆借			-9396	5.各项垫款			
九、境外联行往来(来源方)				(二)境外贷款			
十、外汇买卖(来源方)				二、有价证券	2 856	-973	-2 842
其中:结售汇				三、股权及其他投资			
十一、委托存款及委托投资基金(净)	37 800	-302 377	-27 791	四、应收及预付款	5 522	1 171	984
1.委托存款及委托投资基金	154 190	-267 121	8 218	其中:应收利息	4 404	1 800	450
2.减:委托贷款及委托投资	116 390	35 256	36 009	五、买入返售资产	200 817	103 400	97 417
十二、代理金融机构委托贷款基金				六、存放中央准备金存款	39 025	-5 488	29 389
其中:中央银行委托贷款基金				七、存放中央银行特种存款			
十三、各项准备	40 584	11 060	9 909	八、缴存中央银行财政性存款			
其中:贷款损失准备	40 503	11 420	9 896	九、同业往来	35 190	20 567	5 655
十四、所有者权益	40 800	4 523	19 377	1.存放同业	35 190	20 567	5 655
其中:实收资本				其中:存放境外同业			
十五、其他	-471 367	137 892	-450 084	2.拆放同业			
				其中:拆放境外同业			
				十、境外联行往来(运用方)			
				十一、代理金融机构贷款			
				其中:代理人行专项贷款			
				十二、库存现金	5 682	1 363	860
				十三、外汇买卖(运用方)			
				其中:结售汇			
				十四、投资性房地产			
资金来源总计	2 384 683	491 908	398 319	资金运用总计	2 384 683	491 908	398 319

中国光大银行股份有限公司石家庄分行人民币信贷收支表

(2011年12月31日)　　单位:万元

栏目 来源项目名称	本月余额	比年初		栏目 运用项目名称	本月余额	比年初	
		今年	去年			今年	去年
一、各项存款	2 267 874	674 327	484 350	一、各项贷款	2 086 140	362 416	276 252
1.单位存款	1 805 212	504 484	343 774	㈠境内贷款	2 086 140	362 416	276 252
其中:活期存款	352 900	88 165		1.短期贷款	916 351	494 991	-176 656
定期存款	232 275	138 401		(1)个人贷款及透支	16 631	14 035	1 189
通知存款	81 496	-32 938		其中:个人消费贷款	14 225	12 872	1 306
保证金存款	1 087 453	302 672	387 593	(2)单位贷款及透支	535 681	393 561	-310 246
2.个人存款	451 191	162 884	139 758	其中:经营贷款	502 249	377 977	306 637
储蓄存款	361 789	119 289	94 287	固定资产贷款			
保证金存款	192	42	138	(3)普通并购贷款			
结构性存款	89 210	43 553	45 333	(4)银团贷款			
3.临时性存款	11 398	6 958	746	(5)贸易融资	364 039	87 395	132 401
4.其他存款	73	1	72	(6)境外投资转贷款			
二、代理财政性存款				2.中长期贷款	1 139 982	-160 282	534 157
三、金融债券				(1)个人贷款	371 506	76 462	126 687
其中:境外发行				其中:个人消费贷款	176 998	46 190	122 646
四、中长期借款				(2)单位贷款	768 176	-236 744	407 170
其中:境外借款				其中:经营贷款	566 556	-246 054	398 860
五、应付及暂收款	29 566	11 208	9 322	固定资产贷款	201 620	9 310	8 310
其中:应付利息	12 475	5 631	3 288	(3)普通并购贷款			
六、卖出回购资产	96 980	96 980		(4)银团贷款	300		300
七、向中央银行借款				(5)贸易融资			
八、同业往来(来源方)	306 203	-172 464	365 212	(6)境外投资转贷款			
1.同业存放	306 203	-172 464	365 212	3.融资租赁			
其中:境外同业存放				4.票据融资	29 807	27 707	-81 249
2.同业拆借				其中:贴现	29 807	27 707	-81 249
其中:境外同业拆借				5.各项垫款			
九、境外联行往来(来源方)				㈡境外贷款			
十、外汇买卖(来源方)				二、有价证券	2 856	-973	-2 842
其中:结售汇				三、股权及其他投资			
十一、委托存款及委托投资基金(净)	36 559	-301 645	-27 566	四、应收及预付款	5 188	837	984
1.委托存款及委托投资基金	152 949	-266 389	8 443	其中:应收利息	4 070	1 466	450
2.减:委托贷款及委托投资	116 390	35 256	36 009	五、买入返售资产	200 817	103 400	97 417
十二、代理金融机构委托贷款基金				六、存放中央准备金存款	39 025	5 488	29 389
其中:中央银行委托贷款基金				七、存放中央银行特种存款			
十三、各项准备	40 408	10 884	10 018	八、缴存中央银行财政性存款			
其中:贷款损失准备	40 327	11 244	10 005	九、同业往来	32 833	19 032	5 414
十四、所有者权益	41 499	5 136	19 484	1.存放同业	32 833	19 032	5 414
其中:实收资本				其中:存放境外同业			
十五、其他	-446 775	156 226	-453 364	2.拆放同业			
				其中:拆放境外同业			
				十、境外联行往来(运用方)			
				十一、代理金融机构贷款			
				其中:代理人行专项贷款			
				十二、库存现金	5 455	1 428	842
				十三、外汇买卖(运用方)			
				其中:结售汇			
				十四、投资性房地产			
资金来源总计	2 372 314	480 652	407 456	资金运用总计	2 372 314	480 652	407 456

中国光大银行股份有限公司石家庄分行外汇信贷收支表

（2011年12月31日）　　　　单位：万美元

栏目 来源项目名称	本月余额	比年初		栏目 运用项目名称	本月余额	比年初	
		今年	去年			今年	去年
一、各项存款	5 748	4 923	-350	一、各项贷款	1 500	1 500	-1 376
1.单位存款	4 504	4 490	-287	㈠境内贷款	1 500	1 500	-1 376
其中：活期存款	4 504	4 490		1.短期贷款	1 500	1 500	-1 376
定期存款				(1)个人贷款及透支			
通知存款				其中：个人消费贷款			
保证金存款				(2)单位贷款及透支	1 500	1 500	
2.个人存款	1 244	433	-63	其中：经营贷款	1 500	1 500	
储蓄存款	490	37	-63	固定资产贷款			
保证金存款	22	22		(3)普通并购贷款			
结构性存款	732	374		(4)银团贷款			
3.临时性存款				(5)贸易融资			-1 376
4.其他存款				(6)境外投资转贷款			
二、代理财政性存款				2.中长期贷款			
三、金融债券				(1)个人贷款			
其中：境外发行				其中：个人消费贷款			
四、中长期借款				(2)单位贷款			
其中：境外借款				其中：经营贷款			
五、应付及暂收款	4	1	-3	固定资产贷款			
其中：应付利息	4	1	-3	(3)普通并购贷款			
六、卖出回购资产				(4)银团贷款			
七、向中央银行借款				(5)贸易融资			
八、同业往来（来源方）			-1 376	(6)境外投资转贷款			
1.同业存放				3.融资租赁			
其中：境外同业存放				4.票据融资			
2.同业拆借			-1 376	其中：贴现			
其中：境外同业拆借			-1 376	5.各项垫款			
九、境外联行往来（来源方）				㈡境外贷款			
十、外汇买卖（来源方）				二、有价证券			
其中：结售汇				三、股权及其他投资			
十一、委托存款及委托投资基金(净)	197	-101	-24	四、应收及预付款	53	53	
1.委托存款及委托投资基金	197	-101	-24	其中：应收利息	53	53	
2.减：委托贷款及委托投资				五、买入返售资产			
十二、代理金融机构委托贷款基金				六、存放中央准备金存款			
其中：中央银行委托贷款基金				七、存放中央银行特种存款			
十三、各项准备	28	28	-16	八、缴存中央银行财政性存款			
其中：贷款损失准备	28	28	-16	九、同业往来	374	250	39
十四、所有者权益	-111	-98	-16	1.存放同业	374	250	39
其中：实收资本				其中：存放境外同业			
十五、其他	-3 903	-2 958	452	2.拆放同业			
				其中：拆放境外同业			
				十、境外联行往来（运用方）			
				十一、代理金融机构贷款			
				其中：代理人行专项贷款			
				十二、库存现金	36	-8	4
				十三、外汇买卖（运用方）			
				其中：结售汇			
				十四、投资性房地产			
资金来源总计	1 963	1 795	-1 333	资金运用总计	1 963	1 795	-1 333

中国光大银行股份有限公司石家庄分行资产负债表

（2011 年 12 月 31 日）

单位:元

资产		负债及所有者权益	
资产:		负债:	
现金及银行存款	56 822 200.82	对公存款	18 336 412 643.47
贵金属	0	储蓄存款	4 590 206 343.33
存放中央银行款项	390 243 551.86	财政性存款	618 531.73
存放同业款项	351 859 760.66	向中央银行借款	0
存放联行款项	4 487 383 188.13	同业存放款项	3 062 030 549.95
拆出资金	0	联行存放款项	0
买入返售金融资产	2 000 761 758.34	同业拆入款项	0
发放贷款和垫款	17 848 848 191.77	卖出回购金融资产款	965 636 052.67
贸易融资	2 753 688 308.54	应解汇款	111 313 543.31
贴现	290 612 992.01	汇出汇款	2 672 368.55
信贷资产减值准备	405 019 755.01	应付利息	125 021 210.50
应收利息	44 021 481.65	其他应付款	10 620 787.57
其他应收款	6 167 717.43	交易性金融负债	0
交易性金融资产	0	衍生金融负债	0
衍生金融资产	75 000.00	应付债券	0
可供出售金融资产	0	长期借款	0
持有至到期投资	31 440 685.46	应付职工薪酬	48 963 351.15
长期股权投资	0	应交税费	36 707 433.08
固定资产原值	69 368 127.82	应付股利	0
减:累计折旧	30 701 131.81	预计负债	0
固定资产净值	38 666 996.01	递延所得税负债	0
投资性房地产	0	其他负债	387 127 746.94
固定资产清理	0	负债合计	27 677 330 562.25
在建工程	153 057 471.02	股本	0
无形资产	147 205.00	资本公积	0
商誉	0	盈余公积	0
长期待摊费用	23 679 537.72	一般风险准备	0
抵债资产	0	未分配利润	408 029 692.79
递延所得税资产	0	其中:本年利润	0
其他资产	12 903 963.63	股东权益合计	408 029 692.79
资产总计	28 085 360 255.04	负债和股东权益总计	28 085 360 255.04

中国光大银行股份有限公司石家庄分行损益表

（2011年12月31日） 单位:元

项 目	金 额
一、营业收入	866 638 996.72
利息净收入	726 034 862.09
利息收入	1 155 925 020.79
利息支出	310 529 272.82
金融企业往来收入	371 098 043.77
金融企业往来支出	490 458 929.65
手续费及佣金净收入	136 100 383.63
手续费及佣金收入	142 578 928.04
手续费及佣金支出	6 478 544.41
投资收益	1 692 220.61
公允价值变动收益	75 000.00
汇兑收益	1 293 477.33
其他业务收入	1 443 053.06
二、营业支出	419 036 595.88
营业税金及附加	72 858 067.37
业务管理费用	231 538 301.55
资产减值损失	114 317 826.96
其他业务成本	322 400.00
三、营业利润	447 602 400.84
加:营业外收入	1 965 609.85
减:营业外支出	399 855.64
四、利润总额	449 168 155.05
减:所得税	40 933 753.60
五、净利润	408 234 401.45

中国光大银行股份有限公司石家庄分行中间业务收入情况表

（2011 年 12 月 31 日）

单位:万元

项　目	合计	1. 投行业务收入	2. 国内担保承诺业务收入	3. 结售汇业务收入	4. 人民币对公结算与现金管理业务收入	5. 代收代付业务收入	6. 对公国际结算业务收入	7. 个人国际结算业务收入	8. 信用卡业务收入（不含商户收单）	9. 银行卡商户收单业务收入	10. 电子银行业务收入（不含自助银行）	11. 自助银行业务收入	12. 个人人民币结算业务收入	13. 代理销售基金等投资类产品业务收入	14. 个人理财业务收入	15. 代理保险业务收入	16. 托管业务收入
石家庄	10 546	1 310	7 353	124	65	2	81	20	2	0	5	209	21	328	367	433	226
唐山	2 489	152	2 157	5	17	0	5	1	0	0	0	12	2	45	36	57	0
廊坊	39	0	35	0	1	0	0	0	0	0	0	2	1	0	0	0	0
邯郸	1 036	12	1 006	0	3	0	0	0	0	0	0	5	1	3	0	6	0
合　计	14 110	1 474	10 551	129	86	2	86	21	2	0	5	228	25	376	403	496	226

中国光大银行股份有限公司石家庄分行网上银行业务发展情况表

（2011 年 12 月 31 日）

单位:户、笔、万元

单　位	客户数				交易笔数(双向)				交易金额(双向)			
	个人		企业		个人		企业		个人		企业	
	年末余额	当年新增	年末余额	当年新增	交易笔数	当年新增	交易笔数	当年新增	交易金额	当年新增	交易金额	当年新增
石家庄	62 983	30 901	1 075	513	1 774 957		79 049		2 466 731. 66		3 946 358. 4	
唐山	4 174	3 117	111	75	98 263		5 029		300 148. 34		2 161 616. 14	
廊坊	1 632	1 632	71	71	10 691		357		56 514		44 323. 12	
邯郸	2 926	2 831	223	191	52 145		3 265		176 048		439 457. 82	
合　计	71 715	38 481	1 480	850	1 936 056		87 700		2 999 442		6 591 755. 48	

中国光大银行股份有限公司石家庄分行银行卡业务统计表

（2011年12月31日） 单位：张、笔、台、万元

项目	银行卡数量								资金交易情况	
	当期发卡数量				期末卡数量				存现	
	贷记卡	准贷记卡	借记卡	小计	贷记卡	准贷记卡	借记卡	小计	笔数	金额
石家庄	28 769				10 531					
营业部	507				8 523					
唐山	5 432				8 654					
廊坊	2 096				2 096					
邯郸	12 080				12 080					
总计	48 884				41 884					

续表

项目	资金交易情况								ATM 数量
	取现		消费		转账		小计		
	笔数	金额	笔数	金额	笔数	金额	笔数	金额	
石家庄	119 148	124 951 442.2	1 775 695	2 403 902 244					67
营业部	7 048	8 116 420.18	126 554	235 951 662.63					39
唐山	9 459	11 477 244.49	65 495	95 994 293.23					9
廊坊	478	1 052 603.53	5 373	45 684 511.09					4
邯郸	7 091	8 355 593.18	93 655	287 426 970.9					10
总计	143 224	153 953 303.6	2 066 772	3 068 959 682					129

中国光大银行股份有限公司石家庄分行机构、人员情况一览表

（2011 年 12 月 31 日）

单位：个、人

单位名称	从业人员	在岗职工	柜员合同工	代理用工	离退休	一级分行（局）	省行营业部二级分行（局）	县支行（局）	城区支行（局）	二级支行（局）	分理处	集镇办	储蓄所	各类机构总数
石家庄	296	296				1		9						10
营业部	23	23							1					1
唐山	51	51							1					1
廊坊	53	53							1					1
邯郸	41	41												
总计	464	464				1		9	3					13

中国光大银行股份有限公司石家庄分行职工性别、年龄、学历、职称结构统计表

（2011 年 12 月 31 日）

单位：人

机构名称	性别结构			年龄结构					学历结构						职称结构			
	男	女	合计	30 岁以下	31～40 岁	41～50 岁	51～60 岁	合计	博士研究生	硕士研究生	大学本科	大学专科	中专及以下	合计	高级职称	中级职称	初级职称	合计
石家庄	165	131	296	139	105	44	8	296		68	224	4		296	5	10	24	139
营业部	13	10	23	16	4	3	0	23		3	17	3		23		1	1	2
唐山	31	20	51	26	19	6	0	51		8	41	2		51		2	5	7
廊坊	33	20	53	28	13	12	0	53		5	45	3		53		1	6	7
邯郸	30	11	41	23	13	4	1	41		7	30	4		41	1	1	5	7
总计	272	192	464	232	154	69	9	464		91	357	16		464	6	15	141	162

华夏银行股份有限公司石家庄分行本外币信贷收支表

汇率:6.3009　　(2011 年 12 月 31 日)　　单位:万元

栏目 来源项目名称	本月余额	比年初		栏目 运用项目名称	本月余额	比年初	
		今年	去年			今年	去年
一、各项存款	2 836 361	441 108	697 833	一、各项贷款	2 037 827	341 348	256 482
1.单位存款	2 273 710	322 905	622 373	㈠境内贷款	2 037 827	341 348	256 482
其中:活期存款	521 000	-43 884		1.短期贷款	1 238 940	29 917	6 965
定期存款	406 137	98 409		(1)个人贷款及透支	11 767	-23 831	-31 452
通知存款	6 257	-15 170		其中:个人消费贷款	6 677	-2 859	-1 365
保证金存款	1 180 668	297 992	288 958	⑵单位贷款及透支	1 222 430	53 468	33 954
2.个人存款	546 754	123 725	75 188	其中:经营贷款	1 203 430	34 558	34 944
储蓄存款	546 754	123 822	75 409	固定资产贷款	19 000	19 000	
保证金存款				(3)普通并购贷款			
结构性存款		-97	-221	(4)银团贷款			
3.临时性存款	15 897	-5 522	273	(5)贸易融资	4 742	280	4 463
4.其他存款		0	0	(6)境外投资转贷款			
二、代理财政性存款	10	-39	-43	2.中长期贷款	798 887	313 410	250 698
三、金融债券				(1)个人贷款	68 698	31 847	8 207
其中:境外发行				其中:个人消费贷款	58 354	29 216	9 223
四、中长期借款				⑵单位贷款	727 189	278 563	243 304
其中:境外借款				其中:经营贷款	492 892	170 266	136 104
五、应付及暂收款	81 905	26 674	16 628	固定资产贷款	234 298	108 298	107 200
其中:应付利息	14 281	4 565	2 143	(3)普通并购贷款			
六、卖出回购资产				(4)银团贷款			
七、向中央银行借款				(5)贸易融资			
八、同业往来(来源方)	147 271	-125 483	122 265	(6)境外投资转贷款	3 000	3 000	-813
1.同业存放	147 271	-125 483	122 265	3.融资租赁			
其中:境外同业存放				4.票据融资		-1 979	-1 181
2.同业拆借				其中:贴现		-1 979	-1 181
其中:境外同业拆借				5.各项垫款			
九、境外联行往来(来源方)				㈡境外贷款			
十、外汇买卖(来源方)	984 100	746 014	208 466	二、有价证券	8 982	-3 053	-2 372
其中:结售汇	984 066	746 016	208 466	三、股权及其他投资			
十一、委托存款及委托投资基金(净)				四、应收及预付款	68 755	19 984	12 782
1.委托存款及委托投资基金	82 730	14 990	38 200	其中:应收利息	28	-334	368
2.减:委托贷款及委托投资	82 730	14 990	38 200	五、买入返售资产			
十二、代理金融机构委托贷款基金				六、存放中央准备金存款	88 447	26 738	-4 642
其中:中央银行委托贷款基金				七、存放中央银行特种存款			
十三、各项准备	43 161	-11 991	5 979	八、缴存中央银行财政性存款			
其中:贷款损失准备	35 175	-11 321	4 886	九、同业往来	15 411	-6 283	14 331
十四、所有者权益	69 085	34 634	28 221	1.存放同业	15 411	-6 283	14 331
其中:实收资本				其中:存放境外同业			
十五、其他	-953 260	14 506	-593 052	2.拆放同业			
				其中:拆放境外同业			
				十、境外联行往来(运用方)			
				十一、代理金融机构贷款			
				其中:代理人行专项贷款			
				十二、库存现金	5 112	673	1 248
				十三、外汇买卖(运用方)	984 100	746 014	208 465
				其中:结售汇	984 066	746 185	208 297
				十四、投资性房地产			
资金来源总计	3 208 634	1 125 421	486 295	资金运用总计	3 208 634	1 125 421	486 295

华夏银行股份有限公司石家庄分行人民币信贷收支表

（2011 年 12 月 31 日） 单位:万元

栏目 来源项目名称	本月余额	比年初		栏目 运用项目名称	本月余额	比年初	
		今年	去年			今年	去年
一、各项存款	2 822 478	507 195	630 322	一、各项贷款	2 028 334	338 759	255 443
1.单位存款	2 263 529	389 711	553 603	㈠境内贷款	2 028 334	338 759	255 443
其中:活期存款	515 742	26 880		1.短期贷款	1 229 447	27 329	5 114
定期存款	406 137	98 409		(1)个人贷款及透支	11 767	−23 831	−31 452
通知存款	3 400	−18 027		其中:个人消费贷款	6 677	−2 859	−1 365
保证金存款	1 178 603	296 892	289 721	(2)单位贷款及透支	1 213 680	48 691	35 034
2.个人存款	545 933	123 926	75 456	其中:经营贷款	1 194 680	29 781	34 944
储蓄存款	545 933	124 023	75 670	固定资产贷款	19 000	19 000	
保证金存款				(3)普通并购贷款			
结构性存款		−97	−214	(4)银团贷款			
3.临时性存款	13 016	−6 442	1 263	(5)贸易融资	4 000	2 468	1 532
4.其他存款		0	0	(6)境外投资转贷款			
二、代理财政性存款	9	−39	−43	2.中长期贷款	798 887	313 410	251 511
三、金融债券				(1)个人贷款	68 698	31 847	8 207
其中:境外发行				其中:个人消费贷款	58 354	29 216	9 223
四、中长期借款				(2)单位贷款	727 189	278 563	243 304
其中:境外借款				其中:经营贷款	492 892	170 266	136 104
五、应付及暂收款	81 846	26 689	16 717	固定资产贷款	234 298	108 298	107 200
其中:应付利息	14 270	4 563	2 146	(3)普通并购贷款			
六、卖出回购资产				(4)银团贷款			
七、向中央银行借款				(5)贸易融资			
八、同业往来(来源方)	146 634	−125 451	122 285	(6)境外投资转贷款	3 000	3 000	
1.同业存放	146 634	−125 451	122 285	3.融资租赁			
其中:境外同业存放				4.票据融资		−1 979	−1 181
2.同业拆借				其中:贴现		−1 979	−1 181
其中:境外同业拆借				5.各项垫款			
九、境外联行往来(来源方)				㈡境外贷款			
十、外汇买卖(来源方)	718 008	483 110	205 314	二、有价证券	8 982	−3 053	−2 372
其中:结售汇	718 008	483 110	205 314	三、股权及其他投资			
十一、委托存款及委托投资基金(净)				四、应收及预付款	68 728	19 967	12 774
1.委托存款及委托投资基金	82 730	14 990	38 200	其中:应收利息	28	−334	359
2.减:委托贷款及委托投资	82 730	14 990	38 200	五、买入返售资产			
十二、代理金融机构委托贷款基金				六、存放中央准备金存款	88 447	26 738	−4 642
其中:中央银行委托贷款基金				七、存放中央银行特种存款			
十三、各项准备	43 064	−12 054	6 002	八、缴存中央银行财政性存款			
其中:贷款损失准备	35 077	−11 383	4 909	九、同业往来	15 250	−6 101	14 526
十四、所有者权益	68 611	34 635	27 801	1.存放同业	15 250	−6 101	14 526
其中:实收资本				其中:存放境外同业			
十五、其他	−947 824	−53 949	−526 098	2.拆放同业			
				其中:拆放境外同业			
				十、境外联行往来(运用方)			
				十一、代理金融机构贷款			
				其中:代理人行专项贷款			
				十二、库存现金	5 017	698	1 251
				十三、外汇买卖(运用方)	718 068	483 127	205 320
				其中:结售汇	718 034	483 129	205 321
				十四、投资性房地产			
资金来源总计	2 932 826	860 137	482 300	资金运用总计	2 932 826	860 137	482 300

华夏银行股份有限公司石家庄分行外汇信贷收支表

（2011 年 12 月 31 日） 单位:万美元

栏目 来源项目名称	本月余额	比年初		栏目 运用项目名称	本月余额	比年初	
		今年	去年			今年	去年
一、各项存款	2 203	-9 872	10 250	一、各项贷款	1 507	464	184
1.单位存款	1 616	-10 009	10 421	㈠境内贷款	1 507	464	184
其中:活期存款	835	-10 645		1.短期贷款	1 507	464	303
定期存款				(1)个人贷款及透支			
通知存款	453	453		其中:个人消费贷款			
保证金存款	328	182	-107	(2)单位贷款及透支	1 389	789	-140
2.个人存款	130	-24	-35	其中:经营贷款	1 389	789	
储蓄存款	130	-24	-34	固定资产贷款			
保证金存款				(3)普通并购贷款			
结构性存款			-1	(4)银团贷款			
3.临时性存款	457	161	-136	(5)贸易融资	118	-325	443
4.其他存款				(6)境外投资转贷款			
二、代理财政性存款	0	0	0	2.中长期贷款			-119
三、金融债券				(1)个人贷款			
其中:境外发行				其中:个人消费贷款			
四、中长期借款				(2)单位贷款			
其中:境外借款				其中:经营贷款			
五、应付及暂收款	9	-2	-13	固定资产贷款			
其中:应付利息	2	0	0	(3)普通并购贷款			
六、卖出回购资产				(4)银团贷款			
七、向中央银行借款				(5)贸易融资			
八、同业往来(来源方)	101	0	0	(6)境外投资转贷款			-119
1.同业存放	101	0	0	3.融资租赁			
其中:境外同业存放				4.票据融资			
2.同业拆借				其中:贴现			
其中:境外同业拆借				5.各项垫款			
九、境外联行往来(来源方)				㈡境外贷款			
十、外汇买卖(来源方)	42 231	41 749	476	二、有价证券			
其中:结售汇	42 225	41 749	476	三、股权及其他投资			
十一、委托存款及委托投资基金(净)				四、应收及预付款	4	3	1
1.委托存款及委托投资基金				其中:应收利息			1
2.减:委托贷款及委托投资				五、买入返售资产			
十二、代理金融机构委托贷款基金				六、存放中央准备金存款			
其中:中央银行委托贷款基金				七、存放中央银行特种存款			
十三、各项准备	16	10	-3	八、缴存中央银行财政性存款			
其中:贷款损失准备	16	10	-3	九、同业往来	26	-26	-27
十四、所有者权益	75	3	64	1.存放同业	26	-26	-27
其中:实收资本				其中:存放境外同业			
十五、其他	-863	10 294	-10 141	2.拆放同业			
				其中:拆放境外同业			
				十、境外联行往来(运用方)			
				十一、代理金融机构贷款			
				其中:代理人行专项贷款			
				十二、库存现金	15	-3	0
				十三、外汇买卖(运用方)	42 221	41 746	475
				其中:结售汇	42 221	41 772	449
				十四、投资性房地产			
资金来源总计	43 773	42 184	633	资金运用总计	43 773	42 184	633

华夏银行股份有限公司石家庄分行资产负债简表

（2011年12月31日）　　单位:元

资产	期末余额	期初余额	负债和所有者权益(或股东权益)	期末余额	期初余额
资产：	0.00	0.00	负债：	0.00	0.00
现金及存放中央银行款项	945 646 947.53	662 973 266.72	向中央银行借款	0.00	0.00
存放同业款项	156 316 158.66	216 924 324.25	同业及其他金融机构存放款项	1 473 813 179.79	2 727 581 016.29
贵金属	0.00	0.00	拆入资金	0.00	0.00
拆出资金	0.00	0.00	交易性金融负债	0.00	0.00
交易性金融资产	0.00	0.00	衍生金融负债	0.00	0.00
衍生金融资产	0.00	0.00	卖出回购金融资产	0	0
买入返售金融资产	0	0	吸收存款	28 363 579 358.02	23 949 216 333.15
应收利息	50 766 144.20	9 054 860.46	应付职工薪酬	80 709 479.85	36 428 703.34
发放贷款及垫款	20 026 424 502.30	16 499 503 056.84	应交税费	27 680 346.61	20 328 215.29
可供出售金融资产	0.00	0.00	应付利息	148 082 657.77	100 248 938.41
应收款项类投资	0.00	0.00	预计负债	0.00	0.00
持有至到期投资	89 823 684.09	120 351 031.34	应付债券	0.00	0.00
长期股权投资	0.00	0.00	递延所得税负债	0.00	0.00
投资性房地产	0.00	0.00	其他负债	345 975 221.32	357 410 812.41
固定资产	173 304 938.92	95 585 263.57	-	0.00	0.00
无形资产	0.00	0.00	负债合计	30 439 840 243.36	27 191 214 018.89
递延所得税资产	0.00	0.00	所有者权益：	0.00	0.00
其他资产	9 688 402 264.54	9 931 312 580.91	股本	0.00	0.00
-	0.00	0.00	资本公积	0.00	0.00
-	0.00	0.00	减:库存股	0.00	0.00
-	0.00	0.00	盈余公积	0.00	0.00
-	0.00	0.00	一般风险准备	0.00	0.00
-	0.00	0.00	未分配利润	690 844 396.88	344 490 365.20
-	0.00	0.00	所有者权益合计	690 844 396.88	344 490 365.20
资产合计	31 130 684 640.24	27 535 704 384.09	负债与所有者权益合计	31 130 684 640.24	27 535 704 384.09

华夏银行股份有限公司石家庄分行损益表

（2011年12月31日）

单位:万元

项目名称	本期数	本年累计数
一、营业收入	1 196 324 792.30	1 196 324 792.30
利息净收入	1 090 282 362.47	1 090 282 362.47
利息收入	1 766 981 055.24	1 766 981 055.24
利息支出	676 698 692.77	676 698 692.77
手续费及佣金净收入	87 337 252.84	87 337 252.84
手续费佣金收入	90 232 778.42	90 232 778.42
手续费佣金支出	2 895 525.58	2 895 525.58
投资收益	3 606 897.46	3 606 897.46
公允价值变动损益	0.00	0.00
汇兑损益	14 760 078.53	14 760 078.53
其他业务收入	338 201.00	338 201.00
二、营业支出	480 166 218.24	480 166 218.24
营业税金及附加	82 234 450.22	82 234 450.22
业务及管理费	423 699 438.22	423 699 438.22
资产减值损失	-26 088 074.61	-26 088 074.61
其他业务成本	320 404.41	320 404.41
三、营业利润	716 158 574.06	716 158 574.06
加:营业外收入	2 765 950.53	2 765 950.53
减:营业外支出	161 124.62	161 124.62
四、利润总额	718 763 399.97	718 763 399.97
减:所得税费用	27 919 003.09	27 919 003.09
五、净利润	690 844 396.88	690 844 396.88
六、每股收益	0.00	0.00

招商银行股份有限公司石家庄分行本外币信贷收支表

汇率:6.3009　　(2011 年 12 月 31 日)　　单位:万元

来源项目名称	本月余额	比年初 今年	比年初 去年	运用项目名称	本月余额	比年初 今年	比年初 去年
一、各项存款	387 162	266 023	121 139	一、各项贷款	481 340	264 310	217 030
1.单位存款	356 039	246 641	109 398	(一)境内贷款	481 340	264 310	217 030
其中:活期存款	143 555	53 557		1.短期贷款	227 500	145 300	82 200
定期存款	51 070	32 670		(1)个人贷款及透支			
通知存款	5 100	5 100		其中:个人消费贷款			
保证金存款	156 314	155 314	1 000	(2)单位贷款及透支	207 740	125 540	82 200
2.个人存款	30 862	19 121	11 741	其中:经营贷款	207 740	125 540	82 200
储蓄存款	30 862	19 121	11 741	固定资产贷款			
保证金存款				(3)普通并购贷款			
结构性存款				(4)银团贷款			
3.临时性存款	261	261		(5)贸易融资	19 760	19 760	
4.其他存款				(6)境外投资转贷款			
二、代理财政性存款				2.中长期贷款	199 677	74 677	125 000
三、金融债券				(1)个人贷款	22 927	22 927	
其中:境外发行				其中:个人消费贷款	20 433	20 433	
四、中长期借款				(2)单位贷款	156 750	31 750	125 000
其中:境外借款				其中:经营贷款	14 900	14 900	
五、应付及暂收款	6 583	4 668	1 915	固定资产贷款	141 850	16 850	125 000
其中:应付利息	2 383	2 373	10	(3)普通并购贷款			
六、卖出回购资产				(4)银团贷款	20 000	20 000	
七、向中央银行借款				(5)贸易融资			
八、同业往来(来源方)	68	68		(6)境外投资转贷款			
1.同业存放	68	68		3.融资租赁			
其中:境外同业存放				4.票据融资	54 163	44 333	9 830
2.同业拆借				其中:贴现	54 163	44 333	9 830
其中:境外同业拆借				5.各项垫款			
九、境外联行往来(来源方)				(二)境外贷款			
十、外汇买卖(来源方)				二、有价证券			
其中:结售汇				三、股权及其他投资			
十一、委托存款及委托投资基金(净)				四、应收及预付款	1 273	-59	1 332
1.委托存款及委托投资基金				其中:应收利息	998	708	290
2.减:委托贷款及委托投资				五、买入返售资产			
十二、代理金融机构委托贷款基金				六、存放中央准备金存款	22 279	21 518	761
其中:中央银行委托贷款基金				七、存放中央银行特种存款			
十三、各项准备	8 292	4 252	4 040	八、缴存中央银行财政性存款			
其中:贷款损失准备	8 292	4 252	4 040	九、同业往来	2 536	2 536	
十四、所有者权益	4 206	10 526	-6 320	1.存放同业	2 536	2 536	
其中:实收资本				其中:存放境外同业			
十五、其他	101 751	2 544	99 207	2.拆放同业			
				其中:拆放境外同业			
				十、境外联行往来(运用方)			
				十一、代理金融机构贷款			
				其中:代理人行专项贷款			
				十二、库存现金	634	-224	858
				十三、外汇买卖(运用方)			
				其中:结售汇			
				十四、投资性房地产			
资金来源总计	508 061	288 080	219 981	资金运用总计	508 061	288 080	219 981

招商银行股份有限公司石家庄分行人民币信贷收支表

(2011年12月31日)　　单位:万元

来源项目名称	本月余额	比年初 今年	比年初 去年
一、各项存款	386 790	265 651	121 139
1.单位存款	356 039	246 641	109 398
其中:活期存款	143 555	53 557	
定期存款	51 070	32 670	
通知存款	5 100	5 100	
保证金存款	156 314	155 314	1 000
2.个人存款	30 490	18 749	11 741
储蓄存款	30 490	18 749	11 741
保证金存款			
结构性存款			
3.临时性存款	261	261	
4.其他存款			
二、代理财政性存款			
三、金融债券			
其中:境外发行			
四、中长期借款			
其中:境外借款			
五、应付及暂收款	6 583	4 668	1 915
其中:应付利息	2 383	2 373	10
六、卖出回购资产			
七、向中央银行借款			
八、同业往来(来源方)	68	68	
1.同业存放	68	68	
其中:境外同业存放			
2.同业拆借			
其中:境外同业拆借			
九、境外联行往来(来源方)			
十、外汇买卖(来源方)			
其中:结售汇			
十一、委托存款及委托投资基金(净)			
1.委托存款及委托投资基金			
2.减:委托贷款及委托投资			
十二、代理金融机构委托贷款基金			
其中:中央银行委托贷款基金			
十三、各项准备	8 292	4 252	4 040
其中:贷款损失准备	8 292	4 252	4 040
十四、所有者权益	4 086	10 406	-6 320
其中:实收资本			
十五、其他	81 966	-17 241	99 207
资金来源总计	487 785	267 804	219 981

运用项目名称	本月余额	比年初 今年	比年初 去年
一、各项贷款	461 580	244 550	217 030
(一)境内贷款	461 580	244 550	217 030
1.短期贷款	207 740	125 540	82 200
(1)个人贷款及透支			
其中:个人消费贷款			
(2)单位贷款及透支	207 740	125 540	82 200
其中:经营贷款	207 740	125 540	82 200
固定资产贷款			
(3)普通并购贷款			
(4)银团贷款			
(5)贸易融资			
(6)境外投资转贷款			
2.中长期贷款	199 677	74 677	125 000
(1)个人贷款	22 927	22 927	
其中:个人消费贷款	20 433	20 433	
(2)单位贷款	156 750	31 750	125 000
其中:经营贷款	14 900	14 900	
固定资产贷款	141 850	16 850	125 000
(3)普通并购贷款			
(4)银团贷款	20 000	20 000	
(5)贸易融资			
(6)境外投资转贷款			
3.融资租赁			
4.票据融资	54 163	44 333	9 830
其中:贴现	54 163	44 333	9 830
5.各项垫款			
(二)境外贷款			
二、有价证券			
三、股权及其他投资			
四、应收及预付款	1 153	-179	1 332
其中:应收利息	878	588	290
五、买入返售资产			
六、存放中央准备金存款	22 279	21 518	761
七、存放中央银行特种存款			
八、缴存中央银行财政性存款			
九、同业往来	2 189	2 189	
1.存放同业	2 189	2 189	
其中:存放境外同业			
2.拆放同业			
其中:拆放境外同业			
十、境外联行往来(运用方)			
十一、代理金融机构贷款			
其中:代理人行专项贷款			
十二、库存现金	584	-274	858
十三、外汇买卖(运用方)			
其中:结售汇			
十四、投资性房地产			
资金运用总计	487 785	267 804	219 981

招商银行股份有限公司石家庄分行外汇信贷收支表

(2011年12月31日)　　　　单位:万美元

栏目 来源项目名称	本月余额	比年初 今年	比年初 去年	栏目 运用项目名称	本月余额	比年初 今年	比年初 去年
一、各项存款	59	59		一、各项贷款	3 136	3 136	
1.单位存款				㈠境内贷款	3 136	3 136	
其中:活期存款				1.短期贷款	3 136	3 136	
定期存款				(1)个人贷款及透支			
通知存款				其中:个人消费贷款			
保证金存款				(2)单位贷款及透支			
2.个人存款	59	59		其中:经营贷款			
储蓄存款	59	59		固定资产贷款			
保证金存款				(3)普通并购贷款			
结构性存款				(4)银团贷款			
3.临时性存款				(5)贸易融资	3 136	3 136	
4.其他存款				(6)境外投资转贷款			
二、代理财政性存款				2.中长期贷款			
三、金融债券				(1)个人贷款			
其中:境外发行				其中:个人消费贷款			
四、中长期借款				(2)单位贷款			
其中:境外借款				其中:经营贷款			
五、应付及暂收款				固定资产贷款			
其中:应付利息				(3)普通并购贷款			
六、卖出回购资产				(4)银团贷款			
七、向中央银行借款				(5)贸易融资			
八、同业往来(来源方)				(6)境外投资转贷款			
1.同业存放				3.融资租赁			
其中:境外同业存放				4.票据融资			
2.同业拆借				其中:贴现			
其中:境外同业拆借				5.各项垫款			
九、境外联行往来(来源方)				㈡境外贷款			
十、外汇买卖(来源方)				二、有价证券			
其中:结售汇				三、股权及其他投资			
十一委托存款及委托投资基金(净)				四、应收及预付款	19	19	
1委托存款及委托投资基金				其中:应收利息	19	19	
2减:委托贷款及委托投资				五、买入返售资产			
十二、代理金融机构委托贷款基金				六、存放中央准备金存款			
其中:中央银行委托贷款基金				七、存放中央银行特种存款			
十三、各项准备				八、缴存中央银行财政性存款			
其中:贷款损失准备				九、同业往来	55	55	
十四、所有者权益	19	19		1.存放同业	55	55	
其中:实收资本				其中:存放境外同业			
十五、其他	3 140	3 140		2.拆放同业			
				其中:拆放境外同业			
				十、境外联行往来(运用方)			
				十一、代理金融机构贷款			
				其中:代理人行专项贷款			
				十二、库存现金	8	8	
				十三、外汇买卖(运用方)			
				其中:结售汇			
				十四、投资性房地产			
资金来源总计	3 218	3 218		资金运用总计	3 218	3 218	

招商银行股份有限公司石家庄分行资产负债表

(2011年12月31日)

单位:元

项目名称	年初余额	期末余额
长期负债合计	133 255.00	280 047 177.64
其他负债:	0.00	0.00
其他负债	2 353 481.66	17 530 189.39
其他负债合计	2 353 481.66	17 530 189.39
负债合计	2 238 525 598.32	4 983 178 869.25
本年利润	-63 204 389.43	42 072 008.63
所有者权益合计:	-63 204 389.43	42 072 008.63
负债及所有者权益合计	2 175 321 208.89	5 025 250 877.88
现金及银行存款	-8 584 659.11	-6 375 294.95
贵金属	0.00	0.00
存放中央银行款项	-7 608 975.99	-222 787 123.46
存放同业款项	0.00	-25 353 254.84
短期贷款	-822 000 000.00	-2 077 400 000.00
应收进出口押汇	0.00	-197 358 962.68
应收账款	-2 897 260.46	-9 951 044.76
其他应收款	-10 415 186.63	-2 753 777.56
贴现	-98 300 000.00	-541 627 932.57
待摊费用	-137 500.00	-2 617 494.00
流动资产合计	-949 943 582.19	-3 086 224 884.82
中期贷款	-1 050 000 000.00	-1 367 498 400.00
长期贷款	-200 000 000.00	-629 266 466.96
呆账准备	40 404 000.00	82 917 200.00
固定资产原值	-15 802 032.50	-21 827 239.59
累计折旧	20 405.80	5 222 452.60
固定资产净值	-15 781 626.70	-16 604 786.99
固定资产净额	-15 781 626.70	-16 604 786.99
长期资产合计	-1 225 377 626.70	-1 930 452 453.95
长期待摊费用	0.00	-8 573 539.12
无形、递延及其他资产合计	0.00	-8 573 539.12
资产总计	-2 175 321 208.89	-5 025 250 877.89
短期存款	1 083 974 204.05	1 814 412 457.15
短期储蓄存款	117 300 449.43	211 417 474.27
同业存放款项	0.00	682 400.00
联行存放款项	1 007 972 996.41	1 045 042 240.40
应解汇款	0.00	2 600 000.00
汇出汇款	0.00	5 000.00
应付账款	96 010.90	23 837 269.90
存入短期保证金	10 000 000.00	1 563 136 271.66
其他应付款	7 227 566.73	3 087 993.33
应付工资	8 746 464.00	9 123 138.54
应付税金	721 170.14	12 257 256.97
流动负债合计	2 236 038 861.66	4 685 601 502.22
长期存款	0.00	182 837 462.58
长期储蓄存款	133 255.00	97 209 715.06

招商银行股份有限公司石家庄分行损益表

(2011 年 12 月 31 日)

单位:元

科目名称	金额	科目名称	金额	科目名称	金额
利息收入	231 009 731.30	网上同城转账	12 446.56	劳动保护费	-296 020.62
短贷利息收入	94 555 325.26	网上异地转账	21 177.36	劳动保险费	-1 850 204.00
中长贷利收入	24 932 676.22	网上其他收入	570.00	业务服务费	-205 621.32
抵贷利息收入	72 494 683.31	代理银联 POS	3 823.64	财产保险费	-11 316.26
押汇利息收入	5 616 450.84	代理外卡收入	214.00	车辆使用费	-771 091.85
房贷利息收入	15 022 799.39	代理保险收入	33.00	办公费	-342 748.39
个人抵贷息(房贷)	4 925 811.54	代理兑付国债	40.00	低值易耗支出	481 839.00
个人逾贷利息	120.51	代理银联 ATM	17 691.00	水电费	-1 093 633.10
个人抵贷息(质押)	27 997.20	见证业务收入	360.00	会议费	-27 360.00
个人抵贷利息(其他)	28 044.32	金银买卖收入	6 256.91	差旅费	-1 311 376.11
买断式直贴银票收入	13 405 822.71	国际汇兑收入	3 804.08	IT 技术支持费	-371 838.08
金企往来收入	126 736 562.95	钞汇互转收入	303.20	钞币运送费	-104 320.00
存放央行利息	768 157.21	结售汇收益	59 451.57	安全防卫费	-665 002.00
存放商行利息	125 643.69	外汇买卖收益	90.38	邮电费	-164 547.24
买断式转贴银票收入	12 105 598.51	代客期权交易收入	318.35	印刷费	-188 240.33
行内转贴现利息收入	4 213 753.31	其他中间收入	880.00	物业管理费	-602 327.30
FTP 利息收入	109 523 410.23	工本邮电收入	17 243.98	租赁费	-3 199 450.00
内部计价收入	36 766.40	工本费收入	1 886.78	修理费	-43 416.50
代理行内信用卡手续费	36 766.40	邮电费收入	15 357.20	咨询费	-25 917.03
对公中间收入	3 584 370.38	其他业务收入	1 241 831.81	营业设备运转费	-34 066.00
支票结算收入	2 632.00	卖断直贴银票价差收入	934 932.81	外事费	-3 178.00
汇兑结算收入	39 740.70	卖断转贴银票价差收入	306 899.00	环卫费	-114 702.60
承兑汇票收入	1 638 116.85	营业外收入	6 100 000.00	税金	-260 398.80
结算账户管理费	60 255.76	政府非专项用途奖励	6 100 000.00	固定资产折旧	-5 202 046.80
承兑查询收入	570.00	利息支出	-47 001 956.69	业务宣传费	-1 931 135.10
网上电子汇划收入	63 252.02	活期存款利息支出	-6 956 223.60	业务招待费	-4 626 472.45
流动性现金管理收入	22 630.07	定期存款利息支出	-35 545 874.73	广告费	-1 631 599.00
网上其他收入	43 870.00	活储利息支出	-613 319.29	监管费	-132 855.34
担保收入	8 212.76	定储利息支出	-3 886 539.08	长期待摊费用	-4 286 769.56
财务顾问收入	1 184 433.17	金企往来支出	-164 128 976.37	其他	-700 199.25
见证业务收入	11 800.00	商行存入利息支出	-12.26	流转税金及附加	-13 233 987.89
公司卡其他服务收入	7 260.00	其他金融机构利息支	-3 302 638.89	营业税	-11 816 060.59
国际汇兑收入	7 550.00	行内转贴现利息支出	-838 590.92	城建费	-827 124.26
国际托收收入	3 632.39	FTP 利息支出	-159 987 734.30	教育费附加	-354 481.83
进口开证收入	213 711.24	资产准备支出	-41 477 200.00	其他	-236 321.21
出口来证收入	16 685.51	呆账准备金	-39 405 100.00	其他营业支出	-6.94
结售汇收益	245 333.71	个人呆账准备	-2 072 100.00	卖断转贴银票价差损失	-6.94
代客外汇买卖	14 324.20	手续费支出	-33 458.73	汇兑损失	-3.41
其他中间收入	360.00	其他手续费	-33 458.73	结售汇损失	-3.41
对私中间收入	401 152.71	营业费用	-47 156 347.89	所得税	-14 023 930.40
个人同城转账	256.00	工资	-13 880 000.00	所得税	-14 023 930.40
个人异地汇款	105 785.90	住房基金	-34 248.60	收入合计	369 127 659.53
通存通兑收入	164 267.55	职工福利费	-1 937 807.26	支出合计	-327 055 868.32
挂失销户手续费	3 373.21	工会经费	-277 600.00	纯损	0
个人账户管理费收入	10.00	职工教育经费	-347 000.00	纯益	42 071 791.21

招商银行股份有限公司石家庄分行中间业务收入情况表

（2011 年 12 月 31 日）

单位:万元

项目	合计	1. 投行业务收入	2. 国内担保承诺业务收入	3. 结售汇业务收入	4. 人民币对公结算与现金管理业务收入	5. 代收代付业务收入	6. 对公国际结算业务收入	7. 个人国际结算业务收入	8. 信用卡业务收入（不含商户收单）	9. 银行卡商户收单业务收入	10. 电子银行业务收入（不含自助银行）	11. 自助银行业务收入	12. 个人人民币结算业务收入	13. 代理销售基金等投资类产品业务收入	14. 个人理财业务收入	15. 代理保险业务收入	16. 托管业务收入	17. 其他业务收入
石家庄	397	120	165	6	24	0	23	0	0	0	14	2	32	1	0	0	0	10
合计	397	120	165	6	24	0	23	0	0	0	14	2	32	1	0	0	0	10

招商银行股份有限公司石家庄分行网上银行业务发展情况表

（2011 年 12 月 31 日）

单位:户、笔、万元

单位	客户数				交易笔数（双向）				交易金额（双向）			
	个人		企业		个人		企业		个人		企业	
	年末余额	当年新增	年末余额	当年新增	年末余额	当年新增	年末余额	当年新增	年末余额	当年新增	年末余额	当年新增
石家庄	3 380	3 050	111	101	54 759	54 315	7 894	7 484	353 333	333 010	508 882	4 981 732
总计	3 380	3 050	111	101	54 759	54 315	7 894	7 484	353 333	333 010	508 882	4 981 732

招商银行股份有限公司石家庄分行银行卡业务统计表

（2011 年 12 月 31 日）

单位：张、笔、台、万元

项目	银行卡数量								资金交易情况	
	当期发卡数量				期末卡数量				存现	
	贷记卡	准贷记卡	借记卡	小计	贷记卡	准贷记卡	借记卡	小计	笔数	金额
石家庄	2 839		12 132	14 971	2 839		13 287	16 126	19 398	46 563.13
总计	2 839		12 132	14 971	2 839		13 287	16 126	19 398	46 563.13

续表

项目	资金交易情况								ATM 数量
	取现		消费		转账		小计		
	笔数	金额	笔数	金额	笔数	金额	笔数	金额	
石家庄	51 177	36 363.75	44 236	12 081.73	7 561	95 565.88			8
总计	51 177	36 363.75	44 236	12 081.73	7 561	95 565.88			8

招商银行股份有限公司石家庄分行机构、人员情况一览表

（2011 年 12 月 31 日）

单位：个、人

单位名称	从业人员	在岗职工	派遣制人员	代理用工	离退休	一级分行(局)	省行营业部二级分行(局)	县支行(局)	城区支行(局)	二级支行(局)	分理处	集镇办	储蓄所	各类机构总数
石家庄	139	116	23			1			1					2
总计	139	116	23			1			1					2

招商银行股份有限公司石家庄分行职工性别、年龄、学历、职称结构统计表

（2011 年 12 月 31 日）

单位：人

机构名称	性别结构			年龄结构					学历结构						职称结构			
	男	女	合计	30 岁以下	31 ~ 40 岁	41 ~ 50 岁	51 ~ 60 岁	合计	博士研究生	硕士研究生	大学本科	大学专科	中专及以下	合计	高级职称	中级职称	初级职称	合计
石家庄	46	70	116	58	40	16	2	116		12	76	104		116	7	24	5	36
合计	46	70	116	58	40	16	2	116		12	76	104		116	7	24	5	36

上海浦东发展银行股份有限公司石家庄分行本外币信贷收支表

汇率:6.3009　　　　(2011年12月31日)　　　　单位:万元

栏目 来源项目名称	本月	比年初		栏目 运用项目名称	本月	比年初	
		今年	去年			今年	去年
一、各项存款	1 711 426	663 829	282 999	一、各项贷款	1 559 543	287 541	187 126
1.单位存款	1 361 713	515 987	140 893	(一)境内贷款	1 559 518	287 516	187 126
其中:活期存款	353 669	36 457		1.短期贷款	602 464	307 354	134 329
定期存款	330 832	211 041		(1)个人贷款及透支	22 188	13 093	8 045
通知存款	42 536	-27 518		其中:个人消费贷款	9 680	5 886	2 959
保证金存款	572 149	258 283	244 788	(2)单位贷款及透支	489 903	232 078	98 094
2.个人存款	341 603	141 162	95 943	其中:经营贷款	489 903	232 078	116 025
储蓄存款	251 484	91 143	68 414	固定资产贷款			
保证金存款	77	-206	283	(3)普通并购贷款			
结构性存款	90 043	50 225	27 246	(4)银团贷款			
3.临时性存款	8 101	6 696	930	(5)贸易融资	90 373	62 183	28 190
4.其他存款	9	-16	45 234	(6)境外投资转贷款			
二、代理财政性存款	3 304	3 300	-4 999	2.中长期贷款	954 604	8 226	183 570
三、金融债券				(1)个人贷款	178 350	65 766	91 376
其中:境外发行				其中:个人消费贷款	148 748	50 116	79 448
四、中长期借款				(2)单位贷款	719 004	-60 396	84 900
其中:境外借款				其中:经营贷款	150 404	-30 296	-27 800
五、应付及暂收款	40 426	29 725	4 816	固定资产贷款	568 600	-30 100	112 700
其中:应付利息	21 292	17 579	810	(3)普通并购贷款			
六、卖出回购资产				(4)银团贷款	57 250	2 856	7 294
七、向中央银行借款				(5)贸易融资			
八、同业往来(来源方)	2 846 777	2 054 680	792 075	(6)境外投资转贷款			
1.同业存放	2 846 777	2 054 680	792 075	3.融资租赁			
其中:境外同业存放				4.票据融资	2 450	-28 064	-130 773
2.同业拆借				其中:贴现	2 450	-28 064	-130 773
其中:境外同业拆借				5.各项垫款			
九、境外联行往来(来源方)				(二)境外贷款	25	25	
十、外汇买卖(来源方)	19	-34	53	二、有价证券	303	-6	100
其中:结售汇		-40	40	三、股权及其他投资			
十一、委托存款及委托投资基金(净)	490	-2 211	-87 113	四、应收及预付款	16 917	16 453	268
1.委托存款及委托投资基金	7 000	1 099	-84 259	其中:应收利息	676	221	422
2.减:委托贷款及委托投资	6 510	3 310	2 854	五、买入返售资产	22 675	-418 877	441 552
十二、代理金融机构委托贷款基金				六、存放中央准备金存款	55 021	22 600	14 204
其中:中央银行委托贷款基金				七、存放中央银行特种存款			
十三、各项准备	19 687	4 633	3 735	八、缴存中央银行财政性存款		-4	4
其中:贷款损失准备	19 687	4 633	3 735	九、同业往来	930 310	919 893	-38 759
十四、所有者权益	47 035	20 515	23 944	1.存放同业	904 204	893 787	-38 759
其中:实收资本				其中:存放境外同业			
十五、其他	-2 081 912	-1 946 026	-409 709	2.拆放同业	26 106	26 106	
				其中:拆放境外同业			
				十、境外联行往来(运用方)			
				十一、代理金融机构贷款			
				其中:代理人行专项贷款			
				十二、库存现金	2 465	840	1 258
				十三、外汇买卖(运用方)	19	-30	49
				其中:结售汇		-36	36
				十四、投资性房地产			
资金来源总计	2 587 253	828 410	605 802	资金运用总计	2 587 253	828 410	605 802

上海浦东发展银行股份有限公司石家庄分行人民币信贷收支表

（2011年12月31日）

单位:万元

栏目 来源项目名称	本月	比年初		栏目 运用项目名称	本月	比年初	
		今年	去年			今年	去年
一、各项存款	1 710 475	663 407	283 125	一、各项贷款	1 536 230	264 228	205 057
1.单位存款	1 361 669	515 969	140 873	㈠境内贷款	1 536 205	264 203	205 057
其中:活期存款	353 625	36 439		1.短期贷款	579 151	284 041	152 260
定期存款	330 832	211 041		(1)个人贷款及透支	22 188	13 093	8 045
通知存款	42 536	-27 518		其中:个人消费贷款	9 680	5 886	2 959
保证金存款	572 149	258 283	244 788	(2)单位贷款及透支	466 590	208 765	116 025
2.个人存款	340 696	140 758	96 088	其中:经营贷款	466 590	208 765	116 025
储蓄存款	250 614	90 684	68 556	固定资产贷款			
保证金存款	77	-206	283	(3)普通并购贷款			
结构性存款	90 005	50 280	27 249	(4)银团贷款			
3.临时性存款	8 101	6 696	930	(5)贸易融资	90 373	62 183	28 190
4.其他存款	9	-16	45 234	(6)境外投资转贷款			
二、代理财政性存款	3 304	3 300	-4 999	2.中长期贷款	954 604	8 226	183 570
三、金融债券				(1)个人贷款	178 350	65 766	91 376
其中:境外发行				其中:个人消费贷款	148 748	50 116	79 448
四、中长期借款				(2)单位贷款	719 004	-60 396	84 900
其中:境外借款				其中:经营贷款	150 404	-30 296	-27 800
五、应付及暂收款	40 426	29 725	4 816	固定资产贷款	568 600	-30 100	112 700
其中:应付利息	21 292	17 579	810	(3)普通并购贷款			
六、卖出回购资产				(4)银团贷款	57 250	2 856	7 294
七、向中央银行借款				(5)贸易融资			
八、同业往来(来源方)	2 823 464	2 031 367	792 075	(6)境外投资转贷款			
1.同业存放	2 823 464	2 031 367	792 075	3.融资租赁			
其中:境外同业存放				4.票据融资	2 450	-28 064	-130 773
2.同业拆借				其中:贴现	2 450	-28 064	-130 773
其中:境外同业拆借				5.各项垫款			
九、境外联行往来(来源方)				㈡境外贷款	25	25	
十、外汇买卖(来源方)				二、有价证券	303	-6	100
其中:结售汇				三、股权及其他投资			
十一、委托存款及委托投资基金(净)	490	-2 211	-87 113	四、应收及预付款	16 917	16 453	268
1.委托存款及委托投资基金	7 000	1 099	-84 259	其中:应收利息	676	221	422
2.减:委托贷款及委托投资	6 510	3 310	2 854	五、买入返售资产	22 675	-418 877	441 552
十二、代理金融机构委托贷款基金				六、存放中央准备金存款	55 021	22 600	14 204
其中:中央银行委托贷款基金				七、存放中央银行特种存款			
十三、各项准备	19 687	4 633	3 735	八、缴存中央银行财政性存款		-4	4
其中:贷款损失准备	19 687	4 633	3 735	九、同业往来	930 184	919 966	-38 562
十四、所有者权益	47 010	20 463	24 046	1.存放同业	904 078	893 860	-38 562
其中:实收资本				其中:存放境外同业			
十五、其他	-2 081 156	-1 945 568	-391 787	2.拆放同业	26 106	26 106	
				其中:拆放境外同业			
				十、境外联行往来(运用方)			
				十一、代理金融机构贷款			
				其中:代理人行专项贷款			
				十二、库存现金	2 370	792	1239
				十三、外汇买卖(运用方)		-36	36
				其中:结售汇		-36	36
				十四、投资性房地产			
资金来源总计	2 563 700	805 116	623 898	资金运用总计	2 563 700	805 116	623 898

上海浦东发展银行股份有限公司石家庄分行外汇信贷收支表

（2011年12月31日） 单位:万美元

栏目 来源项目名称	本月余额	比年初		栏目 运用项目名称	本月余额	比年初	
		今年	去年			今年	去年
一、各项存款	151	71	-16	一、各项贷款	3 700	3 700	-2 626
1.单位存款	7	3	3	㈠境内贷款	3 700	3 700	-2 626
其中:活期存款	7	3		1.短期贷款	3 700	3 700	-2 626
定期存款				(1)个人贷款及透支			
通知存款				其中:个人消费贷款			
保证金存款				(2)单位贷款及透支	3 700	3 700	-2 626
2.个人存款	144	68	-19	其中:经营贷款	3 700	3 700	
储蓄存款	138	76	-19	固定资产贷款			
保证金存款				⑶普通并购贷款			
结构性存款	6	-8		⑷银团贷款			
3.临时性存款				⑸贸易融资			
4.其他存款				⑹境外投资转贷款			
二、代理财政性存款				2.中长期贷款			
三、金融债券				(1)个人贷款			
其中:境外发行				其中:个人消费贷款			
四、中长期借款				(2)单位贷款			
其中:境外借款				其中:经营贷款			
五、应付及暂收款				固定资产贷款			
其中:应付利息				⑶普通并购贷款			
六、卖出回购资产				⑷银团贷款			
七、向中央银行借款				⑸贸易融资			
八、同业往来(来源方)	3 700	3 700		⑹境外投资转贷款			
1.同业存放	3 700	3 700		3.融资租赁			
其中:境外同业存放				4.票据融资			
2.同业拆借				其中:贴现			
其中:境外同业拆借				5.各项垫款			
九、境外联行往来(来源方)				㈡境外贷款			
十、外汇买卖(来源方)	3	-5	8	二、有价证券			
其中:结售汇		-6	6	三、股权及其他投资			
十一、委托存款及委托投资基金(净)				四、应收及预付款			
1.委托存款及委托投资基金				其中:应收利息			
2.减:委托贷款及委托投资				五、买入返售资产			
十二、代理金融机构委托贷款基金				六、存放中央准备金存款			
其中:中央银行委托贷款基金				七、存放中央银行特种存款			
十三、各项准备				八、缴存中央银行财政性存款			
其中:贷款损失准备				九、同业往来	20	-10	-28
十四、所有者权益	4	8	-15	1.存放同业	20	-10	-28
其中:实收资本				其中:存放境外同业			
十五、其他	-120	-75	-2 626	2.拆放同业			
				其中:拆放境外同业			
				十、境外联行往来(运用方)			
				十一、代理金融机构贷款			
				其中:代理人行专项贷款			
				十二、库存现金	15	8	3
				十三、外汇买卖(运用方)	3	1	2
				其中:结售汇			
				十四、投资性房地产			
资金来源总计	3 738	3 699	-2 649	资金运用总计	3 738	3 699	-2 649

上海浦东发展银行股份有限公司石家庄分行资产负债表（全币汇总折人民币）

（2011 年 12 月 31 日）

单位：元

资　产	年初数	年末数	项目	年初数	年末数
现金	16 256 032.84	24 631 894.17	向中央银行借款	0.00	0.00
存放中央银行款项	324 249 286.20	550 208 218.50	同业存放款项	7 920 971 690.07	28 467 452 648.18
存放同业	104 162 117.01	9 042 042 544.97	拆入资金	0	0
贵金属	0	0	衍生金融负债	0	0
拆出资金	0	261 057 520.00	卖出回购金融资产款	0	0
交易性金融资产	0	0	短期存款	5 318 849 253.78	7 928 792 379.11
加或减：交易性金融资产公允价值调整	0	0	短期储蓄存款	1 944 109 127.96	3 319 647 536.11
衍生金融资产	0	0	存入短期保证金	1 141 228 920.20	3 868 903 983.79
买入返售金融资产	4 415 519 476.96	226 750 000.00	长期存款	0	0
应收利息	4 550 344.15	6 754 389.59	长期储蓄存款	57 460 990.85	95 587 629.65
短期贷款	2 904 664 735.60	5 571 462 873.11	存入长期保证金	2 000 256 055.06	1 853 358 900.21
贴现	345 136 098.34	452 500 000.00	应解汇款及临时存款	13 407 896.05	81 006 000.00
进出口押汇	0	0	汇出汇款	639 672.07	0.00
中期贷款	2 704 080 477.79	1 305 417 897.65	资产托管存款	0.00	5 760.47
长期贷款	6 766 136 074.54	8 253 339 274.10	应付工资	0	0
逾期贷款	1 779.87	12 306 473.40	应付福利费	0	0
减：贷款呆帐准备	150 536 518.34	196 870 006.80	应交税费	12 666 561.07	17 362 074.61
可供出售金融资产	0	0	应付利息	37 148 787.01	212 924 342.41
减：持有至到期投资减值准备	0	0	财政性存款	37 168.00	0.00
分为贷款和应收款的金融资产	3 086 298.72	3 026 952.73	其他应付款	5 840 074.74	10 299 563.17
固定资产	22 943 492.44	35 443 132.79	其他流动负债	51 388 642.48	1 429 118.63
减：累计折旧	7 367 863.26	12 941 872.82	其他长期负债	0	0
减：固定资产减值准备	0	0			
固定资产清理	23 314.16	23 314.16			
在建工程	0	0	负债合计	18 504 004 839.34	45 856 769 936.34
减：在建工程减值准备	0	0			
无形资产	620 813.76	637 313.76			
减：无形资产累计摊销	245 655.28	404 741.35	实收资本	0	0
减：无形资产减值准备	0	0	资本公积	0	0
递延所得税资产	0	0	盈余公积	0	0
其他应收款	92 272.79	155 282.00	一般风险准备	0	0
减：坏账准备	0	0	未分配利润	265 235 091.66	470 350 014.55
其他流动资产	905 327 415.98	19 874 266 450.40			
长期待摊费用	12 365 654.73	16 882 640.53	所有者权益合计	265 235 091.66	470 350 014.55
其他长期资产	398 174 282.00	900 430 400.00			
减：其他非贷款资产减值准备	0	0			
资产合计	18 769 239 931.00	46 327 119 950.89	负债和所有者权益合计	18 769 239 931.00	46 327 119 950.89

上海浦东发展银行股份有限公司
石家庄分行利润表(全币汇总折人民币)

(2011 年 12 月 31 日) 单位:元

名称	本期数	本年累计数
一、营业收入	736 148 116.43	736 148 116.43
利息收入	982 146 350.80	982 146 350.80
金融机构往来利息收入	689 931 095.61	689 931 095.61
系统内往来利息收入	1 755 190 765.05	1 755 190 765.05
利息支出	185 228 813.74	185 228 813.74
金融机构往来利息支出	1 199 670 362.05	1 199 670 362.05
系统内往来利息支出	1 393 723 137.20	1 393 723 137.20
手续费收入	88 206 591.36	88 206 591.36
手续费支出	1 148 635.05	1 148 635.05
汇兑收益	369 279.08	369 279.08
其他营业收入	74 982.57	74 982.57
二、营业支出	266 881 986.96	266 881 986.96
营业税金及附加	59 958 676.19	59 958 676.19
营业费用	160 589 822.31	160 589 822.31
资产减值损失	46 333 488.46	46 333 488.46
三、营业利润(亏损以“-”号填列)	469 266 129.47	469 266 129.47
加:营业外收入	1 773 885.05	1 773 885.05
营业外收入	1 773 885.05	1 773 885.05
减:营业外支出	690 000.00	690 000.00
营业外支出	690 000.00	690 000.00
四、利润总额(亏损总额以“-”号填列)	470 350 014.52	470 350 014.52

上海浦东发展银行股份有限公司石家庄分行银行卡业务统计表

（2011 年 12 月 31 日）

单位:张、笔、台、万元

项目	银行卡数量								资金交易情况										ATM 数量
	当期发卡量				期末卡数量				存现		取现		消费		转账		小计		
	贷记卡	准贷记卡	借记卡	小计	贷记卡	准贷记卡	借记卡	小记	笔数	金额	笔数	金额	笔数	金额	笔数	金额	笔数	金额	
石家庄	2 825		8 869	11 694	6 163		30 583	36 746	97 557	177 631	324 505	287 874	98 783	78 327	78 365	2 181 361	599 210	2 725 193	8
唐山	810		4 268	5 078	1 205		5 616	6 821	13 975	35 633	34 203	39 959	9 302	6 022	8 777	328 633	66 257	410 247	2
保定	504		1 298	1 802	454		1 298	1 752	1 568	6 317	5 168	8 355	1 566	1 938	980	41 718	9 282	58 328	2
邯郸	957		3 058	4 015	1 968		8 160	10 128	28 560	36 445	38 640	52 034	8 112	26 871	17 160	1 402 003	92 472	1 517 353	2
总计	5 096		17 493	22 589	9 790		45 657	55 447	141 660	256 026	402 516	388 222	117 763	113 158	105 282	3 953 715	767 221	4 711 121	14

上海浦东发展银行股份有限公司石家庄分行网上银行业务发展情况表

（2011 年 12 月 31 日）

单位:户、笔、万元

单 位	客户数				交易笔数(双向)				交易金额(双向)			
	个人		企业		个人		企业		个人		企业	
	年末余额	当年新增	年末余额	当年新增	交易笔数	当年新增	交易笔数	当年新增	交易金额	当年新增	交易金额	当年新增
石家庄	15 051	7 012	988	578	378 174	246 630	24 370	24 370	1 483 817	1 145 839	2 494 098	2 494 098
唐山	2 347	1 873	184	172	22 217	20 508	3 175	3 175	460 111	424 718	142 853	142 853
保定	1 035	1 035	74	74	5 310	5 310	1 157	1 157	48 286	48 286	36 695	36 695
邯郸	3 613	2 077	298	213	45 104	33 828	6 914	6 914	1 080 654	926 275	575 341	575 341
总计	22 046	11 997	1 544	1 037	450 805	306 276	35 616	35 616	3 072 868	2 545 118	3 248 987	3 248 987

上海浦东发展银行股份有限公司石家庄分行机构、人员情况一览表

（2011 年 12 月 31 日）

单位:个、人

单位名称	从业人员	在岗职工	柜员合同工	代理用工	离退休	一级分行(局)	省行营业部二级分行(局)	县支行(局)	城区支行(局)	二级支行(局)	分理处	集镇办	储蓄所	各类机构总数
石家庄		182		34		1			3					4
唐山		50		13			1							1
保定		43		9			1							1
邯郸		77		25			1	1						2
总计		352		81		1	3	1	3					8

上海浦东发展银行股份有限公司石家庄分行职工性别、年龄、学历、职称结构统计表

（2011 年 12 月 31 日）

单位:人

机构名称	性别结构			年龄结构					学历结构						职称结构			
	男	女	合计	30 岁以下	31 ~40 岁	41 ~50 岁	51 ~60 岁	合计	博士研究生	硕士研究生	大学本科	大学专科	中专及以下	合计	高级职称	中级职称	初级职称	合计
石家庄	99	83	182	93	59	29	1	182		19	134	24	5	182	7	49	20	76
唐山	24	26	50	23	22	5		50		1	15	32	2	50	2	7	1	10
保定	28	15	43	15	17	11		43		4	13	25	1	43		16	3	19
邯郸	45	32	77	44	25	8		77		2	42	31	2	77		19	9	28
总计	196	156	352	175	123	53	1	352		26	204	112	10	352	9	91	33	133

兴业银行股份有限公司石家庄分行本外币信贷收支表

汇率:6.3009 (2011 年 12 月 31 日) 单位:万元

栏目 来源项目名称	本月	比年初		栏目 运用项目名称	本月	比年初	
		今年	去年			今年	去年
一、各项存款	2 875 003	1 652 653	708 917	一、各项贷款	1 609 291	476 697	432 176
1.单位存款	2 073 798	1 329 124	293 304	㈠境内贷款	1 609 291	476 697	432 176
其中:活期存款	605 301	276 068		1.短期贷款	873 240	195 623	275 567
定期存款	414 340	315 891		(1)个人贷款及透支	99 478	93 598	5 430
通知存款	234 804	137 536		其中:个人消费贷款	11 493	11 065	-22
保证金存款	570 678	446 051	103 210	(2)单位贷款及透支	773 762	102 026	270 136
2.个人存款	471 449	307 230	102 346	其中:经营贷款	766 762	95 026	254 575
储蓄存款	471 449	307 230	102 346	固定资产贷款	7 000	7 000	
保证金存款				⑶普通并购贷款			
结构性存款				⑷银团贷款			
3.临时性存款	16 142	15 685	267	⑸贸易融资			
4.其他存款	313 614	614	313 000	⑹境外投资转贷款			
二、代理财政性存款				2.中长期贷款	635 352	251 669	118 700
三、金融债券				(1)个人贷款	155 034	93 532	61 434
其中:境外发行				其中:个人消费贷款	76 847	34 815	41 964
四、中长期借款				(2)单位贷款	427 318	171 637	70 766
其中:境外借款				其中:经营贷款	54 639	51 639	3 000
五、应付及暂收款	32 657	16 871	14 445	固定资产贷款	372 679	119 998	67 766
其中:应付利息	24 187	10 860	12 973	⑶普通并购贷款			
六、卖出回购资产	157 934	46 296	111 638	⑷银团贷款	53 000	-13 500	-13 500
七、向中央银行借款				⑸贸易融资			
八、同业往来(来源方)	1 332 670	111 926	1 220 734	⑹境外投资转贷款			
1.同业存放	1 332 670	111 926	1 220 734	3.融资租赁			
其中:境外同业存放				4.票据融资	100 700	29 405	37 909
2.同业拆借				其中:贴现	100 700	29 405	37 909
其中:境外同业拆借				5.各项垫款			
九、境外联行往来(来源方)				㈡境外贷款			
十、外汇买卖(来源方)				二、有价证券	169	86	83
其中:结售汇				三、股权及其他投资			
十一、委托存款及委托投资基金(净)				四、应收及预付款	13 062	7 093	4 150
1.委托存款及委托投资基金	235 447	212 857	16 240	其中:应收利息	9 264	6 560	965
2.减:委托贷款及委托投资	235 447	212 857	16 240	五、买入返售资产	642 548	531 230	-381 532
十二、代理金融机构委托贷款基金				六、存放中央准备金存款	18 272	9 893	653
其中:中央银行委托贷款基金				七、存放中央银行特种存款			
十三、各项准备	21 198	8 289	4 510	八、缴存中央银行财政性存款			
其中:贷款损失准备	21 198	8 289	4 510	九、同业往来	546 475	502 264	30 320
十四、所有者权益	34 224	19 030	19 123	1.存放同业	32 258	8 047	10 320
其中:实收资本				其中:存放境外同业			
十五、其他	-1 618 420	-324 659	-1 991 985	2.拆放同业	514 217	494 217	20 000
				其中:拆放境外同业			
				十、境外联行往来(运用方)			
				十一、代理金融机构贷款			
				其中:代理人行专项贷款			
				十二、库存现金	5 450	3 142	1 533
				十三、外汇买卖(运用方)			
				其中:结售汇			
				十四、投资性房地产			
资金来源总计	2 835 266	1 530 406	87 382	资金运用总计	2 835 266	1 530 406	87 382

兴业银行股份有限公司石家庄分行人民币信贷收支表

(2011 年 12 月 31 日)　　单位:万元

栏目 来源项目名称	本月	比年初		栏目 运用项目名称	本月	比年初	
		今年	去年			今年	去年
一、各项存款	2 859 898	1 637 550	708 914	一、各项贷款	1 576 049	459 017	416 614
1.单位存款	2 058 734	1 314 060	293 304	㈠境内贷款	1 576 049	459 017	416 614
其中:活期存款	604 990	275 757		1.短期贷款	839 998	177 943	260 005
定期存款	412 189	313 740		(1)个人贷款及透支	99 478	93 598	5 430
通知存款	222 202	124 934		其中:个人消费贷款	11 493	11 065	-22
保证金存款	570 678	446 051	103 210	(2)单位贷款及透支	740 520	84 345	254 575
2.个人存款	471 407	307 191	102 343	其中:经营贷款	733 520	77 345	254 575
储蓄存款	471 407	307 191	102 343	固定资产贷款	7 000	7 000	
保证金存款				(3)普通并购贷款			
结构性存款				(4)银团贷款			
3.临时性存款	16 142	15 685	267	(5)贸易融资			
4.其他存款	313 614	614	313 000	(6)境外投资转贷款			
二、代理财政性存款				2.中长期贷款	635 352	251 669	118 700
三、金融债券				(1)个人贷款	155 034	93 532	61 434
其中:境外发行				其中:个人消费贷款	76 847	34 815	41 964
四、中长期借款				(2)单位贷款	427 318	171 637	70 766
其中:境外借款				其中:经营贷款	54 639	51 639	3 000
五、应付及暂收款	32 651	16 865	14 445	固定资产贷款	372 679	119 998	67 766
其中:应付利息	24 182	10 854	12 973	(3)普通并购贷款			
六、卖出回购资产	157 934	46 296	111 638	(4)银团贷款	53 000	-13 500	-13 500
七、向中央银行借款				(5)贸易融资			
八、同业往来(来源方)	1 332 670	111 926	1 220 734	(6)境外投资转贷款			
1.同业存放	1 332 670	111 926	1 220 734	3.融资租赁			
其中:境外同业存放				4.票据融资	100 700	29 405	37 909
2.同业拆借				其中:贴现	100 700	29 405	37 909
其中:境外同业拆借				5.各项垫款			
九、境外联行往来(来源方)				㈡境外贷款			
十、外汇买卖(来源方)				二、有价证券	169	86	83
其中:结售汇				三、股权及其他投资			
十一、委托存款及委托投资基金(净)				四、应收及预付款	12 128	6 528	3 781
1.委托存款及委托投资基金	235 447	212 857	16 240	其中:应收利息	8 330	5 995	596
2.减:委托贷款及委托投资	235 447	212 857	16 240	五、买入返售资产	642 548	531 230	-381 532
十二、代理金融机构委托贷款基金				六、存放中央准备金存款	18 272	9 893	653
其中:中央银行委托贷款基金				七、存放中央银行特种存款			
十三、各项准备	20 858	8 233	4 227	八、缴存中央银行财政性存款			
其中:贷款损失准备	20 858	8 233	4 227	九、同业往来	527 572	483 361	30 320
十四、所有者权益	33 049	17 775	19 202	1.存放同业	13 355	-10 855	10 320
其中:实收资本				其中:存放境外同业			
十五、其他	-1 654 882	-345 375	-2 007 731	2.拆放同业	514 217	494 217	20 000
				其中:拆放境外同业			
				十、境外联行往来(运用方)			
				十一、代理金融机构贷款			
				其中:代理人行专项贷款			
				十二、库存现金	5 441	3 156	1 511
				十三、外汇买卖(运用方)			
				其中:结售汇			
				十四、投资性房地产			
资金来源总计	2 782 178	1 493 271	71 429	资金运用总计	2 782 178	1 493 271	71 429

兴业银行股份有限公司石家庄分行外汇信贷收支表

(2011年12月31日)　　单位:万美元

来源项目名称	本月余额	比年初		运用项目名称	本月余额	比年初	
		今年	去年			今年	去年
一、各项存款	2 397	2 397	0	一、各项贷款	5 276	2 926	2 350
1.单位存款	2 391	2 391		㈠境内贷款	5 276	2 926	2 350
其中:活期存款	49	49		1.短期贷款	5 276	2 926	2 350
定期存款	341	341		(1)个人贷款及透支			
通知存款	2 000	2 000		其中:个人消费贷款			
保证金存款				(2)单位贷款及透支	5 276	2 926	2 350
2.个人存款	7	6	0	其中:经营贷款	5 276	2 926	
储蓄存款	7	6	0	固定资产贷款			
保证金存款				(3)普通并购贷款			
结构性存款				(4)银团贷款			
3.临时性存款				(5)贸易融资			
4.其他存款				(6)境外投资转贷款			
二、代理财政性存款				2.中长期贷款			
三、金融债券				(1)个人贷款			
其中:境外发行				其中:个人消费贷款			
四、中长期借款				(2)单位贷款			
其中:境外借款				其中:经营贷款			
五、应付及暂收款	1	1		固定资产贷款			
其中:应付利息	1	1		(3)普通并购贷款			
六、卖出回购资产				(4)银团贷款			
七、向中央银行借款				(5)贸易融资			
八、同业往来(来源方)				(6)境外投资转贷款			
1.同业存放				3.融资租赁			
其中:境外同业存放				4.票据融资			
2.同业拆借				其中:贴现			
其中:境外同业拆借				5.各项垫款			
九、境外联行往来(来源方)				㈡境外贷款			
十、外汇买卖(来源方)				二、有价证券			
其中:结售汇				三、股权及其他投资			
十一、委托存款及委托投资基金(净)				四、应收及预付款	148	93	56
1.委托存款及委托投资基金				其中:应收利息	148	93	56
2.减:委托贷款及委托投资				五、买入返售资产			
十二、代理金融机构委托贷款基金				六、存放中央准备金存款			
其中:中央银行委托贷款基金				七、存放中央银行特种存款			
十三、各项准备	54	11	43	八、缴存中央银行财政性存款			
其中:贷款损失准备	54	11	43	九、同业往来	3 000	3 000	
十四、所有者权益	187	198	-12	1.存放同业	3 000	3 000	
其中:实收资本				其中:存放境外同业			
十五、其他	5 787	3 409	2 378	2.拆放同业			
				其中:拆放境外同业			
				十、境外联行往来(运用方)			
				十一、代理金融机构贷款			
				其中:代理人行专项贷款			
				十二、库存现金	1	-2	3
				十三、外汇买卖(运用方)			
				其中:结售汇			
				十四、投资性房地产			
资金来源总计	8 426	6 017	2 409	资金运用总计	8 426	6 017	2 409

兴业银行股份有限公司石家庄分行银行卡业务统计表

（2011 年 12 月 31 日）

单位:张、笔、台、万元

项目	银行卡数量								存现	
	当期发卡数量				期末卡数量					
	贷记卡	准贷记卡	借记卡	小计	贷记卡	准贷记卡	借记卡	小计	笔数	金额
河北省	46 196	0	37 910	84 106	78 679	0	54 519	133 198	712 630.00	3 563 152.36
石家庄	37 978	0	29 326	67 304	70 461	0	45 878	116 339	498 841.00	2 494 206.65
唐山	3 225	0	3 232	6 457	3 225	0	3 394	6 619	142 526.00	712 630.47
廊坊	4 993	0	5 352	10 345	4 993	0	5 247	10 240	71 263.00	356 315.24

续表

项目	资金交易情况								ATM 数量
	取现		消费		转账		小计		
	笔数	金额	笔数	金额	笔数	金额	笔数	金额	
河北省	544 513.00	2 178 051.82	604 586.00	302 292.94	3 033 552.00	6 067 103.93	4 895 281.00	12 110 601.05	76
石家庄	381 159.10	1 524 636.27	423 210.20	211 605.06	2 123 486.40	4 246 972.75	3 426 696.70	8 477 420.74	68
唐山	108 902.60	435 610.36	120 917.20	60 458.59	606 710.40	1 213 420.79	979 056.20	2 422 120.21	4
廊坊	54 451.30	217 805.18	60 458.60	30 229.29	303 355.20	606 710.39	489 528.10	1 211 060.11	4

兴业银行股份有限公司石家庄分行职工性别、年龄、学历、职称结构统计表

（2011 年 12 月 31 日）

单位：人

机构名称	性别结构			年龄结构					学历结构						职称结构			
	男	女	合计	30 岁以下	31～40 岁	41～50 岁	51～60 岁	合计	博士研究生	硕士研究生	大学本科	大学专科	中专及以下	合计	高级职称	中级职称	初级职称	合计
石家庄	200	217	417	262	94	61		417	0	56	302	51	8	417	10	99	101	210
营业部	15	9	24	19	3	2		24	0	0	21	2	1	24	0	5	2	7
唐山	45	48	93	52	28	13		93	0	7	63	20	3	93	2	16	16	34
廊坊	50	47	97	61	25	11		97	0	3	65	22	7	97	2	17	15	34
总计	310	321	631	389	153	89		631	0	66	451	95	19	631	14	137	134	285

中国民生银行股份有限公司石家庄分行本外币信贷收支表

汇率:6.3009　　(2011 年 12 月 31 日)　　单位:万元

栏目 来源项目名称	本月	比年初		栏目 运用项目名称	本月	比年初	
		今年	去年			今年	去年
一、各项存款	5 712 995	1 360 807	1 163 522	一、各项贷款	3 487 025	606 661	577 348
1.单位存款	3 623 087	572 776	845 649	㈠境内贷款	3 487 012	606 661	577 348
其中:活期存款	1 948 460	427 380		1.短期贷款	1 917 005	714 184	306 257
定期存款	469 814	151 739		(1)个人贷款及透支	617 816	325 276	224 808
通知存款	51 296	−20 034		其中:个人消费贷款	7 927	−5 486	3 064
保证金存款	1 153 517	13 691	403 562	(2)单位贷款及透支	1 299 189	388 908	81 449
2.个人存款	1 989 815	804 846	317 798	其中:经营贷款	1 168 282	260 201	79 249
储蓄存款	1 940 363	755 976	317 238	固定资产贷款	130 907	128 707	2 200
保证金存款	49 430	48 870	560	(3)普通并购贷款			
结构性存款	22	−1	−1	(4)银团贷款			
3.临时性存款	10 092	3 186	75	(5)贸易融资			
4.其他存款	90 000	−20 000		(6)境外投资转贷款			
二、代理财政性存款			−1	2.中长期贷款	1 533 588	−114 078	556 398
三、金融债券				(1)个人贷款	76 978	−12 286	−5 008
其中:境外发行				其中:个人消费贷款	69 959	−11 702	−6 349
四、中长期借款				(2)单位贷款	1 047 541	−91 770	267 716
其中:境外借款				其中:经营贷款	327 054	−59 509	181 623
五、应付及暂收款	61 445	27 363	9 806	固定资产贷款	720 487	−32 261	86 093
其中:应付利息	35 658	16 308	4 978	(3)普通并购贷款			
六、卖出回购资产				(4)银团贷款	409 069	−10 022	293 691
七、向中央银行借款	20 100	20 100		(5)贸易融资			
八、同业往来(来源方)	397 529	−205 439	111 618	(6)境外投资转贷款			
1.同业存放	397 529	−205 439	111 618	3.融资租赁			
其中:境外同业存放				4.票据融资	34 228	5 084	−280 765
2.同业拆借				其中:贴现	34 228	5 084	−280 765
其中:境外同业拆借				5.各项垫款	2 190	1 471	−4 542
九、境外联行往来(来源方)				㈡境外贷款	13	−1	
十、外汇买卖(来源方)	52 390	1 080	3 677	二、有价证券			
其中:结售汇	52 390	1 080	3 677	三、股权及其他投资			
十一、委托存款及委托投资基金(净)				四、应收及预付款	15 789	7 012	2 508
1.委托存款及委托投资基金	303 752	122 493	60 168	其中:应收利息	9 636	4 120	2 089
2.减:委托贷款及委托投资	303 752	122 493	60 168	五、买入返售资产	8 930	8 930	
十二、代理金融机构委托贷款基金				六、存放中央准备金存款	133 915	63 724	−25 439
其中:中央银行委托贷款基金				七、存放中央银行特种存款			
十三、各项准备	54 189	16 360	9 488	八、缴存中央银行财政性存款			
其中:贷款损失准备	52 272	16 360	9 457	九、同业往来	5 974	−1 840	337
十四、所有者权益	87 300	42 139	18 897	1.存放同业	5 974	−1 840	337
其中:实收资本				其中:存放境外同业			
十五、其他	−2 658 497	−570 422	−750 599	2.拆放同业			
				其中:拆放境外同业			
				十、境外联行往来(运用方)			
				十一、代理金融机构贷款			
				其中:代理人行专项贷款			
				十二、库存现金	23 428	6 422	7 978
				十三、外汇买卖(运用方)	52 390	1 080	3 677
				其中:结售汇	52 390	1 080	3 677
				十四、投资性房地产			
资金来源总计	3 727 451	691 989	566 409	资金运用总计	3 727 451	691 989	566 409

中国民生银行股份有限公司石家庄分行人民币信贷收支表

（2011 年 12 月 31 日）　　单位:万元

栏目 来源项目名称	本月	比年初		栏目 运用项目名称	本月	比年初	
		今年	去年			今年	去年
一、各项存款	5 696 188	1 371 263	1 152 501	一、各项贷款	3 487 025	606 661	577 348
1.单位存款	3 610 004	582 519	833 366	㈠境内贷款	3 487 012	606 661	577 348
其中:活期存款	1 938 190	430 897		1.短期贷款	1 917 005	714 184	306 257
定期存款	469 814	152 271		(1)个人贷款及透支	617 816	325 276	224 808
通知存款	51 296	−20 034		其中:个人消费贷款	7 927	−5 486	3 064
保证金存款	1 150 703	19 385	477 256	(2)单位贷款及透支	1 299 189	388 908	81 449
2.个人存款	1 986 186	805 272	318 647	其中:经营贷款	1 168 282	260 201	79 249
储蓄存款	1 936 755	756 402	318 087	固定资产贷款	130 907	128 707	2 200
保证金存款	49 430	48 870	560	(3)普通并购贷款			
结构性存款				(4)银团贷款			
3.临时性存款	9 998	3 471	488	(5)贸易融资			
4.其他存款	90 000	−20 000		(6)境外投资转贷款			
二、代理财政性存款			−1	2.中长期贷款	1 533 588	−114 078	556 398
三、金融债券				(1)个人贷款	76 978	−12 286	−5 008
其中:境外发行				其中:个人消费贷款	69 959	−11 702	−6 349
四、中长期借款				(2)单位贷款	1 047 541	−91 770	267 716
其中:境外借款				其中:经营贷款	327 054	−59 509	181 623
五、应付及暂收款	61 410	27 367	9 835	固定资产贷款	720 487	−32 261	86 093
其中:应付利息	35 623	16 312	5 006	(3)普通并购贷款			
六、卖出回购资产				(4)银团贷款	409 069	−10 022	293 691
七、向中央银行借款	20 100	20 100		(5)贸易融资			
八、同业往来(来源方)	397 029	−205 746	111 684	(6)境外投资转贷款			
1.同业存放	397 029	−205 746	111 684	3.融资租赁			
其中:境外同业存放				4.票据融资	34 228	5 084	−280 765
2.同业拆借				其中:贴现	34 228	5 084	−280 765
其中:境外同业拆借				5.各项垫款	2 190	1 471	−4 542
九、境外联行往来(来源方)				㈡境外贷款	13	−1	
十、外汇买卖(来源方)	26 195	562	1 816	二、有价证券			
其中:结售汇	26 195	562	1 816	三、股权及其他投资			
十一、委托存款及委托投资基金(净)				四、应收及预付款	15 772	7 029	2 490
1.委托存款及委托投资基金	303 752	122 493	60 168	其中:应收利息	9 636	4 120	2 072
2.减:委托贷款及委托投资	303 752	122 493	60 168	五、买入返售资产	8 930	8 930	
十二、代理金融机构委托贷款基金				六、存放中央准备金存款	133 915	63 724	−25 439
其中:中央银行委托贷款基金				七、存放中央银行特种存款			
十三、各项准备	54 189	16 360	9 488	八、缴存中央银行财政性存款			
其中:贷款损失准备	52 272	16 360	9 457	九、同业往来	4 449	−2 011	4 602
十四、所有者权益	87 114	42 196	20 772	1.存放同业	4 449	−2 011	4 602
其中:实收资本				其中:存放境外同业			
十五、其他	−2 643 056	−581 012	−737 232	2.拆放同业			
				其中:拆放境外同业			
				十、境外联行往来(运用方)			
				十一、代理金融机构贷款			
				其中:代理人行专项贷款			
				十二、库存现金	22 883	6 240	8 001
				十三、外汇买卖(运用方)	26 195	518	1 861
				其中:结售汇	26 195	518	1 861
				十四、投资性房地产			
资金来源总计	3 699 169	691 090	568 864	资金运用总计	3 699 169	691 090	568 864

中国民生银行股份有限公司石家庄分行外汇信贷收支表

（2011 年 12 月 31 日） 单位：万美元

栏目 来源项目名称	本月余额	比年初		栏目 运用项目名称	本月余额	比年初	
		今年	去年			今年	去年
一、各项存款	2 667	−1 449	1 738	一、各项贷款			
1.单位存款	2 076	−1 370	1 903	㈠境内贷款			
其中：活期存款	1 630	−452		1.短期贷款			
定期存款		−80		(1)个人贷款及透支			
通知存款				其中：个人消费贷款			
保证金存款	447	−838	962	(2)单位贷款及透支			
2.个人存款	576	−36	−106	其中：经营贷款			
储蓄存款	573	−36	−106	固定资产贷款			
保证金存款				(3)普通并购贷款			
结构性存款	4			(4)银团贷款			
3.临时性存款	15	−42	−59	(5)贸易融资			
4.其他存款				(6)境外投资转贷款			
二、代理财政性存款				2.中长期贷款			
三、金融债券				(1)个人贷款			
其中：境外发行				其中：个人消费贷款			
四、中长期借款				(2)单位贷款			
其中：境外借款				其中：经营贷款			
五、应付及暂收款	6	0	−4	固定资产贷款			
其中：应付利息	6	0	−4	(3)普通并购贷款			
六、卖出回购资产				(4)银团贷款			
七、向中央银行借款				(5)贸易融资			
八、同业往来（来源方）	79	50	−9	(6)境外投资转贷款			
1.同业存放	79	50	−9	3.融资租赁			
其中：境外同业存放				4.票据融资			
2.同业拆借				其中：贴现			
其中：境外同业拆借				5.各项垫款			
九、境外联行往来（来源方）				㈡境外贷款			
十、外汇买卖（来源方）	4 157	280	389	二、有价证券			
其中：结售汇	4 157	280	389	三、股权及其他投资			
十一、委托存款及委托投资基金（净）				四、应收及预付款	3	−2	3
1.委托存款及委托投资基金				其中：应收利息	0	0	3
2.减：委托贷款及委托投资				五、买入返售资产			
十二、代理金融机构委托贷款基金				六、存放中央准备金存款			
其中：中央银行委托贷款基金				七、存放中央银行特种存款			
十三、各项准备				八、缴存中央银行财政性存款			
其中：贷款损失准备				九、同业往来	242	38	−618
十四、所有者权益	29	−7	−274	1.存放同业	242	38	−618
其中：实收资本				其中：存放境外同业			
十五、其他	−2 450	1 480	−2 076	2.拆放同业			
				其中：拆放境外同业			
				十、境外联行往来（运用方）			
				十一、代理金融机构贷款			
				其中：代理人行专项贷款			
				十二、库存现金	86	32	−2
				十三、外汇买卖（运用方）	4 157	287	382
				其中：结售汇	4 157	287	382
				十四、投资性房地产			
资金来源总计	4 489	354	−235	资金运用总计	4 489	354	−235

中国民生银行股份有限公司石家庄分行中间业务收入情况表

（2011年12月31日）

单位:万元

项目	合计	1.投行业务收入	2.国内担保承诺业务收入	3.结售汇业务收入	4.人民币对公结算与现金管理业务收入	5.代收代付业务收入	6.对公国际结算业务收入	7.个人国际结算业务收入	8.信用卡业务收入（不含商户收单）	9.银行卡商户收单业务收入	10.电子银行业务收入（不含自助银行）	11.自助银行业务收入	12.个人人民币结算业务收入	13.代理销售基金等投资类产品业务收入	14.个人理财业务收入	15.代理保险业务收入	16.托管业务收入
石家庄	18 830	5 705	10 382		365	1		1			93		435	20	379		29
秦皇岛	1 042	316	497		90						14		42	44	32		
唐山	715	1	660		17								14	2	11		
沧州	2 397	118	1 301		33						2		18	6	19		
衡水	517	1	453		26						7		11	7	5		
邯郸	1 167	52	1 010		33						11		15	17	2		
合计	24 688	6 193	14 303		564	1		1			127		535	96	448		29

中国民生银行股份有限公司石家庄分行网上银行业务发展情况表

（2011 年 12 月 31 日）

单位：户、笔、万元

单位	客户数				交易笔数（双向）				交易金额（双向）			
	个人		企业		个人		企业		个人		企业	
	年末余额	当年新增	年末余额	当年新增	交易笔数	当年新增	交易笔数	当年新增	交易金额	当年新增	交易金额	当年新增
石家庄	96 673	27 920	2 520	946	795 640		187 149		3 873 342. 07		9 558 412. 74	
秦皇岛	7 429	5 952	458	367	73 952		21 078		734 854. 56		1 915 223. 97	
唐山	1 896	1 883	438	438	20 953		23 194		305 288. 20		756 688. 74	
沧州	4 473	3 468	301	195	41 211		9 739		755 200. 79		1 812 193. 25	
衡水	3 318	2 603	430	337	106 281		15 174		959 021. 05		362 073. 73	
邯郸	4 761	2 046	569	365	54 918		14 203		545 217. 31		886 731. 2	
总计	118 550	43 900	4 761	2 504	1 092 955		270 536		7 172 924. 00		15 291 324. 00	

中国民生银行股份有限公司石家庄分行银行卡业务统计表

（2011 年 12 月 31 日）

单位:张、笔、台、万元

项目	银行卡数量								存现	
	当期发卡数量				期末卡数量					
	贷记卡	准贷记卡	借记卡	小计	贷记卡	准贷记卡	借记卡	小计	笔数	金额
石家庄	49 735		60 804	110 539	209 909		722 822	932 731	880 019	369 604
秦皇岛	1 040		12 987	14 027	1 040		17 108	18 148	4 300	5 239
唐山	189		5 182	5 371	189		5 242	5 431	934	957
沧州	15 199		12 735	27 934	21 109		16 717	37 826	44 197	20 959
衡水			7 396	7 396			10 506	10 506		
邯郸	14 671		5 359	20 030	18 756		11 002	29 758	65 276	49 396
总计	80 834		104 463	185 297	251 003		783 397	1 034 400	994 726	446 155

续表

项目	资金交易情况								ATM 数量
	取现		消费		转账		小计		
	笔数	金额	笔数	金额	笔数	金额	笔数	金额	
石家庄	165 828	29 128	2 366 067	371 933			2 531 895	401 061	
秦皇岛	1 235	594	16 118	5 859			17 353	6 453	
唐山	108	15	2 656	1 255			2 764	1 270	
沧州	13 239	1 973	145 205	22 298			158 444	24 271	
邯郸	13 788	1 976	189 090	57 955			202 878	59 931	
总计	194 198	33 686	2 719 136	459 300			2 913 334	492 986	

中国民生银行股份有限公司石家庄分行机构、人员情况一览表

（2011年12月31日）

单位：个、人

单位名称	从业人员	在岗职工	柜员合同工	代理用工	离退休	一级分行(局)	省行营业部二级分行(局)	县支行(局)	城区支行(局)	二级支行(局)	分理处	集镇办	储蓄所	各类机构总数
石家庄	709	709				1		1	18					20
营业部	40	40					1							1
承德														
张家口														
秦皇岛	87	87					1							1
唐山	64	64					1							1
廊坊														
保定														
沧州	109	109					1							1
衡水	64	64					1							1
邢台														
邯郸	87	87					1							1
总计	1 160	1 160				1	6	1	18					26

中国民生银行股份有限公司石家庄分行职工性别、年龄、学历、职称结构统计表

（2011年12月31日）

单位：人

机构名称	性别结构			年龄结构					学历结构						职称结构			
	男	女	合计	30岁以下	31～40岁	41～50岁	51～60岁	合计	博士研究生	硕士研究生	大学本科	大学专科	中专及以下	合计	高级职称	中级职称	初级职称	合计
石家庄	303	446	749	475	222	47	5	749	2	49	436	208		749	4		69	73
秦皇岛	38	49	87	42	42	3		87		3	44	40		87		5	1	6
唐山	34	30	64	33	27	4		64		3	54	61		64		8	1	9
沧州	53	56	109	78	26	5		109		8	73	28		109	1		12	13
衡水	29	35	64	47	16	1		64		3	48	13		64		9	1	10
邯郸	35	52	87	62	18	7		87		5	61	21		87				
总计	492	668	1 160	737	351	67	5	1 160	2	71	716	371		1 160	5	22	84	111

东亚银行(中国)有限公司石家庄分行本外币信贷收支表

汇率:6.3009　　(2011年12月31日)　　单位:万元

栏目 来源项目名称	本月	比年初 今年	比年初 去年	栏目 运用项目名称	本月	比年初 今年	比年初 去年
一、各项存款	96 869	78 782	18 086	一、各项贷款	55 536	52 105	3 432
1.单位存款	72 261	61 782	10 479	(一)境内贷款	55 536	52 105	3 432
其中:活期存款	48 506	38 662	9 844	1.短期贷款	9 950	9 924	26
定期存款	23 755	23 120	635	(1)个人贷款及透支			
通知存款				其中:个人消费贷款			
保证金存款				(2)单位贷款及透支	9 950	9 950	
2.个人存款	24 607	17 000	7 607	其中:经营贷款	9 950	9 950	
储蓄存款	24 607	17 000	7 607	固定资产贷款			
保证金存款				(3)普通并购贷款			
结构性存款				(4)银团贷款			
3.临时性存款				(5)贸易融资		-26	26
4.其他存款				(6)境外投资转贷款			
二、代理财政性存款				2.中长期贷款	10 076	6 671	3 406
三、金融债券				(1)个人贷款	542	26	516
其中:境外发行				其中:个人消费贷款	542	26	516
四、中长期借款				(2)单位贷款	9 534	6 644	2 890
其中:境外借款				其中:经营贷款			
五、应付及暂收款	3 392	2 992	-1 264	固定资产贷款	9 534	6 644	2 890
其中:应付利息	322	290	33	(3)普通并购贷款			
六、卖出回购资产				(4)银团贷款			
七、向中央银行借款				(5)贸易融资			
八、同业往来(来源方)	0	0		(6)境外投资转贷款			
1.同业存放	0	0		3.融资租赁			
其中:境外同业存放				4.票据融资	35 510	35 510	
2.同业拆借				其中:贴现	35 510	35 510	
其中:境外同业拆借				5.各项垫款			
九、境外联行往来(来源方)				(二)境外贷款			
十、外汇买卖(来源方)				二、有价证券			
其中:结售汇				三、股权及其他投资			
十一、委托存款及委托投资基金(净)				四、应收及预付款	268	157	-6
1委托存款及委托投资基金				其中:应收利息	119	114	1
2减:委托贷款及委托投资				五、买入返售资产			
十二、代理金融机构委托贷款基金				六、存放中央准备金存款	1 203	-1 003	2 206
其中:中央银行委托贷款基金				七、存放中央银行特种存款			
十三、各项准备	304	296	8	八、缴存中央银行财政性存款			
其中:贷款损失准备	304	296	8	九、同业往来	330	-636	-9 249
十四、所有者权益	9 002	40	-664	1.存放同业	330	-636	-9 249
其中:实收资本	10 000			其中:存放境外同业	67	31	35
十五、其他	-52 124	-31 649	-19 522	2.拆放同业			
				其中:拆放境外同业			
				十、境外联行往来(运用方)			
				十一、代理金融机构贷款			
				其中:代理人行专项贷款			
				十二、库存现金	104	-160	261
				十三、外汇买卖(运用方)			
				其中:结售汇			
				十四、投资性房地产			
资金来源总计	57 442	50 462	-3 356	资金运用总计	57 442	50 462	-3 356

东亚银行(中国)有限公司石家庄分行人民币信贷收支表

(2011 年 12 月 31 日)

单位:万元

栏目 来源项目名称	本月	比年初		栏目 运用项目名称	本月	比年初	
		今年	去年			今年	去年
一、各项存款	96 733	78 671	18 063	一、各项贷款	55 536	52 131	3 406
1.单位存款	72 260	61 788	10 472	(一)境内贷款	55 536	52 131	3 406
其中:活期存款	48 505	38 668	9 837	1.短期贷款	9 950	9 950	
定期存款	23755	23120	635	(1)个人贷款及透支			
通知存款				其中:个人消费贷款			
保证金存款				(2)单位贷款及透支	9 950	9 950	
2.个人存款	24 474	16 883	7 591	其中:经营贷款	9 950	9 950	
储蓄存款	24 474	16 883	7 591	固定资产贷款			
保证金存款				(3)普通并购贷款			
结构性存款				(4)银团贷款			
3.临时性存款				(5)贸易融资			
4.其他存款				(6)境外投资转贷款			
二、代理财政性存款				2.中长期贷款	10 076	6 671	3 406
三、金融债券				(1)个人贷款	542	26	516
其中:境外发行				其中:个人消费贷款	542	26	516
四、中长期借款				(2)单位贷款	9 534	6 644	2 890
其中:境外借款				其中:经营贷款			
五、应付及暂收款	3 367	3 006	-1 303	固定资产贷款	9 534	6 644	2 890
其中:应付利息	321	304	17	(3)普通并购贷款			
六、卖出回购资产				(4)银团贷款			
七、向中央银行借款				(5)贸易融资			
八、同业往来(来源方)	0	0		(6)境外投资转贷款			
1.同业存放	0	0		3.融资租赁			
其中:境外同业存放				4.票据融资	35 510	35 510	
2.同业拆借				其中:贴现	35 510	35 510	
其中:境外同业拆借				5.各项垫款			
九、境外联行往来(来源方)				(二)境外贷款			
十、外汇买卖(来源方)				二、有价证券			
其中:结售汇				三、股权及其他投资			
十一、委托存款及委托投资基金(净)				四、应收及预付款	289	121	51
1.委托存款及委托投资基金				其中:应收利息	119	114	1
2.减:委托贷款及委托投资				五、买入返售资产			
十二、代理金融机构委托贷款基金				六、存放中央准备金存款	1 203	-1 003	2 206
其中:中央银行委托贷款基金				七、存放中央银行特种存款			
十三、各项准备	304	296	8	八、缴存中央银行财政性存款			
其中:贷款损失准备	304	296	8	九、同业往来	251	-672	-9 292
十四、所有者权益	9 167	83	-542	1.存放同业	251	-672	-9 292
其中:实收资本	10 000			其中:存放境外同业			
十五、其他	-52 206	-31 645	-19 608	2.拆放同业			
				其中:拆放境外同业			
				十、境外联行往来(运用方)			
				十一、代理金融机构贷款			
				其中:代理人行专项贷款			
				十二、库存现金	86	-164	248
				十三、外汇买卖(运用方)			
				其中:结售汇			
				十四、投资性房地产			
资金来源总计	57 366	50 411	-3 382	资金运用总计	57 366	50 411	-3 382

东亚银行(中国)有限公司石家庄分行外汇信贷收支表

(2011年12月31日)　　单位:万美元

栏目 来源项目名称	本月余额	比年初		栏目 运用项目名称	本月余额	比年初	
		今年	去年			今年	去年
一、各项存款	21	18	4	一、各项贷款		-4	4
1.单位存款	0	-1	1	(一)境内贷款		-4	4
其中:活期存款	0	-1	1	1.短期贷款		-4	4
定期存款				(1)个人贷款及透支			
通知存款				其中:个人消费贷款			
保证金存款				(2)单位贷款及透支			
2.个人存款	21	19	2	其中:经营贷款			
储蓄存款	21	19	2	固定资产贷款			
保证金存款				(3)普通并购贷款			
结构性存款				(4)银团贷款			
3.临时性存款				(5)贸易融资		-4	4
4.其他存款				(6)境外投资转贷款			
二、代理财政性存款				2.中长期贷款			
三、金融债券				(1)个人贷款			
其中:境外发行				其中:个人消费贷款			
四、中长期借款				(2)单位贷款			
其中:境外借款				其中:经营贷款			
五、应付及暂收款	4	-2	6	固定资产贷款			
其中:应付利息	0	-2	2	(3)普通并购贷款			
六、卖出回购资产				(4)银团贷款			
七、向中央银行借款				(5)贸易融资			
八、同业往来(来源方)				(6)境外投资转贷款			
1.同业存放				3.融资租赁			
其中:境外同业存放				4.票据融资			
2.同业拆借				其中:贴现			
其中:境外同业拆借				5.各项垫款			
九、境外联行往来(来源方)				(二)境外贷款			
十、外汇买卖(来源方)				二、有价证券			
其中:结售汇				三、股权及其他投资			
十一、委托存款及委托投资基金(净)				四、应收及预付款	-3	5	-9
1委托存款及委托投资基金				其中:应收利息			
2减:委托贷款及委托投资				五、买入返售资产			
十二、代理金融机构委托贷款基金				六、存放中央准备金存款			
其中:中央银行委托贷款基金				七、存放中央银行特种存款			
十三、各项准备				八、缴存中央银行财政性存款			
其中:贷款损失准备				九、同业往来	12	6	6
十四、所有者权益	-26	-8	-19	1.存放同业	12	6	6
其中:实收资本				其中:存放境外同业	11	5	5
十五、其他	13	0	13	2.拆放同业			
				其中:拆放境外同业			
				十、境外联行往来(运用方)			
				十一、代理金融机构贷款			
				其中:代理人行专项贷款			
				十二、库存现金	3	1	2
				十三、外汇买卖(运用方)			
				其中:结售汇			
				十四、投资性房地产			
资金来源总计	12	8	4	资金运用总计	12	8	4

东亚银行(中国)有限公司石家庄分行资产负债表

(2010 年 12 月 31 日)

单位:元

资产	期末余额	年初余额	负债和所有者权益(或股东权益)	期末余额	年初余额
资产:			负债:		
现金及存放中央银行款项	13 072 240.73	24 703 651.93	向中央银行借款	–	–
存放同业款项	3 301 673.81	9 666 548.45	同业及其他金融机构存放款项	958.16	–
应收利息	1 193 283.61	57 086.91	吸收存款	996 641 852.50	180 864 606.57
发放贷款和垫款	552 322 091.46	34 237 753.58	应付职工薪酬	–	–
			应交税费	635 656.29	306 424.59
			应付利息	3 220 743.04	325 341.12
固定资产	3 378 877.89	4 034 750.16	递延所得税负债	12 222.79	15 264.15
无形资产	–	–	其他负债	487 177 821.73	4 890 267.69
递延所得税资产	565 478.97	219 645.27	负债合计	1 487 689 254.51	186 401 904.12
其他资产	1 003 871 339.20	203 093 902.70	所有者权益(或股东权益)	–	–
			实收资本(或股本)	100 000 000.00	100 000 000.00
			资本公积	105 393.59	63 312.67
			未分配利润	–10 089 662.43	–10 451 877.79
			所有者权益(或股东权益)合计	90 015 731.16	89 611 434.88
资产总计	1 577 704 985.67	276 013 339.00	负债和所有者权益(或股东权益)总计	1 577 704 985.67	276 013 339.00

河北省农村信用社联合社人民币信贷收支表

（2011年12月31日）

单位:万元

栏目 来源项目名称	本月余额	比年初		栏目 运用项目名称	本月余额	比年初	
		今年	去年			今年	去年
一、各项存款	55 449 931	7 787 192	6 933 724	一、各项贷款	35 351 888	4 714 766	4 917 622
1.单位存款	7 185 718	88 115	955 762	㈠境内贷款	35 351 888	4 714 766	4 917 622
其中:活期存款	5 570 111	-28 463		1.短期贷款	25 040 161	2 274 256	4 692 255
定期存款	861 677	185 676		(1)个人贷款及透支	8 944 344	5 529	2 088 291
通知存款	56 871	21 489		其中:个人消费贷款	198 272	-83 146	49 199
保证金存款	697 059	-90 587	222 762	(2)单位贷款及透支	15 932 900	2 222 000	2 574 112
2.个人存款	48 210 609	7 686 906	5 972 005	其中:经营贷款	15 884 137	2 227 985	2 523 300
储蓄存款	48 207 979	7 685 464	5 969 441	固定资产贷款	48 763	-5 985	51 950
保证金存款	2630	1442	2564	(3)普通并购贷款	3 957	-5 516	1 421
结构性存款				(4)银团贷款	158 960	52 243	28 431
3.临时性存款	53 604	12 171	-2 322	(5)贸易融资			
4.其他存款			8 279	(6)境外投资转贷款			
二、代理财政性存款	171 132	9 985	-21 724	2.中长期贷款	8 435 626	2 166 919	316 862
三、金融债券	59 804	59 804		(1)个人贷款	2 635 754	735 108	217 829
其中:境外发行				其中:个人消费贷款	742 593	384 956	121 173
四、中长期借款	1 150			(2)单位贷款	5 420 643	1 180 382	72 360
其中:境外借款				其中:经营贷款	4867 890	1 028 899	-10 960
五、应付及暂收款	1 654 500	237 871	49 762	固定资产贷款	552 753	151 483	83 320
其中:应付利息	1 163 616	231 259	63 639	(3)普通并购贷款			
六、卖出回购资产	1 260 476	359 896	133 820	(4)银团贷款	379 229	251 429	26 673
七、向中央银行借款	501 916	47 825	137 468	(5)贸易融资			
八、同业往来(来源方)	1 582 568	309 254	3 151	(6)境外投资转贷款			
1.同业存放	1 519 090	431 098	3 605	3.融资租赁			
其中:境外同业存放				4.票据融资	1 860 877	272 744	-88 122
2.同业拆借	63 478	-121 844	-454	其中:贴现	1 860 877	272 744	-88 122
其中:境外同业拆借				5.各项垫款	15 224	847	-3 373
九、境外联行往来(来源方)				㈡境外贷款			
十、外汇买卖(来源方)				二、有价证券	7 401 285	314 405	431 275
其中:结售汇				三、股权及其他投资	25 786	-22 997	155 856
十一、委托存款及委托投资基金(净)	2 819	-11 837	194 844	四、应收及预付款	189 501	7 289	-13 285
1.委托存款及委托投资基金	1 244 650	-497 564	338 282	其中:应收利息	99 661	19 441	-12 331
2.减:委托贷款及委托投资	1 241 831	485 727	143 438	五、买入返售资产	335 326	-228 223	307 013
十二、代理金融机构委托贷款基金	103 009	61 950	-47 808	六、存放中央准备金存款	9 734 911	2 763 755	956 492
其中:中央银行委托贷款基金				七、存放中央银行特种存款			-39 724
十三、各项准备	1 884 126	366 639	304 898	八、缴存中央银行财政性存款	11 230	-1 958	-8 870
其中:贷款损失准备	1 839 421	422 020	255 229	九、同业往来	10 429 363	1 692 181	489 617
十四、所有者权益	3 248 224	626 165	758 263	1.存放同业	10 310 556	3 770 500	483 604
其中:实收资本	2 617 264	137 012	317 435	其中:存放境外同业			
十五、其他	-1 874 453	-567 650	-1 250 692	2.拆放同业	118 807	-2 078 319	6 013
				其中:拆放境外同业			
				十、境外联行往来(运用方)			
				十一、代理金融机构贷款	98 278	50 387	-64 099
				其中:代理人行专项贷款			
				十二、库存现金	420 744	-1 293	63 809
				十三、外汇买卖(运用方)			
				其中:结售汇			
				十四、投资性房地产	46 890	-1 218	
资金来源总计	64 045 202	9 287 094	7 195 706	资金运用总计	64 045 202	9 287 094	7 195 706

河北省农村信用社联合社分地区本外币存、贷款情况表

(2011 年 12 月 31 日)

单位:万元

地区	存款			贷款		
	存款合计	企业存款	储蓄存款	贷款合计	短期贷款	中长期贷款
石家庄	8 018 382.07	1 262 488.07	6 755 894	5 163 084.96	3 630 637	1 152 453
承德	2 974 034.04	393 576.04	2 580 458	2 021 500.42	1 786 543	219 486
张家口	3 441 686.50	616 630.96	2 825 055.55	2 413 510.64	1 865 397	508 397
秦皇岛	2 492 487.10	222 567.10	2 269 920	1 367 770.34	900 124	422 727
唐山	8 281 057.90	1 375 003.90	6 906 054	5 265 891.38	3 793 555	1 224 611
廊坊	5 327 595.66	1 026 168.66	4 301 427	3 556 644.21	2 858 409	697 816
保定	8 324 531.46	968 737.56	7 355 793.90	4 561 180.78	2 414 328	2 093 977
沧州	4 523 939.68	615 035.75	3 908 903.93	3 102 285.24	2 194 831	658 494
衡水	4 021 307.52	228 511.76	3 792 795.76	2 428 137.53	2 086 912	273 122
邢台	3 963 138.02	317 791.02	3 645 347	2 530 997.98	1 514 772	540 054
邯郸	5 412 037.13	697 503.18	4 714 533.95	3 788 025.27	2 708 698	922 107
合计	56 780 197.08	7 724 013.99	49 056 183.09	36 199 028.75	25 754 206	8 713 244

贷款合计 = 短期贷款 + 中长期贷款 + 贴现 + 垫款

河北省农村信用社联合社助学贷款地区分布表

(2011 年 12 月 31 日)

单位:万元

单位\项目	助学贷款			其中:	
	笔数	金额	较年初	中央贴息助学贷款	地方贴息助学贷款
石家庄市	2 699	1 499	104	281	1 218
唐山市	582	323	33	82	241
秦皇岛市	1 276	715	-27	123	592
邯郸市	9 055	4 837	358	794	4 043
邢台市	1 541	832	-379	125	707
保定市	6 265	3 428	782	779	2 649
张家口市	5 511	3 182	1 166	627	2 555
承德市	1 917	1 087	29	217	870
沧州市	1 464	801	101	163	637
廊坊市	88	49	7	7	42
衡水市	894	491	0	105	386
合计	31 292	17 243	2 175	3 303	13 940

河北省农村信用社联合社中间业务收入情况统计表

（2011 年 12 月 31 日）

单位:万元

项目	合计	1. 投行业务收入	2. 国内担保承诺业务收入	3. 结售汇业务收入	4. 人民币对公结算与现金管理业务收入	5. 代收代付业务收入	6. 对公国际结算业务收入	7. 个人国际结算业务收入	8. 信用卡业务收入（不含商户收单）	9. 银行卡商户收单业务收入	10. 电子银行业务收入（不含自助银行）	11. 自助银行业务收入	12. 个人人民币结算业务收入	13. 代理销售基金等投资类产品业务收入	14. 个人理财业务收入	15. 代理保险业务收入	16. 托管业务收入
石家庄	4 429.88					664.93				142.99	248.98					3 372.98	
承德	1 232.03									91.40	283.47					857.16	
张家口	1 842.29					203.82				118.62	268.35					1 251.50	
秦皇岛	421.61					32.73				65.79	101.49					221.60	
唐山	1 188.75					152.36				227.24	330.46					478.69	
廊坊	1 811.25					28.96				230.55	462.50					1 089.24	
保定	2 658.59					317.93				188.42	563.51					1 588.73	
沧州	2 567.64					96.57				193.57	341.75	8.64				1 927.11	
衡水	1 168.86					55.78				63.33	174.79					874.96	
邢台	1 050.80					116.69				68.09	236.16					629.86	
邯郸	948.88					11.01				96.27	296.48					545.12	
合 计	19 320.58					1 680.78				1 486.27	3 307.94	8.64				12 836.95	

河北省农村信用社联合社网上银行业务发展情况表

（2011年12月31日）

单位：户、笔、万元

单位	客户数				交易笔数				交易金额			
	个人		企业		个人		企业		个人		企业	
	年末余额	当年新增	年末余额	当年新增	交易笔数	当年新增	交易笔数	当年新增	交易金额	当年新增	交易金额	当年新增
石家庄	1 329	1 258	136	135	17 889	17 369	1 551	1 549	22 291. 65	22 068. 00	33 208. 58	31 195. 5
承德	313	313	17	17	5 317	5 317	251	251	672. 16	672. 16	869. 13	869. 13
张家口	777	760	6	6	1 222	1 216	91	91	903. 50	903. 12	1 745. 46	1 745. 46
秦皇岛	274	274	11	11	3 146	3 146	88	88	3 117. 37	3 117. 37	533. 16	533. 16
唐山	1 884	1 770	279	279	25 650	25 385	6 684	6 684	46 904. 27	46 872. 43	438 290. 3	438 290. 3
廊坊	812	812	128	128	43 608	43 608	934	934	11 667. 50	11 667. 50	35 595. 42	35 595. 42
保定	1 560	1 470	54	53	13 081	12 819	408	408	12 769. 69	12 746. 46	11 595. 96	11 595. 96
沧州	1 827	1 783	163	158	65 715	65 358	2 914	2 901	27 929. 47	27 783. 96	116 135. 3	115 895. 8
衡水	787	787	48	48	5 099	5 099	503	503	9 449. 87	9 449. 87	17 398. 38	17 398. 38
邢台	834	743	36	35	20 927	19 965	913	913	14 328. 03	14 306. 77	18 010. 52	18 010. 52
邯郸	73	73	3	3	5 134	5 134	83	83	1 911. 32	1 911. 32	1 538. 96	1 538. 96
总计	10 470	10 043	881	873	206 788	204 416	14 420	14 405	151 944. 83	151 498. 96	674 921. 1	672 668. 6

河北省农村信用社联合社银行卡业务统计表

（2011 年 12 月 31 日）

单位:张、笔、台、万元

单位	银行卡数量							
	当期发卡数量				期末卡数量			
	贷记卡	准贷记卡	借记卡	小计	贷记卡	准贷记卡	借记卡	小计
石家庄	0	0	917 881	917 881			917 881	917 881
承德	0	0	210 799	210 799			210 799	210 799
张家口	0	0	251 546	251 546			251 546	251 546
秦皇岛	0	0	190 330	190 330			190 330	190 330
唐山	0	0	1 129 451	1 129 451			1 129 451	1 129 451
廊坊	0	0	606 272	606 272			606 272	606 272
保定	0	0	833 126	833 126			833 126	833 126
沧州	0	0	354 545	354 545			354 545	354 545
衡水	0	0	420 681	420 681			420 681	420 681
邢台	0	0	615 441	615 441			615 441	615 441
邯郸	0	0	497 253	497 253			497 253	497 253
总计	0	0	6 027 325	6 027 325			6 027 325	6 027 325

续表

单位	资金交易情况								ATM 数量
	存现		取现		消费		转账		
	笔数	金额	笔数	金额	笔数	金额	笔数	金额	
石家庄	1 585 500	2 866 700	3 262 700	3 332 500	428 300	406 400	2 267 500	8 018 200	188
承德	1 263 480	2 396 724	3 112 512	3 138 265	185 160	139 942	1 150 704	5 172 486	65
张家口	1 472 748	2 464 784	4 221 468	3 033 928	227 388	263 739	3 718 044	6 654 649	145
秦皇岛	618 696	1 123 468	1 524 492	1 370 962	132 300	121 288	689 712	3 912 763	63
唐山	2 075 352	3 646 731	6 609 144	4 064 151	469 932	412 657	3 993 024	10 631 573	215
廊坊	1 594 812	2 858 734	4 262 688	3 660 496	345 564	547 318	4 148 340	15 193 234	134
保定	2 623 900	3 804 200	5 176 452	4 486 315	417 300	327 300	2 682 240	9 141 029	165
沧州	1 988 592	2 307 635	4 520 868	2 863 594	623 148	199 645	2 311 848	7 956 466	217
衡水	951 200	1 318 800	2 360 600	1 484 600	186 700	118 700	1 173 800	4 656 600	80
邢台	1 294 300	1 765 800	3 347 500	2 112 100	200 100	126 600	3 631 100	4 057 100	146
邯郸	1 703 800	2 228 400	381 900	2 852 100	900	200	1 380 800	5 674 100	113
总计	17 172 380	26 781 976	38 780 324	32 399 011	3 216 792	2 663 789	27 147 112	81 068 200	1 531

河北省农村信用社联合社机构、人员情况一览表

（2011 年 12 月 31 日）

单位：个、人

	从业人员	在岗职工	柜员	代理用工	离退休	省级联社	办事处、市联社	县级行社	城区内信用社	城区外信用社	分社、储蓄所	各类机构总数
省联社	184	184	0	9	1	1	0	0	0	0	0	1
石家庄	6 580	6 327	2 595	0	1 282	0	1	19	64	296	198	578
承德	2 734	2 734	1 365	0	634	0	1	9	44	232	90	376
张家口	3 945	3 878	1 994	0	768	0	1	16	28	197	163	405
秦皇岛	1 947	1 947	938	0	546	0	1	5	19	102	36	163
唐山	4 814	4 814	2 533	0	1 148	0	1	13	42	220	198	472
廊坊	4 049	3 670	1 570	0	681	0	1	9	42	117	150	319
保定	7 203	7 029	3 202	0	1 496	0	1	22	106	306	247	682
沧州	4 807	4 553	1 658	0	897	0	1	15	31	160	182	389
衡水	4 035	3 641	1 489	53	922	0	1	11	59	167	83	321
邢台	5 596	5 428	2 218	0	879	0	1	18	67	230	199	515
邯郸	6 200	6 069	2 850	0	931	0	1	17	72	264	281	635
合计	52 094	50 274	22 412	62	10 185	1	11	154	574	2 291	1 827	4 856

河北省农村信用社联合社职工性别、年龄、学历、职称结构统计表

（2011 年 12 月 31 日）

单位：人

机构名称	性别结构			年龄结构					学历结构						职称结构			
	男	女	合计	30 岁以下	31～40 岁	41～50 岁	51～60 岁	合计	博士研究生	硕士研究生	大学本科	大学专科	中专及以下	合计	高级职称	中级职称	初级职称	合计
省联社	134	50	184	18	111	38	17	184	3	12	145	11	13	184	36	50	43	129
石家庄	3 610	2 970	6 580	1 207	2 184	2 664	525	6 580	3	17	576	3 892	2 092	6 580	8	742	1 705	2 455
承德	1 753	981	2 734	573	561	1 191	409	2 734	0	4	134	2 050	546	2 734	7	291	849	1 147
张家口	2 244	1 701	3 945	1 440	1 506	830	169	3 945	0	3	899	1 787	1 256	3 945	1	251	1 160	1 412
秦皇岛	1 067	880	1 947	348	529	881	189	1 947	0	1	719	824	403	1 947	4	214	512	730
唐山	2 550	2 264	4 814	939	1 642	1 859	374	4 814	0	7	1 318	2 245	1 244	4 814	8	482	1 337	1 827
廊坊	2 042	2 007	4 049	771	1 389	1 627	262	4 049	0	9	602	1 749	1 689	4 049	2	208	784	994
保定	3 669	3 534	7 203	1 553	2 606	2 546	498	7 203	0	40	1 756	3 182	2 225	7 203	13	639	1 088	1 740
沧州	2 726	2 081	4 807	814	1 708	1 912	373	4 807	0	3	82	3 461	1 261	4 807	1	359	965	1 325
衡水	2 188	1 847	4 035	493	1 729	1 388	425	4 035	0	2	1 086	1 720	1 227	4 035	6	334	657	997
邢台	2 951	2 645	5 596	1 216	1 933	1 922	525	5 596	0	6	878	2 055	2 657	5 595	3	240	717	960
邯郸	3 727	2 473	6 200	1 455	2 057	1 969	719	6 200	0	8	1 466	2 595	2 131	6 200	8	440	1 125	1 573
合计	28 661	23 433	52 094	10 827	17 955	18 827	4 485	52 094	6	112	9 661	25 571	16 744	52 094	97	4 250	10 942	15 289

渤海国际信托有限公司人民币信贷收支表

（2011年12月31日） 单位:万元

栏目 来源项目名称	本月余额	比年初		栏目 运用项目名称	本月余额	比年初	
		今年	去年			今年	去年
一、各项存款				一、各项贷款	80 000	80 000	
1.单位存款				㈠境内贷款	80 000	80 000	
其中:活期存款				1.短期贷款	80 000	80 000	
定期存款				(1)个人贷款及透支			
通知存款				其中:个人消费贷款			
保证金存款				(2)单位贷款及透支	80 000	80 000	
2.个人存款				其中:经营贷款	80 000	80 000	
储蓄存款				固定资产贷款			
保证金存款				(3)普通并购贷款			
结构性存款				(4)银团贷款			
3.临时性存款				(5)贸易融资			
4.其他存款				(6)境外投资转贷款			
二、代理财政性存款				2.中长期贷款			
三、金融债券				(1)个人贷款			
其中:境外发行				其中:个人消费贷款			
四、中长期借款				(2)单位贷款			
其中:境外借款				其中:经营贷款			
五、应付及暂收款	15 378	10 354	1 439	固定资产贷款			
其中:应付利息	25			(3)普通并购贷款			
六、卖出回购资产				(4)银团贷款			
七、向中央银行借款				(5)贸易融资			
八、同业往来(来源方)				(6)境外投资转贷款			
1.同业存放				3.融资租赁			
其中:境外同业存放				4.票据融资			
2.同业拆借				其中:贴现			
其中:境外同业拆借				5.各项垫款			
九、境外联行往来(来源方)				㈡境外贷款			
十、外汇买卖(来源方)				二、有价证券	12 981	－24 911	－36 998
其中:结售汇				三、股权及其他投资	49 024	12 186	32 138
十一、委托存款及委托投资基金(净)				四、应收及预付款	3 352	－1 971	5 027
1.委托存款及委托投资基金				其中:应收利息	3 101	3 017	－20
2.减:委托贷款及委托投资				五、买入返售资产	17 511	17 511	
十二、代理金融机构委托贷款基金				六、存放中央准备金存款			
其中:中央银行委托贷款基金				七、存放中央银行特种存款			
十三、各项准备	3 618	3 366	－54	八、缴存中央银行财政性存款			
其中:贷款损失准备				九、同业往来	77 606	73 466	－7 706
十四、所有者权益	230 924	143 870	－13 549	1.存放同业	77 606	73 466	－7 664
其中:实收资本	194 604	120 435		其中:存放境外同业			
十五、其他	－3 996	－1 443	4 488	2.拆放同业			－42
				其中:拆放境外同业			
				十、境外联行往来(运用方)			
				十一、代理金融机构贷款			
				其中:代理人行专项贷款			
				十二、库存现金	2	2	－2
				十三、外汇买卖(运用方)			
				其中:结售汇			
				十四、投资性房地产	5 448	－136	－135
资金来源总计	245 924	156 147	－7 676	资金运用总计	245 924	156 147	－7 676

渤海国际信托有限公司外汇信贷收支表

（2011 年 12 月 31 日）

单位:万美元

栏目 来源项目名称	本月余额	比年初		栏目 运用项目名称	本月余额	比年初	
		今年	去年			今年	去年
一、各项存款				一、各项贷款		-337	
1.单位存款				㈠境内贷款			
其中:活期存款				1.短期贷款			
定期存款				(1)个人贷款及透支			
通知存款				其中:个人消费贷款			
保证金存款				(2)单位贷款及透支			
2.个人存款				其中:经营贷款			
储蓄存款				固定资产贷款			
保证金存款				(3)普通并购贷款			
结构性存款				(4)银团贷款			
3.临时性存款				(5)贸易融资			
4.其他存款				(6)境外投资转贷款			
二、代理财政性存款				2.中长期贷款			
三、金融债券				(1)个人贷款			
其中:境外发行				其中:个人消费贷款			
四、中长期借款				(2)单位贷款			
其中:境外借款				其中:经营贷款			
五、应付及暂收款	-262	-72	-15	固定资产贷款			
其中:应付利息				(3)普通并购贷款			
六、卖出回购资产				(4)银团贷款			
七、向中央银行借款				(5)贸易融资			
八、同业往来(来源方)				(6)境外投资转贷款			
1.同业存放				3.融资租赁			
其中:境外同业存放				4.票据融资			
2.同业拆借				其中:贴现			
其中:境外同业拆借				5.各项垫款			
九、境外联行往来(来源方)				㈡境外贷款		-337	
十、外汇买卖(来源方)				二、有价证券			
其中:结售汇				三、股权及其他投资			
十一、委托存款及委托投资基金(净)				四、应收及预付款			
1.委托存款及委托投资基金				其中:应收利息			
2.减:委托贷款及委托投资				五、买入返售资产			
十二、代理金融机构委托贷款基金				六、存放中央准备金存款			
其中:中央银行委托贷款基金				七、存放中央银行特种存款			
十三、各项准备		-338		八、缴存中央银行财政性存款			
其中:贷款损失准备		-337		九、同业往来	2		-70
十四、所有者权益	264	73	-55	1.存放同业	2		
其中:实收资本	652			其中:存放境外同业			
十五、其他				2.拆放同业			-70
				其中:拆放境外同业			
				十、境外联行往来(运用方)			
				十一、代理金融机构贷款			
				其中:代理人行专项贷款			
				十二、库存现金			
				十三、外汇买卖(运用方)			
				其中:结售汇			
				十四、投资性房地产			
资金来源总计	2	-337	-70	资金运用总计	2	-337	-70

渤海国际信托有限公司职工性别、年龄、学历、职称结构统计表

（2011 年 12 月 31 日）

单位：人

机构名称	性别结构			年龄结构					学历结构						职称结构			
	男	女	合计	30 岁以下	31～40 岁	41～50 岁	51～60 岁	合计	博士研究生	硕士研究生	大学本科	大学专科	中专及以下	合计	高级职称	中级职称	初级职称	合计
河北省	70	20	90	43	23	21	3	90	0	43	39	6	2	90	8	13	5	26
总计	70	20	90	43	23	21	3	90	0	43	39	6	2	90	8	13	5	26

中国邮政储蓄银行河北省分行人民币信贷收支表

（2011 年 12 月 31 日）　　单位:万元

栏目 来源项目名称	本月余额	比年初 今年	比年初 去年	栏目 运用项目名称	本月余额	比年初 今年	比年初 去年
一、各项存款	18 546 205	3 351 991	2 729 269	一、各项贷款	2 179 736	1 036 108	653 927
1.单位存款	3 354 818	1 055 657	1 214 368	㈠境内贷款	2 179 736	1 036 108	653 927
其中:活期存款	2 872 243	798 892		1.短期贷款	1 086 537	634 208	135 641
定期存款	469 028	249 227		(1)个人贷款及透支	515 180	62 852	135 641
通知存款	3 320	-2 106		其中:个人消费贷款	5 675	2 946	-758
保证金存款	10 227	9 644	-150	(2)单位贷款及透支	571 356	571 356	
2.个人存款	15 189 939	2 294 886	1 514 900	其中:经营贷款	570 719	570 719	
储蓄存款	15 189 939	2 294 886	1 514 900	固定资产贷款	638	638	
保证金存款				(3)普通并购贷款			
结构性存款				(4)银团贷款			
3.临时性存款				(5)贸易融资			
4.其他存款	1 448	1 448		(6)境外投资转贷款			
二、代理财政性存款				2.中长期贷款	910 755	337 482	400 261
三、金融债券				(1)个人贷款	903 941	330 668	400 261
其中:境外发行				其中:个人消费贷款	549 644	213 150	259 325
四、中长期借款				(2)单位贷款	6 814	6 814	
其中:境外借款				其中:经营贷款			
五、应付及暂收款	276 992	162 976	52 119	固定资产贷款	6 814	6 814	
其中:应付利息	212 872	158 037	8 167	(3)普通并购贷款			
六、卖出回购资产				(4)银团贷款			
七、向中央银行借款				(5)贸易融资			
八、同业往来(来源方)	10 473	3 914	400	(6)境外投资转贷款			
1.同业存放	10 473	3 914	400	3.融资租赁			
其中:境外同业存放				4.票据融资	182 444	64 419	118 025
2.同业拆借				其中:贴现	182 444	64 419	118 025
其中:境外同业拆借				5.各项垫款			
九、境外联行往来(来源方)				㈡境外贷款			
十、外汇买卖(来源方)				二、有价证券			
其中:结售汇				三、股权及其他投资			
十一、委托存款及委托投资基金(净)				四、应收及预付款	96 156	83 169	5 365
1.委托存款及委托投资基金	290 675	171 055	91 993	其中:应收利息	81 708	81 025	377
2.减:委托贷款及委托投资	290 675	171 055	91 993	五、买入返售资产	466 147	466 147	
十二、代理金融机构委托贷款基金				六、存放中央准备金存款	29 885	-4 611	-66 315
其中:中央银行委托贷款基金				七、存放中央银行特种存款			
十三、各项准备	38 600	30 056	8 544	八、缴存中央银行财政性存款	18	18	
其中:贷款损失准备	35 466	29 749	5 716	九、同业往来	11 143	-45 449	21 379
十四、所有者权益	-40 228	-62 417	22 190	1.存放同业	11 143	-45 449	21 379
其中:实收资本				其中:存放境外同业			
十五、其他	-15 904 654	-1 980 053	-2 188 561	2.拆放同业			
				其中:拆放境外同业			
				十、境外联行往来(运用方)			
				十一、代理金融机构贷款			
				其中:代理人行专项贷款			
				十二、库存现金	144 305	-28 915	9 604
				十三、外汇买卖(运用方)			
				其中:结售汇 1			
				十四、投资性房地产			
资金来源总计	2 927 389	1 506 466	623 960	资金运用总计	2 927 389	1 506 466	623 960

河北省城市商业银行本外币信贷收支表

汇率:6.3009 (2011年12月31日) 单位:万元

栏目 / 来源项目名称	本月余额	比年初 今年	比年初 去年	栏目 / 运用项目名称	本月余额	比年初 今年	比年初 去年
一、各项存款	26 680 737	4 601 379	4 618 835	一、各项贷款	13 654 138	2 313 427	2 045 820
1.单位存款	16 324 966	1 973 754	2 878 325	(一)境内贷款	13 654 138	2 313 427	2 045 820
其中:活期存款	10 340 326	-25 292		1.短期贷款	9 196 076	2 404 701	1 660 097
定期存款	2 680 970	809 327		(1)个人贷款及透支	630 312	291 714	113 965
通知存款	200 839	-93 317		其中:个人消费贷款	236 206	138 055	43 988
保证金存款	2 868 557	1 229 059	410 306	(2)单位贷款及透支	8 550 014	2 105 237	1 548 132
2.个人存款	10 121 116	2 636 901	1 791 186	其中:经营贷款	8 213 021	2 248 920	1 367 573
储蓄存款	10 121 116	2 636 906	1 791 189	固定资产贷款	336 993	-143 683	173 109
保证金存款		-5	-3	(3)普通并购贷款			
结构性存款				(4)银团贷款	13 000	5 000	-2 000
3.临时性存款	61 655	26 724	-28 675	(5)贸易融资	2 750	2 750	
4.其他存款	173 000	-36 000	-22 000	(6)境外投资转贷款			
二、代理财政性存款	165 591	91 580	-70 060	2.中长期贷款	4 088 459	184 105	769 785
三、金融债券	115 541	119	115 422	(1)个人贷款	850 066	224 622	182 177
其中:境外发行				其中:个人消费贷款	534 105	208 929	-15 856
四、中长期借款				(2)单位贷款	3 157 650	-30 769	524 118
其中:境外借款				其中:经营贷款	1 497 055	-681 512	175 086
五、应付及暂收款	644 042	346 185	109 290	固定资产贷款	1 660 595	650 743	349 032
其中:应付利息	173 560	57 113	31 602	(3)普通并购贷款			-3 000
六、卖出回购资产	1 610 879	755 375	779 524	(4)银团贷款	75 743	-9 748	61 491
七、向中央银行借款	92 062	-21 958	64 475	(5)贸易融资	5 000		5 000
八、同业往来(来源方)	2 332 900	1 131 070	781 941	(6)境外投资转贷款			
1.同业存放	2 211 069	1 009 290	801 941	3.融资租赁			
其中:境外同业存放				4.票据融资	365 440	-279 297	-384 063
2.同业拆借	121 831	121 781	-20 000	其中:贴现	365 440	-279 297	-384 063
其中:境外同业拆借				5.各项垫款	4 163	3 918	
九、境外联行往来(来源方)			4 768	(二)境外贷款			
十、外汇买卖(来源方)	1 084	734	1	二、有价证券	5 651 508	1 667 937	828 891
其中:结售汇	819	721	-114	三、股权及其他投资	667 396	7 431	534 525
十一、委托存款及委托投资基金(净)	2 260	1 880	42 681	四、应收及预付款	289 533	70 542	74 508
1.委托存款及委托投资基金	1 113 385	470 662	401 417	其中:应收利息	90 296	20 011	26 553
2.减:委托贷款及委托投资	1 111 125	468 782	358 736	五、买入返售资产	2 942 644	-95 620	2 225 943
十二、代理金融机构委托贷款基金	5 908	-2 442	-5 760	六、存放中央准备金存款	7 061 158	2 002 415	1 212 597
其中:中央银行委托贷款基金				七、存放中央银行特种存款			
十三、各项准备	446 362	103 213	89 904	八、缴存中央银行财政性存款	74 238	16 716	29 136
其中:贷款损失准备	412 789	114 577	85 889	九、同业往来	2 754 838	1 027 412	-202 302
十四、所有者权益	1 942 535	406 746	270 937	1.存放同业	2 692 145	988 292	-197 847
其中:实收资本	994 867	80 507	90 501	其中:存放境外同业	14 832	-4 612	16 492
十五、其他	-762 533	-388 874	92 139	2.拆放同业	62 693	39 120	-4 455
				其中:拆放境外同业			
				十、境外联行往来(运用方)			94 395
				十一、代理金融机构贷款	5 908	-2 442	-5 760
				其中:代理人行专项贷款			
				十二、库存现金	174 920	16 453	58 882
				十三、外汇买卖(运用方)	1 085	736	2
				其中:结售汇1	823	724	-112
				十四、投资性房地产			-2 539
资金来源总计	33 277 367	7 025 007	6 894 097	资金运用总计	33 277 367	7 025 007	6 894 097

河北省城市商业银行人民币信贷收支表

（2011 年 12 月 31 日） 单位:万元

栏目 来源项目名称	本月余额	比年初		栏目 运用项目名称	本月余额	比年初	
		今年	去年			今年	去年
一、各项存款	26 672 685	4 614 500	4 604 016	一、各项贷款	13 650 307	2 317 046	2 038 369
1.单位存款	16 317 071	1 986 727	2 861 727	(一)境内贷款	13 650 307	2 317 046	2 038 369
其中:活期存款	10 332 696	-12 054		1.短期贷款	9 192 245	2 408 320	1 652 647
定期存款	2 680 970	809 327		(1)个人贷款及透支	630 312	291 714	113 965
通知存款	200 839	-93 317		其中:个人消费贷款	236 206	138 055	43 988
保证金存款	2 868 293	1 228 795	410 306	(2)单位贷款及透支	8 546 183	2 108 857	1 540 682
2.个人存款	10 121 009	2 636 880	1 791 202	其中:经营贷款	8 209 190	2 245 089	1 367 573
储蓄存款	10 121 009	2 636 885	1 791 205	固定资产贷款	336 993	-136 232	173 109
保证金存款		-5	-3	(3)普通并购贷款			
结构性存款				(4)银团贷款	13 000	5 000	-2 000
3.临时性存款	61 605	26 892	-26 913	(5)贸易融资	2 750	2 750	
4.其他存款	173 000	-36 000	-22 000	(6)境外投资转贷款			
二、代理财政性存款	165 591	91 580	-70 060	2.中长期贷款	4 088 459	184 105	769 785
三、金融债券	115 541	119	115 422	(1)个人贷款	850 066	224 622	182 177
其中:境外发行				其中:个人消费贷款	534 105	208 929	-15 856
四、中长期借款				(2)单位贷款	3 157 650	-30 769	524 118
其中:境外借款				其中:经营贷款	1 497 055	-681 512	175 086
五、应付及暂收款	642 082	345 590	108 533	固定资产贷款	1 660 595	650 743	349 032
其中:应付利息	173 529	57 082	31 602	(3)普通并购贷款			-3 000
六、卖出回购资产	1 610 879	755 375	779 524	(4)银团贷款	75 743	-9 748	61 491
七、向中央银行借款	92 062	-21 958	64 475	(5)贸易融资	5 000		5 000
八、同业往来(来源方)	2 310 216	1 108 387	781 941	(6)境外投资转贷款			
1.同业存放	2 192 166	990 387	801 941	3.融资租赁			
其中:境外同业存放				4.票据融资	365 440	-279 297	-384 063
2.同业拆借	118 050	118 000	-20 000	其中:贴现	365 440	-279 297	-384 063
其中:境外同业拆借				5.各项垫款	4 163	3 918	
九、境外联行往来(来源方)				(二)境外贷款			
十、外汇买卖(来源方)		-98	98	二、有价证券	5 651 508	1 667 937	828 891
其中:结售汇		-98	98	三、股权及其他投资	667 396	7 431	534 525
十一、委托存款及委托投资基金(净)	2 260	1 880	42 681	四、应收及预付款	289 482	70 498	74 501
1.委托存款及委托投资基金	1 113 385	470 662	401 417	其中:应收利息	90 245	19 967	26 546
2.减:委托贷款及委托投资	1 111 125	468 782	358 736	五、买入返售资产	2 942 644	-95 620	2 225 943
十二、代理金融机构委托贷款基金	5 908	-2 442	-5 760	六、存放中央准备金存款	7 060 938	2 002 393	1 212 747
其中:中央银行委托贷款基金				七、存放中央银行特种存款			
十三、各项准备	446 356	103 227	89 884	八、缴存中央银行财政性存款	74 238	16 716	29 136
其中:贷款损失准备	412 782	114 591	85 869	九、同业往来	2 728 746	1 035 016	-215 414
十四、所有者权益	1 942 403	406 885	270 897	1.存放同业	2 673 614	995 510	-211 172
其中:实收资本	994 867	80 507	90 501	其中:存放境外同业			
十五、其他	-758 910	-366 780	91 944	2.拆放同业	55 132	39 506	-4 242
				其中:拆放境外同业			
				十、境外联行往来(运用方)			94 395
				十一、代理金融机构贷款	5 908	-2 442	-5 760
				其中:代理人行专项贷款			
				十二、库存现金	174 819	16 452	58 899
				十三、外汇买卖(运用方)	1 085	835	-97
				其中:结售汇 1	823	823	-211
				十四、投资性房地产			-2 539
资金来源总计	33 247 072	7 036 263	6 873 596	资金运用总计	33 247 072	7 036 263	6 873 596

河北省城市商业银行外汇信贷收支表

（2011年12月31日）

单位:万美元

栏目 来源项目名称	本月余额	比年初		栏目 运用项目名称	本月余额	比年初	
		今年	去年			今年	去年
一、各项存款	1 278	－1 919	2 267	一、各项贷款	608	－517	1 125
1.单位存款	1 253	－1 898	2 526	㈠境内贷款	608	－517	1 125
其中:活期存款	1 211	－1 940		1.短期贷款	608	－517	1 125
定期存款				(1)个人贷款及透支			
通知存款				其中:个人消费贷款			
保证金存款	42	42		(2)单位贷款及透支	608	－517	1 125
2.个人存款	17	4	－2	其中:经营贷款	608	608	
储蓄存款	17	4	－2	固定资产贷款		－1 125	
保证金存款				(3)普通并购贷款			
结构性存款				(4)银团贷款			
3.临时性存款	8	－25	－257	(5)贸易融资			
4.其他存款				(6)境外投资转贷款			
二、代理财政性存款				2.中长期贷款			
三、金融债券				(1)个人贷款			
其中:境外发行				其中:个人消费贷款			
四、中长期借款				(2)单位贷款			
其中:境外借款				其中:经营贷款			
五、应付及暂收款	311	105	117	固定资产贷款			
其中:应付利息	5	5		(3)普通并购贷款			
六、卖出回购资产				(4)银团贷款			
七、向中央银行借款				(5)贸易融资			
八、同业往来(来源方)	3 600	3 600		(6)境外投资转贷款			
1.同业存放	3 000	3 000		3.融资租赁			
其中:境外同业存放				4.票据融资			
2.同业拆借	600	600		其中:贴现			
其中:境外同业拆借				5.各项垫款			
九、境外联行往来(来源方)			720	㈡境外贷款			
十、外汇买卖(来源方)	172	134	－13	二、有价证券			
其中:结售汇	130	130	－31	三、股权及其他投资			
十一、委托存款及委托投资基金(净)				四、应收及预付款	8	7	1
1.委托存款及委托投资基金				其中:应收利息	8	7	1
2.减:委托贷款及委托投资				五、买入返售资产			
十二、代理金融机构委托贷款基金				六、存放中央准备金存款	35	5	－21
其中:中央银行委托贷款基金				七、存放中央银行特种存款			
十三、各项准备	1	－2	3	八、缴存中央银行财政性存款			
其中:贷款损失准备	1	－2	3	九、同业往来	4 141	－947	2 074
十四、所有者权益	21	－20	7	1.存放同业	2 941	－947	2 069
其中:实收资本				其中:存放境外同业	2 354	－582	2 504
十五、其他	－575	－3 364	91	2.拆放同业	1 200		5
				其中:拆放境外同业			
				十、境外联行往来(运用方)			
				十一、代理金融机构贷款			
				其中:代理人行专项贷款			
				十二、库存现金	16	1	－2
				十三、外汇买卖(运用方)		－15	15
				其中:结售汇1		－15	15
				十四、投资性房地产			
资金来源总计	4 808	－1 466	3 192	资金运用总计	4 808	－1 466	3 192

河北省各城市商业银行中间业务收入情况表

（2011 年 12 月 31 日）

单位：万元

项目	合计	1. 投行业务收入	2. 国内担保承诺业务收入	3. 结售汇业务收入	4. 人民币对公结算与现金管理业务收入	5. 代收代付业务收入	6. 对公国际结算业务收入	7. 个人国际结算业务收入	8. 信用卡业务收入（不含商户收单）	9. 银行卡商户收单业务收入	10. 电子银行业务收入（不含自助银行）	11. 自助银行业务收入	12. 个人人民币结算业务收入	13. 代理销售基金等投资类产品业务收入	14. 个人理财业务收入	15. 代理保险业务收入	16. 托管业务收入
河北银行股份有限公司	7 104				713	3 777				1 514	5			408	47	531	109
承德银行股份有限公司	664. 52		381. 74		59. 40	106. 51			1. 66		2. 27	81. 32	31. 62				
张家口市商业银行股份有限公司	472. 00			0. 00	311. 00	3. 00				47. 00		66. 00	45. 00				
秦皇岛市商业银行股份有限公司	391		117		135	48							86		5		
唐山市商业银行股份有限公司	26 369		227		25 770	9				264	99						
廊坊银行股份有限公司	1 105	0	2. 75	0. 39	631. 22	0	0	0	0	6. 04	0. 40	152. 93	162. 78	0	0	3. 75	145. 09
保定市商业银行股份有限公司	773		309		221	195			38				10				
沧州银行股份有限公司	916				151								56			709	
衡水市商业银行																	
邢台银行股份有限公司	3 449		2 507		704	172				45		20					
邯郸银行股份有限公司	5 683	0	5 431	0	89	0	0	0	0	163	0	0	0	0	0	0	
合计	46 927	0	8 976	0	28 784	4 311	0	0	40	2 039	107	320	391	408	52	1 244	254

河北省各城市商业银行银行卡业务统计表

（2011 年 12 月 31 日）

单位：张、笔、台、万元

项目	银行卡数量								存现	
	当期发卡数量				期末卡数量					
	贷记卡	准贷记卡	借记卡	小计	贷记卡	准贷记卡	借记卡	小计	笔数	金额
河北银行股份有限公司	3 951		283 854	287 805	48 030		1 338 083	1 386 113	2 004 367	3 990 581
承德银行股份有限公司	1 152		46 977	48 129	1 401		128 939	130 340	267 751	579 607
张家口市商业银行股份有限公司			90 858	90 858			166 761	166 761	105 452	408 345
秦皇岛市商业银行股份有限公司			53 074	53 074			145 130	145 130	200 023	835 540
唐山市商业银行股份有限公司			52 316	52 316			465 726	465 726	214 921	213 998
廊坊银行股份有限公司			64 767	64 767			360 448	360 448		
保定市商业银行股份有限公司			5 508	5 508			44 367	44 367	24 863	98 419
沧州银行股份有限公司			85 221	85 221.00			385 491	385 491	266 713	213 097
衡水市商业银行			30 124	30 124			112 694	112 694	138 891	138 796
邢台银行股份有限公司			164 279	164 279			164 279	164 279	211 830	1 805 193
邯郸银行股份有限公司			107 472	107 472			222 999	222 999	656 194	1 619 630
合计	5 103		984 450	989 553	49 431		3 534 917	3 584 348	4 091 005	9 903 206

续表

项目	资金交易情况								ATM 数量
	取现		消费		转账		小计		
	笔数	金额	笔数	金额	笔数	金额	笔数	金额	
河北银行股份有限公司	6 160 554	3 683 790	1 922 288	810 428			10 266 827	18 690 551	185
承德银行股份有限公司	835 532	752 971	80 583	40 778	1 302 208	2 013 026	2 486 074	3 386 379	30
张家口市商业银行股份有限公司	1 013 522	592 033	75 310	65 100	143 116	76 333	1 337 400	1 141 811	48
秦皇岛市商业银行股份有限公司	449 125	1 183 978	82 828	47 058	142 144	566 648	874 120	2 633 224	37
唐山市商业银行股份有限公司	552 570	414 558	98 876	47 567	7 997	330 646	874 364	1 006 769	62
廊坊银行股份有限公司	181 393	22 142	167 117	80 367	1 098	563	349 608	103 072	77
保定市商业银行股份有限公司	12 368	47 248	15 126	9 779	136 782	159 562	189 139	315 008	33
沧州银行股份有限公司	507 949	1 627 904	216 761	99 632	1 754 647	3 833 196	2 479 312	55 660 732	49
衡水市商业银行	439 622	32 848	56 587	46 983	50 527	11 541 175	685 627	1 759 802	27
邢台银行股份有限公司	311 929	2 490 558	142 526	34 472	30 269	680 365	696 554	5 010 588	27
邯郸银行股份有限公司	1 084 458	1 595 662	199 901	192 114	952 614	12 123 386	2 893 167	15 530 792	54
合计	11 549 022	12 443 692	3 057 903	1 474 278	4 521 402	31 324 900	23 132 192	105 238 727	629

河北省城市商业银行网上银行业务发展情况表

(2011 年 12 月 31 日)

单位：户、笔、万元

单位	客户数				交易笔数(双向)				交易金额(双向)			
	个人		企业		个人		企业		个人		企业	
	年末余额	当年新增	年末余额	当年新增	交易笔数	当年新增	交易笔数	当年新增	交易金额	当年新增	交易金额	当年新增
河北银行股份有限公司	52 366	34 562	8 046	5 408	921 182	794 019	405 666	267 315	4 737 502	4 049 519	10 651 443	6 731 630
承德银行股份有限公司	455	346	365	173	9 294	8 444	25 675	18 748	109 249	107 800	1 609 589	1 240 837
张家口市商业银行股份有限公司	8 959	8 728	889	859	26 567	25 998	27 235	26 829	302 970	302 173	628 047	625 150
廊坊银行股份有限公司	2 715	2 715	723	723	8 702	8 702	29 119	29 119	63 902	53 902	677 606	677 606
保定市商业银行股份有限公司	335	−57	40	60	773	773.00	1 017	1 017	4 506	4 506	44 123.00	44 123.00
沧州银行股份有限公司	9 085	7 364	2 087	1 447	48 436	59 324	53 828	65 798	553 357	478 340	2 748 379	2 224 335
衡水市商业银行	1 684	1 684	209	209	2 642	2 642	1 395	1 395	6 048	6 048	26 973	26 973
邢台银行股份有限公司	6 832	6 417	1 025	866	20 656	18 115.00	30 836	27 727	181 169	172 172.7	2 198 211.21	2 083 222.61
邯郸银行股份有限公司	7 613	7 613	1 674	1 674	70 317	70 317	58 334	58 334	312 138	312 138	1 706 543	1 706 543
合计	90 044	69 372	15 058	11 419	1 108 569	988 334.00	633 105	496 282	6 270 841	5 496 598	20 290 913.73	15 360 419.52

河北省城市商业银行机构、人员情况一览表

（2011 年 12 月 31 日）

单位：个、人

单位名称	员工总数	在岗职工	离退休	一级分行（局）	省行营业部二级分行（局）	县支行（局）	城区支行（局）	二级支行（局）	分理处	集镇办	储蓄所	各类机构总数
河北银行股份有限公司	3 408	2 682	726		6	5	63					74
承德银行股份有限公司	505	492	13	1	1	6	13					21
张家口市商业银行股份有限公司	1 077	1 061	16	1	2	8	31	3				45
秦皇岛市商业银行股份有限公司	957	844	113	1	4	2	30					37
唐山市商业银行股份有限公司	1 106	1 029	77	1			30					31
廊坊银行股份有限公司	672	643	29	2		2	13	6				23
保定市商业银行股份有限公司	544	482	62	1		4	19					24
沧州银行股份有限公司	849	805	44	2		10	20					32
衡水市商业银行	921	865	56	1		6	17	1				25
邢台银行股份有限公司	882	694	188	1		7	16					24
邯郸银行股份有限公司	942	906	36									
合计	11 863	10 503	1 360									

河北省城市商业银行职工性别、年龄、学历、职称结构统计表

（2011 年 12 月 31 日）

单位：人

机构名称	性别结构			年龄结构					学历结构						职称结构			
	男	女	合计	30 岁以下	31～40 岁	41～50 岁	51～60 岁	合计	博士研究生	硕士研究生	大学本科	大学专科	中专及以下	合计	高级职称	中级职称	初级职称	合计
河北银行股份有限公司	1 122	1 560	2 682	687	1 110	871	14	2 682	7	178	1 294	1 069	134	2 682	49	274	1 882	2 205
承德银行股份有限公司	253	239	492	298	100	73	21	492		23	343	80	44	492	2	79	72	153
张家口市商业银行股份有限公司	469	592	1 061	360	365	273	63	1 061		54	189	747	71	1 061	3	143	290	436
秦皇岛市商业银行股份有限公司	287	557	844	39	358	385	62	844		4	557		283	844	19	181	198	398
唐山市商业银行股份有限公司	387	642	1 029	325	306	368	30	1 029	5	82	170	568	204	1 029	4	126	100	230
廊坊银行股份有限公司	322	321	643	320	215	92	16	643		63	210	326	44	643	17	113	173	303
保定市商业银行股份有限公司	219	263	482	5	235	216	26	482		4	112	243	123	482	6	135	63	204
沧州银行股份有限公司	388	417	805	381	221	182	21	805		21	390	327	67	805	13	116	122	251
衡水市商业银行	394	471	865	276	346	208	35	865		9		637	219	865	13	91	84	188
邢台银行股份有限公司	326	368	694	322	248	122	2	694		14	295	204	181	694	9	71	142	222
邯郸银行股份有限公司	446	460	906	304	312	266	24	906		73	257	369	207	906	14	115	277	406
合计	4 613	5 890	10 503	3 317	3 816	3 056	314	10 503	12	525	3 817	4 570	1 577	10 503	149	1 444	3 403	4 996

河北银行股份有限公司资产负债表

（2011 年 12 月 31 日） 单位：千元

项目	期末金额	期初金额
资产：		
现金	430 618	464 326
存放中央银行款项	18 982 370	15 000 423
存放同业款项	10 016 568	1 221 700
拆出资金	37 805	81 456
交易性金融资产	1 509 573	1 636 334
买入返售金融资产	6 796 282	7 501 079
应收款项类金融资产	6 212 889	4 982 613
应收利息	431 645	262 314
发放贷款和垫款	38 103 557	32 140 128
可供出售金融资产	4 327 491	3 350 824
持有至到期投资	15 768 458	7 745 107
长期股权投资	10 875	10 875
投资性房地产	29 522	30 306
固定资产	251 170	237 827
在建工程	19 025	15 232
无形资产	58 978	54 873
递延所得税资产	193 956	173 034
其他资产	3 524 660	874 948
资产总计	106 705 442	75 783 399
负债：		
向中央银行借款	9 889	–
同业及其他金融机构存放款项	12 878 486	67 929
拆入资金	937 805	–
卖出回购金融资产款	7 037 857	1 959 661
吸收存款	73 788 757	67 790 588
应付职工薪酬	72 972	39 264
应交税费	117 275	102 661
应付利息	541 625	349 847
预计负债	121 428	118 344
应付债券	795 406	794 216
递延所得税负债	14 711	–
其他负债	5 936 141	846 513
负债合计	102 252 352	72 069 023
股东权益：		
股本	2 000 000	2 000 000
资本公积	559 184	517 823
减：库存股	–	–
盈余公积	416 797	267 229
一般风险准备	567 348	394 807
未分配利润	884 743	510 277
外币报表折算差额	–	–
归属于母公司所有者权益合计	4 428 072	3 690 136
少数股东权益	–	24 240
股东权益合计	4 428 072	3 714 376
负债和股东权益合计	106 680 424	75 783 399

河北银行股份有限公司利润表

(2011 年 12 月 31 日) 单位:千元

项目	本期金额	上期金额
一、营业收入	2 662 734	1 834 018
(一)利息净收入	2 428 302	1 788 806
利息收入	3 769 854	2 672 093
利息支出	1 341 552	883 287
(二)手续费及佣金净收入	202 469	54 726
手续费及佣金收入	208 346	58 006
手续费及佣金支出	5 877	3 280
(三)投资收益(损失以“-”填列)	2 419	-27 356
(四)公允价值变动损益(损失以“-”填列)	7 720	3 352
(五)其他收入	21 824	14 490
汇兑收益(损失以“-”填列)	6 836	976
其他业务收入	14 988	13 514
二、营业支出	1 503 613	1 146 216
(一)营业税金及附加	157 271	107 393
(二)业务及管理费	1 052 258	699 922
(三)资产减值损失或呆账损失(转回以“-”填列)	293 539	338 879
(四)其他业务成本	545	22
三、营业利润(亏损以“-”填列)	1 159 121	687 802
加:营业外收入	10 810	4 978
减:营业外支出	1 141	28 487
四、利润总额(亏损以“-”填列)	1 168 790	664 293
减:所得税费用	170 086	93 404
五、净利润(亏损以“-”填列)	998 704	570 889
归属于母公司所有者的净利润	997 926	571 149
少数股东损益	778	-260
五、每股收益:		
(一)基本每股收益	1	0
(二)稀释每股收益	1	0
七、其他综合收益	41 361	-40 855
八、综合收益总额	1 040 065	530 034
归属于母公司所有者的综合收益总额	1 039 287	530 294
归属于少数股东的综合收益总额	778	-260

河北银行股份有限公司助学贷款地区分布表

(2011 年 12 月 31 日) 单位:万元

单位\项目	助学贷款			其中:	
	笔数	金额	较年初	中央贴息助学贷款	地方贴息助学贷款
合　计	0	0.00	-20.95		20.95
省分行营业部	0	0.00	-20.95		20.95

河北银行股份有限公司中间业务收入情况表

（2011 年 12 月 31 日）

单位:万元

项目	结算收入	委托业务收入	代理业务收入	银行卡业务收入	保理业务收入	网银业务收入	理财业务收入	其他	合计
石家庄	394	50	406	1 424	501	5		2 379	5 159
唐山	114	25	2	46	13			309	509
廊坊	109	24		28				409	570
保定	7	10		1				53	71
沧州	8			3				239	250
邯郸	81			12	17		47	388	545
合计	713	109	408	1 514	531	5	47	3 777	7 104

河北银行股份有限公司银行卡业务统计表

（2011 年 12 月 31 日）

单位：张、笔、台、万元

项目	银行卡数量								资金交易情况	
	当期发卡数量				期末卡数量				存现	
	贷记卡	准贷记卡	借记卡	小计	贷记卡	准贷记卡	借记卡	小计	笔数	金额
石家庄	3 113	——	267 987	271 100	45 418	——	1 316 852	1 362 270	1 911 364	3 804 202
唐山	260	——	5 780	6 040	1 287	——	9 091	10 378	48 073	84 459
廊坊	19	——	3 247	3 266	19	——	3 487	3 506	8 787	29 087
保定	23	——	1 032	1 055	23	——	1 050	1 073	5 283	11 604
沧州	152	——	2 204	2 356	152	——	2 298	2 450	10 158	23 082
邯郸	384	——	3 604	3 988	1 131	——	5 305	6 436	20 702	38 147
总计	3 951	——	283 854	287 805	48 030	——	1 338 083	1 386 113	2 004 367	3 990 581

续表

项目	资金交易情况								ATM、CRS 等自助设备数量
	取现		消费		转账		小计		
	笔数	金额	笔数	金额	笔数	金额	笔数	金额	
石家庄	6 055 327	3 546 821	1 882 505	732 900	173 495	9 113 673	8 111 327	13 393 394	149
唐山	45 361	62 746	18 237	44 715	1 755	399 042	65 353	506 502	19
廊坊	18 532	18 862	4 329	3 625	1 345	210 473	24 206	232 960	3
保定	5 155	9 239	1 126	1 511	245	31 656	6 526	42 405	3
沧州	11 419	14 525	2 498	3 966	788	66 090	14 705	84 582	3
邯郸	24 760	31 597	13 593	23 713	1990	384 817	40 343	440 127	8
总计	6 160 554	3 683 790	1 922 288	810 428	179 618	10 205 751	8 262 460	14 699 969	185

河北银行股份有限公司网上银行业务发展情况表

（2011 年 12 月 31 日）

单位:户、笔、万元

单位	客户数				动账交易笔数				交易金额			
	个人		企业		个人		企业		个人		企业	
	年末余额	比去年新增	年末余额	比去年新增	交易笔数	比去年新增	交易笔数	比去年新增	交易金额	比去年新增	交易金额	比去年新增
石家庄	44 956	28 338	6 812	4 447	825 872	703 240	373 437	243 623	3 797 472	3 180 734	8 102 573	4 924 279
唐山	3 356	2 879	379	286	32 440	30 282	9 485	3 688	288 723. 2	252 406. 7	711 468. 2	394 444. 2
廊坊	1 078	965	202	164	28 375	27 946	6 748	6 585	302 956. 1	301 151	607 112. 6	579 550. 2
保定	433	428	82	82	5 318	5 318	1 493	1 493	38 345. 06	38 345. 06	96 301. 75	96 301. 75
沧州	1 140	1 072	230	227	17 391	17 384	2 741	2 741	123 889. 7	123 689. 3	185 236. 7	185 236. 7
邯郸	1 403	880	341	202	11 786	9 849	11 762	9 185	186 115. 5	153 192. 7	948 750. 4	551 818
总计	52 366	34 562	8 046	5 408	921 182	794 019	405 666	267 315	4 737 502	4 049 519	10 651 443	6 731 630

河北银行股份有限公司机构、人员情况一览表

（2011 年 12 月 31 日）

单位:个、人

单位名称	从业人员	在岗职工	离退休	分行(局)	县支行(局)	城区支行(局)	各类机构总数
石家庄	2 392	2 340	726	1	4	59	64
唐山	141	141		1		3	4
廊坊	59	59		1			1
保定	41	41		1			1
沧州	43	43		1			1
邯郸	58	58		1	1	1	3
总计	2 734	2 682	726	6	5	63	74

河北银行股份有限公司职工性别、年龄、学历、职称结构统计表

（2011 年 12 月 31 日）

单位：人

机构名称	性别结构			年龄结构					学历结构						职称结构			
	男	女	合计	30 岁以下	31～40 岁	41～50 岁	51～60 岁	合计	博士研究生	硕士研究生	大学本科	大学专科	中专及以下	合计	高级职称	中级职称	初级职称	合计
石家庄	927	1 413	2 340	496	1 012	818	14	2 340	7	156	1 065	988	124	2 340	45	208	1 844	2 097
唐山	71	70	141	83	41	17		141		5	91	43	2	141	1	13	8	22
廊坊	36	23	59	33	18	8		59		4	48	6	1	59		19	2	21
保定	27	14	41	21	11	9		41		4	24	11	2	41		2	14	16
沧州	28	15	43	25	13	5		43		1	32	7	3	43	2	8	4	14
邯郸	33	25	58	29	15	14		58		8	34	14	2	58	1	24	10	35
总计	1 122	1 560	2 682	687	1 110	871	14	2 682	7	178	1 294	1 069	134	2 682	49	274	1 882	2 205

承德银行股份有限公司资产负债表

（2011 年 12 月 31 日）

单位:元

资产	期初数	期末数	负债及股东权益	期初数	期末数
现金及银行存款	36 887 928.02	53 426 756.35	负债		
存放中央银行款项	3 120 138 162.05	4 881 413 647.51	向中央银行借款	25 485 353.69	25 485 353.69
贵金属	0.00	0.00	同业及其他金融机构存放款项	623 951 809.00	45 269 145.80
存放联行款项			拆入资金	0.00	0.00
存放同业款项	1 906 275 602.11	66 800 287.48	联行存放款项	880 545.48	1 800 380.47
拆出资金	25 485 353.69	25 485 353.69	交易性金融负债	0.00	0.00
交易性金融资产	0.00	0.00	衍生金融负债		
衍生金融资产			卖出回购金融资产款	0.00	1 235 000 000.00
买入返售金融资产	887 275 000.00	2 714 560 000.00	吸收存款	14 627 926 146.22	17 832 722 779.50
应收款项类金融资产			活期存款	8 199 426 273.36	9 241 882 481.44
应收利息	86 520 814.44	122 846 519.45	活期储蓄存款	950 612 950.59	1 245 673 373.29
其他应收款	189 264 044.83	222 576 124.01	定期存款	806 308 190.00	964 327 500.00
发放贷款和垫款	6 962 460 304.18	9 037 323 659.03	定期储蓄存款	3 627 328 470.52	5 326 802 222.09
短期贷款	3 706 660 600.00	4 812 545 700.00	应解汇款及汇出汇款	63 480 493.25	120 143 552.77
中长期贷款	3 125 922 749.18	3 637 050 914.04	保证金	980 769 768.50	933 893 649.91
逾期贷款	68 116 296.42	63 168 000.00	应付职工薪酬	31 527 475.19	44 194 528.19
贴现	61 689 105.19	523 210 000.00	应交税费	46 298 193.75	56 678 194.42
垫款	71 553.39	1 349 044.99			
减:贴现利息调整	1 680 268.01	10 970 702.91	应付利息	57 814 256.08	114 149 934.86
减:贷款损失准备	187 147 804.54	259 167 465.85	应付利润	84 492 728.43	82 794 286.99
可供出售金融资产	0.00	0.00	其他应付款	6 936 040.53	4 612 835.38
持有至到期投资	3 409 978 654.00	4 176 859 634.00	预计负债	0.00	0.00
长期股权投资	13 000 000.00	13 000 000.00	应付债券	0.00	0.00
投资性房地产	0.00	0.00	递延所得税负债	0.00	0.00
固定资产原价	160 539 066.97	194 044 171.82	再贴现	0.00	338 500 000.00
减:累计折旧	30 390 562.81	42 602 458.06	其他负债	528 500.00	100.00
固定资产减值准备	0.00	0.00	负债合计	15 505 841 048.37	19 781 207 539.30
固定资产净值	130 148 504.16	151 441 713.76	股东权益		
在建工程	0.00	0.00	股本	679 451 007.00	679 451 007.00
固定资产清理	0.00	0.00	资本公积	1 673 692.73	1 673 692.73
无形资产	7 327 768.90	6 888 047.59	减:库存股	0.00	0.00
长期待摊费用	0.00	0.00	盈余公积	96 555 146.93	138 671 681.66
抵债资产	0.00	0.00	一般风险准备	0.00	0.00
递延所得税资产	0.00	0.00	未分配利润	308 673 168.80	612 295 153.42
其他资产	6 260 000.00	10 815 500.00	股东权益合计	1 086 353 015.46	1 432 091 534.81
资产总计	16 592 194 063.83	21 213 299 074.11	负债及股东权益总计	16 592 194 063.83	21 213 299 074.11

承德银行股份有限公司损益表

(2011 年 12 月 31 日)

单位:元

项目	本期数	本年累计数
一、营业收入	1 641 811 157.02	820 905 578.51
(一)利息净收入	1 364 116 443.38	682 058 221.69
贷款利息收入	1 620 301 591.64	810 150 795.82
金融机构往来利息收入	625 801 242.48	312 900 621.24
存款利息支出	471 720 722.00	235 860 361.00
金融机构往来利息支出	410 265 668.74	205 132 834.37
(二)手续费净收入	10 107 974.10	5 053 987.05
手续费及佣金收入	12 917 428.04	6 458 714.02
手续费及佣金支出	2 809 453.94	1 404 726.97
(三)投资收益	267 586 739.54	133 793 369.77
二、营业支出	601 095 329.52	300 547 664.76
(一)营业税金及附加	91 473 323.88	45 736 661.94
(二)营业费用	337 608 178.86	168 804 089.43
(三)提取准备	142 579 322.62	71 289 661.31
(四)其他营业支出	29 434 504.16	14 717 252.08
三、营业利润	1 040 715 827.50	520 357 913.75
加:营业外收入	12 497 433.44	6 248 716.72
减:营业外支出	608 631.42	304 315.71
四、利润总额	1 052 604 629.52	526 302 314.76
减:所得税	210 273 934.84	105 136 967.42
五、净利润	842 330 694.68	421 165 347.34

张家口市商业银行股份有限公司资产负债表

（2011 年 12 月 31 日）

单位：元

资产	期初数	期末数	负债及所有者权益	期初数	期末数
现金	115 884 409.21	167 611 773.09	向中央银行借款		
存放中央银行款项	4 597 634 874.70	7 255 994 001.88	同业存放款项	9 801 200 000.00	3 390 000 000.00
存放同业款项	7 745 583 009.63	3 250 985 052.56	拆入资金		280 000 000.00
拆出资金	7 680 000.00		卖出回购金融资产款		2 586 000 000.00
交易性金融资产	229 839 949.64	1 985 723 094.96	短期对公存款	9 073 872 267.54	10 657 533 232.98
买入返售金融资产	3 437 742 790.70	2 599 800 000.00	短期储蓄存款	2 498 094 074.17	2 987 055 538.97
应收利息	22 056 954.37	67 098 651.85	财政性存款		
其他应收款	23 355 292.62	12 920 516.14	委托存款	1 051 297 100.00	1 054 537 100.00
减：坏账准备	870 359.85	860 359.85	应付职工薪酬	20 446 985.78	95 132 012.48
个人短期贷款	147 832 828.91	119 196 356.91	应交税费	151 055 446.61	68 262 445.99
公司短期贷款	6 833 986 917.85	7 978 742 817.01	应付利息	117 737 377.75	208 044 595.98
贴现资产	834 118 360.00	262 988 676.75	应付股利	1 995 998.18	67 427 318.18
委托贷款	1 051 297 100.00	1 034 537 100.00	应解汇款	835 760.60	604 554.52
短期资产合计：	25 046 142 127.78	24 734 737 681.30	其他应付款	69 975 831.29	62 552 332.81
个人中长期贷款	102 521 013.93	295 901 419.84	其他短期负债	3 054 652.25	40 013 941.16
公司中长期贷款	4 144 664 000.25	6 275 773 883.27	短期负债合计：	22 789 565 494.17	21 497 163 073.07
逾期贷款	52 556 167.31	50 194 397.51	长期对公存款	583 461 496.80	867 011 488.33
减：贷款损失准备	633 249 166.82	725 569 166.82	长期储蓄存款	7 884 487 531.49	11 704 124 160.55
持有至到期投资	3 889 984 806.15	5 065 805 973.78	应付债券		
减：持有至到期投资减值准备	24 263 474.90	20 308 570.24	递延所得税负债	3 565 225.22	
长期股权投资	14 770 000.00	67 300 000.00	长期负债合计：	8 471 514 253.51	12 571 135 648.88
减：长期股权投资减值准备	320 000.00		负债合计：	31 261 079 747.68	34 068 298 721.95
固定资产	270 264 365.01	413 523 743.48	股本	1 000 000 000.00	1 000 000 000.00
减：累计折旧	53 595 762.32	60 242 435.14	资本公积	181 338 420.00	181 338 420.00
减：固定资产减值准备	4 540 000.00		减：库存股		
固定资产清理	4 533 045.17	3 461 484.99	盈余公积	74 900 904.72	142 789 406.51
在建工程	104 671 041.55	43 599 523.63	一般风险准备	146 904 816.94	186 831 875.37
无形资产		31 785 280.00	未分配利润	400 827 385.52	756 851 303.32
减：累计摊销		8 448 122.26	所有者权益合计：	1 803 971 527.18	2 267 811 005.20
长期待摊费用	13 900 998.47	19 217 492.25			
递延所得税资产	129 012 113.28	141 377 141.56			
其他长期资产	8 000 000.00	8 000 000.00			
长期资产合计：	8 018 909 147.08	11 601 372 045.85			
资产总计：	33 065 051 274.86	36 336 109 727.15	负债类及所有者权益合计：	33 065 051 274.86	36 336 109 727.15

张家口市商业银行股份有限公司损益表

(2011 年 12 月 31 日)

单位:元

项　　目	本期发生额	期末余额
一、营业收入	1 589 117 615.90	1 589 117 615.90
利息净收入	1 305 206 235.22	1 305 206 235.22
利息收入	1 995 561 677.96	1 995 561 677.96
利息支出	690 355 442.74	690 355 442.74
手续费及佣金净收入	65 644 962.70	65 644 962.70
手续费及佣金收入	67 208 625.83	67 208 625.83
手续费及佣金支出	1 563 663.13	1 563 663.13
投资收益	238 305 472.66	238 305 472.66
公允价值变动损益	-20 411 854.68	-20 411 854.68
其他业务收入	372 800.00	372 800.00
二、营业支出	693 604 085.76	693 604 085.76
营业税金及附加	85 455 406.97	85 455 406.97
业务及管理费	516 653 583.45	516 653 583.45
资产减值损失	91 495 095.34	91 495 095.34
三、营业利润	895 513 530.14	895 513 530.14
加:营业外收入	18 606 342.37	18 606 342.37
减:营业外支出	2 082 304.89	2 082 304.89
四、利润总额	912 037 567.62	912 037 567.62
减:所得税费用	233 152 549.73	233 152 549.73
五、净利润	678 885 017.89	678 885 017.89

唐山市商业银行股份有限公司资产负债表

（2011 年 12 月 31 日）

单位:元

资产	期末余额	年初余额	负债及所有者权益	期末余额	年初余额
资产：			负债：		
现金及存放中央银行款项	4 694 599 274.10	2 939 110 896.75	同业及其他金融机构存放款项	100 000 000.00	420 655 916.87
存放联行款项	38 960.00	4 385.20	卖出回购金融资产款		2 233 200 000.00
存放同业款项	3 852 939 834.09	602 570 145.32	吸收存款	21 218 259 782.26	13 478 057 216.34
拆出资金	5 904 700.00	8 884 700.00	应付职工薪酬	50 844 172.64	79 423 341.13
交易性金融资产	59 663 190.00	130 033 581.79	应交税费	612 925.30	-53 371 345.94
买入返售金融资产	696 100 000.00		应付利息	125 069 869.46	45 009 656.12
应收款项类金融资产	100 274 000.00	710 315 000.00	应付股利	8 497 785.29	8 504 268.20
应收利息	69 264 296.15	78 648 699.10	其他应付款	18 599 381.40	9 997 568.37
其他应收款	4 293 402.50	100 138 741.46	其他负债	57 186 016.23	13 134 755.46
发放贷款和垫款	9 270 425 835.92	7 365 813 519.80	负债合计	21 579 069 932.58	16 234 611 376.55
可供出售金融资产	1 007 953 136.55	2 599 229 379.66	所有者权益：		
持有至到期投资	2 608 870 644.44	2 420 195 926.51	实收资本	630 000 503.83	630 000 503.83
固定资产	163 586 013.54	173 535 656.86	资本公积	162 400 765.60	162 400 765.60
在建工程	36 113 730.09	10 726 890.78	减:库存股		
无形资产	11 668 231.47	9 672 904.54	盈余公积	33 843 249.60	27 544 751.50
长期待摊费用	37 672 340.83	32 851 928.69	未分配利润	266 530 473.53	193 400 884.65
抵债资产	51 977 802.17	53 091 170.21	一般风险准备	56 686 482.94	
其他资产	57 186 016.23	13 134 755.46	所有者权益合计	1 149 461 475.50	1 013 346 905.58
资产总计	22 728 531 408.08	17 247 958 282.13	负债和所有者权益总计	22 728 531 408.08	17 247 958 282.13

唐山市商业银行股份有限公司损益表

（2011年12月31日） 单位:元

项目名称	本期数	本年累计数
一、营业收入	103 669 231.07	749 857 575.13
利息净收入	35 124 735.82	331 544 524.71
利息收入	120 483 359.17	630 920 663.52
利息支出	85 358 623.35	299 376 138.81
手续费及佣金净收入	28 258 383.73	260 506 018.89
手续费及佣金收入	28 634 392.56	263 688 336.83
手续费及佣金支出	376 008.83	3 182 317.94
投资收益(损失以“－”号填列)	40 226 820.92	157 191 946.03
其他业务收入	59 290.60	615 085.50
二、营业支出	149 236 580.94	564 413 217.55
营业税金及附加	11 311 397.80	36 448 638.97
业务及管理费	80 457 100.49	460 362 676.14
资产减值损失	57 468 082.65	67 576 213.17
其他业务成本		25 689.27
三、营业利润(亏损以“－”号填列)	－45 567 349.87	185 444 357.58
加:营业外收入	949 951.13	1 050 069.26
减:营业外支出	40 326.57	4 574 025.44
四、利润总额(亏损总额以“－”号填列)	－44 657 725.31	181 920 401.40
减:所得税费用	－10 681 809.35	36 665 558.61
五、净利润(净亏损以“－”号填列)	－33 975 915.96	145 254 842.79

邢台银行股份有限公司资产负债表

（2011 年 12 月 31 日）

单位：元

项目	年初数	年末数	项目	年初数	年末数
资产：			负债：		
现金及银行存款	39 796 827.90	69 212 865.28	向中央银行借款	0.00	0.00
存放中央银行款项	2 716 187 224.45	5 833 673 787.61	联行存放款项	0.00	0.00
贵金属	0.00	0.00	同业及其他金融机构存放款项	50 823 256.54	1 635 518 431.25
存放同业款项	221 265 623.24	1 209 667 694.76	交易性金融负债	0.00	0.00
拆出资金	0.00	0.00	衍生金融负债	0.00	0.00
交易性金融资产	0.00	0.00	卖出回购金融资产款	974 132 716.70	4 049 929 200.00
衍生金融资产	0.00	0.00	吸收存款	13 683 327 007.27	18 151 428 150.04
买入返售金融资产	3 904 221 240.60	7 670 234 380.00	应付职工薪酬	20 109 186.78	848.53
应收款项类金融资产	0.00	0.00	应交税费	26 980 182.36	31 465 932.27
应收利息	14 729 484.08	11 818 804.68	应付利息	75 969 328.73	103 536 379.44
其他应收款	56 028 156.42	93 631 505.13	其他应付款	11 045 177.88	19 188 789.82
发放贷款和垫款	6 427 362 704.09	8 229 090 374.52	预计负债	0.00	0.00
持有至到期投资	2 283 865 838.45	2 367 489 086.15	递延所得税负债	0.00	0.00
长期股权投资	10 200 000.00	45 900 000.00	其他负债	908 739 360.06	2 018 126 844.71
投资性房地产	0.00	0.00	负债合计	15 751 126 216.32	26 009 194 576.06
固定资产	111 621 394.43	167 739 062.29	所有者权益（或股东权益）：		
在建工程	0.00	0.00	实收资本（或股本）	800 000 000.00	800 000 000.00
固定资产清理	0.00	0.00	国家资本	303 493 809.00	283 493 809.00
无形资产	0.00	393 333.34	集体资本	0.00	0.00
商誉	0.00	0.00	法人资本	485 069 191.00	505 069 191.00
长期待摊费用	19 893 669.34	65 436 618.14	其中：国有法人资本	28 000 000.00	28 000 000.00
抵债资产	4 287 126.20	2 082 526.20	个人资本	11 437 000.00	11 437 000.00
其他资产	888 299 542.85	1 275 048 277.40	资本公积	15 000 000.00	15 000 000.00
			盈余公积	18 206 294.28	13 877 375.41
			未分配利润	113 426 321.45	203 346 364.03
			所有者权益（或股东权益）合计	946 632 615.73	1 032 223 739.44
资产总计	16 697 758 832.05	27 041 418 315.50	负债和所有者权益（或股东权益）总计	16 697 758 832.05	27 041 418 315.50

邢台银行股份有限公司利润表

(2011 年 12 月 31 日) 单位:元

项目	上年数	本年数
一、营业收入	602 667 597.82	913 540 621.01
(一)利息净收入	590 241 198.02	879 464 541.75
利息收入	1 058 399 262.10	1 677 094 723.74
利息支出	468 158 064.08	797 630 181.99
(二)手续费及佣金净收入	12 142 263.80	33 667 079.26
手续费及佣金收入	12 564 015.06	34 486 552.39
手续费及佣金支出	421 751.26	819 473.13
(三)投资收益(损失以"-"号填列)	0.00	0.00
其中:对联营企业和合营企业的投资收益	0.00	0.00
(四)公允价值变动收益(损失以"-"号填列)	0.00	0.00
(五)其他收入	284 136.00	409 000.00
汇兑收益(损失以"-"号填列)	0.00	0.00
其他业务收入	284 136.00	409 000.00
二、营业支出	459 746 016.85	666 458 325.74
(一)营业税金及附加	31 909 620.23	47 045 280.46
(二)业务及管理费	177 817 540.68	281 238 972.68
(三)资产减值损失或呆账损失(转回金额以"-"号填列)	250 000 000.00	338 127 266.60
(四)其他业务成本	18 855.94	46 806.00
三、营业利润(亏损以"-"号填列)	142 921 580.97	247 082 295.27
加:营业外收入	984 779.29	439 953.18
减:营业外支出	1 526 310.72	1 015 165.31
四、利润总额(亏损以"-"号填列)	142 380 049.54	246 507 083.14
减:所得税费用	35 595 012.39	61 626 770.79
五、净利润(亏损以"-"号填列)	106 785 037.15	184 880 312.35
归属于母公司所有者的净利润	106 785 037.15	184 880 312.35
少数股东损益	0.00	0.00
六、每股收益:	0.13	0.00
(一)基本每股收益(元)	0.13	
(二)稀释每股收益(元)	0.00	0.00
七、其他综合收益	0.00	0.00
八、综合收益总额	106 785 037.15	184 880 312.35
(一)归属于母公司所有者的综合收益总额	106 785 037.15	184 880 312.35
(二)归属于少数股东的综合收益总额	0.00	0.00

沧州银行股份有限公司资产负债表

（2011 年 12 月 31 日）

单位:元

资产	2011 年 12 月 31 日	2010 年 12 月 31 日
现金及存放中央银行款项	5 866 055 764. 88	4 863 261 708. 80
存放同业款项	4 303 423. 76	4 290 378. 36
买入返售金融资产	3 030 476 227. 33	3 536 078 968. 87
应收利息	124 247 160. 91	91 778 184. 93
发放贷款及垫款	13 879 309 859. 55	11 289 867 254. 67
可供出售金融资产	1 585 728 533. 86	1 802 171 713. 31
持有至到期投资	2 308 592 414. 84	1 136 892 331. 34
长期股权投资	100 000. 00	100 000. 00
固定资产	344 088 910. 27	204 868 253. 66
无形资产	42 890 252. 78	42 137 774. 36
递延所得税资产	33 023 240. 65	16 841 822. 70
其他资产	714 359 489. 67	282 560 805. 54
资产总计	27 933 175 278. 50	23 270 849 196. 54
同业及其他金融机构存放款项	81 657 252. 14	
卖出回购金融资产款		500 000 000. 00
吸收存款	24 599 791 418. 17	20 718 953 327. 07
应付职工薪酬	48 000 649. 52	18 931 576. 93
应交税费	115 677 123. 21	84 803 091. 31
应付利息	225 866 022. 13	146 021 234. 68
预计负债	5 473 889. 47	3 600 597. 41
递延所得税负债	8 687 851. 44	5 279 048. 68
其他负债	655 296 264. 38	197 767 730. 26
负债合计	25 740 450 470. 46	21 675 356 606. 34
股本	993 882 343. 00	836 792 259. 00
资本公积	398 252 649. 73	263 925 075. 05
盈余公积	107 927 346. 79	66 298 196. 51
一般风险准备	243 770 169. 01	164 879 769. 01
未分配利润	448 892 299. 51	263 597 290. 63
股东权益合计	2 192 724 808. 04	1 595 492 590. 20
负债和股东权益总计	27 933 175 278. 50	23 270 849 196. 54

沧州银行股份有限公司利润表

（2011 年 12 月 31 日） 单位:元

项 目	2011 年	2010 年
一、营业收入	1 145 597 993.18	794 929 974.12
利息净收入	1 135 823 361.97	783 470 216.58
利息收入	1 572 410 733.05	1 051 569 967.96
利息支出	436 587 371.08	268 099 751.38
手续费及佣金净收入	13 192 727.84	14 522 054.60
手续费及佣金收入	14 445 192.60	14 853 011.38
手续费及佣金支出	1 252 464.76	330 956.78
投资收益	3 418 096.63	3 062 297.06
二、营业支出	593 198 719.43	407 174 799.51
营业税金及附加	65 546 245.93	45 013 132.15
业务及管理费	457 249 607.18	314 335 707.86
资产减值损失	70 402 866.32	47 825 959.50
三、营业利润	552 399 273.75	387 755 174.61
加:营业外收入	2 276 775.17	370 696.63
减:营业外支出	933 839.13	2 037 502.32
四、利润总额	553 742 209.79	386 088 368.92
减:所得税费用	137 450 706.97	93 202 490.44
五、净利润	416 291 502.82	292 885 878.48
六、每股收益:		
(一)基本每股收益	0.47	0.37
(二)稀释每股收益	0.47	0.37
七、其他综合收益	10 226 408.31	-27 270 337.62
八、综合收益汇总	426 517 911.13	265 615 540.86

邯郸银行股份有限公司资产负债表

(2011年12月31日)　　单位:万元

项目	年末金额	年初金额	项目	期末金额	年初金额
资产:			负债:		
现金及存放中央银行款项	611 434	371 706	向中央银行借款	50 000	50 000
存放同业款项	309 091	76 134	同业及其他金融机构存放款项	127 387	212 117
贵金属			拆入资金	50	50
拆出资金	38 690	1 654	交易性金融负债		
交易性金融资产			衍生金融负债		
衍生金融资产			卖出回购金融资产款	120 000	228 799
买入返售金融资产	437 124	971 507	吸收存款	2 595 865	1 848 459
应收利息	9 663	6 802	应付职工薪酬	7 268	3 893
发放贷款和垫款	1 105 584	908 712	应交税费	7 189	1 889
可供出售金融资产	96 555		应付利息	13 191	7 582
持有至到期投资	483 981	134 023	预计负债		
长期股权投资	2 100		应付债券		
投资性房地产			递延所得税负债		
固定资产	10 887	10 487	其他负债	34 190	74 116
无形资产	523	210	负债合计	2 955 140	2 426 905
其他资产	63 269	49 885	实收资本(或股本)	114 241	49 443
			资本公积	27 029	
			减:库存股		
			盈余公积	15 935	11 197
			一般风险准备	16 596	15 553
			未分配利润	39 959	28 022
			所有者权益(或股东权益)合计	213 761	104 215
资产总计	3 168 901	2 531 120	负债和所有者权益总计	3 168 901	2 531 120

邯郸银行股份有限公司利润表

（2011 年 12 月 31 日）

单位：万元

项目	本期金额	上期金额
一、营业收入	122 206	76 670
利息净收入	101 174	68 841
利息收入	223 818	108 862
利息支出	122 643	40 020
手续费及佣金净收入	5 859	5 543
手续费及佣金收入	6 514	5 730
手续费及佣金支出	655	187
投资收益（损失以“－”号填列）	15 123	2 266
其他业务收入	50	19
二、营业支出	58 983	39 829
营业税金及附加	7 263	4 293
业务及管理费	36 572	22 558
资产减值损失	15 000	12 979
其他业务成本	148	
三、营业利润（亏损以“－”号填列）	63 222	36 840
加：营业外收入	204	118
减：营业外支出	214	45
四、利润总额（亏损总额以“－”号填列）	63 213	36 914
减：所得税费用	15 829	8 429
五、净利润（净亏损以“－”号填列）	47 384	28 485
六、每股收益：		
（一）基本每股收益	0.41	0.58
（二）稀释每股收益		
七、其他综合收益	4 066	
八、综合收益总额	51 451	28 485

渤海银行股份有限公司唐山支行人民币信贷收支表

(2011年12月31日)

单位:万元

栏目 来源项目名称	本月余额	比年初		栏目 运用项目名称	本月余额	比年初	
		今年	去年			今年	去年
一、各项存款	66 313	-54 043	5 443	一、各项贷款	135 045	17 150	31 363
1.单位存款	39 455	-65 300	1 618	㈠境内贷款	135 045	17 150	31 363
其中:活期存款	20 184	-20 580		1.短期贷款	15 152	-523	14 675
定期存款	800	800		(1)个人贷款及透支	5 293	4 318	975
通知存款		-26 652		其中:个人消费贷款	2 134	1 159	975
保证金存款	5 061	-17 171	15 089	(2)单位贷款及透支	9 859	-4 841	13 700
2.个人存款	26 438	10 890	3 783	其中:经营贷款	9 859	-4 841	13 700
储蓄存款	25 902	10 662	3 475	固定资产贷款			
保证金存款				(3)普通并购贷款			
结构性存款	536	228	308	(4)银团贷款			
3.临时性存款	420	368	42	(5)贸易融资			
4.其他存款				(6)境外投资转贷款			
二、代理财政性存款				2.中长期贷款	100 293	8 228	6 535
三、金融债券				(1)个人贷款	39 127	16 561	17 868
其中:境外发行				其中:个人消费贷款	15 945	810	10 735
四、中长期借款				(2)单位贷款	61 167	-8 333	-11 333
其中:境外借款				其中:经营贷款	61 167	-8 333	-11 333
五、应付及暂收款	4 500	1 630	2 580	固定资产贷款			
其中:应付利息	215	45	74	(3)普通并购贷款			
六、卖出回购资产				(4)银团贷款			
七、向中央银行借款				(5)贸易融资			
八、同业往来(来源方)				(6)境外投资转贷款			
1.同业存放				3.融资租赁			
其中:境外同业存放				4.票据融资	19 599	9 446	10 153
2.同业拆借				其中:贴现	19 599	9 446	10 153
其中:境外同业拆借				5.各项垫款			
九、境外联行往来(来源方)				㈡境外贷款			
十、外汇买卖(来源方)				二、有价证券			
其中:结售汇				三、股权及其他投资			
十一、委托存款及委托投资基金(净)				四、应收及预付款	4 326	1 647	2 531
1.委托存款及委托投资基金	28 800	28 800		其中:应收利息	412	155	109
2.减:委托贷款及委托投资	28 800	28 800		五、买入返售资产			
十二、代理金融机构委托贷款基金				六、存放中央准备金存款			
其中:中央银行委托贷款基金				七、存放中央银行特种存款			
十三、各项准备				八、缴存中央银行财政性存款			
其中:贷款损失准备				九、同业往来	108	-681	524
十四、所有者权益	1 541	-283	1 003	1.存放同业	108	-681	524
其中:实收资本				其中:存放境外同业			
十五、其他	67 427	70 463	25 866	2.拆放同业			
				其中:拆放境外同业			
				十、境外联行往来(运用方)			
				十一、代理金融机构贷款			
				其中:代理人行专项贷款			
				十二、库存现金	302	-349	473
				十三、外汇买卖(运用方)			
				其中:结售汇1			
				十四、投资性房地产			
资金来源总计	139 781	17 767	34 892	资金运用总计	139 781	17 767	34 892

渤海银行股份有限公司唐山支行中间业务收入情况表

（2011 年 12 月 31 日）

单位：万元

项目	合计	1. 投行业务收入	2. 国内担保承诺业务收入	3. 结售汇业务收入	4. 人民币对公结算与现金管理业务收入	5. 代收代付业务收入	6. 对公国际结算业务收入	7. 个人国际结算业务收入	8. 信用卡业务收入（不含商户收单）	9. 银行卡商户收单业务收入	10. 电子银行业务收入（不含自助银行）	11. 自助银行业务收入	12. 个人人民币结算业务收入	13. 代理销售基金等投资类产品业务收入	14. 个人理财业务收入	15. 代理保险业务收入	16. 托管业务收入
唐山	40				11					6	0.22		1	4	6	9	3
合计	40				11					6	0.22		1	4	6	9	3

渤海银行股份有限公司唐山支行银行卡业务统计表

（2011 年 12 月 31 日）

单位：张、笔、台、万元

项目	银行卡数量								存现	
	当期发卡数量				期末卡数量					
	贷记卡	准贷记卡	借记卡	小计	贷记卡	准贷记卡	借记卡	小计	笔数	金额
唐山			2 775	2 775			9 777	9 777		
总计			2 775	2 775			9 777	9 777		

项目	资金交易情况								ATM 数量
	取现		消费		转账		小计		
	笔数	金额	笔数	金额	笔数	金额	笔数	金额	
唐山	4 685	699	6 591	5 766	110	86	11 386	6 551	3
总计	4 685	699	6 591	5 766	110	86	11 386	6 551	3

渤海银行股份有限公司唐山支行网上银行业务发展情况表

（2011 年 12 月 31 日）

单位：户、笔、万元

单位	客户数				交易笔数（双向）				交易金额（双向）			
	个人		企业		个人		企业		个人		企业	
	年末余额	当年新增	年末余额	当年新增	交易笔数	当年新增	交易笔数	当年新增	交易金额	当年新增	交易金额	当年新增
唐山	3 242		80		14 579				96 545			
总计	3 242		80		14 579				96 545			

渤海银行股份有限公司唐山支行机构、人员情况一览表

（2011 年 12 月 31 日）

单位：个、人

单位名称	从业人员	在岗职工	柜员合同工	代理用工	离退休	一级分行(局)	省行营业部二级分行(局)	县支行(局)	城区支行(局)	二级支行(局)	分理处	集镇办	储蓄所	各类机构总数
唐山	54	54							1					1
总计	54	54							1					1

渤海银行股份有限公司唐山支行职工性别、年龄、学历、职称结构统计表

（2011 年 12 月 31 日）

单位：人

机构名称	性别结构			年龄结构					学历结构						职称结构				
	男	女	合计	30 岁以下	31～40 岁	41～50 岁	51～60 岁	合计	博士研究生	硕士研究生	大学本科	大学专科	中专及以下	合计	高级职称	中级职称	初级职称	其他	合计
唐山	28	26	54	19	25	10		54			49		5	54		12	11		23
总计	28	26	54	19	25	10		54			49		5	54		12	11		23

河北省财务公司人民币信贷收支表

（2011 年 12 月 31 日）

单位：万元

来源项目名称	本月余额	比年初 今年	比年初 去年
一、各项存款	508 146	－6 305	209 019
1.单位存款	508 146	－6 305	209 019
其中：活期存款	344 264	－136 677	
定期存款	94 313	60 803	
通知存款	2 500	2 500	
保证金存款	110	110	
2.个人存款			
储蓄存款			
保证金存款			
结构性存款			
3.临时性存款			
4.其他存款			
二、代理财政性存款			
三、金融债券			
其中：境外发行			
四、中长期借款			
其中：境外借款			
五、应付及暂收款	4 926	40	1 073
其中：应付利息	740	664	8
六、卖出回购资产	67 247	67 247	
七、向中央银行借款	5 798	5 798	
八、同业往来（来源方）			
1.同业存放			
其中：境外同业存放			
2.同业拆借			
其中：境外同业拆借			
九、境外联行往来（来源方）			
十、外汇买卖（来源方）			
其中：结售汇			
十一、委托存款及委托投资基金（净）			
1.委托存款及委托投资基金	303 470	75 645	190 209
2.减：委托贷款及委托投资	303 470	75 645	190 209
十二、代理金融机构委托贷款基金			
其中：中央银行委托贷款基金			
十三、各项准备	1 557		－87
其中：贷款损失准备	1 557		－87
十四、所有者权益	175 193	61 996	7 947
其中：实收资本	150 000	50 000	
十五、其他	－772	－342	－3 177
资金来源总计	762 095	128 434	214 775

运用项目名称	本月余额	比年初 今年	比年初 去年
一、各项贷款	437 649	166 213	155 617
㈠境内贷款	437 649	166 213	155 617
1.短期贷款	201 536	47 000	155 617
⑴个人贷款及透支			
其中：个人消费贷款			
⑵单位贷款及透支	201 536	47 000	155 617
其中：经营贷款	201 536	58 600	155 617
固定资产贷款		－11 600	
⑶普通并购贷款			
⑷银团贷款			
⑸贸易融资			
⑹境外投资转贷款			
2.中长期贷款	136 500	19 600	
⑴个人贷款			
其中：个人消费贷款			
⑵单位贷款	136 500	19 600	
其中：经营贷款	11 600	11 600	
固定资产贷款	124 900	8 000	
⑶普通并购贷款			
⑷银团贷款			
⑸贸易融资			
⑹境外投资转贷款			
3.融资租赁			
4.票据融资	99 613	99 613	
其中：贴现	99 613	99 613	
5.各项垫款			
㈡境外贷款			
二、有价证券			
三、股权及其他投资	2 708	－1 015	－999
四、应收及预付款	83 099	83 000	85
其中：应收利息	1 592	1 554	38
五、买入返售资产			
六、存放中央准备金存款	135 036	51 000	34 417
七、存放中央银行特种存款			
八、缴存中央银行财政性存款			
九、同业往来	103 603	－170 764	25 655
1.存放同业	103 603	－170 764	25 655
其中：存放境外同业			
2.拆放同业			
其中：拆放境外同业			
十、境外联行往来（运用方）			
十一、代理金融机构贷款			
其中：代理人行专项贷款			
十二、库存现金			
十三、外汇买卖（运用方）			
其中：结售汇 1			
十四、投资性房地产			
资金运用总计	762 095	128 434	214 775

河北省冀中能源集团财务有限责任公司人民币信贷收支表

(2011 年 12 月 31 日)

单位:万元

栏目 来源项目名称	本月余额	比年初		栏目 运用项目名称	本月余额	比年初	
		今年	去年			今年	去年
一、各项存款	437 520	−76 931	209 019	一、各项贷款	411 706	140 270	155 617
1.单位存款	437 520	−76 931	209 019	(一)境内贷款	411 706	140 270	155 617
其中:活期存款	288 000	−192 941		1.短期贷款	201 536	47 000	155 617
定期存款	82 452	48 942		(1)个人贷款及透支			
通知存款				其中:个人消费贷款			
保证金存款	110	110		(2)单位贷款及透支	201 536	47 000	155 617
2.个人存款				其中:经营贷款	201 536	58 600	155 617
储蓄存款				固定资产贷款		−11 600	
保证金存款				(3)普通并购贷款			
结构性存款				(4)银团贷款			
3.临时性存款				(5)贸易融资			
4.其他存款				(6)境外投资转贷款			
二、代理财政性存款				2.中长期贷款	136 500	19 600	
三、金融债券				(1)个人贷款			
其中:境外发行				其中:个人消费贷款			
四、中长期借款				(2)单位贷款	136 500	19 600	
其中:境外借款				其中:经营贷款	11 600	11 600	
五、应付及暂收款	4 284	−602	1 073	固定资产贷款	124 900	8 000	
其中:应付利息	717	641	8	(3)普通并购贷款			
六、卖出回购资产	67 247	67 247		(4)银团贷款			
七、向中央银行借款	4 800	4 800		(5)贸易融资			
八、同业往来(来源方)				(6)境外投资转贷款			
1.同业存放				3.融资租赁			
其中:境外同业存放				4.票据融资	73 670	73 670	
2.同业拆借				其中:贴现	73 670	73 670	
其中:境外同业拆借				5.各项垫款			
九、境外联行往来(来源方)				(二)境外贷款			
十、外汇买卖(来源方)				二、有价证券			
其中:结售汇				三、股权及其他投资	2 708	−1 015	−999
十一、委托存款及委托投资基金(净)				四、应收及预付款	1 879	1 780	85
1.委托存款及委托投资基金	303 470	75 645	190 209	其中:应收利息	1 592	1 554	38
2.减:委托贷款及委托投资	303 470	75 645	190 209	五、买入返售资产			
十二、代理金融机构委托贷款基金				六、存放中央准备金存款	125 332	41 296	34 417
其中:中央银行委托贷款基金				七、存放中央银行特种存款			
十三、各项准备	1 557		−87	八、缴存中央银行财政性存款			
其中:贷款损失准备	1 557		−87	九、同业往来	96 348	−178 019	25 655
十四、所有者权益	123 053	9 856	7 947	1.存放同业	96 348	−178 019	25 655
其中:实收资本	100 000			其中:存放境外同业			
十五、其他	−488	−58	−3 177	2.拆放同业			
				其中:拆放境外同业			
				十、境外联行往来(运用方)			
				十一、代理金融机构贷款			
				其中:代理人行专项贷款			
				十二、库存现金			
				十三、外汇买卖(运用方)			
				其中:结售汇 1			
				十四、投资性房地产			
资金来源总计	637 973	4 312	214 775	资金运用总计	637 973	4 312	214 775

河北省金融租赁有限公司人民币信贷收支表

(2011 年 12 月 31 日)　　单位:万元

栏目 来源项目名称	本月余额	比年初		栏目 运用项目名称	本月余额	比年初	
		今年	去年			今年	去年
一、各项存款	13 657	−5 005	2 567	一、各项贷款	171 626	51 635	−1 584
1.单位存款	13 657	−5 005	2 567	㈠境内贷款	171 626	51 635	−1 584
其中:活期存款				1.短期贷款			
定期存款				(1)个人贷款及透支			
通知存款				其中:个人消费贷款			
保证金存款	13 657	−5 005	2 567	(2)单位贷款及透支			
2.个人存款				其中:经营贷款			
储蓄存款				固定资产贷款			
保证金存款				(3)普通并购贷款			
结构性存款				(4)银团贷款			
3.临时性存款				(5)贸易融资			
4.其他存款				(6)境外投资转贷款			
二、代理财政性存款				2.中长期贷款			
三、金融债券				(1)个人贷款			
其中:境外发行				其中:个人消费贷款			
四、中长期借款				(2)单位贷款			
其中:境外借款				其中:经营贷款			
五、应付及暂收款	16 494	2 725	−15 118	固定资产贷款			
其中:应付利息				(3)普通并购贷款			
六、卖出回购资产				(4)银团贷款			
七、向中央银行借款				(5)贸易融资			
八、同业往来(来源方)	290 607	217 011	24 613	(6)境外投资转贷款			
1.同业存放	290 607	217 011	24 613	3.融资租赁	171 626	51 635	−1 584
其中:境外同业存放				4.票据融资			
2.同业拆借				其中:贴现			
其中:境外同业拆借				5.各项垫款			
九、境外联行往来(来源方)				㈡境外贷款			
十、外汇买卖(来源方)				二、有价证券			
其中:结售汇				三、股权及其他投资			
十一、委托存款及委托投资基金(净)				四、应收及预付款	91 779	84 519	3 594
1.委托存款及委托投资基金				其中:应收利息			
2.减:委托贷款及委托投资				五、买入返售资产			
十二、代理金融机构委托贷款基金				六、存放中央准备金存款			
其中:中央银行委托贷款基金				七、存放中央银行特种存款			
十三、各项准备	847	574	−1 266	八、缴存中央银行财政性存款			
其中:贷款损失准备	710	588	−1 299	九、同业往来	293		
十四、所有者权益	80 299	7 114	5 767	1.存放同业			
其中:实收资本	50 000			其中:存放境外同业			
十五、其他	−138 206	−86 265	−14 553	2.拆放同业	293		
				其中:拆放境外同业			
				十、境外联行往来(运用方)			
				十一、代理金融机构贷款			
				其中:代理人行专项贷款			
				十二、库存现金			
				十三、外汇买卖(运用方)			
				其中:结售汇 1			
				十四、投资性房地产			
资金来源总计	263 698	136 154	2 010	资金运用总计	263 698	136 154	2 010

中国信达资产管理股份有限公司河北省分公司内设机构、人员情况一览表

（2011 年 12 月 31 日）

单位：个、人

单位名称	从业人员	长期用工人员	短期用工人员	外派人员	退休人员	内设部门
中国信达河北分公司	57	39	7	11		7
合计	57	39	7	11		7

中国信达资产管理股份有限公司河北分公司职工性别、年龄、学历、职称结构统计表

（2011 年 12 月 31 日）

单位：人

机构名称	总人数			学历情况								取得专业技术职务任职资格情况					年龄情况				
	合计	其中		研究生				大学	大专	中专	高中以下	小计	高级职称	中级职称	初级职称	员级职称	35岁及以下	36至45岁	46至54岁	55岁及以上	平均年龄
		女性	少数民族	小计	博士研究生	硕士研究生	研究生班														
中国信达河北分公司	57	16	1	7	0	3	4	36	8	2	4	33	13	17	1	2	17	26	12	2	40

中国东方资产管理公司石家庄办事处资产负债表

（2011年12月31日）

单位：元

资产	年初数	期末数	负债及所有者权益	年初数	期末数
资产：			负债：		
货币资金	10 730 359.92	37 633 872.36	短期借款		
存放中央银行款项			其中：质押借款		
拆出资金			拆入资金		
交易性金融资产	777 760 534.44	664 852 174.46	交易性金融负债		
衍生金融资产			衍生金融负债		
买入返售金融资产			卖出回购金融资产款		
应收款项	195 169 937.21	795 633 481.60	应付款项	131 750 468.91	139 558 772.41
应收利息	4 177.21	2 824 672.57	应付职工薪酬	514 807.97	2 053 027.89
贷款			应交税费	21 565.80	337 331.19
可供出售金融资产			应付利息		
持有至到期投资			预计负债		
持有待售非流动资产			长期借款		
长期股权投资	1 167 895 527.36	1 167 892 951.36	应付债券		
投资性房地产			递延所得税负债		
固定资产	12 889 742.24	12 718 661.81	其他负债	8 755 918 494.24	9 328 868 653.07
无形资产			负债合计	8 888 205 336.92	9 470 817 784.56
商誉			所有者权益（或股东权益）：		
递延所得税资产			实收资本（或股本）		
其他资产	1 859 973.37	1 806 773.37	其中：国有资本		
			外商资本		
			资本公积	-6 536 186 808.30	-6 482 712 648.85
			减：库存股		
			盈余公积		
			一般风险准备		
			未分配利润	-185 708 276.87	-304 742 548.18
			外币报表折算差额		
			归属于母公司所有者权益合计		
			少数股东权益		
			所有者权益（或股东权益）合计	-6 721 895 085.17	-6 787 455 197.03
资产总计	2 166 310 251.75	2 683 362 587.53	负债和所有者权益（或股东权益）总计	2 166 310 251.75	2 683 362 587.53

中国东方资产管理公司石家庄办事处利润表

(2011 年 12 月 31 日) 单位:元

项目	上年数	本年数
一、营业收入	101 563 536.52	2 159 910.63
(一)手续费及佣金净收入	1 107 540.25	21 201 798.33
(二)投资收益(损失以"-"号填列)	195 796 700.17	69 479 971.90
其中:对联营企业和合营企业的投资收益	0.00	0.00
(三)公允价值变动收益(损失以"-"号填列)	-47 114 163.60	-21 068 259.54
(四)其他收入	-48 226 540.30	-67 453 600.06
汇兑收益(损失以"-"号填列)	-48 226 540.30	-67 453 600.06
其他业务收入	0.00	0.00
二、营业支出	287 179 859.67	306 889 347.80
(一)营业税金及附加	80 547.15	1 198 385.66
(二)业务及管理费	21 698 784.49	19 443 532.23
(三)利息净支出	265 400 528.03	277 647 429.91
利息支出	266 102 940.88	277 915 277.68
利息收入	702 412.85	267 847.77
(四)资产减值损失	0.00	8 600 000.00
(五)其他业务成本	0.00	0.00
三、营业利润(亏损以"-"号填列)	-185 616 323.15	-304 729 437.17
加:营业外收入	152.00	480.00
减:营业外支出	92 105.72	13 591.01
四、利润总额(亏损总额以"-"号填列)	-185 708 276.87	-304 742 548.18
减:所得税费用	0.00	0.00
五、净利润(净亏损以"-"号填列)	-185 708 276.87	-304 742 548.18
归属于母公司所有者的净利润		
少数股东损益		
六、每股收益:		
(一)基本每股收益(元)		
(二)稀释每股收益(元)		

中国东方资产管理公司石家庄办事处损益表

（2011 年 12 月 31 日）　　单位:元

科目名称	本年累计数	科目名称	本年累计数
手续费及佣金收入	21 354 717.13	业务及管理费	19 443 532.23
咨询服务收入	18 166 544.00	折旧费	720 217.52
代理业务收入	3 188 173.13	业务招待费	1 164 152.56
人员费用	9 421 900.00	电子设备运转费	68 955.00
手续费及佣金支出	152 918.80	邮电费	387 829.86
代理业务	152 918.80	办公用品费	253 748.94
资产处置收益	47 130 471.37	物业管理费	538 740.00
不良贷款	47 130 471.37	办公用车费	1 400 971.68
资产处置损失	1 884 685.85	差旅费	1 061 305.33
不良贷款	1 884 685.85	水电费	451 112.00
投资收益	24 234 186.38	租赁费	45 600.00
其他	7 007 658.60	修理费	8 140.00
固定收益类投资	17 226 527.78	会议费	89 928.90
公允价值变动损益	－21 068 259.54	取暖费	235 797.50
不良贷款	－21 068 259.54	绿化费	2 256.00
汇兑损益	－67 453 600.06	摊销费	59 464.00
期末汇率调整	－67 453 600.06	税金	127 913.02
管理费用	5 895 914.79	业务费用	3 405 499.92
营业税金及附加	1 198 385.66	业务宣传费	63 000.00
营业税金	1 069 987.20	公告费	43 062.50
城市维护建设税	74 899.10	资产评估费	1 106 762.00
教育费附加	53 499.36	律师费	305 000.00
利息支出	277 915 277.70	咨询费	163.00
系统内借款	277 915 277.70	公证费	4 154.00
利息收入	267 847.77	诉讼费	－226 343.00
金融机构往来	267 847.77	委托手续费	2 100 701.42
资产减值损失	8 600 000.00	其他项目处置费	9 000.00
坏账准备	8 600 000.00	总额	3 405 499.92
营业外收入	480.00	处置业务	3 405 499.92
其他营业外收入	480.00		
营业外支出	13 591.01		
非流动资产处置损失	919.91		
其他营业外支出	12 671.10	支出小计	309 208 391.20
所得税费用	0.00	净损失	304 742 548.20
收入小计	4 465 843.05	累计损益	－304 742 548.20

中国东方资产管理公司石家庄办事处机构、人员情况一览表

(2011年12月31日)

单位:个、人

单位名称	从业人员	在岗职工	柜员合同工	代理用工	离退休	一级分行(局)	省行营业部二级分行(局)	县支行(局)	城区支行(局)	二级支行(局)	分理处	集镇办	储蓄所	各类机构总数
河北省	52	48			4	1								1
合计	52	48			4	1								1

中国东方资产管理公司石家庄办事处职工性别、年龄、学历、职称结构统计表

(2011年12月31日)

单位:人

机构名称	性别结构			年龄结构					学历结构						职称结构			
	男	女	合计	30岁以下	31~40岁	41~50岁	51~60岁	合计	博士研究生	硕士研究生	大学本科	大学专科	中专及以下	合计	高级职称	中级职称	初级职称	合计
河北省	37	11	48	7	13	26	2	48		3	19	24	2	48	11	13	7	31
合计	37	11	48	7	13	26	2	48		3	19	24	2	48	11	13	7	31

河北省小额贷款公司发展情况表

（2011年12月31日）

单位：万元、人

地区	编号	公司名称（全称）	开业时间	注册资本总额	员工总人数	当年利润（税后）	融资情况		贷款累放额（自公司成立以来）		贷款累收额（自公司成立以来）		年末贷款余额	其中：涉农贷款余额
							从银行业机构融入资金余额	其他	笔数	金额	笔数	金额		
石家庄地区	1	石家庄高新区融通小额贷款有限公司	2008.10.21	10 000.00	14	917.00	5 000		172	52 724.00	120	37 399.00	15 325.00	
	2	石家庄金泰小额贷款有限公司	2008.10.25	10 000.00	12	47.00	5 000		843	56 007.00		41 449.00	14 558.00	
	3	石家庄汉邦小额贷款有限公司	2009.07.21	10 000.00	9	8.00	5 000		151	41 460.00	108	28 533.00	12 927.00	
	4	石家庄汇丰源小额贷款有限责任公司	2008.10.01	10 000.00	22	651.00	5 000		2 903	75 235.00	20 319	59 353.00	15 882.00	7 249.00
	5	石家庄市融信小额贷款股份有限公司	2008.11.04	10 000.00	10	13.00			49	20 269.00	24	10 140.00	10 130.00	3 452.00
	6	石家庄市桥西区盛世恒兴小额贷款有限公司	2008.11.04	10 000.00	15	484.00	5 000		232	81 506.00	261	65 873.00	15 633.00	
	7	石家庄安汇小额贷款有限公司	2008.09.03	10 000.00	19	257.00	5 000		1 261	80 530.00	968	67 270.00	13 260.00	7.00
	8	石家庄市新华区融庆小额贷款股份有限公司	2008.11.04	10 000.00	16	24.00			133	29 375.00	117	20 953.00	8 422.00	5 600.00
	9	石家庄汇金小额贷款有限公司	2008.11.01	10 000.00	20	-59.00			1 486	13 381.00	652	5 478.00	7 903.00	
	10	石家庄市矿区金鑫小额贷款有限公司	2008.11.07	5 000.00	13	142.00	2 500		210	23 073.00	180	15 222.00	7 851.00	3.00
	11	井陉县银峰小额贷款有限公司	2008.11.18	5 000.00	10	115.00			301	21 672.00	373	16 622.00	5 050.00	3 625.00
	12	正定县汇海小额贷款有限公司	2008.09.05	5 000.00	35	39.00	2 500		1 784	34 701.00	1 204	27 300.00	7 401.00	6 903.00
	13	正定县卓远小额贷款有限公司				182.00			85	12 339.00	51	7 113.00	5 226.00	125.00
	14	栾城县中汇小额贷款有限公司	2008.09.12	5 000.00	8	56.00			105	11 148.00	55	7 560.00	3 588.00	3 588.00
	15	灵寿县日昌升小额贷款有限公司	2008.11.04	5 000.00	15	122.00			221	14 412.00	215	9 102.00	5 310.00	5 098.00
	16	高邑县华鹏小额贷款公司	2008.10.13	5 000.00	10	878.00	2 500		859	21 366.00	688	12 568.00	8 798.00	8 798.00
	17	深泽县国银小额贷款有限公司	2008.10.25	5 000.00	6	151.00	2 500		219	22 904.00	190	15 769.00	7 135.00	3 769.00
	18	赞皇县惠农小额贷款有限责任公司	2008.10.30	5 000.00	12	282.00	2 500		188	15 078.00	98	7 322.00	7 756.00	5 756.00
	19	无极县农丰小额贷款有限公司	2008.11.03	5 000.00	25	47.00			700	19 169.00	604	14 855.00	4 314.00	380.00
	20	平山县众鑫小额贷款有限公司				6.00			162	15 923.00	63	11 414.00	4 509.00	44.00
	21	元氏县胡杨小额贷款有限公司	2008.10.29	5 000.00	10	154.00			122	11 631.00	98	9 517.00	2 114.00	1 029.00
	22	赵县军慧小额贷款有限公司	2008.09.12	5 000.00	10	357.00	2 500		294	34 497.00	242	21 333.00	13 164.00	6 939.00
	23	赵县信融小额贷款有限公司				30.00			58	5 051.00	34	3 109.00	1 942.00	1 942.00
	24	藁城市华鑫小额贷款股份有限公司				3.00			51	14 755.00	24	6 785.00	7 970.00	7 970.00
	25	晋州市融汇小额贷款有限公司				415.00			122	37 122.00	164	30 880.00	6 242.00	6 242.00
	26	鹿泉市汇通小额贷款有限公司	2008.10.16	5 000.00	12	38.00	2 500		816	76 574.00	771	72 282.00	4 292.00	2 535.00
承德地区	27	承德高新区盛宝隆小额贷款有限公司	2008.11.26	5 000.00	6	746.00			268	33 076.00	245	26 464.00	6 612.00	100.00
	28	承德市鹰手营子矿区汇众小额贷款有限责任公司	2008.11.28	5 000.00	14	399.00			497	16 262.00	399	12 865.00	3 397.00	2 078.00
	29	承德市双桥区助银小额贷款有限公司	2008.11.26	5 000.00	11	196.00	1 500		290	37 159.00	334	30 653.00	6 506.00	5 182.00
	30	承德市双桥区银信小额贷款有限公司	2008.12.30	5 000.00	15	178.00			120	25 214.00	75	20 189.00	5 025.00	
	31	承德市双滦区政通小额贷款有限公司	2008.12.25	5 000.00	6	305.00	2 500		359	43 890.00	298	35 787.00	8 103.00	6 485.00
	32	承德市双滦区兴通小额贷款有限公司	2009.04.16	5 000.00	8	396.00			105	17 036.00	88	11 846.00	5 190.00	5 190.00
	33	承德县广源小额贷款有限公司	2009.03.15	5 000.00	8	422.00			594	38 695.00	692	33 067.00	5 628.00	1 435.00
	34	兴隆县华通小额贷款有限责任公司	2010.01.11	5 000.00	8	246.00			222	11 531.00	132	6 359.00	5 172.00	2 950.00
	35	平泉县乾丰小额贷款有限公司	2008.07.22	5 000.00	14	305.00			265	25 637.00	204	19 883.00	5 754.00	1 805.00
	36	平泉县瑞丰小额贷款有限公司	2010.11.4	5 000.00	6	23.00			89	12 243.00	61	7 629.00	4 614.00	1 817.00
	37	滦平县汇通小额贷款有限公司	2010.07.30	5 000.00	12	173.00			144	17 081.00	94	12 020.00	5 061.00	12.00
	38	隆化县鑫丰小额贷款有限责任公司	2008.11.17	5 000.00	11	654.00			280	19 874.00	480	13 486.00	6 388.00	78.00
	39	丰宁满族自治县金华小额贷款有限公司	2009.04.01	5 000.00	8	1 075.00			415	24 175.00	277	18 094.00	6 080.00	4 512.00
	40	丰宁满族自治宏福小额贷款有限公司	2010.12.22	5 000.00	6	334.00			98	12 959.00	58	7 532.00	5 427.00	5 427.00
	41	宽城满族自治县乾昇小额贷款有限责任公司	2008.11.28	5 000.00	17	491.00			259	23 770.00	192	18 047.00	5 723.00	5 723.00
	42	围场华丰小额贷款有限公司	2008.06.10	7 000.00	10	355.00	1 500		779	38 071.00	538	28 792.00	9 279.00	5 109.00
	43	围场聚薪小额贷款公司	2011.01.01	5 000.00	15	189.00			93	5 210.00	16	1 020.00	4 190.00	4 190.00

地区	编号	公司名称（全称）	开业时间	注册资本总额	员工总人数	当年利润（税后）	融资情况		贷款累放额（自公司成立以来）		贷款累收额（自公司成立以来）		年末贷款余额	其中：涉农贷款余额
							从银行业机构融入资金余额	其他	笔数	金额	笔数	金额		
张家口地区	44	宣化区光大小额贷款公司	2008.03.09	5 000.00	9	741.00	2 500		350	33 030.00	367	25 585.00	7 445.00	1 589.00
	45	宣化区春光小额贷款公司	2008.10.08	5 000.00	12	378.30			708	25 098.90	333	19 776.90	5 322.00	3 056.60
	46	宣化县海清小额贷款公司	2008.05.06	5 000.00	10	421.00			174	16 972.00	178	11 912.00	5 060.00	1 175.00
	47	宣化县恒信小额贷款公司	2008.08.03	5 000.00	9	229.00			325	42 675.00	243	39 815.00	2 860.00	0.00
	48	宣化区建业小额贷款公司	2008.09.01	5 000.00	6	157.00			321	19 776.50	219	14 930.50	4 846.00	500.00
	49	宣化区盛源小额贷款公司	2008.01.25	5 000.00	15	201.00			733	26 574.00	649	21 148.00	5 426.00	450.00
	50	宣化区永达小额贷款公司	2008.09.18	5 000.00	10	123.00			196	17 709.00	173	14 213.00	3 496.00	1 800.00
	51	下花园聚乐融小额贷款公司	2008.10.13	5 000.00	11	37.20			230	11 762.50	298	8 128.50	3 634.00	125.00
	52	桥东区汇通小额贷款公司	2008.03.14	5 000.00	12	198.00			85	9 548.00	39	4 374.70	5 173.30	
	53	桥西区华银小额贷款公司	2008.08.04	5 000.00	14	261.74			225	20 213.00	164	15 219.81	4 993.19	4.00
	54	怀安诚泰小额贷款公司	2009.08.01	10 000.00	16	916.10			499	52 591.70	412	41 736.70	10 855.00	2 113.00
	55	蔚县瑞达小额贷款公司	2008.08.18	5 000.00	8	18.00			121	15 012.00	10	10 277.00	4 735.00	1 412.00
	56	蔚县盛融小额贷款公司	2008.10.01	5 000.00	9	13.00			74	6 289.00	37	1 209.00	5 080.00	
	57	赤城县泰丰小额贷款公司	2008.07.01	5 000.00	14	120.99			63	14 064.50	122	10 625.50	3 439.00	1 187.00
	58	涿鹿县金盛圆小额贷款公司	2009.12.02	5 000.00	12	61.06			323	18 564.00	187	13 687.90	4 876.10	292.50
	59	张北县中保银小额贷款公司	2010.01.29	5 000.00	14	488.00			128	18 767.00	136	13 127.00	5 640.00	
	60	万全县天元小额贷款公司	2010.08.06	5 000.00	32	195.00			165	17 420.00	112	12 421.00	4 999.00	1 757.00
	61	高新区汇达小额贷款公司	2010.12.18	5 000.00	18	106.59			64	9 141.00	35	4 119.00	5 022.00	1 320.00
	62	崇礼县华融小额贷款公司	2010.10.17	2 000.00	8	60.94			46	5 725.00	20	3 793.00	1 932.00	1 885.00
	63	沽源县鲸济源小额贷款公司	2010.12.29	2 000.00	7	272.03			226	5 795.50	128	3 529.00	2 266.50	830.50
	64	怀安县宏昌小额贷款公司	2011.02.18	5 000.00	14	766.00			87	11 190.00	31	5 506.00	5 684.00	850.00
	65	康保县昊鹏小额贷款公司	2011.03.10	2 000.00	5	35.88			109	3 943.70	58	2 336.20	1 607.50	575.00
	66	万全县银盛泰小额贷款公司	2011.09.16	5 000.00	16	112.00			46	9 133.00	29	4 143.00	4 990.00	
	67	张北县宏垣小额贷款公司	2011.07.21	5 000.00	15	53.30			43	5 820.00	36	800.00	5 020.00	
	68	阳原县安信小额贷款公司	2011.10.20	2 000.00	15	1.52			47	3 565.00	24	1 683.00	1 882.00	250.00
	69	崇礼县泉通盛小额贷款公司	2011.09.28	5 000.00	12				62	6 493.60	14	1 690.00	4 803.60	573.00
	70	赤城县汇德小额贷款公司	2011.09.28	5 000.00	15	40.40			29	5 610.00	5	723.50	4 886.50	300.00
	71	高新区融邦科技小额贷款公司	2011.11.21	5 000.00	15	5.86			24	4 900.00			4 900.00	1 300.00
唐山地区	72	唐山市高新区佳信小额贷款有限公司	2008.01.01	5 000.00	8	340.57			82	7 079.02	65	4 084.02	2 995.00	20.00
	73	唐山惠丰小额贷款有限公司	2008.03.27	5 000.00	6	327.00			111	16 985.00	88	11 935.00	5 050.00	
	74	唐山市开平区北方小额贷款有限公司	2010.07.13	5 000.00	10	106.06			39	7 938.00	14	2 870.00	5 068.00	
	75	唐山裕丰小额贷款有限公司	2007.12.18	6 000.00	10	490.31	1500		308	37 901.51	277	29 480.61	8 420.90	
	76	唐山市路南区润华小额贷款有限公司	2007.12.26	5 000.00	25	387.15	5000		359	39 668.00	319	31 449.00	8 219.00	270.00
	77	唐山市南堡开发区鹏大小额贷款有限公司	2008.04.07	5 000.00	11	203.38			132	15 259.00	108	11 074.00	4 185.00	1 740.00
	78	唐山融亿小额贷款有限公司	2007.12.18	5 000.00	13	189.14	2500		161	30 315.00	116	23 350.00	6 965.00	
	79	唐山方圆小额贷款有限公司	2008.04.24	5 000.00	17	255.63			56	10 650.00	37	6 340.00	4 310.00	
	80	唐山市古冶区佳旺小额贷款有限公司	2008.03.31	5 000.00	27	22.49			411	24 707.50	363	21 874.50	2 833.00	630.00
	81	唐山市路南区友联小额贷款有限公司	2008.03.28	5 000.00	13	229.33	1500		282	47 611.00	252	41 251.00	6 360.00	
	82	唐山海港经济开发区海华小额贷款有限公司	2008.04.18	5 000.00	11	195.91			139	26 025.50	98	20 855.50	5 170.00	250.00
	83	唐山丰润区鼎旺小额贷款有限公司	2007.12.26	10 000.00	11	122.89			84	33 692.75	68	27 342.75	6 350.00	
	84	唐山市汉沽管理区连瑞小额贷款有限公司	2008.03.26	5 000.00	15	52.19			197	11 386.00	154	6 882.00	4 504.00	3454.00
	85	滦县佳元小额贷款有限公司	2008.04.02	5 000.00	14	60.50			870	37 431.50	831	35 517.50	1 914.00	723.50
	86	滦南县金盛小额贷款有限公司	2008.09.10	5 000.00	9	46.19			127	13 799.50	105	10 865.50	2 934.00	349.00
	87	唐山君融小额贷款有限公司	2008.03.01	5 000.00	29	46.58			387	43 662.00	343	38 168.00	5 494.00	1 761.00
	88	遵化市中兴小额贷款有限公司	2008.04.02	5 000.00	12	174.06			187	17 265.00	159	12 483.00	4 782.00	4 782.00
	89	迁安市荣川小额贷款有限公司	2008.03.25	8 000.00	16	269.79			1 185	30 880.17		22 968.09	7 912.08	
	90	唐山正欣小额贷款有限公司	2008.04.23	5 000.00	18	151.78			75	9 490.00	45	4 649.00	4 841.00	1 305.00
	91	玉田县银卫小额贷款有限公司	2008.03.31	5 000.00	8	427.01	2500		421	47 275.00	371	38 638.00	8 637.00	6 137.00

地区	编号	公司名称（全称）	开业时间	注册资本总额	员工总人数	当年利润（税后）	融资情况		贷款累放额（自公司成立以来）		贷款累收额（自公司成立以来）		年末贷款余额	其中:涉农贷款余额
							从银行业机构融入资金余额	其他	笔数	金额	笔数	金额		
唐山地区	92	迁安市益昌小额贷款有限公司	2007.03.13	10 000.00	6	1 277.00			1 797	190 015.00	1 581	174 495.00	15 520	103.00
	93	迁西县广信小额贷款有限公司	2008.01.18	10 000.00	13	70.78			216	77145.00	196	67 730.00	9 415.00	
	94	玉田县融丰小额贷款有限公司	2010.12.20	10 000.00	18	126.81			83	19 485	42	9 245.00	10 240.00	750.00
	95	唐山高新技术产业园区融昊小额贷款有限公司	2011.01.08	10 000.00	10	215.00			27	10 340.00	17	3 200.00	7 140.00	
	96	唐山市丰润区金岠小额贷款有限公司	2011.08.18	10 000.00	9	99.37			29	13 230.00	17	6 900.00	6 330.00	
	97	唐山市丰润区金瑞融科技小额贷款有限公司	2011.11.11	10 000.00	18	-14.04			27	9 500.00			9 500.00	
秦皇岛地区	98	昌黎强旺小额贷款公司	2011.01.01	5 000.00	11	240.00			140	18 531.00	108	13 876.00	4 655.00	4655.00
	99	抚宁县顺驰小额贷款股份有限公司	2009.09.30	10 000.00	12	737.00			357	38 877.50	281	28 146.55	10 730.95	10730.95
	100	卢龙县聚源小额贷款有限责任公司	2009.09.28	5 000.00	10	10.91			602	25 419.10	457	20 258.80	5 160.30	5160.30
	101	卢龙县龙嘉小额贷款有限责任公司	2011.04.01	5 000.00	16	11.96			95	11 654.55	50	6 892.25	4 762.30	4762.30
	102	青龙满族自治县安胜小额贷款有限公司	2010.03.30	7 000.00	4	268.00			52	9 483.00	28	5 244.00	4 839.00	4 839.00
廊坊地区	103	大厂县同安小额贷款公司	2007.07.19	5 000.00	16	110.00			270	27 367	239	23 104.00	4 263.00	763.00
	104	大厂县汇金小额贷款公司	2008.07.01	5 000.00	12	471.00			362	19 936.00	247	14 328.00	5 608.00	1136.00
	105	大城县鼎元小额贷款公司	2008.04.18	5 000.00	6	319.00			337	30 126.00	339	24 804.00	5 322.00	3230.00
	106	大城县汇隆小额贷款公司	2008.04.19	5 000.00	8	67.80			422	34 272.00	387	28 880.00	5 392.00	4822.00
	107	大城县燕青小额贷款公司	2008.04.20	5 000.00	8	246.00	2 000		528	33 690.00	464	26 108.00	7 582.00	2345.00
	108	大城县天成小额贷款公司	2008.04.21	5 000.00	12	283.00			455	44 121.00	490	38 407.00	5 714.00	1452.00
	109	固安县鑫桥小额贷款有限公司	2007.09.20	5 000.00	5	516.44		5 000	239	17 161.00	236	13 417.00	3 745.00	3745.00
	110	香河县金都小额贷款有限公司	2007.01.01	5 000.00	9	40 578.00			40	13 158.00	56	12 937.00	5 034.00	200.00
	111	香河县高氏小额贷款有限公司	2008.02.01	5 000.00	3	-16.40			27	5 016.00	3	2 134.00	4 968.00	0.00
	112	永清县银丰小额贷款有限公司	2008.03.18	5 000.00	16	625.45			412	19 037.00	366	1 253.80	6 453.30	6453.30
	113	永清县恒丰小额贷款有限公司	2007.12.24	5 000.00	37	18.99	2 500		157	18 288.07	124	14 062.00	4 226.00	4226.00
	114	永清县益田小额贷款有限公司	2007.12.27	5 000.00	9	65.83	2 500		127	24 407.00	113	17 002.00	7 405.00	5405.00
	115	永清县鼎兴小额贷款有限公司	2009.01.01	5 000.00	5	285.73			119	10 809.00	81	5 551.00	5 258.00	5258.00
	116	霸州市磊鑫小额贷款有限责任公司	2008.08.15	8 000.00	10	110.00	4 000万		122	28 060.00	115	19 808.00	8 252.00	0.00
	117	霸州市鑫利小额贷款有限公司	2007.09.27	10 000.00	22	878.00			1 224	174 214.00	1 153	163 483.00	10 731.00	
	118	霸州市万利通小额贷款有限公司	2006.08.28	11 000.00	13	1 673.40			2 718	444 784.65	2 661	431 062.65	13 722.00	7.00
	119	霸州市东升小额贷款有限公司	2008.07.04	5 000.00	6	140.00			132	41 058.00	128	35 608.00	5 450.00	500.00
	120	霸州市盛源小额贷款有限公司	2008.10.08	10 000.00	7	211.30			599	63 514.00	625	53 049.00	10 465.00	3806.00
	121	三河市汇欣小额贷款有限公司	2007.01.31	10 000.00	8	805.00			509	26 841.00	154	15 998.00	10 843.00	300.00
	122	三河市友联小额贷款有限公司	2007.03	10 000.00	30	241.00			837	83 620.00	1 013	74 394.00	9 226.00	8336.00
	123	三河市琨博小额贷款有限公司	2007.06.11	5 000.00	20	241.00	2 500		845	83 091.00	1 032	75 688.00	7 403.00	2891.00
	124	三河市润成小额贷款有限公司	2008.03.28	10 000.00	30	469.00	5 000		1 688	100 036.00	1 688	84 039.00	15 997.00	4532.00
	125	三河市佰汇达科技小额贷款有限公司	2010.08.08	10 000.00	10	784.00			262	22 139.00	188	11 499.00	10 640.00	60.00
	126	文安县金润小额贷款有限公司	2011.01.21	5 000.00	5	631.00			223	20 141.00	168	14 600.00	5 541.00	5 541.00
	127	廊坊市广阳区德鸿小额贷款有限公司	2008.05.14	5 000.00	21	17.31	1 600		229	52 115.00	222	46 250.00	5 865.00	50.00
	128	廊坊市东信小额贷款有限公司	2008.05.30	5 000.00	8	66.00			209	21 518.00	206	16 403.00	5 115.00	1 025.00
	129	廊坊市广阳区金键小额贷款有限公司	2008.06.04	5 000.00	5	809 858.80			120	27 332.80	96	21 990.80	5 342.00	
	130	华融小额贷款	2007.06.15	5 000.00	8	149.00			146	29 299.00	115	23 984.00	5 315.00	725.00
	131	廊坊经济技术开发区汇成小额贷款有限公司	2008.08.19	10 000.00	13	109.00			220	19 721.00	116	11 599.00	8 122.00	
	132	廊坊市广阳区新朝阳小额贷款有限公司	2008.01.10	5 000.00	5	307 365.19			235	28 720.00	212	23 974.00	4 746.00	0.00
	133	廊坊经济技术开发区鑫隆盛小额贷款有限公司	2008	6 000.00	14	90.00			84	21 482.00	60	15 346.00	6 136.00	
	134	廊坊经济技术开发区中邦小额贷款有限公司	2008.04.14	5 000.00	9	148.45			486	89 952.20	426	84 789.20		
	135	廊坊经济技术开发区中财小额贷款有限公司	2007.04.20	6 000.00	10	-7.07			102	32 385.00	82	26 403.00	5 982.00	0.00
	136	廊坊经济技术开发区名家小额贷款有限公司	2007.07.06	5 000.00	6	260.76		5 000	90	20 980.00	90	20 980.00	5 000.00	
	137	廊坊市安次区安泰小额贷款有限公司	2007.05.30	5 400.00	14	131.00			425	74 033.25	382	68 363.35	5 669.90	700.90
	138	银利达小额贷款公司	2008.08	5 000.00	10	427.30			129	17 316.50	101	11 137.00	6 179.50	0.00

地区	编号	公司名称（全称）	开业时间	注册资本总额	员工总人数	当年利润（税后）	融资情况		贷款累放额（自公司成立以来）		贷款累收额（自公司成立以来）		年末贷款余额	其中：涉农贷款余额
							从银行业机构融入资金余额	其他	笔数	金额	笔数	金额		
保定地区	139	保定高新技术开发区康鑫小额贷款有限公司	2007.11.01	5 000.00	9	33.00				14 398.00		11 858.25	2 540.00	
	140	雄县泰斗通小额贷款有限公司	2007.09.28	5 000.00	11	586.00				46 274.00		38 278.35	7 996.00	6 900.00
	141	涞源县万源小额贷款公司	2008.03.27	5 000.00	14	416.00				34 560.93		25 850.93	8 710.00	7 790.00
	142	保定高新区银海小额贷款有限公司	2008.06.12	5 000.00	14	166.00				45710.98		38 117.06	7 594.00	1 600.00
	143	保定白沟银宏小额贷款有限公司	2008.03.15	5 000.00	26	61.00				82 963.95		68 235.64	14 728.31	14 728.00
	144	保定市北市区众信小额贷款有限公司	2008.10.16	5 000.00	7	144.00				45 702.00		30 993.00	14 708.70	
	145	保定高新区银泰小额贷款有限公司	2009.12.09	5 000.00	4	75.00				20 267.00		13 345.00	6 921.99	
	146	保定市北市区万鑫小额贷款有限公司	2009.12.11	5 000.00	8	398.00				12 717.00		4 321.00	8 396.00	
	147	保定高新区德丰源小额贷款有限公司		5 000.00	18	263.00				12 101.00		4 619.00	7 482.00	5.00
沧州地区	148	沧州市新华区汇通小额贷款有限公司	2009.09.22	5 000.00	9	292.39			223	18 703.36	166	13 414.53	5 288.83	54.00
	149	沧州市运河区新华小额贷款有限公司	2009.07.01	5 000.00	6	255.18			147	20 421.50	112	14 968.50	5 453.00	
	150	沧县慈济小额贷款有限公司	2009.12.10	5 000.00	10	233.65			118	17 851.15	119	13 233.00	4 618.15	4 618.15
	151	海兴县通源鑫业小额贷款有限公司	2011.04.08	3 000.00	5	187.52			128	7 170.00	48	3 993.00	3 177.00	3 177.00
	152	盐山县贝尔小额贷款有限公司	2011.12.11	5 000.00	11	210.67			304	30 379.00	240	25 106.95	5 272.05	5 272.05
	153	盐山县浩润小额贷款有限公司	2011.04.01	5 600.00	7	285.28			136	17 525.00	87	11 719.00	5 806.00	5 806.00
	154	肃宁县凯华小额贷款有限公司	2011.01.18	2 000.00	9	86.00			279	5 806.10	150	3 827.10	1 979.00	1 979.00
	155	沧州市南皮信和小额贷款有限责任公司	2009.09.17	5 000.00	6	142.08			538	33 606.00	410	28 352.70	5 253.30	5 253.30
	156	献县鑫瑞小额贷款有限公司	2011.03.16	2 000.00	7	110.04			109	7 530.00	76	5 565.00	1 965.00	1 965.00
	157	孟村回族自治县慈裕小额贷款有限责任公司	2010.12.21	2 000.00	8	77.25			44	3 429.00	15	1 380.00	2 049.00	2 049.00
	158	孟村回族自治县利源小额贷款有限责任公司	2011.07.11	5 000.00	8	113.70			191	14 645.00	126	9 892.00	4753.00	4753.00
	159	泊头市德合小额贷款有限公司	2011.07.22	5 000.00	12	94.93			87	10 583.00	47	5 606.00	4 977.00	4 977.00
	160	任丘市皓开源小额贷款有限公司	2009.07.16	5 000.00	17	632.00			582	39 687.00	512	34 160.00	5 527.00	5 527.00
	161	黄骅市海驿通小额贷款公司	2009.07.03	10 000.00	6	983.17			366	58 179.00	302	47 151.00	11 028.00	8 936.00
	162	黄骅市德兴隆小额贷款公司	2010.10.21	13 000.00	8	1 020.25			155	56 494.50	119	42 653.50	13 841.00	13 841.00
	163	河间市隆昌小额贷款有限公司	2008.08.01	5 000.00	8	130.00			275	34 196.00	250	28 877.00	5 319.00	5 319.00
衡水地区	164	衡水市桃城区通宝小额贷款有限公司	2008.06.18	5 500.00	15	88.52			119	16 710	96	11 665.00	5 044.73	
	165	衡水市桃城区玖鼎小额贷款有限公司	2008.08.21	5 000.00	12	258.95	2 500		448	67 788.00	414	60 708.00	7 080.00	1 000.00
	166	衡水市经济开发区通乾小额贷款有限公司	2008.09.25	5 000.00	17	50.00	2 500		619	103 414.00	567	95 659.00	7 510.00	7 490.00
	167	安平县开源小额贷款有限公司	2008.06.25	5 000.00	11	47.42			125	6 007.00	98	5 622.17	4 897.83	4 897.83
	168	深州市金海城小额贷款有限公司	2008.09.25	5 000.00	8	125.64			208	7 447.2	172	5 292.20	2 155.00	
	169	景县鑫信源小额贷款有限公司	2008.01.18	5 000.00	19	63.43			330	24 382.00	321	22 644.00	1 738.00	1 738.00
	170	冀州市隆盛源小额贷款有限公司	2009.12.11	5 000.00	6	374.96			62	6 053.28	36	1 077.52	4 975.76	1 097.50
	171	故城县金典小额贷款有限公司	2009.12.21	5 000.00	11	343.10			226	18 195.50	182	13 374.50	4 821.00	4 821.00
	172	武邑县恒昇小额贷款有限公司	2011.01.12	2 000.00	16	31.24			56	4 800.00	36	2 990.00	1 810.00	100.00
	173	阜城县鑫盛小额贷款有限公司	2011.01.19	5 000.00	10	199.04			70	8 132.00	32	3 172.00	4 960.00	3 131.00
邢台地区	174	南宫市鑫通小额贷款有限公司	2011.04.01	5 000.00	6	13.00			110	4 029.00	51	2 028.00	2 001.00	821.00
	175	巨鹿县合企小额贷款有限公司	2011.11.12	5 000.00	10				26	4 255.00			4 255.00	250.00
	176	平乡县强久小额贷款有限公司	2011.11.06	2 100.00	8	-6.00			28	2 005.00			2 005.00	445.00
	177	清河县宏达小额贷款公司	2010.12.23	5 000.00	19	10.48			102	14 710.50	64	9 688.00	5 022.50	4 217.50
	178	清河县民商小额贷款公司	2008.08.28	5 000.00	21	40.00	2 500		1 101	83 818.80	1 043	77 194.80	6 624.00	4 668.00
	179	宁晋县晶龙小额贷款有限公司	2008.01.15	8 000.00	9	616.60			821	54 231.60	558	44 985.80	9 245.80	1 095.00
	180	宁晋县宁纺小额贷款有限公司	2010.09.03	5 000.00	15	109.96			270	28 310.00	233	23 623.00	4 687.00	0.00
	181	邢台市大曹庄管理区金泰小额贷款有限公司	2010.09.02	5 000.00	31	57.64			245	31 829.75	123	27 452.75	4 377.00	1 104.00
	182	南和县利民小额贷款有限公司	2007.12.12	5 000.00	11	147.00			2 450	36 647.40	2 222	31 325.20	5 322.20	3 096.60
	183	任县汇融小额贷款有限公司	2009.12.29	5 000.00	14	153.78			237	12 288.30	127	7 277.03	5 011.27	986.00
	184	威县盛达小额贷款有限公司	2011.12.09	2 000.00	10	-7.40			20	1 999.9	4	400.00	1 599.90	0.00
	185	邢台县滨河小额贷款有限公司	2011.09.19	5 000.00	12	62.80			38	6 493.00	9	1 733.00	4 760.00	2 140.00

地区	编号	公司名称（全称）	开业时间	注册资本总额	员工总人数	当年利润（税后）	融资情况		贷款累放额（自公司成立以来）		贷款累收额（自公司成立以来）		年末贷款余额	其中：涉农贷款余额
							从银行业机构融入资金余额	其他	笔数	金额	笔数	金额		
邯郸地区	186	邯郸市润恒通小额信贷有限公司	2008.03.07	5 000.00	7	272.00			421	79 992.00	392	74 512.00	5 480.00	
	187	邯郸市华信小额贷款公司	2008.03.26	5 000.00	7	340.00			321	48 116.00	287	42 532.00	5 584.00	2 930.00
	188	邯郸市丛台富邦小额贷款公司	2008.08.28	5 000.00	8	15.00			109	15 150.00	87	10 077.00	5 073.00	1 422.00
	189	武安市汇发小额贷款有限公司	2008.09.04	5 000.00	12	201.00			201	36 450.00	166	31 142.00	5 308.00	3 113.00
	190	邯郸市复兴区海通小额贷款有限公司	2009.09.21	5 000.00	8	109.00			215	31 516.00	182	26 486.00	5 030.00	1 700.00
	191	邯郸市复兴区金源小额贷款有限公司	2009.09.24	5 000.00	8	138.00			239	46 975.00	214	41 877.00	5 098.00	58.00
	192	邯郸市马头生态工业城金鼎小额贷款有限公司	2009.10.27	5 000.00	8	391.00			116	17 690.00	83	12 198.00	5 492.00	5 237.00
	193	邯郸市邯山区燕赵小额贷款有限公司	2010.01.22	6 000.00	10	165.00			48	11 905.00	24	5 670.00	6 235.00	4 435.00

注：本表报告期末贷款累放额－报告期末贷款累收额＝报告期末贷款余额

河北省村镇银行基本信息表

（2011 年 12 月 31 日）

序号	机构名称	机构地址	开业日期（YYYY－MM－DD）	注册资本（万元）	主发起人			当前注册资本（万元）	从业人员数（个）
					机构类型	名称	入股比例（%）		
1	张北信达村镇银行股份有限公司	张北县	2008.05.20	1 000.00	城商行	张家口市商业银行	51	1 300.00	16
2	河北承德丰宁建信村镇银行	丰宁县	2010.07.14	3 000.00	国有银行	建设银行	51	3 000.00	20
3	香河益民村镇银行股份有限公司	香河县	2010.09.16	6 000.00	城商行	廊坊银行	51	6 000.00	29
4	蔚县银泰村镇银行股份有限公司	蔚县	2010.09.21	2 000.00	城商行	张家口市商业银行	51	2 000.00	20
5	清河金农村镇银行	清河县	2010.05.29	2 000.00	城商行	邢台银行	51	2 000.00	26
6	平山西柏坡冀银村镇银行有限责任公司	平山县	2010.12.23	5 000.00	城商行	河北银行	51	5 000.00	21
7	迁安襄隆村镇银行股份有限公司	迁安市	2011.03.29	2 000.00	城商行	邢台市商业银行	51	2 000.00	27
8	河北承德围场华商村镇银行	围场县	2011.03.04	2 580.00	城商行	承德银行	50	2 580.00	15
9	唐县汇泽村镇银行	唐县	2011.11.30	5 000.00	城商行	鄂尔多斯银行	30	5 000.00	21
10	元氏信融村镇银行股份有限公司	元氏县	2011.09.23	3 000.00	城商行	衡水市商业银行	22	3 000.00	15
11	河北承德滦平盛阳村镇银行	滦平县	2011.01.06	5 000.00	城商行	廊坊银行	51	5 000.00	20
12	沙河襄通村镇银行	沙河市	2011.11.08	5 000.00	城商行	邢台银行	51	5 000.00	41
13	唐山市开平汇金村镇银行股份有限公司	开平区	2011.12.08	10 000.00	城商行	张家口市商业银行	51	10 000.00	20
14	武安村镇银行股份有限公司	武安市	2011.12.27	5 000.00	城商行	邯郸银行	42	5 000.00	36
15	沧县吉银村镇银行股份有限公司	沧州市新华区	2011.12.22	5 000.00	城商行	吉林银行股份有限公司	51	5 000.00	33
16	任丘泰寿村镇银行股份有限公司	任丘市	2011.12.22	10 000.00	农商行	山东寿光农村商业银行	51	10 000.00	28

河北省保险业统计

中国太平洋财产保险股份有限公司河北分公司保险业务统计表

（2011 年 12 月 31 日）

单位：万元

承保情况

合计		企财险		机动车险		货运险		家财险		工程险		农业保险		责任保险		信用保证险		其他保险	
保额	保费	保额	保费	保额	保费	保额	保费	保额	保费	保额	保费	保额	保费	保额	保费	保额	保费	保额	保费
69 516 419	196 269	14 465	8 312	14 734 517	17 128	52 735	2 317	17 764	715	4 882	154			1 981	5 563	1	53	13 273	7 227

理赔情况

合计		企业财产保险		机动车辆保险		货物运输保险		家庭财产保险		工程保险		农业保险		责任保险		信用保证保险		其他保险		未决赔款
赔案件数	赔款金额	赔案件数	赔款金额	赔案件数	赔款金额	赔案件数	赔款金额	赔案件数	赔款金额	赔案件数	赔款金额	赔案件数	赔款金额	赔案件数	赔款金额	赔案件数	赔款金额	赔案件数	赔款金额	
17 823	925	666	2 832	16 595	8 124	213	693	425	58	299	935			2 865	465	18	53	1 242	2 624	9 637

中国太平洋财产保险股份有限公司河北分公司机构及人员情况一览表

（2011 年 12 月 31 日）

单位：个、人

省级公司		地市级公司		支公司	
机构数量	人数编制	机构数量	人数编制	机构数量	人数编制
1	129	11	793	96	359

中国太平洋财产保险股份有限公司河北分公司职工性别、年龄、学历、职称结构统计表

（2011 年 12 月 31 日）

单位：人

机构名称	性别结构			年龄结构				学历结构				职称结构			
	男	女	合计	35 岁以下	36～49 岁	50 岁以上	合计	大学本科	大学专科	中专及以下	合计	高级职称	中级职称	初级职称	合计
河北分公司	663	618	1 281	706	474	101	1 281	376	674	231	1 281	3	70	54	127
总计	663	618	1 281	706	474	101	1 281	376	674	231	1 281	3	70	54	127

天安保险股份有限公司河北分公司资产负债表

（2011 年 12 月 31 日） 单位：元

资　产	年初余额	期末余额	负债及所有者权益	年初余额	期末余额
流动资产：			流动负债：		
货币资金	1 875 738.57	2 757 321.21	存入保证金		
其中：现金			交易性金融负债		
活期存款	1 877 689.61	2 759 272.25	其中：本金		
银行存款汇率评估	－1 951.04	－1 951.04	应付票据		
其他货币资金			应付手续费	619 955.25	897 041.14
结算备付金			其中：保险业务	619 955.25	897 041.14
应收票据			预收保费	1 882 416.38	1 913 397.50
应收保费	9 616 320.81	8 697 837.43	应付职工薪酬	371 823.73	142 400.33
预付赔款	3 126 790.11	3 678 544.23	应交税费	703 967.79	940 056.70
应收保户储金			应付赔付款	11 411 923.86	5 123 768.12
应收代位追偿款	24 100.00	1 308.00	其中：结案赔款	11 281 497.27	5 073 424.29
应收分保账款			预付赔款	137 439.00	56 954.90
其中：分出业务			垫付赔款		
分入业务			应付退保款	162 706.85	177 754.42
预估账单			其他应付款	2 188 717.93	2 570 677.82
应收分保未到期责任准备金			预提费用	221 360.41	310 776.66
其中：已发生已报告			递延收益		
已发生未报告			未到期责任准备金	69 287 472.81	77 378 034.69
预估间接理赔费用			未决赔款准备金	120 056 218.07	129 061 223.75
其他应收款	745 293.77	1 329 186.03	其中：已发生已报告	78 884 726.78	97 470 938.82
内部往来	196 340 034.02	209 285 010.54	已发生未报告	36 985 522.30	27 081 947.79
减：坏账准备	8 829 400.69	10 392 841.21	预估间接理赔费用	4 185 968.99	4 508 337.14
其中：应收保费	8 506 336.59	8 499 685.98	保户储金		
应收代位追偿款			流动负债合计	206 906 563.08	218 515 131.13
其他应收款	323 064.10	725 849.70	长期负债：		
低值易耗品	517 930.41	525 435.46	应付债券		
待摊费用	1 171 602.17	1 041 620.56	长期应付款		
持有至到期投资			递延所得税负债		
其中：投资成本			长期负债合计		
利息调整			负债合计	206 906 563.08	218 515 131.13
流动资产合计	204 588 409.17	216 923 422.25	所有者权益（或股东权益）：		
固定资产	7 503 369.25	7 520 502.25	实收资本（或股本）		
减：累计折旧	5 422 430.84	6 177 354.46	资本公积		
固定资产净值	2 080 938.41	1 343 147.79	其中：股本溢价		
减：固定资产减值准备			可供出售金融资产公允价值变动		
固定资产净额	2 080 938.41	1 343 147.79	外币资本折算差额		
固定资产合计	2 080 938.41	1 343 147.79	长期股权投资变动		
无形资产及其他资产：			盈余公积		
无形资产	16 875.00	16 875.00	其中：法定盈余公积		
减：无形资产累计摊销	14 464.28	16 875.00	任意盈余公积		
无形资产减值准备			一般风险准备		
无形资产净额	2 410.72		未分配利润		
长期待摊费用	234 804.78	248 561.09	其中：本年累计净利润		
存出资本保证金			历年未分配利润		
递延所得税资产			外币报表折算差额		
无形资产及其他资产合计	237 215.50	248 561.09	所有者权益合计		
资产总计	206 906 563.08	218 515 131.13	负债及所有者权益总计	206 906 563.08	218 515 131.13

天安保险股份有限公司河北分公司利润表

(2011 年 12 月 31 日)

单位:元

项　　目	本期数	累计数
一、营业收入	7 877 935.87	183 728 439.97
已赚保费	7 441 071.18	182 877 554.01
保险业务收入	8 249 704.08	190 968 115.89
其中:保费收入	8 249 704.08	190 968 115.89
分保费收入		
减:分出保费		
提取未到期责任准备金	808 632.90	8 090 561.88
其中:原保险合同	808 632.90	8 090 561.88
再保险合同		
投资净收益		
其中:交易性金融资产		
可供出售金融资产		
持有至到期投资		
公允价值变动净收益		
股权投资收益		
买入返售金融资产利息		
汇兑净收益	-59.00	-401.34
利息收入	7 422.32	38 699.98
其中:大面额协议存款利息		
其他定期存款利息		
活期存款利息	7 422.32	38 699.98
其他业务收入	429 501.37	812 587.32
二、营业支出	26 434 012.69	222 971 022.09
赔付总支出	18 107 891.77	139 847 477.73
其中:赔付支出	18 107 891.77	139 847 477.73
分保赔付支出		
减:摊回赔付支出		
提取未决赔款准备金	3 365 677.31	9 005 005.68
其中:已发生已报告	8 425 055.34	18 586 212.04
已发生未报告	-5 348 770.63	-9 903 574.51
预估间接理赔费用	289 392.60	322 368.15
减:摊回未决赔款准备金		
手续费支出	544 226.43	13 791 340.47
分保费用		
营业税金及附加	541 108.48	10 760 494.33
业务及管理费	3 296 369.92	47 439 503.14
其中:保险保障基金	65 997.62	1 527 744.91
减:摊回分保费用		
利息支出		
其中:卖出回购金融资产利息		
债券利息		
再保保证金利息		
其他业务支出	291 098.04	563 760.22
资产减值损失	287 640.74	1 563 440.52
三、营业利润(亏损以"-"号填列)	-18 556 076.82	-39 242 582.12
加:营业外收入		3 689.86
减:营业外支出		499 286.82
四、利润总额(亏损以"-"号填列)	-18 556 076.82	-39 738 179.08
减:所得税费用		
五、净利润(亏损以"-"号填列)	-18 556 076.82	-39 738 179.08

天安保险股份有限公司河北分公司分地区保费收入统计表

（2011 年 12 月 31 日）

单位：万元

地区	沧州	秦皇岛	唐山	邢台	保定	廊坊	营业部	邯郸	张家口	承德	合计
保费收入	2 298.29	581.31	3 049.59	831.53	2 291.92	2 049.99	762.60	3 685.59	2 189.64	1 356.35	19 096.81

天安保险股份有限公司河北分公司机构、人员情况一览表

（2011 年 12 月 31 日）

单位：个、人

单位名称	从业人员	在岗职工	柜员合同工	代理用工	离退休	一级分行(局)	省行营业部二级分行(局)	县支行(局)	城区支行(局)	二级支行(局)	分理处	集镇办	储蓄所	各类机构总数
河北省	43	43												1
石家庄														
营业部	14	14												4
承德	25	25												1
张家口	36	36												3
秦皇岛	23	23												1
唐山	45	45												5
廊坊	39	39												5
保定	35	35												5
沧州	53	53												7
衡水														
邢台	25	25												3
邯郸	37	37												3
总计	375	375												38

天安保险股份有限公司河北分公司职工性别、年龄、学历、职称结构统计表

（2011 年 12 月 31 日）

单位：人

机构名称	性别结构			年龄结构					学历结构						职称结构			
	男	女	合计	30 岁以下	31～40 岁	41～50 岁	51～60 岁	合计	博士研究生	硕士研究生	大学本科	大学专科	中专及以下	合计	高级职称	中级职称	初级职称	合计
河北省	20	23	43	26	12	5		43			23	18	2	43		5	4	9
石家庄																		
营业部	10	4	14	6	4	4		14			2	8	4	14				
承德	12	13	25	12	8	5		25			4	16	5	25		1	1	2
张家口	12	24	36	10	12	12	2	36			5	20	11	36			4	4
秦皇岛	14	9	23	14	7	2		23			6	13	4	23		4	1	5
唐山	19	26	45	19	19	6	1	45			9	27	9	45		2	1	3
廊坊	16	23	39	18	8	11	2	39			9	14	16	39			1	1
保定	15	20	35	16	15	4		35			10	14	11	35		1	1	2
沧州	27	26	53	27	17	6	3	53			16	26	11	53		3	2	5
衡水																		
邢台	10	15	25	12	10	3		25			8	14	3	25			1	1
邯郸	19	18	37	17	12	6	2	37			3	24	10	37	1	1	1	3
总计	174	201	375	177	124	64	10	375			95	194	86	375	1	17	17	35

中国大地财产保险股份有限公司河北分公司资产负债表

（2011年12月31日） 单位:元

表项	折算币(ZSB)	
	年初余额	期末余额
资产:		
货币资金	10 300 422.87	2 665 794.08
应收保费	347 440.70	749 491.26
应收代位追偿款		
应收分保账款		
应收分保未到期责任准备金	780 946.32	9 822 101.38
应收分保未决赔款准备金	5 996 961.86	7 565 870.26
固定资产	6 665 499.87	5 264 100.57
其他资产	10 111 771.69	12 819 906.43
资产总计	34 203 043.29	38 887 263.96
预收保费	9 918 210.42	10 002 567.32
应付手续费及佣金	1 466 133.13	3 141 692.05
应付分保账款		
应付职工薪酬	3 582 586.19	3 517 129.81
应交税费	3 972 861.07	4 178 039.67
应付赔付款	7 927 275.06	5 653 741.51
应付保单红利		
保户储金及投资款	324 781 355.75	34 506.10
未到期责任准备金	213 369 062.54	231 572 221.79
未决赔款准备金	160 338 616.40	163 594 508.27
其他负债	-691 153 057.23	-382 807 142.52
负债合计	34 203 043.33	38 887 264.00
所有者权益(或股东权益):		
实收资本(或股本)		
资本公积		
减:库存股		
盈余公积		
一般风险准备		
未分配利润	-0.02	-0.02
所有者权益(或股东权益)合计	-0.02	-0.02
负债和所有者权益(或股东权益)总计	34 203 043.29	38 887 263.96

中国大地财产保险股份有限公司河北分公司利润表

(2011年12月31日)

单位:元

表项	折算币(ZSB)	
	本期数	本年累计数
一、营业收入		560 291 101.91
已赚保费		559 173 300.58
保险业务收入		608 014 149.68
分保费收入		
减:分出保费		39 694 329.27
提取未到期责任准备金		9 146 519.83
投资收益(损失以"-"号填列)		174
其中:对联营企业和合营企业的投资收益		
公允价值变动收益(损失以"-"号填列)		
汇兑收益(损失以"-"号填列)		-1 667.37
其他业务收入		1 119 294.70
二、营业支出	-97 473.75	519 087 991.81
退保金		
赔付支出		340 280 851.53
减:摊回赔付支出		5 945 238.70
提取保险责任准备金		3 262 717.26
减:摊回保险责任准备金		1 571 635.72
保单红利支出		
分保费用		
营业税金及附加		32 897 842.26
手续费及佣金支出		63 407 711.82
业务及管理费	-97 473.75	99 560 284.39
减:摊回分保费用		17 283 656.68
其他业务成本		4 344 394.22
资产减值损失		134 721.43
三、营业利润(亏损以"-"号填列)	97 473.75	41 203 110.10
加:营业外收入		8 994.02
减:营业外支出		48 571.38
四、利润总额(亏损总额以"-"号填列)	97 473.75	41 163 532.74
减:所得税费用		
五、净利润(净亏损以"-"号填列)	97 473.75	41 163 532.74
六、每股收益:		
(一)基本每股收益		
(二)稀释每股收益		

中国大地财产保险股份有限公司河北分公司机构、人员一览表

（2011年12月31日）

单位名称	劳动合同	劳务合同	聘用协议	离退休	二级机构	三级机构	四级机构	各类机构总数
河北省	103	8	3		1			1
石家庄	72	8	2			1	8	9
承德	48	10	3			1	4	5
张家口	39	9	3			1	4	5
秦皇岛	44	3				1	3	4
唐山	147	17	5			1	13	14
廊坊	59	9	5			1	7	8
保定	34	6				1	3	4
沧州	94	9		1		1	9	10
衡水	43	10	4			1	3	4
邢台	70	2	2			1	7	8
邯郸	32	3				1	2	3
总计	785	94	27	1	1	11	63	75

中国大地财产保险股份有限公司河北分公司职工性别、年龄、学历、职称结构统计表

（2011 年 12 月 31 日）

单位：人

机构名称	性别结构			年龄结构					学历结构					职称结构			
	男	女	合计	30 岁以下	31 ~ 40 岁	41 ~ 50 岁	51 ~ 60 岁	合计	博士	硕士	本科及大专	中专及以下	合计	高级职称	中级职称	初级职称	合计
河北省	63	40	103	48	38	15	2	103		3	79	21	103	1		17	18
石家庄	36	36	72	26	27	16	3	72			54	18	72			12	12
承德	28	20	48	22	10	12	4	48			31	17	48			5	5
张家口	17	22	39	17	8	11	3	39			27	12	39			1	1
秦皇岛	21	23	44	17	13	14		44			27	17	44			2	2
唐山	71	76	147	47	59	28	13	147			54	93	147	1		15	16
廊坊	26	33	59	30	13	13	3	59			44	15	59			4	4
保定	19	15	34	13	7	12	2	34		1	28	5	34			3	3
沧州	53	41	94	40	27	21	6	94			48	46	94			6	6
衡水	25	18	43	18	12	8	5	43			24	19	43			7	7
邢台	41	29	70	30	21	11	8	70			35	35	70	1		6	7
邯郸	21	11	32	20	5	7		32			24	8	32			1	1
总计	421	364	785	328	240	168	49	785		4	475	306	785	3		79	82

安邦财产保险股份有限公司河北分公司资产负债表

（2011 年 12 月 31 日）

单位：元

资　　产	期末数	年初数	负债及所有者权益	期末数	年初数
资 产：			负 债：		
货币资金	228 202. 89	99 375. 81	短期借款		
拆出资金			拆入资金		
交易性金融资产			交易性金融负债		
衍生金融资产			衍生金融负债		
买入返售金融资产			卖出回购金融资产款		
应收利息			预收保费	1 097 983. 64	1 290 558. 46
应收保费	1 983 910. 04	2 159 269. 38	应付手续费及佣金	669 965. 41	828 187. 75
应收代位追偿款			应付分保账款		
应收分保账款			应付职工薪酬	140 254. 18	150 372. 35
应收分保未到期责任准备金	20 374. 70	37 951. 42	应交税费	1 611 039. 43	2 198 787. 22
应收分保未决赔款准备金	1 510 887. 76	135 419. 80	应付赔付款	15 402 016. 00	12 864 101. 80
应收分保寿险责任准备金			应付保单红利		
应收分保长期健康险责任准备金			保户储金及投资款		
保户质押贷款			未到期责任准备金	51 601 725. 96	52 428 926. 63
定期存款			未决赔款准备金	37 991 446. 30	34 915 115. 50
可供出售金融资产			寿险责任准备金		
持有至到期投资			长期健康险责任准备金		
长期股权投资			长期借款		
存出资本保证金			应付债券		
投资性房地产			独立账户负债		
固定资产	35 718 081. 78	37 022 575. 58	递延所得税负债		
无形资产			其他负债	2 957 067. 18	3 213 241. 01
独立账户资产			负债合计	111 471 498. 10	107 889 290. 72
递延所得税资产					
其他资产	52 802 844. 53	43 036 807. 91			
所有者权益（或股东权益）：					
实收资本（或股本）					
资本公积					
减：库存股					
盈余公积					
一般风险准备					
未分配利润				－19 207 196. 40	－25 397 890. 82
所有者权益（或股东权益）合计				－19 207 196. 40	－25 397 890. 82
资产总计	92 264 301. 70	82 491 399. 90	负债和所有者权益（或股东权益）总计	92 264 301. 70	82 491 399. 90

安邦财产保险股份有限公司河北分公司利润表

(2011 年 12 月 31 日)　　单位:元

项　　目	本期数	本年累计数
一、营业收入	10 618 988.38	129 352 682.10
已赚保费	10 105 760.11	128 679 519.60
保费业务收入	7 643 039.11	127 951 685.67
其中:分保费收入		
减:分出保费		81 790.02
提取未到期责任准备金	-2 462 721.00	-809 623.95
投资收益(损失以"-"号填列)		
其中:对联营企业和合营企业的投资收益		
公允价值变动收益(损失以"-"号填列)		
汇兑收益(损失以"-"号填列)	3.12	24.51
其他业务收入	513 225.15	673 137.99
二、营业支出	10 436 846.93	121 881 707.54
退保金		
赔付支出	9 415 758.46	77 311 661.74
减:摊回赔付支出		11 465.31
提取保险责任准备金	-2 389 125.37	3 076 330.80
减:摊回保险责任准备金	89 097.91	1 375 467.96
保单红利支出		
分保费用		
营业税金及附加	427 352.76	7 151 437.68
手续费及佣金支出	814 099.50	11 662 721.14
业务及管理费	2 259 166.03	24 094 981.15
减:摊回分保费用		31 051.85
其他业务成本		3 866.69
资产减值损失	-1 306.54	-1 306.54
三、营业利润(亏损以"-"号填列)	182 141.45	7 470 974.56
加:营业外收入	53.01	21 970.96
减:营业外支出		300 076.63
四、利润总额(亏损总额以"-"列示)	182 194.46	7 192 868.89
减:所得税费用	451 871.06	1 002 174.47
五、净利润(净亏损以"-"列示)	-269 676.60	6 190 694.42
六、每股收益		
(一)基本每股收益	33.00	
(二)稀释每股收益	34.00	

安邦财产保险股份有限公司河北分公司分地区保险业务统计表

（2011 年 12 月 31 日）

地区名称	全部业务		
	名次	保费收入	同比增长（%）
石家庄	4	1 551.27	70.54
邯郸	3	1 907.90	57.93
邢台	5	1 250.47	-14.48
保定	9	400.59	-19.61
衡水	7	596.28	-38.72
沧州	10	350.09	-37.87
廊坊	6	1 130.39	-22.81
唐山	2	2 398.78	-10.07
秦皇岛	8	465.50	-37.27
张家口	1	2 449.30	14.33
承德	11	294.60	-65.08
全省合计		1 2795.17	

安邦财产保险股份有限公司河北分公司职工性别、年龄、学历、职称结构统计表

（2011年12月31日）

单位:人

机构名称	性别结构			年龄结构					学历结构						职称结构			
单位名称	男	女	合计	30岁以下	31~40岁	41~50岁	51~60岁	合计	博士研究生	硕士研究生	大学本科	大学专科	中专及以下	合计				
河北省	36	44	80	51	19	9	1	80		3	40	36	1	80				
石家庄	10	13	23	19	2	2		23		1	6	16		23				
营业部																		
承德	5	7	12	8	3	1		12				12		12				
张家口	20	24	44	17	15	12		44				43	1	44				
秦皇岛	10	16	26	14	9	3		26				26		26				
唐山	31	33	64	37	21	6		64				64		64				
廊坊	9	10	19	17	2			19				17	2	19				
保定	11	13	24	17	5	2		24			15	9		24				
沧州	9	13	22	14	3	4	1	22				22		22				
衡水	10	7	17	14	2	1		17				17		17				
邢台	16	24	40	23	11	6		40				38	2	40				
邯郸	19	21	40	25	7	6	2	40				40		40				
总计	186	225	411	256	99	53	4	41		4	61	340	7	411				

阳光财产保险股份有限公司河北省分公司资产负债表

（2011 年 12 月 31 日）

单位：元

资产	年初数	期末数	负债及股东权益	年初数	期末数
资产：			负债：		
货币资金	6 499 947. 32	2 003 969. 71	短期借款		
拆出资金			拆入资金		
交易性金融资产			交易性金融负债		
衍生金融资产			衍生金融负债		
买入返售金融资产			卖出回购金融资产款		
应收利息			预收保费	3 869 068. 68	16 855 326. 47
应收保费	－18 049. 50	2 426 639. 58	应付手续费及佣金	1 997 604. 62	782 174. 35
应收代位追偿款			应付分保账款		
应收分保账款			应付职工薪酬	4 710 490. 55	2 520 867. 07
应收分保未到期责任准备金	2 436 573. 34	4 894 422. 22	应交税费	15 901 466. 45	20 501 410. 65
应收分保未决赔款准备金	5 874 255. 94	4 430 511. 20	应付赔付款	12 033 447. 44	6 075 925. 07
应收分保寿险责任准备金			应付保单红利	244 390. 39	241 341. 85
应收分保长期健康险责任准备金			保户储金及投资款	570 000. 00	520 000. 00
保户质押贷款			未到期责任准备金	257 633 797. 46	395 287 535. 31
定期存款			未决赔款准备金	199 489 374. 41	249 665 762. 54
可供出售金融资产			寿险责任准备金		
持有至到期投资			长期健康险责任准备金		
债权投资计划			长期借款		
长期股权投资			应付债券		
存出资本保证金			独立账户负债		
投资性房地产			递延所得税负债		
固定资产	6 416 185. 18	9 741 317. 21	其他负债	－491 761 287. 87	－764 074 658. 35
无形资产			负债合计	4 688 352. 13	－71 624 315. 04
独立账户资产			股东权益：		
递延所得税资产			股本		
其他资产	2 309 757. 03	1 237 801. 38	资本公积		
			减：库存股		
			盈余公积		
			一般风险准备		
			未分配利润	18 830 317. 18	96 358 976. 34
			股东权益合计	18 830 317. 18	96 358 976. 34
资产总计	23 518 669. 31	24 734 661. 30	负债及股东权益总计	23 518 669. 31	24 734 661. 30

阳光财产保险股份有限公司河北省分公司利润表

(2011 年 12 月 31 日) 单位:元

项目	本年累计数	上年同期累计数
一、营业收入	706 452 725.57	516 964 831.01
已赚保费	703 781 702.96	516 882 187.38
保险业务收入	851 494 671.20	640 750 477.83
其中:分保费收入		54 228.00
减:分出保费	12 517 079.27	6 268 393.47
提取未到期责任准备金	135 195 888.97	117 599 896.98
投资收益(损失以"-"号填列)		
其中:对联营企业和合营企业的投资收益		
公允价值变动收益(损失以"-"号填列)		
汇兑收益(损失以"-"号填列)	-2 169.90	
其他业务收入	2 673 192.51	82 643.63
二、营业支出	628 764 810.53	474 899 044.49
退保金		
赔付支出	306 819 012.16	206 784 558.04
减:摊回赔付支出	2 880 539.40	7 896 814.84
提取保险责任准备金	50 176 388.13	97 955 342.15
减:摊回保险责任准备金	-1 443 744.74	3 302 610.18
保单红利支出		
分保费用		13 557.00
营业税金及附加	47 619 558.92	35 740 747.12
手续费及佣金支出	58 327 754.13	36 690 283.04
业务及管理费	168 054 002.22	110 182 605.59
减:摊回分保费用	3 238 209.15	1 577 825.11
其他业务成本	1 402 951.16	267 261.01
资产减值损失	1 040 147.62	41 940.67
三、营业利润(亏损以"-"号填列)	77 687 915.04	42 065 786.52
加:营业外收入	43 877.24	14 076.50
减:营业外支出	203 133.12	277 148.30
四、利润总额(亏损以"-"号填列)	77 528 659.16	41 802 714.72
减:所得税费用		
五、净利润(净亏损以"-"号填列)	77 528 659.16	41 802 714.72
六、每股收益		
(一)基本每股收益		
(二)稀释每股收益		

阳光财产保险股份有限公司河北省分公司业务统计表

（2011 年 12 月 31 日）

单位：元

合计	商车险	交强险	企财险	家财险	工程险	货运险	责任险	综合险	健康险	意外险	合计
一、保费收入	362 343 324.15	451 495 235.27	11 535 266.91	5 915 731.47	2 617 296.07	1 250 953.10	3 813 175.37	905 810.30	3 408 222.29	8 209 656.27	851 494 671.20
加：分保费收入											
减：分出保费	126 721.74	8 376 143.32	281 846.00	2 173 848.62	794 950.42	101 545.92	149 016.76	513 006.49	12 517 079.27		
二、净（自留）保费收入	362 216 602.41	451 495 235.27	3 159 123.59	5 633 885.47	443 447.45	456 002.68	3 711 629.45	756 793.54	3 408 222.29	7 696 649.78	838 977 591.93
减：提取未到期责任准备金	41 983 124.06	86 802 142.26	1 943 533.56	3 358 494.24	1 028 111.13	-32 172.01	457 487.37	336 124.03	1 166 551.42	610 341.79	137 653 737.85
加：摊回分保未到期责任准备金	-2 279.34	1 411 666.29	-1 121.77	964 015.83	-14 328.05	75 622.59	13 352.49	12 817.26	-1 896.42	2 457 848.88	
三、已赚净保费	320 231 199.01	364 693 093.01	2 627 256.32	2 274 269.46	379 352.15	473 846.64	3 329 764.67	434 022.00	2 254 488.13	7 084 411.57	703 781 702.96

阳光财产保险股份有限公司河北省分公司职工性别、年龄、学历、职称结构统计表

（2011 年 12 月 31 日）

单位：人

机构名称	性别结构			年龄结构					学历结构						职称结构			
	男	女	合计	30 岁以下	31～40 岁	41～50 岁	51～60 岁	合计	博士研究生	硕士研究生	大学本科	大学专科	中专及以下	合计	高级职称	中级职称	初级职称	合计
河北省	34	30	64	31	21	10	2	64		2	26	35	1	64	1	7	1	9
保定	28	25	53	36	11	5	1	53			11	40	2	53		2	1	3
沧州	18	21	39	22	12	4	1	39			6	31	2	39		1	2	3
承德	8	6	14	10	3	1		14			1	12	1	14		1		1
邯郸	17	10	27	17	6	3	1	27			7	19	1	27	1	1		2
衡水	19	11	30	20	7	1	2	30			4	25	1	30		1	1	2
廊坊	15	18	33	24	5	4		33			2	31		33	1	3		4
秦皇岛	19	13	32	26	5	1		32			7	24	1	32			1	1
石家庄	23	25	48	33	10	4	1	48			8	37	3	48		2	3	5
唐山	25	29	54	39	11	1	3	54			9	39	6	54		1		1
邢台	17	25	42	24	11	7		42			3	33	6	42		1	4	5
张家口	13	14	27	15	7	4	1	27			2	24	1	27		3	1	4
总计	236	227	463	297	109	45	12	463		2	86	350	25	463	3	23	14	40

阳光财产保险股份有限公司河北省分公司机构、人员情况一览表

（2011 年 12 月 31 日） 单位:个、人

单位名称	从业人员	在编职工	销售人员	离退休	二级机构	三级机构	四级机构	各类机构总数
河北省公司	150	63		1	1	1		1
保定中心支公司	28	53	27			1	4	5
沧州中心支公司	184	39	61	1		1	7	8
承德中心支公司		14	21			1		1
邯郸中心支公司	59	27	33			1	3	4
衡水中心支公司	213	30	27			1	2	3
廊坊中心支公司	83	33	41			1	5	6
秦皇岛中心支公司	144	32	31			1	3	4
石家庄中心支公司	169	48	88			1	5	6
唐山中心支公司	206	54	76			1	6	7
邢台中心支公司	124	42	37			1	6	7
张家口中心支公司	169	27	31			1	3	4
合　计	1 379	643	473	2	1	12	44	56

民安保险(中国)有限公司河北分公司资产负债表

(2011 年 12 月 31 日)

单位:元

	年初数	期末数
资产:		
货币资金	282 355.62	1 014 377.66
应收保费	504 932.43	351 881.55
应收分保未到期责任准备金	795 034.81	6 701 481.10
应收分保未决赔款准备金	1 265 626.58	2 602 067.92
存出保证金	100 000.00	100 000.00
固定资产	903 605.69	716 716.59
其他资产	691 101.37	928 922.53
其中:预付账款	712 891.45	1 096 988.19
坏账准备	-265 768.05	-265 768.05
其他应收款	53 460.35	-22 763.65
待摊费用	16 096.00	16 096.00
长期待摊费用	174 421.62	104 370.04
资产总计	4 542 656.50	12 415 447.35
负债及所有者权益		
负债:		
应付手续费及佣金	475 228.26	649 919.05
预收保费	1 277 536.00	4 202 653.48
应付职工薪酬	2 591 590.01	4 605 975.10
应交税费	434 734.73	626 936.35
应付赔付款	347 932.54	552 291.40
其他应付款	155 112.23	416 790.99
未到期责任准备金	14 163 945.43	27 906 009.51
未决赔款准备金	12 531 470.82	15 561 722.21
其中:已发生未报告未决赔款准备金	2 866 808.83	3 931 529.23
内部往来(贷项)	-5 487 747.58	-15 070 167.12
其他负债	316 948.52	162 532.14
负债合计	26 806 750.96	39 614 663.11
所有者权益(或股东权益):		
实收资本(或股本)		
资本公积		
减:库存股		
盈余公积		
一般风险准备		
未分配利润	-22 264 094.46	-27 199 215.76
其中:本年利润		-4 935 121.30
外币报表折算差额		
少数股东权益		
所有者权益合计	-22 264 094.46	-27 199 215.76
负债及所有者权益总计	4 542 656.50	12 415 447.35

民安保险(中国)有限公司河北分公司利润表

(2011 年 12 月 31 日)　单位:元

	本期数	本年累计
一、营业收入	2 496 682.69	42 573 191.79
已赚保费	2 365 339.88	42 425 993.62
保险业务收入	4 220 197.57	66 616 378.33
其中:分保费收入		
减:分出保费	4 816 564.20	16 354 444.39
提取未到期责任准备金	-2 961 706.51	7 835 940.32
投资收益		
其中:对联营企业和合营企业的投资收益		
公允价值变动收益		
汇兑收益	-1 648.72	-13 898.78
其他业务收入	132 991.53	161 096.95
二、营业支出	-155 565.20	47 513 413.03
退保金		
赔付支出	3 483 729.47	20 764 597.16
减:摊回赔付支出	413 219.56	1 719 329.89
提取保险责任准备金	-1 689 936.62	3 030 251.39
减:摊回保险责任准备金	798 508.61	1 337 221.54
保单红利支出		
分保费用		
营业税金及附加	246 894.41	3 760 225.73
手续费及佣金支出	491 944.94	8 536 143.87
业务及管理费	839 807.75	21 448 782.45
减:摊回分保费用	2 316 276.98	6 970 036.14
其他业务成本		
资产减值损失		
三、营业利润	2 652 247.89	-4 940 221.24
加:营业外收入		5 100.03
减:营业外支出	0.01	0.09
四、利润总额	2 652 247.88	-4 935 121.30
减:所得税费用		
五、净利润	2 652 247.88	-4 935 121.30
以前年度损益调整		

民安保险(中国)有限公司河北分公司保险业务统计表

(2011 年 12 月 31 日)　　单位:万元

机构＼项目	累计保费	保险金额(亿元)	累计赔款
石家庄	6 661.64	79.70	2 076.46
邯郸	1 864.62	21.97	718.29
邢台			
保定	2 242.09	15.51	1 370.01
衡水			
沧州	6 087.75	36.31	2 030.92
廊坊	1 834.54	25.13	808.55
唐山	3 722.35	29.72	2 201.12
秦皇岛	3 944.70	32.90	2 092.92
张家口			
承德			
合计	26 357.69	241.24	11 298.27

民安保险(中国)有限公司河北分公司职工性别、年龄、学历、职称结构统计表

(2011 年 12 月 31 日)

单位:人

机构名称	性别结构			年龄结构					学历结构					职称结构			
	男	女	合计	30 岁以下	31 ~40 岁	41 ~50 岁	51 ~60 岁	合计	博士研究生	硕士研究生	本科及大专	中专及以下	合计	高级职称	中级职称	初级职称	合计
河北省	22	29	51	22	14	13	2	51		1	50		51	1	4	2	7
石家庄	7	2	9	7		2		9			7	2	9				
承德	4	5	9	6	3			9			9		9				
张家口	5	2	7	2	2	3		7			6	1	7		3		3
秦皇岛	7	7	14	10	4			14			12	2	14				
唐山	10	5	15	11	2	2		15			15		15				
廊坊	3	6	9	4	4	1		9			9		9				
保定	7	8	15	8	4	3		15			15		15		2		2
沧州	11	5	16	10	2	3	1	16			16	16					
衡水	4	4	8	5	2		1	8		1	7		8				
邢台	4	5	9	6	2	1		9			8	1	9				
邯郸	7	7	14	4	8	2		14			14		14		2		2
总计	91	85	176	95	47	30	4	176		2	168	6	176	1	11	2	14

紫金财产保险股份有限公司河北分公司资产负债表

（2011 年 12 月 31 日）

单位:元

资产	期末余额	年初余额	负债和股东权益	期末余额	年初余额
资产:			负债及权益:		
货币资金	502 832.58	55 920.07	短期借款		
拆出资金			拆入资金		
交易性金融资产			交易性金融负债		
衍生金融资产			衍生金融负债		
买入返售金融资产			卖出回购金融资产款		
应收利息			应付保单红利		
其他应收款	475 067.66	676 630.76	预收保费	1 783 119.07	232 153.77
应收保费	176 603.23	31 444.77	应付手续费及佣金	1 377 478.99	44 046.53
预付赔付款			应付分保账款		
应收代位追偿款			应付职工薪酬	480 051.80	-368 438.72
应收分保账款			应交税费	3 546 888.94	523 175.64
应收分保未到期责任准备金	787 086.09	11 842.13	其他应付款	333 715.20	10 785.65
应收分保未决赔款准备金	262 870.51	411.53	应付赔付款	21 628.56	-6 824.25
应收共保账款	-4 620.32		保户储金及投资款		
定期存款			未到期责任准备金	39 457 736.20	1 461 985.43
可供出售金融资产			未决赔款准备金	7 660 431.52	24 695.07
持有至到期投资			长期借款		
长期股权投资			应付债券		
存出资本保证金			递延所得税负债		
投资性房地产			其他负债		
固定资产	1 597 262.36	880 218.26	负债合计	54 661 050.28	1 921 579.12
无形资产			股本		
在建工程			资本公积		
商誉			减:库存股		
系统往来	28 979 652.48	-1 295 339.25	盈余公积		
内部往来			一般风险准备		
递延所得税资产			本年利润		
长期待摊费用	525 960.00		未分配利润	-21 358 335.69	-1 560 450.85
其他资产			权益合计	-21 358 335.69	-1 560 450.85
资产总计	33 302 714.59	361 128.27	负债及权益合计	33 302 714.59	361 128.27

紫金财产保险股份有限公司河北分公司利润表

(2011 年 12 月 31 日)

单位:元

项目	本期数	本年累计	上年同期数
一、营业收入	4 602 074.09	22 695 215.62	
(一)已赚保费	4 600 919.71	22 691 810.02	
保险业务收入	11 155 504.62	61 542 380.77	
减:分出保费	602 380.67	1 630 063.94	
提取未到期责任准备金	5 952 204.24	37 220 506.81	
(二)投资收益(损失以"-"号填列)			
(三)公允价值变动收益(损失以"-"号填列)			
(四)其他收入	1 154.38	3 405.60	
利息收入(损失以"-"号填列)	1 154.38	3 405.60	
汇兑收益(损失以"-"号填列)			
其他业务收入			
二、营业支出	10 466 684.85	42 680 731.82	
(一)退保金			
(二)赔付支出	1 228 355.96	4 846 000.39	
减:摊回分保赔付	42 979.05	44 418.15	
(三)提取保险责任准备金	1 884 610.06	7 635 736.45	
减:摊回保险责任准备金	123 022.09	262 458.98	
(四)保单红利支出			
(五)分保费用			
(六)营业税金及附加	623 798.51	3 436 483.77	
(七)手续费及佣金支出	1 303 347.00	7 787 235.73	
(八)业务及管理费	5 786 737.98	19 810 330.01	
减:摊回分保费用	198 791.84	538 523.69	
(九)其他业务成本	4 620.32	10 338.29	
(十)资产减值损失	8.00	8.00	
三、营业利润(亏损以"-"号填列)	-5 864 610.76	-19 985 516.20	
加:营业外收入	57 631.36	187 631.36	
减:营业外支出			
四、利润总额(亏损总额以"-"号填列)	-5 806 979.40	-19 797 884.84	
减:所得税费用			
五、净利润(净亏损以"-"号填列)	-5 806 979.40	-19 797 884.84	
归属于母公司所有者的净利润			
少数股东损益			
六、每股收益:			
(一)基本每股收益(元)			
(二)稀释每股收益(元)			

紫金财产保险股份有限公司河北分公司业务统计表

（2011年12月31日）

单位：百万元

各地区/保险机构	保费收入											保户储金及投资款	赔付支出											案件数（万件）	未决赔款
	合计	企业财产保险	机动车辆保险	货物运输保险	责任保险	工程保险	信用及保证保险	农业保险	短期健康保险	意外伤害保险	其他		合计	企业财产保险	机动车辆保险	货物运输保险	责任保险	工程保险	信用及保证保险	农业保险	短期健康保险	意外伤害保险	其他		
紫金财产保险股份有限公司河北分公司	61.53	1.97	56.16	0.23	0.50	1.16			0.26	1.19	0.06		5.04	0.08	4.53	0.04	0.02	0.09			0.02	0.26		0.23	2.18

紫金财产保险股份有限公司河北分公司职工性别、年龄、学历、职称结构统计表

（2011年12月31日）

单位：人

机构名称	性别结构			年龄结构					学历结构						职称结构				
	男	女	合计	30岁以下	31～40岁	41～50岁	51～60岁	合计	博士研究生	硕士研究生	大学本科	大学专科	中专及以下	合计	高级职称	中级职称	初级职称	其他	合计
河北省																			
石家庄	34	31	65	39	22	4		65		2	31	32		65					
营业部																			
承德																			
张家口																			
秦皇岛																			
唐山	10	7	17	10	7			17			5	11	1	17					
廊坊																			
保定																			
沧州	10	5	15	1	14			15			8	6	1	15					
衡水																			
邢台																			
邯郸																			
总计	54	43	97	50	43	4		97		2	44	49	2	97					

信达财产保险有限公司河北分公司保险业务统计表

（2011 年 12 月 31 日）

单位：万元

信达财险	总计				商业险总计				交强险总计				汽车				摩托车			
	累计保费	保险金额（亿）	累计赔款	赔付率	累计保费	保险金额（亿）	累计赔款	赔付率	累计保费	保险金额（亿）	赔款支出	赔付率	累计保费	保险金额（亿）	赔款支出	赔付率	累计保费	保险金额（亿）	赔款支出	赔付率
	4 683. 1	56. 12	182. 88	3. 91	2324. 1	28. 95	139. 14	5. 99	2 359	27. 17	43. 74	1. 85	2 323. 8	23. 69	43. 52	1. 87	35. 2	3. 48	0. 22	0. 63

信达财产保险有限公司河北分公司机构、人员情况一览表

（2011 年 12 月 31 日）

单位：个、人

单位名称	从业人员	在岗职工	柜员合同工	代理用工	离退休	一级分行（局）	省行营业部二级分行（局）	县支行（局）	城区支行（局）	二级支行（局）	分理处	集镇办	储蓄所	各类机构总数
河北省	27	27				1								1
总计	27	27				1								1

合众人寿保险股份有限公司河北分公司资产负债表

(2011 年 12 月 31 日)

单位:元

资产	期初数	期末数	负债和所有者权益(或股东权益)	期初数	期末数
资产:			负债:		
货币资金	220 462.46	1 713 766.53	短期借款		
拆出资金			存入保证金		
交易性金融资产			拆入资金		
衍生金融资产			交易性金融负债		
买入返售金融资产			衍生金融负债		
应收利息	45 829.96	166 014.09	卖出回购金融资产款		
应收保费	2 730 611.04	4 219 287.28	应付手续费及佣金	2 502 937.12	2 085 711.01
应收管理费[养老]			应付营销费[养老]		
应收代位追偿款			预收保费	856 398.84	1 213 541.15
应收分保帐款			应付职工薪酬	1 418 435.42	3 023 072.90
应收分保未到期责任准备金	1 191.12	1 375.26	应交税费	619 308.34	1 274 033.79
应收分保未决赔款准备金		101 195.89	保险保障基金		
应收分保寿险责任准备金	6 910 914.18	17 915 589.53	应付赔付款	176 620.57	102 101.09
应收分保长期健康险责任准备金	50 651.87	135 735.01	其他应付款	7 969 763.13	21 761 877.15
保户质押贷款	3 906 638.96	8 670 741.38	应付保单红利	19 330 640.13	24 229 326.81
贷款			应付分保账款		
存出保证金			未到期责任准备金	1 652 206.29	1 717 947.46
定期存款			未决赔款准备金	1 261 048.59	1 400 985.73
可供出售金融资产			其中:已发生未报告未决赔款准备金	905 343.63	860 498.86
持有至到期投资			寿险责任准备金	649 926 929.90	930 371 383.44
长期股权投资			长期健康险责任准备金	2 050 521.83	5 716 176.03
存出资本保证金			保户储金及投资款	309 360 283.14	331 729 916.54
应收款项投资			代理业务负债	1 291 922.76	1 749 233.17
投资性房地产			长期借款		
固定资产	1 901 540.43	1 345 064.62	应付债券		
系统内往来	864 372 709.35	1 131 018 599.30	系统内往来		
内部往来			内部往来		
其他资产	5 337 874.47	16 664 307.92	其他负债	36 047.84	66 333.74
			负债合计	998 453 063.90	1 326 441 640.00
			所有者权益(或股东权益):		
			股本		
			资本公积		
			减:库存股		
			盈余公积		
			一般风险准备		
			未分配利润	-112 974 640.06	-144 489 963.18
			外币报表折算差额		
			少数股东权益		
			所有者权益合计	-112 974 640.06	-144 489 963.18
资产总计	885 478 423.84	1 181 951 676.80	负债和所有者权益总计	885 478 423.84	1 181 951 676.80

合众人寿保险股份有限公司河北分公司利润表

(2011 年 12 月 31 日)

单位:元

项目	本期数	累计数
一、营业收入	28 987 549.98	414 595 547.36
已赚保费	26 642 499.44	409 661 979.64
保险业务收入	28 261 314.94	437 184 801.18
其中:分保费收入		
减:分出保费	1 756 371.77	27 457 264.51
提取未到期责任准备金	-137 556.27	65 557.03
投资收益(损失以“-”号填列)		
其中:对联营企业和合营企业的投资收益		
公允价值变动收益(损失以“-”号填列)		
买入返售证券收入		
汇兑收益(损失以“-”号填列)		
其他业务收入	2 345 050.54	4 933 567.72
二、营业支出	40 798 707.16	446 324 310.12
退保金	1 904 935.31	23 987 488.24
赔付支出	6 298 898.87	40 454 521.93
减:摊回赔付支出	212 469.36	1 411 659.58
提取保险责任准备金	9 105 508.19	284 250 044.88
减:摊回保险责任准备金	374 619.19	11 190 954.38
保单红利支出	7 064 810.45	7 064 945.37
分保费用		
营业税金及附加	23 493.85	316 776.95
手续费及佣金支出	6 319 786.06	52 436 470.67
业务及管理费	9 195 637.98	55 096 129.59
减:摊回分保费用	241 443.83	20 426 951.51
其他业务成本	1 722 034.54	15 755 363.67
资产减值损失	-7 865.71	-7 865.71
三、营业利润(亏损以“—”号填列)	-11 811 157.18	-31 728 762.76
加:营业外收入	247 858.90	299 009.49
减:营业外支出	25 133.21	85 569.85
四、利润总额(亏损总额以“—”号填列)	-11 588 431.49	-31 515 323.12
减:所得税费用		
五、净利润(净亏损以“—”填列)	-11 588 431.49	-31 515 323.12
六、每股收益		
(一)基本每股收益		
(二)稀释每股收益		

合众人寿保险股份有限公司河北分公司人身险业务总量统计表

（2011 年 12 月 31 日）

单位：万元

机构项目	累计保费				险种分类业务										
									健康险保费		投资型保险保费			意外险保费	
机构	总计	长险新单首年	其中：长险期缴首年	10 年期及以上期缴首年	长险续期	短险	同比（%）	传统寿险保费	长期健康险	短期健康险	分红型保险	万能保险	投资连结保险	长期意外险保费	短期意外险保费
全省	43 718.48	28 989.56	8 219.58	6 351.61	13 339.48	1 389.43	7.04	36.91	1 315.76	1 004.82	40 872.80	103.58			384.62
石家庄	6 835.72	2 554.24	1 705.95	1 156.51	3 571.81	709.67	-15.47	19.28	448.21	465.43	5 623.70	34.87			244.24
邯郸	7 147.42	5 811.48	636.73	524.43	1 304.52	31.42	63.25	2.68	144.93	17.41	6 956.63	11.76			14.01
邢台	3 023.76	2 152.35	451.69	315.17	852.77	18.64	-24.33	1.04	80.13	8.40	2 916.10	7.86			10.23
保定	2 933.76	1 686.71	893.54	724.79	1 201.56	45.49	15.53	3.03	133.79	25.73	2 738.41	13.04			19.76
衡水	4 409.34	3 744.09	421.71	352.45	649.48	15.78	343.22	3.00	66.76	6.78	4 318.45	5.36			9.01
沧州	2 940.15	1 635.62	775.82	541.83	1 294.06	10.47	-4.00	2.93	78.79	3.91	2 842.05	5.91			6.56
唐山	3 346.36	2 076.09	414.90	274.51	849.89	420.37	-68.58	1.92	76.92	409.89	2 837.28	9.86			10.48
秦皇岛	8 079.49	6 918.27	508.55	352.95	1 069.06	92.16	102.04	2.06	114.37	45.73	7 861.30	9.60			46.43
张家口	2 150.92	973.51	973.51	835.52	1 154.87	22.55	55.83	0.34	53.07	10.42	2 071.91	3.05			12.13
承德	2 851.55	1 437.20	1 437.20	1 273.46	1 391.46	22.89	62.42	0.64	118.78	11.11	2 706.98	2.27			11.78

合众人寿保险股份有限公司河北分公司机构、人员情况一览表

（2011 年 12 月 31 日）

单位名称	从业人员	在岗职工	柜员合同工	代理用工	离退休	一级分行(局)	省行营业部二级分行(局)	县支行(局)	城区支行(局)	二级支行(局)	分理处	集镇办	储蓄所	各类机构总数
石家庄	128	128			66									9
承德	22	22			3									5
张家口	17	17			3									2
秦皇岛	24	24			24									2
唐山	35	35			39									6
廊坊														
保定	30	30			12									10
沧州	32	32			14									7
衡水	21	21			13									5
邢台	28	28			21									6
邯郸	31	31			17									11
总计	368	368			212									63

合众人寿保险股份有限公司河北分公司职工性别、年龄、学历、职称结构统计表

（2011 年 12 月 31 日）

单位：个、人

机构名称	性别结构			年龄结构					学历结构						职称结构			
	男	女	合计	30 岁以下	31 ~40 岁	41 ~50 岁	51 ~60 岁	合计	博士研究生	硕士研究生	学士	本科及大专	中专及以下	合计	高级职称	中级职称	初级职称	合计
石家庄	71	57	128	89	32	6	1	128		2		123	3	128	6	15		21
营业部																		
承德	13	9	22	15	5	1	1	22		1		20	1	22		1	1	2
张家口	11	6	17	14	2	1		17				16	1	17	2	3	1	6
秦皇岛	10	14	24	11	10	3		24				22	2	24		1	1	2
唐山	14	21	35	18	15	2		35				33	2	35		3	1	4
廊坊																		
保定	12	18	30	18	10	2		30				29	1	30	1	1	1	3
沧州	17	15	32	18	10	4		32				30	2	32	1	1	1	3
衡水	13	8	21	12	8		1	21				19	2	21	1	1	1	3
邢台	14	14	28	19	6	3		28				27	1	28	2	2	1	5
邯郸	17	14	31	15	10	6		31				30	1	31	2	3	1	6
总计	192	176	368	229	108	28	3	368		3		349	16	368	15	31	9	55

中英人寿保险有限公司河北分公司保险业务统计表

（2011 年 12 月 31 日） 单位:万元

总体保费收入	新单保费	续期保费	总保费			
本期	19 614.20	9 339.21	28 953.41			
本期占比	67.74%	32.26%				
分险种保费收入	传统寿险	分红险	万能险	投连险	健康险	意外险
本期	4 273.24	21 102.41	404.50		2 837.57	335.68
本期占比	14.76%	72.88%	1.40%		9.80%	1.16%
分渠道保费收入	个险	银保	经代	团险	DMTM	
本期	1 466.17	14 995.28	7 876.69	1 967.46	2 647.80	
本期占比	5.06%	51.79%	27.20%	6.80%	9.15%	
赔付支出	传统寿险	分红险	万能险	投连险	健康险	意外险
本期	145.86	58.50	201.93	0.19	1 165.84	287.75
本期占比	7.84%	3.15%	10.86%	0.01%	62.68%	15.47%
退保金	传统寿险	分红险	万能险	投连险	健康险	意外险
本期	174.16	2 261.33			10.59	
本期占比	7.12%	92.45%			0.43%	

中英人寿保险有限公司河北分公司职工性别、年龄、学历、职称结构统计表

（2011 年 12 月 31 日）

单位：人

机构名称	性别结构			年龄结构					学历结构						职称结构				
	男	女	合计	30 岁以下	31～40 岁	41～50 岁	51～60 岁	合计	博士研究生	硕士研究生	大学本科	大学专科	中专及以下	合计	高级职称	中级职称	初级职称	其他	合计
河北省	24	47	71	33	34	4		71		4	35	31	1	71					
石家庄																			
营业部																			
承德	1	1	2	1	1			2				2		2					
张家口																			
秦皇岛																			
唐山	4	6	10	5	1	4		10			4	6		10					
廊坊																			
保定	5	4	9	4	4	1		9			5	4		9					
沧州																			
衡水																			
邢台																			
邯郸	4	5	9	3	4	2		9			3	6		9					
总计	38	63	101	46	44	11		101		4	47	49	1	101					

中国人民健康保险股份有限公司河北分公司资产负债表

（2011 年 12 月 31 日）

单位：元

资产	期初数	期末数	负债及所有者权益	期初数	期末数
资产：			负债：		
货币资金	16 292 989. 30	8 574 650. 86	短期借款		
其中：银行存款	16 290 204. 07	8 574 306. 08	存入保证金		
拆出资金			拆入资金		
交易性金融资产			交易性金融负债		
买入返售金融资产			衍生金融负债		
应收利息			卖出回购金融资产款		
应收保费	3 311 189. 00	4 081 768. 00	应付手续费及佣金	428 395. 73	1 381 594. 85
应收代位追偿款			预收保费	642 724. 18	1 133 586. 39
应收分保账款			预收赔付款		
应收分保未到期责任准备金	1 048 925. 83	1 040 637. 70	应付职工薪酬	2 802 600. 54	3 696 132. 32
应收分保未决赔款准备金	14 483 203. 15	26 481 982. 08	应交税费	－567 863. 83	433 858. 03
应收分保寿险责任准备金			保险保障基金		
应收分保长期健康险责任准备金	228 842. 63	251 129. 00	应付赔付款	5 040 819. 42	3 499 707. 77
保户质押贷款			其他应付款	4 121 734. 09	2 672 072. 56
存出保证金			应付保单红利		
其他应收款	189 124. 87	1 423 453. 60	应付分保账款		
预付赔款			未到期责任准备金	3 060 021. 05	3 665 508. 26
待摊费用	780 923. 08	696 742. 42	未决赔款准备金	29 930 519. 88	41 346 826. 53
定期存款			其中：已发生未报告未决赔款准备金	28 237 685. 76	31 149 371. 18
可供出售金融资产			寿险责任准备金		12 424 397. 78
持有至到期投资			长期健康险责任准备金	135 785 158. 24	17 590 271. 38
套期工具			保户储金及投资款	792 245 127. 00	1 010 122 213. 11
被套期项目			其中：理财险保户投资金		
长期待摊费用	367 919. 81	245 646. 18	长期借款		
长期股权投资			应付债券		
存出资本保证金			独立账户负债		
投资性房地产			递延所得税负债		
固定资产原值	4 076 460. 00	5 232 703. 00	其他负债	－864 434 691. 00	－939 042 508. 55
累计折旧	1 608 378. 80	2 744 761. 61	负债合计	109 054 545. 30	1 589 236 60. 43
固定资产净值	2 468 081. 20	2 487 941. 39			
在建工程			所有者权益（或股东权益）：		
无形资产			实收资本（或股本）		
货币兑换			资本公积		
独立账户资产			减：库存股		
递延所得税资产			盈余公积		
其他资产	1 338 617. 76	2 365 842. 20	一般风险准备		
			未分配利润	－69 882 696. 43	－113 639 709. 20
			外币报表折算差额		
			少数股东权益		
			所有者权益合计	－69 882 696. 43	－113 639 709. 20
资产总计	39 171 848. 87	45 283 951. 23	负债及所有者权益总计	39 171 848. 87	45 283 951. 23

中国人民健康保险股份有限公司河北分公司利润表

(2011年12月31日) 单位:元

项目	上年累计	本年累计
一、营业收入	627 928 951.45	101 242 006.69
已赚保费	627 439 919.21	87 639 684.08
保险业务收入	682 699 496.50	170 070 881.73
其中:分保费收入		
减:分出保费	54 055 876.10	81 817 422.31
提取未到期责任准备金	1 203 701.19	613 775.34
投资收益(损失以"-"号填列)		
其中:对联营企业和合营企业的投资收益		
公允价值变动收益(损失以"-"号填列)		
汇兑收益(损失以"-"号填列)		
其他业务收入	489 032.24	13 602 322.61
二、营业支出	657 443 231.50	144 862 727.69
退保金	18 460 237.33	356 914.45
赔付支出	88 210 246.33	227 652 816.14
其中:赔款支出	84 711 723.79	98 111 718.68
死伤医疗给付	688 994.24	505 701.52
满期给付	2 809 528.30	129 033 441.64
减:摊回赔付支出	30 891 022.76	53 226 082.95
提取保险责任准备金	537 582 656.24	-94 354 182.43
其中:提取未决赔款准备金-已发生已报告	-1 675 753.63	8 623 596.97
提取未决赔款准备金-已发生未报告	8 301 689.89	2 911 685.42
提取未决赔款准备金-理赔费用	165 648.44	-118 975.74
提取长期健康险责任准备金	530 886 135.97	-118 125 120.07
提取长期意外险责任准备金	-95 064.43	-69 766.79
提取寿险责任准备金		12 424 397.48
减:摊回保险责任准备金	13 978 978.77	12 021 065.30
其中:摊回未决赔款准备金-已发生已报告	405 046.81	5 729 708.48
摊回未决赔款准备金-已发生未报告	13 480 733.38	13 793 430.49
摊回未决赔款准备金-理赔费用		
摊回长期健康险责任准备金	92 870.34	22 311.66
摊回长期意外险责任准备金	328.24	-25.29
摊回寿险责任准备金		
保单红利支出		
分保费用		
营业税金及附加	762 087.41	1 085 226.35
手续费及佣金支出	25 584 291.29	3 996 647.42
其中:手续费支出	20 526 454.21	1 026 623.04
佣金支出	5 057 837.08	2 968 687.88
业务及管理费	43 385 411.62	46 989 428.24
减:摊回分保费用	11 805 276.34	21 881 356.45
其他业务成本	133 579.15	46 264 382.22
资产减值损失		
三、营业利润(损失以"-"号填列)	-29 514 280.05	-43 620 721.00
加:营业外收入		51 680.00
减:营业外支出	106 408.14	187 971.77
四、利润总额(损失以"-"号填列)	-29 620 688.19	-43 757 012.77
减:所得税费用		
五、净利润(损失以"-"号填列)	-29 620 688.19	-43 757 012.77
六、每股收益		
(一)基本每股收益		
(二)稀释每股收益		

中国人民健康保险股份有限公司河北分公司机构、人员情况一览表

（2011 年 12 月 31 日）

单位：个、人

单位名称	从业人员	在岗职工	柜员合同工	代理用工	离退休	一级分行（局）	省行营业部二级分行(局)	县支行（局）	城区支行（局）	二级支行(局)	分理处	集镇办	储蓄所	各类机构总数
河北省	97	40		56	1									
石家庄														
营业部														
承德														
张家口	64	32		32										
秦皇岛	110	36		74										
唐山	52	39		13										
廊坊														
保定														
沧州														
衡水	393	14		379										
邢台														
邯郸	341	28		313										
总计	1 057	189		867	1									

中国人民健康保险股份有限公司河北分公司职工性别、年龄、学历、职称结构统计表

（2011 年 12 月 31 日）

单位：人

机构名称	性别结构			年龄结构					学历结构						职称结构			
	男	女	合计	30 岁以下	31 ~ 40 岁	41 ~ 50 岁	51 ~ 60 岁	合计	博士研究生	硕士研究生	大学本科	大学专科	中专及以下	合计	高级职称	中级职称	初级职称	合计
河北省	23	17	40	17	13	10		40		3	26	10	1	40	1	9	3	13
石家庄																		
营业部																		
承德																		
张家口	12	20	32	16	13	1	2	32			9	21	2	32		1	1	2
秦皇岛	16	20	36	17	13	6		36			12	18	6	36				
唐山	18	21	39	25	8	6		39			10	23	6	39			2	2
廊坊																		
保定																		
沧州																		
衡水	8	6	14	5	6	3		14		1	6	6	1	14		1		1
邢台																		
邯郸	14	14	28	8	16	3	1	28			12	12	4	28	1	1	2	4
总计	91	98	189	88	69	29	3	189		4	75	90	20	189	2	12	8	22

中国人民人寿保险股份有限公司河北省分公司资产负债表

（2011 年 12 月 31 日）

单位:元

项目	年初数	期末数	项目	年初数	期末数
资产:			负债:		
货币资金	1 704 516 779.87	1 209 601 220.18	短期借款		
拆出资金			拆入资金		
交易性金融资产			交易性金融负债		
衍生金融资产			衍生金融负债		
买入返售金融资产			卖出回购金融资产款		
应收利息			预收保费	6 599 365.95	3 266 102.29
应收保费	17 915 498.53	20 583 067.53	应付手续费及佣金	17 894 758.11	7 908 390.49
应收代位追偿款			应付分保账款		
应收分保账款			应付职工薪酬	52 914 718.24	63 450 327.91
应收分保未到期责任准备金			应交税费	945 977.47	854 011.95
应收分保未决赔款准备金			应付赔付款	3 512 340.17	4 869 483.86
应收分保寿险责任准备金			应付保单红利	106 236 198.12	326 665 937.19
应收分保长期健康险责任准备金			保户储金及投资款	1 501 368 590.16	2 462 314 114.04
保户质押贷款	164 999 950.06	344 107 045.90	未到期责任准备金	17 076 744.00	25 765 969.00
定期存款			未决赔款准备金	6 420 166.00	11 296 399.00
可供出售金融资产			寿险责任准备金	12 109 685 329.00	17 731 786 199.00
持有至到期投资			长期健康险责任准备金	17 435 801.00	20 324 633.00
长期股权投资			长期借款		
存出资本保证金			应付债券		
			应付利息		
投资性房地产		31 874 765.81	独立账户负债		
固定资产	89 468 439.33	120 442 935.80	递延所得税负债		
无形资产			其他负债	23 433 576.48	22 600 205.64
独立账户资产			负债合计	13 863 523 564.70	20 681 101 773.37
递延所得税资产			所有者权益:		
系统往来	11 115 727 050.89	17 533 891 134.99	股本		
委托资产			资本公积		557 160.41
其他资产	25 809 221.27	36 302 352.70	盈余公积		
			一般风险准备		
			未分配利润	-745 086 624.75	-1 384 856 410.87
			以前年度损益科目		
			外币折算差异		
			所有者权益合计:	-745 086 624.75	-1 384 299 250.46
资产合计	13 118 436 939.95	19 296 802 522.91	负债及所有者权益合计:	13 118 436 939.95	19 296 802 522.91

中国人民人寿保险股份有限公司河北省分公司利润表

(2011 年 12 月 31 日)　　单位:元

项目	本期数	累计数
一、营业收入	418 022 100.70	6 216 033 045.70
已赚保费	411 345 714.63	6 140 441 189.23
保险业务收入	409 913 042.63	6 149 130 414.23
其中:分保费收入		
减:分出保费		
减:提取未到期责任准	-1 432 672.00	8 689 225.00
投资收益	1 188 356.90	8 353 457.40
其中:对联营企业和合营企		
公允价值变动收益		4 612 376.08
汇兑收益		
其他业务收入	5 488 029.17	62 626 022.99
二、营业支出	506 925 767.33	6 855 602 768.43
退保金	30 761 974.22	344 947 003.76
赔付支出	4 350 881.28	54 607 703.20
减:摊回赔付支出		
提取保险责任准备金	390 768 248.00	5 630 194 192.00
减:摊回保险责任准备金		
保单红利支出	18 051 701.30	248 696 418.14
分保费用		
营业税金及附加	253 412.53	3 288 309.26
手续费及佣金支出	13 349 730.63	255 007 858.21
业务及管理费	21 512 073.86	210 883 729.54
减:摊回分保费用		
其他业务成本	27 877 745.51	107 977 554.32
资产减值损失		
三、营业利润	-88 903 666.63	-639 569 722.73
加:营业外收入	760.23	59 936.61
减:营业外支出		260 000.00
四、利润总额	-88 902 906.40	-639 769 786.12
减:所得税费用		
五、净利润	-88 902 906.40	-639 769 786.12

中国人民人寿保险股份有限公司河北省分公司保险业务统计表

（2011 年 12 月 31 日）

单位:万元

总保费收入	传统寿险保费	分红型保险保费	健康险保费	意外险保费
614 913.04	1 728.71	604 871.64	4 863.36	3 449.33

中国人民人寿保险股份有限公司河北省分公司机构、人员情况一览表

（2011 年 12 月 31 日）

地区名称	在岗职工	中心支公司	县域机构	城区机构	各类机构总数
省公司	59				1
石家庄	33	1	10	1	12
承德	9	1			1
张家口	12	1	7	1	9
秦皇岛	17	1	4		5
唐山	30	1	8	4	13
廊坊	23	1	8		9
保定	49	1	20		21
沧州	22	1	11		12
衡水	16	1	6		7
邢台	21	1	12		13
邯郸	20	1	13	1	15
总计	311	11	99	7	118

中国人民人寿保险股份有限公司河北分公司职工性别、年龄、学历、职称结构统计表

（2011 年 12 月 31 日）

单位：人

机构名称	性别结构			年龄结构					学历结构						职称结构			
	男	女	合计	30 岁以下	31 ~ 40 岁	41 ~ 50 岁	51 ~ 60 岁	合计	博士研究生	硕士研究生	大学本科	大学专科	中专及以下	合计	高级职称	中级职称	初级职称	合计
省公司	32	27	59	24	19	13	3	59		7	44	8		59	7	6	4	17
石家庄	18	10	28	12	9	6	1	28			19	8	1	28				
营业部	4	1	5	3	1	1		5		1	3	1		5				
承德	6	3	9	5	3		1	9			9			9	1		1	2
张家口	8	4	12	1	10	1		12			7	5		12		2		2
秦皇岛	4	13	17	5	5	6	1	17			5	7	5	17			2	2
唐山	18	12	30	6	8	14	2	30			11	19		30		5	1	6
廊坊	16	7	23	6	8	8	1	23			9	14		23		1	3	4
保定	21	28	49	18	22	8	1	49			20	29		49	1		2	3
沧州	12	10	22	2	10	8	2	22			10	12		22		4	2	6
衡水	7	9	16	6	4	6		16			7	9		16			1	1
邢台	14	7	21	4	10	6	1	21		2	6	13		21	2	1		3
邯郸	13	7	20		10	9	1	20			11	8	1	20	1	1	1	3
总计	173	138	311	92	119	86	14	311		10	161	133	8	311	12	20	17	49

海康人寿保险有限公司河北分公司资产负债表

（2011 年 12 月 31 日）

单位:元

资产	年初数 2010 年 12 月	期末数 2011 年 12 月	负债及所有者权益	年初数 2010 年 12 月	期末数 2011 年 12 月
资产:			负债:		
货币资金	712 137.70	348 779.79	短期借款		
拆出资金			拆入资金		
交易性金融资产			交易性金融负债		
衍生金融资产			衍生金融负债		
买入返售金融资产			卖出回购金融资产		
应收利息	86.57	7 000.39	预收保费	445 316.68	90 370.15
应收保费	3 686 639.00	3 274 389.00	应付手续费及佣金	2 577 096.84	1 667 669.49
应收代位追偿款			应付分保帐款	116 268.35	277 089.30
应收分保账款	83 641.87	425 249.20	应付职工薪酬	100 572.00	
应收分保未到期责任准备金	104 859.56	328 712.35	应交税费	16 840.42	2 992.86
应收分保未决赔准备金	7 232.84	4 716.97	应付赔付款		
应收分保寿险责任准备金	41 876.62	123 562.78	应付保单红利	1 151 186.64	2 342 258.88
应收分保长期健康险责任准备金	2 623.83	2 243.31	存入保证金		
保户质押贷款	51 946.57	533 664.05	保户储金及投资款	29 564.62	118 791.14
定期存款			未到期责任准备金	241 436.56	986 091.48
可供出售金融资产			未决赔款准备金	37 556.56	33 071.43
持有到期投资			寿险责任准备金	10 531 846.75	20 448 433.90
长期股权投资			长期健康险责任准备金	78 284.14	225 698.21
存出资本保证金			长期借款		
投资性资房地产			应付债券		
存出保证金			独立帐户负债		
固定资产	493 988.35	449 509.23	递延所得税负债		
无形资产			其他负债	269 037.32	1 029 552.30
独立帐户资产			负债合计	15 595 007.00	27 222 019.14
递延所得资产					
其他资产	8 100 860.37	24 975 129.24	所有者权益		
实收资本					
资本公积					
减:库存股					
盈余公积					
一般风险准备					
未分配利润				2 309 113.72	3 250 937.17
所有者权益合计				2 309 113.72	3 250 937.17
资产总计	13 285 893.28	30 472 956.31	负债及所有者权益总计	13 285 893.28	30 472 956.31

海康人寿保险有限公司河北分公司利润表

(2011 年 12 月 31 日) 单位:元

项目	本年累计数
一、营业收入	30 330 818.96
已赚保费	30 312 998.54
保险业务收入	32 448 180.07
其中:分保费收入	
保费收入	32 448 180.07
减:分出保费	1 390 526.61
提取未到期责任准备金	744 654.92
投资收益	
公允价值变动净收益	
汇兑损益	
其他业务收入	17 820.42
二、营业支出	24 740 382.20
退保金	1 789 134.60
赔付总支出	3 523 236.76
赔款支出	360 364.26
分保赔款支出	
死伤医疗给付	910 272.50
满期给付	
年金给付	2 252 600.00
减:摊回赔付支出	137 576.33
提取保险责任准备金	10 059 515.97
提取未决赔准备金	4 485.25
提取寿险责任准备金	9 916 587.15
提取长期健康险责任准备金	147 414.07
减:摊回保险责任准备金	302 642.56
保单红利支出	149 916.27
分保费用	
营业税金及附加	75 915.20
营业税金	75 915.20
其他税费	
手续费及佣金支出	7 922 549.20
业务及管理费	2 428 248.93
减:摊回分保费用	798 035.66
其他业务支出	30 119.82
资产减值损失	
三、营业利润	5 590 436.76
加:营业外收入	
减:营业外支出	30 385.87
四、利润总额	5 560 050.89
减:所得税费用	
五、净利润	5 560 050.89
六、每股收益	
(一)基本每股收益	
(二)稀释每股收益	

海康人寿保险有限公司河北分公司机构、人员情况一览表

（2011 年 12 月 31 日）

单位：个、人

单位名称	从业人员	在岗职工		代理用工	离退休
石家庄	13	13			
总　计	13	13			

海康人寿保险有限公司河北分公司职工性别、年龄、学历、职称结构统计表

（2011 年 12 月 31 日）

单位：人

机构名称	性别结构			年龄结构					学历结构						职称结构			
	男	女	合计	30 岁以下	31～40 岁	41～50 岁	51～60 岁	合计	博士研究生	硕士研究生	大学本科	大学专科	中专及以下	合计	高级职称	中级职称	初级职称	合计
石家庄	3	10	13	8	5			13				13		13				
总　计	3	10	13	8	5			13				13		13				

光大永明人寿保险有限公司河北分公司资产负债表

（2011 年 12 月 31 日）

单位:元

资产	期初	期末	负债和所有者权益	期初	期末
现金			短期借款		
银行存款－活期		1 249 642.79	拆入资金		
其他货币资金			交易性金融负债		
拆出资金			衍生金融负债		
交易性投资资产			卖出回购金融资产款		
衍生金融资产			应付手续费		5 712 725.36
买入返售金融资产			应付佣金		
应收利息			应付分保帐款		506 750.29
应收保费		125 588.58	预收保费		1 656 927.54
应收代位追偿款			预收账款		
其他应收款	56 899.00	1 506 345.58	应付职工薪酬	166 522.42	34 873.86
预付帐款			应交税费	37 134.64	763 088.94
待摊费用	111 362.00	321 204.18	应付利息		
应收分保帐款		294 822.17	应付赔付款		1 070 723.06
应收分保未到期责任准备		744 010.21	应付保户红利		
应收分保未决赔款准备金		155 389.24	保户储金及投资款		4 690 035.48
应收分保寿险责任准备金		65 261.33	未到期责任准备金		2 893 994.96
应收分保长期健康责任准		20 783.15	未决赔款准备金		237 734.86
保户质押贷款		2 705 544.09	其中:已发生未报告责任准备金		237 734.86
定期存款			寿险责任准备金		369 462 906.00
贷款和应收款项			长期健康险责任准备金		－296 357.42
可供出售金融资产			长期借款		
持有至到期投资			应负债券		
长期股权投资			独立帐户负债		
存出资本保证金			递延所得税负债		
			其他负债	1 220 108.73	－355 271 603.37
固定资产原值	402 329.00	2 399 227.00	其中:其他应付款	12 712.58	298 686.17
减:累计折旧		177 871.86	预提费用	5 527.60	
固定资产净值	402 329.00	2 221 355.14	内部往来－投资		
在建工程			代理业务负债		
固定资产清理			系统往来	1 201 868.55	－355 570 289.54
待处理固定资产净损失			外币兑换		
			其他长期负债		
无形资产原值			负债合计	1 423 765.79	31 461 799.56
无形资产摊销					
无形资产净值			实收资本		
			资本公积		
长期待摊费用	21 446.44	1 314 087.36	减:库存股		
递延所得税资产			盈余公积		
其他资产			一般风险备金		
其中:代理业务资产			未分配利润	－831 729.35	－20 737 765.74
			期初未分配利润	－831 729.35	－831 729.35
独立账户资产			本期未分配利润		－19 906 036.39
			所有者权益合计	－831 729.35	－20 737 765.74
资产总计	592 036.44	10 724 033.82	负债及所有者权益总计	592 036.44	10 724 033.82

光大永明人寿保险有限公司河北分公司利润表

（2011 年 12 月 31 日）

	河北本期	河北本年
一、营业收入		414 717 820.71
已赚保费		414 548 284.74
保费业务收入		426 123 180.26
其中:分保费收入		
减:分出保费		9 424 910.77
提存未到期责任准备金		2 149 984.75
投资收益		543.83
其中:对联营企业和合营企业的投资收益		
公允价值变动收益		
汇兑收益		
其他收入		168 992.14
二、营业支出	-1 293 576.39	434 623 857.10
退保金	150	14 452 859.83
赔付支出		2 208 440.10
其中:赔款支出		2 208 440.10
死伤医疗给付		
满期给付		
年金给付		
减:摊回分保赔款		1 236 289.43
提取保险责任准备金	-1 296 379.52	369 404 283.44
其中:提存未决赔款准		237 734.86
其中:提存寿险责任准	-142 086.78	369 462 906.00
其中:提存长期健康险	-1 154 292.74	-296 357.42
减:摊回保险责任准备	-3 884.73	241 433.72
其中:摊回未决赔款准	-3 884.73	155 389.24
其中:摊回寿险责任准		65 261.33
其中:摊回长期健康险		20 783.15
保户红利支出		
分保费用支出		
分保赔款支出		
营业税金及附加		756 897.63
手续费及佣金支出	-8 336.00	34 721 877.21
业务及管理费用	-1 231.60	20 790 735.27
减:摊回分保费用		6 477 787.50
其他业务支出	8 336.00	244 274.27
资产减值		
三、营业利润	1 293 576.39	-19 906 036.39
加:营业外收入		
减:营业外支出		
加:以前年度损益调整		
四、利润总额	1 293 576.39	-19 906 036.39
减:所得税费用		
五、净利润	1 293 576.39	-19 906 036.39

光大永明人寿保险有限公司河北分公司职工性别、年龄、学历、职称结构统计表

（2011 年 12 月 31 日）

单位：人

机构名称	性别结构			年龄结构					学历结构						职称结构			
	男	女	合计	30 岁以下	31 ~ 40 岁	41 ~ 50 岁	51 ~ 60 岁	合计	博士研究生	硕士研究生	大学本科	大学专科	中专及以下	合计	高级职称	中级职称	初级职称	合计
河北省	20	27	47	25	15	5	2	47		6	30	11		47		6	7	13
石家庄																		
营业部																		
承德	2	4	6	3	1	2		6			3	3		6				
张家口	4	2	6	1	4	1		6			1	5		6			1	1
秦皇岛	3	4	7	5	2			7			2	5		7			1	1
唐山	3	7	10	1	9			10			2	8		10			1	1
廊坊																		
保定	3	3	6	2	4			6			1	5		6		1		1
沧州																		
衡水																		
邢台																		
邯郸	4	4	8	3	3	2		8			5	3		8		1		1
合计	39	51	90	40	38	10	2	90		6	44	41		90		8	10	18

和谐健康保险股份有限公司河北分公司资产负债表

（2011年12月31日）

单位:元

资产	本年年初	本期期末	负债及所有者权益	本年年初	本期期末
资产:			负债:		
货币资金		10.24	短期借款		
拆出资金			存入保证金		
衍生金融资产			拆入资金		
买入返售金融资产			交易性金融负债		
应收利息			衍生金融负债		
应收保费			卖出回购金融资产款		
应收管理费(养老)			应付手续费及佣金		
应收代位追偿款			应付营销费用(养老)		
应收分保账款			预收保费		
应收分保未到期责任准备金			应付职工薪酬		-122 056.26
应收分保未决赔款准备金			应交税费		3 539.30
应收分保寿险责任准备金			保险保障基金		
应收分保长期健康险责任准备金			应付赔付款		
保户质押贷款			其他应付款		
定期存款			应付保单红利		
可供出售金融资产			应付分保账款		
持有至到期投资			未到期责任准备金		
长期股权投资			未决赔款准备金		
存出资本保证金			其中:已发生未报告未决赔款准备金		
投资性房地产			寿险责任准备金		
固定资产		179 228.77	长期健康险责任准备金		
无形资产			保户储金及投资款		
独立账户资产			长期借款		
递延所得税资产			应付债券		
系统内往来(借项)			卫星发射保险基金		
其他资产		100 000.00	递延所得税负债		
			独立账户负债		
			系统往来(贷项)		2 184 392.58
			其他负债		
			负债合计		2 065 875.62
			所有者权益(或股东权益):		
			实收资本(或股本)		
			资本公积		
			减:库存股		
			盈余公积		
			一般风险准备		
			未分配利润		-1 786 636.61
			外币报表折算差额		
			少数股东权益		
			所有者权益合计		-1 786 636.61
资产总计		279 239.01	负债和所有者权益(或股东权益)总计		279 239.01

和谐健康保险股份有限公司河北分公司利润表

(2011 年 12 月 31 日)　　单位:元

	本期发生额	本年累计额
一、营业收入	0.49	0.54
已赚保费		
保险业务收入		
其中:分保费收入		
减:分出保费		
提取未到期责任准备金		
管理费收入(养老)		
投资收益(损失以“-”号填列)		
其中:对联营企业和合营企业的投资收益		
公允价值变动收益(损失以“-”号填列)		
汇兑收益(损失以“-”号填列)		
其他业务收入	0.49	0.54
二、营业支出	440 028.41	1 786 637.15
退保金		
赔付支出		
减:摊回赔付支出		
提取保险责任准备金		
减:摊回保险责任准备金		
提取寿险责任准备金		
减:摊回寿险责任准备金		
提取长期健康险责任准备金		
减:摊回长期健康险责任准备金		
保单红利支出		
分保费用		
营业税金及附加		
手续费及佣金支出		
营销费用(养老)		
业务及管理费	440 028.41	1 786 637.15
减:摊回分保费用		
其他业务成本		
资产减值损失		
三、营业利润(亏损以“—”号填列)	-440 027.92	-1 786 636.61
加:营业外收入		
减:营业外支出		
四、利润总额(亏损总额以“—”号填列)	-440 027.92	-1 786 636.61
减:所得税费用		
五、净利润(净亏损以“—”填列)	-440 027.92	-1 786 636.61

和谐健康保险股份有限公司河北分公司职工性别、年龄、学历、职称结构统计表

（2011年12月31日）

单位：个、人

机构名称	性别结构			年龄结构					学历结构						职称结构			
单位名称	男	女	合计	30岁以下	31～40岁	41～50岁	51～60岁	合计	博士研究生	硕士研究生	大学本科	大学专科	中专及以下	合计	高级职称	中级职称	初级职称	合计
河北省	17	10	27	16	7	4		27		3	22	2		27				
总计	17	10	27	16	7	4		27		3	22	2		27				

泰康人寿保险股份有限公司河北分公司资产负债表

（2011年12月31日）

单位：万元

资产	年初金额	期末余额	负债及所有者权益	年初余额	期末余额
资产：			负债：		
货币资金	617.37	553.30	短期借款		
拆出资金			拆入资金		
交易性金融资产			交易性金融负债		
衍生金融资产			衍生金融负债		
买入返售金融资产			卖出回购金融资产款		
应收利息	26.47	54.51	预收保费	1 149.12	1 270.03
应收保费	1 636.02	2 096.96	应付手续费及佣金	1 322.39	1 587.80
应收代位追偿款			应付分保账款	236.70	846.39
应收分保账款	246.82	981.81	应付职工薪酬	1 629.30	1 653.38
应收分保未到期责任准备金	142.79	182.11	应交税费	-513.99	-1 410.29
应收分保未决赔款准备金	79.95	88.59	应付赔付款	2 460.34	3 945.44
应收分保寿险责任准备金	1 371.75	1 044.37	应付保单红利	18 994.65	31 774.98
应收分保长期健康险责任准备金	89.61	123.12	保户储金及投资款	210 258.21	221 415.72
保户质押贷款	1 756.92	3 193.79	未到期责任准备金	1 534.99	1 850.33
定期存款			未决赔款准备金	512.62	841.96
可供出售金融资产			寿险责任准备金	445 550.10	575 298.01
持有至到期投资			长期健康险责任准备金	14 585.96	16 417.95
长期股权投资			长期借款		
存出资本保证金			应付债券		
投资性房地产			独立账户负债	18 236.83	18 058.44
固定资产	1 027.33	809.91	递延所得税负债		
无形资产	0.55	0.00	系统往来	-615 998.65	-753 798.49
独立账户资产	35.82	518.11	其他负债	1 444.51	895.87
递延所得税资产	639.85	684.69	负债合计	101 403.07	120 647.51
其他资产	646.50	819.20	所有者权益：		
			实收资本		
			资本公积	-6 038.71	271.99
			减：库存股		
			盈余公积		
			一般风险准备		
			未分配利润	-87 046.61	-109 769.02
			所有者权益合计	-93 085.32	-109 497.03
资产总计：	8 317.75	11 150.48	负债及所有者权益总计：	8 317.75	11 150.48

泰康人寿保险股份有限公司河北分公司利润表

(2011年12月31日)

单位:万元

项目	本期金额	累计金额
一、营业收入	14 380.76	196 591.78
已赚保费	13 069.09	194 852.12
保险业务收入	13 893.14	197 232.85
其中:分保费收入	0.00	0.00
减:分出保费	848.68	2 048.16
提取未到期责任准备金	-24.63	332.57
投资收益(损失以"-"填列)	39.57	138.40
其中:对联营企业和合营企业的投资		
公允价值变动损益		
汇兑收益(损失以"-"填列)		
其他业务收入	1 272.10	1 601.26
二、营业支出	21 019.96	219 294.15
退保金	911.22	9 941.07
赔付支出	1 564.93	16 462.63
减:摊回赔付支出	764.81	1 414.50
提取保险责任准备金	12 221.96	133 985.11
减:摊回保险责任准备金	-15.83	-285.24
保单红利支出	900.86	14 577.78
分保费用		
营业税金及附加	61.90	-334.23
手续费及佣金支出	1 224.48	18 159.50
业务及管理费	3 036.12	21 543.55
减:摊回分保费用	388.03	766.48
其他业务成本	2 235.51	6 854.48
资产减值损失		
三、营业利润(亏损以"-"填列)	-6 639.20	-22 702.36
加:营业外收入	7.24	21.61
减:营业外支出	2.30	60.68
四、利润总额(亏损总额以"-"填列)	-6 634.25	-22 741.43
减:所得税费用	15.86	-19.02
其中:当期所得税		25.83
递延所得税	15.86	-44.85
五、净利润(净亏损以"-"填列)	-6 650.12	-22 722.41
六、每股收益:		
(一)基本每股收益		
(二)稀释每股收益		
七、其他综合收益	-376.15	6 310.70
八、综合收益总额	-7 026.27	-16 411.71

泰康人寿保险股份有限公司河北分公司各人身保险分公司业务统计表

（2011 年 12 月 31 日）

单位：百万元

机构名称	保费收入							有效保单件数（万件）	赔付支出								
	合计	个人业务			团体业务				合计	个人业务				团体业务			
		人保寿险小计	意外伤害险	健康险	人保寿险小计	意外伤害险	健康险			赔款支出	死伤医疗给付	满期给付	年金给付	赔款支出	死伤医疗给付	满期给付	年金给付
石家庄	348.38	306.10	2.25	25.20	0.64	10.67	3.52	32.96	53.06	1.03	5.49	34.49	7.25	3.36	0.17	1.27	16.97
唐山	364.48	341.07	0.66	16.54	0.01	3.52	2.68	26.99	23.79	0.65	4.63	10.14	7.12	1.26	0.00	0.00	6.86
秦皇岛	105.48	97.49	0.13	6.08		1.24	0.55	11.07	18.34	0.35	2.24	13.81	1.55	0.38	0.00	0.00	8.64
廊坊	114.63	102.64	0.25	6.95		3.59	1.21	8.70	4.73	0.22	1.12	0.77	2.25	0.38	0.00	0.00	5.07
保定	342.40	326.37	0.60	12.35		2.57	0.51	30.51	26.09	0.49	6.70	14.27	3.95	0.67	0.00	0.00	17.76
邯郸	91.25	85.49	0.20	4.05		1.28	0.22	10.05	11.50	0.13	2.36	7.83	1.02	0.16	0.00	0.00	8.92
沧州	227.80	222.10	0.04	2.59		1.67	1.40	8.40	7.82	0.04	2.37	3.33	1.40	0.68	0.00	0.00	8.26
邢台	88.22	86.92	0.07	1.08		0.09	0.05	4.01	2.04	0.05	0.80	0.23	0.93	0.03	0.00	0.00	5.98
承德	125.52	116.62	0.17	5.14		3.43	0.16	11.81	8.24	0.27	3.84	2.17	1.32	0.64	0.00	0.00	6.06
衡水	69.40	66.25	0.03	1.43		1.19	0.49	4.25	3.17	0.01	1.42	0.01	1.15	0.58	0.00	0.00	2.73
张家口	94.78	87.79	0.06	1.63	0.02	2.64	2.64	7.32	5.84	0.01	2.37	0.81	1.58	1.06	0.02	0.00	12.16
全省合计	1 972.33	1 838.84	4.46	83.04	0.67	31.89	13.42	156.05	164.63	3.23	33.34	87.87	29.53	9.20	0.19	1.27	99.41

泰康人寿保险股份有限公司河北分公司职工性别、年龄、学历、职称结构统计表

（2011 年 12 月 31 日）

单位：人

机构名称	性别结构			年龄结构					学历结构						职称结构			
	男	女	合计	30 岁以下	31～40 岁	41～50 岁	51～60 岁	合计	博士研究生	硕士研究生	大学本科	大学专科	中专及以下	合计	高级职称	中级职称	初级职称	合计
河北省	74	94	168	108	51	9		168		6	118	33	11	168	1	2	8	11
石家庄	32	47	79	41	30	7	1	79			27	46	6	79				
营业部																		
承德	25	30	55	25	21	9		55			16	29	10	55				
张家口	16	30	46	22	21	3		46			18	24	4	46				
秦皇岛	20	30	50	33	11	6		50			24	23	3	50				
唐山	23	56	79	51	21	7		79			35	34	10	79				
廊坊	19	23	42	23	12	7		42			21	17	4	42				
保定	37	53	90	51	30	9		90			35	46	9	90				
沧州	17	25	42	24	11	6	1	42		1	18	18	5	42				
衡水	15	28	43	24	16	3		43			15	17	11	43				
邢台	15	23	38	24	8	6		38			14	22	2	38				
邯郸	14	28	42	20	20	2		42			17	19	6	42				
总计	307	467	774	446	252	74	2	774		7	358	328	81	774	1	2	8	11

民生人寿保险股份有限公司河北分公司资产负债表

（2011 年 12 月 31 日） 单位:元

资产	年初数	期末数	负债及所有者权益	年初数	期末数
资产：			负债：		
货币资金	29 031 713.45	-397 809.40	短期借款		
拆出资金			存入保证金		
交易性金融资产			拆入资金		
衍生金融资产			交易性金融负债		
买入返售金融资产			衍生金融负债		
应收利息	269 915.65	296 466.65	卖出回购金融资产款		
应收保费	9 070 888.65	9 066 883.02	应付手续费及佣金	5 697 541.61	1 052 319.26
应收管理费(养老)			应付营销费用(养老)		
应收代位追偿款			预收保费	-887 372.16	-906 826.95
应收分保账款			应付职工薪酬	459 552.29	426 450.61
应收分保未到期责任准备金	1 118 565.80	1 012 806.80	应交税费	1 714 629.60	1 512 115.30
应收分保未决赔款准备金	1 203 319.06	1 223 028.17	保险保障基金		
应收分保寿险责任准备金	903 009.01	1 262 881.64	应付赔付款	7 469 997.98	13 800 887.48
应收分保长期健康险责任准备金			其他应付款	5 384 536.47	4 823 089.13
保户质押贷款	13 845 819.57	17 214 392.87	应付保单红利	15 424 714.43	20 877 969.16
贷款			应付分保账款		
存出保证金			未到期责任准备金	3 301 206.95	2 932 489.47
定期存款			未决赔款准备金	2 189 983.43	2 212 126.05
可供出售金融资产			其中:已发生未报告未决赔款准备金	2 089 961.38	2 046 759.22
持有至到期投资			寿险责任准备金	573 359 656.42	743 869 469.44
长期股权投资			长期健康险责任准备金	48 559 522.43	68 608 339.79
存出资本保证金			保户储金及投资款	2 513 421.33	1 808 613.58
投资性房地产			长期借款		
固定资产	37 126 985.02	36 252 187.71	应付债券		
无形资产	9 966.80	8 626.80	卫星发射保险基金		
独立账户资产			递延所得税负债		
递延所得税资产			独立账户负债		
系统内往来(借方)			系统内往来(贷方)	-414 676 292.32	-610 983 801.91
内部往来(借项)			内部往来(贷项)		
其他资产	2 802 137.10	3 448 940.82	其他负债	804 417.05	134 184.50
			负债合计	251 315 515.51	250 167 424.91
			所有者权益(或股东权益)：		
			实收资本(或股本)		
			资本公积		
			减:库存股		
			盈余公积		
			一般风险准备		
			未分配利润	-155 933 195.40	-180 779 019.83
			外币报表折算差额		
			少数股东权益		
			所有者权益合计	-155 933 195.40	-180 779 019.83
资产总计	95 382 320.11	69 388 405.08	负债和所有者权益总计	95 382 320.11	69 388 405.08

民生人寿保险股份有限公司河北分公司损益表

(2011 年 12 月 31 日)

单位:元

项目	本月数	本年累计
一、营业收入	20 920 941.70	310 178 389.90
已赚保费	20 847 144.06	309 579 974.18
保险业务收入	20 328 095.25	309 317 015.70
其中:分保费收入		
减:分出保费		
提取未到期责任准备金	-519 048.81	-262 958.48
管理费收入(养老)		
投资收益(损失以"—"号填列)	62 247.16	494 284.99
其中:对联营企业和合营企业的投资收益		
公允价值变动收益(损失以"—"号填列)		
汇兑收益(损失以"—"号填列)		
其他业务收入	11 550.48	104 130.73
二、营业支出	17 509 368.69	335 003 460.33
退保金	2 413 753.73	22 647 621.74
赔付支出	2 108 424.62	24 003 458.56
减:摊回赔付支出		
提取未决赔款准备金	896 426.37	22 142.62
减:摊回未决赔款准备金	489 280.92	19 709.11
提取寿险责任准备金	899 298.11	170 509 813.02
减:摊回寿险责任准备金	122 510.94	359 872.63
提取长期健康险责任准备金	2 926 091.64	20 048 817.36
减:摊回长期健康险责任准备金		
保单红利支出	1 090 111.72	9 996 306.86
分保费用		
营业税金及附加	-4 064.54	218 349.67
手续费及佣金支出	788 187.05	40 751 670.43
营销费用(养老)		
业务及管理费	6 996 327.69	47 073 399.44
减:摊回分保费用		
其他业务成本	6 604.16	111 447.78
资产减值损失		14.59
三、营业利润(亏损以"—"号填列)	3 411 573.01	-24 825 070.43
加:营业外收入		
减:营业外支出		20 754.00
四、利润总额(亏损总额以"—"号填列)	3 411 573.01	-24 845 824.43
减:所得税费用		
五、净利润(净亏损以"—"填列)	3 411 573.01	-24 845 824.43
其中:少数股东损益		
六、每股收益:		
(一)基本每股收益		
(二)稀释每股收益		

民生人寿保险股份有限公司河北分公司机构、人员情况一览表

（2011 年 12 月 31 日） 单位：个、人

单位名称	在岗职工总数	中心支公司人数	营销服务部人数	下辖机构数量合计
河北分公司	131			
石家庄	132	86	46	16
承德	52	37	15	6
张家口	38	31	7	4
秦皇岛	49	37	12	5
唐山	130	95	35	12
廊坊	32	24	8	4
保定	86	57	29	12
沧州	89	62	27	10
衡水	53	38	15	7
邢台	63	44	19	9
邯郸	82	55	27	12
总计	937	566	240	97

民生人寿保险股份有限公司河北分公司职工性别、年龄、学历、职称结构统计表

（2011年12月31日）

单位:人

机构名称	性别结构			年龄结构					学历结构					职称结构			
	男	女	合计	30岁以下	31~40岁	41~50岁	51~60岁	合计	博士研究生	硕士研究生	本科及大专	中专及以下	合计	高级职称	中级职称	初级职称	合计
河北省	54	77	131	70	41	18	2	131	1	7	120	3	131				
石家庄	32	54	86	41	30	10	5	86		1	79	6	86				
承德	13	24	37	8	15	14		37			31	6	37				
张家口	7	24	31	6	10	14	1	31		1	25	5	31				
秦皇岛	14	23	37	16	8	11	2	37		2	35		37				
唐山	25	70	95	51	34	10		95			86	9	95				
廊坊	8	16	24	10	7	7		24			22	2	24				
保定	22	35	57	28	20	8	1	57			52	5	57				
沧州	25	37	62	30	14	17	1	62			56	6	62				
衡水	5	33	38	18	11	7	2	38			37	1	38				
邢台	13	31	44	24	10	9	1	44			44		44				
邯郸	22	33	55	29	18	6	2	55		1	53	1	55				
总计	240	457	697	331	218	131	17	697	1	12	640	44	697				

其他统计

历年金融机构人民币存款基准利率变动表

（单位:年利率%）

调整时间	活期	三个月	半年	一年	二年	三年	五年	八年
1949.08.10	60		120	168		252		
1950.04.10	43		64.8	86.4		156		
1950.05.01	21.6		54		64.8		86.4	
1950.05.15	12		23.4	28.8				
1950.10.20	12.6	27.6	31.2		34.8			
1951.03.26	12.6	27.6	33		45.6			
1951.07.21	10.8	22.8	28.2		36			
1951.12.01	9		18.6	22.8		31.2		
1952.05.21	5.4		10.8	12.6		14.4		
1952.09.15	5.40	10.80	12.60	14.40				
1953.01.01	5.40	9.60	10.80	14.40				
1954.09.01	5.40	9.72	10.80	14.40				
1955.10.01	2.88	5.04	6.12	7.92				
1958.10.01	2.88	5.04	6.12		7.92			
1959.01.01	2.16		3.60	4.80				
1959.03.05	2.16	2.88	3.6		4.8			
1959.07.01	2.16	2.88	4.68	6.12	6.30	6.50		
1965.06.01	2.16		3.24	3.96				
1971.10.01	2.16			3.24				
1979.04.01	2.16		3.60	3.96		4.50	5.04	
1980.04.01	2.88		4.32	5.40		6.12	6.84	
1982.04.01	2.88		4.32	5.76		6.84	7.92	9
1985.04.01	2.88		5.40	6.84		7.92	8.28	9
1985.08.01	2.88		6.12	7.20		8.28	9.36	10.44
1988.09.01	2.88		6.48	8.64	9.18	9.72	10.80	12.42
1989.02.01	2.88		9.00	11.34	12.24	13.14	14.94	17.64
1989.06.01	2.88	7.56						
1990.04.15	2.88	6.30	7.74	10.08	10.98	11.88	13.68	16.2

调整时间	活期	三个月	半年	一年	二年	三年	五年	八年
1990.08.21	2.16	4.32	6.48	8.64	9.36	10.08	11.52	13.68
1991.04.21	1.80	3.24	5.40	7.56	7.92	8.28	9.00	10.08
1993.05.15	2.16	4.86	7.20	9.18	9.90	10.80	12.06	14.58
1993.07.11	3.15	6.66	9.00	10.98	11.70	12.24	13.86	17.1
1996.05.01	2.97	4.86	7.20	9.18	9.90	10.80	12.06	
1996.08.23	1.98	3.33	5.40	7.47	7.92	8.28	9.00	
1997.10.23	1.71	2.88	4.14	5.67	5.94	6.21	6.66	
1998.03.25	1.71	2.88	4.14	5.22	5.58	6.21	6.66	
1998.07.01	1.44	2.79	3.96	4.77	4.86	4.95	5.22	
1998.12.07	1.44	2.79	3.33	3.78	3.96	4.14	4.50	
1999.06.10	0.99	1.98	2.16	2.25	2.43	2.70	2.88	
2002.02.21	0.72	1.71	1.89	1.98	2.25	2.52	2.79	
2004.10.29	0.72	1.71	2.07	2.25	2.70	3.24	3.60	
2006.08.19	0.72	1.80	2.25	2.52	3.06	3.69	4.14	
2007.03.18	0.72	1.98	2.43	2.79	3.33	3.96	4.41	
2007.05.19	0.72	2.07	2.61	3.06	3.69	4.41	4.95	
2007.07.21	0.81	2.34	2.88	3.33	3.96	4.68	5.22	
2007.08.22	0.81	2.61	3.15	3.60	4.23	4.95	5.49	
2007.09.15	0.81	2.88	3.42	3.87	4.50	5.22	5.76	
2007.12.21	0.72	3.33	3.78	4.14	4.68	5.40	5.85	
2008.10.09	0.72	3.15	3.51	3.87	4.41	5.13	5.58	
2008.10.30	0.72	2.88	3.24	3.60	4.14	4.77	5.13	
2008.11.27	0.36	1.98	2.25	2.52	3.06	3.60	3.87	
2008.12.23	0.36	1.71	1.98	2.25	2.79	3.33	3.60	
2010.10.19	0.36	1.91	2.20	2.50	3.25	3.85	4.20	
2010.12.26	0.36	2.25	2.50	2.75	3.55	4.15	4.55	
2011.02.09	0.40	2.60	2.80	3.00	3.90	4.50	5.00	
2011.04.06	0.50	2.85	3.05	3.25	4.15	4.75	5.25	
2011.07.07	0.50	3.10	3.30	3.50	4.40	5.00	5.50	

历年金融机构人民币贷款基准利率变动表

（单位:年利率%）

调整时间	六个月以内（含）	六个月至一年（含）	一至三年（含）	三至五年（含）	五年以上
1985.04.01	5.04	5.04	5.76	6.48	7.2
1985.08.01	7.92	7.92	8.64	9.36	10.08
1988.09.01	9	9	9.9	10.8	13.32
1989.02.01	11.34	11.34	12.78	14.4	19.26
1990.03.21	9.00	10.08	10.80	11.52	11.88
1990.08.21	8.64	9.36	10.08	10.8	11.16
1991.04.21	8.10	8.64	9.00	9.54	9.72
1993.05.15	8.82	9.36	10.80	12.06	12.24
1993.07.11	9.00	10.98	12.24	13.86	14.04
1995.01.01	9.00	10.98	12.96	14.58	14.76
1995.07.01	10.08	12.06	13.50	15.12	15.30
1996.05.01	9.72	10.98	13.14	14.94	15.12
1996.08.23	9.18	10.08	10.98	11.70	12.42
1997.10.23	7.65	8.64	9.36	9.90	10.53
1998.03.25	7.02	7.92	9.00	9.72	10.35
1998.07.01	6.57	6.93	7.11	7.65	8.01
1998.12.07	6.12	6.39	6.66	7.20	7.56
1999.06.10	5.58	5.85	5.94	6.03	6.21
2002.02.21	5.04	5.31	5.49	5.58	5.76
2004.10.29	5.22	5.58	5.76	5.85	6.12
2006.04.28	5.40	5.85	6.03	6.12	6.39
2006.08.19	5.58	6.12	6.30	6.48	6.84
2007.03.18	5.67	6.39	6.57	6.75	7.11
2007.05.19	5.85	6.57	6.75	6.93	7.20
2007.07.21	6.03	6.84	7.02	7.20	7.38
2007.08.22	6.21	7.02	7.20	7.38	7.56
2007.09.15	6.48	7.29	7.47	7.65	7.83
2007.12.21	6.57	7.47	7.56	7.74	7.83

调整时间	六个月以内（含）	六个月至一年（含）	一至三年（含）	三至五年（含）	五年以上
2008.09.16	6.21	7.20	7.29	7.56	7.74
2008.10.09	6.12	6.93	7.02	7.29	7.47
2008.10.30	6.03	6.66	6.75	7.02	7.20
2008.11.27	5.04	5.58	5.67	5.94	6.12
2008.12.23	4.86	5.31	5.40	5.76	5.94
2010.10.20	5.10	5.56	5.60	5.96	6.14
2010.12.26	5.35	5.81	5.85	6.22	6.40
2011.02.09	5.60	6.06	6.10	6.45	6.60
2011.04.06	5.85	6.31	6.40	6.65	6.80
2011.07.07	6.10	6.56	6.65	6.90	7.05

注：(1)1991 年 04 月 21 日—2008 年 12 月 23 日数据来自央行网站（www.pbc.gov.cn），其他年份数据出自央行《利率管理手册》各期。

(2)1985 年以前的贷款利率根据借贷单位性质不同而设定，统计口径无法统一，且利率档次过于简单，基本没有设定一年期以上的基准利率，因此没有收录。

(3)由于十年以上贷款利率的取消，1988 年 9 月 1 日以前的贷款利率数据只保留至“五年以上”部分，对于 10 年期以上的没有收录。

(4)1998 年 3 月 25 日起，贴现率在再贴现利率基础上最高加 0.9 个百分点。

(5)1998 年 7 月 1 日起，贴现率在再贴现利率基础上最高加 2 个百分点。

(6)2007 年 9 月 15 日—1998 年 12 月 7 日贴现率在再贴现利率基础上，按不超过同期贷款利率（含浮动）加点。

(7)2007 年 12 月 21 日—2011 年末贴现率以再贴现利率为下限加点确定。

历次存款准备金率调整一览表

次数	调整时间	调整前	调整后	调整幅度（单位:百分点）
1	1984	央行按存款种类规定法定存款准备金率,企业存款 20%,农村存款 25%,储蓄存款 40%	–	–
2	1985	央行将法定存款准备金率统一调整为 10%	–	–
3	1987	10%	12%	2
4	1988.09	12%	13%	1
5	1998.03.21	13%	8%	–5
6	1999.11.21	8%	6%	–2
7	2003.09.21	6%	7%	1
8	2004.04.25	7%	7.50%	0.50
9	2006.07.5	7.50%	8%	0.50
10	2006.08.15	8%	8.50%	0.50
11	2006.11.15	8.50%	9%	0.50
12	2007.01.15	9%	9.50%	0.50
13	2007.02.25	9.50%	10%	0.50
14	2007.04.16	10%	10.50%	0.50
15	2007.05.15	10.50%	11%	0.50
16	2007.06.05	11%	11.50%	0.50
17	2007.08.15	11.50%	12%	0.50
18	2007.09.25	12%	12.50%	0.50
19	2007.10.25	12.50%	13%	0.50
20	2007.11.26	13%	13.50%	0.50
21	2007.12.25	13.50%	14.50%	1
22	2008.01.25	14.50%	15%	0.50
23	2008.03.18	15%	15.50%	0.50
24	2008.04.25	15.50%	16%	0.50
25	2008.05.20	16%	16.50%	0.50
26	2008.06.07	16.50%	17.50%	1

次数	调整时间	调整前	调整后	调整幅度（单位:百分点）
27	2008.09.25	（大型金融机构）17.50%	17.50%	–
		（中小金融机构）17.50%	16.50%	-1
28	2008.10.15	（大型金融机构）17.50%	17.00%	-0.5
		（中小金融机构）16.50%	16.00%	-0.5
29	2008.12.05	（大型金融机构）17.00%	16.00%	-1
		（中小金融机构）16.00%	14.00%	-2
30	2008.12.25	（大型金融机构）16.00%	15.50%	-0.5
		（中小金融机构）14.00%	13.50%	-0.5
31	2010.1.18	（大型金融机构）15.50%	16.00%	0.5
		（中小金融机构）13.50%	不调整	–
32	2010.2.25	（大型金融机构）16.00%	16.50%	0.5
		（中小金融机构）13.50%	不调整	–
33	2010.5.10	（大型金融机构）16.50%	17.00%	0.5
		（中小金融机构）13.50%	不调整	–
34	2010.11.16	（大型金融机构）17.00%	17.50%	0.5
		（中小金融机构）13.50%	14.00%	0.5
35	2010.11.29	（大型金融机构）17.50%	18.00%	0.5
		（中小金融机构）14.00%	14.50%	0.5
36	2010.12.20	（大型金融机构）18.00%	18.50%	0.5
		（中小金融机构）14.50%	15.00%	0.5
37	2011.01.20	（大型金融机构）18.50%	19.00%	0.5
		（中小金融机构）15.00%	15.50%	0.5
38	2011.02.24	（大型金融机构）19.00%	19.50%	0.5
		（中小金融机构）15.50%	16.00%	0.5
39	2011.03.25	（大型金融机构）19.50%	20.00%	0.5
		（中小金融机构）16.0%	16.50%	0.5
40	2011.04.21	（大型金融机构）20.00%	20.50%	0.5
		（中小金融机构）16.50%	17.00%	0.5
41	2011.5.18	（大型金融机构）20.50%	21.00%	0.5
		（中小金融机构）17.00%	17.50%	0.5
42	2011.06.20	（大型金融机构）21.00%	21.50%	0.5
		（中小金融机构）17.50%	18.00%	0.5
43	2011.12.5	（大型金融机构）21.50%	21.00%	0.5
		（中小金融机构）18.00%	17.50%	0.5

* 财务公司准备金率不与小型金融机构一致，调整后准备金率为12%。

历年住房公积金存贷款利率表

调整时间	存款利率(%)		贷款利率(%)	
	活期	三个月	5年以内(含5年)	5年以上
1999.06.10	0.99	1.98	4.14	4.59
1999.09.21	0.99	1.98	4.14	4.59
2002.02.21	0.72	1.71	3.60	4.05
2004.10.29	0.72	1.71	3.78	4.23
2005.03.17	0.72	1.71	3.96	4.41
2006.05.08	0.72	1.71	4.14	4.59
2006.08.19	0.72	1.80	4.14	4.59
2007.03.18	0.72	1.98	4.32	4.77
2007.05.19	0.72	2.07	4.41	4.86
2007.07.21	0.81	2.34	4.50	4.95
2007.08.22	0.81	2.61	4.59	5.04
2007.09.15	0.81	2.88	4.77	5.22
2007.12.21	0.72	3.33	4.77	5.22
2008.09.16	0.72	3.33	4.59	5.13
2008.10.30	0.72	2.88	4.05	4.59
2008.11.27	0.36	1.98	3.51	4.05
2008.12.23	0.36	1.71	3.33	3.87
2010.10.20	0.36	1.91	3.50	4.05
2010.12.26	0.36	2.25	3.75	4.30
2011.02.09	0.40	2.60	4.00	4.50
2011.04.06	0.50	2.85	4.20	4.70
2011.07.07	0.50	3.10	4.45	4.90

注:1988年9月1日起住房中心在委托银行专户的沉淀资金按季计息,2005年3月17日起改按同档单位存款利率计息。

历年凭证式国债发行情况表

年份	分期	发行总额			利率
2006 年	1 期	600 亿元	其中：	3 年 420 亿元 5 年 180 亿元	3.14% 3.49%
	2 期	400 亿元	其中：	3 年 280 亿元 5 年 120 亿元	3.14% 3.49%
	3 期	400 亿元	其中：	3 年 280 亿元 5 年 120 亿元	3.14% 3.49%
	4 期	400 亿元	其中：	3 年 280 亿元 5 年 120 亿元	3.39% 3.81%
	5 期	150 亿元	其中：	3 年 105 亿元 5 年 45 亿元	3.39% 3.81%
2007 年	1 期	300 亿元	其中：	3 年 210 亿元 5 年 90 亿元	3.39% 3.81%
	2 期	500 亿元	其中：	3 年 350 亿元 5 年 150 亿元	3.66% 4.08%
	3 期	300 亿元	其中：	3 年 210 亿元 5 年 90 亿元	3.66% 4.08%
	4 期	200 亿元	其中：	3 年 160 亿元 5 年 40 亿元	5.20% 5.74%
	5 期	300 亿元	其中：	3 年 240 亿元 5 年 60 亿元	5.74% 6.34%
2008 年	1 期	300 亿元	其中：	3 年 240 亿元 5 年 60 亿元	5.74% 6.34%
	2 期	400 亿元	其中：	3 年 320 亿元 5 年 80 亿元	5.24% 6.34%
	3 期	200 亿元	其中：	3 年 140 亿元 5 年 60 亿元	5.74% 6.34%
	4 期	200 亿元	其中：	1 年 140 亿元 2 年 60 亿元	5.94% 6.34%
	5 期	200 亿元	其中：	3 年 140 亿元 5 年 60 亿元	5.17% 5.53%
2009 年	1 期	300 亿元	其中：	3 年 210 亿元 5 年 90 亿元	3.73% 4.00%
	2 期	500 亿元	其中：	3 年 400 亿元 5 年 100 亿元	3.73% 4.00%
	3 期	500 亿元	其中：	3 年 400 亿元 5 年 100 亿元	3.73% 4.00%
	4 期	400 亿元	其中：	1 年 200 亿元 3 年 200 亿元	2.60% 3.73%
	5 期	300 亿元	其中：	1 年 150 亿元 3 年 150 亿元	2.60% 3.73%
2010 年	1 期	500 亿元	其中：	1 年 250 亿元 3 年 250 亿元	2.60% 3.73%
	2 期	400 亿元	其中：	1 年 200 亿元 3 年 200 亿元	2.60% 3.73%
	3 期	400 亿元	其中：	1 年 200 亿元 3 年 200 亿元	2.60% 3.73%
	4 期	400 亿元	其中：	1 年 200 亿 3 年 200 亿元	2.60% 3.73%
	5 期	200 亿元	其中：	1 年 40 亿元 3 年 100 亿元 5 年 60 亿元	2.85% 4.25% 4.60%
2011 年	1 期	600 亿元	其中：	1 年 120 亿元 3 年 300 亿元 5 年 180 亿	3.45% 5.18% 5.75%
	2 期	300 亿元	其中：	1 年 60 亿元 3 年 150 亿元 5 年 90 亿	3.70% 5.43% 6.00%
	3 期	300 亿元	其中：	1 年 60 亿元 3 年 150 亿元 5 年 90 亿	3.85% 5.58% 6.15%
	4 期	200 亿元	其中：	1 年 20 亿 3 年 100 亿元 5 年 80 亿	3.85% 5.58% 6.15%

第七部分

金融机构名录

中国人民银行

中国人民银行石家庄中心支行

行　　长：张文汇
电　　话：0311－87938901
地　　址：石家庄市新华东路109号
邮政编码：050000

中心支行营业部

主　　任：刘　旭
电　　话：0311－87937900
地　　址：石家庄市合作路389号
邮政编码：050081

辛集市支行

行　　长：张士坡（2011年4月免）
　　　　　孟文英（2011年4月任）
电　　话：0311－83298086
地　　址：辛集市束鹿大街西段126号
邮政编码：052360

晋州市支行

行　　长：彭学英（2011年4月免）
　　　　　刘跃仓（2011年4月任）
电　　话：0311－84322148
地　　址：晋州市向阳路22号
邮政编码：052260

深泽县支行

行　　长：孟文英（2011年4月免）
副 行 长：刘志坚（2011年4月主持工作）
电　　话：0311－83522651
地　　址：深泽县府前西路217号
邮政编码：052560

无极县支行

行　　长：刘月国
电　　话：0311－85572815
地　　址：无极县无极路西头131号
邮政编码：052460

藁城市支行

行　　长：赵全林
电　　话：0311－88041585
地　　址：藁城市胜利路10号
邮政编码：052160

赵县支行

行　　长：李吉平
电　　话：0311－84940889
地　　址：赵县自强路
邮政编码：051530

栾城县支行

行　　长：李光辉
电　　话：0311－88031211
地　　址：栾城县鑫源路
邮政编码：051430

正定县支行

行　　长：任　建
电　　话：0311－88017088
地　　址：正定县常山西路20号
邮政编码：050800

新乐市支行

行　　长：李胜军
电　　话：0311－88582603
地　　址：新乐市新开西路134号
邮政编码：050700

高邑县支行

行　　长：李聚贤（2011年4月免）
　　　　　闫新广（2011年4月任）
电　　话：0311－84031992
地　　址：高邑县府前路69号
邮政编码：051330

元氏县支行

行　　长：李林英
电　　话：0311－84623815
地　　址：元氏县蟠龙路98号
邮政编码：051130

井陉县支行

行　　长：张贵辰
电　　话：0311－82027093
地　　址：井陉县建设南路10号
邮政编码：050300

赞皇县支行

行　　长：池绪录
电　　话：0311－84228588
地　　址：赞皇县育新街19号
邮政编码：051230

鹿泉市支行

行　　长：张志强
电　　话：0311－82012397
地　　址：鹿泉市振宁路28号

邮政编码：050200

平山县支行

行　　长：安剑平

电　　话：0311－82912259

地　　址：平山县建设北大街1号

邮政编码：050400

灵寿县支行

行　　长：何秋雨

电　　话：0311－82527687

地　　址：灵寿县人民西路33号

邮政编码：050500

行唐县支行

行　　长：刘　利

电　　话：0311－82981135

地　　址：行唐县玉城大街21号

邮政编码：050600

中国人民银行承德市中心支行

行　　长：杨建奎

电　　话：0314－2022404

地　　址：承德市双桥区督统府大街2号

邮政编码：067000

兴隆县支行

行　　长：郭佳鸿

电　　话：0314－5053982

地　　址：兴隆县兴隆镇

邮政编码：067300

承德县支行

行　　长：赵耀军

电　　话：0314－3116718

地　　址：承德县下板城镇

邮政编码：067400

平泉县支行

行　　长：杜凤荣

电　　话：0314－6033969

地　　址：平泉县平泉镇

邮政编码：067500

宽城满族自治县支行

行　　长：刘永全

电　　话：0314－6632039

地　　址：宽城满族自治县宽城镇

邮政编码：067600

隆化县支行

行　　长：王海珍

电　　话：0314－7063240

地　　址：隆化县隆化镇

邮政编码：068150

滦平县支行

行　　长：常宏利

电　　话：0314－8582263

地　　址：滦平县滦平镇

邮政编码：068250

丰宁满族自治县支行

行　　长：刘振远

电　　话：0314－8019218

地　　址：丰宁县大阁镇

邮政编码：068350

围场满族蒙古族自治县支行

行　　长：白明星

电　　话：0314－7569333

地　　址：围场满族蒙古族自治县围场镇

邮政编码：068450

中国人民银行张家口市中心支行

行　　长：曹建强

电　　话：0313－2012410

地　　址：张家口市五一路99号

邮政编码：075000

宣化支行

行　　长：李建明

电　　话：0313－3014154

地　　址：张家口市宣化区牌楼东街12号

邮政编码：075100

怀来县支行

行　　长：郑昱坤

电　　话：0313－6223921

地　　址：怀来县沙城镇京张公路东大街

邮政编码：075400

涿鹿县支行

行　　长：母　祥

电　　话：0313－6521802

地　　址：涿鹿县建新路

邮政编码：075600

蔚县支行

行　　长：张晓军（2011年10月任）

　　　　　李凤鸣（2011年10月免）

电　　话：0313－7212384

地　　址：蔚县胜利路246号

邮政编码：075700

阳原县支行

行　　长：姚建军（2011 年 10 月任）

　　　　　韩喜龙（2011 年 10 月免）

电　　话：0313－7512577

地　　址：阳原县西城镇北大街

邮政编码：075800

万全县支行

行　　长：李凤鸣（2011 年 10 月任）

　　　　　杜文彬（2011 年 10 月免）

电　　话：0313－4222046

地　　址：万全县孔家庄镇万孔路

邮政编码：076250

怀安县支行

行　　长：倪守斌（2011 年 10 月任）

　　　　　张晓军（2011 年 10 月免）

电　　话：0313－7812784

地　　址：怀安县柴沟堡镇工业街

邮政编码：076150

崇礼县支行

行　　长：胡　忠

电　　话：0313－4612264

地　　址：崇礼县西湾子镇南新街 15 号

邮政编码：076350

张北县支行

行　　长：谢　荣

电　　话：0313－5222519

地　　址：张北县永春南街

邮政编码：076450

尚义县支行

行　　长：张子荷

电　　话：0313－4322023

地　　址：尚义县太平街

邮政编码：076750

康保县支行

行　　长：吕晓华

电　　话：0313－5513844

地　　址：康保县公园路

邮政编码：076650

沽源县支行

行　　长：李建国

电　　话：0313－5812643

地　　址：沽源县新城街

邮政编码：076550

赤城县支行

行　　长：王　钢

电　　话：0313－6313368

地　　址：赤城镇西大街 8 号

邮政编码：075500

中国人民银行秦皇岛市中心支行

行　　长：徐守诚

电　　话：0335－3988988

地　　址：秦皇岛市海港区迎宾路 155 号

邮政编码：066001

抚宁县支行

行　　长：胡玉锋

电　　话：0335－6012206

地　　址：抚宁县抚宁镇长征路 1 号

邮政编码：066300

昌黎县支行

行　　长：尹立平

电　　话：0335－2030002

地　　址：昌黎县城关西北楼 22 号

邮政编码：066600

青龙县支行

行　　长：柴金山

电　　话：0335－7862038

地　　址：青龙县青龙镇中兴路

邮政编码：066500

卢龙县支行

行　　长：于占奇

电　　话：0335－7111900

地　　址：卢龙县卢龙镇东门外大街

邮政编码：066400

中国人民银行唐山市中心支行

行　　长：陈志强

电　　话：0315－2811086

地　　址：唐山市路北区华岩路 43 号

邮政编码：063000

玉田县支行

行　　长：司佐峰

电　　话：0315－6160581

地　　址：玉田县北环东路 282 号

邮政编码：064100

遵化市支行

行　　长：王瑞国

电　　话：0315－6620327
地　　址：遵化市文茂大街5号
邮政编码：064200

迁西县支行

行　　长：柴雪松
电　　话：0315－5620798
地　　址：迁西城关凤凰西街5号
邮政编码：064300

迁安市支行

行　　长：滕海涛
电　　话：0315－7613841
地　　址：迁安市祺福大街5号
邮政编码：064400

滦县支行

行　　长：张子成
电　　话：0315－7122372
地　　址：滦县新城燕山大街69号
邮政编码：063700

滦南县支行

行　　长：杨　军
电　　话：0315－4123127
地　　址：滦南奔城中大街4号
邮政编码：063500

唐海县支行

行　　长：王立群
电　　话：0315－8751531
地　　址：唐海县垦丰大街98
邮政编码：063200

乐亭县支行

行　　长：曹士刚
电　　话：0315－4619526
地　　址：乐亭县金融大街7号
邮政编码：063600

中国人民银行廊坊市中心支行

行　　长：万重山
电　　话：0316－2226032
地　　址：廊坊市广阳道9号
邮政编码：065000

三河市支行

行　　长：李长军
电　　话：0316－3212197
地　　址：三河市西环路南端
邮政编码：065200

大厂县支行

行　　长：李红军
电　　话：0316－8826030
地　　址：大厂县城东大街43号
邮政编码：065300

香河县支行

副 行 长：郝仲量（主持工作）
电　　话：0316－8311390
地　　址：香河县府前街19号
邮政编码：065400

永清县支行

行　　长：张炳仁
电　　话：0316－6628187
地　　址：永清县会昌街53号
邮政编码：065600

固安县支行

行　　长：王淑革
电　　话：0316－6165786
地　　址：固安县城南环路西段
邮政编码：065500

霸州市支行

行　　长：孙汉升
电　　话：0316－7211292
地　　址：霸州市市府道147号
邮政编码：065700

文安县支行

行　　长：任　强
电　　话：0316－5281002
地　　址：文安县北马路49号
邮政编码：065800

大城县支行

副 行 长：谢连兴（主持工作）
电　　话：0316－5523409
地　　址：大城县新华东街2号
邮政编码：065900

中国人民银行保定市中心支行

行　　长：邵仁姿
电　　话：0312－5066188
地　　址：保定市七一中路152号
邮政编码：071000

易县支行

行　　长：孙守正
电　　话：0312－8215496

地　　址：易县城内朝阳西路 16 号
邮政编码：074200
涞源县支行
行　　长：许学中
电　　话：0312－7322107
地　　址：涞源县广昌大街 161 号
邮政编码：102900
定兴县支行
副 行 长：张诚（主持工作）
电　　话：0312－6915605
地　　址：定兴县兴华东路 39 号
邮政编码：072650
唐县支行
行　　长：马士英
电　　话：0312－6414329
地　　址：唐县东环路
邮政编码：072300
徐水县支行
行　　长：马志宏
电　　话：0312－8670398
地　　址：徐水县城内永兴西路 7 号
邮政编码：072500
望都县支行
行　　长：于德才
电　　话：0312－7722245
地　　址：望都县富强大街 45 号
邮政编码：072450
容城县支行
行　　长：吴建新
电　　话：0312－5613104
地　　址：容城县板正南大街 32 号
邮政编码：071700
高碑店市支行
行　　长：宋宝琦
电　　话：0312－5595901
地　　址：高碑店市迎宾路
邮政编码：074000
涿州市支行
行　　长：李洪利
电　　话：0312－3863781
地　　址：涿州市范阳中路 81 号
邮政编码：072750
蠡县支行
行　　长：杨亚章
电　　话：0312－6219106
地　　址：蠡县县城范蠡东路
邮政编码：071400
涞水县支行
行　　长：董绍民
电　　话：0312－4527629
地　　址：涞水县府前街 77 号
邮政编码：074100
阜平县支行
行　　长：王建栋
电　　话：0312－7224874
地　　址：阜平县东寺大街 3 号
邮政编码：073200
雄县支行
行　　长：孙占奇
电　　话：0312－5811048
地　　址：雄县铃铛阁大街 71 号
邮政编码：071800
定州市支行
行　　长：宋建海
电　　话：0312－2314166
地　　址：定州市中山中路
邮政编码：073000
高阳县支行
行　　长：贺福进
电　　话：0312－6633593
地　　址：高阳县朝阳路 292 号
邮政编码：071500
曲阳县支行
行　　长：程征清
电　　话：0312－4265070
地　　址：曲阳县城恒山路
邮政编码：073100
安国市支行
行　　长：武云岩
电　　话：0312－3519389
地　　址：安国市金融路 75 号
邮政编码：071200
博野县支行
副 行 长：彭少儒（主持工作）
电　　话：0312－8322061
地　　址：博野县博兴中路
邮政编码：071300

满城县支行
行　　长：周素敏
电　　话：0312－7072652
地　　址：满城县永乐街33号
邮政编码：072100

顺平县支行
行　　长：杨造堂
电　　话：0312－7620699
地　　址：顺平县城平安街12号
邮政编码：072250

清苑县支行
行　　长：马铁民
电　　话：0312－8012766
地　　址：清苑县城育红街35号
邮政编码：071100

安新县支行
副 行 长：李国平（主持工作）
电　　话：0312－5331957
地　　址：安新县建设大街
邮政编码：071600

中国人民银行沧州市中心支行

行　　长：李　庆
电　　话：0317－2090077
地　　址：河北省沧州市浮阳北大道13号
邮政编码：061001

河间市支行
行　　长：张兆伟
电　　话：0317－3667237
地　　址：河北省河间市京大北路5号
邮政编码：062450

泊头市支行
行　　长：崔树国
电　　话：0317－5568918
地　　址：河北省泊头市裕华西路
邮政编码：062150

黄骅市支行
行　　长：刘国力
电　　话：0317－5323859
地　　址：河北省黄骅市渤海西路
邮政编码：061100

任丘市支行
行　　长：柳　丽
电　　话：0317－2222526
地　　址：河北省任丘市建设东路
邮政编码：062550

海兴县支行
行　　长：杨敬凯
电　　话：0317－6615929
地　　址：河北省海兴县建设路18号
邮政编码：061200

孟村回族自治县支行
行　　长：马书亮
电　　话：0317－6721526
地　　址：河北省孟村回族自治县建设大街
邮政编码：061400

东光县支行
行　　长：耿丙顺
电　　话：0317－7722121
地　　址：河北省东光县府前街227号
邮政编码：061600

南皮县支行
行　　长：王锡峰
电　　话：0317－8851787
地　　址：河北省南皮县清泉塔第五条
邮政编码：061500

吴桥县支行
行　　长：董维杰
电　　话：0317－7340100
地　　址：河北省吴桥县桑圆镇新兴路5号
邮政编码：061800

肃宁县支行
行　　长：郑建良
电　　话：0317－5013096
地　　址：河北省肃宁县清源南街
邮政编码：062350

青县支行
行　　长：田秀金
电　　话：0317－4022197
地　　址：河北省青县南环路
邮政编码：062650

盐山县支行
行　　长：高秀岭
电　　话：0317－6221533
地　　址：河北省盐山县北环城路1号
邮政编码：061300

献县支行
行　　长：刘清湖

电　　话：0318－4633897
地　　址：河北省献县西大街8号
邮政编码：062250

中国人民银行衡水市中心支行

行　　长：陈国忠
电　　话：0318－2065636
地　　址：河北省衡水市新华东路6号
邮政编码：053000

冀州支行

行　　长：何立群
电　　话：0318－8699669
地　　址：河北省冀州市富强街1号
邮政编码：053200

枣强支行

行　　长：李铁生
电　　话：0318－8224435
地　　址：河北省枣强县城新华东街28号
邮政编码：053100

武邑支行

行　　长：胡广沧
电　　话：0318－5713231
地　　址：河北省武邑县建设西路40号
邮政编码：053400

深州支行

行　　长：刘国刚
电　　话：0318－3393886
地　　址：河北省深州市泰山西路22号
邮政编码：053800

武强支行

行　　长：刘朱宏
电　　话：0318－3825239
地　　址：河北省武强县新开街25号甲
邮政编码：053300

饶阳支行

行　　长：葛军习
电　　话：0318－7237000
地　　址：河北省饶阳县饶安西路4号
邮政编码：053900

安平支行

行　　长：王士杰
电　　话：0318－7518860
地　　址：河北省安平县西马路机电胡同9号
邮政编码：053600

故城支行

行　　长：王兰昌
电　　话：0318－5321113
地　　址：河北省故城县郑口镇体育街45号
邮政编码：253800

景县支行

行　　长：冯全芳
电　　话：0318－4223323
地　　址：河北省景县景华大街226号
邮政编码：053500

阜城支行

行　　长：谯立章
电　　话：0318－4624443
地　　址：河北省阜城县府前路
邮政编码：053700

中国人民银行邢台市中心支行

行　　长：张力生
电　　话：0319－2201966
地　　址：邢台市团结西大街170号
邮政编码：054000

沙河市支行

行　　长：张金水
电　　话：0319－8803320
地　　址：沙河市建设路
邮政编码：054100

临城县支行

行　　长：郝立和
电　　话：0319－7181536
地　　址：临城县临泉路31号
邮政编码：054300

内丘县支行

行　　长：张庆国
电　　话：0319－6861102
地　　址：内丘县胜利路160号
邮政编码：054200

南和县支行

行　　长：梁长远
电　　话：0319－4566116
地　　址：南和县和阳大街15号
邮政编码：054400

任县支行

行　　长：赵增斌
电　　话：0319－7518585

地　　址：任县任城镇北环西路
邮政编码：055150

广宗县支行

行　　长：刘成耀
电　　话：0319－7213035
地　　址：广宗县邢清路
邮政编码：054600

平乡县支行

行　　长：王建峰
电　　话：0319－7861801
地　　址：平乡县贸易街173号
邮政编码：054500

威县支行

行　　长：魏笑声
电　　话：0319－6166696
地　　址：威县洺水西路
邮政编码：054700

临西县支行

行　　长：付祥国
电　　话：0319－8577588
地　　址：临西县泰山路
邮政编码：054900

清河县支行

行　　长：杜忠超
电　　话：0319－8286288
地　　址：清河县武松中街35号
邮政编码：054800

南宫市支行

行　　长：牛立坡
电　　话：0319－5269068
地　　址：南宫市光明路1号
邮政编码：055750

新河县支行：

行　　长：胡德卫
电　　话：0319－4768218
地　　址：新河县新兴街南段
邮政编码：055650

巨鹿县支行

行　　长：李恒波
电　　话：0319－4333834
地　　址：巨鹿县迎宾路
邮政编码：055250

隆尧县支行

行　　长：秦彦英
电　　话：0319－6661218
地　　址：隆尧县康庄东路155号
邮政编码：055350

宁晋县支行

行　　长：高越霄
电　　话：0319－5805249
地　　址：宁晋县凤凰镇天宝街2号
邮政编码：055550

柏乡县支行

行　　长：回增军
电　　话：0319－7721785
地　　址：柏乡县东环路
邮政编码：055450

中国人民银行邯郸市中心支行

行　　长：卢　钦
电　　话：0310－3060999
地　　址：邯郸市人民东路280号
邮政编码：056002

大名县支行

行　　长：王英兆
电　　话：0310－6562938
地　　址：大名县城万大路4号
邮政编码：056900

魏县支行

行　　长：田　勇
电　　话：0310－3506750
地　　址：魏县龙乡北大街151号
邮政编码：056800

曲周县支行

行　　长：王会民
电　　话：0310－8892038
地　　址：曲周县曲周镇东街村
邮政编码：057250

邱县支行

行　　长：张子岭
电　　话：0310－8366569
地　　址：邱县新兴路22号
邮政编码：057450

鸡泽县支行

行　　长：赵荣清
电　　话：0310－7525678
地　　址：鸡泽县迎宾路西段
邮政编码：057350

肥乡县支行
行　　长：孙遵义
电　　话：0310－8563322
地　　址：肥乡县陵园街10号
邮政编码：057550

广平县支行
行　　长：李虎臣
电　　话：0310－2516268
地　　址：广平县人民路东段
邮政编码：057650

成安县支行
行　　长：郭庆生
电　　话：0310－7280696
地　　址：成安县成安镇青云大街63号
邮政编码：056700

临漳县支行
行　　长：张新立
电　　话：0310－7852912
地　　址：临漳县建安东路21号
邮政编码：056600

磁县支行
行　　长：刘向民
电　　话：0310－2393968
地　　址：磁县朝阳南大街16号
邮政编码：056500

武安市支行
行　　长：代顺凯
电　　话：0310－5716588
地　　址：武安市中兴路1725号
邮政编码：056300

涉县支行
行　　长：江吉波
电　　话：0310－3832659
地　　址：涉县县城振兴路234号
邮政编码：056400

永年县支行
行　　长：田晨山
电　　话：0310－6829790
地　　址：永年县友谊街3号
邮政编码：057150

馆陶县支行
行　　长：段洪德
电　　话：0310－2822752
地　　址：政府街西段25号
邮政编码：057750

国家外汇管理局

国家外汇管理局河北省分局

局　　长：张文汇
电　　话：0311－87938901
地　　址：石家庄市新华东路109号
邮政编码：050000

承德市中心支局
局　　长：杨建奎
电　　话：0314－2022404
地　　址：承德市督统府大街2号
邮政编码：067000

张家口市中心支局
局　　长：曹建强
电　　话：0313－2012410
地　　址：张家口市五一路99号
邮政编码：075000

秦皇岛市中心支局
局　　长：徐守诚
电　　话：0335－3988988
地　　址：秦皇岛市海港区迎宾路155号
邮政编码：066001

唐山市中心支局
局　　长：陈志强
电　　话：0315－2811086
地　　址：唐山市路北区华岩路43号
邮政编码：063000

廊坊市中心支局
局　　长：万重山
电　　话：0316－2226032
地　　址：廊坊市广阳道9号
邮政编码：065000

保定市中心支局
局　　长：邵仁姿
电　　话：0312－5022176
地　　址：保定市七一中路152号
邮政编码：071000

沧州市中心支局
局　　长：李　庆
电　　话：0317－2090077

地　　址：河北省沧州市浮阳北大道13号
邮政编码：061001

衡水市中心支局

局　　长：陈国忠
电　　话：0318－2065636
地　　址：衡水市新华东路6号
邮政编码：053000

邢台市中心支局

局　　长：张力生
电　　话：0319－2201966
地　　址：邢台市团结西大街170号
邮政编码：054000

邯郸市中心支局

局　　长：卢　钦
电　　话：0310－3060999
地　　址：邯郸市人民东路280号
邮政编码：056002

中国银行业监督管理委员会

河北银监局

局　　长：郭锦洲
电　　话：0311－87891693
地　　址：石家庄市新华路109号
邮政编码：050000

张家口银监分局

局　　长：陈学敬
电　　话：0313－2123088
地　　址：张家口市桥东区胜利北路31－1
邮政编码：075000

承德银监分局

局　　长：赵万峰
电　　话：0314－2292601
地　　址：承德市东开发区EGV－3
邮政编码：067000

秦皇岛银监分局

局　　长：张立志
电　　话：0335－3067866
地　　址：秦皇岛市建设大街163号
邮政编码：066000

唐山银监分局

局　　长：李建国
电　　话：0315－2815099
地　　址：唐山市华岩路41号
邮政编码：063300

廊坊银监分局

局　　长：王东升
电　　话：0316－2315628
地　　址：廊坊市金光道32号
邮政编码：065000

保定银监分局

局　　长：李向军
电　　话：0312－3190766
地　　址：保定市天鹅中路517号
邮政编码：071051

沧州银监分局

局　　长：李洪印
电　　话：0317－5308601
地　　址：沧州市御河路7号
邮政编码：061001

衡水银监分局

局　　长：聂振强
电　　话：0318－2069218
地　　址：衡水市新华东路6号
邮政编码：053000

邢台银监分局

局　　长：张继辉
电　　话：0319－2166966
地　　址：邢台市郭守敬南路38号
邮政编码：054000

邯郸银监分局

局　　长：王景跃
电　　话：0310－2063226
地　　址：邯郸市丛台路380号
邮政编码：056002

北戴河干部培训中心

局　　长：冯连宝
电　　话：0335－4033866
地　　址：秦皇岛市北戴河区东经路100号
邮政编码：066200

辛集监管办事处

主　　任：赵双锁
电　　话：0311－66778255

地　　址：石家庄市中华北大街50号
邮政编码：050000

晋州监管办事处
主　　任：李顺轻
电　　话：0311－66778337
地　　址：石家庄市中华北大街50号
邮政编码：050000

深泽监管办事处
主　　任：刘栋林
电　　话：0311－66778260
地　　址：石家庄市中华北大街50号
邮政编码：050000

无极监管办事处
主　　任：张军锁
电　　话：0311－66778382
地　　址：石家庄市中华北大街50号
邮政编码：050000

藁城监管办事处
主　　任：李建刚
电　　话：0311－66778298
地　　址：石家庄市中华北大街50号
邮政编码：050000

赵县监管办事处
主　　任：李英斌
电　　话：0311－84948486
地　　址：赵县自强路68号
邮政编码：050000

栾城监管办事处
主　　任：李建辉
电　　话：0311－66778398
地　　址：石家庄市中华北大街50号
邮政编码：050000

正定监管办事处
主　　任：于翠明
电　　话：0311－66778378
地　　址：石家庄市中华北大街50号
邮政编码：050000

新乐监管办事处
主　　任：董玉占
电　　话：0311－66778290
地　　址：石家庄市中华北大街50号
邮政编码：050000

高邑监管办事处
主　　任：王献朝
电　　话：0311－84031458
地　　址：高邑县府前路69号
邮政编码：051330

元氏监管办事处
主　　任：丁善言
电　　话：0311－84624197
地　　址：元氏县蟠龙路98号
邮政编码：051130

赞皇监管办事处
主　　任：石文贤
电　　话：0311－84223230
地　　址：赞皇县体育大街19号
邮政编码：051230

井陉监管办事处
主　　任：陈丽宏
电　　话：0311－82022876
地　　址：井陉县建设南路10号
邮政编码：050300

鹿泉监管办事处
主　　任：魏　昆
电　　话：0311－82012135
地　　址：鹿泉市镇宁路28号
邮政编码：050200

平山监管办事处
主　　任：赵栓林
电　　话：0311－82916193
地　　址：平山县建设北大街1号
邮政编码：050400

灵寿监管办事处
主　　任：贺文英
电　　话：0311－82521775
地　　址：灵寿县人民西路33号
邮政编码：050500

行唐监管办事处
主　　任：韩彦文
电　　话：0311－82982322
地　　址：行唐县玉城大街39号
邮政编码：050600

蔚县监管办事处
主　　任：孟银宝
电　　话：0313－7218956
地　　址：蔚县人民银行
邮政编码：075700

阳原监管办事处
主　　任：李宗喜
电　　话：0313－7385243
地　　址：阳原县人民银行
邮政编码：075800
怀来监管办事处
主　　任：许贵宏
电　　话：0313－6223607
地　　址：怀来县人民银行
邮政编码：075400
涿鹿监管办事处
主　　任：牛清成
电　　话：0313－6521805
地　　址：涿鹿县人民银行
邮政编码：075600
赤城监管办事处
主　　任：苏继业
电　　话：0313－6313953
地　　址：赤城县人民银行
邮政编码：075500
张北监管办事处
主　　任：王永刚
电　　话：0313－5223262
地　　址：张北县人民银行
邮政编码：076450
怀安监管办事处
主　　任：高万元
电　　话：0313－7823380
地　　址：怀安县人民银行
邮政编码：076150
宣化监管办事处
主　　任：王晓斌
电　　话：0313－3045998
地　　址：宣化人民银行
邮政编码：075100
崇礼监管办事处
主　　任：贾　林
电　　话：0313－2123380
地　　址：分局机关
邮政编码：075000
沽源监管办事处
主　　任：孙全秀
电　　话：0313－2123408
地　　址：分局机关
邮政编码：075000
尚义监管办事处
主　　任：王金兰
电　　话：0313－2123329
地　　址：分局机关
邮政编码：075000
康保监管办事处
主　　任：李守军（病故）
电　　话：0313－2123034
地　　址：分局机关
邮政编码：075000
宽平监管办事处
主　　任：李春国
电　　话：0314－2292615
地　　址：分局机关
邮政编码：067000
兴承监管办事处
主　　任：董云光
电　　话：0314－2292645
地　　址：分局机关
邮政编码：067000
围隆监管办事处
主　　任：苏众民
电　　话：0314－2292628
地　　址：分局机关
邮政编码：067000
丰滦监管办事处
主　　任：王世杰
电　　话：0314－2292618
地　　址：分局机关
邮政编码：067000
秦皇岛抚宁监管办事处
主　　任：袁友忠
电　　话：0335－3661758
地　　址：秦皇岛市建设大街163号
邮政编码：066000
青龙监管办事处
主　　任：冯　勇
电　　话：0335－3661737
地　　址：秦皇岛市建设大街163号
邮政编码：066000
昌黎监管办事处
主　　任：马春明

电　　话：0335－2023609
地　　址：昌黎县人民银行院内
邮政编码：066000

卢龙监管办事处
主　　任：马丽娜
电　　话：0335－7012688
地　　址：卢龙县人民银行院内
邮政编码：066000

玉田监管办事处
主　　任：徐广东
电　　话：0315－6165734
地　　址：玉田县北环东路282号
邮政编码：063000

遵化监管办事处
主　　任：张保桢
电　　话：0315－6620271
地　　址：遵化市文茂大街19号
邮政编码：063000

迁西监管办事处
主　　任：董连凌
电　　话：0315－5616045
地　　址：迁西县城关凤凰西街5号
邮政编码：063000

迁安监管办事处
主　　任：周成文
电　　话：0315－7613089
地　　址：迁安市祺福大街5号
邮政编码：063000

滦南监管办事处
主　　任：李岐海
电　　话：0315－4128331
地　　址：滦南县奔城东大街24号
邮政编码：063000

滦县监管办事处
主　　任：吴晓元
电　　话：0315－7165918
地　　址：滦县新城燕山大街69号
邮政编码：063000

乐亭监管办事处
主　　任：赵志华
电　　话：0315－4612028
地　　址：乐亭县金融大街7号
邮政编码：063000

唐海监管办事处
主　　任：杜连胜
电　　话：0315－8753764
地　　址：唐海县垦丰大街98号
邮政编码：063000

廊坊三河监管办事处
主　　任：王建忠
电　　话：0316－3221988
地　　址：三河市府东路1号
邮政编码：065000

香河监管办事处
主　　任：李福山
电　　话：0316－2015602
地　　址：香河县府前街19号
邮政编码：065000

固安监管办事处
主　　任：曾丽敏
电　　话：0316－2015015
地　　址：固安县新源街65号
邮政编码：065000

霸州监管办事处
主　　任：林永顺
电　　话：0316－7211291
地　　址：霸州市金康东道1号
邮政编码：065000

大城监管办事处
主　　任：于长青
电　　话：0316－5500258
地　　址：大城县中心大街2号
邮政编码：065000

保定安国监管办事处
主　　任：杜会军
电　　话：0312－3518991
地　　址：安国市金融路75号
邮政编码：071000

定兴监管办事处
主　　任：肖　健
电　　话：0312－6916680
地　　址：定兴县兴华东路39号
邮政编码：071000

徐水监管办事处
主　　任：王海峰
电　　话：0312－8601569

地　　址：徐水县永兴西路7号
邮政编码：071000

容城监管办事处

主　　任：温　萍
电　　话：0312－5607966
地　　址：容城县奥威路环保局院内
邮政编码：071000

涞源监管办事处

主　　任：蒋海波
电　　话：0312－7322159
地　　址：涞源县广昌大街161号
邮政编码：071000

唐县监管办事处

主　　任：刘立军
电　　话：0312－5642000
地　　址：唐县中山南大街27号
邮政编码：071000

望都监管办事处

主　　任：马兰英
电　　话：0312－7731932
地　　址：望都县富强东路6号
邮政编码：071000

涿州监管办事处

主　　任：蔡清波
电　　话：0312－3863828
地　　址：涿州市范阳中路81号
邮政编码：071000

高碑店监管办事处

主　　任：贾秀丽
电　　话：0312－5595986
地　　址：高碑店市迎宾路188号
邮政编码：071000

涞水监管办事处

主　　任：王银成
电　　话：0312－4525077
地　　址：涞水县府前街201号
邮政编码：071000

雄县监管办事处

主　　任：杨伯芳
电　　话：0312－5819998
地　　址：雄县玲珰阁大街269号
邮政编码：071000

高阳监管办事处

主　　任：赵振起
电　　话：0312－6631520
地　　址：高阳县城朝阳路294号
邮政编码：071000

蠡县监管办事处

主　　任：白振耀
电　　话：0312－6211002
地　　址：蠡县范蠡东路
邮政编码：071000

阜平监管办事处

主　　任：孙慧林
电　　话：0312－7224934
地　　址：阜平县城东寺大街376号
邮政编码：071000

定州监管办事处

主　　任：刘子伦
电　　话：0312－2326977
地　　址：定州市中山中路
邮政编码：071000

易县监管办事处

主　　任：石博辉
电　　话：0312－8816316
地　　址：易县朝阳路16号
邮政编码：071000

曲阳监管办事处

主　　任：刘玉敏
电　　话：0312－4290535
地　　址：曲阳县恒山中路332号
邮政编码：071000

博野监管办事处

主　　任：孟庆勇
电　　话：0312－8322356
地　　址：博野县博兴中街77号
邮政编码：071000

顺平监管办事处

主　　任：李晋冀
电　　话：0312－7622883
地　　址：顺平县平安街
邮政编码：071000

安新监管办事处

主　　任：刘福来
电　　话：0312－5329533
地　　址：安新县城建设大街245号
邮政编码：071000

满城监管办事处
主　　任：宋继伟
电　　话：0312－7132663
地　　址：满城县永乐街
邮政编码：071000

清苑监管办事处
主　　任：刘金龙
电　　话：0312－8113219
地　　址：清苑县光明东街
邮政编码：071000

沧州泊头监管办事处
主　　任：陈文东
电　　话：0317－5308692
地　　址：泊头市永安大道
邮政编码：061001

献县监管办事处
主　　任：常金杰
电　　话：0317－4621040
地　　址：献县城内西大街8号
邮政编码：061001

东光监管办事处
主　　任：魏　东
电　　话：0317－5537008
地　　址：东光县府前街227号
邮政编码：061001

吴桥监管办事处
主　　任：吴士清
电　　话：0317－7369516
地　　址：吴桥县钱塘江路13号
邮政编码：061001

盐山监管办事处
主　　任：晏春龙
电　　话：0317－6221374
地　　址：盐山县龙海路
邮政编码：061001

孟村监管办事处
主　　任：刘金铎
电　　话：0317－6726585
地　　址：孟村县建设大街
邮政编码：061001

海兴监管办事处
主　　任：邢金仲
电　　话：0317－5308670
地　　址：海兴县海滨路2号
邮政编码：061001

黄骅监管办事处
主　　任：鲍庆勇
电　　话：0317－5314700
地　　址：黄骅市渤海西路
邮政编码：061001

任丘监管办事处
主　　任：王卫宁
电　　话：0317－2223822
地　　址：任丘市建设中路人民银行院内
邮政编码：061001

肃宁监管办事处
主　　任：曹富有
电　　话：0317－5011738
地　　址：肃宁县清源街211号
邮政编码：061001

河间监管办事处
主　　任：陈永胜
电　　话：0317－3650788
地　　址：河间市京开北路5号
邮政编码：061001

青县监管办事处
主　　任：邵沐津
电　　话：0317－4020080
地　　址：青县南环西路23号
邮政编码：061001

南皮监管办事处
主　　任：张志刚
电　　话：0317－5308642
地　　址：沧州市御河路7号
邮政编码：061001

衡水冀州监管办事处
主　　任：王　勇
电　　话：0318－5255602
地　　址：冀州市富强街1号
邮政编码：053000

枣强监管办事处
主　　任：赵兰浩
电　　话：0318－8225526
地　　址：枣强县建设北路165号
邮政编码：053000

故城监管办事处
主　　任：张智勇

电　　话：0318－5360900
地　　址：故城县郑口镇康宁路 132 号
邮政编码：053000

景县监管办事处

主　　任：高金明
电　　话：0318－4223267
地　　址：景县景新大街 226 号
邮政编码：053000

阜城监管办事处

主　　任：赵云田
电　　话：0318－4627300
地　　址：阜城县阜城镇东丽小区南侧府前路信用社
邮政编码：053000

深州监管办事处

主　　任：韩建博
电　　话：0318－3316041
地　　址：深州市泰山西路 22 号
邮政编码：053000

武强监管办事处

主　　任：徐运来
电　　话：13833846266
地　　址：武强县新开街 25 号甲
邮政编码：053000

饶阳监管办事处

主　　任：高进忠
电　　话：0318－7321607
地　　址：饶阳县饶安西路 4 号
邮政编码：053000

安平监管办事处

主　　任：闫有山
电　　话：0318－7562099
地　　址：安平县为民西路 3 号
邮政编码：053000

武邑监管办事处

主　　任：李朝霞
电　　话：0318－2065178
地　　址：衡水市新华路 6 号
邮政编码：053000

沙河监管办事处

主　　任：张建萍
电　　话：0319－8806629
地　　址：河北沙河市建设路 13 号
邮政编码：054000

内丘监管办事处

主　　任：韩清山
电　　话：0319－6867018
地　　址：河北内丘县胜利路 160 号
邮政编码：054000

临城监管办事处

主　　任：郭春英
电　　话：0319－7181506
地　　址：河北临城临泉路 426 号
邮政编码：054000

隆尧监管办事处

主　　任：张晓勇
电　　话：0319－6692700
地　　址：河北隆尧县康庄东路 155 号
邮政编码：054000

任县监管办事处

主　　任：齐之家
电　　话：0319－2168896
地　　址：河北邢台守敬南路 38 号
邮政编码：054000

柏乡监管办事处

主　　任：张国栋
电　　话：0319－7722609
地　　址：河北柏乡县东环路
邮政编码：054000

南和监管办事处

主　　任：郭红英
电　　话：0319－4566236
地　　址：河北南和县和阳大街
邮政编码：054000

宁晋监管办事处

主　　任：阴秋锁
电　　话：0319－5806780
地　　址：河北宁晋天宝西街 3 号
邮政编码：054000

巨鹿监管办事处

主　　任：杨汉奇
电　　话：0319－4316109
地　　址：河北巨鹿县迎宾路
邮政编码：054000

平乡监管办事处

主　　任：王瑞川

电　　话：0319－7861611
地　　址：河北平乡县丰州镇贸易街73号
邮政编码：054000

新河监管办事处
主　　任：李明辉
电　　话：0319－4752425
地　　址：河北新河县新兴街中段
邮政编码：054000

广宗监管办事处
主　　任：霍文革
电　　话：0319－7212094
地　　址：河北广宗县西府前街
邮政编码：054000

南宫监管办事处
主　　任：赵　朴
电　　话：0319－5226167
地　　址：河北南宫市胜利大街光明路1号
邮政编码：054000

威县监管办事处
主　　任：吕志学
电　　话：0319－6162663
地　　址：河北威县洺水西路
邮政编码：054000

临西监管办事处
主　　任：赵汝志
电　　话：0319－8562449
地　　址：河北临西县泰山路
邮政编码：054000

邯郸武安监管办事处
主　　任：王建军
电　　话：13315083553
地　　址：武安市中兴路1725号
邮政编码：056002

涉县监管办事处
主　　任：徐继友
电　　话：13315083510
地　　址：涉县政兴路234号
邮政编码：056002

永年监管办事处
主　　任：刘虎明
电　　话：13315083536
地　　址：永年县临洺关镇友谊街3号
邮政编码：056002

磁县监管办事处
主　　任：荣国宾
电　　话：13315083586
地　　址：磁县朝阳南路16号
邮政编码：056002

馆陶监管办事处
主　　任：郭德美
电　　话：13315083568
地　　址：馆陶县政府西街25号
邮政编码：056002

大名监管办事处
主　　任：曹瑞华
电　　话：13315083511
地　　址：大名县万大路5号
邮政编码：056002

肥乡监管办事处
主　　任：赵代政
电　　话：13315083529
地　　址：肥乡县陵园路10号
邮政编码：056002

曲周监管办事处
主　　任：王　榕
电　　话：13315083528
地　　址：曲周县曲周镇凤城西路676号
邮政编码：056002

成安监管办事处
主　　任：王书龙
电　　话：13315083505
地　　址：成安县青云路63号
邮政编码：056002

广平监管办事处
主　　任：许金钟
电　　话：13315083569
地　　址：广平县人民东路249号
邮政编码：056002

临漳监管办事处
主　　任：何军强
电　　话：13315083538
地　　址：临漳县建安东路人行院内
邮政编码：056002

邱县监管办事处
主　　任：张习中
电　　话：13315083686

地　　址：邱县新兴路22号
邮政编码：056002

魏县监管办事处

主　　任：王雪飞
电　　话：13315083521
地　　址：魏县龙乡北大街151号
邮政编码：056002

鸡泽监管办事处

主　　任：郝现军
电　　话：13315083516
地　　址：鸡泽县九鼎西路70号
邮政编码：056002

中国证券监督管理委员会

财达证券有限责任公司

总 经 理：翟建强
电　　话：0311－66006222
地　　址：河北省石家庄市自强路35号庄家金融大厦
邮政编码：050000

石家庄新华路证券营业部

总 经 理：张爱民
电　　话：0311－87030788
地　　址：石家庄市新华路199号
邮政编码：050000

石家庄裕华路证券营业部

总 经 理：张万华
电　　话：0311－85062809
地　　址：石家庄市裕华东路171号
邮政编码：050000

石家庄裕华西路证券营业部

总 经 理：高学新
电　　话：0311－87674444
地　　址：石家庄市裕华西路73号
邮政编码：050000

石家庄平安北大街证券营业部

总 经 理：刘树芳
电　　话：0311－88632308
地　　址：石家庄市平安北大街136号
邮政编码：050000

石家庄广安大街证券营业部

总 经 理：许国其
电　　话：0311－86059626
地　　址：石家庄市广安大街10－1号
邮政编码：050000

石家庄槐北路证券营业部

总 经 理：李卫民
电　　话：0311－86681480
地　　址：石家庄市槐北路309号
邮政编码：050000

石家庄中华北大街证券营业部

总 经 理：孙国强
电　　话：0311－87784041
地　　址：石家庄市中华北大街183号华兴集团商务综合楼
邮政编码：050000

石家庄自强路证券营业部

总 经 理：李满新
电　　话：0311－86085920
地　　址：石家庄市自强路37号
邮政编码：050000

石家庄工农路证券营业部

总 经 理：陈　捷
电　　话：0311－86117512
地　　址：石家庄市工农路558号
邮政编码：050000

石家庄建设南大街证券营业部

总 经 理：张　伟
电　　话：0311－86106812
地　　址：石家庄市建设南大街80号
邮政编码：050000

石家庄石化证券营业部

总 经 理：丁荣伟
电　　话：0311－80860553
地　　址：石家庄炼油厂生活区工商银行石化支行办公楼
邮政编码：050000

石家庄晋州向阳街证券营业部

总 经 理：梁志强
电　　话：0311－84314951
地　　址：石家庄晋州市向阳街42号
邮政编码：052260

石家庄井陉建设南路证券营业部

总 经 理：马　辉
电　　话：0311－85411102

地　　址：石家庄市井陉县建设南路53号
邮政编码：050300

石家庄鹿泉向阳大街证券营业部
总 经 理：折建春
电　　话：0311－82015059
地　　址：石家庄鹿泉市向阳大街财政局办公楼
邮政编码：050200

石家庄栾城丰泽大街证券营业部
总 经 理：尚双琴
电　　话：0311－85501826
地　　址：石家庄市栾城县丰泽大街1号
邮政编码：051430

石家庄平山柏坡东路证券营业部
总 经 理：张国强
电　　话：0311－85649550
地　　址：石家庄市平山县柏坡东路152号万和世家小区
邮政编码：050400

石家庄无极光明南街证券营业部
总 经 理：黄海玲
电　　话：15227110778
地　　址：石家庄市无极县光明南街13号锦绣园小区
邮政编码：052460

石家庄新乐鲜虞街证券营业部
总 经 理：翟炯诗
电　　话：0311－88586585
地　　址：石家庄新乐市鲜虞街122号
邮政编码：050700

唐山车站路证券营业部
总 经 理：王立华
电　　话：0315－2819990
地　　址：唐山市路北区车站路169号
邮政编码：063000

唐山华岩路证券营业部
总 经 理：王杏改
电　　话：0315－2829370
地　　址：唐山市华岩路22号
邮政编码：063000

唐山建设北路证券营业部
总 经 理：娄跃捷
电　　话：0315－5911180
地　　址：唐山市建设北路64号
邮政编码：063000

唐山龙泽路证券营业部
总 经 理：杜文波
电　　话：0315－2706507
地　　址：唐山市龙泽南路55号
邮政编码：063000

唐山翔云道证券营业部
总 经 理：郑雅军
电　　话：0315－2021698
地　　址：唐山市翔云道6号
邮政编码：063000

唐山新华西道证券营业部
总 经 理：黄海涛
电　　话：0315－2856699
地　　址：唐山市新华西道110号
邮政编码：063000

唐山开平新苑路证券营业部
总 经 理：冀金栋
电　　话：0315－3378186
地　　址：唐山市开平区新苑路74号
邮政编码：063021

唐山丰南青年路证券营业部
总 经 理：李东友
电　　话：0315－8189682
地　　址：河北唐山市丰南区青年路145号
邮政编码：063300

唐山古冶新林道证券营业部
总 经 理：宋　健
电　　话：0315－3663983
地　　址：唐山市古冶区新林道23号
邮政编码：063100

唐山新城道证券营业部
总 经 理：王　岩
电　　话：0315－3249926
地　　址：唐山市丰润区新城道116号万隆商贸中心
邮政编码：064000

唐山乐亭人钊路证券营业部
总 经 理：黄　鑫
电　　话：0315－4627137转16
地　　址：唐山乐亭县大钊路63号
邮政编码：063600

唐山滦县燕山北大街证券营业部
总 经 理：孟宪双
电　　话：0315－7163372
地　　址：唐山市滦县燕山北大街37号
邮政编码：063700

唐山南堡开发区证券营业部
总 经 理：杨文军
电　　话：0315－5658119
地　　址：唐山市南堡开发区文明道北侧
邮政编码：063305

唐山迁安惠宁大街证券营业部
总 经 理：陈　旭
电　　话：0315－7680335
地　　址：唐山迁安市惠宁大街48号
邮政编码：064400

唐山迁西喜峰路证券营业部
总 经 理：李　强
电　　话：0315－5661675
地　　址：唐山市迁西县喜峰中路117－1号
邮政编码：064300

唐山曹妃甸证券营业部
总 经 理：郭春明
电　　话：0315－8727019
地　　址：唐山市唐海县长丰路北段海澳大酒店商业楼
邮政编码：063200

玉田北环路证券营业部
总 经 理：王怀乾
电　　话：0315－6125005
地　　址：唐山市玉田县北环路晶玉宾馆
邮政编码：064100

唐山遵化文化北路证券营业部
总 经 理：尹树良
电　　话：0315－6060777
地　　址：唐山遵化市文化北路101号
邮政编码：064200

保定莲池北大街证券营业部
总 经 理：吴希柱
电　　话：0312－5097988
地　　址：保定市莲池北大街23号
邮政编码：071000

保定朝阳南大街证券营业部
总 经 理：宋春来
电　　话：0312－3316988
地　　址：保定市朝阳南大街164号
邮政编码：071000

保定定州中山中路证券营业部
总 经 理：郭小祥
电　　话：0312－2339929
地　　址：定州市中山中路工行西侧
邮政编码：073000

保定安国药都北大街证券营业部
总 经 理：焦俊欣
电　　话：0312－3595900
地　　址：保定安国市药都北大街121号
邮政编码：071200

保定蠡县永盛南大街证券营业部
总 经 理：王卫杰
电　　话：0312－6231801
地　　址：保定市蠡县永盛南大街739号
邮政编码：071400

保定徐水振兴西路证券营业部
总 经 理：田　红
电　　话：0312－8680218
地　　址：保定市徐水县振兴西路路南79号
邮政编码：072550

保定易县朝阳西路证券营业部
总 经 理：平　丽
电　　话：0312－3864805
地　　址：易县朝阳西路41号
邮政编码：072750

保定涿州华阳西路证券营业部
总 经 理：康键一
电　　话：0312－3669935
地　　址：保定涿州市双塔办事处华阳西路116号
邮政编码：072750

涿州东兴北街证券营业部
总 经 理：王庆新
电　　话：0312－3852912
地　　址：涿州市开发区东兴北街26号
邮政编码：072750

邯郸丛台路证券营业部
总 经 理：耿贵勇
电　　话：0310－3136926
地　　址：邯郸市丛台路5号

邮政编码：056002

邯郸峰峰滏源堤路证券营业部

总 经 理：邱晨晓

电　　话：0310－5115086

地　　址：邯郸市峰峰矿区滏源堤路3号

邮政编码：056200

邯郸铁西北大街证券营业部

总 经 理：冯书义

电　　话：0310－4063873

地　　址：邯郸市铁西北大街136号

邮政编码：056003

邯郸光明北大街证券营业部

总 经 理：李晓辉

电　　话：0310－2068198

地　　址：邯郸市光明北大街349号

邮政编码：056002

邯郸人民路证券营业部

总 经 理：杨美英

电　　话：0310－3082866

地　　址：邯郸市人民路149号东升饭店

邮政编码：056002

邯郸水院北路证券营业部

总 经 理：李同新

电　　话：0310－5509909

地　　址：邯郸市水院北路23号

邮政编码：056001

邯郸雪驰路证券营业部

总 经 理：赵　慧

电　　话：0310－8060555

地　　址：邯郸市雪驰路1号

邮政编码：056001

邯郸磁县朝阳北大街证券营业部

总 经 理：赵永刚

电　　话：0310－2337166

地　　址：邯郸市磁县朝阳北大街富隆建筑公司

邮政编码：056500

邯郸武安中兴路证券营业部

总 经 理：梁伟宏

电　　话：0310－5533381

地　　址：邯郸武安市中兴路1659号

邮政编码：056300

邯郸永年新洺路证券营业部

总 经 理：李彩霞

电　　话：0310－6600806

地　　址：邯郸市永年县新洺路12号

邮政编码：057150

廊坊建设路证券营业部

总 经 理：吴继东

电　　话：0316－5216283

地　　址：廊坊市广阳区建设路与广阳道路口

邮政编码：065000

廊坊新华路证券营业部

总 经 理：张　磊

电　　话：0316－2057777

地　　址：廊坊市新华路76号

邮政编码：065000

廊坊霸州益津中路证券营业部

总 经 理：张　伟

电　　话：0316－7224818

地　　址：廊坊霸州市益津中路霸州镇法院南侧

邮政编码：065700

廊坊三河泃阳西大街证券营业部

总 经 理：王怡芳

电　　话：0316－3120897

地　　址：三河市泃阳西大街211号

邮政编码：065200

廊坊三河迎宾南路证券营业部

总 经 理：高庆辉

电　　话：0316－3319853

地　　址：廊坊市三河燕郊102国道南侧迎宾南路东

邮政编码：065201

廊坊万庄友好街证券营业部

总 经 理：张旭光

电　　话：0316－6011800

地　　址：廊坊市万庄石油矿区友好街与文化路东北角井下招待所

邮政编码：065007

廊坊文安西环路证券营业部

总 经 理：康　凯

电　　话：0316－5676008

地　　址：廊坊市文安县西环路石油公司宿舍北侧

邮政编码：065800

沧州广场街证券营业部

总 经 理：王　力

电　　话：0317－3023366
地　　址：沧州市广场街11号
邮政编码：061001

沧州解放中路证券营业部
总 经 理：孟宪君
电　　话：0317－5637555
地　　址：沧州市解放中路269号
邮政编码：061000

沧州新华中路证券营业部
总 经 理：杨金凯
电　　话：0317－3016889
地　　址：沧州市新华区新华中路31号金龙广场A座
邮政编码：061001

沧州泊头红旗北街证券营业部
总 经 理：张书文
电　　话：0317－8170369
地　　址：沧州泊头市红旗北街竺宝林综合楼
邮政编码：062150

沧州河间新华北路证券营业部
总 经 理：董　伟
电　　话：0317－5589888
地　　址：沧州河间市新华北路东侧建行河间支行西侧楼
邮政编码：062450

沧州黄骅平安大街证券营业部
总 经 理：管　辉
电　　话：0317－5818282
地　　址：沧州黄骅市平安大街与新海路交叉口南100米
邮政编码：061100

沧州青县新华路证券营业部
总 经 理：王江涛
电　　话：0317－4020693
地　　址：沧州市青县新华路北侧工商银行配楼
邮政编码：062650

沧州任丘会战道证券营业部
总 经 理：杨自强
电　　话：0317－2211576
地　　址：沧州任丘市会战道采油一厂对面
邮政编码：062552

秦皇岛关城南路证券营业部
总 经 理：马金华
电　　话：0335－5071318
地　　址：秦皇岛市山海关区关城南路52号
邮政编码：066200

秦皇岛海宁路证券营业部
总 经 理：郭永广
电　　话：0335－4049788
地　　址：秦皇岛市北戴河区海宁路15号
邮政编码：066100

秦皇岛河北大街证券营业部
总 经 理：赵　义
电　　话：0335－3027736
地　　址：秦皇岛市河北大街49号
邮政编码：066000

秦皇岛迎宾路证券营业部
总 经 理：武铁光
电　　话：0335－3658688
地　　址：秦皇岛市迎宾路68号
邮政编码：066000

秦皇岛昌黎学院路证券营业部
总 经 理：董玉梅
电　　话：0335－2983824
地　　址：昌黎县学院路与金海路交叉口
邮政编码：066600

秦皇岛抚宁迎宾路证券营业部
总 经 理：宋学志
电　　话：0335－6681961
地　　址：秦皇岛市抚宁县迎宾路中段
邮政编码：066300

邢台郭守敬北路证券营业部
总 经 理：常亚辉
电　　话：0319－2212573
地　　址：邢台市郭守敬北路181号
邮政编码：054000

邢台西门里证券营业部
总 经 理：马长军
电　　话：0319－3268999
地　　址：邢台市西门里2号
邮政编码：054000

邢台巨鹿新华南街证券营业部
总 经 理：高　强
电　　话：0319－4332011
地　　址：邢台市巨鹿县新华南街488号
邮政编码：055250

邢台宁晋兴宁街证券营业部

总 经 理：成　勇
电　　话：0319－5895178
地　　址：邢台市宁晋县兴宁街43号
邮政编码：055550

邢台沙河温泉街证券营业部

总 经 理：李红芳
电　　话：0319－8990955
地　　址：邢台沙河市温泉街26号汇通城市花园枫林阁703栋商铺8号
邮政编码：054100

承德火神庙街证券营业部

总 经 理：杜秀河
电　　话：0314－2037106
地　　址：承德市火神庙路南14号
邮政编码：067000

承德双滦滨河大街证券营业部

总 经 理：张德坡
电　　话：0314－5911189
地　　址：承德市双滦区双塔山镇滨河大街134号
邮政编码：051130

张家口明德南街证券营业部

总 经 理：王　蒙
电　　话：0313－8040328
地　　址：张家口市明德南街170号
邮政编码：075000

张家口怀来县证券营业部

总 经 理：王建国
电　　话：0313－6281200
地　　址：张家口市怀来县沙城镇京张公路东大街北路
邮政编码：075400

衡水人民东路证券营业部

总 经 理：严彩郡
电　　话：0318－2153116
地　　址：衡水市人民东路139号
邮政编码：053000

衡水胜利东路证券营业部

总 经 理：谢彦善
电　　话：0318－2062199
地　　址：衡水市胜利东路169号中国银行衡水分行办公大楼内
邮政编码：053000

衡水新华中路证券营业部

总 经 理：林　哲
电　　话：0318－2662191
地　　址：衡水市新华中路66号
邮政编码：053000

衡水冀州金鸡大街证券营业部

总 经 理：阴素玉
电　　话：0318－8696677
地　　址：衡水冀州市金鸡大街208号
邮政编码：053200

广发证券股份有限公司河北分公司

总 经 理：方　进
电　　话：0311－85278887
地　　址：河北省石家庄市裕华西路9号裕园广场A座611房间
邮政编码：050000

石家庄裕华西路裕园证券营业部

总 经 理：问颖辉
电　　话：0311－87882661
地　　址：石家庄裕华西路9号裕园广场A座
邮政编码：050000

石家庄友谊南大街证券营业部

总 经 理：要伯林
电　　话：0311－85516668
地　　址：石家庄友谊南大街23号美迪亚酒店
邮政编码：050000

唐山友谊路证券营业部

总 经 理：王忠国
电　　话：0315－2355025
地　　址：唐山市路北区友谊路81号天元大厦
邮政编码：063000

保定恒祥南大街证券营业部

总 经 理：孙开昆
电　　话：0312－2024035
地　　址：保定市恒祥南大街297号
邮政编码：071000

邯郸陵园路证券营业部

总 经 理：朱晋平
电　　话：0310－5506969

地　　址：河北省邯郸市邯山区陵园路92号地质大厦
邮政编码：056001

廊坊新开路证券营业部

总 经 理：申君平
电　　话：0316－5218228
地　　址：廊坊市广阳区新开路220号吉祥小区22号楼门市1号
邮政编码：065000

沧州市沧县千童南大道证券营业部

总 经 理：周瑞敏
电　　话：0317－5676001
地　　址：沧州市沧县千童南大道39号东安商厦
邮政编码：061000

秦皇岛河北大街营业部证券营业部

总 经 理：韩汝东
电　　话：0335－3506377
地　　址：河北省秦皇岛市河北大街377号
邮政编码：066000

邢台公园东街证券营业部

总 经 理：王增茂
电　　话：0319－2187000
地　　址：邢台市桥西区公园东街407号商住综合楼
邮政编码：054000

张家口建设东街证券营业部

总 经 理：刘向东
电　　话：0313－2133270
地　　址：张家口市桥东区建设东街2号欣盛家园南苑5号楼
邮政编码：075000

张家口宣化区南大街证券营业部

总 经 理：李少纯
电　　话：0313－3111308
地　　址：张家口市宣化区南大街63号
邮政编码：075100

国泰君安证券股份有限公司河北分公司

总 经 理：王志勇
电　　话：0311－85668338
地　　址：河北省石家庄市建华南大街161号
邮政编码：050000

石家庄建华南大街证券营业部

总 经 理：李　锋
电　　话：0311－85664772
地　　址：石家庄市建华南大街161号
邮政编码：050000

唐山建华西道证券营业部

总 经 理：郭　江
电　　话：0315－5911086
地　　址：唐山市路北区建华西道25－1号
邮政编码：063000

邯郸人民东路证券营业部

总 经 理：张　勇
电　　话：0310－5519333
地　　址：河北省邯郸市人民东路34号
邮政编码：050021

沧州沧县交通北大道证券营业部

总 经 理：张雪松
电　　话：0317－3159393
地　　址：河北省沧州市交通北大道11号华阳综合楼
邮政编码：061000

石家庄新华路证券营业部

总 经 理：李金江
电　　话：0311－88613838
地　　址：石家庄市新华路196号
邮政编码：050000

石家庄中山东路证券营业部

总 经 理：白宝善
电　　话：0311－86981188
地　　址：石家庄市桥东区中山东路176号（原中京大酒店）
邮政编码：050000

石家庄平安北大街证券营业部

总 经 理：刘浩谦
电　　话：0311－88626662
地　　址：石家庄市平安北大街56号
邮政编码：050000

中国银河证券股份有限公司石家庄胜利北街证券营业部

总 经 理：杨占鳌

电　　话：0311－87690111
地　　址：石家庄市胜利北街 156 号
邮政编码：050000

石家庄红旗大街证券营业部

总 经 理：赵勇卫
电　　话：0311－83996339
地　　址：石家庄市红旗大街 98 号
邮政编码：050000

中国民族证券有限责任公司石家庄谈固西街营业部

总 经 理：刘旭东
电　　话：0311－85675868
地　　址：石家庄市谈固西街 22 号
邮政编码：050000

石家庄水源街证券营业部

总 经 理：刘　谦
电　　话：0311－87830688
地　　址：石家庄市水源街 156 号
邮政编码：050000

安信证券股份有限公司石家庄建设北大街证券营业部

总 经 理：张　涛
电　　话：0311－89269288
地　　址：河北省石家庄市建设北大街 1 号富邦大厦
邮政编码：050000

海通证券股份有限公司石家庄师范街证券营业部

总 经 理：关雪芬
电　　话：0311－87882578
地　　址：石家庄市师范街 2 号
邮政编码：050000

华泰证券股份有限公司石家庄中山西路证券营业部

总 经 理：刘拥军
电　　话：0311－87038116
地　　址：石家庄市中华北大街 50 号军创国际大厦
邮政编码：050000

国信证券股份有限公司石家庄广安大街证券营业部

总 经 理：何东生
电　　话：0311－86065678
地　　址：石家庄市长安区广安大街 32 号
邮政编码：050000

平安证券有限责任公司石家庄中山西路证券营业部

总 经 理：金　毅
电　　话：0311－85866777
地　　址：石家庄中山西路 83 号东方大厦
邮政编码：050000

齐鲁证券有限公司石家庄中华南大街证券营业部

总 经 理：纪　涛
电　　话：0311－80959588
地　　址：石家庄中华南大街 172 号泰丰大厦
邮政编码：050000

申银万国证券股份有限公司石家庄翟营南大街证券营业部

总 经 理：岳印兴
电　　话：0311－89250988
地　　址：河北省石家庄市翟营南大街 389 号卓达商贸广场北楼
邮政编码：050000

山西证券股份有限公司石家庄槐安东路证券营业部

总 经 理：刘保斌
电　　话：0311－86132100
地　　址：石家庄桥东区槐安东路 66 号
邮政编码：050000

新时代证券有限责任公司石家庄联盟路证券营业部

总 经 理：李惠波
电　　话：0311－87778866
地　　址：石家庄市联盟路 707 号中化大厦
邮政编码：050000

兴业证券股份有限公司石家庄中山西路证券营业部

总 经 理：赵建辉
电　　话：0311－89168178
地　　址：河北省石家庄市桥西区中山西路 188 号中华商务 A 座
邮政编码：050000

中信建投证券有限责任公司石家庄裕华东路证券营业部

总 经 理：李英虎
电　　话：0311－86060654
地　　址：家庄市裕华东路 105 号

邮政编码：050000

中信证券股份有限公司石家庄建设北大街证券营业部

总 经 理：叶 阳
电　　话：0311－66772099
地　　址：河北省石家庄市建设北大街26－5号
邮政编码：050000

东北证券股份有限公司石家庄民生路证券营业部

总 经 理：孟 刚
电　　话：0311－86088590
地　　址：河北省石家庄市民生路89号新休门燕赵财富中心D区
邮政编码：050000

信达证券股份有限公司石家庄裕华东路证券营业部

总 经 理：李振梓
电　　话：0311－66799111
地　　址：石家庄市裕华东路148－1号神农大厦
邮政编码：050000

华安证券有限责任公司石家庄青园街证券营业部

总 经 理：金 炜
电　　话：0311－89250799
地　　址：河北省石家庄市青园街235号怀特科技
邮政编码：050000

中原证券股份有限公司石家庄新华路证券营业部

总 经 理：成 涛
电　　话：0311－67560777
地　　址：河北省石家庄市新华路563号汇特大厦
邮政编码：050000

海通证券股份有限公司石家庄藁城胜利路证券营业部

总 经 理：刘志平
电　　话：0311－88126228
地　　址：河北省石家庄藁城市胜利路22号
邮政编码：052160

中信建投证券有限责任公司石家庄辛集新开街证券营业部

总 经 理：刘建国
电　　话：0311－83234001
地　　址：辛集市新开街中段
邮政编码：052360

民生证券有限责任公司唐山大里路证券营业部

总 经 理：王 剑
电　　话：0315－2569181
地　　址：唐山路北区大里路189号
邮政编码：063000

天源证券经纪有限公司唐山卫国路证券营业部

总 经 理：候立刚
电　　话：0315－7759922
地　　址：河北省唐山市卫国路9－1号
邮政编码：063000

银泰证券有限责任公司唐山北新西道证券营业部

总 经 理：李 勇
电　　话：0315－2236167
地　　址：唐山市路北区北新西道61号明星商场
邮政编码：063000

中信证券股份有限公司唐山建设北路证券营业部

总 经 理：张新宇
电　　话：0315－5266358
地　　址：唐山建设北路副92号B－2
邮政编码：063000

长城证券有限责任公司唐山新华西道证券营业部

总 经 理：张世涛
电　　话：0315－6325258
地　　址：河北省唐山市新华西道76号开滦大酒店
邮政编码：063000

宏源证券股份有限公司唐山光明路证券营业部

总 经 理：樊学志
电　　话：0315－2392900
地　　址：河北省唐山市路北区光明路鹭港小区1810号商业楼
邮政编码：063000

东莞券有限责任公司唐山新天地证券营业部

总 经 理：袁朝东

电　　话：0315－5109066
地　　址：河北省唐山市路南区新天地购物乐园F区
邮政编码：063000

方正证券股份有限公司唐山北新西道证券营业部
总 经 理：张玉红
电　　话：0315－2357099
地　　址：河北省唐山市路北区北新西道75号
邮政编码：063000

天源证券经纪有限公司唐山滦南县中大街证券营业部
总 经 理：宫玉遵
电　　话：0315－4166896
地　　址：河北省唐山市滦南县奔城中大街西段8号
邮政编码：063500

国开证券有限责任公司保定五四西路证券营业部
总 经 理：李　晋
电　　话：0312－3097800
地　　址：保定市五四西路338号
邮政编码：071051

方正证券有限责任公司保定向阳南路证券营业部
总 经 理：徐　坤
电　　话：0312－3091029
地　　址：河北省保定市向阳南路89号
邮政编码：071051

西南证券股份有限公司保定朝阳北大街证券营业部
总 经 理：金　辉
电　　话：0312－3190369
地　　址：保定朝阳北大街709号
邮政编码：071051

长江证券股份有限公司保定五四中路证券营业部
总 经 理：李　成
电　　话：0312－3363456
地　　址：河北省保定市五四中路851号双拥家园
邮政编码：071000

大通证券股份有限公司保定恒祥北大街证券营业部
总 经 理：梁志清
电　　话：0312－3360560
地　　址：河北省保定市北市区恒祥北大街679号
邮政编码：071000

大同证券经纪有限责任公司邯郸光明北大街证券营业部
总 经 理：王　斌
电　　话：0310－3011618
地　　址：河北省邯郸市丛台区光明北大街69号
邮政编码：056000

第一创业证券有限责任公司廊坊建设路证券营业部
总 经 理：王京平
电　　话：0316－2084123
地　　址：廊坊市建设北路18号
邮政编码：065000

中国银河证券股份有限公司廊坊银河北路证券营业部
总 经 理：李芳辉
电　　话：0316－2195683
地　　址：廊坊市银河北路106号
邮政编码：065000

西部证券廊坊广阳道证券营业部
总 经 理：刘　阳
电　　话：0316－2388557
地　　址：廊坊市广阳道55号
邮政编码：065000

西藏同信证券有限责任公司廊坊香河府前街证券营业部（筹）
总 经 理：徐　钰
电　　话：010－63514840
地　　址：廊坊市香河县府前街高氏商住楼南侧
邮政编码：065400

中国银河证券股份有限公司秦皇岛证券营业部
总 经 理：徐献颖
电　　话：0335－3063019
地　　址：秦皇岛市文化路366号
邮政编码：066000

中国银河证券股份有限公司邢台清河运河大街证券营业部
总 经 理：刘　伟

电　　话：0319－8180901
地　　址：河北省邢台市清河县运河大街199号
邮政编码：054800

中国银河证券股份有限公司邢台市邢州北路证券营业部

总 经 理：于葆华
电　　话：0319－3227588
地　　址：河北省邢台市邢州北路693号
邮政编码：054001

中国建银投资证券有限责任公司承德陕西营路证券营业部

总 经 理：宋立铭
电　　话：0314－2138817
地　　址：承德市陕西营路1号
邮政编码：067000

中国保险监督管理委员会

安邦财险保险股份有限公司河北分公司

总 经 理：吴小明
电　　话：18705169222
地　　址：河北省石家庄市中山东路开元大厦20层
邮政编码：050000

张家口中心支公司

副总经理：赵向东（主持工作）
电　　话：15203130111
地　　址：河北省张家口市桥西区明德南街170号财达证券
邮政编码：075000

宣化营销服务部

负 责 人：谢成江
电　　话：15203130100
地　　址：河北省宣化区钟楼大街65号新华书店
邮政编码：075000

张北营销服务部

负 责 人：谢建国
电　　话：15203130136
地　　址：河北省张北县张北镇永义南街工商局大楼
邮政编码：075000

蔚县营销服务部

负 责 人：韩玉林
电　　话：15203130128
地　　址：河北省蔚县蔚州镇胜利大街18号
邮政编码：075000

万全营销服务部

负 责 人：武晓燕
电　　话：15203130138
地　　址：河北省万全县汽车站东中国石化北
邮政编码：075000

怀来营销服务部

负 责 人：董建利
电　　话：15203130133
地　　址：河北省怀来县沙城镇新开路农机培训学校
邮政编码：075000

安邦财产保险股份有限公司承德中心支公司

总 经 理：张　侠
电　　话：18731169798
地　　址：河北省承德市双桥区石洞子沟北口新泰家园24号楼205室
邮政编码：067000

安邦财产保险股份有限公司沧州中心支公司

副总经理：王克栋（主持工作）
电　　话：18731169766
地　　址：河北省沧州市清池南大道47号中亚风情区
邮政编码：061000

泊头营销服务部

负 责 人：王　辉
电　　话：18731711818
地　　址：河北省泊头市裕华路广电局对面门市
邮政编码：061000

安邦财产保险股份有限公司保定中心支公司

副总经理：刘建军（主持工作）
电　　话：18732213600
地　　址：河北省保定市高开区隆兴中路111号东楼

邮政编码：071000

安邦财产保险股份有限公司石家庄中心支公司

总 经 理：张云帆
电 话：18731169779
地 址：河北省石家庄市中山东路开元大厦
邮政编码：050031

辛集营销服务部

负 责 人：朱永聚
电 话：18731169776
地 址：辛集市束鹿大街芳华苑小区3－102
邮政编码：050000

安邦财产保险股份有限公司秦皇岛中心支公司

副总经理：沈 毅（主持工作）
电 话：18703350055
地 址：河北省河北大街中段146号金原国际商务大厦
邮政编码：066000

昌黎营销服务部

负 责 人：张 丽
电 话：18703356870
地 址：昌黎县东环路大市场
邮政编码：066000

卢龙营销服务部

负 责 人：贾 童
电 话：18703356878
地 址：卢龙县迎宾路
邮政编码：066000

安邦财产保险股份有限公司邯郸中心支公司

副总经理：程国军（主持工作）
电 话：18831033123
地 址：邯郸市经济开发区英才路2号
邮政编码：056000

峰峰营销服务部

负 责 人：金学东
电 话：18831033156
地 址：河北省峰峰矿区滏阳路甲2号楼
邮政编码：056200

涉县营销服务部

负 责 人：陶合香
电 话：18831033183
地 址：涉县涉城镇城里村迎春街120号
邮政编码：056400

永年营销服务部

负 责 人：王海彬
电 话：18831033133
地 址：永年县临洺关镇富强路理想城20－1号
邮政编码：057150

武安营销服务部

负 责 人：程国军
电 话：18831033123
地 址：河北省武安市桥西街475号
邮政编码：056300

安邦财产保险股份有限公司衡水中心支公司

总 经 理：黄 土
电 话：13910696331
地 址：河北省衡水市胜利西路2077号西苑公寓综合楼
邮政编码：053000

安邦财产保险股份有限公司唐山中心支公司

副总经理：王景涛（主持工作）
电 话：18731521088
地 址：唐山市友谊路81号天元大厦
邮政编码：063000

滦南支公司

负 责 人：李瑞军
电 话：18731521056
地 址：唐山市滦南县倴城镇电厂路142号
邮政编码：063500

玉田营销服务部

负 责 人：赵文龙
电 话：18731590212
地 址：唐山市玉田县和平路19号
邮政编码：064100

迁安营销服务部

负 责 人：李 明
电 话：18731521019
地 址：唐山迁安市昌盛大街北头路东门市
邮政编码：064400

安邦财产保险股份有限公司廊坊中心支公司

副总经理：周争光（主持工作）
电 话：18831607878

地　　址：河北省廊坊市广阳道吉祥小区 20－12 门市
邮政编码：065000

三河营销服务部

负 责 人：郑秀军
电　　话：15128427198
地　　址：河北省三河市鼎盛东大街 183 号
邮政编码：065000

安邦财产保险股份有限公司邢台中心支公司

总 经 理：高庆林
电　　话：15803195569
地　　址：邢台市桥东区泉南东大街 123 号德邦写字楼
邮政编码：054000

清河营销服务部

负 责 人：魏钦华
电　　话：13932910163
地　　址：邢台市清河县三羊西街 2 号
邮政编码：054800

南宫营销服务部

负 责 人：张华月
电　　话：15930944430
地　　址：邢台市南宫市青年路 349 号
邮政编码：051800

宁晋营销服务部

负 责 人：马彦宁
电　　话：13831933882
地　　址：邢台市宁晋县九和大街法苑小区东侧
邮政编码：055550

沙河营销服务部

负 责 人：张平军
电　　话：18713906611
地　　址：邢台沙河市温泉街西端路南
邮政编码：054100

天安保险股份有限公司河北省分公司

副总经理：尉立朴（主持工作）
电　　话：0311－89695831
地　　址：石家庄市建设北大街 228 号东海国际
邮政编码：050000

河北省分公司营业部

负 责 人：许　珂
电　　话：0311－89695828
地　　址：石家庄市建设北大街 228 号东海国际
邮政编码：050000

河北省分公司西环营销服务部

经　　理：崔立宾
电　　话：0311－89695895
地　　址：石家庄市建设北大街 228 号东海国际
邮政编码：050000

河北省分公司正定营销服务部

经　　理：李　照
电　　话：0311－89695873
地　　址：石家庄市建设北大街 228 号东海国际
邮政编码：050000

河北省分公司藁城营销服务部

经　　理：岳书华
电　　话：0311－88124999
地　　址：藁城市西城街 28 号
邮政编码：050000

天安保险股份有限公司沧州中心支公司

负 责 人：孙　镇
电　　话：0317－2020566
地　　址：沧州市浮阳北大道 19 号气象大厦
邮政编码：061001

河间营销服务部

经　　理：李朝平
电　　话：0317－3665282
地　　址：河间市城苑东路交通车站东侧
邮政编码：062400

任丘营销服务部

经　　理：杨　蕾
电　　话：0317－2231177
地　　址：任丘市中华路谢刘场
邮政编码：062550

肃宁营销服务部

经　　理：孙　镇（主持工作）
电　　话：0317－5161518
地　　址：肃宁县泽成东路
邮政编码：062300

献县营销服务部

经　　理：彭鸿升

电　　话：0317－4629938
地　　址：献县广播电视局楼下
邮政编码：062250
黄骅营销服务部
经　　理：刘　建
电　　话：0317－5319679
地　　址：黄骅市建设大街北段
邮政编码：061100
开发区营销服务部
经　　理：姜燕杰
电　　话：13931770032
地　　址：沧州市开发区赵家坟土地307道边沧石加油站对过
邮政编码：061000

天安保险股份有限公司保定中心支公司

副总经理：李　颖（主持工作）
电　　话：0312－3328508
地　　址：保定市向阳北大街998号
邮政编码：071000
蠡县营销服务部
经　　理：魏红波
电　　话：0312－6222198
地　　址：蠡县蠡保路路东（交警队北侧）
邮政编码：071400
定州营销服务部
经　　理：石景芳
电　　话：0312－2695505
地　　址：定州市兴华东路南侧银都花园
邮政编码：073000
高碑店营销服务部
经　　理：周红兵
电　　话：0312－2957052
地　　址：高碑店市新世纪大街西侧7号门市楼
邮政编码：074000

天安保险股份有限公司邯郸中心支公司

负 责 人：韩　冰
电　　话：0310－7055218
地　　址：邯郸市中华北大街578号招贤集团办公楼
邮政编码：056002
涉县营销服务部
经　　理：邢喜平
电　　话：0310－3889505
地　　址：涉县涉城镇龙山大街凤凰苑小区
邮政编码：056400
曲周营销服务部
经　　理：卜连江
电　　话：0310－8815199
地　　址：曲周县新华路中段路南
邮政编码：057250

天安保险股份有限公司邢台中心支公司

负 责 人：师如军
电　　话：0319－5213229
地　　址：邢台市钢铁北路消防科技综合楼
邮政编码：054000
宁晋营销服务部
经　　理：王聚兴
电　　话：0319－5880182
地　　址：宁晋县凤凰镇兴宁街12号
邮政编码：055550

天安保险股份有限公司廊坊中心支公司

副总经理：张延发（主持工作）
电　　话：0316－2027988
地　　址：廊坊市光明东道51号
邮政编码：065000
广阳营销服务部
负 责 人：刘洪涛
电　　话：0316－2265558
地　　址：廊坊市光明东道51号
邮政编码：065000
霸州营销服务部
负 责 人：贾文国
电　　话：0316－7237408
地　　址：霸州市兴华中路1659号
邮政编码：065700
大城营销服务部
经　　理：徐四新
电　　话：0316－5588099
地　　址：大城县新华东街南侧凯达小区14号楼22号门店
邮政编码：065900

天安保险股份有限公司唐山中心支公司

副总经理：甘仲华（主持工作）
电　　话：0315－2339555

地　　址：唐山市路北区北新西道果园信用社
邮政编码：063000
丰润营销服务部
经　　理：狄淑霞
电　　话：0315－5191912
地　　址：唐山丰润区荣国南大路111号
邮政编码：063300
迁安营销服务部
经　　理：柴玉军
电　　话：13323256258
地　　址：迁安市兴安大街东段南侧法华寺小区宏源花苑
邮政编码：064400
丰南营销服务部
经　　理：范勇兵
电　　话：0315－8298117
地　　址：唐山市丰南区新华路16号
邮政编码：063300
玉田营销服务部
经　　理：刘德生
电　　话：15833157333
地　　址：唐山市玉田县东方名座9号门市楼
邮政编码：064100

天安保险股份有限公司秦皇岛中心支公司

负 责 人：杨　军
电　　话：0335－5910168
地　　址：秦皇岛市海港区世纪星园2栋
邮政编码：066000
海港营销服务部
经　　理：顾丽艳
电　　话：0335－5910161
地　　址：秦皇岛市海港区世纪星园2栋
邮政编码：066000

天安保险股份有限公司张家口中心支公司

总经理助理：王晓东（主持工作）
电　　话：0313－2089899
地　　址：张家口市桥东区建设东街26号
邮政编码：075000
怀来营销服务部
经　　理：王素明
电　　话：0313－6211162
地　　址：怀来县沙城镇燕京路东108号新东方商业大厦
邮政编码：075400
蔚县营销服务部
经　　理：田喜春
电　　话：0313－7016835
地　　址：蔚县胜利东路交警队对面
邮政编码：075700

天安保险股份有限公司承德中心支公司

负 责 人：张　林
电　　话：0314－2259518
地　　址：承德市双桥区武阳花园东区写字楼
邮政编码：067000

阳光财产保险股份有限公司河北省分公司

副总经理：范占平（主持工作）
电　　话：18931895566
地　　址：石家庄市南小街9号华城大厦
邮政编码：050000
石家庄中心支公司
总 经 理：李胜旗
电　　话：13582117679
地　　址：石家庄市南小街9号华城大厦
邮政编码：050000
保定中心支公司
总 经 理：佟　英
电　　话：18931262918
地　　址：保定市乐凯南大街286号
邮政编码：071051
沧州中心支公司
副总经理：李士军（主持工作）
电　　话：18903177800
地　　址：沧州市运河区华西小区E区图书大厦
邮政编码：061000
邢台中心支公司
副总经理：杨玉河（主持工作）
电　　话：13930986135
地　　址：邢台市钢铁北路275号
邮政编码：054000
唐山中心支公司
总 经 理：张文红
电　　话：18932513266
地　　址：唐山市建设北路152号东方大厦C座
邮政编码：063000

邯郸中心支公司
副总经理：刘　畅（主持工作）
电　　话：18931066300
地　　址：邯郸市经济开发区联通南路 2 号
邮政编码：056107

廊坊中心支公司
总 经 理：韩风海
电　　话：15831625688
地　　址：廊坊市和平路 188－5 号蓝水湾 27 栋
邮政编码：065000

张家口中心支公司
总 经 理：李　震
电　　话：13903139218
地　　址：张家口市明德南街 25 号
邮政编码：075000

秦皇岛中心支公司
总 经 理：祝向前
电　　话：13313333268
地　　址：秦皇岛市海港区建设大街 111 号广博商务中心
邮政编码：066000

承德中心支公司
副总经理：杨宝泉（主持工作）
电　　话：18932858008
地　　址：承德市华峰世纪城 1 期 2 号楼 103
邮政编码：067000

衡水中心支公司
总经理助理：李　明
电　　话：13932869906
地　　址：衡水市永兴西路 680 号格林写字楼
邮政编码：053000

辛集营销服务部
经　　理：周勤学
电　　话：13303113377
地　　址：辛集市迎宾路中段西侧
邮政编码：052360

新乐营销服务部
经　　理：吕建儒
电　　话：13081122606
地　　址：新乐市南环路新交警大队西侧
邮政编码：050700

藁城营销服务部
经　　理：韩晓辉
电　　话：13833117173
地　　址：河北省藁城市廉州西路廉法胡同 1 号 1 栋 1 单元 201 室
邮政编码：052160

鹿泉营销服务部
经　　理：刘洪宝
电　　话：13091097788
地　　址：兴凯路与石邑街交叉口
邮政编码：050200

裕华营销服务部
经　　理：杨　林
电　　话：13785162323
地　　址：建华北大街 58 号泰得国际汽车园区 A 座 509
邮政编码：050000

涞源营销服务部
经　　理：魏立军
电　　话：13803282925
地　　址：涞源县广平大街南段路东
邮政编码：074300

定州营销服务部
经　　理：郭　建
电　　话：13833227289
地　　址：定州市北环路北岸小镇
邮政编码：073000

唐县支公司
经　　理：刘增良
电　　话：18931266680
地　　址：唐县中山南大街 17 号
邮政编码：072350

易县营销服务部
经　　理：魏刚录
电　　话：13383225856
地　　址：易县城西民众机动车检测有限公司院内
邮政编码：074200

南皮营销服务部
经　　理：张国红
电　　话：13315766708
地　　址：南皮县朝阳西路南侧天驰华庭 1 号楼 103 铺

邮政编码：061500

青县支公司

经　　理：刘继青

电　　话：18031709688

地　　址：青县南环西路国税局办公大楼对过

邮政编码：062650

泊头营销服务部

经　　理：杨明轩

电　　话：13303171281

地　　址：泊头市裕华西路（市医院西行400米）

邮政编码：062150

黄骅营销服务部

经　　理：赵振明

电　　话：13383173220

地　　址：黄骅市205国道东侧（黄骅市神农居医院北行200米）

邮政编码：061100

任丘营销服务部

经　　理：任金荣

电　　话：18631739501

地　　址：任丘市泰山南道（东风村11街5号）

邮政编码：062550

开发区营销服务部

经　　理：宋　坤

电　　话：13784166165

地　　址：沧州市经济技术开发区东海路6号

邮政编码：061000

沧州营销服务部

经　　理：于洪斌

电　　话：15132766888

地　　址：沧州市千童南大道39号

邮政编码：061000

沙河营销服务部

经　　理：陈志国

电　　话：13363763456

地　　址：沙河市机场路路北

邮政编码：054100

宁晋营销服务部

经　　理：李跃丽

电　　话：13785983399

地　　址：宁晋县天宝东街路南142号

邮政编码：055550

柏乡营销服务部

经　　理：冯兴汉

电　　话：13903197752

地　　址：柏乡县建设路路南

邮政编码：055450

内丘营销服务部

经　　理：赵向前

电　　话：13303198057

地　　址：内邱县107国道北交通岗东南侧

邮政编码：054200

邢台营销服务部

经　　理：杨迎军

电　　话：18903299810

地　　址：与中支同址

邮政编码：054000

清河营销服务部

经　　理：栾红峰

电　　话：13303195222

地　　址：清河县城三羊西街

邮政编码：054800

丰润支公司

经　　理：鲁　义

电　　话：13603291565

地　　址：唐山市丰润区端明路28号

邮政编码：064000

玉田支公司

经　　理：王怀昆

电　　话：13081149555

地　　址：唐山市玉田县东方名座小区22，23号

邮政编码：064100

遵化支公司

经　　理：郑洪英

电　　话：13932503478

地　　址：遵化市华明南路西侧华明嘉园商住楼J2－10

邮政编码：064200

滦南支公司

经　　理：田志祥

电　　话：13363219798

地　　址：唐山市滦南县北环路教育局东侧

邮政编码：063500

迁安支公司
经　　理：李振江
电　　话：18931595510
地　　址：唐山市迁安钢城大路东段科信实德底商阳光保险
邮政编码：064400

曹妃甸支公司
经　　理：李凤杰
电　　话：18931536377
地　　址：唐海县唐海镇裕华街13－12商业楼
邮政编码：063200

香河支公司
经　　理：唐　威
电　　话：13483638017
地　　址：香河县碧盛家园西侧底商
邮政编码：065400

霸州支公司
经　　理：辛福强
电　　话：13383369766
地　　址：霸州市兴华北路2236号
邮政编码：065700

固安营销服务部
经　　理：班海春
电　　话：13363600961
地　　址：固安县汽车站南小广场北侧广苑公寓
邮政编码：065500

三河营销服务部
经　　理：王连军
电　　话：13383369799
地　　址：三河市鼎盛东大街225号
邮政编码：065200

大城营销服务部
经　　理：刘　涛
电　　话：13383369761
地　　址：大城县北关桥西50米路北
邮政编码：065900

大名支公司
经　　理：夏洪亮
电　　话：13315081323
地　　址：大名县天雄路西段南侧
邮政编码：056900

武安营销服务部
经　　理：韩炳乾
电　　话：13403205558
地　　址：武安市中兴路1868号
邮政编码：056300

涉县营销服务部
经　　理：冯胜利
电　　话：13731039989
地　　址：涉县涉城镇龙山大街西侧
邮政编码：056400

冀州营销服务部
经　　理：张兰君
电　　话：15324189300
地　　址：冀州市信都路南侧党校东侧
邮政编码：053200

深州营销服务部
经　　理：于建中
电　　话：18903185369
地　　址：深州市泰山路南永盛大街西
邮政编码：053800

怀来营销服务部
经　　理：牛存义
电　　话：13373331859
地　　址：怀来县京张公路东大街路南
邮政编码：075400

万全营销服务部
经　　理：李彦青
电　　话：13700332580
地　　址：万全县孔家庄镇建设路8号
邮政编码：076250

宣化营销服务部
经　　理：贺翠霞
电　　话：13231335777
地　　址：宣化区牌楼东街3号
邮政编码：075100

昌黎营销服务部
经　　理：张有伟
电　　话：13333332577
地　　址：昌黎县东外环路西王庄段东侧
邮政编码：066001

抚宁营销服务部
经　　理：吴红杰
电　　话：13933673135

地　　址：抚宁县迎宾路南段
邮政编码：066300
秦皇岛营销服务部
经　　理：蒋立业
电　　话：13091375777
地　　址：秦皇岛市海港区北环路60号
邮政编码：066000

紫金财产保险股份有限公司

河北分公司
总 经 理：王　卫
电　　话：0311－89297766
地　　址：石家庄广安大街34号天利商务
邮政编码：050000
唐山市中心支公司
副总经理：昝雪锋（主持工作）
电　　话：0315－5390700
地　　址：唐山市路北区天源里天源骏景商业楼7号
邮政编码：063000
沧州市中心支公司
总 经 理：牛寅飞
电　　话：0317－5630707
地　　址：沧州市新华区交通南大街154号利达文化体育用品公司
邮政编码：061000
光大永明人寿河北分公司
总 经 理：范福毅
电　　话：0311－89165819
地　　址：石家庄市中山西路48号华银大厦
邮政编码：050000
邯郸中心支公司
总 经 理：吴丽君
电　　话：0310－5907001
地　　址：邯郸市丛台区中华北大街369号华祥大厦
邮政编码：056000
唐山中心支公司
总 经 理：李鸥翔
电　　话：0315－2095444
地　　址：唐山市路北区翔云西里龙云楼102楼10号
邮政编码：063000
张家口中心支公司
总 经 理：周军海
电　　话：0313－5958950
地　　址：张家口市桥东区胜利北路44号
邮政编码：075000
保定中心支公司
副总经理：刘启胜（主持工作）
电　　话：0312－5885699
地　　址：河北省保定市东风中路616号东风桥大童保险
邮政编码：071000
秦皇岛中心支公司
副总经理：方　彬（主持工作）
电　　话：0335－3325999
地　　址：秦皇岛市海港区新华街9号新天地广场A座2501室
邮政编码：066000
承德中心支公司
总 经 理：杨文军
电　　话：0314－5922199
15231495519
地　　址：承德市双桥区南园路9号万方修理厂
邮政编码：067000

合众人寿保险股份有限公司河北分公司

总 经 理：于振东
电　　话：0311－85029898－69988
地　　址：河北省石家庄市中山西路83号东方大厦
邮政编码：050000
保定中心支公司
副总经理：杨云秀（主持工作）
电　　话：0312－5955567
地　　址：保定市朝阳南大街47号百世开利大厦
邮政编码：071000
秦皇岛中心支公司
副总经理：冯景洲（主持工作）
电　　话：0335－5311166
地　　址：秦皇岛市海港区文化路149号金辉国贸大厦
邮政编码：066000
衡水中心支公司
副总经理：罗　明（主持工作）
电　　话：0318－5222777

地　　址：衡水市人民东路68号世家大厦
邮政编码：053000

邯郸中心支公司
副总经理：刘志敏（主持工作）
电　　话：0310－5766898
地　　址：邯郸市丛台区和平路396号财富大厦
邮政编码：056001

邢台中心支公司
副总经理：姚林军（主持工作）
电　　话：0319－5901313
地　　址：邢台市桥西区郭守敬北路8号新华书店南楼
邮政编码：054000

沧州中心支公司
副总经理：梁连庆（主持工作）
电　　话：0317－5679911
地　　址：沧州市运河区朝阳街25号财苑小区综合楼
邮政编码：061000

张家口中心支公司
副总经理：侯中辉（主持工作）
电　　话：0313－5988618
地　　址：张家口市桥东区建设东街2号欣盛南苑
邮政编码：075000

唐山中心支公司
副总经理：陈　功（主持工作）
电　　话：0315－5265011
地　　址：唐山市路南区新华西道2号世博大厦
邮政编码：063000

承德中心支公司
副总经理：张　辉（主持工作）
电　　话：0314－5566001
地　　址：承德市双桥区南营子大街路西文化大厦北塔
邮政编码：067000

邢台巨鹿支公司
经　　理：张　鹏
电　　话：0319－5905515
地　　址：邢台市巨鹿县县城新华街东侧
邮政编码：054000

沧州献县支公司
经　　理：于　梅
电　　话：0317－4631717
地　　址：沧州市献县补花厂北侧
邮政编码：061000

正定营销服务部
负 责 人：赵清华
电　　话：0311－85178102
地　　址：石家庄市正定县府西街88号
邮政编码：050000

保定望都营销服务部
负 责 人：柴　龙
电　　话：0312－5956611
地　　址：保定市望都县荣泰巷12号
邮政编码：071000

保定易县营销服务部
负 责 人：禹新杰
电　　话：0312－5951252
地　　址：保定市易县易兴路303号
邮政编码：071000

保定定州营销服务部
负 责 人：王　颖
电　　话：0312－5956629
地　　址：定州市南环路紫方圆商住楼11号
邮政编码：071000

唐山丰南营销服务部
负 责 人：么慧岭
电　　话：0315－5902897
地　　址：唐山市丰南区阜民街49号
邮政编码：063000

唐山丰润营销服务部
负 责 人：曹丽芳
电　　话：0315－5265010
地　　址：唐山市丰润区新城道22号
邮政编码：063000

唐山遵化营销服务部
负 责 人：赵红亮
电　　话：0315－6682510
地　　址：唐山遵化市贸易城
邮政编码：063000

秦皇岛昌黎营销服务部
负 责 人：石杏敏
电　　话：0335－5311171

地　　址：秦皇岛市昌黎县东农贸市场12号
邮政编码：066000

衡水景县营销服务部

负 责 人：王树准
电　　话：0318－5838888
地　　址：衡水市景县景新大街南东店子村南
邮政编码：053000

衡水安平营销服务部

负 责 人：解　超
电　　话：0318－5287999
地　　址：衡水市安平县为民街北西马路西
邮政编码：053000

邯郸武安营销服务部

负 责 人：路印辉
电　　话：0310－6580189
地　　址：邯郸武安市向阳路与建设大街交叉口东南角2号商务楼西头
邮政编码：056001

邯郸大名营销服务部

负 责 人：陈耀锋
电　　话：0310－6580190
地　　址：邯郸市大名县大名府路东段路南（新市场）
邮政编码：056001

邯郸魏县营销服务部

负 责 人：韩　静
电　　话：0310－5209586
地　　址：邯郸市魏县围城镇望运南街路东
邮政编码：056001

邯郸永年营销服务部

负 责 人：张　恒
电　　话：0310－5137569
地　　址：邯郸市永年县名关名兴南路东侧
邮政编码：056001

承德围场营销服务部

负 责 人：李庆元
电　　话：0314－5566002
地　　址：承德市围场满族蒙古族自治县围场镇木兰中路150号
邮政编码：067000

沧州青县营销服务部

负 责 人：李鉴伟
电　　话：0317－4027919
地　　址：河北省青县乾宁街西侧
邮政编码：061000

邢台新河营销服务部

负 责 人：赵卫帅
电　　话：0319－5135515
地　　址：邢台市新河县富强街西侧
邮政编码：054000

和谐健康保险

临时负责人：李继军（主持工作）
电　　话：0311－67793265
18332020766
地　　址：石家庄市长安区中山东路322号开元大厦
邮政编码：050000

人保健康河北分公司

总 经 理：姚仲坚
电　　话：0311－89693866
地　　址：石家庄市中华北大街57号财富汇
邮政编码：050000

人保健康邯郸中心支公司

总 经 理：张敬振
电　　话：0310－7101968
地　　址：邯郸市丛台区丛台路201号仁达房产
邮政编码：056000

人保健康秦皇岛中心支公司

副总经理：魏秀玲（主持工作）
电　　话：0335－3582555
地　　址：秦皇岛市海港区文博城8－3号润杨宾馆
邮政编码：06600

人保健康张家口中心支公司

总 经 理：宋志军
电　　话：0313－4190320
地　　址：张家口市高新区世纪豪园20号楼06号底商
邮政编码：075000

人保健康衡水中心支公司

总 经 理：王忠岗
电　　话：0318－2076999
地　　址：衡水市中心街399号
邮政编码：053000

人保健康唐山中心支公司
总 经 理：王来臣
电　　话：0315－2228018
地　　址：唐山市路北区兴源道与卫国路交叉口东行100米
邮政编码：063000

中国人民人寿保险股份有限公司

河北省分公司
总 经 理：孙大震
电　　话：13903117079
地　　址：石家庄市裕华西路15号万象天成商务广场A座
邮政编码：050006

邢台市中心支公司
总 经 理：王贵祥
电　　话：13313201515
地　　址：邢台市桥西区中华西大街388号维也纳花园
邮政编码：054000

平乡县支公司
经　　理：杨小军
电　　话：18931960900
地　　址：平乡县中华路人保财险办公楼
邮政编码：054500

内丘县支公司
经　　理：李　霄
电　　话：13303195518
地　　址：内丘县振兴东路22号人保财险办公楼
邮政编码：054200

宁晋县支公司
经　　理：李丽春
电　　话：18931960998
地　　址：宁晋县石坊北路西侧人保财险北楼
邮政编码：055550

隆尧县支公司
经　　理：苏江申
电　　话：13643297199
地　　址：隆尧县康庄路157号人保财险办公楼
邮政编码：055350

威县支公司
经　　理：孙　艳
电　　话：13932911193
地　　址：威县顺城路与中华大街交口东南角191号
邮政编码：054700

清河县支公司
经　　理：房平炜
电　　话：13633191850
地　　址：清河县三羊东街与泰山路交叉口
邮政编码：054800

沙河市支公司
经　　理：王淑云
电　　话：13831910988
地　　址：沙河市太行街人保财险南楼
邮政编码：054100

巨鹿县支公司
经　　理：薛星辉
电　　话：13403196599
地　　址：巨鹿县新华北街东侧277号
邮政编码：055250

临西县支公司
经　　理：李国栋
电　　话：18931963898
地　　址：临西县运河东路人保财险办公楼
邮政编码：054900

南宫市支公司
经　　理：巩瑞金
电　　话：15833721754
地　　址：邢台南宫市青年大街130号
邮政编码：055750

柏乡县支公司
经　　理：张巧英
电　　话：15933096781
地　　址：柏乡县东环路南段路东人保财险
邮政编码：054500

临城县支公司
经　　理：杨增强
电　　话：18931960901
地　　址：临城县临泉路432号人保财险办公楼
邮政编码：054300

张家口市中心支公司
总 经 理：崔　军
电　　话：13833330061

地　　址：张家口市桥东区胜利北路中保大厦1803
邮政编码：075000

张北县支公司

副 经 理：张海荣（主持工作）
电　　话：13253120168
地　　址：张北县207国道人保财险
邮政编码：076450

涿鹿县支公司

副 经 理：石　军（主持工作）
电　　话：13483320816
地　　址：涿鹿县轩辕路25号人保大楼
邮政编码：075600

沽源县支公司

副 经 理：刘凌飞（主持工作）
电　　话：13513235441
地　　址：沽源县桥西大街人保财险
邮政编码：076550

蔚县支公司

经　　理：丁翠林
电　　话：18003238892
地　　址：蔚县玉泉街京西建材城西区6号
邮政编码：075700

阳原县支公司

副 经 理：张义彬（主持工作）
电　　话：13138380303
地　　址：阳原县昌盛西街人保寿险阳原县支公司
邮政编码：075800

张家口市宣化区支公司

经　　理：张　兢
电　　话：13784089517
地　　址：张家口市宣化区南关西马道12鑫鹏工矿机械配件市场有限责任公司办公楼
邮政编码：075100

怀来县支公司

副 经 理：杨　杰（主持工作）
电　　话：13833362551
地　　址：怀来县沙城镇龙潭东路人保财险
邮政编码：075400

万全县支公司

临时负责人：张　磊（主持工作）
电　　话：18003238862
地　　址：万全县新城市场
邮政编码：076261

衡水市中心支公司

总 经 理：李忠成
电　　话：18903188111
地　　址：衡水市桃城区和平西路538号昊坤大厦
邮政编码：053000

故城县支公司

副 经 理：王秀杰（主持工作）
电　　话：13131861389
地　　址：故城县郑口镇体育街107号人保财险
邮政编码：253800

景县支公司

副 经 理：吴春燕（主持工作）
电　　话：18931808111
地　　址：景县董仲舒路278号人保财险
邮政编码：053500

冀州市支公司

副 经 理：李月静（主持工作）
电　　话：18903181881
地　　址：冀州和平路198号人保财险
邮政编码：053200

深州市支公司

副 经 理：马军漂（主持工作）
电　　话：13253218878
地　　址：深州永安大街2号人保财险
邮政编码：053800

武邑县支公司

副 经 理：田福元（主持工作）
电　　话：18931806089
地　　址：武邑县建设西路66号人保财险
邮政编码：053400

唐山市中心支公司

总 经 理：马日红
电　　话：13831578806
地　　址：唐山市建设北路高科技总部大厦人保寿险
邮政编码：063000

唐山市丰南支公司

经　　理：张春娟

电　　话：15930526087
地　　址：唐山市丰南区胥各庄青年路保险大厦
邮政编码：063000

乐亭县支公司

副 经 理：张　岩（主持工作）
电　　话：18631505116
地　　址：乐亭县大钊路26号
邮政编码：063600

迁安市支公司

经　　理：崔振江
电　　话：13582904005
地　　址：迁安市惠宁大街1595号
邮政编码：063000

迁西县支公司

经　　理：唐海艳
电　　话：13582906668
地　　址：迁西传输局（迁西景忠东街38号）
邮政编码：063300

遵化市支公司

经　　理：梁福全
电　　话：13784696777
地　　址：遵化市海南大街96号（遵化市第二医院道口东行300米路北）
邮政编码：064200

滦县支公司

经　　理：郭秀君
电　　话：13503156065
地　　址：滦县胜利东路25号
邮政编码：063000

玉田县支公司

临时负责人：孙长任
电　　话：13931485983
地　　址：玉田县无终大街开发区转盘人保寿险
邮政编码：064100

唐山市路南支公司

临时负责人：董琳娜
电　　话：18633129559
地　　址：唐山市建设北路高科技总部大厦人保寿险
邮政编码：063000

滦南县支公司

临时负责人：陈兴建
电　　话：18832555889
地　　址：滦南县友谊路33号人保财险
邮政编码：063500

唐山市丰润支公司

经　　理：刘栋杰
电　　话：13933323527
地　　址：唐山市丰润区丰润镇南关道口联通
邮政编码：064000

唐山市古冶支公司

副 经 理：宋冬萍（主持工作）
电　　话：15027604100
地　　址：唐山市古冶区唐家庄唐林北路人保财险公司
邮政编码：063000

唐海县支公司

副 经 理：孙玉娟（主持工作）
电　　话：15833159001
地　　址：唐海县建设大街131号
邮政编码：063000

邯郸市中心支公司

总 经 理：李玉生
电　　话：18903206699
地　　址：邯郸市丛台区滏东北大街245号远大国门B座
邮政编码：056000

大名县支公司

经　　理：成昱潮
电　　话：18931095518
地　　址：大名县大名镇万大路4号人保财险办公楼
邮政编码：056900

涉县支公司

经　　理：张双虎
电　　话：13082115076
地　　址：涉县龙山大街335号中国人保财险涉县支公司院内
邮政编码：056400

成安县支公司

经　　理：刘旭岭
电　　话：18903206320

地　　址：成安县富康大街24号
邮政编码：056700

魏县支公司

经　　理：王运法
电　　话：18931022221
地　　址：魏县魏城镇魏都南大街167号人保财险魏县支公司院内东楼
邮政编码：056800

邯郸县支公司

经　　理：孙　杰
电　　话：13111388889
地　　址：邯郸市雪驰路15号人保财险办公楼
邮政编码：056000

邯郸市天铁营销服务部

经　　理：张海丽
电　　话：18903206309
地　　址：涉县天津铁厂二招东侧人保财险天铁支公司
邮政编码：056404

武安市支公司

经　　理：李素兰
电　　话：15930006086
地　　址：武安市中兴路1738号人保财险武安支公司
邮政编码：056300

磁县支公司

经　　理：张文林
电　　话：13930057723
地　　址：磁县友谊路51号人保财险磁县支公司
邮政编码：056500

永年县支公司

经　　理：盖前羽
电　　话：13930082958
地　　址：永年县临洺关镇健康大街九得利
邮政编码：057150

临漳县支公司

经　　理：杨会永
电　　话：18903206306
地　　址：临漳县建安西路63号人保财险临漳县支公司
邮政编码：056600

邯郸市峰峰矿区支公司

经　　理：张登华
电　　话：18903201677
地　　址：峰峰矿区军民路9号综合楼
邮政编码：056200

邯郸邱县支公司

经　　理：史俊怀
电　　话：15132095519
地　　址：邱县迎宾街南段路西256号派出所北临人保寿险
邮政编码：057450

邯郸馆陶县支公司

经　　理：李明华
电　　话：13932054822
地　　址：馆陶县政府27号
邮政编码：057750

沧州市中心支公司

总 经 理：李华新
电　　话：18932759999
地　　址：沧州市解放西路颐和国际A座二区816
邮政编码：061000

沧州市黄骅市营销服务部

经　　理：孙月辉
电　　话：18932755565
地　　址：黄骅市渤海西路人保财险
邮政编码：061100

海兴县支公司

经　　理：孙建萍
电　　话：18932755575
地　　址：海兴县海政路人保财险
邮政编码：061200

任丘市支公司

经　　理：刘全乐
电　　话：18932755599
地　　址：任丘市会战北道中华道口南行200米路东人保寿险公司
邮政编码：062550

青县支公司

经　　理：王庆勇
电　　话：18932755581
地　　址：青县乾宁南街人保寿险公司
邮政编码：062650

河间市支公司
经　　理：潘　建
电　　话：18932755577
地　　址：河间市胜利西路友好医院西 200 米路南人保寿险公司
邮政编码：062450

孟村回族自治县支公司
副 经 理：耿晓英（主持工作）
电　　话：18932755518
地　　址：孟村回族自治县团结西路人保财险
邮政编码：061400

东光县支公司
经　　理：王海红
电　　话：18931719066
地　　址：东光县东关侯茧城大街人保财险
邮政编码：061600

献县支公司
副 经 理：李建芝（主持工作）
电　　话：13383177116
地　　址：献县 106 国道东侧迎春综合楼
邮政编码：062250

盐山县支公司
副 经 理：呼　捷（主持工作）
电　　话：18932755598
地　　址：盐山县北环路人保财险
邮政编码：061300

泊头市支公司
副 经 理：任征勇（主持工作）
电　　话：18932755583
地　　址：沧州泊头市裕华西路广电大厦对过
邮政编码：062150

廊坊市中心支公司
总 经 理：陈　英
电　　话：13903262282
地　　址：廊坊市广阳区尚都金茂 A 座 908 室
邮政编码：065000

香河县支公司
经　　理：陈长明
电　　话：13603262815
地　　址：香河县迎宾路 6－3 中国人民人寿保险香河支公司
邮政编码：065400

大厂回族自治县县支公司
经　　理：魏永凤
电　　话：13011930037
地　　址：大厂县北辰街水利局市政公司东侧中国人民人寿保险大厂支公司
邮政编码：065300

固安县支公司
经　　理：辛井龙
电　　话：13931683009
地　　址：固安县新中街人民广场东侧中国人民人寿保险固安支公司
邮政编码：065500

永清县支公司
经　　理：杨素颖
电　　话：13932687951
地　　址：永清县永清交警支队西侧 500 米中国人民人寿保险永清支公司
邮政编码：065600

霸州市支公司
副 经 理：乔玉群（主持工作）
电　　话：13703260302
地　　址：霸州益津中路 210 号北楼中国人民人寿保险霸州支公司
邮政编码：065700

大城县支公司
经　　理：蔡长喜
电　　话：13932609019
地　　址：大城县县政府对面中国人民人寿保险大城支公司
邮政编码：065900

三河市支公司
经　　理：张学武
电　　话：13930630586
地　　址：三河建新南路 246 号中国人民人寿保险三河支公司
邮政编码：065200

文安县支公司
经　　理：雷金波
电　　话：13803224465
地　　址：文安县第二中学西侧中国人民人寿文安支公司
邮政编码：065800

秦皇岛市中心支公司
总 经 理：袁　月

电　　话：13933917117
地　　址：秦皇岛市海港区港城大街70号金工地产
邮政编码：066000

青龙满族自治县支公司
经　　理：韩业华
电　　话：13930321833
地　　址：青龙县燕山路东段180号人保财险
邮政编码：066500

抚宁县支公司
经　　理：陈志红
电　　话：13315373789
地　　址：抚宁县长征路176号
邮政编码：066300

卢龙县支公司
经　　理：陈有民
电　　话：15076499569
地　　址：卢龙县东门外大街人保财险
邮政编码：066400

昌黎县支公司
经　　理：朱秀丽
电　　话：13333287125
地　　址：昌黎县仙台路中段人保财险综合办公室
邮政编码：066600

石家庄市中心支公司
总 经 理：张志东
电　　话：13903116092
地　　址：石家庄市裕华西路15号万象天成商务广场A座
邮政编码：050006

无极县支公司
经　　理：李殿文
电　　话：15176409777
地　　址：无极县中昌西路经贸公司家属院路北
邮政编码：052460

平山县支公司
副 经 理：尚宝军（主持工作）
电　　话：15130093711
地　　址：平山县武装部
邮政编码：050400

鹿泉市支公司
副 经 理：李兴东（主持工作）
电　　话：15081802237
地　　址：鹿泉市获鹿镇新开路10号
邮政编码：050200

栾城县支公司
副 经 理：姜建辉（主持工作）
电　　话：13111530169
地　　址：栾城县华兴街与隆安路交叉口东侧中国人民人寿栾城县支公司
邮政编码：051430

晋州市支公司
经　　理：王根旺
电　　话：13582177113
地　　址：晋州市滨河路72号晋州市支公司
邮政编码：052260

行唐县支公司
经　　理：李荣军
电　　话：13473750646
地　　址：行唐县永昌路245号人保财险办公楼
邮政编码：050600

承德市中心支公司
总 经 理：连　斌
电　　话：18631285118
地　　址：承德市翠桥路南6号露露花园综合楼
邮政编码：067000

保定市中心支公司
总 经 理：魏庆余
电　　话：13313239056
地　　址：保定市百花路666号财富广场
邮政编码：071000

高碑店市支公司
经　　理：赵景辉
电　　话：13930212000
地　　址：高碑店市团结西路人保财险办公楼7号
邮政编码：074000

定州市支公司
经　　理：高风平
电　　话：13930849810
地　　址：定州市西城区西关东街中山中路

北侧人保财险办公楼
邮政编码：073100

徐水县支公司
经　　理：彭贺举
电　　话：13930299589
地　　址：徐水县南关大街32号
邮政编码：072550

曲阳县支公司
经　　理：葛静强
电　　话：13832240089
地　　址：曲阳县恒山路330号人保财险办公楼
邮政编码：071500

安新县支公司
经　　理：孙香树
电　　话：15931945699
地　　址：安新县建设北大街人保财险办公楼
邮政编码：071600

满城县支公司
经　　理：侯利辉
电　　话：15231237658
地　　址：满城县永乐街12号人保财险满城支公司
邮政编码：072150

定兴县支公司
经　　理：段学萍
电　　话：13931220228
地　　址：定兴县兴华西路7号人保财险办公楼
邮政编码：072650

易县支公司
经　　理：吴卫军
电　　话：13582377588
地　　址：易县开元南大街148号人保财险办公区
邮政编码：074200

高阳县支公司
经　　理：楚志敏
电　　话：13653223698
地　　址：高阳县北环中段路北人保财险办公楼
邮政编码：073000

清苑县支公司
经　　理：蔡喜荣
电　　话：13933216891
地　　址：清苑县城振兴路东人保财产险办公区
邮政编码：071100

雄县支公司
经　　理：常艳花
电　　话：15930287730
地　　址：雄县温泉路北头人保财险办公楼
邮政编码：071800

顺平县支公司
经　　理：仲冰艳
电　　话：13731245998
地　　址：顺平县木兰东街人保财险办公楼
邮政编码：072250

容城县支公司
经　　理：李红霞
电　　话：13931692219
地　　址：容城县板正南大街人保财险办公楼
邮政编码：071700

阜平县支公司
经　　理：李　明
电　　话：13730453399
地　　址：阜平县阜平镇东寺大街人保财险院内办公楼
邮政编码：073200

蠡县支公司
经　　理：付　康
电　　话：13903320086
地　　址：蠡县蠡吾北大街人保财险办公楼
邮政编码：071400

安国市支公司
经　　理：秦建民
电　　话：18632203528
地　　址：安国市金融一条街人保财险办公楼
邮政编码：071200

望都县支公司
经　　理：张　悟
电　　话：15130259231
地　　址：望都县中华西路99号人民保险公司

邮政编码：072450

唐县支公司

经　　理：王　涛

电　　话：13400259009

地　　址：唐县国防西路北7号人保财险

邮政编码：072350

涿州市支公司

经　　理：冯杏茹

电　　话：13833262988

地　　址：涿州市冠云中路69号

邮政编码：072750

中英人寿保险有限公司河北分公司

总 经 理：刘　维

电　　话：0311－86698800－200

地　　址：石家庄市育才街56号九派大厦

邮政编码：050001

中国大地财产保险股份有限公司河北分公司

总 经 理：董海波

电　　话：0311－85288886

地　　址：石家庄市裕华西路15号万象天成商务广场A座

邮政编码：050000

石家庄中心支公司

总 经 理：杨　岩

电　　话：0311－85288878

地　　址：石家庄市裕华西路15号万象天成商务广场A座

邮政编码：050000

桥东营销服务部

经　　理：刘英路

电　　话：0311－83606876

地　　址：石家庄市北二环东路68号国际汽车园区泰得国际汽车装具城A座

邮政编码：050000

晋州营销服务部

经　　理：杨　毅

电　　话：0311－84318766

地　　址：石家庄市晋州市和平街72号

邮政编码：052260

井陉营销服务部

经　　理：张建萍

电　　话：0311－82023588

地　　址：石家庄市井陉县建设南路14号

邮政编码：050300

栾城营销服务部

经　　理：贾军辉

电　　话：0311－88031111

地　　址：栾城县城区鑫源路南侧丰泽大街东侧

邮政编码：051430

藁城营销服务部

经　　理：相　东

电　　话：0311－88192937

地　　址：石家庄市藁城市育才路中段文体局综合楼3号

邮政编码：052160

鹿泉营销服务部

经　　理：董国利

电　　话：0311－82108876

地　　址：石家庄市鹿泉市龙泉路6号公路管理站

邮政编码：050200

无极支公司

经　　理：靳敬国

电　　话：0311－85587369

地　　址：石家庄市无极县东中铺医药市场希望路10号

邮政编码：052460

中国大地财产保险股份有限公司沧州中心支公司

总 经 理：刘中胜

电　　话：0317－5306596

地　　址：沧州市清池南大道47号

邮政编码：061000

泊头营销服务部

经　　理：徐海滨

电　　话：0317－8296008

地　　址：泊头市泊富路南肖杜李村北

邮政编码：062150

沧州渤海新区营销服务部

经　　理：张庆华

电　　话：0315－5317333

地　　址：河北省沧州市渤海新区黄骅港开发区黄骅港水利港建工程有限公司综合楼

邮政编码：061100

河间营销服务部

经　　理：尹建立

电　　话：0317－3222646
地　　址：河间市城苑东路个体车站对面盛达商住楼
邮政编码：062450

黄骅营销服务部

经　　理：张庆华
电　　话：0317－5317333
地　　址：河北省黄骅市建设大街北段
邮政编码：061100

孟村营销服务部

经　　理：王忠良
电　　话：0317－6760443
地　　址：孟村回族自治县建设大街东国土资源局北路路口东侧
邮政编码：061400

青县营销服务部

经　　理：王玉森
电　　话：0317－4122777
地　　址：河北省青县104国道养路费稽征站北侧50米
邮政编码：062650

任丘营销服务部

经　　理：刘伟锋
电　　话：0317－2261222
地　　址：任丘市中华路与燕山道交叉口西300米路北
邮政编码：062550

肃宁营销服务部

经　　理：宋立军
电　　话：0317－5032505
地　　址：肃宁县泽城路路北
邮政编码：062350

盐山营销服务部

经　　理：付连兵
电　　话：0317－6226158
地　　址：盐山县红庙大街西
邮政编码：061300

中国大地财产保险股份有限公司邯郸中心支公司

副总经理：苑如民（主持工作）
电　　话：0310－5908962
地　　址：邯郸市滏东北大街245号滏东写字楼A座
邮政编码：056002

峰峰营销服务部

经　　理：王　磊
电　　话：0310－5323158
地　　址：邯郸市峰峰矿区滏阳河东路62号
邮政编码：056200

武安营销服务部

经　　理：田全斌
电　　话：0310－5175255
地　　址：武安市新华大街路东145号
邮政编码：056300

中国大地财产保险股份有限公司秦皇岛中心支公司

副总经理：于绍波（主持工作）
电　　话：0335－5998678
地　　址：秦皇岛市海港区西港路345号文博大厦
邮政编码：066000

昌黎支公司

经　　理：常　勇
电　　话：0335－5962688
地　　址：昌黎县东大市场
邮政编码：066600

抚宁支公司

经　　理：章丽媛（兼）
电　　话：0335－6682852
地　　址：抚宁县迎宾路东
邮政编码：066300

青龙营销服务部

经　　理：李贺松
电　　话：0335－7884569
地　　址：青龙满族自治县青龙镇富国街
邮政编码：066500

中国大地财产保险股份有限公司唐山中心支公司

副总经理：李兆祥（主持工作）
电　　话：0315－5921111
地　　址：唐山市路北区北新西道2号
邮政编码：063000

滦南支公司

经　　理：陈月萍
电　　话：0315－4169011
地　　址：唐山市滦南县西环路11号
邮政编码：063500

遵化支公司

经　　理：张树国

电　　话：13513065089
地　　址：遵化市新立庄村华明路东侧
邮政编码：064200

玉田营销服务部
经　　理：马立东
电　　话：0315－5059591
地　　址：唐山市玉田县城内兴旺三期10号门市
邮政编码：064100

滦县营销服务部
经　　理：许　栋
电　　话：0315－7122066
地　　址：唐山市滦县新城兴华西路123号
邮政编码：063700

丰润营销服务部
经　　理：李辉
电　　话：0315－5186000
地　　址：唐山市丰润区压库山村唐遵公路南侧
邮政编码：064000

迁西营销服务部
经　　理：董秀生
电　　话：0315－5976611
地　　址：唐山市迁西县兴城镇西环路大渠西侧
邮政编码：064300

迁安营销服务部
经　　理：石国庆
电　　话：0315－5673333
地　　址：迁安市迁安镇烟台吴庄村南
邮政编码：064400

唐海营销服务部
经　　理：李作伟
电　　话：0315－8719649
地　　址：唐山市唐海县唐海镇新立小区裕华里153号
邮政编码：063200

京唐港营销服务部
经　　理：张立明
电　　话：0315－2917208
地　　址：唐山市海港经济开发区惠泽小区商业楼21号
邮政编码：063611

曹妃甸营销服务部
经　　理：王　洋
电　　话：13733332323
地　　址：曹妃甸工业区
邮政编码：063200

裕华道营销服务部
经　　理：崔兴辉
电　　话：0315－5917853
地　　址：唐山市路北区北新西道2号
邮政编码：063000

新华西道营销服务部
经　　理：李惠军
电　　话：0315－5263135
地　　址：唐山市路南区南新道124－39号
邮政编码：063000

中国大地财产保险股份有限公司承德中心支公司
总 经 理：刘觉民
电　　话：0314－5902666
地　　址：承德市双桥区北兴隆街16号
邮政编码：067000

隆化营销服务部
经　　理：王　军
电　　话：0314－7086696
地　　址：承德市隆化县隆化镇建设街龙骧小区B座1003号
邮政编码：068150

宽城营销服务部
经　　理：徐清民
电　　话：15354140923
地　　址：宽城镇北街原木器厂处塞外花园小区1号楼
邮政编码：067600

滦平营销服务部
经　　理：韩　玉
电　　话：0314－8584597
地　　址：滦平县北大街亿鸿达写字楼
邮政编码：068250

双滦营销服务部
副 经 理：孙爱超（主持工作）
电　　话：0314－4043600
地　　址：承德市双滦区学子花园小区3号楼
邮政编码：067001

中国大地财产保险股份有限公司衡水中心支公司

总经理：李廷军
电　　话：0318－5825888
地　　址：衡水市开发区昌明大街519号
邮政编码：053000

故城营销服务部

经　　理：周留成
电　　话：0318－5695590
地　　址：故城县郑口镇京杭大街北首191号
邮政编码：253800

枣强营销服务部

经　　理：张世强
电　　话：0318－8221080
地　　址：枣强县富强南路
邮政编码：053100

安平营销服务部

经　　理：王建军
电　　话：0318－5286606
地　　址：安平县新盈东街交警队对过
邮政编码：053600

邢台中心支公司

副经理：宋群录（主持工作）
电　　话：0319－5211988
地　　址：邢台市邢州北路246号
邮政编码：054001

沙河营销服务部

经　　理：李保山
电　　话：0319－8810699
地　　址：沙河市建设北路53号
邮政编码：054100

清河营销服务部

经　　理：李泽红
电　　话：0319－8162661
地　　址：清河县太行南路东侧
邮政编码：054800

桥西营销服务部

经　　理：李文华
电　　话：0319－5211156
地　　址：邢州北路246号
邮政编码：054000

隆尧营销服务部

经　　理：郑全增
电　　话：0319－6681860
地　　址：隆尧县柴荣大街森都花园34栋11号
邮政编码：055300

临西营销服务部

经　　理：王树谦
电　　话：15227729399
地　　址：临西县宏毅街407
邮政编码：054900

宁晋营销服务部

经　　理：张彦敏
电　　话：0319－5809018
地　　址：宁晋县凤凰镇兴宁街建设局家属院
邮政编码：055500

平乡营销服务部

联系人：马松涛
电　　话：0319－7866081
地　　址：平乡县丰州镇建设大街北段东侧
邮政编码：054500

中国大地财产保险股份有限公司廊坊中心支公司

副总经理：孟灵一（主持工作）
电　　话：0316－5908990
地　　址：廊坊市永丰道儿童乐园北门西侧
邮政编码：065000

香河营销服务部

经　　理：王文清
电　　话：0316－8322130
地　　址：香河县淑阳镇新开街北侧烟草局西侧
邮政编码：065400

固安支公司

经　　理：刘颖威
电　　话：0316－6161339
地　　址：固安县新源街金海家园门店楼
邮政编码：065500

文安营销服务部

经　　理：杜建成
电　　话：0316－5221086
地　　址：文安县城人和区（西环路东侧）
邮政编码：065800

大城营销服务部

经　　理：李安民

电　　话：0316－5521538
地　　址：廊坊市大城县津保西路168号
邮政编码：065900

霸州营销服务部

经　　理：金美凌
电　　话：0316－7211337
地　　址：霸州市兴华北路西侧隆泰小区东门63号门面房
邮政编码：065700

三河营销服务部

经　　理：扈晓东
电　　话：0316－3156662
地　　址：三河市鼎盛街北B楼1单元1、3号
邮政编码：065200

大厂营销服务部

经　　理：左维华
电　　话：0316－8823800
地　　址：大厂县金升街南侧农机办大门东侧
邮政编码：065300

中国大地财产保险股份有限公司张家口中心支公司

副总经理：杨　骏（主持工作）
电　　话：0313－5958866
地　　址：河北省张家口市高新区纬三路林业大厦
邮政编码：075000

张北营销服务部

经　　理：荆　勇
电　　话：0313－5210016
地　　址：张家口市张北县兴和路4－2号（农开办底商）
邮政编码：076450

宣化营销服务部

经　　理：贾承元
电　　话：0313－5921506
地　　址：张家口市宣化区皇城桥西街6号
邮政编码：075100

怀来营销服务部

经　　理：陈永泉
电　　话：0313－6899999
地　　址：张家口市怀来县府前东街北美枫情商住楼A10号
邮政编码：075400

万全营销服务部

经　　理：李维新
电　　话：0313－4220938
地　　址：张家口万全县孔家庄民主街广播电视大厦底商
邮政编码：076250

中国大地财产保险股份有限公司保定中心支公司

总 经 理：刘　勃
电　　话：0312－85288303
地　　址：保定市朝阳南大街98号
邮政编码：071000

定兴营销服务部

经　　理：张爱军
电　　话：0312－5870156
地　　址：定兴县开发区华建路232号
邮政编码：072650

望都营销服务部

经　　理：王新阁
电　　话：0312－7795590
地　　址：望都县富强街北劳动局对面
邮政编码：072450

国家开发银行股份有限公司

国家开发银行股份有限公司河北省分行

行　　长：张林武
电　　话：0311－85288226
地　　址：石家庄市裕华西路9号裕园广场B座
邮政编码：050051

中国农业发展银行

中国农业发展银行河北省分行

行　　长：李　玉
电　　话：0311－83803441
地　　址：石家庄市中华南大街216号
邮政编码：050056

省分行营业部

总 经 理：康宗琪
电　　话：0311－86984545

地　　址：石家庄市平安南大街25号
邮政编码：050011

辛集市支行

行　　长：田桂军
电　　话：0311－85398986
地　　址：辛集市市府东大街48号
邮政编码：052360

晋州市支行

行　　长：刘振良
电　　话：0311－84336878
地　　址：晋州市向阳街65号
邮政编码：052260

深泽县支行

行　　长：李秀英
电　　话：0311－83525539
地　　址：深泽县西苑街142号
邮政编号：052560

无极县支行

行　　长：刘根聚
电　　话：0311－85577717
地　　址：无极县花园路东头路北
邮政编码：052460

藁城市支行

行　　长：杨军梅
电　　话：0311－88193006
地　　址：藁城市四明街南头
邮政编码：052160

赵县支行

行　　长：郭瑞珩
电　　话：0311－84921216
地　　址：赵县北二环中段路南
邮政编码：051530

栾城县支行

行　　长：孟翠娟
电　　话：0311－88033785
地　　址：栾城县中心路49号
邮政编码：051430

正定县支行

行　　长：陈俊海
电　　话：0311－88021080
地　　址：正定县长山东路11号
邮政编码：050800

新乐市支行

行　　长：张贵兵
电　　话：0311－88588992
地　　址：新乐市新开西路158号
邮政编码：050700

高邑县支行

行　　长：冯玉英
电　　话：0311－84032386
地　　址：高邑县凤中路100号
邮政编码：051330

元氏县支行

副 行 长：王同进（主持工作，3月免）
　　　　　（行长，3月任）
电　　话：0311－84638908
地　　址：元氏县人民路61号
邮政编码：051130

赞皇县支行

副 行 长：刘瑞民（主持工作，3月免）
　　　　　（行长，3月任）
电　　话：0311－84223112
地　　址：赞皇县盛茂路107号
邮政编码：051230

井陉县支行

行　　长：杜建日
电　　话：0311－82037186
地　　址：井陉县城建设南路军民街1号
邮政编码：050300

鹿泉市支行

行　　长：李月敏
电　　话：0311－82182793
地　　址：鹿泉市顺城关99号
邮政编码：050200

平山县支行

行　　长：崔力军
电　　话：0311－82943158
地　　址：平山县柏坡东路212号
邮政编码：050400

灵寿县支行

行　　长：杨矛盾
电　　话：0311－82961063
地　　址：灵寿县城北环东路10号
邮政编码：050500

行唐县支行

行　　长：康建永
电　　话：0311－82997999

地　　址：行唐县香港鲁 3 号
邮政编码：050600

中国农业发展银行承德分行

行　　长：许树君
电　　话：0314－2188038
地　　址：承德市开发区东区大石庙镇庄头营村
邮政编码：067000

承德分行营业部

主　　任：肖瑞琦
电　　话：0314－2191070
地　　址：承德市开发区东区大石庙镇庄头营村
邮政编码：067000

围场满族蒙古族自治县支行

行　　长：尹林奎
电　　话：0314－7518882
地　　址：河北省围场县围场镇木兰中路 154 号
邮政编码：068450

丰宁满族自治县支行

行　　长：肖俊青
电　　话：0314－8013560
地　　址：河北省丰宁县大阁镇宁丰路乙 315 号
邮政编码：068350

隆化县支行

行　　长：曲志强
电　　话：0314－7063904
地　　址：河北省隆化县隆化镇苔山路 165 号
邮政编码：068150

滦平县支行

行　　长：王向军
电　　话：0314－8582001
地　　址：河北省滦平县滦平镇新建路西段北侧 58 号
邮政编码：068250

兴隆县支行

行　　长：杜　欣
电　　话：0314－5059677
地　　址：河北省兴隆县兴隆镇东区
邮政编码：067300

平泉县支行

行　　长：王子厚
电　　话：0314－6039557
地　　址：河北省平泉县平泉镇双桥街 467 号
邮政编码：067500

宽城满族自治县支行

行　　长：陈　宏
电　　话：0314－6636666
地　　址：河北省宽城县宽城镇西街
邮政编码：067600

承德县支行

行　　长：刘　建
电　　话：0314－3011846
地　　址：河北省承德县下板城老街
邮政编码：067400

中国农业发展银行张家口分行

行　　长：张国栋
电　　话：0313－8083666
地　　址：河北省张家口市桥西区新华前街 158 号
邮政编码：075000

康保县支行

行　　长：张振林
电　　话：0313－5530138
地　　址：河北省康保县康保镇迎宾路西
邮政编码：076650

宣化区支行

行　　长：张峻峰
电　　话：0313－3385600
地　　址：张家口市宣化区小关沟 1 号
邮政编码：075100

崇礼县支行

行　　长：申万山
电　　话：0313－4617668
地　　址：崇礼县西湾子镇长青路 7 号
邮政编码：076350

赤城县支行

行　　长：武文忠
电　　话：0313－6312462
地　　址：赤城县赤城镇振兴中路 2 号
邮政编码：075500

张家口分行营业部

经　　理：张铭庆

电　　话：0313－8049211
地　　址：河北省张家口市桥西区新华前街158号
邮政编码：075000

阳原县支行
行　　长：史富全
电　　话：0313－7512972
地　　址：河北省阳原县西城昌盛东大街9号
邮政编码：075800

尚义县支行
行　　长：武树平
电　　话：0313－4324495
地　　址：河北省尚义县南壕堑镇安宁街98号
邮政编码：076750

怀来县支行
行　　长：高向阳
电　　话：0313－6223168
地　　址：怀来县沙城镇西坑街19号
邮政编码：075400

张北县支行
行　　长：刘全伶
电　　话：0313－2733840
地　　址：河北省张北县兴和东路2号
邮政编码：076450

怀安县支行
行　　长：侯旭明
电　　话：0313－7818543
地　　址：河北省怀安县柴沟堡镇胜利街文银巷2号
邮政编码：076150

蔚县支行
行　　长：任慧忠
电　　话：0313－7013339
地　　址：河北省蔚县蔚州镇前进路光明西街2号
邮政编码：075700

万全县支行
行　　长：孙志强
电　　话：0313－4222393
地　　址：万全县孔家庄镇建设路8号
邮政编码：076250

涿鹿县支行
行　　长：魏晓明
电　　话：0313－6521859
地　　址：河北省涿鹿县人民中街86号
邮政编码：075600

沽源县支行
行　　长：安传刚
电　　话：0313－5821088
地　　址：沽源县平定堡镇桥东路196号
邮政编码：076550

中国农业发展银行秦皇岛分行

行　　长：刘尔愚
电　　话：0335－3066190
地　　址：秦皇岛市海港区燕山大街370号
邮政编码：066000

秦皇岛分行营业部
经　　理：徐东伟
电　　话：0335－3660929
地　　址：秦皇岛市燕山大街370号
邮政编码：066000

抚宁县支行
行　　长：祖秉弟
电　　话：0335－6684838
地　　址：抚宁县健康大街316号
邮政编码：066300

昌黎县支行
行　　长：王丙新
电　　话：0335－2981744
地　　址：昌黎县城关镇三街东山小区500号
邮政编码：066600

卢龙县支行
行　　长：檀新民
电　　话：0335－7012052
地　　址：卢龙县卢龙镇东大街61号
邮政编码：066400

青龙满族自治县支行
行　　长：徐东伟
电　　话：0335－2695002
地　　址：青龙县青龙镇燕山路东段
邮政编码：066500

中国农业发展银行唐山分行

行　　长：张春生
电　　话：0315－2221612

地　　址：唐山市新华西道 69 号
邮政编码：063004
唐山分行营业部
行　　长：刘立中
电　　话：0315－2223445
地　　址：唐山市新华西道 69 号
邮政编码：063004
丰润区支行
行　　长：张亚军
电　　话：0315－5192005
地　　址：唐山丰润区唐丰路 159 号
邮政编码：064000
丰南区支行
行　　长：杨丛钰
电　　话：0315－8126942
地　　址：唐山市丰南区青年路 11 号
邮政编码：063300
滦县支行
行　　长：金品杰
电　　话：0315－7163937
地　　址：滦县新城燕山北大街 30 号
邮政编码：063700
滦南县支行
行　　长：商志海
电　　话：0315－4168492
地　　址：滦南县奔城镇电厂路
邮政编码：063500
乐亭县支行
行　　长：高继敏
电　　话：0315－4632400
地　　址：乐亭县城平大路 116 号
邮政编码：063600
迁安市支行
行　　长：王立军
电　　话：0315－7619614
地　　址：河北省迁安市惠宁大街 1897 号
邮政编码：064400
迁西县支行
行　　长：沈庆利
电　　话：0315－5669630
地　　址：迁西县城关喜丰路北段西侧
邮政编码：064300
遵化市支行
行　　长：刘海文
电　　话：0315－6638636
地　　址：河北省遵化市苏家洼镇马家洼村公路东测
邮政编码：064200
玉田县支行
行　　长：皮俊清
电　　话：0315－6185003
地　　址：玉田县无终西街 1506 号
邮政编码：064100
唐海县支行
行　　长：张晓丹
电　　话：0315－8712304
地　　址：唐海县城关垦丰大街 10 号
邮政编码：063200
古冶区支行
行　　长：贾国璋
电　　话：0315－3251545
地　　址：唐山市古冶区唐家庄震兴道
邮政编码：063100

中国农业发展银行廊坊分行

行　　长：徐　磊
电　　话：0316－2332205
地　　址：廊坊市爱民东道 35 号
邮政编码：065000
三河市支行
行　　长：孙浩然
电　　话：0316－3112995
地　　址：三河市北城迎宾路 82 号
邮政编码：065200
大厂县支行
行　　长：陈雁林
电　　话：0316－8826256
地　　址：大厂县荣昌北路 63 号
邮政编码：065400
香河县支行
行　　长：孟凡波
电　　话：0316－8336235
地　　址：香河县城淑阳大街 3 号
邮政编码：065400
永清县支行
行　　长：陈书龙
电　　话：0316－6680196
地　　址：永清县会昌大街 265 号

邮政编码：065600

固安县支行

行　　长：黄　彪

电　　话：0316－6190185

地　　址：固安县邮政局大楼农发行固安县支行

邮政编码：065500

霸州市支行

行　　长：苏亚军

电　　话：0316－7221802

地　　址：霸州市益津中路388号

邮政编码：065700

文安县支行

副 行 长：韩金跃（主持工作）

电　　话：0316－5255189

地　　址：文安县人和路27号

邮政编码：065800

大城县支行

行　　长：郭永强

电　　话：0316－5509803

地　　址：大城县新华西街91号

邮政编码：065400

安次区支行

行　　长：郭立秋

电　　话：0316－2362058

地　　址：廊坊市安次区顺安道200号中国农业发展银行安次区支行

邮政编码：065000

市分行营业部

经　　理：徐英杰

电　　话：0316－2332235

地　　址：廊坊市爱民东道35号

邮政编码：065000

中国农业发展银行保定分行

行　　长：张洪泽

电　　话：0312－3310188

地　　址：保定市五四西路126号

邮政编码：071051

保定分行营业部

经　　理：郝自然

电　　话：0312－3310258

地　　址：保定市五四西路126号

邮政编码：071051

定州市支行

行　　长：杨春艳

电　　话：0312－2327931

地　　址：定州市中山路农业银行

邮政编码：073000

高碑店市支行

行　　长：王林峰

电　　话：0312－2801835

地　　址：高碑店市迎宾路215号

邮政编码：074000

涿州市支行

行　　长：张子军

电　　话：0312－3853386

地　　址：涿州市开发区平安北街85号

邮政编码：072750

易县支行

行　　长：谷小飞

电　　话：0312－8226918

地　　址：易县阳元南街55号

邮政编码：074200

涞源县支行

行　　长：闫文运

电　　话：0312－7325432

地　　址：涞源县中心路

邮政编码：074300

曲阳县办事处

主　　任：杨跃龙

电　　话：0312－4288008

地　　址：曲阳县恒山中路

邮政编码：073100

高阳县支行

行　　长：李保刚

电　　话：0312－6635155

地　　址：高阳县东王路25号

邮政编码：071500

容城县办事处

主　　任：平　浩

电　　话：0312－5611281

地　　址：容城县西城路32号

邮政编码：071700

雄县支行

行　　长：张建波

电　　话：0312－5818720

地　　址：雄县铃铛阁大街249号
邮政编码：071800

唐县支行

行　　长：杨　然
电　　话：0312－6413407
地　　址：唐县中山路北大街
邮政编码：072350

涞水县支行

行　　长：田红军
电　　话：0312－4531667
地　　址：涞水县府前街185号
邮政编码：074100

顺平县支行

行　　长：朱同如
电　　话：0312－7622666
地　　址：顺平县幸福街（原建行办公楼）
邮政编码：072250

安新县支行

行　　长：董　浩
电　　话：0312－5330985
地　　址：安新县城雁翎路
邮政编码：071600

蠡县支行

行　　长：刘永胜
电　　话：0312－6215875
地　　址：蠡县永盛南大街
邮政编码：071400

定兴县支行

行　　长：边东育
电　　话：0312－6915068
地　　址：定兴县南大街
邮政编码：072650

徐水县支行

行　　长：罗增龙
电　　话：0312－8681698
地　　址：徐水县振兴西路
邮政编码：072550

满城县支行

行　　长：黄军昌
电　　话：0312－7160005
地　　址：满城县中山东路12号
邮政编码：072150

安国市支行

行　　长：程兆峰
电　　话：0312－3518236
地　　址：安国市药华大路155号
邮政编码：071200

博野县支行

行　　长：姜玉良
电　　话：0312－8327587
地　　址：博野县博陵西路89号
邮政编码：071300

望都县支行

行　　长：霍国英
电　　话：0312－7731005
地　　址：望都县富强街32号
邮政编码：072450

清苑县支行

行　　长：田　华
电　　话：0312－5800181
地　　址：清苑北路368号
邮政编码：071100

阜平县支行

行　　长：祁　智
电　　话：0312－7223754
地　　址：阜平县城东寺大街76号
邮政编码：073200

中国农业发展银行沧州分行

行　　长：梁书晓
电　　话：0317－2031994
地　　址：河北省沧州市御河路5号
邮政编码：061001

河间市支行

行　　长：哈宝山
电　　话：0317－3658204
地　　址：河北省河间市城苑西路
邮政编码：062450

任丘市支行

行　　长：刘世军
电　　话：0317－2257575
地　　址：河北省任丘市裕华路市场街77号
邮政编码：062550

海兴县支行

行　　长：刘建洋
电　　话：0317－6616526
地　　址：河北省海兴县兴融街
邮政编码：061200

献县支行
行　　长：张振田
电　　话：0317－4624906
地　　址：河北省献县本斋路
邮政编码：062250

吴桥县支行
副 行 长：王宗耀（主持工作）
电　　话：0317－7360266
地　　址：河北省吴桥县桑园镇钱塘江路4号
邮政编码：061800

东光县支行
行　　长：王国锋
电　　话：0317－7726001
地　　址：河北省东光县邮政路
邮政编码：061600

泊头市支行
行　　长：陈有权
电　　话：0317－8285478
地　　址：河北省泊头市建设街
邮政编码：062150

青县支行
行　　长：刘　青
电　　话：0317－4021517
地　　址：河北省青县新华西路
邮政编码：062650

孟村县支行
副 行 长：王福达（主持工作）
电　　话：0317－6722611
地　　址：河北省孟村县建设大街
邮政编码：061400

肃宁县支行
行　　长：路兰俊
电　　话：0317－5030583
地　　址：河北省肃宁县石坊东路18号
邮政编码：062350

盐山县支行
行　　长：孙吉湘
电　　话：0317－6221053
地　　址：河北省盐山县东环路
邮政编码：061300

黄骅市支行
行　　长：杨国强
电　　话：0317－5313318
地　　址：河北省黄骅市建设大街
邮政编码：061100

南皮县支行
行　　长：张建新
电　　话：0317－8854204
地　　址：河北省南皮县安顺南路
邮政编码：061500

沧县支行
行　　长：臧国胜
电　　话：0317－3578232
地　　址：河北省沧州市黄河东路69号
邮政编码：061000

沧州分行营业室
主　　任：刘大为
电　　话：0317－2014397
地　　址：河北省沧州市御河路5号
邮政编码：061001

中国农业发展银行衡水分行

行　　长：王延增
电　　话：0318－2698910
地　　址：衡水市永兴西路519号
邮政编码：053000

衡水分行营业部
经　　理：刘东山
电　　话：0318－2122515
地　　址：衡水市永兴西路519号
邮政编码：053000

冀州市支行
行　　长：齐　亮
电　　话：0318－8617561
地　　址：冀州市富宁西路101号
邮政编码：053200

枣强县支行
行　　长：刘泽栋
电　　话：0318－8224041
地　　址：枣强县新华西街50号
邮政编码：053100

武邑县支行
行　　长：王彦忠
电　　话：0318－5714053
地　　址：武邑县建设东路6号
邮政编码：053400

深州市支行
行　　长：门江涛

电　　话：0318－3310532
地　　址：深州市黄河西路23号
邮政编码：053800

武强县支行
行　　长：申宝兴
电　　话：0318－3825967
地　　址：武强县体育街西头131号
邮政编码：053300

饶阳县支行
行　　长：张军领
电　　话：0318－7220866
地　　址：饶阳县繁荣北街16号
邮政编码：053900

安平县支行
行　　长：齐春领
电　　话：0318－7526455
地　　址：安平县红旗大街1号
邮政编码：053600

故城县支行
行　　长：张松坡
电　　话：0318－5327241
地　　址：故城县郑口镇新开区工业路西首南侧
邮政编码：253800

景县支行
行　　长：宋广胜
电　　话：0318－4227106
地　　址：景县景安大街122号
邮政编码：053500

阜城县支行
行　　长：张　杰
电　　话：0318－4625413
地　　址：阜城县富强东路32号
邮政编码：053700

中国农业发展银行邢台分行

行　　长：周　明
电　　话：0319－3891901
地　　址：邢台市邢州北路186号
邮政编码：054001

邢台县支行
行　　长：邱瑞乾
电　　话：0319－2661576
地　　址：邢台市桥西区冶金南路202号
邮政编码：054000

沙河市支行
行　　长：张金平
电　　话：0319－8702851
地　　址：沙河市京广路196号
邮政编码：054100

临城县支行
行　　长：史建博
电　　话：0319－7166288
地　　址：临城县临城镇临泉路48号
邮政编码：054300

内邱县支行
行　　长：郭庆军
电　　话：0319－6865369
地　　址：内邱县振兴东路89号
邮政编码：054200

柏乡县支行
行　　长：霍学斌
电　　话：0319－7723569
地　　址：柏乡县柏山路西侧
邮政编码：055450

隆尧县支行
副 行 长：檀国荣（主持工作）
电　　话：0319－6667968
地　　址：隆尧县康庄路64号
邮政编码：055350

任县支行
行　　长：张占民
电　　话：0319－7511836
地　　址：任县任城镇光明街45号
邮政编码：055150

南和县支行
行　　长：石建国
电　　话：0319－4568568
地　　址：南和县和阳大街西段路南
邮政编码：054400

南宫市支行
行　　长：刘文斐
电　　话：0319－5228253
地　　址：南宫市育才南路东侧
邮政编码：055750

巨鹿县支行
行　　长：白继军

电　　话：0319－4332175
地　　址：巨鹿县魏征北街
邮政编码：055250

广宗县支行
行　　长：顾瑞敏
电　　话：0319－7219890
地　　址：广宗县光明街81号
邮政编码：054600

平乡县支行
行　　长：马现夺
电　　话：0319－7860221
地　　址：平乡县丰州镇人民路西段
邮政编码：054500

威县支行
行　　长：周增群
电　　话：0319－6167199
地　　址：威县洺水东路东段路南
邮政编码：054700

清河县支行
行　　长：王一峨
电　　话：0319－8299826
地　　址：清河县滏阳街
邮政编码：054800

宁晋县支行
行　　长：柳焕申
电　　话：0319－5802718
地　　址：宁晋县西城区308国道路北
邮政编码：055550

新河县支行
行　　长：常桂英
电　　话：0319－4755869
地　　址：新河县振堂路西段
邮政编码：055650

临西县支行
行　　长：王英戈
电　　话：0319－8565959
地　　址：临西县泰山路
邮政编码：054900

邢台分行营业部
经　　理：赵凤栓
电　　话：0319－3893688
地　　址：邢台市邢州北路186号
邮政编码：054001

中国农业发展银行邯郸分行

行　　长：刘献奎
电　　话：0310－6268017
地　　址：邯郸市人民东路340号
邮政编码：056002

市分行营业部
经　　理：张红奎
电　　话：0310－6268040
地　　址：邯郸市人民东路340号
邮政编码：056002

邯郸县支行
行　　长：白武林
电　　话：0310－8030017
地　　址：邯郸市雪驰路7号
邮政编码：056005

成安县支行
行　　长：任振鹏
电　　话：0310－7285070
地　　址：成安县青云北大街63号
邮政编码：056700

磁县支行
行　　长：申峥嵘
电　　话：0310－2336806
地　　址：磁县磁州路东段南侧258号
邮政编码：056500

大名县支行
行　　长：晋林海
电　　话：0310－6566978
地　　址：大名县迎宾大街西段路南
邮政编码：056900

肥乡县支行
行　　长：李　勇
电　　话：0310－8557576
地　　址：肥乡县建设街西段与井堂路交叉口
邮政编码：057550

馆陶县支行
行　　长：史少军
电　　话：0310－2831978
地　　址：馆陶县新华街与文卫街交叉口东南角
邮政编码：057750

广平县支行
行　　长：段保红

电　　话：0310－2524714
地　　址：广平县人民路东段
邮政编码：057650

鸡泽县支行
行　　长：郭延信
电　　话：0310－7525351
地　　址：鸡泽县中长街129号
邮政编码：057350

临漳县支行
行　　长：崔瑞春
电　　话：0310－7866795
地　　址：临漳县城东门北大街
邮政编码：056600

邱县支行
行　　长：李秋菊
电　　话：0310－8359990
地　　址：邱县东方路中段西侧街
邮政编码：057450

曲周县支行
行　　长：陈连印
电　　话：0310－8816921
地　　址：曲周县曲周镇南一环西段路南
邮政编码：057250

涉县支行
行　　长：杨凤平
电　　话：0310－3828443
地　　址：涉县振兴路238号
邮政编码：056400

魏县支行
行　　长：刘昊增
电　　话：0310－3506070
地　　址：魏县龙乡街路东
邮政编码：056800

武安市支行
行　　长：郭青山
电　　话：0310－5661841
地　　址：武安市中兴路1322号
邮政编码：056300

永年县支行
行　　长：冯海军
电　　话：0310－6828380
地　　址：永年县迎宾大道东大街3号
邮政编码：057150

峰峰矿区支行
行　　长：张堂富
电　　话：0310－5165793
地　　址：峰峰矿区滏阳东路76号
邮政编码：056200

中国工商银行股份有限公司

中国工商银行河北省分行

行　　长：许　杰
电　　话：0311－66001888
地　　址：石家庄市中山西路188号
邮政编码：050051

河北省分行营业部
总 经 理：李金辉
电　　话：0311－66665511
地　　址：石家庄市平安南大街113号
邮政编码：050021

石家庄桥西支行
行　　长：李宏伟
电　　话：0311－87022784
地　　址：石家庄市中山西路123号
邮政编码：050000

石家庄和平支行
行　　长：于鹿安
电　　话：0311－89617912
地　　址：石家庄市广安街77号
邮政编码：050000

石家庄长安支行
行　　长：苌志军
电　　话：0311－86038143
地　　址：石家庄市中山东路180号
邮政编码：050011

石家庄建华支行
行　　长：王国强
电　　话：0311－85054885
地　　址：石家庄市建华北大街21号
邮政编码：050031

石家庄中华支行
行　　长：苌志敏
电　　话：0311－83814656
地　　址：石家庄市中华南大街172号
邮政编码：050000

石家庄光明支行

行　　长：杨　涛

电　　话：0311－83085178

地　　址：石家庄市裕华西路75号

邮政编码：050091

石家庄胜利支行

行　　长：王　英

电　　话：0311－85827568

地　　址：石家庄市体育南大街221号

邮政编码：050021

石家庄石岗支行

行　　长：杨同庄

电　　话：0311－67662805

地　　址：石家庄市中华北大街138号

邮政编码：050061

石家庄东风支行

行　　长：马小柱

电　　话：0311－66665583

地　　址：石家庄市平安南大街113号

邮政编码：050021

石家庄桥东支行

行　　长：唐力强

电　　话：0311－86032612

地　　址：石家庄市裕华东路7号

邮政编码：050000

石家庄开发区支行

行　　长：郭　剑

电　　话：0311－87233388

地　　址：石家庄市红旗大街199号

邮政编码：050091

石家庄新华支行

行　　长：郭建增

电　　话：0311－87886473

地　　址：石家庄市新华路355号

邮政编码：050051

石家庄建南支行

行　　长：王　勇

电　　话：0311－85030876

地　　址：石家庄市建华南大街161号

邮政编码：050031

石家庄西苑支行

行　　长：贾玉红

电　　话：0311－83626802

地　　址：石家庄市友谊北大街51号

邮政编码：050051

石家庄高新支行

行　　长：闫孟军

电　　话：0311－85267605

地　　址：石家庄市东开发区黄河大道99号

邮政编码：050035

鹿泉支行

行　　长：陈占州

电　　话：0311－82012882

地　　址：河北省鹿泉市龙泉路31号

邮政编码：050200

辛集支行

行　　长：赵立军

电　　话：0311－85398129

地　　址：河北省辛集市西华路南段1号

邮政编码：052360

正定支行

行　　长：李银福

电　　话：0311－88026673

地　　址：河北省正定县恒州南街41号

邮政编码：050800

平山支行

行　　长：秘靖江

电　　话：0311－82911677

地　　址：河北省平山县建设北大街13号

邮政编码：050400

藁城支行

行　　长：郭振东

电　　话：0311－85156860

地　　址：河北省藁城市胜利东路002号

邮政编码：052160

井陉支行

行　　长：杨相忠

电　　话：0311－82022264

地　　址：河北省井陉县建设南路5号

邮政编码：050300

晋州支行

行　　长：王　威

电　　话：0311－84322100

地　　址：河北省晋州市中兴街240号

邮政编码：052260

栾城支行

副 行 长：王　屹（主持工作）

电　　话：0311－88031181
地　　址：河北省栾城县大桥路82号
邮政编码：051430

灵寿支行

行　　长：童晓民
电　　话：0311－82521516
地　　址：河北省灵寿县人民东路1号
邮政编码：050500

元氏支行

副 行 长：李献辉（主持工作）
电　　话：0311－86530661
地　　址：河北省元氏县兴华路122号
邮政编码：051130

无极支行

副 行 长：薛剑峰（主持工作）
电　　话：0311－85571161
地　　址：河北省无极县光明南街7号
邮政编码：052460

深泽支行

副 行 长：石振华（主持工作）
电　　话：0311－83522438
地　　址：河北省深泽县建设街东头路北
邮政编码：052560

新乐支行

副 行 长：张　江（主持工作）
电　　话：0311－88581863
地　　址：河北省新乐市长寿路15号
邮政编码：050700

赵县支行

行　　长：邢国华
电　　话：0311－84941412
地　　址：河北省赵县永通路82号
邮政编码：051530

赞皇支行

副 行 长：魏会彬（主持工作）
电　　话：0311－84221451
地　　址：河北省赞皇县槐泉东路138号
邮政编码：051230

行唐支行

行　　长：申　健
电　　话：0311－82981622
地　　址：河北省行唐县玉城大街17号
邮政编码：050600

高邑支行

行　　长：程金须
电　　话：0311－84031570
地　　址：河北省高邑县凤中路314号
邮政编码：051330

中国工商银行保定分行

行　　长：王爱东
电　　话：0312－3028327
地　　址：保定市东风中路1902号
邮政编码：071051

莲池支行

行　　长：王志勇
电　　话：0312－2027067
地　　址：保定市莲池南大街411号
邮政编码：071000

朝阳支行

行　　长：石　乾
电　　话：0312－3036923
地　　址：保定市朝阳北大街555号
邮政编码：071051

开发区支行

行　　长：赵小虎
电　　话：0312－3150217
地　　址：保定市风帆路515号
邮政编码：071051

古城支行

行　　长：白建华
电　　话：0312－2026893
地　　址：保定市东风中路392号
邮政编码：071000

红星支行

行　　长：韩明杰
电　　话：0312－5038992
地　　址：保定市裕华东路24号
邮政编码：071000

新华支行

行　　长：王志林
电　　话：0312－2026847
地　　址：保定市裕华西路678号
邮政编码：071000

东风支行

行　　长：王庆博
电　　话：0312－3033150

地　　址：保定市东风西路407号
邮政编码：071051

永华支行

行　　长：高向荣
电　　话：0312－2033072
地　　址：保定市永华南大街668号
邮政编码：071000

广济支行

行　　长：王彦良
电　　话：0312－3224329
地　　址：保定市天威西路733号
邮政编码：071051

七一支行

行　　长：朱原成
电　　话：0312－3102888
地　　址：保定市七一中路1657号
邮政编码：071051

长城支行

副 行 长：史文卉（主持工作）
电　　话：0312－5075202
地　　址：保定市长城北大街446号
邮政编码：071000

三丰支行

行　　长：王　猛
电　　话：0312－2170348
地　　址：保定市三丰中路1111号
邮政编码：071000

满城支行

行　　长：张文彬
电　　话：0312－7071315
地　　址：满城县中山东路60号
邮政编码：072150

涿州支行

行　　长：解　悦
电　　话：0312－3867098
地　　址：涿州市范阳东路75号
邮政编码：072150

高碑店支行

行　　长：臧索成
电　　话：0312－2833106
地　　址：高碑店市迎宾路39号
邮政编码：074000

定兴支行

行　　长：李　晶
电　　话：0312－6912668
地　　址：定兴县兴华西路18号
邮政编码：072650

徐水支行

行　　长：陈立文
电　　话：0312－8683813
地　　址：徐水县永兴西路8号
邮政编码：072550

望都支行

行　　长：杨红涛
电　　话：0312－7722563
地　　址：望都县中华路45号
邮政编码：072450

定州支行

行　　长：赵光辉
电　　话：0312－2330303
地　　址：定州市中山中路工商银行
邮政编码：073000

容城支行

行　　长：王　波
电　　话：0312－5613570
地　　址：容城县南环路工商银行
邮政编码：071700

雄县支行

副 行 长：田国安（主持工作）
电　　话：0312－5811709
地　　址：雄县铃铛阁大街35号
邮政编码：071800

安新支行

行　　长：高　静
电　　话：0312－5331566
地　　址：安新县建设大街工商银行
邮政编码：071600

高阳支行

行　　长：李　志
电　　话：0312－6622108
地　　址：高阳县东大街38号
邮政编码：071600

博野支行

行　　长：常　星
电　　话：0312－5830066
地　　址：博野县博陵中路79号
邮政编码：071300

蠡县支行
行　　长：郝文永
电　　话：0312－6212907
地　　址：蠡县城内维明西路52号
邮政编码：071400
安国支行
副 行 长：马栋臣（主持工作）
电　　话：0312－3599870
地　　址：安国市金融路73号
邮政编码：071200
涞源支行
行　　长：周立强
电　　话：0312－7321634
地　　址：涞源县广昌大街工商银行
邮政编码：074300
易县支行
行　　长：宋晓东
电　　话：0312－8212996
地　　址：易县开元北大街142号
邮政编码：074200
顺平支行
副 行 长：牛胜军（主持工作）
电　　话：0312－7621144
地　　址：顺平县平安街14号
邮政编码：072250
曲阳支行
副 行 长：桑建林（主持工作）
电　　话：0312－4262435
地　　址：曲阳县垣山路
邮政编码：073100
白沟支行
副 行 长：杨镒铭（主持工作）
电　　话：0312－2890117
地　　址：白沟新城友谊路120号
邮政编码：074004

中国工商银行沧州分行

行　　长：白玉民
电　　话：0317－3024927
地　　址：沧州市清池南大道13号
邮政编码：061000
福宾支行
行　　长：冯福启
电　　话：0317－2190206
地　　址：沧州市清池南大道13号
邮政编码：061000
南门里支行
行　　长：回德智
电　　话：0317－3025318
地　　址：沧州市清池南大道11号
邮政编码：061000
车站支行
行　　长：杨海星
电　　话：0317－3042364
地　　址：沧州解放中路68号
邮政编码：061000
河西支行
行　　长：孔军民
电　　话：0317－2024575
地　　址：沧州市西环中路16号
邮政编码：061001
南环支行
行　　长：刘海慧
电　　话：0317－3073993
地　　址：沧州市南大街439号
邮政编码：061000
北环支行
行　　长：贾树军
电　　话：0317－3030996
地　　址：沧州市清池北大道40号
邮政编码：061000
铁东支行
行　　长：朱建军
电　　话：0317－3030633
地　　址：沧州市解放东路50号
邮政编码：061000
新华支行
行　　长：宋荣全
电　　话：0317－2011101
地　　址：沧州市新华西路副2号
邮政编码：061001
泊头支行
行　　长：王　刚
电　　话：0317－8197317
地　　址：泊头市裕华路
邮政编码：062150
华北石油支行
行　　长：李建民

电　　话：0317－2724387
地　　址：任丘市渤海路52号
邮政编码：062552

河间支行

行　　长：明五星
电　　话：0317－3239666
地　　址：河间市西大街28号
邮政编码：062450

黄骅支行

行　　长：张立成
电　　话：0317－5236767
地　　址：黄骅市渤海路建设大街
邮政编码：061100

渤海新区支行

行　　长：李　勤
电　　话：0317－5768401
地　　址：黄骅港开发区
邮政编码：061110

青县支行

行　　长：张恩松
电　　话：0317－4122118
地　　址：青县新华路县委南侧
邮政编码：062650

盐山支行

行　　长：王后治
电　　话：0317－6212228
地　　址：盐山县西大街1号
邮政编码：061300

肃宁支行

行　　长：孙卫国
电　　话：0317－5021031
地　　址：肃宁县石纺路66号
邮政编码：062350

吴桥支行

行　　长：张　智
电　　话：0317－7341446
地　　址：吴桥县华山道北首
邮政编码：061800

东光支行

行　　长：董春来
电　　话：0317－7721210
地　　址：东光县府前街
邮政编码：061600

献县支行

行　　长：王如松
电　　话：0317－4611212
地　　址：献县政府街1号
邮政编码：062250

孟村支行

行　　长：李风恩
电　　话：0317－6768338
地　　址：孟村回族自治县政府北侧
邮政编码：061400

海兴支行

行　　长：贾启承
电　　话：0317－6612899
地　　址：海兴海政路南中心街东
邮政编码：061200

中国工商银行承德分行

行　　长：沈学勤
电　　话：0314－2559002
地　　址：承德市西大街26号
邮政编码：067000

汇通支行

行　　长：王文福
电　　话：0314－2559091
地　　址：承德市西大街26号
邮政编码：067000

太平桥支行

行　　长：王　贤
电　　话：0314－2034789
地　　址：承德市东大街5号
邮政编码：067000

山庄支行

行　　长：王　玉
电　　话：0314－2188998
地　　址：承德市西大街双柳小区16号楼
邮政编码：067000

热河支行

行　　长：金连铁
电　　话：0314－2078080
地　　址：承德市南营子大街路西16号
邮政编码：067000

开发区支行

行　　长：杨秀峰
电　　话：0314－2120393

地　　址：承德市开发区创业中心楼
邮政编码：067000

双滦支行

行　　长：李瑞敏
电　　话：0314－4314051
地　　址：河北承德市双滦区滦河镇承钢金融大厦B座
邮政编码：067002

鹰手营子支行

行　　长：成学义
电　　话：0314－5010288
地　　址：承德市鹰手营子大街67号
邮政编码：067200

滦平支行

行　　长：刘凤江
电　　话：0314－8583530
地　　址：河北省滦平县滦平镇北大街168号
邮政编码：068250

隆化支行

行　　长：孙树明
电　　话：0314－7063158
地　　址：河北省隆化县隆化镇安洲街1号
邮政编码：068150

承德县支行

行　　长：王晓伟
电　　话：0314－3011752
地　　址：河北省承德县下板城镇珠源路
邮政编码：067400

围场支行

副 行 长：戴建国（主持工作）
电　　话：0314－7514224
地　　址：河北省围场满族蒙古族自治县伊逊路240号
邮政编码：068450

平泉支行

行　　长：李明健
电　　话：0314－6022496
地　　址：河北省平泉县平泉镇双桥街45号
邮政编码：067500

丰宁支行

行　　长：宋立新
电　　话：0314－8012508
地　　址：河北省丰宁满族自治县大阁镇
邮政编码：068350

兴隆支行

行　　长：李延林
电　　话：0314－5053379
地　　址：河北省兴隆县兴隆镇东大街路北132号
邮政编码：067300

宽城支行

行　　长：赵树生
电　　话：0314－5729999
地　　址：河北省宽城满族自治县宽城镇民族街390号
邮政编码：067600

中国工商银行邯郸分行

行　　长：周　亦
电　　话：0310－3071801
地　　址：邯郸市人民东路248号
邮政编码：056002

新国际支行

行　　长：张学聪
电　　话：0310－3157880
地　　址：邯郸市人民东路248号
邮政编码：056002

和平支行

行　　长：刘　辉
电　　话：0310－3061361
地　　址：邯郸市光明北大街5号
邮政编码：056002

车站支行

行　　长：苗秋川
电　　话：0310－3043060
地　　址：邯郸市陵园路39号
邮政编码：056001

中华支行

行　　长：张振忠
电　　话：0310－3172666
地　　址：邯郸市中华北大街386号
邮政编码：056004

邯钢支行

行　　长：翟永敬
电　　话：0310－3291619
地　　址：邯郸市邯钢东路9号
邮政编码：056001

人民支行
行　　长：马　岩
电　　话：0310－4055013
地　　址：邯郸市人民西路48号
邮政编码：056003

向阳支行
行　　长：耿一功
电　　话：0310－3129228
地　　址：邯郸市中华北大街向阳路2号
邮政编码：056002

丛台支行
行　　长：史晓东
电　　话：0310－7101800
地　　址：邯郸市丛台路399号
邮政编码：056002

城东支行
行　　长：李克勤
电　　话：0310－8025911
地　　址：邯郸市雪驰路11号
邮政编码：056001

马头支行
行　　长：王海茹
电　　话：0310－3012521
地　　址：邯郸市马头镇中大街6号
邮政编码：056046

高开支行
行　　长：张银山
电　　话：0310－8077886
地　　址：邯郸市高开区联通南路18号
邮政编码：056107

新兴支行
行　　长：王振林
电　　话：0310－5790560
地　　址：邯郸武安新兴铸管厂区内上海路东头路北
邮政编码：056308

武安支行
行　　长：李连生
电　　话：0310－5688001
地　　址：邯郸武安市中兴西路165号
邮政编码：056300

涉县支行
行　　长：朱习丰
电　　话：0310－3833047
地　　址：河北省涉县龙山大街406号
邮政编码：056400

磁县支行
行　　长：刘耀斌
电　　话：0310－2322823
地　　址：邯郸磁县磁州镇朝阳北大街30号
邮政编码：056500

临漳支行
行　　长：孔令知
电　　话：0310－7862860
地　　址：河北临漳县建安路东段路北
邮政编码：056600

大名支行
行　　长：郭法臣
电　　话：0310－6569070
地　　址：河北大名县大明镇万大路1号
邮政编码：056900

魏县支行
行　　长：沈　强
电　　话：0310－3522566
地　　址：河北魏县魏州东路49号
邮政编码：056800

永年支行
行　　长：韩景学
电　　话：0310－6815178
地　　址：河北永年县临洺关镇政府街5号
邮政编码：057150

馆陶支行
行　　长：邢文鑫
电　　话：0310－2828368
地　　址：河北馆陶县县城陶山西街2号
邮政编码：057750

曲周支行
行　　长：肖振江
电　　话：0310－8892182
地　　址：河北曲周县振兴路中段路南
邮政编码：057250

广平支行
行　　长：宋新中
电　　话：0310－2524788
地　　址：河北广平县广平镇东城路中段西侧

邮政编码：057650

成安支行

副 行 长：牛笑阳（主持工作）

电　　话：0310－7211203

地　　址：河北成安县青云路北段路东

邮政编码：056700

峰峰支行

行　　长：王志军

电　　话：0310－5128186

地　　址：邯郸峰峰矿区滏阳东路8号

邮政编码：056200

中国工商银行衡水分行

行　　长：刘维柱

电　　话：0318－2024125

地　　址：衡水市人民西路321号

邮政编码：053000

衡水分行营业部

行　　长：康　宁

电　　话：0318－2067749

地　　址：衡水市人民西路321号

邮政编码：053000

新华支行

行　　长：闫长军

电　　话：0318－2024988

地　　址：衡水市红旗大旗38号

邮政编码：053000

河东支行

行　　长：孙建辉

电　　话：0318－2120200

地　　址：衡水市人民东路57号

邮政编码：053000

路北支行

行　　长：杨克奇

电　　话：0318－2130314

地　　址：衡水市大庆中路53号

邮政编码：053000

河西支行

行　　长：解千里

电　　话：0318－2179152

地　　址：衡水市康复街24号

邮政编码：053000

胜利支行

行　　长：杨振声

电　　话：0318－2128049

地　　址：衡水市和平中路13号

邮政编码：053000

冀州支行

行　　长：耿秋治

电　　话：0318－8612844

地　　址：衡水市冀州市信都西路

邮政编码：053200

枣强支行

行　　长：周长聚

电　　话：0318－8224542

地　　址：衡水市枣强县富强南路1号

邮政编码：053100

武邑支行

行　　长：王　林

电　　话：0318－5713272

地　　址：衡水市武邑县建设东路26号

邮政编码：053400

深州支行

行　　长：张海涛

电　　话：0318－3312657

地　　址：衡水市深州市永平大街

邮政编码：053800

饶阳支行

行　　长：王　建

电　　话：0318－7238777

地　　址：衡水市饶阳县建新路12号

邮政编码：053900

安平支行

行　　长：韩亚威

电　　话：0318－7524369

地　　址：衡水市安平县为民东路14号

邮政编码：053600

故城支行

行　　长：何洪坡

电　　话：0318－5322438

地　　址：衡水市故城县青年路91号

邮政编码：053800

景县支行

行　　长：王文杰

电　　话：0318－4222224

地　　址：衡水市景县景安大街387号

邮政编码：053500

阜城支行
行　　长：潘立忠
电　　话：0318－4622554
地　　址：衡水市阜城县阜兴路
邮政编码：053700

中国工商银行股份有限公司廊坊分行

行　　长：王向东
电　　话：0316－2312706
地　　址：廊坊市和平路78号
邮政编码：065000

解放支行
副 行 长：周冬斯（主持工作）
电　　话：0316－2014186
地　　址：廊坊市新华路17号
邮政编码：065000

金光支行
行　　长：杜连玺
电　　话：0316－2014539
地　　址：廊坊市和平路62号
邮政编码：065000

曙光支行
行　　长：刘一泓
电　　话：0316－2110329
地　　址：廊坊市曙光道26号
邮政编码：065000

光明支行
行　　长：李旭东
电　　话：0316－2685072
地　　址：廊坊市光明西道86号
邮政编码：065000

开发区支行
行　　长：何海冀
电　　话：0316－6076015
地　　址：廊坊市开发区云鹏道
邮政编码：065000

和平支行
行　　长：路闽琦
电　　话：0316－2230409
地　　址：廊坊市和平路101号
邮政编码：065000

万庄支行
行　　长：陈晓勇
电　　话：0316－6012505
地　　址：廊坊市万庄镇文化路1号
邮政编码：065007

朝阳支行
行　　长：魏克谋
电　　话：0316－2033101
地　　址：廊坊市和平路78号
邮政编码：065000

三河支行
行　　长：杨　亮
电　　话：0316－3152297
地　　址：三河市开发路
邮政编码：065200

燕郊支行
行　　长：孙宝森
电　　话：0316－3317167
地　　址：三河市燕郊开发区迎宾路7号
邮政编码：065201

大厂支行
行　　长：海兴悦
电　　话：0316－8822428
地　　址：大厂县城东大街47号
邮政编码：065300

香河支行
行　　长：李会民
电　　话：0316－8311450
地　　址：香河县府前街11号
邮政编码：065400

固安支行
行　　长：张贺军
电　　话：0316－6161459
地　　址：固安县新源街97号
邮政编码：065500

霸州支行
行　　长：邢少强
电　　话：0316－7212535
地　　址：霸州市金康东道691号
邮政编码：065700

胜芳支行
行　　长：樊云飞
电　　话：0316－7612531
地　　址：霸州市胜芳镇凯顺路
邮政编码：065701

文安支行
行　　长：张国新

电　　话：0316－5232130
地　　址：文安县人和路62号
邮政编码：065800

大城支行
行　　长：张国辉
电　　话：0316－5522626
地　　址：大城县新华东街90号
邮政编码：065900

中国工商银行股份有限公司秦皇岛分行

行　　长：李子木
电　　话：0335－3290329
地　　址：秦皇岛市建设大街136号
邮政编码：066000

滨海支行
行　　长：王中山
电　　话：0335－3290501
地　　址：河北省秦皇岛市海港区河北大街129号
邮政编码：066000

海港支行
行　　长：孙乃龙
电　　话：0335－3411329
地　　址：河北省秦皇岛市海港区海滨路29号
邮政编码：066000

西港支行
行　　长：高　山
电　　话：0335－3298399
地　　址：河北省秦皇岛市海港区西港路208号
邮政编码：066000

迎宾支行
行　　长：尚建民
电　　话：0335－3298099
地　　址：河北省秦皇岛市海港区迎宾路153号
邮政编码：066000

河东支行
行　　长：杜树生
电　　话：0335－3291000
地　　址：河北省秦皇岛市海港区建设大街351号
邮政编码：066000

文化支行
行　　长：杨剑啸
电　　话：0335－3298066
地　　址：河北省秦皇岛市海港区文化路423号
邮政编码：066000

开发区支行
行　　长：董　才
电　　话：0335－3298339
地　　址：河北省秦皇岛市经济技术开发区天台山路6号
邮政编码：066004

人民支行
行　　长：田春生
电　　话：0335－3290228
地　　址：河北省秦皇岛市海港区建设大街136号
邮政编码：066000

秦山支行
行　　长：杨延江
电　　话：0335－3298689
地　　址：河北省秦皇岛市海港区北环路91号
邮政编码：066003

山海关支行
行　　长：卢建军
电　　话：0335－5051621
地　　址：河北省秦皇岛市山海关区南海西路15号
邮政编码：066200

北戴河支行
行　　长：夏　群
电　　话：0335－4041205
地　　址：河北省秦皇岛市北戴河区联峰路97号
邮政编码：066100

抚宁支行
行　　长：安会斌
电　　话：0335－6012612
地　　址：河北省秦皇岛市抚宁县城关镇北大街5号
邮政编码：066300

昌黎支行
行　　长：费文江

电　　话：0335－2022966
地　　址：河北省秦皇岛市昌黎县城关碣阳大街93号
邮政编码：066600

青龙支行

行　　长：张俊东
电　　话：0335－7862434
地　　址：河北省秦皇岛市青龙县青龙镇燕山路212号
邮政编码：066500

中国工商银行唐山分行

行　　长：王　琦
电　　话：0315－2711116
地　　址：唐山市新华东道102号
邮政编码：063000

凤凰支行

行　　长：张　军
电　　话：0315－2718284
地　　址：唐山市新华东道102号
邮政编码：063000

新华支行

行　　长：张　铭
电　　话：0315－2820641
地　　址：唐山市路南区国防道与文化路交叉口新天地商业区
邮政编码：063000

西山支行

行　　长：康　波
电　　话：0315－2824819
地　　址：唐山市路北区西山道30号
邮政编码：063000

缸窑支行

行　　长：张亦夫
电　　话：0315－3271319
地　　址：唐山市路北区西窑道5号
邮政编码：063020

唐钢支行

行　　长：方　伟
电　　话：0315－3719039
地　　址：唐山市路北区钢厂道8号
邮政编码：063002

车站支行

副 行 长：杨会忠（主持工作）
电　　话：0315－7211605
地　　址：唐山市新华道128号
邮政编码：063004

胜利支行

行　　长：韩瑞林
电　　话：0315－2862811
地　　址：唐山市路南区胜利路67号
邮政编码：063001

建北支行

行　　长：侯志坤
电　　话：0315－2042143
地　　址：唐山市路北区朝阳道东段
邮政编码：063000

天元支行

行　　长：陈长青
电　　话：0315－2259700
地　　址：唐山市路北区兴源道天元大厦
邮政编码：063000

丰润支行

行　　长：袁国新
电　　话：0315－3080692
地　　址：唐山市丰润区曹雪芹东道222号
邮政编码：064000

丰南支行

行　　长：赵　洪
电　　话：0315－8280029
地　　址：唐山市丰南区青年路76号
邮政编码：063300

古冶支行

行　　长：李瑞山
电　　话：0315－3564047
地　　址：唐山市古冶区林西新林道44号
邮政编码：063103

开平支行

行　　长：雷福星
电　　话：0315－3363669
地　　址：唐山市开平区新苑路71号
邮政编码：063021

南堡支行

行　　长：毕远翔
电　　话：0315－8515117
地　　址：唐山市南堡开发区希望路
邮政编码：063305

海港支行
行　　长：张国旗
电　　话：0315－2914094
地　　址：唐山市唐山海港开发区
邮政编码：063611

滦县支行
行　　长：李文先
电　　话：0315－7103922
地　　址：唐山市滦县新城胜利东路2号
邮政编码：063700

滦南支行
行　　长：张印生
电　　话：0315－4125078
地　　址：唐山市滦南奔城镇南大街56号
邮政编码：063500

乐亭支行
行　　长：刘海林
电　　话：0315－4625468
地　　址：唐山市乐亭镇金融街12号
邮政编码：063600

迁安支行
行　　长：陈庆新
电　　话：0315－7613626
地　　址：唐山市迁安市兴安大街816号
邮政编码：064400

迁西支行
行　　长：邵建军
电　　话：0315－5611293
地　　址：唐山市迁西城关景忠东街4号
邮政编码：064300

遵化支行
行　　长：侯文用
电　　话：0315－6612009
地　　址：唐山市遵化华明北路开元峰景底商
邮政编码：064200

玉田支行
行　　长：才利明
电　　话：0315－6113393
地　　址：唐山市玉田县东城路26号
邮政编码：064100

唐海支行
行　　长：李　昕
电　　话：0315－8723381
地　　址：唐山市唐海县垦丰大街42号
邮政编码：063200

中国工商银行邢台分行

行　　长：李明海
电　　话：0319－2209308
地　　址：邢台市郭守敬北路285号
邮政编码：054059

中兴支行
行　　长：童继新
电　　话：0319－2209066
地　　址：邢台市郭守敬北路1号
邮政编码：054000

冶金支行
行　　长：祁瑞侠
电　　话：0319－2209588
地　　址：邢台市桥西区冶金南路128号
邮政编码：054000

新华支行
行　　长：李文革
电　　话：0319－3170846
地　　址：邢台市新华南路280号
邮政编码：054001

桥东支行
行　　长：何宏利
电　　话：0319－3863666
地　　址：邢台市中兴东大街220号
邮政编码：054001

桥西支行
行　　长：杨志强
电　　话：0319－2209099
地　　址：邢台市冶金北路5号
邮政编码：054000

开元支行
行　　长：边英斌
电　　话：0319－3086222
地　　址：邢台市邢州北路191号
邮政编码：054001

邢州支行
行　　长：张承立
电　　话：0319－3027666
地　　址：邢台市邢州南路1号
邮政编码：054001

顺德支行
行　　长：苏植深

电　　话：0319－3688066
地　　址：邢台市顺德路 279 号
邮政编码：054001

钢北支行

行　　长：王建翌
电　　话：0319－2626988
地　　址：邢台市钢铁北路 53 号
邮政编码：054000

电厂支行

副 行 长：张文利（主持工作）
电　　话：0319－2095981
地　　址：邢台市南郊光华路
邮政编码：054000

太行支行

行　　长：宋志强
电　　话：0319－2209098
地　　址：邢台市中兴西大街 457 号
邮政编码：054000

平乡支行

行　　长：李　强
电　　话：0319－7866280
地　　址：平乡县中华路
邮政编码：054500

宁晋支行

行　　长：张少尘
电　　话：0319－5804038
地　　址：宁晋县天宝西街 5 号
邮政编码：055550

隆尧支行

行　　长：宋献锋
电　　话：0319－6682188
地　　址：隆尧县柴荣南街
邮政编码：055350

临城支行

行　　长：韩增军
电　　话：0319－7198298
地　　址：临城县临泉路 212 号
邮政编码：054300

内丘支行

行　　长：赵　科
电　　话：0319－6860066
地　　址：内丘县胜利路
邮政编码：054200

沙河支行

副 行 长：胡向东（主持工作）
电　　话：0319－8921969
地　　址：沙河市建设路 66 号
邮政编码：054100

清河支行

行　　长：王其山
电　　话：0319－8181099
地　　址：清河县武松中街 54 号
邮政编码：054800

临西支行

行　　长：王保利
电　　话：0319－8569193
地　　址：临西县玉兰西路
邮政编码：054900

威县支行

行　　长：张跃锋
电　　话：0319－6150990
地　　址：威县顺城路
邮政编码：054700

巨鹿支行

行　　长：王忠恩
电　　话：0319－4327098
地　　址：巨鹿县新华北街 111 号
邮政编码：055250

南宫支行

行　　长：赵桂胜
电　　话：0319－5229908
地　　址：南宫市青年大街 141 号
邮政编码：055750

中国工商银行张家口分行

行　　长：杨力民
电　　话：0313－2087945
地　　址：张家口市桥东区解放大街 20 号
邮政编码：075000

张家口桥东支行

副 行 长：王学军（主持工作）
电　　话：0313－2014285
地　　址：张家口市桥东区解放大街 20 号
邮政编码：075000

张家口桥西支行

行　　长：毛亚静
电　　话：0313－8021651

地　　址：张家口市桥西区新华前街158号
邮政编码：075000

张家口红旗楼支行
行　　长：温　海
电　　话：0313－5981901
地　　址：张家口市桥东区胜利南路35号
邮政编码：075000

张家口宣化支行
行　　长：冯海云
电　　话：0313－3013405
地　　址：张家口市宣化区宣府大街53号
邮政编码：075000

张家口汇通支行
副 行 长：孙　斌（主持工作）
电　　话：0313－2045305
地　　址：张家口市桥东区宝善街60号
邮政编码：075000

张家口明德南支行
行　　长：赵玉海
电　　话：0313－8026508
地　　址：张家口市桥西区明德南街10号楼
邮政编码：075000

怀安支行
行　　长：高国玉
电　　话：0313－7812783
地　　址：张家口市怀安县柴沟堡镇南大街1号
邮政编码：076150

蔚县支行
副 行 长：涂延军（主持工作）
电　　话：0313－7214673
地　　址：张家口市蔚县蔚州镇胜利西路85号
邮政编码：075700

崇礼支行
行　　长：王向荣
电　　话：0313－4612263
地　　址：张家口市崇礼县西湾子镇长青路26号
邮政编码：076350

涿鹿支行
行　　长：李保军
电　　话：0313－6521816
地　　址：张家口市涿鹿县涿鹿镇解放路1号
邮政编码：075600

张北支行
行　　长：王守明
电　　话：0313－5227388
地　　址：张家口市张北县永春南街78号
邮政编码：076450

怀来支行
行　　长：邓　冰
电　　话：0313－6223461
地　　址：张家口市怀来县沙城镇龙潭西街
邮政编码：075400

张家口下花园支行
副 行 长：平建华（主持工作）
电　　话：0313－5052408
地　　址：张家口市下花园区花园街9号
邮政编码：075300

阳原支行
副 行 长：侯晓光（主持工作）
电　　话：0313－7512670
地　　址：张家口市阳原县西城镇长盛西街烟草东楼
邮政编码：075800

万全支行
行　　长：张灏军
电　　话：0313－4222382
地　　址：张家口市万全县孔家庄镇建设路1号
邮政编码：076250

中国农业银行股份有限公司

中国农业银行河北省分行

行　　长：杨　光
电　　话：0311－87898158
地　　址：河北省石家庄自强路39号
邮政编码：050000

省分行营业部
总 经 理：宋　雷
电　　话：0311－87037762
地　　址：河北省石家庄市新华路36号
邮政编码：050000

广安支行
行　　长：吕海慧
电　　话：0311－86040694
地　　址：河北省石家庄市西大街 50 号
邮政编码：050011

东城支行
行　　长：许建科
电　　话：0311－85054732
地　　址：石家庄市中山东路 467 号
邮政编码：050031

西城支行
行　　长：李俊江
电　　话：0311－83034107
地　　址：河北省石家庄市裕华西路 85 号
邮政编码：050081

北城支行
行　　长：苏中元
电　　话：0311－87775315
地　　址：石家庄市联盟路 218 号
邮政编码：050061

石门支行
行　　长：刘炳午
电　　话：0311－87013541
地　　址：石家庄市新华路 181 号
邮政编码：050000

华兴支行
行　　长：王会芳
电　　话：0311－86690518
地　　址：石家庄市建设北大街 230 号
邮政编码：050041

北站支行
行　　长：刘　杰
电　　话：0311－87048416
地　　址：石家庄市泰华街 378 号
邮政编码：050061

东方支行
行　　长：黄连霞
电　　话：0311－87039297
地　　址：石家庄市新华西路 595 号
邮政编码：050051

正大支行
行　　长：张子强
电　　话：0311－86831195
地　　址：石家庄市胜利北街 287 号
邮政编码：050041

自强支行
行　　长：孟贵武
电　　话：0311－87030105
地　　址：石家庄市自强路 39 号
邮政编码：050000

槐安支行
副 行 长：曹小虎（主持工作）
电　　话：0311－87883824
地　　址：石家庄市翟营南大街 43 号
邮政编码：050051

平安支行
行　　长：杜红文
电　　话：0311－86981971
地　　址：石家庄市平安南大街 12 号
邮政编码：050011

新区支行
行　　长：刘连雪
电　　话：0311－85266786
地　　址：石家庄市高新区湘江道 35 号
邮政编码：050031

东岗路支行
行　　长：封明元
电　　话：0311－85808626
地　　址：石家庄市东岗路 75 号
邮政编码：050021

华安支行
行　　长：岳　巍
电　　话：0311－87887542
地　　址：石家庄市中山西路 218 号
邮政编码：050051

辛集市支行
行　　长：张景辉
电　　话：0311－83221182
地　　址：辛集市建设街东段 41 号
邮政编码：052360

鹿泉市支行
行　　长：苗雷刚
电　　话：0311－82012982
地　　址：鹿泉市获鹿镇海山大街 14 号
邮政编码：050200

行唐县支行
行　　长：盖亚娜

电　　话：0311－82981963
地　　址：行唐县玉城东大街2号
邮政编码：050600

井陉县支行
行　　长：吴京勇
电　　话：0311－82022271
地　　址：井陉县建设北路21号
邮政编码：050300

平山县支行
行　　长：张　良
电　　话：0311－82911322
地　　址：平山县建设北大街22号
邮政编码：050400

高邑县支行
行　　长：李照强
电　　话：0311－84031743
地　　址：高邑凤中路247号
邮政编码：051330

灵寿县支行
行　　长：欧阳辰
电　　话：0311－82521546
地　　址：灵寿县城北街11号
邮政编码：050500

无极县支行
行　　长：檀英凯
电　　话：0311－85571631
地　　址：无极县城花园路东路57号
邮政编码：052460

新乐市支行
行　　长：章　华
电　　话：0311－88581122
地　　址：新乐市礼堂街48号
邮政编码：050700

赵县支行
行　　长：薛振仓
电　　话：0311－84941441
地　　址：赵县柏林大街328号
邮政编码：051530

赞皇县支行
行　　长：马　佳
电　　话：0311－84221471
地　　址：赞皇县槐泉东路156号
邮政编码：051230

正定县支行
行　　长：杨建敏
电　　话：0311－88022279
地　　址：正定县恒山西路60号
邮政编码：050800

晋州市支行
行　　长：陈永辉
电　　话：0311－84322565
地　　址：晋州市中兴街
邮政编码：052260

元氏县支行
行　　长：李小红
电　　话：0311－84623469
地　　址：元氏县槐阳镇蟠龙路135号
邮政编码：051130

栾城县支行
行　　长：耿顺东
电　　话：0311－88031421
地　　址：栾城县鑫源路23号
邮政编码：051430

深泽县支行
行　　长：郑建忠
电　　话：0311－83522173
地　　址：深泽县建设街3号
邮政编码：052560

藁城市支行
行　　长：李英敏
电　　话：0311－88041974
地　　址：藁城市市府路17号
邮政编码：052160

新华路支行
行　　长：杨　晋
电　　话：0311－87035434
地　　址：石家庄市新华路36号
邮政编码：050000

中国农业银行承德分行

行　　长：甄跃生
电　　话：0314－2076388
地　　址：承德市双桥区南营子大街17号
邮政编码：067000

围场县支行
行　　长：顾广印
电　　话：0314－7512165

地　　址：围场县围场镇木兰中路177号
邮政编码：068450

丰宁县支行

行　　长：刘占伟
电　　话：0314－8012218
地　　址：丰宁满族自治县大阁镇新丰路50号
邮政编码：068350

隆化县支行

行　　长：翟海树
电　　话：0314－7062805
地　　址：隆化县隆化镇安州街45号
邮政编码：068150

滦平县支行

行　　长：董宝新
电　　话：0314－8582512
地　　址：滦平县滦平镇新建路西段南侧7号
邮政编码：068250

兴隆县支行

行　　长：张　涛
电　　话：0314－5058338
地　　址：兴隆县兴隆镇东大街12号
邮政编码：067300

平泉县支行

行　　长：陈广杰
电　　话：0314－6029008
地　　址：平泉县平泉镇政法街
邮政编码：067500

宽城县支行

行　　长：王　健
电　　话：0314－6632685
地　　址：宽城满族自治县宽城镇新兴街1号
邮政编码：067600

承德县支行

行　　长：刘　峰
电　　话：0314－3116898
地　　址：承德县下板城镇板城大街清城路
邮政编码：067400

双桥支行

行　　长：董志忠
电　　话：0314－2109508
地　　址：承德市双桥区新华园3号
邮政编码：067000

双塔山支行

行　　长：孙士斌
电　　话：0314－4044080
地　　址：承德市双滦区双塔山中心大街43号
邮政编码：067001

营子支行

行　　长：苗永青
电　　话：0314－5018955
地　　址：承德市鹰手营子矿区老街1号
邮政编码：067200

新区支行

行　　长：李庆新
电　　话：0314－2088555
地　　址：承德市双桥区福隆小区商业1栋6－7号
邮政编码：067000

承德分行营业部

主　　任：王亚军
电　　话：0314－2073579
地　　址：承德市双桥区南营子大街17号
邮政编码：067000

桥东支行

行　　长：王建勋
电　　话：0314－2087666
地　　址：承德市双桥区中居宅福隆小区A座
邮政编码：067000

桃李支行

行　　长：吴伟利
电　　话：0314－2028978
地　　址：承德市双桥区西大街17号
邮政编码：067000

中国农业银行张家口分行

副 行 长：张书辰（主持工作）
电　　话：0313－8072220
地　　址：张家口市明德南街49号
邮政编码：075000

蔚县支行

行　　长：张广恒
电　　话：0313－7212643
地　　址：蔚县蔚州镇人民路78号

邮政编码：075700

阳原县支行

行　　长：李国胜

电　　话：0313－3268301

地　　址：阳原县西城镇东门外

邮政编码：075800

怀来县支行

行　　长：张　军

电　　话：0313－6223238

地　　址：怀来县沙城镇西坑子街19号

邮政编码：075400

涿鹿县支行

行　　长：赵黎明

电　　话：0313－6521855

地　　址：河北省涿鹿县涿鹿镇人民中街

邮政编码：075600

怀安县支行

行　　长：胥春华

电　　话：0313－7812381

地　　址：怀安县柴沟堡镇南大街4号

邮政编码：076150

万全县支行

行　　长：李碧波

电　　话：0313－4222403

地　　址：万全县孔家庄镇新华街6号

邮政编码：076250

赤城县支行

副 行 长：王永安（主持工作）

电　　话：0313－6312772

地　　址：赤城县赤城镇鼓楼东街5号

邮政编码：075500

张北县支行

行　　长：温志亮

电　　话：0313－5223085

地　　址：张北县张北镇永春南大街34号

邮政编码：076450

康保县支行

行　　长：梁继光

电　　话：0313－5512641

地　　址：康保县东径路38号

邮政编码：076650

沽源县支行

行　　长：侯志忠

电　　话：0313－5813274

地　　址：河北省沽源县桥西大街

邮政编码：076550

尚义县支行

副 行 长：刘海涛（主持工作）

电　　话：0313－4323538

地　　址：尚义县南壕堑镇太平街

邮政编码：076750

崇礼县支行

行　　长：孙占月

电　　话：0313－4614225

地　　址：崇礼县西湾子镇南新街

邮政编码：076350

宣化支行

行　　长：张　强

电　　话：0313－3381600

地　　址：河北省张家口市宣化区东马道13号

邮政编码：075100

下花园支行

副 行 长：唐金瑞（主持工作）

电　　话：0313－5050408

地　　址：张家口市下花园区广场街

邮政编码：075300

长青支行

行　　长：杜启纲

电　　话：0313－8055355

地　　址：张家口市桥西区师范街1号

邮政编码：075000

工业桥支行

行　　长：秦小英

电　　话：0313－2212243

地　　址：张家口市桥东区工业横街19号

邮政编码：075000

红旗楼支行

行　　长：赵　文

电　　话：0313－4063606

地　　址：张家口市桥东区胜利南路39号

邮政编码：075000

建国路支行

行　　长：李玉琴

电　　话：0313－2126168

地　　址：张家口市桥东区德胜南街49号

邮政编码：075000

分行营业部

副 主 任：王海舟（主持工作）
电　　话：0313－8072716
地　　址：张家口市桥西区明德南街49号
邮政编码：075000

中国农业银行秦皇岛分行

行　　长：阎富强
电　　话：0335－3661199
地　　址：秦皇岛市海港区迎宾路75号
邮政编码：066000

港城支行

行　　长：宋学军
电　　话：0335－3066197
地　　址：秦皇岛市海港区迎宾路73号
邮政编码：066000

渤海支行

副 行 长：刘克华（主持工作）
电　　话：0335－3039383
地　　址：秦皇岛市海港区河北大街133号
邮政编码：066000

建国支行

行　　长：孙宝民
电　　话：0335－3204336
地　　址：秦皇岛市海港区建国路152号
邮政编码：066000

开发区支行

行　　长：黄　坚
电　　话：0335－5915208
地　　址：秦皇岛市经济技术开发区发展大厦
邮政编码：066004

迎宾支行

行　　长：刘艳霞
电　　话：0335－3072259
地　　址：秦皇岛市海港区迎宾路9号
邮政编码：066000

山海关支行

副 行 长：刘善为（主持工作）
电　　话：0335－5257818
地　　址：秦皇岛市山海关城关南路42号
邮政编码：066200

山海关开发区支行

行　　长：康国强
电　　话：0335－5938508
地　　址：秦皇岛市山海关开发区船厂路
邮政编码：066200

北戴河支行

行　　长：赵　霞
电　　话：0335－5925678
地　　址：秦皇岛市北戴河区联峰路南岭小区197号
邮政编码：066100

长城支行

行　　长：白　波
电　　话：0335－3207401
地　　址：秦皇岛市海港区民族路39号
邮政编码：066000

海港支行

行　　长：孙永吉
电　　话：0335－5310931
地　　址：秦皇岛市海港区民族南路96号
邮政编码：066000

抚宁县支行

行　　长：薛瑞东
电　　话：0335－6023366
地　　址：抚宁县抚宁镇长征路
邮政编码：066300

昌黎县支行

副 行 长：段九哲（主持工作）
电　　话：0335－2022988
地　　址：昌黎县一街后行59号
邮政编码：066600

卢龙县支行

行　　长：杨会光
电　　话：0335－7111218
地　　址：卢龙县城关环城东路
邮政编码：066400

青龙满族自治县支行

副 行 长：李俊胜（主持工作）
电　　话：0335－7861696
地　　址：青龙满族自治县青龙镇燕山路213号
邮政编码：066500

中国农业银行唐山分行

行　　长：陈元良
电　　话：0315－2321819

地　　址：河北省唐山市新华道61号
邮政编码：063004

丰润支行

副 行 长：夏利锋（主持工作）
电　　话：0315－5123883
地　　址：河北省唐山市丰润曹雪芹西大街12号
邮政编码：064000

丰南支行

副 行 长：王　全（主持工作）
电　　话：0315－8155111
地　　址：河北省唐山市丰南区青年路
邮政编码：063300

滦县支行

行　　长：司向阳
电　　话：0315－7122142
地　　址：河北省滦县新城体育北大街1号
邮政编码：063700

滦南县支行

副 行 长：刘明春（主持工作）
电　　话：0315－4122170
地　　址：河北省滦南县城南大街
邮政编码：063500

乐亭县支行

副 行 长：刘欣东（主持工作）
电　　话：0315－4612251
地　　址：河北省乐亭县城金融街
邮政编码：063600

迁安市支行

行　　长：石瑞武
电　　话：0315－7612708
地　　址：河北省迁安市惠民大街1269号
邮政编码：064400

迁西县支行

行　　长：毛东生
电　　话：0315－5612524
地　　址：河北省迁西县城喜丰路
邮政编码：064300

遵化市支行

行　　长：孙振军
电　　话：0315－6612617
地　　址：河北省遵化市文化北路55号
邮政编码：064200

玉田县支行

行　　长：李晓峰
电　　话：0315－6114308
地　　址：河北省玉田县京哈公路南侧
邮政编码：064100

曹妃甸支行

行　　长：张文利
电　　话：0315－8712310
地　　址：河北省唐海县城大通路1号
邮政编码：063200

古冶支行

行　　长：宋新艳
电　　话：0315－3681940
地　　址：河北省唐山市古冶区林西新林道中段
邮政编码：063100

开平支行

行　　长：唐晓青
电　　话：0315－3363179
地　　址：河北省唐山市开平区新苑路83号
邮政编码：063021

新城支行

副 行 长：王向阳（主持工作）
电　　话：0315－3241719
地　　址：河北省丰润区新城道45号
邮政编码：063030

西山道支行

行　　长：韩少林
电　　话：0315－2312879
地　　址：河北省唐山市西山道127号
邮政编码：063004

广场支行

行　　长：丁志林
电　　话：0315－2821159
地　　址：河北省唐山市路南区新华西道2号（唐山世博大厦内）
邮政编码：063000

胜利路支行

行　　长：杨大明
电　　话：0315－2861690
地　　址：河北省唐山市胜利路55号
邮政编码：063001

新华西道支行

行　　长：张德顺

电　　话：0315－2257003
地　　址：河北省唐山市新华西道61－1号
邮政编码：063004

京唐港支行
副 行 长：范冬生（主持工作）
电　　话：0315－2914956
地　　址：河北省唐山市海港开发区
邮政编码：063611

南堡开发区支行
行　　长：朱振海
电　　话：0315－8515844
地　　址：河北省唐山市南堡开发区3号路北14号路东
邮政编码：063305

建设南路支行
行　　长：杨瑞彬
电　　话：0315－2827147
地　　址：河北省唐山市西山道与华岩路交叉口
邮政编码：063000

复兴路支行
副 行 长：邹海春（主持工作）
电　　话：0315－2864833
地　　址：河北省唐山市路南区复兴路58号
邮政编码：063001

龙泽路支行
行　　长：崔会成
电　　话：0315－2056516
地　　址：河北省唐山市路北区龙泽北路83号
邮政编码：063020

新技术开发区支行
副 行 长：吴秉军（主持工作）
电　　话：0315－3859459
地　　址：河北省唐山市建设北路110号
邮政编码：063000

中国农业银行廊坊分行

行　　长：杨　和
电　　话：0316－2012484
地　　址：廊坊市新华路67号
邮政编码：065000

三河市支行
行　　长：戴红兵
电　　话：0316－3112146
地　　址：三河市迎宾北路40号
邮政编码：065200

大厂县支行
行　　长：张云峰
电　　话：0316－8821914
地　　址：大厂县城关大安西街68号
邮政编码：065300

香河县支行
行　　长：刘文明
电　　话：0316－8316719
地　　址：香河县新华大街2号
邮政编码：065400

固安县支行
行　　长：赵　强
电　　话：0316－6161359
地　　址：固安县新源街43号
邮政编码：065500

永清县支行
行　　长：李志强
电　　话：0316－6623312
地　　址：永清县益昌中路253号
邮政编码：065600

霸州市支行
行　　长：赵振兵
电　　话：0316－7212751
地　　址：霸州市益津南路296号
邮政编码：065700

文安县支行
行　　长：姜金仓
电　　话：0316－5232136
地　　址：文安县兴文道203号
邮政编码：065800

大城县支行
行　　长：张卫国
电　　话：0316－5522908
地　　址：大城县新华东街23号
邮政编码：065900

开发区支行
行　　长：李敏岭
电　　话：0316－6089331
地　　址：廊坊市开发区华祥路59号
邮政编码：065001

安次区支行
行　　长：王　智
电　　话：0316－2336260
地　　址：廊坊市爱民东道18号
邮政编码：065000

解放道支行
副 行 长：邢友泉（主持工作）
电　　话：0316－2042074
地　　址：廊坊市解放道永跃里小区综合楼
邮政编码：065000

燕郊支行
行　　长：刘舰军
电　　话：0316－3319434
地　　址：三河燕郊开发区迎宾北路1号
邮政编码：065201

胜芳支行
行　　长：杨朝华
电　　话：0316－7612603
地　　址：霸州市胜芳镇开发区
邮政编码：065701

金光道支行
行　　长：宋书彦
电　　话：0316－2014834
地　　址：廊坊市金光道34号
邮政编码：065000

广阳道支行
副 行 长：徐晋宁（主持工作）
电　　话：0316－2124165
地　　址：廊坊市广阳道41号
邮政编码：065000

银广支行
副 行 长：徐　英（主持工作）
电　　话：0316－5213358
地　　址：廊坊市广阳区第六大街四幢107号
邮政编码：065000

中国农业银行保定分行

行　　长：史学军
电　　话：0312－3068168
地　　址：保定市东风西路193号
邮政编码：071051

易县支行
行　　长：杨新山
电　　话：0312－8217559
地　　址：易县金台东路11号
邮政编码：074200

定兴支行
行　　长：陈树明
电　　话：0312－6912513
地　　址：定兴县兴华东路49号
邮政编码：072650

徐水支行
副 行 长：张为民（主持工作）
电　　话：0312－8683395
地　　址：徐水县复兴西路6号
邮政编码：072550

容城支行
行　　长：王喜旺
电　　话：0312－5610588
地　　址：河北省容城县容城镇永贵南大街48号
邮政编码：071700

涞源支行
行　　长：刘　军
电　　话：0312－7321443
地　　址：涞源县城开源路27号
邮政编码：074300

唐县支行
副 行 长：杨东亮（主持工作）
电　　话：0312－6413507
地　　址：唐县国防路7号
邮政编码：072350

望都支行
行　　长：朱孟伟
电　　话：0312－7722460
地　　址：望都县中华西路86号
邮政编码：072450

涿州支行
行　　长：常海军
电　　话：0312－3850226
地　　址：涿州市范阳中路145号
邮政编码：072750

高碑店支行
行　　长：崔建新
电　　话：0312－2812320
地　　址：高碑店市团结西路272号
邮政编码：074000

白沟支行
行　　长：王　泉
电　　话：0312－2861558
地　　址：河北省保定市白沟新城友谊路46号
邮政编码：074004
涞水支行
副 行 长：李晨潮（主持工作）
电　　话：0312－4522628
地　　址：涞水县府前街118号
邮政编码：074100
雄县支行
行　　长：孙秀然
电　　话：0312－5812006
地　　址：雄县铃铛阁大街249号
邮政编码：071800
高阳支行
行　　长：齐艳勇
电　　话：0312－6622336
地　　址：高阳县兴阳路273号
邮政编码：071500
蠡县支行
行　　长：杜彦辉
电　　话：0312－6211361
地　　址：蠡县蠡吾南大街95号
邮政编码：071400
阜平支行
行　　长：刘善龙
电　　话：0312－7223840
地　　址：阜平县东寺大街20号
邮政编码：073200
定州支行
行　　长：崔跃辉
电　　话：0312－2313620
地　　址：定州市中山中路
邮政编码：073000
曲阳支行
副 行 长：卢晓健（主持工作）
电　　话：0312－4262481
地　　址：曲阳县恒山路599号
邮政编码：073100
安国支行
行　　长：高建中
电　　话：0312－3512998
地　　址：安国市金融路69号
邮政编码：071200
博野支行
行　　长：王文翰
电　　话：0312－8719559
地　　址：博野县博兴路123号
邮政编码：071300
顺平支行
行　　长：张维山
电　　话：0312－7627233
地　　址：河北省顺平县顺兴北路
邮政编码：072250
安新支行
行　　长：王五福
电　　话：0312－5359016
地　　址：安新县城建设大街98号
邮政编码：071600
清苑支行
行　　长：刘　峰
电　　话：0312－8012337
地　　址：清苑县清苑北路21号
邮政编码：071100
满城支行
行　　长：赵占春
电　　话：0312－7196878
地　　址：满城县玉川东路40号
邮政编码：072150
新北支行
行　　长：韩志龙
电　　话：0312－2059001
地　　址：保定市莲池南大街265号
邮政编码：071000
东城支行
行　　长：公培涛
电　　话：0312－5979636
地　　址：保定市东风东路699号
邮政编码：071000
三丰支行
行　　长：陈玉京
电　　话：0312－2117330
地　　址：保定市三丰中路255号
邮政编码：071000

建华支行
副 行 长：翟冀刚（主持工作）
电　　话：0312－2016569
地　　址：保定市建华大街788号
邮政编码：071000
高开区支行
行　　长：徐学军
电　　话：0312－3327255
地　　址：保定市隆兴中路77号
邮政编码：071051
裕华支行
副 行 长：王海红（主持工作）
电　　话：0312－2034382
地　　址：保定市裕华西路508号
邮政编码：071000
朝阳支行
行　　长：杨林平
电　　话：0312－3011586
地　　址：保定市百花西路11号
邮政编码：071051
阳光支行
行　　长：杨海强
电　　话：0312－3101266
地　　址：保定市阳光北大街旺角商业区2121号
邮政编码：071051
市分行营业部
主　　任：王　军
电　　话：0312－3090808
地　　址：保定市东风西路193号
邮政编码：071051

中国农业银行沧州分行

行　　长：齐朝晖
电　　话：0317－2059431
地　　址：河北省沧州市黄河西路28号
邮政编码：061001
海兴支行
行　　长：赵国栋
电　　话：0317－6621395
地　　址：河北省海兴县兴融街
邮政编码：061200
南皮支行
行　　长：刘桂成
电　　话：0317－8853487
地　　址：河北省南皮县建设南大街22号
邮政编码：061500
东光支行
行　　长：孙振国
电　　话：0317－7723705
地　　址：河北省东光县东光镇府前街106号
邮政编码：061600
河间支行
行　　长：徐博峰
电　　话：0317－3226334
地　　址：河北省河间市京开北路
邮政编码：062450
吴桥支行
行　　长：吴华丽
电　　话：0317－7341630
地　　址：河北省吴桥县桑元镇长江东路82号
邮政编码：061800
献县支行
行　　长：张海青
电　　话：0317－4616198
地　　址：河北省献县东升北路1号
邮政编码：062250
黄骅支行
行　　长：王　坚
电　　话：0317－5320292
地　　址：河北省黄骅市建设大街南段
邮政编码：061100
盐山支行
行　　长：戴志晖
电　　话：0317－6221083
地　　址：河北省盐山县城北环路
邮政编码：061300
肃宁支行
行　　长：张玉明
电　　话：0317－5021819
地　　址：河北省肃宁县石坊路
邮政编码：062350
孟村支行
行　　长：张际平
电　　话：0317－6721818

地　　址：河北省孟村县建设大街
邮政编码：061400

中捷支行

行　　长：王振祥
电　　话：0317－5482090
地　　址：河北省中捷农场总部创业路
邮政编码：061108

南大港支行

行　　长：田树新
电　　话：0317－5462138
地　　址：河北省沧州市南大港管理区
邮政编码：061103

泊头支行

行　　长：徐爱民
电　　话：0317－8188211
地　　址：河北省泊头市裕华路559号
邮政编码：062150

任丘支行

行　　长：庞冠军
电　　话：0317－2222395
地　　址：河北省任丘市裕华东路33号
邮政编码：062550

青县支行

副 行 长：林月亭（主持工作）
电　　话：0317－4328018
地　　址：河北省青县104国道东
邮政编码：062650

沧县支行

行　　长：许学军
电　　话：0317－3573272
地　　址：河北省沧州市黄河东路74号
邮政编码：061000

运河支行

行　　长：苏俊智
电　　话：0317－3025093
地　　址：河北省沧州市解放东路7号
邮政编码：061000

新华支行

行　　长：张长峰
电　　话：0317－3021158
地　　址：河北省沧州市水月寺大街14号
邮政编码：061000

西环支行

行　　长：槐　彬
电　　话：0317－2101868
地　　址：河北省沧州市浮阳南大道15号
邮政编码：061001

迎宾路支行

行　　长：李春桢
电　　话：0317－2096989
地　　址：河北省沧州市御河路8号
邮政编码：061001

解放路支行

行　　长：徐海宏
电　　话：0317－3022647
地　　址：河北省沧州市解放东路10号
邮政编码：061000

中国农业银行衡水分行

行　　长：李文杰
电　　话：0318－2022118
地　　址：河北省衡水市胜利东路358号
邮政编码：053000

冀州市支行

行　　长：岳丽霞
电　　话：0318－8628399
地　　址：冀州市冀新路58号
邮政编码：053200

枣强县支行

行　　长：张立彬
电　　话：0318－8224462
地　　址：枣强县胜利南路83号
邮政编码：053100

武邑县支行

行　　长：张金峰
电　　话：0318－5715280
地　　址：武邑县建设东路
邮政编码：053400

深州市支行

行　　长：高志云
电　　话：0318－3313051
地　　址：深州市泰山西路26号
邮政编码：053800

武强县支行

行　　长：胡云鹤
电　　话：0318－3825566
地　　址：武强县振兴路23号
邮政编码：053300

饶阳县支行
行　　长：高胜秋
电　　话：0318－7225923
地　　址：饶阳县繁荣北街 16 号
邮政编码：053900
安平县支行
行　　长：任玉川
电　　话：0318－7583188
地　　址：安平县新盈东街 74 号
邮政编码：053600
故城县支行
行　　长：王国丰
电　　话：0318－5322251
地　　址：故城县工业路 31 号
邮政编码：253800
景县支行
行　　长：魏希勇
电　　话：0318－4318926
地　　址：景县景安大街 120 号
邮政编码：053500
阜城县支行
行　　长：艾国柱
电　　话：0318－4896305
地　　址：阜城县阜城镇富强东路 60 号
邮政编码：053700
胜利支行
行　　长：宋金明
电　　话：0318－2022819
地　　址：衡水市胜利东路 358 号
邮政编码：053000
城中支行
行　　长：于国生
电　　话：0318－2100285
地　　址：衡水市中心街 198 号
邮政编码：053000
西城支行
行　　长：韩　进
电　　话：0318－2168351
地　　址：衡水市桃城区新华西路 128 号
邮政编码：053000
和平支行
行　　长：周瑞清
电　　话：0318－6903399
地　　址：衡水市和平西路 389 号
邮政编码：053000
滏阳支行
行　　长：王福胜
电　　话：0318－2032186
地　　址：衡水市人民东路 615 号
邮政编码：053000

中国农业银行邢台分行

行　　长：黄国栋
电　　话：0319－3187170
地　　址：邢台市团结西大街 234 号
邮政编码：054000
襄都支行
行　　长：胡建社
电　　话：0319－3861166
地　　址：邢台市中兴东大街 205 号
邮政编码：054001
新兴支行
副 行 长：赵延品（主持工作）
电　　话：0319－3179007
地　　址：邢台市新兴东大街 428 号
邮政编码：054001
冶金路支行
行　　长：王永春
电　　话：0319－2661876
地　　址：邢台市冶金南路 202 号
邮政编码：054000
八一路支行
行　　长：陈风岭
电　　话：0319－2228738
地　　址：邢台市八一大街 86 号
邮政编码：054000
邢东支行（二级支行）
行　　长：王双锁
电　　话：0319－3225898
地　　址：邢台市邢州北路 159 号
邮政编码：054001
邢台县支行
行　　长：王山友
电　　话：0319－2231896
地　　址：邢台市泉南西大街 288 号
邮政编码：054000
沙河市支行
行　　长：赵瑞国

电　　话：0319－8820166
地　　址：沙河市站前街21号
邮政编码：054100

临城县支行

行　　长：刘乙林
电　　话：0319－7192299
地　　址：临城县临城镇北关街1号
邮政编码：054300

内邱县支行

行　　长：张建文
电　　话：0319－6869661
地　　址：内邱县胜利西路150号
邮政编码：054200

柏乡县支行

行　　长：苏梦学
电　　话：0319－7721519
地　　址：柏乡县县城北街
邮政编码：055450

隆尧县支行

行　　长：刘瑞海
电　　话：0319－6661898
地　　址：隆尧县滏澧北街
邮政编码：055350

任县支行

行　　长：江风虎
电　　话：0319－7513665
地　　址：任县任城镇光明街45号
邮政编码：055150

南和县支行

行　　长：魏建忠
电　　话：0319－4565226
地　　址：南和县河阳大街65号
邮政编码：054400

南宫市支行

行　　长：张锁青
电　　话：0319－5229401
地　　址：南宫市青年大街110号
邮政编码：055750

巨鹿县支行

行　　长：尼林峰
电　　话：0319－4332173
地　　址：巨鹿县新华北路87号
邮政编码：055250

广宗县支行

行　　长：辛路平
电　　话：0319－7211676
地　　址：广宗县府前街16号
邮政编码：054600

平乡县支行

行　　长：刘增峰
电　　话：0319－7861330
地　　址：平乡县中华路
邮政编码：054500

威县支行

行　　长：董希峰
电　　话：0319－6159898
地　　址：威县顺城路45号
邮政编码：054700

清河县支行

行　　长：李庆茶
电　　话：0319－8289816
地　　址：清河县宏毅路2号
邮政编码：054800

宁晋县支行

行　　长：赵江朝
电　　话：0319－5805128
地　　址：宁晋县石坊路52号
邮政编码：055550

新河县支行

行　　长：张机敏
电　　话：0319－4781393
地　　址：新河县城内新兴街3号
邮政编码：055650

临西县支行

行　　长：徐兴国
电　　话：0319－8561666
地　　址：临西县永济北街160号
邮政编码：054900

中国农业银行邯郸分行

行　　长：张福祥
电　　话：0310－3128700
地　　址：河北省邯郸市和平路300号
邮政编码：056002

复兴支行

行　　长：段海江
电　　话：0310－3142258

地　　址：邯郸市复兴路 27 号
邮政编码：056003

迎宾支行
行　　长：齐朝霞
电　　话：0310－7128905
地　　址：邯郸市联纺路与滏东大街东北角
邮政编码：056002

人民支行
行　　长：盛　鹏
电　　话：0310－3254847
地　　址：河北省邯郸市人民路 98 号
邮政编码：056002

丛台支行
行　　长：宁亚民
电　　话：0310－3287025
地　　址：河北省邯郸市新兴大街 25 号
邮政编码：056004

渚河支行
行　　长：白燕昆
电　　话：0310－3181717
地　　址：邯郸市渚河路甲 64 号
邮政编码：056001

邯山支行
行　　长：武建军
电　　话：0310－3046635
地　　址：河北省邯郸市陵西南大街 55 号
邮政编码：056001

肥乡县支行
行　　长：刘雪原
电　　话：0310－8561122
地　　址：肥乡县贸易街 92 号
邮政编码：057550

成安县支行
行　　长：郝静川
电　　话：0310－7211142
地　　址：成安县成安镇青云路县工会北侧
邮政编码：056700

邯郸县支行
行　　长：琚洪俊
电　　话：0310－8015078
地　　址：河北省邯郸市陵园路 162 号
邮政编码：056001

魏县支行
行　　长：朱元杰
电　　话：0310－3507116
地　　址：魏县魏城镇龙乡街北段路东人行南侧
邮政编码：056800

永年县支行
行　　长：许清民
电　　话：0310－6882580
地　　址：永年县名关镇健康东大街 1 号
邮政编码：057150

鸡泽县支行
行　　长：白志峰
电　　话：0310－7522730
地　　址：鸡泽县中长街 146 号
邮政编码：057350

馆陶县支行
行　　长：马玉山
电　　话：0310－2821749
地　　址：河北省馆陶县政府街 336 号
邮政编码：057750

邱县支行
行　　长：吕洪超
电　　话：0310－8358625
地　　址：邱县振兴街东段烟草专卖局南侧
邮政编码：057450

大名县支行
行　　长：杜志强
电　　话：0310－6562533
地　　址：大名县大名镇大名府路 15 号
邮政编码：056900

磁县支行
行　　长：张志坚
电　　话：0310－2322355
地　　址：河北省磁县磁州路 7 号
邮政编码：056500

广平县支行
行　　长：魏　波
电　　话：0310－2526227
地　　址：广平县人民路与曲魏路交叉口西50 米路北
邮政编码：057650

临漳县支行
行　　长：郑先锋
电　　话：0310－7852066

地　　址：河北省临漳县建安路与邺都大街交叉口东南角
邮政编码：056600

涉县支行

行　　长：高晨晖
电　　话：0310－5571899
地　　址：涉县涉城镇振兴路中段路南
邮政编码：056400

曲周县支行

行　　长：李二平
电　　话：0310－8892767
地　　址：曲周县振兴路中段路南
邮政编码：057250

峰峰支行

行　　长：史振芳
电　　话：0310－5189623
地　　址：河北省邯郸市峰峰矿区新市区滏源堤路9号
邮政编码：056200

武安市支行

行　　长：赵伟红
电　　话：0310－5652632
地　　址：河北省武安市中兴路1322号
邮政编码：056300

中国银行股份有限公司

中国银行河北省分行

行　　长：张志勇
电　　话：0311－87035522
地　　址：石家庄市新华路78－80号
邮政编码：050000

石家庄市机场路支行

行　　长：陈庆林
电　　话：0311－87042544
地　　址：石家庄市和平西路469号
邮政编码：050071

石家庄市联强支行

行　　长：石　辉
电　　话：0311－87068124
地　　址：石家庄市联盟路699号
邮政编码：050061

石家庄市红军大街支行

行　　长：谢彦铃
电　　话：0311－87041833
地　　址：石家庄市红军大街2号
邮政编码：050051

石家庄市维明北街支行

行　　长：袁全战
电　　话：0311－87816054
地　　址：石家庄市维明北大街106号
邮政编码：050051

石家庄市和平西路支行

行　　长：梁　瑛
电　　话：0311－87787526
地　　址：石家庄市和平西路577号
邮政编码：050051

石家庄市滨湖支行

行　　长：李月亭
电　　话：0311－87760524
地　　址：石家庄市泰华街500号
邮政编码：050051

石家庄市合西支行

行　　长：侯文皋
电　　话：0311－87044179
地　　址：石家庄市合作路113号
邮政编码：050051

石家庄市北新街支行

行　　长：刘海娟
电　　话：0311－87826043
地　　址：石家庄市北新街116号翰海商务13号
邮政编码：050051

石家庄市谊北支行

行　　长：刘　浩
电　　话：0311－83633103
地　　址：石家庄市中山西路499号
邮政编码：050051

石家庄市永安支行

行　　长：李　琮
电　　话：0311－87021641
地　　址：石家庄市中华南大街28号
邮政编码：050051

石家庄市泰华支行

行　　长：王力波
电　　话：0311－87814313
地　　址：石家庄市泰华街107号

邮政编码：050051

石家庄市友谊北大街支行

行　　长：程国华

电　　话：0311－86014059

地　　址：石家庄市友谊北大街230号

邮政编码：050051

井陉支行

行　　长：刘英斌

电　　话：0311－82023739

地　　址：井陉县微水镇建设北路

邮政编码：050300

井陉幸福街支行

行　　长：焦晓伟

电　　话：0311－82024476

地　　址：井陉县微水镇幸福中街

邮政编码：050300

鹿泉支行

行　　长：沈海庭

电　　话：0311－82012778

地　　址：鹿泉市北斗路与石邑大街交叉口

邮政编码：050200

鹿泉支行向阳大街支行

行　　长：韩　斌

电　　话：0311－82010847

地　　址：鹿泉市获鹿镇向阳大街90号

邮政编码：050200

平山支行

行　　长：齐　聪

电　　话：0311－2942020

地　　址：平山县城冶河东路96号

邮政编码：050400

石家庄市中山支行

行　　长：付建永

电　　话：0311－88611178

地　　址：石家庄市中山西路83号

邮政编码：050000

石家庄市广安街支行

行　　长：王凤艳

电　　话：0311－85521800

地　　址：石家庄市广安大街36号

邮政编码：050000

石家庄市石纺路支行

行　　长：赵祖卿

电　　话：0311－86837342

地　　址：石家庄市石纺路13号

邮政编码：050000

石家庄市槐安西路支行

行　　长：张艳敏

电　　话：0311－83024107

地　　址：石家庄市槐安西路与城角街交叉口（顺美华庭1号楼）

邮政编码：050091

石家庄市中华南大街支行

行　　长：相增辉

电　　话：0311－83826985

地　　址：石家庄市中华南大街336号

邮政编码：050091

石家庄市红旗大街支行

行　　长：崔新德

电　　话：0311－83035879

地　　址：石家庄市红旗大街68号

邮政编码：050091

石家庄市高教区支行

行　　长：袁　哲

电　　话：0311－83850423

地　　址：石家庄市红旗大街581号

邮政编码：050091

石家庄市中华大街支行

行　　长：顾胜利

电　　话：0311－85232166

地　　址：石家庄市工农路120号

邮政编码：050011

石家庄市师范街支行

行　　长：李良霞

电　　话：0311－87880838

地　　址：石家庄市师范街2号

邮政编码：050091

石家庄市新石中路支行

行　　长：任　浩

电　　话：0311－85230566

地　　址：石家庄市新石中路166号

邮政编码：050001

石家庄市建设北街支行

行　　长：赵庆华

电　　话：0311－86073950

地　　址：石家庄市建设北大街80号

邮政编码：050011

石家庄市开发区支行

行　　长：段立新
电　　话：0311－83035892
地　　址：石家庄市裕华西路87号
邮政编码：050091

石家庄市平安支行

行　　长：李亚军
电　　话：0311－86083863
地　　址：石家庄市平安北大街138号
邮政编码：050000

石家庄市民心广场支行

行　　长：王京宝
电　　话：0311－87800498
地　　址：石家庄市维明南大街45号
邮政编码：050051

正定支行

行　　长：张志辉
电　　话：0311－88022259
地　　址：正定县城常山西路52号
邮政编码：050800

正定府西街支行

行　　长：朱月维
电　　话：0311－88025840
地　　址：正定县正定镇府西街3号
邮政编码：050800

新乐支行

行　　长：马文平
电　　话：0311－88582932
地　　址：新乐市鲜虞街68号
邮政编码：050700

无极支行

行　　长：李　勇
电　　话：0311－85572435
地　　址：无极县无极东路1号
邮政编码：052460

石家庄市裕东支行

行　　长：王文生
电　　话：0311－85653588
地　　址：石家庄市建华南大街78号
邮政编码：050031

石家庄市机场支行

行　　长：李振国
电　　话：0311－88027930
地　　址：石家庄市正定机场宾馆
邮政编码：050802

石家庄市建华南大街支行

行　　长：梁　蒙
电　　话：0311－86696401
地　　址：石家庄市建华南大街199号
邮政编码：050031

石家庄市谈固支行

行　　长：薛　超
电　　话：0311－85677566
地　　址：石家庄市中山东路520号
邮政编码：050011

石家庄市谈中街支行

行　　长：陆建红
电　　话：0311－89184200
地　　址：石家庄市谈中街88号
邮政编码：050011

石家庄市北宋路支行

行　　长：杨　闽
电　　话：0311－85054931
地　　址：石家庄市煤机街8号
邮政编码：050031

石家庄市中山东路支行

行　　长：张进恩
电　　话：0311－85083450
地　　址：石家庄市中山东路739号
邮政编码：050032

石家庄市和平支行

行　　长：兰永进
电　　话：0311－86058425
地　　址：石家庄市中山东路289号
邮政编码：050011

石家庄市黄河大道支行

副 行 长：赵　刚（主持工作）
电　　话：0311－85961886
地　　址：石家庄市黄河大道105号
邮政编码：050035

石家庄市休门街支行

副 行 长：王运河（主持工作）
电　　话：0311－85052826
地　　址：石家庄市民生路89号
邮政编码：050031

石家庄市盛世长安支行

行　　长：吴静敏

电　　话：0311－86669778

地　　址：石家庄市和平东路313号

邮政编码：050031

辛集支行

行　　长：李文广

电　　话：0311－83260384

地　　址：辛集市兴华路北段26号

邮政编码：052360

辛集商业城支行

行　　长：耿　允

电　　话：0311－83226020

地　　址：辛集市商业城

邮政编码：052360

辛集国际皮革城支行

行　　长：邓　磊

电　　话：0311－83222534

地　　址：辛集市教育路北段东侧辛集国际皮革城

邮政编码：052360

辛集建设街支行

行　　长：耿　允

电　　话：0311－83228396

地　　址：辛集市建设街与教育大道交叉口西北角

邮政编码：052360

深泽支行

行　　长：陈锁群

电　　话：0311－83527541

地　　址：深泽县西苑街31号

邮政编码：052560

晋州支行

行　　长：梅树庭

电　　话：0311－84323432

地　　址：晋州市中兴街128号

邮政编码：052260

石家庄市裕华支行

行　　长：张立波

电　　话：0311－86085243

地　　址：石家庄市裕华东路62号

邮政编码：050011

石家庄市雅清支行

行　　长：张立国

电　　话：0311－85821964

地　　址：石家庄市塔南路200号

邮政编码：050031

石家庄市平安南大街支行

行　　长：马友良

电　　话：0311－86036874

地　　址：石家庄市平安南大街57号

邮政编码：050011

石家庄市建设南大街支行

行　　长：刘玲玲

电　　话：0311－86028841

地　　址：石家庄市建设南大街150号

邮政编码：050000

石家庄市育才支行

行　　长：张晓辉

电　　话：0311－85802341

地　　址：石家庄市育才街180号

邮政编码：050021

石家庄市体育南大街支行

行　　长：陈金锁

电　　话：0311－85826274

地　　址：石家庄市体育南大街265号

邮政编码：050000

石家庄市富强大街支行

行　　长：王彦奎

电　　话：0311－85878364

地　　址：石家庄市富强大街23－2号

邮政编码：050021

石家庄市槐安支行

行　　长：白　娟

电　　话：0311－85653582

地　　址：石家庄市槐安东路164号金马商业街4号楼

邮政编码：050000

石家庄市东岗路支行

行　　长：许素林

电　　话：0311－85895506

地　　址：石家庄市东岗路28号

邮政编码：050000

石家庄市世纪花园支行

行　　长：王　炯

电　　话：0311－85877024

地　　址：石家庄市东岗路75号

邮政编码：050021

石家庄市国际城支行

行　　长：李金英

电　　话：0311－85654315

地　　址：石家庄市槐中路576－7号

邮政编码：050031

石家庄市怀特支行

行　　长：陈瑞素

电　　话：0311－85826284

地　　址：石家庄裕华区体育南大街326号

邮政编码：050000

石家庄市翟营大街支行

行　　长：武鸿博

电　　话：0311－85800681

地　　址：石家庄市翟营南大街345号

邮政编码：050000

石家庄市石宾支行

行　　长：路群英

电　　话：0311－86029942

地　　址：石家庄市槐中路118号

邮政编码：050011

石家庄市西美支行

行　　长：谭建伟

电　　话：0311－66611091

地　　址：石家庄市建设南大街6号

邮政编码：050000

赵县支行

行　　长：刘军辉

电　　话：0311－84942853

地　　址：赵县永通路38号

邮政编码：051530

元氏支行

行　　长：陈新义

电　　话：0311－84622502

地　　址：元氏县人民路140号

邮政编码：051130

藁城支行

行　　长：刘军辉

电　　话：0311－88169181

地　　址：藁城市廉州中路1号

邮政编码：052160

藁城四明街支行

行　　长：曹永清

电　　话：0311－88040777

地　　址：藁城市四明街100号

邮政编码：052160

藁城良村支行

行　　长：王　飞

电　　话：0311－83091657

地　　址：石家庄市经济技术开发区扬子路5号

邮政编码：052160

中国银行秦皇岛分行

行　　长：谷万钧

电　　话：0335－3619050

地　　址：秦皇岛市海港区迎宾路157号

邮政编码：066001

长江道支行

行　　长：王怀玉

电　　话：0335－8582091

地　　址：秦皇岛市开发区长江西道9号

邮政编码：066004

友谊路支行

行　　长：冯　杰

电　　话：0335－3893435

地　　址：秦皇岛市海港区友谊路193号

邮政编码：066000

中央胜境支行

行　　长：孙晓军

电　　话：0335－3895578

地　　址：秦皇岛市海港区建设大街179号

邮政编码：066001

建设大街支行

行　　长：王利鹏

电　　话：0335－3083268

地　　址：秦皇岛市海港区建设大街9－5、9－6号

邮政编码：066001

和苑支行

行　　长：胡水净

电　　话：0335－3297797

地　　址：秦皇岛市海港区建设大街和苑小区1号楼

邮政编码：066002

秦安街支行

行　　长：侯克霞

电　　话：0335－3042205
地　　址：秦皇岛市海港区民族路56号
邮政编码：066000

森林逸城支行

行　　长：侯建生
电　　话：0335－8011887
地　　址：秦皇岛市海港区河北大街西段441、443号
邮政编码：066000

迎秋里支行

行　　长：王晓明
电　　话：0335－3736227
地　　址：秦皇岛市海港区燕山大街158号
邮政编码：066001

东港支行

行　　长：张　鑫
电　　话：0335－3152011
地　　址：秦皇岛市海港区工人南里
邮政编码：066003

桥东里支行

行　　长：侯欣刚
电　　话：0335－3083691
地　　址：秦皇岛市海港区河北大街中段387号
邮政编码：066000

民族路支行

行　　长：姚立民
电　　话：0335－3201142
地　　址：秦皇岛市海港区民族路付15号
邮政编码：066000

建国路支行

行　　长：史艳丽
电　　话：0335－3200631
地　　址：秦皇岛市海港区建国路中段
邮政编码：066000

红旗路支行

行　　长：柴玉新
电　　话：0335－3604010
地　　址：秦皇岛市海港区红旗路八一街101号
邮政编码：066000

团结里支行

行　　长：杨海鹏
电　　话：0335－3733103
地　　址：秦皇岛市海港区团结里
邮政编码：066002

三中支行

行　　长：庞传东
电　　话：0335－3733150
地　　址：秦皇岛市海港区建国路1号海港区卫生防疫站
邮政编码：066003

玉峰里支行

行　　长：侯春成
电　　话：0335－3084010
地　　址：秦皇岛市海港区玉峰里小区
邮政编码：066000

文化路支行

行　　长：冯玉权
电　　话：0335－3619101
地　　址：秦皇岛市海港区文化北路307号
邮政编码：066001

开发区支行

行　　长：张志波
电　　话：0335－8051664
地　　址：秦皇岛市开发区珠江道37号
邮政编码：066004

海港支行

行　　长：王弘历
电　　话：0335－3042726
地　　址：秦皇岛市海港区建安里副19号
邮政编码：066000

和平花园支行

行　　长：陈海忠
电　　话：0335－3800599
地　　址：秦皇岛市海港区和平大街246－248号
邮政编码：066000

滨海诚支行

行　　长：彭　涛
电　　话：0335－3410849
地　　址：秦皇岛市海港区滨海城小区东出口
邮政编码：066002

河北大街支行

行　　长：王秉春

电　　话：0335－3266139
地　　址：秦皇岛市海港区河北大街245号
邮政编码：066000

国际城支行

行　　长：任世东
电　　话：0335－3256951
地　　址：秦皇岛市海港区兴龙国际城8－1号
邮政编码：066000

燕山大街支行

行　　长：白　波
电　　话：0335－3083691
地　　址：秦皇岛市海港区燕山大街欧洲城小区6号楼
邮政编码：066000

南戴河支行

行　　长：高　亭
电　　话：0335－4050538
地　　址：抚宁县南戴河长白生活小区富强东里3号楼
邮政编码：066311

海阳路支行

行　　长：王占宏
电　　话：0335－3033894
地　　址：秦皇岛市海港区海阳路9号
邮政编码：066000

山海关兴华市场支行

行　　长：马永兵
电　　话：0335－5152844
地　　址：秦皇岛市山海关区南海西路7号
邮政编码：066200

抚宁支行

行　　长：刘立军
电　　话：0335－6011663
地　　址：抚宁县抚宁镇迎宾路中段
邮政编码：066300

北戴河支行

行　　长：韩卫红
电　　话：0335－4049032
地　　址：秦皇岛市北戴河区联峰北路职业技术学院对面
邮政编码：066100

北戴河北岭支行

行　　长：李爱华
电　　话：0335－4021149
地　　址：秦皇岛市北戴河区北四路43号
邮政编码：066100

北戴河春花路支行

行　　长：董莉莉
电　　话：0335－4021147
地　　址：秦皇岛市北戴河区黑石路
邮政编码：066100

山海关支行

行　　长：张京晨
电　　话：0335－5083688
地　　址：秦皇岛市山海关开发区船厂路
邮政编码：066206

山海关南园支行

行　　长：李国钧
电　　话：0335－5152842
地　　址：秦皇岛市山海关区南园新区6－16号
邮政编码：066200

昌黎支行

行　　长：王弘历
电　　话：0335－2023075
地　　址：昌黎县昌黎镇一街后行61号
邮政编码：066600

昌黎南马路支行

行　　长：高贵明
电　　话：0335－2030075
地　　址：昌黎县学院路南段56、58号
邮政编码：066600

昌黎民生路支行

行　　长：孙静元
电　　话：0335－2030074
地　　址：昌黎县民生路北段时代家园小区
邮政编码：066600

昌黎碣石花苑支行

行　　长：左福柱
电　　话：0335－2861073
地　　址：昌黎县城关碣阳大街东段“碣石花苑”小区大门西侧
邮政编码：066600

卢龙支行

行　　长：白秀军
电　　话：0335－7206283

地　　址：卢龙县永平大街县邮政局东侧
邮政编码：066400

青龙支行

行　　长：王　杰
电　　话：0335－7862490
地　　址：青龙县青龙镇中段
邮政编码：066500

中国银行张家口分行

行　　长：刘文广
电　　话：0313－8168091
地　　址：张家口市桥西区长青路42号
邮政编码：075000

岸尚清城支行

行　　长：郑春莲
电　　话：0313－2165313
地　　址：张家口市桥西区南城壕街6号商业写字楼13号
邮政编码：075000

明德北支行

行　　长：张　童
电　　话：0313－8040273
地　　址：张家口市桥西区明德北街56号
邮政编码：075000

金鼎支行

行　　长：杨晏东
电　　话：0313－8067082
地　　址：张家口市桥西区西坝岗路65号
邮政编码：075000

南口支行

行　　长：芦志强
电　　话：0313－8067082
地　　址：张家口市桥东区胜利北路54号盛世华庭小区底商
邮政编码：075000

胜利北支行

行　　长：张秀红
电　　话：0313－4066639
地　　址：张家口市桥东区容辰商业街南区35号商铺
邮政编码：075000

盛华西大街支行

行　　长：肖志刚
电　　话：0313－4065376
地　　址：张家口市盛华西大街花园住宅小区34号底商6号
邮政编码：075000

报业大厦支行

行　　长：韩文胜
电　　话：0313－2050576
地　　址：张家口市桥东区建国路报业大厦
邮政编码：075000

电厂支行

行　　长：王蜀楠
电　　话：0313－4501100
地　　址：张家口大唐国际股份有限公司张家口发电厂家属区
邮政编码：075000

建国路支行

行　　长：李亚琦
电　　话：0313－2111383
地　　址：张家口市桥东区建国路欣盛大厦写字楼5号底商
邮政编码：075000

钻石路支行

行　　长：杨菊英
电　　话：0313－5985289
地　　址：张家口市桥东区钻石北路28号
邮政编码：075000

串夭街支行

行　　长：刘卫琴
电　　话：0313－2180167
地　　址：张家口市桥西区串夭街18号
邮政编码：075000

宣化支行

行　　长：申宝兵
电　　话：0313－3188799
地　　址：张家口市宣化区牌楼西街53号
邮政编码：075100

宣化开发区支行

行　　长：边海艳
电　　话：0313－3238626
地　　址：张家口市宣化区中山大街钢鑫住宅小区24号楼底商
邮政编码：075100

宣化新开支行

行　　长：常　江

电　　话：0313－3188787
地　　址：张家口市宣化区皇城桥路47号
邮政编码：075100

宣化钟楼支行
行　　长：郭　广
电　　话：0313－3188767
地　　址：张家口市宣化区大东街10号
邮政编码：075100

宣化建国街支行
行　　长：寇云发
电　　话：0313－3156478
地　　址：张家口市宣化区建国街5号雅枫小区出口处
邮政编码：075100

宣化大西街支行
行　　长：张鹏翔
电　　话：0313－3188775
地　　址：张家口市宣化区大西街京西江南小区23号底商
邮政编码：075100

怀来支行
行　　长：韩　录
电　　话：0313－6800855
地　　址：怀来县京张公路东大街
邮政编码：075400

怀来长城路支行
行　　长：施东沙
电　　话：0313－6800861
地　　址：怀来县沙城镇长城中路时代广场东南角
邮政编码：075400

怀来燕京路支行
行　　长：乔际峰
电　　话：0313－6282480
地　　址：怀来县沙城镇燕京路新东方城市广场101号
邮政编码：075400

怀来西大街支行
行　　长：师瑞峰
电　　话：0313－6800862
地　　址：怀来县富达园小区路口东北角
邮政编码：075400

张北支行
行　　长：郝占峰
电　　话：0313－5222863
地　　址：张北县张北镇兴华西路102号
邮政编码：076450

张北兴和路支行
行　　长：陈　岗
电　　话：0313－5238690
地　　址：张北县张北镇兴和西路2号
邮政编码：076450

阳原支行
行　　长：王社峰
电　　话：0313－7512424
地　　址：阳原县城昌盛西街十字路口西北角
邮政编码：075800

蔚县支行
行　　长：方海军
电　　话：0313－7013637
地　　址：蔚县蔚州镇建设南大街西网通楼
邮政编码：075700

蔚县和平路支行
行　　长：吕丽萍
电　　话：0313－7017976
地　　址：蔚县和平路盛泰商贸办公楼底商
邮政编码：075700

蔚县前进路支行
行　　长：王　昆
电　　话：0313－7217971
地　　址：蔚县蔚州镇前进路工商商贸楼底商
邮政编码：075700

万全支行
行　　长：张凯雁
电　　话：0313－4225770
地　　址：万全县孔家庄镇万孔路64号
邮政编码：076250

桥东支行
行　　长：吴　宏
电　　话：0313－2018547
地　　址：张家口市胜利中路215号张家口市住房公积金管理中心办公楼底商
邮政编码：075000

南新区支行
行　　长：郑兰柱

电　　话：0313－8168363
地　　址：张家口市南新区中兴北路中段联通营业楼底商
邮政编码：075000

西河沿支行
行　　长：胡世运
电　　话：0313－2170185
地　　址：张家口市桥西区西河沿47号
邮政编码：075000

桥西支行
行　　长：陈　明
电　　话：0313－8040268
地　　址：张家口市桥西区明德南街36号3号楼
邮政编码：075000

下花园支行
行　　长：韩　录
电　　话：0313－5052624
地　　址：张家口市下花园区市场后街4号
邮政编码：075300

附属医院支行
行　　长：张拥军
电　　话：0313－8025100
地　　址：张家口市桥西区下东营12号楼8单元底商
邮政编码：075000

中国银行唐山分行

行　　长：张　琳
电　　话：0315－2206608
地　　址：唐山市新华西道67号
邮政编码：063004

新城道支行
行　　长：赵　刚
电　　话：0315－3230158
地　　址：唐山市新区新城道132号
邮政编码：063030

新城道燕山路支行
行　　长：孟维福
电　　话：0315－3242714
地　　址：唐山市丰润区新城道19号
邮政编码：063030

新城道园东支行
行　　长：刘大为
电　　话：0315－3246789
地　　址：唐山市丰润区公园道园东小108－1－201、202号
邮政编码：063030

新城道人民路支行
行　　长：刘大为
电　　话：0315－3221900
地　　址：唐山市丰润区新开公寓A座1号
邮政编码：063030

京唐港支行
行　　长：张瑞刚
电　　话：0315－2914088
地　　址：唐山市海港开发区7号路38号路交叉口
邮政编码：063611

滦南支行
行　　长：才胜平
电　　话：0315－4122014
地　　址：滦南县城南大街3号
邮政编码：063500

滦南城南支行
行　　长：荣　建
电　　话：0315－4123456
地　　址：滦南县城南大街
邮政编码：063500

丰南支行
行　　长：刘宗义
电　　话：0315－8129342
地　　址：唐山市丰南区青年路106号
邮政编码：063300

丰南开发区支行
行　　长：邓秀伟
电　　话：0315－8163065
地　　址：唐山市丰南区青年路328号
邮政编码：063300

丰南新华路支行
行　　长：崔印坤
电　　话：0315－8123934
地　　址：唐山市丰南区新华大街九河公园西门
邮政编码：063300

丰南汇通路支行
行　　长：李静芸

电　　话：0315－8129049
地　　址：唐山市丰南区汇通路133号
邮政编码：063300

丰南滨河大街支行
行　　长：史春生
电　　话：0315－8199011
地　　址：唐山市丰南区滨河南大街98号
邮政编码：063300

丰南建设路支行
行　　长：史春生
电　　话：0315－8542113
地　　址：唐山市丰南区建设路110、112、114号
邮政编码：063300

迁西支行
行　　长：魏天中
电　　话：0315－5612922
地　　址：迁西县喜峰中路34号
邮政编码：064300

迁西龙凤嘉园支行
行　　长：张海霞
电　　话：0315－5620523
地　　址：迁西县城关凤凰西街南侧龙凤嘉园西
邮政编码：064300

乐亭支行
行　　长：王传明
电　　话：0315－4612325
地　　址：乐亭县金融大街11号
邮政编码：063600

乐亭永安支行
行　　长：赵永丰
电　　话：0315－4612398
地　　址：乐亭县新城区永安南路87号
邮政编码：063600

迁安支行
行　　长：张正军
电　　话：0315－7613475
地　　址：迁安市花园街
邮政编码：064400

迁安惠泉大街支行
行　　长：张立鹏
电　　话：0315－7613476
地　　址：迁安市惠泉大街广场馨园38号楼第2号
邮政编码：064400

迁安兴安大街支行
行　　长：石继革
电　　话：0315－7613258
地　　址：迁安市兴安大街
邮政编码：064400

滦县支行
行　　长：张　晖
电　　话：0315－7125449
地　　址：滦县新城燕山北大街37号
邮政编码：063700

滦县建华大街支行
行　　长：李文生
电　　话：0315－7168977
地　　址：滦县建华大街与团结路交叉口泰瑞华庭小区底商号
邮政编码：063700

遵化支行
行　　长：刘继海
电　　话：0315－6614033
地　　址：遵化市文茂大街8号
邮政编码：064200

遵化文萃路支行
行　　长：魏　恒
电　　话：0315－6618337
地　　址：遵化市文翠路天之润小区路西底层商铺
邮政编码：064200

遵化建设路支行
行　　长：王东甫
电　　话：0315－6620067
地　　址：遵化市亨泰公寓底层商铺
邮政编码：064200

遵化三间房支行
行　　长：高金喜
电　　话：0315－6677717
地　　址：遵化市北二环东路28号
邮政编码：064200

玉田支行
行　　长：刘东升
电　　话：0315－6114786

地　　址：玉田县无终东街58号
邮政编码：064100

玉田北环支行
行　　长：孙建民
电　　话：0315－6115757
地　　址：玉田县兴玉路西幸福小区商业楼
邮政编码：064100

丰润支行
行　　长：李国生
电　　话：0315－5125804
地　　址：唐山市丰润区曹雪芹西大街36号
邮政编码：064000

丰润曹雪芹大街支行
行　　长：冯宝刚
电　　话：0315－5124144
地　　址：唐山市丰润区端明路与曹雪芹大街交叉口西北侧
邮政编码：064000

丰润康宁路支行
行　　长：孟宪勇
电　　话：0315－5127113
地　　址：唐山市丰润区康宁路祥润佳园底商15号
邮政编码：064000

税钢支行
行　　长：薄会森
电　　话：0315－3718820
地　　址：唐山市唐钢行政福利处税钢小区沿街公建
邮政编码：063000

曹妃甸支行
行　　长：李晓光
电　　话：0315－8821972
地　　址：唐山市曹妃甸工业区曹妃甸实业公司大厦
邮政编码：063200

曹妃甸首钢京唐支行
行　　长：李金辉
电　　话：0315－8873969
地　　址：唐山市曹妃甸工业区首钢京唐钢铁联合有限责任公司中心服务区
邮政编码：063200

唐海建设大街支行
行　　长：王　颖
电　　话：0315－8712734
地　　址：唐海县建设大街289－1号
邮政编码：063200

唐海支行
行　　长：尹　群
电　　话：0315－8752634
地　　址：唐海县垦丰大街96号
邮政编码：063200

馨秀园支行
行　　长：童学楷
电　　话：0315－2010659
地　　址：唐山市长虹道221、223、225号
邮政编码：063000

时代景苑支行
行　　长：张亚军
电　　话：0315－2031504
地　　址：唐山市长宁道309号
邮政编码：063000

友谊路支行
行　　长：王晓宏
电　　话：0315－2328500
地　　址：唐山市友谊路36号
邮政编码：063001

南新道支行
行　　长：郑艳丽
电　　话：0315－2561210
地　　址：唐山市路南区福乐园906付1号
邮政编码：063004

银安花园支行
行　　长：丁枚林
电　　话：0315－2826879
地　　址：唐山市西山道218号
邮政编码：063000

煤医道支行
行　　长：荣建芝
电　　话：0315－2828309
地　　址：唐山市文化路128－1号
邮政编码：063000

凤宁花园支行
行　　长：朱海玲
电　　话：0315－3273089
地　　址：唐山市长宁道6－1号
邮政编码：063000

裕华道支行
行　　长：黄连军
电　　话：0315－2092397
地　　址：唐山市祥富南里 801 楼 2－4、5 号
邮政编码：063000

学院路支行
行　　长：刘万里
电　　话：0315－2015634
地　　址：唐山市学院路西 28 号
邮政编码：063000

天元帝景支行
行　　长：杨丽娟
电　　话：0315－2098959
地　　址：唐山市天元帝景兴源道 123－1 号
邮政编码：063000

龙泽北路支行
行　　长：卢春晖
电　　话：0315－3296445
地　　址：唐山市龙泽北路 506、508、510 号
邮政编码：063000

朝阳道支行
行　　长：张卫军
电　　话：0315－2706659
地　　址：唐山市朝阳道东段
邮政编码：063000

北新道支行
行　　长：高平元
电　　话：0315－2216032
地　　址：唐山市路北区北新南道军鑫里小区底商
邮政编码：063004

广场支行
行　　长：张　铎
电　　话：0315－2821459
地　　址：河北省唐山市文化南路新天地购物乐园 D2 区－1、2、3、4 号
邮政编码：063000

建设路支行
行　　长：范志学
电　　话：0315－2036973
地　　址：唐山市建设北路 100 号
邮政编码：063000

华岩南路支行
行　　长：张正军
电　　话：0315－2329149
地　　址：唐山市华岩路 41 号
邮政编码：063000

玫瑰庄园支行
行　　长：王　峰
电　　话：0315－2255815
地　　址：唐山市北新西道 17－1 号
邮政编码：063000

唐钢支行
行　　长：刘俊成
电　　话：0315－2705277
地　　址：唐山市路北区钢厂道 23 号
邮政编码：063000

尚座支行
行　　长：赵树峰
电　　话：0315－2578330
地　　址：唐山市路北区尚座商业街 E 区一层 1E06 号
邮政编码：063000

古冶支行
行　　长：王欣宇
电　　话：0315－3563291
地　　址：唐山市古冶区林西新林道 56 号
邮政编码：063103

河北路支行
行　　长：孙文仓
电　　话：0315－3280688
地　　址：唐山市路北区庆南道河北 1 号市场东侧
邮政编码：063500

体育中心支行
行　　长：张　伟
电　　话：0315－2819774
地　　址：唐山市建设南路 82 号
邮政编码：063000

新华道支行
行　　长：梁久顺
电　　话：0315－2818289
地　　址：唐山市新华西道 36 号
邮政编码：063020

大里路支行
行　　长：王　强
电　　话：0315－2329149
地　　址：唐山市大里路丽景琴园底商 1－24 号
邮政编码：063000
复兴路支行
行　　长：匡国强
电　　话：0315－2862719
地　　址：唐山市复兴路 199 号
邮政编码：063000
鹭港支行
行　　长：王会云
电　　话：0315－2396989
地　　址：唐山市路北区兴源道鹭港小区 901S－03 号
邮政编码：063000
瑞景支行
行　　长：温　冬
电　　话：0315－5397606
地　　址：唐山市路北区西山道 111－19、111－20－111－21 号
邮政编码：063000
开平支行
行　　长：吴金华
电　　话：0315－2206372
地　　址：唐山市开平区新苑路 18 号
邮政编码：063021
梧桐大道支行
行　　长：赵树峰
电　　话：0315－6316890
地　　址：唐山市路北区友谊路凤凰新城梧桐大道小区 A8 座 01 号底商
邮政编码：063000

中国银行保定分行

行　　长：苏岩峰
电　　话：0312－3086600
地　　址：保定市东风西路 2 号
邮政编码：071051
涿州支行
行　　长：崔少卿
电　　话：0312－3635365
地　　址：涿州市开发区东兴北街 29 号
邮政编码：072750
涿州桃园路支行
行　　长：陈淑梅
电　　话：0312－3607871
地　　址：涿州市桃园路 20 号
邮政编码：072759
定州支行
行　　长：荆　东
电　　话：0312－2386552
地　　址：定州市中山西路
邮政编码：073000
定州东门支行
行　　长：袁　阔
电　　话：0312－2392020
地　　址：定州市东门街
邮政编码：073000
定州电厂支行
行　　长：刘仕见
电　　话：0312－2586699
地　　址：定州市国华定洲电厂
邮政编码：073000
定州清风路支行
行　　长：米丽伟
电　　话：0312－2314101
地　　址：定州市南城区清风南街 1 号
邮政编码：073000
高阳支行
行　　长：付伯权
电　　话：0312－6633201
地　　址：高阳县迎宾路
邮政编码：071500
高阳朝阳路支行
行　　长：郭农建
电　　话：0312－6628033
地　　址：高阳县朝阳路
邮政编码：071500
雄县支行
行　　长：陈　龙
电　　话：0312－5861141
地　　址：雄县文昌大街 258 号
邮政编码：071800
雄县河北大街支行
行　　长：程祥峰

电　　话：0312－5811404
地　　址：雄县温泉路278号
邮政编码：071800

高碑店支行
行　　长：杨光辉
电　　话：0312－2813184
地　　址：高碑店市团结东路5号
邮政编码：074000

高碑店迎宾路支行
行　　长：皮瑞芳
电　　话：0312－2810285
地　　址：高碑店市迎宾路
邮政编码：074000

高碑店市白沟支行
行　　长：谷连恩
电　　话：0312－2890329
地　　址：高碑店市白沟镇仁和中路3号
邮政编码：074000

高碑店植物园支行
行　　长：朱　强
电　　话：0312－2810284
地　　址：高碑店市五一南路东侧
邮政编码：074000

清苑支行
行　　长：张宏斌
电　　话：0312－8011421
地　　址：清苑县中心东街1号
邮政编码：071100

清苑县清苑路支行
行　　长：段红娜
电　　话：0312－8011327
地　　址：清苑县清苑北路162号
邮政编码：071100

徐水支行
行　　长：杨永济
电　　话：0312－8601023
地　　址：徐水县永兴路53号
邮政编码：072550

蠡县支行
行　　长：郭　兴
电　　话：0312－6215168
地　　址：蠡县城内
邮政编码：071400

蠡县留史支行
行　　长：伍　毅
电　　话：0312－6335311
地　　址：蠡县留史镇杏园楼
邮政编码：071400

七一路支行
行　　长：张福正
电　　话：0312－2132919
地　　址：保定市七一中路华侨大厦底商8号商铺
邮政编码：071051

满城支行
行　　长：梅丽颖
电　　话：0312－7078415
地　　址：满城县中山东路53号
邮政编码：072150

安国支行
行　　长：董　铁
电　　话：0312－3576789
地　　址：安国市药都北大街82号
邮政编码：071200

天鹅路支行
行　　长：潘　静
电　　话：0312－3138836
地　　址：保定市天鹅中路79号
邮政编码：071051

容城支行
行　　长：黄有宽
电　　话：0312－5615848
地　　址：容城县容城镇朝阳社区罗萨大街149号
邮政编码：071700

双胜街支行
行　　长：陈洁宇
电　　话：0312－5018346
地　　址：保定市七一中路140号
邮政编码：071000

四季城支行
行　　长：宋立基
电　　话：0312－3336715
地　　址：保定市北市区李庄街881－25号
邮政编码：071000

军校街支行
行　　长：赵　颖

电　　话：0312－5997127
地　　址：保定市军校街149号
邮政编码：071000

新华路支行
行　　长：洪　玫
电　　话：0312－2030987
地　　址：保定市裕华西路606号
邮政编码：071000

仁和支行
行　　长：霍孟雄
电　　话：0312－3087723
地　　址：保定市东风中路1826号
邮政编码：071000

凤凰城支行
行　　长：柳艳艳
电　　话：0312－5991760
地　　址：保定市新东方凤凰城商务楼
邮政编码：071000

玉兰大街支行
行　　长：胡俊池
电　　话：0312－3350978
地　　址：保定市玉兰大街329－333号
邮政编码：071000

西苑支行
行　　长：杨建霞
电　　话：0312－3336723
地　　址：保定市恒祥北大街983号
邮政编码：071000

北城支行
行　　长：任　华
电　　话：0312－3328861
地　　址：保定市TOP世界观4号－5号
邮政编码：071000

西城支行
行　　长：夏英男
电　　话：0312－3021792
地　　址：保定市朝阳南大街283号
邮政编码：071000

市府街支行
行　　长：李新红
电　　话：0312－2065628
地　　址：保定市永华北路48号
邮政编码：071000

前卫支行
行　　长：汪　芹
电　　话：0312－2011064
地　　址：保定市东风中路4号
邮政编码：071000

裕华支行
行　　长：车　跃
电　　话：0312－2026884
地　　址：保定市裕华西路399号
邮政编码：071000

东城支行
行　　长：张建龙
电　　话：0312－5017971
地　　址：保定市天威东路295号
邮政编码：071051

高科技开发区支行
行　　长：周彦明
电　　话：0312－3336756
地　　址：保定市朝阳北大街700号
邮政编码：071051

朝阳北大街支行
行　　长：朱东林
电　　话：0312－3113211
地　　址：保定市朝阳北大街1218号
邮政编码：071000

三丰路支行
行　　长：高　青
电　　话：0312－2132919
地　　址：保定市三丰中路589号
邮政编码：071000

向阳北大街支行
行　　长：张钧鸿
电　　话：0312－3112301
地　　址：保定市向阳北大街付199号华海大厦A8－A9
邮政编码：071000

天威西路支行
行　　长：刘雪梅
电　　话：0312－3253505
地　　址：保定市天威路与乐凯大街交叉口新畿辅小区底商6号－7号
邮政编码：071000

易县支行
行　　长：刘喜生

电　　话：0312－8213720
地　　址：易县朝阳中路阳光国际商贸公寓住宅楼底商
邮政编码：074200

中国银行邯郸分行

行　　长：柴英豪
电　　话：0310－6265615
地　　址：邯郸市人民路79号
邮政编码：056002

峰峰支行

行　　长：江素忠
电　　话：0310－5011494
地　　址：邯郸市峰峰新市区滏阳东路北体育场东侧甲24号
邮政编码：056200

峰峰滏临支行

行　　长：宋志凯
电　　话：0310－5113597
地　　址：邯郸市峰峰矿区军民路9号
邮政编码：056200

永年支行

行　　长：靳中强
电　　话：0310－6811092
地　　址：永年县新洺路12号
邮政编码：057150

永年洺兴南路支行

行　　长：赵俊成
电　　话：0310－6823636
地　　址：永年县洺兴南路22号
邮政编码：057150

涉县支行

行　　长：王海忠
电　　话：0310－3832090
地　　址：涉县城内振兴路520号
邮政编码：056400

涉县开发区支行

行　　长：秦海东
电　　话：0310－3897391
地　　址：涉县龙山大街隆盛商务大厦
邮政编码：056400

武安支行

行　　长：郭海涛
电　　话：0310－5654071
地　　址：武安市矿建路15号
邮政编码：056300

武安中山支行

行　　长：赵永亮
电　　话：0310－5650704
地　　址：武安市中山街金桥大酒店对面
邮政编码：056300

武安中兴路支行

行　　长：史胜利
电　　话：0310－5719356
地　　址：武安市中兴路1725号
邮政编码：056300

磁县支行

行　　长：申玉文
电　　话：0310－2311163
地　　址：磁县磁州路北二环38号
邮政编码：056500

复兴支行

行　　长：马瑞博
电　　话：0310－3148671
地　　址：邯郸市人民路与前进大街交叉口西北角
邮政编码：056003

财富支行

行　　长：李　军
电　　话：0310－3118806
地　　址：邯郸市和平路398号
邮政编码：056001

丛台中路支行

行　　长：闫海军
电　　话：0310－3125810
地　　址：邯郸市丛台路甲33号
邮政编码：056002

高开区支行

行　　长：任海凤
电　　话：0310－5513558
地　　址：邯郸市经济开发区联通南路18号
邮政编码：056004

雪驰路支行

行　　长：刘庆周
电　　话：0310－8039388
地　　址：邯郸市雪驰路13号
邮政编码：056001

人和支行
行　　长：王　霞
电　　话：0310－7088151
地　　址：邯郸市丛台区人和街19号－1号
邮政编码：056002
连城别苑支行
行　　长：柴　华
电　　话：0310－3196265
地　　址：邯郸市丛台区丛台路455号门市
邮政编码：056002
滏东大街支行
行　　长：刘爱梅
电　　话：0310－8095763
地　　址：邯郸市滏东大街158号
邮政编码：056002
黎明街支行
行　　长：高　歌
电　　话：0310－8039388
地　　址：邯郸市朝阳路15号院10号楼临街2、3号门市
邮政编码：056002
丛台支行
行　　长：王丽珍
电　　话：0310－2063211
地　　址：邯郸市丛台路380号
邮政编码：056002
望岭路中支行
行　　长：孔　雪
电　　话：0310－3272655
地　　址：邯郸市陵西北大街249号
邮政编码：056004
人民西路支行
行　　长：李媛媛
电　　话：0310－3148551
地　　址：邯郸市复兴区人民路5号院15号门市
邮政编码：056004
中华北大街支行
行　　长：侯洪光
电　　话：0310－3287001
地　　址：邯郸市中华北大街71号
邮政编码：056002
光华苑支行
行　　长：王海军
电　　话：0310－4014655
地　　址：邯郸市箭岭路6号院10号楼楼下
邮政编码：056004
中华大街支行
行　　长：朱国庆
电　　话：0310－3125521
地　　址：邯郸市中华大街9号
邮政编码：056001
罗城头支行
行　　长：李亚敏
电　　话：0310－3168801
地　　址：邯郸市邯山区罗城头商业网点I区育红饭店
邮政编码：056001
学院南路支行
行　　长：陈　洁
电　　话：0310－6023602
地　　址：邯郸市中华南大街4号小区临街商铺9号门市
邮政编码：056001
和平路支行
行　　长：章　璐
电　　话：0310－8133519
地　　址：邯郸市和平路351号新新家园小区1号楼底商楼第16、17号门市
邮政编码：056001
农林中路支行
行　　长：高　彦
电　　话：0310－8070680
地　　址：邯郸市农林路86号
邮政编码：056001
展览路支行
行　　长：盛艳平
电　　话：0310－3118360
地　　址：邯郸市展览路后街7号院2号楼6－8号
邮政编码：056002
人民路支行
行　　长：张千峰
电　　话：0310－3125138
地　　址：邯郸市人民路159号
邮政编码：056002
邯山支行
行　　长：易小英

电　　话：0310－3081376
地　　址：邯郸市邯山区滏东南大街193号明珠花园B区
邮政编码：056001
联纺路支行
行　　长：王丙云
电　　话：0310－7022424
地　　址：邯郸市中华北大街382号
邮政编码：056004
腾宇苑支行
行　　长：孙保芹
电　　话：0310－7081201
地　　址：邯郸市丛台区联纺路48号腾宇苑小区1号楼
邮政编码：056002
天泽园支行
行　　长：曹静欣
电　　话：0310－8168692
地　　址：邯郸市高开区家和路53号
邮政编码：056004
星城国际支行
行　　长：刘　磊
电　　话：0310－3177835
地　　址：邯郸市丛台区滏河北大街580号星城国际小区19号楼3单元365号、367号
邮政编码：056002

中国银行承德分行
行　　长：曾　卫
电　　话：0314－2178268
地　　址：承德市东大街3号
邮政编码：067000
新华支行
行　　长：张瑞军
电　　话：0314－2074678
地　　址：承德市新华路新华园A座1－1
邮政编码：067000
双百支行
行　　长：宋桂宏
电　　话：0314－2060935
地　　址：承德市新华路双百购物广场西侧北角
邮政编码：067000
平泉支行
行　　长：杨　力
电　　话：0314－6023600
地　　址：平泉县平泉镇迎宾街迎宾小区商业S1－6号
邮政编码：067500
平泉泽洲支行
行　　长：李俊明
电　　话：0314－6022385
地　　址：平泉县平泉镇和平街27号
邮政编码：067500
围场支行
行　　长：秦树安
电　　话：0314－7510161
地　　址：围场县围场镇伊逊路117号
邮政编码：068450
围场木兰中路支行
行　　长：潘殿芝
电　　话：0314－7513360
地　　址：围场县围场镇木兰中路100号
邮政编码：068450
围场通祥街支行
行　　长：李　民
电　　话：0314－7514271
地　　址：围场县围场镇通祥街2号
邮政编码：068450
兴隆支行
行　　长：谢文博
电　　话：0314－5053716
地　　址：兴隆县兴隆镇西关村西大街路北
邮政编码：067300
兴隆东大街支行
行　　长：曹士敏
电　　话：0314－5054576
地　　址：兴隆县兴隆镇中央村东大街
邮政编码：067300
隆化支行
行　　长：衡海军
电　　话：0314－7067160
地　　址：隆化县隆化镇安洲街7号
邮政编码：068150
体育场支行
行　　长：王建波

电　　话：0314－2151451
地　　址：承德市翠桥路南43号
邮政编码：067000

商城支行
行　　长：王　宏
电　　话：0314－2073741
地　　址：承德市商城113号
邮政编码：067000

富华支行
行　　长：刘爱民
电　　话：0314－2125781
地　　址：承德市双桥区石洞子沟路富华山庄二期底商
邮政编码：067000

大佟沟支行
行　　长：成　岩
电　　话：0314－2074147
地　　址：承德市大佟沟28号楼
邮政编码：067000

南园支行
行　　长：马　戈
电　　话：0314－2151104
地　　址：承德市紫晶花园小区7栋楼底商
邮政编码：067000

永兴支行
行　　长：李　丽
电　　话：0314－2066100
地　　址：承德市南营子大街甲21号
邮政编码：067000

云岭支行
行　　长：周春华
电　　话：0314－2186850
地　　址：承德市西大街双柳小区9号楼底商
邮政编码：067000

碧达园支行
行　　长：孙殿山
电　　话：0314－2023777
地　　址：承德市京承公路热河上庭碧达园3号楼底商
邮政编码：067000

行政新区支行
行　　长：崔华南
电　　话：0314－2384808
地　　址：承德市府前路市政府行政中心G号楼
邮政编码：067000

德汇门支行
行　　长：刘爱民
电　　话：0314－2020691
地　　址：承德市丽正门大街19号
邮政编码：067000

车站路支行
行　　长：唐宏志
电　　话：0314－2086301
地　　址：承德市新居宅5号楼
邮政编码：067000

世纪城支行
行　　长：白明尼
电　　话：0314－2026810
地　　址：承德市开发区世纪城32号楼底商
邮政编码：067000

中国银行沧州分行

行　　长：任维真
电　　话：0317－2138688
地　　址：沧州市光荣路17号
邮政编码：061001

青县支行
行　　长：陈东升
电　　话：0317－4022081
地　　址：青县京福北路59－6号
邮政编码：062650

青县新华西路支行
行　　长：陶　智
电　　话：0317－4126700
地　　址：青县信誉楼商厦西侧
邮政编码：062650

肃宁支行
行　　长：李玉玺
电　　话：0317－5026331
地　　址：肃宁县武垣中路27号
邮政编码：062350

泊头支行
行　　长：徐　冬
电　　话：0317－8189128
地　　址：泊头市裕华路

邮政编码：062150

泊头解放东路支行

行　　长：李艳霞
电　　话：0317－8223957
地　　址：泊头市解放东路
邮政编码：062150

南皮支行

行　　长：王学功
电　　话：0317－4116001
地　　址：南皮县光明中路
邮政编码：061500

东光支行

行　　长：王洪玉
电　　话：0317－7724468
地　　址：东光县城俯前街东首
邮政编码：061600

黄骅支行

行　　长：李兴军
电　　话：0317－5323275
地　　址：黄骅市渤海路1号
邮政编码：061100

黄骅信誉街支行

行　　长：郭　庆
电　　话：0317－5219044
地　　址：黄骅市信誉楼大街北段黄骅工商局综合办公楼
邮政编码：061100

海兴支行

行　　长：乔春燕
电　　话：0317－6622094
地　　址：海兴县城兴华路西端
邮政编码：061200

华北油田支行

行　　长：徐　东
电　　话：0317－2725899
地　　址：任丘市渤海路
邮政编码：062550

河间支行

行　　长：齐德志
电　　话：0317－4076001
地　　址：河间市曙光中路
邮政编码：062450

任丘支行

行　　长：张树新
电　　话：0317－2215501
地　　址：任丘市燕山中道
邮政编码：062550

维明路支行

行　　长：武红霞
电　　话：0317－3042638
地　　址：沧州市清池大道与维明路交口处
邮政编码：061001

颐和广场支行

行　　长：张建国
电　　话：0317－2202312
地　　址：沧州市解放西路颐和国际大厦B座
邮政编码：061001

水月寺支行

行　　长：黄福运
电　　话：0317－3559468
地　　址：沧州市水月寺北大街北方花园综合楼
邮政编码：061001

金鼎支行

行　　长：杨朝霞
电　　话：0317－2026466
地　　址：沧州市御河西路金鼎领域沿街商业街B区
邮政编码：061001

开发区支行

行　　长：陶　智
电　　话：0317－3092103
地　　址：沧州市开发区渤海路8号力源集团科技研发大厦
邮政编码：061000

解放西路支行

行　　长：邢金胜
电　　话：0317－2201968
地　　址：沧州市万泰阳光住宅区1号楼新建商业门市
邮政编码：061000

东风路支行

行　　长：魏鸿彦
电　　话：0317－3030556
地　　址：沧州市解放路24号
邮政编码：061001

迎宾路支行
行　　长：张纯峰
电　　话：0317－2101900
地　　址：沧州市御河路20号
邮政编码：061001

解放路支行
行　　长：于凤祥
电　　话：0317－2030036
地　　址：沧州市解放西路15号
邮政编码：061001

运东支行
行　　长：毛新刚
电　　话：0317－3526099
地　　址：沧州市黄河东路29号
邮政编码：061000

渤海新区支行
行　　长：吴文治
电　　话：0317－5768420
地　　址：沧州市渤海新区管委会对过
邮政编码：061113

中捷临港支行
行　　长：赵洪相
电　　话：0317－5768420
地　　址：沧州市渤海新区中捷产业园区创业路劳动人事局综合办公楼
邮政编码：061108

盐山支行
行　　长：邢晓晨
电　　话：0317－6092200
地　　址：盐山县205国道与凤凰路交口处南150米商业楼
邮政编码：061300

中国银行邢台分行

行　　长：郑元昌
电　　话：0319－2152869
地　　址：邢台市桥西区中兴西大街16号
邮政编码：054000

沙河支行
行　　长：侯善修
电　　话：0319－8802733
地　　址：沙河市温泉街金汇通花园北门9－12号门市
邮政编码：054100

沙河迎新街支行
行　　长：杨志国
电　　话：0319－8901597
地　　址：沙河市迎新街中段路南综合商住楼
邮政编码：054100

沙河健康街支行
行　　长：林书江
电　　话：0319－8804627
地　　址：沙河市健康街中段路南
邮政编码：054100

沙河白塔支行
行　　长：霍永杰
电　　话：0319－8638166
地　　址：沙河市白塔镇西端机场路路北
邮政编码：054100

沙河太行街支行
行　　长：牛占杰
电　　话：0319－8904751
地　　址：沙河市太行街与建设路交叉口（千山集团楼下）
邮政编码：054100

南宫支行
行　　长：潘宝印
电　　话：0319－5223449
地　　址：南宫市胜利大街217号
邮政编码：055750

南宫育才路支行
行　　长：杜英泽
电　　话：0319－5220066
地　　址：南宫市育才路中段路西金科凤凰城临街门市
邮政编码：055750

宁晋支行
行　　长：周　青
电　　话：0319－5801013
地　　址：宁晋县城凤凰路北端
邮政编码：055550

宁晋凤凰路支行
行　　长：王旭平
电　　话：0319－5882925
地　　址：宁晋县城凤凰路南段凤凰小区
邮政编码：055550

宁晋天宝街支行
行　　长：王英光
电　　话：0319－5802922
地　　址：宁晋县城天宝西街东段
邮政编码：055550

清河支行
行　　长：秦晓光
电　　话：0319－8183124
地　　址：清河县三羊东街35号
邮政编码：054800

清河武松中街支行
行　　长：杜书变
电　　话：0319－8183341
地　　址：清河县武松中街朝阳小区商铺
邮政编码：054800

隆尧支行
行　　长：檀少霞
电　　话：0319－6666669
地　　址：隆尧县康庄路18号
邮政编码：055350

隆尧康庄路支行
行　　长：刘　鹏
电　　话：0319－6665371
地　　址：隆尧县康庄路71号
邮政编码：055350

顺德路支行
行　　长：李彦平
电　　话：0319－3686491
地　　址：邢台市顺德北路428号
邮政编码：054001

新华支行
行　　长：梁玉明
电　　话：0319－3187933
地　　址：邢台市桥东区新华路永康国际公寓临街门市
邮政编码：054001

桥西支行
行　　长：罗立民
电　　话：0319－2222304
地　　址：邢台市冶金北路103号
邮政编码：054000

泉北大街支行
行　　长：李　荣
电　　话：0319－3098540
地　　址：邢台市桥西区泉北东大街兴达路人大生活区临街商住楼
邮政编码：054001

公园东街支行
行　　长：王利华
电　　话：0319－2189488
地　　址：邢台市桥西区公园东街经济适用房中心临街商住楼
邮政编码：054000

阳光国际支行
行　　长：张志成
电　　话：0319－2294711
地　　址：邢台市桥西区达活泉西大街369号阳光国际临街门市
邮政编码：054000

天一城支行
行　　长：姚　军
电　　话：0319－2232355
地　　址：邢台市桥东区天一街西段临街商铺
邮政编码：054000

冶金路支行
行　　长：罗志训
电　　话：0319－2050141
地　　址：邢台市冶金南路72号
邮政编码：054000

钢铁路支行
行　　长：巩英俊
电　　话：0319－2623205
地　　址：邢台市钢铁路71号
邮政编码：054000

中华大街支行
行　　长：梁　萍
电　　话：0319－2223045
地　　址：邢台市郭守敬北路191号
邮政编码：054000

中北支行
行　　长：李书豪
电　　话：0319－3031534
地　　址：邢台市顺德路65号
邮政编码：054001

桥东支行
行　　长：吴卫国

电　　话：0319－3265533
地　　址：邢台市西门里街1号
邮政编码：054001

胜利支行

行　　长：杨开彪
电　　话：0319－2626500
地　　址：邢台市皇家胜利园2－5号门市
邮政编码：054000

中国银行廊坊分行

行　　长：于　松
电　　话：0316－2317602
地　　址：廊坊市解放道142号
邮政编码：065000

广阳道支行

行　　长：王　炼
电　　话：0316－2114700
地　　址：廊坊市新华路132号
邮政编码：065000

万庄支行

行　　长：李红梅
电　　话：0316－6012091
地　　址：廊坊市万庄镇文化路18号
邮政编码：065000

开发区支行

行　　长：王　炼
电　　话：0316－6089322
地　　址：廊坊市经济技术开发区汇源道
邮政编码：065001

三河支行

行　　长：袁茂林
电　　话：0316－3213934
地　　址：三河市鼎盛东大街2号
邮政编码：065200

三河迎宾北路支行

行　　长：李险峰
电　　话：0316－3119269
地　　址：三河市迎宾北路111号
邮政编码：065200

三河泃阳西大街支行

行　　长：王立新
电　　话：0316－3114448
地　　址：三河市泃阳西大街13号
邮政编码：065200

三河世纪花苑支行

行　　长：李德明
电　　话：0316－3155303
地　　址：三河市建兴北路61号
邮政编码：065200

香河支行

行　　长：杨少波
电　　话：0316－8311874
地　　址：香河县府前街10号
邮政编码：065400

香河迎宾路支行

行　　长：田德良
电　　话：0316－8581275
地　　址：香河县城迎宾路
邮政编码：065400

香河第一城支行

行　　长：凌　波
电　　话：0316－8217374
地　　址：香河县安平经济技术开发区安平小区11号楼
邮政编码：065402

大厂支行

行　　长：王伯新
电　　话：0316－8860116
地　　址：大厂县穆斯林商贸大街68号
邮政编码：065300

大厂大安街支行

行　　长：郎美娜
电　　话：0316－8823493
地　　址：大厂县西大街98号
邮政编码：065300

霸州支行

行　　长：廉　涛
电　　话：0316－7211592
地　　址：霸州市市府道98号
邮政编码：065700

霸州天祥路支行

行　　长：刘世新
电　　话：0316－7866009
地　　址：霸州市天祥路
邮政编码：065701

大城支行

行　　长：杨景玉

电　　话：0316－5509002
地　　址：大城县平舒镇新风南路8号
邮政编码：065900

大城新华东街支行
行　　长：田全军
电　　话：0316－5524437
地　　址：大城县平舒镇新华东街68号
邮政编码：065900

燕郊开发区支行
行　　长：刘　扬
电　　话：0316－3319433
地　　址：三河市燕郊开发区行宫东大街181号
邮政编码：065201

燕郊开发区市场街支行
行　　长：刘　源
电　　话：0316－3312713
地　　址：三河市燕郊镇行宫西街
邮政编码：065201

燕郊开发区迎宾路支行
行　　长：李　莉
电　　话：0316－3312839
地　　址：三河市燕郊开发区迎宾路
邮政编码：065201

燕郊开发区海油大街支行
行　　长：张大勇
电　　话：0316－3319041
地　　址：三河市燕郊开发区迎宾北路25号
邮政编码：065201

胜芳支行
行　　长：祁瑞博
电　　话：0316－7617155
地　　址：霸州市胜芳镇芳济道龙泽苑小区1－A
邮政编码：065701

逸树家支行
行　　长：韩志廷
电　　话：0316－2116984
地　　址：廊坊市广阳道155号逸树家小区2－3号
邮政编码：065000

和平路支行
行　　长：岳险峰
电　　话：0316－2081281
地　　址：廊坊市和平路170号
邮政编码：065000

新十区支行
行　　长：李永强
电　　话：0316－2112271
地　　址：廊坊市石油管道局新十区
邮政编码：065000

新开路支行
行　　长：王文政
电　　话：0316－2094650
地　　址：廊坊市新开路吉祥小区门面楼
邮政编码：065000

和平丽景支行
行　　长：曹　春
电　　话：0316－4523100
地　　址：廊坊市金桥道和平丽景小区商铺10号
邮政编码：065000

永华道支行
行　　长：王运生
电　　话：0316－2683963
地　　址：廊坊市银河南路117号
邮政编码：065000

新源支行
行　　长：郭淑岚
电　　话：0316－2012522
地　　址：廊坊市广阳区新开路48号
邮政编码：065000

金桥支行
行　　长：訾东雅
电　　话：0316－2321215
地　　址：廊坊市金桥小区金梅苑2号
邮政编码：065000

银河路支行
行　　长：杜　军
电　　话：0316－2121802
地　　址：廊坊市广阳区金光道3号
邮政编码：065000

东安支行
行　　长：朱希祯
电　　话：0316－2030111
地　　址：廊坊市解放道东安商城6号

邮政编码：065000

爱民道支行

行　　长：张瑞华

电　　话：0316－2650678

地　　址：廊坊市爱民西道文苑小区门面楼

邮政编码：065000

金光道支行

行　　长：刘　辉

电　　话：0316－2058895

地　　址：廊坊市建设路96号

邮政编码：065000

新华路支行

行　　长：刘　翠

电　　话：0316－2015323

地　　址：廊坊市广阳区新华路85－1号

邮政编码：065000

中国银行衡水分行

行　　长：杨江魁

电　　话：0318－2816012

地　　址：衡水市胜利东路169号

邮政编码：053000

冀州支行

行　　长：高建章

电　　话：0318－8619686

地　　址：冀州市和平西路1号

邮政编码：053200

枣强支行

行　　长：袁国忠

电　　话：0318－8225339

地　　址：枣强县站前街2号

邮政编码：053100

枣强西街支行

行　　长：黄建

电　　话：0318－8224279

地　　址：枣强县西街1号

邮政编码：053100

阜城支行

行　　长：陈为勇

电　　话：0318－4622298

地　　址：阜城县富德路

邮政编码：053700

安平支行

行　　长：徐占彬

电　　话：0318－7978878

地　　址：安平县为民街243号

邮政编码：053600

安平北新支行

行　　长：袁卫锋

电　　话：0318－7969602

地　　址：安平县北新大道安平电力公司西门

邮政编码：053600

深州支行

行　　长：张跃军

电　　话：0318－3319747

地　　址：深州市长江西路41号

邮政编码：053800

深州永盛大街支行

行　　长：张　冲

电　　话：0318－3313121

地　　址：深州市永盛大街1号金港湾宾馆

邮政编码：053800

景县支行

行　　长：王明福

电　　话：0318－4319296

地　　址：景县开发区市场路

邮政编码：053200

车站支行

行　　长：贾　丁

电　　话：0318－7902716

地　　址：衡水市桃城区红旗大街242号

邮政编码：053000

桃城支行

行　　长：潘　丽

电　　话：0318－2081585

地　　址：衡水市桃城区育才街与永兴路交叉口西南角

邮政编码：053000

和平路支行

行　　长：刘　兴

电　　话：0318－7958026

地　　址：衡水市桃城区和平西路与宝云街交叉口东北角

邮政编码：053000

丽景支行

行　　长：于　剑

电　　话：0318－2088621
地　　址：衡水市桃城区胜利西路丽景名都商住楼
邮政编码：053000

永兴路支行
行　　长：陈晓东
电　　话：0318－2109551
地　　址：衡水市桃城区中心街606号
邮政编码：053000

大陆世家支行
行　　长：吕春磊
电　　话：0318－2850860
地　　址：衡水市桃城区人民西路818号大陆世家名苑A区
邮政编码：053000

宝云大街支行
行　　长：颉俊英
电　　话：0318－2121466
地　　址：衡水市宝云街699号
邮政编码：053000

开发区支行
行　　长：隋　毅
电　　话：0318－2024699
地　　址：衡水市桃城区胜利西路与昌明大街交叉口西北角西苑小区综合楼
邮政编码：053000

河西支行
行　　长：常艳红
电　　话：0318－2138099
地　　址：衡水市桃城区和平中路29－1号
邮政编码：053000

路北支行
行　　长：何葆钢
电　　话：0318－2039568
地　　址：衡水市桃城区榕花北大街172号
邮政编码：053000

京衡大街支行
行　　长：陈青松
电　　话：0318－2083216
地　　址：衡水市桃城区京衡南大街669号
邮政编码：053000

饶阳支行
行　　长：耿丽双
电　　话：0318－7222932
地　　址：饶阳县人民西路98号
邮政编码：053900

中国建设银行股份有限公司

中国建设银行股份有限公司河北省分行

行　　长：李秀昆
电　　话：0311－88601001
地　　址：石家庄市自强路40号
邮政编码：050000

分行营业部
总 经 理：尹全振
电　　话：0311－66696958
地　　址：石家庄市广安大街26号
邮政编码：050011

平安大街支行
行　　长：张秋水
电　　话：0311－86964243
地　　址：石家庄市平安南大街30号
邮政编码：050011

住房城建支行
行　　长：高　鹏
电　　话：0311－87035808
地　　址：石家庄市中山西路265号
邮政编码：050000

和平西路支行
行　　长：刘宇红
电　　话：0311－87818039
地　　址：石家庄市和平西路80号
邮政编码：050000

中华南大街支行
行　　长：严瑞钦
电　　话：0311－87037858
地　　址：石家庄市中华南大街85号
邮政编码：050051

中山西路支行
行　　长：刘　霞
电　　话：0311－83635396
地　　址：石家庄市中山西路505号
邮政编码：050081

新华路西支行
行　　长：鲁国平

电　　话：0311－87875294
地　　址：石家庄市新华路567号
邮政编码：050051

中华大街支行
行　　长：王智波
电　　话：0311－87033754
地　　址：石家庄市中华北大街与市庄路交叉口华兴公司综合商业楼
邮政编码：050051

中华北大街支行
行　　长：尹建辉
电　　话：0311－87781142
地　　址：石家庄市中华北大街236号
邮政编码：050061

西大街支行
行　　长：胡立肖
电　　话：0311－86049066
地　　址：石家庄市西大街70号
邮政编码：050011

广安街支行
行　　长：王质艳
电　　话：0311－66696988
地　　址：石家庄市广安街24号
邮政编码：050011

和平东路支行
行　　长：郝文山
电　　话：0311－86083690
地　　址：石家庄市和平东路148号
邮政编码：050011

槐安东路支行
行　　长：付　勇
电　　话：0311－86964950
地　　址：石家庄市槐安东路77号
邮政编码：050011

建华南大街支行
行　　长：张建铭
电　　话：0311－85062270
地　　址：石家庄市建华南大街72号
邮政编码：050031

中山东路支行
行　　长：镡朝霞
电　　话：0311－85083842
地　　址：石家庄市中山路479号
邮政编码：050031

富强大街支行
副 行 长：曹双敏（主持工作）
电　　话：0311－87019718
地　　址：石家庄市富强大街179号
邮政编码：050000

上安电厂支行
行　　长：段清宇
电　　话：0311－82341816
地　　址：石家庄市井陉上安电厂院内
邮政编码：050310

裕华东路支行
行　　长：游　燕
电　　话：0311－86055702
地　　址：石家庄市裕华东路316号副1号
邮政编码：050011

新华支行
行　　长：贾建鹏
电　　话：0311－83025264
地　　址：石家庄市新华路265号
邮政编码：050051

开发区支行
行　　长：杨　帆
电　　话：0311－85965348
地　　址：石家庄市开发区长江大道9号
邮政编码：050035

铁道支行
行　　长：刘卫东
电　　话：0311－87890722
地　　址：石家庄市中华北大街50号
邮政编码：050051

红旗大街支行
行　　长：王冬泓
电　　话：0311－83825365
地　　址：石家庄市红旗大街116号
邮政编码：050091

西柏坡电厂支行
行　　长：赵延明
电　　话：0311－82931776
地　　址：石家庄市平山县101信箱西柏坡电厂厂区
邮政编码：050400

裕华支行
行　　长：尚庆平

电　　话：0311－85051424
地　　址：石家庄市东岗路86号
邮政编码：050031

滨江支行

行　　长：薛　静
电　　话：0311－86985859
地　　址：石家庄市休门街1号
邮政编码：050051

新石北路支行

行　　长：杨　改
电　　话：0311－83835433
地　　址：石家庄市新石北路368号
邮政编码：050081

西城支行

行　　长：李增军
电　　话：0311－89162850
地　　址：石家庄市裕华西路103号
邮政编码：050051

无极支行

副 行 长：范　彬（主持工作）
电　　话：0311－85573539
地　　址：石家庄市无极县县城幸福南街124号
邮政编码：052460

晋州支行

行　　长：孙　彤
电　　话：0311－84322191
地　　址：石家庄晋州市向阳街18号
邮政编码：052260

正定支行

行　　长：董银贞
电　　话：0311－88022623
地　　址：石家庄市正定县常山路3号
邮政编码：050800

鹿泉支行

行　　长：李运河
电　　话：0311－82012253
地　　址：石家庄鹿泉市北斗路与石邑街交口
邮政编码：050200

深泽支行

副 行 长：刘　涛（主持工作）
电　　话：0311－83520174
地　　址：石家庄市深泽县石油街
邮政编码：052560

藁城支行

行　　长：吕建威
电　　话：0311－88041507
地　　址：石家庄藁城市廉州西路27号
邮政编码：052160

栾城支行

行　　长：杨新亮
电　　话：0311－88031268
地　　址：石家庄市栾城县鑫源路19号
邮政编码：051430

井陉支行

副 行 长：贾胜堂（主持工作）
电　　话：0311－82022163
地　　址：石家庄市井陉县微水镇建设北路27号
邮政编码：050300

平山支行

行　　长：杨文生
电　　话：0311－82911733
地　　址：石家庄市平山县建设南大街2号
邮政编码：050400

辛集支行

行　　长：李　峰
电　　话：0311－83221366
地　　址：石家庄辛集市束鹿大街14号
邮政编码：052360

赵县支行

行　　长：张耀辉
电　　话：0311－84941263
地　　址：石家庄市赵县柏林街159号
邮政编码：051530

新乐支行

行　　长：刘献忠
电　　话：0311－88581935
地　　址：石家庄新乐市礼堂街46号
邮政编码：050700

中国建设银行股份有限公司承德分行

行　　长：刘彩桥
电　　话：0314－2052601
地　　址：承德市南营子大街32号
邮政编码：067000

住房城建支行
副 行 长：李梦笔（主持工作）
电　　话：0314－2020067
地　　址：承德市西大街路南14－16号
邮政编码：067000
双滦支行
行　　长：王浩翔
电　　话：0314－4314545
地　　址：承德市双滦区滦河镇金融广场A座
邮政编码：067002
丽正门支行
行　　长：徐晓晨
电　　话：0314－2020068
地　　址：承德市钟鼓楼小区9号
邮政编码：067000
车站路支行
行　　长：张秋丽
电　　话：0314－2080003
地　　址：承德市车站路新居宅
邮政编码：067000
兴隆支行
副 行 长：马助国（主持工作）
电　　话：0314－5053334
地　　址：承德市兴隆县兴隆镇东大街
邮政编码：067300
承德县支行
行　　长：陈胜强
电　　话：0314－3012516
地　　址：承德市承德县下板城镇板城街
邮政编码：067400
平泉支行
副 行 长：张瑞杰（主持工作）
电　　话：0314－6022771
地　　址：承德市平泉县平泉镇金世纪家园S9－1
邮政编码：067500
宽城支行
行　　长：王辉军
电　　话：0314－6632402
地　　址：承德市宽城镇新兴街178号
邮政编码：067600
滦平支行
行　　长：房玉民
电　　话：0314－8583487
地　　址：承德市滦平县滦平镇北大街115号
邮政编码：068250

中国建设银行股份有限公司张家口分行

行　　长：齐光临
电　　话：0313－2026873
地　　址：张家口市桥东区东安大街60号
邮政编码：075000
东安大街支行
行　　长：常　江
电　　话：0313－2051068
地　　址：张家口市桥东区东安大街32号
邮政编码：075000
明德南街支行
行　　长：康　燕
电　　话：0313－8040465
地　　址：张家口市桥西区明德南路中段
邮政编码：075000
富强路支行
行　　长：崔向英
电　　话：0313－4013563
地　　址：张家口市高新区富强路瑞麟轩小区32号
邮政编码：075000
北站支行
行　　长：盖全兵
电　　话：0313－2051218
地　　址：张家口市桥东区东安大街60号
邮政编码：075000
建国路支行
行　　长：郝晓玲
电　　话：0313－2012658
地　　址：张家口市桥东区建设东街欣盛南苑底商
邮政编码：075000
五一路支行
行　　长：宋卫东
电　　话：0313－2080681
地　　址：张家口市桥东区五一东大街西端
邮政编码：075000
胜利路支行
行　　长：李少鹏
电　　话：0313－5912550

地　　址：张家口市桥东区胜利北路察哈尔世纪广场南区
邮政编码：075000

开发区支行
行　　长：韩　青
电　　话：0313－4081058
地　　址：张家口市盛华西大街中段
邮政编码：075000

西环路支行
行　　长：庞志国
电　　话：0313－8040283
地　　址：张家口市桥西区赐儿山街50号
邮政编码：075000

至善街支行
行　　长：牛辉明
电　　话：0313－8040488
地　　址：张家口市桥西区至善街33号
邮政编码：075000

西河沿支行
行　　长：李永明
电　　话：0313－2161158
地　　址：张家口市桥西区清水河中路
邮政编码：075000

红旗楼支行
行　　长：唐　强
电　　话：0313－4081009
地　　址：张家口市桥东区胜利中路211号丽花苑小区
邮政编码：075000

北环路支行
行　　长：李东海
电　　话：0313－8040299
地　　址：张家口市桥西区古宏大街中段
邮政编码：075000

惠安苑支行
行　　长：禹文君
电　　话：0313－4108300
地　　址：张家口市桥东区钻石北路28号鑫业家园小区五幢3号底商
邮政编码：075000

宝善街支行
行　　长：刘宇清
电　　话：0313－2053260
地　　址：张家口市桥东区宝善小区52号
邮政编码：075000

纬一路支行
行　　长：宋继东
电　　话：0313－4081008
地　　址：张家口市桥东区工业路1号
邮政编码：075000

胜利南路支行
行　　长：杨天星
电　　话：0313－4061309
地　　址：张家口市桥东区胜利中路215号张家口市住房公积金管理中心底商
邮政编码：075000

纬二路支行
行　　长：张　燕
电　　话：0313－4111100
地　　址：张家口市高新区市府大街3号财富中心底商
邮政编码：075000

宣化支行
行　　长：武德亮
电　　话：0313－3380058
地　　址：张家口市宣化区牌楼东街7号
邮政编码：075000

下花园支行
行　　长：李旭日
电　　话：0313－5052386
地　　址：张家口市下花园区菜园街
邮政编码：075000

怀来支行
行　　长：方春江
电　　话：0313－6800808
地　　址：张家口市沙城镇龙潭东路
邮政编码：075000

涿鹿支行
行　　长：胡学博
电　　话：0313－6521869
地　　址：张家口市涿鹿县涿鹿镇人民中街23号
邮政编码：075000

蔚县支行
行　　长：康建平
电　　话：0313－7212776

地　　址：张家口市蔚县蔚州镇人民路68号
邮政编码：075000
阳原支行
行　　长：李　俊
电　　话：0313－7513272
地　　址：张家口市阳原县西城镇昌盛西街
邮政编码：075000
张北支行
行　　长：单东明
电　　话：0313－5222927
地　　址：张家口市张北镇兴才路110号
邮政编码：075000
怀安支行
行　　长：赵占武
电　　话：0313－7823508
地　　址：张家口市柴沟堡镇南马路1号
邮政编码：075000
赤城支行
行　　长：张瑞军
电　　话：0313－6312905
地　　址：张家口市赤城县赤城镇东关街72号
邮政编码：075000

中国建设银行股份有限公司秦皇岛分行

行　　长：吴俊岭
电　　话：0335－3034527
地　　址：秦皇岛市文化路144号
邮政编码：066000
文化路支行
行　　长：王成武
电　　话：0335－3253018
地　　址：秦皇岛市文化路144号
邮政编码：066000
住房城建支行
行　　长：朱卫东
电　　话：0335－3253168
地　　址：秦皇岛市民族路118号
邮政编码：066000
港口专业支行
行　　长：周建军
电　　话：0335－3413684
地　　址：秦皇岛市海港区光明路52号
邮政编码：066000
西港路支行
行　　长：律颜新
电　　话：0335－3253115
地　　址：秦皇岛市西港路99号
邮政编码：066000
建设大街支行
行　　长：白永红
电　　话：0335－3106875
地　　址：秦皇岛市建设大街东段
邮政编码：066000
经济技术开发区支行
行　　长：马晓波
电　　话：0335－8051293
地　　址：秦皇岛市经济技术开发区
邮政编码：066000
海阳路支行
行　　长：罗　山
电　　话：0335－3253089
地　　址：秦皇岛市海港区海建北里
邮政编码：066000
经济技术开发区东区支行
行　　长：李永庆
电　　话：0335－5352966
地　　址：秦皇岛市开发区东区江苏中道与重庆中道交叉处
邮政编码：066000
迎宾路支行
行　　长：左保光
电　　话：0335－3610291
地　　址：秦皇岛市海港区迎宾路121号
邮政编码：066000
卢龙支行
行　　长：高　欣
电　　话：0335－7012588
地　　址：秦皇岛市卢龙县城关新城街
邮政编码：066400
山海关支行
行　　长：郭景明
电　　话：0335－5052607
地　　址：秦皇岛市山海关区关城南路48号
邮政编码：066200
北戴河支行
行　　长：王启滨

电　　话：0335－4047118
地　　址：北戴河区海宁路74号
邮政编码：066100

昌黎支行
行　　长：王　雷
电　　话：0335－2023237
地　　址：秦皇岛市昌黎县城关205国道北侧果园1号
邮政编码：066600

抚宁支行
行　　长：唐　波
电　　话：0335－6011054
地　　址：秦皇岛市抚宁县抚宁镇长征路
邮政编码：066300

中国建设银行股份有限公司唐山分行

行　　长：毕立民
电　　话：0315－2826029
地　　址：唐山市新华东道106号
邮政编码：063000

开滦支行
副 行 长：郭利群（主持工作）
电　　话：0315－2817476
地　　址：唐山市龙泽南路41号
邮政编码：063000

冶金支行
行　　长：刘明智
电　　话：0315－2030399
地　　址：唐山市建设北路96号
邮政编码：063000

冀东油田支行
行　　长：史东林
电　　话：0315－2314149
地　　址：唐山市光明路28号
邮政编码：063000

北新道支行
行　　长：李继云
电　　话：0315－2848298
地　　址：唐山市北新东道25号
邮政编码：063000

新华道支行
行　　长：高云杰
电　　话：0315－2810959
地　　址：唐山市大里路123－15至17号
邮政编码：063000

长宁道支行
行　　长：刘祝鼎
电　　话：0315－3193089
地　　址：唐山市龙泽北路538号
邮政编码：063001

复兴路支行
行　　长：安晓峰
电　　话：0315－2861179
地　　址：唐山市复兴路190号
邮政编码：063000

卫国路支行
行　　长：王　煜
电　　话：0315－2235720
地　　址：唐山市卫国北路14号
邮政编码：063000

营业部
经　　理：刘晓梅
电　　话：0315－2815690
地　　址：唐山市新华东道106号
邮政编码：063000

住房城建支行
行　　长：于启坤
电　　话：0315－2034729
地　　址：唐山市建设北路40号
邮政编码：063000

唐龙支行
行　　长：张伯英
电　　话：0315－2395901
地　　址：唐山市光明路鹭港小区1308S幢
邮政编码：063004

开平支行
行　　长：张久存
电　　话：0315－3361112
地　　址：唐山市开平区西城路218号
邮政编码：063021

古冶支行
行　　长：赵江涛
电　　话：0315－5028181
地　　址：唐山市古冶区林西新光路32号
邮政编码：063103

丰润支行
行　　长：王开宏

电　　话：0315－3245718
地　　址：唐山市丰润区新城道32号
邮政编码：063030

京唐港支行
行　　长：边立峰
电　　话：0315－2911156
地　　址：唐山市京唐港开发区
邮政编码：063611

南堡支行
行　　长：李　曦
电　　话：0315－8500399
地　　址：唐山丰南市尖坨子
邮政编码：063305

乐亭支行
行　　长：孟祥阳
电　　话：0315－4612830
地　　址：唐山市乐亭县金融街15号
邮政编码：063600

遵化支行
行　　长：唐维全
电　　话：0315－6612271
地　　址：唐山遵化市文贸大街88号
邮政编码：064200

迁西支行
行　　长：韩新华
电　　话：0315－5975366
地　　址：唐山市迁西县城关喜丰中路28号
邮政编码：064300

滦县支行
行　　长：阚玉山
电　　话：0315－7167866
地　　址：唐山市滦县燕山大街1号
邮政编码：063700

迁安支行
行　　长：张连生
电　　话：0315－7626301
地　　址：唐山迁安市燕山大路35号
邮政编码：064400

滦南支行
行　　长：王金明
电　　话：0315－4123826
地　　址：唐山市滦南县奔城南大街50号
邮政编码：063500

迁安首钢支行
行　　长：林付华
电　　话：0315－7981199
地　　址：唐山迁安市杨店子镇滨河村
邮政编码：064404

玉田支行
行　　长：高　峰
电　　话：0315－6113866
地　　址：唐山市玉田县府前街226号
邮政编码：064100

丰南支行
行　　长：何冬梅
电　　话：0315－8162215
地　　址：唐山丰南市青年路197号
邮政编码：063300

唐海支行
行　　长：李全良
电　　话：0315－8717314
地　　址：唐山市唐海县新城大街13号
邮政编码：063200

中国建设银行股份有限公司廊坊分行

行　　长：马魁卿
电　　话：0316－2093633
地　　址：廊坊市金光道36号
邮政编码：065000

住房城建支行
行　　长：张瑞明
电　　话：0316－2093558
地　　址：廊坊市金光道36号
邮政编码：065000

融汇支行
行　　长：李庆芳
电　　话：0316－2093676
地　　址：廊坊市金光道36号
邮政编码：065000

金光道支行
行　　长：闫志广
电　　话：0316－2126243
地　　址：廊坊市金光道3号
邮政编码：065000

新华路支行
行　　长：唐黎明
电　　话：0316－2135004

地　　址：廊坊市新华路183号
邮政编码：065000

新开路支行

行　　长：周桂芳
电　　话：0316－2050259
地　　址：廊坊市新开路48号
邮政编码：065000

爱民道支行

行　　长：陈瑞强
电　　话：0316－2135047
地　　址：廊坊市爱民西道40号
邮政编码：065000

开发区支行

行　　长：吴　澎
电　　话：0316－6065518
地　　址：廊坊市开发区祥云道126号
邮政编码：065000

万庄支行

行　　长：张殿刚
电　　话：0316－6012599
地　　址：廊坊市万庄镇廊万路东侧
邮政编码：065000

霸州支行

行　　长：袁庆民
电　　话：0316－7239071
地　　址：廊坊霸州市市府道110号
邮政编码：065700

三河支行

行　　长：贾怀富
电　　话：0316－3212507
地　　址：廊坊三河市世纪广场金融商贸楼
邮政编码：065200

燕郊支行

行　　长：刘少飞
电　　话：0316－3329158
地　　址：廊坊三河市燕郊镇迎宾路5号
邮政编码：065201

大厂支行

行　　长：左海波
电　　话：0316－8822257
地　　址：廊坊市大厂县城西大街6号
邮政编码：065300

香河支行

行　　长：王绍刚
电　　话：0316－8311946
地　　址：廊坊市香河县府前街17号
邮政编码：065400

固安支行

行　　长：郝文林
电　　话：0316－6161162
地　　址：廊坊市固安县新中街96号
邮政编码：065500

文安支行

行　　长：王增余
电　　话：0316－5233298
地　　址：廊坊市文安县城北大街
邮政编码：065700

胜芳支行

行　　长：闫　超
电　　话：0316－7617605
地　　址：廊坊市胜芳镇二环路
邮政编码：065701

燕郊开发区支行

主　　任：范荣军
电　　话：0316－3312118
地　　址：廊坊市三河燕郊开发区
邮政编码：065201

中国建设银行股份有限公司保定分行

行　　长：陈中新
电　　话：0312－3312502
地　　址：保定市东风中路1861号
邮政编码：071051

融汇支行

行　　长：陈桂兰
电　　话：0312－3312678
地　　址：保定市东风中路1861号
邮政编码：071051

城建支行

行　　长：李　军
电　　话：0312－3033261
地　　址：保定市朝阳南大街272号
邮政编码：071051

东风中路支行

行　　长：卢忠军
电　　话：0312－3312589
地　　址：保定市东风中路1861号
邮政编码：071051

五四西路支行
行　　长：陈勇涛
电　　话：0312－3012419
地　　址：保定市五四西路300号
邮政编码：071051

七一中路支行
行　　长：齐小新
电　　话：0312－5033553
地　　址：保定市永华北大街772号
邮政编码：071000

高开区支行
行　　长：王卫东
电　　话：0312－3329350
地　　址：保定市朝阳北大街501号
邮政编码：071051

五四东路支行
行　　长：师　泽
电　　话：0312－5077656
地　　址：保定市五四东路555号
邮政编码：071051

向阳南大街支行
行　　长：李　峰
电　　话：0312－3270759
地　　址：保定市向阳南大街666号
邮政编码：071051

裕华西路支行
行　　长：赵文辉
电　　话：0312－2053396
地　　址：保定市裕华西路1号
邮政编码：071000

天威西路支行
行　　长：张立新
电　　话：0312－3211768
地　　址：保定市天威西路555号
邮政编码：071051

恒祥南大街支行
行　　长：郑恩波
电　　话：0312－2036440
地　　址：保定市恒祥南大街361号
邮政编码：071000

涿州物探支行
行　　长：冉立武
电　　话：0312－3850888
地　　址：保定涿州市范阳中路147号
邮政编码：072750

定州支行
行　　长：李　虎
电　　话：0312－2331258
地　　址：保定定州市中山路
邮政编码：056600

安国支行
行　　长：刘彦标
电　　话：0312－3516356
地　　址：保定安国市药都北大街90号
邮政编码：071200

高阳支行
行　　长：任学军
电　　话：0312－6622725
地　　址：保定市高阳县朝阳路
邮政编码：071500

雄县支行
行　　长：杜小峰
电　　话：0312－5819198
地　　址：保定市雄县铃铛阁大街186号
邮政编码：071800

高碑店支行
行　　长：李玉坡
电　　话：0312－2811883
地　　址：保定高碑店市团结西路29号
邮政编码：074000

蠡县支行
行　　长：王　芹
电　　话：0312－6212193
地　　址：保定市蠡县范蠡东路132号
邮政编码：071400

徐水支行
行　　长：刘绍广
电　　话：0312－8681500
地　　址：保定市徐水县复兴路17号
邮政编码：072550

容城支行
行　　长：曹全乐
电　　话：0312－5690966
地　　址：保定市容城县奥威路61－1号
邮政编码：071700

望都支行
行　　长：冀　刚

电　　话：0312－7721125
地　　址：保定市望都县富强路33号
邮政编码：072450

定兴支行
行　　长：张殿明
电　　话：0312－6922869
地　　址：保定市定兴县通兴西路3号
邮政编码：072650

满城支行
行　　长：赵立勋
电　　话：0312－7077370
地　　址：保定市满城县玉川东路121号
邮政编码：072150

清苑支行
行　　长：王朝晖
电　　话：0312－8013342
地　　址：保定市清苑县建设北路110号
邮政编码：071100

安新支行
行　　长：赵财兴
电　　话：0312－5359009
地　　址：保定市安新县雁翎西路南34号
邮政编码：071600

唐县支行
行　　长：张立军
电　　话：0312－6420770
地　　址：保定市唐县光明路1号
邮政编码：072350

中国建设银行股份有限公司沧州分行

行　　长：韩文金
电　　话：0317－3026327
地　　址：沧州市清池南大道2号
邮政编码：061000

新华路支行
行　　长：潘学来
电　　话：15350770399
地　　址：沧州市清池南大道2号
邮政编码：061000

署西街支行
行　　长：郭庆利
电　　话：15350770521
地　　址：沧州市浮阳南大道9号
邮政编码：061000

建设大街支行
行　　长：马汉兴
电　　话：15350770530
地　　址：沧州市交通南大道2号
邮政编码：061000

财苑支行
行　　长：孙　毅
电　　话：15350770519
地　　址：沧州市黄河大道与朝阳路交叉路口东北角
邮政编码：061001

朝阳支行
行　　长：宗建中
电　　话：15350770526
地　　址：沧州市解放西路48号
邮政编码：061001

北环东路支行
行　　长：贾培勇
电　　话：15350770538
地　　址：沧州市交通北大道4号
邮政编码：061000

住房城建支行
行　　长：郑以申
电　　话：15350770557
地　　址：沧州市行署西街9号
邮政编码：061000

道东支行
行　　长：周万海
电　　话：15350770550
地　　址：沧州市千童南大道沧县礼堂北侧
邮政编码：061000

华北石油分行
行　　长：段建存
电　　话：15350770011
地　　址：沧州任丘市渤海路54号
邮政编码：062522

渤海新区支行
行　　长：封振江
电　　话：15350770599
地　　址：沧州市黄骅港开发区
邮政编码：061110

河间支行
行　　长：张文祥

电　　话：15350770560
地　　址：沧州河间市新华北路
邮政编码：062450

泊头支行
行　　长：范红勇
电　　话：15350770758
地　　址：沧州泊头市裕华路
邮政编码：062150

黄骅支行
行　　长：王　东
电　　话：15350770788
地　　址：沧州黄骅市渤海路西段
邮政编码：061100

南皮支行
行　　长：鄢福强
电　　话：15350770766
地　　址：沧州市南皮县县城安顺路
邮政编码：061500

东光支行
行　　长：李　军
电　　话：15350770713
地　　址：沧州市东光县府东新区1号
邮政编码：061600

献县支行
行　　长：于　骥
电　　话：15350770680
地　　址：沧州市献县西大街县政府招待所西
邮政编码：062250

盐山支行
行　　长：赵　然
电　　话：15350770586
地　　址：沧州市盐山县迎宾东路
邮政编码：061300

肃宁支行
行　　长：任长松
电　　话：15350770696
地　　址：沧州市肃宁县县城石坊东路60号
邮政编码：062350

青县支行
行　　长：安　峰
电　　话：15350770727
地　　址：沧州市青县新华路新华桥东100米路南
邮政编码：062600

孟村支行
行　　长：孙家智
电　　话：15350770791
地　　址：沧州市孟村县建设大街孟村县宾馆对过
邮政编码：061400

吴桥支行
行　　长：段如跃
电　　话：15350770736
地　　址：沧州市吴桥县长江东路14号
邮政编码：061800

中国建设银行股份有限公司衡水分行

行　　长：丁建新
电　　话：0318－2124218
地　　址：衡水市人民东路139号
邮政编码：053000

桃城支行
行　　长：许洪瑞
电　　话：0318－2113145
地　　址：衡水市人民东路139号
邮政编码：053000

住房城建支行
行　　长：李　健
电　　话：0318－2031743
地　　址：衡水市人民西路289号
邮政编码：053000

铁路支行
行　　长：杨　永
电　　话：0318－2134232
地　　址：衡水市新华西路1号
邮政编码：053000

电厂专业支行
行　　长：张　铖
电　　话：0318－2689159
地　　址：衡水市人民西路669号
邮政编码：053000

和平支行
行　　长：张子栋
电　　话：0318－2123993
地　　址：衡水市和平东路17号
邮政编码：053000

人民支行
行　　长：李亚静
电　　话：0318－7705615
地　　址：衡水市人民西路1819号
邮政编码：053000
中华支行
行　　长：于海生
电　　话：0318－6017819
地　　址：衡水市和平西路与育才街口
邮政编码：053000
冀州支行
行　　长：张劲虎
电　　话：0318－8613984
地　　址：衡水冀州市和平东路16号
邮政编码：053200
枣强支行
行　　长：文　佳
电　　话：0318－8224453
地　　址：衡水市枣强县站前街65号
邮政编码：053100
武邑支行
行　　长：李春江
电　　话：0318－5712770
地　　址：衡水市武邑县建设西路105号
邮政编码：053400
深州支行
行　　长：魏占东
电　　话：0318－3312763
地　　址：衡水深州市长江西路51号
邮政编码：053800
武强支行
行　　长：刘庆雁
电　　话：0318－3822623
地　　址：衡水市武强县武强镇新开街37号
邮政编码：053300
安平支行
行　　长：朱宝清
电　　话：0318－7524315
地　　址：衡水市安平县东马南路52号
邮政编码：053600
故城支行
行　　长：黄海发
电　　话：0318－5322012
地　　址：衡水市故城县郑口镇体育街1号
邮政编码：253800
景县支行
行　　长：郭卷盛
电　　话：0318－4223424
地　　址：衡水市景县景州镇景安大街519号
邮政编码：053500

中国建设银行股份有限公司邢台分行

副 行 长：周少杰（主持工作）
电　　话：0319－3166065
地　　址：邢台市新兴东大街69号
邮政编码：054001
桥东支行
行　　长：秦晓辉
电　　话：0319－3166658
地　　址：邢台市新华南路2号
邮政编码：054001
桥西支行
行　　长：张利群
电　　话：0319－2626414
地　　址：邢台市钢铁南路46号
邮政编码：054000
郭守敬路支行
行　　长：刘孟华
电　　话：0319－2254905
地　　址：邢台市育英街80号
邮政编码：054000
电厂支行
行　　长：赵爱军
电　　话：0319－2091196
地　　址：邢台市电厂路2号
邮政编码：054000
住房城建支行
行　　长：孙迎冬
电　　话：0319－3268009
地　　址：邢台市顺德路60号
邮政编码：054001
开发区支行
行　　长：赵增玉
电　　话：0319－3137318
地　　址：邢台市桥东区中兴东大街675号
邮政编码：054001
顺德路支行
行　　长：赵安江

电　　话：0319－3687172
地　　址：邢台市顺德路444号
邮政编码：054001

新兴东大街支行

行　　长：梁丽娟
电　　话：0319－3166023
地　　址：邢台市新兴东大街69号
邮政编码：054001

中兴支行

行　　长：马晓辉
电　　话：0319－2623119
地　　址：邢台市中兴西大街389号
邮政编码：054000

巨鹿支行

行　　长：苗惠德
电　　话：0319－4332279
地　　址：邢台市巨鹿县建设北街1号
邮政编码：055250

沙河支行

行　　长：王保英
电　　话：0319－8708931
地　　址：邢台沙河市建设路80号
邮政编码：054100

内邱支行

行　　长：张苏征
电　　话：0319－6861228
地　　址：邢台市内邱县振兴东路
邮政编码：054200

柏乡支行

行　　长：鲁泽亮
电　　话：0319－7722611
地　　址：邢台市柏乡县东环路午河桥南西侧
邮政编码：055450

平乡支行

行　　长：韩俊平
电　　话：0319－7860217
地　　址：邢台市平乡县城中华路西段路北
邮政编码：054500

威县支行

行　　长：马敬方
电　　话：0319－6162286
地　　址：邢台市威县中华大街财政局北侧
邮政编码：054700

隆尧支行

行　　长：张玉革
电　　话：0319－6693542
地　　址：邢台市隆尧县北环路7号
邮政编码：055350

清河支行

行　　长：宋志彪
电　　话：0319－8182435
地　　址：邢台市清河县荣盛街街口
邮政编码：054800

宁晋支行

行　　长：杨进科
电　　话：0319－5803080
地　　址：邢台市宁晋县凤凰路223号
邮政编码：055550

南宫支行

行　　长：张俊生
电　　话：0319－5189089
地　　址：邢台南宫市青年大街38号
邮政编码：055750

新河支行

行　　长：张国栋
电　　话：0319－4766857
地　　址：邢台市新河县城新华路中段水务局西侧
邮政编码：055650

临城支行

行　　长：陈冬梅
电　　话：0319－7163406
地　　址：邢台市临城县临城镇临泉路29号
邮政编码：054300

任县支行

行　　长：罗立萍
电　　话：0319－7512403
地　　址：邢台市任县人民大街新东方小区2号楼
邮政编码：055150

南和支行

行　　长：段江民
电　　话：0319－4562931
地　　址：邢台市南和县和阳大街粮贸大厦西侧
邮政编码：054400

临西支行
行　　长：王立建
电　　话：0319－8562508
地　　址：邢台市临西县建设街1号
邮政编码：054900

中国建设银行股份有限公司邯郸分行
行　　长：焦顺响
电　　话：0310－3013666
地　　址：邯郸市光明北大街168号
邮政编码：056002

人民路支行
行　　长：刘　森
电　　话：0310－3014048
地　　址：邯郸市人民路174号
邮政编码：056002

城建支行
行　　长：赵用学
电　　话：0310－3125075
地　　址：邯郸市向阳路8号
邮政编码：056002

光明支行
行　　长：王光印
电　　话：0310－3018943
地　　址：邯郸市光明北大街168号
邮政编码：056000

邯山支行
行　　长：冯文斌
电　　话：0310－3020141
地　　址：邯郸市陵园路47号
邮政编码：056000

丛台支行
行　　长：胡文涛
电　　话：0310－3252773
地　　址：邯郸市陵西北大街171号
邮政编码：056000

峰峰支行
行　　长：赵存山
电　　话：0310－5188300
地　　址：邯郸市峰峰矿区滏阳路东段
邮政编码：056200

铁西支行
行　　长：武文磊
电　　话：0310－4041262
地　　址：邯郸市人民路西段
邮政编码：056000

滏东支行
行　　长：杨学成
电　　话：0310－8015789
地　　址：邯郸市雪驰路9号
邮政编码：056000

武安支行
行　　长：杜永斌
电　　话：0310－7890800
地　　址：邯郸武安市新华大街168号
邮政编码：056300

马头支行
行　　长：李　英
电　　话：0310－6011410
地　　址：邯郸市马头镇
邮政编码：056046

高开区支行
行　　长：袁存卿
电　　话：0310－5100333
地　　址：邯郸市经济开发区世纪大街工商联会馆A座东北角
邮政编码：056000

邯峰支行
行　　长：白光晨
电　　话：0310－5426231
地　　址：邯郸市峰峰义井镇邯峰电厂门口
邮政编码：056200

天铁支行
行　　长：李明旺
电　　话：0310－3976945
地　　址：邯郸市涉县更乐镇天铁厂区文化宫对面
邮政编码：056404

涉县支行
行　　长：程方廷
电　　话：0310－7916306
地　　址：邯郸市涉县城西街946号
邮政编码：056400

临漳支行
行　　长：田玉栋
电　　话：0310－7862272
地　　址：邯郸市临漳县建安路东段

邮政编码：056600

永年支行

行　　长：索　理

电　　话：0310－6821050

地　　址：邯郸市永年县临关环城路东段

邮政编码：057150

磁县支行

行　　长：徐　皓

电　　话：0310－2322944

地　　址：邯郸市磁县友谊北大街29号

邮政编码：056500

成安支行

行　　长：张　栋

电　　话：0310－7214029

地　　址：邯郸市成安县青云路中段路东

邮政编码：056700

馆陶支行

行　　长：陈爱民

电　　话：0310－2822562

地　　址：邯郸市馆陶县支行政府街387号

邮政编码：057750

大名支行

行　　长：刘汀兰

电　　话：0310－6562584

地　　址：邯郸市大名县万大路6号

邮政编码：056900

广平支行

行　　长：张常士

电　　话：0310－2522491

地　　址：邯郸市广平县市场路中段路北

邮政编码：057650

中国建设银行股份有限公司河北省分行直属支行

副 行 长：李佳健（主持工作）

电　　话：0311－88601192

地　　址：石家庄市自强路40号

邮政编码：050000

交通银行股份有限公司

交通银行河北省分行

行　　长：吴春节

电　　话：0311－87016064

地　　址：石家庄市自强路22号

邮政编码：050000

河北省分行营业部

经　　理：张卫峰

电　　话：0311－87025660

地　　址：石家庄市自强路22号

邮政编码：050000

石家庄中山东路支行

行　　长：尚福俊

电　　话：0311－86035505

地　　址：石家庄市中山东路72号

邮政编码：050000

石家庄新石北路支行

行　　长：曹　英

电　　话：0311－83834949

地　　址：石家庄市新石北路68号

邮政编码：050051

石家庄鹿泉支行

行　　长：董　帆

电　　话：0311－82011836

地　　址：石家庄鹿泉市向阳街23号

邮政编码：050200

石家庄裕华东路支行

行　　长：郭海营

电　　话：0311－86042904

地　　址：石家庄市青园街169号

邮政编码：050011

石家庄和平西路支行

行　　长：马五章

电　　话：0311－87058703

地　　址：石家庄市和平西路399号

邮政编码：050051

石家庄和平东路支行

行　　长：胡清水

电　　话：0311－86042341

地　　址：石家庄市和平东路50号

邮政编码：050011

石家庄友谊北大街支行

行　　长：刘洪涛

电　　话：0311－87769504

地　　址：石家庄市友谊北大街312号

邮政编码：050061

石家庄北安街支行
行　　长：张旭东
电　　话：0311－87069711
地　　址：石家庄市北安街37号
邮政编码：050000

石家庄塔北路支行
行　　长：郑国锋
电　　话：0311－85890728
地　　址：石家庄市翟营南大街345号
邮政编码：050000

石家庄中华南大街支行
行　　长：李智杰
电　　话：0311－87017312
地　　址：石家庄市中华南大街380号
邮政编码：050000

石家庄平安南大街支行
行　　长：李　林
电　　话：0311－86983044
地　　址：石家庄市平安南大街37号
邮政编码：050011

石家庄水源街支行
行　　长：卢珍水
电　　话：0311－87045446
地　　址：石家庄市新华路417号
邮政编码：050051

石家庄中山西路支行
行　　长：蔡险峰
电　　话：0311－87894981
地　　址：石家庄市中山西路368号
邮政编码：050051

石家庄友谊南大街支行
行　　长：王忠奎
电　　话：0311－83033974
地　　址：石家庄市友谊南大街102号
邮政编码：050091

石家庄富强大街支行
行　　长：黄　海
电　　话：0311－86028274
地　　址：石家庄市富强大街60号
邮政编码：050021

石家庄体育南大街支行
行　　长：刘彦会
电　　话：0311－85804486
地　　址：石家庄市体育南大街262号
邮政编码：050021

石家庄新华路支行
行　　长：刘丽敏
电　　话：0311－87014046
地　　址：石家庄市新华东路27号
邮政编码：050000

石家庄胜利北街支行
行　　长：谢　蓓
电　　话：0311－86811814
地　　址：石家庄市胜利北街306号
邮政编码：050041

石家庄体育北大街支行
行　　长：李世勇
电　　话：0311－86683154
地　　址：石家庄市体育北大街75号
邮政编码：050011

石家庄裕华西路支行
行　　长：魏占福
电　　话：0311－87030034
地　　址：石家庄市裕华西路9号
邮政编码：050000

石家庄建设南大街支行
行　　长：赵枢刚
电　　话：0311－86119974
地　　址：石家庄市建设南大街117号
邮政编码：050021

石家庄金谈固支行
行　　长：吕岩宾
电　　话：0311－85689558
地　　址：石家庄市中山东路739号
邮政编码：050000

石家庄翟营南大街支行
行　　长：崔晓晖
电　　话：0311－85612398
地　　址：石家庄市翟营南大街4号
邮政编码：050031

石家庄西苑支行
行　　长：刘艳敏
电　　话：0311－87048137
地　　址：石家庄市西苑小区工建楼
邮政编码：050051

石家庄湘江道支行
行　　长：张呈瑜

电　　话：0311－85381506
地　　址：石家庄市湘江道36号
邮政编码：050035

石家庄建华南大街支行
行　　长：张　欢
电　　话：0311－86214254
地　　址：石家庄市建华南大街101号
邮政编码：050011

石家庄休门街支行
行　　长：李　晶
电　　话：0311－86999518
地　　址：石家庄市休门街1号
邮政编码：050000

广安街支行
行　　长：李红华
电　　话：0311－67667816
地　　址：石家庄市广安街15号
邮政编码：050000

交通银行沧州支行

行　　长：王静三
电　　话：0317－3205001
地　　址：河北省沧州市运河区解放西路颐和广场13号（颐和国际C座）
邮政编码：061000

中信银行股份有限公司

中信银行石家庄分行营业部

负 责 人：韩肖红
电　　话：0311－87883489
地　　址：石家庄市新华东路209号
邮政编码：050000

裕华东路支行
负 责 人：杜焕霞
电　　话：0311－86219588
地　　址：石家庄市裕华东路105号
邮政编码：050000

和平路支行
负 责 人：米素枝
电　　话：0311－87832809
地　　址：石家庄市和平西路486号
邮政编码：050000

建设北大街支行
负 责 人：程　亮
电　　话：0311－86068139
地　　址：石家庄市建设北大街80号
邮政编码：050011

体育北大街支行
负 责 人：张　赛
电　　话：0311－85520552
地　　址：石家庄市体育北大街54号
邮政编码：050011

裕华西路支行
负 责 人：韩　诚
电　　话：0311－85231106
地　　址：石家庄市裕华西路69－2号
邮政编码：050011

中华南大街支行
负 责 人：杨雪莲
电　　话：0311－85208680
地　　址：石家庄市中华南大街473号
邮政编码：050011

体育南大街支行
负 责 人：肖掬龄
电　　话：0311－85816028
地　　址：石家庄市体育南大街373号
邮政编码：050011

槐安东路支行
负 责 人：高爱民
电　　话：0311－87020396
地　　址：石家庄市槐安东路95号
邮政编码：050011

开发区支行
负 责 人：杨建国
电　　话：0311－85831777
地　　址：石家庄市高新区长江大道9号
邮政编码：050011

休门街支行
负 责 人：秦建军
电　　话：0311－85111088
地　　址：石家庄市休门街1号
邮政编码：050011

翟营大街支行
负 责 人：李海燕
电　　话：0311－89691770

地　　址：石家庄市翟营大街326号
邮政编码：050011

自强路支行

负 责 人：安运秋
电　　话：0311－66007758
地　　址：石家庄市自强路35号
邮政编码：050011

广安大街支行

负 责 人：范学民
电　　话：0311－89183997
地　　址：石家庄市广安大街28号
邮政编码：050011

丰收路支行

负 责 人：杨　柯
电　　话：0311－89267116
地　　址：石家庄市丰收路1号
邮政编码：050011

中山东路支行

负 责 人：王维栋
电　　话：0311－89696289
地　　址：石家庄市中山东路432号
邮政编码：050011

平安北大街支行

负 责 人：梁　彦
电　　话：0311－85521788
地　　址：石家庄市平安北大街169号
邮政编码：050011

红旗大街支行

负 责 人：周海晶
电　　话：0311－83861222
地　　址：石家庄市红旗大街238号
邮政编码：050011

谈固南大街支行

负 责 人：靳天挺
电　　话：0311－89860258
地　　址：石家庄市谈固南大街45号
邮政编码：050011

友谊北大街支行

负 责 人：张剑弘
电　　话：0311－86955377
地　　址：石家庄市友谊北大街99号
邮政编码：050011

保定分行

负 责 人：常辉峰
电　　话：0312－2081588
地　　址：保定市裕华西路733号
邮政编码：071000

邯郸分行

负 责 人：张建明
电　　话：0310－3230333
地　　址：邯郸市联纺路183号
邮政编码：056001

中国光大银行股份有限公司

石家庄分行营业部

行　　长：张卫兵
电　　话：0311－88628857
地　　址：石家庄市中山东路118号
邮政编码：050000

建华北大街支行

副 行 长：杜　晗（主持工作）
电　　话：0311－86699870
地　　址：石家庄市跃进路79号
邮政编码：050051

康乐街支行

行　　长：田朝晖
电　　话：0311－66683262
地　　址：石家庄市桥西区康乐街8号
邮政编码：050051

中华大街支行

行　　长：张占魁
电　　话：0311－83838978
地　　址：石家庄市中华南大街323号
邮政编码：050006

富强大街支行

行　　长：杨占茂
电　　话：0311－86088839
地　　址：石家庄市东岗路18号
邮政编码：050000

新华路支行

行长助理：李树功
电　　话：0311－87880595
地　　址：石家庄市新华路167号
邮政编码：050004

广安大街支行

行　　长：石毅军

电　　话：0311－86666986
地　　址：石家庄市广安大街10号副1号
邮政编码：050011

槐安东路支行

行　　长：戴卫东
电　　话：0311－85668927
地　　址：石家庄市槐安东路166号
邮政编码：050051

友谊北大街支行

行　　长：王立敏
电　　话：0311－87779881
地　　址：石家庄市友谊北大街368号
邮政编码：050051

中山路支行

行　　长：刘艳霞
电　　话：0311－87022117
地　　址：中山西路142号
邮政编码：050031

光大银行唐山分行

行　　长：朱　军
电　　话：0315－5266166
地　　址：唐山路北区北新道87号
邮政编码：063000

光大银行邯郸分行

行　　长：陈　雷
电　　话：0310－5803888
地　　址：邯郸市人民东路310号
邮政编码：056002

光大银行廊坊分行

行　　长：王庆华
电　　话：0316－5268999
地　　址：廊坊市广阳道29号
邮政编码：065000

华夏银行股份有限公司

石家庄分行

行　　长：王宏杰
电　　话：0311－87899085
地　　址：石家庄市中山西路48号
邮政编码：050000

分行营业部

总 经 理：宋熙源
电　　话：0311－87899151
地　　址：石家庄市中山西路48号
邮政编码：050000

裕华东路支行

副 行 长：夏　昆（主持工作）
电　　话：0311－86214636
地　　址：石家庄市裕华东路106号
邮政编码：050011

广安街支行

行　　长：薛　源
电　　话：0311－86690399
地　　址：石家庄市广安大街36号
邮政编码：050011

槐安路支行

行　　长：贾凯力
电　　话：0311－86988128
地　　址：石家庄市槐安东路1号
邮政编码：050000

建设南大街支行

行　　长：田继良
电　　话：0311－86085888
地　　址：石家庄市建设南大街88号
邮政编码：050011

新华路支行

行　　长：王爱军
电　　话：0311－87895222
地　　址：石家庄市新华路355号
邮政编码：050000

红旗支行

行　　长：侯江涛
电　　话：0311－83802328
地　　址：石家庄市红旗大街233号
邮政编码：050051

和平西路支行

行　　长：张存玲
电　　话：0311－87838845
地　　址：石家庄市和平西路485号
邮政编码：050072

建华支行

行　　长：高占钟
电　　话：0311－85083988
地　　址：石家庄市建华南大街106号
邮政编码：050011

和平东路支行
行　　长：李宜斌
电　　话：0311－86978126
地　　址：石家庄市桥东区和平东路7－14号
邮政编码：050000
金马支行
行　　长：赵彦华
电　　话：0311－85888566
地　　址：石家庄市翟营大街313号
邮政编码：050031
中山支行
行　　长：段　博
电　　话：0311－83618598
地　　址：石家庄市中山西路566号
邮政编码：050000

保定分行

行　　长：张景辉
电　　话：0312－3093999
地　　址：保定市七一西路372号
邮政编码：071000

唐山分行

行　　长：贡丹志
电　　话：0315－2576099
地　　址：唐山市北新西道71号
邮政编码：063000

沧州分行

行　　长：王广志
电　　话：0317－3170100
地　　址：沧州市运河区解放东路6号
邮政编码：061000

中国民生银行股份有限公司

中国民生银行石家庄分行

行　　长：王家智
电　　话：0311－86678533
地　　址：石家庄市西大街10号
邮政编码：050011
石家庄分行营业部
总 经 理：侯成仁
电　　话：0311－86679435
地　　址：石家庄市西大街10号
邮政编码：050011
石家庄中山东路支行
行　　长：张新梅
电　　话：0311－86080443
地　　址：石家庄市中山东路128号
邮政编码：050011
石家庄维明大街支行
行　　长：要汝静
电　　话：0311－87016887
地　　址：石家庄市裕华西路386号
邮政编码：050051
石家庄和平西路支行
行　　长：李晓云
电　　话：0311－87045518
地　　址：石家庄市和平西路157号
邮政编码：050071
石家庄红旗大街支行
行　　长：李晓贵
电　　话：0311－83030169
地　　址：石家庄市红旗大街92号
邮政编码：050091
石家庄中华南大街支行
行　　长：于新蕾
电　　话：0311－87890665
地　　址：石家庄市中华南大街139号
邮政编码：050051
石家庄槐南路支行
行　　长：李　欣
电　　话：0311－85880299
地　　址：石家庄市育才街285号
邮政编码：050021
石家庄新华西路支行
行　　长：赵彩虹
电　　话：0311－85205656
地　　址：石家庄市新华西路313号
邮政编码：050000
石家庄裕华东路支行
行　　长：于　鹏
电　　话：0311－85680930
地　　址：石家庄市裕华东路461号
邮政编码：050031
石家庄翟营南大街支行
行　　长：马　兵

电　　话：0311－85826065
地　　址：石家庄市翟营南大街313号
邮政编码：050031
石家庄广安大街支行
行　　长：张杏娟
电　　话：0311－85528263
地　　址：石家庄市广安大街24号
邮政编码：050011
石家庄建设北大街支行
行　　长：冯慧英
电　　话：0311－85525162
地　　址：石家庄市建设北大街68号
邮政编码：050011
石家庄胜利北大街支行
行　　长：贺立波
电　　话：0311－89611135
地　　址：石家庄市胜利北大街156号
邮政编码：050000
石家庄友谊北大街支行
行　　长：张　林
电　　话：0311－89693700
地　　址：石家庄市友谊北大街381号
邮政编码：050081
石家庄西二环北路支行
行　　长：尹克敏
电　　话：0311－83637117
地　　址：石家庄新华西路570号
邮政编码：050000
石家庄槐北路支行
行　　长：郭　鑫
电　　话：0311－85058106
地　　址：石家庄槐北路309号
邮政编码：050011
石家庄平安南大街支行
行　　长：安晓海
电　　话：0311－89251667
地　　址：石家庄平安南大街190号
邮政编码：050020
石家庄建设南大街支行
行　　长：段晓丽
电　　话：0311－89251667
地　　址：石家庄槐安东路96号东岗怡园35号楼
邮政编码：050031
鹿泉支行
行　　长：李泽平
电　　话：0311－67369655
地　　址：石家庄鹿泉北斗路交通局大楼
邮政编码：050200

中国民生银行邯郸分行

行　　长：王大鹏
电　　话：0310－3093623
地　　址：邯郸丛台区光明北大街87号
邮政编码：056000

中国民生银行沧州分行

行　　长：李　超
电　　话：0317－5670179
地　　址：沧州解放西路颐和国际C座106号
邮政编码：061001

中国民生银行衡水分行

行　　长：宋立德
电　　话：0318－5108656
地　　址：衡水桃城区和平西路151号
邮政编码：053000

中国民生银行秦皇岛分行

行　　长：贾宇鲲
电　　话：0335－5306307
地　　址：秦皇岛海港区燕山大街242号
邮政编码：061001

中国民生银行唐山分行

行　　长：赵海业
电　　话：0315－5268723
地　　址：唐山路北区北新西道61号
邮政编码：063000

东亚银行（中国）有限公司

石家庄分行

行　　长：栗艳冰
电　　话：0311－66788088
地　　址：石家庄市中山西路188号中华商务A座
邮政编码：050051

上海浦东发展银行股份有限公司

上海浦东发展银行石家庄分行

行　　长：田德明
电　　话：0311－66770666
地　　址：石家庄市自强路35－1号
邮政编码：050000

浦发银行富强大街支行

行　　长：张宝红
电　　话：0311－66770505
地　　址：石家庄市槐中路184号
邮政编码：050000

浦发银行中山东路支行

行　　长：张建军
电　　话：0311－66770901
地　　址：石家庄市中山东路368号
邮政编码：050000

浦发银行平安大街支行

行　　长：杜兆广
电　　话：0311－66770556
地　　址：石家庄市平安北大街19号
邮政编码：050000

浦发银行唐山分行

行　　长：刘玉龙
电　　话：0315－5268686
地　　址：河北省唐山市建设北路108号
邮政编码：063000

浦发银行邯郸分行

行　　长：李晓盛
电　　话：0310－3139666
地　　址：河北省邯郸市人民路159号
邮政编码：056002

浦发银行保定分行

行　　长：张亚军
电　　话：0312－8923899
地　　址：保定市朝阳北大街429号
邮政编码：071051

浦发银行邯郸武安支行

行　　长：李纪军
电　　话：0310－8200001
地　　址：邯郸武安市中心路1858号
邮政编码：050000

招商银行股份有限公司

石家庄分行

行　　长：郑晓东
电　　话：0311－66696166
地　　址：石家庄市中华南大街172号
邮政编码：050091

兴业银行股份有限公司

兴业银行石家庄分行

行　　长：吕　伟
电　　话：0311－89168999
地　　址：石家庄市自强路37号
邮政编码：050051

兴业银行唐山分行

行　　长：林越西
电　　话：0315－5399066
地　　址：河北省唐山市北新西道87号
邮政编码：063000

兴业银行廊坊分行

行　　长：段其武
电　　话：0316－2382299
地　　址：河北省廊坊市新华路76号
邮政编码：065000

分行营业部

总 经 理：杨公新
电　　话：0311－89166788
地　　址：石家庄市自强路37号
邮政编码：050051

广安支行

行　　长：朱　红
电　　话：0311－89166708
地　　址：石家庄市广安大街39号
邮政编码：050011

新华路支行

行　　长：杨爱江
电　　话：0311－89166716
地　　址：石家庄市新华路351号
邮政编码：050000

胜利北大街支行
行　　长：杨旭东
电　　话：0311－89166718
地　　址：石家庄市桥西区胜利北大街178号
邮政编码：050000

正定支行
行　　长：王玉雪
电　　话：0311－89166761
地　　址：河北省正定县正定镇华安西路37号
邮政编码：050000

体育大街支行
行　　长：翟迎新
电　　话：0311－89166768
地　　址：石家庄市裕华区体育南大街227号
邮政编码：050000

新石中路支行
行　　长：刘金良
电　　话：0311－89637811
地　　址：石家庄市桥西区新石中路166号
邮政编码：050000

河北省农村信用社联合社

河北省农村信用社联合社
理 事 长：王文进
电　　话：0311－66009827
地　　址：石家庄市建设南大街159号农信大厦
邮政编码：050021

石家庄市农村信用合作社联合社
理 事 长：陈树松
电　　话：0311－66009788
地　　址：石家庄市建设南大街159号农信大厦
邮政编码：050021

沧州市农村信用合作社联合社
理 事 长：张　超
电　　话：0317－3023718
地　　址：沧州市广场街16号
邮政编码：061001

衡水市农村信用合作社联合社
理 事 长：安献章
电　　话：0318－2152920
地　　址：衡水市桃城区新华西路368号
邮政编码：053000

河北省农村信用社联合社承德办事处
主　　任：张耀邦
电　　话：0314－2020359
地　　址：承德市丽正门大街6号
邮政编码：067000

河北省农村信用社联合社张家口办事处
主　　任：刘　强
电　　话：0313－4198901
地　　址：张家口市桥东区胜利北路20号
邮政编码：075000

河北省农村信用社联合社唐山办事处
主　　任：刘殿索
电　　话：0315－2350680
地　　址：唐山市新华西道148号
邮政编码：063000

河北省农村信用社联合社廊坊办事处
主　　任：樊鸿武
电　　话：0316－5216002
地　　址：廊坊市新华路211号
邮政编码：065000

河北省农村信用社联合社保定办事处
主　　任：孙双伦
电　　话：0312－3107516
地　　址：保定市天鹅中路177号
邮政编码：071100

河北省农村信用社联合社邢台办事处
主　　任：周伯健
电　　话：0319－3059186
地　　址：邢台市邢州北路黄家园甲5号
邮政编码：054001

河北省农村信用社联合社邯郸办事处
主　　任：冯茂林
电　　话：0310－3100065
地　　址：邯郸市滏西南大街17号
邮政编码：056001

河北省农村信用社联合社秦皇岛办事处
主　　任：晏宗国
电　　话：0335－3637625

地　　址：秦皇岛市海港区燕山大街 118 号
邮政编码：066000

辛集市农村信用合作联社

理 事 长：冯　曼
电　　话：0311－83222935
地　　址：石家庄市辛集市兴华路中段
邮政编码：052360

晋州市农村信用合作联社

理 事 长：高墨生
电　　话：0311－84322430
地　　址：石家庄市晋州市光明路 157 号
邮政编码：052260

深泽县农村信用合作联社

理 事 长：黄振红
电　　话：0311－83522534
地　　址：石家庄市深泽县石油街中段路西
邮政编码：052560

无极县农村信用合作联社

理 事 长：赵志强
电　　话：0311－85572774
地　　址：石家庄市无极县无极西路 139 号
邮政编码：052460

藁城市农村信用合作联社

理 事 长：赵素凯
电　　话：0311－88136868
地　　址：石家庄市藁城市廉州西路 180 号
邮政编码：052160

栾城县农村信用合作联社

理 事 长：董新杰
电　　话：0311－85502065
地　　址：石家庄市栾城县惠源路 19 号
邮政编码：051430

赵县农村信用合作联社

理 事 长：郝会斌
电　　话：0311－84946591
地　　址：石家庄市赵县永通路 101 号
邮政编码：051530

正定县农村信用合作联社

理 事 长：赵建国
电　　话：0311－88022121
地　　址：石家庄市正定县恒山西路 108 号
邮政编码：050800

新乐市农村信用合作联社

理 事 长：高鸾庭
电　　话：0311－88589660
地　　址：石家庄市新乐市新开西路 245 号
邮政编码：050700

高邑县农村信用合作联社

理 事 长：魏汉文
电　　话：0311－84036181
地　　址：石家庄高邑县新城大街 256 号
邮政编码：051330

赞皇县农村信用合作联社

理 事 长：侯换成
电　　话：0311－84221453
地　　址：石家庄市赞皇县槐泉东路 160 号
邮政编码：051230

井陉县农村信用合作联社

理 事 长：陈建中
电　　话：0311－82022146
地　　址：石家庄市井陉县城建设北路 15 号
邮政编码：050300

鹿泉市农村信用合作联社

理 事 长：曹迎春
电　　话：0311－82015069
地　　址：石家庄市鹿泉市海山大街与会管路交叉口
邮政编码：050200

平山县农村信用合作联社

理 事 长：李国奇
电　　话：0311－82941766
地　　址：石家庄市平山县城柏坡东路 163 号
邮政编码：050400

灵寿县农村信用合作联社

理 事 长：张建光
电　　话：0311－82521393
地　　址：石家庄市灵寿县人民东路 23 号
邮政编码：050500

行唐县农村信用合作联社

理 事 长：姜孟立
电　　话：0311－82984729
地　　址：石家庄市行唐县龙州镇龙州西大街 81 号
邮政编码：050600

石家庄汇融农村合作银行

董 事 长：邢换强
电　　话：0311－66009567

地　　址：石家庄市建设南大街159号农信大厦
邮政编码：050021

石家庄市井陉矿区农村信用合作联社

理 事 长：魏丽杨
电　　话：0311－82076224
地　　址：石家庄市井陉矿区南纬路68号
邮政编码：050100

元氏县农村信用合作联社

理 事 长：胡建路
电　　话：0311－84623884
地　　址：石家庄市元氏县人民路11号
邮政编码：051130

承德市郊区农村信用合作联社

理 事 长：马国成
电　　话：0314－2021271
地　　址：承德市双桥区新华路7号
邮政编码：067000

围场县满族蒙古族农村信用合作联社

理 事 长：李　鸿
电　　话：0314－7563708
地　　址：承德市围场县围场镇凤凰南路26号
邮政编码：068450

丰宁满族自治县农村信用合作联社

理 事 长：袁国锋
电　　话：0314－8016272
地　　址：承德市丰宁满族自治县大阁镇新丰北路88号
邮政编码：068350

隆化县农村信用合作联社

理 事 长：夏志厂
电　　话：0314－7065904
地　　址：承德市隆化县隆化镇安洲街26号
邮政编码：068150

承德县农村信用合作联社

理 事 长：陈　杰
电　　话：0314－3011498
地　　址：承德市承德县下板城镇板城大街
邮政编码：067400

平泉县农村信用合作联社

理 事 长：张振理
电　　话：0314－6020243
地　　址：承德市平泉县水泉路南侧2号
邮政编码：067500

滦平县农村信用合作联社

理 事 长：赵大全
电　　话：0314－8584170
地　　址：承德市滦平县滦平镇新建路西段北侧30号
邮政编码：068250

宽城满族自治县农村信用合作联社

理 事 长：王清平
电　　话：0314－6632407
地　　址：承德市宽城县宽城镇瀑河桥西路8号
邮政编码：067600

兴隆县农村信用合作联社

理 事 长：刘柏臣
电　　话：0314－5052997
地　　址：承德市兴隆县兴隆镇西大街100号
邮政编码：067300

蔚县农村信用合作联社

理 事 长：方　海
电　　话：0313－7212386
地　　址：张家口市蔚县蔚州镇前进路
邮政编码：075700

阳原县农村信用合作联社

理 事 长：任　滋
电　　话：0313－7582798
地　　址：张家口市阳原县西城镇昌盛西街
邮政编码：075800

怀来县农村信用合作联社

理 事 长：刘占龙
电　　话：0313－6800906
地　　址：张家口市怀来县沙城镇京张公路西大街
邮政编码：075400

涿鹿县农村信用合作联社

理 事 长：李海林
电　　话：0313－6520030
地　　址：张家口市涿鹿县涿鹿镇轩辕路33号
邮政编码：075600

怀安县农村信用合作联社

理 事 长：胡永清
电　　话：0313－7812736

地　　址：张家口市怀安县柴沟堡镇柴怀路南马路东70号
邮政编码：075150

万全县农村信用合作联社

理 事 长：王云生
电　　话：0313－4222396
地　　址：张家口市万全县孔家庄镇全兴路
邮政编码：075280

赤城县农村信用合作联社

理 事 长：冯玉清
电　　话：0313－6312864
地　　址：张家口市赤城县赤城镇建国街新区
邮政编码：075500

张北县农村信用合作联社

理 事 长：杜金霞
电　　话：0313－5229923
地　　址：张家口市张北县张北镇永春南街74号
邮政编码：076450

康保县农村信用合作联社

理 事 长：郭成林
电　　话：0313－5512354
地　　址：张家口市康保县康保镇南环西路路南
邮政编码：076650

沽源县农村信用合作联社

理 事 长：张进有
电　　话：0313－5812164
地　　址：张家口市沽源县苗圃西街
邮政编码：076550

尚义县农村信用合作联社

理 事 长：修建平
电　　话：0313－4325325
地　　址：张家口市尚义县南壕堑镇河东街
邮政编码：076750

崇礼县农村信用合作联社

理 事 长：康健壮
电　　话：0313－4612468
地　　址：张家口市崇礼县西湾子镇长青路15号
邮政编码：076350

张家口市宣化区农村信用合作联社

理 事 长：王万礼
电　　话：0313－3385200
地　　址：张家口市宣化区宣府大街94号
邮政编码：075100

宣化县农村信用合作联社

理 事 长：李培兴
电　　话：0313－3382695
地　　址：张家口市宣化区西马道14号
邮政编码：075100

张家口市城郊农村信用合作联社

理 事 长：李　建
电　　话：0313－2031254
地　　址：张家口市高新区纬二路农信大厦
邮政编码：075000

张家口市下花园区农村信用合作联社

理 事 长：谢正款
电　　话：0313－5152610
地　　址：张家口市下花园区西苑小区
邮政编码：075300

秦皇岛市区农村信用合作联社

理 事 长：赵志刚
电　　话：0335－3074724
地　　址：秦皇岛市海港区燕山大街118号
邮政编码：066000

抚宁县农村信用合作联社

理 事 长：闫俊杰
电　　话：0335－6681415
地　　址：秦皇岛市抚宁县迎宾路109号
邮政编码：066300

昌黎县农村信用合作联社

理 事 长：于永春
电　　话：0335－2038911
地　　址：秦皇岛市昌黎县昌黎镇碣阳大街东段86号
邮政编码：066600

卢龙县农村信用合作联社

理 事 长：孙碧峤
电　　话：0335－7111806
地　　址：秦皇岛市卢龙县城东新街18号
邮政编码：066400

青龙满族自治县农村信用合作联社

理 事 长：叶永琪
电　　话：0335－7862733
地　　址：唐山市青龙满族自治县青龙镇中

兴路中段
邮政编码：066500

丰润区农村信用合作联社

理 事 长：张同民
电　　话：0315－5152165
地　　址：唐山市丰润区曹雪芹西大街33号
邮政编码：064000

丰南区农村信用合作联社

理 事 长：赵　金
电　　话：0315－8186212
地　　址：唐山市丰南区文化大街105号
邮政编码：063300

滦县农村信用合作联社

理 事 长：孙立东
电　　话：0315－7122678
地　　址：唐山市滦县新城滦河西路002号
邮政编码：063700

滦南县农村信用合作联社

理 事 长：秦洪军
电　　话：0315－4123774
地　　址：唐山市滦南县中大街11号
邮政编码：063500

乐亭县农村信用合作联社

理 事 长：李晓东
电　　话：0315－4622004
地　　址：唐山市乐亭县金融大街39号
邮政编码：063600

迁安市农村信用合作联社

理 事 长：高志宏
电　　话：0315－7611001
地　　址：唐山市迁安市钢城东路2756号
邮政编码：064400

迁西县农村信用合作联社

理 事 长：杨立生
电　　话：0315－5666131
地　　址：唐山市迁西县喜峰中路88号
邮政编码：064300

遵化县农村信用合作联社

理 事 长：王斯年
电　　话：0315－6621445
地　　址：唐山市遵化市文茂大街北侧
邮政编码：064200

玉田县农村信用合作联社

理 事 长：赵国利
电　　话：0315－6115504
地　　址：唐山市玉田县鼓楼东街162号
邮政编码：064100

唐海县农村信用合作联社

理 事 长：蔡保根
电　　话：0315－8728921
地　　址：唐海县垦丰大街68号
邮政编码：063200

古冶区农村信用合作联社

理 事 长：郑久三
电　　话：0315－3258313
地　　址：唐山市古冶区唐家庄震兴道
邮政编码：063100

开平区农村信用合作联社

理 事 长：吴学全
电　　话：0315－3367264
地　　址：唐山市开平区新苑路22号
邮政编码：063021

郊区农村信用合作联社

理 事 长：张殿喜
电　　话：0315－2311313
地　　址：唐山市新华西道148号
邮政编码：063000

三河市农村信用合作联社

理 事 长：马国成
电　　话：0316－3150100
地　　址：廊坊市三河市富达广场西侧泃阳西大街5号
邮政编码：065200

大厂回族自治县农村信用合作联社

理 事 长：樊德祥
电　　话：0316－8835463
地　　址：廊坊市大厂县厂谭路金声街44号
邮政编码：065300

香河县农村信用合作联社

理 事 长：王宝生
电　　话：0316－8317643
地　　址：廊坊市香河县新华大街62号
邮政编码：065400

永清县农村信用合作联社

理 事 长：张金龙
电　　话：0316－6623730
地　　址：廊坊市永清县会昌大街169号

邮政编码：065600

固安县农村信用合作联社

理 事 长：王子实

电　　话：0316－6183167

地　　址：廊坊市固安县新中街100号

邮政编码：065500

霸州市农村信用合作联社

理 事 长：郝万明

电　　话：0316－7224737

地　　址：廊坊市霸州市建设东道69号

邮政编码：065700

文安县农村信用合作联社

理 事 长：朱秋田

电　　话：0316－5255700

地　　址：廊坊市文安县城丰利北路西侧

邮政编码：065800

大城县农村信用合作联社

理 事 长：张胜良

电　　话：0316－5500906

地　　址：廊坊市大城县新华东街3号

邮政编码：065900

廊坊市城郊农村信用合作联社

理 事 长：孙都喜

电　　话：0316－2054423

地　　址：廊坊市和平路68号

邮政编码：065000

易县农村信用合作联社

理 事 长：康世勇

电　　话：0312－8856100

地　　址：保定市易县朝阳西路43号

邮政编码：074200

定兴县农村信用合作联社

理 事 长：杨世雄

电　　话：0312－6912903

地　　址：保定市定兴县兴华西路14号

邮政编码：072650

徐水县农村信用合作联社

理 事 长：王　彦

电　　话：0312－8600389

地　　址：保定市徐水县盛源大街南段56号

邮政编码：072550

容城县农村信用合作联社

理 事 长：王之文

电　　话：0312－5609550

地　　址：保定市容城县永贵北大街66号

邮政编码：071700

涞源县农村信用合作联社

理 事 长：云洪水

电　　话：0312－7321982

地　　址：保定市涞源县中心路

邮政编码：074300

唐县农村信用合作联社

理 事 长：王志祥

电　　话：0312－6421199

地　　址：保定市唐县光明路77号

邮政编码：072350

望都县农村信用合作联社

理 事 长：王香菊

电　　话：0312－7722595

地　　址：保定市望都县振兴南街9号

邮政编码：072450

涿州市农村信用合作联社

理 事 长：韩树强

电　　话：0312－3609302

地　　址：保定市涿州市范阳西路202号

邮政编码：072750

高碑店市农村信用合作联社

理 事 长：焦常林

电　　话：0312－2815260

地　　址：保定市高碑店市团结东路35号

邮政编码：074000

涞水县农村信用合作联社

理 事 长：戴玉刚

电　　话：0312－4523532

地　　址：保定市涞水县涞阳路52号

邮政编码：074100

雄县农村信用合作联社

理 事 长：张同岭

电　　话：0312－5811425

地　　址：保定市雄县东环路165

邮政编码：071800

高阳县农村信用合作联社

理 事 长：陈彦明

电　　话：0312－6635041

地　　址：保定市高阳县建新大街63号

邮政编码：071500

阜平县农村信用合作联社
理 事 长：白贵亮
电　　话：0312－7221361
地　　址：保定市阜平县中兴街32号
邮政编码：073200

定州市农村信用合作联社
理 事 长：刘占奎
电　　话：0312－2313920
地　　址：保定市定州市中山中路
邮政编码：073000

曲阳县农村信用合作联社
理 事 长：高敬庄
电　　话：0312－4282990
地　　址：保定市曲阳县恒山中路
邮政编码：073100

安国市农村信用合作联社
理 事 长：王建义
电　　话：0312－3353101
地　　址：保定市安国市药市办药华大路126号
邮政编码：071200

博野县农村信用合作联社
理 事 长：宋建政
电　　话：0312－8719267
地　　址：保定市博野县城内西街
邮政编码：071300

顺平县农村信用合作联社
理 事 长：荀少辉
电　　话：0312－7624861
地　　址：保定市顺平县顺兴中路228号
邮政编码：072250

安新县农村信用合作联社
理 事 长：王晓建
电　　话：0312－5321626
地　　址：保定市安新县建设大街
邮政编码：071600

保定市市区农村信用合作联社
理 事 长：王　涛
电　　话：0312－3152822
地　　址：保定市天鹅中路177号
邮政编码：071000

满城县农村信用合作联社
理 事 长：马艳军
电　　话：0312－7078437
地　　址：保定市满城县中山东路105号
邮政编码：072150

清苑县农村信用合作联社
理 事 长：宁雪利
电　　话：0312－8092000
地　　址：保定市清苑县光明东街73号
邮政编码：071100

海兴县农村信用合作联社
理 事 长：李丙强
电　　话：0317－6615532
地　　址：沧州市海兴县兴融街
邮政编码：061200

河北南皮农村合作银行
董 事 长：王　彬
电　　话：0317－8860987
地　　址：沧州市南皮县城光明西路
邮政编码：061500

东光县农村信用合作联社
理 事 长：刘大为
电　　话：0317－7729660
地　　址：沧州市东光县城邮政路58号
邮政编码：061600

河间市农村信用合作联社
工作组长：白金兴
电　　话：0317－3666311
地　　址：沧州市河间市北大街口
邮政编码：062450

吴桥县农村信用合作联社
理 事 长：吕嗣卿
电　　话：0317－7341452
地　　址：沧州市吴桥县桑园镇长江东路90号
邮政编码：061800

献县农村信用合作联社
理 事 长：任福杰
电　　话：0317－4623841
地　　址：沧州市献县东升南路1号
邮政编码：062250

黄骅市农村信用合作联社
理 事 长：李春燕
电　　话：0317－5312953
地　　址：沧州市黄骅市迎宾大街中段

邮政编码：061100

盐山县农村信用合作社联社

理 事 长：李明青

电　　话：0317－6266008

地　　址：沧州市盐山县城东环路

邮政编码：061300

肃宁县农村信用合作社联社

理 事 长：刘树彬

电　　话：0317－5017107

地　　址：沧州市肃宁县武垣路53号

邮政编码：062350

孟村回族自治县农村信用合作联社

理 事 长：柳七平

电　　话：0317－6721064

地　　址：沧州市孟村县城建设大街125号

邮政编码：061400

泊头市农村信用合作联社

理 事 长：唐延生

电　　话：0317－8188000

地　　址：沧州市泊头市裕华中路

邮政编码：062150

任丘市农村信用合作联社

理 事 长：李和平

电　　话：0317－2254676

地　　址：沧州市任丘市建设东路2号

邮政编码：062550

沧县农村信用合作联社

理 事 长：刘学青

电　　话：0317－3528835

地　　址：沧州市解放东路101号

邮政编码：061000

青县农村信用合作联社

理 事 长：殷铁钢

电　　话：0317－4021164

地　　址：沧州市青县南环西路31号

邮政编码：062650

沧州融信农村商业银行

董 事 长：陈树芬

电　　话：0317－3051712

地　　址：沧州市解放东路8号

邮政编码：061001

衡水市桃城区农村信用合作联社

理 事 长：张国龙

电　　话：0318－2121699

地　　址：衡水市桃城区新华西路388号

邮政编码：053000

冀州市农村信用合作联社

理 事 长：修朝阳

电　　话：0318－8622200

地　　址：衡水市冀州市和平东路66号

邮政编码：053200

枣强县农村信用合作联社

理 事 长：周立春

电　　话：0318－8224824

地　　址：衡水市枣强县人民东街189号

邮政编码：053100

武邑县农村信用合作联社

理 事 长：张铁柱

电　　话：0318－5712303

地　　址：衡水市武邑县建设西路中段南侧

邮政编码：053400

深州市农村信用合作联社

理 事 长：王爱国

电　　话：0318－3313949

地　　址：衡水市深州市长江西路273号

邮政编码：053800

武强县农村信用合作联社

理 事 长：张锡恒

电　　话：0318－3822404

地　　址：衡水市武强县振兴路2号

邮政编码：053300

饶阳县农村信用合作联社

理 事 长：房泽春

电　　话：0318－7322661

地　　址：衡水市饶阳县城人和西路106号

邮政编码：053900

安平县农村信用合作联社

理 事 长：孟宪如

电　　话：0318－7526930

地　　址：衡水市安平县汉王路2号

邮政编码：053600

故城县农村信用合作联社

理 事 长：王海君

电　　话：0318－5321841

地　　址：衡水市故城县郑口镇康宁路72号

邮政编码：253800

景县农村信用合作联社
理事长：张惠斌
电　　话：0318－4226209
地　　址：衡水市景县景州镇亚夫路中段东侧
邮政编码：053500

阜城县农村信用合作联社
理事长：周福才
电　　话：0318－4666361
地　　址：衡水市阜城县阜城镇光明东路19号
邮政编码：053700

城郊农村信用合作联社
理事长：董景良
电　　话：0319－2260001
地　　址：邢台市桥西区郭守敬北路406号
邮政编码：054000

邢台县农村信用合作联社
理事长：李国宾
电　　话：0319－2623508
地　　址：邢台市中兴西大街381号
邮政编码：054000

沙河市农村信用合作联社
理事长：胡学军
电　　话：0319－8701700
地　　址：邢台市沙河市京广路西侧934号
邮政编码：054100

内丘县农村信用合作联社
理事长：刘增民
电　　话：0319－6861503
地　　址：邢台市内丘县胜利路29号
邮政编码：054299

临城县农村信用合作联社
理事长：董平堂
电　　话：0319－7192186
地　　址：邢台市临城县岐山湖大道123号
邮政编码：054300

隆尧县农村信用合作联社
理事长：程春喜
电　　话：0319－6682637
地　　址：邢台市隆尧县柴荣大街156号
邮政编码：055350

任县农村信用合作联社
理事长：张士勇
电　　话：0319－7512406
地　　址：邢台市任县光明路226号
邮政编码：055150

柏乡县农村信用合作联社
理事长：张群豹
电　　话：0319－7721141
地　　址：邢台市柏乡县城东环路北段路西
邮政编码：055450

南和县农村信用合作联社
理事长：张志强
电　　话：0319－4566897
地　　址：邢台市南和县和阳大街东头
邮政编码：054400

宁晋县农村信用合作联社
理事长：郝彦辉
电　　话：0319－5889521
地　　址：邢台市宁晋县凤凰路122号
邮政编码：055550

巨鹿县农村信用合作联社
理事长：郭胜利
电　　话：0319－4336311
地　　址：邢台市巨鹿县建设北街13号
邮政编码：055250

平乡县农村信用合作联社
理事长：李庆彬
电　　话：0319－7863617
地　　址：邢台市平乡县丰州镇人民路西段95号
邮政编码：054500

新河县农村信用合作联社
理事长：曹锡华
电　　话：0319－4782590
地　　址：邢台市新河县新兴街中段
邮政编码：055650

广宗县农村信用合作联社
理事长：赵少波
电　　话：0319－7213234
地　　址：邢台市广宗县兴广路东侧
邮政编码：054600

南宫市农村信用合作联社
理事长：常士彬
电　　话：0319－5221780
地　　址：邢台市南宫市青年大街110号
邮政编码：055750

威县农村信用合作联社
理 事 长：赵书芳
电　　话：0319－6150953
地　　址：邢台市威县中华大街161号
邮政编码：054700

临西县农村信用合作联社
理 事 长：刘培平
电　　话：0319－8562781
地　　址：邢台市临西县县城运河路16号
邮政编码：054900

清河县农村信用合作联社
理 事 长：杜彦君
电　　话：0319－8291315
地　　址：邢台市清河县渤海路80号
邮政编码：054800

邯郸市城郊农村信用合作联社
理 事 长：刘继周
电　　话：0310－3118699
地　　址：邯郸市光明南大街44号
邮政编码：056001

邯郸市峰峰矿区农村信用合作联社
理 事 长：张　华
电　　话：0310－5110724
地　　址：邯郸市峰峰矿区滏阳东路34号
邮政编码：056200

邯郸县农村信用合作联社
理 事 长：吝维杰
电　　话：0310－8120055
地　　址：邯郸市和平路东段东柳林村路南
邮政编码：056001

大名县农村信用合作联社
理 事 长：冀付国
电　　话：0310－6562464
地　　址：邯郸市大名县天雄路东段南侧
邮政编码：056900

魏县农村信用合作联社
理 事 长：周爱军
电　　话：0310－3506657
地　　址：邯郸市魏县魏城镇龙乡街北段路西
邮政编码：056800

曲周县农村信用合作联社
理 事 长：牛建峰
电　　话：0310－8892923
地　　址：邯郸市曲周县曲周镇东街邯临路北
邮政编码：057250

邱县农村信用合作联社
理 事 长：张津宾
电　　话：0310－8360188
地　　址：邯郸市邱县振兴街55号
邮政编码：057450

鸡泽县农村信用合作联社
理 事 长：高海军
电　　话：0310－7559933
地　　址：邯郸市鸡泽县中长街79号
邮政编码：057350

肥乡县农村信用合作联社
理 事 长：吕俊峰
电　　话：0310－8562174
地　　址：邯郸市肥乡县县城建设街49号
邮政编码：057550

广平县农村信用合作联社
理 事 长：孙登立
电　　话：0310－2510979
地　　址：邯郸市广平县建新街南段路西
邮政编码：057650

成安县农村信用合作联社
理 事 长：张燕江
电　　话：0310－7215013
地　　址：邯郸市成安县青云北大街59号
邮政编码：056700

临漳县农村信用合作联社
理 事 长：冯建军
电　　话：0310－7889013
地　　址：邯郸市临漳县建安西路22号
邮政编码：056600

磁县农村信用合作联社
理 事 长：张金勇
电　　话：0310－2323409
地　　址：邯郸市磁县友谊路北大街193号
邮政编码：056500

涉县农村信用合作联社
理 事 长：叶军利
电　　话：0310－3893839
地　　址：邯郸市龙山大街550号
邮政编码：056400

永年县农村信用合作联社
理 事 长：赵俊韬

电　　话：0310－6821433
地　　址：邯郸市永年县建安街51号
邮政编码：057150

馆陶县农村信用合作联社

理 事 长：张英贤
电　　话：0310－2821826
地　　址：邯郸市馆陶县政府西街23号
邮政编码：057750

武安市农村信用合作联社

理 事 长：康志斌
电　　话：0310－5611101
地　　址：邯郸市武安市富强街585号
邮政编码：056300

河北银行股份有限公司

总行

董 事 长：乔志强
电　　话：0311－88627009
地　　址：河北省石家庄市平安北大街28号
邮政编码：050011

河北银行唐山分行

电　　话：0315－2351722
地　　址：唐山市新华西道136号锦江国际饭店B座
邮政编码：063000

河北银行邯郸分行

电　　话：0310－5708822
地　　址：河北省邯郸市丛台区滏东北大街39号
邮政编码：056000

河北银行天津分行

电　　话：022－58556602
地　　址：天津市河西区围堤道124号、126号
邮政编码：300201

河北银行廊坊分行

电　　话：0316－5216810
地　　址：河北省廊坊市广阳道55号
邮政编码：065000

河北银行沧州分行

电　　话：0317－5671898
地　　址：河北省沧州市浮阳南大道22号
邮政编码：061000

河北银行保定分行

电　　话：0312－3362600
地　　址：河北省保定市东风西路16号
邮政编码：071051

河北银行青岛分行

电　　话：0532－66566812
地　　址：山东省青岛市香港中路61号乙远洋大厦
邮政编码：266071

唐山丰润支行

电　　话：0315－3151911
地　　址：河北省唐山市丰润区新城道1－1、1－2号
邮政编码：063000

唐山建设北路支行

电　　话：0315－6313931
地　　址：河北省唐山市路北区建设北路58号
邮政编码：063000

唐山龙泽路支行

电　　话：0315－6727591
地　　址：河北省唐山市龙泽北路455号、457号、459号
邮政编码：063000

邯郸开发区支行

电　　话：0310－5102366
地　　址：河北省邯郸市开发区友谊路5号
邮政编码：056000

邯郸武安支行

电　　话：0310－5535299
地　　址：河北省邯郸武安市向阳路169号
邮政编码：056000

天津和平支行

电　　话：022－58081681
地　　址：天津市和平区福安大街39号底商－16跃、17跃、18跃
邮政编码：300000

天津南开支行

电　　话：022－58569777
地　　址：天津市南开区南城街1476号
邮政编码：300000

北新街支行
电　　话：0311－87820803
地　　址：河北省石家庄市北新街116号副8号
邮政编码：050003

北站支行
电　　话：0311－87050114
地　　址：河北省石家庄市市庄路300号
邮政编码：050051

仓安路支行
电　　话：0311－83010616
地　　址：河北省石家庄市槐安西路157号
邮政编码：050051

长安支行
电　　话：0311－86062820
地　　址：河北省石家庄市青园街61号
邮政编码：050011

长江支行
电　　话：0311－85099092
地　　址：河北省石家庄市长江大道9号
邮政编码：050035

长征街支行
电　　话：0311－86083636
地　　址：河北省石家庄市长征街75号
邮政编码：050011

朝阳路支行
电　　话：0311－87716662
地　　址：河北省石家庄市友谊北大街313号
邮政编码：050071

东岗路支行
电　　话：0311－85897528
地　　址：河北省石家庄市东岗路77号
邮政编码：050021

富强大街支行
电　　话：0311－85826908
地　　址：河北省石家庄市富强大街23－9号
邮政编码：050021

高新支行
电　　话：0311－83994032
地　　址：河北省石家庄市裕华西路67－1号
邮政编码：050051

藁城支行
电　　话：0311－88122357
地　　址：河北省藁城市四明街79号
邮政编码：052160

工农路支行
电　　话：0311－83014878
地　　址：河北省石家庄市红旗大街46－1号
邮政编码：050051

广安街支行
电　　话：0311－86043150
地　　址：河北省石家庄市广安大街28号
邮政编码：050011

合作路支行
电　　话：0311－87835517
地　　址：河北省石家庄市泰华街170号
邮政编码：050051

和平东路支行
电　　话：0311－86032229
地　　址：河北省石家庄市和平东路288号
邮政编码：050011

和平西路支行
电　　话：0311－87833136
地　　址：石家庄市和平西路516号
邮政编码：050071

和平支行
电　　话：0311－83632185
地　　址：河北省石家庄市中山西路366号
邮政编码：050051

和中支行
电　　话：0311－87833035
地　　址：河北省石家庄市和平西路56号
邮政编码：050004

华南支行
电　　话：0311－87016158
地　　址：河北省石家庄市中华南大街232号
邮政编码：050056

华兴支行
电　　话：0311－87013614
地　　址：河北省石家庄市中华北大街57号
邮政编码：050051

槐安路支行
电　　话：0311－86131912
地　　址：河北省石家庄市青园街298号
邮政编码：050021

槐北路支行
电　　话：0311－86012306

地　　址：河北省石家庄市建设南大街80号
邮政编码：050021

槐南路支行

电　　话：0311－85828118
地　　址：河北省石家庄市体育南大街306号
邮政编码：050021

建北支行

电　　话：0311－86670546
地　　址：河北省石家庄市建设北大街179号
邮政编码：050041

建华南大街支行

电　　话：0311－85037510
地　　址：河北省石家庄市建华南大街108号
邮政编码：050031

建华支行

电　　话：0311－85081342
地　　址：河北省石家庄市中山东路452号
邮政编码：050021

健康路支行

电　　话：0311－86683255
地　　址：河北省石家庄市健康路广安小区康华园19号
邮政编码：050011

金马路支行

电　　话：0311－85081851
地　　址：河北省石家庄市裕华区谈固东街150号
邮政编码：050031

金桥支行

电　　话：0311－87023332
地　　址：河北省石家庄市维明南大街169号
邮政编码：050051

开发区支行

电　　话：0311－85083984
地　　址：河北省石家庄市裕华东路173－1号
邮政编码：050031

矿区支行

电　　话：0311－82072596
地　　址：河北省石家庄市矿区南纬东路63号
邮政编码：050100

联盟路支行

电　　话：0311－87708661
地　　址：河北省石家庄市联盟路248号
邮政编码：050062

鹿泉支行

电　　话：0311－67365917
地　　址：河北省鹿泉市北斗东路8号
邮政编码：050200

平安支行

电　　话：0311－86026126
地　　址：河北省石家庄市平安南大街77号
邮政编码：050021

平南支行

电　　话：0311－86012118
地　　址：河北省石家庄市平安南大街190号
邮政编码：050021

青园街支行

电　　话：0311－86575527
地　　址：河北省石家庄市青园街215号
邮政编码：050021

人民广场支行

电　　话：0311－86211138
地　　址：河北省石家庄市中山东路195号
邮政编码：050011

胜利路支行

电　　话：0311－86010834
地　　址：河北省石家庄市东风路25号
邮政编码：050021

师范街支行

电　　话：0311－87906554
地　　址：河北省石家庄市自强路200号
邮政编码：050051

石岗支行

电　　话：0311－87826636
地　　址：河北省石家庄市中华北大街188号
邮政编码：050061

四中路支行

电　　话：0311－86991193
地　　址：河北省石家庄市四中路57号
邮政编码：050011

谈固南大街支行

电　　话：0311－85688720
地　　址：河北省石家庄市谈固南大街A－63－10、11、12
邮政编码：050031

谈南路支行

电　　话：0311－86043181

地　　址：河北省石家庄市谈南路 49 号
邮政编码：050011

体育街支行
电　　话：0311－85810054
地　　址：河北省石家庄市体育南大街 176 号
邮政编码：050021

维明街支行
电　　话：0311－87905232
地　　址：河北省石家庄市自强路 127 号
邮政编码：050051

辛集支行
电　　话：0311－89156109
地　　址：河北省辛集市兴华路北段 158 号
邮政编码：052360

新华东路支行
电　　话：0311－85180276
地　　址：河北省石家庄市新华路 65 号
邮政编码：050004

新华路支行
电　　话：0311－87870595
地　　址：河北省石家庄市新华路 172 号
邮政编码：050051

新华西路支行
电　　话：0311－87018163
地　　址：河北省石家庄市新华路 539 号
邮政编码：050051

新石南路支行
电　　话：0311－86123699
地　　址：河北省石家庄市新石南路 238 号
邮政编码：050091

兴凯路支行
电　　话：0311－87813665
地　　址：河北省石家庄市兴凯路 221 号
邮政编码：050051

友谊大街支行
电　　话：0311－83616106
地　　址：河北省石家庄市新华路 655 号
邮政编码：050051

友谊南大街支行
电　　话：0311－83014445
地　　址：河北省石家庄市友谊南大街 175 号
邮政编码：050051

裕华东路支行
电　　话：0311－86054943
地　　址：河北省石家庄市裕华东路 280 号
邮政编码：050011

裕华路支行
电　　话：0311－86979243
地　　址：河北省石家庄市裕华东路 33 号
邮政编码：050011

裕华中路支行
电　　话：0311－87026713
地　　址：河北省石家庄市裕华西路 7 号
邮政编码：050000

裕兴支行
电　　话：0311－86974122
地　　址：河北省石家庄市裕华东路 15 号
邮政编码：050012

运河桥支行
电　　话：0311－86810884
地　　址：河北省石家庄市建设北大街 325 号
邮政编码：050041

翟营南大街支行
电　　话：0311－85806106
地　　址：河北省石家庄市翟营南大街 339 号
邮政编码：050031

正定支行
电　　话：0311－88016009
地　　址：河北省正定县正定镇恒山西路 95 号
邮政编码：050800

正东路支行
电　　话：0311－86080212
地　　址：河北省石家庄市正东路 29 号
邮政编码：050011

中华大街支行
电　　话：0311－83827047
地　　址：河北省石家庄市中华南大街 348 号
邮政编码：050091

中山路支行
电　　话：0311－87027505
地　　址：河北省石家庄市中华南大街 26 号
邮政编码：0311－87027505

唐山市商业银行股份有限公司

董 事 长：杜少光
电　　话：0315－2842558
地　　址：唐山市新华西道 66 号
邮政编码：063000

营业部
副 主 任：高绍岭（主持工作）
电　　话：0315－2842024
地　　址：唐山市新华西道65号
邮政编码：063000

火炬路支行
行　　长：王小峰
电　　话：0315－3178261
地　　址：唐山市高新技术开发区火炬路70－71号
邮政编码：063000

丰南支行
副 行 长：耿学军（主持工作）
电　　话：0315－8122238
地　　址：唐山市丰南区新华路108号
邮政编码：063000

长宁道支行
副 行 长：郑海燕（主持工作）
电　　话：0315－2026718
地　　址：唐山市高新区长宁道248号
邮政编码：063000

龙云支行
副 行 长：艾智奇（主持工作）
电　　话：0315－2826954
地　　址：唐山市翔云西里龙云楼102楼3－3号
邮政编码：063000

朝阳道支行
副 行 长：杨洪海（主持工作）
电　　话：0315－2094847
地　　址：唐山市朝阳道10号
邮政编码：063000

丰润支行
副 行 长：周　星（主持工作）
电　　话：0315－3216608
地　　址：唐山市丰润区新城道35号建华小区A座
邮政编码：063000

路北支行
副 行 长：陈　良（主持工作）
电　　话：0315－2833687
地　　址：唐山市华岩路46号
邮政编码：063000

鹭港支行
副 行 长：杨凤林（主持工作）
电　　话：0315－2228779
地　　址：唐山市路北区鹭港201S－01
邮政编码：063000

机场路支行
副 行 长：杨洪海（主持工作）
电　　话：0315－2034219
地　　址：唐山市机场路市场2号
邮政编码：063000

南新道支行
行　　长：赵艳军
电　　话：0315－2810614
地　　址：唐山市南新东道新天地广场A2区03－03号
邮政编码：063000

光明支行
副 行 长：张俊元（主持工作）
电　　话：0315－5397768
地　　址：唐山市瑞景国际公馆底商15－17号
邮政编码：063000

缸窑路支行
副 行 长：果建军（主持工作）
电　　话：0315－3271519
地　　址：唐山市缸窑路52号
邮政编码：063000

新华支行
行　　长：于华文
电　　话：0315－2837454
地　　址：唐山市新华道104号
邮政编码：063000

西山道支行
副 行 长：张岩萍（主持工作）
电　　话：0315－2827799
地　　址：唐山市西山道5号
邮政编码：063000

马家沟支行
副 行 长：战　军（主持工作）
电　　话：0315－3181909
地　　址：唐山市马家沟唐马路12号
邮政编码：063000

林西支行
副 行 长：郭全义（主持工作）

电　　话：0315－3561859
地　　址：唐山市古冶区林西新林道21号
邮政编码：063000

建设路支行
副 行 长：于建书（主持工作）
电　　话：0315－2018819
地　　址：唐山市建设北路7号
邮政编码：063000

友谊支行
副 行 长：赵宏奕（主持工作）
电　　话：0315－2232909
地　　址：唐山市北新西道38号－16、38号－16
邮政编码：063000

文化路支行
副 行 长：纪秀玲（主持工作）
电　　话：0315－2812307
地　　址：唐山市煤医道17－0号
邮政编码：063000

华岩南路支行
副 行 长：毕志鹏（主持工作）
电　　话：0315－3738105
地　　址：唐山市路南区新街E段
邮政编码：063000

尚品支行
副 行 长：丁　辉（主持工作）
电　　话：0315－3271709
地　　址：唐山市路北区长宁道尚品底商3－1、3－1
邮政编码：063000

卫国路支行
行　　长：张广军
电　　话：0315－2828139
地　　址：唐山市卫国北路123、124号
邮政编码：063000

曹妃甸支行
副 行 长：纪秀玲（主持工作）
电　　话：0315－8759577
地　　址：唐海县垦丰大街90－4号
邮政编码：063000

新苑路支行
副 行 长：边永仓（主持工作）
电　　话：0315－3363899
地　　址：唐山市开平区新苑路39号
邮政编码：063000

煤医道支行
行　　长：裴慧芬
电　　话：0315－2830944
地　　址：唐山市煤医道20号丁
邮政编码：063000

赵各庄支行
行　　长：高瑞清
电　　话：0315－3501709
地　　址：唐山市古冶区赵各庄大马路17号
邮政编码：063000

天元支行
副 行 长：杨宏伟（主持工作）
电　　话：0315－2317446
地　　址：唐山市大里路147、148号
邮政编码：063000

路南支行
副 行 长：张建新（主持工作）
电　　话：0315－2861939
地　　址：唐山市复兴路81号
邮政编码：063000

海港支行
副 行 长：关榆春（主持工作）
电　　话：0315－2820779
地　　址：唐山市海港开发区港盛街北祥盛小区126楼底商东13号
邮政编码：063000

迁安支行
副 行 长：于金利（主持工作）
电　　话：0315－7602557
地　　址：迁安市迁安镇缝了大陆中段
邮政编码：063000

承德银行股份有限公司

行　　长：张　磊
电　　话：0314－2038399
地　　址：承德市双桥区督统府大街10号
邮政编码：067000

营业部
经　　理：汪　泳
电　　话：0314－2039660
地　　址：承德市双桥区督统府大街10号
邮政编码：067000

唐山分行

行　　长：丁德民
电　　话：0315－2355780
地　　址：唐山市北新西道61号明星商场底商
邮政编码：063000

中天支行

行　　长：赵亚军
电　　话：0314－2028432
地　　址：承德市双桥区热河大厦
邮政编码：067000

平安支行

行　　长：杨国岭
电　　话：0314－2035519
地　　址：承德市双桥区武庙路东丽正门综合楼
邮政编码：067000

清风支行

行　　长：马立新
电　　话：0314－2135708
地　　址：承德市双桥区陕西营小区13号楼
邮政编码：067000

联谊支行

行　　长：王淑芳
电　　话：0314－2037952
地　　址：承德市双桥区火神庙路6号
邮政编码：067000

隆兴支行

行　　长：单　冰
电　　话：0314－2030997
地　　址：承德市双桥区武烈路19号
邮政编码：067000

裕兴支行

行　　长：崔　健
电　　话：0314－2067832
地　　址：承德市双桥区裕华商贸中心2号楼1－11号
邮政编码：067000

华源支行

行　　长：杨爱国
电　　话：0314－2067131
地　　址：承德市双桥区新华园C座
邮政编码：067000

御路支行

行　　长：苗向东
电　　话：0314－2560180
地　　址：承德市双桥区西大街柳树井天泽家园
邮政编码：067000

财苑支行

行　　长：徐晓玲
电　　话：0314－2389356
地　　址：承德市开发西区武烈路189－4号
邮政编码：067000

双塔山支行

行　　长：李久明
电　　话：0314－4040432
地　　址：承德市双滦区双塔山镇中心大街135号
邮政编码：067001

双滦支行

行　　长：武连锺
电　　话：0314－4316826
地　　址：承德市双滦区承钢集团公司金融广场C座
邮政编码：067002

承德县支行

行　　长：李玉强
电　　话：0314－3111308
地　　址：承德县下板城镇清城路综合文化中心006号底商
邮政编码：067400

宽城支行

行　　长：王　磊
电　　话：0314－6637878
地　　址：宽城县宽城镇天宝酒店东配楼
邮政编码：067600

平泉支行

行　　长：张海军
电　　话：0314－6050882
地　　址：平泉县迎宾街迎宾小区商1－5号
邮政编码：067500

滦平支行

行　　长：彭朝华
电　　话：0314－8585892
地　　址：滦平县滦平镇北马路05鑫港小区
邮政编码：068250

隆化支行

行　　长：冀汉林

电　　话：0314－7067198
地　　址：隆化县隆化镇兴洲商厦底商
邮政编码：068150

兴隆支行
行　　长：陈广忠
电　　话：0314－5959955
地　　址：兴隆县兴隆镇西关阳光家园
邮政编码：067300

翠桥支行
行　　长：薛升华
电　　话：0314－2520960
地　　址：承德市翠桥路安业大厦底商
邮政编码：067000

中国邮政储蓄银行

河北省分行

行　　长：侯前英
电　　话：0311－88632838
地　　址：石家庄建设南大街5号
邮政编码：050011

省分行直属支行
行　　长：冯兵强（兼）
电　　话：0311－86672165
地　　址：石家庄建设南大街23号
邮政编码：050011

石家庄市分行

行　　长：时国校
电　　话：0311－66008901
地　　址：石家庄市中华南大街509号
邮政编码：050091

辛集支行
行　　长：乔育昙
电　　话：0311－83215868
地　　址：辛集市兴华路97号
邮政编码：052360

晋州支行
行　　长：刘素君
电　　话：0311－84310268
地　　址：晋州市市府街59号
邮政编码：052260

藁城支行
行　　长：朱建敏
电　　话：0311－88123111
地　　址：藁城市胜利路18号
邮政编码：052160

深泽支行
行　　长：王　钢
电　　话：0311－83573999
地　　址：深泽县府前西路11号
邮政编码：052560

无极支行
行　　长：李占敏
电　　话：0311－85586115
地　　址：无极县仁和街
邮政编码：052460

新乐支行
行　　长：杨宏伟
电　　话：0311－88581100
地　　址：新乐市京新大街5号
邮政编码：050700

赵县支行
行　　长：林　峰
电　　话：0311－84950188
地　　址：赵县自强路97号
邮政编码：051530

高邑支行
行　　长：李文青
电　　话：0311－84038616
地　　址：高邑县新城大街176号
邮政编码：051330

元氏支行
行　　长：李现雨
电　　话：0311－84628588
地　　址：元氏县兴华路91号
邮政编码：051130

赞皇支行
行　　长：郭宏杰
电　　话：0311－84221372
地　　址：赞皇县新开街158号
邮政编码：051230

平山支行
行　　长：梁信东
电　　话：0311－82939379
地　　址：平山县柏城东路137号
邮政编码：050400

灵寿支行

行　　长：刘建民
电　　话：0311－82529829
地　　址：灵寿县城东北街西侧
邮政编码：050500

行唐支行

行　　长：刘立平
电　　话：0311－82690868
地　　址：行唐县香港路89号
邮政编码：050600

井陉支行

行　　长：朱宝刚
电　　话：0311－82029886
地　　址：井陉县建设南路1号
邮政编码：050300

鹿泉支行

行　　长：于会龙
电　　话：0311－82012073
地　　址：鹿泉市海山大街1号
邮政编码：050200

栾城支行

行　　长：石滨逢
电　　话：0311－88666328
地　　址：栾城县惠源路29号
邮政编码：051430

正定支行

行　　长：张承伟
电　　话：0311－88016809
地　　址：正定县府西街1号
邮政编码：050800

井陉矿区支行

行　　长：朱宝刚
电　　话：0311－82029886
地　　址：井陉县建设南路1号
邮政编码：050300

唐山市分行

行　　长：赵振东
电　　话：0315－2818388
地　　址：唐山市华岩路30号
邮政编码：063001

丰润区支行

行　　长：朱铁柱
电　　话：0315－5191358
地　　址：唐山市丰润区曹雪芹西街7号
邮政编码：064000

丰南区支行

行　　长：刘晓萍
电　　话：0315－8296658
地　　址：唐山市丰南区青年路134号
邮政编码：063300

古冶区支行

负 责 人：尹　鹏
电　　话：0315－3687288
地　　址：唐山市古冶区林西新林道28号
邮政编码：063100

遵化市支行

行　　长：张贺生
电　　话：0315－6660911
地　　址：遵化市文柏路邮政大楼
邮政编码：064200

玉田县支行

行　　长：刘亚军
电　　话：0315－6198555
地　　址：玉田县无终西街1658号
邮政编码：064100

乐亭县支行

行　　长：李金亮
电　　话：0315－4621853
地　　址：乐亭县大钊路4号
邮政编码：063600

滦南县支行

行　　长：孙志炜
电　　话：0315－4160659
地　　址：滦南县倴城镇友谊路西
邮政编码：063500

滦县支行

行　　长：孟昭平
电　　话：0315－7109992
地　　址：滦县新城滦河西路102号
邮政编码：063700

唐海县支行

行　　长：赵继山
电　　话：0315－8723239
地　　址：唐海县大通路36号
邮政编码：063200

迁安市支行

行　　长：王景仲

电　　话：0315－7625196
地　　址：迁安市燕山大路1518号
邮政编码：064400

迁西县支行

行　　长：张桂红
电　　话：0315－5686388
地　　址：迁西县城关杏岭街1号
邮政编码：064300

秦皇岛市分行

行　　长：赵庆民
电　　话：0335－3858009
地　　址：秦皇岛市海港区建设大街191号
邮政编码：066000

山海关支行

行　　长：王　辉
电　　话：0335－5026002
地　　址：秦皇岛市山海关区南海西路115－1号
邮政编码：066200

北戴河支行

行　　长：郭爱静
电　　话：0335－4049619
地　　址：秦皇岛市北戴河区海宁路13号
邮政编码：066100

抚宁县支行

行　　长：孙济生
电　　话：0335－6687003
地　　址：秦皇岛市抚宁县迎宾路
邮政编码：066300

卢龙县支行

行　　长：王海顺
电　　话：0335－7206236
地　　址：秦皇岛市卢龙县永平大街
邮政编码：066400

青龙县支行

行　　长：李长久
电　　话：0335－7862837
地　　址：秦皇岛市青龙满族自治县燕山路
邮政编码：066500

昌黎县支行

行　　长：常　江
电　　话：0335－2865168
地　　址：秦皇岛市昌黎县碣阳大街东段92号
邮政编码：066600

邯郸市分行

行　　长：胡建国
电　　话：0310－3122398
地　　址：邯郸市中华北大街52号
邮政编码：056002

涉县支行

行　　长：贺润江
电　　话：0310－3819888
地　　址：邯郸市涉县龙山大街265号
邮政编码：056400

大名县支行

行　　长：董如彬
电　　话：0310－6576588
地　　址：邯郸市大名县大名府路东段
邮政编码：056900

馆陶县支行

行　　长：耿东波
电　　话：0310－2830692
地　　址：邯郸市馆陶县政府街与筑先路交叉口东北角
邮政编码：057750

磁县支行

行　　长：王　伟
电　　话：0310－2390085
地　　址：邯郸市磁县磁州路58号
邮政编码：056500

肥乡县支行

行　　长：李文学
电　　话：0310－8568398
地　　址：邯郸市肥乡县环城路
邮政编码：057550

魏县支行

行　　长：史玫霞
电　　话：0310－3531766
地　　址：邯郸市魏县正阳街
邮政编码：056800

武安市支行

行　　长：孟玉华
电　　话：0310－5656118
地　　址：邯郸市武安市桥西路298号
邮政编码：056300

广平县支行

行　　长：卫　东

电　　话：0310－2529039
地　　址：邯郸市广平县人民路东段
邮政编码：057650

永年县支行

行　　长：赵同楼
电　　话：0310－6825212
地　　址：邯郸市永年县洺关镇洺兴路24号
邮政编码：057150

临漳县支行

行　　长：王露霞
电　　话：0310－7819188
地　　址：邯郸市临漳县建安路
邮政编码：056600

成安县支行

行　　长：逯　峰
电　　话：0310－7286003
地　　址：邯郸市成安县迎宾北大街路西
邮政编码：056700

鸡泽县支行

行　　长：闫艳梅
电　　话：0310－7516669
地　　址：邯郸市鸡泽县鸡泽镇中长街131号
邮政编码：057350

峰峰矿区支行

行　　长：孔文斌
电　　话：0310－5010690
地　　址：邯郸市峰峰矿区滏临南街20号
邮政编码：056200

邱县支行

行　　长：杨卫东
电　　话：0310－8368068
地　　址：邯郸市邱县振兴路130号
邮政编码：057450

邯郸县支行

行　　长：马玉保
电　　话：0310－4065150
地　　址：邯郸市复兴西路林村68号
邮政编码：056000

曲周县支行

行　　长：岳志丽
电　　话：0310－8896298
地　　址：邯郸市曲周县南开街与公仆路交叉口路北
邮政编码：057250

邢台市分行

行　　长：李兰苏
电　　话：0319－2688608
地　　址：邢台市中兴西大街556号
邮政编码：054000

沙河市支行

行　　长：刘　娜
电　　话：0319－8701966
地　　址：沙河市机场路325号
邮政编码：054100

临城县支行

行　　长：李兵杰
电　　话：0319－7168189
地　　址：临城县岐山湖大道
邮政编码：054300

内丘县支行

副 行 长：王志彬（主持工作）
电　　话：0319－6887002
地　　址：内丘县内大路邮政储蓄银行
邮政编码：054200

柏乡县支行

行　　长：李素君
电　　话：0319－7728986
地　　址：柏乡县东环路
邮政编码：055450

隆尧县支行

行　　长：巩建峰
电　　话：0319－6660829
地　　址：隆尧县康庄东路府里街
邮政编码：055350

任县支行

副 行 长：郭立军（主持工作）
电　　话：0319－7600676
地　　址：任县新兴西路20号
邮政编码：055150

南和县支行

副 行 长：宋洪涛（主持工作）
电　　话：0319－4566600
地　　址：南和县和阳大街西段
邮政编码：054400

宁晋县支行

行　　长：赵利华

电　　话：0319－5809399
地　　址：宁晋县城西环路
邮政编码：055550

南宫市支行

行　　长：谢明鉴
电　　话：0319－5180918
地　　址：南宫市胜利大街
邮政编码：055750

巨鹿县支行

行　　长：陈国英
电　　话：0319－4334164
地　　址：巨鹿县健康东路
邮政编码：055250

新河县支行

行　　长：檀运国
电　　话：0319－4782799
地　　址：新河县新华路金地小区东侧
邮政编码：055650

广宗县支行

行　　长：李钟玉
电　　话：0319－7219986
地　　址：广宗县府前街西2号
邮政编码：054600

平乡县支行

行　　长：胡　静
电　　话：0319－7860206
地　　址：平乡县中华路39号
邮政编码：054500

威县支行

行　　长：吕好学
电　　话：0319－5961300
地　　址：威县洺水东路
邮政编码：054700

清河县支行

行　　长：林洪泉
电　　话：0319－8182066
地　　址：清河县武松西街
邮政编码：054800

临西县支行

行　　长：孙玉平
电　　话：0319－8569860
地　　址：临西县泰山路邮政储蓄银行
邮政编码：054900

保定市分行

行　　长：马福增
电　　话：0312－2099188
地　　址：保定市裕华西路519号
邮政编码：071000

满城县支行

行　　长：宁克俭
电　　话：0312－7070444
地　　址：满城县中山路
邮政编码：072150

清苑县支行

行　　长：刘宗泽
电　　话：0312－8099866
地　　址：清苑县开发区富强东路156号
邮政编码：071100

涞源县支行

行　　长：龙　冬
电　　话：0312－7321842
地　　址：涞源县百泉路711号
邮政编码：074300

易县支行

行　　长：刘胜利
电　　话：0312－8889001
地　　址：易县开元北大街
邮政编码：074200

涞水县支行

行　　长：刘春亭
电　　话：0312－4538166
地　　址：涞水县朝阳路166号
邮政编码：074100

涿州市支行

行　　长：蔡占英
电　　话：0312－3869666
地　　址：涿州市范阳中路482号
邮政编码：072750

高碑店市支行

行　　长：尚亚伟
电　　话：0312－6391001
地　　址：高碑店市迎宾东路
邮政编码：074000

雄县支行

行　　长：向增强
电　　话：0312－5967888

地　　址：雄县文昌大街 375 号
邮政编码：071800

安新县支行

行　　长：梁清涛
电　　话：0312－5327497
地　　址：安新县北关旅游路
邮政编码：071600

容城县支行

行　　长：张小虎
电　　话：0312－5612259
地　　址：容城县奥威路 18 号乙
邮政编码：071700

定兴县支行

行　　长：孟红香
电　　话：0312－6912299
地　　址：定兴县兴华西路
邮政编码：072650

徐水县支行

行　　长：武向宁
电　　话：0312－8690100
地　　址：徐水县康明北路 118 号
邮政编码：072550

顺平县支行

行　　长：冀永智
电　　话：0312－7615369
地　　址：顺平县顺兴北路
邮政编码：072250

唐县支行

行　　长：井建会
电　　话：0312－6421277
地　　址：唐县光明路
邮政编码：072350

望都县支行

副 行 长：张志波（主持工作）
电　　话：0312－7720777
地　　址：望都县繁荣街
邮政编码：072450

高阳县支行

行　　长：范玉冰
电　　话：0312－6633098
地　　址：高阳县建新大街 3 号
邮政编码：071500

蠡县支行

行　　长：王　晖
电　　话：0312－6257280
地　　址：蠡县范蠡东路
邮政编码：071400

博野县支行

行　　长：王梦昌
电　　话：0312－8322166
地　　址：博野县北环路
邮政编码：071300

安国市支行

行　　长：齐国欣
电　　话：0312－3528089
地　　址：安国市药都北大街 2 号
邮政编码：071200

定州市支行

行　　长：李殿明
电　　话：0312－2562308
地　　址：定州市博陵北大街
邮政编码：073000

曲阳县支行

行　　长：李彦杰
电　　话：0312－4212899
地　　址：曲阳县汶水街
邮政编码：073100

阜平县支行

行　　长：李立新
电　　话：0312－7228818
地　　址：阜平县中兴街
邮政编码：073200

张家口市分行

行　　长：张可弟
电　　话：0313－2168858
地　　址：张家口市西河沿 1 号
邮政编码：075000

宣化支行

行　　长：史海滨
电　　话：0313－3041601
地　　址：张家口市宣化区牌楼西街 48 号
邮政编码：075100

蔚县支行

行　　长：陶慧斌
电　　话：0313－7012105
地　　址：蔚县蔚州镇前进路
邮政编码：075700

怀来县支行
行　　长：胡景利
电　　话：0313－6230666
地　　址：怀来县沙城镇存瑞路时代广场
邮政编码：076400

阳原县支行
行　　长：李聪明
电　　话：0313－7512260
地　　址：阳原县西城镇昌盛西街县宾馆对面
邮政编码：075800

怀安县支行
行　　长：刘振清
电　　话：0313－7819311
地　　址：怀安县柴沟堡镇西大街
邮政编码：076150

万全县支行
行　　长：侯　永
电　　话：0313－4233489
地　　址：万全县孔家庄镇康复路
邮政编码：076250

赤城县支行
行　　长：杨进贵
电　　话：0313－6314031
地　　址：赤城县龙关镇一街
邮政编码：075500

涿鹿县支行
行　　长：李　林
电　　话：0313－8393188
地　　址：张家口市涿鹿县涿鹿镇轩辕路36号
邮政编码：075600

张北县支行
行　　长：张润兰
电　　话：0313－5228958
地　　址：张家口市张北县张北镇永春南街
邮政编码：076450

康保县支行
行　　长：杨东明
电　　话：0313－5518777
地　　址：康保县康保镇西经路南
邮政编码：076650

尚义县支行
行　　长：刘海彬
电　　话：0313－4323461
地　　址：尚义县光明路
邮政编码：076750

下花园支行
行　　长：白振华
电　　话：0313－5153599
地　　址：张家口市下花园区市场街50号
邮政编码：075300

沽源县支行
行　　长：张占武
电　　话：0313－5823569
地　　址：沽源县桥东大街
邮政编码：076550

崇礼县支行
行　　长：闫伟荣
电　　话：0313－4315063
地　　址：崇礼县西湾子镇裕兴路
邮政编码：076350

廊坊市分行

行　　长：杨学军
电　　话：0316－2268889
地　　址：廊坊市广阳道1号
邮政编码：065000

三河市支行
行　　长：李海英
电　　话：0316－3153969
地　　址：三河市泃阳西大街235号
邮政编码：065200

香河县支行
副 行 长：杨文刚（主持工作）
电　　话：0316－8261793
地　　址：香河县新华大街11号
邮政编码：065400

大厂县支行
行　　长：关庆华
电　　话：0316－8820838
地　　址：大厂县大安路44号
邮政编码：065300

永清县支行
行　　长：张　考
电　　话：0316－6682816
地　　址：永清县玉麟街东侧
邮政编码：065600

固安县支行
行　　长：张会斌

电　　话：0316－6160986
地　　址：固安县新中街127号
邮政编码：065500

霸州市支行

行　　长：马增跃
电　　话：0316－7228802
地　　址：霸州市育华东路邮政办公楼
邮政编码：065700

文安县支行

行　　长：刘　勇
电　　话：0316－5228059
地　　址：文安县城东大街
邮政编码：065800

大城县支行

行　　长：张文彪
电　　话：0316－5512666
地　　址：大城县新风北路1号
邮政编码：065900

沧州市分行

行　　长：邢宗岳
电　　话：0317－3055788
地　　址：沧州市建设北街16号
邮政编码：061000

沧县支行

行　　长：孙长龙
电　　话：0317－4891618
地　　址：沧州市经济技术开发区东海路1号
邮政编码：061000

任丘市支行

行　　长：李占平
电　　话：0317－2224679
地　　址：任丘市会战北道
邮政编码：062500

河间市支行

行　　长：王德新
电　　话：0317－3659186
地　　址：河间市城垣路82号
邮政编码：062400

黄骅市支行

行　　长：商恩华
电　　话：0317－5313688
地　　址：黄骅市华东街6号
邮政编码：061100

泊头市支行

行　　长：丁若柱
电　　话：0317－8189388
地　　址：泊头市裕华西路33号
邮政编码：062100

献县支行

行　　长：孔春林
电　　话：0317－4560206
地　　址：献县水源路本斋路
邮政编码：062250

肃宁县支行

行　　长：刘召兵
电　　话：0317－6129911
地　　址：肃宁县泽城路
邮政编码：062300

青县支行

行　　长：王玉芝
电　　话：0317－4025881
地　　址：青县京福路64号
邮政编码：062650

盐山县支行

行　　长：韩云虎
电　　话：0317－6222818
地　　址：盐山县东大街8号
邮政编码：061300

孟村县支行

行　　长：蔡永泽
电　　话：0317－6729017
地　　址：孟村县建设大街82号
邮政编码：061400

海兴县支行

副 行 长：赵　平（主持工作）
电　　话：0317－2336699
地　　址：海兴县海政路邮政储蓄银行
邮政编码：061200

东光县支行

行　　长：陈玉泉
电　　话：0317－7726360
地　　址：东光县邮政路77号
邮政编码：061600

吴桥县支行

行　　长：王英杰
电　　话：0317－7279789

地　　址：吴桥县桑园镇泰山道北首
邮政编码：061800

南皮县支行

行　　长：齐明胜
电　　话：0317－8865068
地　　址：南皮县安顺路北段
邮政编码：061500

衡水市分行

行　　长：师　旭
电　　话：0318－2086868
地　　址：衡水市中心街3号
邮政编码：053000

冀州市支行

行　　长：姚勇军
电　　话：0318－8698001
地　　址：衡水市冀州市信都西路445号
邮政编码：053200

枣强县支行

行　　长：高世举
电　　话：0318－8226186
地　　址：衡水市枣强县火车站南侧
邮政编码：053100

武邑县支行

行　　长：袁秋红
电　　话：0318－5715828
地　　址：衡水市武邑县建设西路171号
邮政编码：053400

深州市支行

行　　长：康根怀
电　　话：0318－3399676
地　　址：衡水市深州市永盛大街171号
邮政编码：053800

武强县支行

行　　长：张子侃
电　　话：0318－3893456
地　　址：衡水市武强县振兴路105号
邮政编码：053300

饶阳县支行

行　　长：王国崇
电　　话：0318－7239821
地　　址：衡水市饶阳县人和东路86号
邮政编码：053900

安平县支行

行　　长：杨　杰
电　　话：0318－7525413
地　　址：衡水市安平县为民西大街196号
邮政编码：053600

故城县支行

副 行 长：宛闽生（主持工作）
电　　话：0318－5336568
地　　址：衡水市故城县郑口镇京杭大街139号
邮政编码：253800

景县支行

行　　长：刘群武
电　　话：0318－4226238
地　　址：衡水市景县景新大街144号
邮政编码：053500

阜城县支行

行　　长：冯洪志
电　　话：0318－4662008
地　　址：衡水市阜城县富强东路363号
邮政编码：053700

承德市分行

行　　长：刘晓东
电　　话：0314－2067886
地　　址：承德市南营子大街27号
邮政编码：067000

丰宁县支行

行　　长：张金贵
电　　话：0314－8062696
地　　址：丰宁县大阁镇宁丰路西215号
邮政编码：068350

滦平县支行

行　　长：汪占东
电　　话：0314－8580573
地　　址：滦平县北大街1号
邮政编码：068250

双滦区支行

行　　长：任建强
电　　话：0314－4044016
地　　址：双滦区双塔山中心大街45号
邮政编码：067001

围场县支行

行　　长：孙启良
电　　话：0314－7512828
地　　址：围场县木兰中路文化中心底商

邮政编码：068450

隆化县支行

行　　长：李旭明

电　　话：0314－7089989

地　　址：隆化镇兴洲路67号

邮政编码：068150

平泉县支行

行　　长：梁成柏

电　　话：0314－6030300

地　　址：平泉县榆洲南路17号

邮政编码：067500

宽城县支行

行　　长：赵晓光

电　　话：0314－6632019

地　　址：宽城县育才路389号

邮政编码：067600

承德县支行

行　　长：赵新功

电　　话：0314－3110999

地　　址：承德县下板城镇板城大街邮政局综合办公楼

邮政编码：067400

营子区支行

行　　长：张亚东

电　　话：0314－5019185

地　　址：营子区营子大街路南

邮政编码：067002

兴隆县支行

行　　长：王俊良

电　　话：0314－5052800

地　　址：兴隆县东大街新隆园底商

邮政编码：067300

资产管理公司

中国信达资产管理股份有限公司河北省分公司

总 经 理：杜宝峰

电　　话：0311－86091088

地　　址：石家庄市平安南大街30号万隆大厦

邮政编码：050011

中国东方资产管理公司石家庄办事处

总 经 理：罗　光

电　　话：0311－88611865

地　　址：河北省石家庄市中山西路83号东方大厦

邮政编码：050000

中国华融资产管理公司石家庄办事处

总 经 理：吴坤达

电　　话：0311－89291711

地　　址：石家庄市中山东路368号

邮政编码：050011

河北省金融租赁有限公司

董 事 长：张建光

电　　话：0311－85515588

地　　址：石家庄市裕华西路9号裕园广场A座

邮政编码：050000

渤海国际信托有限公司

董 事 长：金　平

电　　话：0311－89618001

地　　址：河北石家庄市广安大街10号美东国际A座

邮政编码：050011